Storm-Briefwechsel

Herausgegeben von
Heinrich Detering und Gerd Eversberg

Band 19

Theodor Storm – Theodor Fontane

Briefwechsel

Kritische Ausgabe

Herausgegeben von

Gabriele Radecke

ERICH SCHMIDT VERLAG

Bibliografische Informationen der Deutschen Nationalbibliothek
Die Deutsche Nationalbibliothek verzeichnet diese Publikation in der Deutschen Nationalbibliografie; detaillierte bibliografische Daten sind im Internet über http://dnb.d-nb.de abrufbar.

Weitere Informationen zu diesem Titel finden Sie im Internet unter
ESV.info/978 3 503 12280 6

Die Drucklegung wurde durch einen Zuschuss der Deutschen Forschungsgemeinschaft ermöglicht.

ISBN 978 3 503 12280 6

www.ESV.info

Dieses Papier erfüllt die Frankfurter Forderungen der Deutschen Nationalbibliothek und der Gesellschaft für das Buch bezüglich der Alterungsbeständigkeit und entspricht sowohl den strengen Bestimmungen der US Norm Ansi/Niso Z 39.48-1992 als auch der ISO Norm 9706.

Gesetzt aus der Garamond 9 Punkt

Satz: Besscom AG, Berlin
Druck und Weiterverarbeitung: Danuvia Druckhaus, Neuburg an der Donau

Walter und Anne-Sophie in großer Dankbarkeit gewidmet.

Inhaltsverzeichnis

Abbildungsnachweis

Abb. 1: Marie von Wartenberg: Theodor Storm (1884) © Nissenhaus Husum; Dauerleihgabe im Theodor-Storm-Archiv Husum. Foto: Volkert Bandixen

Abb. 2: Theodor Fontane. Fotoporträt Atelier Loescher und Petsch (1869) © Theodor-Fontane-Archiv Potsdam (AI 158)

Abb. 3 und 4: Theodor Storm: „Ein grünes Blatt“; Manuskriptabschrift von fremder Hand. Blattvorderseite und Blattrückseite („Des Dichters Epilog“). Beilage zu Storms Brief an Fontane, 27. März 1853 © Schleswig-Holsteinische Landesbibliothek Kiel (Cb 50.51:15,07)

Abb. 5: Theodor Storm an Theodor Fontane, Husum, 9. August 1853. Erste Seite des Briefs mit einer Ansicht von Husum © Schleswig-Holsteinische Landesbibliothek Kiel (Cb 50.51:15,06)

Abb. 6: Theodor Storm an Theodor Fontane, Husum, 9. August 1853. Dritte Seite des Briefs mit Storms eigenhändiger Abschrift seines Gedichts „Abschied“ © Schleswig-Holsteinische Landesbibliothek Kiel (Cb 50.24:06,04)

Abb. 7: Adolph Menzel: Entwurf des „Argo“-Frontispiz. Radierung (September 1853) © Kupferstichkabinett der Staatlichen Museen Preußischer Kulturbesitz zu Berlin, bpk / Kupferstichkabinett, SMB

Abb. 8 und 9: Fontane an Storm, <Berlin, am oder nach dem 17. Oktober 1853>. Umschlagvorderseite und Umschlagrückseite © Schleswig-Holsteinische Landesbibliothek Kiel (Cb 50.56:177,06)

Abb. 10: „Fremdenbuch 1852–1856“ des „Tunnels über der Spree“: Eintrag Theodor und Otto Storms am 20. November 1853 © Universitätsbibliothek der Humboldt-Universität zu Berlin; „Tunnel“; Fremdenbuch

Abb. 11: Theodor Storm an Theodor Fontane, Potsdam, 3. Januar 1854, und Theodor Fontane an Friedrich Eggers, Berlin, 4. Januar 1854. Letzte Seite des Briefbogens © Schleswig-Holsteinische Landesbibliothek Kiel (Cb 50.51:15,14)

Abb. 12:	Paul Heyse: „Ein Bruder und eine Schwester“ (2. Mai 1854); „Album für Constanze“, Blatt 77 recto. Mit gleicher Sendung zu Fontanes Brief an Storm, 3. Mai 1854 © Theodor-Storm-Archiv Husum
Abb. 13:	Theodor Fontane: „Puritaner-Lied. (aus: James Monmouth)“ (Mai 1854); „Album für Constanze“, Blatt 80 recto. Mit gleicher Sendung zu Fontanes Brief an Storm, 3. Mai 1854 © Theodor-Storm-Archiv Husum
Abb. 14:	Franz Kugler: „Rudelsburg“ (29. April 1854); „Album für Constanze“, Blatt 82 recto. Mit gleicher Sendung zu Fontanes Brief an Storm, 3. Mai 1854 © Theodor-Storm-Archiv Husum
Abb. 15:	Friedrich Eggers: „Wedder to Hus“ (Frühjahr 1854); „Album für Constanze“, Blatt 83 recto. Mit gleicher Sendung zu Fontanes Brief an Storm, 3. Mai 1854 © Theodor-Storm-Archiv Husum
Abb. 16:	Wilhelm von Merckel: „Argo. 1854“ (Frühjahr 1854); „Album für Constanze“, Blatt 86 recto. Mit gleicher Sendung zu Fontanes Brief an Storm, 3. Mai 1854 © Theodor-Storm-Archiv Husum
Abb. 17 und 18:	Theodor Fontane: „Ein Sommer in London“ (1854). Einbanddecke und Titelblatt. Exemplar aus der Bibliothek Theodor Storms. Mit gleicher Sendung zu Fontanes Brief an Storm, *vor dem 24. August 1854 © Theodor-Storm-Archiv Husum (Tsp 274)
Abb. 19:	Theodor Fontane: Notizbuch „1864“, Aufzeichnungen zu Dienstag, dem 27. September 1864: Husum. Blatt 19 recto © Staatsbibliothek zu Berlin, Preußischer Kulturbesitz, Handschriftenabteilung (Nachlass Fontane D 3)

Einführung

Theodor Storms Briefwechsel mit Theodor Fontane gehört zu den bedeutenden Korrespondenzen Storms. Neben vielen biographischen Details berührt er auch zentrale literarische und politische Themenbereiche und gibt Einblicke in das gesellschaftlich-kulturelle Leben in Berlin sowie in die Briefkultur des 19. Jahrhunderts. Wenngleich er 35 Jahre andauerte – von Dezember 1852 bis zum 12. Oktober 1887 – und somit verschiedene Lebensstationen Storms und Fontanes passierte, zeigen die Briefe dennoch einen höflichen, aber distanzierten Umgangston, der schon allein durch den Verzicht auf das vertrauliche „Du" angedeutet wird. Obwohl Storm und Fontane junge Familienväter waren, am Anfang ihrer schriftstellerischen Laufbahn standen und sich lange Zeit um ihre wirtschaftliche Existenz sorgten, trugen solche gemeinsamen Erfahrungen zu keiner wirklichen Annäherung bei. Auch das literarische Interesse änderte nichts daran. Selbst als Fontane im September 1855 nach London versetzt wurde, um dort als Journalist im Auftrag der preußischen Regierung einen Pressedienst für deutsche Zeitungen aufzubauen und somit wie Storm mehrere Jahre fern von der Heimat im Exil lebte, fanden die beiden Männer nicht mehr zueinander. Über die Gründe dieser Distanz sind viele ertragreiche Forschungsarbeiten vorgelegt worden; vermutlich haben nicht nur politische[1] und ästhetische[2] Differenzen eine intime Freundschaft verhindert, sondern auch die Tatsache, dass Storm und Fontane grundverschiedene Charaktere waren.[3]

Die Korrespondenz lässt sich in drei Abschnitte aufteilen, die durch die Monate und Jahre vor, während und nach Storms Aufenthalt in Potsdam markiert werden. Im ersten Teil wurden 24 Briefe gewechselt. Er umfasst den kürzesten Zeitraum

---

1 *Vgl. Karl Ernst Laage: Die politischen Dissonanzen zwischen Theodor Storm und Theodor Fontane. In: FBl 54 (1992), S. 48–61, und Helmuth Nürnberger: Fontanes Welt. Berlin 1997, S. 214–217.*

2 *Die ästhetischen Unterschiede zeigen sich u.a. in der Bedeutung des Stoffs und in der Darstellung von erotischen Stimmungen im Erzählwerk; vgl. Peter Goldammer: Storms Werk und Persönlichkeit im Urteil Th. Fontanes. In: FBl 1 (1968), Heft 6, S. 247–264, hier S. 258, und Dieter Lohmeier: Theodor Fontane über den „Eroticismus" und die „Husumerei" Storms: Fontanes Briefwechsel mit Hedwig Büchting. In: STSG 39 (1990), S. 26–45.*

3 *Vgl. Goldammer 1968 (wie Anm. 2), S. 255, und zusammenfassend den Kommentar in HFA IV/5,II, S. 103, sowie Nürnberger 1997 (wie Anm. 1) und Hugo Aust: Fontane und Storm. In: „Fontane-Handbuch", S. 328–331.*

– elf Monate von Storms Berlin-Besuch im Dezember 1852 bis zu seiner Übersiedelung nach Potsdam Ende November 1853. Im zweiten Abschnitt wurden insgesamt 47 Briefe geschrieben (von Dezember 1853 bis zum 31. Oktober 1855), und zwischen 1856 und 1887 sind noch 33 Briefe belegt. Allein die Verteilung der Briefe verdeutlicht, dass der intensivste Austausch in den ersten drei Jahren bis 1855 stattgefunden hat, in denen etwa zwei Drittel des Briefwechsels entstanden sind. Auf die herausragende Bedeutung der Briefe Storms aus dieser Zeit hat schon Fontane in seinen „Erinnerungen an Theodor Storm" aufmerksam gemacht, die er darin als „mit das Beste von all dem," *bezeichnete, was er* „durch ein langes Leben hin von Briefen" *Storms empfangen hatte.*[4]

I

Die Monate bis Ende November 1853 waren geprägt von Storms Suche nach einer neuen beruflichen Position. Nachdem Storm seine Advokatenbestallung im Zuge der schleswig-holsteinischen Erhebung gegen Dänemark am 12. Juni 1852 verloren hatte, war eine Weiterbeschäftigung als selbständiger Anwalt im Herzogtum Schleswig unmöglich geworden. So kam es, dass er sich außerhalb Schleswigs und Holsteins eine neue Existenz aufbauen musste. Es erging ihm dabei wie vielen anderen seiner Kollegen, gegen die ebenfalls ein Berufsverbot verhängt worden war, weil sie sich gegen die Vorherrschaft Dänemarks bekannt hatten.[5] *An Berlin oder Potsdam hatte Storm zunächst nicht gedacht. Erst als seine Bewerbungen um eine juristische Stelle in Sachsen, Gotha und Coburg und um einen Bürgermeisterposten im Königreich Hannover abgelehnt worden waren, nahm der Plan Gestalt an, es in Berlin zu versuchen. Am 19. Dezember 1852 reiste Storm zusammen mit seinem Cousin Fritz Stuhr in die preußische Residenz, um sein Anstellungsgesuch persönlich einzureichen.*[6] *Durch den Verleger Alexander Duncker lernte Storm Friedrich Eggers kennen, der ihn mit Theodor Fontane, Franz Kugler und den anderen Berliner Freunden bekannt machte.*[7]

---

4 *Vgl. Theodor Fontane: „Erinnerungen an Theodor Storm", in dieser Ausgabe abgedruckt auf S. 167–183, hier S. 169. Weitere Stellen werden im Folgenden unter dem Kurztitel „Erinnerungen" im Text nachgewiesen.*

5 *Im Juli 1853 wurden beispielsweise 83 „vertriebene und abgesetzte Schleswig-Holsteiner" gemeldet, die in Preußen ihren Dienst aufgenommen hatten; vgl. „Europa", Nr. 55, 7.7.1853, S. 439.*

6 *Vgl. Heiner Mückenberger: Theodor Storm – Dichter und Richter. Eine rechtsgeschichtliche Lebensbeschreibung. Baden-Baden 2001 (Juristische Zeitgeschichte, Bd. 8), S. 79–86.*

7 *Die biographischen Daten sind aus Storms Briefwechseln mit seiner Frau Constanze (StCSt) sowie mit Hartmuth Brinkmann (StBr) und Ernst Esmarch (StEs) zwischen Dezember 1852 und Februar 1853 zusammengetragen worden.*

Spätestens mit der Ausgabe seiner „Sommer-Geschichten und Lieder" (1851) war Storm zumindest als Schriftsteller für Fontane kein Unbekannter mehr. In seinen „Erinnerungen" schreibt Fontane, dass er im Frühjahr 1850 erstmals Storms „literarische Bekanntschaft" *gemacht habe, als er Paul Heyse besuchte, der Storms Manuskript der „Sommer-Geschichten und Lieder" für die Veröffentlichung begutachtete (S. 167 f.). Kurz vor Storms Ankunft in Berlin veröffentlichte Hermann Kletke am 16. Dezember 1852 in der „Vossischen Zeitung" eine kleine Empfehlung der „Gedichte" Storms, die im Herbst 1852 erschienen waren. Fontane hatte vermutlich die Notiz gelesen, in der Kletke an den* „Dichter des I m m e n s e e" *erinnert,* „der seine gesammelten Gedichte hier dem Publikum darbietet, Lieder und Märchen von tiefster Innigkeit und reizender Naivetät."

*Vor diesem Hintergrund begann der Briefwechsel mit einer nicht überlieferten Mitteilung Storms an Fontane (Nr. *1), in der er seine Visite bei Fontane und einem unbekannten Dritten kurz vor dem geplanten geselligen Diner im Hause des Kunsthistorikers Kugler angekündigt hatte. Storms offensichtlich erste schriftliche Mitteilung an Fontane ist nur belegt durch einen Brief Fontanes an einen Freund von Ende Dezember 1852, den er mit* „Lieber Strudelwitz" *einsetzt und in dem er sich sehr spöttisch über den* „Schleswig-Holsteiner" *Storm äußert. Die Anrede und der ironische Ton signalisieren, dass Fontane den Stil der Korrespondenz zwischen den Baronen von Prudelwitz und von Strudelwitz adaptierte, die ein fester Bestandteil des Berliner Witzblatts „Kladderadatsch" war. Der Briefwechsel der beiden Freiherrn ermöglichte es, gesellschaftskritische Themen, wie etwa die Vorbehalte gegen die Einwohner Schleswig-Holsteins, ins Gespräch zu bringen. Ob Storms Besuch bei Fontane zu Stande kam, ist nicht bekannt. Bisher weiß man nur, dass Storm die Einladung des gastfreundlichen Ehepaares Franz und Clara Kugler für den Neujahrstag 1853 angenommen hatte, wo er Fontane begegnete, und am 2. Januar Friedrich Eggers in den „Tunnel über der Spree" begleitete. Einen Tag später reiste Storm aus Berlin ab.*[8]

II

Besonders im ersten Teil des Briefwechsels wird deutlich, dass es sich weniger um einen Freundschaftsbriefwechsel als vielmehr um eine Art Geschäftskorrespondenz handelt. Der sachliche Stil zeigt sich vor allem in Fontanes Diktion, zum Beispiel in der höflichen, aber stets distanzierten Anrede „Sehr geehrter Herr", *die Fontane bis*

[8] *Fontane irrt sich, wenn er in seinen „Erinnerungen" schreibt, dass Storm* „zwei, drei Monate" *in Berlin geblieben sei; vgl. S. 168.*

kurz vor Storms Eintreffen in Berlin im September 1853 beibehält.[9] *Außerdem hat Fontane private Mitteilungen vermieden und sich in seinen Briefen auf literarische Themen konzentriert. So erfuhr Storm zunächst nichts von Fontanes existentieller Not und auch nur an wenigen Stellen drang durch, dass Fontane sich wegen des Verdachts auf Tuberkulose mehreren Molke-Kuren unterziehen musste und an eine Genesungsreise nach Italien gedacht hatte (Nr. 5 und 11). Über seinen Posten bei der ministeriellen „Centralstelle für Preß-Angelegenheiten", wo er mit Unterbrechungen seit Ende 1850 als Journalist tätig war, beklagte sich Fontane gegenüber Storm nur einmal, als er unter einer ständigen* „Gehetztheit im Dienste des Staats" *litt (Nr. 31). Selbst als Storm ihn zwei Jahre später am 14. Juni 1855 aufforderte, doch gelegentlich zu schreiben, ob er* „noch daran denke von Berlin fort zu gehen" *(Nr. 64), blieb Fontane ihm eine Antwort schuldig. Erst durch Fontanes Abschiedsbrief am 30. August 1855 erfuhr Storm von der bevorstehenden Abreise nach London, wo Fontane die „Deutsch-englische Correspondenz" mitbegründen sollte (Nr. 69). Auch über die politischen Schwierigkeiten, die Fontane nach seiner Rückkehr aus England 1859 erwarteten, als er als Reaktions-Verdächtiger unter polizeilicher Beobachtung stand und vorübergehend ohne Anstellung war, äußerte sich Fontane nur in einer knappen Andeutung:* „‚reaktions-verdächtig' bei Seite gesetzt" *(Nr. 77). Fontanes Reserviertheit zog sich bis in die letzten Jahre der Korrespondenz: Er meldete zwar den Tod seiner drei Söhne Peter Paul (1854, Nr. 38), Hans Ulrich (1855, Nr. 65) und George (1887, Nr. *102), verzichtete aber selbst hier noch auf persönliche Details. Wie wenig Storm letztendlich über Fontanes Familie wusste, zeigt seine Betrübnis darüber, dass er nichts von Georges* „Lebensstellung" *erfahren hatte, den er doch immerhin* „als kleinen Burschen noch sehr wohl gekannt" *hatte (Nr. 103). Auch über seine Ehekrise im Sommer 1876, die durch die Kündigung seiner Stelle als Erster Sekretär der Preußischen Akademie der Künste zu Gunsten einer freien Schriftstellerexistenz verursacht worden war,*[10] *schwieg Fontane. Storm hingegen unternahm mehrere Anläufe, eine enge Beziehung aufzubauen. Er versuchte einerseits, Fontane an seinem Privatleben teilhaben zu lassen, andererseits gab er gelegentlich zu verstehen, dass er über die literarischen Briefgespräche hinaus auch an Fontanes Lebensgestaltung interessiert sei. Am 14. März 1853 bedauerte er etwa, während seines kurzen Berlin-Besuchs nicht auch Fontanes Familie kennengelernt zu haben. Dass es sich hierbei nicht um eine höfliche Geste, sondern um einen Herzenswunsch handelte, zeigt sich in seiner wieder-*

---

9 *Zu Fontanes distanziertem Verhältnis zu Storm vgl. auch Goldammer 1968 (wie Anm. 2), S. 251.*

10 *Vgl. Walter Huder (Hg.): Theodor Fontane und die Preußische Akademie der Künste. Ein Dossier aus Briefen und Dokumenten des Jahres 1876. Berlin 1971.*

holten Einladung nach Husum, die nicht nur Fontane, sondern auch seinem Sohn George galt (Nr. 13 f.).

Die Briefe bis zu Storms Umzug nach Potsdam Ende 1853 sind geprägt von den geselligen Treffen und Gesprächen mit Storm während der beiden Begegnungen in Berlin zu Beginn des Jahres 1853. Fünf Wochen nach seiner Rückkehr brachte sich Storm aus Husum mit einem schriftlichen Gedichtgruß („Im Herbste 1850") in Erinnerung, den er zusammen mit seinem Brief an Eggers vom 6. Februar 1853 als Einschluss-Sendung an Fontane gelangen ließ (Nr. 2). Fontane bedankte sich kurz nach Empfang dieser Zeilen ebenfalls mit einem eigenen Gedicht („Lord William und Schön-Margret") und huldigte dem Poeten Storm, der von den Berliner Freunden bewundert werde, weil er „die Verkörperung von etwas ganz besondrem in der Poesie" *sei. Außerdem hatte Storm* „als eine Art Gattungsbegriff" *bei allen einen bleibenden Eindruck hinterlassen (Nr. 3). Storm blickte ebenso erfreut auf die Tage in Berlin zurück, insbesondere, weil er von den „Rütli"-Mitgliedern nicht als Fremder, sondern* „als ein längst Vertrauter auf das Herzlichste aufgenommen" *worden war und erlebt hatte,* „wie wohl es thut auf eine verständige Weise geehrt zu werden".[11]

Storm und Fontane hatten sich als junge Männer in einer frühen Phase ihrer Etablierung als Schriftsteller kennengelernt und erste Erfahrungen mit der Veröffentlichung ihrer Texte gesammelt, so dass es nahelag, ihre Beziehung weiter zu pflegen. In Fontanes erstem Gruß an Storm deutete sich an, dass der Briefwechsel durch einen zentralen Aspekt motiviert wurde: die literarische Zusammenarbeit. Dabei ging es erst einmal um Storms Mitwirkung bei den Vorbereitungen für das belletristische Jahrbuch „Argo".[12] Mit der Gründung des gesellig-literarischen Kreises „Rütli" im Dezember 1852 war auch der Plan zu einem Publikationsorgan für Mitglieder und auswärtige Schriftsteller aufgekommen.[13] Die Redaktion teilten sich Kugler und Fontane, wobei Fontane die Aufgabe übernommen hatte, Beiträge einzuwerben. So kam es, dass er sich in seinem Amt als Co-Redakteur in zwei Schreiben am 8. und 19. März 1853 an Storm wandte, um Gedichte zu erbitten (Nr. 3 und 5). Storm, der bisher kaum eine öffentliche Resonanz erfahren hatte, war an der Verbreitung seiner Texte interessiert und schickte nur wenige Tage später am 27. März 1853 die Novelle „Ein grünes Blatt" (Nr. 6). Es folgten dann noch zwei weitere Gedichtsendungen

---

[11] *Vgl. Storm an Hartmuth Brinkmann, 3.2.1853; StBr, Nr. 24, S. 83.*

[12] *Auf diesen Gesichtspunkt hat schon Paul Böckmann 1968 hingewiesen. Da er sich aber auf Fontanes einseitige Darstellung in „Von Zwanzig bis Dreißig" bezog und damals nur wenige Briefe aus der Korrespondenz zwischen Storm und Fontane bekannt waren, blieb seine Darstellung eindimensional. Vgl. Paul Böckmann: Theodor Storm und Fontane. Ein Beitrag zur Funktion der Erinnerung in Storms Erzählkunst. In: STSG 17 (1968), S. 85–93.*

[13] *Vgl. Roland Berbig/Wulf Wülfing: Rütli [II]. In: Handbuch Vereine, S. 394–406, hier S. 396 f.*

(„24 December 1852" und „Abschied") im Juli und August 1853 an Fontane (Nr. 11 f.). Storm sollte schon bald zum engsten Mitarbeiterkreis der „Argo" gehören und steuerte noch bis 1860 Gedichte und Novellen bei, als er schon längst von Potsdam nach Heiligenstadt übergesiedelt war. Fontane vertraute Storms literarischem Urteil so sehr, dass er ihn bat, bei der Suche nach weiteren „Argo"-Autoren behilflich zu sein. Storm vermittelte daraufhin den Kontakt zu Klaus Groth, dessen „Quickborn" er im „Ditmarser und Eiderstädter Boten" im Dezember 1852 besprochen und während des ersten Treffens in Berlin wärmstens empfohlen hatte. Als über das Schicksal des zweiten Bandes der „Argo" zwischen Juni und August 1854 entschieden wurde, hatte Kugler sogar in Erwägung gezogen, dass Storm an seiner Stelle in die „Argo"-Redaktion eintreten solle, was dann aber unterblieb, weil der nächste Band erst 1856 in Angriff genommen werden konnte.[14]

Die Briefe bis August 1853 verdeutlichen, wie sehr Fontane in seine Aufgabe als verantwortlicher Redakteur und Sprecher des „‚Argo'-Comitées" *hineingewachsen war und die Interessen des „Rütli" gegenüber Storm vertrat. Fontane erwähnte einmal sein* „Redaktions-Amt" *(Nr. 7), ein andermal betonte er, dass er Storm nicht nur sein* „Privaturteil" *mitteile, sondern dass er vielmehr verpflichtet sei, die Stellungnahme der Rütlionen zu kommunizieren (Nr. 7). Fontanes Rolle als „Argo"-Beauftragter wird erneut sichtbar, als er Storm darum bittet, das Gedicht „Im Herbste 1850", das Storm eigentlich dem* „Menschen Th. Fontane" *hatte zukommen lassen, auch dem* „Redakteur" *Fontane für die Veröffentlichung in der „Argo" zur Verfügung zu stellen (Nr. 13 und 36). Fontane und Storm haben in ihren Briefen dann die lebhaften Diskussionen über Storms Dichtungen im „Rütli" fortgesetzt. Schon bei der ersten Rückmeldung auf Storms „Im Herbste 1850" wird deutlich, dass die unterschiedliche regionale Herkunft verschiedene Lesarten bei Storm und den Berliner Freunden verursachte und zu politischen Missverständnissen führte. Vor allem die preußischen Beamten Franz Kugler und Karl Bormann nahmen Anstoß am Wort* „Trikolore", *da sie damit nicht die dreifarbige Fahne von Storms Heimat Schleswig-Holstein assoziierten, sondern vielmehr eine Anspielung auf die Freiheitsziele der Revolution von 1848 und der Französischen Revolution herauslasen und berufliche Schwierigkeiten befürchteten. Um Zweideutigkeiten zu vermeiden, schlugen sie die neutrale Formulierung* „drei Farben" *für die Veröffentlichung in der „Argo" vor, worauf Storm allerdings nicht einging (Nr. 13).*[15] *Dass diese Vorbehalte keine poetischen Spitzfindigkeiten, sondern durchaus berechtigt waren, belegt ein unveröffentlichter Brief Friedrich Feddersens an Storm vom 17. Februar 1854. Feddersen bedankte sich darin*

---

[14] *Vgl. Kugler an Fontane, 16.8.1854; FKug I, Nr. 23, S. 272 f.*

[15] *Vgl. Dieter Lohmeier: Einige Ergänzungen zur neuen Ausgabe des Briefwechsels zwischen Storm und Fontane. In: STSG 31 (1982), S. 43–49, hier S. 44.*

für die Sendung der „Argo", wobei er aber ähnliche Bedenken wie Kugler und Bormann an Storm herantrug und empfindliche Sanktionen befürchtete: „Hier zu Lande ist es bedenklich mit solchen Gedichten in einem Buche. Sollte Argo auch unter die verbotenen Bücher kommen? Wenn sie Notiz davon nehmen, wahrscheinlich".[16] *Wenngleich es zu keinem Zensureingriff durch die dänischen Behörden gekommen war, so zeigt Feddersens Äußerung einmal mehr, dass die Auseinandersetzungen mit Storms Gedichten im Zusammenhang mit den politischen Bedingungen der Zeit beurteilt werden müssen. Neben diesen Missverständnissen klangen auch schon erste Differenzen an, die sich in den späteren Jahren dann vertiefen sollten. In den Gesprächen über das* „Berliner Wesen" *und die* „Berliner Luft" *etwa (Nr. 5 f. und 9 f.) ist Storms Kritik an Preußen und am Adel schon angelegt, wobei er seine negativen Erfahrungen meinte, die er weniger während der literarisch-geselligen Zusammenkünfte bei Kuglers und im „Tunnel", als vielmehr im alltäglichen Umgang in Berlin*[17] *und mit seiner Lektüre des „Kladderadatsch" gesammelt hatte.*

Trotz der Konflikte, die sich bereits in der ersten Phase des Briefwechsels abzeichneten, überwogen die positiven Erfahrungen, vor allem, weil Storm und Fontane gleichermaßen voneinander profitierten. Durch die Gespräche mit Storm und durch seine Empfehlungen begann sich Fontane etwa, für Klaus Groth und die plattdeutsche Dichtung zu interessieren. In seinem Essay „Unsere lyrische und epische Poesie seit 1848", der im März und April 1853 entstanden war, widmete er Groth schon einen kleinen Abschnitt, und er plante darüber hinaus einen umfangreichen Beitrag über den Dichter (vgl. Anm. 57 f. zu Brief Nr. 20, S. 277). Diese Idee wurde dann 1878 wieder aufgegriffen, nachdem Fontane Groth in der „Villa Forsteck" bei Kiel persönlich kennengelernt hatte. Es entstand zwar kein Aufsatz, gleichwohl aber das Gedicht „An Klaus Groth", das erst postum veröffentlicht wurde (vgl. Anm. 28 zu Brief Nr. 97, S. 452 f.). Storm wurde außerdem Mitwisser von Fontanes Projekt einer Sammlung von volkstümlichen Inschriften, dem er den Arbeitstitel „Deutsche Inschriften" gab (Nr. 18, 20 und 22 f.). Er teilte Fontane einen Spruch mit, den er auf einem Holzkreuz auf dem Segeberger Friedhof gefunden hatte, erkundigte sich in seinem Freundes- und Bekanntenkreis nach verwendbaren Materialien und versorgte ihn mit Literatur. Außerdem weihte Fontane Storm in sein Vorhaben ein, ein englisches Balladenbuch zu schreiben; das Projekt wurde allerdings erst 1861 mit dem Band „Balladen" zum Abschluss gebracht (Nr. 5). Umgekehrt zog auch Storm Nutzen aus seiner Beziehung zu Fontane. Da seine erste Auflage der „Gedichte" (1852) zwar in den Berliner literarischen Kreisen auf große Bewunderung gestoßen war, ein

---

[16] *H: SHLB Cb 50.56:48,04; unveröff.*

[17] *Vgl. Roland Berbig: Ausland, Exil oder Weltgewinn? Zu Theodor Storms Wechsel nach Preußen 1852/53. In: STSG 42 (1993), S. 42–47, hier S. 45, und Laage 1992 (wie Anm. 1).*

Verkaufserfolg jedoch ausgeblieben war (Nr. 14), versuchte Storm, Fontane als Rezensenten zu gewinnen. Fontane ließ sich auf Storms Werben ein und widmete ihm nicht nur einen kleinen Abschnitt in seinem Essay „Unsere lyrische und epische Poesie von 1848“ (1853, vgl. S. 155 f.), sondern veröffentlichte auch den Artikel „Theodor Storm“ in der „Preußischen (Adler-) Zeitung“ (1853, vgl. S. 156–163), in dem er als einer der ersten Storms herausragende Bedeutung als Lyriker erkannte und zu seinem „Durchbruch“[18] *verhalf. Zwei Jahre später revanchierte sich Storm dann mit seinem Essay „Theodor Fontane“ für das „Literatur-Blatt des Deutschen Kunstblattes“, in dem er Fontanes Gedichtsammlungen und sein reiseliterarisches Werk „Ein Sommer in London“ dem Leser nahebrachte (S. 148–155).*

III

Wie mühsam sich Storms Bewerbung um eine Stelle im preußischen Justizdienst gestaltete, lässt sich auch aus den Briefen an Fontane herauslesen. Wenngleich sich Storm gegenüber den Verwandten und Freunden viel deutlicher über seine Sorgen geäußert hat, so sind auch seine Briefe an Fontane von Beginn an von einer großen Unruhe gezeichnet (Nr. 6, 10–12, 14 und 19 f.). Am 14. März 1853 sprach Storm etwa von der „Unbehaglichkeit“ *seiner Zukunft und spielte auf die erst Anfang März 1853 eingegangene Rückmeldung des preußischen Justizministers Ludwig Simons an, die ihm ein verkürztes Referendariat bei einem Gericht über sechs Monate in Aussicht stellte. Da eine endgültige Entscheidung auf sich warten ließ (Nr. 12 und 14), beschloss Storm, sich erneut in Berlin bei der Justizbehörde in Erinnerung zu rufen. Über seine Reisepläne hatte Storm mehrfach gesprochen (Nr. 4, 6, 8 und 14 f.), und Fontane, Eggers und Kugler boten sich gleichermaßen an, ihn zu beherbergen (Nr. 5 f. und 8). Storm logierte schließlich bei Kugler, nicht zuletzt, weil er über die größte Wohnung verfügte.*[19] *Die Reise dauerte vom 5. bis 27. September 1853 und wurde ein Erfolg, zum einen, weil eine berufliche Entscheidung getroffen wurde, zum anderen aber auch, weil Storm eine erneute herzliche Aufnahme im „Rütli“ erfahren sollte. Nach einer Unterredung mit Simons am 18. September 1853 und auf Anraten des Kammergerichtsrats Wilhelm von Merckel wurde Potsdam ins Gespräch gebracht. Bei einem* „vortrefflichen“ *Vorsprechen bei Karl Gustav von Goßler am 20. September 1853, einem Schwager von Merckels Ehefrau Henriette, wurde ein Volontariat am Kreisge-*

---

[18] *Lohmeier 1990 (wie Anm. 2), S. 29.*

[19] *Zu Storms Berlin-Reise im September 1853, insbesondere zu seinem Aufenthalt bei Kugler vgl. Roland Berbig: „... wie gern in deiner Hand / Ich dieses Theilchen meiner Seele lasse.“ Theodor Storm bei Franz Kugler und im Rütli: Poet und exilierter Jurist. In: FBl 53 (1992), S. 12–29.*

richt Potsdam verabredet.[20] Ein Höhepunkt in Berlin war ohne Zweifel die Feier zu Storms 36. Geburtstag am 14. September 1853,[21] zu der Kugler eingeladen hatte. Fontane überreichte Storm zwei Widmungsgedichte (vgl. S. 203 f.) sowie seinen Romanzenzyklus „Von der schönen Rosamunde“.[22] Außerdem nahm Storm an mehreren „Rütli“-Treffen teil und wurde in die letzten „Argo“-Vorbereitungen einbezogen. Wie er es gegenüber Fontane schon angekündigt hatte, stellte Storm noch seine Gedichte „Trost“, „Mai“, „Nachts“, „Aus der Marsch“ und „Gode Nacht“ für die „Argo“ zur Verfügung, wobei die Texte entweder mitgebracht wurden oder in Berlin entstanden sind (vgl. Anm. 126 zu Brief Nr. 9, S. 243). Hinzu kam, dass Storm über das geplante „Argo“-Frontispiz mitentschied. Gegenüber Fontane hatte Storm wiederholt bedauert, dass das belletristische Jahrbuch ohne Illustrationen erscheinen sollte (Nr. 9 f. und 13). Zusammen mit seinem Brief vom 5. und 12. Juni 1853 schickte Storm dann eine kleine Besprechung des „Illustrirten Familienbuchs zur Unterhaltung und Belehrung häuslicher Kreise“, das ebenso wie die „Argo“ verschiedene poetische Gattungen und Textsorten versammelte. Im Unterschied zur „Argo“ schmückten allerdings aufwändige Abbildungen die Texte, was auch der Rezensent besonders hervorgehoben hatte (Nr. 10). Wie Storm befürwortete Eggers ebenso wenigstens ein Frontispiz für die „Argo“, und so wurde Menzel damit beauftragt. Kuglers Sohn Bernhard war der einzige, der Gefallen an Menzels „tolle<m> aber reizende<m>“ Bild fand, dessen „höchst spaßhaft<e> u witzig<e>“ Durchführung er am 21. September 1853 in einem Brief an seine Mutter lobte.[23] Kugler hingegen war entsetzt über das „in Einzelnheiten barbarisch noch hingehudelt<e>“ Ergebnis, das „im Ganzen doch nur den Eindruck eines Kladderadatsch-Witzes (und platterweise keines ganz guten)“[24] mache und für „ein Titelbild < ... > völlig ungeeignet“ sei.[25] Nachdem auch Storm seine Bedenken geäußert hatte, entschied man sich gegen eine Veröffentlichung.[26]

---

[20] Vgl. Storm an Constanze Storm, 21.9.1853; StCSt, Nr. 13, S. 62–64.

[21] Vgl. Gabriele Radecke: Theodor Fontane und Bernhard von Lepel. Ein literarisches Arbeitsgespräch in Briefen. Mit einem Geburtstagsgruß für Theodor Storm zum 14. September 1853. In: „Storm-Blätter aus Heiligenstadt“ 12 (2006), S. 63–66.

[22] Vgl. Storm an Constanze Storm, 15.9.1853; StCSt, Nr. 10, S. 55 f.

[23] H: BSB – Heyse-Archiv Ana 549, Nr. 255; unveröff.

[24] Kugler an Clara Kugler, 20.9.1853; H: BSB – Heyse-Archiv, Ana 549, Nr. 124; unveröff.

[25] Vgl. Kugler an Fontane, 20.9.1853; FKug I, Nr. 16, S. 266.

[26] Vgl. Klaus-Peter Möller: Die erste Ausfahrt der „Argo“. Rekonstruktion eines Verlagsprojekts. Mit zwei Briefen Theodor Fontanes an den Gebr. Katz Verlag Dessau. In: FBl 82 (2006), S. 34–57; vgl. auch Abb. 7.

IV

Der dreiwöchige Aufenthalt Storms in Berlin veränderte das Verhältnis zwischen Storm und Fontane, was sich schon in Fontanes Brief an seinen Freund Friedrich Witte andeutete. Noch unmittelbar von dem Eindruck, den Storm bei ihm hinterlassen hatte, schrieb Fontane am 3. Oktober 1853 von den „schöne<n>, anregende<n> Tage<n>“ und den Gesprächen mit Storm, in denen es um „das eigentliche Dichtertum“ und um das „echte Talent“ gegangen war, das im Unterschied zum Epigonentum „immer selbständig“ sei.[27] Fontanes Bewunderung für den Dichter Storm, die er bereits in seinem ersten Brief zum Ausdruck gebracht hatte (Nr. 3), war nach dem Wiedersehen deutlich gewachsen. Fontane erkannte in Storm nun ein Vorbild der „reine<n> Verkörperung <...> des lyrischen Dichters“[28], der ein „bedeutendes und bewußtes Talent“ sei und von dem er „im Hineinschauen in die Werkstatt <...> erst wieder recht fühlen gelernt <habe>, welche ernst und schwere Sache das Versemachen“ sei.[29] In seinen Briefen an Storm, aber auch in den „Erinnerungen“ und im Storm-Kapitel in „Von Zwanzig bis Dreißig“ äußerte sich Fontane immer wieder ehrfurchtsvoll über die Werke Storms, der für ihn mittlerweile wegen seiner Liebesgedichte einen herausragenden Dichtertypus verkörperte. Nach seiner Lektüre von „Auf der Universität“ bekannte sich Fontane freimütig als „Stormianer“ (Nr. 78), und in den „Erinnerungen“ nannte er sich gar einen „unbedingte<n> Stormianer“ (S. 174). Nachdem er Storms Ausgabe der Gedichte während einer Sommerfrische im Harz 1868 erneut gelesen hatte, schrieb Fontane seinem „Lieblingsdichter“ (Nr. 89) und bezeichnete sich selbst als den größten „Verehrer“ Storms; in einem weiteren Brief schwärmte er dann immer noch von seinem „Lieblingslyriker“ (Nr. 92). Vermutlich haben sich Storm und Fontane in Berlin aber auch gelegentlich ihre existentiellen Probleme anvertraut. Denn Storm äußerte sich am 28. Oktober 1853 darüber, dass seine „Situation <...> gewiß keineswegs eine bessere“ als diejenige Fontanes sei (Nr. 22). Wie glücklich Storm die Begegnung mit Fontane gemacht hatte, zeigt sein Dank an Fontane, den er mit einem überschwänglichen Kompliment abschloss: „Behalten Sie mich lieb; ich habe Sie recht in mein Herz geschlossen; Sie und Ihre sehr liebe Frau“ (Nr. 17). Nicht nur Fontanes Anrede „Lieber Storm“, die erstmals am 6. Oktober 1853 bezeugt ist (Nr. 18), sondern auch die weiteren Briefgespräche belegen, dass Fontanes anfängliche Distanz zumindest vorübergehend überwunden schien (Nr. 18). So ging es nunmehr nicht mehr vorwiegend um die „Argo“, sondern auch um Geselligkeiten, die den „Rütli“ betrafen, und um den Austausch über poetische Projekte. Auch über private Angelegenhei-

[27] Erler I, S. 132 f.

[28] Lohmeier 1990 (wie Anm. 2), S. 31.

[29] Fontane an Friedrich Witte, 3.10.1853; Erler I, S. 132 f.

ten, die Fontane in den ersten Schreiben an Storm noch ausgeklammert hatte, wurde gesprochen, etwa über Otto Storm, der im Herbst 1853 wie sein Bruder Theodor aus politischen Gründen nach Berlin gezogen war, um eine Ausbildung zum Kunstgärtner zu absolvieren (Nr. 17 f. und 20). Außerdem äußerte sich Storm gelegentlich etwas deutlicher über die Situation in Schleswig-Holstein und machte beispielsweise keinen Hehl aus seiner bitteren Enttäuschung über die dänisch gesinnte Neubesetzung der Ständeversammlung (Nr. 19). Wie sehr Storm Fontane überdies vertraute, verdeutlicht nicht zuletzt die Tatsache, dass er für Fontane „8 Mappen" *nach Berlin mitgebracht hatte, in denen er die Privatbriefe seiner Freunde Hartmuth Brinkmann, Theodor Mommsen und Ferdinand Röse aufbewahrte. Auch die Briefe Eduard Mörikes waren dabei, den Storm als großes Vorbild bewunderte. Fontane studierte die Konvolute sehr genau und bezog sich in seinen Briefen an Storm zum Teil in wörtlicher Anspielung auf seine Lektüre, insbesondere auf Mommsens Briefe (Nr. 20).*[30]

Der Austausch der Briefhandschriften belegt nicht nur Storms Offenheit gegenüber Fontane, sondern zeigt einmal mehr Storms und Fontanes Wertschätzung von Autographen und ihrer Bedeutung für die Nachwelt. Schließlich boten die Freundesbriefe neue Gesprächsinhalte, etwa über die Gepflogenheiten von Briefwechseln und ihre literarische Qualität. So nahm Fontane die Lektüre der Briefe Brinkmanns und Röses zum Anlass, über seine Korrespondenz mit Storm zu reflektieren und stellte fest: „Ein Brief soll keine Abhandlung, sondern der Aus= und Abdruck einer Stimmung sein. Dem kommen wir näher" *(Nr. 19).*

V

Am 18. November 1853 traf Storm in Berlin ein. Seine Ernennung zum preußischen Gerichtsassessor am 14. Oktober 1853 und die Zuweisung einer unbezahlten Stelle am Kreisgericht in Potsdam beendeten die lange Zeit der Ungewissheit, die Storm nach seiner Rückkehr aus Berlin seit Ende September 1853 in Pöseldorf (Nr. 16), Altona (Nr. 17, 19 und 24) und Segeberg (Nr. 22) verbracht hatte. Wie es verabredet war, wurde er von seinem Bruder Otto und Fontane am Bahnhof abgeholt (Nr. 24). Einen Tag später nahm Storm an einer „Rütli"-Sitzung bei Merckel teil, und am 20. November 1853 gingen Theodor und Otto Storm in den „Tunnel", wo sie sich in das „Fremdenbuch" eintrugen (vgl. Abb. 10).

---

30 Wenngleich Fontane Mommsens Briefe kritisch bewertete, führte die frühe Beschäftigung mit Mommsen vermutlich dazu, dass er um 1881 in einer ersten Disposition über den Beitrag „Die gesellschaftliche Stellung der Schriftsteller" auch einen Abschnitt über Mommsen und Storm beabsichtigte; vgl. Reuter, S. 177.

Mit Storms Umzug erwarteten Storm und Fontane allein schon durch die Nähe Potsdams zu Berlin eine Vertiefung ihrer Beziehung. Am 28. Oktober 1853 hatte Storm die Aussicht auf regelmäßige Besuche als „Lichtpunkte in der grauen Potsd. Existenz“ bezeichnet und Fontane die Mitnahme eines „Gastbett<s>“ angekündigt (Nr. 22). Fontane äußerte sich am 3. Oktober 1853 gegenüber Witte mit einem gewissen Stolz, dass Storm nun einer „der Unsern“ werde, wobei er aber gleichzeitig bedauerte, dass Storm „nicht unmittelbar“ in Berlin wohnen werde.[31] Am 5. November 1853 schrieb er dann auch an Storm über seine Freude, ihn „nun binnen wenig Tagen wieder hier“ zu haben (Nr. 23).

Die Vorfreude auf das Wiedersehen täuschte nicht darüber hinweg, dass Storm der Abschied von Husum sehr schwer gefallen war. Der Weg zum Berliner Reichskammergericht, wo er am 23. November 1853 vereidigt wurde, kam ihm wie ein „recht sauerer Gang“ vor, für den er sich nur aus familiärer Verantwortung entschieden hatte. Einsamkeit und „das drückende Gefühl, in einem fremden Lande“ zu sein, wo einem „der Boden unter den Füßen fehlt“, belasteten Storm dabei ebenso wie das ihm nun bevorstehende „Verhältniß der Unterordnung“, das er als selbständiger Anwalt bisher nicht gekannt hatte. Hinzu kamen die Befürchtungen, den anstehenden beruflichen Belastungen körperlich nicht gewachsen zu sein.[32] Storm hatte offenbar zunächst an eine Probezeit von höchstens „10 Monaten“ gedacht, der eine bezahlte Anstellung folgen würde.[33] Auch in seinen Briefen an Fontane kann man lesen, dass er immer wieder Hoffnungen auf eine baldige Versetzung schöpfte, etwa im August 1854 (Nr. 54) oder im Sommer 1855, als er sich auf Merckels Empfehlung für eine Kreisrichterstelle in Prenzlau und Perleberg beworben hatte (Nr. 64). Ende November trafen Constanze Storm und die drei Söhne Hans, Ernst und Karl ein. Am 8. Dezember 1853 wurde Storm in Potsdam zum „Gerichts-Assessor“ ernannt[34] und am 10. Dezember in einer Plenarsitzung vor seinen Kollegen in Potsdam förmlich eingeführt.[35]

Storms Existenzängste waren durchaus berechtigt. Insbesondere die Briefe in die Heimat sind von einer durchgehenden „Heimwehverstimmung“ gezeichnet und zeigen, wie sehr der Alltag von gesundheitlichen, beruflichen und finanziellen Sorgen do-

---

31 Erler I, S. 133.

32 Storm an Constanze Storm, 24.11.1853; StCSt, Nr. 19, S. 74.

33 Vgl. Storm an Constanze Storm, 21.9.1853; StCSt, Nr. 13, S. 63.

34 Vgl. „Amtsblatt der Königlichen Regierung zu Potsdam und der Stadt Berlin“. Stück 51, 23.12.1853.

35 Vgl. Mückenberger 2001 (wie Anm. 6), S. 87–89. Zu Theodor Storms Jahren in Potsdam vgl. Eduard Bertz: Theodor Storm in Potsdam. Aus den Verbannungsjahren eines schleswig-holsteinischen Dichters. In: „Mitteilungen des Vereins für die Geschichte Potsdams“. Neue Folge V (1910), Heft 3, S. 1–24. Vgl. auch Gabriele Radecke: „Heimisch werde ich mich hier niemals fühlen“. Theodor Storm in Potsdam (http://www.literaturport.de/index. php?id=125; Stand: Dezember 2009).

miniert wurde. Bereits wenige Wochen nach Dienstantritt hatte Storm wegen heftiger Magenkrämpfe „Urlaub vom Director“ *beantragt.*[36] *Als alle schulmedizinischen Versuche gescheitert waren, unterzog er sich im Februar 1854 einer sechswöchigen Therapie des* „in Potsdam und Berlin hochberühmten Magenkonzessionierten“ *Emil Voigt, die es ihm erst am 15. März erlaubte, mit der Arbeit fortzufahren.*[37] *Gegenüber Fontane klagte Storm ebenfalls über eine* „gänzliche körperl. Unfähigkeit“ *(Nr. 25) und über ein* „sehr kümmerliches“ *Befinden; auch über die Kur beim* „Magenzaubrer Voigt“, *der in der „Vossischen Zeitung“ inseriert hatte, wusste Fontane Bescheid (vgl. Anm. 6 zu Brief Nr. 31, S. 300 f.). Während seiner Krankschreibung fand Storm immer wieder Ablenkung bei seinen Fahrten nach Berlin; so war er zu Gast bei Kuglers Geburtstagsfeier am 19. Januar 1854 (Nr. 29 f.) oder besuchte Anfang Februar 1854 den „Tunnel“.*[38] *Als es Storm* „etwas besser“ *ging und er Fontane meldete, dass er wieder* „in den Akten“ *sei (Nr. 35), war Fontane sehr erfreut über diese Nachricht (Nr. 36). Noch in den späteren Briefen kam Storm auf seine Krankheit zurück; am 23. Juni 1860 berichtete er ihm von einem starken* „Magenkrampf“, *der dazu führte, dass Storm seinen Brief an Fontane diktieren musste (Nr. 72).*

Storms Schwierigkeiten, sich in die „moderne, komplex strukturierte und insgesamt erheblich differenziertere preußische Gerichtsordnung“ *einzuarbeiten, werden im Briefwechsel ebenfalls thematisiert. Schon in seinem ersten Brief aus Potsdam sprach er sich über* „das wirklich Grauenvolle des ersten Stadiums“ *aus (Nr. 25). Nicht nur bei seinen Eltern, sondern auch bei Fontane beklagte sich Storm über eine permanente Überforderung und Arbeitsüberlastung (Nr. 38 f., 43 und 47), die durch die zahlreichen Bagatellprozesse, das nicht zu bewältigende Aktenstudium und das ihm abverlangte enorme Arbeitstempo verursacht wurden. Schon während seiner autodidaktischen Vorbereitungen sprach Storm Fontane gegenüber von einem großen* „Wall des Preuß. Rechts“, *der zwischen ihm* „und der Poesie“ *liege und der ihn an seiner literarischen Arbeit hindere (Nr. 22). Als Gerichtsassessor in Potsdam war ihm zwar die dritte juristische Staatsexamensprüfung erspart geblieben, gleichwohl kostete ihn die Einarbeitung in das anspruchsvolle Preußische Landrecht immer noch viel Zeit. Hinzu kam, dass Storm als Assessor ohne Votum nicht als Volljurist zu allen Ämtern befähigt, sondern nur einem Referendar gleichgestellt war, der nach „Anweisung und unter der Verantwortung des Ausbilders“ arbeitete und stets der Gegenzeichnung des vorgesetzten Richters bedurfte.*[39] *Allmählich wurden Storm eigenverantwortliche*

---

[36] *Vgl. Constanze Storm an Elsabe Esmarch, 26.1.1854; H: SHLB Cb 50.58:90,15; unveröff.*

[37] *Vgl. Storm an Johann Casimir Storm, 24.2.1854; H: SHLB Cb 50.53:3,08; Goldammer I, Nr. 59, S. 228.*

[38] *Vgl. Friedrich Eggers an Storm, 10. Februar 1854; H: SHLB Cb 50.56:37,03; unveröff.*

[39] *Vgl. Mückenberger 2001 (wie Anm. 6), S. 94 f.*

Aufgabenbereiche übertragen, die ihm einerseits Einblicke in die vielfältigen Abteilungen der Streitigen und Freiwilligen Gerichtsbarkeit gewährten, ihn andererseits aber auch an seine körperlichen und psychischen Grenzen führten. Im Februar 1854 wurde er als stimmberechtigter beisitzender Richter in die Schwurgerichtsverfahren aufgenommen, die sich mit Diebstahl, Unterschlagung, Meineid und Totschlag befassten. Aus gesundheitlichen Gründen musste er aber seine Mitarbeit absagen. Bis 1856 hatte Storm als Deputierter mit den Belangen von Schwurgerichten zu tun, die er auch gegenüber Fontane erwähnte, etwa als er im Juni 1854 über eine Kindesmörderin mitzuentscheiden hatte (Nr. 47). Nachdem Storm innerhalb kürzester Zeit unter anderem das Bagatell- und Zivildezernat sowie die Kriminaldeputation durchlaufen hatte,[40] übernahm er im Sommer 1855 das strafrichterliche Dezernat des Kreisgerichtsrats Knauff, der Storm „der nächste unter den Kollegen“[41] *war. Obgleich sich Storm nicht zuletzt durch die Fürsprache seines Vorgesetzen von Goßler beruflich weiterqualifizierte und nach einem Jahr ohne Diäten eine vorübergehende Grundsicherung erhalten sollte, war er nach wie vor auf die finanziellen Zuwendungen und Lebensmittelsendungen der Eltern und Schwiegereltern angewiesen.*[42]

Trotz aller beruflicher Verpflichtungen führten Storm und Fontane ihre literarischen Briefgespräche des ersten Jahres weiter. Es ging um die eher durchwachsene Resonanz auf die Veröffentlichung der „Argo“ (Nr. 31 f.) und um die gescheiterten Verhandlungen wegen eines zweiten Bandes (Nr. 49, 51 und 53) sowie um die Vorbereitungen von Storms Artikel „Theodor Fontane“, für den Fontane seinen Lebenslauf schrieb (Nr. 32). Auch gesellige Ereignisse standen bevor, wie etwa der Polterabend von Paul Heyse und Margarete Kugler am 14. Mai 1854 (Nr. 44 f.), oder der Geburtstag von Constanze Storm, zu dem ihr ein Autographenalbum geschenkt wurde (Nr. 35 f. und 42–44). Wie zu Anfang ihrer Korrespondenz schickte Storm auch weiterhin über Fontane seine Beiträge nach Berlin, die er auf Drängen von Eggers für das „Literatur-Blatt des deutschen Kunstblattes“ geschrieben hatte (Nr. 34 und 36). Zwischen 1854 und 1855 entstanden fünf Rezensionen über die Neuerscheinungen von Martin Anton Niendorf (Nr. 32), Karl Heinrich Preller (Nr. 36), Julius Rodenberg (Nr. 34), Klaus Groth (Nr. 54) und Hermann Kette sowie eine Besprechung der von Achim von Arnim und Clemens Brentano besorgten Sammlung „Des Knaben Wunderhorn“ (Nr. 37) und der Essay über Theodor Fontane. Außerdem nahm Storm auch weiterhin Anteil an der Entstehung von verschiedenen poetischen Plänen Fontanes, wie etwa der historischen Erzählung über den englischen Kardinal und Staatsmann Thomas Wolsey, und bemühte sich wie in den Monaten zuvor um Quellenmaterial.

---

40 *Vgl. Mückenberger 2001 (wie Anm. 6), S. 98–112.*

41 *Storm an Johann Casimir Storm, 15.3.1854; Goldammer I, Nr. 67, S. 263.*

42 *Vgl. zu den einzelnen Abteilungen Mückenberger 2001 (wie Anm. 6), S. 93–102.*

Umgekehrt erfuhr Fontane gelegentlich über Storms poetische Projekte, zum Beispiel über die Novelle „Im Sonnenschein" (Nr. 35 und 50 f.). Hinzu kam, dass Fontane seine Arbeitsmanuskripte der Balladen „Der Tag von Hemmingstedt" und „Wangeline, die weiße Frau" nach Potsdam schickte, weil ihm an Storms kritischem Urteil gelegen war (Nr. 36 f.). Waren die Briefe von Storm und Fontane bis zu Storms Übersiedelung noch geprägt von den engagierten Diskussionen über Storms Dichtungen für die „Argo" und Fontanes Werkideen, so fanden in den Potsdamer Jahren kaum noch intensive schriftliche Auseinandersetzungen statt. Fontane teilte in seinen Schreiben nur noch knapp die Zusammenfassungen der „Rütli"-Beurteilungen von Storms Beiträgen mit (Nr. 32 und 36), und auch Storm äußerte sich nur am Rande über Fontanes Dichtungen. So bemerkte er nach der Lektüre der „Wangeline" nur beiläufig, dass die Erzählung „nicht lebendig geworden" sei, weil „Spuck < …> doch nicht Ihre Sache" sei (Nr. 37). Außerdem ging es oft nur um organisatorische Details der gesellig-literarischen Zusammenkünfte (Nr. 28). Eine Ausnahme bildete die Debatte um Karl Gutzkows Verriss über Gustav Freytags Roman „Soll und Haben", der bei Storm auf Zustimmung, bei den anderen Rütlionen aber, die Gutzkows Kritik an der „Argo" noch nicht überwunden hatten (Nr. 28), auf große Ablehnung gestoßen war (Nr. 64–67).

Mit Storms Umzug nach Potsdam waren die besten Voraussetzungen für regelmäßige literarische Geselligkeiten gegeben; tatsächlich erfüllten sich Storms und Fontanes Erwartungen jedoch bei weitem nicht. Im „Tunnel über der Spree" war Storm ein seltener Gast. Es ist nur eine Lesung von einem Storm-Gedicht am 13. Februar 1853 bekannt („Sie saßen sich genüber lang"), das Storm als kritische Antwort auf Kuglers Ballade „Stanislaw Oswiecim" geschrieben hatte, die am 2. Januar 1853 in Storms Anwesenheit zum Vortrag gekommen war. Im Unterschied zu Kuglers Gedicht stieß Storms künstlerische Darstellung des Inzest-Themas der Geschwisterliebe auf breite Ablehnung; auch Fontane schloss sich dem negativen Urteil an (vgl. Anm. 14 zu Brief Nr. 3, S. 213–217).[43] Storm wurde kein „Tunnel"-Mitglied, und es sind überhaupt nur wenige Besuche im „Tunnel" belegt.[44] Im „Rütli" hingegen hatte Storm zunächst eine größere Anerkennung erfahren, was allein schon das Werben um Storms Mitarbeiterschaft für die „Argo" in den ersten Monaten des Briefwechsels verdeutlicht.

[43] In seinen „Erinnerungen" (vgl. S. 170) und im Storm-Kapitel (vgl. S. 190 f.) gibt Fontane die „Tunnel"-Lesung von Storms Gedicht nicht korrekt wieder. Außerdem verwechselt er den „Rütli" mit dem „Tunnel".

[44] Fontane irrt sich, wenn er im Storm-Kapitel schreibt, dass Storm ein „Tunnel"-Mitglied gewesen sei (vgl. S. 190). Bis heute wird diese Behauptung weiter tradiert. Storm ist in dem „Verzeichnis der Mitglieder des literarischen Sonntags-Vereins: Tunnel über der Spree nebst den Beinamen derselben" (1868 und 1877) nicht aufgeführt.

Dennoch nahm die Zahl der Zusammenkünfte mit Storm auch in dem kleineren literarischen Zirkel ab; insbesondere wurden die Fahrten nach Potsdam immer seltener.[45]

Bereits vor seiner Übersiedelung nach Potsdam wurde Storm als Mitglied des „Rütli" begrüßt. In Anspielung auf Storms Liebeslyrik und wegen seiner großen Verehrung für den Komponisten Richard Wagner wurde ihm vermutlich Ende 1854 der Name „Tannhäuser" gegeben.[46] Am 13. November 1853 hatte Storm zusammen mit seiner Frau Constanze die Inszenierung der Oper „Tannhäuser und Der Sängerkrieg auf Wartburg" im Hamburger Stadttheater besucht; wenige Tage später hat er Fontane davon vorgeschwärmt (Nr. 24). Ein paar Tage nach der Aufführung war Storm noch „ganz in der träumerischen Tannhäuserstimmung",[47] und im Freundeskreis hat Storm gelegentlich „aus Tannhäuser" vorgesungen.[48] In seinem Storm-Kapitel wollte sich Fontane jedoch nicht auf Storms Wagner-Enthusiasmus festlegen, wenn er betonte, dass Storm nur in seiner Eigenschaft „als Liebesdichter" einen Anspruch auf den Namen „Tannhäuser" gehabt habe und dass er selbst mit Wagners „Tannhäuser" nur „eine gewisse" Vorstellung des prominenten Wagner-Sängers Albert Niemann assoziiere, „von der Storm so ziemlich das Gegentheil war, ein Mann wie ein Eichkätzchen, nur nicht so springelustig" (S. 190).

Aus Storms Briefwechsel mit Fontane geht hervor, dass schon das erste „Rütli"-Treffen in Potsdam „unter einem funesten Unstern"[49] stand. Storm verteilte seine Einladung bereits kurz nach dem Umzug im Dezember 1853 (Nr. 24 f.); wegen des bevorstehenden Weihnachtsfestes wurde die „Rütli"-Versammlung dann aber auf den 7. Januar 1854 verschoben (Nr. 27). Die weiteren Briefe Fontanes und Storms belegen nun mehrere Versuche Storms, die Rütlionen nach Potsdam einzuladen, wobei es aber immer wieder zu Terminverschiebungen und kurzfristigen Absagen kam (Nr. 46–49 und 62 f.). Die Briefe der „Rütli"-Mitglieder zeigen dabei einerseits das umständliche Ritual, das mit einem Zirkularbrief begann, der an alle anderen weitergereicht wurde (vgl. die Abb. 11), andererseits verrät die Korrespondenz der Berliner Freunde untereinander, dass die Kluft zwischen ihnen und Storm größer geworden war. Denn nicht nur Krankheiten und schlechtes Wetter waren für die zahlreichen

---

[45] Vgl. Peter Goldammer: „Das Ungeheuer Berlin". Storm in der preußischen und in der deutschen Hauptstadt. In: „Storm-Blätter aus Heiligenstadt" 9 (2003), S. 4–34, hier S. 18.

[46] Der „Rütli"-Name „Tannhäuser" für Storm ist erstmals in einem Brief Wilhelm von Merckels an Paul Heyse vom 6. Januar <1855> belegt; vgl. H: BSB Heyse-Archiv VI / Immermann; unveröff. Am 14. Februar 1855 ist eine „Rütli"-Einladung nach Potsdam belegt, die Storm mit „Tannhuser" unterzeichnet hat; vgl. H: SHLB Cb 50.51:30.

[47] Storm an Constanze Storm, November 1853; StCSt, Nr. 18, S. 71.

[48] Storm an Friedrich Eggers, <November 1854>; StEgg, Nr. 8, S. 29.

[49] Wilhelm von Merckel an Theodor Storm, 15.2.1855; H: Cb 50.51:30; StKug, Nr. 13, S. 128 f.

Absagen verantwortlich, sondern vielmehr die unbeliebten Treffen bei dem allzusehr von sich eingenommenen Storm selbst (vgl. Anm. 15 zu Brief Nr. 61, S. 368–371).[50]

*Auch in Potsdam bemühte sich Storm um literarische Beziehungen. Gegenüber Fontane erwähnt er gesellige Abende bei seinen Vorgesetzten Goßler (Nr. 33) und Knauff (Nr. 58), wo er stets gebeten wurde, aus seinen Dichtungen vorzulesen. Hin und wieder fand er auch Gelegenheit, Fontanes Werk vorzustellen, etwa die Ballade „Johanna Grey" oder Kostproben aus dem Band „Ein Sommer in London", den Fontane im August 1854 an Storm geschickt hatte (Nr. *58; vgl. Abb. 17 f.). Hinzu kam, dass Storm an den Zusammenkünften der „Literarischen Gesellschaft zu Potsdam" teilgenommen hatte, worüber der Briefwechsel mit Fontane allerdings nichts verlauten lässt. Aus dem Jahresbericht für 1854, der in der „Vossischen Zeitung" am 28. Februar 1855 veröffentlicht wurde, geht hervor, dass im Frühjahr 1854 der Herr* „Kreisgerichts-Assessor Storm <...> Proben seiner eigenen Dichtungen" *in der „Litteraria" vorgelesen hat. Ein zweiter Besuch ist Ende Oktober 1854 belegt, als Storm nach einer kurzen Einführung in das Leben und Werk des von ihm geschätzten und verehrten Eduard Mörike dessen Gedicht „Der alte Thurmhahn" vortrug.*[51] *Storm wurde vermutlich auf Einladung des Hofpredigers C. Grisson im März 1854 eingeladen; möglicherweise kam der Kontakt auch auf Empfehlung seiner Kollegen zu Stande. Es ist anzunehmen, dass Storm noch 1854 in die 120 Mitglieder umfassende „Litteraria" aufgenommen wurde.*[52]

Ein Grund für die Entfremdung Storms und Fontanes war die große Verstimmung, die durch Fontanes erotische Anzüglichkeiten gegenüber der schwangeren Constanze Storm im Juli 1854 ausgelöst wurde und die das Ehepaar Storm zutiefst verletzte (Nr. 50–52). Fontanes mitunter etwas freizügige Formulierungen waren im Freundeskreis bekannt, wie es etwa Fontanes Briefwechsel mit Lepel verdeutlicht, dem Fontane von seinem Missgeschick erzählte.[53] *Wie tief diese Verstimmung ging, zeigt Fontanes Bemerkung darüber am 4. Februar 1857, als Storm schon längst nach Heiligenstadt gezogen war (Nr. 70); auch im Storm-Kapitel (vgl. S. 197 f.) kam er auf seinen Fauxpas zurück. Nach diesem für Storm äußerst peinlichen Vorfall folgen die Briefe nicht mehr so dicht aufeinander, und zwischen dem 14. September 1854 und dem 11. Februar 1855 war die Korrespondenz sogar ganz unterbrochen. Storm und Fontane sahen sich*

---

50 *Vgl. etwa Emilie Fontane an Theodor Fontane, 7.1.1856; FEF I, Nr. 81, S. 254 f.*

51 *Vgl. Storm an Mörike, 14.11.1854; StMör, Nr. 6, S. 46.*

52 *Vgl. Radecke 2009 (wie Anm. 35) und Knut Kiesant: Die „Litteraria" in Potsdam. Eine unbekannte Gesellschaft der Goethezeit. In: Europäische Sozietätsbewegung und demokratische Tradition. Die europäischen Akademien der Frühen Neuzeit zwischen Frührenaissance und Spätaufklärung. Bd. II. Hg. von Klaus Garber u.a. Tübingen 1996 (Frühe Neuzeit, Bd. 27), S. 1565–1579.*

53 *Vgl. Lepel an Fontane, 5.9.1854; FLep I, Nr. 277, S. 393 f.*

zwar während dieser Zeit gelegentlich in Berlin, etwa beim „Tunnel"-Stiftungsfest am 3. Dezember 1854 (Anm. 37 zu Brief Nr. 84, S. 423), aber der erste Brief nach der langen Schreibpause machte nur allzu deutlich, dass in den zurückliegenden Monaten nur oberflächliche Begegnungen stattgefunden hatten (Nr. 61 f.). Auch im Sommer 1855 geriet der Briefwechsel ins Stocken, wie es Fontane in seinem Brief vom 22. Juli feststellt: „Weiß der T- daß es mit unsrer Correspondenz nicht mehr recht gehen will" (Nr. 67). Wie sehr sich Storm und Fontane einander entfremdet hatten, zeigt sich nicht zuletzt in Fontanes Brief vom 30. August 1855 (Nr. 69), in dem er sich bei Storm ein letztes Mal vor seinem Umzug nach England meldete, erneut eine Einladung nach Potsdam absagte und auf eine persönliche Verabschiedung verzichtete.

VI

Storms Jahre in Potsdam führten also nicht zu der erhofften Vertiefung seiner Beziehung zu Fontane, so dass Storm am 30. August 1855 mit Bedauern feststellen musste, in den zurückliegenden beiden Jahren doch „was aneinander versäumt" zu haben (Nr. 70). Fontane empfand vermutlich ähnlich, denn in seinen „Erinnerungen" kam er wiederholt auf Storms ernüchternde Bilanz zurück (vgl. S. 174 f.). In den anschließenden dreißig Jahren bis zu Storms Tod 1888 gelang es nun auch nicht mehr, das Band neu zu knüpfen. Die Korrespondenz weist große Lücken auf und in den Zeiten, in denen Briefe gewechselt wurden, folgte auf ein Schreiben in der Regel nur noch ein Antwortbrief. Auch die Wiederbegegnungen in Husum 1864 und in Berlin 1884,[54] wo sie beide „so bitter wenig voneinander" hatten (Nr. 100), trugen nicht zu einer Annäherung bei. Schon in seinem letzten Brief aus Potsdam hatte Storm befürchtet, dass sie sich aus den Augen verlieren könnten. Er kündigte seine „kleinen Bücher" an, die er an Fontane gelangen lassen wollte, damit sie „von Zeit zu Zeit erinnern Helfen" (Nr. 70). 1868 schlug er dann erneut vor, sich „gegenseitig unsre Bücher <zu> schicken" (Nr. 84), um wenigstens auf diese Weise die Verbindung aufrecht zu erhalten. In der Tat blieb der Kontakt zwischen Storm und Fontane unter anderem bestehen, weil Storm seine Neuerscheinungen wie beispielsweise die Novellen „Hinzelmeier" (Nr. 72) und „Auf der Universität" (Nr. *78–80) an Fontane gelangen ließ und Fontane sich mit „Jenseit des Tweed" und den „Balladen" revanchierte (Nr. *83). Darüber hinaus belebten ihre gegenseitigen Anfragen den Briefwechsel, mit denen Storm

[54] Zu Storms Berlin-Besuch vom 22. April bis zum 18. Mai 1884 vgl. Storm an Keller, 8., 13. und 14.6.1884 (StKel, Nr. 51, S. 117–119), und Fontanes Tagebuch vom 28. April bis 9. Mai 1884, GBA – Tagebücher II, S. 215. Vgl. auch Goldammer 2003 (wie Anm. 45), S. 21–27.

und Fontane sich wie in den ersten Monaten ihres Kennenlernens eine wechselseitige professionelle Unterstützung versprachen. So nahm Storm Fontanes Hilfe wegen Helen Clarks Übersetzung seiner Novelle „Immensee" (Nr. 74) in Anspruch. Storms Bitte, die er in Verbindung mit einer genauen Anweisung für die Korrektur ergänzte, führte allerdings zu einer kleinen Verstimmung. Fontane hatte in seiner Antwort auf Storms anmaßende Forderung erwidert, dass er die Übersetzung nicht im Detail mit der deutschen Fassung vergleichen, sondern vielmehr „wie eine engl: Original Arbeit" durchlesen und nur den Gesamteindruck bewerten werde (Nr. 75). Es ist anzunehmen, dass Fontane aufgrund seiner Erfahrungen als Übersetzer schließlich Storm doch überzeugte, denn am 29. Juni 1860 schickte Storm „das M.S." an Fontane (Nr. 76). Umgekehrt wandte sich Fontane an Storm, wenn er historische Informationen über Storms Heimat benötigte. Am 25. September 1864 etwa kündigte er aus Flensburg seinen Besuch in Husum an, wo Storm seit 1864 als Landvogt lebte. Glaubt man Fontanes „Erinnerungen", so ging es ihm nicht nur um ein bloßes Wiedersehen. Vielmehr zog es ihn wegen eines „egoistische<n>" Anliegens zu Storm, da er als Kriegsberichterstatter an einem „Buch über den Schl.Holst. Krieg"[55] arbeitete, zu den Kriegsschauplätzen nach Jütland gereist war und sich am Ende seiner Exkursion von Storm eine Unterstützung erhoffte. Fontanes Kalkül ging auf; nach einer schriftlichen Anfrage im Frühjahr 1865 (Nr. *85) wurde er von Storm „liebenswürdig" („Erinnerungen", S. 173) mit Literaturhinweisen versorgt (Nr. 86).

Nicht nur „die Uebersetzungsgeschichte" gab Anlass für Zwistigkeiten, wie es Fontane in den „Erinnerungen" bemerkte (S. 173). Auch die politischen Differenzen, die sich bereits 1853 angekündigt hatten, wurden nunmehr offen ausgetragen. Ein Grund hierfür ist vermutlich Fontanes Stelle als Redakteur bei der erzkonservativen und regierungsnahen „Neuen Preußischen (Kreuz-) Zeitung" zwischen 1860 und 1870, die auch zu Irritationen in Fontanes Freundeskreis geführt hatte. Hinzu kam, dass Storm vom Ende des Schleswig-Holsteinischen Krieges bitter enttäuscht wurde, insbesondere vom Anschluss Schleswigs und Holsteins an Preußen. Ein Höhepunkt der politischen Meinungsverschiedenheiten ist Storms empörter Antwortbrief auf Fontanes Sendung seiner Gedichte „Der Tag von Düppel" und „Einzug" im Dezember 1864 (Nr. 84), in denen er den Sieg der preußischen Armee über die dänischen Truppen bejubelt. Aus Storms Brief geht hervor, dass Fontane die Sendung mit einer Aufforderung zu einer ähnlichen Siegeshymne begleitet hatte, wovon Storm sich deutlich distanzierte und konterte, dass sie nun in „geschiedenen Lager<n>" stünden. Wie tief die Kluft zwischen Storm und Fontane letztendlich geworden war, belegt ein anderes Beispiel: Weil er Fontane „politisch fast" als seinen Gegner betrachtete,[56]

[55] Theodor Fontane: Der Schleswig-Holsteinsche Krieg von 1864. Berlin: Decker 1866.

[56] Vgl. Storm an George Westermann, 22.7.1868; Goldammer I, S. 661.

lehnte es Storm ab, ihn als Autor für einen Aufsatz in Westermanns „Illustrirten Deutschen Monatsheften“ zu gewinnen, in dem zur „Vorbereitung“ der Gesamtausgabe eine „Lebensskizze“ und eine „eingehende Besprechung des Poeten“ Storm veröffentlicht werden sollten.[57]

Trotz ihrer angespannten Beziehung ließen Storm und Fontane niemals ganz voneinander ab und knüpften immer wieder versöhnlich an ihre literarischen Gespräche an, wobei sie freilich nicht mehr die Intensität der Diskussionen ihrer ersten Briefe erreichten. Bis zuletzt haben beide die poetischen Neuerscheinungen des anderen beachtet. Fontanes ersten Roman „Vor dem Sturm“ las Storm als Fortsetzungsabdruck in der Zeitschrift „Daheim“ 1878, die er sich eigens dafür besorgt hatte. Am 4. Dezember 1878 räumte er dann allerdings ein, wegen der 36 Fortsetzungen die Übersicht über das Romanpersonal verloren und die Lektüre vorläufig eingestellt zu haben (Nr. *98).[58] Auch in den 1880er Jahren bezog Storm weitere Werke Fontanes, etwa „Grete Minde“, „Schach von Wuthenow“, „Ellernklipp“ und „Graf Petöfy“, die er zum Teil an seine Familie verschenkte.[59] Umgekehrt gehörte Fontane noch mehr zu den Lesern von Storms Werken. Schon in England, als die Korrespondenz unterbrochen war, nahm sich Fontane im Februar und März 1856 erneut Storms „Gedichte“, die Novelle „Ein grünes Blatt“ (GBA – Tagebuch I, S. 82) sowie die Erzählung „Wenn die Aepfel reif sind“ vor, die im zweiten Band der „Argo“ Ende 1856 erschienen war. Bei der Entstehung seines autobiographischen Werkes „Kriegsgefangen“ erinnerte sich Fontane ebenfalls wieder an Storms Gedichte und bat seine Frau Emilie noch während seiner Gefangenschaft, ihm „einige Einleitungs-Strophen verschiedener Gedichte < … > die sich auf die Strandlandschaft und das Meer bei Husum beziehn“ abzuschreiben und nach Frankreich zu schicken.[60] Dass Fontane auch über Storms aktuelle Publikationen informiert war, belegt schließlich sein Brief vom 28. Oktober 1884, in dem er Storm nach der Lektüre von „Zur Chronik von Grieshuus“ sehr gerührt gratulierte (Nr. 99). Schließlich las Fontane in den beiden ersten Lieferungen der Gesamtausgabe, die Storm ihm über seinen Verleger George Westermann mit der Bitte um eine Rezension hatte zukommen lassen. Fontane antwortete mit je einer Besprechung in der „Neuen Preußischen (Kreuz-) Zeitung“

---

[57] Vgl. Storm an Klaus Groth, 11.7.1868; StGr, Nr. 16, S. 51. Den Beitrag übernahm schließlich Ludwig Pietsch.

[58] Storms Rezeption von „Vor dem Sturm“ war bisher nicht bekannt, weil der Originalbrief verloren gegangen ist und das Exzerpt erst 1990 in einem kleinen Beitrag veröffentlicht wurde; vgl. Hans-Friedrich Rosenfeld: Zum Briefwechsel Theodor Storm – Theodor Fontane. In: „Euphorion“ 84 (1990), Heft 4, S. 449–451, und Editionsbericht, S. XLIX.

[59] Storm bestellte Fontanes Romane über seinen Verleger Paetel; „Ellernklipp“ am 18.12.1881 (vgl. StPae, Nr. 159, S. 138), „Grete Minde“ am 13.12.1882 (vgl. StPae, Nr. 169, S. 144) und „Graf Petöfy“ am 5.12.1885 (vgl. StPae, Nr. 241a, S. 195).

[60] Fontane an Emilie Fontane, 15.11.1870; FEF II, Nr. 445, S. 544.

(1869; vgl. den Abdruck auf S. 163 f.) und in der „Vossischen Zeitung" (1877; vgl. S. 165–167). Nach Storms Tod nahm sich Fontane für die Vorbereitung seiner „Erinnerungen" und des Storm-Kapitels die Werke und Briefe Storms ein letztes Mal vor; wenige Jahre später las er dann noch „mit Vergnügen" *den „Schimmelreiter".*[61] *Wie sehr Storm und Fontane sich gegenseitig geschätzt haben, zeigt nicht zuletzt die Aufnahme von Gedichten in ihre Anthologien. Fontane hatte nicht nur sein „Deutsches Dichter-Album" seit der ersten Auflage (1851) mit Storms „Oktoberlied" eröffnet, sondern noch weitere neun Gedichte folgen lassen. Storm versammelte in der Erstausgabe seines „Hausbuchs aus deutschen Dichtern seit Claudius" (1870) dann einige Balladen aus Fontanes erster Auflage der „Gedichte" (1851).*

Das Storm-Bild wurde jahrzehntelang durch die kritiklose Rezeption der einseitigen Darstellung in Fontanes „Von Zwanzig bis Dreißig" geprägt, wo er schonungslos mit Storm abrechnete, in der Beschreibung der menschlichen Schwächen übertrieb und Storms poetischem Œuvre nicht immer gerecht wurde. Bereits unter den zeitgenössischen Rezipienten gab es nur wenige Stimmen, die das Storm-Kapitel kritisch-distanziert gelesen haben.[62] *Insbesondere Fontanes Begriffe der* „Husumerei" *und der* „Provinzialsimpelei" *wirkten nachhaltig und beeinflussten die negative Beurteilung von Storms Werk bis weit in die 60er Jahre des 20. Jahrhunderts.*[63] *Fontanes Autobiographie wird oftmals noch als Tatsachenbericht gelesen, obwohl der Text aus einer großen Distanz heraus geschrieben wurde und zahlreiche sachliche Fehler und poetische Verschleierungen enthält. Im Storm-Kapitel betrifft das auch die Erstveröffentlichung der Storm-Briefe, die Fontane zum Teil falsch datierte und deren Wiedergabe er ohne Kennzeichnung verkürzte. Diese Textveränderungen führten zu einer Zuspitzung der negativen Darstellung der Charakterzüge Storms. Umgekehrt beeinflusste auch Storms Meinung die Forschung, insbesondere wenn es darum ging, die unterschiedlichen politischen Prägungen zu bewerten und daraus Konfliktpotentiale abzuleiten.*[64] *Hinzu kam, dass man das Verhältnis zwischen Storm und Fontane auf*

---

61 *GBA – Tagebücher II, 1. Juni–31, Oktober 1891, S. 256.*

62 *Vgl.* Peter Goldammer: *„Er war für den Husumer Deich, ich war für die Londonbrücke." Fontanes Storm-Essay und die Folgen. In: Theodor Fontane im literarischen Leben seiner Zeit. Hg. von Otfried Keiler. Potsdam 1988 (Beiträge aus der Deutschen Staatsbibliothek, Bd. 6), S. 379–396.*

63 *Vgl. David Jackson: Perspektiven der Storm-Forschung. Rückblicke und Ausblick. In: STSG 42 (1993), S. 23–34, hier S. 26. Insbesondere Vertreter der Heimatkunstbewegung haben Fontanes Begriff der* „Husumerei" *aufgegriffen und Storm „als einen der ihren" vereinnahmt, ohne das kritische Potential der Texte wahrzunehmen; vgl. Gerd Eversberg: Region und Poesie. Theodor Storms Entwicklung zum Schriftsteller. In: STSG 50 (2001), S. 7–21, hier S. 9 f. Vgl. auch Helmuth Nürnberger: „Der große Zusammenhang der Dinge". ‚Region' und ‚Welt' in Fontanes Romanen. Mit einem Exkurs: Fontane und Storm sowie einem unbekannten Brief Fontanes an Ada Eckermann. In: FBl 55 (1993), S. 33–68.*

64 *Vgl. Berbig 1993 (wie Anm. 17), S. 43.*

die politische Dimension reduzierte und andere Bereiche vernachlässigte.[65] *Mit der Neuedition des Briefwechsels ist es nun möglich, die kommentierten Briefe im Zusammenspiel mit Storms und Fontanes Texten zu lesen und vielleicht zu einer ausgewogenen Beurteilung ihrer facettenreichen und ambivalenten Beziehung zu gelangen.*

---

[65] *Einen Anfang hat etwa Gerd Eversberg gemacht und den Einfluss Fontanes und des „Rütli" auf Storms erzählerisches Werk fokussiert; vgl. Gerd Eversberg: Die Bedeutung Theodor Fontanes und seines Kreises für die Entwicklung der Stormschen Erzählkunst. In: FBl 54 (1992), S. 62–74.*

Editionsbericht

Der Briefwechsel zwischen Theodor Storm und Theodor Fontane wird hier erstmals in einer textkritischen und umfangreich kommentierten Edition vorgelegt. Die Neuedition unterscheidet sich in methodischer und inhaltlicher Hinsicht von der ihr vorausgegangenen Ausgabe von Jacob Steiner (1981).

Zur Überlieferungsgeschichte

Die Überlieferungsgeschichte der Briefe lässt sich aufgrund des unveröffentlichten Nachlasses von Friedrich Fontane rekonstruieren, der im Theodor-Fontane-Archiv aufbewahrt wird.[1] Der Briefwechsel umfasste einmal mindestens 104 Briefe (49 überlieferte und fünf erschlossene Briefe Storms sowie 44 überlieferte[2] und sechs erschlossene Briefe Fontanes). Die Briefe werden in der Schleswig-Holsteinischen Landesbibliothek Kiel, im Fontane-Archiv Potsdam und in der Staatsbibliothek zu Berlin aufbewahrt; drei Briefe befinden sich in Privatbesitz. Während die Originalbriefe Storms an Fontane die Kriege überdauerten, existieren von den Briefen Fontanes an Storm nur noch dreizehn Handschriften; die übrigen 31 Briefe sind in Abschriften und Drucken überliefert.[3] Über den Verbleib der mittlerweile verschollenen Fontane-Briefe, die von Otto Pniower und Paul Schlenther in der Ausgabe der „Briefe. Zweite Sammlung“ (1910) sowie von Richard von Kehler in dem Band „Neunundachtzig bisher ungedruckte Briefe und Handschriften von Theodor Fontane“ (1936) erstmals veröffentlicht wurden, gab es bisher nur vage Vermutungen. So meinte etwa Hermann Fricke, dass Fontanes Briefe an Storm von dessen Nachkommen in Varel/Oldenburg übernommen worden seien,[4] und das „Verzeichnis der Briefe Theodor Fontanes“ (HBV)

---

1 *Leider ist es bisher immer noch nicht gelungen, den Nachlass des Verlags Friedrich Fontane & Co. wissenschaftlich zu erschließen, obwohl er eine wichtige Quelle für die Überlieferungs- und Editionsgeschichte der Werke und des Nachlasses von Theodor Fontane ist.*

2 *Darunter befindet sich auch Fontanes Brief an Storm, der am oder nach dem 17. Oktober 1853 geschrieben, Mitte der 1990er Jahre von Gerd Eversberg gefunden und erstmals 1995 publiziert wurde. Er blieb so lange unbemerkt, da Fontane den Brief auf ein Kuvert geschrieben hat, das zu einem Brief Ferdinand Röses an Storm gehört und infolgedessen im Storm-Nachlass der SHLB liegt (vgl. Brief Nr. 21, Anm. S. 279 und Abb. Nr. 8 f.).*

3 *Diese Anzahl setzt sich aus 29 Abschriften und zwei Erstdrucken zusammen.*

4 *Fricke schreibt vom „Storm-Archiv in Varel“; vgl. Hermann Fricke: Das Theodor-Fontane-*

hat auf die ungeklärte Provenienz lediglich durch ein Fragezeichen aufmerksam gemacht.[5] *Im Zusammenhang mit der Kommentarrecherche für den vorliegenden Band haben sich nun zahlreiche Indizien ergeben, die den Schluss zulassen, dass die meisten Briefe Fontanes an Storm im Zweiten Weltkrieg tatsächlich unwiederbringlich verloren gegangen sind.*

Nachdem Fontane am 20. September 1898 gestorben war, nahm im Herbst 1900 die testamentarisch bestimmte Nachlasskommission (Fontanes Tochter Martha Fritsch-Fontane, der Burgtheaterdirektor Paul Schlenther und Justizrat Paul Meyer) ihre Arbeit auf (vgl. Friedrich Fontane an die Kommission und Geschwister, 27.1.1903; TFA W 262). Emilie und Theodor Fontanes Testament vom 7. Februar 1892 hatte der Kommission für den Nachlass noch nicht publizierter Texte das uneingeschränkte Recht übertragen, über den weiteren Verbleib, die Vernichtung oder den Abdruck zu entscheiden.[6] *Obwohl Friedrich Fontane nicht der Kommission angehörte und durch Theodor und Emilie Fontanes Testament „zum ausführenden Organ der Entscheidungen der Nachlasskommission degradiert wurde"*[7]*, ergriff der jüngste Sohn des Dichters die Initiative, das schriftstellerische Erbe der Öffentlichkeit zu übergeben. Seit 1888 führte er erfolgreich seinen gleichnamigen Verlag, publizierte die Bücher seines Vaters und verfügte nach dessen Tod allmählich über die Rechte des Gesamtwerks.*[8] *Das Testament der Eltern verfügte, dass eine Veröffentlichung des Nachlasses zuerst Friedrich Fontane angeboten werden sollte.*[9] *Als Verleger hatte Friedrich Fontane großes Interesse daran, möglichst bald mit der Herausgabe der ersten postumen Fontane-Gesamtausgabe zu beginnen, die neben den Romanen und Novellen, Gedichten und autobiographischen Schriften auch Briefe und Kritiken sowie einen Nachlassband umfassen sollte. Am 30. Oktober 1900 drängte er deshalb auf eine zügige Sichtung aller Handschriften (an Meyer; vgl. auch an die Kommission und Erben, 27.1.1903; TFA W 262).*[10] *Nachdem Ende 1904 die von Karl Emil Otto Fritsch*

Archiv. Einst und jetzt. In: „Jahrbuch für brandenburgische Landesgeschichte" 15 (1964), S. 165–181, hier S. 174.

5 *Vgl. z.B. bei Fontanes Brief an Storm, 19.3.1853; HBV-Nr. 53/14. In ihrer Einführung ging Charlotte Jolles noch davon aus, dass sich die Briefe Fontanes an Storm in Privatbesitz befänden. Vgl. Charlotte Jolles: Fontanes brieflicher Nachlaß. Bestand und Edition. In: FBl 47 (1989), S. 53–62, hier S. 60.*

6 *Vgl. Klaus-Peter Möller: Fontanes Testament. In: FBl 77 (2004), S. 16–36, hier S. 25 f.*

7 *Möller 2004 (wie Anm. 6), S. 29.*

8 *Vgl. Gabriele Radecke: „… möge die Firma grünen und blühn". Theodor Fontane. Briefe an den Sohn Friedrich. In: FBl 64 (1997), S. 10–63.*

9 *Vgl. Möller 2004 (wie Anm. 6), S. 26.*

10 *Vgl. zu den großen Problemen innerhalb der Nachlasskommission und zur Geschichte der Fontane'schen Familienphilologie Gabriele Radecke: Editionsgeschichte. In: Theodor Fontane: „Mathilde Möhring". Nach der Handschrift neu hg. von Gabriele Radecke. Berlin 2008 (GBA – Das erzählerische Werk, Bd. 20), S. 159–180, hier S. 160–164.*

besorgte zweibändige Ausgabe der „Briefe an die Familie“[11] *als erste Fontane-Briefausgabe ausgeliefert worden war, beauftragte die Nachlasskommission Paul Schlenther und Otto Pniower, mit den Briefen an die Freunde einen weiteren Band Fontane-Briefe herauszugeben (vgl. Martha Fritsch-Fontane an Theodor und Friedrich Fontane, 10.2.1905; TFA W 456).*[12] *Die Vorbereitungen waren mühsam, denn schließlich mussten die weit verstreuten und in Privatbesitz befindlichen Originalhandschriften oder zumindest Abschriften der Briefe zusammengetragen und die erbberechtigten Nachkommen von Fontanes Briefpartnern dann mit diplomatischem Geschick für das editorische Unternehmen gewonnen werden. Bereits 1904 hatte Friedrich Fontane eine groß angelegte Suchaktion nach Briefen des Vaters initiiert. Das im Namen seines Verlags Friedrich Fontane & Co. veröffentlichte Zirkular erreichte allerdings nicht die Erben Storms, so dass weitere Anstrengungen unternommen werden mussten, Gewissheit über Fontanes Briefe an Storm zu bekommen.*[13] *Inzwischen hatte man auch überlegt, der Einzelausgabe der Freundesbriefe weitere Bände folgen zu lassen, in denen Fontanes Korrespondenz* „in Gestalt von Briefwechseln mit berühmten Zeitgenossen“ *veröffentlicht werden sollte (Friedrich Fontane an Pniower, 31.5.1905; TFA W 641). Im Unterschied zu den Briefen Lepels an Fontane etwa, die man für eine Briefwechseledition in Aussicht gestellt hatte, riet Schlenther nach Durchsicht der Briefe Storms an Fontane, die sich in Fontanes Nachlass befanden (vgl. Friedrich Fontane an Schlenther, 13.7.1905; TFA W 595), ausdrücklich von einer solchen* „Sonderpublication“ *des Briefwechsels zwischen Fontane und Storm ab, da Storms Briefe mit ihrem* „Windelgeruch“ *und ihren* „Besuchsquälereien“ *zu viel* „Kleinkram“ *enthielten und nur belegten, dass Storm* „immer und ewig auf demselben Reck“ *umherturne. Schlenther meinte zudem, dass es hauptsächlich Storms Briefe gewesen seien, die Fontane zu der negativen Darstellung des Dichters in „Von Zwanzig bis Dreißig“ bewogen haben. Gerade weil Storm im Briefwechsel mit Fontane ebenso wie in seinen Briefen an Gottfried Keller weit hinter dem Briefpartner zurückbleiben würde, empfahl Schlenther abschließend,* „die Briefe an Storm dem Husumer Erben zu entreißen und das Wertvolle davon in unsere große Briefsammlung aufzunehmen“. *Es war offensichtlich Schlenthers große Bewunderung für seinen Freund Fontane sowie dessen Autobiographie „Von Zwanzig bis Dreißig“, die ihn zu diesem folgenreichen und schwerwiegenden Fehlurteil in Bezug auf die Briefe Storms veranlasste. Wie sehr Schlenther in seiner Meinung über Storm irrte, belegt nicht zuletzt die Feststellung, dass die Briefe Storms an die* „Klebrigkeit des Schmiedebergers“ *erin-*

---

[11] *Berlin: Friedrich Fontane & Co 1905.*

[12] *Bereits kurz nach Fontanes Tod hatte Friedrich Fontane eine Ausgabe der Briefe an die Freunde in Erwägung gezogen; vgl. Hermann Fricke:* Der Sohn des Dichters. *In: „Jahrbuch für brandenburgische Landesgeschichte“ 17 (1966), S. 24–51, hier S. 30.*

[13] *Vgl. Fricke 1966 (wie Anm. 12), S. 32.*

nerten, denn der hier offensichtlich gemeinte Jurist und Amtsgerichtsrat Georg Friedlaender aus dem schlesischen Schmiedeberg gilt heute immerhin als einer der bedeutendsten Briefpartner Fontanes (Schlenther an Friedrich Fontane, 19.8.1905; TFA W 7).

Nachdem sich auch Pniower 1906 mit der Durchsicht der Nachlass-Briefe beschäftigt hatte, begann man mit der Vorbereitung der Ausgabe der „Briefe. Zweite Sammlung". Es wurde beschlossen, einstweilen auf Fontanes Briefe an Storm zu verzichten, zumal man nicht erwartete, dass „unter den an Th. Storm gerichteten Th. F.'schen Briefen eine der Anzahl nach lohnende Auslese gefunden" *werde („Bericht über die Conferenz zwischen den Herren Direktor Dr. Paul Schlenther und Friedrich Fontane", 29. März 1907; TFA W 463). Unterdessen bemühte sich Friedrich Fontane weiterhin um eine Kontaktaufnahme zur Familie Storm. Dass ihm die Briefe des Vaters wichtig waren, zeigt das Angebot, das er zuletzt Ernst Storm unterbreitete: Demnach war er bereit, sämtliche im Besitz der Familie Fontane befindlichen Storm-Briefe abzugeben und im Gegenzug nur diejenigen Briefe Fontanes an Storm zu erbitten, die von Schlenther und Pniower für die Publikation ausgewählt wurden (vgl. Friedrich Fontane an Pniower, 25.6.1907, TFA W 647.8, sowie 14.9.1907, TFA W 649.1). Nachdem eine weitere öffentliche Suchanzeige die Nachkommen Storms wiederum nicht erreichte, gelang es Friedrich Fontane endlich, über seinen Freund und Kollegen Karl Curtius mit Gertrud Storm in Verbindung zu treten. Friedrich Fontane war durch Gertrud Storms Veröffentlichung eines Storm-Gedichts in der „Deutschen Rundschau"*[14] *auf Storms Tochter in Varel aufmerksam geworden (vgl. Friedrich Fontane & Co. an Pniower, 17.1.1907; TFA W 646). Karl Curtius (1863–1934) unterhielt seit 1906 eine Verlagsbuchhandlung in Berlin, stand in einer „*engen*"*[15] *und freundschaftlichen Verbindung zur Familie Storm und hatte 1907 die von Gertrud Storm besorgten „Briefe in die Heimat" herausgebracht. Außerdem bereitete die Tochter eine Biographie ihres Vaters vor, die ebenfalls bei Curtius erscheinen sollte.*[16] *Curtius'*

---

[14] *Vgl. Gertrud Storm: Ein ungedrucktes Gedicht Theodor Storms. In: „Deutsche Rundschau" 32 (1906), Heft 5, S. 293–295.*

[15] *Karl Curtius an H. Wolfgang Seidel, 15.8.1910; DLA Marbach; unveröff.*

[16] *Gertrud Storm: Theodor Storm. Ein Bild seines Lebens. Band 1: Jugendzeit, Band 2: Mannesalter. Berlin: Karl Curtius 1912. Leider gibt es bisher keine wissenschaftliche Darstellung über die Beziehung zwischen dem Verlag Karl Curtius und Gertrud Storm. Auch in Karl Ernst Laages „Gertrud Storm – Ein Leben für den Vater. Zu ihrem 50. Todestag" (in: STSG 36 <1987>, S. 61–67) findet man keine Informationen darüber. Meine Annahme stützt sich auf die wenigen Briefe im TFA Potsdam, im StA Husum, im DLA Marbach und in der SHLB Kiel. Als erste Storm-Publikation des Karl Curtius-Verlags waren 1907 die von Gertrud Storm besorgten „Briefe in die Heimat" erschienen. 1911 folgte H. Wolfgang Seidels Band „Theodor Storms Briefe an Friedrich Eggers" und 1917 schließlich „Theodor Storm. Zum 14. September 1917. Gedenkblätter von Ferdinand Tönnies". Vgl. die Briefe Karl Curtius' an Gertrud Storm, Nissenhaus, Dauerleihgabe im StA Husum T Br 607.*

Vermittlung war erfolgreich, denn am 21. Februar 1909 meldete sich Gertrud Storm erstmals bei Friedrich Fontane und teilte ihm u.a. mit, dass sie alle Briefe Fontanes an ihren Vater zur Verfügung gestellt habe. Am 23. Februar 1909 antwortete Friedrich Fontane, dass „der Umtausch der Briefe unserer Väter < … > durch Vermittlung < … von> Herrn Curtius" inzwischen geschehen sei. Nachdem Friedrich Fontane die Briefe seines Vaters erhalten hatte, übergab er seinem Kollegen Karl Curtius Storms Briefe zur weiteren Beförderung nach Varel (vgl. TFA, W 576, 1–6).[17] Der Austausch der Korrespondenz bezog sich auf die Briefe;[18] vermutlich haben auch wenige Beilagen – etwa der aufgeklebte Zeitungsausschnitt (vgl. Nr. 10) und Storms fragmentarisch überlieferte Abschrift seiner Erzählung „Ein grünes Blatt" (vgl. Nr. 6) – ihre Besitzer gewechselt. Storms und Fontanes Gedicht-Abschriften blieben hingegen an ihren ursprünglichen Bestimmungsorten, und auch die Blätter für das „Album für Constanze" mit Fontanes „Puritaner-Lied" kamen nicht mehr an Fontanes Nachkommen zurück.[19] Bevor er Storms Briefe weggab, hatte Friedrich Fontane maschinenschriftliche Abschriften der Briefe Storms an Fontane in seinem Verlag anfertigen lassen; nach dem Austausch wurden dann Abschriften von Fontanes Briefen an Storm für die Vorbereitung der Ausgabe der „Briefe. Zweite Sammlung" hergestellt.[20] Gertrud Storm hatte ihrerseits auch Fontanes Briefe an Storm kopieren lassen. Da sie etwa seit 1903 an der Biographie ihres Vaters arbeitete,[21] in der sie auch der Beziehung Storms zu Fontane einen Platz einräumt, benötigte sie nicht nur Storms Briefe, die sie zumindest in Auszügen durch Fontanes „Von Zwanzig bis Dreißig" kannte, sondern auch Fontanes Briefe, die ja bisher noch nicht veröffentlicht waren.[22] Es ist nicht anzunehmen,

---

[17] Bis zum Mai 1910 ist der Kontakt zwischen Gertrud Storm und Friedrich Fontane belegt; es ging u.a. um Belegexemplare und um die bebilderte Neuauflage von Fontanes „Von Zwanzig bis Dreißig" (Berlin: Friedrich Fontane & Co. 1910), für die Friedrich Fontane um eine Storm-Photographie gebeten hatte (vgl. TFA W 576,1–6).

[18] Fontanes Brief an Storm, 28. Juni 1860, blieb in Gertrud Storms Besitz, da er nicht im Konvolut der Fontane-Briefe aufbewahrt wurde, sondern in einer Mappe mit „Rütli"-Unterlagen.

[19] Zusammen mit der Beilage „24 December 1852" (vgl. Nr. 11) blieben auch Storms Gedichte „Trost", „Aus der Marsch" und „Abschied" (vgl. Nr. 12), die Storm ebenfalls per Brief oder persönlich Fontane hatte zukommen lassen, bei Fontanes Erben. Volquart Pauls hat sie von einem Berliner Antiquar für die Schleswig-Holsteinische Landesbibliothek Kiel erworben.

[20] Seit 1902 hatte Friedrich Fontane weibliche Schreibkräfte eingestellt, die die Briefe und Manuskripte aus Fontanes Nachlass abtippen sollten; 1905 wurde „das Hilfspersonal für die Anfertigung" von Kopien für die Herausgeber noch verstärkt (vgl. Bericht vom 10.11.1905; TFA W 297). Diese Abschriften dienten dann als Grundlage für die Arbeit an den Brief- und Nachlassbänden. Vgl. zur Qualität dieser Abschriften Radecke 2008 (wie Anm. 10), S. 171–174.

[21] Vgl. Laage 1987 (wie Anm. 16), S. 62.

[22] Vgl. Gertrud Storm: Zur Fundgeschichte der stormschen Briefe. In: „Das literarische Echo" 20 (1917/18), Sp. 243. Zur Vorgehensweise vgl. Walter Zimorski: Biographische

dass sie die maschinenschriftlichen Abschriften selbst anfertigte, denn sie schrieb andere Nachlass-Briefe in der Regel mit der Hand ab. Der Vergleich der maschinenschriftlichen Schreiben aus dem Verlag Karl Curtius, etwa an H. Wolfgang Seidel wegen der Herausgabe der Briefe Storms an Eggers,[23] *belegt nun, dass die Abschriften nicht, wie man es bisher angenommen hatte, ebenfalls von Friedrich Fontane hergestellt,*[24] *sondern vielmehr auf einer Schreibmaschine des Karl Curtius Verlags getippt worden sind. So wurden die Blätter der Briefe des Verlags wie die Abschriften der Fontane-Briefe stets beidseitig beschriftet. Außerdem verwendete man schwarzes und graues Farbband. Hinzu kommt, dass die Typoskripte zahlreiche falsche Spatien enthalten, die auf einen Defekt der Schreibmaschine hinweisen. Des Weiteren steht in den miteinander abgeglichenen Briefen Anstelle des großen „I" ein großes „*J*". Schließlich wurden in allen maschinenschriftlichen Briefen und Abschriften die Anreden zentriert platziert und die erste Zeile wurde eingerückt. Im Unterschied zu den Abschriften Friedrich Fontanes, die mit einem blauen Farbband einseitig angefertigt wurden, enthalten die Abschriften in Gertrud Storms Besitz zahlreiche Tipp- und Lesefehler, insbesondere bei der Namensschreibung, die darauf hindeuten, dass dem Abschreiber der Briefkontext nicht geläufig war. Nach der Briefübergabe inventarisierte Gertrud Storm die Abschriften der Briefe Fontanes an Storm und foliierte das Konvolut mit roter Tinte („*M 40-1*")*.

Der Austausch der Briefe Fontanes und Storms ereignete sich also in Wirklichkeit bereits im Februar 1909 und somit vier Jahre früher als bisher vermutet.[25] *Trotz aller Vorbehalte der Herausgeber Pniower und Schlenther kamen dann doch wenigstens 13 Briefe Fontanes an Storm im Oktober 1909 in der „Deutschen Rundschau" zum Abdruck, und Ende 1909 wurde die zweibändige Ausgabe „Briefe. Zweite Sammlung" mit 29 Briefen Fontanes an Storm ausgeliefert.*

Eine letzte Spur zu Fontanes Briefen aus dem ehemaligen Besitz der Storm'schen Familie führt zu den Katalogen der Berliner Autographenhandlungen Hellmut Mey-

---

Denkmalpflege. Gertrud Storms Lebensbild ihres Vaters Theodor Storm. In: Gertrud Storm: Theodor Storm. Ein Bild seines Lebens. 2 Bände in 1 Band. Mit einem Nachwort von Walter Zimorski. Hildesheim u.a. 1991, Anhang, S. 1–36, hier S. 15. Für die Darstellung der Beziehung Storms zu Fontane hat Gertrud Storm aus einigen Briefen Fontanes, die auch nach der Erstedition von Pniower/Schlenther unveröffentlicht geblieben sind, zitiert (vgl. etwa Fontane an Storm, 13.12.1862). Im Anhang der Neuedition werden im Überblick über die Überlieferung diese Zitate unter „Z" nachgewiesen.

23 *Die Korrespondenz wird im Deutschen Literaturarchiv Marbach aufbewahrt.*

24 *Vgl. Dieter Lohmeier: Der Nachlaß Theodor Storms bei seiner Erwebung durch die Schleswig-Holsteinische Landesbibliothek. In: Landesgeschichte und Landesbibliothek. Studien zur Geschichte und Kultur Schleswig-Holsteins. Hans F. Trothert zum 65. Geburtstag. Hg. von Dieter Lohmeier und Renate Paczkowski. Heide (2002), S. 261–278, hier S. 270, Fußnote 38.*

25 *Vgl. Lohmeier 2002 (wie Anm. 24), S. 270.*

er & Ernst und J. A. Stargardt zwischen 1933 und 1934. Aus finanziellen Gründen hatte Friedrich Fontane begonnen, Einzelstücke aus dem Nachlass seines Vaters zu verkaufen. So gelangte ein erstes großes Konvolut mit Fontanes Briefen an Lepel im November 1929 durch das Auktionshaus Stargardt an die Bibliothek der damaligen Friedrich Wilhelms-Universität zu Berlin.[26] *Am 9./10. Oktober 1933 wurde ein weiteres Briefkonvolut, das insgesamt 33 Briefe Fontanes an Storm umfasste,*[27] *von der Firma Hellmut Meyer & Ernst im Rahmen der größten Versteigerung von Fontanes Nachlass angeboten.*[28] *Die Briefe gingen zurück und wurden bis Ende 1934 von der Firma J. A. Stargardt in drei Lagerkatalogen erneut angeboten.*[29] *Sie wurden auch diesmal vermutlich nicht verkauft,*[30] *weil 29 der Briefe bereits von Pniower und Schlenther veröffentlicht worden und nur zwei davon (13.2.1855 und 13.12.1862) bisher unbekannt waren. Die Restbestände der Auktionen gingen an die Familie Fontane zurück*[31] *und bildeten den Grundstock für die Gründung des Theodor-Fontane-Archivs im Dezember 1935.*[32] *Da die Briefe Fontanes an Storm schon bei der Archivgründung nicht zu den Beständen gehört hatten,*[33] *ist anzunehmen, dass sie nach der*

---

[26] *Fontanes Briefe an Lepel werden heute als Leihgabe der UB der Humboldt-Universität zu Berlin im TFA aufbewahrt; vgl. TFA U 92 I und II.*

[27] *Heute sind nur noch 31 Briefe nachzuweisen, von denen in der vorliegenden Edition 28 nach h (TFA) und 3 nach E bzw. D (Kehler) ediert werden. Da die Anzahl der Briefe in den Auktionskatalogen zwischen „33" (Stargardt) und „etwa 33" (Hellmut Meyer und Ernst 1933) schwankt, waren es möglicherweise auch nur 31 Briefe, die zur Auktion gelangten.*

[28] *Vgl. Meyer und Ernst 1933, Nr. 35, Konvolut-Nr. 598. Vgl. zu den Hintergründen der Auktion Christel Laufer: Der handschriftliche Nachlaß Theodor Fontanes. In: FBl 20 (1974), S. 264–287, Georg Wolpert: „Es war eine traurige Auktion" – ein bislang unbekannter zeitgenössischer Bericht zu der Versteigerung des schriftlichen Nachlasses Theodor Fontanes 1933. In: FBl 75 (2003), S. 92–111, und Jutta Weber: „Mein lieber alter Theo". Staatsbibliothek zu Berlin und Fontane-Archiv erwerben gemeinsam unbekannte Briefe Fontanes an seinen Sohn Theodor. In: „Bibliotheksmagazin" 1 (2008), S. 18–23. Mit dieser Auktion wurde Fontanes Nachlass endgültig auf verschiedene Institutionen und Privatsammlungen verstreut.*

[29] *Vgl. Stargardt 1934/35 (Nr. 344, Konvolut-Nr. 406, Nr. 345, Konvolut-Nr. 34, und Nr. 353, Konvolut-Nr. 80).*

[30] *Frickes Annahme, dass in der SHLB die Briefe Fontanes an Storm liegen, ist falsch; dort befinden sich lediglich die von Gertrud Storm in Auftrag gegebenen Abschriften (h: SHLB) und 9 Briefe Fontanes an Storm, die die Bibliothek erst nach 1955 erworben hatte; vgl. Fricke 1964 (wie Anm. 4), S. 174.*

[31] *Nach Friedrich Fontanes Aufzeichnungen wurden die Fontane-Autographe ohne das Wissen der Erben verkauft, weshalb die Bestände dann 1935 zurückgefordert wurden; vgl. den Briefwechsel zwischen Friedrich Fontane und dem Auktionshaus Hellmut Meyer & Ernst im TFA. Vgl. auch Fricke 1966 (wie Anm. 12), S. 37, der sich auf ein an ihn gerichtetes Schreiben Friedrich Fontanes vom 1. Oktober 1935 bezieht.*

[32] *Vgl. Manfred Horlitz: Auf dem Weg zu einer zentralen Sammelstätte aller Archivalien von und über Theodor Fontane. In: Theodor-Fontane-Archiv Potsdam 1935–1995. Berichte, Dokumente, Erinnerungen. Hg. von Manfred Horlitz. Berlin 1995, S. 15–69, hier S. 27.*

[33] *In allen frühen Bestandsverzeichnissen des Theodor-Fontane-Archivs, die von Jutta Fürs-*

letzten Auktion an einen Privatsammler gelangt sind. Die Recherchen haben ergeben, dass es Richard von Kehler gewesen sein muss, der das Konvolut mit Fontanes Briefen an Storm erworben hat. Der ehemalige Major und Generaldirektor der Luft-Fahrzeug-Gesellschaft mbH in Berlin (1866–1943) war ein großer Fontane-Sammler und -Liebhaber. Zu seiner Sammlung gehörten auch mindestens drei Briefe Fontanes an Storm, die er in seinem Band „Neunundachtzig bisher ungedruckte Briefe und Handschriften von Theodor Fontane" 1936 veröffentlichte. In seinem Vorwort informiert Kehler, dass er seine Fontane-Autographen, also auch Fontanes Briefe an Storm, von Berliner Antiquaren und auf Auktionen gekauft habe.[34] *Es ist sehr wahrscheinlich, dass das Auktionshaus nicht nur drei separate Briefe an Kehler verkauft hat, sondern vielmehr das gesamte Konvolut mit allen 33 Briefen Fontanes an Storm. Für die Publikation, die ja nur eine Auswahl von Kehlers Sammlung repräsentiert, wurden dann die beiden unveröffentlichten Briefe vom 13. Februar 1855 (Nr. 6) und vom 13. Dezember 1862 (Nr. 10) ausgewählt und ein weiterer Brief an Storm vom 8. März 1853 (Nr. 4), der bis dahin ohne den auf dem Briefblatt direkt anschließenden Brief von Eggers an Storm vom 10. März 1853 abgedruckt worden war. Die Briefe stammten mit Sicherheit aus dem Briefkonvolut Gertrud Storms, das sie Friedrich Fontane überlassen hatte; denn es sind maschinenschriftliche Abschriften dieser drei Briefe überliefert, die dasselbe äußere Erscheinungsbild wie die anderen Abschriften der Fontane-Briefe aus ihrem Besitz haben und mit einer entsprechenden Inventarnummer versehen wurden. Kehlers Autographensammlung wurde im Zweiten Weltkrieg vernichtet*[35] *und mit ihr auch der größte Anteil der Briefe Fontanes an Storm aus dem ehemaligen Besitz der Familie Storm.*

Gründe für die Neuedition

1981 erschien die von Jacob Steiner besorgte kommentierte Erstausgabe des Briefwechsels zwischen Storm und Fontane.[36] *Die Korrespondenz der beiden Schriftsteller*

---

tenau, Charlotte Jolles und Hermann Fricke erarbeitet wurden, sind die Briefe Fontanes an Storm nicht aufgeführt; vgl. Jutta Fürstenau: Verzeichnis des Fontane-Archivs (Registraturexemplar; BLH Rep. 55 Provinzialverband der Provinz Brandenburg XI, Nr. 870 f.). Vgl. auch Hermann Fricke: Emilie Fontane. Mit unveröffentlichten Gedichten und Briefen von Theodor und Emilie Fontane. Rathenow 1937, Beilage 4.

[34] *Vgl. Richard von Kehler: Einleitung. In: Neunundachtzig bisher ungedruckte Briefe und Handschriften von Theodor Fontane. Hg. und mit Anm. versehen von Richard von Kehler. Berlin 1936, S. 7–11, hier S. 8.*

[35] *Vgl. Jolles 1989 (wie Anm. 5), S. 54.*

[36] *Theodor Storm – Theodor Fontane. Briefwechsel. Kritische Ausgabe. In Verbindung mit der Theodor-Storm-Gesellschaft hg. von Jacob Steiner. Berlin 1981.*

lag bis dahin in Teilpublikationen in Zeitschriften,[37] *in Briefsammelbänden*[38] *und in einer populären Ausgabe vor,*[39] *die nur eine kleine Auswahl der Briefe Fontanes oder Storms aus dem Zusammenhang herausgelöst repräsentierten, auf Textkritik verzichteten, Texteingriffe nicht markierten und die Brieftexte in normierter und modernisierter Gestalt, zum Teil auch gekürzt wiedergegeben haben. Der Göttinger Germanist Kurt Schreinert (1901–1967), der die Herausgabe der Edition der Briefe Fontanes an Georg Friedlaender verantwortete*[40] *und leitender Herausgeber der Nymphenburger Fontane-Ausgabe war, bereitete seit 1954 eine erste wissenschaftliche Edition des Briefwechsels zwischen Storm und Fontane vor, die allerdings durch seinen frühen Tod nicht zu Ende geführt werden konnte. Schreinerts Vorarbeiten sind nicht überliefert.*[41]

---

[37] *Vgl. Pniower 1909, S. 1465–1480. Pniowers Abdruck besteht vorwiegend aus Teildrucken in modernisierter und normierter Textgestalt mit einigen Druckfehlern. Die Brieftexte unterscheiden sich nur unwesentlich von Pniowers und Schlenthers Ausgabe „Briefe. Zweite Sammlung", in der die Druckfehler größtenteils beseitigt wurden. Weitere Publikationen von Storms und Fontanes Briefen in Zeitungen und Zeitschriften sind im Anhang der Edition unter dem Abschnitt „Überlieferung" sowie im Literaturverzeichnis zusammengestellt.*

[38] *Vgl. Theodor Fontane: Briefe. Zweite Sammlung. 2 Bde. Hg. von Otto Pniower und Paul Schlenther. Berlin 1910 und Briefe an die Freunde. Letzte Auslese. Hg. von Friedrich Fontane und Hermann Fricke. Berlin 1943. Diese Ausgabe enthält lediglich 3 Briefe Fontanes an Storm, die nach der „Zweiten Sammlung" ediert wurden. Christfried Colers zweibändige Ausgabe „Theodor Fontane: Briefe. Eine Auswahl" (Berlin <DDR> 1963) enthält zwölf Briefe Fontanes an Storm, die lediglich nach der Ausgabe „Briefe. Zweite Sammlung" wiedergegeben wurden. Auch die sonst so verdienstvolle Hanser-Briefausgabe (HFA), die 28 Briefe Fontanes an Storm aufgenommen hat (darunter 6 Erstdrucke), hat auf eine textkritische Prüfung der Handschriften und Drucke verzichtet. Für die Textkonstitution wurden die Handschriften und Drucke zu Grunde gelegt, wobei eine Prüfung der Drucke jedoch ausblieb. So wurden die bereits veröffentlichten Briefe nur nach den Drucken von Gülzow, Erler und Steiner wiedergegeben, ohne über die textkritischen Mängel dieser Ausgaben zu reflektieren. Zu Erlers Edition „Theodor Fontane. Briefe in zwei Bänden" siehe S. LV. – Storms Briefe an Fontane waren bis zu Steiners Edition zum Teil durch die von Peter Goldammer 1971 erstmals vorgelegte zweibändige Edition „Theodor Storm. Briefe" bekannt. Weitere Ausgaben sind im Anhang im Abschnitt „Überlieferung" und im Literaturverzeichnis zusammengestellt.*

[39] *Vgl. Storm – Fontane. Briefe der Dichter und Erinnerungen von Theodor Fontane. Einführung und Erläuterungen von Erich Gülzow. Reinbek 1948. Diese Ausgabe enthält 32 Briefe Fontanes an Storm. Sie kann für den wissenschaftlichen Zugang vernachlässigt werden, weil der Abdruck der Ausgabe der „Zweiten Sammlung" (Pniower/Schlenther 1910) folgt.*

[40] *Theodor Fontane: Briefe an Georg Friedlaender. Hg. und erl. von Kurt Schreinert. Heidelberg 1954.*

[41] *Schreinert hatte schon über erste Vorbereitungen hinaus mit der editorischen Arbeit begonnen und stellte den Kollegen seine Transkriptionen zur Verfügung. Vgl. Helmuth Nürnberger: „Wolsey". Ein unbekanntes episches Fragment von Theodor Fontane. In: „Jahrbuch des Freien Deutschen Hochstifts" 1965, S. 400–478, und NFA XV, S. 541.*

Steiners Edition umfasst alle damals bekannten Briefe – 47 Briefe Storms, 42 Briefe Fontanes, Fontanes Gelegenheitsgedicht für Storms Geburtstagsfeier am 14. September 1853, einen Brief Fontanes an den „Rütli" als Teildruck und vier erschlossene Briefe – sowie einen kleinen Anhang mit Erläuterungen, einem Literaturverzeichnis und drei annotierten Registern (zwei Register der Werke Fontanes und Storms sowie ein Register der Personen und ihrer Werke). Alle Rezensenten bemängelten, dass Steiners Ausgabe den Anforderungen an eine wissenschaftliche Edition in keiner Hinsicht genügt. Hervorgehoben wurden zwar die Bemühungen des Herausgebers, die Briefe, darunter 33 Erstveröffentlichungen, erstmals im Zusammenhang und im editorischen Sinn als „Briefwechsel" präsentiert zu haben. Auf grundlegende Kritik aber stieß Steiners kontaminierendes Verfahren der Textkonstitution bei den Briefabschriften[42] *sowie der unausgewogene Stellenkommentar,*[43] *der sich weder auf die Archivalien stützt noch die Forschung einbezieht. Moniert wurde zudem, dass die subjektiven Aussagen der beiden Briefschreiber nicht durch weitere Dokumente aus privaten und öffentlichen Zusammenhängen – etwa Umkreisbriefe, Tagebuchaufzeichnungen und Rezensionen – relativiert wurden.*[44] *Hinzu kommt, dass Steiner auf eine lückenlose Dokumentation der Überlieferungsgeschichte verzichtete und eine textkritische Prüfung aller Textzeugen und Drucke unterließ. Ein weiteres Problem bilden die erschlossenen Briefe, von denen Steiner zwar vier gefunden hat (Nr. 76, 78, 80 und 93), auf deren systematische Ermittlung – etwa aufgrund anderer Quellen – er aber verzichtete. Außerdem fehlt eine angemessene Erfassung und Integration der Briefbeilagen. Die Lücken und Fehler der Erläuterungen und des Registers veranlassten schließlich Peter Goldammer zu dem Resumee, dass eine „sorgfältig kommentierte, durch weitere unentbehrliche Zeugnisse ergänzte Edition des Briefwechsels zwischen Storm und Fontane <…> ein Desiderat" bleibt.*[45]

---

[42] *Vgl. die ausführliche Rezension von Peter Goldammer: Theodor Storm – Theodor Fontane. Briefwechsel. Kritische Ausgabe. In: FBl 34 (1982), S. 214–221. Auf Goldammers Besprechung haben sich viele Rezensenten dann bezogen, weshalb sie hier unerwähnt bleiben können. Vgl. darüber hinaus Brigitte Leuschner: Theodor Storm – Theodor Fontane. Briefwechsel. Kritische Ausgabe. In: „Deutsche Literatur Zeitung" 104 (1983), Sp. 22–25, hier Sp. 23.*

[43] *Vgl. vor allem Dieter Lohmeiers kritische Anmerkungen im Zusammenhang mit der Schleswig-Holstein-Frage, die auch für die Kommentierung der vorliegenden Neuedition dankbar genutzt wurden; Dieter Lohmeier: Einige Ergänzungen zur neuen Ausgabe des Briefwechsels zwischen Storm und Fontane. In: STSG 31 (1982), S. 43–49, sowie William A. Coupe: Theodor Storm – Theodor Fontane, Briefwechsel. Kritische Ausgabe. In: „Arbitrium" 1 (1983), S. 72–74.*

[44] *Vgl. Goldammer 1982 (wie Anm. 42), S. 218 f.*

[45] *Goldammer 1982 (wie Anm. 42), S. 221.*

Prinzipien der Neuedition

*Die Neuedition besteht aus drei Teilen. Der Hauptteil des Bandes umfasst den Briefwechsel mit den überlieferten und *erschlossenen Briefen in chronologischer Reihenfolge des Briefdatums, den Beilagen, den *erschlossenen Beilagen, den Anschriften und dem textkritischen Apparat. Aufgenommen wurde auch Fontanes Kollektivbrief an den „Rütli" vom 31. Oktober 1855 (vgl. Nr. 71), da Fontane sich in einem Abschnitt auch direkt an Storm („*Tannhäuser*") wendet. Im Unterschied zu Steiners Edition wird der Kollektivbrief aber nicht nur als Ausschnitt (vgl. Nr. 66, S. 109), sondern vollständig wiedergegeben. Der „Rütli"-Antwortbrief an Fontane vom November 1855 sowie Fontanes Erwiderung vom 6. Februar 1856 wurden hingegen nicht aufgenommen, da hier Storm nicht mehr beteiligt war bzw. nicht angesprochen wurde. Außerdem wurde auf den Abdruck des Gelegenheitsgedichts „Zum 14. September 1853" im Hauptteil verzichtet, das Fontane zu Ehren von Storms 36. Geburtstag geschrieben hatte und das Steiner als „Brief" Nr. 15 mitteilt. Im Unterschied zu Storms an Fontane gerichtetem Gedicht („Im Herbst 1850"), das als Einschlussbrief mit Storms Brief an Eggers vom 6. Februar 1853 nach Berlin gelangte und am Ende mit einem persönlichen, von Storm unterschriebenen Gruß an Fontane abschließt (vgl. Brief Nr. 2), wird Fontanes „Zum 14. September 1853" im zweiten Abschnitt der Neuedition wiedergegeben.*

Die Briefkopfzeile enthält neben den üblichen Hinweisen auf den Briefschreiber und -empfänger, den Ort und Wochentag sowie das Datum auch Informationen über den Bezugsbrief – etwa als Antwortbrief – und über die Textgrundlage des edierten Textes.

Der zweite Teil versammelt Storms und Fontanes wechselseitige Rezensionen und Essays sowie Fontanes Gelegenheitsgedichte und einen poetischen Entwurf. Die Aufnahme dieser Texte ist erforderlich, weil sie in den Briefen erwähnt werden, die Briefe in einen erweiterten Kontext stellen und eine notwendige Ergänzung zum Stellenkommentar bieten. Da ein Herauslösen der Zitate aus dem Gesamtzusammenhang im Stellenkommentar vermieden werden sollte, werden die Texte vollständig abgedruckt; der Stellenkommentar verweist lediglich auf den Abdruck. Hinzu kommt, dass die Texte, insbesondere Fontanes „Erinnerungen an Theodor Storm", bisher nicht textkritisch sauber veröffentlicht wurden.[46]

[46] *Hermann Fricke besorgte 1937 eine erste Veröffentlichung der „Erinnerungen an Theodor Storm" mit zahlreichen Lesefehlern und ohne die innerhandschriftliche Varianz; vgl. „Erinnerungen an Theodor Storm" von Theodor Fontane. Ein nicht vollendeter Nekrolog mitgeteilt von Hermann Fricke. In: „Jahrbuch für brandenburgische Landesgeschichte" 9 (1958), S. 26–37. Alle weiteren Abdrucke von Reuter in: Theodor Fontane: Aufzeichnungen zur Literatur. Ungedrucktes und Unbekanntes. Hg. von Hans-Heinrich*

Der dritte Abschnitt enthält schließlich den Kommentar mit Hinweisen zur Überlieferung, zur Briefkultur und zur Datierung sowie den Stellenkommentar, die Register und das Abkürzungs- und Literaturverzeichnis.

Erschlossene Briefe

*Erschlossene Briefe werden editorisch wie überlieferte Briefe behandelt. Zur Unterscheidung von den tatsächlich noch existierenden Briefen werden sie mit einem Sternchen (*) gekennzeichnet und mit einer separaten nummerierten Kopfzeile in die Chronologie eingeordnet. Die Nachweise zu den erschlossenen Briefen sowie Informationen über ihren Inhalt werden im Stellenkommentar diskutiert. Eine Ausnahme bildet Storms Brief an Fontane vom 4. Dezember 1878 (Nr. *98), der nach einem auf Friedrich Fontanes Briefabschrift zurückgehenden fragmentarischen Exzerpt von Hans-Friedrich Rosenfeld wiedergegeben wird. Die Erschließung der nicht erhaltenen Briefe erfolgte systematisch auf der Grundlage des Briefwechsels, der Tagebücher Fontanes und unter Berücksichtigung der Briefe Fontanes und Storms an andere Personen; auch wurden die zum großen Teil noch unveröffentlichte Korrespondenz innerhalb des „Rütli" sowie Fontanes „Erinnerungen an Theodor Storm" hinzugezogen. Erschlossene Briefe lassen sich niemals vollständig verzeichnen, vor allem, weil die Überlieferungslage komplex und heterogen ist und weil die Formulierungen in den einzelnen Quellen nicht immer eindeutig auf ein Schreiben hinweisen. Infolgedessen wurden nur diejenigen Briefe als erschlossene Briefe aufgenommen, die durch konkrete Hinweise bezeugt sind. Wenn die Formulierungen eher vage geblieben sind und Zweifel an der Existenz eines Briefs bestehen, wurden sie für die Ermittlung nicht berücksichtigt. Darüber hinaus wurde die Suche nach nicht überlieferten Briefen erschwert, weil es zu diesem Aspekt keine wissenschaftlichen Untersuchungen gibt. Auch das Verzeichnis der „Briefe Theodor Fontanes" (HBV) informiert nur über die in den Archiven, Privatsammlungen, Drucken und Auktionskatalogen nachgewiesenen Briefe, und die „Fontane-Chronik" hat ebenfalls auf eine systematische Ermittlung verzichtet bzw. nur die spärlichen Hinweise in den Fontane-Briefeditionen verzeichnet.[47] Wenngleich die Ermittlung von erschlossenen Briefen niemals beendet sein kann, so ist die Aufnahme der nicht überlieferten Briefe dennoch notwendig, weil*

Reuter. Berlin, Weimar 1969, S. 63–79, und in der NFA (Bd. XXI/2) folgen Frickes Text, da die Handschrift, die zu den vermissten Beständen des Theodor-Fontane-Archivs gehört, bis 1979 als verschollen galt. Sie befindet sich heute im StA Husum. Vgl. die Anm., S. 182 f.

47 *Eine Ausnahme bildet die Neuedition des Briefwechsels zwischen Fontane und Lepel, in der erstmals innerhalb der Fontane-Editorik das Problem der erschlossenen Briefe diskutiert wird und diese systematisch ermittelt und nachgewiesen werden. Vgl. Gabriele Radecke: Editionsbericht. In: FLep II, S. 894–896.*

*sie die eigentliche Dimension eines Briefwechsels hinsichtlich der Anzahl und der zeitlichen Abfolge der Briefe erst sichtbar werden lässt. Außerdem haben fehlende Hinweise auf erschlossene Briefe weitreichende Folgen für die Interpretation und führen nicht selten zu Fehlbewertungen. Im Fall des Briefwechsels zwischen Storm und Fontane können durch die Einbeziehung von erschlossenen Briefen neue Erkenntnisse gewonnen werden. So lässt sich der Beginn der Korrespondenz nun etwas früher als bisher auf Ende Dezember 1852 datieren (vgl. Einführung, S. XVII). Hinzu kommt, dass mit Hilfe erschlossener Briefe auch Informationen über die Lektüre Storms und über seine Bibliothek gegeben werden können (vgl. etwa die Zusendung von Fontanes „Der Schleswig-Holsteinsche Krieg im Jahre 1864"; Brief Nr. *89). Außerdem konnte mit Hilfe des Exzerpts von Rosenfeld belegt werden, dass mit Storms Brief vom 4. Dezember 1878 ein wichtiges Zeugnis für die Rezeption von Theodor Fontanes „Vor dem Sturm" existiert, das auch in der jüngsten Neuedition des Romans unberücksichtigt geblieben ist.*[48]

Briefbeilagen

Ein weiteres editorisches Problem, das in der Storm- und Fontane-Editorik zum größten Teil nur pragmatisch gelöst wurde, bilden die in den Briefen beider Autoren mitgeschickten Beilagen. Obwohl Briefbeilagen ein wesentlicher Bestandteil der Briefkultur im 18. und 19. Jahrhundert sind, wurde eine theoretische Diskussion darüber, aus der man Kriterien für die editorische Darstellung und somit auch für die Briefsemantik hätte gewinnen können, nicht geführt. Ähnlich wie andere Briefschreiber fügten Storm und Fontane den Briefen Beilagen hinzu, etwa Handschriften und Drucke ihrer poetischen Werke, aber auch Briefe an bzw. von andere(n) Personen. In Steiners Edition fehlt sowohl eine systematische Erfassung aller Briefbeilagen als auch eine Definition des editorischen Gegenstands der „Beilage". So findet man nur wenige Hinweise darauf, wobei sich die Nachweise dann oft nicht auf die vom Briefschreiber mitgeschickten konkreten Handschriften oder Drucke beziehen, sondern nur auf beliebige und zum Zeitpunkt der Korrespondenz zwischen Storm und Fontane noch nicht vorliegende Editionen.[49] *Bei der Ermittlung von Beilagen zu ihren entsprechen-*

---

[48] *Vgl. Theodor Fontane: „Vor dem Sturm. Roman aus dem Winter 1812 auf 13". Hg. von Christine Hehle. Berlin 2011 (GBA – Das erzählerische Werk, Bd. 1), S. 411–428.*

[49] *Storm hat seinem Brief an Fontane vom 27. Februar 1854 (Nr. 33) einen Brief an Eduard Mörike eingeschlossen (vordatiert auf den 1. März 1854), den Fontane über seinen Verleger Moritz Katz weiterbefördern sollte. Steiner ermittelte nicht den Originalbrief Storms an Mörike, der im Deutschen Literaturarchiv Marbach aufbewahrt wird, sondern verweist lediglich auf die von Hildburg und Werner Kohlschmidt 1978 für die Briefbandreihe der Theodor-Storm-Gesellschaft besorgte Edition des Briefwechsels zwischen Storm und Mörike; vgl. Steiner, Nr. 31, S. 71.*

den Bezugsbriefen traten Probleme auf, denn obwohl Beilage(n) und Brief innerhalb des historischen Kommunikationskontextes eine inhaltliche Einheit bilden, werden sie in den Archiven in der Regel getrennt voneinander aufbewahrt oder sind durch Nachlasszerstreuung auf verschiedene Archive verteilt worden. Hinzu kommt, dass archivalisch nicht ausdrücklich gekennzeichnet ist, dass es sich bei einer Handschrift ursprünglich einmal um eine Briefbeilage gehandelt hat. Dieter Lohmeier hat nachgewiesen, dass Steiner diese überlieferungsbedingten Umstände nicht berücksichtigt hat und bei der Zuordnung von Beilage und Bezugsbrief nur den „Zufälligkeiten der Textüberlieferung“[50] und der vorgegebenen archivalischen Ordnung gefolgt ist. Infolgedessen wurden falsche Zuordnungen vorgenommen.[51] Dieses Verfahren ist jedoch keine „Kleinigkeit“[52], sondern offenbart ein grundsätzliches methodisches Problem der Definition und Funktion von Beilagen und der daraus resultierenden angemessenen editorischen Darbietung sowie der Folgen für die Interpretation. Für die Identifizierung einer „echten“ Beilage, das heißt einer solchen, die ein integraler Bestandteil des Bezugsbriefs ist, bilden nämlich grundsätzlich weder die archivalische Ordnung noch die inhaltsbezogenen Entscheidungen des Herausgebers das maßgebliche Kriterium, sondern allein die Materialität des Überlieferungsträgers – bei Handschriften etwa Falt- oder Reißspuren, die Größe des Blattes und die Art der Beschriftung, bei Drucken eine bestimmte Auflage, Marginalien oder ein bestimmter Bucheinband –, die es ermöglicht, die Identität einer Beilage festzustellen. Die heterogenen Beilagen erfordern auch für die Korrespondenz zwischen Storm und Fontane eine differenzierte Begriffsbestimmung. Sie orientiert sich an der Neuedition des Briefwechsels zwischen Theodor Fontane und Bernhard von Lepel; denn in dieser Ausgabe werden erstmals innerhalb der Fontane-Editorik die Probleme der Briefbeilagen diskutiert. Die Ergebnisse lassen sich wegen ihrer strukturellen, funktionalen und inhaltlichen Übereinstimmungen auf die Neuedition des Storm-Fontane-Brief-

---

[50] Lohmeier 1982 (wie Anm. 43), S. 48.

[51] Dies gilt etwa für die Beilagen zu Brief Nr. 12 in Steiners Edition (Anhang, S. 146 f.). So hat Storm die Abschrift der Novelle „Ein grünes Blatt“, von der heute nur noch ein Blatt überliefert ist, nicht mit seinem Brief vom 21. August 1853 an Fontane geschickt, sondern bereits am 27. März 1853 (in der Neuedition als Beilage zu Nr. 6 abgedr.; vgl. Abb. Nr. 3 f.). Auch das im Anschluss an Brief Nr. 12 in Steiners Ausgabe wiedergegebene Gedicht Storms, „Im Herbste 1850“ (S. 47 f.), passt nicht in diesen Kontext. Es ist vielmehr ein Einschluss zu Storms Brief an Friedrich Eggers vom 6. Februar 1853, wofür sich Fontane am 8. März 1853 bedankte (vgl. Neuedition, Nr. 3). Der Gedichtgruß wird in der Neuedition als Brief Nr. 2 eingeordnet; vgl. Lohmeier 1982 (wie Anm. 43), S. 46. Schließlich ist Storms Notiz für Fontane, die er aus einem Brief von Mörike abschrieb, nicht eine Beilage zu seinem Brief an Fontane vom 27. März 1854 (vgl. Steiner, Nr. 31, S. 72), sondern ein Brief Storms an Fontane, den er als Einschluss zu einem anderen Brief nach Berlin gelangen ließ (vgl. Neuedition, <nach dem 21.4.1854>, Nr. 41, und Anm. 325 „Für Fontane“.

[52] Lohmeier 1982 (wie Anm. 43), S. 48.

wechsels übertragen.[53] *Die dort festgelegten Definitionen stützen sich nicht auf inhaltliche Gründe,*[54] *sondern sind vielmehr durch generalisierte, den funktionalen Briefkontext umfassende Kriterien begründet, etwa die im Brief formulierte Absicht des Briefschreibers und die Rolle des Briefempfängers. So umfasst die „Beilage" nur im engeren Sinn alle Briefbeigaben, die vom Briefschreiber an den Briefempfänger gerichtet sind, zum Beispiel eigenhändige Handschriften poetischer Texte (zu Nr. 3: Fontanes Gedichthandschrift: „Lord William und Schön-Margret" und zu Nr. 4: „Ein grünes Blatt"). Eine „Einlage" bezeichnet eine Briefbeigabe einer dritten Person an den Briefempfänger, der Briefschreiber ist also Übermittler der Sendung (etwa Ferdinand Röses Briefe an Storm, vgl. Briefe Nr. 23, 26 und 38). Unter „Einschluss" versteht man eine Briefbeigabe, die der Briefschreiber an eine dritte Person gelangen lassen möchte, für die der Briefempfänger mithin nur als Übermittler fungiert (vgl. etwa Storms Brief an Eduard Mörike, Nr. 33). „Mit gleicher Sendung" beschreibt schließlich die Lieferung von Büchern des Briefschreibers oder im Auftrag des Briefschreibers an den Briefempfänger (vgl. zu Brief Nr. 56: Fontanes „Ein Sommer in London"). Erst durch eine genaue Bezeichnung und Erfassung aller „Beilagen", „Einlagen", „Einschlüsse" und Lieferungen „Mit gleicher Sendung" wird der Leser und Benutzer der Edition die Funktion und die Bedeutung der Briefbeigaben für die Briefkommunikation zwischen Storm und Fontane verstehen können. Erst eine angemessene Ermittlung und editorische Darstellung aller Briefbeigaben ermöglicht eine wissenschaftlich fundierte Grundlage für die Interpretation. So ist es beispielsweise nicht unerheblich zu wissen, ob ein Brief direkt seinen Empfänger erreichte, oder ob er auf Umwegen – etwa als Einschlussbrief – über einen Vermittler an seinen eigentlichen Bestimmungsort gelangte. Denn die Einschlussbriefe boten nicht nur dem Absender die Möglichkeit, die Briefe an mehrere Empfänger in einer Stadt gebündelt und preiswerter durch die Stadtpost befördern zu lassen. Ein Einschlussbrief konnte von dem Überbringer gelesen werden, was wiederum Rückschlüsse auf eine Schreibstrategie des Absenders zulässt, der diese Möglichkeit in Kauf genommen und seinen Schreibstil unter Umständen diesen Kommunikationsbedingungen angepasst hat. Da Storm von der Möglichkeit der Einschlussbriefe rege Gebrauch machte und seine Post nach Berlin zu Kugler, Eggers und Fontane bündelte, ist davon auszugehen, dass die Berliner Freunde Storms Einschlussbriefe untereinander gelesen haben. Das*

---

53 *Vgl. Gabriele Radecke: Editionsbericht. In: FLep II, S. 879–901.*

54 *Laage forderte beispielsweise aus inhaltlich-autobiographischen Gründen die editorische Darstellung aller, auch im weitesten Sinn verstandenen Briefbeilagen; lediglich auf den Abdruck von Büchern oder anderen umfangreichen Texten soll verzichtet werden (vgl. Karl Ernst Laage: Zur Edition von biographischen und autobiographischen Briefbeilagen am Beispiel der Storm-Briefbandreihe. In: Edition von autobiographischen Schriften und Zeugnissen zur Biographie. Hg. von Jochen Golz. Tübingen 1995, S. 355–362).*

erklärt auch, warum Fontane auf einem Brief, den Storm an Eggers gerichtet hatte, das Datum notierte und das Schreiben in „Von Zwanzig bis Dreißig" erwähnt hat.[55]

Die Beilagen oder erschlossenen Beilagen erhalten keine eigenständige Kopfzeile. Da sie integrale Bestandteile der Briefe sind, werden sie im Anschluss an den entsprechenden Bezugsbrief im Hauptteil der Edition abgedruckt bzw. mit einem Sternchen (*) als ermittelt gekennzeichnet. Weder das Verzeichnis der „Briefe Theodor Fontanes" (HBV) noch die „Fontane-Chronik" waren hilfreich für die Ermittlung von Beilagen und Einschlussbriefen, weil sie entweder keine Informationen darüber enthalten oder eine materialgestützte systematische Ermittlung ausgeblieben ist. In die Edition des Briefwechsels zwischen Storm und Fontane wurden analog zu den Prinzipien der erschlossenen Briefe nur eindeutig ermittelte Beilagen aufgenommen.[56] *Die Handschriftenbeilagen und Teile der Lieferungen „Mit gleicher Sendung", wie etwa einzelne Blätter des „Albums für Constanze", werden wie die Briefe zeichengetreu ohne die handschriftlichen Zusätze des Briefempfängers wiedergegeben. Bücher wurden wegen ihres Umfangs nur ermittelt und bibliographisch nachgewiesen. Der Text vermisster oder nicht überlieferter Beilagen wurde nicht abgedruckt, auch wenn der betreffende Text in anderen Drucken oder Handschriften überliefert ist. Die Einlagen und Einschlüsse sind nach Möglichkeit ermittelt und im Anhang zusammengestellt worden.*

Prinzipien der Textkonstitution

Die Brieftexte werden entweder nach der Handschrift, nach Storms Diktat (Nr. 74), nach einer Abschrift oder nach einem Druck zeichengetreu konstituiert. Die Unregelmäßigkeiten der Handschriften, Abschriften und Drucke werden im Unterschied zu der vorherigen Edition des Briefwechsels bzw. zu den Einzelveröffentlichungen beibehalten. Emendationen beschränken sich auf Ergänzungen von eindeutig fehlenden Redezeichen und auf überlieferungsbedingte Beschädigungen des Trägerblattes, etwa bei den Abschriften.

---

[55] *Es geht um Storms Brief an Eggers vom 29. März 1853; vgl. Brief Nr. 3, Anm., S. 216. In diesem Fall muss Fontane Storms Brief an Eggers sogar abgeschrieben haben, denn er zitiert daraus – wenn er diesen Brief auch irrtümlich für einen von Storm hält.*

[56] *So konnte etwa nicht eindeutig ermittelt werden, ob Storm Fontane die beiden von Karl Leonhard Biernatzki hg. „Volksbücher auf das Jahr … für die Herzogthümer Schleswig, Holstein und Lauenburg" zusammen mit seinem Brief vom 8. Oktober 1853 nach Berlin befördern ließ, oder ob er die Bände erst bei seiner Übersiedelung nach Potsdam im November 1853 Fontane persönlich übergab; vgl. Brief Nr. 19, Anm. 13 „Lehmkuhlschen Buchhandlung". Ebenso ließ sich nicht ermitteln, wann Fontane welches Porträtphoto hat an Storm gelangen lassen (vgl. Nr. 86). Die beiden Gedichte „Einzug" und „Der Tag von Düppel" werden hingegen als Beigabe „Mit gleicher Sendung" erfasst (vgl. Nr. 83), da Storm in seiner Antwort darauf Bezug nimmt (vgl. Nr. 84).*

Textkonstitution nach der Handschrift

Der nach der Handschrift edierte Brieftext enthält die letzte gültige Textschicht; alle vom Autor verantworteten innerhandschriftlichen Varianten werden im textkritischen Apparat unter dem jeweiligen Brief mitgeteilt. Eine Ausnahme bilden diejenigen Streichungen auf der Handschrift, die der Briefschreiber selbst kommentiert, etwa, wenn Storm einen dreifachen Ansatz benötigt, um den Namen Schindler niederzuschreiben (vgl. Brief Nr. 57):

„Ein schlimmes nomen; Schindler.
hoffentlich nicht omen! ~~Schinder~~
Die Todesanzeige der Argo hatte ich schon von ~~Schwindler.~~“

Das gilt auch, wenn Storm sich über Roquettes „Das Reich der Träume“ äußert, das Fehlen von deutschen Lustspielen beklagt und an Fontane schreibt: „Ein so heiterer, jugendlicher Geist, wenn er den rechten Inhalt gewinnt, könnte vielleicht ~~wieder~~ einmal ein wirklich erfreuliches Lustspiel liefern. Bis jetzt kenne ich noch keins, und habe daher auch das ‚wieder‘ wieder gestrichen.“ *(Brief Nr. 9.) Formulierungen, die Storm bzw. Fontane nach der Durchsicht des geschriebenen Briefs mit oder ohne Einweisungszeichen am Blattrand eingefügt haben, werden grundsätzlich nach der Grußformel oder Nachschrift platziert, wobei der Apparat über die genaue Platzierung informiert. Weitere Randbeschriftungen werden hingegen nur im Apparat als solche dokumentiert, wenn sie lediglich aus Platzgründen erfolgten. Die Beschriftung der Blätter, die vom Empfänger herrühren, werden nicht im edierten Text, sondern im Anhang mitgeteilt. Von fremder Hand notierte Anmerkungen bleiben bei der Textkonstitution ebenfalls unberücksichtigt; sie werden für die Kommentierung verwendet, wenn sie hilfreich für die Datierung sind. Die in den Briefhandschriften belegte Differenzierung in deutsche und lateinische Schreibschrift wird auch im Druck beibehalten, da der Gebrauch der unterschiedlichen Schriften keine Regelmäßigkeiten erkennen lässt. So werden nur wenige Personennamen in lateinischer Schrift hervorgehoben; ebenso gilt das für diejenigen Wörter, die im Bewusstsein der damaligen Sprechergemeinschaft bzw. von Storm und Fontane als Fremdwörter gedeutet wurden. Damit das Druckbild diese Informationen, die Rückschlüsse auf historische Sprachgewohnheiten erlauben, nicht verwischt, werden Wörter in der deutschen Grundschrift in Garamond, Wörter in lateinischer Auszeichnung in Frutiger wiedergegeben. Ebenso werden die Absätze und die Abstände zwischen der Anrede- und der ersten Briefzeile sowie die Platzierung der Anrede- und Grußformeln im Druck nachgeahmt, da sie den zeitgenössischen Gepflogenheiten der Briefkommunikation entsprechen. Einfach oder doppelt unterstrichene Wörter und teilweise unterstrichene Wörter werden als Sinneinheit erfasst und einfach bzw. doppelt unterstrichen ausgezeichnet. Wenn ein Wort wegen einer Seiten- oder Blattwende in der Handschrift ein zweites Mal niedergeschrieben worden ist, wird es nur einmal ediert. Grundsätzlich werden alle Abkürzungen Storms und Fontanes im Druck beibehalten; die Kürzel für die Münzen (Reichstaler und Silbergroschen) werden in transkribierter Form als Buchstabenabkürzung wiedergegeben („rth" bzw. „sgr"; vgl. das Abkürzungsverzeichnis, S. 469 f.). Der Geminationsstrich über dem „m" und „n" wird aufgelöst zu „mm" und „nn". Die Prinzipien der Textkonstitution gelten auch für die Edition des Briefs nach Storms Diktat (vgl. Nr. 74).*

Textkonstitution nach der Abschrift

Eine editorische Herausforderung bildeten diejenigen Briefe Fontanes an Storm, die nur in Abschriften überliefert sind. Die Abschriften, die im Verlag Friedrich Fontanes hergestellt wurden, befinden sich im Theodor-Fontane-Archiv in Potsdam (h: TFA), die von Gertrud Storm in Auftrag gegebenen liegen in der Schleswig-Holsteinischen Landesbibliothek Kiel (h: SHLB). Für die Textkonstitution ergaben sich nun zahlreiche Probleme; die Prinzipien ließen sich erst nach einer gründlichen Prüfung aller Abschriften festlegen. Im Unterschied zu Steiners Vorgehensweise, der bei der Textkonstitution der fehlenden Originalbriefe Fontanes zwar gutgemeinte, aber wissenschaftlich nicht begründbare „psychologische Überlegungen" angestellt hat, „welches Wort Fontanes Neigung entsprochen haben könnte und von welchem Wort her der eine Kopist am ehesten zu welcher falschen Abschrift gekommen sein möchte"[57], musste ein anderes Verfahren gefunden werden, das der Überlieferung und Materialität verpflichtet ist und auf eine dem vermeintlichen Autorwillen folgende Textkonstruktion verzichtet. Denn Steiners Edition bot in Wirklichkeit nur willkürlich kontaminierte Fassungen, die auf der Grundlage zweier Abschriften basieren. Die Rezensenten forderten zu Recht, dass ein edierter Text auch bei verloren gegangenen Briefen immer nur aufgrund eines Überlieferungsträgers – hier also nach der zuverlässigsten Abschrift – hergestellt werden müsse. Im Fall des Storm-Fontane-Briefwechsels aber genügt dieser Hinweis allein nicht, denn vor einer Entscheidung für eine bestimmte Abschrift muss die Zuverlässigkeit eines jeden Überlieferungsträgers erst einmal überprüft werden, was aber auch andere Editoren bisher unterließen, weil sie wie Steiner ihre textkritischen Entscheidungen im Hinblick auf ein spezifisches, vorgeformtes Bild des Autors Fontane getroffen und sich als dessen „Testamentsvollstrecker" verstanden haben.

[57] *Jacob Steiner: Schlußworte des Herausgebers anläßlich der Übergabe der Kritischen Ausgabe des Briefwechsels Theodor Storm – Theodor Fontane. In: STSG 31 (1982), S. 64–66, hier S. 64.*

Auch für die Edition „Theodor Fontane. Briefe" wurde versäumt, eine textkritische Prüfung der Abschriften vorzunehmen. Die zweibändige Ausgabe enthält zehn Briefe Fontanes an Storm, die bis auf einen nach den Abschriften h (TFA) ediert wurden. Gotthard Erlers Verdienst ist es, erstmals den gesamten Text der ausgewählten Briefe Fontanes an Storm in ungekürzter Gestalt veröffentlicht zu haben. Dennoch entspricht auch diese Edition nicht dem wissenschaftlichen Standard, weil trotz der komplizierten Überlieferungslage auf eine exakte Beschreibung des Befundes der Abschriften sowie auf eine Kollation mit den Erstdrucken verzichtet wurde. So wurden die meisten auf den Abschriften notierten handschriftlichen Textergänzungen und ‚Korrekturen' für die edierten Texte übernommen, ohne vorher zu prüfen, welchen Status diese Textveränderungen haben. Es wurde vorausgesetzt, dass es sich hierbei um berechtigte Korrekturen handelt, die aufgrund einer Kollation mit der Fontane-Briefhandschrift ausgeführt wurden, weil Lese- und Abschreibefehler vorliegen. Nicht beachtet wurde eine andere Möglichkeit: dass die Zusätze nämlich weniger das Ergebnis der Kollation zwischen Originalhandschrift und Abschrift sind, sondern vielmehr Herausgeber-Bearbeitungen der Brieftexte belegen, die im Hinblick auf die Erstedition von Pniower und Schlenther ausgeführt wurden. So hat die Prüfung der Abschriften im Rahmen der Neuedition gezeigt, dass die meisten Notizen und Ergänzungen eben keine autorisierten Korrekturen, sondern vielmehr unautorisierte Herausgebernotate sind; infolgedessen liegen in der Edition der „Briefe" in der „Bibliothek deutscher Klassiker" ebenso wie bei Steiner kontaminierte Fassungen vor, in denen die Formulierungen Fontanes mit denjenigen von Pniower und Schlenther vermischt werden.[58]

Um also die editorische Willkür der Vergangenheit zu vermeiden, musste für die Neuedition des Briefwechsels die Zuverlässigkeit der Textträger zunächst durch eine aufwändige Analyse der Materialität einer jeden Abschrift geprüft werden; erst im Anschluss daran wurden inhaltliche Kriterien hinzugezogen und schließlich die Editionsprinzipien festgelegt.

---

[58] *Ein großes Problem bilden darüber hinaus die stillschweigenden Textergänzungen von Textabschnitten, die durch Überlieferungsschäden nicht mehr auf den Abschriften zu entziffern waren. Hinzu kommt, dass die Brieftexte in Erlers Edition in modernisierter und normierter Gestalt wiedergegeben werden, was insbesondere bei der Groß- und Kleinschreibung und bei der Getrennt- und Zusammenschreibung mit einem Bedeutungsverlust korrespondiert. Außerdem werden Abkürzungen ohne Kennzeichnung aufgelöst und Adressenzusätze getilgt, so fehlt z.B. der Hinweis auf das „Hotel Zehnpfund" in Thale, das für Fontanes Roman „Cécile" einen wichtigen Schauplatz bildet (vgl. Fontanes Brief vom 22.5.1868; Nr. 90).*

Abschriften h (SHLB)

Die Autopsie hat ergeben, dass die von Gertrud Storm in Auftrag gegebenen Abschriften h (SHLB) als Grundlage für den edierten Text nicht verwendet werden können. Die Abschriften bezeugen, dass während der Texterfassung bereits stillschweigende modernisierende und normierende Glättungen ausgeführt wurden, die sich an der Rechtschreibreform von 1901 orientierten. So wurde etwa die ältere Form des „th“ *durch das moderne „t“ ersetzt, oder das ältere und bei Fontane noch übliche* „ohngefähr“ *durch „ungefähr“ abgelöst. Darüber hinaus enthalten die Abschriften zahlreiche Tipp- und Lesefehler, insbesondere bei der Namensschreibung. So findet man „Legel“ statt* „Lepel“, *„Borrmann“ statt* „Bormann“, *„Chevaliers“ statt* „Chevalier“ *und „Egger“ statt* „Eggers“. *Auch das falsche Datum „13. September 1862“ statt* „13. Dezember 1862“ *(vgl. Brief Nr. 79) erklärt sich aus der Unkenntnis der Handschrift. Hinzu kommen weitere Lesefehler, die die Endsilbe* „ren“ *betreffen, die in den Abschriften oft als „ern“ entziffert wurde, oder auch die Einfügung des Fugen-E, etwa bei „kürzerer“ statt* „kürzrer“, *„längerer“ statt* „längrer“ *und „Kanales“ statt* „Kanals“. *Andere individuelle Schreibgewohnheiten Fontanes wurden ebenfalls schon während des Abschreibevorgangs nicht berücksichtigt, etwa der unterschiedliche Bogen für die Buchstaben* „u“ *und* „ü“, *was zu weiteren Fehllesungen führte (z. B. „durfte“ statt* „dürfte“*). Wegen ihrer zahlreichen Lesefehler, Glättungen, Normierungen und Modernisierungen kamen diese Abschriften als Grundlage für den edierten Text also nicht in Frage; gleichwohl wurden sie in Einzelfällen – etwa bei Beschädigungen der Abschriften h (TFA) – für die Textkonstitution herangezogen.*

Abschriften h (TFA)

Im Unterschied zu den Abschriften h (SHLB) zeigen die Abschriften h (TFA) insgesamt eine sorgfältigere Transkription, die weniger Tipp- und Lesefehler enthält, Abkürzungen übernimmt sowie auf modernisierende und normierende Textglättungen weitgehend verzichtet. Auffallend ist jedoch, dass die Abschriften h (TFA) nicht nur die sonst üblichen maschinenschriftlichen Sofortkorrekturen belegen, sondern weitere von Otto Pniower stammende handschriftlich, mit Bleistift oder Tinte geschriebene ‚Korrekturen‘ und Textergänzungen. Hinzu kommen kleinere Anmerkungen und Texterläuterungen in Marginalien. Die mit Bleistift notierten Veränderungen beziehen sich größtenteils auf Modernisierung der historischen Orthographie und Interpunktion, Textumstellungen und Streichungen sowie Zitatänderungen, die in den Erstdrucken von Pniower und Schlenther zum größten Teil übernommen wurden. Auch wurde die räumliche Anordnung der Anreden, der Datierung und der abschließenden Grußformeln vereinheitlicht; darüber hinaus führen zahleiche Texteingriffe zu stilistischen und semantischen Veränderungen. Es wurden nicht nur Kommata ergänzt, sondern auch die von Fontane häufig gebrauchten Semikola durch einen Punkt ersetzt, etwa um lange Sätze zu vermeiden. Hinzu kommen ‚Korrekturen' der auf dem Typoskript überlieferten Namensschreibung (aus „Claus Groth" *wurde etwa „Klaus Groth") und die Auflösung von Namens-Abkürzungen und Komposita. Andere kleinere Text-‚Korrekturen' wurden mit Tinte vorgenommen, die sich nur auf einzelne Buchstaben, etwa bei der Namensschreibung, beziehen. So wird aus „Odenschneider"* „Odenschreiber" *und aus „Rosenglut"* „Rosenplüt". *Es ist sehr wahrscheinlich, dass die mit Tinte geschriebenen Korrekturen ‚echte' Korrekturen sind, die aufgrund einer Kollation zwischen Briefhandschrift und Abschrift gemacht wurden und Lesefehler des Abschreibers korrigieren. Ein Beispiel bestätigt diese Vermutung. In einer Randnotiz wird mit einem Hinweis auf die handschriftliche Bleistiftkorrektur von „Rosenglut" zu* „Rosenplüt" *darauf aufmerksam gemacht, dass die Schreibung „Rosenglut" offensichtlich nur aufgrund einer Fehllesung des Namens des frühneuhochdeutschen Dichters Hans* „Rosenplüt" *erfolgte: „So steht es doch wohl im Original? Nicht?" Da auch die Abschrift h (SHLB) an dieser Stelle das korrekte* „Rosenplüt" *liest, ist anzunehmen, dass es sich bei dieser Tintenkorrektur um die Korrektur eines Lesefehlers handelt, der aufgrund der literaturgeschichtlichen Unkenntnis der Abschreiberin zu Stande gekommen war.*[59] *Der Vergleich zwischen den Abschriften h (TFA) und h (SHLB) sowie zwischen den Abschriften h (TFA) und den Erstdrucken von Pniower und Schlenther stützt die Annahme, dass den durch drei unterschiedliche Schreibgeräte ausgeführten ‚Korrekturen' drei unterschiedliche Intentionen zugrunde lagen: Die Sofortkorrektur der Tippfehler durch die Abschreiberin (Schreibmaschine), die zahlreichen redaktionellen und stilistischen Bearbeitungen durch die Herausgeber Pniower und Schlenther (Bleistift) und schließlich die wenigen Korrekturen der Abschrift aufgrund einer Kollation der Originalhandschrift (Tinte).*

Aus der Analyse und Deutung der Materialität der Abschriften wurden nun die folgenden Prinzipien für die Textkonstitution abgeleitet: Die Brieftexte werden nach der Abschrift h (TFA) ediert. Da die Schreibmaschinen nicht über die Type „ß" verfügten, wurde das „ß" stets durch „ss" ersetzt. Für die Textkonstitution wurde das schreibwerkzeugbedingte „ss" ignoriert und Fontanes historische Schreibung des „ß" wiederhergestellt. Grundsätzlich wurde die letzte gültige Textschicht wiedergegeben. Die unterschiedlich materialisierten Korrekturen auf den Blättern der Abschriften wurden für die Textkonstitution in abgestufter Weise berücksichtigt und im Lesartenverzeichnis bzw. im Auswahlapparat verzeichnet: Maschinenschriftliche Korrekturen – etwa Streichungen und Überschreibungen –, die schon während der Texterfassung

[59] *In Erlers Edition steht* „Rosenglut"; *vgl. Erler I, S. 121 (Brief vom 19.3.1853; Nr. 3).*

ausgeführt wurden und Abschreibefehler berichtigen, werden für die Textkonstitution ohne eine besondere Markierung berücksichtigt und nur im Lesartenverzeichnis im Internet nachgewiesen. Ebenso werden diejenigen Korrekturen übernommen und nachgewiesen, die mit Tinte ausgeführt wurden und die ebenso wie die Sofortkorrekturen auf Lese- bzw. Tippfehler der Abschreiberin hinweisen. Nicht übernommen werden hingegen grundsätzlich die Bleistiftkorrekturen, da sie unautorisierte normierende und modernisierende Herausgebereingriffe und Textglättungen dokumentieren, die nicht nur die Schreibgewohnheiten des Autors verwischen, sondern auch Fontanes Schreibintentionen zuwiderlaufen.[60] *So werden alle Zitate nicht nach dem mit Bleistift korrigierten Wortlaut der Quelle wiedergegeben, sondern stets nach der Überlieferung (vgl. Brief Nr. 47 und Kommentar, S. 336). Auch die von Pniower und Schlenther vorgenommenen Satzeingriffe und Auflösungen der vielen Komposita und Abkürzungen werden für die edierten Brieftexte ignoriert; ebenso bleiben die mit Bleistift markierten Textumstellungen und Textauslassungen auf den Blättern der Abschriften h (TFA) unberücksichtigt. Die textkritischen Entscheidungen der Herausgeberin werden in Zweifelsfällen durch die entsprechende Abschrift h (SHLB) gestützt und im Apparat verzeichnet. Textverlust durch Überlieferungsschäden – etwa fehlende Buchstaben bzw. Wörter aufgrund äußerlicher Einflüsse wie Wasser- und Tintenflecke, Tintenfraß, Blatteinrisse und -verschnitte – wurde nach der zweiten Abschrift (h SHLB) bzw. nach dem zuverlässigsten Druck im edierten Text sichtbar ergänzt und im Apparat nachgewiesen. Einzelne Tippfehler der Abschrift h (TFA), die dort nicht korrigiert wurden, sind nach Möglichkeit unter Heranziehung der Abschrift h (SHLB) emendiert worden und ebenfalls im Apparat nachgewiesen. Das Lesartenverzeichnis im Internet listet alle Lesarten der Abschriften sowie die maschinenschriftlichen, Bleistift- und Tintenkorrekturen und Textergänzungen auf und verzeichnet ein zweites Mal alle Texteingriffe der Neuedition.*

Textkonstitution nach einem Druck

Drei Briefe Fontanes an Storm (Nr. 3, 62 und 69) werden nach dem Folgedruck bzw. nach zwei Erstdrucken in Kehlers „Neunundachtzig bisher ungedruckte Briefe und Handschriften von Theodor Fontane“ ediert. Wenngleich Kehler über seine Editionsprinzipien nicht kritisch reflektiert, so ist seine Texterfassung, die aufgrund der Briefhandschriften erfolgte, dennoch zuverlässiger als die konstituierten Texte von Pniower und Schlenther bzw. als die Transkriptionen auf den Blättern der beiden Abschriften. Denn es wurden nur in Ausnahmefällen – etwa in Bezug auf die Platzierung

[60] *In wenigen Fällen wurden die Bleistiftkorrekturen übernommen; die Eingriffe werden im Apparat markiert (vgl. Brief Nr. 28).*

der Anrede und Grußformeln oder auf die Vereinheitlichung der Absätze und Datierungsangaben – die Unregelmäßigkeiten der Handschrift für das Druckbild angeglichen. Fontanes Orthographie und Interpunktion wurde beibehalten – etwa die Häufung von Komposita und die langen, durch Semikola abgetrennten Sätze sowie der unregelmäßige Gebrauch der Apostrophierung, die Schreibung „th“ *und die Endung der Verben auf* „-iren“*. Hinzu kommt, dass Kehlers Druck den doppelten Trennstrich beibehält und im Unterschied zu den maschinenschriftlichen Abschriften zwischen „ß“ und „ss“ differenziert. Aufgrund dieser Befunde ist anzunehmen, dass Kehlers edierter Text Fontanes Briefhandschriften nicht nur näher steht als die edierten Texte von Pniower und Schlenther, sondern dass sich Kehler in der Transkription exakter an der Überlieferung orientiert als die beiden Abschreiber. Außerdem ist für einen Brief (Nr. 62) nur die Abschrift h (SHLB) überliefert, die für die Textkonstitution aufgrund ihrer schlechten Qualität keine Grundlage bietet. Die nach Drucken edierten Brieftexte der Neuedition folgen deren äußerem Erscheinungsbild; Absätze und Einrückungen werden ebenso übernommen wie die Textauszeichnungen durch Sperrdruck, die die lateinische Schrift bzw. Unterstreichungen in der Briefhandschrift markieren. Der Texteingriff aufgrund eines Druckfehlers wird durch eckige Klammern gekennzeichnet und im Apparat nachgewiesen.*

Der Abdruck von Storms und Fontanes Rezensionen und Essays erfolgt entweder nach der Handschrift (H), nach einer Abschrift von fremder Hand (h) oder nach dem Erstdruck (E). Die Prinzipien der Textkonstitution entsprechen denjenigen der edierten Brieftexte. Informationen über die Überlieferung und Entstehung werden im Anschluss an die Texte gegeben. Innerhandschriftliche Varianten, etwa bei Fontanes „Erinnerungen an Theodor Storm“, werden im Apparat verzeichnet und die Texteingriffe im edierten Text gekennzeichnet.

Apparat

Der lemmatisierte textkritische Apparat zu den Brieftexten und zu Fontanes „Erinnerungen an Theodor Storm“ verzeichnet alle innerhandschriftlichen Varianten als Entstehungs- und Autorvarianten und stellt eine Auswahl der Lesarten aus den Abschriften h (TFA) und h (SHLB) zusammen, die die Abschreiber bzw. die Herausgeber Pniower/Schlenther zu verantworten haben. Er beinhaltet genetische, topographisch-räumliche und textkritische Informationen. So werden bei handschriftlicher Textgrundlage sowohl die Seitenwenden als auch Hinzufügungen, Streichungen, Umstellungen und Überschreibungen mitgeteilt, ebenso die unterschiedlichen Schreibgeräte, etwa Blau- und Graustift. Der Apparat verzeichnet neben den Revisionen auch offensichtliche Verschreibungen, da diese Rückschlüsse auf den Status der Handschrift ermöglichen. So sind die meisten Briefe Reinschriften mit geringer innerhandschrift-

licher Varianz. Schließlich werden auch die überlieferungsbedingten Texteingriffe und -ergänzungen mitgeteilt sowie die semantische Varianz der unterschiedlichen Lesarten der Abschriften. Das gesamte Lesartenverzeichnis der beiden Abschriften h (TFA) und h (SHLB), das neben den semantischen Unterschieden auch alle Tippfehler und Textbearbeitungen durch Pniower und Schlenther verzeichnet, ist im Internet abrufbar.[61] *Es gibt Informationen über die unterschiedliche Qualität der beiden Abschriften und macht die Herausgeberentscheidungen der Neuedition überprüfbar. Die einzelnen editorischen Zeichen sind auf S. LXV zusammengestellt. Wenn nur eine Abschrift überliefert ist, dann werden auch die inhaltlichen Lesarten im Vergleich zur Erstausgabe (Pniower/Schlenther) abgedruckt; dies ist etwa der Fall bei den Briefen Nr. 48 und Nr. 72.*

Prinzipien der Kommentierung

Der Kommentar bezieht sich nur auf die edierten Brief- und Beilagentexte sowie auf die erschlossenen Briefe und Beilagen. Die im zweiten Teil der Edition mitabgedruckten Rezensionen und Essays Storms und Fontanes sowie Fontanes Gelegenheitsgedichte und sein poetischer Entwurf werden nicht erläutert, da sie selbst annotierende Funktion übernehmen. Sie werden durch den Stellenkommentar mit den Briefen in Beziehung gesetzt und durch die Register erschlossen (vgl. S. 485 f.). Der Kommentar gliedert sich in die folgenden Abschnitte: Überlieferung, Handschrift/Abschrift, Beilage/Einlage/Einschluss/Mit gleicher Sendung, Edition, Datierung, Ort, Ausgang/ Eingang und Stellenkommentar. Bei erschlossenen Briefen werden Informationen über die Nachweise und Hinweise zu Schreibort und Inhalt sowie zur Datierung gegeben.

Überlieferung: *Die Überlieferung weist auf die HBV-Nummer (bei Fontane-Briefen), die Handschriftenstandorte (H; h) und auf die Erst- (E) oder Folgedrucke (D) sowie auf Zitate und Paraphrasierungen (Z) hin. Grundsätzlich werden alle Handschriften (H) und Abschriften (h) sowie die Erstrucke und ausgewählte Folgedrucke nachgewiesen.*

Handschrift/Abschrift: *Hier werden Besonderheiten der Handschrift bzw. der Abschrift angegeben, zum Beispiel Informationen über Papierbeschädigungen und Notizen des Briefempfängers bzw. von fremder Hand. Hinweise auf Papierformate (Höhe x Breite) und -farbe werden nur bei den Handschriften mitgeteilt.*

Beilage/Einlage/Einschluss/Mit gleicher Sendung: *Zu den Definitionen siehe „Briefbeilagen", S. L–LII. Hier findet man Informationen über die unterschiedlichen Brief-*

[61] *Vgl. http://www.uni-goettingen.de/de/110582.html.*

beigaben, insbesondere über die Erschließung und Nachweise der Einlagen und Einschlüsse.

Edition: *In diesem Abschnitt werden editorische Entscheidungen anderer Ausgaben diskutiert.*

Datierung: *Neu erschlossene oder korrigierte Datierungen werden hier begründet. Frühere Datierungen werden im Abschnitt „Überlieferung" angegeben. Steiner hat die Wochentage oftmals nicht berücksichtigt, was zu falschen bzw. ungenauen Datierungen führte.*

Ort: *Erschlossene Orte werden nur nachgewiesen, wenn Storm außerhalb Potsdams und Fontane außerhalb Berlins Briefe geschrieben haben.*

Ausgang/Eingang: *Die Hinweise über den Ausgang und Eingang (Empfang) eines Briefs werden aufgrund des Briefwechsels, des Poststempels, der Umkreisbriefe und Fontanes Tagebuchaufzeichnungen ermittelt. Hier werden auch Umwege der Zustellung – etwa durch einen Boten oder einen persönlichen Überbringer bzw. durch Einschluss – benannt und Gründe für die Verzögerung der Zustellung angegeben.*

Stellenkommentar: *Für den forschungs- und quellengestützten Stellenkommentar wurde autopsiert. Handschriften und Druckerzeugnisse – etwa Bücher oder Zeitungsbeiträge – wurden geprüft und die Erscheinungsdaten der Erstausgaben aufgrund des „Börsenblatts für den Deutschen Buchhandel und die mit ihm verwandten Geschäftszweige" zum großen Teil erstmals ermittelt. Für die in den Briefgesprächen erwähnten Texte wurden grundsätzlich die entsprechenden Journaldrucke bzw. Buchausgaben erfasst; auch die Register der Werke Storms und Fontanes verzeichnen nur die in den Briefen erwähnten relevanten Fassungen. Dieses Verfahren ist notwendig, weil vor allem Storm seine Texte nach dem Journalerstdruck häufig noch einmal überarbeitete und sich Zeitschriften- und weitere Buchveröffentlichung somit deutlich voneinander unterscheiden. Das gilt aber auch beispielsweise für Fontanes Roman „Vor dem Sturm", den Storm nur in der redaktionell gekürzten Fassung der Zeitschrift „Daheim" gelesen hat (vgl. Nr. *98). Die Recherche bezog sich auch auf die zeitgenössische Tagespresse, insbesondere auf die „Vossische Zeitung" und die „Neue Preußische (Kreuz-) Zeitung". Das „Potsdamer Intelligenzblatt" und das „Potsdamsche Wochenblatt" konnten aufgrund von Kriegsverlusten nur in Auszügen konsultiert werden. Besonders ergiebig waren die Archivalien in der Schleswig-Holsteinischen Landesbibliothek Kiel sowie im Storm-Archiv Husum. Insbesondere in den Nachlässen Storms und Eggers konnten fast alle Briefe gefunden werden, auf die sich Storm und Fontane in ihren Briefen beziehen. Hinzu kommt, dass die Umkreisbriefe die subjektiven Briefaussagen relativieren und deshalb für die Stellenkommentierung hinzugezogen wurden. Grundsätzlich wurden alle für den Stellenkommentar ausgewerteten Briefe nach den Handschriften zitiert, da besonders im Falle Storms nach wie vor noch viele Familienbriefe unveröffentlicht bzw. nur in textkritisch nicht zu-*

verlässigen Ausgaben vorliegen. Das gilt vor allem für die von Gertrud Storm besorgten Ausgaben.[62] *Außerdem wurde in den meisten Editionen der Briefe Storms und Fontanes die Materialität der Überlieferung nicht berücksichtigt; infolgedessen sind dort wichtige Informationen verwischt, die gerade für die Ermittlung der Kommentanda bzw. der Einschlussbriefe notwendig sind. Hinzu kommt, dass besonders die Fontane-Briefeditionen editorische Mängel in Bezug auf die Textkonstitution und Kommentierung aufweisen. In Einzelfällen wurden durch Autopsie der Handschrift auch Lese- und Datierungsfehler korrigiert. Eine Besonderheit bilden die Einladungen Storms zu den „Rütli"-Sitzungen nach Potsdam, die er nicht nur an Fontane, sondern an alle Mitglieder richtete. Das aufwändige Einladungsritual, das eine dicht vernetzte Korrespondenz der Rütlionen untereinander zur Folge hatte, wird durch Storms Briefe an Fontane allein nicht deutlich, weshalb der Stellenkommentar die entsprechenden Briefstellen mit der Gesamtkorrespondenz ergänzt (vgl. besonders die Briefe Nr. 25, 28, 45 f., 48 und 61). In diesem Fall wird der Stellenkommentar durch die Abbildung von Storms Brief an Fontane vom 3. Januar 1854 erweitert (vgl. Nr. 27), den Fontane mit einer Bemerkung an Eggers weiterreichte (vgl. Abb. Nr. 9). Bei der Suche nach Veröffentlichungsorten wurde die „Fontane-Bibliographie" von Wolfgang Rasch dankbar benutzt. Weniger hilfreich erwies sich hingegen die „Fontane-Chronik", weil hier die Forschungsarbeiten von Dieter Lohmeier (1982) und Hans-Friedrich Rosenfeld (1990) nicht eingearbeitet wurden und Briefe aufgrund von Theodor Fontanes falscher Datierung in „Von Zwanzig bis Dreißig" doppelt verzeichnet sind. Hinzu kommt, dass Beilagen, Einlagen, Einschlüsse und Lieferungen mit gleicher Sendung nicht systematisch ermittelt und die fehlerhaften und unvollständigen Brieferläuterungen von Steiner die Grundlage für die Ermittlung von Sachverhalten bildeten.*

Die Fülle der heterogenen Themen in Storms und Fontanes Briefen, die sich durch die Register nicht erschließen lassen, erforderte für den Benutzer eine zusätzliche Orientierungshilfe innerhalb des Stellenkommentars. So wird in der Regel bei der ersten Erwähnung der Sachverhalt zunächst erläutert und dann auf alle anderen diesbezüglichen Briefstellen und gegebenenfalls auch auf weiterführende Anmerkungen aufmerksam gemacht. Bei den anschließenden Briefen wird im Stellenkommentar nur noch auf die erste bzw. auf die erste wichtige Erwähnung verwiesen; die einzel-

---

[62] *Zur Vorgehensweise von Gertrud Storm bei der Erstveröffentlichung der Briefe ihres Vaters vgl. Karl Ernst Laage: Storm-Briefveröffentlichungen. In: STSG 29 (1980), S. 66–71, und Regina Fasold: Zum unveröffentlichten Familienbriefwechsel Theodor Storms. Der Fall der „Briefe in die Heimat". In: STSG 56 (2007), S. 53–62. Vgl. auch Karl Ernst Laage: Theodor Storm. Studien zu seinem Leben und Werk mit einem Handschriftenkatalog. 2. erweiterte und verbesserte Auflage Berlin 1985, S. 157.*

nen Briefstellen werden somit gebündelt und durch den Stellenkommentar miteinander vernetzt.

Der Stellenkommentar geht über die sonst übliche Kommentierungspraxis hinaus, indem er neben den Erläuterungen zu Personen, Werken, anderen Briefen, historischen Ereignissen, den „Tunnel"- und „Rütli"-Sitzungen, den Auflösungen von Zitaten und biographischen Anspielungen auch über den Entstehungsprozess der poetischen Werke Fontanes und Storms informiert. Fontane und Storm haben besonders im Zusammenhang mit der Entstehung des ersten Bandes der „Argo" zwischen März und August 1853 über Storms Gedichte korrespondiert, wobei Fontane auch im Auftrag des „Rütli" mit Storm über mögliche Textänderungen diskutierte; vgl. Einführung S. XX f. Damit der Benutzer der Neuedition den literarischen Briefgesprächen folgen kann, werden im Stellenkommentar die erwähnten handschriftlichen und gedruckten Textfassungen miteinander verglichen und somit der genetische Entstehungsprozess dieser literarischen Texte rekonstruiert.

Nicht erläutert werden allgemeine historische Ereignisse, etwa die schleswig-holsteinische Erhebung, die Kriege von 1848/50 und 1864 sowie der Regierungswechsel in Preußen von 1858; gleichwohl informiert der Stellenkommentar über historische Details, etwa über Schlachten und Gedenktage. Um den Stellenkommentar zu entlasten und ein benutzerfreundliches und zügiges Nachschlagen zu gewähren, findet man alle auf den Briefwechsel bezogenen biographischen Informationen in den Registern (zu den Prinzipien vgl. S. 485 f.) versammelt; über Begriffe und Rituale des „Tunnels" und des „Rütli" informiert die Übersicht auf S. 465–468, und im Abkürzungsverzeichnis werden Storms und Fontanes Abkürzungen erläutert (vgl. S. 469 f).

Abbildungen

Die Auswahl der Abbildungen geht über Steiners Zusammenstellung hinaus. Sie wurde neu getroffen und beschränkt sich auf diejenigen Handschriften, Porträts, Zeichnungen und Fotos, die in den Briefen genannt werden. So wurde Storms Eintrag ins „Fremdenbuch" des „Tunnels über der Spree" vom 20. November 1853 (zusammen mit seinem Bruder Otto Storm) ermittelt und erstmals abgebildet (vgl. Abb. Nr. 10). Außerdem werden die beiden Blätter von Storms Brief an Fontane vom 9. August 1853 (Nr. 12), der ursprünglich den Brief und Storms eigenhändige Abschrift seines Gedichts „Abschied" umfasste, durch die Abbildung erstmals wieder zusammengeführt (vgl. Abb. Nr. 5 f.).

Mit dem vorliegenden Band verändern sich die Editionsprinzipien der Reihe der Briefwechsel Theodor Storms. Die Trennung von Autor- und Herausgebertext wird durch recte *und kursive markiert. Die Informationen innerhalb der Briefkopfzeile werden erweitert und umfassen nunmehr die Briefnummer, den Briefschreiber und -empfänger, den Ort, den Wochentag, das Datum, die Nummer des Bezugsbriefs und einen Hinweis auf die Grundlage für den edierten Text. Der Zeilenzähler sowie der lemmatisierte Apparat und Stellenkommentar ersetzen die Fußnoten im edierten Text. Außerdem werden Angaben über die Materialität, etwa die Seitenwenden, nicht mehr im edierten Text, sondern im Apparat mitgeteilt. Erschlossene Briefe werden systematisch ermittelt und mit einer separaten Zeile in die Nummerierung eingeordnet. Die Beilagentexte werden unter die entsprechenden Bezugsbriefe ediert und erschlossene Beilagen ermittelt. Der Kommentar im Anhang gliedert sich in mehrere Abschnitte, um die Informationen zu bündeln und dem Benutzer einen schnellen und übersichtlichen Zugriff zu ermöglichen.*

Verzeichnis der editorischen Zeichen und Hinweise zur Textauszeichnung

F, #, ┌ ┐	*Storms und Fontanes Einweisungszeichen*
Wort (unterstrichen)	*Unterstreichung*
g e sp e r r t	*Gesperrte Buchstaben*
<*Wort*>	*Texteingriff durch die Herausgeberin; Hinzufügung*
<Wort>	*Texteingriff durch die Herausgeberin; Wort- bzw. Buchstabentilgung*
<Wort *überschrieben* Wort Wort>	*Überschreibung*
<Wort *überschrieben* $_{masch.}$ Wort Wort>	*maschinenschriftliche Überschreibung*
<Wort *überschrieben* $_{B}$ Wort Wort>	*Überschreibung mit Bleistift*
<… {…} …>	*Spitze Klammern in Spitzen Klammern*
~~Wort~~	*Streichung*
<*gestrichen* $_{B}$>; <*gestrichen* $_{masch.}$>	*Streichung mit Bleistift oder Schreibmaschine*
┌Wort┐	*Hinzufügung mit Einweisungszeichen*
┌~~Wort~~┐	*Gestrichene Hinzufügung*
$\llcorner_{B}$; $\llcorner_{T}$	*Zusammenschreibung, mit Bleistift bzw. Tinte*
<*Absatz*>	*Absatz im edierten Text, in den Drucken und Abschriften*
$\vert \quad \vert$	*Fontanes Markierung für einen Abschnitt*
1¦2	*Seitenwende (hier von Seite 1 zu Seite 2; wird nur bei Handschriften angegeben)*
//<*1*> Wort$_1$ <2> Wort$_2$\\	*Mehrfachformulierung;* //*: Beginn* *: Ende* <*1*>*: Erste Textschicht/Grundschicht* <*2*>*: Zweite Textschicht*
xxx	*Nicht lesbares Wort*
Garamond	*Deutsche Schrift*
Frutiger	*Lateinische Schrift*

Dank

Die Edition entstand – in enger Verbindung mit dem Theodor-Storm-Archiv Husum und der Theodor-Storm-Gesellschaft e. V. – am Lehrstuhl von Professor Dr. Dr. h. c. Heinrich Detering, Seminar für Deutsche Philologie an der Universität Göttingen. Das Projekt wurde für zwei Jahre von der Deutschen Forschungsgemeinschaft (GZ DE 844/4-1) mit einer wissenschaftlichen Mitarbeiterstelle gefördert. Nach Vorstudien, die in einem ersten Beitrag in den „Schriften der Theodor-Storm-Gesellschaft" veröffentlicht wurden,[1] begann die Arbeit im Februar 2009 und endete im Februar 2011. Während der Projektlaufzeit unterstützte mich Frau Stefanie Kraus als studentische und wissenschaftliche Hilfskraft bei der Textkollation, der Kommentarrecherche sowie bei den Registern.

Mein besonderer Dank gilt Prof. Heinrich Detering und Prof. Dr. Gerd Eversberg, die meine methodischen und inhaltlichen Überlegungen stets kritisch begleitet haben. Ohne ihr Engagement wäre das Editionsprojekt nicht zu Stande gekommen. Ich bedanke mich weiterhin sehr herzlich bei Frau Stefanie Kraus für ihre tatkräftige Mitwirkung bei der editorischen Arbeit und bei Frau Maren Ermisch für die Mithilfe bei der Redaktion. Ebenso danke ich Herrn Dr. Peter Goldammer (Weimar), der das Projekt schon im Vorfeld durch wertvolle Anregungen gefördert hat. Frau Dr. Kornelia Küchmeister (Leiterin der Handschriftenabteilung der Schleswig-Holsteinischen Landesbibliothek Kiel) und Frau Elke Jacobsen (Bibliothekarin im Storm-Archiv Husum) danke ich für die freundliche und umstandslose Unterstützung bei der Suche nach Archivalien.

Für die Genehmigung, die Briefe nach den Handschriften und Abschriften edieren zu dürfen, sowie für die Erlaubnis zur Veröffentlichung weiterer Archivbestände danke ich der Schleswig-Holsteinischen Landesbibliothek (Handschriftenabteilung), dem Theodor-Storm-Archiv Husum, dem Theodor-Fontane-Archiv Potsdam, der Staatsbibliothek zu Berlin, Preußischer Kulturbesitz (Handschriftenabteilung), dem Archiv des „Tunnels über der Spree" (Humboldt-Universität zu Berlin), der Bayerischen Staatsbibliothek München (Handschriftenabteilung), dem Deutschen Literaturarchiv Marbach, dem Kupferstichkabinett der Staatlichen Museen Preußischer

---

[1] *Vgl. Gabriele Radecke: Der Briefwechsel zwischen Theodor Storm und Theodor Fontane. Methodische Überlegungen zu einer kritischen Neuedition. In: STSG 56 (2007), S. 73–79.*

Kulturbesitz zu Berlin, dem Brandenburgischen Landeshauptarchiv, dem Stadtarchiv Potsdam, dem Stadtarchiv Weimar (Herrn Dr. Jens Riederer), dem Thüringischen Hauptstaatsarchiv Weimar, dem George-Westermann-Archiv Braunschweig und dem Eduard Mörike-Archiv im Deutschen Literaturarchiv Marbach (Herrn Dr. Albrecht Bergold).

Für die freundliche Unterstützung bei der Kommentarrecherche bedanke ich mich sehr herzlich bei Frau Dr. Regina Fasold (Leiterin des Literaturmuseums Theodor Storm, Heilbad Heiligenstadt), Frau Dr. Michaela Giesing (Leiterin der Hamburger Theatersammlung, Universität Hamburg), Herrn Henrik Hofer (Universitätsbibliothek der Humboldt-Universität zu Berlin), Frau Dr. Patricia Howe (Queen Mary University of London), Herrn Prof. Dr. Karl Ernst Laage (Husum), Herrn Prof. Dr. Dieter Lohmeier (Kiel), Herrn Klaus-Peter Möller (Theodor-Fontane-Archiv Potsdam), Herrn Dr. Wolfgang Rasch (Theodor Fontane-Arbeitsstelle, Universität Göttingen), Frau Schories (Archiv des Kirchenkreises Plön-Bad Segeberg) und Frau Dr. Jutta Weber (Leiterin des Referats Nachlässe der Staatsbibliothek zu Berlin).

Schließlich danke ich der Deutschen Forschungsgemeinschaft für die finanzielle Unterstützung und für die Gewährung eines Druckkostenzuschusses.

Den Band widme ich in großer Dankbarkeit meinem Mann, Dr. Walter Hettche, und meiner Tochter Anne-Sophie Hettche.

Theodor Fontane-Arbeitsstelle Universität Göttingen, im Februar 2011

Gabriele Radecke

Die Briefe

*1. Storm an Fontane, Berlin, Dienstag, 28. oder Mittwoch, 29. Dezember 1852

2. Storm an Fontane, <Husum, um den 6. Februar 1853> – Abdruck nach H

Im Herbste 1850

Und schauen auch von Thurm und Thore
Der Feinde Wappen jetzt herab,
Und rissen sie die Trikolore
Mit wüster Faust von Kreuz und Grab;

Und müßten wir nach diesen Tagen
Von Heerd und Heimath bettelnd gehn, –
Wir wollen's nicht zu laut beklagen,
Mag, was da muß, mit uns geschehn!

Und wenn wir hülfelos verderben,
Wo Keiner unsre Schmerzen kennt,
Wir lassen unsern spätsten Erben
Ein treu besiegelt Testament.

Denn kommen wird das frische Werde,
Das auch bei uns die Nacht besiegt,
Der Tag, wo diese deutsche Erde
Im Ring des großen Reiches liegt.

Ein Wehe nur und eine Schande
Wird bleiben, wenn die Nacht verschw<*and:*>
Daß in dem eignen Heimathlande
Der Feind die Bundeshelfer fand.

Daß uns von unsern eignen Brüdern
Der bittre Stoß zum Herzen drang,
Die einst mit deutschen Wiegenliedern
Die Mutter in den Schlummer sang.

Die einst von deutscher Frauen Munde
Der Liebe holden Laut getauscht,
Die in des Vaters Sterbestunde
Mit Schmerz auf deutsches Wort gelauscht.

Nicht Viele sind's, und leicht zu kennen –
O haltet ein! Ihr dürft sie nicht,
In Mitleid, noch in Zorne nennen,
Nicht in Geschichte, noch Gedicht.

Laßt sie, wenn frei die Herzen klopfen,
Vergessen und verschollen sein,
Und mischet nicht die Wermuthstropfen
In den bekränzten deutschen Wein!

———

Herrn Theodor Fontane

mit Gruß
von
Theodor Storm.

Apparat

19 verschw<*and:*>] verschw <*fehlt; Textverlust durch Papierausriss; Emendation nach dem Druck in der „Argo" (1854), S. 308*>

21 fand. <*Absatz*> Daß] fand. <*Absatz*> $_1|_2$ Daß

3. Fontane an Storm, Berlin, Dienstag, 8. März 1853. Antwortbrief auf Nr. 2 – Abdruck nach D (Kehler)

Berlin d. 8ten März 53

Sehr geehrter Herr.

Unser Eggers gedenkt noch heute an Sie zu schreiben und längst fällige Briefschulden endlich zu zahlen. Erlauben Sie mir, daß ich von der Gelegenheit profitire und Veranlassung nehme Ihren freundlichen Gruß durch einige Zeilen zu erwiedern. Mit ihrem schönen Gedicht wag' ich keine Concurrenz und so hab' ich mich, als Gegengeschenk, zu Uebersendung einer altenglischen Ballade entschlossen, die's eben tragen mag wenn sie mi<*ß*>fällt. – Daß wir Ihrer oft gedenken, mögen Sie schon glauben. Sie traten gleichsam wie ein lieber Bekannter in unsren Kreis und sind uns seitdem nicht fremder geworden. Es heißt sehr oft: „das wäre ein Stoff für Storm!" oder aber: „der X hat mal wieder geschludert; so talentvoll, – aber was ihm fehlt, das ist so zu sagen – das S t o r m s ch e". Sie sind uns die Verkörperung von etwas ganz besondrem in der Poesie und leben neben vielem andren auch als eine Art Gattungsbegriff bei uns fort. Ueber die Schicksale Ihrer Bruder= und Schwester=Ballade wird Ihnen wohl Eggers schreiben. Ich bekenne freimüthig, daß ich mit der Majorität war und bewunderte und – verwarf.

In nächster Zeit schon hoff' ich diesen Zeilen einige weitre folgen lassen zu können. Wir haben ein liter. Unternehmen vor, zu dem es uns ungemein erwünscht sein würde eine Kraft wie die Ihrige heranziehn zu können. Nähres verspar' ich mir, da die ganze Angelegenheit zuvor noch ihrem Abschluß entgegensieht. Bis dahin unter Gruß und Empfehlung Ihr

ergebenster

T h. F o n t a n e

Apparat

8 mi<*ß*>fällt. –] misfällt. – <*D: Kehler*>; missfällt. – <*h: TFA*>; missfällt. <*Abstand*> <*h: SHLB*>

11 „der X] ‚der X <*h: TFA*>; der H <*h: SHLB*>

13 vielem andren] vielen anderen <*h: TFA*>; vielen andern <*h: SHLB*>

***Beilage**

<Theodor Fontane: „Lord William und Schön-Margret"; eigenhändige Abschrift>

4. Storm an Fontane, Husum, Montag, 14. März 1853. Antwortbrief auf Nr. 3 – Abdruck nach H

Husum den 14 März 1853

Geehrter Herr,

Haben Sie herzlichen Dank für Ihren Brief! Er hat mir das Bedauern erneuert, daß ich neulich nicht wenigstens so lang noch in Berlin blieb, um auch Ihre Familie kennen zu lernen; Frau und Kind – es hat bei mir so viel zu bedeuten. Doch werde ich ja wahrscheinlich bis Juli nocheinmal in die Metropole kommen, und dann hoffentlich nachholen dürfen.

Wie schön und vollendet das mir gesandte Gedicht sei, sah ich sogleich beim Vorlesen an den Augen meiner Frau, wenn ich es auch selbst nicht hätte empfinden können. Das ist eine Ballade, und Freund Eggers hätte daraus sogleich lernen können, woran mein Zwittergedicht laborirte. In Betreff der 4tletzten Strophe habe ich in dem Briefe an jenen einen Wunsch ausgesprochen, der mir jetzt halb leid ist, da der Gedanke der Strophe in dem Mechanismus des Ganzen nicht wohl zu entbehren ist. Es ist, so wie es ist, jedenfalls wunderschön. Fast wär ich neugierig zu erfahren, wie weit das Verdienst Ihrer Bearbeitung geht.

Ich bin jetzt mit einer Idÿlle d. h. einer Sommergeschichte in Hexametern beschäftigt, die ich gern zu Weihnachten in einem Bändchen wie Immensee zu Markt bringen möchte. Doch lassen fortwährende juristische Geschäfte und die Unbehaglichkeit meiner Zukunft mir selten eine nur etwas ersprießliche Muße.

Eine Mittheilung über ein literarisches Unternehmen von Ihnen und aus dem Kreise Ihrer Freunde wird mir besondre Freude machen, wenn ich wenig und langsam Producirender es vielleicht auch mehr nur mit meinem Interesse, als mit einer thätigen Theilnahme begleiten könnte.

Dessenungeachtet bitte ich Sie, meine Thür dabei nicht vorbeigehen zu wollen; vielleicht mag die Zeit ja doch noch Eins oder das Andre bringen.

Ich grüße Sie herzlich.

Ihr ergebner

TheodorStorm

Herrn Theodor Fontane
in
Berlin.

Apparat

17 bringen möchte] bringen $_{1}|_{2}$ möchte

5. Fontane an Storm, Berlin, Samstag, 19. März 1853 – Abdruck nach h (TFA)

Berlin d. 19. März 53.
Louisenstr. 35.

Sehr geehrter Herr.

Schneller fast als ich erwartete, komm ich dazu meinem Schreiben von neulich einige weitre Zeilen folgen zu lassen.

Ich sprach Ihnen – w<*e*>nn ich nicht irre – von einem belletristischen Unternehmen, das vorbereitet werde und dessen Abschluß ich nur noch <*er*>wartete um mich mit <*der*> Bitte um Beteiligung an <*Sie we*>nden zu können. Dieser Abschluß ist inzwischen erfolgt und unter Redaction von Kugler und mir wird spätestens Anfang Oktober ein ‚belletristisches Jahrbuch' (ein bestimmterer Titel ist noch nicht gefunden) erscheinen, das laut Uebereinkunft mit unsrem Buchhändler aus 10 Bogen Novellen, Erzählungen, Biographie und dergl. m. 5 Bogen Verse (namentlich Balladen) und 5 Bogen verschiedener Aufsätze bestehen soll. Für die zwei letztgenannten Fächer ist im Wesentlichen der Stoff bereits vorhanden (womit keineswegs gesagt sein soll, daß uns nicht einige poetische Arbeiten, namentlich Lyrisches, von Ihnen auf's höchste willkommen sein würde); was uns aber fehlt und der ganzen Richtung derer nach, von denen das Unternehmen ausgegangen ist fehlen muß, das sind Novellen – Ihre starke Seite. Wenn ich von Novellen spreche, so bitt' ich's damit nicht wörtlich zu nehmen, ich verstehe darunter vielmehr jede Art poetischer Erzählung und ob Sie den Stoff der Sage, der Chronik oder dem eignen Erlebnis entnehmen, gilt uns völlig gleich. Ich sehe Ihrer Erklärung hierüber, hoffentlich Ihrer Zusage, mit Nächstem entgegen und darf Ihnen nicht verschweigen, daß unser gesammtes Comité (Kugler, v. Merckel, v. Lepel, Schulrath Bormann, Dr. Eggers und meine Wenigkeit) eine herzliche Freude haben würde, Sie an unsrem Streben: ein tüchtiges belletristisches Jahrbuch herzustellen, mitwirken zu sehn. Wir würden Ihnen zwischen 1 und 3 Bogen Raum bewilligen können. Honorar pro Bogen 16 Thaler. Spätester Ablieferungstermin: Mitte Juni.

Gestatten Sie mir an die vorstehende ergebenste Aufforderung, noch ein zweites Gesuch zu knüpfen. Ich weiß nicht wie nah Sie dem Verf. des ‚Quickborn' stehn, aber wenn mich nicht alles täuscht, so kennen Sie ihn wenigstens. Aus der Vorrede zu seinem Buch hab ich ersehn, daß er nicht nur ein famoser Dichter, sondern nebenher auch ein feiner, über jedes Kleinste sich Rechenschaft gebender Kopf ist und gewiß im Stande wäre uns über Volkspoesie, über die Vorzüge des Plattdeutschen und überhaupt über alle jene Fragen, die ihn vorzugsweise beschäftigt zu haben scheinen, einen ebenso schätzenswerten wie interessanten Aufsatz zu schreiben. Könnten Sie, ihm gegenüber, wohl unser Vermittler sein? Ich seh auch in Bezug auf diesen Punkt Ihrem Entscheid mit Spannung entgegen und würde nicht säumen mich brieflich an

Claus Groth zu wenden, von dem Augenblick an, wo ich Ihren Rath dazu in Händen hätte.

Von hier aus ist wenig andres zu berichten. Kugler steckt in Arbeiten (Bau-Geschichte) bis über die Ohren; Eggers giebt Gastrollen als Balladen-Dichter; Felix Dahn (der junge Baier, dessen Sie sich von K.'s her vielleicht entsinnen) bietet neuerdings seine Doktrinen im Tunnel feil; Otto Roquette (verlobt seit 2 Monaten) ist in Liebes- und Damendienst seit wenigen Tagen wieder abwesend und ich selber beschäftige mich seit länger als 3 Wochen mit der Grippe – das ist der augenblickliche Stand des literarischen Berlins, so weit Sie's von Angesicht kennen gelernt haben. Paul Heyse bleibt noch bis zum Herbst in Rom. Ein ähnlicher <*Bittb*>rief wie dieser, ist auch an ihn abgegangen; – wenn er und Sie bereitwillig unsrem Wunsche nachkommen, so schließt das Engagement fremder Kräfte hiermit ab und die Hoffnung ist da, mit etwas Tüchtigem vor'<*s*> Publikum zu treten.

<*Mich Ihnen ang*>elegen<*t*>lichst em<*pf*>ehlend hochachtungsvoll

ergebenst I<*h*>r

Th. Fontane.

P. S. Das Wachslicht war schon angesteckt um meinen Brief an Sie einzusiegeln, als Eggers mit neuesten Nachrichten aus Husum erschien. Ich habe Ihnen zunächst meinen herzlichsten Dank für Ihre freundl. Zeilen auszudrücken. Daß Ihnen die alt-englische Ballade so entschieden gefallen hat, freut mich sehr. Ich bin nämlich immer in Sorge, daß ich mich zuletzt (wie das fast immer geschieht) in diese Antiquitäten verlieben und das freie Urteil über dieselben verlieren könnte. Mir schweben grauenhafte Beispiele vor. Wer sich 5 Jahre lang mit Rosenplüt beschäftigt schwört darauf, daß er ein großer Dichter gewesen sei; ja sogar Gottsched kann auf die Weise noch 'mal zu Ehren kommen. Im Tunnel hab' ich allerdings eine Art Regulator zur Seite, doch bin ich zu sehr ein Kind des Tunnels, als daß des Vaters Lob, unter dessen Maximen ich groß gezogen wurde, mir von besondrem Gewicht erscheinen könnte. Drum bedarf ich gelegentlich bei dieser meiner Arbeit (denn es soll ein umfangreiches Buch werden) auch eines ermunternden Zurufs von außen her.

Daß Ihnen so wenig Muße zum Schaffen bleibt, bedaure ich um so aufrichtiger – weil aus den allerselbstsüchtigsten Motiven. Dennoch geb' ich nicht alle Hoffnung auf etwas von Ihnen zu empfangen und statt meine Bitte zurückzuziehn, wiederhol' ich sie nur um so dringlicher. – Die Aussicht Sie auf ein halb Jahr, vielleicht für immer, hier zu sehn erfüllt uns alle mit großer Freude. Glauben Sie mir, es ist nicht so kreuzerbärmlich hier wie unsre Gegner in Süd und Nord gewöhnlich glauben. Das ‚Berliner Wesen' das Einem auf der Straße und in der Kneipe, überhaupt im alltäglichen Leben entgegentritt ist anfangs ungenießbar; Schärfe, Unverschämtheit, Lieblosigkeit bringen den Fremden um. Aber hinter diesen trostlosen Erscheinungen die sich aufdrängen, giebt es wohltuende die sich verbergen und die man kennen lernen muß, um nicht voll ungerechter Vorurteile uns wieder zu verlassen. Auch unser Bestes was wir bieten können – ich weiß es wohl! – hat etwas von jener Schärfe die seit den Tagen des alten Fritz hier in der Luft zu liegen scheint, aber in gehöriger Verdünnung hat diese Schärfe ihren Reiz und söhnt uns zuletzt auch mit den starken Dosen aus, die schließlich (wenn wir dahinter kommen daß es Senf und kein Sublimat ist) zur Quelle unsres Vergnügens und herzlichsten Gelächters werden. Die Süddeutschen und wir verhalten uns zu einander wie die ‚fliegenden Blätter' zum Kladderadatsch; – ich glaube wir sind ihnen um eine ganze Pferdelänge vor. Ihrer baldigen Antwort entgegensehend und unter ergebensten Empfehlungen an Frau Constanze Ihr

Th. F o n t a n e.

Apparat

6 w<*e*>nn] w nn <*fehlt; Textverlust durch Klebespur*> <*h: TFA*>; wenn <*h: SHLB*>
7 <*er*>wartete] wartete ┌, $_{B}$┐ <*fehlt; Textverlust durch Papierausriss*> <*h: TFA*>; erwartete <*h: SHLB*>
8 <*der*> Bitte] ~~Beteiligung~~ Bitte <*gestrichen* $_{masch.}$; *fehlt; Textverlust durch Papierausriss*> <*h: TFA*>; der Bitte <*h: SHLB*>
8 <*Sie we*>nden] nden <*fehlt; Textverlust durch Papierausriss*> <*h: TFA*>; Sie wenden <*h: SHLB*>
12 Biographie und dergl. m.] Biographien u. dergl. mehr <*h: SHLB*>
19 Erzählung und] Erzählung ┌, $_{B}$┐ und~~d~~ <*gestrichen* $_{T}$> <*h: TFA*>; Erzählungen und <*h: SHLB*>
22 (Kugler, < …> Bormann,] (Kugler und Merckel, v. Legel, Schulrat Borrmann. <*h: SHLB*>
26 pro] per <*h: SHLB*>
29 Verf. des ‚Quickborn'] Verf<. *überschrieben* $_{B}$ asser> des ‚Qu< ┌i $_{T}$┐>ckborn' <*h: TFA*>; Verfasser ┌„ $_{hs.}$┐ Quickborn" <*h: SHLB*>
42 K.'s] K<.'s *überschrieben* $_{B}$ uglers> <*h: TFA*>; R.s <*h: SHLB*>
47 <*Bittb*>rief] rief ┌, $_{B}$┐ <*fehlt; Textverlust durch Papierausriss*> <*h: TFA*>; Bittbrief <*h: SHLB*>
50 vor'<*s*>] vor' <*fehlt; Textverlust durch Papierausriss*> <*h: TFA*>; vors <*h: SHLB*>
51 <*Mich Ihnen ang*>elegen<*t*>lichst em<*pf*>ehlend] elegen lichst em ehlend <*fehlt; Textverlust durch Papierausriss*> <*h: TFA*>; Mich Jhnen angelegentlichst empfehlend <*h: SHLB*>
52 I<*h*>r] I r <*fehlt; Textverlust durch Papierausriss*> <*h: TFA*>; Jhr <*h: SHLB*>

6. Storm an Fontane, Husum, Sonntag, 27. März 1853 und etwas später. Antwortbrief auf Nr. 5 – Abdruck nach H

Husum den 27 März 1853

Herzlichen Dank für Ihren Brief, Ihre Mittheilungen und vor Allen für den guten Glauben an mich! Ob ich ihn dießmal rechtfertigen werde, weiß ich nicht. Glauben

Sie, daß das beifolgende „Grüne Blatt“ eine Stelle in Ihrem Jahrbuch verdient, so stelle ich es dem verehrlichen Comité hiemittelst zur Disposition. Ich war damit beschäftigt, es in Hexameter umzuschreiben, aber da es einmal in musikalische Prosa gefaßt ist, so bleibt es vielleicht doch besser nach. Ich selbst habe, offen gestanden, über diesen Umarbeitungsversuch eigentlich das Urtheil darüber verloren; gefällt es Ihnen daher nicht, so lassen Sie mich nur den darüber gezogenen Strich getrost in seiner ganzen Dicke sehen. Ueberhaupt darf ich nach bündigster Erfahrung bemerken, daß ein Verwerfen einzelner Arbeiten mich auch nicht einmal unangenehm berührt; ich muß vielleicht dabei sagen, daß es mir mit Sachen, die mir wirklich am Herzen lagen, noch nicht bei Andern passirt ist. Daher – lassen Sie der weißen und der schwarzen Kugel ihren ungenirten Lauf.

Klaus Groth kenne ich nicht; allein, da er mir sein Buch unbekannterweise geschickt und ich es in hiesigen Blättern empfohlen habe, so kann ich in Ihrer Angelegenheit sehr wohl an ihn schreiben, was denn allernächstens geschehen soll. – –

Ob ich bei Ihnen in Berlin meine Probezeit bestehen werde ist sehr fraglich; denn da meine demnächstige Anstellung doch wohl in einem kleinen Städtchen Neuvorpommerns /wegen der dortigen Geltung des gemeinen Rechts/ sein wird, so wäre es am Ende nicht wohlgethan, meine Vorschule im Gebiete des Preuß. Landrechts zu machen. Eine kurze Reise werde ich indessen ja jedenfalls nach Berlin zu machen haben.

Das Berliner Wesen, wie Sie es schildern, habe wenigstens ich bei meinem letzten Aufenthalte nicht empfinden können; man hat sich fast überall und namentlich im Kreise Ihrer Bekannten, des Fremden fast mehr als gastfreundlich angenommen. Gleichwohl ist in der berliner Luft etwas, was meinem Wesen widersteht, und was ich auch bis zu einem gewissen Grade zu erkennen glaube. Es ist, meine ich das, daß auch in den gebildeten Kreisen man den Schwerpunkt nicht in die Persönlichkeit, sondern in Rang, Titel, Orden und dergleichen Nipps legt, für deren auch nur verhältnißmäßige Würdigung mir, wie wohl den meisten meiner Landsleute, jedes Organ abgeht. Es scheint mir im Ganzen „die goldne Rücksichtslosigkeit“ zu fehlen, die allein den Menschen innerlich frei macht, und die nach meiner Ansicht das letzte und höchste Resultat jeder Bildung sein muß. Man scheint sich mir in Berlin mit der Geschmacksbildung zu begnügen, mit der die Rücksichtnahme auf alle Factoren eines bequemen Lebens ungestört bestehen kann, während die Vollendung der sittlichen, der Gemüthsbildung in einer Zeit, wie die unsre, jeden Augenblick das Opfer aller Lebensverhältnisse= und güter verlangen kann. Ich hasse nicht die Schärfe, aber ich hasse die Schärfe, wo sie nur nergelnden Witz hervorbringen kann statt Zorn und Begeisterung.

Es ist dieß natürlich kein Urtheil, sondern nur ein allgemeiner Eindruck, von dem ich mich demnächst gern werde zurückbringen lassen.

Mit Vergnügen sehe ich aus Ihrem Briefe, daß Sie an einem ganzen Balladenbuche arbeiten. Wenn es nach Probe ausfällt, so haben Sie mich unbedingt. Sie werden doch vorläufig in dem Jahrbuch einzelne Stücke, namentlich das mir gesandte, mittheilen? – Lassen Sie mich doch, bitte, gelegentlich durch Sie oder Eggers etwas Näheres über die äußere Form des Jahrbuchs erfahren; namentlich ob es auch Bilder dabei geben wird, auf die ich kindlich versessen bin.

Noch möchte ich Sie um Vervollständigung Ihrer freundlichen Nachrichten über das literar. Berlin bitten. Sie schreiben, der junge Felix Dahn biete neuerdings seine Doctrinen feil. Ich habe diesen angenehmen jungen Mann allerdings bei Kuglers u. im Tunnel gesehen; aber es war Alles so im Flug, daß ich über seine literar. Bedeutung gar keine Aufklärung erhielt; und Sie daher um eine gelegentliche Aufklärung in dieser Hinsicht angehen möchte. Den jungen fahrenden Schüler lassen Sie nur immerhin etwas im Damen= und Liebesdienst, damit er sich von der Poësie erhole und nicht wieder bei St. Jacob zu Fall gerathe. Hoffentlich werde ich ihn bei meiner nächsten Anwesenheit in Berlin kennen lernen, sein Waldmeister hat uns viele Freude gemacht.

Kugler, den ich trotz seiner Baugeschichte an sein poëma nec non incestuosum zu moniren bitte, grüßen Sie wohl freundlich von mir, Frau Klara auch und Fräulein Margarethe. Könnte ich einmal auch Frau Constanze ihnen zuführen, so würden nicht bloß drei schöne Namen beisammen sein. – An Eggers das beiliegende Blättchen.

Und nun für heute lebewohl! Meine Frau erwidert ungesehener, doch ja nicht ganz unbekannter Weise Ihren Gruß.

Herrn Theodor Fontane Ihr

Theodor Storm.

Berlin.

P.S. Sie wollen entschuldigen, daß der Brief ein Paar Tage liegen geblieben ist. Der Copiist war nicht früher mit dem Manuscript in Ordnung – –

Lÿrische Sachen habe ich augenblicklich nicht; doch lassen Sie mir vielleicht für den Fall, daß noch einige erwachsen sollten, ein Paar Blätter Raum in Ihrem Jahrbuch!

Apparat

19 Anstellung] Anstellung ~~demnächst~~
26 Bekannten] Bekann<d *überschrieben* t>en
30 Rang] ~~Rand,~~ Rang
37 Opfer aller] Opfer $_1|_2$ aller

Beilage

<Theodor Storm: „Ein grünes Blatt"; Manuskriptabschrift von fremder Hand, fragmentarisch überliefert>

<Blattvorderseite>

Ich hatte das Buch zusammengelegt, und sah durch die Hüttenreihen in den grauen Tag hinaus. Gabriel trat zu mir, und lehnte die blank geputzte Büchse an meine Schulter. Sie blitzte mich an. Ich aber, des Gelesenen gedenkend, fragte ihn: „Und was bedeutet nun das welke Blatt?"

„Noch einmal!" rief er, „es ist grün, so grün wie Juniblätter!"

„Und Du bist niemals wieder dort gewesen?"

„Pagina hundert und dreizehn!" sagte er lächelnd. Ich schlug noch einmal nach. Schon wieder Verse!

X X X

<Blattrückseite>

Des Dichters Epilog.

Ich hab es mir zum Trost ersonnen
In dieser Zeit von Schmach und Schuld,
In dieser schweren Noth der Zeiten,
In diesen Zeiten der Geduld.

Ich zage nicht; es muß sich wenden,
Und heiter wird die Welt erstehn;
Es kann der ächte Keim des Lebens
Nicht ohne Frucht verloren gehn.

Der Klang von Frühlingsungewittern,
Von dem wir schauernd sind erwacht,
Von dem noch alle Wipfel rauschen,
Er kommt noch einmal, über Nacht!

Und durch den ganzen Himmel rollen
Wird dieser letzte Donnerschlag!
Dann wird es wirklich Frühling werden,
Und hoher, heller, goldner Tag.

Heil allen Menschen, die es hören,
Und Heil dem Dichter, der dann lebt,
Und aus dem offnen Schacht des Lebens
Den Edelstein der Dichtung hebt!

Apparat

3 ihn:] *<über der Zeile* ihn:> ~~meinen Kammeraden:~~

7. Fontane an Storm, Berlin, Montag, 11. April 1853. Antwortbrief auf Nr. 6 – Abdruck nach h (TFA)

Berlin d. 11. April 53.
Louisenstr. 35.

Sehr geehrter Herr.

Heut vor 8 Tagen (Montag) traf Ihr ‚grünes Blatt' als paßlicher Begleiter Sr. Majestät des Frühlings bei uns ein, der seitdem alltäglich vom blauen Himmel auf uns herniederlacht. Seine Majestät haben unsren Dank und unsre Huldigung bereits weg; – Ihnen, für Ihren Abgesandten, bringen wir beides hiermit dar. Ich hätte Ihnen das umgehend geschrieben, wenn ich nicht gleichsam die Pflicht gehabt hätte, meinem Privaturteil das unsres Komité's hinzuzufügen. Ich werde in Nachstehendem indeß das eigne und fremde nicht auseinander zu halten haben, da mit seltener Stimmeneinhelligkeit unser Urteil laut wurde. Die ersten 15 Seiten vortrefflich, ein Kabinetstück, kein Jota zu wenig oder zu viel, da plötzlich rollt uns die 16. Seite einen Stein in den Weg, vor dem die meisten von uns das Springen sofort aufgaben, während Kugler und ich, die wir im besten Rennen waren und uns nicht Einhalt gebieten lassen wollten, jämmerlich zu Falle kamen. Eh ich jedoch zu den Einzelheiten der uns vorliegenden Schwierigkeit schreite, sei's mir zuvor noch gestattet ein Paar Worte über den Epilog zu sagen, der zwar völlig klar, aber für Geh. Reg. Räthe, Schulräthe und ähnliche Leute eben nur allzu klar geschrieben ist. Wir waren über den Wert des Gedichts verschiedener Meinung (während ich den Schwung und das Ueberzeugungsvolle der Verse lobte, fanden Kugler und Bormann die ganze Sache zu allgemein gehalten und deshalb an die Phrase – versteht sich im besten Sinne – streifend) stimmten aber darin alle überein, daß wir es in unsern resp. Stellungen nicht riskieren könnten die Aeußerungen solches Grimms und solcher Hoffnungen mit auf unsre Kappe zu nehmen. Ich soll Ihnen deshalb – da ein Epilog an und für sich sehr wünschenswert sein würde – proponieren, ob Sie nicht vielleicht geneigt wären, diesen Strophen eine bestimmte schleswig-holsteinische Färbung zu geben. Das deutsch-patriotische kann sich natürlich in den stärksten Ausdrücken äußern, aber was nach der einigen unteilbaren deutschen Republik schmeckt, könnte uns ‚Beamteten' doch sehr verübelt werden. Sie fühlen dabei vielleicht: ‚nette Kerle das', aber das Märtyrerthum, schon an und für sich eine kitzliche Sache, kann unmöglich von Personen erwartet werden, die theils ausgesprochenermaßen, theils unbewußt au fond du coeur die besten Preußen und Royalisten von der Welt sind.

Nun zu § 113! Was heißt das: ‚Sie schritte doch vom Waldessaume Niemals hinunter in die Welt' Was heißt (in Folge dessen): ‚und wenn sie doch hinu<*n*>terschritte?<'> und was heißt schließlich: ‚dann wollen wir die Büchsen laden; der Wald und die Prinzessin sind in Feindes Händen!'

Wir haben uns darüber 2 Stunden lang in Vermuthungen – nein, das ist falsch! nicht in Vermuthungen – denn was Sie wollen glauben wir einigermaßen herausgefühlt zu haben, aber in Erklärungen erschöpft und mußten schließlich davon abstehn, da kein Schlüssel vollständig schließen wollte und im einen Falle ein Widerspruch, im andern ein Sprung uns in diesen Schlußworten vorzuliegen schien. Kugler, mit seinem gewöhnlichen laissez faire, meinte zuletzt: das thue nichts; man müsse bei einem Dichter, der sich im Uebrigen völlig als solcher erwiese, so was mit in den Kauf nehmen; – wurde indeß von allen Seiten überstimmt. – Wir sehen nun Ihrer freundl. Erklärung, vielleicht sogar einer Version entgegen, die aus der Streitfrage sofort eine abgemachte Sache macht. Zum Schluß wollen Sie es meinem Redaktions-Amte zu gute halten, daß ich bei der letzten halben Seite so ausschließlich verweilt und für das kleine Meisterstück im Großen und Ganzen so gar keine Worte gehabt habe. Aber es ist damit wie mit den Normal-Staaten und den Muster-Familien, – von ihnen wird geschwiegen und das umschließt das größte Lob. Nur Eines: mir ist aufgefallen, daß beim Selbstlesen die Arbeit einen ungleich bedeutenderen Eindruck macht als beim Hören. Es ist, als ob das Auge das volle Verständniß doch besser vermittle. Vielleicht liegt's ganz einfach daran, daß man beim Lesen willkürlich verweilen und alles Schöne sich con amore zurechtlegen und vergegenwärtigen kann, während der Vorleser einem dazu nicht Zeit läßt und wie ein Dampfwagen über die schönsten Landschaften dahinjagt. Der alte Postwagen aber, der überall anhielt, stand nun mal von jeher mit der Poesie auf einem bessren Fuß, als .... die unsre Zeit beherrscht.

Unter herzlichen Grüßen an Sie und die Ihrigen Ihr

Th. F o n t a n e.

Eggers ist seit 4 Tagen in Rostock und wohnt der Sitzung nicht *<bei, daher auch nur Grüße von Kugler.>*

Apparat

20 Bormann] Borrmann *<h: SHLB>*
22 könnten] könnten ┌, $_{B}$┐ *<h: TFA>;* konnten *<h: SHLB>*
33 vom Waldessaume] am Waldessaume *<h: SHLB>*
34 hinu<*n*>terschritte?<'>] hinuters<h *überschrieben* $_{masch.}$ c>hritte? *<h: TFA>*; hinunterschritte?“ *<h: SHLB>*
38 wollen] wollen *<unterstrichen* $_{B}$*>* ┌, $_{B}$┐ *<h: TFA>*; wollen *<h: SHLB>*
39 Erklärungen] Erklärungen *<unterstrichen* $_{B}$*>* *<h: TFA>*; Erklärungen *<h: SHLB>*
57 als ....] als .... ┌~~(ausgeschnitten)~~ (die Eisenbahn), $_{B}$┐ *<h: TFA>*; als die Eile *<h: SHLB>*
60 Eggers <...> Sitzung nicht *<bei, daher auch nur Grüße von Kugler.>*] Eggers <...> Sitzung nicht *<fehlt; Textverlust durch abgeschnittenes Blatt; h: TFA>*; N. B. Eggers ist seit 4 Tagen in Rostock und wohnte der Sitzung nicht bei, daher auch nur Grüsse von Kugler. *<h: SHLB>*

8. Storm an Fontane, Husum, <nach dem 11. April 1853>. Antwortbrief auf Nr. 7 – Abdruck nach H

Lieber Herr Fontane,

Ich will's dem erwarteten Frühling zuschreiben, daß das erste „grüne Blatt“ Ihnen so viel abgewonnen. Aber beim zweiten Lesen, beim Vorlesen haben Sie schon gefühlt, es sei nicht so ganz richtig damit – es liegt nemlich über dem Ganzen eine gar zu einförmige Stille, die Einen beim Vorlesen fast ungeduldig machen kann; doch ich will

Ihnen das Stück jetzt nicht durch meine eignen Aussetzungen verleiden. Sie haben es auch, so wie es ist, für gut befunden und so möge es denn auch so gedruckt werden.

(Meine Frau, die eben neben mir Ihren Brief liest, höre ich unter dem Lesen sagen „Es kommt auch sehr aufs Vorlesen an“ und „Nein, keine Version!“)

Uebrigens beziehen meine Bedenklichkeiten sich nur auf die ersten 2/3 der Erzählung (d. h. ganz bis zum Epilog.) Das letzte Drittel habe ich mit ganz bewußtem Instinkt (kein Widerspruch) geschrieben. Ich kann es daher nicht ändern, und weiß nur einen Rath: Lassen Sie den Epilog weg und lassen Sie das Uebrige stehen!

Kugler hat Recht, so weit geht die Verantwortlichkeit des Redacteurs nicht, daß er en detail corrigiren müßte; dafür ist der Dichter, unter dessen Namen es erscheint, verantwortlich.

Eine Erklärung der Ihnen zweifelhaften Stelle will ich indessen gern versuchen, obgleich das Erklären für den Poëten eine bedenkliche Sache ist.

Also: der Rahmen der Erzählung versetzt uns in ein Feldlager, und es ist angenommen, daß ein zur Vertheidigung der Heimath nothwendiger Krieg geführt wird.

In der Mitte wird ein Stück noch friedlicher, ungestörter Heimath geschildert, worin das Alter ruhig auslebt, die Jugend sich heiter und zutraulich entwickelt.

Dem zu Anfang als p.t. Soldat aufgeführten Gabriel ist die Erscheinung des jungen Mädchens mit ihrer ganzen Umgebung zu einer poëtischen Erinnerung geworden, zu einem von den Dingen, „die man nicht anrühren soll“, die nicht ins tägliche Leben hinein verpflanzt werden können. Er kann sich das Mädchen nur so denken, wie sie ihm in dem schönsten, significantesten Moment erschienen ist „im schwärzesten Thor des Waldes“; das ist, glaube ich eben so jugendlich, wie poëtisch.

Daher pagina 113.

„Sie schritte doch von Waldessaume
Niemals hinunter in die Welt!“

An den körperlichen, dauernden Besitz des Mädchens hat Gabriel, bei dieser Auffassung des Erlebnisses, nicht gedacht. Der Freund giebt ihm diesen Gedanken durch die Worte:

„Und wenn sie doch hinunterschritte?“

Gabriel faßt diesen Gedanken lebhaft auf, und weil der Theil der Heimath, worin der Wald und das Mädchen sich befinden, vom Feinde occupirt ist, so will er die Büchsen laden, um den Ort vom Feinde zu befreien.

Ich glaube fast, daß diese Analÿse Ihnen genügen wird, doch zugleich einen weitern Mangel der Dichtung aufdecken, den ich daher lieber gleich bekennen will. Es fehlt nemlich offenbar in der Mitte die Schilderung des Familienlebens, das den Kern des Heimathlichen bildet. Leider kann ich nichts mehr darin ändern.

Sollte mir vor Schlußzeit noch etwas Epilogartiges einfallen, so will ich es Ihnen schicken; wonicht, so kann der Epilog ja gern fehlen.

Wenn es nicht unter der Erzählung steht, so setzen Sie, wenn es der Redaction anders mit ist, unter die Erzählung:

———

Husum, im Herzogthum Schleswig. Ostern 1853

Theodor Storm.

========

Hinzufügen will ich noch, daß ich Ihnen a priori den Abdruck des Epilogs im Herzen gar nicht zugemuthet habe; ich erkenne Ihre Gründe als vollkommen triftig an. Da er aber einmal geschrieben war, so wollte ich ihn doch mitschicken, und wenigstens von Ihnen mitlesen lassen.

———

Gern hätte ich bei Ihrem Schreiben das, nach Eggers Aeußerung mir zugedachte Kuglersche Br. u Schw.poem mit empfangen. Erinnern Sie ihn, bitte; es soll werth gehalten werden.

Augenblicklich bin ich über Paul Heÿses „Francesca di Rimini" und zwar im 3^{t} Act. Ich glaube indeß auch hier, wie bei allen derartigen jetzigen Leistungen, trotz aller Feinheit des Geistes und aller Kraftanstrengung den Mangel an Frische, an nothwendigem Zusammenhang des Dichters mit seinem Werke zu empfinden. Es scheint mir mehr ein Product der Bildung und der Wahl zu sein. Doch, ich habe nicht ausgelesen. Viel Schönes, Poëtisches, Interessantes ist darin. – Gelegentlich, bitte, was Sie zu meiner Anempfindung sagen!

Auf Roquettes Lustspiel bin ich recht begierig, und werde ja auch wohl, wenn ich im Sommer nach Berlin komme, Gelegenheit bekommen, es zu hören, oder, noch lieber, zu sehen. Ein so heiterer, jugendlicher Geist, wenn er den rechten Inhalt gewinnt, könnte vielleicht ~~wieder~~ einmal ein wirklich erfreuliches Lustspiel liefern. Bis jetzt kenne ich noch keins, und habe daher auch das „wieder" wieder gestrichen. Denn Kleist's „zerbrochener Krug", das einzige deutsche Lustspiel, was mir ganz gefällt, ist dessenungeachtet doch nicht heiter.

Die beifolgende kleine Composition erhielt ich neulich von einem Studenten aus Göttingen zugesandt. Ich habe sie copiren lassen, um sie Kuglers Urtheil zu unterbreiten. Mir scheint der letzte Theil keinen rechten Abschluß zu haben. Sie besorgen das Blättchen wohl mit meinen besten Grüßen an die Adresse!

An Groth habe ich geschrieben, bin aber noch ohne Antwort; leider höre ich, der Mann soll schwindsüchtig sein und einem frühen Tode entgegengehn. Er ist Schullehrer, seit einiger Zeit aber abgegangen und lebt, so meine ich gehört zu haben, von Privatunterricht. Seine Bildung soll er sich unter Anleitung eines sehr gebildeten Predigers erworben haben. – Erhalte ich vor Absendung dieses Antwort, so berichte ich weiter.

Sie sind mir aber noch allerlei Antworten schuldig, an die ich Sie gelegentlich und bescheidentlich gemahnt haben will.

Herrn Theodor Fontane. Der Ihrige

Theodor Storm.

Ich habe bei dieser Bemerkung natürlich den Fall vorausgesetzt, wo Redacteur und Verfasser sich nicht vereinigen können.

Apparat

11 ganz bis] <*über der Zeile* ┌ganz┐ > bis
12 weiß] weiß ~~daher~~
18 Poëten eine] Poëten $_1|_2$ eine
21 Stück noch] Stück ~~f~~ noch
36 lebhaft] lebhaft ~~T~~
38 den] den
41 Mangel] Mang- $_2|_3$ el
46 Sie] <s *überschrieben* S>ie
66 sagen! <*Absatz*> Auf] sagen! <*Absatz*> $_3|_4$ Auf
88 #Ich < ... > können.] <*am linken Blattrand, S. 1:* #Ich { ... } können.>

9. Fontane an Storm, Berlin, Montag, 2. und 9. Mai und Mittwoch, 25. Mai 1853. Antwortbrief auf Nr. 8 – Abdruck nach h (TFA)

Berlin d. 2. Mai 1853.

Sehr geehrter Herr.

Dringende Geschäfte zum Teil, andrerseits ein plötzliches Erkranken Kuglers (man fürchtete ein Nervenfieber, doch hat's bei einem bloßen Wechselfieber schließlich sein Bewenden gehabt) lassen mich erst heute zur Beantwortung Ihrer freundlichen Zeilen kommen. Herzlichen Dank dafür, daß Sie so schnell bereit gewesen sind Ihren Epilog dran zu geben und doppelten Dank dafür, daß Sie, falls die Stimmung dazu kommt, nicht abgeneigt sind den erstgeborenen wilden Kain durch einen leise tretenden Abel zu ersetzen. Was nun pag. 113 angeht, so ist es Ihnen allerdings geglückt uns diese Schlußwendung leidlich verständlich zu machen, aber doch immer nur leidlich; es bleiben immer noch kleine Undurchdringlichkeiten. Die beiden ersten Sätze erledigen sich, aber der dritte: ‚so wollen wir die Büchse laden; der Wald und die Prinzessin sind in Feindes Händen' macht uns nach wie vor zu schaffen. Dieser Ausruf gehörte allerdings in den Mund eines Liebhabers, der plötzlich die Möglichkeit gegeben sieht, sein Liebstes zu besitzen; aber wir kennen ja den Gabriel von

Anfang an der Erzählung als Einen, der den vom Feinde besetzten Wald wieder erobern will und noch seine Abschiedsworte, die er an die Prinzessin richtet, drücken diese Absicht klar und deutlich aus. So genügt uns denn Ihr Commentar:

... ‚Gabriel faßt diesen Gedanken lebhaft auf und weil der Wald usw. vom Feinde occupirt ist, will er die Büchse laden und den Ort befrein' nicht völlig; er hätte ganz dasselbe getan, auch ohne die Begegnung mit dem Mädchen. Doch genug davon. Wiewohl Sie in Ihrem Briefe keine Sylbe darüber äußern, so können wir uns doch nicht davon los machen, daß die ganze Arbeit eine wunderbar-schöne Verschmelzung von konkretester Darstellung und Allegorie sei. Der Alte ist das Patriarchalische, das Mädchen – die Frische und Freiheit Ihres schönen Landes, drum suchten wir in pag. 113 usw. nach mehr. Sie haben uns dies durch *<Ihren>* letzten Brief gewissermaßen verboten und wir haben uns accomodirt, doch wie gesagt, auch in diesem Falle, bleiben kleine Rätsel. Bevor ich nun aber weiter gehe, bitt' ich Sie um's Himmelwillen, diese breitausgesponnene Splitterrichterei nicht mißverstehen zu wollen; wir wissen, nach wie vor, welch frische schöne Blüthe wir in Ihrem ‚grünen Blatte' haben und wenn meinerseits so viele Seiten schönes Papier an allerhand Anfragen und Auseinandersetzungen vergeudet worden sind, so erklären Sie sich's damit, daß man eben nur an der schneeweißen Schürze das kleinste Fleckchen bemerkt und es fortwünscht, um die seltne Freude des Makellosen zu haben.

Ich habe noch auf Einzelheiten Ihres vorletzten Briefes zu antworten. Besonders am Herzen liegt mir, was Sie über unsre ‚Berliner Luft' sagen. Sie tun uns unrecht. Ich kann Ihnen darin beipflichten, daß ‚die goldne Rücksichtslosigkeit' als Naturprodukt andern Orts (am Rhein, in Süd-Deutschland und ich glaube auch in Ihrem Eider-Lande) besser gedeiht, aber als Bildungs-Resultat (und als solche*<s>* fordern Sie dieselbe) kommt – vielleicht mit alleiniger Ausnahme von Frankreich – nirgends eine so annähernde Verwirklichung der Egalité-Chimäre vor, wie hier bei uns. Die mannigfachen Kräfte unsres Staats wie unsres gesammten Lebens rivalisieren nicht untereinander und keiner drängt sich vor. Es gibt nirgends in der Welt, auch in Frankreich nicht, so wenig eine ‚exklusive Gesellschaft' wie hier bei uns. Geburt, Reichtum, Rang, Talent und Wissen vertragen sich hier in wunderbarer Weise und Graf Arnim mit einem halben Fürstentum hinter sich, verkehrt mit dem Lokomotivenbauer Borsig oder mit Prof. Dove völlig ebenso wie mit seines Gleichen. Ja, ich muß es bekennen, wir haben von diesem Nivellement zu viel und kranken an einer Impietät, die bereits der Ankergrund war und wieder sein wird, drauf die Revolution (bei uns ein reiner Einwanderer) ihre Haken auswirft.

Sie fordern weiterhin im Gegensatz zur Geschmacksbildung eine sittliche Bildung eine Bildung des Gemüths, die gelegentlich Opfer zu bringen und ein Martyrthum zu schaffen versteht. Glauben Sie wirklich, daß wir dieser Kräfte bar und bloß sind? Dann wäre unser letzter Tag gekommen. Die Stadt Berlin stellte außer den Linientruppen, die bereits verschiedene Regimenter bildeten, im Jahre 13 zehntausend Freiwillige und die Bevölkerung der Stadt betrug damals nicht voll 180, 000. Schleswig-Holstein in Ehren, aber das haben sie uns noch nicht nachgemacht. Das Volk hier hat eine echte und wahre Opferfreudigkeit; – auch die sogenannten ‚Gebildeten' ja sogar die ‚Berliner Kinder' (was in vielen Stücken eine unleidliche Sorte ist) haben davon, vorausgesetzt daß es was gilt.

Wir haben uns wie Franz Moor (nur auf andrem Terrain) ‚nie mit Kleinigkeiten abgegeben'; aber wenn es – und diese Tage haben vielleicht schon den Klopfer an der Thür – über kurz oder lang wieder die großen und ewigen Dinge des Lebens gelten wird: Freiheit (nicht das Barrikadenkind) Unabhängigkeit, Glauben, Sitte, Familie, dann werden wir auf dem Platze sein wie's unsre Väter waren, und den Beweis führen, daß wir für's Leben auch zu sterben wissen. – Und nun nichts mehr davon! Man darf uns schlechterdings nicht mit unserer Politik (die das kastrierte Produkt einzelner guter aber dennoch aus der Art geschlagener Leute ist) verwechseln. Was uns fehlt ist Feinheit, Liebenswürdigkeit und die rechte Liebe überhaupt, doch an Bravheit fehlt es uns nicht, eben so wenig wie an allen möglichen Resultaten der Bildung. Aber freilich die Bildung, die so viel kann, kann nicht alles, nicht das Letzte und das Höchste und das fehlt uns. Wir sind innerlich freier als die Engländer, aber haben – ihren Egoismus und – da liegt's!

Nun unser Buch. Es wird zunächst aus Novellen bestehn und zwar von: Th. Storm, W. v. Merckel, Paul Heyse, Franz Kugler, Leo Goldhammer und einem unbekannten Sechsten, der noch erst zu finden ist. Kennen Sie einen solchen? Sie würden mich durch Fingerzeige Ihnen auf das allerentschiedenste verpflichten, denn es bleibt noch Raum zum füllen übrig. Zweitens: Balladen. Und zwar zuerst ein paar Bogen alt-englische, übertragen von meiner werthen Person. Dann gemeine-deutsche (Balladen nämlich) von: Kugler, Merckel, Lepel, Fontane, vielleicht auch Eggers. Lyrisches – wenn er uns nicht im Stich läßt – von Paul Heyse; und schließlich Aufsätze, bestehend aus einer Kugler'schen Arbeit ‚über die Shakespeare Bühne' sowie aus einer Reihenfolge ‚Londoner Briefe' von mir. Das wär's! Ueber Bilder verlautet noch nichts Bestimmtes. Gute könnten wir nur brauchen und solche verteuern das Unternehmen um ein Bedeutendes.

Roquette ist zurück von der Brautfahrt, doch hab' ich ihn noch nicht gesehn. Sein Stück hat vor Schauspieler-Ohren (in einer Vorlesung bei Kugler, wo Dessoir und Clara Stich zugegen waren) keine Gnade gefunden. Ein Beweis mehr, daß es gut ist. – Paul Heyse schreibt selig aus Sorrent. Neapel hatte seinen Erwartungen nicht entsprochen und gar in Rom (durch eigne Schuld) war er eingetreten wie in einen Bibliothek-Raum: jedes Trümmerstück eine Schwarte zum Studium. Da fällt das Vergnügen weg. Jetzt trinkt er Natur in vollen Zügen und wundert sich, daß er's kann, denn einer seiner Sätze war: Natur ist nichts, die Menschen sind alles. – Die von Göttingen eingegangene Composition soll nicht viel taugen. Da K. krank war gab ich's der Reihe nach an 3 andre Musikverständige, darunter eine Autorität. ‚Es sei nichts!' sagte Jeder. Wie kann man ein so schönes Lied so schlecht komponieren, meinte der Eine. Selbst meine Laienschaft hat die Unbedeutendheit herausgefühlt. – An Claus Groth hab' ich inzwischen selbst noch geschrieben; vielleicht erreicht ihn mein Brief. Eh diese Zeilen abgehn, werd' ich noch versuchen, ob der reconvalescente K. zum Schreiben und zu einer Copie seiner Ballade zu bringen ist. Und nun unter herzlichem Gruß Ihr

Th. Fontane.

So eben find ich in Ihrem vorletzten Brief die Notiz: ‚wenn ich bis zum Schluß der Redaction noch was Lyrisches schreiben sollte, so rechne ich auf ein freies Blättchen in Ihrem Buch'. An dieser Stelle die Versicherung, daß dies freie Blatt für Sie immer da sein wird

Am 9. Mai. Kugler ist seit 5 Tagen wieder auf den Beinen. Er bittet zunächst um Entschuldigung, daß Ihr Brief noch immer ohne Antwort ist, versichert aber, in den nächsten Tagen schon, so lange Versäumtes nachholen zu wollen. Dann wird auch das ‚Bruder- und Schwester-Gedicht' bei Ihnen eintreffen, nebst einer nochmaligen Kritik der eingeschickten Composition.

Ihr Th. F.

Am 25. Mai. Kaum hab' ich den Muth meinen Brief noch abzuschicken. In der ersten Woche ließ mich Bummelei nicht dazu kommen; in der zweiten hatt' ich die Absicht eine längre Kritik über Theodor Storm (die ich mir erlaubt habe für ein hiesiges Feuilleton zu schreiben) beizupacken; in der dritten Woche endlich ward die Frage erwogen: schicken oder nicht-schicken? Halten Sie's mir zu gute. Die Kritik kommt, ohne mein Verschulden, erst in dieser Woche zum Druck; sie soll Ihnen nicht vorenthalten bleiben. – Andres haben Sie inzwischen durch Kugler erfahren. – Mein Brief an Claus Groth wurde vor einigen Tagen durch Prof. Müllenhof in Kiel beantwortet. Groth ist gefährlich krank; wie sein Freund schreibt: ‚an einem alten Uebel'. Prosa hat er nie geschrieben. Zwei neue Ausgaben des Quickborn werden vorbereitet, darunter eine illustrierte. Auch Sie werden schließlich in dem Briefe aufgefordert, für die Verbreitung des Buchs nach Kräften zu wirken. Und nun Ade!

Ihr Th. Fontane.

Fast hätt' ich eine Hauptsache vergessen: ich erlaube mir nämlich die halbzugesagte Lyrica eben so dringend wie ergebenst zu erbitten.

Apparat

7 Sie, falls] Sie (so schnell bereit gewesen sind) falls <*h: SHLB*>

21 Doch genug davon.] Doch nun genug davon! <*h: SHLB*>

26 <*Ihren*> letzten Brief] unsern letzten Brief <*h: TFA*>; Jhren letzten Brief <*h: SHLB*>

28 um's Himmelwillen,] ums Himmels Willen; <*h: SHLB*>

39 solche<*s*>] solche ┌s $_{B}$┐ <*h: TFA*>; solche <*h: SHLB*>

39 dieselbe] dieselben <*h: SHLB*>

71 Letzte und das Höchste] Letzte und das Höchste ┌, $_{B}$┐ <*h: TFA*>; <l *überschrieben* $_{masch.}$ L>etzte und Höchste <*h: SHLB*>

75 Leo Goldhammer] Leo Gold~~h~~ammer <*gestrichen* $_{B}$> <*h: TFA*>; Leo Goldhammer <*h: SHLB*>

103 So eben] P.S. Soeben <*h: SHLB*>

10. Storm an Fontane, Husum, Sonntag, 5. und 12. Juni 1853. Antwortbrief auf Nr. 9 – Abdruck nach H

Husum den 5 Juni 1853.

Sehr lieber und geehrter Herr,

Wollen Sie vor allen Dingen einige Nachsicht mit mir haben, wo es sich um Dinge der Politik handelt, über welche ich nur dem Gefühle nach mitsprechen kann, und das Pflanzenartige in meiner Natur nicht verkennen, für das ich im Uebrigen eben keine besondre Berechtigung in Anspruch nehmen darf. Jene Aeußerung meines Briefes über die Berliner Luft war, wofür ich sie auch nur ausgab, eine lediglich durch den augenblicklichen oberflächlichen Eindruck hervorgerufene – und durch den Kladderadatsch. Die eigentliche Karrikatur d. h. sofern sie nicht wieder in's Phantastische hinaufsteigt – z. B. in der Poësie der Kaliban – ist mir so zu wider, daß sie mir beinahe körperliches Unwohlsein erregt. – Aber ad vocem „Nivellement"! Fragen Sie Ihren Grafen Arnim doch einmal, ob er dem Prof. Dove oder dem Maschinenbauer Borsig auch seine Tochter zur Ehe geben wolle! – Ich verlange das keineswegs unbedingt von dem Grafen Arnim; aber er ist jedenfalls ein Probirstein für das Nivellement. Ich habe mir es oft selber vorgesprochen, und lassen Sie mich's hier – ich weiß grade nicht in welchem nähern Zusammenhang mit unsrer Correspondenz – einmal niederschreiben: ein junger Mann sollte zu stolz sein, in einem Hause zu verkehren, wovon er bestimmt weiß, daß man ihm die Tochter nicht zur Frau geben würde. – Doch zu unserem Jahrbuch!

Novellisten, welche für meine Ansprüche Beschränkung und Tiefe genug besitzen, kenne ich persönlich nicht; von den bis jetzt durch ihre Schriften weniger bekannten Novellisten glaube ich Sie indessen, außer Widmann, dem Ihnen bekannten Verfasser der kathol. Mühle, auf .. Müller, Verf. des „Tannenschützen" (ich meine 1851 od. 52 erschienen) und auf Julius von der Traun, Verfasser des „Scharfrichter Rosenfeld" und der zum Theil so warmen und männlichen, als eigenthümlichen, obgleich in der Behandlung alter Volksballaden und Mährchen durchaus tadelnswerthen „Rosenegger Romanzen“[F] (beides Wien, 1852, Gerold.) aufmerksam machen zu müssen. – Ob ich Ihnen Lÿrisches werde liefern können, wird fraglich sein; was ich binnen 4 Wochen habe, soll Ihnen nicht vorenthalten sein. – Aber wird denn der junge Brautfahrer nichts liefern! oder lebt er nun erst ein mal? Ich freue mich recht darauf, ihn demnächst kennen zu lernen. – –

Keine Bilder zu dem neuen Buch? Wie soll mein Kinderherz das ertragen! Nicht eine radirte Waldeinsamkeit auf dem Titel oder dem Titel gegenüber, oder so ein Bild von Geiger, wie einige zu Stifters Studien! freilich Geiger ist schwer zu fassen. Aber es müßte doch so irgendetwas dabei, wenn auch noch so klein. Denken Sie nur: ein Berliner Jahrbuch ohne Bild! – –

Paul Heÿse hat Recht: Natur ist nichts; aber wenn der Mensch zu ihr kommt, dann! – dann ist die Natur vielleicht das Schönste, was der Mensch für sich allein sein kann. Sie haben in Betr. meines grünen Blattes richtig empfunden; es ist mir wohl bewußt, daß das Mädchen mir unter der Hand zu einem Art Genius der Heimath geworden ist; doch, glaube ich, ohne die concrete Darstellung zu beeinträchtigen.

Daß Sie mich mit einer längeren Kritik beehrten, haben Sie dafür herzlichen Dank, und wollen Sie mir einen Gefallen erzeigen, so lassen Sie mich die betreffende Nummer unter Kreuzcouvert erhalten, während ich noch hier bin, damit ich meinen Kieler Verleger wenigstens zeigen kann, daß meine Sachen noch nicht ganz versandet sind. Es bedarf wohl einiger Ermunterung; denn die Gedichte mögen eben nicht zu viele Liebhaber gefunden haben.

Claus Groth soll an der Schwindsucht leiden, was in der That mit Trauer erfüllen muß, obgleich ja seine poëtische Mission vielleicht bereits erfüllt ist.

Ich lebe hier jetzt in dem unbehaglichen Gefühl nah bevorstehender Heimathlosigkeit und Trennung von Frau und Kindern; theilweise mit Aufräumung und Beendigung von Processen u. dgl. beschäftigt, theilweise dem Frühling hingegeben, in meinem im Superlativ grünen sonnenscheinigen Garten noch säend und pflanzend wo ich nicht blühen sehen und erndten soll, aber in dem stillen Gefühl, es werde wo ich den Herbst erleben soll, vielleicht ein Andrer in diesem Augenblick für mich dasselbe thun; eine Tanne, eine Akazie und ein Wallnußbaum, die ich vor 8 Jahren selbst gepflanzt, sind zum ersten Mal mit Blüthen übersäet. – –

Am 8 oder 9 Julÿ denke ich in Berlin zu sein, um wo möglich von dort ohne Weiteres an meinen demnächstigen Bestimmungsort abzugehen; werde mich aber doch wohl etwa eine Woche oder länger vielleicht in Berlin aufhalten müssen. Falls Sie oder Eggers Veranlassung fänden mir noch vorher einmal zu schreiben, so würden Sie mir vielleicht als Kundige ein hotel oder chambre garni bezeichnen können, wo ich während dessen anständig und möglichst wohlfeil ein Zimmer beziehen könnte.

Und nun noch die Bitte, die Beilagen an die Adressen zu besorgen; und bleiben Sie mir, wie bisher, freundlich gesinnt!

Ihr
TheodorStorm

[F] Traun hat auch ein Buch – ich glaube Novellen – unter dem Titel <„ >Südfrüchte“ herausgegeben, hab’s aber nicht gelesen. Lesen Sie den Scharfrichter; und lassen sich nicht dadurch stören, daß zu Anfang ein bischen „Construirtes“ ist. Sie werden das eminente Talent alsbald erkennen.

Herrn Theodor Fontane

in
Berlin.

12 Juni. Der Brief theilt das Schicksal des Ihrigen; da ein dritter Junge – zugleich 3^{t}s Kind – die Welt und unsre Familie d. h. meine ganz speciell vermehrte, und mich an der Abfassung des Kuglerschen Briefes verhinderte. – Ich werde nun, denk ich, meine Reise bald ganz fest bestimmen können. ThSt.

Apparat

17 Mann sollte] Mann $_1|_2$ sollte
25 Rosenfeld] Rosenfeld~~er~~
33 Waldeinsamkeit auf] Waldeinsamkeit $_2|_3$ auf
39 Sie <...> beeinträchtigen.] <*am linken Blattrand, S. 3* Sie {...} beeinträchtigen.>
42 Daß Sie mich] <*Klebestelle*> Daß Sie mich
53 pflanzend wo] pflanzend $_3|_4$ wo
63 wohlfeil] ~~pr~~ wohlfeil
68 [F] Traun <...> erkennen.] <*am linken Blattrand, S. 2* [F]Traun {...} Südfrüchte“ {...} erkennen.>
75 12 Juni. <...> ThSt.] <*am linken Blattrand, S. 4* 12 Juni. {...} ~~etw~~ meine {...} ThSt.>

Beilage

<*aufgeklebter Zeitungsausschnitt, nicht ermittelt*>

reichischen Lloyd“, hat vor einiger Zeit schon das 5te Heft seines dritten Bandes ausgegeben und darin Zeichnungen wie Text von solchem Werth und solcher Frische geliefert, daß wir dies gemeinnützige Unternehmen auch in seiner Fortsetzung unbedingt zu den trefflichsten Erscheinungen zählen müssen, welche die Neuzeit auf diesem Gebiete hervorgerufen hat. Unter den wohlgelungenen Stahlstichen hat uns diesmal „die Blinde“, nach H. Bethke in München ganz besonders wohlgefallen durch die fromme und erhebende Stimmung, welche uns aus demselben anspricht, und durch die Wahrheit, mit welcher der Kontrast zwischen dem hinwelkenden Alter und der aufknospenden Jugend dargestellt ist. Joseph Meßner’s „Waldgeschichte“ ist von dem gesunden Athem durchweht, der seiner Zeit Auerbach’s Dorfgeschichten die Theilnahme der ganzen Lesewelt zugewendet hat, während der Beitrag, den die in Dresden lebende talentvolle Amely Bölte unter dem Titel: „Die alte Jungfer" geliefert hat, ein treffliches Genrebild ist, vor dem gewiß jeder Leser mit Pietät eine kleine Weile stillstehen wird. Unter den Gedichten heben wir Bodenstedt's „Morgenländisches Minnelied", unter dem Geschichtlichen G. E. Guhrauer's „Eroberung von Konstantinopel vor 400 Jahren" hervor. Dem Vernehmen nach wird das nächste Heft einen interessanten Beitrag vom bekannten Hofrath Ludwig Schneider bringen.

11. Storm an Fontane, Husum, Montag, 25. und Mittwoch, 27. Juli 1853 – Abdruck nach H

Husum den 25 Juli 1853.

Meinem Versprechen gemäß, lieber und geehrter Herr, schicke ich Ihnen in der Anlage noch ein Paar Verse für die Argo, falls Sie sie der Aufnahme werth halten sollten. Gern hätt' ich noch den etwas argen Hiatus in Stroph. 1 v. 2 („die⌒ich") entfernt, doch hat es mir, ohne der Richtigkeit und Simplicität des Gedankens oder des Ausdrucks zu schaden nicht gelingen wollen. So etwas will aus dem Vollen und nicht im Einzelnen geändert werden. Freilich könnt' ich den Singular setzen aber ich will doch meinen zweiten Jungen nicht verleugnen. So muß ich denn mit Göthe sagen: „Lassen wir das Ungeheuer stehen!" Theilen Sie übrigens, bitte, Ihren Mitredactoren diese Bedenklichkeiten erst <u>nach</u> der Lectüre mit; es stört doch.

Es hat übrigens schwer genug gehalten, daß ich Ihnen überhaupt nur diese Kleinigkeit anzubieten vermochte; denn dieser Mittelzustand, in dem ich mich noch immer befinde, ist der Productionsfähigkeit nicht eben zuträglich. Man hat mir nemlich noch immer nicht erlaubt, meine Probezeit anzutreten. Nach Privatmittheilung ist auch dazu erst eine Vorlage im Kabinett des Königs nöthig, und die armen Schlesw. Holst. Expeditionen sollen oft lange liegen. Daß mein Gesuch vom Kabinettssekretair dem Ministerio überreicht worden, scheint die Sache nicht zu beschleunigen.

Es ist heut der Jahrestag der Idstedter Schlacht, der auch dieß Mal von Militair und Polizei wegen feierlich begangen wird; die Regimentsmusick mit dem „tapfern Landsoldaten" zieht durch die Gassen, Jungens und Gesindel hinterdrein; allen Gastwirthen ist bei Strafe, daß sonst nicht länger als 6 Uhr geschenkt werden dürfe, geboten Tanz zu halten oder Gastmähler zu arrangiren. Viele finden sich dazu freilich nicht ein; aber man weiß, wie es geht; der Eine fürchtet die Kundschaft der flott lebenden Beamtenschaft zu verlieren, der Andre hat die Furcht im Allgemeinen, der Dritte will den befreundeten Wirth nicht stecken lassen, der nur durch ein gutes Resultat in Begehung der Siegesfeierlichkeit sich seine Schenkfreiheit conservirt, und keine Bevölkerung im Großen und Ganzen hat am Ende und auf die Länge Lust für ihre Ueberzeugung zum Märtÿrer zu werden; so machen sie denn ihren Bückling und knirschen heimlich mit den Zähnen. So dankbar man im Grunde der dänischen Regierung sein sollte, daß sie durch diese Brutalität das Gedächtniß unserer Historischen Unglückstage so unauslöschlich den Herzen der besseren deutschen Bevölkerung einätzt, so ist es doch ein Gefühl zum Ersticken, ohnmächtig und stumm dieß gegen die Bevölkerung angewandte Demoralisationssÿstem mitansehen zu müssen.

Doch – wie geht es Ihnen? Sie sind krank, nicht in Berlin. Hoffentlich werde ich Sie, falls ich im August dorthin kommen sollte, doch sehen! – Der Artikel in der Preuß. Zeitung ist mir durch Dunker zugegangen; und ich sage Ihnen meinen aufrichtigen Dank, daß Sie sich die Mühe gemacht haben, das, was Sie über meine Sachen denken, auch einmal schriftlich und öffentlich auszusprechen. Mörike, dem ich seiner Zeit meine Sommergeschichten geschickt hatte, erwiderte dieß neulich durch Zusendung seines Hutzelmännleins, und schrieb mir bei der Gelegenheit, das von den Katzen habe er bald auswendig gewußt und schon Manchen damit ergötzt. Neulich habe er Jemanden gefragt „Von wem ist das?“ und darauf, als verstünde es sich von selbst, „Nu, von dir.“ zur Antwort erhalten. Merkwürdigerweise erhielt ich diese Aeußerung M's nur zwei Tage später, als Ihren Artikel, worin Sie meine Muse aus M's Pfarrhaus kommen lassen. Gewiß haben Sie Recht, wenn Sie mich – im Uebrigen sans comparaison mit diesen beiden großen Lÿrikern – zwischen M. u. Heine stellen; denn wenn ich auch mit M. die Freude am Stillleben und Humor, mit beiden annäherungsweise die Simplicität des Ausdrucks gemein habe, so rückt mich doch die große Reizbarkeit meiner Empfindung wieder näher an Heine.

Für einen etwanigen zweiten Jahrgang der Argo möchte ich an Novellisten nachtragen: Kompert, von dem ich nur ein, aber ein ganz vorzügliches Buch „Aus dem Ghetto“ gelesen habe; ferner etwas Steub, Verf. der Reise durch Tyrol, auf dessen Schilderung „Kindesträume“ in Gutzkows Unterhaltungen ich Ihr Redactorenauge aufmerksam gemacht haben will; vielleicht wäre ja auch Mörike zu einem Beitrag zu veranlassen; v. d. Traun und Müller aber wollen Sie vorzüglich nicht vergessen. Eine wirklich tiefe und poetische Behandlung der Novelle ist so selten, daß man die wenigen Namen sich recht beisammen halten sollte.

Und nun leben Sie wohl, für dießmal! – und werden Sie recht bald wieder so gesund daß Sie Ihr großes Engl. Balladenbuch mit frischer Kraft vollenden und mit Ihrer Frau – die wir unbekannterweise freundlichst grüßen – sich recht der schönen Welt mögen erfreuen können!

Herzlich Ihr
TheodorStorm

Ich habe Freund Eggers gebeten und möchte auch Ihnen damit beschwerlich fallen, mir, wo möglich, einen Druckbogen meines grünen Blattes zu veranlassen. Ich wollte es Mörike schicken.

<u>Nachträglich 27 Juli.</u>
Zur Ehre meiner Mitbürger muß ich doch, wie ich nun erfahren, bemerken, daß die Tanzhäuser fast leer gestanden, und die alten Weiber bei Annäherung der Musick die Kinder von der Gasse gerissen haben, die Handwerksgesellen zu Haus geblieben sind, um nicht in den Verdacht zu kommen, daß sie jenes Aufzugs wegen ausgegangen seien. Auf einigen Tanzböden sind gar keine Mädchen, auf andern 4 bis 5 gewesen, die Musikanten haben resp. 8 u 9 f (5 Sgr.) verdient.

Herrn **Theodor Fontane**
in
Berlin.

Apparat

20 hinterdrein; allen] hinterdrein; $_1|_2$ allen
38 öffentlich] öffent- $_2|_3$ lich
44 M's nur] M's <*über der Zeile* ┌nur┐ >
50 möchte] möchte ~~es~~
57 sollte. <*Absatz*> Und] sollte. <*Absatz*> $_3|_4$ Und
64 Ich <...> schicken.] <*am linken Blattrand, S. 2* Ich {...} schicken.>

Beilage

<*Theodor Storm: „24 December 1852"; eigenhändige Abschrift*>

<u>24 December 1852</u>.

Die fremde Stadt durchschritt ich sorgenvoll,
Der Kinder denkend, die ich ließ zu Haus.
Kalt war die Nacht; doch um mich her erscholl,
Denn Weihnacht war's, des Marktgewühls
Gebraus.

Und wie der Menschenstrom mich fortgespühlt,
Drang mir ein heiser Stimmlein in das Ohr:
„Kauft, lieber Herr!" Ein magers Händchen hielt
Feilbietend mir ein ärmlich Spielzeug vor.

Ich schrack empor; und beim Laternenschein
Sah ich ein bleiches Kinderangesicht;
Weß' Alters und Geschlechts es mochte sein,
Erkannt' ich im Vorübertreiben nicht.

Nur von dem Treppenstein, darauf es saß,
Noch immer hört' ich, mühsam wie es schien,
„Kauft, lieber Herr!“ den Ruf ohn' Unterlaß;
Doch hat wohl Keiner ihm Gehör verliehn.

Und ich? – War's Ungeschick? War es die Schaam,
Am Weg zu handeln mit dem Bettelkind?
Eh' meine Hand zu meiner Börse kam,
Verscholl das Stimmlein hinter mir im Wind.

Doch, als ich weiter ging mit mir allein,
Erfaßte mich die Angst im Herzen so,
Als säß mein eigen Kind auf jenem Stein,
Und schrie' nach Brod, indessen ich entfloh.

Theodor Storm

Apparat

5 Marktgewühls] Marktgewühls ~~Gebraus~~

12. Storm an Fontane, Husum, Dienstag, 9. August 1853 – Abdruck nach H

<*gedruckt* Husum> den 9 August 1853.

Endlich, lieber und geehrter Herr, sende ich Ihnen ein wirklich lÿrisches Gedicht, und wenn auch keine Flocke aus dem goldnen Vließ, so doch ein Stück meiner eignen armen Seele, das, wie ich denke, die Argo nicht verschmähen wird; die letzten Seiten werden ja jedenfalls noch übrig sein, wenn der Druck auch schon begonnen haben sollte.

Das Ihnen neulich für diesen Zweck eingesandte Gedicht hat, wenn auch die Idee eine wirklich poëtische und auf rein Menschlichem beruhende ist, doch wohl den Fehler, daß die Ausführung, wie mir neulich übereinstimmend mit meinem eignen Gefühl von einem in dieser Hinsicht sehr sichertreffenden Freunde bemerkt wurde, zu „wirklich“ ist; auch laborirt es, wofür freilich das Gedicht an sich nicht verantwortlich sein kann, daran, daß grade in jüngstverflossener Zeit diese Art Stoffe so vielfach auf triviale und tendenziöse Weise, ja gradezu für Parteizwecke ausgebeutet worden sind. Wenn Sie (d. h. die verehrliche Redaction) daher irgendwie Neigung haben sollten es zurückzulegen, so habe ich, meines Theils, nichts dawider.

In Betreff des nebenstehenden Gedichts bemerke ich Ihnen persönlich, und nur notitiae causa, daß ursprünglich nach der zweiten Strophe noch folgende stand:

Mag, wer da will, daß er sich selbst betrüge,
Nachrechnen, wo auch wir etwa gefehlt;
Nennt nur das Leben eures Volkes Lüge,
Und die Begeistrung die euch einst beseelt!

So schlagend indeß für die Anwendung diese Strophe auch ist, so werden Sie mir doch zugeben, daß es feiner gedacht und empfunden, und für die Abrundung des Gedichtes vortheilhafter ist, wenn diese Partie des Inhalts nur im Allgemeinen berührt wird.

– Mich und meine Angelegenheiten anlangend, so scheint Ihr Kabinett mich ganz vergessen zu haben; ich sitz und warte. So kann es sich ja am Ende noch ereignen, daß ich bei der in Hoffnung stehenden Berliner Reise die ganze verehrliche Argonautenschaft wieder beisammenfinde; und namentlich Sie wieder frisch und kräftig.

Die kleine Ansicht von Husum auf diesem Bogen ist sehr ähnlich; hinter der Stadt liegen die Deiche und das Meer, wohin ich jetzt gleich meinen Spaziergang richten werde. Es ist an Sommerabenden, namentlich bei Sonnenuntergang, so schön dort, daß mir, dem hier Geborenen, schwerlich die köstlichste Gegend jemals meine Meeresküste würde ersetzen können.

– Wann ich Sie persönlich sehen werde, weiß ich also nicht; bis dahin herzlichen Gruß!

Herrn Theodor Fontane in Berlin.

Ihr
Theodor Storm

Abschied.

Kein Wort, auch nicht das kleinste, kann ich sagen,
Wozu das Herz den vollen Schlag verwehrt;
Die Stunde drängt; gerüstet steht der Wagen,
Es ist die Fahrt der Heimath abgekehrt.

Geht immerhin – denn eure That ist euer –
Und widerruft, was einst das Herz gebot;
Und kauft, wenn dieser Preis euch nicht zu theuer,
Dafür euch in der Heimath euer Brot!

Ich aber kenne des Landes nicht, des eignen,
In Schmerz verstummte Klagen mißverstehn;
Ich kann die stillen Gräber nicht verleugnen,
Wie tief sie jetzt in Unkraut auch vergehn. –

Du, deren zarte Augen mich befragen,
Der dich mir gab, gesegnet sei der Tag!
Laß nur dein Herz an meinem Herzen schlagen,
Und zage nicht! Es ist derselbe Schlag.

Es strömt die Luft – die Knaben stehn und lauschen,
Vom Strand herüber dringt ein Mövenschrei; –
Das ist die Fluth! Das ist des Meeres Rauschen!
Ihr kennt es wohl; wir waren oft dabei.

Von meinem Arm in dieser letzten Stunde
Blickt einmal noch in's weite Land hinaus,
Und merkt es wohl, es steht auf diesem Grunde,
Wo wir auch weilen, unser Vaterhaus.

Wir scheiden jetzt, bis dieser Zeit Beschwerde
Ein andrer Tag, ein besserer, gesühnt;
Denn Raum ist auf der heimathlichen Erde
Für Fremde nur und, was den Fremden dient.

Doch ist's das flehendste von den Gebeten,
Ihr mögt dereinst, wenn mir es nicht vergönnt,
Mit festem Fuß auf diese Scholle treten,
Von der sich jetzt mein heißes Auge trennt! –

Und du mein Kind, mein jüngstes, dessen Wiege
Auch noch auf diesem theuren Boden stand,
Hör mich! – denn alles Andere ist Lüge –
Kein Mann gedeihet ohne Vaterland!

Kannst du den Sinn, den diese Worte führen,
Mit deiner Kinderseele nicht verstehn,
So soll es wie ein Schauer dich berühren
Und wie ein Pulsschlag in dein Leben gehn!

Theodor Storm.

Apparat

1 Husum] <*gedruckt* Husum>
12 daran,] <*über der Zeile* ┌daran,┐ >
12 daß grade] daß ~~wir~~ grade
15 sollten] sollte<*hinzugefügt* n>
21 beseelt! <*Absatz*> So] beseelt! <*Absatz*> $_1|_2$ So
64 Vaterhaus. <*Absatz*> Wir] Vaterhaus. <*Absatz*> $_3|_4$ Wir
72 heißes] <*über der Zeile* ┌heißes┐ >

13. Fontane an Storm, Berlin, Samstag, 13. und Sonntag, 14. August 1853. Antwortbrief auf Nr. 12 – Abdruck nach h (TFA)

Berlin, d. 13. August 53.

Sehr geehrter Herr.

Noch ganz unter dem Eindruck Ihres schönen Gedichts setz ich mich nieder um Ihnen zu schreiben und – zu danken. Ich las es mit meinem Jungen auf dem Schoß, während so schöne frische Luft durch's Fenster wehte (ich wohne zum Glück 3 Treppen hoch) wie sie Berlin nur irgend aufzubringen weiß. Ich kann Ihnen gar nicht sagen wie wohl mir in dieser Zeit der fabricierten Poesie Ihre wirkliche, herzgeborne und gebotne thut. Um sofort aus Ihnen zu citieren: Ihre Lieder sind ‚Pulsschläge Ihres Lebens' woran man – ohne ein besondrer Doktor zu sein – sofort herausfühlen kann, daß das Blut voll und gesund, ich möchte sagen deutsch, durch Herz und Adern geht, während die Lieder unsrer Dutzendlyriker nur die Pendelschläge zweier Beine sind, wofür unsre liebe Sprache den Ausdruck hat: einen Esel zu Grabe läuten. Wer dabei der Esel ist, die Lyriker selbst, oder das Lied das sie eben zusammenbimmeln oder das Publikum das ihnen andächtig – als wären es Kirchenglocken – zuhört, laß ich ununtersucht. – Doch nun wieder zu Ihrem Gedicht. Ich bin doch für die dritte Strophe und werde sie nur fortlassen, wenn Sie drauf bestehn. Die Deutlichkeit des Gedichts gewinnt dadurch außerordentlich. Wenn man nicht weiß, daß Theodor Storm in Husum lebt und auf dem Punkte steht Schleswig zu verlassen, wenn man ferner nicht weiß daß das Meer in der Nähe braust, daß der Dichter eine liebenswürdige Frau hat die Constanze heißt und vor 4 Wochen seinen Jüngsten hat taufen lassen, so ist es nicht ganz leicht sich sofort in einem derartig reichbelebten Gemälde zurecht zu finden und man darf Dinge nicht streichen, die für den Eingeweihten zwar fehlen dürfen, für das Verständniß des Draußenstehenden aber von Wichtigkeit sind. Sie antworten mir vielleicht: man schreibt eben für einen Kreis Ausgewählter und nicht für die Schafherde (die ihrem Leithammel folgt) welche sich ‚großes Publikum' nennt; aber das ist doch nur zum Theil richtig und es ist mindestens unklug wenn nicht geradezu verwerflich der großen Masse vornehm

Abb. 1
Marie von Wartenberg: Theodor Storm (1884)
© Nissenhaus Husum; Dauerleihgabe
im Theodor-Storm-Archiv Husum.
Foto: Volkert Bandixen

Abb. 2
Theodor Fontane
Fotoporträt Atelier Loescher und Petsch (1869)

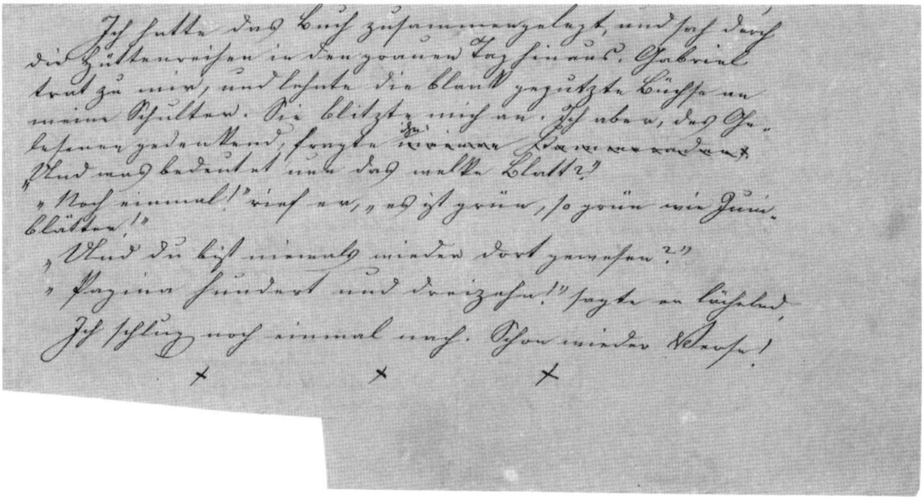

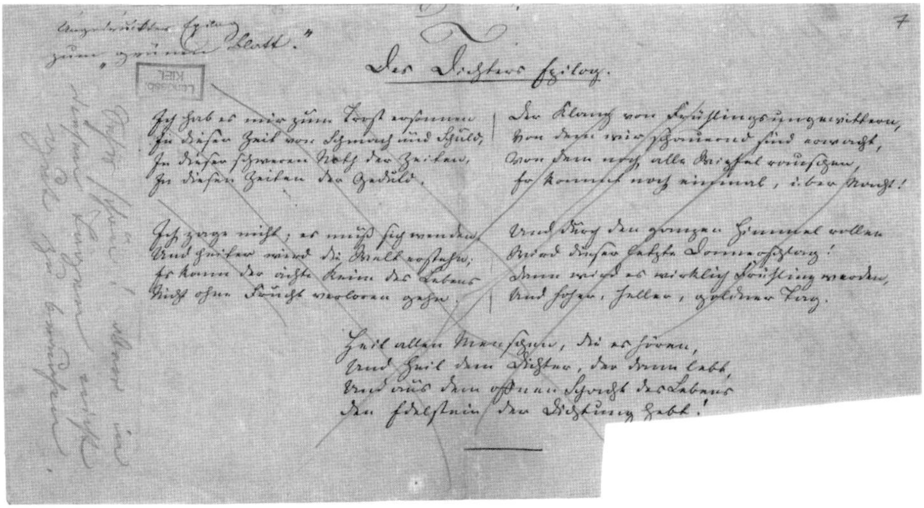

Abb. 3 und 4
Theodor Storm: „Ein grünes Blatt“; Manuskriptabschrift von fremder Hand.
Blattvorderseite und Blattrückseite („Des Dichters Epilog“).
Beilage zu Storms Brief an Fontane, 27. März 1853

Abb. 5
Theodor Storm an Theodor Fontane, Husum, 9. August 1853.
Erste Seite des Briefs mit einer Ansicht von Husum

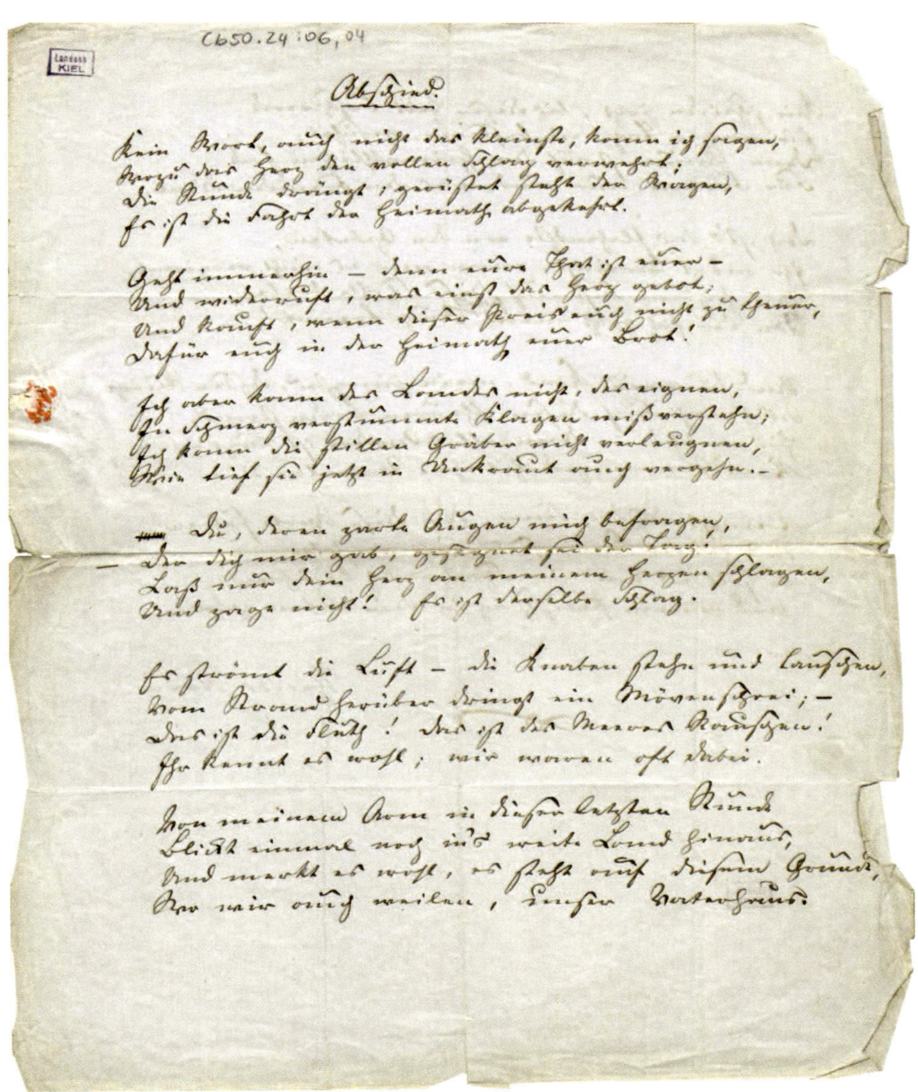

Abschied.

Kein Wort, auch nicht das kleinste, kann ich sagen,
Wozu das Herz den vollen Schlag verwehrt;
Die Stunde drängt; gerüstet steht der Wagen,
Es ist die Fahrt der Heimath abgekehrt.

Geht immerhin – denn eure That ist euer –
Und widerruft, was einst das Herz gebot;
Und kauft, wenn dieser Preis euch nicht zu theuer,
Dafür euch in der Heimath euer Brod!

Ich aber kann des Landes nicht, des eignen,
In Schmerz verstummte Klagen mißverstehn;
Ich kann die stillen Gräber nicht verläugnen,
Wie tief sie jetzt in Unkraut auch vergehn. –

– Du, deren zarte Augen mich befragen,
– Der dich mir gab, gesegnet sei der Tag!
Laß nur dein Herz an meinem Herzen schlagen,
Und zage nicht! Es ist derselbe Schlag.

Es strömt die Luft – die Knaben stehn und lauschen,
Vom Strand herüber dringt ein Mövenschrei; –
Das ist die Fluth! das ist des Meeres Rauschen!
Ihr kennt es wohl; wir waren oft dabei.

Von meinem Arm in dieser letzten Stund
Blickt einmal noch ins weite Land hinaus,
Und merkt es wohl, es steht auf diesem Grund,
Wo wir auch weilen, unser Vaterhaus.

Abb. 6
Theodor Storm an Theodor Fontane, Husum, 9. August 1853.
Dritte Seite des Briefs mit Storms eigenhändiger Abschrift seines Gedichts „Abschied“

Abb. 7
Adolph Menzel: Entwurf des „Argo“-Frontispiz.
Radierung (September 1853)
© bpk/Kupferstichkabinett, SMB

Abb. 8 und 9

Fontane an Storm, <Berlin, am oder nach dem 17. Oktober 1853>.
Umschlagvorderseite und Umschlagrückseite

18 Datum. Tag.	Monat.	Name und Stand des eingeführten Gastes.	Wohnort desselben.	Tunnel-Name des einführenden Mitgliedes.
3	April	[illegible]	Spandau	Cartesius
"	"	[illegible]	Kiel	Cicero d. L. C.
17	"	Emil [illegible] Cand. med.	Berlin	[illegible]
16.	Octbr.	[illegible]	Berlin.	Hiob Cap. II v. 13
7	"	[illegible] v. Ledebur	dito	Hiob
		Alexander [illegible]	Berlin	Aranzius
22	October	[illegible] Gubitz	Berlin	Salvator Rosa
6	Nov.	[illegible]	Berlin	Aranzius
6	Nov.	[illegible]	Rostock	Aranzius
6	Nov.	Fr. H. Kugler	Stettin	Lessing [illegible]
		[illegible]	Berlin	P. Vischer
20	Nov	[illegible]	Berlin	[illegible]
"	"	Theodor Storm	Husum	Lessing
		Otto Storm	"	
		[illegible]		Dr. [illegible]
		[illegible]		[illegible]

Abb. 10
„Fremdenbuch 1852–1856" des „Tunnels über der Spree":
Eintrag Theodor und Otto Storms am 20. November 1853

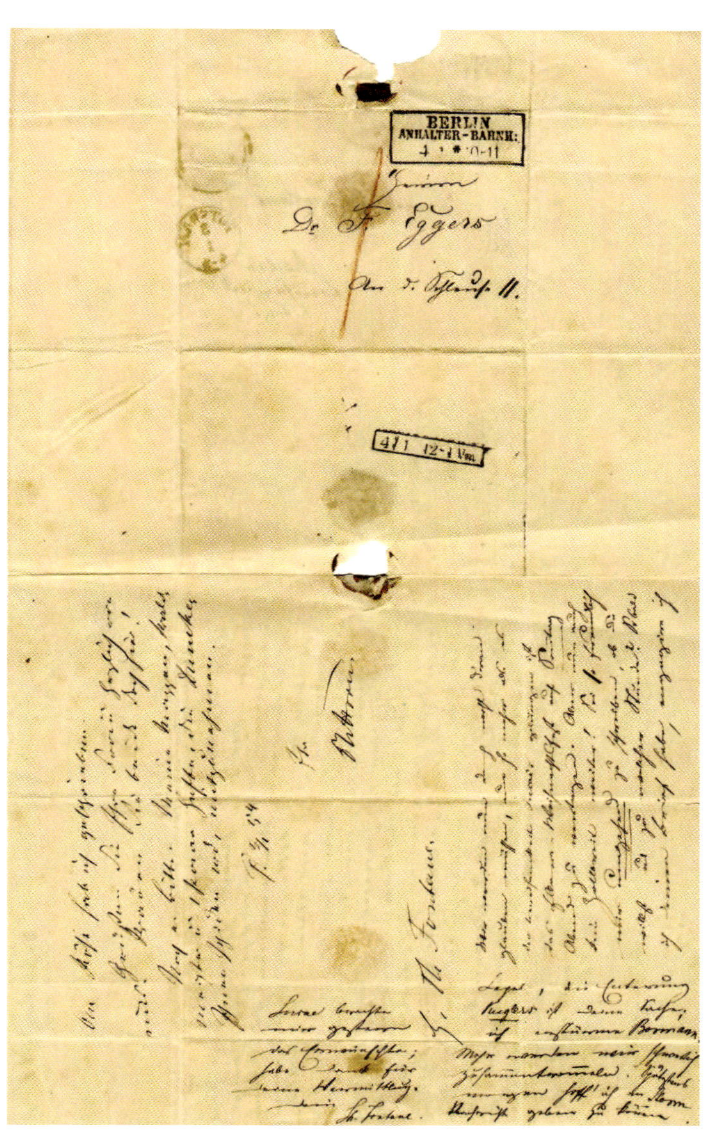

Abb. 11
Theodor Storm an Theodor Fontane, Potsdam, 3. Januar 1854, und
Theodor Fontane an Friedrich Eggers, Berlin, 4. Januar 1854. Letzte Seite des Briefbogens

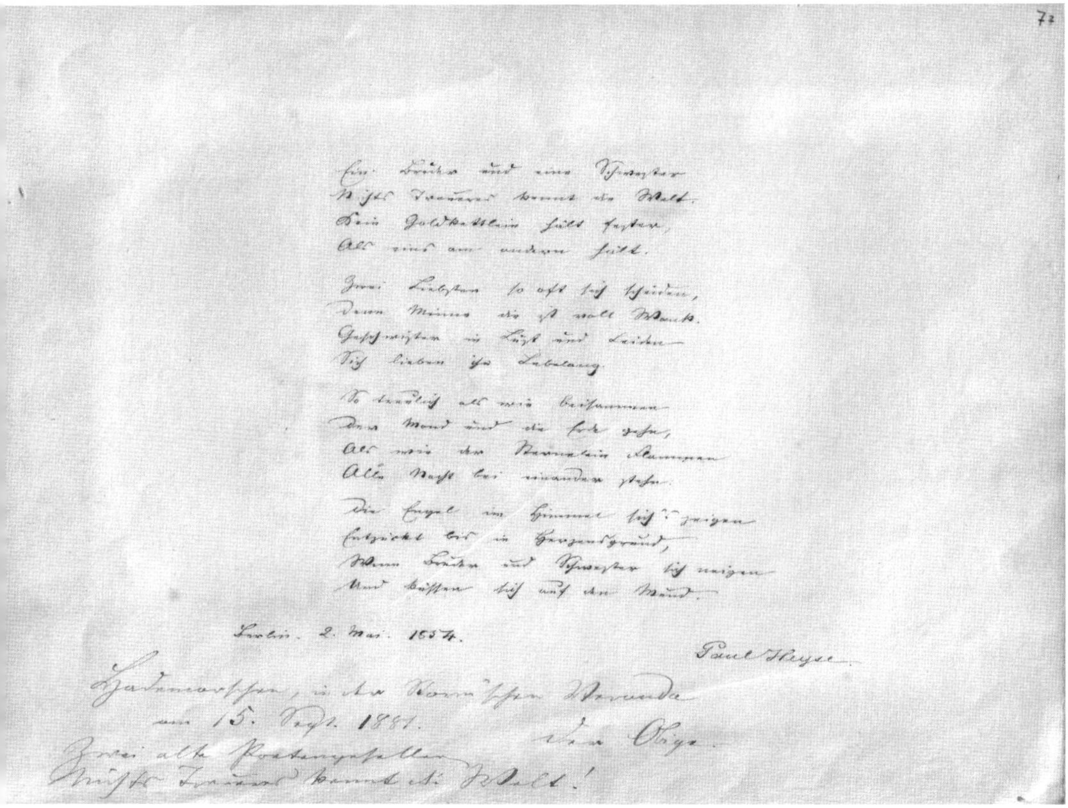

Abb. 12
Paul Heyse: „Ein Bruder und eine Schwester“ (2. Mai 1854); „Album für Constanze“, Blatt 77 recto. Mit gleicher Sendung zu Fontanes Brief an Storm, 3. Mai 1854
© Theodor-Storm-Archiv Husum

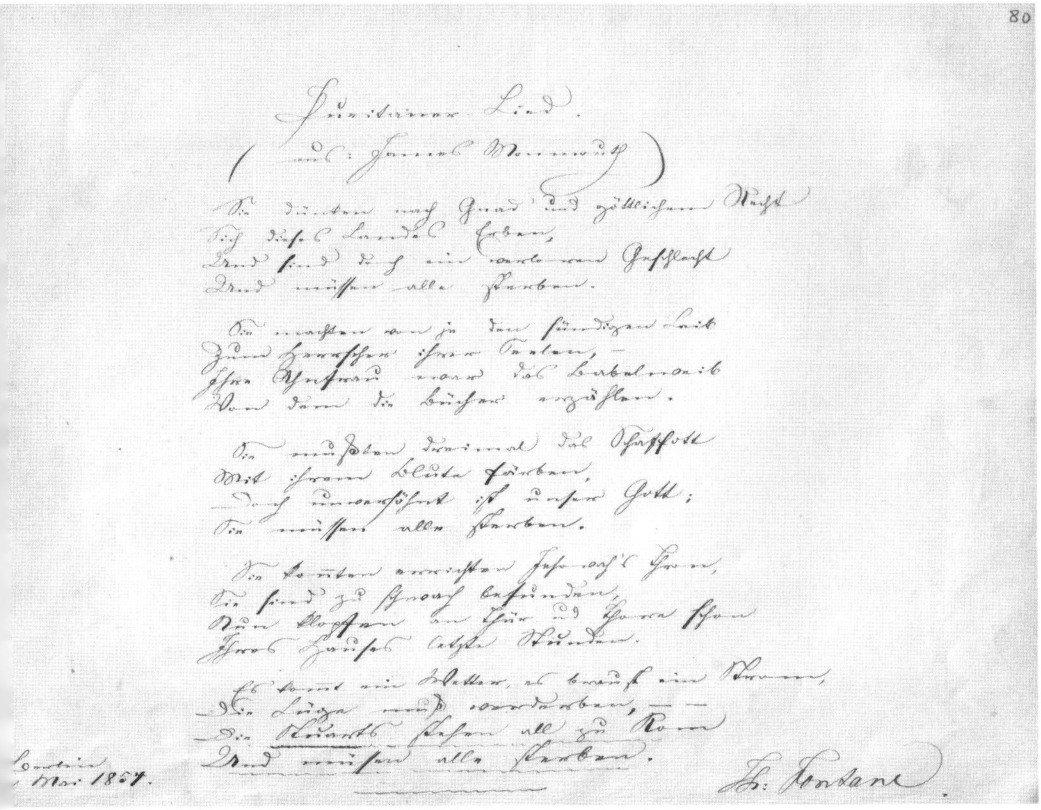

Abb. 13

Theodor Fontane: „Puritaner-Lied. (aus: James Monmouth)“ (Mai 1854); „Album für Constanze“, Blatt 80 recto. Mit gleicher Sendung zu Fontanes Brief an Storm, 3. Mai 1854

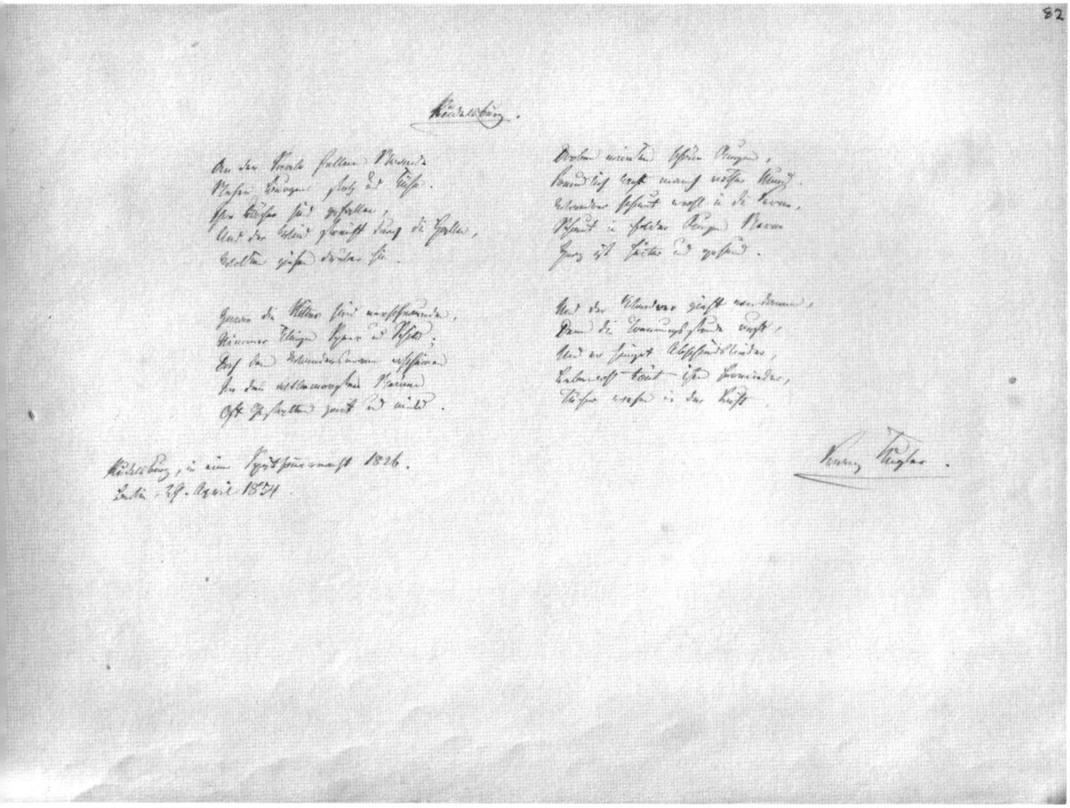

82

Rudelsburg.

Franz Kugler.

Abb. 14

Franz Kugler: „Rudelsburg" (29. April 1854); „Album für Constanze", Blatt 82 recto.
Mit gleicher Sendung zu Fontanes Brief an Storm, 3. Mai 1854

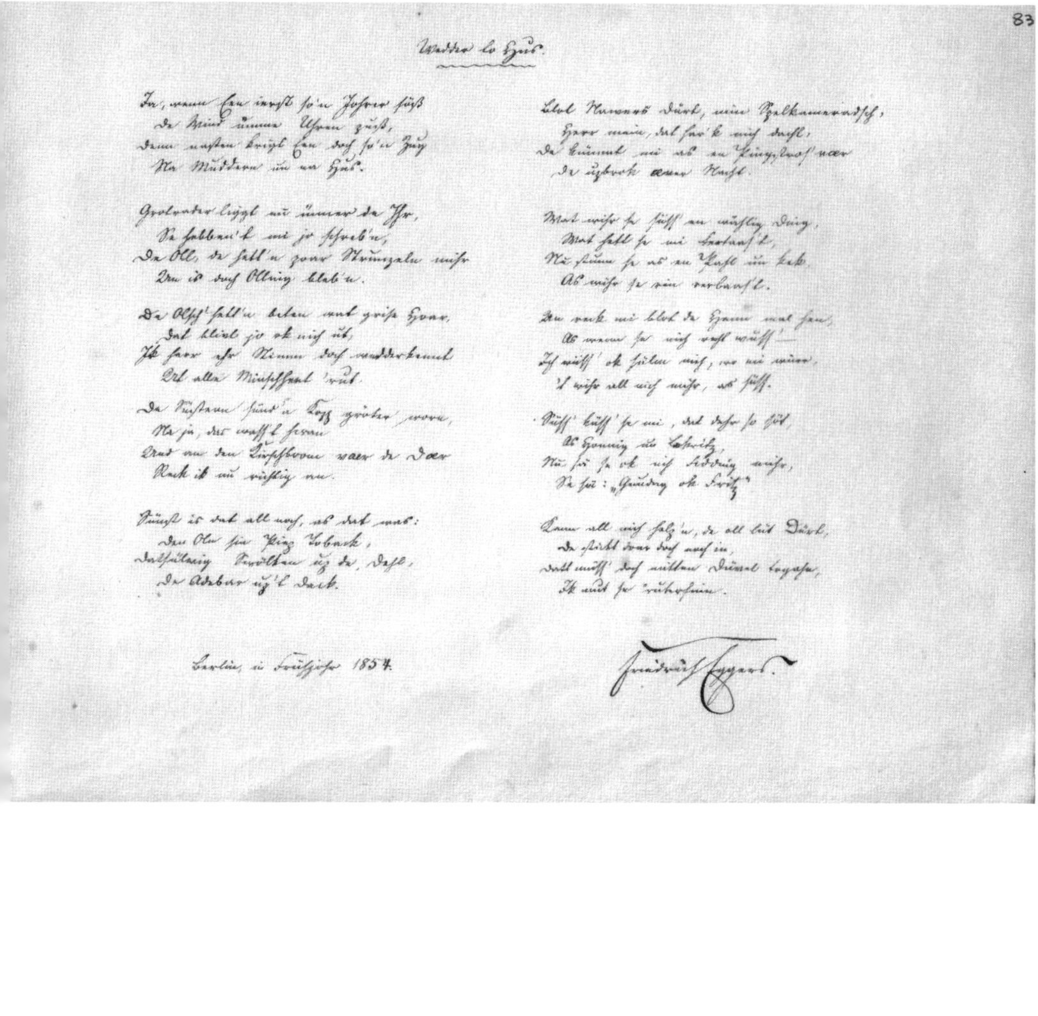

Abb. 15

Friedrich Eggers: „Wedder to Hus" (Frühjahr 1854); „Album für Constanze", Blatt 83 recto.
Mit gleicher Sendung zu Fontanes Brief an Storm, 3. Mai 1854

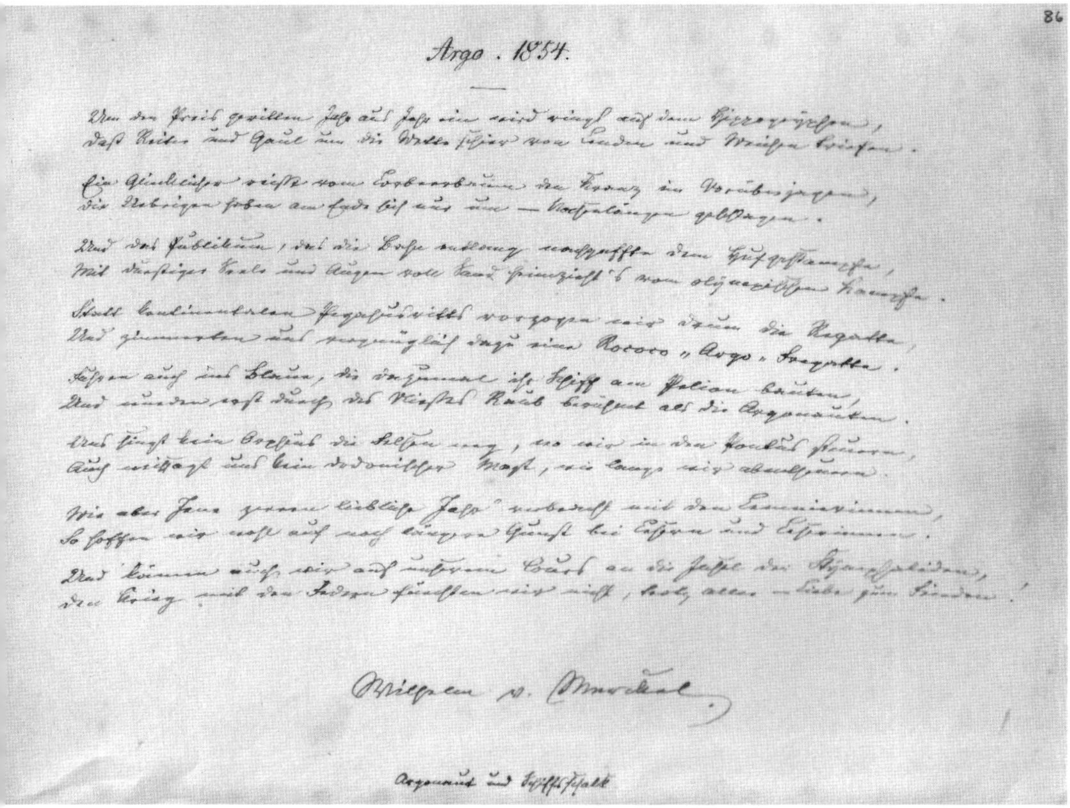

86

Argo. 1854.

Wilhelm v. Merckel.

Abb. 16
Wilhelm von Merckel: „Argo. 1854“ (Frühjahr 1854); „Album für Constanze“, Blatt 86 recto.
Mit gleicher Sendung zu Fontanes Brief an Storm, 3. Mai 1854

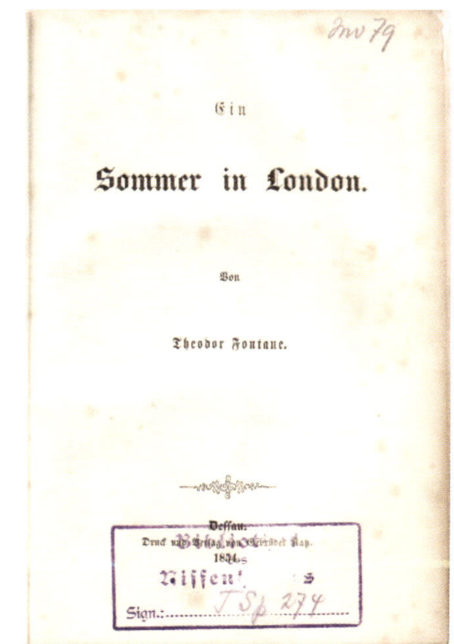

Ein

Sommer in London.

Von

Theodor Fontane.

Dessau:

Druck und Verlag von Gebrüder Katz.

1854.

Abb. 17 und 18
Theodor Fontane: „Ein Sommer in London“ (1854).
Einbanddecke und Titelblatt.
Exemplar aus der Bibliothek Theodor Storms.
Mit gleicher Sendung zu Fontanes Brief an Storm,
*vor dem 24. August 1854
© Theodor-Storm-Archiv Husum (Tsp 274)

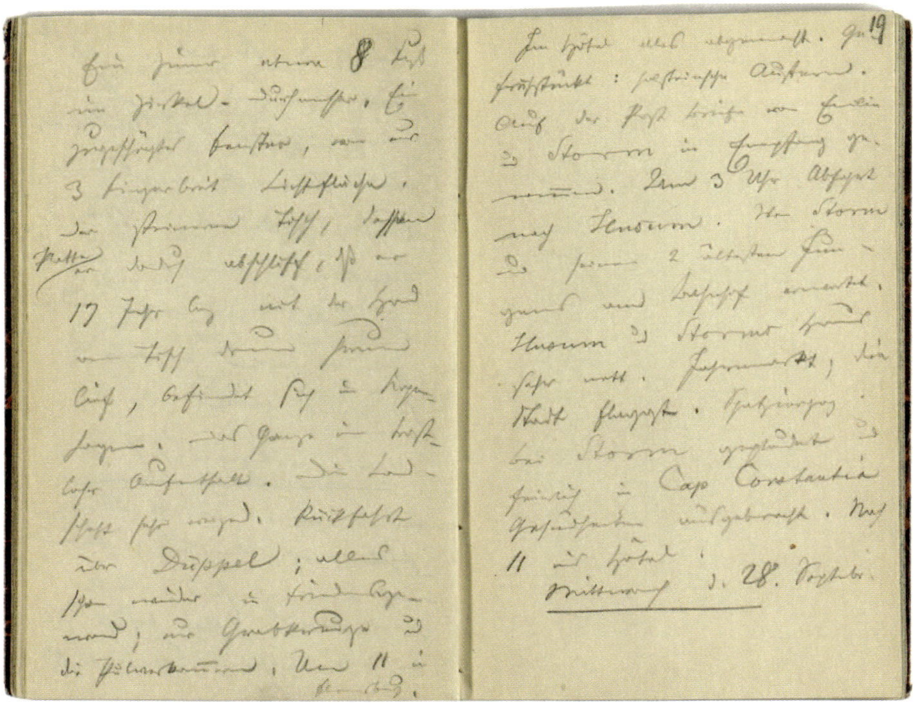

Abb. 19

Theodor Fontane: Notizbuch „1864“, Aufzeichnungen zu Dienstag, dem 27. September 1864: Husum. Blatt 19 recto, Transkription auf S. 418

den Rücken zuzukehren. Der Instinkt von Gevatter Schneider und Handschuhmacher ist ein viel feineres und beherz<*ig*>enswertheres Ding als unsre Odenschreiber (Platen) sich träumen lassen. Den kommenden großen Dichtern muß und wird es ein Fingerzeig sein, daß man ein Dutzend deutscher Novellisten über Eugen Sue und Consorten vergessen konnte. – Um noch einmal auf diese 3. Strophe zurückzukommen: sie hat etwas vom Leitartikel-Charakter und kann deshalb manchen wie Phrase berühren. Aber alles was Phrase geworden ist, war anfänglich (in den meisten Fällen) eine Wahrheit, ein beherzigenswerter Grundsatz und Scherenberg sagte mir einmal überaus fein: Dichter sein heißt das Triviale wieder in seine ursprüngliche Schönheit einsetzen. Ich halte viel von dieser Definition und dem nicht neuen Gedanken

Nennt nur das Leben eures Volkes Lüge und die Begeisterung die euch einst beseelt haben Sie wieder zu seinem Rechte verholfen, ihm die poetische Weihe gegeben. Nachmittag haben wir Rütli. Ich freue mich sehr Kuglern und Eggers (alles andre ist verreist) Ihren Brief vorlegen zu können. Ich werde Ihnen dann morgen gewissenhaft mittheilen ob jene zwei auf Seite des Dichters oder des – Praktikus (Kritiker wär' ein zu gutes Wort) getreten sind.

Ihr jüngst eingesandtes Gedicht: ‚am 24. Dezember 1852' gefiel mir recht gut; ich fand es ein wenig tiftlig, konnte aber keine eigentlich schwache Stelle finden. K. bewährte sich hinterher wieder als der feinere Kritikus.

(Sonntag, den 14. August)

Er meinte die Grundempfindung sei überaus poetisch und um so allgemeiner ansprechend, als kaum irgend wer an ‚Walddeibeljungen' vorübergegangen sei, der nicht 'mal ähnliches empfunden habe; – aber einmal sei die Form etwas schwer (‚steifleinen' wie er sich ausdrückte) und zweitens werde das ganze Gedicht durch das ‚und ich entfloh' über den Haufen geworfen. In solchem Falle kehrte man entweder um und gäbe dem frierenden Wurm einen Silbergroschen oder man thäte es nicht. Das erstre zu besingen sei prosaisch, das zweite – jämmerlich. („mirig" sagte er auf gut-berlinisch.) Ich faselte als Entgegnung etwas von confessions, von dichterischer Beichte usw. doch lacht' ich zuletzt laut auf und gab's unumwunden zu: er habe Recht. – Ich glaube, daß das Urtheil welches Sie mir in Ihrem letzten Briefe mittheilen, auf etwas ähnliches hinausläuft; nur ist es freilich feiner gefaßt.

Nun aber von Redaktions wegen. Wir denken unmittelbar hinter Ihrer Novelle 2 Gedichte (vielleicht unter dem Namen ‚Tagebuchblätter' – was meinen Sie dazu?!) von Ihnen zu bringen, so daß sich Lied und Erzählung gleichsam ergänzen. Die beiden Lieder können keinen beßren Rahmen haben als Ihre Novelle und diese wiederum empfängt durch jene Gedichte zwei Brillen- oder Vergrößerungsgläser, mit deren Hülfe es auch dem blöden Auge möglich wird die feinen Linien der Novelle zu verfolgen. Diese beiden Gedichte sollen sein: ‚Im Herbst 1850' und ‚Abschied'. Jenes hatten Sie vor Monaten die Freundlichkeit dem Menschen Th. Fontane zuzustellen; Sie haben vielleicht nichts dagegen wenn der Redakteur gleiches Namens von seinem Menschenthum und den Geschenken die ihm dasselbe eingebracht, den möglichsten Vortheil zieht. Ihre Zustimmung vorweg angenommen, fragen Kugler und ich ganz ergebenst an, ob wir statt der ‚Trikolore' nicht ‚drei Farben' oder dergl. setzen können, wonach natürlich die correspondierende erste Zeile zu ändern wäre. Nun zum ‚Abschied'. Ich las dies schöne Gedicht gestern Nachmittag vor. Der Eindruck war wie ich erwartete; auch entschied man sich – ohne daß ich die Schleusen meiner Beredsamkeit aufgezogen hätte – für Beibehaltung der dritten Strophe, zu der Kugler ein kleines aber nicht unwesentliches Amendement stellte, nämlich statt:

Nachrechnen wo auch wir etwa gefehlt
......................................wir Armen auch gefehlt
oder
wo durch Schwäche wir gefehlt
(Schwanken) usw.

Es ist uns dabei um Beseitigung des etwas prosaischen ‚etwa' zu thun. Ich fühle, daß unsre Correkturen sämtlich schlecht sind, doch finden Sie gewiß mit Leichtigkeit das rechte Wort. Lehnen Sie sich in Ihrer Antwort gegen die ganze Strophe nach wie vor auf, so erledigt sich die Sache allerdings am schnellsten. – Ungleich wichtiger ist eine zweite kleine Ausstellung. Sie sagen – während Sie selbst der Gehende sind – ‚geht immer hin' usw. Natürlich versteh ich jetzt diesen Ausruf sehr wohl, doch ist er im höchsten Maße verwirrend und nicht jeder Leser dürfte gleich uns – die wir einmal die Kenntnis Ihrer Geschichte und vor allem die Verehrung für Sie mitbringen – befähigt sein, nach zwei oder dreimaligem Anlauf über diese Schwierigkeit hinweg zu kommen. Es soll umgekehrt heißen ‚bleibt immer hin' was freilich matt und prosaisch ist, aber es wird Ihnen ein Leichtes sein eine andre Wendung für Ihren indignierten Zuruf zu finden. Das wäre alles. Halt, noch eins:

Du deren zarte Augen mich befragen,
Der Dich mir gab gesegnet sei der Tag!

Wie verhält sich's hiermit? Die zweite Zeile – wenn ich recht verstehe – stünde wohl am besten in Parenthese; man denkt sonst diese 2. Zeile sei der Inhalt dessen was die Augen fragen und statt des! müsse ein? stehn.

Für Husum, das meinen kleinen Jungen fast mehr erfreut als den Alten, dank' ich schönstens. Wir kriegen nun doch noch vielleicht ein Argo-Bild und wenn überhaupt – so ein famoses, von Adolf Menzel. In 4 Wochen sind wir alle wieder beisammen. Wir freun uns sehr auf Ihr Kommen; Quartier finden Sie unter allen Umständen bei uns. – Mit meiner Gesundheit geht es besser, aber freilich noch immer nicht gut. Ich denke an eine italienische Reise. – Ihrer für den Druck der Gedichte so nötigen Antwort, seh ich umgehend entgegen. Die zugesagten Aushängebogen Ihrer Novelle erhalten Sie wie sich von selbst versteht. – Kugler und Eggers grüßen herzlich Sie und die Ihrigen. So thu ich.

Ihr Th. Fontane.

Apparat

29 beherz<*ig*>enswertheres] beherzenswertheres <*h: TFA*>; beherzi<e *überschrieben* $_{\text{masch.}}$ g>ens<e *überschrieben* $_{\text{masch.}}$ w>erteres <*h: SHLB*>

41 Kuglern] Kuglers <*h: SHLB*>

68 nichts dagegen] nicht dagegen, <*h: SHLB*>

72 ändern wäre. Nun] ändern ~~ist~~ <*gestrichen* $_{T}$> ┌wäre $_{T}$┐ . Nun <*h: TFA*>; ändern wäre. <*Absatz*> Nun <*h: SHLB*>

97 Parenthese] Par<a *überschrieben* $_{T}$ e>nthese <*h: TFA*>; Paranthese <*h: SHLB*>

14. Storm an Fontane, Husum, Sonntag, 21. und Montag, 22. August 1853. Antwortbrief auf Nr. 13 – Abdruck nach H

Husum, Sonntag den 21 August
1853.

Lieber und geehrter Herr,

Ihr Brief traf mich nicht zu Hause. Ich war einige Tage nach Kiel, um mich zu erfrischen – denn Preußen scheint mich vergessen zu haben, und ich mag die Einzelnen nicht mehr moniren und anbetteln – und mich gelegentlich um eine Klostervogtei zu bewerben, die ich indessen nicht erhalten werde. Und jetzt, um Ihnen rasch zu antworten:

1) Abschied. Nehmen Sie meinethalben die 3te Strophe, obwohl sie nur eine, allerdings bezeichnende, Seitenpartie zur 2ten bildet, in den Druck auf, und zwar, der Redaction zur Liebe, so:

Mag, wer da will, daß er sich selbst betrüge,
Nachrechnen sorgsam, was auch wir gefehlt! etc. etc.

Ich selbst hatte das „sorgsam“ gestrichen, um das „etwa“ zu behalten. So verschieden ist das poëtische Anempfinden.

Das „Geht d. h. nach Koppenhagen, zu Moltke, immerhin!“ weiß ich nicht zu ändern, da es mit der poetischen Empfängniß des ganzen Poëms zu genau zusammen hängt, das eben aus den, wenn auch schweigenden Zumuthungen, daß auch ich gehen solle, entstanden ist. Möge denn dieser Ausruf des Unwillens für den, der ihn nicht verstehen kann, unverständlich bleiben. Ich glaube aber jeder wird ihn verstehen, der überhaupt Verständniß hat.

Ferner mag so gedruckt werden:

Du deren zarte Augen mich befragen,
– Der dich mir gab, gesegnet sei der Tag! –
Laß nur etc. etc.

2) 24 December 1853. – Sie haben Recht, es ist etwas diftlich und mein hiesiger Freund, es ist etwas wirklich. Kugler hat ganz Unrecht; die Form ist nicht steifleinen, sondern herbe und dem Stoff wie dem lÿrischen Element des Gedichts angemessen. Ferner: es gehört mit zum Thema des Gedichtes, wie wir uns oft durch kleine Schwäche oder Ungeschick abhalten lassen, dem reinen Zuge unsres Herzens zu folgen (vorletzte Strophe). Daß, nachdem dieß, wie soll ich es nennen, Schlechte oder Unberechtigte, durch den Durchbruch des tiefen, rein menschlichen Gefühls (wie in d. letzten Strophe dargestellt ist) gestraft und aufgehoben ist, der Mensch, den der Dichter auftreten läßt, umgekehrt ist, um seinem nun unbehinderten Gefühle zu folgen, das versteht sich von selbst. Es wäre aber sehr unpoetisch gewesen, wenn der Dichter ihn auf diesem Wege hätte begleiten wollen; er hatte nur zu zeigen, wie das reine Gefühl, die conventionellen (nehmen Sie das Wort nicht zu genau) Schranken durchbrach.

Niemals bin ich von der richtigen Anlage eines Gedichtes im Ganzen überzeugter gewesen. Dann geb ich noch eher den Ton, die Form daran. Aber es liegt darin: es ist zu wirklich und etwas diftlich.

3) Im Herbste 1850. Drucken Sie es immer ab; aber ich bin jetzt nicht im Stande, die Trikolore zu ändern; auch ist das Wort, zumal wenn unmittelbar vor diesem Gedicht unter der Novelle „Husum, Ostern 1853“ steht, gewiß gänzlich unverfänglich, wie ich denn dabei an gar nichts andres als einfach an unsre dreifarbige Fahne gedacht habe. Schreiben Sie aber nicht „Tagebuchblätter“ darüber; das versteht sich schon von selbst; lassen Sie die Gedichte einfach unter ihren Titeln auftreten.

Wenn Menzel es so recht wüßte, welche Freude er mir durch ein Bild, namentlich durch eine Radirung bereitete, er würde es gewiß nicht daran fehlen lassen.

Für den zugesagten Druckbogen im Voraus meinen Dank! Aber noch eine Bitte, wenn es sich machen ließe. Meine Gedichte sind nach den mir gemachten Mittheilungen des Verlegers, nicht besonders gegangen bis jetzt; die Auflage ist 750 Expl., davon sind fest verkauft 150 Ex., noch nicht retournirt 146 Ex. Nun möcht ich doch die Freude im Leben haben, die Sammlung von Zeit zu Zeit vermehren und wieder ediren zu können. Die Sachen in der Argo werden vielleicht Manchem lieb werden, der von der Existenz meiner Gedichtsammlung nichts weiß. Da meinte nun mein Verleger, es würden jetzt oft, gegen Insertionsgebühren, Bücheranzeigen auf den Umschlag oder sonst wie, bei Herausgabe eines neuen Werkes aufgenommen. Wenn dieß in diesem Fall sich irgendwie machen läßt, so bitte ich Sie freundlichst es vermittelst ihres Redactionseinflusses beim Verleger der Argo, den ich bisher noch nicht erfahren, zu veranlassen.

Montag 22 Aug. (gestern ging keine Post)
Guter Rath ist über Nacht gekommen; – bei der mir von Ihnen und Eggers so herzlich angebotenen Gastfreundschaft, die ich in meiner Heimath ja leider nie werde erwidern können, habe ich mich entschlossen, in der nächsten Woche oder Ende derselben nach Berlin zu reisen, um dort wo möglich meine Angelegenheit zu beschleunigen. Den Tag kann ich Ihnen noch nicht bestimmen; werde deßhalb noch specieller schreiben. Sie machen denn mit Eggers wohl gelegentlich ab, wessen Penaten mich beschützen sollen; und schreiben mir dieß, bitte, nach Altona Adr. Herrn J. H. Scherff. – Haben Sie über 14 Tage noch Platz in der Argo, so werde ich Ihnen vielleicht noch ein kleines Gedicht „Am Strande", ein ganz unpolitisches mitbringen können.

Jetzt leben Sie wohl für Heute! Grüßen Sie Kugler u Eggers, die ich ja dann jedenfalls wiedersehen werde.

Hätt' ich Sie und Ihren Jungen hier, so würde ich ihn und Sie gleich mit hinaus auf den Deich nehmen, um Seekrebse zu fangen; auf unserm Deich ist, denk' ich noch ganz andre Luft für Sie, als in Italien; sie ist wirklich trinkbar diese Luft und dabei weich und kühl. Haben Sie nicht Lust, nach Empfang dieses Briefes noch einen Abstecher zu uns zu machen, und dann nach 8 Tagen mit mir zurück zu reisen? Sie und Eggers! Sie haben beide Quartier bei uns!

Ueberlegen Sie's einmal; der Gastfreund, den Sie jetzt hier noch besitzen, wird später nicht mehr hier zu finden sein.

Und nun noch unbekannter Weise einen Gruß an Ihre Frau Gemahlin von mir und Frau Constanzen! und – sollten Sie kommen können, einer Meldung bedarf es natürlich nicht weiter; denken Sie nur, das gäbe für den 2^{t} Jahrgang der Argo „Schleswigsche Briefe"!

Ihr
TheodorStorm

Herrn Th. Fontane

Berlin.

~~„entfloh" ist natürlich abhängig von „als"~~ excusez

Apparat

16 d. h. nach Koppenhagen, zu Moltke,] <*über der Zeile* ┌d. h. nach Koppenhagen, zu Moltke,┐ >
31 Strophe] ~~St~~ Strophe
33 ist) gestraft] ist) $_{1}|_{2}$ gestraft
60 den ich bisher noch nicht erfahren,] <*über der Zeile* ┌den ich bisher noch nicht erfahren,┐ >
66 Angelegenheit zu] Angelegenheit $_{2}|_{3}$ zu
75 ihn und] <*über der Zeile* ihn und>
90 ~~„entfloh"~~ <...> ~~„als"~~ excusez] <*am linken Blattrand, S. 2* ~~„entfloh"~~ {...} ~~„als"~~ excusez>

15. Fontane an Storm, Berlin, Dienstag, 30. August 1853. Antwortbrief auf Nr. 14 – Abdruck nach h (TFA)

Berlin, d. 30. August 53.

Sehr geehrter Herr u. Freund.

Nur wenige flüchtige Worte um Ihnen zu sagen, daß wir uns alle herzlich freun Sie binnen Kurzem hier zu haben.

Herzlichen Dank für Ihre so überaus freundliche Einladung aber – annehmen war unmöglich. Eggers tritt binnen 10–14 Tagen einen längren Urlaub (ich glaube nach Nürnberg hin) an und ich durfte meinem Zeitungschef nach einer mehr denn 2 monatlichen Abwesenheit mit keinem neuen derartigen Gesuche kommen. So denn also auf Wiedersehn hier!

Kugler hat inzwischen an Sie geschrieben und ist als Dritter in den Bund derer getreten, die sich um Ihre Beherbergung reißen. Gegen Eggers stand ich um 4 Wochen zurück, gegen Kugler bin ich um ebensoviel voraus. Nichtsdestoweniger bescheid' ich mich um Ihretwillen meines guten Rechts, denn Sie werden es allerdings bei K. um ein Erkleckliches besser, auch gemütlicher haben als ich's Ihnen bieten könnte. Ziehn Sie mich ohne Verdienst und Würdigkeit und auf Ihre Gefahr hin dennoch vor, so lassen Sie mich's 24 Stunden eher wissen, damit ich das Gastbett aufschlagen und Sie am Bahnhof empfangen kann. Meine Frau empfiehlt sich Ihnen und hofft Sie willkommen heißen zu können, gleichviel für welchen von uns Sie sich entscheiden mögen. (Eggers bezieht am 1. eine kleinere Wohnung und scheidet aus der Zahl der Bewerber freiwillig aus.)

Ihre Gedichte sind heut zum Druck abgegangen. Gerade während Ihres Hierseins werden die Revisionsbogen von Novelle und Gedichten eintreffen.

Unsren nächsten ‚Rütli' machen Sie vielleicht mit? Das wäre sehr schön. Auf Wiedersehn zum Schluß der Woche; wie immer Ihr

Th. Fontane.

Apparat

7 durfte] dürfte <*h: SHLB*>

25 Th. Fontane.] Th. Fontane. (Sonnabend Nachmittag). <*h: SHLB*>

16. Storm an Fontane, Pöseldorf, Samstag, 3. September 1853. Antwortbrief auf Nr. 15 – Abdruck nach H

Pöseldorff bei Hamburg den
3^{t} Septb. 53 /Sonnabend/

Kurz bevor ich, lieber Herr Fontane, Ihren freundlichen Brief v. 30 v. Ms empfing, hatte ich schon ein Schreiben Kuglers zustimmend beantwortet, der darin als Altvater den Knoten vielverschlungner Gastfreundlichkeit durchhieb und mich kurz und gut zu sich ins Haus beschied. Er wird Ihnen das gesagt haben. Indem ich also Ihnen und Ihrer Frau für das herzliche Anerbieten meinen Dank sage, füge ich, wenn Sie erlauben, die Versicherung hinzu, daß Ihr Haus nichts destoweniger gewiß nicht von mir verschont bleiben soll; und haben Sie keine Zeit für mich, so wird Ihre Frau Gemahlin, event. der Jung so gütig sein ein wenig mit mir zu verkehren.

Könnte ich nun trotz dessen, wozu Sie mir andernfalls Hoffnung gemacht haben, Sie – vorausgesetzt, daß Ihre Zeit es zuläßt, – schon Montag Nachmittag am Bahnhof sehen, so würde mir das allerdings eine besondre Freude sein.

Falls ich keinen der Freunde dort träfe, so macht es ja wohl keine Schwierigkeit – in Betreff der Droschken, – daß ich Kuglers Hausnummer nicht weiß?

Herrn Th. Fontane. Auf Wiedersehen!
Berlin. Ihr
ThStorm.

Apparat

11 wozu] <S *überschrieben* w>ozu

17. Storm an Fontane, Altona, Donnerstag, 29. September 1853 – Abdruck nach H

Liebster Freund,

Ueberbringer dieses und des Volksbuches, das er in meinem Auftrag für Sie zusammengebracht – bis auf 1847, das ich hier noch für Sie aufspühren werde – ist mein Ihnen beschriebner Bruder Otto Storm. Vielleicht können Sie Ihm in Betreff Logismiethe etc einigen Rath ertheilen; doch soll er Ihnen durchaus keine Zeit rauben. Nur ein freundlich Gesicht habe ich ihm bereiten wollen.

Ich schreibe dieß nur im Fluge, während O. auf den Brief wartet; nächstens daher ein Näheres.

Behalten Sie mich lieb; ich habe Sie recht in mein Herz geschlossen; Sie und Ihre sehr liebe Frau.

Falls Sie den Bogen meiner Novelle haben, schicken Sie ihn mir, bitte, unter Kreuzcouvert.

Adieu also für Heut!

Altona. 29 Septb. 1853

Ihr

TheodorStorm

Adr. H. J. H. Scherff.

<*Anschrift*>

Herrn Th. Fontane <|> in <|> Berlin <|> Louisenstraße N. 35. <|> 3 Trppen.

Apparat

14 Altona] ~~Hus~~ Altona

17 Scherff. <*Absatz*> Herrn] Scherff. <*Absatz*> $_1|_4$ Herrn

***Mit gleicher Sendung**

<„Volksbuch auf das Jahr … für die Herzogthümer Schleswig, Holstein und Lauenburg". Hg. von Karl Leonhard Biernatzki. 4 Jahrgänge (1846, 1848, 1849 und 1851)>

18. Fontane an Storm, Berlin, Donnerstag, 6. Oktober 1853. Antwortbrief auf Nr. 17 – Abdruck nach h (TFA)

Berlin d. 6. Oktober 53.

Lieber Storm.

Gestern erst machte mir Ihr Bruder die Freude seines Besuchs und übergab mir Ihre Zeilen. – Ihr Bruder scheint ein prächtiger Mensch, ganz Woldsen-Storm und ganz Schleswig-Holsteiner. Selbst seine Hypochondrie kleidet ihm und die Thränen im Auge, mit denen er über sein unglückliches Land spricht, könnten ein härtres Herz rühren, als ich zu besitzen die Ehre habe. Nichtsdestoweniger denk' ich: man muß sich 'rausrappeln, man muß den Kopf oben behalten, was in's Storm'sche übersetzt ohngefähr heißen würde:

wir wissen's doch, ein rechtes Herz
ist gar nicht umzubringen.

Vielleicht trifft sich's daß ich Ihren Bruder, noch eh Sie selber zu uns zurückkehren, 'mal bei mir sehe.

Die zwei Druckbogen, mit Ihrem ‚grünen Blatt' werd' ich beilegen, wenn ich außer jenem, auf schlechtes Papier gedruckten Argo-Exemplar (das Sie kennen) noch irgend was Dahingehöriges besäße. Unser Buchhändler fängt nämlich an, je näher der Zahlungstermin kommt, desto uncoulanter zu werden, so daß er allerhand kleine Wünsche, die ich laut werden lasse, ignoriert. Liegt Ihnen aber ganz besonders am Besitz dieser 2 Bogen, so spendir' ich das was ich habe.

Für die 4 Jahrgänge des Schlesw. Holst. Volkskalenders meinen schönsten Dank. Ich las gleich gestern tüchtig darin und allerhand Dinge drängten sich mir dabei auf. Im großen Ganzen (Sie wissen wie sehr ich Ihr Land und Volk und jeden charakteristischen Ausdruck beider liebe) machen die Bücher keinen günstigen Eindruck. Ob der Stoff dünn geflossen ist, oder ob die Redaktion ungeschickt war, laß ich dahin gestellt sein. Wenn ich mir z. B. die historischen Aufsätze betrachte, so muß ich sagen: sie sind weder historisch noch poetisch interessant. Um jenes zu sein, dazu sind die Dinge zu klein, zu ungewichtig und für's poetische Interesse entbehren sie theils der Details, theils alles Reizes und Geschicks der Darstellung. Z.B. Jahrgang 1848 ‚Fehmarnscher Heldenmuth'. Ja, wie die Sache da liegt, ist sie kaum so interessant wie eine detaillierte Wirtshausprügelei. Solche <*Balgereien*> hat es überall gegeben und sie werden erst von dem Augenblick an etwas, wo sich der rechte Mann darüber her macht. Dieser ‚rechte Mann' fehlt aber in den Büchern. ‚Hörnum auf Sylt' – was wäre das für ein Stoff in Händen eines Dichters gewesen! Das hätte man, bei rechter Darstellung, mit aufgerissenen Augen wie die Bürger'sche Lenore hören oder lesen müssen; so ist es nichts, zum Schluß hin sogar eine baare Albernheit. – Was Ihre Beiträge angeht, so hab' ich mal wieder recht gefühlt, wie wichtig es ist, wo man steht. Ich kann mir für Sie nicht leicht einen schlechtren Platz denken. Sie wissen, wie sehr ich Ihre Sachen liebe, aber ich habe das bestimmte Gefühl davon, daß ich – wenn ich Ihre erste Bekanntschaft in diesem Kalender gemacht hätte – ruhig über die Sachen hinweggegangen wäre. Ein feiner Kopf braucht – wie der witzige – eine ihm verwandte Umgebung, um sich als er selbst zu zeigen. Wenn ein dummer Mensch etwas Kluges sagt, glaubt man nicht recht daran. Sie irren in dem Buch umher und können nirgends ein paßliches Unterkommen finden.

Seit vorgestern sind die Kugler'schen Damen wieder da, seit gestern Paul Heyse. Ich traf heute die ganze Gesellschaft. Ist doch ein reizender Junge, dieser fahrende Schüler. Bin sehr gespannt, wie Sie ihn beurtheilen werden, denn er ist keineswegs nach Jedes Geschmack. Merckel liebt ihn garnicht sehr. Man muß seiner Genialität vieles zu Gute halten und thuts; wer aber diese Genialität bezweifelt, mißt begreiflicherweise mit einer Elle, die dann dies und das zu kurz befinden läßt. Man muß bei ihm gar nicht messen, sondern blind hinnehmen. Von Ihren beiden ersten Argo-Gedichten ist er überaus eingenommen, vom ‚grünen Blatt' weniger. Es scheint doch, als ob unsre Bedenken gegen den Schluß allgemeiner geteilt würden. – Seit fast 8 Tagen ist auch Eggers da, sehr entzückt von seiner Reise, namentlich von Brüssel und Antwerpen. Der Faden seiner Reisebeschreibung (im Rütli) wird durch Heyse's Dazwischenkunft und dessen italienischer Ausbeute wohl abgeschnitten werden. – Von Zeit zu Zeit les' ich in Ihren 8 Mappen, bis jetzt Brinckmann und Röse; beides sehr interessant. Solche Briefe wie die Brinckmannschen werden heutzutage nur selten noch geschrieben. Sie erinnern an das, was sich die Hainbündler und später die Romantiker (einzelne wenigstens) mittheilten. Die Leute von heut sind lukrativer: wenn man sich derlei Dinge zu recht gelegt hat, so macht man einen Aufsatz daraus, den man sich mit 10 <*rth*> preußisch bezahlen läßt. Briefe fuchst man jetzt zusammen, ich mit, wie figura zeigt. Dennoch glaub' ich sind diese Fuchsereien ein Schritt weiter; ein Brief soll keine Abhandlung sondern der Aus- und Abdruck einer Stimmung sein. Dem kommen wir näher. Doch ich aufsätzle selber. Herzliche Grüße von meiner Frau und mir und den Wunsch Sie bald wieder zu sehen.

Ihr Th. Fontane.

Ihre freundlichen Grüße auf das herzlichste erwiedernd, ersuche ich Sie mich Ihrer lieben Frau zu empfehlen und ihr zu sagen: daß wir uns alle unendlich auf ihre Bekanntschaft freuen. Küssen Sie Ihre Kinder.

Emilie Fontane.

Apparat

8 übersetzt ohngefähr] überse tzt ungef<ä *überschrieben* $_{hs.}$ ö>hr <*h: SHLB*>
19 Besitz dieser 2] Besitz dieser ~~2~~ <*gestrichen* $_B$> ⌜zwei $_B$⌝ <*h: TFA*>; Besitze jener 2 <*h: SHLB*>
24 dünn] ungeschickt <*h: SHLB*>
30 <*Balgereien*>] Belagereien <*h: TFA*>; Balgereien <*h: SHLB*>
52 Seit fast 8] Seit fast ~~8~~ <*gestrichen* $_B$> ⌜acht $_B$⌝ <*h: TFA*>; Seit 8 <*h: SHLB*>
56 Brinckmann] Brinkmann <*h: SHLB*>
57 Brinckmannschen] Brinkmannschen <*h: SHLB*>
61 10 <*rth*>] 10 <*Zeichen für Reichstaler* $_B$> <*h: TFA*>; 10 M <*h: SHLB*>

***Mit gleicher Sendung**

<*„Volksbuch auf das Jahr … für die Herzogthümer Schleswig, Holstein und Lauenburg". Hg. von Karl Leonhard Biernatzki. 4 Jahrgänge (1846, 1848, 1849 und 1851)*>

19. Storm an Fontane, Altona, Samstag, 8. Oktober 1853 – Abdruck nach H

Altona, 8 Octob. 1853.

Nur ein Lebenszeichen möchte ich Ihnen geben, liebster Fontane; ich selbst habe aus Berlin noch keins empfangen, das mich Ihnen wieder näher brächte. Uebrigens hab ich es hier so gut, als es meine unbehagliche Lage nur immer zuläßt; ein wohlgeheiztes freundliches Zimmer mit der Aussicht auf die Elbe („die Elbstube") und das hannöversche Ufer ist mir eingeräumt; ich bin bei lieben und liebenswürdigen Verwandten, und zu Alle dem gehört es noch zur Hausordnung, daß vom Buchhändler fortwährend Novitäten aller Art zugesandt werden. Nächsten Montag werde ich indessen mit Frau und Kindern in Neumünster p. Eisenbahn zusammentreffen, und dann vorläufig mit ihnen nach Segeberg gehen, wo meine Schwiegereltern freilich schon ihre schöne geräumige Amtswohnung, ich weiß nicht womit, haben vertauschen müssen. Mein Hauptquartier behalt ich aber hier, und bitte etwanige Zusendungen hieher gehen zu lassen. – Die in der Lehmkuhlschen Buchhandlung erschienenen Volkskalender habe ich jetzt vollständig für Sie; Ihnen werden pr. 1847 und 1850 fehlen. – An Röse habe ich geschrieben, er möge die Recension meiner Gedichte unter Ihrer Adr. an mich schicken. Falls der Brief kommen sollte, sind Sie wohl so gütig, den Aufsatz herauszunehmen und in irgendeiner Zeitung unterzubringen; den Brief selbst aber an mich zu schicken. Die Argo wird ja nach grade auch bald auslaufen; ich brenne darauf, sie an Freund Brinkmann und meinen alten Propsten zu schicken. Heut Abend ist nun wieder Rütli und es fällt mir dabei ein, lesen Sie doch die Mariken v. Nÿmwegen, aber schreiben Sie wo möglich die Kritik nicht eher, als bis wir mit einander darüber conferirt haben. Ich lese das Buch jetzt, und finde es, obgleich mir die Anlage etwas zwiespaltig scheint, doch in der Ausführung ziemlich über Mittelgut, mitunter sogar sehr schön, auch oft im einzelnen Ausdruck. Also lesen Sie es, bitte! –

Lassen Sie mich gelegentlich doch erfahren, ob und was der kleine Menzel über meine opuscula geredet hat; Kugler sandte mir ein in der allerwunderbarsten Lapidarschrift abgefaßtes und mit einer Federzeichnung versehenes Billett von ihm, worin sich allerdings einiges Gefallen ausspricht; doch mag das immerhin nur eine Höflichkeit sein. – – –

Die Nachrichten, welche die Zeitungen über das erste Resultat der Schleswigschen Ständethätigkeit bringen, ist mir sehr betrübend; man hat den ganz dänisch gesonnenen Professor Schmidt (er verdankt diese seine Stellung an der Universität, so viel ich weiß, dem Umstande, daß er ein Schleswigsches Recht in dänischer Sprache geschrieben hat) zum Präsidenten gewählt; – wie sollen unsre deutschen Landsleute das ansehen, wenn sie nicht wissen – und welche Zeitung sagt es ihnen? – daß bei den Wahlen Jeder von der Liste gestrichen wurde, den man als oppositionell betrachtete. An angeblichem Grunde dazu konnte es natürlich nicht fehlen, da jede geringste Betheiligung an der Schl. Holst. Landessache für „Bescholtenheit" ausgegeben wird – das Ständegesetz verlangt von den zu Wählenden Unbescholtenheit – und es fast keinen Deutschgesonnenen giebt, der sich nicht in irgend einer Weise betheiligt hätte. So hat die dänische Partei Alles in der Hand und nimmt noch obendrein den Schein der Gesetzlichkeit in Anspruch. Das preßt mir das Herz ab, und ich werde es noch in feurigen Versen von mir speien müssen, sobald sich in der Ständeversammlung ein Anlaß dazu ergiebt.

– – Und nun leben Sie wohl für heute; sagen Sie Ihrer Frau noch einmal, wie lieb sie mir in der kurzen Zeit geworden, und wie sehr ich gewünscht hätte, sie mit der meinigen in näherem Umgange zu befreunden. Möge sie Ihnen recht lange erhalten bleiben.

Wissen Sie – im Vertrauen – daß mir der Eindruck, den ich von Merkels Frau zuerst empfangen, bei der letzten Visite etwas getrübt wurde; – vielleicht weil sie es gar zu gut meinte. Die frauliche Lust am Protegiren – sie wollte meinetwegen sprechen mit A.B.C etc – und da ich nicht darauf einging, so gab das, was auch ihr Mann sehr wohl empfand, ein bischen verlegne Scene. Sie werden mich darin nicht mißverstehen; aber wer möchte wohl, und namentlich von einer Frau „protegirt“ werden! Ja, wenn sie jung und schön wäre, und sie mich liebte und ich sie!

Das in Parenthese! Und nun noch einmal, leben Sie wohl, und grüßen Sie unsern prächtigen Kugler. Gott erhalte mir den Mann mein Leben lang!

Ihr
TheodorStorm
Adr. J. H. Scherff
Lucienstr. N.1. Altona.

Herrn Theodor Fontane

in
Berlin.

Apparat

14 Volkskalender] Volkskalen- $_1|_2$ der
33 seine Stellung] sei- $_2|_3$ ne Stellung
51 Lust am] Lust $_3|_4$ am

20. Fontane an Storm, Berlin, Dienstag, 11. Oktober 1853. Antwortbrief auf Nr. 19 – Abdruck nach h (TFA)

Berlin d. 11ten Oktob. 53.

Lieber Storm.

Sie kennen mich schlecht, wenn Sie einen Augenblick gedacht haben, daß Ihre ersten, mir durch Ihren Bruder Otto überbrachten Zeilen etwa nicht ausreichen würden, mich zu einem 4 Seiten langen Briefe mit dicht beschriebenen Rändern zu veranlassen. Ein solches Manuskriptchen ist denn auch wirklich heut vor 8 Tagen an Sie abgegangen, wird aber schwerlich jemals in Ihre Hände gelangen, da es die Aufschrift

„Hamburg p. adr. F. H. Scherff“ trug und vermuthlich bereits eines grausamen Feuertodes gestorben ist. Meine Frau betrauert neben einigen Grußesworten die sie für Sie und Frau Constanze beigefügt hatte, namentlich den nutzlosen Verlust von 3 Silbergroschen und wird voraussichtlich die Aufschrift dieses Briefes der allerstrengsten Controlle unterwerfen.

Sein Vorgänger – mit dessen bloßem Inhaltsverzeichniß Sie sich nun schon begnügen müssen – enthielt einen Dank für die Schl. Holst. Kalender und eine Kritik über dieselben, so weit ich sie gelesen hatte. Sie haben durch Verlust derselben nicht viel verloren, denn, wie mir jetzt ziemlich klar ist, waren es – worin ich nach Ansicht meines Freundes Lepel überhaupt excellire – alte, bekannte Geschichten mit Prophetenton vorgetragen. – Der Kalender-Kritik folgten einige Worte über die Röse-Brinckmannschen Briefe, die Sie mir zu lesen erlaubt hatten; dann kamen kleine Notizen, namentlich über Paul Heyse, der seit 8 Tagen wieder hier ist.

Schreit’ ich heute zunächst zu direkter Beantwortung Ihrer Zeilen. Daß Sie nun wieder mit Frau und Kind zusammen sind, hat allgemeine Freude hervorgerufen; die Frauen waren durchaus gerührt und jede Einzelne (die Kugler, die Merckel und die meinige) brach komischerweise in denselben Ausruf aus: na, das ist recht! – Ihre Grüße an Kugler sind bestellt. Was Sie, vertraulich, über die herzensgute Frau v. Merckel äußern, hat mich sehr amüsirt. Ich denke aber doch, Sie haben Unrecht. Einmal sollte man sich durch so gutgemeintes Gekohle wohl nicht verstimmen lassen, dann – und das ist die Hauptsache – hatten Sie’s wohl verabsäumt, sie über Ihre eigentlichste Situation ins Klare zu bringen. In letzter Instanz hängt es doch, rund heraus gesagt, lediglich davon ab wie viel Staatsschuldscheine und Banknoten man in der Tasche hat und Worte, die Ihnen halbkomisch erscheinen mußten, wären z. B. mir gegenüber völlig am Platze gewesen.

Ihre politische Entrüstung wartet noch auf Reim und Rythmus, um uns mit fortzureißen, denn die bloße Thatsache packt uns nicht mehr. Wir sind nach der Seite hin abgebrüht. „Alles schon da gewesen“ – sagt Ben Akiba. Sie wissen wie preußisch und wie loyal ich bin, aber ich kann mir’s nicht verhehlen, daß man mit der demokratischen ja sogar mit der konstitutionellen Parthei unsres Landes um kein Haar besser verfahren ist; was nicht gouvernemental ist, ist bescholten.

Dieses politische Intermezzo führt mich auf Ihren Bruder, dessen mein unbestellbarer Brief ebenfalls des Weitren Erwähnung that. Ein prächtiger Mensch, mit dem Sie, meines Erachtens nach, überall Staat machen können; seiner Einführung bei Kuglers wird kein Strohhalm im Wege stehn. Nur fürcht’ ich, er wird nicht wollen. Das überall eingewurzelte Vorurteil gegen preußisches Wesen und Berliner Geheime Räthe scheint auch ihn zu erfüllen. (Ist es denn so schlimm mit uns ?!) Dazu ist er Hypochonder und durch das Schicksal das seine Heimath betroffen hat in einer Weise alterirt, wie ich’s kaum je an einem jungen Gemüth beobachtet habe. Wir würden ihn bitten nächsten Sonntag bei uns zu essen, aber meine Frau ist sehr hin und wird durch jeden Besuch auf's höchste angegriffen. So läßt sie sich denn auch bei Ihnen entschuldigen und bittet Sie, es nicht für Ungastlichkeit hinzunehmen, wenn sie mit Ihrer Einladung zurückhält. Es kann eben jede Nacht los gehn.

Frau v. Merckel war gestern bei uns. Illaire hat ihr gesagt, daß das bewußte Schreiben schon seit (jetzt) fast 14 Tagen aus dem Cabinet des Königs heraus und dem Justiz-Ministerium zurückgestellt sei. Sie können es also tagtäglich erwarten.

Mentzel äußerte sich neulich sehr befriedigt durch Ihre Sachen, doch ließ er es bei allgemeiner, wiewohl augenscheinlich aufrichtiger Anerkennung bewenden. Ich werde nächstens das Gespräch darauf zurückführen. – Nun noch 2 Wünsche. Sie wissen, daß ich über Claus Groth (der übrigens wie ich erfahre in der Augsb. Allg. Ztng des Breiteren besprochen worden ist) einen Aufsatz schreiben möchte und ich würde Ihnen sehr dankbar sein, wenn Sie mir das Biographische verschaffen könnten. – Dann entsinnen Sie sich wohl meines projektirten Inschriften-Werkes. Wär' es Ihnen nicht möglich durch ein Wort oder auch eine Zeile hie und da, meinen Zwecken Förderliches flüssig zu machen; namentlich Plattdeutsches wäre mir unendlich erwünscht. Ein Paar brauchbare Zeilen hab ich in den Kalendern gefunden. –

In den letzten 8 Tagen hab ich die Mehrzahl der Mommsenschen Briefe gelesen. Sie sind reizend, aber ich habe ein vages Gefühl davon, als ob Sie sein Talent überschätzten. Ich will mal wieder, auf die Gefahr hin trivial zu werden, eine allgemeine Bemerkung machen. Geistreiche, witzige, zungen= und federfertige Menschen imponiren einem tiefpoetischen Naturell, das aber aller improvisatorischen Gaben, aller Flinkheit in Leben und Kunst entbehrt, sehr oft und bestimmen es, weil es in Suade und Witzen und geistreichen Einfällen und mehr pikanten als wahren Anschauungen nicht mit kann, sich für geringer und kleiner zu halten, während solch „fixer Kerl" doch eigentlich nur der Mann ist, der mit seinem einen lumpigen Dukaten den ganzen Reiter zu übergolden versteht. – M. nennt sich selbst ein Redaktions-Genie und das scheint er zu sein. Aber all das andre schmeckt doch mehr nach Heine als wie nach einer originalen Natur. Halten Sie mal den einfachen Mörike'schen Brief daneben! Vielleicht bin ich Parthei, weil ich im innersten Kern die Richtung nicht leiden kann, die Mommsen in Politik und Religion zu verfolgen scheint.

Nun herzlichen Gruß an Sie lieber Storm und alle die Ihrigen, Groß und Klein, von Ihrem

Th: Fontane.

Apparat

11 die Aufschrift dieses Briefes] dieses Briefes *<h: SHLB>*

33 politische Entrüstung] poetische Entrüstung *<h: SHLB>*

51 Illaire] Jllaise <*h: SHLB*>
61 durch ein Wort] auch ein Wort <*h: SHLB*>

21. Fontane an Storm, <Berlin, am oder nach dem 17. Oktober 1853> – Abdruck nach H

Lieber Storm. Sehr viele herzliche Grüße! Am 14ten (Vormittag 11 Uhr) ist ein kleiner Junge eingesprungen; Mutter und Kind wohl. – Kuglers hab ich lange nicht gesehn; die Junggesellenwirthschaft ist eben vorbei. Argo-Exemplare immer noch nicht da, und was noch schrecklicher ist – Geld auch nicht. Der beste Buchhändler ist immer noch schlecht genug. – Mit Mentzel am Sonntag gesprochen. „Ihre Fordrung um weitere Beurtheilung setze ihn in Verlegenheit; er könne nicht begreifen, was Sie mit seinem Urtheil überhaupt wollten". Dann fing er an aufzuzählen und zwar in folgender Reihenfolge (diese scheint mir nämlich charakteristisch) Sturmnacht, die Herrgottskinder, Abseits, Einer Todten, Oktoberlied. Dann sagt ich: „Elisabeth" – o ja! war seine Antwort. Dann nannt' ich die Erotika, besonders „Du willst es nicht in Worten u.s.w." worauf er erwiderte: nun ja, aber diese Sachen sind doch sehr heinisch wenn auch vielleicht tiefer und innerlicher. – Dann brach die Unterhaltung ab. Meine Frau empfiehlt sich Ihnen und den Ihrigen. So ich. Ihr

Th. Fontane.

Apparat

3 Argo-Exemplare] <*Kolonne 1* Argo-> <*Kolonne 3* Exemplare>
6 was Sie] <*Kolonne 3* was> <*Kolonne 4* Sie>
10 ich die] <*Kolonne 4* ich> <*Kolonne 2* die>

22. Storm an Fontane, Segeberg, Freitag, 28. Oktober 1853. Antwortbrief auf Nr. 21 – Abdruck nach H

Segeberg den 28 October
1853.

Lieber, bester Fontane, wie froh bin ich mit Ihnen, daß die Furcht vor der bangen Stunde sich in einen lebendigen Jungen verwandelt hat! Ich bin für Ihre liebe Frau besorgter gewesen, als ich es mich damals gegen Sie habe merken lassen; doch jetzt ist es ja überstanden, und wir, meine Frau mit mir, grüßen die Wöchnerin aufs Herzlichste.

Mich anlangend, so habe ich Ordre gegeben meine Effecten p. Schiff von Husum nach Hamburg, und von dort ebenso nach Potsdam zu spediren. Ich denke, daß sie in 14 Tagen dort sein können, und beabsichtige dann etwas früher nach Berlin zu kommen, bei meinem Bruder zu logiren und von dort aus in Potsdam Wohnung zu miethen – was wohl noch schwierig genug wird – Mädchen zu miethen, mich einzurichten, die Meinigen kommen zu lassen, und dann mich einzurichten.

Wie ich hier lebe, mag Ihnen Kugler erzählen, dem ich dieser Tage geschrieben; es sind gar zu goldne Octobertage! Das Hauptvergnügen besteht darin, Nachmittags mit Frau, Jungens und einem halben Dutzend jüngerer Schwiegerinnen im warmen Sonnenschein die Abhänge des Kalkbergs hinabzurutschen; gestern begleitete ich meinen Schwiegervater auf einer Geschäftsreise nach dem Lande, und ging stundenlang mit einem alten Müller auf der sonnbeschienenen hochliegenden Haide spatziren; – ich war recht in meinem Elemente, der weite Blick über die Heide in die tiefere Gegend, der kräftige Herbstduft um mich her, und dabei erzählte der Alte die geheime Geschichte eines alten Gutes, das wir vor uns aus den Buchen ragen sahen, und einer schönen vornehmen Frau, die dort in Einsamkeit für ihre Leidenschaft und die Conventionen ihres Standes gebüßt. Ich hatte schon früher von ihr gehört, meine Frau erinnert sie als Kind gesehen und für sie geschwärmt zu haben; sie theilte mir kleine reizende Züge mit – ich glaube das giebt eine Sommergeschichte. Doch – ich will nicht vermessen sein, der Wall des Preuß. Rechts liegt zwischen mir und der Poesie.

Menzels Urtheil ist das eines Malers, und allerdings auch speciell Menzelsch. Daß aber die erotica ihm heinisch, ja sogar sehr, erscheinen, beweist mir wieder, daß eigentlich doch nur wir, die wir es selbst probirt, ein wirkliches Auge für das Wesen der Dinge haben.

In Betreff Ihres intendirten Werks, das, meine ich, am besten als „Deutsche Inschriften“ bezeichnet würde, habe ich an meinen alten Propsten geschrieben; eine Absuchung des Segeberger Kirchhofs hat nur einen hübschen, ich weiß nicht in wie fern volksthümlichen, Vers ergeben. Auf einem kleinen holzernen Denkmal, einem Kinde gesetzt, steht:

Nimm hin, mein Kind, dieß klein Geschenk,
Das ich dir gab zum Angedenk;
Die Gab ist klein, die Gnad ist groß;
Ich wünsche dich in Christi Schooß.

Wegen Groths habe ich an den Buchhändler Homann geschrieben, und ihn ersucht, Antwort an mich unter Ihrer Adr. zu schicken. Und da ich das bei mehreren Briefen so frei gewesen bin zu thun, so bitte ich Sie, gefälligst alle derart anlangenden zu acceptiren, zu lesen und das Sie etwa Angehende herauszunehmen, dann dieselben an mich hieher – ich bitte aber sehr, unfrankirt – zu schicken.

Röse schickt mir noch keinen Artikel, verspricht aber einen, der dann auch wohl an Sie gelangen, und von Ihnen gütigst in ein Zeitunglein befördert wird. „Alle Bot helpt, segt de Mügg, un pißt in de Hever!“ sagen wir bei uns in Husum, das an der Hever, dem Meeresstrom der an die Stadt führt, liegt.

Das Wohlgefallen, das Sie an meinem Bruder genommen, scheint nach einem Briefe von ihm ein gegenseitiges gewesen zu sein; doch fürchte ich, daß das ihrige sich in etwas vermindern wird, wenn Sie erst einmal ein paar Stunden neben dem formlosen Strome seiner Reden mit ihm werden spatziren gegangen sein. Doch ist er tiefinnerlichst ein guter, ganz wahrhaftiger Mensch, was überhaupt ein Familienfehler nach Vater und Mutter ist.[F]

Aber noch Eins zu meinem früheren Briefe: Meine Situation ist gewiß keineswegs eine bessere, als die Ihrige, und die gute Frau v. M. hat mich auch gar nicht verstimmt. Ich weiß mit dergleichen nur nichts anzufangen; und mag es nicht für mich benutzen. Ich will das grade nicht an mir loben; es ist aber so. – –

Was Sie von Mommsen sagen ist zum Theil wahr; nur hat er sehr viele Dukaten um Roß und Reiter zu vergolden, wenn er je zur Zeit es auch mit einem fertig bringt.

Ein älterer Bruder meines alten Propsten, Christian Feddersen, pastor emeritus, ein Mann mit dem jugendlichsten Herzen hat ein Buch unter dem Titel „Bilder aus dem Leben eines Nordfriesischen Knaben“ herausgegeben, worin er sein Jugendleben seine Eltern, und das ganze Leben des stillen elterlichen Hauses mit feinen Zügen schildert. Das Buch, das auf Subscription (hier im Lande) erschienen ist, verdient durchaus weitere Verbreitung; ich habe es verschlungen; es wird auch Sie und Ihre Frau, das bin ich sicher, sehr erfreuen, und Sie sollen mir noch einmal einen Artikel darüber schreiben. – Ich bringe es mit. – Es ist selbstverständlich ein schätzbarer Beitrag zur Charackteristick unsres Volksstammes.

Der verlorene Brief thut mir namentlich auch mit Rücksicht auf die Beischrift Ihrer Frau leid, von der ich dadurch nun noch keine „Autographa“ besitze; doch ich denke, wir werden demnächst von dort aus mitunter etwas briefwechseln.

Wissen Sie, was ich mir als Lichtpunkte in der grauen Potsd. Existenz denke? Wir haben von unsern Sachen allerdings nur das Nöthige, aber doch ein Gastbett mit einpacken lassen; und das werden Sie dann oft einmal benutzen, Sonnabend Nachmittag herüber kommen; und dann fahren wir Sonntag mit nach Berlin zurück (wenigstens könnte es einmal passiren). Meine Frau kann ja aber nicht ohne den Jungen; – das wird eine schwierige Geschichte. Bei Kuglers sind die Wiegen woll schon ganz verschwunden; bei Ihnen könnten wir die beiden Säuglinge ja zusammen packen, oder Sie könnten wechselweise die Wiege beziehen – Ja, ja, Frau Emilie! Ich rede sehr weise – will aber jetzt dennoch abbrechen und mich Ihnen beiden, lieben Leuten, für dießmal empfehlen. Ihr

TheodorStorm

(Beilage, bitte, baldmöglich an Dunker!)

[F] Nachdem ich dieß geschrieben, finde ich, daß es einer entschuldigenden Note bedarf.

Apparat

19 Elemente] Ele- $_1|_2$ mente
22 für ihre] <*über der Zeile* ┌für┐> ihre
23 von ihr] von ~~dieser~~ ihr
42 mehreren Briefen] mehreren $_2|_3$ Briefen
61 bringt. <*Absatz*> Ein] bringt. <*Absatz*> $_3|_4$ Ein
63 ein Buch] <*über der Zeile* ┌ein Buch┐ >
77 (wenigstens <…> passiren),] <*über der Zeile* (wenigstens <…> passiren)>
80 wir <…> abbrechen] <*am linken Blattrand, S. 4* wir {…} abbrechen>
82 und <…> TheodorStorm] <*am linken Blattrand, S. 1* und {…} TheodorStorm>
85 (Beilage, <…> Dunker!)] <*am oberen Blattrand, S. 1* (Beilage, {B *überschrieben* b}itte, baldmöglich an Dunker!)>
86 ^{F}Nachdem <…>bedarf.] <*am unteren Blattrand, S. 3* ^{F}Nachdem {…} bedarf.>

23. Fontane an Storm, Berlin, Samstag, 5. November 1853. Antwortbrief auf Nr. 22 – Abdruck nach h (TFA)

Berlin d. 5ten Novemb. 53.

Lieber Storm.

Bei Uebersendung der Röse'schen Jeremiade, die vor 2 Stunden eintraf, auch einige Worte in Beantwortung Ihrer letzten freundlichen Zeilen.

Daß wir Sie nun binnen wenig Tagen wieder hier haben werden, freut uns alle aufrichtig und die Rütli= und Tunnel=Tage werden an Reiz gerade noch um so viel wachsen, wie überhaupt möglich ist. Andrerseits werden Sie manches anders finden wie damals, wo Kugler's Junggesellenthum in der Blüthe der Liebenswürdigkeit stand. Versteht sich soll damit nichts gegen die Damen gesagt sein, die jetzt wieder an alter Stelle schalten und walten, aber von jener Heiterkeit und Ungenirtheit, die damals die Kugler'schen Mittagstische charakterisirte, kann jetzt kaum noch die Rede sein. Vielleicht habe ich nicht ein Recht darüber mit zu sprechen, denn ich urtheile nur vom Hörensagen, weil ich seit 5 Wochen nur einmal (auf ½ Stunde) dort war; auf der andern Seite ist gerade dieser Umstand besonders bezeichnend. Paul Heyse ist jetzt Minister-Präsident, und ich denke mir, es wird von Ihrer Stellung zu ihm abhängen, ob Sie das Kugler'sche Haus zum Guten oder Schlechten verändert finden werden. Da er mit dem höchsten Respekt von Ihrer Lyrik spricht, so ist es möglich, daß seine Liebenswürdigkeit – bei Ihrem Besuch – alle Segel aufsetzt und dann werden Sie nicht wiederstehn können. Er ist in der That ein Liebling der Grazien, sein ganzes Wesen ist Reiz, wenn er spricht ist mirs immer als würden reizende Nippsachen von Gold und auch von Bronze, aber alle gleich zierlich gearbeitet, über den Tisch geschüttet. Man sieht hin, das Auge lacht über die bunten Farben und schönen Formen, und ein unwillkürliches Ah! ringt sich von der Lippe. Ereignet es sich, daß Sie gegenseitig ein lebhaftes Gefallen an einander finden, so wird Ihnen Friedrichstraße 242 reizvoller erscheinen denn je. Doch, ich weiß nicht, ich glaube nicht recht dran.

Die kleine Grabschrift ist reizend und dank' ich dafür. Nur mehr! Auf das Fedder<*s*>en'sche Buch freu' ich mich sehr; die Insel Sylt und namentlich Alt-Rantum beschäftigen mich ohnehin seit Wochen. – Ueber Groth ist noch nichts eingegangen. Dabei beiläufig, wenn die Mommsen'schen Briefe ein getreues Bild geben, muß der Müllenhof (der auf den Groth Beschlag gelegt zu haben scheint) ein unausstehlicher Kerl sein. Noch ein zweites à propos: die Rezension Wienbargs über Mommsen (die ich noch nicht gelesen hatte als ich neulich schrieb) ist mir wie aus der Seele geschnitten. Und nun zum dritten, ad vocem Rezension. Im Familienbuch des Lloyd stand neulich über „Immensee" folgendes. „Dies auf 60 Seiten gedruckte kleine Märchen beansprucht wohl kaum einer Hausbibliothek einverleibt zu werden; dennoch wird es der Leser nicht ganz unbefriedigt aus der Hand legen." Hätt' ich Bleistift bei mir gehabt, so hätt ich in einer kurzgefaßten Marginal-Bemerkung und zwar durch das einfache Wort „Esel" meinem gepreßten Herzen Luft gemacht. Wenn das so fortgeht, wird es bald eine Schande sein irgendwo gelobt zu werden.

Die Rezension Roese's scheint mir in mannigfacher Beziehung schwach; da Sie so bald hier eintreffen, werd ich Ihre Ankunft abwarten, bevor ich mich bemühe ein Feuilleton dafür ausfindig zu machen.

Der falsch-adressirte Brief ist vor 8 oder 14 Tagen hier wieder eingetroffen und steht nachträglich zu Diensten. Meine Frau empfiehlt sich Ihnen und all den Berghinunter rutschenden Damen (eine Situation die hier theils beneidet theils zu schlechten Witzen ausgebeutet wird) auf's angelegentlichste, so thu ich und bin in der Hoffnung Sie bald zu sehn

Ihr

T h. F o n t a n e.

Apparat

4 Worte] Wort <*h: SHLB*>

23 Ah!] Ach! <*h: SHLB*>

26 Nur] Nun <*h: SHLB*>

27 Fedder<*s*>en'sche] Fedderhen'sche <*h: TFA*>; Fedder~~h~~ <*gestrichen*$_{hs.}$> ⌜s$_{hs.}$⌝ enn'sche <*h: SHLB*>

29 Mommsen'schen] Mommsenschen Mommsen'schen <*Wiederholung wegen Blattwende*> <*h: TFA*>; Mommssenschen <*h: SHLB*>

32 Mommsen] Mommssen <*h: SHLB*>

24. Storm an Fontane, Altona, Dienstag, 15. November 1853 – Abdruck nach H

Altona. 15 Novb. 1853 Dienstag.

Nur eine Bitte, lieber Fontane – die, inliegenden Brief p. Stadtpost schleunig an m. Bruder Otto zu befördern, dessen Adr. ich verloren, Sie aber vielleicht besitzen werden; für den Nothfall habe ich indeß ein Duplicat „Adr. H. Garteninspector Bouchée" an ihn abgesandt. – Ich werde nemlich Freitag d. 18 dM wieder nach Berlin kommen (es ist endlich Alles in Ordnung) bei meinem Bruder logiren, und gedenke, wenn Sie zu Hause sind, und man wie ich nicht zweifle seine Effecten vom Bahnhofe nach dem Logis spediren lassen kann, auf dem Wege vom Bahnhof erst ein Stündchen bei Ihnen vorzusprechen, voraus gesetzt auch das Mutter u. Kind es erlauben. – Bei dem Verlust der Adr. liegt mir natürlich daran von Otto am Bahnhof abgeholt zu werden. Mir schwebt übrigens vor, als sei es Potsdammer Str. 46 od. 146.

Alles Uebrige sehr mündlich! Herzlichen Gruß von meiner Frau an Sie u die Ihre. Um fernere 8 Tage hoffe ich auch die Meinen dort in Empfang nehmen zu können.

Ihr

Herrn Theodor Fontane. TheodorStorm.

VorGestern sah ich Wagners Tanhäuser hier (Hamburg), im Ganzen vortrefflich.

<Anschrift>
Herrn Theodor Fontane <|> Berlin <|> Louisenstr. N. 35. frei
<Poststempel>
Altona 15/11 53 <|> Hamburg 15/11 <|> 9–10A. <|> Hamburg 15/11 <|> 3–4 <|> 16/11 <|> 7–9Vm

Apparat

16 VorGestern <...> vortrefflich. *<Absatz>* Herrn] *<am linken Blattrand, S. 1* {*hinzugefügt* Vor} Gestern sah ich Wagners Tanhäuser hier {*über der Zeile* (Hamburg)}, im Ganzen vortrefflich.> *<Absatz>* $_1|_2$ Herrn

25. Storm an Fontane, Potsdam, <am oder kurz vor dem 21.> Dezember 1853 – Abdruck nach H

Potsdam 22 Decb. 53.

Vergebens habe ich durch unsern Altvater K. mit den Berliner Freunden anzuknüpfen gesucht; weder auf Besuch habt Ihr kommen wollen, noch uns in Berlin auf einer

Weihnachtsrazzia begleiten, die denn auch, weil ich selbst nicht Bescheid wußte, ziemlich klöterig ausfiel; nur daß wir doch, was ich auch Ihnen sehr empfehle, zu Gropius kamen.

So hab ich denn heute die Bitte, daß Sie, liebster Fontane, und Ihre Frau am 1 oder 2^{t} Weihnachtssonntag, wie es Ihnen am passendsten ist, zu uns herüberkommen, so daß Sie uns die 2^{t} Hälfte des Tages inclusive Mittag widmeten und daher wo möglich mit dem 12 U., sonst aber mit dem 2 U. Zuge kämen.

Ja? können u. wollen Sie das; nur Otto wird noch hier sein; vielleicht, daß Eggers mitmacht. Nehmen Sie ein bischen Lectüre d. h. Eigengemachtes oder Argozeitungsschnack mit!

Ich fange allmählich an, wenigstens das wirklich Grauenvolle des ersten Stadiums zu gewinnen; leider bin ich nicht gesund genug, um so zu arbeiten, wie ich möchte, ich muß oft Abends 8 U. wegen gänzlicher körperl. Unfähigkeit aufhören; doch das ist einmal nicht zu ändern.

Bei Ihnen steht es hoffentlich so, daß Ihre Entfernung auf ½ Tag nichts im Wege ist. Grüßen Sie Ihre Frau herzlich, und antworten Sie bald; wir sehnen uns recht nach Ihrem Angesicht; denn hier sind wir ganz ausgepauvert.

Schließlich die Bitte gegenseitig das Prinzip des Nichtfrankirens walten zu lassen.

Ihr

ThStorm

Herrn Th: Fontane.

Bitte um meine Mappen u. Waldmeister bei der Gelegenheit!

Apparat

8 Ihnen am] Ihnen ~~best~~ am

13 mit! <*Absatz*> Ich] mit! <*Absatz*> $_{1}|_{2}$ Ich

18 Bei] <I *überschrieben* B>ei

26. Fontane an Storm, Berlin, Mittwoch, 21. Dezember 1853. Antwortbrief auf Nr. 25 – Abdruck nach h (TFA)

Berlin d. 21. Decemb. 53.

Lieber Storm.

Ihren – vermuthlich nach dem Potsdamer Kalender – am 22ten geschriebenen Brief, bin ich so glücklich schon am 21ten beantworten zu können. – Zunächst sprech' ich mein Bedauern aus, daß ich Sie letzten Sonntag am Bahnhof verfehlt habe; meine Frau und ich kamen 10 Minuten zu spät. Wir würden freilich außer Stande gewesen sein, Sie „auf allen Ihren Zügen“ zu begleiten, da eine Lepelsche Einladung auf Sonntag Abend schon mehrere Tage vorher von uns angenommen worden war, – aber wir hätten doch wenigstens Gelegenheit gefunden Sie und Frau Constanze zu begrüßen, sowie den berühmten Berliner Weihnachtsmarkt gemeinschaftlich zu durchstreifen.

Was Ihre freundliche Einladung auf einen der Feiertage angeht, so muß ich leider die abschläglichen Antworten, die jetzt zwischen Berlin und Potsdam an der Tagesordnung sind, um eine vermehren. Mein Vater kommt, dazu ein Freund aus Rostock; beiden kann ich mich nicht gut entziehn, vielmehr muß ich den Wirth machen. Es ist ohnehin schwer an solchen Tagen, wo auch die langweiligsten Vettern auf eben ihre Vetterschaft pochen und Einem die Thüren einrennen – sich überhau<*pt*> flott zu machen. – So denn zunächst „frohe Feiertage“ und „viel Glück zum Neuenjahr!“ hinterher aber die Versichrung, daß ich am 7ten zur Rütli-Sitzung pünktlich bei Ihnen einspringen werde und wenn ich der Einzige sein sollte.

Von Roese traf vor wenigen Stunden der beiliegende Brief ein. Sie werden ihm vermuthlich auch nicht helfen können, denn wer hat heut zu Tage 100 <*rth*> übrig, um noch so nebenher den Menschenfreund spielen zu können; aber antworten werden Sie ihm hoffentlich umgehend, einmal um seinet= aber auch um meinetwillen, er glaubt sonst am Ende, ich hätte seine lamentablen Briefe unterschlagen oder schlecht besorgt. Seine Lage muß furchtbar sein und würde mich vielmehr beschäftigen und aufregen, wenn ich innerhalb meiner Kraft auch nur die entfernteste Möglichkeit sähe ihm zu helfen; aber wie die Sachen stehn, hab ich ein ähnliches Gefühl wie wenn ich weiß: morgen wird Einer hingerichtet. Man beruhigt sich sehr bald, weil man weiß, daß nichts retten kann, kein Gnadenschrei und kein Fußfall. – Gott wende das Herz seines Wirthes Cyriacus, das ist alles. – 1000 Grüße an Sie und Frau Gemahlin von Ihrem

Th. Fontane

Apparat

7 Lepelsche] Legelsche <*h: SHLB*>
13 abschläglichen] abschlägigen <*h: SHLB*>
17 überhau<*pt*>] überhau <*fehlt; Textverlust durch Papierausriss am rechten Blattrand*> <*h: TFA*>; überhaupt <*h: SHLB*>
22 100 <*rth*>] 100 ┌*Zeichen für Reichstaler* ┬┐ <*h: TFA*>; 100 M <*h: SHLB*>
26 vielmehr] vielleicht mehr <*h: SHLB*>

27. Storm an Fontane, P<otsdam,> Dienstag, 3. Januar 1854 – Abdruck nach H

Im Fluge!

Liebster Fontane,

Also Sonnabend Rütli bei mir – Sie, Kugler, Merkel, Menzel, Eggers, Heise, Lepel, Bormann und wer noch sonst? Einige Rütlidamen! Aber einladen thu ich keine; veranlassen Sie, bitte, nichtsdesto weniger daß meine Frau auch etwas Gesellschaft bekommt, und dann schreiben Sie mir, bitte, spätestens Freitag morgen, wer kommt und wann sie kommen, auch wie lange sie zu bleiben denken. Wir wollen alle gemüthlich zusammen Thee trinken und auch ein kleines Abendmahl einnehmen, die Herrschften müssen sich daher so einrichten daß sie bis 10 oder 10 ½ U. bleiben können, und möglichst früh kommen; wenn nicht alle, so wer da kann. Von 2 U. an sind wir bereit zu empfangen. Vielleicht kommen Sie u. Frau etwas früher. Oder will der Rütli mit Damen ein bescheidnes Mittagsmahl bei uns einnehmen u wann?

Vor allem also – Antwort!

An Röse hab ich geschrieben.

Grüßen Sie Ihre Frau herzlich von uns. Wären Sie beide doch hier!

Noch e. Bitte. Meine Mappen, Waldmeister u 1 Paar Hefte, die Duncker Ihnen schicken wird, mitzunehmen.

P. 3/1 54

Ihr

ThStorm

H. Th. Fontane.

<Anschrift>

Herrn Th. Fontane <|> Berlin <|> Louisenstr N 35 <|> 3 Trpp.

<Poststempel>

Potsdam <|> 3 <|> 1 <|> 4–5 <|> 4/1 <|> 7–9 V.

Apparat

10 Von 2 U.] Von ~~1 od.~~ 2 U.

11 Sie u.] <s *überschrieben* S>ie u.

13 Antwort! *<Absatz>* An] Antwort! *<Absatz>* $_1|_2$ An

21 Fontane. *<Absatz>* Herrn] Fontane. *<Absatz>* $_2|_4$ Herrn

28. Fontane an Storm, Berlin, Mittwoch, 4. Januar 1854. Antwortbrief auf Nr. 27 – Abdruck nach h (TFA)

Berlin, d. 4. Januar 54.

Lieber Storm.

Besten Dank für Ihre Zeilen, die heute früh eintrafen.

Schon am Sonntag (nach der Tunnelsitzung) war von dem Zug gen Potsdam, oder von dem Sturm auf Storm die Rede. Wie immer wenn's beim Sturm heißt: ‚Freiwillige vor!' meldete sich auch diesmal nur ein kleines Häuflein: Eggers, Lepel und Fontane. P. Heyse refüsierte, und <u>muß</u> es seiner Gesundheit halber. Kugler will sehn (er ist nämlich stark verschnupft); Bormann hat Sonnabend Abend einen Vortrag zu halten, hofft diesen aber vertagen zu können; Merckel ist seit Wochen unwohl. Auf Menzel ist kein Verlaß. Die Damen frieren schon bei dem bloßen Gedanken an diesen Ausflug.

Die Sachen stehen also so:

Sicher.	unsicher.
Eggers	Kugler
Lepel	Bormann
Fontane	Merckel.

Sie dürfen mit Wahrscheinlichkeit 5 Mann erwarten. Doch kommen wir alle spät, wahrscheinlich benutzen wir den Zug der hier gegen 5 (<*i*>ch weiß nicht genau wann) abgeht, und bleiben bei Ihnen bis 10 oder 11, je nachdem die Züge es fordern.

Einiges die Argo betreffende bring' ich mit. An Kritiken herrscht völliger Mangel, doch existieren bereits ein paar Dutzend Notizen. Gutzkow hat auch abgeschossen und uns viel Spaß gemacht. Der Buchhändler ist zufrieden, hier sind <u>alle</u> Exemplare die da waren verkauft worden. Ein neuer Beweis wie gleichgültig die Anzeigen und namentlich die <u>Kritiken</u> sind. Dennoch gehören derlei Dinger mit zur Vollständigkeit und wenn andre Leute keine schreiben, müssen wir zuletzt selbst dran denken. Am meisten Anklang haben bis jetzt La Rabbiata, Chlodosinda und der Frack des Herrn v. Chergal gefunden. Erst in zweiter Reihe erweist man meiner Prosa die Ehre. Der poetischen Beiträge – mindestens gleichberechtigt – ist (mit Ausnahme der plattdeutschen Lieder) bisher kaum Erwähnung geschehn. Es ist ein Jammer und wird's bleiben.

Tausend Grüße an Sie und Frau Constanze von

Th. F. und Frau.

Apparat

18 <*i*>ch] ch <*fehlt; Textverlust durch Papierausriss*> <*h: TFA*>; ich <*h: SHLB*>
21 auch] ~~sich~~ <*gestrichen* $_{B}$> ┌auch $_{B}$┐ <*h: TFA*>; ~~sich~~ <*gestrichen* $_{hs.}$> ┌auch $_{hs.}$┐ <*h: SHLB*>
27 v. Chergal] von Chergel <*h: SHLB*>

29. Storm an Fontane, Potsdam, Mittwoch, 18. Januar 1854 – Abdruck nach H

Liebster Fontane,

Ich werde morgen zu Kuglers Geburtstag hinüberkommen, möchte gern mit dem 2 Uhrenzuge, nach Mittag, von hier fahren, fürchte aber, daß es dann bei Kuglers in dem Trubel noch nicht passend ist. Am liebsten wär ich erst ein ruhig Stündchen bei Ihnen. Schreiben Sie mir doch umgehend eine Zeile, ob Sie gegen 3 U. zu Haus sind, so komm ich zu Ihnen.

Wäre aber schon morgen vormittag Gratulation oder irgend ein Witz bei K. so komme ich gern schon mit dem 10 U. Zuge; und bitte Sie dann noch heut Abend eine Antwort in den Briefkasten zu stecken.

An Eggers habe ich vor 3 Tagen wegen Nachtquartiers geschrieben, bin aber ohne alle Antwort geblieben. Nun wollen K. mich bei Baÿers einlogiren; ich wär aber viel lieber bei Eggers, zumal ich 2 Nächte zu bleiben wünsche.

Meine Frau, die mir so eben körperlich einen Gruß an die Ihre Aufträgt kann leider nicht mit, ihres kleinen Tÿrannen wegen.

Nun bestimmen Sie also, wann soll ich kommen, d. h. wann seid Ihr aus Euren resp. Karren ausgespannt? Mit dem 10, 12 oder 2 Uhrenzuge?

Mein Bruder wird sich wahrscheinl. hierauf Antwort bei Ihnen holen, da ich ihn zum Geldempfang an den Bahnhof bestellt.

Potsdam 18 Jan. Ihr
1854 ThStorm
körperlich sehr kümmerlich.

Apparat

11 wär aber] wär $_1|_2$ aber

30. Fontane an Storm, <Berlin,> Mittwoch, <18. Januar 1854>. Antwortbrief auf Nr. 29 – Abdruck nach h (TFA)

Mittwoch.

Lieber Storm.

So eben erhalt' ich Ihre Zeilen. Zunächst mein aufrichtiges Bedauern darüber, daß es mit Ihrem Wohlbefinden nicht nach Wunsche geht; ich kann die Verstimmung darüber mitempfinden, weil ich aus Erfahrung weiß wie schrecklich es ist, wenn der

Körper, wie ein rebellischer Fabrikarbeiter, jeden Tag 3 Stunden vor Feierabend zur Arbeitseinstellung schreitet und partout nicht von der Stelle will. Gott besser's!

Die Kugler'schen Salons öffnen sich gegen 8. Vorher existirt kein Unterkommen, weder bei Kuglers noch bei irgend einem andern Argonauten, denn alles steckt im furchtbarsten Trubel und ist durch Rolle lernen, Stellungen machen, Kostüme und Unterröcke anprobiren durchaus absorbirt. – Mich könnten Sie haben, aber ich armes Vieh muß en suite bis 6 Uhr Stunden geben und habe dann nur eben noch Zeit genug mich anzuziehn und einen Bissen zu essen.

Vakant von uns allen ist, soviel ist weiß, nur Lepel. Ich schreib an ihn; suchen Sie ihn auf, vielleicht von 3 Uhr ab; er wird sich freuen Sie näher kennen zu lernen. Gegen 7 brechen Sie dann ge<e>meinschaftlich auf und kutschiren zu Kuglers. Er wohnt Magazinstraße 16 (nur mit Hülfe einer Droschke zu erreichen!)

Tausend herzliche Grüße an Sie und Ihre liebe Frau, die ich bedaure morgen Abend nicht im Wettkampf mit den Schönheiten des Abends zu sehn.

Von meiner Frau kann ich keine Grüße bestellen, sie ist nämlich schon seit 6 Stunden bei Bayers, wo heut Generalprobe stattfindet. Mein unglückliches Ehegespons spielt die Rolle der „Dorothea" in K.'s „tartarischer Gesandtschaft". Und nun genug.

Wie immer Ihr

Th: F o n t a n e

In meinen Zeilen an Lepel heißt es: Sie hätten den Wunsch ihn aufzusuchen und würden, wenn überhaupt, so zwischen 3 u. 4. bei ihm sein.

Ihr Th. F.

Apparat

8 gegen 8] geg┌en $_T$┐ ~~8~~ <*gestrichen* $_B$> ┌acht $_B$┐ <*h: TFA*>; gegen 8 Uhr <*h: SHLB*>
16 ge<e>meinschaftlich] geemeinschaftlich <*h: TFA*>; gemeinschaftlich <*h: SHLB*>
17 Hülfe] Hilfe <*h: SHLB*>

31. Storm an Fontane, Potsdam, Freitag, <3.> Februar 1854 – Abdruck nach H

Potsdam. Freitag. Febr. 1854.

Liebster Fontane,

Um doch auch etwas für den morgenden Rütli zu thun, habe ich den beifolgenden Museum-Artikel, unter geistiger und körperlicher Selbstverleugnung, copirt, in d. Voraussetzung daß er dem Argo-Album noch fehle.

Mich anlangend, so hab ich mich dem Magenzaubrer Voigt übergeben, der aber zu meiner Heilung eine 6 wöchentliche Muße verlangt. Da gilt es denn wirklich, – nicht Hÿpochonder zu werden; und das ist die conditio sine qua non zur Heilung.

Wollen und können Sie mir nicht die Freude machen, nächstens einmal einen vollen Nachmittag u. eine Nacht bei mir zu bleiben? Sie könnten dann die verlangten Notizen über ihre Balladen mitnehmen, auch die 12 Preuß. Heldengedichte, und wir besprächen dann u. A. auch den Artikel über Sie, den ich wohl nach und nach zu Stande brächte.

Gestern in ruhiger Stimmung las ich meiner Frau „Thomas Cranmers Tod", und ich kann wohl sagen, daß dieß Mal das Gedicht einen bedeutenden Eindruck auf uns machte, und mir in seinem sichern ruhigen Fortschreiten in nichts zu lang erschien. Grüßen Sie mir den Dichter herzlich, so wie die andern Brüder in Argo!

Einen Gruß aus der Familie an Frau Emilie!

Herrn Th Fontane — Ihr

Berlin. — ThStorm

P.S.

Die laue Bemerkung über die herrliche Rabbiata in d. Recension scheint mir fast feindselich. – Könnte in Argo 1855 nicht „der letze Censor" kommen?

Apparat

9 Freude] Freu~~n~~de

17 andern] <A *überschrieben* a>ndern

***Beilage**

<„mm" (Melchior Meyr?): Die „Argo". In: „Deutsches Museum". Hg. von Robert Prutz 4 (1854), 19. Januar 1854; Storms Abschrift>

32. Fontane an Storm, Berlin, Dienstag, 14. Februar 1854.
Antwortbrief auf Nr. 31 – Abdruck nach h (TFA)

Berlin d. 14. Febr. 54.

Lieber Storm.

Der Umstand, daß ich Ihr freundliches Briefchen vom 3ten oder 4ten noch immer nicht beantwortet habe, ist mir, mehr als vieles andre, ein rechter Beweis für meine Gehetztheit im Dienste des Staats. Ich wollte gleich schreiben, noch desselbigen Tags, und wenn Sie sich entsinnen, daß Sie mir eine Besprechung des p. p. Fontane proponirten und um Material dazu baten, so werden Sie meinen Worten ohne feierliche Versichrung Glauben schenken. Denn wer von uns wäre nicht bei der Hand, wenn eine freundliche Empfehlung des lieben Ich in Aussicht steht? Heut stehl' ich mir die nöthige Zeit, um die Sache als eingefädelt betrachten zu dürfen, wenn ich Sie übermorgen, beim großen Eichendorff-Diner, wiedersehn werde.

Vorher noch allerhand andres. Für die Abschrift der Argo-Kritik herzlichen Dank. Ich legte sie, in dem am selben Tage stattfindenden Rütli, nicht vor, weil ich mich überzeugt hielt, daß der Ablesung des Gesäure's eine Verstimmung folgen würde. Wenn wir über die Straße gehn und der dummste Mensch ruft uns zu: alter Schafskopf! so ärgern wir uns; unser gutes Gewissen, daß wir zu den klügsten Leuten der Christenheit zählen, ist nicht mächtig genug uns diesen Aerger zu ersparen. Selbst die übliche Expektoration „Ochse" zu der auch der geistreichste in so dringenden Fällen zu greifen pflegt, stellt die gute Laune nur kümmerlich wieder her. Ich zweifle nicht, daß der Rütli seine Indignation in eine ähnliche summarische Antikritik zusammengefaßt hätte, glaube aber nicht, daß Merckel und Lepel – die so unverfroren als „anspruchsvolle Mittelmäßigkeiten" eingeführt werden – ihrer Verstimmung sofort Herr geworden wären. Uebrigens sieht man's der ganzen Besprechung an, daß der Kritiker das Buch nur an= aber nicht durchgelesen hat. Ein absichtliches Frontmachen gegen das Berlinerthum schimmert ebenfalls deutlich hindurch. Diese Feindschaften sind unser Stolz und das Beste was uns bis jetzt zu Theil geworden ist.

Letzten Sonnabend las Eggers Ihren Aufsatz über Niendorf, respect. über das Liebeslied vor. Wir erfreuten uns sehr daran. An einigen Stellen entspann sich eine Controverse, die aber – wenn ich mich nicht irre – weniger durch die Sache als durch den Ausdruck veranlaßt wurde. Ein paar Stellen sind nämlich minder scharf gefaßt, als Sie sich sonst wohl auszudrücken pflegen und ließen eine doppelte Auffassung zu. Mündlich darüber ein Mehres, oder aber schriftlich durch Redacteur Eggers.

Nun ein Paar Worte über mich, die Ihnen für Ihren Aufsatz vielleicht einige Anknüpfungspunkte bieten. Von Kindesbeinen an hab' ich eine ausgeprägte Vorliebe für die Historie gehabt. Ich darf sagen, daß diese Neigung mich geradezu beherrschte und meinen Gedanken wie meinen Arbeiten eine einseitige Richtung gab. Als ich in meinem 10ten Jahre gefragt wurde was ich werden wollte, antwortete ich ganz stramm: Professor der Geschichte. (Dies ist Familientradition, die es erlaubt sein mag zu citiren). Um dieselbe Zeit war ich ein enthusiastischer Zeitungsleser, focht mit Bourmont und Duperré in Algier, machte 4 Wochen später die Juli-Revolution mit und weinte wie ein Kind, als es nach der Schlacht bei Ostrolenka mit Polen vorbei war. Seitdem sind 23 Jahre vergangen, doch weiß ich noch alles aus der Zeit her. – Dann kam ich auf's Gymnasium. Als ich ein 13 jähriger Tertianer und im Uebrigen ein mittelmäßiger Schüler war, hatt' ich in der Geschichte solches Renommée, daß die Primaner mit mir spatzieren gingen und sich – ich kann's nicht anders ausdrücken – für's Examen durch mich einpauken ließen. Zum Theil war es bloßer Zahlen= und Gedächtnißkram, doch entsinne ich mich andrerseits deutlich eines Triumphes den ich feierte, als ich meinen Zuhörern die Schlachten von Crecy und Poitiers ausmalte. 13½ Jahre alt kam ich auf die hiesige Gewerbeschule, wo gar kein Geschichtsunterricht war und ich mich aus diesem und hundert andern Gründen unglücklich fühlte. Meine Neigung blieb indeß dieselbe. In meinem 15 ten Jahre schrieb ich mein erstes Gedicht, angeregt durch Chamisso's: Salas y Gomez. Natürlich waren es auch Terzinen; Gegenstand: die Schlacht bei Hochkirch. Zwei Jahre später, als ich schon Apotheker war, leimte ich ein kleines Epos zusammen: Heinrich IV; und das Jahr darauf schrieb ich meine erste Ballade, die ich vielleicht, ohne Erröthen, noch jetzt als mein Machwerk ausgeben könnte. Die Ballade hieß „Vergeltung", behandelte in 3 Abtheilungen die Schuld, den Triumph und das Ende des Pizarro und wurde, unter Gratulationen von dem betreffenden Redacteur in einem hiesigen Blatte gedruckt. In meinem 20t. Jahre kam ich nach Leipzig, was mir damals gleichbedeutend war mit Himmel und Seligkeit. Es kam die Herwegh-Zeit. Ich machte den Schwindel gründlich mit und das Historische schlug in's Politische um. Dem vielgeschmähten Tunnel verdank' ich es, daß ich mich wiederfand und wieder den Gaul bestieg, auf den ich nun mal gehöre. Das Gedicht „Towerbrand" (siehe meine Gedichte) machte eine Art Sensation (ich schrieb es nach meiner ersten englischen Reise noch voll von Londoner Eindrücken) und entschied gewissermaßen über meine Richtung. Was ich nach jener Zeit schrieb, liegt in den „Gedichten", in den „Männern und Helden", in der „Rosamunde" und in den neusten Argo-Beiträgen zum größten Theil Ihrer Beurtheilung vor. Meine Neigung und – wenn es erlaubt ist so zu sprechen – meine Force ist die Schilderung. Am Innerlichen mag es gelegentlich fehlen, das Aeußerliche hab' ich in der Gewalt. Nur so wie ich die Geschichte als Basis habe, gebiet' ich über Kräfte die mir sonst fremd sind, wie jener, dem auf heimathlicher Erde die Seele wieder stark wurde. – Das Lyrische ist sicherlich meine schwächste Seite, besonders dann wenn ich aus mir selber und nicht aus einer von mir geschaffenen Person heraus, dies und das zu sagen versuche. Diese Schwäche ist so groß, daß einzelne meiner frühsten Balladen (Schön-Anne; Graf Hohenstein u. einige andre) nichts andres sind als in's Balladische transponirte lyrische Gedichte. Namentlich ist das zweitgenannte ganz subjektiv, was ich so schrieb weil ich nicht anders konnte. Daß das Ding nichts taugt ist gleichgültig; ich will nur zeigen wie ich verfuhr. – Und nun genug!

<*Meine Frau bittet, ihr etwas T*>he<*e mitzubr*>ingen; sie wird Ihnen dafür 1 <*Pfund*> Soda einhändig<*en. – Noch eins, was Sie*> um meiner gu<*ten*> Absicht willen, mir nicht übel nehmen wo<*ll*>en. Sie haben Merckels neulich auf „bessere Tage" vertröstet und sind nun übermorgen, trotzdem die Tage ziemlich dieselben geblieben sind, bei Kuglers. Wollen Sie nicht vielleicht etwas thun, was diesem Stachel die Spitze abbricht? Und nun viele herzliche Grüße an Frau Constanze u. Sie, von meiner Frau und Ihrem

Th. Fontane

Das beifolgende Exemplar von „Männer und Helden“ war längere Zeit in Hände*<n von Gustav>* Schwab, *<der seinen Namen drauf schrieb und was besser war, eine freundliche Kritik darüber.*

Nachdem der Brief fertig ist, nehm ich Anstand Ihnen das Machwerk zu schicken. Es ist eigentlich ein{e} *selbstgefälliges curriculum vitae, nicht aber das, was Sie fordern. Halten Sie mir dies Durchbrennen einer egoistischen Regung und das Aus dem Auge <Verlieren> der eigentlichen Aufgabe zu gut. Was fehlt, hol ich nach. – >*

Apparat

21 Merckel] Merkel *<h: SHLB>*
28 sich eine Controverse] sich Kontroverse *<h: SHLB>*
32 Mündlich darüber ein] Mündlich ein *<h: SHLB>*
48 Schlachten] Schlacht *<h: SHLB>*
57 des Pizarro] des des *<doppelt wegen Blattwende>* Pizarro *<h: TFA>*; des Figarro *<h: SHLB>*
58 20t. Jahre] 20~~t~~ *<gestrichen* $_{B}$*>* . ┌Zwanzigsten $_{B}$┐ Jahre *<h: TFA>*; 20. Lebensjahr *<h: SHLB>*
73 heraus] ┌her┐ aus *<h: TFA>*
79 *<Meine Frau bittet, ihr etwas T>*he*<e mitzubr>*ingen] he ingen *<fehlt; Textverlust durch Papierausriss> <h: TFA>*; Meine Frau bittet, ihr etwas Tee mitzubringen *<h: SHLB>*
80 *<Pfund>*] *<Zeichen für Pfund* $_{T}$*> <h: TFA>*; Pfd. *<h: SHLB>*
80 einhändig*<en. – Noch eins, was Sie>*] einhändig ┌, $_{B}$┐ *<fehlt; Textverlust durch Papierausriss> <h: TFA>*; einhändigen. – Noch eins, was <xxx *überschrieben* $_{masch.}$ S>ie *<h: SHLB>*
80 gu*<ten>*] gu *<fehlt; Textverlust durch Papierausriss> <h: TFA>* ; guten *<h: SHLB>*
81 wo*<ll>*en] wo en *<fehlt; Textverlust durch Papierausriss> <h: TFA>*; wollen *<h: SHLB>*
81 Merckels] Merkels *<h: SHLB>*
84 abbricht? Und] abbricht? *<Absatz>* Und *<h: SHLB>*
84 viele herzliche] herzliche *<h: SHLB>*
87 in Hände*<n von Gustav>* Schwab, *<der {...} nach. – >*] in in *<Wiederholung wegen Zeilenfalls>* Hände *<fehlt; Textverlust durch Blattverschnitt>* Schwab, *<fehlt; Textverlust durch Blattverschnitt> < h: TFA>*; in Händen <...> nach. – *<h: SHLB>*
91 *ein*{e}] eine *<h: SHLB>; <Emendation nach E: Pniower/Schlenther I>*
93 *<Verlieren>*] vexieren *<h: SHLB> <Emendation nach E: Pniower/Schlenther I>*

***Mit gleicher Sendung**

<Theodor Fontane: „Männer und Helden“. Berlin: Hayn 1850; mit Gustav Schwabs Besitzervermerk>

33. Storm an Fontane, Potsdam, Montag, 27. Februar 1854 – Abdruck nach H

Potsdam 27 Febr. 1854.

Anliegend, mein theuerer Fontane, einen Brief an Mörike, mit der Bitte, entweder denselben unter Anschluß einer gebundenen Argo frankirt auf die Post zu geben, oder dem Verleger, mit dem Sie ja doch in Correspondenz stehen, den Brief mit diesem Auftrag zu schicken. Bei M's unzweifelhafter Faulheit wünschte ich freilich, daß es ohne Verzug geschehe, damit ich vor d. 5 Mai Antwort erhalte. Menzel habe ich auch schon schriftlich gebeten; horchen Sie ihn doch, wenn es sich so macht, ein bischen aus.

Was Sie mir neulich über sich in die Tasche steckten, kommt mir vor wie die Proceßinstruction eines Friesen, der das Landmesserexamen gemacht hat; man braucht bloß Kopf und Schwanz dazu zu machen. Es ist übrigens vortrefflich; nur wo Sie mir so pfiffig die Worte im Mund verdrehen – mit den Balladenstoffen aus „dem Kleinleben<“> – das freilich wird Ihnen nicht so hingehn. Gern hätt ich grade über das Widmungsgedicht Ihre eigne Meinung; eine <*über der Zeile* 2 eigentlich> Zeile darin hat mir in Ihrer Seele einen Schreck gegeben. So etwas sollte der Poet niemals sagen; doch ist dieß vielleicht ein ganz subjectives Gefühl von mir. Jedenfalls möchte ich wissen, wie Sie reines Menschenblut, Theodor Fontane, zu dieser Zeile gekommen sind!

Vorgestern habe ich in einer großen Gesellschaft bei Gosslers, wo ich etwas lesen sollte, Ihre „Johanna Graÿ“ mit aller meiner den Berlinern noch gänzlich unbekannten Vorlesekunst vorgetragen, und dadurch ihren Namen wenigstens um 10 Meilen weiter gebracht. – Wollen Sie uns nicht dieser Tage Ihre Frau auf einen Tag oder länger schicken, wenn Sie nicht mit können. Wir wollen sie recht verziehn. Schreiben Sie nur, wann ich sie auf d. Eisenbahn empfangen soll.

Grüße – Grüße – Grüße!

Ihr
ThStorm.

Absender Th. Storm.
in Potsdam. Brandenbstr N 70.

<*Anschrift*>
Herrn Theodor Fontane <|> Berlin <|> Louisenstr. N 35.
<*Poststempel*>
Potsdam <|> Bahnhof. <|> 28 2 *9 10 <|> 28/2 <|> 12–1 Vm

Apparat

12 „dem Kleinleben<“>] „dem Kleinleben
29 N 70. <*Absatz*> Herrn] N 70. <*Absatz*> $_1|_2$ Herrn

34. Storm an Fontane, Potsdam, Montag, < 13. März 1854> – Abdruck nach H

Liebster Fontane,

Beiliegende Umarbeitung des Rodenberg bitte ich dem Rütli in nächster Sitzung vorzulesen, mit der Bitte, sie erst einmal ohne Unterbrechung zu Ende zu hören. Ich habe jedes Wort wohl bedacht, und Sie werden gewiß mit mir übereinstimmen. Ich nehme es natürlich durchaus nicht übel, wenn man sie cassirt; nur glaub ich, daß dann dem Literaturblatt wenig Druckbares überbleiben wird. In Bezug auf eine Bemerkung Lepels über den ersten Satz bemerke ich, daß ich nicht sage, diese richtige Form selbst habe früher nicht existirt, sondern nur, daß die Kritik sich erst jetzt recht deutlich dessen bewußt werde.

Im Uebrigen möge Rütli jede beliebige Aenderung des Aufsatzes vornehmen.

Bei aller Anerkennung Geibels und persönlicher Rücksicht, kann man doch seine schwache Seite nicht verschweigen, wenn es gilt, daran etwas theoretisch zu entwickeln. Daß aber dessen Art „großentheils der Routine angehört oder doch dahin führt“ + wird Rütli schwerlich bestreiten können, doch, wie gesagt, macht damit, was Ihr verantworten könnt!

Die Scharte aber mit „Herr Heinrich“ muß irgendwie ausgewetzt werden; sonst ist ja alles was wir andre schreiben im Verhältniß zum Blatte dummes Zeug.

Potsdam Montag

Ihr

ThStorm

+Ich habe die Stelle noch nachträglich wieder gemildert.

P.S.

Meine Frau tritt eben herein und gebietet mir in Erinnerung zu bringen, daß die Ihrige ihr einen Besuch vor 1 April zugesagt habe.

NB Ihre Hemmingstädtromanze!

Apparat

2 des Rodenberg] <*über der Zeile* ┌des Rodenberg┐ >
7 Lepels über] Lepels über ~~die~~
18 Montag] <Dien *überschrieben* Mon>tag
21 +Ich <...> gemildert.] <*am linken Blattrand, S. 1* +Ich {...} gemildert.>

***Beilage**

<Theodor Storm: „Lieder von Julius von Rodenberg“; eigenhändiges Manuskript>

35. Storm an Fontane, <Potsdam, Freitag, 24. März 1854> – Abdruck nach H

Lieber Freund Fontane,

Inliegend 5 Thaler. Davon kommen Ihnen 2 für die Argo; an die andern 3 Th. knüpft sich, wie herkömmlich eine Bitte.

Wollen Sie mir nicht das qu. Album für meine Frau besorgen? Es kommt ja nicht auf ein paar Tage an; und so können Sie mir vielleicht ohne Ungelegenheit den Gefallen thun. Wie es sein muß, überlaß ich ganz Ihnen; es soll äußerlich ganz einfach, wo möglich ohne alles Gold, sein, ich denke außer den weißen auch mit einigen grauen Blättern; 60–70 werden ja wohl genügen oder auch weniger. Wenn ich Menzel recht verstanden, so will er mir was machen; Sie könnten ihn vielleicht morgen einmal fragen, wie groß es seiner Ansicht nach sein müße (ich denke gewöhnliches folioformat) und ob er die zu hoffende Zeichnung in das Album oder auf ein einzuklebendes Blatt machen wolle. Wenn es fertig ist, veranlassen Sie dann auch wohl die Rütlimitglieder mir autographa zu geben, Kugler „An der Saale etc"; Lepel „Ganganelli"; von Heise möchte ich, wenn es ihm selbst genehm ist, „die Engel im Himmel sich's zeigen erfreut bis in Herzensgrund, wenn Schwester u Bruder sich neigen u. küssen sich auf d. Mund." sonst, was Sie vorschlugen „Roggenmuhme". Das Erstere wär lieber, da der Jungbrunnen, woraus es ist, uns in Husum so viele Freude gemacht u. besonders dieß Gedicht. Von Ihnen möchte ich etwa „zur Verlobung." oder das Stuartlied; den Andern muß ich's überlassen; doch mein Eggers muß hineinschreiben: „Wedder to Huus." Den Andern muß ich's anheimstellen, was.

Ihre Frau, die mir ja freilich nicht sehr gut ist, thut mir gleichwohl für meine Frau vielleicht den Gefallen, das Argolied hineinzuschreiben, so daß das Menzelsche Argobild dann in die Mitte oder gegenübergeklebt werden kann.

Was machen Sie für ein Gesicht von wegen das Alles?

Mir geht es jetzt etwas besser, ich bin wieder in den Acten; und – ganz sub rosa! – auch ein Stück Poesie ist auf dem Leisten. Hoffentlich wirkt auch bei Ihnen der Frühling Wunder trotz alledem und alledem!

Geben Sie mir die Hand!

Herzlich Ihr

ThStorm.

Wie fern die 3 Thaler für das Album ausreichen, weiß ich natürlich nicht; es mag auch gern etwas mehr kosten.

An Fontane

Apparat

6 Wie] <s *überschrieben* W>ie

19 überlassen; doch] überlassen; $_{1}|_{2}$ doch

32 kosten. <*Absatz*> An] kosten. <*Absatz*> $_{2}|_{4}$ An

***Beilage**

<„5 Thaler“-*Schein*>

36. Fontane an Storm, Berlin, Montag, 27. März 1854. Antwortbrief auf Nr. 35 – Abdruck nach h (TFA)

Berlin d. 27. März 54.

Mein lieber Storm.

Entsinnen Sie sich aus Ihren Husumer Tagen her welch ein lächerlich-ordentlicher Correspondent ich war und halten Sie’s mir zu gut, wenn ich jetzt oft 14 Tage vergehen lasse, eh ich Ihre freundlichen Zeilen beantworte.

Vor allem freu ich mich herzlich, daß der Frühling, der immer blos als Prinz oder König herhalten muß, nun auch mal die Wunderdoktor-Rolle übernommen und wieder einen leidlich fixen Kerl aus Ihnen gemacht hat. Wenn die „Argo“ 2ter Jahrgang davon profitieren sollte, will ich’s dem Potsdamer Frühling doppelt hoch anrechnen, versteht sich, nachdem sich der Mensch Fontane zuvor herzlich über das gefreut hat, was hinterher dem Redakteur zu Gute kommt.

Nun zu den Geschäften. Der 5 <*rth*> Schein flog hier ein und hat alles gedeckt. Meine Frau hat für 3 <*rth*> ein sehr reizendes Album besorgt, einfach und zweckentsprechend. Die Größe ist die des meinigen d. h. genau so groß wie dieser aufgeklappte Briefbogen. Ich glaube, daß das ausreicht. Entgegengesetzten Falls bitt’ ich umgehend um Nachricht, damit es umgetauscht werden kann. Nächsten Sonnabend beginnen <*nämlich (bei Kugler, wo Rütli sein wird)*> die Einzeichnungen. Auf Paul Heyse’s Verslein werden Sie noch ein bischen warten müssen; er ist seit Sonnabend fort nach München; ich weiß nicht genau wann er zurückkommt. Eben les ich Ihre Zeilen noch mal durch; fast scheint es mir als wär’ es Ihnen lieber unsre Beiträge auf Zetteln zu haben, die Sie erst einkleben. Schreiben Sie mir auch darüber. Gewöhnlich schreibt man seinen Vers gleich auf das Blatt des Albums selbst.

Nun zu den Kritiken. Ich las alles Sonnabend vor 8 Tagen vor. Kugler war schon fort, aber Paul blieb an seiner Stelle und fand alles gut und in der Ordnung. Erst vorgestern fand ich Gelegenheit Ihre Arbeit an den inzwischen zurückgekehrten Eggers abzugeben, wobei ich demselben gleichzeitig erklärte, daß der Inhalt ganz meinem Urtheil über Rodenberg entspräche. Es sei nicht möglich ihn absolut todt zu schlagen. Mit Nächstem werden nun wohl beide Kritiken (die über Preller ist sehr nett) im Kunstblatt stehn; Lepel wird dann wohl Gelegenheit nehmen über einzelne Aufstellungen, von denen ich dahin gestellt sein lasse ob sie richtig sind oder nicht, mit Ihnen zu streiten.

„Hemmingstedt" und die verunglückte „Wangeline" pack' ich bei. Nie hab' ich ein Gedicht mühsamer und liebevoller behandelt als diese letztgenannte Ballade, es sollte was Vaterländisches werden und die confusen Sagen über den Gegenstand zu etwas Einigem und Dichterischem abklären, aber meine Bemühungen sind an der Sprödigkeit des Stoffes gescheitert. Die Arbeit, glaub ich, ist nicht talentlos aber verfehlt.

Gestern wurde im Tunnel ein Gedicht gelesen, drin die Strophe vorkam:

Doch warte nur, doch warte nur,
Verziehe nur ein Weilchen,
Da lacht die Sonne auf die Flur
Und lockt hervor die Veilchen.

Ich lachte natürlich. Der junge Frühlingsdichter (übrigens sonst ein Mann von Wort) schwur hoch und theuer einen gewissen Th. Storm nie gelesen zu haben. Was soll man sagen? !

Ihr

T h. F o n t a n e.

Meine Frau empfiehlt sich Ihnen und der Ihrigen. Gott, da muß ich ja noch eine Hauptsache wegen des Mommsen schreiben. Bitte, wenden Sie sich an den einen <*oder*> andern, aber natürlich so, daß Sie die Redaktion nicht blamieren. <„ *V*>ertrauliche Anfragen" ist glaub ich der Kunstausdruck dafür. Wenn er Ihnen dann schreibt, ich habe solch Zeug und zwar dies und das (diese Angabe ist nämlich höchst wichtig, damit man nicht Zusendungen erhält, die man hinterher u. wären sie noch so vortrefflich nicht brauchen kann) so mach' ich hinterdrein direkte Offerten, von denen ich dann wünschen will, daß sie ein geneigtes Ohr finden. – Ich rechne auf Ihren ganzen Eifer in der Sache. – Wie ist's mit dem Claus Groth?!
Die beiden Manuskripte erbitt' ich gelegentlich zurück.

Apparat

12 5 <*rth*>] 5 ┌*Zeichen für Reichstaler* T┐ <*h: TFA*>; 5 M <*h: SHLB*>
13 3 <*rth*>] 3 ┌*Zeichen für Reichstaler* T┐ <*h: TFA*>; 3 M <*h: SHLB*>
17 <*nämlich (bei Kugler, wo Rütli sein wird)*>] <*fehlt; Textverlust durch Papierausriss*> <*h: TFA*>; nämlich (bei Kugler, wo Rütli sein wird) <*h: SHLB*>
18 werden] würden <*h: SHLB*>
36 Arbeit, glaub ich, ist] Arbeit ist, glaub ich, <*h: SHLB*>
43 Wort] Wert <*h: SHLB*>

48 Meine Frau] N. B. Die beiden Manuskripte erbitt ich gelegentlich zurück. Me<o *überschrieben masch.* i>ne Frau <*h: SHLB*>
49 Mommsen] Mommssen <*h: SHLB*>
50 <*oder*>] <*fehlt; Textverlust durch Papierausriss*> <*h: TFA*>; oder <*h: SHLB*>
<„ *V*>ertrauliche] ertrauliche <*fehlt; Textverlust durch Papierausriss*> <*h: TFA*>; Vertrauliche <*h: SHLB*>
56 mit dem Claus Groth?! <*Absatz*> Die <…> zurück.] mit dem <C *überschrieben B* K>laus Groth?! <*Absatz*> Die <…> zurück.<*h: TFA*>; mit Claus Groth?! <*h: SHLB*>

***2 Beilagen**
<*Theodor Fontane: „Der Tag von Hemmingstedt"; eigenhändige Niederschrift*>

<*Theodor Fontane: „Wangeline, die weiße Frau"; eigenhändiger Entwurf*>

37. Storm an Fontane, Potsdam, Freitag, 31. März 1854. Antwortbrief auf Nr. 36 – Abdruck nach H

Potsdam 31 März
1854.

Lieber Freund Fontane,

Ihre Briefe sind mir immer wie leibhaftige weiße Tauben. Haben Sie herzlichen Dank für den letzten, sowie Ihre Frau für die Besorgung des Albums. Ich bitte die Gedichte auf die Blätter zu schreiben. Das Format ist mir recht. Vielleicht fragen Sie Menzel im Rütli, ob er in das Album oder auf ein besondres einzuklebendes Blatt stiften wolle. In letzterem Falle haben Sie vielleicht, etwa binnen 8 Tagen, Gelegenheit, das Album unversehrt an den Maler Kretzschmer, Bernburgerstr. N 14 2 Trepp. zu senden. Er selbst will mir ein Bild geben, von einem Frl. Friedberg, einer jungen Componistin erhalt ich eine Composition von „Meine Mutter hats gewollt" für Alt. Hier besitz ich von Eichendorff „Mocht wissen, was sie schlagen", das ich mit einem sehr freundlichen Brief erhielt, u v. Groth. Sonst noch nichts. Da ich Kretzschmer schreiben muß wegen des Albums, so möcht ich vorher gern erfahren, ob Sie es hinspediren werden. Darf ich darauf ein Wort von Ihnen erwarten?

In Betr. Ihrer fahr ich mit Notizen fort; den Artikel werd ich im schönen Sonnenschein schreiben, den ich jetzt erwarte. Wann er zu Rande kommt, kann ich nicht genau sagen, jedenfalls, eh die 2te Argo erscheint. Die Wangeline ist Ihnen nicht lebendig geworden; Spuck ist doch nicht Ihre Sache.

An Mommsen werd ich Alles besorgen, gewissenhaftest; aber auf meine Art. Das sind seltsame Käuze. Undruckbares schrei die Mommsens überhaupt nicht.

An Eggers bitt ich zu sagen, daß er nächstens von mir einen kleinen Artikel über Wunderhorn B. IV fürs Literaturblatt erhalten werde. Ich hab ihn allmählich durchgenossen.

Ich erhalte doch Paul Heises Vrse zum 5 Mai?

Dem jungen Tunnelianer rathen Sie doch gelegentlich Storms Octoberlied zu lesen; er könnte danach seine Verse wesentlich verbessern.

Entschuldigen Sie dieß Geschmiere, lieber Fontane; ich habe eben in 19 Processen decretirt und bin herzlich müde.

Sonst kann ich glücklichrweise wieder arbeiten, obgl. mein Rückenleiden keineswegs beseitigt ist und mich nicht ohne Sorge läßt.

Grüßen Sie den Rütli freundlichst, an Merkel werd ich nächstens schreiben.

Herzlich
Ihr
ThStorm

Konnten Sie nicht an Groth schreiben? oder soll ich?

Ich komme jedenfalls vor dem 5 Mai nach Berlin um das Album hier oder dort abzuholen.

Apparat

7 stiften] ~~s~~ stiften
14 Sie] <s *überschrieben* S>ie
18 jedenfalls] <J *überschrieben* j>edenfalls
18 erscheint. Die] erscheint. ~~Ar~~ $_1|_2$ Die
21 schrei] <*lies: „schreiben"; wegen des Zeilenfalls wurde die Nachsilbe „ben" vergessen*>
23 fürs] ~~erh~~ fürs
23 Ich <…> durchgenossen.] <*über der Zeile* Ich {…} durchgenossen.>

38. Fontane an Storm, Berlin, Dienstag, 11. April 1854 – Abdruck nach h (TFA)

Berlin d. 11. April 54.

Mein lieber Storm.

Beifolgend ein Roese'scher Brief mit der üblichen Siegellackverschwendung; ich wünsch' Ihnen, daß er das alte traurige Lied nicht zum hundertsten Male pfeifen möge.

Letzten Donnerstag ist der kleine „Unterirdische" an Zahnkrämpfen gestorben und seit Sonnabend in Wahrheit <*ein Unterirdischer*>; außer Vater und Mutter wohnte ein besoffner Leichenkutscher und die untergehende Sonne dem Begräbniß bei. Der Kreis der Erlebnisse ist nun so ziemlich geschlossen, nur das eigne Sterben fehlt noch.

Meine Frau ist sehr angegriffen, weshalb wir übermorgen ein<*en*> Ausflug zu meiner Schwester in's Oderbruch machen wollen. Nächsten Mittwoch kommen wir zurück.

Aus Rütli-Tunnel-Ellora, dieser Erhebungs= und Erheitrungs=Trias, kann ich nichts vermelden; ich habe seit anderthalb Wochen Niemand gesehn. Zum Theil sind die Vorgänge innerhalb meiner Familie daran Schuld, vielleicht aber irr' ich auch nicht wenn ich die <*Ans*>icht ausspreche, daß sich ein tiefer Zug der Entfremdung durch alle die Herrlichkeit hinzi<*eht. Dann wäre Auflös*>ung freilich besser. Mitunter seh ich etwas schwarz.

Von Kugler's weiß ich nichts. Paul ist zurück, am 12ten Mai soll Hochzeit sein; das ist meine ganze Weisheit.

Die Album-Angelegenheit wird in Ordnung gebracht sobald ich zurück bin; also keine Besorgniß. Das Buch ist ja da und die Rollen vertheilt.

Herzliche Grüße Ihnen und Ihrer lieben Frau von

T h. F o n t a n e.

Es ist schon zu spät um noch frankiren zu können; pardon!

Apparat

8 <*ein Unterirdischer*>; außer] im Unterirdische<r *überschrieben* $_T$ n><; *überschrieben* $_T$.> <a *überschrieben* $_T$ A>usser <*h: TFA*>; ein Unterirdischer; ausser <*h: SHLB*>

11 ein<*en*>] ein <*fehlt; Textverlust durch Papierausriss*> <*h: TFA*>; einen <*h: SHLB*>

14 dieser Erhebungs= und Erheitrungs=Trias] dieses Erhebungs- und Erheitrungstrios <*h: SHLB*>

17 <*Ans*>icht] icht <*fehlt; Textverlust durch Papierausriss*> <*h: TFA*>; Ansicht <*h: SHLB*>

18 hinzi<*eht. Dann wäre Auflös*>ung] hinzi ung <*fehlt; Textverlust durch Papierausriss*> <*h: TFA*>; hinzieht. Dann wäre Auflösung <*h: SHLB*>

39. Storm an Fontane, <Potsdam,> Mittwoch, 12. April 1854. Antwortbrief auf Nr. 38 – Abdruck nach H

12 April 1854

Mein lieber theurer Fontane,

Welch ein trüber Brief bei solchem blauen Himmel! Mir thut das Herz weh davon, von Allem, was darin steht. Aber halten Sie und Ihre Frau nur recht fest, fest zusammen; das ist das einzigste, das ist ein gutes Mittel. Und nun möcht ich Ihnen nur noch sagen, daß ich Sie sehr lieb habe, und daß, wie viel oder wenig sonst an mir sein möge, ich doch eine Tugend habe, oder, wie ich lieber sagen will, eine Eigenschaft, daß ich treu bin. Glauben Sie mir das, und, halten Sie mich etwas werth, so lassen Sie michs erfahren, daß Sie es glauben. –

Mit dem was Sie über Rütli u. Ellora sagen mögen Sie Recht haben; vielleicht nimmt aber auch nur, und verzeihlicher Weise, die Wendung von Pauls Verhältnissen jetzt alles Intresse in Anspruch.

Ich arbeite jetzt von Morgen bis Abend so angestrengt und unablässig, daß ich den blauen Himmel fast nur aus dem Fenster sehe und fast nichts denke, als Preuß Recht. Aber ich bin wieder etwas gesunder, und so läßt es sich denn schon ertragen.

Wie gern spräch ich Sie jetzt. Wenn Sie zurück sind, werde ich Sie besuchen.

Meine Frau grüßt Sie beide aufs Herzlichste.

Dank für alle Besorgungen.

Ihr
Theodor Storm

Röses Brief liegt noch ungelesen, da dieser auf d. Post muß, um Sie noch zu erreichen.

Apparat

11 Verhältnissen] Verhältnissen ~~X~~
13 daß] daß ~~seh~~
15 gesunder, und] gesunder, $_1|_2$ und

40. Fontane an Storm, Letschin, Montag, 17. April 1854. Antwortbrief auf Nr. 39 – Abdruck nach h (TFA)

Letschin im Oderbruch
d. 17ten April 54.

Mein lieber Storm.

Hätte mich meine Frau nicht mit den Worten: „bedenke, morgen früh um 4 wird aufgestanden“ – zu Bett gejagt, so hätten Sie unmittelbar nach Empfang Ihrer letzten liebenswürdigen Zeilen eine Dankesquittung darüber ausgestellt erhalten. Daß Sie dieselbe nun 5 Tage später eintreffen sehn, macht sie hoffentlich in Ihren Augen nicht unwerth oder überflüssig.

Sie wissen gewiß (– wer wüßt' es nicht! –) aus eigner Erfahrung, daß Zeiten kommen wo sich Gott und Menschen gegen uns verschworen zu haben scheinen, wo man in der besten Gesellschaft sich unter lauter Vampyren wähnt die nur darauf warten uns das Herzblut auszusaugen und wo man an der Liebe und Theilnahme der Menschen so gründlich verzweifelt, daß man verwundert um sich blickt, wenn Einem jemand freundlich „guten Morgen“ bietet. In solcher Stimmung schrieb ich Ihnen meinen letzten Brief und der Empfang des Ihrigen war ein g<*roßer Buch*>stabe in dem langgedehnten „Guten Morgen" das mir den ganzen Mittwoch Nachmittag über in die Ohren klang und mich meiner Misanthropie entriß. Der kleine Waldmeister kam, <*der alte Egg*>ers <*kam*>, die glü<*ckli*>chen Bräute des Kugler'schen Hauses kamen und als endlich auch Ihre Zeilen eintrafen, sah ich die Welt wieder mit andern Augen an.

Seit fünf Tagen bin ich nun mit Frau und Kind hier: riesige Napfkuchen und blaue Veilchen, Sonnenschein und Glockenklang laben abwechselnd alle Sinne, und ich fühle ordentlich wie ruckweise der Alp von Leib und Seele rutscht. Erst unter natürlichen, wohlhabenden, sorglosen und freien Menschen fühlt man so recht welch ein stellenweis erbärmliches Leben man in unsern großen Städten und unter unsern kleinen, dürftigen Sechser-Verhältnissen führt. Allerdings möcht' ich nicht tauschen, unser geistiges Leben hat eine Süße von dem ich unfähig wäre mich zu entwöhnen, aber inmitten eines äußerlichen Behagens das bei 35 <*rth*> monatlichen Gehalts schlecht zu cultiviren ist, wird einem wenigstens fühlbar, daß das Glück das man genießt nur ein halbes ist, ein schwererkauftes, dessen Einsatz oft höher ist als der Gewinn. Es ist wunderbar in wie nahen Beziehungen Menschenglück und Putenbraten zu einander stehn und welche Püffe das Herz verträgt wenn man jeden Schlag mit einer Flasche Markobrunner pariren kann.

Am Mittwoch Abend kommen wir zurück, ob auch meine Frau steht noch dahin. Jedenfalls freu ich mich darauf Sie bald bei mir zu sehn. Wir sprechen dann wohl über den angeregten Tunnel=Rütli=Ellora=Punkt. Ich trage in diesem Augenblick eher ein rothes als ein schwarzes Glas auf der Nase, dennoch mein' ich, daß ich im Wesentlichen Recht habe. Nur darf sich daran keine Anklage knüpfen; die Dinge haben sich diesmal mehr geändert als die Menschen und für eine Fülle von Vorgängen wie sie dieser Winter gebracht, ist eben niemand verantwortlich zu machen. – Komm ich allein, so schreib ich es Ihnen gleich am Donnerstag. – Meine Frau grüßt Sie und Ihre verehrte Constanze auf's herzlichste; so thu ich.

Ihr Th. Fontane

Apparat

7 nun 5] nun ~~5~~ <*gestrichen* $_T$> ┌fünf $_T$┐ <*h: TFA*>; um 5 <*h: SHLB*>

15 g<*roßer Buch*>stabe] g stabe <*fehlt; Textverlust durch Papierausriss*> <*h: TFA*>; grosser Buchstabe <*h: SHLB*>

18 <*der alte Egg*>ers <*kam*>, die glü<*ckli*>chen] ers , die glü chen <*fehlt; Textverlust durch Papierausriss*> <*h: TFA*>; der alte Eggers kam, die glücklichen <*h: SHLB*>

28 35 <*rth*>] 35 ┌*Zeichen für Reichstaler* $_T$┐ <*h: TFA*>; 35 M <*h: SHLB*>

38 sich daran] ich daran <*h: SHLB*>

41 ich es Ihnen] ich Jhnen <*h: SHLB*>

41. Storm an Fontane, <Potsdam, nach dem 21. April 1854> – Abdruck nach H

Für Fontane

Aus Mörikes Brief.

Theodor Fontane kenn ich längst aus seinen trefflichen Preußischen Liedern; ein hiesiger Freund (Rector Wolff) den Gustav Schwab damit bekannt gemacht, recitirte sie mir aus dem Gedächtniß.

42. Fontane an Storm, Berlin, Mittwoch, 3. Mai 1854. Antwortbrief auf Nr. 41 – Abdruck nach h (TFA)

Berlin, d. 3. Mai 1854.

Lieber Storm.

Anbei das Album. Ich habe zusammengetrommelt so viel wie möglich. Aus unsrem Kreise fehlen noch Bormann, Lepel und Menzel. Bormann schickt morgen sein Blatt noch ein und trifft dasselbe vermuthlich gleichzeitig mit dem Album ein. Lepel (der krank ist) schreibt mir eben: er habe kein Exemplar seiner Gedichte zur Hand und wisse den Ganganelli nicht auswendig. Ich werd ihm aber heute noch eine Abschrift seines Gedichtes schicken; er kann's dann gleich kopieren und so werden Sie auch das noch rechtzeitig erhalten. – Menzel ist Ihnen sicher, nur nicht für die nächsten Wochen; er steckt in Arbeit bis über die Ohren.

Das Einkleben der Blätter hätt' ich gern besorgt; doch glaub' ich, es ist besser Sie machen das nach Ihrem Geschmack. Anordnung und Reihenfolge sind dabei oft von relativer Wichtigkeit. Das Einklebe-verfahren an sich ist sehr einfach: man nimmt die Hälfte einer kleinen Oblat<*e*> (noch <*besser nur ein Vierteil) drückt*>'s in jede Ecke des Blatt's und legt dies dann einfach <*auf.*>

Für die Notiz aus Mörike's Brief da<*n*>k ich sehr. So was erfreut mehr als ein halb Dutzend Kritiken vo<*n*> Hinz und Kunz, und nur die zukünftige Kritik von Storm wird an G<*ew*>icht damit rivalisiren können.

Ihr Bruder war heut Nachmittag bei uns. Ausnahmsweise waren wir nicht zu Haus, das schöne Frühlingswetter hatte uns hinausgelockt.

Rütli geht jetzt in Polterabend-Vorbereitungen auf; alles was je einen Reim schrieb, ist angespannt; nur noch 10 Tage Zeit, Gott mag wissen wie es wird. Ihnen viel Freude am Geburtstage Ihrer Constanze wünschend unter herzlichen Glückwünschen für das Geburtstagskind wie immer Ihr

Th. F o n t a n e.

Apparat

14 Oblat<*e*>] Oblat <*fehlt; Textverlust durch Wasserschaden*> <*h: TFA*>; Oblate <*h: SHLB*>

14 <*besser nur ein Vierteil) drückt*>'s] 's <*fehlt; Textverlust durch Papierausriss*> <*h: TFA*>; besser nur ein Vierteil) drückts <*h: SHLB*>

15 einfach <*auf.*>] einfach <*fehlt; Textverlust durch Papierausriss*> <*h: TFA*>; einfach auf. <*h: SHLB*>

16 da<*n*>k] da k <*fehlt; Textverlust durch Papierausriss*> <*h: TFA*>; dank <*h: SHLB*>

17 vo<*n*>] ~~un~~ <*gestrichen* *T*> ┌vo *T* ┐ <*fehlt; Textverlust durch Papierausriss*> <*h: TFA*>; von <*h: SHLB*>

18 G<*ew*>icht] G icht <*fehlt; Textverlust durch Papierausriss*> <*h: TFA*>; Gewicht <*h: SHLB*>

Mit gleicher Sendung

<*„Album für Constanze" mit den folgenden Einträgen:*>

<*Blatt 77 recto*>

Ein Bruder und eine Schwester
Nichts Treueres kennt die Welt.
Kein Goldkettlein hält fester,
Als eins am andern hält.

Zwei Liebsten so oft sich scheiden,
Denn Minne die ist voll Wank.
Geschwister in Lust und Leiden
Sich lieben ihr Lebelang.

So treulich als wie beisammen
Der Mond und die Erde gehn,
Als wie der Sternelein Flammen
Alle Nacht bei einander stehn.

Die Engel im Himmel sich's zeigen
Entzückt bis in Herzensgrund,
Wenn Bruder und Schwester sich neigen
Und küssen sich auf den Mund.

Paul Heyse

Berlin. 2. Mai 1854.

<*Blatt 80 recto*>

Puritaner-Lied.
(aus: James Monmouth)

Sie dünken nach Gnad' und göttlichem Recht
Sich dieses Landes Erben,
Und sind doch ein verloren Geschlecht
Und müssen alle sterben.

Sie machten von je den sündigen Leib
Zum Herrscher ihrer Seelen, –
Ihre Ahnfrau war das Babelweib
Von dem die Bücher erzählen.

Sie mußten dreimal das Schaffott
Mit ihrem Blute färben.
Doch unversöhnt ist unser Gott;
Sie müssen alle sterben.

Sie konnten errichten Jehovah's Thron,
Sie sind zu schwach befunden,
Nun klopfen an Thür und Thore schon
Ihres Hauses letzte Stunden.

Es kommt ein Wetter, es braust ein Strom,
Die Lüge muß verderben, – –
Die Stuarts stehen all zu Rom
Und müssen alle sterben.

Th: Fontane.

Berlin
im Mai 1854.

<Blatt 82 recto>

Rudelsburg.

An der Saale hellem Strande
Stehen Burgen stolz und kühn.
Ihre Dächer sind gefallen,
Und der Wind streicht durch die Hallen,
Wolken ziehen drüber hin.

Zwar die Ritter sind verschwunden,
Nimmer klingen Speer und Schild;
Doch dem Wandersmann erscheinen
In den altbemoosten Steinen
Oft Gestalten zart und mild.

Droben winken blaue Augen,
Freundlich lacht manch rother Mund.
Wandrer schaut wohl in die Ferne,
Schaut in holder Augen Sterne
Herz ist heiter und gesund.

Und der Wandrer zieht von dannen,
Dem die Trennungsstunde ruft,
Und er singet Abschiedslieder,
Lebewohl tönt ihm hernieder,
Tücher wehen in der Luft.

Rudelsburg, in einer Spätsommernacht 1826. Franz Kugler.

Berlin, 29. April 1854.

<Blatt 83 recto>

Wedder to Hus.

Ja, wenn Een ierst so'n Johrer söß
De Wind ümme Uhren puß,
Denn nasten krigt Een doch so'n Zug
Na Muddern un na Hus.

Grotvader liggt nu ünner de Ihr,
Se hebben't mi jo schreb'n,
De Oll, de hett'n poar Strunzeln mihr
Un is doch Olling bleb'n.

De Olsch' hett'n beten wat grise Hoar,
Dat blivt jo ok nich ut,
Ik harr ehr Stimm doch wedderkennt
Ut alle Minschheit 'rut.

De Süstern sünd'n Kopp gröter worn,
Na ja, dat wass't heran
Und an den Kirschboom vær de Dær
Reck ik nu richtig an.

Sünst is dat all noch, as dat was:
Den Oln sin Piep Toback,
Datsülvig Swölken up de Dehl,
De Adebar up't Dack.

Blot Nawers Dürt, min Spelkameradsch,
Herr mein, dat har'k nich dacht,
De kümmt mi as en Pingstros' vær
De upbrok æwer Nacht.

Wat wihr se süff' en wählig Ding,
Wat hett se mi tertaas't,
Nu stunn se as en Pahl un kek,
As wihr se rein verbaas't.

Un reck mi blot de Hann mal hen,
As wenn se nich recht wüss' –
Ich wüss' ok sülm nich, wo mi würr,
't wihr all nich mihr, as süff.

Süff' küss' se mi, dat dehr so söt,
As Honnig un Lakritz,
Nu sä se ok nich Fidding mihr,
Se sä: „Gundag ok Fritz."

Kann all nich help'n, de oll lüt Dürt,
De stickt doar doch noch in,
Dat müss' doch mitten Düvel togahn,
Ik mut se 'rutersinn.

Berlin, im Frühjahr 1854.

Friedrich Eggers.

<Blatt 86 recto>

Argo. 1854.

Um den Preis geritten Jahr aus Jahr ein wird rings auf dem Hippogrÿphen,
Daß Reiter und Gaul um die Wette schier von Lenden und Weichen triefen.

Ein Glücklicher reißt vom Lorbeerbaum den Kranz im Vorüberjagen,
Die Uebrigen haben am Ende sich nur um – Nasenlängen geschlagen.

Und das Publikum, das die Bahn entlang nachgaffte dem Hufgestampfe,
Mit durstiger Seele und Augen voll Sand heimzieht's vom olÿmpischen Kampfe.

Statt kontinentalen Pegasusritts vorzogen wir drum die Regatte,
Und zimmerten uns vergnüglich dazu eine Rococo „Argo" Fregatte.

Fuhren auch ins Blaue, die dazumal ihr Schiff am Pelion bauten,
Und wurden erst durch des Vließes Raub berühmt als die Argonauten.

Uns singt kein Orpheus die Felsen weg, wo wir in den Pontus steuern,
Auch weissagt uns kein dodonischer Mast, wie lange wir abentheuern.

Wie aber Jene zween liebliche Jahr' verbracht mit den Lemnierinnen,
So hoffen wir wohl auf noch längere Gunst bei Lesern und Leserinnen.

Und kämen auch wir auf unserem Cours an die Insel der Stymphaliden,
Den Krieg mit den Federn fürchten wir nicht, trotz aller – Liebe zum Frieden!

Wilhelm v. Merckel.

Argonaut und Schiffsschalk

43. Storm an Fontane, <Potsdam,> Donnerstag, 4. Mai <1854> – Abdruck nach H

4 Mai.

Liebster Fontane,

So ungern ich Sie wieder bemühe; aber morgen ist Geburtstag, wie Sie wissen. Sollte nun mein Bruder Aemil das Album, wie ich freilich aufgetragen, nicht abgeholt haben, so schicken Sie es mir bitte umgehend p. Post. Mörike hat sich glänzend gemacht, sein eigen Lied, eins v. Carl Maÿer der zufällig bei ihm gewesen (er will mir auch v. Kerner u Uhland zu vschffen suchen) Schattenrisse v. ihm, s. Frau und Schwester Clärchen; neue in Zeitschriften gedruckte Gedichte, ein Buch (Ludwig Bauers, M's intimster Jugendfreunds poetischer Nachlaß) mit einer freundlichen Zuschrift seiner Frau an uns, und daneben ein stundenlanger Brief. Wir hatten eine kindliche Freude, als die Bescheerung ins Haus kam.

Können Sie u. Frau uns nicht morgen besuchen, u. Mittag bei uns essen. Das wär noch einmal eine Freude. Ich hab mich recht frei gemacht fr morgen. Ja?

Ihr
ThStorm

<Anschrift>
Herrn Th. Fontane <|> Berlin <|> Louisenstr N 35.
<Poststempel>
Potsdam <|> Bahnhof. <|> 4 5* 4–5 <|> 4/5 <|> 7–8 Nm

Apparat

15 ThStorm *<Absatz>* Herrn] ThStorm *<Absatz>* $_1|_4$ Herrn

44. Storm an Fontane, Potsdam, Dienstag, 9. Mai <1854>. Antwortbrief auf Nr. 42 – Abdruck nach H

Potsdam 9 Mai. Vormittag

Im Gerichtslocal, geschrieben in Pausen zwischen einem Haufen von Informationsterminen.

Zuerst Dank, herzlichen, für Ihre wie immer treue und freundliche Besorgung. Der Geburtstag ging sonnig, still und freundlich vorüber; Freunde und Verwandte blieben dießmal freilich aus; nur Einer kam denn doch, den meine Frau noch nicht gesehen, mein ältester Berliner Bekannter, der Maler Th. Wagner, und brachte eine mir sehr gefallende kleine Landschaft für das Album mit. Mit ihm verlebten wir denn den Tag. Von Husum war das Conterfei unsres alten Propsten mit Versen von seiner Hand darunter angelangt, außerdem von seiner Tochter, unsrer lieben Käthe, eine Ansicht des Meers und der Inseln vom Deich aus bei Husum, so getreu, daß selbst der kleine Ernemann es wiedererkannte. Das bewältigte uns recht mit Heimweh, so daß ich mich vergebens bemühte die Verse darunter meiner Frau laut vorzulesen. Sie hatte von dem Album keine Ahnung, und es machte ihr nun die allergrößte Freude. Von Bormann langte ein sehr gutes Poem, ein christliches, an, das ich für die neue Argo in Anspruch nehmen möchte. „Ostern." – Von Lepel ist noch nichts da.

Und nun ferner: Meine Frau hat nicht nur die größte Lust, sondern – den entschiednen Willen auf dem Heiseschen Polterabend zu erscheinen. Daher nun allerlei Fragen, die Sie mir, wenn auch in Abbreviaturen, beantworten müssen:

1. Wann ist Polterabend und wie früh muß man da sein?
2. Ich kann nichts machen und nichts vorstellen, wie ich hier drin sitze. Da muß man doch wohl schicklicher Weise ein kleines Angebinde in die neue Haushaltung stiften. Wenn H. sie nicht schon besitzt dachte ich:

Mörike Gedichte
" " Idylle

oder dgl. Vielleicht können Sie mir sagen, was H von Möricke besitzt.

Bitte geben Sie mir in ein Paar Worten möglichst umgehend Antwort hierauf.

Gruß!

Ihr

ThStorm.

<Anschrift>

Herrn Th. Fontane <|> Berlin <|> Louisenstr. N. 35

<Poststempel>

Potsdam <|> Bahnhof <|> 10 5 * 4–5 <|> 11/5 <|>7–9 V

Apparat

15 sehr gutes] sehr $_{1}|_{2}$ gutes
26 von Möricke besitzt. <*Absatz*> Bitte] ~~d~~ von Möricke besitzt. <*Absatz*> $_{2}|_{3}$ Bitte
30 ThStorm. <*Absatz*> Herrn] ThStorm. <*Absatz*> $_{3}|_{4}$ Herrn

45. Fontane an Storm, <Berlin,> Donnerstag, <11. Mai 1854>. Antwortbrief auf Nr. 44 – Abdruck nach h (TFA)

Lieber Storm.

Nur einige Worte in Erwiederung Ihrer Fragen.

1) Sonntag gegen 8 Uhr werden im Kugler'schen Hause die Vorstellungen beginnen. Es wäre also gut gegen 7 dort zu sein und bei Bayer's, wo die Garderobenzimmer sind, abzutreten.

2) Mörikes Sachen hat Paul gewiß. Ich möchte nun deshalb irgend eine kleine Aufmerksamkeit für die Braut anempfehlen. Was? bin ich außer Stande anzugeben; vielleicht etwas von Porzellan, Glas oder dergl.

Auf Wiedersehn also! Herzliche Grüße Ihnen und Ihrer lieben Frau

von Ihrem

Th: Fontane

Donnerstag
Abend.

Apparat

2 einige] wenige <*h: SHLB*>

46. Storm an Fontane, <Potsdam,> Samstag, <3. Juni 1854> – Abdruck nach H

Sonnabend.

Liebster Fontane,

Nicht wahr, Sie wenigstens kommen morgen zu uns, „wenn Alle untreu werden;" und sehen, was Sie etwa an Freunden mitbekommen können; auf Eggers können wir doch wohl bestimmt rechnen? Und dann kommen Sie mit dem 10Uhrenzuge. Sollten wir morgen den ganzen Tag im Zimmer sitzen und warten und warten, das wär traurig Pfingstvergnügen.

Sie sprechen ja wohl Kugler noch heut; sagen Sie ihm doch, ich fände es ja ganz natürlich, daß er bei seiner kranken Frau bleibe; aber die Sache selbst sei höchst empörend. Ueberdieß, Frau Clara wäre am Ende die einzige Dame für meine Frau, da Sie

Strohwittwer sind; ein liebenswürdiges junges Geschöpf v. hier, dem ich heut nach Mittag die letzten sechs Sorrenter Idyllen vorlesen werde, hat leider selbst Cousinenbesuch. Könnte nicht etwas von Beÿerschen Damen acquirirt werden?

Und nun – wo möglich umgehend d. h. wörtlich sogleich, denn sonst bleibt d. Brief liegen, ein wenig Antwort. Ob Sie kommen, das ist die Hauptsache; bitte, machen Sie uns die Freude.

Wie ich mich über die Sorrenter Idyllen – bis N 7 gelesen – freue, kann ich nicht genug sagen. Es scheint mir ein großer Fortschritt darin zu sein; die frühern Sachen blieben meist hinter der Persönlichkeit des Vfssrs zurück; diese entsprechen ihr vollkommen; und ich werde von nun an auch auf die Karte „Paul" halten.

Und nun noch einmal! kommen Sie!

Ihr
TheodorStorm

Apparat

11 v. hier] <*über der Zeile* v. hier>

18 genug sagen] genug $_{1}|_{2}$ sagen

47. Fontane an Storm, <Berlin,> Pfingstsonntag, <4. Juni 1854>. Antwortbrief auf Nr. 46 – Abdruck nach h (TFA)

Pfingstsonntag.

Lieber Storm.

Wenn es bei Ihnen in Potsdam so wacker vom Himmel gießt wie hier bei uns, so werden Sie sich, gleich mir, darüber trösten das Fest der Freude in häuslicher Stille verleben zu müssen.

Ihren Brief, für dessen Freundlichkeit ich herzlich danke, erhielt ich zu spät als daß ich ihn noch hätte beantworten können. Die Thatsachen haben inzwischen gesprochen. Ob ein Bruchtheil des Rütli dennoch aufgebrochen ist, wissen Sie in diesem Augenblick bereits besser als ich. Ich wohnte nämlich der gestrigen Sitzung nicht bei, weil ich mich unwohl fühlte und vorzog das Zimmer zu hüten. Auch heut ist mir herzlich schlecht.

Was ich übrigens heut versäume hol' ich recht bald nach und wir wollen dann am Heiligen-See oder in den Laubgängen von Sanssouci einen stillen Sonntag verplaudern. Bei Ihnen auf dem Zimmer lesen wir dann die Sorrentiner Idyllen gemeinschaftlich. Ich kenne nämlich nur die ersten, da meine Frau, die sich jetzt dem allgemeinen Heyse-Cultus auch angeschlossen hat, das Buch mit eingepackt und zum

Gegenstand von Vorlesungen in ihrer ländlichen Zurückgezogenheit gemacht hat. Was ich von den Idyllen kenne ist glänzend. Einer meiner Bekannten meinte indeß „sie seien kokett, die Unbefangenheit fehle und der Dichter schiene mit jeder Zeile sagen zu wollen: seht mal wie reizend ich bin". Ich glaube nicht daß er recht hat, doch läßt sich's hören. Die alte Heyse sagte neulich ganz ernsthaft: ich las Paul's Idyllen heut früh zum 7ten Mal; ich finde immer neue Schönheiten. Mir fiel dabei Lamartine ein, der von seinem eignen Buch versicherte es zum 4ten Mal gelesen zu haben und durch immer neue Gedanken überrascht worden zu sein. Nur die Lumpe sind bescheiden. Man sollte auch das Maul immer voll nehmen.

Denn wenn du dir nur selbst vertraust,
Vertraun dir auch die andern Seelen.

Hie und da lacht Einen wohl der eine oder andre aus, aber das darf nicht geniren.

Ich brauch Ihnen wohl nicht zu sagen, daß das Vorstehende nicht gegen Paul gerichtet ist, den ich in gleichem Maße liebe und verehre. Vielleicht *<aber ist es gegen die Anbetung gerichtet, die jetzt hier und dort etabliert wird.*

Zu Ihrer Erbauung leg ich Ihnen ein Stück Brief bei, worin die Argo besprochen wird. Der Verfasser ist mein Schwager, ein gescheidter, vielseitig gebildeter Arzt. Partei für mich nimmt er, wie Sie sehen werden, garnicht, denn er übergeht alle meine Beiträge mit Ausnahme seines einen Lieblingsstückes. Was ergiebt sich daraus? Wer überhaupt ein Talent hat und berechtigt ist zu schreiben, der schreibe flott und unbeirrt drauf los, er wird immer Personen und zwar Leute von Bildung finden, die sich dran erfreun.

Meine Londoner Briefe werden hoffentlich in 4–6 Wochen erscheinen. Einzelnes darin wird Ihnen sicherlich gefallen. Vielleicht wäre es gut, Sie vertagten Ihre Rezension über mich bis zum Erscheinen jenes Buches, das eine Menge Anknüpfungspunkte zur Besprechung des ganzen Kerls bieten wird.

Leben Sie wohl, empfehlen Sie mich Ihrer lieben Frau und verleben Sie mindestens einen schönen zweiten Feiertag.

Wie immer Ihr

Th. Fontane.>

Apparat

9 bereits besser] besser *<h: SHLB>*
26 du dir] ~~du dir~~ *<gestrichen* $_{B}$*>* ┌ihr euch $_{B}$┐ *<h: TFA>*; <d *überschrieben* $_{masch.}$ D>u Dir *<h: SHLB>*
26 vertraust,] vertrau~~s~~t, <„s" *gestrichen* $_{B}$> *<h: TFA>*; vertraust *<h: SHLB>*
27 Vertraun dir auch] Vertrau ┌e $_{B}$┐ n ~~dir auch~~ *<gestrichen* $_{B}$*>* ┌euch $_{B}$┐ *<h: TFA>*; Vertraun Dir auch *<h: SHLB>*
30 *<aber* {…} *Fontane.>*] *<fehlt; Blattverlust> <h: TFA>;* aber <…> Th. Fontane. *<h: SHLB>*

***Beilage**

<Hermann Müllers Brief an Fontane, vor dem 4. Juni 1854>

48. Storm an Fontane, <Potsdam,> <vor dem 17. Juni 1854>. Antwortbrief auf Nr. 47 – Abdruck nach H

Liebster Fontane,

Nur weil Unwohlsein und überhäufte Arbeit mir gar nicht über meine Zeit zu disponiren erlaubten, habe ich Ihnen bisher nicht geantwortet; nun bitte ich – kommen Sie nächsten Sonntag! womöglich schon Vormittags oder Morgens, so früh es Ihnen immer möglich; um 7 U. bin ich beim Thee. Eigentlich wollte ich mit den Kindern nach Berlin d. h. nach dem zoologischen Garten; der kl. Ernst ist aber patient und so gehts nicht. Nun hoffe ich denn auf Sie.

Nicht denken können Sie, wie müde ich der Parks hier bin, und wie ich mich sehne nach Wiesen und Feldern, die in naher herzlicher Verbindung mit Menschenleben – und Hoffnung stehen. Und eben so gehts meiner Frau. Die Decoration allein thuts doch nicht, und wenn sie auch so schön ist wie zur Satanella.

Heyses Idyllen habe ich mittlerweile zu Ende gelesen. Die letztere Hälfte entspricht der ersten nicht; sie ist nicht so interessant und hat nicht so das in Scene gesetzte dramatische Leben; auch muß es, meiner bescheidnen Meinung nach, auf jeden einen störenden, mindestens unbefriedigenden Eindruck machen, wenn Mariuccia, deren entstehende leidenschaftliche Liebe für ihn uns der Dichter in Id. IV auf das Meisterhafteste geschildert hat, am Ende sich bei der Abfindung mit dem braunen Onkel beruhigt, für den der Dichter uns zu dem Ende nicht genug interessirt hat od. hat interessiren können der Sachlage nach;# endlich paßt die burleske Figur des Gräfenberger Wasserpatienten paßt mir nicht in die feine poetische Luft dieser Dichtung. Ich glaube Heyse wird noch einmal wieder darüber kommen. Der poetische wie der sittliche Gehalt des Gedichts ist gleich schön und tief; nur – wie gesagt – die Mariuccia hätte er sich noch ein wenig ferner halten sollen, man darf nicht das Gefühl am Ende haben, daß sie Schaden leidet, daß der Dichter auch noch mit der Genugthuung, der weder moral. noch poetischen, abreise ein wundes Herz – und der Onkel heilt es wahrhaftig nicht – zurückzulassen, während er selbst mit der Gewißheit noch größeren Glückes und überdieß im Gefühl befestigter Tugend abreißt.+ Ich schreib dieß nur so nach dem ersten Lesen hin. Wenn Sie mögen theilen Sie es Kugler und den Freunden mit; es ist doch vielleicht Manches darin nicht ohne.

Und grüßen Sie Alle! namentlich auch Merckel den ich sehr bedaure bei mir verfehlt zu haben.

Kommt Ihr Frau u Kind mit od. Strohwittwer?

Ihr

ThStorm.

Bitte Antwort, rasche, kommen Sie u wann? Nun nicht wieder ein Nein! Kommt noch sonst jemand mit? K. E. L. etc –

P.S. Bleiben Sie jedenfalls Nacht Sonntag! Wenn Sie wollen, können Sie Montag sogleich einer Schwurgerichtssitzung über einen Kindesmord beiwohnen. Ich bin Mitglied der Deputation. Bedenken Sie das, Balladenmensch. [Pfarrers Tochter v Taubenhain]

#Es berührt uns das fast wie Herzlosigkeit, Egoismus – weiß mich so schnell nicht präciser auszudrücken; der Dichter reist zu seiner Geliebten, die einen noch zierlicheren Pantoffel hat, als Mariuccia, und läßt sie, die er mit dem alten Maneuvre aus der Liebe in die Freundschaft degradirt, einem Manne mit sehr groben Füßen.

+Sie darf uns nicht als das Medicament seines in Kinderkrankheiten laborirenden sittlichen Charackters erscheinen. Meine Frau erklärt hier: „Ich hatte dasselbe Gefühl, als Du es vorlasest!" (Sie lügt bekanntlich nicht.) – Dessenungeachtet werden die Idyllen mir immer sehr lieb sein, und ich setze nach wie vor auf die Charte Paul.

Apparat

12 letztere] letztere~~n~~
14 auch] auch ~~kr~~
16 Liebe] Liebe ~~und~~
18 interessirt] ~~h~~ interessirt
19 Gräfenberger Wasserpatienten] Gräfenberger $_{1}|_{2}$ Wasserpatienten
24 daß der] <wenn *überschrieben* daß> der
37 P.S. <...> Taubenhain]] <*am oberen Blattrand, S. 1* P.S. {...} Taubenhain]>
41 #Es <...> Füßen.] <*am linken Blattrand, S. 1* #Es berührt uns das fast wie ~~ein~~ Herzlosigkeit, {...} Füßen.>
45 +Sie <...> Paul.] <*am linken Blattrand, S. 2* +Sie {...} erscheinen.[F] {*darüber* [F]Meine <...> nicht.) – } {...} Paul>

49. Fontane an Storm, Kränzlin, Dienstag, 20. Juni 1854. Antwortbrief auf Nr. 48 – Abdruck nach h (TFA)

Kränzlin bei N. Ruppin
d. 20. Juni 54.

Lieber Storm.

Die schönsten Grüße mit der schlechtesten Feder von der Welt! Warum ich Ihrer freundlichen Einladung auf Sonntag nicht Folge leisten konnte, hat Ihnen schon der Poststempel gesagt. Ich bin seit 10 Tagen hier auf dem Gute eines meiner Freunde und freue mich der stillen, weichen Luft, die sich mir – Sie wissen ich bin nicht eben sentimental – mitunter wie Balsam an's Herz legt. Man lernt nicht viel dabei, aber man düngt so zu sagen seine Seele wieder, daß sie wieder fähig wird ein Samenkorn aufgehn zu lassen. Potsdam ist schön, aber Sie haben mit Ihrer Betrachtung über die Natur als Kunstprodukt nur allzu recht und ich begreif' es, daß Sie sich nach einem vollen Zuge Husumer Seeluft oder nach den Thymianhügeln von Segeberg sehnen, die mir durch die duftenden Rutschparthien Ihrer sicherlich schönen Schwägerinnen ewig unvergeßlich bleiben werden.

Über Paul's in der That wunderschöne Idyllen (so schön, daß man eigentlich auch mit dem besten Tadel nicht recht gegen an kann) sprechen wir hoffentlich recht bald einmal am Storm'schen Theetisch oder auf einem Spatziergang durch Sanssouci. Ihre Ausstellungen sind derart, daß ich sie begreifen kann und die Möglichkeit absehe sie von andern getheilt zu sehn. Weiter aber möcht' ich nicht gehn und während ich Ihre Auffassung hinsichtlich der Mariuccia und des braunen Onkels als eine berechtigte gelten lasse, muß ich doch gleichzeitig bekennen, daß ich au fond der entgegengesetzten Meinung bin. Wir werden ja sehn; ich fühle daß sich viel pro und contra sagen läßt.

Ob es die Argo zu einem 2ten Jahrgang bringen wird, steht noch dahin; ich erwarte jeden Tag einen Brief von Katz, der mir dessen Entschließung mittheilen soll. Es wäre immerhin schade, wenn wieder ein Unternehmen einschlafen sollte, das wohl verdiente an Stelle Gruppe'scher Musenalmanache und Heller'scher „Ve<*rgi*>ßmeinich<*te*“> seinen Platz zu behaupten. Ich selbst würde freilich nur auf dem Titelblatte zu finden sein. Hat sich denn Mommsen eigentlich über seine Geneigtheit zur Mitarbeiterschaft ausgesprochen? Theodor Momms<*en*> geht <*von*> Zürich nach Bres<*lau,*> wie ich vor 3 Tage<*n in der*> Vossischen las<. *Ich ginge*> am lie<*bsten nach Mexiko oder würde Pfeifenträger bei*> Ome<*r Pasch*>a, denn es beha<*gt m*>ir die Pfennigwirth<*schaft ein*>es deutschen Zeitungs= und Balladenschreibers ganz und gar nicht mehr. Der Bibelspruch: sehet die Lilien auf dem Felde an u.s.w. bewahrheitet sich zwar an mir jeden Tag, denn der himmlische Vater ernährt mich wirklich, aber „fragt mich nur nicht wie“ schließt Heine sein Lied und ich diesen Brief.

1000 Grüße Ihnen und Ihrer lieben Frau von Ihrem

<*Th. Fontane.*>

Apparat

27 „Ve<*rgi*>ßmeinich<*te*“>] „Ve ssmeinich <*fehlt; Textverlust durch Papierausriss*> <*h: TFA*>; ⌈» *hs.*⌉ Verg<i ⌊*hs*s>smeinnichte“ <*h: SHLB*>

30 Momms<*en*> geht <*von*>] Momms geht <*fehlt; Textverlust durch Papierausriss*> <*h: TFA*>; Mommsen geht von <*h: SHLB*>

31 Bres<*lau,*>] Bres <*fehlt; Textverlust durch Papierausriss*> <*h: TFA*>; Breslau, <*h: SHLB*>

31 3 Tage<*n in der*>] 3 Tage <*fehlt; Textverlust durch Papierausriss*> <*h: TFA*>; drei Tagen in der <*h: SHLB*>

31 las<. *Ich ginge*> am lie<*bsten nach Mexiko oder würde Pfeifenträger bei*> Ome<*r Pasch*>a,] las am lie Ome a <*fehlt; Textverlust durch Papierausriss*> <*h: TFA*>; las. Jch ginge am liebsten nach Mexiko oder würde Pfeifenträger bei Omer Pascha, <*h: SHLB*>

32 beha<*gt m*>ir die Pfennigwirth<*schaft ein*>es] beha ir die Pfennigwirth es <*fehlt; Textverlust durch Papierausriss*> <*h: TFA*>; be<~~s~~ *gestrichen* $_{hs.}$> ┌h $_{hs.}$┐ agt mir die Pfennigw<o *überschrieben* $_{masch.}$ i>rtschaft ein<e └$_{hs.}$ s> <*h: SHLB*>

39 <*Th. Fontane.*>] <*fehlt; Textverlust durch Blattverschnitt*> <*h: TFA*>; Th. Fontane. <*h: SHLB*>

50. Storm an Fontane, Potsdam, Montag, 24. Juli 1854 – Abdruck nach H

Potsdam 24 Juli 1854.

Sie haben, liebster Fontane, neulich einen Stein zwischen uns geworfen, und ich – mit Ihrer Erlaubniß – habe Sie zu lieb, um meiner Seits nicht den Versuch zu machen ihn aus dem Wege zu bringen.

Schon mehrfach hatte ich früher erfahren, und ich meine, ich habe es wenigstens halbwege gegen Sie ausgesprochen, wie Sie über manches meinem Gefühle nach Unantastbare, z. B. über Verhältnisse zu Ihrer Frau sich gegen Dritte nicht allein äußerten, sondern auch in einer Weise, die ich anfänglich mit Ihrem edlen getragenen Wesen nicht vereinigen konnte. Ich habe oft darüber gedacht; ich brachte es unwillkührlich mit einer Aeußerung über Sie in Verbindung, wo Einer, als gesagt wurde „Fontane hat eine vornehme Persönlichkeit" erwiderte „Nein, er hat die Persönlichkeit eines feinen Schauspielers." Mißverstehen Sie das nicht; es war nichts Unlauteres dabei. – Dann hab ich mich auch wohl gefragt, ob denn die Begeisterung nothwendig mitunter an sich selbst verzweifeln; ob denn der Pathos nothwendig mitunter den Katzenjammer kriegen, und sich an den unsaubersten Orten von seinem Rausche erholen muß; ich habe mir auch gedacht – und dann hätt' ich Ihre Hand fassen mögen – es ist eine Desperation über seine kümmerlichen Lebensverhältnisse

So vielleicht kamen Sie denn auch dazu, als wir neulich Abends zusammen von Kuglers kamen, einer, meiner, Frau gegenüber, die ihrer Seits doch schwerlich dazu wird Veranlassung gegeben haben, alle Rücksicht „Blüthe edelsten Gemüthes" – Sie verzeihen dieß Citat – abzustreifen, und die unbarmherzigsten Zweideutigkeiten und Nuditäten vor ihr auszuschütten; während Sie am Nachmittag darauf bei Kuglers so bedacht waren, beim Vorlesen aus den Schl. Holst. Sagen das nicht eben unlesbare Wort „geschändet" in „verführt" zu übersetzen.

Ich habe mit Ihnen gegrollt; ich bin sehr zornig auf Sie gewesen; meinet-, Ihret-, unsrer Aller wegen. Daß Sie dadurch dem sonst so erfreulichen Aufenthalt bei Ihnen eine starke Quantität Unbehaglichkeit beimischten, davon will ich nicht grade reden;

aber Sie haben etwas gestört, was sich nicht leicht so ganz wiederherstellen läßt – das Gefühl der Neigung, des sicheren Vertrauens, mit dem so oft und mit besondrer Vorliebe grade Ihrer bei uns gedacht wurde. Sie werden vielleicht sagen, ich sei zu heickel in diesen Dingen. Das aber werden Sie nicht sagen können, wenn Sie sich erinnern, was Sie an jenem Abend Alles gesagt haben.

Wenn Sie nun weiter alles herzliche Entgegenkommen und alle Freundlichkeit bedenken, die ich seit dem Augenblick unsrer ersten Bekanntschaft von Ihnen empfangen habe, und ferner, wie werth und lieb Sie mir sind, so begreifen Sie, daß ich hier nicht schweigen konnte; was ja denn überall nicht taugt.

Und nun schreiben Sie mir ein gutes Wort, und – bleiben wir die Alten!

Können Sie mir jetzt vielleicht mittheilen, ob etwas aus der Argo wird. Wo nicht, würde ich über meine neue Sommergeschichte, die in diesen Tagen fertig wird – in Scene gesetzte Lÿrick – anderweitig disponiren. Ich glaube, daß es nach meiner Art ein gut Stück Arbeit ist; ich habe einmal versucht, was ja für schwierig gilt, eine Stunde ruhigen Glücks darzustellen; es heißt „Im Sonnenschein."

Wie steht's mit Ihren Engl. Briefen u. etwanigen Balladen?

Herzlich Ihr

TheodorSt.

Apparat

16 muß; ich] muß; $_{1}|_{2}$ ich
18 Abends] ~~z~~ Abends
27 davon] ~~aber Sie~~ davon
31 sagen können] sagen $_{2}|_{3}$ können

51. Fontane an Storm, Berlin, Dienstag, 25. Juli 1854. Antwortbrief auf Nr. 50 – Abdruck nach h (TFA)

Berlin d. 25. Juli 54.
(Historischer Kalender: Jdstedt.)

Lieber Storm.

‚Mich schuf aus gröbrem Stoffe die Natur!' Ich kann Ihnen nicht leugnen, daß ich mich heut früh nach Eintreffen Ihres Briefes bei apart guter Laune befunden habe. Schon dafür bin ich Ihnen dankbar, aber auch dafür daß Sie mir Gelegenheit geben Ihnen und Ihrer lieben Frau meine freundschaftliche Hochachtung zu versichern und mein Bedauern darüber auszudrücken, daß im Uebermuth ausgesprochene Worte Sie beide verletzt und irre an mir gemacht haben. ‚Man soll nicht Anstoß geben' ist eine jener Regeln mit denen auch ich es halte, wiewohl ich im Allgemeinen einer von der Opposition bin und die Ausnahmen liebe. Seien Sie versichert, daß ich hinfort mehr auf meiner Huth sein und Bemerkungen verschlucken werde, von denen ich jetzt weiß wie Sie sich dagegen verhalten.

Nach dieser gründlichen Revocierung und Abbitte (der eine wahre Gedächtniskasteiung vorausgegangen ist um die corpora delicti noch wieder ausfindig zu machen) bitt' ich es mir nicht als norddeutsche Dickköpfigkeit auszulegen, wenn ich bei aller Nachgiebigkeit im Einzelfall doch aufs bestimmteste erkläre gerade so bleiben zu wollen wie ich bin und mir nicht einen Charakter wegdisputieren oder wegrathschlagen zu lassen, der seine sittliche Berechtigung hat trotz einem. Ich habe nicht Lust hier den deutschen Biedermann par exellence zu spielen, aber ich darf mit gutem Gewissen behaupten, daß ich von Natur offen, ehrlich, unverstellt und ein lebhaftes, unterm Einfluß der Minute stehendes Menschenkind bin. Ich hab es noch immer nicht gelernt mich im Zaume zu halten, ich lache und weine noch im Theater wenn die Situation komisch oder rührend ist, ich bin noch so dumm (wenn meine Frau – schon wieder! – nicht dazwischenkommt) meinen letzten Groschen zu teilen und ich platze auch mit einer Zweideutigkeit heraus, wenn mir gerade danach zu Muthe ist. Ich habe hinsichtlich meiner Thaten und Worte<n> eine große Unbekümmertheit und von meinen Worten möcht ich g<*eleg*>entlich <*sagen: sie h*>abe<*n mich. Wenn*> ich nun so die Mensc<*hen um mich her ansehe, kann ich aus ihnen nicht a*>bnehmen, daß ich gut täte meinen alten Adam auszuziehen und mir den modernen anständigen Menschen zuzulegen. Ich weiß was es mit dieser Anständigkeit auf sich hat. Ich halte Ihnen gegenüber mit der Bemerkung nicht zurück, daß ich auf mein<*e An*>ständigkeit geradezu poche, daß ich den Plunder des sogenannten Anstands je nach Laune verachte oder verlache und daß alles was ich tun kann einzig darin besteht mich im Verkehr mit den Menschen zu accomodiren. Dies wird Frau Clara Kugler gegenüber (die mir durch Eggers sagen ließ: ich dürfe nicht mehr über meine Frau und meine Ehe – die übrigens beide garnicht so übel sind – wie bisher sprechen) hinfort der Fall sein, ein Gleiches gilt von heut ab von der Familie Storm. Sollte aber meine Natur stärker sein als meine Vorsätze und sollten immer wieder Verstöße mit drunter laufen, so würde mir nichts andres übrig bleiben als mich aus Kreisen zu verbannen, für die ich zu roh und ungeschliffen bin. Mein lieber Storm, ich denke so: man soll jede an sich berechtigte Natur (und als solche werden Sie die meinige wohl anerkennen) gelten und gewähren lassen und selbst vor gewissen Consequenzen solcher Natur nicht erschrecken. Es giebt notorische und fragliche Unanständigkeiten, jene werd' ich nie begehn, diese sehr oft. Glauben Sie doch nicht, daß um die letzter<*n*> irgend wer glücklich herumkomme. Grete Heyse ist außer sich, daß Bodenstedt von ‚ihrem kleinen Leibchen' gesprochen hat und doch sagte Paul Heyse in einer Damengesellschaft bei Merckels: das Frauenzimmer ist ja nur Kopf und Popo. Einzelne Ihrer schönsten

Liebesgedichte werden unanständig gefunden und ein leises Entsetzen, das noch immer vibriert, lief durch das ganze Königreich Kugler u. die angrenzenden Ortschaften als Sie von Frau Clara ein Zimmer verlangten um ‚Ihrer Frau die Milch abzunehmen.<'> Man hat das sehr unanständig gefunden; ich find' es ganz gemütlich. Sie wollen daraus ersehn, daß wie in Tausend Dingen des Lebens so auch hier man mit sich selbst im Reinen sein und hinterher sich aus der Auffassung der Menschen nicht allzuviel machen muß. Man wird, je nach den Personen mit denen man verkehrt, sein gesellschaftliches Betragen in Einklang mit deren Wünschen und Anschauungen zu bringen haben, aber im letzten wird man bleiben wie man ist, bevor einem nicht das Einsehn kommt, daß dies ‚Sein' eigentlich nichts taugt.

Ob die Argo erscheint, entscheidet <*si*>ch in den nächsten Tagen. Ich soll an Schindler schreiben. Auf Ihre neue Arbeit bin ich sehr gespannt. Gebe Gott, daß Potsdam mit Husum konkurrieren kann. Lassen Sie michs recht bald lesen.

Was Paul Heyse's Bemerkung über mich angeht, so teilt sie das Schicksal der meisten Bemerkungen dieses ‚neusten Lieblings der Grazien' – sie ist frappant aber nicht wahr. Vielleicht schauspielere ich nur P. Heysen gegenüber ein wenig, indem ich fast mit allz<*u v*>iel Emphase den Trompeter seines Ruhmes mache. Er erschwert mir's nämlich dadurch, daß er mich ziemlich unumwunden für einen Menschen von mäßigen Gaben (des Herzens wie Geistes) hält und es bedarf freilich mitunter einer Kraftanstrengung um mich dadurch nicht beirren zu lassen. Auf diesem Gebiete liegt mein Anstand; ich weiß daß er seltener ist als die anerzogene gute Lebensart.

<Ihr

Th. Fontane.>

Apparat

27 Worte<n>] Worten <*h: TFA*>; Worte <*E: Pniower/Schlenther I*>

28 g<*eleg*>entlich <…> *a*>bnehmen] g entlich abe ich nun so die Mensc bnehmen <*fehlt; Textverlust durch Papierausriss*> <*h: TFA*>; gelegentlich <…> abnehmen, <*E: Pniower/Schlenther I*>

32 mein<*e An*>ständigkeit] mein ständigkeit <*fehlt; Textverlust durch Papierausriss*> <*h: TFA*>; meine Anständigkeit <*E: Pniower/Schlenther I*>

45 letzter<*n*>] letztere <*h: TFA*>; letztern <*E: Pniower/Schlenther I*>

48 Merckels:] Merckels von einer Dame: <*E: Pniower/Schlenther I*>

51 abzunehmen.<'>] abzunehmen. <*h: TFA*>; abzunehmen". <*E: Pniower/Schlenther I*>

59 <*si*>ch] ch <*fehlt; Textverlust durch Papierausriss*> <*h: TFA*>; sich <*E: Pniower/Schlenther I*>

65 allz<*u v*>iel] allz iel <*fehlt; Textverlust durch Papierausriss*> <*h: TFA*>; allzuviel <*E: Pniower/Schlenther I*>

70 <*Ihr* {*Absatz*} *Th. Fontane.*>] <*fehlt; Textverlust durch Blattverschnitt*> <*h: TFA*>; Ihr <*Absatz*> Th. Fontane. <*E: Pniower/Schlenther I*>

52. Storm an Fontane, <Samstag, Poststempel Potsdam, 5. August 1854>. Antwortbrief auf Nr. 51 – Abdruck nach H

Liebster Fontane,

Ich kam am letzten Sonntage nicht zu Ihnen, weil eine fast total schlaflose Nacht auf einem eigens für mich erfundenen Folterbett mich schon zeitig zurückfahren ließ.

Nun sind wir ja noch mit unsrer Debatte, der schriftlichen nicht fertig; und zu Ende muß doch Alles in der Welt, sogar wir selber, so unsterblich wir übrigens auch sein mögen.

Also – Sie mögen in Vielem, was Sie geschrieben Recht haben, nur darin nicht, daß Sie zwei so unbefangene Menschenkinder – Sie führen ein nur zu schlagendes Beispiel selber an – zu den Prüden werfen wollen, und vor Allem darin nicht, daß Sie Redensarten wie:

Nun will er sich die unglückliche
Liebe mit Baden und Turnen
curiren; die könnte er sich ja
auf eine viel leichtere und be-
quemere Weise vertreiben!
oder:
In den Schooß weinen? – Nä,
dazu ist ein Schooß nicht da!

einer Frau gegenüber nicht zu den Notorischen zählen. Ich will getrost ein Geschworengericht von Tausenden aufstellen lassen, und – es gehe um meine rechte Hand – Sie sollen einstimmig verurthlt werden.

Daß ich die sittliche Berechtigung Ihrer Persönlichkeit nicht bestreite oder auch nur anstreite, versteht sich; sonst müßte mein letzter Brief ja ein seltsam Gemisch von Lüge gewesen sein. Haben Sie bei Ihrem letzten Schreiben wirklich den Thatbestand gehörig vor Augen gehabt, so kann ich nur sagen, daß sich Ihnen diese Dinge anders lösen müssen, als den meisten Andern.

Nun – warum ich heute schreibe? Ich möchte Sie und Ihre Frau bitten spätestens Morgen, Sonntag, mit dem 12 U.zuge zu uns zu kommen, bescheiden mit uns zu speisen, und dann eine kleine Bootpartie zu machen. Den Chevalier u Schindler hab ich auch gebeten. Georg würde gut mitkönnen; auf der Eisenbahn zahlen Kinder nichts.

Herzlichen Gruß an Sie u. Frau! Wie stehts mit Wolseÿ?

Ganz Ihr
TheodorStorm.

<Anschrift>
Herrn Theodor Fontane <|> Berlin <|> Louisenstr. N. 35.
<Poststempel>
Potsdam <|> Bahnhof <|> 5 8 * 1–2 <|> 5/8 <|> 4–5Nm

Apparat

18 da! *<Absatz>* einer] da! *<Absatz>* $_1|_2$ einer
25 ich nur] ich ~~da~~ nur
27 spätestens] späte<r *überschrieben* st>ens
33 TheodorStorm. *<Absatz>* Herrn] TheodorStorm. *<Absatz>* $_2|_4$ Herrn

53. Fontane an Storm, <Berlin,> Samstag, <5. August 1854>. Antwortbrief auf Nr. 52 – Abdruck nach h (TFA)

Sonnabend Nachmittag.

Lieber Storm.

Soeben erhalt' ich Ihren Brief, dessen capitaler Anfang mir große Schmerzen gemacht hat. Ich mußte nämlich ü*<b>*er das Eggers'sche resp: Wittwe Randow'sche Folterbett herzlich lachen und habe doch ein so furchtbar verschwollenes Gesicht, daß das nur unter großen „Wehtagen" (haben Sie das Wort auch im Holstein'schen) möglich war. Mein Junge hat mit seinem Jod=*<S>*chnupfen (den der Doctor als eine selten ausgebildete Species bewundert) beide Herrn Eltern angesteckt und während die an und für sich schöne Nase meiner Frau wie ein türkischer Bund glüht, liegt meine Oberlippe wie ein Saucischen überm Gebiß. Auf Reisen gehn verbietet sich unter diesen Umständen, selbst wenn die Verlockung so groß ist wie diesmal.

Von Schindler erhalt' ich, gleichzeitig mit Ihrem Briefe, einige gute Nachrichten hinsichtlich der Argo. Ich würde den Brief beipacken, wenn ich nicht ersähe, daß Sie unsren Heinrich morgen erwarten. Katz scheint (unsre Exemplare vielleicht nicht einmal eingerechnet) 450 verkauft zu haben. In diesem Falle würden die Argonauten schließlich noch ein gutes Geschäft machen, da schon 200 Exemplare die Kosten (350 *<rth>*) decken.

Was den streitigen Punkt zwischen uns angeht, so brenn' ich eigentlich darauf mit Ihnen darüber zu sprechen. Ich geb Ihnen gern zu daß solche Reden nicht „keusch" sind, aber sie sind nicht „unanständig". Vielleicht führt unsre Unterhaltung zu folgendem Compromiß:

> es hängt alles von dem Ohr ab das hört. Die Jungfräulichkeit wird beleidigt, aber die alleranständigsten Frauen haben ihre Freude dran.

Ich kann Ihnen die Beispiele zu Dutzenden geben; andrerseits geb' ich Ihnen zu, daß Berlin und der märkische Sand die wahre hohe Schule der Zweideutigkeit ist und das was andren Orts Anstoß erregt hier mit herzlichem Lachen aufgenommen wird. Ländlich sittlich – oder auch unsittlich. Es liegt Stoff für eine lange und wie ich glaube interessante und nicht unfruchtbare Unterhaltung vor. Am liebsten hätt' ich sie in Gesellschaft des Chevalier geführt, der, bei aller Ausgelassenheit, einen feinen Sinn und ein treffendes Urtheil hat.

Entschuldigen Sie mich bei Ihrer lieben Frau nochmals und seien Sie und die Ihrigen herzlich gegrüßt von der verschwollenen Familie

F o n t a n e.

Ich lese jetzt Grimm's Märchen und Ihre Schleswig-Holstein'schen Sagen u.s.w. Fix und fertiger Stoff ist eigentlich wenig da und in diesem Falle meist schon benutzt (w. z. B. das Mütterchen von Husum, König Erich und Herzog Abel, die nächtliche Trauung u.s.w.) aber statt dessen find' ich kleine, feine, im Einzelnen wieder verwendbare Züge die Hülle und Fülle. Ihnen speciell muß ich sagen, daß Sie sich eben wieder als Poet bewährt haben und Ihre Mittheilungen immer, der Sache wie der Form nach, die besten sind.

Ihr Th. F.

Apparat

4 ü<*b*>er] üder <*h: TFA*>; über <*h: SHLB*>
4 Eggers'sche] Eggers<' $\llcorner_B$ s>che <*h: TFA*>; Eggersche <*h: SHLB*>
7 Jod=<*S*>chnupfen] Jod<=$\llcorner_B$ s>chnupfen <*h: TFA*>; Jod- Schnupfen <*h: SHLB*>
16 schließlich noch] schliesslic $\ulcorner$h $_T\urcorner$ noch <*h: TFA*>; schliesslich <*h: SHLB*>
16 350 <*rth*>] 350 $\ulcorner$*Zeichen für Reichstaler* $_T\urcorner$) <*h: TFA*>; 350 M <*h: SHLB*>
34 Ich] N.B. Jch <*h: SHLB*>

54. Fontane an Storm, <Berlin,> Freitag, <11. August 1854> – Abdruck nach h (TFA)

Freitag.

Lieber Storm.

Morgen ist Rütli bei mir. Es versammelt sich nur Menzel, alles andre ist ausgeflogen und wenn Sie kommen (was Zweck dieser Zeilen ist) so werden Sie wie jener Lehrer sagen können: „ich sehe da wieder viele die nicht da sind".

Ich bin wieder Strohwittwer, wenn Sie indeß – was vorausgesetzt wird – zu Nacht bleiben, werden Sie's besser treffen als neulich, da ein gutes Mädchen da ist und für Ordnung sorgt. Auch erwartet Sie kein „Folterbett". Den Sonntag könnten wir dann verplaudern und verkneipen.

Ueber Ihre Besprechung Groths hab ich Ihnen wieder viel Schönes zu sagen. Sie haben auf der 2. Seite gewiß den Nagel auf den Kopf getroffen und einfach dargelegt, was mir bis jetzt – hinsichtlich all unsrer Dialekt-Dichtungen – ein ungelöstes Räthsel schien. Ich suchte es Gott weiß wie und wo, es leuchtet Einem aber sofort ein, daß es so ist wie Sie's sagen.

Wenn Sie kommen bringen Sie doch auch Ihre neuste Erzählung zu nochmaliger privater Lesung mit.

Ueber der Argo steht wieder ein Gewitter, das sich vom Starenberger aus drüber zusammengezogen hat. Von Kugler traf ein Brief ein. Alles andre mündlich. Tausend Empfehlungen Ihrer lieben Frau.

Ihr
Th. F o n t a n e

Apparat

13 suchte] sucht <*h: SHLB*>

17 Starenberger] Starenberger <„e“ *gestrichen* $_{B}$> <*h: TFA*>; Starenberger <*h: SHLB*>

55. Storm an Fontane, Potsdam, Samstag, 19. August 1854 – Abdruck nach H

Potsd. Waisenstr 68.
19/8 54

Liebster Fontane,

Ich habe eben meiner Frau gesagt, ich müsse geschwinde einen kleinen Liebesbrief an Sie schreiben; lassen Sie sich den Sechser nicht verdrießen, denn es ist eben noch nichts Reelles was der Brief Ihnen bringt. Die six femmes habe ich zwar gleich Montag mit dringender Bitte um schnelle Besorgung bestellt; aber noch nicht erhalten.

Zum Schreiben drängt mich Zweierlei

1. Jeden Tag muß ich an die beiden Arbeiten die Sie vorhaben, die Novelle und den Roman, denken und spreche sehr oft mit m. Frau davon. Mir ist, als hätte ich selbst die Productionsfreude vor mir liegen und könnte nun dieserwegen für die nächste Zeit beruhigt sein. Es geht mir jetzt mit Ihnen, wie es Brinckmann weiland mit mir ging. Das mußt ich Ihnen sagen; wenn Ihnen beim Arbeiten das eingehendste Interesse eines Andern förderlich ist, dann werde ich Sie, soviel Raum u Geld es zuläßt, aufs Beste flankiren.
2. Lassen Sie uns doch die kurze Zeit, die ich noch hier bleiben werde, möglichst oft noch einen Tag, hier oder dort, zusammenleben. Es wird ja schwerlich wiederkommen.

Ich habe mir den Lingg einmal wieder angesehen. Sie haben ihn im Rütli jedenfalls unterschätzt; seine Gegenstände sind sehr mannigfach – hätte doch ich diesen Gesichtskreis! – und oft tief und anschaulich behandelt; aber es ist wohl fast nichts darunter, was bis in jedes kleinste Partikelchen von dem Strome unmittelbaren Anschauens und Empfindens durchdrungen wäre; irgendwo ist fast überall eine Lücke, in welcher dann leider Unsereiner – Prutz etc sind darin besser daran – bei dem besten Willen die Phrase nicht übersehen können. Selbst in dem schönen Sonett „Kürzeste Nacht“

Noch sprüht des längsten Tages warme Quelle
Lebendig fort; es wagen sich verstohlen
Die Träume nur, und nur mit scheuen Sohlen
Die Stern' auf dieser Nacht saphirne Schwelle etc

was denn in der That etwas Mörikisches (denken Sie nur an „Wie süß der Nachtwind um die Wiese streift“) und in dem vielleicht noch schönerem „Mittagszauber“ (obgleich entschieden unter Immermanns Tristan Eindruck) sind diese matten Stellen u. Ausdrücke.

Ich bin begierig auf Heÿses Beurtheilung. Jedenfalls ist der Poet noch nicht fertig, oder wir sind jetzt soweit gekommen, daß wir, um uns befriedigt zu fühlen, mehr verlangen.

Zwei gute Liebeslieder sind in der Sammlung. Das „Immer leiser wird mein Schlummer“ und nachstehendes:

„Kalt und schneidend
Weht der Wind;
Und mein Herz ist bang und leidend
Deinetwegen, schönes Kind.
Deinetwegen,
Süße Macht,
Ist mein Tagwerk ohne Segen
Und ist schlaflos meine Nacht.
Stürme tosen
Winterlich
Aber blühten auch schon Rosen,
Was sind Rosen ohne dich!<“>

Gestern Abend las ich meiner Frau aus der neuen Ausgabe der C. Beckschen die ersten Partieen aus dem „fahrenden Poëten“ vor und es nahm mich wieder vollständig mit. Das ist ein beneidenswerthes Feuer, ich möchte sagen, wie süßer alter Ungarwein, wenn es nicht zugleich so prächtig jugendlich wäre.

Ein vortreffliches Wort Heinrich Pröhles aus einem Aufsatz im Museum „Die Lützower“ muß ich Ihnen noch mittheilen. Er sagt nemlich es sei jetzt schwer, gegen Körner als Dichter gerecht zu sein:

– „jetzt, wo fast jeder bedeutendere Lÿriker sich am Volksliede geübt hat u. vaterländische Töne anzuschlagen weiß, die weit über den Gedankenkreis einer gebildeten Coterie hinaus an jedes menschlich fühlende Herz greifen. Mit Recht vlangen wir jetzt von jedem Dichter, nicht daß er mit seinem Wort zum Volke durchdringt, welches sich vielmehr selbst seine geistige gesunde Kost zu schaffen im Stande ist, wohl aber daß er die Herzen seines gebildeten Publicums vor der kastenmäßigen Einheitlichkeit des Denkens und vor einer gefährlichen Abgeschlossenheit gegen die Strömungen des gemeinsamen Volkslebens läuternd bewahre.“

Par-
don!

Und nun leben Sie wohl für heut. Sobald die six femmes da sind schick ich sie umgehend.

Seien Sie hübsch fleißig!
Wie stehts mit Argo?
Wie weit ist Wolseÿ?
Wann retournirt Kugler?

Ihr
ThStorm.

V. Metastasio erhielt ich einen Absagebrief für heut; hätt doch nicht können.

Apparat

17 wiederkommen. <*Absatz*> Ich] wiederkommen. <*Absatz*> $_1|_2$ Ich
32 Tristan] <*über der Zeile* ┌Tristan┐ >
35 daß wir,] <*über der Zeile* ┌daß wir,┐ >
35 mehr] ~~xxx~~ mehr
37 Liebeslieder] ~~Mädchen~~ Liebeslieder
42 Kind. <*Absatz*> Deinetwegen] Kind. <*Absatz*> $_2|_3$ Deinetwegen
50 ohne dich!<“>] ohne dich!
65 bewahre.“ <*Absatz*> Par-<*Absatz*> don!] bewahre. <*Absatz*> $_3|_4$ Par- <*Absatz*> don! <*Storm entschuldigt sich für einen Fettfleck auf dem oberen Rand des Briefpapiers*>

*56. Fontane an Storm, Berlin, vor dem 24. August 1854

Mit gleicher Sendung

<Theodor Fontane: „Ein Sommer in London“. Dessau: Gebrüder Katz 1854>

57. Storm an Fontane, <Donnerstag, Poststempel Potsdam, 24. August 1854>. Antwortbrief auf Nr. *56 – Abdruck nach H

Lieber Fontane,

Meinen Dank für das schmucke Buch! Es sieht sehr sauber aus – vorläufig hat sich mein Wohlgefallen noch aufs Aeußere beschränken müssen. Demnächst werde ich mit Bedacht hineingehen. Die Matrosenkneipe hab ich übrigens gestern Abend schon meiner Frau nicht ohne Wirkung vorgelesen. – In Betr. der six femmes giebt die Einlage unerwünschten Aufschluß. – Das Lied von Lingg ist gut; aber das von Preller macht es doch todt. – Beck lobe ich im Ganzen nicht; nur die etwa 8 ersten Blätter seines fahrenden Poëten scheinen mir in angedeuteter Weise ihren Werth zu haben.

Sonnabend werde ich – es kostet immer ein Paar Thaler – wohl kaum hinüber kommen. Schreiben Sie mir, wenn Sie ein Stück Wolseÿ oder Schill vor sich gebracht, dann komme ich nächsten Sonnabend vielleicht. Grüßen Sie indeß Bormann und danken Ihm für seine schriftliche Aufmerksamkeit; er zeigte mir an, daß erst kommenden Sonnabend Rütli bei ihm sei.

Ein schlimmes nomen; Schindler.
hoffentlich nicht omen! ~~Schinder~~

Die Todesanzeige der Argo hatte ich schon von ~~Schwindler.~~

\+ \+ \+

Ich hätte jetzt gar zu gern Zeit zum Arbeiten (d. h. nicht juristischer) mir kommen jetzt allerlei Gedanken.

Seien Sie denn recht fleißig, damit ich einige Productionsfreude genieße

Frankiren kann ich nicht; meine Marken sind alle.

In welcher Athmosphäre ich hier lebe – ein College (im höhern Sinn) KrGR. vBöhmer, sagte mir gestern; es wäre hier nichts zu lesen; nichts als Romane und darüber sei man doch nach gerade hinweg.

Diese Aeußerung ist übrigens ein Thema zu einer ganzen Abhandlung; wir wollen das nächste Mal davon reden.

Meine Frau erwidert Ihren Gruß. „Oh ich seh ihn, wie er die Lippen kräuselt!“ sagte sie als ich ihr „Not a drum“ vorlas. Es war ganz genau. Wir grüßen Sie herzlich!

ThStorm.

<Anschrift>
Herrn Theodor Fontane <|> Berlin <|> Louisenstr N. 35.

<Poststempel>
Potsdam <|> Bahnhof. <|> 24 8* 8–9 <|> 25|8 <|>7–9 V>

Apparat

27 ThStorm. *<Absatz>* Herrn] ThStorm. *<Absatz>* $_{1}|_{2}$ Herrn

***Beilage**

<Notiz über das Buch Adolphe Empis: „Les six femmes de Henry VIII. Scènes historiques". Paris: Bertrand 1854; nicht ermittelt.>

58. Storm an Fontane, <Potsdam,> <vor dem 12. September 1854> – Abdruck nach H

Liebster Fontane,

Ich komme eben aus dem Gericht, und muß mich ein wenig bei Ihnen erholen. Die Sache wird mir in mancher Beziehung doch recht sauer hier, da mir das breite Anschauungsvermögen für den Bureau-etc-Mechanismus abgeht;

Aus Ihrem Londoner Buch las ich neulich bei Knauffs; es gefiel sehr. Die alte Schwiegermama wollte sich entsinnen die Skizze „Miß Jane" schon früher gelesen zu haben. Sehr gefallen hat uns das Kapitel von dem Piknik und dem Galleriebesuch. Sie schildern eben nicht die Dinge, sondern die Wirkung der Dinge auf Sie den Poeten; insofern gehört ihr Buch bei aller Grundverschiedenheit (weil der Personen) in die Klasse der Heineschen Reisebilder.

Ich bin höchst begierig auf den Erfolg des Buches.

Aber – Theodor Fontane darf nicht wieder wie im dießj. (d. h. auf 1855) Steffenschen Volkskalender Gedichte drucken lassen, die weder gut noch schlecht sind; lieber mal was recht schlechtes, als etwas das so einen soliden Fabrikstempel an sich trägt. Th. F. hat auch ein schlechtes Gewissen dabei gehabt; denn er hat es seinem Freunde verheimlicht.

Ihren Artikel über Pauls ‚Hermen' anlangend, so mache ich Sie aufmerksam

1. auf eine Kritik (kurze) in N. 66 der Europa, worin mit Recht in Betreff der beiden ersten Stücke hervorgehoben wird, wie sehr darin das Musikalische zum Nachtheil des Plastischen vorwiege. Es wird das als unsrer Zeit Angehörig bezeichnet. Die Idÿllen sind hier endlich, und auch als plastisch, hervorgehoben. – Bei einer Besprechung der Hermen halte ich es für die Würdigung des Dichters durchaus erfoderlich auf die Entstehungszeit der einzelnen Sachen hinzuweisen.

2) auf einen Artikel in Gutzkows Unterhaltungen N. 48, „Die deutsche Poesie im philologischen Stadium." Diese Ueberschrift weist schon auf den Inhalt hin. Heise ist

darin allerdings auf eine unanständige Art, dennoch nicht ohne Anerkennung besprochen. Ausgezeichnet darin ist die Charackterisirung von Grimms „Traum u. Erwachen.<“>

Später.

Der Brief hat gelegen; ich muß heillos arbeiten.

Ihr Buch, das ein sehr liebenswürdiges ist, habe ich nun fast durchgelesen. Ladÿ Hamilton hat uns sehr gefallen; meine Frau frug natürlich gleich, was aus ihrer Tochter geworden sei.

H. v. Viedert läßt Sie erinnern, das ihm versprochene Exemplar für ihn zurückzuhalten. Sie müssen sich dafür von ihm den Tourgenieff geben lassen, von dessen „Tagebuch eines Jägers“ nächstens der 1ste Theil (durch meine Vermittlung) bei Schindler erscheinen wird. vViedert scheint mir kein übler Mensch zu sein. Ich habe ihm Theilnahme, namentlich für seine Arbeiten bewiesen; nun ist er fleißig und zeigt mir Alles, und ist dabei von einer kindlichen Bescheidenheit. Viel sehe ich ihn freilich nicht, da ich keine Zeit habe. Er hat jetzt das Tagebuch eines Verrückten von Gogol übersetzt. Schindler zahlt ihm (sub rosa!) die Hälfte gleich, die Hälfte nach Erledigung der Auflage 1 ½ Friedrichsdor a Bogen; doch erscheint vorläufig nur der 1 Band des Tourgenieff, der 11 Skizzen enthält.

Wenn Sie mir einmal antworten, so schreiben Sie doch ob Kuglrs wieder da sind; vor Allem, wie weit Sie mit Ihren Werken gediehen.

Ich möchte bei meinem nächsten Besuch zugleich die Bilderausstellung sehen; das ist aber wohl noch zu frühe.

Ihr
ThStorm

NB.

Auch Gutzkow hebt den Lingg sehr hervor in N 49.

Können Sie am 14 Septb zu meinem Geburtstag zu uns kommen, etwa mit Kind u Kegel? ja? Bedenken Sie, daß ich in der Fremde bin. Kommen Sie, so nehmen Sie mit, was von Wolseÿ od. Schill schon existirt.

Apparat

9 in] ~~X~~ in
20 das als] das $_1|_2$ als
24 N. 48] <*über der Zeile* N. 48>
27 Charackterisirung] <T *überschrieben* C>harackterisirung
27 Erwachen.<“>] Erwachen.
40 Verrückten von] Verrückten $_2|_3$ von

59. Fontane an Storm, <Berlin,> Dienstag, 12. September 1854 – Abdruck nach h (TFA)

Berlin d. 12. Septemb. 54.

Lieber Storm.

Zunächst meine allerschönsten Glückwünsche zu Ihrem Geburtstage! Mög' Ihnen noch manches „Meine Mutter hat's gewollt" und, durch die restierenden 11 Monate hindurch, noch manches Seitenstück zum Oktoberlied glücken; mög' Ihnen Frau und Kind und Schleswig-Holstein und was Ihnen sonst noch am Herzen liegt, allem Tod und Dänemark zum Trotz, erhalten bleiben und mögen Ihnen in Tilsit-Eylau-Riesenburg Tage bevorstehen, die hinter der alten Husumer Garde nicht allzusehr zurückbleiben. Ich hoffe noch 'mal in einer deutschen Literatur-Geschichte zu finden „.... so verschlug ihn das Leben nach Westpreußen; hier wo chaotisch deutsche und slawische Stämme durcheinandergewürfelt sind, fand seine scharfe Beobachtungsgabe den Stoff zu unserer deutschen Musternovelle ... u.s.w."

Was Sie über die Waare im Steffens'schen Kalender sagen ist nur allzu richtig. Es ging aber nicht anders. Loewenstein kam selbst zu mir, bat mich, und da ich gerade dem Kladderadatsch-Redakteur gegenüber alles vermeiden wollte, was vielleicht nach Poetenthuerei geschmeckt hätte, so willigte ich ein. Zwei der Sachen sind ü<*br*>igens gar nicht mal von mir, sondern von Kette, dessen Gutmüthigkeit ich so mißbrauchte wie die meine vorher mißbraucht war. Wenn es Ihnen übrigens nicht langweilig ist die 4 oder 5 kleinen Strophen unter der Ueberschrift „Bianca" noch 'mal durchzulesen, so bitt ich Sie mir gelegentlich Ihre Meinung über dies Gedicht zu schreiben. Es ist doch vielleicht gut. Wenn es nämlich einerseits auch wahr ist daß nur „zum Herzen geht was vom Herzen kommt", so giebt es doch auch glückliche Einfälle, gute Griffe und Würfe, auf denen man ein Goldstück gewinnt auch wenn der Herzenseinsatz keinen Kupferdreier Werth hatte.

Daß Ihnen die Londoner Briefe gefallen, gefällt mir wiederum. Mit den Reisebildern ist doch nur eine theils zufällige theils scheinbare Aehnlichkeit da. Ich will nämlich wirklich eine Art „Guide" geben und bilde mir ein das auch erreicht zu haben. Diesen Zweck hat Heine nie. Ich möchte behaupten, daß mit Ausnahme von ein paar Theatern und der berühmten Barcley'schen Bierbrauerei, alles in meinem Buch beschrieben oder angedeutet ist, was London an Sehenswürdigkeiten aufzuweisen hat. Insofern haben diese Briefe einen ganz praktischen Zweck.

Für die Notizen betreffs der Hermen-Kritik dank' ich bestens.

Kugler's und junge-Heyse's sind Sonntag vor 8 Tagen hier eingetroffen. Alles wohl und munter. Paul trinkt bairisch Bier, bavarisirt sich nach Kräften und schreibt eine Kritik über Storm.

Die Bilderausstellung verlohnt noch keine Reise, vielleicht nach 8–14 Tagen; dann wird auch Menzel's Bild dort sein.

Eggers ist noch nicht zurück, kommt auch erst zum Schluß des Monats.

Gearbeitet hab' ich Einiges, doch steht von Schill und Wolsey noch nichts auf dem Papier. Es werden auch noch 14 Tage vergehn. Aber mit Balladen kann ich fix und fertig aufwarten; ich werde Ihnen eine und zwar „Marie Duchatel" zum Geburtstag schicken. Heut hab' ich keine Zeit mehr zum copiren. Ihr Urtheil und einzelne Winke zur Correctur erwartet dann gelegentlich Ihr

Th: F o n t a n e

Herzliche Grüße an Frau
Constanze.

Apparat

13 Steffens'schen] Steffens<' ⌞B s>chen <*h: TFA*>; Steffenschen <*h: SHLB*>
17 ü<*br*>igens] ürbigens <*h: TFA*>; übrigens <*h: SHLB*>
29 Barcley'schen] Barcley<' ⌞B s>chen <*h: TFA*>; Barclayschen <*h: SHLB*>
42 einzelne] einige <*h: SHLB*>

*60. Fontane an Storm, Berlin, Donnerstag, 14. September 1854

***Beilage**

<Theodor Fontane: „Marie Duchatel"; eigenhändige Abschrift>

61. Storm an Fontane, Potsdam, Sonntag, 11. Februar <1855> – Abdruck nach H

Potsdam, Waisenstr 68.

Sonntag den 11 Febr. ½ 12 Uhr Abends

Soeben, liebster Fontane, siegle ich den Artikel „Theodor Fontane" ein, und lasse ihn morgen gleichzeitig mit diesem Schreiben an seine Bestimmung (das Literaturblatt) abgehen. Er ist mir nicht leicht geworden, obgleich ich bei den Männern und Helden, weil ich übereinstimme, fast wörtlich Ihre Selbstkritik benutzt habe. Ich habe den heutigen und den vorigen Sonntag vollständig dazu gebraucht, denn an andern Tagen kann ich auch nicht einmal eine Feder zu dergleichen ansetzen. So kann ich Ihnen denn jetzt doch wieder frei ins Angesicht sehen, und mag mir bei aller meiner Schuld das vielleicht gut geschrieben werden, daß ich dießmal, um Buße zu thun, eine eigne angefange Sommergeschichte liegen ließ. Mögen Sie denn nur im Ganzen mit mir zufrieden sein. In einem sind wir nicht einig, obwohl durch Mißverständniß Sie glaubten, daß wir es seien. Ich will dieß aber hier so kurz nicht aussprechen; Sie werden sehen.

Und nun eine Bitte! Wir gedenken die Berliner Freunde, wenn Kuglers zusagen, nächsten Sonnabend (von Mittag 2 – Abend 10 Uhr) bei uns zu sehen.

Nicht wahr, Sie machen sich dann um jeden Preis für die Zeit frei und bringen auch, wenn irgend möglich Ihre Frau mit.

Es ist ja vielleicht das letzte mal und das einzige Mal, daß ich Sie so bei uns sehen kann. Denn Gott weiß wo ich bleibe.

Nicht wahr, Sie kommen?

Wir grüßen Sie herzlich!

Ihr
ThStorm.

Apparat

6 fast] <r *überschrieben* f>ast
15 gedenken] geden- $_{1}|_{2}$ ken
16 10 Uhr] <2 *überschrieben* 1>0 Uhr

62. Fontane an Storm, Berlin, Dienstag, 13. Februar 1855. Antwortbrief auf Nr. 61 – Abdruck nach E

Berlin d. 13. Febr. 55

Lieber Storm.

Haben Sie schönen Dank für Ihre freundlichen Zeilen, deren letzter Satz nur, mit einer mystisch gehaltenen Aussicht auf Trennung und Gott weiß was sonst noch, mich stutzig gemacht hat.

Wenn die Sonnabend=Excursion zu Ihnen nicht an Merckels und Kugler's Unwohlsein scheitert, so bin ich (nebst Frau) unbedingt von der Parthie.

Für Ihren Artikel über Th. Fontane unbesehen meinen besten Dank. Haben Sie aber wirklich mich so völlig verkannt, daß Sie nur einen Augenblick glauben konnten, das Ausbleiben dieses Artikels ärgere mich? Ich könnte alle Heiligen zu Zeugen anrufen, daß ich die ganze Affaire bereits vergessen hatte. Wenn ich seit dem 14. September weniger schriftliche Lebenszeichen von mir gegeben habe, so lag das lediglich an Ih-

rem etwas räthselhaften Schweigen, das mich endlich (ich kann sonst einen Puff vertragen) kopfscheu machte und den Glauben in mir festsetzte: der Storm ist durch irgend etwas unangenehm berührt und wünscht keine weitere Intimität. – Sie entsinnen sich, daß meine harmlosen Unanständigkeiten vorhergegangen waren und ich hielt es für möglich, daß ich zum 2. Mal – wenn auch auf andrem Gebiet – einen Bock geschossen hätte, ohne recht darum zu wissen.
So löst sich alles, aber hoffentlich nicht die freundschaftliche Gesinnung zwischen Ihnen und Ihrem

Th. Fontane

Herzliche Grüße und Empfehlungen an Frau Constanze; wenn sich's trifft auch an den Chevalier.

Apparat

6 Merckels] Mer<j *überschrieben* *masch.* k>els <*h: SHLB*>
17 Mal] Male <*h: SHLB*>
19 Gesinnung] (Beziehung) Gesinnung <*h: SHLB*>
23 Chevalier] Chevaliers <*h: SHLB*>

63. Fontane an Storm, Berlin, Donnerstag, 15. Februar 1855. Antwortbrief auf Nr. 62 – Abdruck nach h (TFA)

Berlin d. 15. 2. 55.

Lieber Storm.

Eben nach Haus kommend, find' ich ein Briefchen unsres guten Merckel vor, das die Argonautenfahrt nach Potsdam mehr als unwahrscheinlich erscheinen läßt. Die Familien Kugler und Merckel sind krank, wenigstens reiseunfähig. Nun könnte man zwar im Vertrauen auf die Gastlichkeit ihres tea-pots nöthigenfalls allein kommen, aber ich bekenne Ihnen, daß ich, bei großem Zeit- und Geldmangel, überhaupt nur aus Corpsgeist mitgekommen wäre. Ich fürchte nicht, daß diese Ablehnung auch die Wirthschaft hart mitbetrifft und auf einen Kalbsbraten stößt, der nun 7 Tage lang hintereinander en famille vertilgt werden muß.

An das Zustandekommen einer Rütli-sitzung bei Tannh<*ä*>user's verzweifle ich nun nach gerade; – auch kann's beinah nicht anders sein. Eine ganze Corporation flott zu machen, ist kein Spaß.

Leben Sie wohl, tausend Grüße Ihnen und Ihrer lieben Frau von Ihrem

Lafontaine

Ihre Rezension über mich ist mir noch Geheimniß.

Apparat

9 nun 7 Tage lang] ~~um~~ <*gestrichen* $_B$> ⌐nun $_B$¬ 7 Tage lang <*h: TFA*>; nun 7 Tage <*h: SHLB*>

11 Tannh<*ä*>user's] Tannhaeuser<'$_B$ s> <*h: TFA*>; Tannhäusers <*h: SHLB*>

64. Storm an Fontane, Potsdam, Donnerstag, 14. Juni 1855 – Abdruck nach H

Potsdam den 14 Juni 1855

Am vergangenen Sonntag, liebster Fontane, ist uns endlich und wirklich die langersehnte Lisbeth geboren worden. Meine Frau befindet sich unerachtet der ungewöhnlich leichten Entbindung ungewöhnlich schwächer als bei den andern Kindern; doch geht es jetzt schon besser. Sie hat eine Schwester Marie zur Pflege und außerdem Tag und Nacht eine approbirte Krankenwärterin, so daß wenigstens möglichst für sie gesorgt ist. Wenn nur die Glühhitze nicht wäre!

Mich anlangend so fungire ich bis Ende August als Stellvertreter eines verstorbnen Raths Knauff, eines sehr lieben Menschen; und werde mich mittlerweile um Prentzlau und Perleberg bewerben.

Wollen Sie, lieber Fontane, denn nun um etwa 14 Tage, vielleicht mit Kugler nicht einmal herüber kommen. Wir machen dann etwas in den Wald. Ich mochte in dieser, wenn auch nur äußerlichen, Entfremdung von Ihnen zum Herbst nicht von hier gehen. Bitte thun Sie dazu, daß wir noch einige mal ordentlich zusammenkommen. Glauben Sie doch auch nicht, daß von jener kleinen Differenz zwischen uns auch nur der mindeste Schatten in mir geblieben. Eben damit dieß nicht geschehe, und weil ich nichts derartiges zwischen uns leiden wollte, sprach ich mich ja aus. Es war lediglich der Wunsch Ihnen nahe zu bleiben.

Neulich hatte ich so sicher darauf gerechnet, sie beim Chevalier zu sehen.

Schreiben Sie mir, bitte, gelegentlich, was Sie in poeticis treiben, resp. fertig haben, und ob Sie noch daran denken von Berlin fort zu gehen.

Zu lesen empfehle ich auch Ihnen – wie Kglr – wie Gutzkow sich bei Gelegenheit des Romans „Soll und Haben" v. Freÿtag für alle erlittne Schmach an den Grenzboten schadlos hält – (die beiden letzten Nummern der Untrhaltgn) und im Ganzen muß man den Artikel unterschreiben; nur kann man noch hinzufügen, daß namentlich in der Ausführung der Scenen, wenn sie im Uebrigen auch gut angelegt sind, sich mit wenigen Ausnahmen eine völlige poëtische Impotenz offenbart; dem in mancher Beziehung geistreichen Verfasser fehlt die unmittelbare Anschauung der Dinge und Personen, es ist meist willkührlich und gemacht; lesen Sie nur einmal die Scene, wo die Lenore den Anton Wolfart in ihrem Park herumführt – die gradezu kindisch wird, weil jede Naivität fehlt, ohne die eine solche Scene absolut nicht geschrieben werden kann. – Ich habe hier vollkommen den Schlüssel, weßhalb die Grenzboten mich nicht von Putlitz unterscheiden können.

Von Groths „Vertelln“ schreibt mir der Vleger heut, wird die 2$^{\underline{te}}$ Aufl gedruckt.

Und nun seien Sie und Ihre Frau gegrüßt von uns, und kommen Sie bald nach Potsdam!

Ihr

ThStorm.

Apparat

12 etwas in] etwas $_{1}|_{2}$ in
13 von Ihnen] <*über der Zeile* ⌜von Ihnen⌝>
14 dazu] <g *überschrieben* d>azu
23 erlittne] er- $_{2}|_{3}$ littne
25 namentlich] <*über der Zeile* ⌜namentlich⌝>
32 – Ich <...> können.] <*hinzugefügt* – Ich {...} können.>

65. Fontane an Storm, Berlin, Samstag, 16. Juni 1855. Antwortbrief auf Nr. 64 – Abdruck nach h (TFA)

Berlin d. 16. Juni 55.

Lieber Storm.

Herzlichen Glückwunsch zur glücklich eingetroffenen Lisbeth. Noch dazu ein Sonntagskind! Das wird die famosen Gespenstergeschichten des Papa dermaleinst nicht nur erzählen können, sondern neue erleben, zu Trost und Freude eines Th: Storm der Zukunft. Vor allem wünsch ich dem kleinen Wesen, daß es in der Liebe glücklicher sein möge als die arme Elisabeth, der zu Ehren es doch wohl „Lisbeth“ getauft werden soll. Sollte sich aber das Unwünschenswerthe doch ereignen, so bitt' ich wenigstens um Immensee-Verk<*l*>ärung der lamentablen Geschichte.

Ihre Waage also schwankt zwischen Perleberg und Prenzlau! Gott, wohin führen nicht alles die Wege eines deutschen Dichters! Prenzlau böte vielleicht Stoff und ist eine reiche, behäbige Stadt, aber es erscheint mir wie ein Omen, daß Sie es mit einem tz schreiben. Das kann Ihnen ein Prenzlauer nie vergeben.

Ich komme gewiß noch mal zu Ihnen herüber; aber vermutlich allein und erst nach 4 Wochen. (Ich trinke jetzt Brunnen). Wenn Sie glauben, daß ich, in folge unsres Briefwechsels vom vorigen Sommer, noch einen kleinen Groll gegen Sie im Pökel habe, so halten Sie mich für einen größeren Esel als unbedingt nöthig ist.

Wenn ich Sie sehe, wollen wir über Freytags Roman plaudern. Ich halte es für kein geniales Produkt, aber mit für das beste, was ein Nicht-Genie, unter Berufung (nicht

Nachahmung) großer Vorbilder zu leisten im Stande ist. Wir sind hier durchweg entzückt; auch der nicht leicht zu befriedigende Paul Heyse lobt durch ein eichenes Brett.

In den Pfingstfeiertagen (auf einer Reise und zwar im Städtche<*n*> Luckenwalde) wurde meine Frau von einem Siebenmonatskinde entbunden; – es ist heut vor 8 Tagen wieder gestorben. Es sah natürlich noch „unterirdscher" aus, wie der Kleine, den Sie im vorgen Jahr unter die „Unterirdschen" rangirten.

Meine Frau ist noch sehr angegriffen, erholt sich aber doch allmälig wie's scheint.

Die herzlichsten Grüße an Sie und Ihre liebe Frau und die Versicherung unveränderter Freundschaft von Ihrem

Th: F o n t a n e.

Können Sie mir nicht auf einen Tag die Gutzkowsche Kritik über „Soll und Haben" schicken? Ich würde Ihnen dafür sehr dankbar sein!

Apparat

9 Immensee-Verk<*l*>ärung] Immensee<-V *überschrieben* $_{B}$ v>erkärung <*h: TFA*>; Jmmensee-Verklärung <*h: SHLB*>

19 Berufung] Benutzung <*h: SHLB*>

23 Städtche<*n*>] Städt~~s~~che <*gestrichen* $_{masch.}$> <*fehlt; Textverlust durch Papierausriss*> <*h: TFA*>; Städtchen <*h: SHLB*>

26 vorgen] vorigen <*h: SHLB*>

66. Storm an Fontane, Potsdam, Samstag, 16. Juni <1855>. Antwortbrief auf Nr. 65 – Abdruck nach H

Potsdam Waisenstr 68

16 Juni Abends.

Eben hab ich meine „Angelica" umgearbeitet, um einige Tage schicke ich sie zum Druck ein; so wird sie hoffentlich bald – mit einer in voriger Schwurgerichtssitzung von mir selbst entworfner Deckelverzierung – bei Ihnen ihre Aufwartung machen. Lassen Sie sich wo möglich vor dem Lesen von den Andern nichts darüber sagen. Es wird Sie wenigstens nicht kalt lassen; mich hat's heut Abend wenigstens selbst quanzweise gepackt. –

Anbei die Gutzkowsche Recension. Sie lassen sie mir wohl wieder zugehen, da ich die Blätter binden lasse. In zwei Dingen bin ich instinktiv mit G. zusammengetroffen; ehe ich seine Artikel gelesen, hatte ich mich schon gefragt: wo wird denn hier das deutsche Volk in seiner Arbeit geschildert? (was wirklich an Arbeit in diesem Buch geschildert wird, ist langweilig und poëtisch ganz unberechtigt und irrelevant) – und einige Judenepisoden, sowie die polnische Specktakelgeschichte überschlagen.

Unsre Lisbeth heißt nach der in Immermanns Münchhausen – lesen Sie nur in meinen Gedichten „zur Taufe“; der Name ist seit acht Jahren ausgemacht – sie giebt dem Anschein nach auch Alle Hoffnung, ihrer Pathe an kräftigem Körperbau nachzukommen. Aber – Sie armer Fontane! Möchte Ihnen doch George recht gesund und kräftig bleiben. Ich hatte keine Ahnung, daß dieß Ereigniß auch bei Ihnen wieder vor der Thür sei. Und weßhalb trinken Sie denn wieder Brunnen? – – Auch ich bin übrigens nicht ohne solche Sorge. Hans leidet seit Wochen mitunter an einem heftigen schmerzhaften Herzschlage, was mich, da jetzt so viele Leute an Herzkrankheiten sterben, sehr beunruhigt. Der Arzt sagt, es ist noch kein Herzfehler; er muß aber in Acht genommen werden, daß es keiner wird. Er sagte selbst neulich zu mir, während er seine kleine Hand aufs Herz drückte: „Der liebe Gott kann es nun machen, wie er will; er kann mich wieder gesund machen; er kann es aber auch übel machen, daß ich sterbe.“

So haben wir alle unsre Sorge und unser Leid, und je länger wir leben, desto mehr, so daß es wohl am Ende recht wohlthuend sein wird, sich mit der ganzen Last begraben zu lassen.

Halten Sie doch Wort, und kommen jedenfalls um 4 Wochen, und dann einen ganzen Sonntag; ich wäre gern noch einmal öfter mit Ihnen zusammen.

Hat Biernatzki (Potsd.str. N 50) Ihnen den für Ihre Bibliothek bestimmten „Skebs gardh“ noch nicht gebracht? Sonst langen Sie sich das Buch doch ab!

Schreiben Sie einmal wieder, so sagen Sie mir doch, was Sie geschafft und gedichtet!

Herzlichen Gruß von uns an Ihre Frau! Sie soll aber auf ein ander Mal im siebenten Monat hübsch zu Haus bleiben!

wie immer
Ihr TheodorStorm.

Apparat

5 machen.] machen<; *überschrieben* .>
12 geschildert?] geschildert? ~~und~~
20 trinken Sie] trinken $_1|_2$ Sie
22 schmerzhaften] <H *überschrieben* sch>merzhaften
22 viele] <V *überschrieben* v>iele
23 kein] kein~~e~~
26 aber] <*über der Zeile* ┌aber┐>

***Beilage**

<„Unterhaltungen am häuslichen Herd“, 31. Mai und 2. Juni 1855 (Nr. 35 f.) mit Karl Gutzkows Rezension: „Ein neuer Roman“>

67. Fontane an Storm, Berlin, Sonntag, 22. Juli 1855. Antwortbrief auf Nr. 66 – Abdruck nach h (TFA)

Berlin d. 22. Juli 55.

Lieber Storm.

Weiß der T– daß es mit unsrer Correspondenz nicht mehr recht gehen will! Seit länger als 14 Tagen stehen Sie obenan auf meinem Zettel und jeder Blick auf die bestaubt vor mir liegenden „Unterhaltungen am häuslichen Herde“ ist mir ein Stich in's Herz, aber wiewohl mein Herz bereits aussehen muß wie das Nadelkissen eines wohlbeschäftigten Schneiders, hat doch alles nichts geholfen und der Dankesbrief an Storm ist ungeschrieben geblieben.

Anbei nun also die Doppelration Gutzkowscher Gereiztheit und daß ich's sagen muß! bis zur Dummheit sich steigernder Kleinheit mit bestem Dank zurück. Es ist möglich, daß Sie über den Werth oder Nichtwerth des Freytag'schen Buches ähnlich fühlen, aber jedenfalls hätten Sie Ihre werthen Gefühle besser ausgedrückt. Selbst Kugler, der das Buch mit ungemeiner Befriedigung gelesen hatte, meinte: Gutzkow habe im Wesentlichen (d. h. darin, daß dem Roman der Hinweis auf die höchsten Dinge fehle) recht; aber die Art wie er dies sein Recht ausspricht, bringe ihn um das letzte Jota desselben.

Warum ich aber nun allerhauptsäch<t>lichst schreibe?! Sie kennen die Dresdner Schillerstiftungs-Idee. Das dortige Comité hat sich in letzter Zeit gemüht, hier ein Filial in's Dasein zu rufen. Es wandte sich dabei an einen meiner Kollegen (Dr. Pabst) <*un*>d dieser an mich. Ich brachte die Sache im Rütli zur Sprache (vor 8 Tagen) und gestern constituirten wir uns – d. h. nicht der Rütli sondern die einzelnen Mitglieder – als interimistisches Schillerstiftungs-Comité. Die nächste Sitzung ist am Mittwoch; es werden noch viele folgen. Unsre Bitte geht nun dahin, daß Sie uns wo möglich Ihre Person und Thätigkeit, mindestens aber Ihren Namen (bei zu erlassenden Co<*mité-*> Aufrufen etc.) zur Verfügung stellen. Können Sie am Mittwoch <*ab*>kommen, so werden Sie am Abend desselben Tages 6 Uhr beim Dr. Pabst Hirschelstraße 24 parterre – also in der Nähe des Bahnhofs – ein gern gesehner Gast und im Comité eine nicht genug zu schätzende Stütze sein; jedenfalls aber erwarten wir, daß Sie zu einer dieser Sitzungen, die Ihnen jedesmal angezeigt werden sollen, herüberkommen und bei dieser ersten uns wenigstens durch einige zustimmende Zeilen erfreun. – Wenn ich Sie endlich mal wiedersehe, erzähl ich Ihnen mündlich von meinen Arbeiten und Plänen; bis dahin unter herzlichen Grüßen von mir und Frau an Sie und die Ihrige, wie immer Ihr

Th: Fontane

Der Rütli arbeitet jetzt mit halber und bald nur noch mit viertel Dampfkraft. Kugler ist seit Donnerstag fort, die Gattin nach München, er nach Ruhla. In den nächsten 14 Tagen verschwinden Merckel, Bormann u. Menzel, letztrer – nach Paris. Eggers und ich sind dann alles, wenn Sie nicht mal als Banquo auf einem der vielen leeren Stühle Platz nehmen.

Th. F.

Apparat

9 Anbei nun also] Anbei also <*h: SHLB*>
17 aber nun] nun aber <*h: SHLB*>
17 allerhauptsäch<t>lichst] allerhauptsächtlichst <*h: TFA*>; allerhauptsächlichst <*h: SHLB*>
20 <*un*>d] d <*fehlt; Textverlust durch Papierausriss*> <*h: TFA*>; und <*h: SHLB*>
24 Co<*mité-*>Aufrufen] Co <-A *überschrieben* $_{B}$ a>ufrufen <*fehlt; Textverlust durch Papierausriss*> <*h: TFA*>; Comité-Aufrufen <*h: SHLB*>
25 <*ab*>kommen] kommen <*fehlt; Textverlust durch Papierausriss*> <*h: TFA*>; abkommen <*h: SHLB*>
27 Bahnhofs] Bahnhofs erwartet <*h: SHLB*>
37 Merckel] Merkel <*h: SHLB*>
38 als Banquo] als <*h: SHLB*>

***Beilage**

<*„Unterhaltungen am häuslichen Herd“, 31. Mai und 2. Juni 1855 (Nr. 35 f.) mit Karl Gutzkows Rezension: „Ein neuer Roman“*>

68. Storm an Fontane, Potsdam, Dienstag, 24. Juli 1855. Antwortbrief auf Nr. 67 – Abdruck nach H

Potsdam den 24 Juli 1855.

Dank, lieber Fontane, daß Sie in Betreff der Schiller-Stiftung solcherweise meiner gedacht. Disponiren Sie vorläufig über meinen Namen, und lassen Sie mich später die Comitée-Sitzungen wissen ich werde schon einmal, sobald ich kann, kommen. Augenblicklich bin ich durch den Besuch meiner Eltern, mit denen ich Ende nächster Woche wohl auf einige Tage über Weimar nach Heidelberg reise, verhindert. Aber thun Sie mir nun den großen Gefallen, und kommen einen Tag, während die Alten noch hier sind, mit Ihrer Frau wo möglich, und mit Eggers zu uns; am liebsten auf einen ganzen Tag. Wird das nicht möglich sein? An Merkel hab ich auch deshalb geschrieben; aber er und Kugler sind ja wohl nicht mehr vorhanden.

Ad vocem „Soll u Haben“. – Wenn Gutzk. gereizt schreibt, so ist das einigermaaßen menschlich, da die Grenzboten bei Gelegenheit der Besprechung seiner Sachen nicht allein diese, sondern auch seine Charackter, seine Ehrenhaftigkeit angegriffen; daß wir es etwas anders in gleichem Fall gemacht, kommt mir allerdings fast so vor. Die Sache bleibt doch dieselbe.

Was mich bei dem Buche vorzüglich stört, ist – ich wiederhole es noch einmal – daß dem Verfasser die Fähigkeit der Ausführung sosehr abgeht; er hat nicht die Kraft, was er mit seinem Geiste projectirt, nun auch in seiner Phantasie warm und lebendig zu machen, – wenn etwas, so ist grade dieß auch Pauls schwache Seite – die einzelnen Scenen fallen daher in der großen Mehrzahl matt, trocken, abstract verstandesmäßig, sogar kindisch, wo Näivität noth wäre, aus. Mit einem Wort, er mag ein geistvoller Mann sein; aber was, für mich wenigstens, den Poeten macht, die leibhaftige Anschauung, damit ist's schwach bestellt. Freilich sind dafür viele Poeten wiederum keine geistreichen Leute, und das ist denn eben ein Unglück.

Und nun kommen Sie einen Tag, machen Sie uns die Freude, lieber Fontane.

Constanze grüßt Sie und Frau Emilie bestens

Ihr
ThStorm

<Anschrift>
Herrn Theodor Fontane <|> Berlin <|> Louisenstr. 35.
<Poststempel>
Potsdam <|> Bahnhof. <|> 24 7 * 7–8A <|> 25/7 <|>7–9V

Apparat
10 vorhanden. *<Absatz>* Ad] vorhanden. *<Absatz>* $_1|_2$ Ad
22 Poeten macht] Poeten $_2|_3$ macht
28 ThStorm *<Absatz>* Herrn] ThStorm *<Absatz>* $_3|_4$ Herrn

69. Fontane an Storm, Berlin, Donnerstag, 30. August 1855 – Abdruck nach h (TFA)

Berlin d. 30. August 55.

Lieber Storm.

Nach einigem Schwanken, ob wir nicht ein Uebriges thun und am nächsten Sonntag, in Tannh*<ä>*user's Gesellschaft, die Sanssouci=Fontainen sollten springen sehn, haben wir uns schließlich doch entschlossen fein sparsam zu sein und zu Hause zu bleiben. So nehm' ich denn schriftlich von Ihnen Abschied, eine Sentenz, zu deren Verständniß freilich noch die Mittheilung gehört, daß ich am Dienstag früh über Hamburg nach London gehn und entweder 2 Monate oder 5 Jahre daselbst verweilen werde. Es handelt sich um Gründung einer Art Zeitung und von dem Zustandekommen des Unternehmens hängt mein kürzrer oder längrer Aufenthalt in England ab. Der Rütli sieht also einer abermaligen Vakanz entgegen.

Ich hoffe auch jenseits des Kanals von Zeit zu Zeit ein Wort von Ihnen zu hören und meine Autographen-Sammlung durch neue Storm'sche Schriftzüge erweitern zu können.

Ihnen sei Prenzlau und die 9 Musen hold. Mir aber bewahren Sie ein Plätzchen in Ihrem Herzen. Tausend Grüße Ihnen und Frau Constanzen von Ihrem

Th: F o n t a n e.

Apparat

4 Tannh<*ä*>user's] Tannhaeuser<r'ι$_B$ s> <*h: TFA*>; Tannhausers <*h: SHLB*>
4 Sanssouci=Fontainen] Sanssouci Fontaine <*h: SHLB*>

70. Storm an Fontane, Potsdam, Donnerstag, 30. <August> 1855. Antwortbrief auf Nr. 69 – Abdruck nach H

Liebster Fontane,

Als ich Ihren Brief empfing, dachte ich eine Einladung zu einer Schillerversammlung zu erhalten und freute mich schon darauf. Da ich öffne, ist's ein Abschied. Mir wurde das Herz ganz schwer; mir ist, als hätte ich, als hätten wir was aneinander versäumt. Nun, es kann auch Täuschung sein. So leben Sie denn herzlich wohl! Vielleicht daß wir ja dennoch, später einmal ein Stüchen Wegs zusammengehen können.

Können Sie, so kommen Sie und Ihre Frau noch Sonntag zu uns; ich kann Ihnen viel von Mörike erzählen, den ich dieser Tage in Stuttgart auf 24 Stunden besucht habe.

Jedenfalls – vergessen Sie mich nicht ganz. Meine kleinen Bücher sollen hoffentlich von Zeit zu Zeit erinnern Helfen.

Noch einmal herzliches Lebewohl von Constanze und

Potsdam, den 30. Septb. Ihrem
1855.

Theodor Storm.

<Anschrift>
Herrn Theodor Fontane <|> in <|> Berlin <|> Louisenstr. 35. frei
<Poststempel>
Potsdam <|> 31 <|> 8 <|> 12–1 <|> 31/8 <|> 4–5 Nm

Apparat

7 Sonntag] SonntagS

14 Storm. <*Absatz*> Herrn] Storm. <*Absatz*> $_{1}|_{4}$ Herrn

71. Fontane an den „Rütli", London, Mittwoch, 31. Oktober 1855 – Abdruck nach H

London d. 31.t Oktober 55.
23. New Ormond Street
Queens Square.

Vielgeliebter Rütli.

Wenn Du noch am Leben bist, so erfahre zunächst, daß auch ich mich noch des himmlischen Lichtes freue; freilich nur insoweit als ein respektabler London-Nebel das zuläßt und als überhaupt noch von Freude die Rede sein kann, wenn ein Rütlione ohne Rütli ist.

Die Würfel – um eine Wendung von entsprechend historischer Wichtigkeit zu gebrauchen – sind gefallen und der Rubicon ist überschritten. „Ich bleibe hier!" schreit Ferdinand Cortez (wenn ich nicht irre) und nur insoweit unterscheid' ich mich von ihm, als ich an guter Stelle gelernt habe „daß Vorsicht des Muthes bessrer Theil ist" und in Folge davon mit mir einig geworden bin, die Schiffe nicht zu verbrennen. Ja ich denke sogar, um der Neuzeit wie billig Rechnung zu tragen, eine regelmäßige Dampfschiffahrtsverbindung zwischen New Ormond Street und der Heimath einzurichten und nirgends wird der rascheste und beste meiner Steamer lieber anlegen als an den Werften wo der Rütli seine Pfeife dampft, und Werg zupft und festsitzt wie Pech, zum Schrecken aller wartenden Ehefrauen.

Die Heimath mit der Fremde zu vertauschen (und wenn's auch eigne Wahl wäre! unsre Wahl ist oft nur Zwang) ist immer hart; aber es ist doppelt hart in den Fest- und Freude-wochen, die die Grenznachbarn des alten und neuen Jahres sind. Am 14ten November beginnt für mich der Reigen mit dem Geburtstag meiner Frau und er schließt ab mit dem 19ten Januar, dem Geburtstag meines geliebten und verehrten Lessing. Und dazwischen liegt Weihnachten im Kranze dreier Stiftungsfeste: Tunnel, Rütli und Ellora. Mit meinen Gedanken werd' ich an jedem dieser Tage bei Ihnen sein, an dem einen oder andern auch wohl mit wenigen Zeilen.

Nun aber sei es mir vergönnt das Rütli-Collektivum aufzugeben und jeden einzelnen in's besondre zu begrüßen. Ich wähle die Reihenfolge, die unter uns gilt.

Lieber Anakreon. Brav so! stolz lieb' ich den Rostocker. Ich habe Dir Briefe geschickt in allen Formen, druckbare selbst (wofern Du sie dafür hälst) und sehe noch immer einer Zeile entgegen, die wenigstens den Empfang constatirt. Doch sollt' ich Dir zürnen? Wer weiß, welcher Leibschwabe Dir eben jetzt Deine Stunden stiehlt und wie würd' ich den Antrag zu stellen wagen, dies alt-ehrwürdige Institut um meinetwillen aufzugeben! Aber weg den Scherz. Ernsteres nimmt Deine Zeit gefangen und ich seh Dich im Geiste, neue Bäume pflanzen für die Zukunft. Laß mich die Namen der neuen Vereine wissen, mit deren Gründung Du für diesen Winter beschäftigt bist und wenn das Register zu lang wird, so nenne wenigstens die wichtigsten. – Aber sag an, bist Du nicht eigentlich die Steigerung eines Don Juan! Du zeugst die Vereine, giebst Dich mit ihnen ab und läßt sie laufen. Wann wird ein Leporello, die Dir gebührende Arie singen? Mitunter ist mir bang um Dich; aber wenn Deine Thaten auf der berühmten Waage Franz Moors gewogen werden, wird eine Stimme (vielleicht Lepels, der dann gut situirt ist) durch die Himmel schallen: „Rütligründer“ und bei dem Wort wird es wie ein Centner in die gute Schale fallen und alle Deine andre Vereins-Missethat wird leicht befunden werden wie ein lyrisches Gedicht.

Lieber Immermann. Seit ich Sie nicht sah, sind Sie im Gebirge gewesen und ich auf See; Sie haben Bergluft geathmet und ich bin seekrank geworden. So hat jeder sein Vergnügen. Ich kann nicht leugnen, daß das Ihrige mindestens um so viel höher steht als die Koppe über dem Meeresspiegel. Kann es auch anders sein? Wer unter uns wäre ein feinerer Epikuräer als unser Immermann? Ach, eben jetzt tritt „Onkel Friedrich“ vor mein begehrliches Auge und meldet, daß angerichtet sei. Wir sind unsrer sechs und schreiten paarweis in die Epheustube. Die Kanarienvögel nebenan schauen neugierig zu, selbst der Fuchs spitzt die Ohren. Immermann, in männlicher Selbstverleugnung, kehrt seinen Rücken dem Spiegel zu; neben ihm zur Linken sitzt eine junge Frau in gelber Seide (es ist ihr ein und alles) die das Gelübde geleistet hat bei Immermanns immer ohnmächtig zu werden. Sie neigt sich eben zu ihrem zweiten Nachbar, dessen bewunderter Kopf auf allen Wandgemälden Kaulbachs prangt und über dessen Toilette und Farbenzusammenstellung die Ansichten immer noch in Zwiespalt sind. Er trägt heut die zweite Garnitur: blauer Frack, orange Weste, grüne Krawatte; die saphirne Tuchnadel fehlt, er ist augenblicklich nicht in ihrem Besitz. Wunderbare Worte fließen von seinen Lippen; der Name „Pepita“ kehrt oftmals wieder; er sah sie gestern zum 7ten Male und zwar mit vier Mann Bedeckung, um sie ungestörter genießen zu können. Man schenkt nichtsdestoweniger seinen Worten eine nur getheilte Aufmerksamkeit und seine Nachbarin bittet ihn „einzuschenken“. Zur Linken des bärtigen Schwärmers sitzt die Wirthin des Hauses, auf ihrem Gesicht den Ausdruck der Freude und Herzensgüte; sie erhebt sich eben, um ihrem zweiten Nachbar die letzten Klöße aus der Suppe zu fischen, denn sie ist gut und kennt die Schwächen seines Herzens. Ach dieser Nachbar, wie lange hat er keinen Schwemmkloß gesehn und wie ewig lange ist es, seit er den Lockenwald von Fräulein Clara zum letzten Mal an seiner Seite sah! Stunden vergehn in traulichem Gespräch, endlich kommen die kleinen Gläser mit der ovalen Oeffnung und der Unger giebt dem Feste die Weihe. Immermann aber steht in Blüthe nun, wie das Fest selbst und nachdem er die Ritter vom Geist alle neune (Bände) in den Sand geworfen hat, äußert er seinen Schmerz über das Nichterscheinen des 2ten Argo-Jahrgangs. Trostworte fallen links und rechts; umsonst – bis „Onkel Friedrich" den Kaffe bringt und unterm blauen Dampf der Cigarre, alle Sorgen zu Rauch und Asche werden. Liebe, kleine Immermannsche Diners, was geb ich nicht darum, wenn ich eins davon in London hätte!

Lieber Lessing. Du bist nun zurück von Deinem großväterlichen Geschäft und gehörst wieder der Baugeschichte. Der November ist da, die Bäume sind entblättert, auch der Nußbaum im Garten. Ich habe Dich nicht mehr um die Kaffestunde dort zu suchen; alles still, nur der Wind ist laut und erzählt viel, aber nichts von Literatur. Tod und Winter sind gekommen und nur in Hans'ens Macerirstall ist es nach wie vor lebendig. Wenn ich Dich finden will, so muß ich die berühmte breite Freitreppe des Kugler'schen Hauses hinauf, von der man eigentlich bedauern muß, daß sie keine Gelegenheit hat ihrem eigentlichen Berufe nachzukommen. Sie ist wie erfunden für alle jene Schuldner, die das Bedürfniß fühlen ihre Gläubiger die Treppe hinunterzuwerfen. Im Besitz solcher Treppe braucht man sie nur ihrem Schicksal zu überlassen. Aber da hab' ich Dich. Du reitest auf dem Schreibsessel und siehst mich verklärt an, denn Du hast eben gefunden, daß die untre Hälfte der Memnons Säule um 15000 Jahre älter ist als man gewöhnlich annimmt, ja, daß die unterste Schicht aus einer Zeit herrühren dürfte, wo das Krokodil noch eine dunkle Idee der Schöpfung war und statt seiner, junge, 100 Fuß lange Hydrarchosse am Nilufer Zeck spielten. Aber da klopft Frau Clara zum Thee; und nachdem Du im Wippstuhl weiter gedacht und geträumt hast, erhebst Du Dich endlich wie ein Sieger und singst mit einem Nachdruck, den heute nur der Eingeweihte versteht: „Ich fühle so frisch mich, so jung!" Bleib es, das wünsch' ich Dir und uns von ganzem Herzen.

Lieber Metastasio. Das große Haus, der parkettirte Fußboden und eine Gallerie von Oelgemälden an den Wänden, – da kratzt sich mein bischen Humor verlegen hinter den Ohren (auch dieser Dativ beunruhigt mich) und murmelt vor sich hin: take care, mit Schulräthen ist schlecht Kirschen pflücken. Aber sind Sie denn wirklich Schulrath? Sind Sie nicht vielmehr Metastasio und muß ich Ihnen nicht erzählen, daß ich bei einem alten Antiquar in der Oxford-Straße, Tag um Tag Metastasios sämmtliche Werke ausgestellt finde. Ich kann natürlich niemals dran vorübergehn ohne Ihrer zu gedenken und wenn Sie nicht bereits im Besitz alles dessen sind, womit Ihr Taufpathe Welt und Bühne beschenkt hat, so möcht' ich wohl einmal Veranlassung nehmen mich für die Bücher zu revanchiren, die ich Ihrer Freundlichkeit verdanke. – Ich würde Sie länger festhalten, aber der Zeiger setzt eben ein, – im nächsten Augenblick wird es 8 schlagen und die Geographische wartet nicht. Dr Barth ist ohnehin zurückgekehrt und darf nicht versäumt werden. Er hat in Timbuktu und in

Sanssouci an königl. Tafel gesessen; solche Leute sieht man nicht alle Tage; eilen Sie, eilen Sie; à revoir!

Lieber Rubens.

Auf der Nogath grünen Wiesen
Steht ein Schloß in Preußenland,
Daß die frommen deutschen Riesen
Einst „Marienburg“ genannt.
Mancher gelb-grün-rothe Kleister
Klebt als Bild dort auf dem Stuck,
Endlich, endlich kam ein Meister
Und das war ein großes Gluck.

Ach, ich kenn ihn nicht den Alten,
Den mit Schild und Speer und Schwert
Und mit langen Mantelfalten
Meister Menzel dort verklärt;
Ach, ich würde gerne fragen,
Ist es Albrecht, Salza, Plau?
Doch – kein Buch um nachzuschlagen,
Und ich kenn' sie nicht genau.

„Nun Adieu, Du alter Remter,
A present il faut que j'aille!“
In die Tuilerien kömmt er
Und vor allem nach Versailles;
Ach, er sieht sehr schöne Rahmen,
Schöne Bilder auch dazu,
Vernet und sein eigner Namen
Stoßen an auf Du und Du.

Daß ich, wie's (Ihre Erlaubniß dazu vorausgesetzt) eigentlich meine Absicht war, nicht dazu gekommen bin, mit Ihnen in Paris Bilder zu verschlingen, werd' ich ewig bedauern. Leben Sie wohl und zeigen Sie der Welt bald wieder einmal, was eine Harke ist.

Schenkendorf. Liebster, ältester, ungetreuster. Es ist schändlich, daß Du um Zeising's willen, meiner ganz und gar vergißt. Man soll, um die Lehre von den Verhältnissen zu ergründen, nicht alte, zu Recht bestehende Verhältnisse ignoriren oder ganz vergessen; und selbst wenn „Herodes“ an aller dieser Vernachlässigung schuld sein sollte, so bitt' ich Dich doch zu bedenken, daß ich keiner von denen bin, die in Deinem ersten Akt bereits gemördert werden und keine weitren Ansprüche auf Berücksichtigung haben. Geh in Dich, schreibe, schreibe viel, schreibe nett und vergegenwärtige Dir, daß ich einen Ocean von Dinte bereits ex officio consumirt habe. Die gewöhnlichen Schreibegesetze dürfen unter uns nicht gelten und das Kerbholz alter Kaffeschwestern wirst Du doch zwischen uns nicht einführen wollen. Also!

Und soll ich nun auch, um vollständig zu sein, der auswärtigen correspondirenden Mitglieder gedenken, so schick ich zunächst nach München die herzlichsten Grüße, an Jung-Hölty, den Vater und Dichter, der immer nur wie Banquo's Geist im Rütli saß, versteht sich, ein lachender Banquo mit Grübchen um den Mund und nicht wie Stawinsky mit sieben Heftpflastern im Gesicht. Und nun Tannhäuser! Tannhäuser wo bist Du? Ach, wenn er im Venusberg säße (für den er, glaub' ich, eine leise Vorliebe hat) ich wüßt' ihn nicht schwerer zu finden als in diesem Augenblick. Ich irre durch die Straßen Perlebergs und finde ihn nicht; ich frage in Prenzlau, – man kennt ihn nicht. Und man würd' ihn doch kennen, wenn er da wäre! Wer würde Storm'en nicht kennen? ihn, den Schleswig-Holsteiner, den norddeutschen Mörike, den Sänger von Bulemanns Haus, den Vater mehrer selbstständiger Kinder? – Wo er aber auch weilen mag, ein Vivat für seine Lyrik und den Wunsch, daß im märkischen Sande die Blume weiterblühen möge, die unterm Windhauch der Nordsee so spärlich aber eben drum so kostbar gedieh.

Und nun ein paar Worte zum Abschied, aus denen Sie einigermaßen ersehn mögen, wie meine Angelegenheiten stehn. Am 15ten November werden die ersten Nummern der deutsch-engl. Correspondenz versandt. Morgen erwart' ich meinen Mitarbeiter, einen Dr Wentzel, dessen sich Immermann vermuthlich entsinnen wird. Er ist ein Mann von über 50 und bearbeitete seit 1830 den englischen Artikel in all den verschiednen Regierungsorganen, die wir seit jener Zeit haben entstehn und sterben sehn. Es wird sich zeigen, ob wir wieder etwas zu begraben kriegen. Das Unternehmen hat übrigens mehr Chance als ich erwartete. Scheitert es dennoch, so ist meine Rückkehr auch dann noch mehr als zweifelhaft. Ich werde alles aufbieten, um hier zu bleiben und die Regierung benimmt sich mit einer Splendidität gegen mich, die, wie sie für den Augenblick mich überrascht, mir zugleich die Hoffnung gestattet, daß man auch meine spätren Wünsche und Pläne (wenn nöthig) nicht unberücksichtigt lassen wird.

Diese äußerste Entschlossenheit hier zu bleiben, während mein Herz an tausend Fäden in die Heimath zurückgezogen wird, muß Sie nothwendig überraschen. Aber es ist eben einer jener freien Entschlüsse, die nichts andres sind als Zwang. Hab' ich 5 Jahre hier gelebt, so ist mir um Jürgen weiter nicht bange; meine Berliner Existenz aber war nicht nur dürftig sondern prekär durch und durch. Diese Erkenntniß wirkt wie ein Zwang. Ich habe die 8 gr. Verlegenheiten herzlich satt. Einen Thaler für die Ballade und das Jahr 3 Stück, davon kann man nicht leben. Man träumt und träumt, und hofft und hofft, aber zuletzt wird es Pflicht zu erwachen. Ich bin im Stadium des sich die Augen-ausreibens. Meine Aufgabe lautet jetzt: „aushalten hier!“ und an mir soll es nicht liegen. Es ist eine Schule die ich durchmache; sie soll mir eine Existenz schaffen, <u>aber sie soll mich nicht ändern</u>; denn das fühl ich, daß ich an allen Winkeln der Erde treu bleiben werde der Liebe zur Kunst und zu – Ihnen.

Wie immer Ihr

Lafontaine.

Apparat

18 Ehefrauen. <*Absatz*> Die] Ehefrauen. <*Absatz*> $_{1}|_{2}$ Die
29 lieb’] ~~ich~~ lieb’
34 aufzugeben! Aber] aufzugeben! $_{2}|_{3}$ Aber
36 Gründung] <*über der Zeile* ┌Gründung┐ >
38 Aber sag an, bist] <*über der Zeile* ┌Aber sag an,┐ > <B *überschrieben* b>ist
48 anders sein?] anders $_{3}|_{4}$ sein?
62 nichtsdestoweniger] <*über der Zeile* ┌nichtsdestoweniger┐ >
63 Aufmerksamkeit und] Aufmerksamkeit $_{4}|_{5}$ und
78 wieder der] wieder $_{5}|_{6}$ der
80 viel] <*über der Zeile* ┌viel┐ >
86 man] <er *überschrieben* man>
88 Säule] <S *überschrieben* S>äule
93 Nachdruck] Nach= $_{6}|_{7}$ druck
109 sieht man] sieht $_{7}|_{8}$ man
114 Daß] Da<z *überschrieben* s *überschrieben* ß>
121 Schwert] Schwer<dt *überschrieben* t>
125 Salza, Plau?] Salza <*hinzugefügt* ,> ~~oder~~ Plau?
135 Du. <*Absatz*> Daß] Du. <*Absatz*> $_{8}|_{9}$ Daß
149 correspondirenden] correspon- $_{9}|_{10}$ direnden
152 wie Stawinsky] <*über der Zeile* ┌wie Stawinsky┐ >
159 Wo] <w *überschrieben* W>o
164 15$^{\underline{ten}}$ November] 15$^{\underline{ten}}$ $_{10}|_{11}$ November
167 seit 1830] <*über der Zeile* ┌seit 1830┐ >
167 in all] <*über der Zeile* ┌in all┐ >
172 wie sie] ~~mich~~ <*über der Zeile* wie sie>
173 mich] ~~ebenso~~ <*über der Zeile* mich>
177 zurückgezogen wird] zurückgezogen $_{11}|_{12}$ wird

72. Fontane an Storm, London, Mittwoch, 4. Februar 1857 – Abdruck nach H

London d. 4$^{\underline{t}}$ Febr: 57.
92 Guilford Street.

Mein lieber Storm.

Andächtiger Zuhörer, lassen Sie vorher durch einen Vers uns stärken!

O Heilgenstadt, du heilge Stadt
Die Dichter in den Mauern hat,

Nicht bändereiche, nicht enorme
Doch Storm und seine kleinen Storme,
Die, wenn sie naht die Weihnachtszeit,
Gelesen werden weit und breit
Am Ofen und am Flackerfeuer
Die „Immensee“, die „Hinzelmeier“,
O Heilgenstadt beschütz den Mann,
Daß er noch vieles dichten kann.

Lieber Storm, groß sind Sie als Dichter, aber größer sind Sie als Herausgeber. „Hinzelmeier“ für dessen Uebersendung ich Ihnen herzlich danke, hat mir viele Freude gemacht, aber fast mehr noch hab’ ich mich über die Geschicklichkeit gefreut, mit der Sie dieser Geschichte das Kapitel von dem in’s Unendliche geschossenen Deibel einverleibt haben. Wie die alten Zecher wenn sie Nagelprobe machen, sagen auch Sie: „kein Tropfen darf umkommen“. Da die Tropfen immer gut sind, mache Ihnen daraus einen Vorwurf wer Lust hat, ich nicht. Hinzelmeier ist sehr gut und meine Frau die mir gestern schrieb: „ich liebe solche chikanösen Geschichten nicht; ich war immer drauf und dran dem verd-Krahirius seine alte grüne Brille abzuschlagen“ hat Ihnen eigentlich wider Willen das größte Lob gespendet und den Punkt berührt, der dieser nachdenklichen Geschichte vielleicht am meisten zum Lobe gereicht. Sie interessirt nämlich menschlich. Wir haben es nicht mit Abstractionen, mit Symbolen zu thun, sondern glauben gewissermaßen an die Geschichte wie Kinder an den Inhalt eines Mährchens. Das Büchelchen ist mir leider in diesem Augenblicke nicht zur Hand. Ich las einem Freunde das Kapitel „Meisterschuß“ vor und die Kritik bestand darin, daß er ohne Weitres das Büchelchen in die Rocktasche steckte. Wie sich von selbst versteht, ist es ein gescheidter Kerl; Dummköpfe kritisiren anders.

Den besten Beweis für das rege Interesse mit dem ich die Geschichte gelesen habe, wird Ihnen das geben, daß ich am andren Tage, während ich in die Kaminglut blickte, eine verwandte Geschichte componirte, deren Held „Herr Schablonarius“ sein soll. Die Details hab’ ich alle wieder vergessen, aber der Grundgedanke ist mir noch lebendig und Sie mögen prüfen, ob was draus zu machen ist; ich tret’ Ihnen denselben zum üblichen Kurs (1 Stoff 5 Sgr) bereitwilligst ab. Also: Ein Student im 10.^{t} Semester weiß nicht recht was er werden soll, vorläufig treibt er Dichterei und sündigt Novellen. Die Gestalten darin sind alle nett, aber alle – Schablone. Dies Wort wird nicht gebraucht, aber er selber heißt „Schablonarius“. Er verliebt sich endlich in eine blonde, blauäugige Predigerstochter, die ganz einer seiner Mädchenschablonen entspricht. Die Ehe gestaltet sich nicht glücklich, denn das reizende, lebensvolle Geschöpf, das ihren Mann aufrichtig liebt, ist eben – trotz der Schablonen-Augen – keine Schablone. Dies schockirt aber den guten „Schablonarius“, denn sein ganzer

Apparat, all seine novellistische Berechnung stimmt nun nicht. Endlich wird er krank. Sie pflegt ihn mit Treue. Als er Reconvalescent ist, folgt eine Reihe feinster Aufmerksamkeiten und Züge, von denen Schablonarius als Novellist nie geträumt; einmal fällt er noch in seine alte Dummheit zurück, aber nur auf einen Augenblick. Dies ist die Krisis, er erkennt daß er ein furchtbarer Esel gewesen ist, daß das Leben mehr birgt als seine Schablone und er „umärmelt ihr" und sie leben glücklich. – Ich bilde mir ein, daß die Sache gar nicht ganz ohne ist und wenn ein Storm es nicht unter seiner Würde hält den Gedanken zu acceptiren und ihm seine Gabe der Darstellung zu leihn, so kann vielleicht etwas daraus werden.

Mir geht es passabel. In 2 Monaten hoff ich Urlaub zu erhalten und werde dann wieder 4 Wochen bei den Meinigen leben. Was macht Frau Constanze? was die Familie? Bitte empfehlen Sie mich Ihrer Frau sehr angelegentlichst. Die berühmte Unterhaltung in der Wilhelmsstraße, wo ich mich in Vermuthungen darüber erging wozu ein Frauenschooß <u>nicht</u> da sei, ist nun hoffentlich vergeben und vergessen. Ihnen alles Liebe und Gute wünschend Ihr

Th. Fontane.

Apparat

17 die Geschicklichkeit] d<as *überschrieben* ie> Geschick<*über der Zeile* lichkeit>
19 Wie die] Wie $_1|_2$ die
23 Ihnen] <*über der Zeile* ┌Ihnen┐ >
28 leider in] leider $_2|_3$ in
34 soll.] soll~~te~~.
37 Also: Ein] Also: $_3|_4$ Ein
45 nun] <*über der Zeile* ┌nun┐ >
47 als Novellist] <*über der Zeile* ┌als Novellist┐ >
50 Schablone <…> zu] <*am linken Blattrand, S. 4* Schablone {…} zu>
52 acceptiren <…> Th. Fontane.] <*am linken Blattrand, S. 3* acceptiren {…} er=> <*am linken Blattrand, S. 2* halten {…} wo> <*am linken Blattrand, S. 1* ich {…} Th. Fontane.>

*73. Storm an Fontane, Heiligenstadt, nach dem 12. Januar 1858

74. Storm an Fontane, Heiligenstadt, Samstag, 23. Juni 1860 – Abdruck nach H und HD (Diktat)

Heiligenstadt 23 Juni 1860

Liebster Fontane,

Wir haben lange kein unmittelbares Wort von einander gehört: Hoffentlich sind Sie in Berlin und können mir den Liebesdienst erweisen, warum ich Sie bitten werde. Da ich aber wieder einmal an Magenkrampf leide, so erlauben Sie, daß ich mich einer befreundeten Hand bediene.

<*von fremder Hand* Eine Miss Helene Clark in London hat Immensee in's Englische übersetzt, u ist deshalb mit mir in Verbindung getreten. Da das Honorar bei der Herausgabe zur Hälfte auf mich fallen soll, so kann die Sache allerdings für mich von Wichtigkeit werden. Die Übersetzung, deren Manuscript ich in Händen habe, scheint mir indessen mangelhaft, was zum Theil der Frauenzimmer Natur, (das ist eine Lüge!) zum Theil der englischen Christlichkeit zuzuschreiben sein dürfte. So ist oft ein überflüssiges Adjektif gesetzt, oder statt des einen charakteristischen ein Sammelsurium von andern zu Tage gebracht; der simple gute Mond ist mit Silber beschlagen worden (Silver-moon) u ein einfacher Satz, wie „es schlug die Nachtigal" in den kostbaren „commenced her deliceous warbling" verwandelt, das Kind in ein „angle child" u guardian angle.
Trotz dieser Mängel scheint die Übersetzerin nicht ohne Verständniß, wie mir ein Theil der Lieder-Übertragung zu beweisen scheint; u wegen des bekannten pekuniären Dollpunkts möchte ich die Geschichte nicht fahren lassen. Überdies ist, da von Berlin aus wenigstens eine englische Übersetzung den dortigen Buchhändlern angeboten wird, u ich dies nicht verhindern kann, da ich mir die Übertragung ins Englische nicht vorbehalten habe, – Eile nöthig.
Meine Bitte ist nun die: darf ich Ihnen das Manuscript schicken, (es ist groß u deutlich geschrieben) u wollen Sie es durchsehn, u Ihre Bemerkungen u Änderungen mit Bleistift an den Rand schreiben, u endlich – wollen u können Sie dies in etwa acht Tagen beschaffen?>

Wollen Sie mir diese große Gefälligkeit erweisen? Da Sie beider Sprachen mächtig sind und das Original so genau kennen, so dürfte es ihnen vielleicht nicht zu viel Mühe machen. Darf ich umgehend um ein paar Zeilen Antwort bitten.

Wenn Sie wollen, schreib ich Ihnen das nächste Mal von uns; ich bin heute nicht dazu im Stande.

Ihr
ThStorm.

Apparat

15 worden (Silver-moon)] worden $_{1}|_{2}$ (Silver-moon)
25 Ihre Bemerkungen] Ihre $_{2}|_{3}$ Bemerkungen

75. Fontane an Storm, Berlin, Donnerstag, 28. Juni 1860. Antwortbrief auf Nr. 74 – Abdruck nach H

Theuerster Storm.

Mit Freuden will ich Miss Clark's Uebersetzung durchsehn und Ihnen unumwunden und nach bester Kenntniß meine Meinung sagen. Ich werde weniger auf solche Details achten wie Sie einige citiren (und in Betreff deren ich natürlich völlig Ihrer Meinung bin) sondern werd' es wie eine engl: Original Arbeit durchlesen und nach der Wirkung die das Ganze, wie es da ist, auf mich übt, den größren oder geringren Werth der Uebersetzung bemessen. Ich denke mir, nur darauf kann es Ihnen ankommen. Aeußert das Ganze die bekannte Wirkung auf's Rückenmark, laufen einem die Schauer einmal über das andre den Buckel entlang, so ist es gut und das Imprimatur ohne Weitres zu ertheilen. Ganz auf Ihre Feinheiten und Intentionen wird schwerlich irgend ein englischer Uebersetzer einzugehn im Stande sein. Leute die Ihnen an Talent gleich stehn oder ähnlich und verwandt sind, werden in England in den seltensten Fällen an solche Uebersetzer-arbeit herangehn, es wird deshalb 'mal mehr 'mal weniger gut von der „literarischen Governess“ besorgt, die jenseit des Kanals sehr zahlreich vertreten ist. Wir wollen nun sehn, ob Miss Clark hinter billigen Ansprüchen nicht zurückgeblieben ist.

Immermann, der sich eben zum Rütli bei mir einfindet, grüßt bestens; so auch meine Frau.

Ihnen das allerbeste und Ihren Magenkrampf zu allen Teufeln wünschend wie immer Ihr

treu ergebenster
Lafontain.

Herzlichen Gruß und Empfehlung an Frau Constanze.

Berlin
d. 28. 6. 60.
Tempelhofer Straße
51.

Apparat

8 Ganze die] Ganze $_1|_2$ die
12 seltensten Fällen] seltensten $_2|_3$ Fällen
18 Frau. <*Absatz*> Ihnen] Frau. <*Absatz*> $_3|_4$ Ihnen

76. Storm an Fontane, Heiligenstadt, Freitag, 29. Juni 1860. Antwortbrief auf Nr. 75 – Abdruck nach H

Heiligenstadt 29 Juni 1860.

Nein, Holla! liebster Freund, so ist es nicht gemeint; Original in die eine Hand, Uebersetzung in die andre, und dann hübsch die Geschmacklosigkeiten mit Bleistift angestrichen und das Entsprechende auf die weiße Seite geschrieben! Denn auf diese Dinge kommt es mir grade an. Auch scheint die Uebersetzerin mir einer ernsteren Correctur wohl werth zu sein. Also ich bitte recht sehr; leider bin ich ein so dummer Kerl, daß ich keine Gegenleistungen anbieten kann, wie wir Juristen sonst zu thun pflegen; aber zur Ehre deutscher Poesie und in specie des Rütlis! Auch würden Sie es, mein ich, wenn Sie ans Lesen kommen kaum lassen können, solche delicious warbling anzukratzen. – –

Welche Freude mir Ihre forschen schlanken Schriftzüge machten, kann ich kaum beschreiben; von Ihnen und Eggers, den ältsten Berliner Freunden hab ich so lange nichts gesehen, daß mir ist, als wäret Ihr sämmtlich ausgestorben. Der Alte hat so plötzlich aufgehört etwanige Correspondenz an mich zu übernehmen, daß mir immer ist, als müsse ihm – ich kenne das – plötzlich etwas an mir mißfallen haben. Oder ob es nur die von Ihnen entdeckte Quartalssäuferei ist? Bei der herzlichen Zuneigung, die ich für den alten Anakreon habe, ist es mir immer aufs Neue leid, daß er das Intresse für mich verloren zu haben scheint.

Ihr solltet Euch zum Herbst einmal aufmachen zusammen, und einige Tage Wald- und Bergluft bei uns genießen; die Reise ist von Morgen bis Abend gemacht, die Kosten betragen (3 Classe) im Ganzen 5er hin, desgl. zurück; die Gegend ist sehr schön; durch meinen Freund den Landrath vWussow ist, mich ungerechnet, für beste (sehr amüsante) Gesellschaft gesorgt. Nun?

Vorläufig d. h. in etwa 14 Tgn wollen wir hier im Hause erst unser 5tes Kind vom Storch in Empfang nehmen. Da das das Kapitel unsres Lebens ist, wo bisher immer Sonnenschein gewesen, so wird trotz meiner lieben Constanze Besorgniß hoffentlich Alles glücklich verlaufen.

Wir haben hier in der letzten Zeit sehr gesellig gelebt; der pp Wussow ist ein Mann von vielseitigster Bildung und lebendigstem Geist, dabei ein Gemüthsmensch wie ein Poet; nur fehlt seinem vor Zeiten bei Wigand herausgegebnen socialen Roman (anonÿm) Hedwig Evi denn doch eben das, daß der Vf kein Poet ist. Mit ihm und seiner Familie – er wohnt sehr anmuthig als Miethsmann meines Bruders Otto, der hier eine Kunstgärtnerei begründet hat – draußen vor der Stadt – verkehren wir fast täglich. Außerdem habe ich einen Singverein begründet – beiderlei Geschlechts natürlich – der sich alle Woche einmal bei den Mitgliedern versammelt. So ist denn das Leben in der kleinen Stadt möglichst behaglich eingerichtet; – trotz dem: „En olen Stubben lät sick nich verplanten."

Die kleinen Sachen „Staatshof" u. „Späte Rosen", die ich daneben geschrieben, haben Sie wohl gelesen. Auch habe ich aus allerlei Zuschriften, Compositionen meiner Lieder etc von Zeit zu Zeit gesehen, daß meine Poesie nicht versandet ist.

Schreiben Sie mir nun, bitte, auch mit ein paar kurzen Worten, was Sie jetzt treiben, wie es mit Ihrer Familie Ihrer Frau und Ihrem Georg steht, und wie mit dem Roman <u>Schill</u>!

Grüßen Sie Ihre Frau von uns, und Immermann, den Ollen, den Chevalier, Menzel, Lucae, Lazarus – dem ich ein prosit zu seiner neuen Zeitschrift zurufe – und den ganz Rütli!

Schließlich die Bitte, mir das M.S. baldmöglich wiederzusenden, da es brennt.

unveränderlich Ihr
ThStorm

Kann der letze Vers des Harfenmädchens nicht besser heißen:

To daÿ – to day onlÿ
Am i so fair;
To morrow – to morrow
Brings me despair.
Onlÿ but for this hour
Art thou mine own;
Death will o'ertake me
Alone – alone!

Wenn der Ton nicht auf o'er<u>take</u> liegt – ich weiß das nicht, so müßte vielleicht nach death ein „oh" eingeschoben werden.

Wie hatten doch Sie den ersten Vers von: „Meine Mutter hats gewollt" übersetzt? Den Brief an Schindler, bitte z. Stadtpost!

Apparat

14 übernehmen, daß] übernehmen, $_1|_2$ daß
16 Ihnen] Ihnen ~~de~~
30 fehlt seinem] fehlt $_2|_3$ seinem
30 socialen] ~~hol~~ socialen
46 Rütli! <*Absatz*> Schließlich] Rütli! <*Absatz*> $_3|_4$ Schließlich
52 so] <d *überschrieben* s>o
62 Den <…> Stadtpost!] <*hinzugefügt* Den {…} Stadtpost!>

***Beilage**

<Helen Clarks Übersetzung von Storms „Immensee"; Manuskript>

77. Fontane an Storm, <Berlin, vor dem 1. August 1860>. Antwortbrief auf Nr. 76 – Abdruck nach h (TFA)

Neuigkeits=Bote.

1.) Eggers. Hat am 1. Januar seine Stellung als Feuilleton-Redakteur bei der minist. Preuß. Zeitng aufgegeben. Hielt dann Vorlesungen über Kunstgeschichte vor einem Damen=Publikum und schrieb Polterabendstücke en masse. Gewann den 2. Preis bei einer Tunnel=Concurrenz (Scherenberg den ersten; beide hatten es ehrlich verdient). Reiste nach Hamburg, war viel in Wilkens Keller und rauchte die allerbesten Cigarren. Machte dann längere Zeit Holstein unsicher, namentlich die Gegend zwischen Kiel und Rendsburg. Ging dann nach Kopenhagen um „Thorwaldsen an der Quelle zu studiren" wie er selber sagt, oder in „höhrer politischer Mission" wie andre sagen, oder um der Rasmussen einen antiken Kopf zu zeigen, wie ich vermuthe.

2.) Merckel. Schreibt Brochüren. Ist die letzte zuverlässige Säule des Rütli. Steht nach wie vor in der Dämmerstunde am Ofen und empfängt den Freund „Humor". Seine Frau ist gestern nach Schlesien abgereist. Beide dieselben lieben, gütigen, noblen Menschen wie immer.

3.) Lepel. Vor 2 Jahren war er mit mir in Schottland; im vorigen Jahre (ohne mich) in Schweden. Sein „Herodes" wird jetzt im Druck erscheinen. Immer der alte, treue Freund nach wie vor. Das Produciren scheint abgethan, dann und wann ein Toast c'est tout.

4.) Paul Heyse. Alle 2 Jahre ein Kind, alle Jahre ein Drama, alle halb Jahr eine Novelle. Ich war im Frühjahr 59 fünf Wochen bei ihm. Reizend, liebenswürdig, graziös wie immer, dabei milder, herzlicher, gelten=lassender als früher. Sybel, Schack, Geibel, Ling<g>, Grosse sind sein Umgang. Vielleicht müßte er doch 'mal wieder in andren Boden; aber in welchen? Berlin würde ihm schwerlich gefallen. Den Sinn für das Historisch-Politische hat er nicht, den Sinn für das Preußische und seinen besondren Beruf auch nicht, jeder aber dem <u>dieser</u> Sinn fehlt, kann sich hier nicht wohl fühlen. Es ist keine Stadt für Dichter. Was sich doch derart findet, ist quoique nicht parceque.

5.) Roquette. Mit einer großen wissenschaftlichen Arbeit beschäftigt. Der „Günther" eben erschienen. R. selbst in Eggers frühre Stellung eingetreten: Redakteur des Feuillet. der Pr. Ztg.

6.) Lübke. War mit Lucae ein Jahr in Italien; im vorigen Herbst 8 Tage mit mir in der Altmark (Stendal, Salzwedel, Tangermünde etc.); reist in 4 Wochen auf 2 Monate nach Paris. Populäre Kunstgeschichte eben beendet.

7.) Lucae. Nach wie vor „Bourgeois" und „liebenswürdiger Schwerenöther". Baut Häuser (sehr fein und gut) und leitet den Bau der schönen katholischen Michaels-

Kirche in der Nähe von Bethanien. (Der Plan rührt von Luca<*e*>'s Onkel Soller her, jetzt todt; es ist die bei weitem schönste Kirche in Berlin.)

7.) Lazarus. Ehrenprofessor in Bern; bringt alljährlich 3 oder 4 Monate in Bern zu und hält während der Zeit Vorlesungen dort.

8.) Bormann. Lag im Winter 3 Monate auf den Tod. Erholte sich sehr langsam (Blasenübel) jetzt in Carlsbad.

9.) Menzel. Die letzten Bilder seit „Hochkirch" alle schwach; scheint sich jetzt durch „Friedrichs II<.> Ansprache an seine Generale vor der Schlacht bei Leuthen" wieder 'rausrappeln zu wollen. Riesengroßes Bild, etwa 14 Fuß im Quadrat.

10.) Blomberg. Neures Mitglied unsres Kreises. Der einzige der noch den Poeten vertritt und dann und wann etwas „macht"; die andern alle lahm geworden. Sein Talent sehr schätzenswerth, aber vielleicht ein bischen allzu eklektischer Natur.

11.) Der Unterzeichnete oder „der Gefertigte" wie die Oestreicher sagen. Ging 1855 im September nach England, kam im Januar 1859 zurück. Wurde als „reaktionsverdächtig" bei Seite gesetzt, fungirte 5/4 Jahre als „freier Schriftsteller" und trat dann vor etwa 6 Wochen als Redakteur des englischen Artikels bei der Kreuz-Ztng ein. Der Verachtung eines freien Schleswig=Holsteiners ist er also unweigerlich verfallen. Muß sich drin finden und trägt es mit Fassung. Sie müssen denken: „er war von je ein Bösewicht." – Ich beschäftige mich jetzt ausschließlich mit dem Studium unsrer Mark und habe 2 darauf Bezug habende Arbeiten vor, die mich ohngefähr 10 Jahre kosten und 20 Bände füllen werden. So bricht jeder verschieden in den Tempel des Ruhmes ein, um drin zu verweile<*n, bis man durch andre 'ra*>usgeschmissen wird, Sie wie ein Sonnenstrahl <*oder eine Toledo*>klinge, ich wie ein Frachtwagen. Eines schickt sich nicht für alle.

Nun leben Sie mir schön wohl, empfehlen Sie mich der Frau Constanze angelegentlichst bei der alles gut vom Stapel gehn möge und behalten Sie mich in gutem Andenken.

Wie immer Ihr
Th: F o n t a n e.

Grüßen Sie doch auch Ihren Bruder bestens von mir. Ich seh ihn noch immer vor mir stehn, wie er mir 'mal die Schreckensnacht von Friedericia beschrieb. Sein Leutnant oder Unteroffizier rief ihm im Retiriren zu: „nu, ole Storm give se noch ens". Er schoß; dann begann das Ausreißen im großen Styl. Nun zieht er Blumen. Die Welt ist rund und muß sich drehn.

Apparat

6 Hamburg] H<o *überschrieben* $_{B}$ a>mburg <*h: TFA*>; Hamburg <*E: Pniower/Schlenther I*>

22 Ling<g>,] Lingy, <*h: TFA*>; Lingg <*E: Pniower/Schlenther I*>

35 Luca<*e*>'s] Luc<a *korrigiert zu* $_B$ ä>'s <*h: TFA*>; Lucaes <*E: Pniower/Schlenther I*>
42 „Friedrichs II<.>] „Friedrichs I ┌I $_B$┐ <*h: TFA*>; „Friedrichs II. <*E: Pniower/Schlenther I*>
56 verweile<*n, bis man durch andre 'ra*>usgeschmissen] verweile usgeschmissen <*fehlt; Textverlust durch Papierausriss*> <*h: TFA*>; verweilen, bis man durch andre 'rausgeschmissen <*E: Pniower/Schlenther I*>
57 <*oder eine Toledo*>klinge] klinge <*fehlt; Textverlust durch Papierausriss*> <*h: TFA*>; oder eine Toledoklinge <*E: Pniower/Schlenther I*>

***Beilage**
<*Helen Clarks Übersetzung von Storms „Immensee"; Manuskript*>

*78. Storm an Fontane, Heiligenstadt, vor dem 13. Dezember 1862

***Mit gleicher Sendung**
<*Theodor Storm: „Auf der Universität". Münster: Brunn 1863*>

79. Fontane an Storm, Berlin, Samstag, 13. Dezember 1862. Antwortbrief auf Nr. *78 – Abdruck nach E

B e r l i n d. 13. Dezb. 62
Alte Jacobstraße 171

Lieber Storm.

Es wird wohl nur ein kurzer Brief werden, aber besser ein kurzer als gar keiner. Ich will Ihnen meinen aufrichtigen Dank aussprechen für Ihre jüngste kleine Erzählung, einmal dafür daß Sie, wie ich vermuthen muß, die Uebersendung überhaupt veranlaßt haben, dann für die „Freude in Thränen", die mir auch diese Ihre letzte Arbeit bereitet hat.

Ich ergehe mich nicht in Untersuchungen, auch nicht in Anfragen darüber, ob es in der That Ihre neuste Arbeit ist oder nicht; ob einzelne Kapitel, mindestens einzelne Scenen und Gestalten, längst da waren, oder erst in Heiligenstadt das Licht der Welt erblickten; ich verweile auch nicht dabei eine gewisse Situations= und Entwicklungs=Verwandtschaft zwischen „Immensee" und diesem „Auf der Universität" nachzuweisen; noch weniger such' ich Ihre Verdienste und meine Dankes=Verpflichtung dadurch zu verringern, daß ich darauf aufmerksam mache, wie L o r e der „kleinen Emily", P h i l i p p dem „David Copperfield", der R a u g r a f dem „James Steerforth" und C h r i st i a n dem „Ham" entspricht; – ich lege lieber noch einmal das unumwundene Bekenntniß ab, daß mir Ihre Arbeit bedingungslos gefallen hat und daß ich nur wegen verhältnißmäßiger Bagatellen mit Ihnen streiten könnte. S. 27

darf der alte Beauregard nicht sagen: „wenn ich mein Großvater etc. wäre“. S. 32 und 33 bin ich gegen das „liebäugeln mit der glatten Stahlsohle“ und gegen das „Kalbsknöchlein“. S. 55 fiele der Satz: „Lore, flüsterte ich etc.“ vielleicht besser fort. S. 57 und 58 würd’ ich das „frei reiten“ vermeiden, namentlich das „ich habe mich frei geritten“. S. 79 hätt’ ich den Hieb gegen die „alten Junker“ lieber nicht geführt. S. 116 ist „Stoffvergeudung“ zu naturalistisch für die Empfindungshöhe auf der wir uns bereits befinden. Daß die „lahme Marie“ zweimal so wichtige Dinge und zwar Dinge die sich beim besten Willen nicht kurz sagen lassen, erzählen muß, ist ein leiser Übelstand. Doch glaub ich gern, daß es kaum anders zu machen war; mißlich bleibt aber diese Fülle von Gänsefüßchen doch.
Nun aber bin ich mit meinen kleinen Ausstellungen auch ganz und gar fertig und es bleibt nun nur noch das unbedingteste Lob übrig. Die Charakterzeichnung der Lore, die Motivirung alles dessen was schließlich kommt, kommen muß, ist meisterhaft. In dieser Beziehung steht Ihre Lore höher als Dickens’ „little Emily“ – überhaupt die Art wie die Sache bei Ihnen sich macht und verläuft ist natürlicher, motivirter und dadurch versöhnlicher als bei Dickens. Dabei: ergreifend aber nicht sentimental. Eine wirkliche „Tragödie“ wie sie das Leben täglich spielt, keine Jammergeschichte. Selbst das bloße Ausbleiben des Briefes von Christian und die Gesellen=Nachricht (die mancher vielleicht als zu geringes Motiv ansehen möchte) genügen völlig, denn, das ist eben das Schöne, Ergreifende, Tragische an dieser Lore, daß sie von Anfang an, an den Abgrund gestellt wird, sie schreitet jahrelang an diesem Abgrund hin, aber Abgrund bleibt Abgrund und im entscheidenden Moment genügt ein Schatten, ein Wort, um sie in die Tiefe zu ziehn. Es bedurfte eines Engels um sie zu retten; es war ihr Schicksal, daß dieser Engel nicht erschien. – Die einzelnen Schilderungen und Situationen sind zum Theil das beste, das Sie je geleistet haben. Die Tanzstunde, die ganz famose Schlittenfahrt, das Carrussel, das Aufsuchen des Hauses im Walde, dies Haus selbst bei Tag und Nacht – alles sehr, sehr schön. Meine Frau theilt ganz und gar meine Empfindungen, ja geht noch darüber hinaus. Sie empfiehlt sich Ihnen und Frau Constanzen; so thu auch ich und bin wie immer Ihr alter Stormianer

Th. Fontane

Apparat

1 Dezb. 62] September 62. <*h: SHLB*>
2 Alte Jacobstraße 171] <*fehlt*> <*h: SHLB*>
16 Emily] Em ┌e *masch.*┐ ly <*h: SHLB*>
45 Carrussel,] Caroussell <*h: SHLB*>

80. Storm an Fontane, Heiligenstadt, Samstag, 20. Dezember 1862. Antwortbrief auf Nr. 79 – Abdruck nach H

Liebster Fontane,

Herzlichen Dank für Ihren ausführlichen Brief. Ich hatte die Grüße, die ich auf das Kreuzcouvert geschrieben, auf Anweisung des Postbeamten wieder ausstreichen müssen. Ich hole das jetzt nach und zeige Ihnen mein unverhülltes Angesicht.

Die „Universität" ist diesen Sommer oder vielmehr in der Zeit bis zum Sommer d. J. in allen ihren Theilen entstanden. Mein Allerneuestes ist es nicht; denn es wird ein „Unter dem Tannenbaum" (Wahrheit u. Dichtung) in der Weihnachtsnummer der großen Leipziger illustr. Zeitung (Weber) von mir erscheinen. Lesen Sie es doch!

Mit Ihren Ausstellungen bin ich fast durchgängig einverstanden; ja ich habe sie mir zum Theil selbst gemacht, und begreife selbst nicht, weshalb ich nicht geändert; vielleicht fehlte der letzte Puff, den Sie mir nun gegeben. Leider fürchte ich sind schon 3000 Ex gedruckt. Der Uebelstand mit der lahmen Marie, den ich freilich wohl empfunden aber vergeblich zu ändern gesucht, muß nun wohl für immer daran haften. Das kommt davon wenn man mit „Ich" anfängt.

Was aber die Personen aus Dickens anbetrifft, so gebe ich Ihnen die Versicherung, daß selbst jetzt, wo Sie mich darauf hinführen, ich nicht die leiseste Spur der Erinnerung auch nur an eine derselben in mir heraufbeschwören kann. Ich habe den Copperfield bei seinem Erscheinen, also vor 15 bis 16 oder noch mehr Jahren gelesen; entsinne mich aber nur noch einer Person daraus, nemlich der ersten kleinen kindlich-näiven Frau des Helden; ich meine aber nicht, daß die Emilÿ hieß, auch würde zwischen dieser Figur und der leidenschaftlichen Lore wohl keine Aehnlichkeit gefunden werden können. Uebrigens hat J. Rodenberg auch schon eine Parallele zwischen der Lore und der Dikenschen Emilÿ gezogen.

Gewiß aber ist, daß nichts von allen meinen Sachen eine originalere Stormsche Dichtung ist als eben diese. Die Erinnerung an ein Nähmädchen, die – als ich in Kiel studirte – aus Trotz, weil sie sich von ihrem Liebsten, <*einem*> auf der Wanderschaft befindlichen jungen Handwerker verlassen glaubte, sich den Studenten in die Arme warf (als es zu spät war, kam er auch zurück) gab mir die äußere Veranlassung; mit der Persönlichkeit der Lore hatte sie freilich nicht die entfernteste Aehnlichkeit. Für die übrigen Personen giebt es auch in meiner Erinnerung keinen Anhalt; sie sind rein erfunden. Den Hintergrund bildet, wie Klaus Groth in einer Besprechung des Buchs (im Altonaer Mercur) richtig bemerkt, „die graue Stadt am Meer", Husum. Im zweiten Theil liefert Kiel die Decoration.

Gern hätt ich auch von Ihrer Familie ein Wort gehört, was Ihr Georg macht, der sich, als ich ihn zuletzt sah, so nett herausmachte, und ob er noch mehr Geschwister erhalten hat. Wir erwarten Ende Januar unser sechstes Kind; das <*P*>äckchen wird immer schwerer; doch wird e<*s guten*> Muths getragen. – Der arme Heÿse die arme Mutter! Wie rasch ist dieß Hau<*s ge*>fallen, das auf so gesundem Fundament zu ruhen schien!

Leben Sie wohl für heut, und gedenken Sie beide unser in alter Freundlichkeit.

Heiligenstadt 20 Dezbr 1862.

Ihr
TheodorStorm
z. Z. Kreisrichter.

<*Anschrift*>
Herrn Theodor Fontane. <|> Tempelhoferstr. <|> 51
<*Poststempel*>
Franco Stadtbrf. <|> 23 12 6–7 Nm <|> p<*Textverlust*> <|> 23 <*Textverlust*>

Apparat

13 haften. Das] haften. $_1|_2$ Das
26 – aus Trotz] – aus $_2|_3$ Trotz
26 <*einem*>] <*fehlt; Textverlust durch Papierausriss*>
33 Theil] Theil ~~bildet~~
36 <*P*>äckchen] äckchen <*fehlt; Textverlust durch Papierausriss*>
37 e<*s guten*>] e <*fehlt; Textverlust durch Papierausriss*>
37 Heÿse die] Heÿse <*fehlt; Textverlust durch Papierausriss*> die
38 Hau<*s ge*>fallen] Hau fallen <*fehlt; Textverlust durch Papierausriss*>
45 p <*Textverlust*>] p <*fehlt; Textverlust durch Papierausriss*>
45 23 <*Textverlust*>] 23 <*fehlt; Textverlust durch Papierausriss*>

81. Fontane an Storm, Flensburg, Sonntag, 25. September 1864 – Abdruck nach H

Flensburg d. 25.
September 1864.
(Sonntag)

Geehrter Freund,
Dichter und Hardesvogt.

Sie haben wohl an der Westküste keine Ahnung davon, daß ich nun schon seit 14 Tagen die cimbrische Halbinsel unsicher mache. Jetzt stehe ich als Gewölk über Husum. Eigentlich wollte ich morgen schon bei Ihnen „der keines Ueberfalls gewärtig“ einbrechen, da aber „Diana“ morgen früh nach Sonderburg fährt und Diana speziell meine Göttin ist, so will ich noch zuvor eine Fahrt nach Alsen machen. In Düppel war ich schon früher (Ende Mai).

Danach stünde ich auf Dinstag Nachmittag oder Abend für Husum in Sicht, da ich von der Alsenfahrt nicht vor Dinstag Mittag in Flensburg zurück sein kann.

Meine Absichten in Husum sind folgende:

1. Sie und Ihre sehr verehrte Frau auf eine halbe Stunde zu sehn.
2. In einem Boot wenigstens die nächstgelegene der friesischen Inseln zu besuchen.

Ich bitte Sie nun herzlichst, mich poste restante Flensburg, in zehn Zeilen wissen zu lassen, wie Sie über diese meine Husum-Reise denken.

Es wäre doch möglich, daß auch der allerflüchtigste Besuch meinerseits Ihnen und Ihrem Hause aus irgend einem Grunde nicht paßte, oder daß es unmöglich wäre, einmal im Husummer Gasthof ein Nachtquartier und andren Tags am Husummer Strand ein Boot zur Ueberfahrt nach Nordstrand zu finden; in jedem dieser Fälle würde ich die Reise unterlassen und meinen Besuch bei Ihnen auf andre Zeiten vertagen.

Sie erhalten diese Zeilen hoffentlich morgen Mittag; wenn Sie gleich antworten, muß Ihre Antwort spätestens Dinstag Mittag hier sein und ich kann danach, wenn ich von Alsen zurückkomme, meine Dispositionen treffen.

Mich unter allen Umständen Ihnen und Frau Constanzen angelegentlichst empfehlend, wie immer Ihr ergebenster

Th: Fontane.

Apparat

9 aber „Diana“] aber $_{1}|_{2}$ „Diana“
14 folgende: <*Absatz*> 1.] folgende: <*Absatz*> $_{2}|_{3}$ 1.
20 möglich, daß] möglich, $_{3}|_{4}$ daß
23 jedem] <J *überschrieben* j>edem
26 hoffentlich <…> von] <*am linken Blattrand, S. 4* hoffentlich {…} von>
28 Alsen <…> und] <*am linken Blattrand, S. 3* Alsen {…} und>
29 Frau <…> Th: Fontane.] <*am linken Blattrand, S. 2* Frau {…} Th: Fontane.>

82. Storm an Fontane, Husum, Montag, 26. September 1864. Antwortbrief auf Nr. 81 – Abdruck nach H

Lieber Fontane,

Hand auf's Herz, das ist wirklich eine große Freude. Sie sind natürlich zu jeder Stunde mit und ohne Anmeldung willkommen; leider wohnen wir „eng aber mit Liebe“, so daß, da eine Verwandte auf Besuch ist, die Unmöglichkeit ist, Ihnen Nachtquartier zu schaffen. Aber in den Hotels ist überflüssig Platz, und ein paar Nächte müssen sie hier bleiben. Für den Tag nehmen wir Sie natürlich gänzlich in Beschlag.

Da werden also ein paar Trümmer des seligen Rütli mal wieder zusammenkommen.

Husum 26 Sptb. Ihr
1864. ThStorm
aber Landvogt.

Apparat

6 Sie] <s *überschrieben* S>ie

*83. Fontane an Storm, Berlin, zwischen dem 7. und vor dem 16. Dezember 1864

***Mit gleicher Sendung**

<Theodor Fontane: „Einzug". Entweder als Sonderdruck: Th. Fontane: „Erinnerung an die Einzugsfeier in Berlin am 7. December 1864. Den lieben Vierundsechzigern gewidmet von Fr. Wassermann in Templin". Templin: Wassermann 1864, oder als Ausschnitt aus der „Neuen Preußischen (Kreuz-) Zeitung", Nr. 289, 9. Dezember 1864, oder als Abschrift>.

<Theodor Fontane: „Balladen". Berlin: Wilhelm Hertz 1861>

<Theodor Fontane: „Jenseit des Tweed. Bilder und Briefe aus Schottland". Berlin: Julius Springer 1860>

<Theodor Fontane: „Der Tag von Düppel". Entweder als Ausschnitt aus der „Neuen Preußischen (Kreuz-) Zeitung", Nr. 109, 12. Mai 1864, oder als Abschrift>

84. Storm an Fontane, Husum, Montag, 19. und Dienstag, 27. Dezember 1864. Antwortbrief auf Nr. *83 – Abdruck nach H

Husum 19 Decbr 1864.

Liebster Fontane,

Hol Sie der Teufel! Wie kommen Sie dazu daß ich eine Siegeshÿmne dichten soll! Ja, wenn ich das Glück hätte zum caecum vulgus zu gehören. So aber weiß ich leider – über das Erstere waren wir ja auch einig – daß wir Alles, Beginn des Krieges und etwanige Frucht, lediglich dem Drang der Umstände und nichts dem guten Willen zu verdanken haben und resp. haben werden, höchstens das Erstere dem Drang der Nationalpartei; denn dort waren die Treiber; die Herrn regierenden Junker, die schließlich das Commandowort gaben, waren nur die Getriebenen. Wofür soll ich mich nun begeistern, für den Willen ohne That, oder für die That ohne den Willen? Bei dem Endresultat könnte man etwa noch die Neider der Preuß. Macht preisen; denn nur das wird Preußen ungefressen lassen was ihm von diesen verwehrt wird. – Und dann hol Sie noch einmal der Teufel! Ich soll Herzog Friedrich preisen? Wenn ich Lieder für Herzog Friedrich habe – und ich glaube fast, ich habe sie – so sind sie ganz andrer Qualität. – Ueberhaupt, ich habe den Phrasenkram, aus dem sich diese Welt zusammensetzt, mitunter bis zum Speien satt. – –

Ihr Einzugslied ist so außerordentlich gut, daß ich gründlich dazu gratuliren muß, obgleich der Zipfel der verfluchten Kreuzzeitung aus jeder Strophe heraushängt. Möchten Sie der letzte Poet jener, doch Gott sei Dank und trotz alledem dem Tode verfallenen Zeit sein, worin die That des Volkes erst durch das Kopfnicken eines Königs Weihe und Bedeutung erhält. Ihr – ich sage es nochmals – meisterliches Lied feiert lediglich die militairische Bravour, wodurch der Beifall des Königs – oder Königthums erworben ist, von einem sittlichen Gehalt der That weiß es nichts. Sie hat auch dießmal keinen. Warten Sie nur, wenn ich Ihre Balladen einmal unter meine kritische Feder bekomme!

Und somit, was eigentlich voran hätte stehen sollen, meinen Dank für die schöne Freundesgabe – denn das soll sie sein und bleiben, ob wir auch im geschiednen Lager stehen – für diese beiden Bücher, die so recht zusammengehören. Sie haben übrigens, wie Schiller, ganz die Vortragsweise, die die Jugend fortreißt; mein Ernst hat heut (Sonntag) Vormittag Ihr ganzes Balladenbuch, den Monmouth aus der Argo und dazu einige Kapitel aus dem Sommer in London verschlungen, der wohl geehrt im Regal steht. Mir geht es übrigens ebenso; ich trage die beiden Bücher – obgleich ich eigentlich nicht recht mehr lesen kann – seit ich sie bekommen, überall mit mir herum und habe vorgestern zu allseitiger Freude bei meiner Mutter mehrere Capitel aus dem „Jenseit des Tweed“ vorgelesen. Kann man das reizende Lied des Reimer Thomas zu Ende hören? – Ihre Balladen, für die ich gelegentlich auftrumpfen werde, hatte ich gestern mit auf einer großen Taufe, und ermangelte nicht mit dem Archibald Douglas Eindruck zu machen. Wie lebhaft erinnert mich das Gedicht an das Rütlifest, wo Sie es uns zuerst lasen! Vorbei, vorbei! – – Schicken Sie mir doch auch Ihre märkischen Bücher; ich hätte sie ganz besonders gern, auch so meine Jungen, die durch das Werk von Schmidt u. Burger in der Preuß. Geschichte nicht unbewandert sind. – Sie werden im Lauf des neu beginnenden Jahres hoffentlich dagegen die bei Weber erscheinende Ausgabe der „Drei Märchen“ (Regentrude – Bulemanns Haus – Spiegel des Cyprianus) von mir erhalten können. Da die Reihen immer lichter werden, so lassen

Sie uns gegenseitig doch so viel Lebenszeichen an einander wenden, daß wir uns gegenseitig unsre Bücher schicken.

27 Dezb.

Der Brief blieb liegen; wir haben wieder einmal Weihnachten gehabt. Vorgestern erhielt ich durch Pietsch eine Todesnachricht, die mich obwohl erwartet, tief erschüttert hat. Clara vGossler! Ich weiß nicht ob Sie sie durch Merkels kannten. Es war eine quellreine Menschenseele und mir aufs Innigste befreundet. Noch vor einigen Wochen schickte sie mir ein mir gewidmetes Liederheft (die Sachen sind ausgezeichnet) und schrieb, daß sie mit dem Sterben beschäftigt sei. Seltsamer Weise schreibt P., daß sie noch zuletzt von einer im Preuß. Ministerium über mich ausgebrochnen Ungnade gesprochen u. knüpft daran die Warnung vor Augustenburger Demonstrationen. Da ich nun in dieser Richtung auch nicht einen Finger ausgestreckt, so hat mich die Sache etwas verschnupft. Vielleicht ist es eine Verwechslung mit Bürgermeister Stuhr hier, der dem Herzog e. Adresse überbracht u deshalb vor Zedlitz citirt worden. Wissen Sie etwas Näheres?

Die Namen Piefke etc in Ihrem Düppelliede gehen ganz glatt mit durch. Das Gedicht, das mir sonst wohl gefällt, laborirt vielleicht ein wenig daran, daß es sich nicht recht sei es für den epischen oder für den lÿrischen Ton entscheidet.

Doch jetzt – herzlichen Gruß u. frohes Neujahr von uns Allen; und bleiben Sie ferner gut dem

pp Storm, wie nun einmal beschaffen.

Lesen Sie doch „Von jenseit des Meers“ v. mir in irgend einer neuen Nr. v. Westermanns Monatsheften.

Apparat

12 dann hol] dann $_1|_2$ hol
14 Friedrich habe] Friedrich <*über der Zeile* ┌habe┐ >
21 Lied] <*über der Zeile* ┌Lied┐ >
23 Sie hat auch dießmal keinen.] <*über der Zeile* ┌Sie hat auch dießmal keinen.┐ >
25 bekomme!] bekomme~~n~~!
27 soll sie] soll $_2|_3$ sie
34 vorgestern] <*über der Zeile* ┌vor┐ >gestern
36 die] <*über der Zeile* ┌die┐ >
41 Sie werden] Sie $_3|_4$ werden
60 etc] <*über der Zeile* ┌etc┐ >

*85. Fontane an Storm, Berlin, vor dem 16. Februar 1865

86. Storm an Fontane, Husum, Donnerstag, 16. Februar 1865. Antwortbrief auf Nr. *85 – Abdruck nach H

Husum 16 Febr. 1865

Ja, liebster Freund, ganz neu erschienen sind

1. eine Schleswigholst. Geschichte v. Bremer,
2. eine populäre Schl. Holst. Geschichte v. Cajus Möller Hannover, Rümpler,

die Sie leicht in jeder Buchhandlung bekommen können und die Ihnen jedenfalls bessre Dienste leisten werden, als das weitschichtige Buch von Waitz.

Ueber den Charackter der Volksstämme kann ich Ihnen leider nichts sagen nur von den Friesen möchte ich bemerken, daß ihnen eine vorwiegende Intelligenz, eine ernste fast etwas melancholische Sinnigkeit (untergehender Volksstamm – Ebne – Meer) eigen scheint, und sie namentlich ein besondres Talent für mathemathische Wissenschaften haben, so daß man nicht wenige unter den Hofbesitzern, wenigstens früher, fand die das Landmesserexamen gemacht hatten; einige legen ihnen auch etwas Streitsucht bei. Vergessen Sie nicht, daß wir in Schleswig so gut wie keinen Adel haben, das ist dem Bauer sehr zu Gute gekommen.

Eben habe ich ein dickes Buch „Festgabe für die XI Versammlg deutsch. Landwirthe<“> für Sie durchgesehen, worin angeblich die verschiednen Volkscharackter bei uns geschildert sind. Aber es ist solch ein Schluder, ein solches Nichts, daß sich auch nicht ein Wort davon abschreiben läßt. Vielleicht finden Sie Trost in den beiden vorerwähnten Büchern; mittlerweile will ich sehen, ob ich noch etwas für Sie auftreiben kann.

Meine Novelle „Von jenseit des Meers“ ist glaub ich ein gut Stück Arbeit, die Hauptscene darin scheint mir fast ersten Ranges nur der Schluß soll umgearbeitet werden, da er den tragischen Conflict nicht erschöpft. Es muß ein Schrei unmittelbar von ihr herübertönen. Habe schon sowas im Kopf. Grüßen Sie doch den alten Bormann!

Pietsch hat mir schon von der Begegnung mit dem „liebenswürdigen Menschen“ geschrieben; seltsam, daß Sie sich noch nie getroffen.

Schließlich noch den neulich vergessenen Dank für Ihr Bild, es scheint mir sehr gut, und wir haben es mit Behagen in unser Album eingereiht.

Vergessen Sie doch nicht, mir gelegentlich auch Ihr märkisches Buch zu schicken; das Schl. Holst. demnächst werde ich Ihnen gern erlassen; namentlich wenn es sich dem Gutachten der Preuß. Kronsÿndici anschließen soll.

Ich hätte jetzt nur Eines Lust zu schreiben, was leider Dante schon geschrieben hat, eine „Hölle“

Um die sich Mensch nennt, diese Creatur
In die verfluchten Kreise einzureihen.

Ihr alter

Th. Storm, den ich Sie jetzt auslachen sehe.

Die Briefe stecken Sie wohl gleich in den Postkasten; und setzen, was Sie ja wohl erfahren können, bei dem Dr. Glagau die Adresse. Ich glaub er ist beim Volksgarten beschäftigt. Es handelt sich um zwei Chroniken (Neocorus-Dithmarsch. u Hansen-Sylt) die er geliehen u. zurückgeben soll.

Apparat

10 scheint,] scheint, ~~wo mit sich~~
14 das] da<ß *überschrieben* s>
15 Landwirthe<“>] Landwirthe
16 angeblich] ~~die~~ angeblich
18 läßt. Vielleicht] läßt. $_{1}|_{2}$ Vielleicht
38 Die <…> soll.] <*am linken Blattrand, S. 2* Die {…} soll.>

*87. Storm an Fontane, Husum, Montag, 22. Mai 1865

88. Fontane an Storm, Berlin, Mittwoch, 31. Mai 1865 – Abdruck nach H

Lieber Storm.

Die Nachricht von dem schweren Schlag der Sie getroffen, hat in unsrem Hause wie in dem ganzen Freundeskreise die herzlichste Theilnahme geweckt. Kaum in die Heimath zurückgekehrt, stehen Sie verwaister da, als, so viele Jahre hindurch, in der Fremde. Möge Ihnen Gott die Kraft leihn, so Schweres zu tragen; wie Ihrem Herzen so wird auch Ihrem Hause der Verlust unersetzlich sein. – Die Rosenzeit ist vor der Thür; die heimischen Rosen auch nur ein erstes Mal wieder blühen zu sehn, war ihr nicht vergönnt.

Diese Zeilen werden Sie um einige Tage später erreichen, als sie sollten; aber wir haben erst auf Umwegen (meine Frau begegnete Rosa Stein von ungefähr) von allem was geschehn ist, gehört. Gestern sahen wir auch Pietsch und erfuhren, daß er einen Einlage=Brief zur Post gegeben habe; er ist uns aber nicht zu Händen gekommen. – Möge Kraft und Trost Ihnen in dieser Prüfungszeit nicht fehlen! Wie immer

Ihr aufrichtig ergebenster

Berlin
d. 31. Mai 65. Th: Fontane.

Apparat

4 hindurch] hind<i *überschrieben* u>rch
8 vergönnt. <*Absatz*> Diese] vergönnt. <*Absatz*> $_{1}|_{2}$ Diese

*89. Fontane an Storm, Berlin, nach dem 27. April 1866

***Mit gleicher Sendung**
<Theodor Fontane: „Der Schleswig-Holsteinsche Krieg im Jahre 1864". Berlin: Decker 1866>

90. Fontane an Storm, Thale, Freitag, 22. Mai 1868 – Abdruck nach H

Thale Hôtel Zehnpfund
22. Mai 1868.

Lieber Storm.

Vor 8 Tagen habe ich mich hieher in diese Harzesstille zurückgezogen, wohlweislich zu einer Zeit, wo der Berliner diese Gegenden noch nicht unsicher macht und seine Butterstullen=Papiere noch nicht in den Bodekessel wirft. Es führte mich die Absicht hierher zu ruhn, zu athmen und mit Beschämung sei es gesagt auch zu dichten. Ich nahm nur drei Bücher mit: die Psalmen vom alten David, die Erzählungen eines Großvaters vom alten Scott und die Gedichte von Theodor Storm. In allen dreien hab ich tüchtig gelesen, gestern Abend 2 Stunden lang in Theodor Storm und als mir (ich weiß nicht zum wievielsten Male in meinem Leben) beim Lesen von „Im Herbste 1850", „Ein Epilog 1850" und vor allem von „Abschied 1853" wieder die dicken Wonnethränen übers Gesicht liefen, da nahm ich mir vor Ihnen diesen Brief zu stiften und endlich mal den Zoll schuldigster Dankbarkeit gegen Sie zu entrichten. Ja, lieber Storm, Sie sind und bleiben nun mal mein Lieblingsdichter und ich bin dessen ganz gewiß, Sie haben auf der ganzen weiten Welt keinen größren Verehrer als mich. An der immer mehr oder weniger stupiden Verehrung der blöden Menge kann Ihnen wenig gelegen sein (das ist schon mehr Schindler's Sache) und nichts ist rarer als die Verehrung Berufener, als die Liebe der Concurrenten. Unter diesen pflegen 99 von 100 immer ähnlich zu denken wie Louis Schneider, der einem jungen, Verse=anbietenden Poeten antwortete: „meinen kleinen Bedarf mach' ich mir selber." Was mich angeht, so bin ich minder glücklich angelegt. Meine eigne Mache deckt nicht meinen Bedarf, ich habe noch spezielle Bedürfnisse die ich zu befriedigen außer Stande bin, die ich aber immer befriedigt fühle, wenn ich 3 oder 5 oder 10 Seiten (nicht mehr) in Theodor Storm lese. Je älter ich werde, je mehr überzeug ich mich, daß ebenso fein nüancirt wie die Begabungen der Producirenden auch die Geschmacksbedürfnisse der Genießenden sind und daß die sogenannten großen Poeten die Bedürfnisse gewisser Naturen durchaus nicht decken. Damit ist durchaus nichts gegen die Großen gesagt, sie bleiben die Großen; Bürger ist kein Schiller, Heine ist kein Göthe, Storm ist kein Wieland und doch decken Bürger-Heine=Storm mein Herzensbedürfniß unendlich mehr als das große Dreigestirn. Nicht einmal für die Schönheit des „Königs von Thule“ ist mir das volle Verständniß aufgegangen. Vielleicht (beiläufig bemerkt) ist dies Gedicht um eine Nüance klassischer in Styl und Ausdruck, als einem romantischen Stoffe wohlthut. Ich könnte auch noch andre Gründe geben. Aber ganz geht mir das Herz auf, wenn von Heine ich lese: „sie mußten beide sterben, sie hatten sich viel zu lieb“ oder wenn ich lese: „so soll es wie ein Schauer dich berühren und wie ein Pulsschlag in dein Leben gehn“. Es giebt für mich keinen lyrischen Dichter, der meine Empfindung so oft träfe wie Sie.

Es war mir Bedürfniß Ihnen dies einmal zu schreiben. Wenn die Poeten-Eitelkeit dadurch wächst (viel ist an uns nicht mehr zu verderben) so lassen Sie sie wachsen. Im Allgemeinen entzieht uns diese Zeit auch das bescheidenste Maß von Anerkennung, deren bekanntlich alle Kunst bedarf, um zu leben. Ich würde mich freun, wenn mein Dank der Wassertropfen wäre, der einem neuen Keime Frische und Gedeihen gäbe. – Mit allerherzlichsten Grüßen Ihr

Th: Fontane.

Zöllners sowohl wie wir selbst machen uns von Zeit zu Zeit Vorwürfe, daß wir uns, aller Pflicht und Artigkeit zum Trotz, um den jungen Storm gar nicht gekümmert haben. Aber überhaupt ist unsre Geselligkeit fast eingeschlafen, man sieht sich höchst selten und außerdem kennen Sie ja die schwierigen, umständlichen Berliner Verhältnisse.

Th.F.

Apparat

9 Storm. In] Storm. $_{1}|_{2}$ In
13 Ihnen] <*über der Zeile* ┌Ihnen┐ >
13 zu] <*über der Zeile* ┌zu┐ >
18 gelegen sein] gelegen $_{2}|_{3}$ sein
22 Meine] Mein<*hinzugefügt:* e>
26 der Producirenden] <*über der Zeile* ┌der Producirenden┐ >
27 Poeten die] Poeten $_{3}|_{4}$ die
35 von Heine] <*über der Zeile* ┌von Heine┐ >
39 zu <…> Allgemeinen] <*am linken Blattrand, S. 4* zu {…} Allgemeinen>
41 entzieht <…> wenn] <*am linken Blattrand, S. 3* entzieht {…} wenn>
42 mein <…> Th: Fontane.] <*am linken Blattrand, S. 2* mein {…} Th: Fontane.>
46 Zöllners <…> Th.F.] <*am linken Blattrand, S. 1* Zöllners {…} einge=> <*am oberen Blattrand, S. 1* schlafen, {…} Th.F.>

91. Storm an Fontane, Husum, Montag, 25. Mai und Donnerstag, 18. Juni 1868. Antwortbrief auf Nr. 90 – Abdruck nach H

Husum, 25 Mai 1868.

Haben Sie recht herzlichen Dank, liebster Fontane, – nicht dafür, daß Sie dem Poeten so treu geblieben; denn das möchte ich mir selber zurechnen; aber daß sie dem Menschen eine so warme Theilnahme bewahrten, um ihm das in so frischer und liebenswürdiger Weise auszusprechen. Seltsam, aber erquicklich, daß vor ein paar Monaten Kl. Groth mir fast ganz dasselbe schrieb; auch das, daß die Anerkennung gleich Strebender doch der einzige rechte Lohn sei. Ich stimme übrigens auch darin thatsächlich mit Ihnen, daß ich auch, wo ich wirklich gepackt werde, die Schreibfaulheit mehr als einmal überwunden, und es unverhohlen ausgesprochen habe; denn auch meinen Bedarf deckt meine Mache nicht; auch Sie haben bei mir mehr als einmal decken helfen, wenn mir erhaben balladenmäßig zu Muthe war. „Da wollen wir fischen u. jagen froh, als wie in alter Zeit“ ist ein sehr bekannter Klang in meinem Hause; nie vergeß ich den Abend in dem – Hotel unter den Linden, wo Sie es beim Rütlischmaus so „frisch vom Quell heraus“ zum Besten gaben. Wie viele haben wir seitdem begraben!

Ihr Conflict zwischen den „Großen“ und „Kleinen“ löst sich wohl dadurch, daß die Menschennatur doch wohl mannigfaltig und in sich zu reich ist, um in einer so schlechthinnigen Eintheilung auf zu gehen. Der Eine kann das, der Andre Jenes; Göthe ist z. B. nach meiner Meinung, die wenigen kleinen vielgerühmten Sachen ausgenommen, noch ein rechter Schüler, weit ab vom Meister, in der Lÿrik; in fast allen lÿrischen Gedichten finden sich Stellen, wo er sich quält, wo er entweder über den Ausdruck oder den Gedanken nicht Herr ist, oder wo ihm Empfindung und Anschauung ausgegangen ist. Die alte Göthe-Anbetung (die ich ja in pcto Faust, Iphigenie etc theile) stammt aus einer Zeit wo unsre Lÿrik noch in den Windeln lag; und so hat auch G. sich erst mühsam aus dem conventionellen Bann hervorgearbeitet; er ist aber nur in sehr kleinen Proben der Sache Herr geworden. Lesen Sie von diesem Gesichtspunkt aus mal die eigentlich lÿrischen Gedichte; und Sie werden jeden Augenblick Verse finden, wie: „Weg du Traum, so gold du bist; hier auch Lieb und Leben ist!“ oder „Allein und abgetrennt von aller Freude Seh ich an's Firmament nach jener Seite“. oder „Traur' ich ums verlorne Glück.“ G. hatte, wie die Dichter vor ihm, noch nicht Fähigkeit u. Bedürfniß sein <u>tiefstes</u> und mächtigstes Gefühl in lÿrischen Gedichten – ich spreche streng genommen, nur von seiner Lÿrik – auszusprechen; es sind noch <u>meistens</u>, wie derzeit auch in der Musik, <u>Lieder</u>, nicht Gedichte, die man aus innerer Nothwendigkeit zur Selbstbefreiung – wie G. selbst den Werther – aus sich heraus prägt; sondern Lieder, die man in dem Bewußtsein macht, daß sie Nachmittags in der Kaffeegesellschaft am „buntbeblümten Pantalon“ gesungen werden. Das Naturgefühl aber hat nicht G. allein, sondern gleichzeitig Claudius eben so schön in die Poesie gebracht; beide aber stehen in der Beziehung auf Paul Gerhard u Simon Dach; man findet dort fast dieselben Verse. – Göthes vollendetste Lÿrik steckt im „Faust“.

So – das war ein kritischer Exkurs. Uebrigens wollt ich, ich säße bei Ihnen in Thale; und könnte auch dichten. Aber ich bin gesanglos u. beklommen. Das Letzte meiner Lÿrik finden Sie unter der Ueberschrift „Tiefe Schatten“ im Freiligrath-Album. – – Ich denke an’s Testamentmachen; im Oktober wird wohl eine Gesammtausgabe meiner Sachen erscheinen; ich quäle mich nur um den Titel. „Sämmtliche Werke“ klingt zu großartig; „sämmtliche Dichtungen“ wird Publicus nicht kaufen; das wäre sonst mir das Liebste; man darf nicht mal – aus dieser Rücksicht – den besten Fuß vorsetzen; ja nicht etwa „Gedichte“ oder „Dichtungen und Novellen“; da würden die Leute merken, daß man vielleicht ein Dichter ist, was ihnen bei den „Novellen“ glücklicherweise nicht einfällt. Was meinen Sie zu „Sämmtliche Novellen u. Dichtungen“ (oder „Gedichte“). Sie haben vielleicht in Ihrer Bade-Einsamkeit einen glücklichen Titel-Einfall; und thäten mir, ohne Scherz, einen Gefallen, wenn Sie mir Ihre Meinung darüber mittheilten.

Daß der Hans Ihnen unter den Fingern weggekommen, begreif ich vollständig. Er wird übrigens den Winter auch wohl noch in Berlin bleiben. Paßt es im Lauf der Zeit ein mal, so lassen Sie ihn einmal einen Abend mit Zöllners bei Ihnen sein. Er ist ein urtrefflicher Junge; sein etwas seltsames Wesen ist Folge andauernder Kränklichkeit, die ihn eine frische Jugend so ganz hat entbehren lassen.

Daß ich eine meinem Alter entsprechende Frau wieder in mein Haus geführt habe, wissen Sie wohl; ihr Bruder hat eine Schwester von Constanze zur Frau und ihre Schwester ist meines Bruders Frau; sie selbst ist eine Freundin u. Jugendgenossin von einer meiner sämmtlich im Grabe ruhenden Schwestern. Sie sorgt mütterlich für mein kleines liebes Gesindel; auch hat sie Freude und Verständniß an den Dingen die zu meinem Leben gehören. Es wäre schon Alles schön und gut; aber – das Leben läßt sich nun einmal nicht flicken.

Was übrigens noch den lÿrischen Bedarf anbelangt, so muß ich bei Eichendorf zu Gaste gehn.

„Was sprichst Du wirr wie in Träumen
Zu mir phantastische Nacht!
Es funkeln auf mich alle Sterne
Mit glühendem Liebesblick;
Es redet trunken die Ferne
Wie von künftigen großen Glück.<“>

Das hätte ich vor Zeiten schreiben müssen, wenn – ich's hätte schreiben können. Darum also! In eine solche Abgrund-Tiefe reicht G. nirgends hinab. Eine solche Verschmelzung von Anschauung und Empfindung; ein solches Ausprägen einer schönen mächtigen und für den gewöhnlichen Menschen in Worten gar nicht auszusprechenden Stimmung; ich wüßte nicht was drüber ginge.

Ebenso:

„Aus der Heimath hinter den Blitzen roth
Da kommen die Wolken her" etc

Und diese Sachen hat Rob. Schumann componirt! Haben Sie es noch nicht gehört, so sorgen Sie, daß Sie es hören. Besonders auch das als Quartett für gemischten Chor componirte: „Es zog eine Hochzeit den Berg entlang" mit dem Schluß: „Von den Bergen nur rauschet der Wald und mich schauert in Herzensgrunde." Mein Gesangverein hier konnte sich nicht daran ersättigen.

Mir ist bei Ihrer Poëten-Einsamkeit der lebhafte Wunsch gekommen, das einmal mit Ihnen zusammen zu machen; zu Zweien müßte es noch besser gehen. Vielleicht ließe es sich nächstes Jahr machen.

Haben Sie Hamerlings „Ahasver" gelesen; hat mich doch sehr interessirt; Paul Heÿses Terzinen „Der Salamander" sind aber fast das Beste, was er je gemacht hat.

So – da Sie nun sehen, daß ich ein Mensch bin der antwortet, so schreiben Sie einmal wieder aus Ihrem Poeten-Winkel.

Ihr alter
ThStorm.

18 Juni.

Ja, liebster Fontane, wo stecken Sie denn, wenn Sie nicht in Thale sind? Der Brief ist mit inliegendem Attest des Schulzen zu Thale an mich zurückgekommen; da ich nun Ihre Adr. in B. nicht weiß, so schicke ich ihn auf gut Glück an die Redaction der †zeitung; bitte übrigens um Ihre Berl. Adresse. – Von dem Thema Ihres Briefes ausgehend, füge ich noch hinzu, daß ich vor ein paar Tagen 4 Beilagen der Stuttgarter Allgem. Ztg mit einem langen Artikel über „die Schl.Holst. Dichter" d. h. Groth, Hebbel u. mich unter †Couvert zugesandt erhielt, der in Betr. meiner die kühnsten Behauptungen d. h. in pcto Lÿrik, aufstellt. Was aber mir – abgesehen von der ordinairen Poeten-Eitelkeit wohlgethan hat, ist, daß der Aufsatz, wie Ihr Brief, aus unmittelbarem Herzensdrang hervorgegangen scheint. – Ich habe wenigstens, je mehr die zeugende Kraft des Geistes vor dem nahenden Alter schwindet, desto mehr die Freude zu sehen, daß das Beste, was ich einst gethan, nichts Nichtiges gewesen, sondern noch fort u. fort, ja eigentlich mehr u. mehr der Menschen Herz bewegt. Was will man mehr? Im Uebrigen – ist das Schönste vorüber. –

Und am Ende der Qual alles Strebens
Ruhig erwart ich, was sie bescheert,

Jene dunkelste Stunde des Lebens;
Denn die Vernichtung ist auch was werth.

Mit herzlichem Gruß

ThStorm

Apparat

14 viele] <V *überschrieben* v>iele
15 begraben! <*Absatz*> Ihr] begraben! <*Absatz*> $_1|_2$ Ihr
17 mannigfaltig] ~~zw~~ mannigfaltig
17 um in] um <*über der Zeile* ┌in┐ >
25 mühsam] <M *überschrieben* m>ühsam
28 gold du] gold <g *überschrieben* d>u
31 und mächtigstes] und $_2|_3$ mächtigstes
32 von] von von <*doppelt wegen des Zeilenumbruchs*>
38 stehen in] stehen ~~am~~ in
46 wäre sonst] wäre $_3|_4$ sonst
49 was] was ~~X~~
59 eine meinem] eine~~n~~ meinem
63 mein kleines <…> flicken. Was] mein $_4|_1$ <*am linken Blattrand* kleines {…} flicken.$_1|_5$ Was
73 <u>Glück</u>. <“>] <u>Glück</u>.
75 hinab. Eine] hinab<; *überschrieben* .> <e *überschrieben* E>ine
77 Worten] Worten ~~k~~
88 gehen. Vielleicht] gehen. $_5|_6$ Vielleicht
102 Schl.Holst. Dichter“] Schl.Holst. ~~Artikel~~ Dichter“
110 vorüber. –] vorüber<, *überschrieben* .> ~~und~~ –

92. Storm an Fontane, Husum, Samstag, 17. Oktober 1868 – Abdruck nach H

Husum 17 Oktober
1868

Liebster Fontane,

natürlich „dieser Adler ist dir nicht geschenkt!“ ich meine die beifolgende Gesammtausgabe; sondern Sie haben Sie mit einer Besprechung in dem Ihnen zur Handstehenden Blatte zu bezahlen! Unter diesem Blatt verstehe ich die Kreuzzeitung, meine alte Liebe.

Ernstlich – Sie thun mir doch den Gefallen? Ich habe immer darauf gehofft, für meine Gesammtausgabe einmal meine Söhne studiren zu lassen. Nun kommen die wohlfeilen Classikerausgaben, so daß die Buchhändler keine theuren Bücher mehr machen dürfen; und dann hab ich meine beiden ältsten Söhne jeden 8 Wochen im Bade gehabt. Da wäre denn eine 2<u>te</u> Auflage sehr erwünscht. (Diese ist 2000 Expl., Honorar 1000<u>r</u>, Ladenpreis 3 Thlr 20 sgr.). Also – reden Sie einmal ein Wort von mir; die Verschiedenheit unserer Lebensanschauung braucht ja dabei nicht verleugnet zu werden. Sie können meine ich mit gutem Gewissen ein anerkennendes Wort über die Ausstattung sagen; den – sehr billigen – Preis hinzuzufügen halte ich für sehr nützlich.

Sollten Sie die 3 Märchen Regentrude, Spiegel des Cyprianus, Bulemanns Haus nicht kennen, so bitte ich dringend sie zu lesen; ich glaube sie sind vom Besten, was ich gemacht, und deshalb schätzenswerth, weil nichts so spärlich in unserer Literatur vertreten ist, als – der Ausdruck sei gestattet – das Kunst-Märchen, was freilich in der Natur der Sache liegt. Mosens Waldmärchen in seinem „Congreß v. Verona“ und Gerstäckers wundersames „Germelshausen“ (diese vor einigen Jahren im Thüringschen Volkskalender erschienenen 20 Seiten wiegen alle übrigen Bände dieses Autors auf) sind das einzig Bemerkenswerthe was ich in dieser Beziehung aus dem letzten Vierteljahrhundert kenne. Ich hatte mir lange einige Fähigkeit nach dieser Richtung zugetraut; aber es dauerte 20 Jahre, bis mir plötzlich diese 3 Sachen fast miteinander kamen. Sie sind einschließlich des Stoffes ganz mein eigen. Der Cÿprianusspiegel – lesen Sie den zu erst – ist daraus entkeimt, daß ich meinen Hans als er ein Kind war, sich einmal in einer dunklen Mahagoni-Commode spiegeln sah, was mir einen fremdartigen Eindruck machte; außerdem ist Cypr. der Name eines nordischen Zauberers, von dem Bücher in den Gewölben des Plöner Schlosses angekettet liegen; auch klingt die Volksromanze v. der Gräfin von Orlamünde einmal an. „Bulemanns Haus“ ist lediglich aus dem darin angeführten Volksreim, namentlich aus dem graulichen Klang des Namens „Bulemann“ herausgesponnen; die Regentrude ist ganz aus der Luft gegriffen; später hab ich in Mannhardt’s nordischer Mÿthologie gesehen, daß ich gar nicht so übel mich mit der Theogonie abgegeben.

Jetzt scheint’s aus zu sein mit meinem Dichten; von dem Rest des ganzen vollen Lebens, das mein gewesen, sind im Frühling v. J. noch „St Jürgen“ und die „Malerarbeit“ geschrieben. Jetzt hab’ ich mit der Gesammtausgabe mein Testament gemacht.

Leben Sie wohl, liebster Freund, und grüßen Sie von mir auch die Ihrigen, Ihre Frau und den George, der ja nun auch ein großer Kerl ist.

Ihr

TheodorStorm.

Apparat

13 1000$^{\underline{r}}$] 1000$^{\underline{r}}$)
15 können meine] können $_{1}|_{2}$ meine
26 mir lange] mir $_{2}|_{3}$ lange
28 Der] ~~Ja~~ Der
30 spiegeln] <S *überschrieben* s>piegeln
38 Rest des] Rest $_{3}|_{4}$ des

Mit gleicher Sendung
<*„Theodor Storm's sämmtliche Schriften". Band 1–6. Braunschweig: Westermann 1868*>

93. Fontane an Storm, Berlin, Freitag, 6. November 1868. Antwortbrief auf Nr. 92 – Abdruck nach K

Berlin d. 6. Novemb: 68.
Königgrätzer Straße 25.

Theuerster Storm

„Storms sämmtliche Werke" 6 Bände à 3 <*rth*> 20 Sgr (allerdings sehr billig und beinah schon eine Garantie des äußerlichen Erfolgs) sind vor etwa 8 Tagen hier bei mir eingetroffen und haben mich durch Erscheinung und Inhalt – so weit ich bis heute lesen konnte – erfreut. Mit Vergnügen schreibe ich darüber in unsrer Zeitung, deren Chefredakteur – was in beginnender Kammersaison etwas sagen will – mir eine halbe Spalte Raum, also 70 bis 90 Zeilen bewilligt hat. Da ich ja das Meiste kenne, so werde ich das was ich zu sagen habe, bald sagen.

Von den drei neuen Märchen habe ich den „Spiegel des Cyprianus" gelesen. Es befriedigt mich nicht ganz. Vorzüglich ist die Figur des Hager und erschütternd die Scene, wo Cuno durch Hager ermordet wird. Dies Rufenhören unten im Keller – so schreibt nur ein Poet. Dennoch berührt das Ganze nicht natürlich genug. Um noch von Bagatellen zu sprechen, so hätte ich nicht die Namen Wolf und Cuno gewählt und das Wort „speculum" zu Anfang der Geschichte und mit Rücksicht auf den unfruchtbaren Zustand der Frau, hat geradezu etwas – Beängstigendes. Vielleicht sind Sie darin unbefangener; aber alle Mediciner und Berliner sind es nicht.

Unter den Gedichten habe ich mit Bewegung die 5 Lieder gelesen, die die Ueberschrift tragen: „Tiefe Schatten". Das zweite ist die Perle; makellos, zum Herzen gehend. Dem dritten, das auch ganz die Elemente hat erschütternd zu wirken, fehlt es, wie äußerlich, irgend wo. Ich wollte schreiben: es liegt am Mittelstück; nun les' ich es eben noch mal durch und möchte vermuthen es liegt am „Doch" (4. Zeile von unten) und „Aber" (2. Zeile von oben). Das einfache Bild wird dadurch gestört und nachdem wir im ersten und zweiten Theil eine Art Antithese – lassen Sie mal das Wort gelten – gehabt haben, leitet das „Aber" abermals, wenn auch nur mittelbar, eine Antithese des dritten Theils gegen den zweiten ein. In dem ersten Liede (S. 156) befriedigt mich die letzte Strophe nicht. Dasselbe gilt von dem „Beginn des Endes" oder richtiger ist es hier die letzte Zeile, die ich in dem sonst so schönen Gedichte anders wünschte. Der Zauber dieses Liedes ist nämlich das Ahnungsreiche, Andeutungsvolle, zu dem der überdies noch etwas triviale „Pfeil des Todes" in seiner Deutlichkeit nicht recht passen will. Ersehen Sie aus diesen Bemerkungen, die natürlich nur unter uns gemacht werden, meine alte Verehrung für meinen Lieblingslyriker Storm.

Wie immer Ihr aufrichtig ergebenster

Th: Fontane.

Apparat

4 3 <*rth*>] 3 ┌*Zeichen für Reichstaler* T┐
26 das <...> zweiten] <*am linken Blattrand, S. 4* das {...} {im *überschrieben* des} dritten {...} zweiten>
27 ein. <...> ich] <*am linken Blattrand, S. 3* ein. {...} ich>
29 in <...> triviale] <*am linken Blattrand, S. 2* in {...} triviale>
31 „Pfeil <...> Th: Fontane.] <*am linken Blattrand, S. 1* „Pfeil {...} Th: Fontane.>

94. Storm an Fontane, Husum, Samstag, 21. November 1868. Antwortbrief auf Nr. 93 – Abdruck nach H

Husum 21 Novb
1868.

Liebster Fontane,

haben Sie Dank für Ihren Brief, und, wenn möglich, schicken Sie mir ein Exemplar Ihrer Zeitung, worin der betreffende Artikel steht. Sollte er noch nicht gedruckt sein, so wäre es, wenn er practischen Nutzen schaffen soll, wohl an der Zeit, da die Leute anfangen ihre Weihnachtsbücher zu kaufen.[F]

In Betreff Spiegel Cÿprianus kann ich nur sagen, daß ich ihn wie auch die 2 andern Märchen mit innerm Behagen u. ohne allen Zwang geschrieben; ich meine auch daß Ton u. Inhalt stimmen. Es ist darin, wie ich in der Vorrede zur Separatausgabe sagte, der vornehmere Ton der Sage (im Gegensatz zum Märchen) eingeschlagen. Mit Ihrer speculum-Bemerkung sehe ich Sie leibhaftig vor mir. Wie specifisch berlinisch ist dieß monitum.

In N 3 „Tiefe Schatten" mag das „Aber" vielleicht nicht klar genug sein; ich habe es, wie es ja auch wohl gebraucht wird, für „desungeachtet" gesetzt. – Die letzte Strophe in N 1 aber ist Keim und Spitze des Ganzen; in dem dunkeln Schmetterling verkörperten sich damals unwillkührlich meine Gedanken, die in jenen Nächten, wenn ich schlaflos lag, immer drunten in der Gruft um den bekränzten Sarg waren. Auch poetisch befriedigt mich die Strophe ganz. Ebenso wenig kann ich das Monitum in Betreff des „Pfeil des Todes" gelten lassen. Diese Vorstellung ist allerdings eine geläufige, althergebrachte, schon vom Ferntreffer Apollo her, der die Kinder der Niobe tödtet; aber es ist nicht trivial und bildet den nothwendigen Ausgang des Gedichts.

Denn der Inhalt, oder Vorwurf, ist nicht die Ahnung an sich, sondern die unruhige Ahnung die zur vernichtenden Gewißheit wird.

Sehen Sie sich nun die Sachen nur noch einmal an.

Ich sitze hier in einem rechten Poëten Zimmer, das ich mir diesen Sommer gebaut habe. Geschnitzte Holzdecke, Eichen-Bücherwandschrank, rothe Wände voll guter Kupferstiche, ein Fenster nach Osten auf mein Gärtchen hinausgehend; aber, der darin sitzt, ist kein Poet mehr, nur noch ein Amtsrichter und ein Schulmeister für seine Kinder.

Morgen soll ich nach einer unsrer Inseln, um gegen den dortigen Pastor, der – so scheint es – erst sein kleines Dienstmädel verführt, und sie dann, da sie die Geschichte offenbart, nicht hat zur Beichte lassen wollen, die Disciplinaruntersuchung zu führen; zu welchem Ehrenamt man mich besonders passend erfunden.

Gott besser's!

Ihr alter
ThStorm.

[F]Es wäre auch wohl practisch den Ladenpreis anzugeben.

Apparat

11 Mit Ihrer] Mit $_{1}|_{2}$ Ihrer
16 aber] <*über der Zeile* ┌aber┐ >
24 vernichtenden] vernichte<t *überschrieben* n>den
26 Sommer] So<nn *überschrieben* mmer>~~abend~~
27 Eichen-Bücherwandschrank] Eichen-Bücher- $_{2}|_{3}$ wandschrank
38 [F]Es <…> anzugeben.] <*am linken Blattrand, S. 1* [F]Es {…} anzugeben.>

95. Storm an Fontane, Husum, Donnerstag, 16. November 1876 – Abdruck nach K

Husum, 16 Novbr 1876

Liebster Fontane!

Gleichzeitig mit diesem ersuche ich Westermann Ihnen meine nova d. i. Bd 7–10 der Gesammtausgabe und die Separatausgabe der drei Novellen „Ein stiller Musicant“ (gleich viola tric. mit allereigenstem Herzblut geschrieben) „Psyche“ u. „Im Nachbarhause links“ zuzustellen. Sie thun's wohl aus alter Freundschaft und besprechen dieselben zeitig vor Weihnacht in Ihrer Voßischen. Pietsch könnte mir dann ja in der Schlesischen denselben Dienst leisten.

Vor etwa 6 W. hörte ich, es würde ein Roman im „Daheim“ von Ihnen erscheinen. Ich bestellte das Blatt vom neuen Jahrgang an, fand aber nur einen unlesbaren Bandwurm von Louise François. Wo ist denn Ihr Roman zu haben?

Haben Sie Bd I–IV der Gesammtausgabe? Wenn Sie es wünschen, werde ich sie Ihnen schicken lassen. Vielleicht geben Sie mir dann gelegentlich einmal Ihre Wanderungen in der Mark; ich begnüge mich gern mit einem ungeb. Expl.

Mein „Aquis Subm.“ soll Ihnen auch zugehen, sobald es da ist.

Von Pietsch höre ich, daß sie Freude an Ihren Kindern haben, und ich schätze Sie glücklich deshalb, was sonst auch das Leben bringen mag.

Wie es bei mir ist, wird P. Ihnen erzählt haben. Bitte schreiben Sie mir einmal; und grüßen Sie Ihre Frau!

Ihr alter
ThStorm.

Mit gleicher Sendung

<*„Theodor Storm's gesammelte Schriften“. Bd. 7–10. Braunschweig: Westermann 1877*>

<**Theodor Storm: „Ein stiller Musikant, Psyche, Im Nachbarhause links. Drei Novellen“. Braunschweig: Westermann 1876*>

96. Fontane an Storm, Berlin, Sonntag, 14. Januar 1877. Antwortbrief auf Nr. 95 – Abdruck nach H

Berlin 14. Januar 77.
Potsd. Str: 134. c.

Theuerster Storm.

Einliegend ein Ausschnitt aus der heutigen Sonntagsnummer der Vossischen Zeitung. Ich hätte die kleine Besprechung, Ihrem Wunsche folgend, gern vor Weihnachten geschrieben; allerhand pressante Arbeit ließ mich aber nicht dazu kommen. Es ist dem Absatze dadurch schwerlich Abbruch geschehn; abgesehen davon, daß Storm immer gesucht ist, auch ohne daß man das Publikum daran erinnert, bin ich, im Gegensatz zu einigen Praktikern, fest überzeugt, daß die 14 Tage vor Weihnachten erscheinenden Besprechungen, im günstigsten Fall den Werth einer Buchhändler=Anzeige haben. Die Masse läßt das Einzelne verschwinden; Hunderterlei wird gelobt, und der Zufall oder die Pausbäckigkeit entscheidet. In dieser ist aber die Annonce am größten.

Mein Roman wird im „Daheim“ erscheinen, aber erst (frühstens) vom 1. Juli ab. Ich arbeite mit großer Lust daran, die selbst dadurch nicht getrübt wird, daß ich schon jetzt im Geiste die tadelnden Kritiken lese, tadelnd das was ich selbst als schwach oder tadelnswerth erkenne und doch nicht ändern kann. Schinkel, als ihm in der Schule Blumen und Vögel als Vorlegeblätter gegeben wurden, sagte: „ja, das ist ganz gut, aber Blumen und Vögel sehen doch noch anders aus." Dies Gefühl werd' ich dem Meisten gegenüber, was producirt wird, nicht los, und hab es sehr stark auch im Hinblick auf meine eigenen Pappenheimer. Oft denk ich an das, was Sie mir vor länger als 20 Jahren über Liebeslieder sagten, wahre Weisheitsworte; aber es läßt sich mutatis mutandis auf alles anwenden, was geschrieben wird. Die Wahrheit des Lebens wird nur selten getroffen; es fehlt der Inhalt, noch häufiger die Form. Unter Form versteh ich das, was Sie in Aquis submersus erstrebt und vielfach auch erreicht haben. Aber wie wenige sind da, die vorgeschritten genug wären, sich auch nur die Aufgabe zu stellen. Meine Frau dankt für Ihren Gruß und erwiedert ihn herzlich.

In unveränderter Anhänglichkeit Ihr

Th. Fontane

Apparat

8 ich, im] ich, $_1|_2$ im
10 im günstigsten Fall] ~~nur~~ <*über der Zeile* ⌈im günstigsten Fall⌉ >
13 größten. <*Absatz*> Mein] größten. <*Absatz*> $_2|_3$ Mein
18 als Vorlegeblätter] als $_3|_4$ Vorlegeblätter
21 Sie] <s *überschrieben* S>ie
23 mutandis <...> es] mu- <*am linken Blattrand, S. 4* tandis {...} es>
24 fehlt <...> erstrebt] <*am linken Blattrand, S. 3* fehlt {...} erstrebt>
25 und <...> Aufgabe] <*am linken Blattrand, S. 2* und {...} Aufgabe>
27 zu <...> Th. Fontane] <*am linken Blattrand, S. 1* zu {...} Th. Fontane>

***Beilage**

<*Theodor Fontane: „Theodor Storm's Gesammelte Schriften". In: „Vossische Zeitung", 14. Januar 1877, Sonntagsbeilage, Nr. 2; Zeitungsausschnitt*>

97. Fontane an Storm, Berlin, Samstag, 2. November 1878 – Abdruck nach H

Berlin 2. Novbr. 78.
Potsd: Str: 134. c.

Lieber Storm.

Daß ich überhaupt einmal an Sie schreibe, ist nur in der Ordnung; aber die Veranlassung! Diese nennt sich Paul Lindau. Er ist die Veranlassung, aber doch auch nicht mehr; er hat mich zu diesen Zeilen nicht aufgefordert, ich habe mich dazu erboten. Sie errathen nun wohl schon; es handelt sich um Ihre Mitarbeiterschaft für die

„Gegenwart“ und „Nord u. Süd“. Besonders für das letztre. Lindau entbehrt schmerzlich Novellistisches aus Ihrer Feder. Dies wissen Sie auch. Es ist also klar, Sie wollen nicht für ihn schreiben, weil Ihnen der Mann aus diesem oder jenem Grunde mißfällt. Hierzu möcht' ich mir nun die Bemerkung erlauben, daß er, soweit sein Leben, sein Charakter, sein Auftreten in Betracht kommt, ohne Noth, jedenfalls über Gebühr verketzert wird. Ist er Ihnen schriftstellerisch widerwärtig, trifft Ihre Abneigung Dinge, über die Sie selbst zu Gericht sitzen können, so schweig' ich, gilt es aber dem Menschen, den seine Neider in ganz unwürdiger Weise verklatscht haben, so bitt' ich Sie mir zu glauben: er ist nicht so schlimm. Im Gegentheil, er ist mir unter allen Berliner Schriftstellern, um seiner Unkleinlichkeit und Herzensgüte willen, wenn nicht der sympathischste, so doch einer der sympathischsten. Es lebt sich sehr gut mit ihm und neben „ächten Berliner Figuren“, die ich nicht preisen will, verkehren die besten Leute in seinem Hause. Ich habe, um nur einige zu nennen, folgende Personen bei ihm kennen gelernt: Auerbach, Lasker, Heinrich Kruse, Prof. Ihering, Odo Russell, Bayard Taylor, Rhangabé (griechischr Gesandte; sehr gelehrter Mann) Anton v. Werner, R. Begas u. viele andre, die weniger gekannt, aber nicht schlechter sind. Hat er mal im Sumpf gesteckt, so ist er jedenfalls d'raus heraus. Bitte, ziehen Sie dies freundlich in Erwägung und verfahren Sie danach. Klaus Groth, der Lindau in diesem Sommer in Düsternbrook kennen lernte, wird – ich habe mich mit ihm darüber ausgesprochen – meine Angaben bestätigen.

Mit Klaus Groth darüber ausgesprochen! Ja. Ich war nämlich in der 2. Hälfte des September in der Nähe von Kiel (Villa „Forsteck“, dem reichen Dr. A. Meyer Reichstagsabgeordneten für Schwansen gehörig) auf Besuch, und habe Groth in dem Hause meines Gastfreunds öfter gesehn. Bei meiner Rückkehr las ich „Renate“. Ich find' es ausgezeichnet und zwar ohne alles „wenn“ und „aber.“ Ich stell es über Aquis submersus, über dessen Schluß, bei höchster Würdigung des Ganzen, sich streiten läßt. So muß gearbeitet werden. Aber wie wenige kommen dem nach. Storm, Keller, Heyse, Wilbrandt, Anzengruber – und nun ist es vorbei.

In alter herzlicher Ergebenheit, Ihr

Th. Fontane.

Apparat

7 schon; es] schon; $_1|_2$ es
8 letztre] <L *überschrieben* l>etztre
11 Hierzu möcht'] Hierzu $_2|_3$ möcht'
15 seine Neider] seine $_3|_4$ Neider
17 Schriftstellern,] Schriftstellern, ~~gerade~~
19 die ich] die $_4|_5$ ich
24 jedenfalls d'raus] jedenfalls $_5|_6$ d'raus

28 nämlich in] nämlich $_{6}|_{7}$ in
32 und zwar] und $_{7}|_{8}$ zwar
35 Wilbrandt,] <*über der Zeile* ⌐Wilbrandt,¬ >

*98. Storm an Fontane, Husum, Mittwoch, 4. Dezember 1878. Antwortbrief auf Nr. 97 (?) – Abdruck nach einem Exzerpt der Abschrift

Von Ihrem „Vor dem Sturm“ bin ich leider infolge der Zeiträume, worin die Hefte ins Haus gelangen, abgekommen; da der Personen immer mehr wurden, so wollte mein Gedächtnis nicht Stich halten. Ich muß zu gelegener Zeit von vorn wieder beginnen. Namentlich gerade die ersten Kapitel; *diese* Guckkastenbilder, in denen (!) jedem wir eine der Personen inmitten ihrer eigensten Umgebung auftreten sehen, haben mir sehr gefallen, besonders auch der „Wagen Odins“ und der stimmungsvolle Eingang, die Heimreise Lewins. Soll ich die Wahrheit sagen, so wäre mir, als würde es noch nach den ersten zwanzig Abschnitten etwas schwächer <*dies Wort nicht ganz sicher lesbar*>, ich fühlte das Gearbeitete; doch das wird wieder schon anders werden.

99. Fontane an Storm, Berlin, Dienstag, 28. Oktober 1884 – Abdruck nach H

Berlin 28. Okt. 84.
Potsd. Str. 134. c.

Theuerster Storm.

Dieser langweilige Wahltag soll mich nicht abhalten, Ihnen den gestern Abend feierlich beschlossenen Dank der ganzen durch „Grieshuus“ unter Thränenwasser gesetzten Familie F. auszusprechen. Es zählt zu Ihren schönsten Arbeiten und in der Kunst der poetischen Scenerie, der unendlich reichen, immer wechselnden Situationsmalerei – ein Genre=Bilderbuch ohne Gleichen – ist es wohl das Schönste was Sie geschaffen haben.

Storm hoch!

Mit der Bitte mich Frau Gemahlin empfehlen zu wollen, in alter herzlicher Ergebenheit Ihr

Th. Fontane.

Apparat

7 Kunst der] Kunst $_{1}|_{4}$ der

100. Storm an Fontane, Hanerau-Hademarschen, Sonntag, 2. November 1884. Antwortbrief auf Nr. 99 – Abdruck nach H

Hademarschen-Hanerau
2 Novbr 84.

Dank für Ihren Gruß, lieber Freund Fontane; es freut mich herzlich, daß auch Ihnen und Ihren Lieben das alte Grieshuus einige Theilnahme erweckt hat. Ich war früher niemals unsicher, ob's gut geworden; jetzt im Alter ist es anders, und wenn meine Freunde zufrieden sind, so freut mich das mehr, als sonst. Nach Lesung des Correcturbogens von Buch I schrieb Heyse mir: „Du hast Dir's schwergemacht, auf gleicher Höhe zu bleiben"; dann fand er Buch II, das mir allerdings unsägliche Mühe und Durcharbeitung gekostet, fast noch werthvoller. Ebenso schrieben Erich Schmidt, unser Poetenfreund Regierungsrath Petersen u. mein strengster Kritikus, der Amtsrichter Ernst Storm in Toftlund, mein Sohn, nun Sie auch, so muß ich wohl zufrieden sein; aber ich habe circa 5 Monate etwa 4–5 Stunden täglich daran gearbeitet.

Ein paar Proteste habe ich noch gegen Sie. Ein Bilderbuch ist es wohl kaum zu nennen, da alle einzelnen Scenen, aus dem Centrum herausgeschrieben, nur Strahlen eines Ganzen sind.

Und seien Sie nicht ungerecht gegen die früheren Sachen: „Eekenhof", „Aquis submersus", „Viola tricolor", „Beim Vetter Christian", „Hans und Heinz Kirch" etc. Ich glaube, daß eigentlich meine Sachen von ziemlich gleichem Werthe sind.

Dann noch eine Frage. Ich dachte, der Schluß von Buch I würde <u>erschütternd</u> wirken? An Thränenwirkung hatte ich auch beim 2ten Thl nicht gedacht: Doch – sie ist dagewesen.

Sie den Dichter wird auch die Entstehung interessiren.

Dr. Mannhardt, der viel in Italien gelebt, erzählte mir: ein dortiger Marquis habe ihm einmal mitgetheilt, bei seinem Gute wohne ein Einsiedler; aber er müsse ihm alle Jahr auf einige Tage im Gute Quartier geben, weil dann die „schlimmen Tage" seien, wo es nicht gut da draußen sei.

Ich fragte Mannhardt: „Woher kamen denn diese Tage?"

„Ich glaube," sagte er, „ein Brudermord oder so etwas war der Grund."

Das war der Perpendikel=Anstoß. Ich glaube, es ist jetzt gut schleswig-holsteinisch.

Liebster Fontane, wären meine Frau u. ich Ihnen u. Ihrer Frau doch etwas näher. Den Wunsch fühlte ich so recht in Berlin, wo wir so bitter wenig von einander hatten. Sie gehören auch zu den Stillen, denen dieß neue hohle Literaturleben in Berlin verhaßt ist. Gott sei dank!

Ich habe neulich eine Arbeit von Ihnen für eine Zeitschrift angekündigt gelesen. Wo ist es doch?

Grüßen Sie Frau und Kinder herzlich von mir und der Meinen und schreiben Sie einmal von sich selber!

Grüßen Sie auch Eggers und die andern Rythli-Leute. Vor allem Zöllner's, der noch diese Woche von mir einen Brief erhält.

Ich sitze hier hoch oben in meiner schönen sonnigen Stube und „schaue hinaus in die weiten Lande".

Ihr

ThStorm

Frau v. Wartenberg, eine Cousine meiner verstorbnen Frau, war 3 W. bei mir u. hat mich trefflich in Oehl gemalt. Sie wohnt auf dem Hofe, Lützowstr. in dem Hause vor oder nach Paetels (N 7). Können Sie, gehen Sie doch mal vor mit Ihrer Frau u. schauen sich's an!

Apparat

11 zufrieden sein] zufrieden $_{1}|_{2}$ sein
17 „Hans] „Han<z *überschrieben* s>
20 gedacht: <…> interessiren.] gedacht <. *überschrieben:*> <*Absatz*> Sie den Dichter wird auch die Entstehung interessiren. Doch – sie ist dagewesen. <*Zeichen für Textumstellung*>
25 Quartier geben] Quartier $_{2}|_{3}$ geben
40 der noch] der $_{3}|_{4}$ noch
42 hinaus] <*über der Zeile* ⌈hinaus⌉ >
47 Sie] Sie ~~xxx~~

101. Fontane an Storm, Krummhübel, Samstag, 17. September 1887 – Abdruck nach K

Krummhübel 17. Sept. 87.
Haus Meergans.

Theuerster Storm.

Trotzdem ich hier im Haus Meergans wohne, dessen Name mich – etwa wie Strandläufer und Regenpfeifer – an die „graue Stadt am Meer" und ihren und unsren Dichter hätte mahnen können, habe ich Theodor Storms Geburtstag doch vergessen und hinke nun nach. Aber besser verspätet, als gar nicht. Mögen Ihnen noch frische gute Zeiten (70 ist ja kein Alter in Kaiser Wilhelms Tagen) und uns noch schöne Novellen beschieden sein. Ehe ich Berlin verließ, wurde ich von Kiel aus zu ein paar Feststrophen auf den Jubilar Storm aufgefordert und nachträglich thut es mir leid, nicht das Meine gethan und meinen Gefühlen der Verehrung und Liebe keinen Ausdruck gegeben zu haben. Aber Lindau ist schuld. Der forderte mich vor 2 Jahren zu einem Bismarckgedicht auf und ich schrieb es, trotzdem ich krank im Bett lag. Und was war der Ausgang? Als endlich das betr: Aprilheft erschien, war ich sammt andern in den April geschickt und „es ritten sieben Ritter frei, mit Schilden und mit Speeren“ in Nord und Süd auf, um „des Königs Kind zu ehren.“ Es hatte sich um eine durch Lindau inscenirte Wettdichterei gehandelt. Da verschwor ich es! Ergeh es Ihnen gut und saugen Sie sich aus der Fülle wohlverdienter Huldigungen Kraft und Gesundheit. Glück stärkt. Empfehlen Sie mich Frau Gemahlin. In herzlicher Ergebenheit

Th. Fontane.

Apparat

9 ich von] ich $_1|_2$ von

14 erschien,] <*über der Zeile* ┌erschien,┐ >

18 saugen Sie <...> Th. Fontane.] saugen $_2|_4$ <*am linken Blattrand, S. 4* Sie sich aus {...} {vorzüg *überschrieben* herz}licher Ergebenheit Th. Fontane.>

*102. Fontane an Storm, Berlin, Samstag, 24. oder Sonntag, 25. September 1887

103. Storm an Fontane, Hanerau-Hademarschen, Montag, 26. September 1887. Antwortbrief auf Nr. *102 – Abdruck nach H

Hademarschen, 26 Septb. 87.

Lieber Fontane!

Ich wollte Ihnen schon für den Gruß zu meinem Siebenzigsten danken, da kommt Ihr Trauerbrief. Es ist ja Ihr Ältester, den Sie jetzt begraben müssen, den ich als kleinen Burschen noch sehr wohl gekannt habe, von dessen Lebensstellung mir aber bis jetzt nichts bekannt war.

Und wir Alten sind noch immer bei unsrer Lebensarbeit. Erst mußte unser Zöllner seine prächtige Tochter hingeben, dann ich am 5 Dezbr v. J. meinen Hans, nun Sie Ihren Georg. Ich drück Ihnen die Hand, lieber alter Freund; die Sehnsucht, wieder einmal still bei den Berliner Freunden zu sitzen, wird bei solcher Gelegenheit immer stärker; doch – das geht nun einmal nicht. Und es gilt nun für Sie – weiter leben!

Grüßen Sie herzlich Ihre liebe Frau von mir und der Meinen; es geht auch mir nur leidlich; ich bin bleichsüchtig und matt; die lange Winterkrankheit scheint mich zum Greise stempeln zu wollen, obgleich das anno 1887 eigentlich zu früh ist.

Herzlich

Ihr ThStorm.

Apparat

9 Freund; die] Freund; $_{1}|_{2}$ die

104. Fontane an Storm, Berlin, Mittwoch, 12. Oktober 1887. Antwortbrief auf Nr. 103 – Abdruck nach H

Berlin 12. Okt. 87.
Potsd. Str. 134. c.

Theuerster Storm.

Seien Sie schönstens bedankt für Ihre Worte voll liebevoller Theilnahme.

Alle Rütlionen, so weit sie nicht selber an die Reihe gekommen sind, haben nun diesen Zoll zahlen müssen: Sie, Heyse, Zöllner, ich. Die Arbeit rettet einen, aber auch in sie hinein drängt sich bei 70 und was dran grenzt die Frage: wozu Deine Arbeit? wozu Du selbst? Aber trotzdem weiter. Und weiter in alter Freundschaft

Ihr

Th. Fontane.

Rezensionen und Essays Theodor Storms und Theodor Fontanes

<*Theodor Storm:*> Theodor Fontane.

Es mag allerdings, um das Höchste in der Poesie zu erreichen, dem Dichter die Fähigkeit, den Stoff lediglich aus sich selber zu entwickeln, die Gestalten seiner Phantasie, nachdem sie einmal geschaffen, völlig abgetrennt und selbständig von sich handeln und leben zu sehen, erforderlich sein; gleichwohl ist diese Kunst eine so freie, daß wir im Mittelpunkte unsrer Literatur und im Herzen unsers Volkes einen Dichter sehen, welcher jene Fähigkeit nicht besaß, und in dessen Werken wir, in dramatischen wie in epischen Stücken, stets und unabweisbar die Persönlichkeit des Autors, die eigenthümliche Art seines Geistes und Gemüthes so empfinden, daß wir darüber zu einem ungemischten Interesse an dem behandelten Stoffe nicht gelangen können. Zu diesen letzteren Dichternaturen, die wir wie Schiller, so wenig ihm das eigentliche Lied geglückt ist, die wesentlich lyrischen nennen möchten, wenn nicht fast überall die Reflexion dem unmittelbaren Ausdruck der Empfindung in den Weg träte, gehört auch Theodor Fontane, der mit einer Sammlung von Gedichten (Berlin, Carl Reimarus,) zuerst im Jahre 1851 in die neueste Literatur eintrat. Der lyrische Theil dieser Sammlung ist vorzugsweise eine Gedankenpoesie, wie ihn denn auch der Verfasser selber unter die Rubrik „Lieder und Sprüche" gestellt hat; doch steht dieser Gedankengehalt, wenn wir im Ganzen auch mehr Enthusiasmus als Innigkeit in der Natur des Dichters finden, stets unter dem Einfluß der Empfindung oder ist vielmehr geradezu aus ihr hervorgegangen. Die meisten dieser Gedichte sind das, wofür man vor einigen Jahren in der Poesie den Namen „Vigilien" erfand; der Dichter hat in ihnen niedergelegt, was er in seinem Verhältniß zu Gott, zu den Menschen und an sich selber an Kampf und Zweifel durchmachte. Sie sind daher, wir möchten mit einem juristischen Ausdruck sagen, „höchst persönlich" und von einem fast biographischen Interesse. Wir sehen in ihnen eine jugendlich ringende Persönlichkeit im Kampfe mit unzusagenden Lebensverhältnissen, von denen der Dichter bald um jeden Preis sich losreißen will, an die er sich dann aber wieder im Gefühl menschlicher Unzulänglichkeit gefesselt fühlt, bis er endlich das „still getragne Joch" abschüttelt, sich der Poesie als seinem Lebensberufe zuwendet, und als „neugeborner Sänger" im Vollgefühle der errungenen Freiheit ausruft:

Nun kann ich wieder wie die Lüfte schweifen,
Am Strom, im Wald aufs Neue bei den alten
Geliebten Plätzen Rast und Andacht halten,
Und lächelnd nach der Abendröthe greifen.

Dem Markte fern, dem Feilschen und dem Keifen,
Fühl' ich der Seele Schwingen sich entfalten,
Mir kehrt die Kraft, mein Denken zu gestalten,
Der Keim wird stark, zur Frucht heranzureifen.

Bald werd' ich neu zu Freud' und Frohsinn taugen;
Schon lern' ich aus des Frühlings heitren Klängen,
Wie süßen Nektar, Lust am Leben saugen;

Schon lächl' ich wieder, statt den Kopf zu hängen,
Und zwischen mich und deine lieben Augen
Seh' ich sich fürder keine Wolke drängen.

Bald aber, wie es bei einer Persönlichkeit natürlich, deren wesentliches Element die Begeisterung ist, sehen wir ihn durch das Geschwätz der Gevatterschaft gequält und gedrungen, sich durch eigenen Zuruf darüber zu erheben; an einer andern Stelle wieder sucht er sich über „die irdischsten der Erdensorgen" zu trösten und sagt in den letzten Versen, in denen sich die Poesie mit der Geliebten und der Besitz derselben mit seiner neuen Berufswahl zu identifiziren scheint:

Doch ob das Glück mir auch ein dürrer Bronnen,
Und ob ich auch entbehren mag und leiden,
Ich habe doch das beste Theil gewonnen.
Und sollt' ich diese Stunde noch entscheiden
Mich zwischen dir und einer Welt von Wonnen,
Es bliebe doch beim Alten mit uns Beiden.

Und das ist das Schöne an diesen Gedichten: die Gemüthserhebung und der Glaube behalten schließlich überall die Meisterhand. Daß sie außerdem auch ihrer Form nach, des so sehr individuellen Inhalts unerachtet, eines allgemeinsten Interesses werth sind, dafür möge noch ein Gedicht hier Zeugniß geben, in welchem der Dichter die sittlichen Lebensformen mit den Bedürfnissen seines innern Lebens in Einklang zu bringen sucht:

Zur Verlobung.

Es paßt uns nicht die alte Leier
In unsern jungen Liebesrausch,
Wir denken und wir fühlen freier,
Und wollen's auch beim Ringetausch;
Der Treue Pfand zu dieser Stunde
Empfang' es in Champagner-Wein:

Der güldne Ring auf Bechers Grunde
Soll Sinnbild meines Lebens sein.

Laß übersprudeln mich, und freue
Der Kraft dich, die da schäumt und gährt;
Tief innen, wie d i e s B i l d der Treue,
Lebt meine Liebe unversehrt.
Trink' aus! begeistern und erheben
Laß dich zu heil'ger Leidenschaft,
Und trinke dann aus meinem Leben
Dir gleiche Lust und gleiche Kraft.

Wie uns übrigens der Dichter seine Empfindungen meistens durch Vermittlung der Reflexion giebt, so führt ihn die Eigenthümlichkeit seiner Natur im weitern Verfolge auch zum Allegorischen und Lehrhaften; und die Dinge um ihn her, der Schnee, die Wolken, ein gelähmter Zugvogel, veranlassen ihn zu beschaulichen, zum Theil sehr reizenden und tiefsinnigen Gedichten, deren besonderer Vorzug überall darin besteht, daß sie von einer lebhaften und eigenthümlichen Gefühlserregung getragen sind.

Besondere Vorliebe und Beruf scheint Fontane für die Ballade zu haben, durch welche er auch bisher dem Publikum am bekanntesten geworden sein mag. Zugleich ist dies aber die Dichtungsart, worin die angedeutete Natur des Verfassers am meisten zu Tage tritt; denn, so wenig er es unterläßt, seine Helden so wie die Scenerie, in der sie auftreten, zu charakterisiren, so entläßt er sie doch niemals aus dem Banne und der Atmosphäre seiner empfindungsvollen Begeisterung; er begleitet sie unablässig mit seiner Liebe, seinem Zorn und seinem Mitleid, und überall und zunächst sehen wir die Gestalt des Rapsoden selbst, der mit beredtem Munde uns diese Vorgänge schildert, auch wohl, von der eignen Darstellung fortgerissen, selber in die Scene tritt, wie dies in „Schloß Eger" der Fall ist, wo der Dichter, nachdem er uns den Tod der böhmischen Grafen geschildert, am Schlusse, die objective Vortragsweise aufgebend, in die Handlung hineinruft: „Schau nicht in die Sterne! Rette Dich, Wallenstein!" In dem schwunghaften Vortrage und dem feinen Pathos, in einer gewissen Feierlichkeit und Pracht der Sprache, wie wir solches seit Schillers Dichtungen dieser Art nur noch in dem „Herz von Douglas" von Strachwitz gefunden haben, liegt daher auch ein Hauptreiz der Fontanischen Balladen. Trotz der geistigen Verwandtschaft ist es aber nicht sowohl Schiller, der in der Periode des Werdens als Vorbild auf den Dichter eingewirkt hat, als vielmehr der seiner Natur viel ferner stehende Bürger, unter dessen Einfluß und in dessen Weise er die stillen Trauerspiele am Hof und Heerd und aus dem täglichen Leben darzustellen gesucht hat. Hier, wo es ihm mitunter nur darum zu thun ist, ein Gefühl oder einen Gedanken in Scene zu setzen, wie z. B. in „Schön Anne" und „Graf Hohenstein" erfindet er seine Stoffe selbst. Doch scheint er, wenn wir aus dem später im Deutschen Museum abgedruckten „Tag von Hemmingstedt“ und den Balladen in der Argo (Belletristisches Jahrbuch für 1854, herausgegeben von Th. Fontane und Fr. Kugler) schließen dürfen, diese Art der Conception gänzlich verlassen, und die Vorliebe für das historische, worin auch ein großer Theil der gesammten Gedichte wurzelt, ein für alle mal nach dieser Richtung hin die Auswahl seiner Stoffe bestimmt zu haben, welche er nun, statt sie aus sich selbst zu schöpfen, zwischen den Zeilen der Geschichte findet. Ueberhaupt liegt Fontanes poetische Begabung mehr in der Darstellung als in der Erfindung; die Schilderung, der Vortrag, ist seine eigentliche Força, und von dieser Seite ist es <es> begreiflich, daß, wie vorhin erwähnt, Bürger und späterhin Freiligrath, sowie in der unten zu erwähnenden „Schönen Rosamunde“ und in den „Männer und Helden“ auch Uhland auf ihn eingewirkt haben, bis er endlich in den altenglischen Balladen, von denen uns seine Uebersetzungen vorliegen, ein bleibendes Vorbild und zugleich, da überall in der Behandlung die starke und eigenthümliche Subjectivität des Dichters hinzutritt, seinen eigenen selbstständigen Ton gewonnen zu haben scheint. Hieher gehören aus der Sammlung schon „Schloß Eger“ und „Marie und Bothwell“, obgleich diese wiederum in Styl und Behandlung gegen die später in der Argo abgedruckte „Johanna Gray“ und „die Hamiltons“ zurückstehen. Leider gestattet uns der Raum nicht, eine dieser Balladen hierher zu setzen. Wir bemerken nur noch, daß sie fast alle, sei es in Folge des erwähnten Bildungsganges oder einer besonderen Vorliebe für die englische Geschichte, fast sämmtlich aus dieser ihre Stoffe entlehnen, wozu übrigens auch ein zweimaliger längerer Aufenthalt ihres Verfassers in London das Seinige beigetragen haben mag. Wir finden an sich hiergegen nichts zu erinnern, und wollen nur als Wunsch aussprechen, daß der Dichter nicht unterlassen möge, mitunter, wie in dem „Tag von Hemmingstedt“, auch seine Augen auf der Heimath ruhen zu lassen.

In den obenerwähnten Uebersetzungen altenglischer Balladen scheint der Dichter, wie er dies auch selbst bei den in der Argo mitgetheilten Stücken ausspricht, nicht sowohl einen literar-historischen, als vielmehr lediglich einen poetischen Zweck verfolgt zu haben; es sind daher auch je nach der Beschaffenheit des Einzelnen mehr Bearbeitungen als Uebersetzungen; denn der Uebersetzer ändert oder verwirft stellenweise oder tritt auch wohl selber dichtend hinzu, ganz wie es ihm erforderlich scheint, um aus den alten Dichtungen ein künstlerisches Ganze herzustellen. Ueberall aber ist die Natur unseres Dichters so wirksam, daß sie sämmtlich, wie sie nun vorliegen, in seinem Ton und wie aus einem Gusse geschrieben sind. Ob dies Verfahren an sich berechtigt sei, scheint uns eine müßige Frage, und die Entscheidung derselben lediglich vorkommenden Falls von dem Talente dessen abzuhängen, der es einschlägt. Wer aber den wunderschönen „Aufstand in Northumberland“ in der Argo gelesen hat, wird unserem Dichter diese Berechtigung nicht abzusprechen wagen.

Ein eigenthümliches und, obgleich es dem Verfasser irgendwo die Xenie

> Der bei Hemmingstedt des Siegs Standarte getragen,
> Flicht nun als Perüquier preußischen Helden den Zopf.

eingetragen, theilweise vortreffliches Werk sind die „M ä n n e r u n d H e l d e n" (Berlin 1850), worin in acht Liedern preußische Kriegshelden gefeiert und charakterisirt werden. Wie wir schon erwähnten, steht der Dichter hier noch unter Uhlands Einfluß. Daß die Sachen zum Theil den Eindruck größerer Selbständigkeit machen, als worauf sie in der That Anspruch haben, beruht auf der glücklichen Wahl des Stoffes, die immerhin ein Verdienst des Verfassers bleibt. Die Gedichte haben, woraus sich auch die starken Sympathien und Antipathien, welche sie gefunden haben, erklären lassen, etwas specifisch Preußisch-Militärisches. Im „alten Derffling",

> Sonst focht er still und friedlich
> Nach Handwerksburschen-Recht,
> Jetzt war er unermüdlich
> Beim Fechten im Gefecht;
>
> Er war der flinke Schneider,
> Zum Stechen wohl geschickt,
> Oft hat er an die Kleider
> Dem Feinde was geflickt.

tritt dies am wenigsten und daher die Verwandtschaft mit Uhland am meisten hervor. Der „alte Dessauer",

> Wir haben viel vonnöthen,
> Trotz allem guten Rath,
> Und sollten schier erröthen
> Vor solchem Mann der That.
>
> Verschnittnes Haar im Schopfe
> Macht nicht allein den Mann;
> I ch h a l t e s m i t d e m Z o p f e,
> W e n n s o l ch e M ä n n e r d r a n.

„Ziethen" und namentlich „Seidlitz" konnten in dieser Weise vielleicht nur von einem Preußen geschrieben werden. „Schwerin" und „Keith" dagegen, zum Theil auch „Schill", sind mehr äußerlich gehalten und stehen weit unter den erstgenannten. – Aus dem begleitenden Widmungsgedicht „An den Grafen Schwerin, zur Zeit Präsidenten der zweiten Kammer" erfahren wir die politische Gesinnung des Verfassers, die auch auf seine übrigen, namentlich historischen Dichtungen nicht ohne Einfluß ist:

Du stehst in Lieb' und Treue
Zu Thron und Herrscherhaus,
Und baust doch für das Neue
Die alten Pfeiler aus.

und zum Schlusse:

Treulos sind alle Knechte,
Der Freie nur ist treu.

Das Gedicht „Von der schönen Rosamunde" (zweite Auflage. Dessau; bei Moritz Katz, 1853), welches in neun Kapiteln die bekannte Liebesgeschichte König Heinrichs mit Cliffords schöner Tochter mehr erzählend als darstellend behandelt, möchten wir der sauber gearbeiteten Verse unerachtet unter die Jugendarbeiten unseres Dichters zählen. Es entbehrt nämlich, wie das in den späteren Fontaneschen Balladen nirgends in dieser Weise vorkommt, die Charakteristik der auftretenden Personen so sehr jedes tieferen und individuellen Zuges, daß namentlich die Königin Leonore in ihrer einseitigen Böswilligkeit ganz wie die Figur eines Kindermärchens wirkt. Im Uebrigen ist, was damit zusammenhängen mag, daß es dem Dichter hier nicht sowohl auf bedeutende Handlung, als der Natur des Stoffes nach auf Situationen ankam, der Beschreibung der Scenerie und insbesondere der Naturschilderung ein großer Theil des Gedichtes eingeräumt, und es sind unserer Ansicht nach eben diese Partien, welche demselben einen verhältnißmäßigen Werth verleihen. Ganz vortrefflich in dieser Beziehung ist das achte Kapitel, worin der Sturm, bei Schloß Woodstock vorüberjagend, Rosamundens Hülfeschrei auffängt und ihn über's Meer nach Frankreich bis in des Königs Zelt hinüberträgt, und nicht weniger das zweite Kapitel, worin Heinrich Rosamunden in nächtlichem Ritte nach Schloß Woodstock führt:

Es regt sich nichts, nicht Blatt, nicht Ast,
Kein Ton von Nachtigallen:
Es glaubt das Ohr, es höre fast
Die Mondesstrahlen fallen.
So klar-durchsichtig ist die Luft:
Man sieht der Nachtviole Duft
Wie Wölkchen aufwärts steigen.

In dem vorerwähnten Jahrbuche Argo ist der Dichter zuerst auch als Novellist aufgetreten. Die erste dieser Novellen „Tuch und Locke" scheint uns in Ton und Colorit so sehr gelungen, daß wir durch die Frische und Lebendigkeit der vor uns entfalteten Situationen fast für die hier noch obwaltende Schwäche der Composition und ein paar kleine Ungeschicklichkeiten der Ausführung entschädigt werden; die zweite „James Mo<*n*>mouth“, welche wiederum aus der englischen Historie entnommen ist und in kühnen aber skizzirten Zügen das Schicksal der unglücklichen Stuarts erzählt, wüßten wir nicht besser zu charakterisiren, als wenn wir sie eine Fontanesche Ballade in Prosa nennen. Denn in der That besitzt<,> sie alle Eigenthümlichkeiten und, soweit dieselben reichen, auch alle Vorzüge einer solchen, und überdies vielleicht das beste lyrische Gedicht des Verfassers:

Es zieht sich eine blutige Spur
Durch unser Haus von Alters,
Meine Mutter war seine Buhle nur,
Die schöne Lucy Walters.

Am Abend war's, leis wogte das Korn,
Sie küßten sich unter der Linde,
Eine Lerche klang und ein Jägerhorn, –
Ich bin ein Kind der Sünde.

Meine Mutter hat mir oft erzählt
Von jenes Abends Sonne,
Ihre Lippen sprachen: ich habe gefehlt!
Ihre Augen lachten vor Wonne.

Ein Kind der Sünde, ein Stuartkind,
Es blitzt das Beil von weiten,
Den Weg, den alle geschritten sind,
Ich werd' ihn auch beschreiten.

Das Leben geliebt und die Krone geküßt
Und den Frauen das Herz gegeben,
Und den letzten Kuß auf das schwarze Gerüst –
Das ist ein Stuart-Leben.

Das dem Erscheinen nach neueste Werk Fontanes, „Ein Sommer in London“, eine Frucht seines zweimaligen Aufenthalts daselbst, bestätigt uns, was wir vorhin über die dichterische Persönlichkeit des Verfassers gesagt haben. Bei aller Kenntniß des Landes, so wie seiner Geschichte und Literatur, womit ohne Zweifel ausgerüstet er dort die Dinge und Verhältnisse angeschaut, erhalten wir nicht sowohl eine Darstellung dieser Dinge selbst, als vielmehr des Eindrucks, den sie ihm zurückgelassen, und dadurch freilich ein ebenso interessantes als geistvolles Buch, worin fast jedes Kapitel sich zu einem kleinen abgeschlossenen Ganzen abrundet.

Indem wir hiemit von dem Dichter Abschied nehmen, können wir nicht umhin, auszusprechen, daß, so Schönes er auch geleistet haben mag, doch seine besten Leistungen unserer Ansicht nach noch in der Zukunft liegen, vorbehaltlich dessen, was sein Pult uns vielleicht noch verschließt.

Wie wir hören befindet er sich jetzt wieder in England, um ein Buch über die altenglische und schottische Balladenpoesie zum Abschluß zu bringen.

Überlieferung
H: ?
E: *<Anonym>: Theodor Fontane. In: Literatur-Blatt des Deutschen Kunstblattes, Nr. 21, 18. Oktober 1855, S. 85–87*
D: *Sämtliche Werke 9, S. 61–71; LL IV, S. 358–367*
Ent.: *Zwischen Februar 1854 und dem 11. Februar 1855; vgl. Brief Nr. 31, Anm. 12 „den Artikel über Sie <...> nach und nach zu Stande brächte“*
Der edierte Text folgt E.

<Theodor Fontane:> **Theodor Storm.**

An ihm ist jeder Zoll ein Dichter. Kein großer, aber ein liebenswürdiger, wir möchten sagen ein recht poetischer Dichter. Er wandelt keine absolut neuen Wege, aber die alten, die er einschlägt, sind die echten und wahren. Das Kleinste, was er schreibt, liegt immer vor Einem wie eine Morgenlandschaft: Thautropfen hängen an den Gräsern, nur das Geläute einer Heerde oder schmetternde Lerchen unterbrechen die Sabbathstille, durch den Nebelschleier, der über der Erde liegt, bricht strahlend die Sonne; Duft und Frische und der Zauber einer unentweihten Natur ringsum! Neben dem Volksliede, das er mit Eifer studirt hat, sind Heine und Mörike seine Vorbilder. Mit Letzterm zeigt er eine entschiedene Verwandtschaft; sein Humor ist ganz der des Verfassers der „Storchenbotschaft“. Von Heine entlehnte er eine gewisse Vorliebe für Secirung erotischer Stimmungen und Situationen, ohne deshalb in Nachahmung jener Manier zu verfallen, die nur an Heine selbst zu ertragen ist und jeden Nachfolger ruinirt. Storm’s reizendste Sachen zeichnen sich durch Kürze aus; wir sind deshalb in der Lage, einige derselben zu seiner Charakteristik folgen lassen zu können.

Frauenhand.

Ich weiß es wol, kein klagend Wort
Wird über deine Lippen gehen;
Doch, was so sanft dein Mund verschweigt,
Muß deine blasse Hand gestehen.

Die Hand, an der mein Auge hängt,
Zeigt jenen feinen Zug der Schmerzen,
Und daß in schlummerloser Nacht
Sie lag auf einem kranken Herzen.

Elisabeth.

Meine Mutter hat's gewollt,
Den Andern ich nehmen sollt';
Was ich zuvor besessen,
Mein Herz sollt' es vergessen;
Das hat es nicht gewollt.

Meine Mutter klag' ich an,
Sie hat nicht wohlgethan;
Was sonst in Ehren stünde,
Nun ist es worden Sünde;
Was fang' ich an?

Für all mein Stolz und Freud'
Gewonnen hab' ich Leid.
Ach, wär' das nicht geschehen,
Ach, könnt' ich betteln gehen
Ueber die braune Haid'!

Überlieferung

H: ?

E: *<Anonym:> Unsere lyrische und epische Poesie seit 1848. In: Karl Biedermann (Hg.): Deutsche Annalen zur Kenntniß der Gegenwart und Erinnerung an die Vergangenheit. 1. Bd. Leipzig 1853. 4. Heft, 16. August 1853, S. 353–377, hier S. 375 f.*

D: *NFA XXI/1, S. 7–33, hier S. 31 f.; HFA III,1, S. 236–260, hier S. 258 f.*

Ent.: *März und April 1853; vgl. Karl Biedermanns Briefe an Fontane, 10.1., 5.3. und 16.8.1853; erstmals abgedr. in: FEgg, Nr. 17, 30.6.1853, Fußnote 141*

Der edierte Text folgt E.

Theodor Fontane: Theodor Storm.

Unter den Auswanderern Süddeutschlands, die schon seit Jahren zu vielen Tausenden den Rhein hinunterziehen, scheinen sich auch die Musen des Landes befunden zu haben: unser sangesreicher Süden schweigt. Aber treuer und klüger auch als jene verführte Schwarzwald-Schlichtheit, die jenseits des Oceans ein Utopien sucht, das nirgends zu finden ist, haben die Musen vom Neckar und der Donau nur gleichsam die Fahrgelegenheit rheinab benutzt, und an der „Cöllner Brücken" an's Land springend, sind sie nach Osten bis an die Elbe und Oder gewandert, um dem nachgebornen Sohn, dem Norden, in plötzlich erwachter Liebe zu seinem Recht zu verhelfen. Pilgern doch deutsche Virtuosen bis nach Tobolsk, warum nicht deutsche Musen bis an die Eider! Dahin hat denn auch eine der Ausgewanderten (sie kam direkt aus dem Pfarrhause Mörike's) ihren Weg genommen und selbst durch dänische Schlagbäume unaufgehalten, ist sie bei T h e o d o r S t o r m in Husum eingekehrt und hat ihm Lieder vorgesungen, daß man's merkt: sie fühlt sich heimisch bei ihm.

Theodor Storm ist Advokat. Betheiligt an der deutschen Erhebung der Herzogthümer, befindet er sich jetzt auf der Proskriptionsliste derer, die gebunden sind, Schleswig-Holstein zu verlassen. Man muß es der dänischen Regierung zum Ruhme nachsagen, daß sie, wiewohl unwiderruflich in ihren Erlassen, dennoch mit Humanität und namentlich mit steter Bewilligung eines Aufschubs an die Ausführung ihrer Verbannungsdekrete geht, und auch Theodor Storm gehört zu denen, die man bis dato unangefochten in ihrem Besitzthum wie in ihrer Praxis gelassen hat. Nichtsdestoweniger dauert diese Landesverweisung in ganzer Kraft und Ausdehnung fort, und wie wir vernehmen, steht Th. Storm auf dem Punkt, einer der Unsrigen zu werden. Die dazu erforderlichen Schritte machten vor einiger Zeit seine Anwesenheit in Berlin nöthig, und wir fanden Gelegenheit, ihm in einem unsrer literarischen Kreise zu begegnen. Es war ein engster Zirkel und die ganze Gesellschaft bestand aus Freunden. Lebhaft steht uns die unverhohlne, wohlthuende Freude des Dichters vor Augen, der als Unbekannter in einen Kreis Fremder zu treten erwartet hatte und sich plötzlich von Männern umgeben sah, die ihn mit Citaten aus seinen Liedern begrüßten. Die Kritik hatte bis dahin wenig Notiz von ihm genommen, die einzige Besprechung, die er in einem hamburger Blatte über seine Versuche gefunden hatte, war absprechend bis zur Verhöhnung gewesen und verstimmt und entmuthigt, hatte es ihn wie Reue angewandelt, mit seinen Arbeiten überhaupt an die Oeffentlichkeit getreten zu sein. In solcher Stimmung noch war er hier eingetroffen, aber nur, um nach wenigen Tagen schon die volle Wahrheit jener Lenau'schen Worte an sich selbst zu empfinden:

> Doppelt mag der Ruhm Dich stärken,
> Wenn er Dir auf Dornenwegen
> Und nach heiß vollbrachten Werken
> U e b e r r a s ch e n d blüht entgegen.

Zu unserer Verehrung des Dichters Storm gesellte sich bald die des Menschen, und der Glaube an die allgemeine Liebenswürdigkeit jenes niedersächsischen Stammes zwischen Elbe und Eider erhielt neue Nahrung durch ihn. Er besitzt zu den Eigenschaften seiner Landsleute: Ruhe und Festigkeit, noch die ganze Weichheit einer Poetenseele; aber dieser Reichthum an Empfindung, und bräch' er sich Bahn bis ins Auge, unterliegt doch Einem stets – der Macht seiner Ueberzeugung. Er gehört zu jenen bevorzugten, immer seltener werdenden Naturen, die lachen und weinen können wie ein Kind und kämpfen und Opfer bringen wie ein Mann. Dies doppelte, dies echt deutsche Wesen spricht sich auch in seinen Liedern aus. Neben einer Weichheit, die gelegentlich das nachbarliche Gebiet des Sentimentalen betritt und einen Anflug von

Kränklichkeit empfängt, läuft eine Frische der Empfindung und eine Markigkeit des Ausdrucks her, die nur von den schwungvollen Liedern, wie sie Arndt und Körner sangen, übertroffen, an poetischem Duft und Reiz aber selbst Meister über solche Vorbilder wird.

Das Oktoberlied z. B. ist ein Lied, wie wir deren, mit Ausnahme von Uhland, nicht eben viele aufzuweisen haben. Die Kehrseite der Storm'schen Muse tritt vielleicht am deutlichsten in „F r a u e n h a n d" hervor. Es sind nur wenige Zeilen und wir geben sie darum:

Ich weiß es wohl, kein klagend Wort
Wird über deine Lippen gehen;
Doch, was so sanft dein Mund verschweigt,
Muß deine blasse Hand gestehen.
Die Hand – an der mein Auge hängt –
Zeigt jenen feinen Zug der Schmerzen,
Und daß in schlummerloser Nacht
Sie lag auf einem kranken Herzen.

Storm hat bis jetzt wenig veröffentlicht (S o m m e r g e s ch i ch t e n, bei A. Duncker; I m m e n s e e, bei demselben; G e d i ch t e, bei Schwers in Kiel) und wohl überhaupt nicht allzuviel geschrieben. Es ist dahin gekommen, daß wir darauf ein besonderes Gewicht legen und jedem Ansichhalten der Art von vornherein unsere Sympathieen entgegentragen müssen. Der faule Fleck unserer Literatur ist die Ueberproduktion; selbst entschiedene Talente gehen daran zu Grunde. Unserer Muse fehlt nichts so sehr, wie Muße. Eine gewisse Zeitungseilfertigkeit ist überall zu Haus, und von den olympischen Spielen ist unsern Dichtern nichts geblieben als – das Wettrennen. Wie viel Bücher werden überhaupt noch gedruckt, bei deren Lesung man das nonum prematur in annum herausfühlte, und wie wenig Lieder gibt es noch, die unsere Seele wie Waldhauch und Haideduft berührten! Die Poesie unserer Tage ist kein blauäugig Mädchen mehr, die Erdbeeren im Walde sucht, sich drin verirrt und allerhand Wunder erlebt, sie ist vielmehr jener Heizer, der schweißtriefend an der Feueresse steht und als echter Mann seiner Zeit begriffen hat, daß nur mit „Dampf" noch fortzukommen ist. Armer Storm, Du kannst noch selig „ein grünes Blatt" vom Baum pflücken und dabei langsam und zierlich in Dein Taschenbuch (kein lederbraunes, sondern ein vergißmeinnicht-besticktes von Deiner jüngsten Schwester Hand) schreiben:

Ein Blatt aus sommerlichen Tagen,
Ich nahm es so beim Wandern mit,
Auf daß es einst mir könne sagen,
Wie laut die Nachtigall geschlagen,
Wie grün der Wald, den ich durchschritt.

Du bist noch weit zurück und hast nur Eines vor so vielen literarischen Meßreisenden voraus, das – ein Dichter zu sein.

Wenn wir einen Blick auf die Thätigkeit unserer Poeten-Armee werfen, so berührt es uns, mit wenigen Ausnahmen, als geriethen wir auf den Acker eines am Bankerott stehenden Landwirthes, der mit dem Zeitungsblatt und den Getreidepreisen in zitternder Hand sein immer dünner werdendes Feld bestellt. Er hat Gerste gesäet und die Saat ist leidlich aufgegangen; da liest er plötzlich im Börsenbericht: „Raps steigt!" und sieh da, am nächsten Tag schon geht die Pflugschar über das Saatfeld hin und ein neuer Ackerbetrieb beginnt. Der Raps blüht und reift, aber die halberschöpfte Kraft des Bodens giebt kein hundertfältiges Korn; die alte Gerstensaat, nur flüchtig untergepflügt, wogt bunt und ungehörig dazwischen und selbst Unkraut, hübsch und häßlich, schießt in Samen auf und wird gut geheißen, weil's doch den Erntewagen füllt. Oft auf dem Halme schon verkauft, was kümmert es den Existenzbedrohten, ob Taumellolch und Schwindelhaber mit drunterläuft; er ist gerettet, und das genügt; mag die Welt klug sein, wie er selbst. Es ist eine wahre Herzensfreude, aus solchem weiten, wüsten Felde sich plötzlich in einen blühenden Garten versetzt zu sehen, drin Liebe und Sorgfalt ihr Tagewerk vollbracht und nie müßige Hände jedes wuchernde Reis hinweggeschnitten, jedes Unkraut ausgejätet haben. Des Waldes Hagerose entfaltet sich hier in doppelter Pracht; die Mandelblüte am Spalier spricht still von südlich-zauberhafter Ferne; das Pfropfreis veredelt den Wildling und der junge Baum, an Stütze und Richtschnur gebunden, wächst schlanker zum Himmel empor. Maß und Ordnung überall, ohne den Zopf der Unnatur. Das ist Stormsche Poesie!

Wenn wir derselben, zu näherer Charakteristik, einen bestimmten Platz in unserer Literatur anweisen sollen, so müssen wir sie zwischen Mörike und Heine stellen mit einer entschiedenen Annäherung an ersteren. Man würde Storm völlig den norddeutschen Mörike nennen können, wenn er sich nicht durch einen kleinen Vorzug sowohl, wie durch einen kleinen Mangel von demselben unterschiede. Sein Vorzug besteht neben größerer Klarheit (Balladen wie vom „Feuerreiter" oder gar vom „Königssohn und der Windsbraut" würde er niemals schreiben können) in sorgfältigerer Behandlung der Form; sein Mangel in einem gelegentlichen Seziren psychologisch-interessanter Situationen, wobei er dann und wann in Gefahr geräth, den ganzen Poeten einzubüßen. Gedichte wie „Sturmnacht", „von Katzen", „in Bulemann's Haus", „Gesegnete Mahlzeit" u. a. m. erinnern dagegen in ihrer theils humoristischen, theils phantastischen Weise an die Mörikesche Art. Wir lassen das letztgenannte hier folgen.

Sie haben wundervoll dinirt;
Warm und behaglich rollt ihr Blut,
Voll Menschenliebe ist ihr Herz,
Sie sind der ganzen Welt so gut!

Sie schütteln zärtlich sich die Hand,
Umwandelnd den geleerten Tisch,
Und wünschen, daß gesegnet sei
Der Wein, der Braten und der Fisch.
Die Geistlichkeit, die Weltlichkeit,
Wie sie so ganz verstehen sich!
Ich glaube, Gott verzeihe mir,
Sie lieben sich herzinniglich.

Storm's Form ist makellos, einfach, das Triviale und das Gezierte mit gleich richtigem Takt vermeidend. Es ist nichts Seltenes, daß unter schöner Form nur ein Rückertsches Ueberwinden all und jeder Formschwierigkeit verstanden wird; wir denken anders darüber und wissen, daß es eine letzte und höchste Feinheit gibt, zu der die tadellose Behandlung des Sonetts, ja selbst der Ode nur erst die Vorschule, die bloße Leiter bildet. Wir haben Lieder von Heine, die ungleich formvollendeter sind, als Platensche Hymnen. Storm gehört zu denen, die den Lenauschen Ausspruch

Werfen noch die Worte Falten,
Kein lebend'ger Leib, nur Kleid,
Was sie wecken, Lust und Leid,
Wird im Hörer bald erkalten.

zu beherzigen verstanden und danach handelten.

Seine Stoffe gehören einem bestimmten und ziemlich engbegrenzten Kreise an. Von Geschichten hält er mehr als von der Geschichte. Alles, was zu Roß oder zu Schiffe steigt, was Schlachten schlägt oder Meere durchfurcht, was intriguirt wie Jago, oder mordet wie Macbeth, – Alles, was der Ueberlieferung, sagenhafter oder historischer, angehört, kümmert ihn wenig; sein Wesen ist rein lyrischer Natur, und er vergreift sich selten an dem, was die Ruhe und Objektivität eines epischen Talents erheischen würde. Er ist vor Allem ein erotischer Dichter und überflügelt auf diesem Gebiete alle neueren deutschen Dichter, die wir kennen. Nirgends ist das Konventionelle, in Situation und Ausdruck, so zu Hause, wie in der Liebespoesie, und wir können nicht Gewicht genug auf ein halbes-Dutzend dieser erotischen Liedchen legen, von denen wir behaupten, daß sie die ganze Gattung wieder zu Ehren gebracht haben. Uhland und Wilhelm Müller, wie vortrefflich immer, sind nicht frei von Phrase auf diesem Gebiet, sie denken sich eine Situation und malen sie aus. Storm macht sich keine Situationen, er hat sie; daher jene Treue und Wahrheit, jene feinen, nie zu erfindenden Züge, die seinen Liedern einen unwiderstehlichen Reiz verleihn. Er war durchaus berechtigt zu dem Ausspruch:

Hör' mir nicht auf solch' Geschwätze,
Liebes Herz, daß wir Poeten
Schon genug der Liebeslieder,
Ja, zu viel gedichtet hätten.
Ach, es sind so kläglich wenig,
Denn ich zählte sie im Stillen,
Kaum genug, dein Nadelbüchlein
Schicklich damit anzufüllen.
Lieder, die von Liebe reimen,
Kommen Tag für Tage wieder;
Doch wir zwei Verliebte sprechen:
Das sind keine Liebeslieder.

Neben diesem ist es die Naturschilderung und ins Besondere wieder die Schilderung des Sommers, wodurch er glänzt. Ist es nicht als hörte man die Bienen über der Haide summen, wenn wir lesen:

Abseits.

Es ist so still; die Haide liegt
Im warmen Mittagssonnenstrahle,
Ein rosenrother Schimmer fliegt
Um ihre alten Gräbermale;
Die Kräuter blühn; der Haideduft
Steigt in die blaue Sommerluft.
Laufkäfer hasten durchs Gesträuch
In ihren goldnen Panzerröckchen,
Die Bienen hängen Zweig um Zweig
Sich an der Edelhaide Glöckchen;
Die Vögel schwirren aus dem Kraut –
Die Luft ist voller Lerchenlaut.
Ein halbverfallen Schindelhaus
Steht einsam hier und sonnbeschienen;
Der Käthner lehnt zur Thür hinaus,
Behäglich blinzelnd nach den Bienen;
Sein Junge auf dem Stein davor
Schnitzt Pfeifen sich aus Kälberrohr.
Kaum zittert durch die Mittagsruh
Ein Schlag der Dorfuhr, der entfernten;
Dem Alten fällt die Wimper zu,
Er träumt von seinen Honigernten.
– Kein Klang der aufgeregten Zeit
Drang noch in seine Einsamkeit.

Aller Reiz der Storm'schen Verse ist auch Eigenthum seiner Prosa. Wir verweilen dabei noch wenige Augenblicke. Der „Immensee“ gehört zu dem Meisterhaftesten, das wir jemals gelesen haben. Mit Ausnahme jener etwas kränklichen Schale, die den Kern dieser Erzählung umgibt, trägt sie in der That den Stempel der Vollendung. Der Held der Geschichte (Reinhardt) liebt ein junges Mädchen, Elisabeth. Sie liebten sich schon als Kinder. Wie das indessen zu geschehen pflegt, Elisabeth heiratet einen Anderen; sie liebt ihn nicht, aber die Mutter will es und sie gehorcht. Dieser Andere (Erich) ist ein Freund Reinhardt's. Zwei Jahre vergehen. Reinhardt wird eingeladen, Erich auf seinem Gute „Immensee" zu besuchen, und er kommt. Der Freund empfängt ihn arglos. Nach wenig Tagen schon erkennt Reinhardt, daß Elisabeth ihn liebt, inniger, weil heimlich, denn zuvor. Ein Lied, das er zufällig gefunden und das er ihr an der Abendtafel vorliest, erhebt seinen Glauben zur Gewißheit. Sie hatte ihre Hand auf dasselbe Blatt gelegt, und es zitterte leise hin und her, als er las:

Meine Mutter hat's gewollt,
Den Andern ich nehmen sollt';
Was ich zuvor besessen,
Mein Herz sollt' es vergessen;
Das hat es nicht gewollt.
Meine Mutter klag' ich an,
Sie hat nicht wohlgethan;
Was sonst in Ehren stünde,
Nun ist es worden Sünde.
Was fang' ich an!
Für all' mein Stolz und Freud'
Gewonnen hab' ich Leid.
Ach, wär' das nicht geschehen,
Ach, könnt' ich betteln gehen
Ueber die braune Haid!

Er hatte ihr Zittern bemerkt und es stritt hin und her in seinem Herzen: Liebe, Ehre, Pflicht, Gewissen kämpften den alten Kampf. – Wie gibt uns Storm diesen Widerstreit? Mit keinem Wort spricht er von einem Konflikt, und ganz den Reiz der bloßen Andeutung kennend, führt er seinen Helden, und seine Leser mit ihm, in den seebespülten Park. „Die Wälder standen schweigend und warfen ihr Dunkel weit auf den See hinaus, während die Mitte desselben in schwüler Mondesdämmerung lag. Mitunter schauerte ein leises Säuseln durch die Bäume; aber es war kein Wind, es war nur das Athmen der Sommernacht. Reinhardt ging immer am Ufer entlang. Einen Steinwurf vom Lande konnte er eine weiße Wasserlilie erkennen. Auf einmal wandelte ihn die Lust an, sie in der Nähe zu sehen; er warf seine Kleider ab und stieg ins Wasser. Es war flach, scharfe Pflanzen und Steine schnitten ihn an den Füßen und er kam immer nicht in die zum Schwimmen nöthige Tiefe. Dann war es plötzlich unter ihm weg, die Wasser quirlten über ihm zusammen und es dauerte eine Zeit, eh er wieder auf die Oberfläche kam. Nun regte er Hand und Fuß und schwamm im Kreise umher, bis er sich bewußt geworden, von wo er hineingegangen war. Bald sah er auch die Lilie wieder; sie lag einsam zwischen den großen, blanken Blättern. – Er schwamm langsam hinaus und hob mitunter die Arme aus dem Wasser, daß die herabrieselnden Tropfen im Mondlicht blitzten; aber es war, als ob die Entfernung zwischen ihm und der Blume dieselbe bliebe; nur das Ufer lag, wenn er sich umblickte, in immer ungewisserm Dufte hinter ihm. Er gab indeß sein Unternehmen nicht auf und schwamm rüstig in derselben Richtung fort. Endlich war er der Blume so nahe, daß er die silbernen Blätter deutlich im Mondlicht unterscheiden konnte, zugleich aber fühlte er sich in einem Gewirr von Wasserpflanzen, wie in einem Netze verstrickt, die glatten Stengel langten vom Grunde herauf und rankten sich an seine nackten Glieder. Das unbekannte Wasser lag so schwarz um ihn her, hinter sich hörte er das Springen eines Fisches; es wurde ihm plötzlich so unheimlich in dem fremden Elemente, daß er mit Gewalt das Gestrick der Pflanzen zerriß und in athemloser Hast dem Lande zuschwamm. Als er von hier auf den See zurückblickte, lag die Lilie wie zuvor fern und einsam über der dunklen Tiefe." Wenn die verschleierte Schönheit die schönste ist, so haben wir sie hier.

Wir nehmen Abschied von Dichter und Leser und suchen nur schließlich noch unsere Ansicht in ein Endurtheil zusammenzufassen. Es ist kein großer Dichter, auf den wir die Aufmerksamkeit des Lesers hingelenkt haben wollen, aber ein liebenswürdiger durch und durch, und, wenn der Ausdruck gestattet ist, ein recht poetischer Poet. Was ihm an Vielseitigkeit abgeht, das ersetzt er durch Tiefe und Innerlichkeit, und seinen Dichterberuf bekundet er am sichersten in der richtigen Würdigung seiner Kraft und seines Talents. Nicht die Größe der Aufgabe entscheidet, sondern das „wie", mit dem wir die kleinste zu lösen verstehen.

Überlieferung
H: ?
E: *Theodor Fontane: Theodor Storm. In: Preußische (Adler-) Zeitung, Nr. 138, 17. Juni 1853, S. 694 f.*
D: *NFA XXI/1, S. 141–150; HFA III,1, S. 263–271*
Ent.: *Mai 1853; vgl. Brief Nr. 9*
Der edierte Text folgt E.

<Theodor Fontane:> Th. Storm. Theodor Storms sämmtliche Schriften. Sechs Bände. Braunschweig, G. Westermann, 1868. Preis 3 2/3 Thlr.

Die früher vereinzelt und zum Theil in einer großen Anzahl von Auflagen (beispielsweise „Immensee") erschienenen Arbeiten des beliebten Erzählers liegen hier zum ersten Male in einer Gesammt-Ausgabe vor. Diese sechs Bände geben uns das ganze Bild des Poeten, gestatten eine Charakteristik.

Th. Storm ist ein Specialist. Aus dem großen Gesammtgebiet der Poesie hat er kleine Parzellen ausgeschieden, diese, auf gut Schleswig-Holsteinisch, mit sauberen

Heckzäunen umfriedet und das kleine Gebiet wie ein Stück Gartenland bestellt. Es fehlt die große Scenerie; es fehlen die weiten Perspectiven; an ihre Stelle ist das Enge und Begrenzte getreten, aber innerhalb dieser Grenzen auch ein vollständiges zu Hause sein, ein Auge für das Kleinste, ein Ohr für das Leiseste. Ueberall jene feine sinnige Natur, die Scheu trägt, breit-behaglich sich gehen zu lassen, und die in der Jugend es unklar empfindet, bei reiferer Erkenntniß es weiß, daß in der O e k o n o m i e des Wortes seine Kraft und seine beste Wirkung liegt. Storm ist ein Meister in der Kunst des Andeutens, des Ahnenlassens; wer „Immensee" kennt, wird uns zustimmen.

Vier Bände – der zweite, dritte, vierte und fünfte – enthalten 19 Erzählungen, die abwechselnd als Novelle, Idyll, Situations-Schilderung, oder auch als Landschaftsbild mit zierlicher Staffage sich geben. Immensee, Veronica, Auf der Universität und Drüben am Markt, sind diejenigen, die wir nach unserm Gefühl (denn über diese Dinge ist sehr zu rechten) als die ansprechendsten und tiefgehendsten bezeichnen möchten. Neben ihnen „Ein grünes Blatt" das, trotz einer gewissen romantischen Unbestimmtheit der Conturen, trotz eines Nebelschleiers, der über dem Ganzen liegt, vielleicht auch gerade mit Hülfe desselben, einen besonderen Reiz ausübt.

Der 6. und letzte Band enthält fünf Märchen: die Regentrude, der Spiegel des Cyprianus, Bulemanns Haus, Hinzelmeier und der kleine Häwelmann, von denen uns die „Regentrude" als durchaus eigenthümlich, als eine originell-phantastische Schöpfung am meisten angesprochen hat.

Das Bedeutendste in unsren Augen bleiben freilich immer die „Gedichte", die den 1. Band füllen. Wir kennen sie nun seit zwanzig Jahren; sie haben uns aus unsren jungen Jahren in unsre Mannesjahre begleitet und sind uns durch allen Wandel der Zeit und der Anschauungen hin, immer gleich lieb, immer treu geblieben. Das frische, wie Eichenwaldluft die Nerven stärkende „Octoberlied", das tiefelegische, seitdem volksthümlich gewordene

Meine Mutter hat's gewollt,
Einen andern ich nehmen sollt, –

die Gedichte: Abseits, Sommermittag, die Stadt, Meeresstrand, Regine, Frauenhand und die schönen Schleswig-Holstein-Lieder, in denen der Dichter nach der Schlacht von Idstedt von seiner in Dänenherrschaft zurückfallenden Heimath Abschied nahm, haben, durch all die Jahre hin, ihren ungeschwächten Zauber für uns bewahrt und wenn der Sommer kommt und wir auf kurze Wochen an irgend einem grünen berlinerlosen Platz der Erde (wenn es einen solchen noch giebt) aufathmen und Erholung suchen, so sind d i e s e Lieder unsre Begleiter und haben an ihrem Theile noch immer mitgewirkt, uns wiederum frisch zu machen für die Arbeit und die Mühe des Lebens.

Te.

Überlieferung

H: ?

E: *Te.: Th. Storm. Theodor Storms sämmtliche Schriften. Sechs Bände. Braunschweig, G. Westermann, 1868. Preis 3 2/3 Thlr. In: Neue Preußische (Kreuz-) Zeitung, Nr. 117, 23. Mai 1869 (1. Beilage)*

Ent.: *Zwischen dem 29. Oktober 1868 und dem 23. Mai 1869; vgl. Brief Nr. 92, Anm. 4 „Gesammtausgabe <...> Besprechung"*

Der edierte Text folgt E.

Th<*eodor*> F<*ontane:*> T h e o d o r St o r m' s gesammelte Schriften. Band 7–10. Braunschweig, Verlag von G. Westermann. 1877.

Den 1868 in sechs Bänden erschienenen gesammelten Schriften Theodor Storm's hat jetzt die Westermann'sche Verlagsbuchhandlung vier weitere Bände folgen lassen, die – mit alleiniger Ausnahme der erst vor wenigen Monaten in der „Deutschen Rundschau" erschienenen vorzüglichen Novelle „Aquis submersus"*) – alles enthalten, was Th. Storm in den letzten acht Jahren geschrieben, bez. veröffentlicht hat. Es sind Bilder, Erzählungen, Lieder, die sich, in Ton und Behandlung, von seinen früheren Arbeiten nicht bemerkenswerth unterscheiden, aber auch nicht hinter ihnen zurückbleiben. Vielleicht im Gegentheil. Einiges von dem, was diese vier Bände enthalten, dürfte überhaupt das Reifste und Vollendetste sein, was aus Storm's Feder gekommen ist. Den einzelnen Erzählungen ist das Jahr beigefügt, in dem sie entstanden. Dies hat für den, der sich mit dem Dichter und der Art seiner Production eingehender beschäftigt, eine gewisse Bedeutung. Es ergiebt sich aus diesen Zahlen, daß Storm, mit einer Art von Regelmäßigkeit, alljährlich zwei Novellen oder etwa in zwei Tagen eine Seite schreibt. In dieser Sorglichkeit liegt, wie der charakteristische Zug, so der Reiz dieser Arbeiten. Wenn es je einen Dichter gab, für den das bekannte „so kommandirt die Poesie" nicht geschrieben wurde, so ist es Storm. Er wartet die Stimmung ab, und wenn sie sich gefunden hat, so genügt er ihr. Dies letztere macht erst in Wahrheit den Dichter. Wer, wenn er sich „gestimmt" fühlt, in unbewußter Psychographen-Manier, die Feder glaubt laufen lassen zu können, der wird freilich etwas Stimmungsvolles geben, aber in den Augen der schärfer Blickenden doch immer nicht viel mehr als eine stimmungsvolle Stümperei<.> Nur wer nicht eher ruht, als bis er das eine Wort gefunden hat, das unter hundert andern von verwandtem Klang und Inhalt genau d a s sagt, was gesagt werden soll, nur der wird seiner Aufgabe zu seiner und anderer Freude gerecht werden. Denn um es zu wiederholen, das „in Stimmung k o m m e n" bedeutet nicht eben viel. Erst derjenige, der die ihm gekommene Stimmung zu t r e f f e n, das räthselvoll Unbestimmte, daß wie Wolken Ziehende festzuhalten weiß, ohne doch das Festgehaltene seines zauberischen, im Halbdunkel sich bewegendem Schwankezustandes zu entkleiden, nur d e r ist der Meister.

Alles, was St<*or*>m schreibt, hat einen lyrischen Grundton; ganze Sätze wirken wie Volksliederstrophen, die zufällig auf Reim- und Vers-Eintheilung verzichtet haben. Und dieser Grundton klingt auch gemeinsam in den Erzählungen, die den Inhalt dieser vier Bände bilden. Aber daneben unterscheiden sie sich doch erheblich. Einzelne sind aus Theilchen zusammen gesetzt, und die „Geschichte“ beschränkt sich darauf, aus der Zahl der vorhandenen Motive e i n e s zu vorzugsweiser Geltung zu bringen. Andere dagegen traten entweder als ein im Wesentlichen fertiger Stoff an den Dichter heran, aber wurden doch von ihm, gleich im Momente der Conception, als eine gegliederte und abgerundete Geschichte erschaut, so daß die kleineren Motive lediglich als Ornament verwandt werden konnten. Dieser letzteren Gruppe seiner Arbeiten gehört die schöne Erzählung: „Viola tricolor“ an, vielleicht die Perle der Sammlung. Den aus lyrischen Einzelmotiven aufgebauten kleinen Geschichten fehlt es gelegentlich an stofflichem Interesse. A l l e s kann das Stimmungsbild innerhalb der Erzählung nicht thun. In zwei (dem 7. und 8.) dieser neu erschienenen vier Bände wurden auch Lyrica eingestreut. Die zehn neuen „Fiedel-Lieder“ vermochten uns kein rechtes Interesse abzugewinnen; sehr schön aber sind die im 7. Bande gegebenen „Gedichte“. Nur zwölf an der Zahl, treffen alle, oder doch fast alle, den tieferen lyrischen Ton. Es mag eines derselben hier einen Platz finden.

G e f l ü s t e r d e r N a c h t.

Es ist ein Flüstern in der Nacht,
Es hat mich ganz um den Schlaf gebracht;
Ich fühl's, es will sich was verkünden
Und kann den Weg nicht zu mir finden.

Sind's Liebesworte, vertrauet dem Wind,
Die unterwegs verwehet sind?
Oder i<*st*>'s Unheil aus künftigen Tagen,
Das emsig drängt sich anzusagen?

Auch in diesen Gedichten spricht sich wieder die übrigens bei allen echten Romantikern hervortretende Neigung und Begabung aus, neben dem Sublimsten zugleich auch ein Derbstes und Herbstes zu sagen. Wer sich von der Wahrheit dieser Bemerkung überzeugen will, der wende sich, nach Durchsicht der wunderschönen Strophen „Begrabe nur dein Liebstes“ und „Verloren“, der Lectüre jener Zeilen zu, die die Ueberschrift „Engel-Ehe“ tragen.<“> Einige Zartbesaitete haben an diesem letztgenannten Gedicht Anstoß nehmen wollen. Es muß aber auch d a s gesagt werden dürfen, weil es etwas in tausend Herzen Lebendiges und von Geschlecht zu Geschlecht immer Wiederkehrendes ist. Es ist nur unstatthaft, falsche Schl<*ü*>sse daraus zu ziehen. Mögen, nach abermals acht Jahren, diese gesammelten Schriften Th.

Storm's sich um weitere vier Bände, wie die uns heute vorliegenden, vermehrt haben. Das wünschen wir dem Dichter und u n s. Th. F.

*) Mittlerweile bei Gebrüder Paetel hierselbst in sehr eleganter Ausstattung (Preis 4 Mark) erschienen.

Überlieferung
H: ?
E: *Th. F.: Theodor Storm's gesammelte Schriften. Band 7–10. Braunschweig, Verlag von G. Westermann. 1877. In: Vossische Zeitung, Nr. 11, 14. Januar 1877 (Sonntags-Beilage, Nr. 2)*
D: *NFA XXI/1, S. 151–152; HFA III,1, S. 272–274*
Ent.: *Ende Dezember 1876 bis Anfang Januar 1877*
Der edierte Text folgt E.

Theodor Fontane: Erinnerungen an Theodor Storm

Theodor Storm

† 4. Juli 1888.

<Mappe I>

I

Einleitung.
Sein Besuch in Berlin. Die Argo-Correspondenz von März bis Dezbr. 53.

Erinnerungen an Theodor Storm. Von Th. Fontane.

Meine persönliche Bekanntschaft mit Storm geht bis auf den Winter 52 auf 53, meine literarische Bekanntschaft mit ihm aber bis auf den Sommer 50 zurück. Der Augenblick, wo mir das „Oktoberlied“, das seine Gedichtansammlung, zum ersten Male vorgelesen wurde, steht noch in aller Deutlichkeit vor meiner Seele. Heyse, damals 20 jährig wohnte bei seinen Eltern in einem Hinterhause der Behrenstraße, nach modernen Vorstellungen wenig elegant, aber doch vornehm, unter sich (wenn auch nicht unmittelbar; eine Etage lag noch dazwischen) einen Pferdestall, aus dem das Wiehern und Stampfen heraufklang und zu zahllosen Scherzen über den Pegasushufschlag da unten und die hier oben sprudelnde Hippokrene <stampfte> führte. Hier sprach die Freundschaft flüchtig vor. Anfang Juli (gleich nach der Schlacht bei Idstedt) stieg ich die dunkle, ziemlich weggetretene Treppe herauf, um oben Abschied zu nehmen, denn ich wollte nach Schleswig-Holstein und in irgend ein //<*1*> Freicorps <*2*> schleswig-holsteinisches Bataillon\\ eintreten. Oben fand ich Heyse. „Du willst nach Schleswig-Holstein und das hier was Du siehst kommt aus Schleswig=Holstein“ und dabei wies er auf ein Manuskript, das an Alexander Duncker <ge->geschickt, von diesem an Heyse gegeben war, um darüber sein Urtheil abzugeben. <*T*>itel: Sommergeschichten; Verfasser: Theodor Storm. Heyse hatte sich schon hineingelesen und war entzückt. Er las mir die ersten Sachen vor und ich säumte nicht sein Entzücken zu theilen. Weihnachten erschien das Buch und in dem ganzen Freundeskreise war keiner, der nicht an dem Entzücken theilgenommen hätte. Wir waren wohl die erste kleine Stormgemeinde, denn der Beifall den der Dichter bis dahin in seiner Heimath gefunden hatte, war //<*1*> nicht allzu laut <*2*> doch nur mäßig\\ gewesen. Wann wär’ es je anders gewesen.

Ob wir uns damals schon in Verbindung mit ihm setzten, weiß ich nicht mehr, es ist aber wahrscheinlich, weil es, //<*1*> abgesehn von Storms dichterischem Eindruck auf uns, <*2*> neben andrem,\\ auch die Zeit der wiederauflebenden plattdeutschen Dichtung war, die sofort zwischen Mecklenburg und Schleswig-Holstein eine literarische Verbindung schuf und Friedrich Eggers der in Verbindung mit Klaus Groth stand, wahrscheinlich auch bestimmte Storm mit heranzuziehen. Aber wie dem auch sein möge als Storm im Winter 52 auf 53 nach Berlin kam ward er bei Eggers eingeführt (Heyse war in Italien) und eh eine Woche um war, //<*1*> war er <*2*> sah er sich\\ in den Theil des damaligen Berliner Literaturlebens eingeführt, drin sich in größren und kleinren Kreisen unter verschiedenen Namen versammelten: Tunnel, Rütli, Ellora. Storm blieb zwei, drei Monate, fand Gelegenheit Altes und Neues vorzulegen, wurde angeschwärmt und empfing, trotz seiner sehr antiberlinischen Gesinnung, so angenehme Eindrücke, daß er nach seiner Rückkehr nach Husum an mich schreiben konnte:

Nun die Lob=stelle. Aber auch das über Adel etc etc.

Was Storm damals nach Berlin geführt hatte, war in erster Reihe nichts Literarisches gewesen, nicht der Wunsch sich seinem Verleger und seinem Anhang vorzustellen, sondern etwas Politisches. Ihm fing der Boden in dem wieder dänisch gewordenen Husum an etwas zu heiß zu werden und seine Bestrebungen waren darauf gerichtet den heimischen Justizdienst zu quittiren und in den preußischen Justizdienst überzutreten. Allerseits – weil das ganze Land, man wird dies sagen dürfen, ein schlechtes Gewissen hatte – war man ihm freundlich entgegengekommen und hatte das Versprechen gegeben, ihn in den preußischen Dienst herüberzunehmen. Ueber Näheres werde er seinerzeit benachrichtigt werden. Mit dieser Zusage war er in seine Heimath zurückgekehrt und erwartete hier jeden Tag Ordre sich nach Stralsund oder Greifswald oder Rügen zu begeben, denn auf Neu-Vorpommern wo noch das Allgemeine Recht galt, machte er sich Rechnung und freute sich auch darauf. Es kam aber anders, zunächst allein, daß es nicht schnell ging sondern sehr langsam, was natürlich auf Storms Seite zu Mißbehagen und Ungeduld führte.

Wir Berliner Freunde würden von dieser seiner Stimmung schwerlich etwas erfahren haben, wenn nicht ein damals von unsrem Freundeskreise geplantes literarisches Unternehmen, bei dem wir uns in erster Reihe unsres Lieblings Storm versichern wollten, Veranlassung zu einer sehr lebhaften Korrespondenz mit ihm gegeben hätte. //<*1*> Was er damals geschrieben hat <*2*> Diese Korrespondenz\\ ist in meinen Händen und wiewohl sich unsre Korrespondenz später freilich sehr lückenhaft bis an sein Lebensende fortgesetzt hat, so bilden doch diese dem Jahr 53 angehörigen Briefe mit das Beste von all dem, was ich durch ein langes Leben hin von Briefen von ihm empfangen habe. Diese Briefe reichen von März bis Dezember, um welche Zeit sich endlich alles geregelt hatte, so daß seine Uebersiedlung von Husum bez. Altona her (wo er sich 2 Monate lang besuchsweise aufhielt) nach Berlin=Potsdam erfolgen konnte.

Aus dieser Correspondenz gebe ich hier ein paar charakteristische Stellen.

<*Mappe II*>

Nachdem nun die Briefe mitgetheilt sind, kommen drei Sternchen und ich thue nun einen Rückblick. Ferner Tunnel, Ellora. Auch im Rütli kl. Opposition.

Aber das schloß nicht aus (<u>so</u> muß der Uebergang sein) daß er gesellschaftlich ein Liebling war, die jungen Frauen standen alle auf seiner Seite, auch die, die es bestritten. Das zeigte sich in den ziemlich zahlreichen Gesellschaften bei Kuglers und K. R. v. Merckel, aus denen ich hier Einiges mittheilen möchte

Hier erhielt er den Namen Tannhäuser. Ich kann mich nicht entsinnen, daß er im Tunnel zu seinem Rechte kam. Daß der Tunnel daran schuld gewesen wäre, läßt sich nicht sagen, denn es waren Leute genug da, die vollkommen im Stande waren Storm zu würdigen und ihn auch thatsächlich an anderem Orte würdigten. Aber sonderbarerweise gerade im Tunnel nicht. <*Autoranmerkung am linken Blattrand:* Lucae mit aufzählen.> Es hängt wohl damit zusammen, daß eine feinste Sorte der Lyrik wie sie

Storm vertrat (die nachgöthesche Zeit hat keine feinere gesehn; selbst Mörike bleibt hinter ihm zurück) in einem großen rauchgeschwärzten Lokal mit Kellnern Kaffe und Sodaflaschen wenig am Platze war. Und ist erst das allgemeine Fühlen nicht günstig, so werden auch die davon beeinflußt, die Liebe und Verständniß mitbringen und sonst (an andrem Ort) vielleicht hingerissen werden. Das Lokal, weil zum Theil die Stimmung daran hängt, ist sehr wichtig. Und das Lokal war ungünstig.

Es kam aber noch ein andres hinzu: mit dem was nicht lyrisch war, hatte Storm gradezu Mißerfolge. Irgend wer hatte eine Ballade vorgelesen, deren Stoff „Geschwisterliebe“ war, natürlich mit tragischem Ausgang. Das Gedicht gefiel nur mäßig und man stritt über die Zulässigkeit des Stoffs. Die Meisten wollten nichts davon wissen. „Es liegt nicht am Stoff“ sagte Storm „man muß es nur anders machen“. Das Ende war, daß man in ihn drang, um es seinerseits zu versuchen. Er that’s auch und schrieb: „…“ erlebte aber ein halbes Fiasco. Und mit Recht. Er war überhaupt kein „Ballader“ und dies war nun ganz verfehlt und durch eine hervortretende Lüsterheit geradezu unangenehm. Kurzum er hatte kein Glück im Tunnel und fand nicht das Maß von Anerkennung worauf sein Talent so vollen Anspruch hatte.

So war es im Tunnel. Im Rütli ging es ihm besser (der Respekt vor seinem Talent stand fest) aber es wurde doch auch gemäkelt. Eggers, der //<*1*> lieber lobte als tadelte, <2> die Tugend hatte lieber zu loben als zu tadeln,\\ hatte <*Schreibabbruch*> begleitete diese Tugend mit der Schwäche immer sehr maßvoll zu loben etwa nach dem Motto „na, so toll ist es nun auch nicht“, – ein Standpunkt der sub specie aeterni, immer richtig, im Moment aber <aber> meines Erachtens //<*1*> nicht richtig ist <2> immer unrichtig ist.\\ Ist etwas sehr hübsch, so darf man mit seiner Anerkennung über das rechte Maß hinausschießen. Blomberg lächelte vornehm; er fand, feiner Geist der er war, all das Stormsche sehr hübsch, aber weichlich und gab dieser Anschauung gelegentlich auch Ausdruck. Merckel und Kugler, die die ältesten des Kreises waren, beanstandeten nicht die Dichtungen sondern einigermaßen die Person, was in manchen Fällen doch auch auf die Beurtheilung der Dichtungen einwirkte. Bei Merckel (Kammergerichtsrath) kam wohl noch hinzu, daß der inzwischen ins Amt getretene Storm juristisch doch zu viel zu wünschen übrig ließ, bei Kugler waren es die bei Storm gelegentlich etwas stark hervortretenden Dichtereitelkeiten, die den preußisch und gesellschaftlich geschulten Geheimrath etwas verdrossen. Einmal kam es zu einer peinlichen Scene. Es wurde von Geibel gesprochen und anknüpfend an sein „Minnelied“, G. überhaupt als ein erster Liebesliederdichter gefeiert. Storm lächelte verlegen. Endlich nahm er sich ein Herz und sagte: <„>er könne es nicht finden. <*D*>ie Geibelschen Liebeslieder seien für den Kenner eigentlich gar keine Liebeslieder, es seien rund und nett gearbeitete, sehr voll tönende Gedichte, die von Liebe sprächen, aber so billig ginge das nicht, von Innerlichkeit, Leidenschaft, Gluth, fände sich nichts darin. Und zuletzt sprach er es tapfer aus, daß er sich auf diesem Gebiete Geibel sehr überlegen fühle." Das war Kuglern zu viel und Storm erlebte einen völligen Abfall „so dürfe man von einem abwesenden Freunde nicht sprechen" und was das Schlimmste war Kugler schien auch den Inhalt des Gesagten sehr anzweifeln und Storm keineswegs so ohne Weitres den Vorzug einräumen zu wollen. Wir waren alle sehr verlegen und traten auf Storms Seite. Daß alles was er gesagt, eitel und selbstgerecht geklungen hatte, war richtig, aber von dieser Eitelkeit hatten wir wie später bei Auerbach so viele Proben, daß wir kein Gewicht mehr darauf legten und uns blos die Frage vorlegten: „Wer hat Recht?" Und da waren wir alle der Meinung, daß die Stormsche Liebeslyrik allerdings viel höher stehe als die Geibelsche.

Kugler, sag ich, hatte dies und das an Storm auszusetzen, aber er war, abgesehn von seiner Herzensgütigkeit, viel zu sehr Künstler und Poet, als daß er sich gegen das Stormsche Talent hätte verschließen können. Und so kam es dann schließlich dazu, daß trotz solcher gelegentlicher Antagonismen, gerade das Kuglersche Haus die Stätte wurde, wo er sich am meisten gefeiert sah. Kugler, selbst wenn er auch anders gewollt hätte, sah sich überstimmt: Frau, Tochter, Schwiegersohn in spe (Heyse) alles war „Stormsch" und so fiel das, was in ihm vielleicht noch widerstreben mochte. Ganz ähnlich lag es bei Merckel auch da waren die Damen des Hauses (Frau und Schwägerin) stormsch gesonnen und so kam es dann, daß die hellsten heitersten glücklichsten Begegnungen mit Storm deren ich mich entsinne, kleine Mittags und Abendgesellschaften im Merckelschen und Kuglerschen Hause waren. Es sind jetzt 35 Jahre darüber vergangen und manches läuft durcheinander, so daß man die einzelnen Tage nicht mehr trennen kann, aber bestimmte Scenen, von denen es schließlich gleichgiltig ist, ob sie 53 oder 54 spielten und ob es hier oder dort war, stehen noch in aller Deutlichkeit vor mir. Es herrschte damals noch die Sitte (jetzt Gott sei Dank abgekommen) daß junge Dichter immer mit „ihrem Neusten" bewaffnet waren und auf //<*1*> Aufforderung <*2*> Bitten\\ , die meist nicht einmal sehr dringend zu sein brauchten, ihr Papier aus der Tasche zogen und nun vorzulesen begannen. Storm war wie geschaffen dazu und so habe ich ihm viele seiner schönsten Gedichte, besonders aber auch kleine Prosasachen vorlesen hören. Hinzelmeier, ..., ... Ein Lieblingsstück von ihm war In Bulemanns Haus. nicht zu verwechseln mit dem gleichnamigen Märchen. <schon Anfang der 50 er Jahre.> Inhalt ist, daß in einem alten verlassenen Hause, „Bulemanns Haus", wenn Sommernacht und Mondschein ist, die Mäuse zusammenkommen und ihren Tanz aufführen. Ganz stormsch. Wenn nun der Vorlesemoment gekommen war, war er in Aufregung und Verlegenheit, nicht aus Scheu, sondern weil sein in der Stube umherschweifendes Auge noch durchaus nicht alles so fand, wie's ihm genehm war. Da klapperte noch das Mädchen mit den Tellern, da saßen noch zwei in der Sopha-Ecke und kümmerten sich mehr um sich als um Storm, da stand der Zeiger der Uhr auf 5 Minuten vor 11, so daß er sich genau berechnen konnte, wenn die Hauptstelle da war, war auch der Moment da, wo die Pendule zwischenfahren und ihre 11 Schläge thun mußte. Dann war aber alles hin. Das ihm Furchtbarste aber war die Vorstellung einer vielleicht während der Vorlesung von ungefähr eintretenden Person, um zu melden, daß die Droschke da sei oder dergleichen. Das war tödtlich für ihn. Schließlich wußten es aber die Hausfrauen und wunderten sich nicht, wenn er „eh es losging“ sich erhob und alle Thüren abriegelte. Dann schraubte er die Lampe ein wenig niedriger um auch dadurch die richtige Stimmung vorzubereiten und nun las er. Ja wie. So ist nie gelesen worden. Er kannte die Sachen auswendig und hatte sie so zu sagen in Musik gesetzt, geheimnißvoll piepte seine dünne schleswigholsteinsche Stimme so hin und ein Naturmensch, wenn ein solcher dem celebren Kreise angehört hätte, hätte nothwendig in ein helles Lachen über diesen Hohenpriester und diese sonderbare Schwärmergemeinde, die sich so was Lächerliches bieten ließ, ausbrechen müssen. Aber diese sonderbare Gemeinde hatte doch Recht und wenn es einerseits zum Lachen war, so war es andrerseits ebenso zum Bewundern und noch jetzt hör ich mit einem *//<1>* gewissen phantastischen *<2>* aufrichtigen künstlerischen\\ Behagen, diese zu dem phantastischen Inhalt der Dichtung so merkwürdig passende Stimme und sehe die Mäuse auf der mondscheinbeschienenen Diele tanzen.

War dann durch solche Vorträge die Stimmung vorbereitet, so ging Storm zum Geschichten=Erzählen über, was er ganz vorzüglich verstand, namentlich Gespenstergeschichten. Wie bei allen Lyrikern waren seine Register nicht viele und nach Art der Anekdotenerzähler, die – wie klug sie sonst sein mögen – mit 10 oder 20 Geschichten alles Gesellschaftliche bestreiten, so hatte auch Storm einen eisernen Bestand unter denen Gespenstergeschichten obenan standen. Nur wenig Geschichten und immer wieder dieselben, was wenig anerkennend klingt, aber wenn ich auf mein langes Leben und die vielen hochbegabten *//<1>* Leute *<2>* Personen\\ zurückblicke mit denen ich das Glück gehabt habe, leben zu können, so muß ich bekennen, daß ich am meisten Vergnügen ja am meisten künstlerischen Genuß von denen gehabt habe, die mit verhältnißmäßig Wenigem zu Markte zogen, aber in dem engegezogenen Kreise ihrer gesellschaftlichen Leistungen nun auch Virtuosen waren und es immer mehr wurden. Uebung macht den Meister. Was Lucae, humoristischer Anekdotenerzähler ersten Ranges, auf dem Gebiete der humorvollen Geschichte war, war Storm auf dem Gebiete der Gespenstergeschichte, bei denen die Kuglerschen Lampen natürlich auch ganz niedergeschraubt wurden, wenn Storm dann von dem Spukhause erzählte, drin immer in der ersten Sonnabendnacht nach Neujahr ein Ball abgehalten wurde, zu dem nur vier paar kleine zierliche Füße erschienen und nur mit den Knöcheln zusammenschlagend ihren Contretanz aufführten, so graulten wir uns alle, auch die die heimlich kicherten, und waren froh, wenn die Lampen wieder in die Höh geschraubt wurden.

Das war so das Leben von Dezmbr 53 bis Sommer 55. Um diese Zeit ging ich außerhalb Landes und nahm brieflich Abschied von Storm. Er antwortete mir:

<*Mappe III*>

II

Als ich Anno 59 von England zurückkam, war Storm schon seit 3 Jahren in Heiligenstadt. Sein Bruder war dort Gärtner, vielleicht war das die Veranlassung. Aus den 60er 64er und 68er Briefen einzelne Citate geben.
Als ich 1859 wiederkam, war Storm schon seit fast 3 Jahren in Heiligenstadt. Der Verkehr wurde brieflich wieder aufgenommen, aber doch nur spärlich. Ich weiß nicht woran es lag. Citate aus den Heiligenstädter Briefen

Briefe 60–62.
Heiligenstadt 25. Juni 1860
Eine Miss Helene Clark hat etc.
29. Juni 60. Die Uebersetzungsgeschichte.
20. Dezembr 1862. Ueber „Auf d. Universität." Meine Kritik etc etc
Dann kam der 64 er Krieg.

Besuch in Husum. Frau Thoma. Das Haus. Die Austernstelle. Dann Nachmittagsspaziergang. Gespräch mit ihm. Erziehung der Kinder. Das Natürliche. Einer der Grund gespürt hatte.

Briefe von 64

Husum 26. Septebr. Freut sich, daß ich komme. Ich hatte ihn versehentlich Amtsrichter oder so ähnlich titulirt, er unterstreicht Landvogt.
Husum 19. Dezbr. „Hol Sie der Teufel etc. Lauter Politisches.
16. Februar 65. Er nennt mir Bücher, die ich benutzen kann.

Dieser Besuch hatte mich ihm wieder näher geführt und die Correspondenz wurde wieder aufgenommen, wozu meinerseits auch noch Egoistisches hinzukam. Ich schrieb ein Buch über den Schl.Holst. Krieg und brauchte mehrfach seinen Rath. Den er mir auch liebenswürdig gewährte. 65 war das Buch fertig. Ich schickte es ihm. Er antwortete und diesen Brief möchte ich hierhersetzen: „Hol' sie der Teufel. etc.

68 erschien eine Gesamtausgabe. Correspondenz darüber. Seine Hoffnungen Kreuz Ztg. Die Wichtigkeit des KreuzZtgs. Publikums. Die Frommen nicht, aber die andern, die wohl fromm sein möchten, aber noch am Leben hängen und von der „Sünde" nicht ganz lassen wollen. <dann Brief von 87. Nach George's Tod.>

Briefe von 68.

Husum 25. Mai 68. Sehr intressanter Brief. „Die alte Göthe Anbetung etc (2. Seite.) Sein Selbstbewußtsein <(> Auch (S. 4) über seine Wiederverheirathung.

17. Oktober 68. Auch gut. Ueber die 3 Märchen.

21. Novb. 68. „Pfeil d Todes“ (S. 2) „Sehn Sie sich die Sache nur noch mal an“. (S. 2) dann seine Hauseinrichtung.

Hiermit war es eigentlich vorbei. Nur dann und wann noch. Vor dem Sturm. Ellernklipp. Sein Besuch in Berlin etwa 85. Sein feines Verändertsein. Seine Bescheidenheit

Dann sein 70. Geburtstag.. Seine Krankheiten. Sein letzter Brief aus dem Jahre 87. Diesen Brief in Kürzung geben.
Das waren seine letzten Zeilen an mich.

<*Mappe IV*>
Rückblick
Frühres und späteres Urtheil über ihn.

Rückblick.

Wer mit 18 Jahr seine ersten Gedichte drucken ließ, der hat nach 50 Jahren viele kennen gelernt. Er gehört zu den interessantesten, mit denen es sich verlohnt sich zu beschäftigen. Wie war es? Ich muß 2 Perioden und zwei Auffassungen unterscheiden. Als ich ihm nahe stand, hatte ich viel an ihm auszusetzen, als er mir ein Darüberstehender war, also etwa von Anno 70 ab, habe ich ganz auf seiner Seite gestanden und dies Gefühl hat sich gesteigert, als mir diese kl. biographische Skizze Gelegenheit gab, all das wieder durchzulesen, was er mir früher geschrieben. Ich muß ihm beinah abbitten, das alles nicht genug gewürdigt zu haben und ihn mit.

Ich mag aber doch auch nicht verschweigen, wie er früher auf mich (und auch auf die andren, ja auf diese noch mehr) wirkte, weil es zuletzt immer zweifelhafter bleibt ob man mit 40 oder mit beinah 70 besser sieht.

Der Storm der 50 er Jahre erschien mir so, daß er wohl mir Anno 55 schreiben durfte: wir haben was versäumt.

Der Storm der 50 er Jahre
Ich war damals, wie zu jeder Zeit, bis diesen Tag, ein unbedingter Stormianer und ich wüßte keinen Dichter zu nennen, selbst die größten mit eingeschlossen, der mir so viel Freude gemacht hätte wie Storm, ich habe alles von ihm mit immer gleichem Vergnügen gelesen auch die Sachen, die das Publikum weniger hoch stellt (ich finde, daß grade unter diesen vergleichsweise „bei Seite gestellten“ wahre Perlen sind) und

ebenso auch die, deren schwache Seiten mir nicht entgangen sind. Aber sympathisch war mir alles. Dazu war er von gefälligen Umgangs-Formen trotz großer Reizbarkeit voll feinen Humors der auch mal 5 grade sein ließ und einen Scherz hinnahm und dabei, bei bescheidenen Mitteln, von einer Gastlichkeit, so weit Deutschland mitspricht, wie man sie fast nur noch in den gesegneten Gegenden seiner engeren Heimath findet. So darf ich denn sagen, ich bin nie blind gegen seine Vorzüge gewesen und seine Dichterqualitäten haben mich schlankweg entzückt. Dennoch blieb eine Scheidewand. War es das Politische? Nein. Er machte zwar aus seinem Antipreußenthum niemals ein Hehl und stand noch ganz auf dem Standpunkt wonach ein Gardeleutnant (von dem ihm ein gut Theil zu wünschen gewesen wäre) entweder unbedeutend oder nichtssagend oder ein trauriges Werkzeug der Tyrannei ist, aber ich müßte lügen, wenn ich sagen wollte, ich hätte daran je Anstoß genommen. Im Gegentheil, es amüsirte mich blos, weil man daran studiren konnte, was selbst so hervorragende Menschen an naivem Vorurtheil leisten. Er hätte sich dieser Vorurtheile entkleiden können, aber er wollte nicht. Was war es? Ich kann schließlich nichts andres finden, als daß er und zwar sehr ausgeprägt **les défauts de ses vertus** hatte, mit einem Worte, daß er mir zu ausgesprochner Lyriker war. Ich habe zahllose in meinem Leben kennen gelernt, darunter sehr gefeierte, aber in zwei Punkten waren sie sich alle gleich: alle hatten, wenns hoch kam, immer nur drei Dinge für die sie sich außer ihrer werthen Person noch interessirten und alle, wenn man ihnen den Gefallen that, die Welt fallen zu lassen und sich ihren drei Fragen und darunter natürlich in erster Reihe der deutschen Literaturfrage zuzuwenden, verwechselten sich mit der deutschen Literatur und waren todt für alles was jenseits ihres Bereiches lag. Storm war insoweit noch eine glänzende Ausnahme als er sich um das außerhalb seiner Neigungssphäre Liegende wenigstens kümmerte, er las manches, zu Zeiten sogar vieles und legitimirte sich dadurch als ein Mann von Bildung und Geschmack, von bestem Wollen, auch dem „Andren" gerecht zu werden. Aber es blieb beim „Wollen", er war im Banne seiner Lyrischen Natur und was sich nicht mit seiner stormschen Natur deckte, daran konnte er doch so recht eigentlich nicht heran und wie klug und tüchtig und bedeutend es sein mochte, er hielt es für eine Art Halbliteratur weil diesem Anderen das fehlte, was er sich gewöhnt hatte als „Dichtung" anzusehn.

Dies war es wohl was eine volle //<*1*> Intimität <*2*> Herzensstellung\\ nicht aufkommen ließ, eine Freundschaft, die mich, wenn blos der Dichter in Frage gekommen oder vom Menschen loszulösen gewesen wäre, unendlich beglückt haben würde. Storm empfand dies auch und schrieb mir einmal (55): mir ist als wäre was versäumt.

So dachte ich früher über ihn. Jetzt viel günstiger, nicht blos weil er bei den persönlichen Begegnungen abgeklärt wirkte und seine spätren Dichtungen ebenfalls diesen reiferen (?) Eindruck machen, nein ich denke jetzt auch anders über den **Storm** vergangener Tage, wie er mir aus seinen nun wieder durchgelesenen Briefen ganz klar entgegengetreten ist.

Alle seine Briefe wirken jetzt viel gesunder, richtiger, treffender auf mich, als damals. Damals (ich entsinne mich dessen deutlich) las ich immer nur das Eitle, das Selbstbewußte, das Besserwissenwollende, heraus. Und die Freunde thaten dies noch viel mehr als ich es that. Jetzt wirken die Briefe ganz anders auf mich und ich erkenne auch, warum. Erstlich befinden sich in den Briefen eben so viele Stellen voll rührender Bescheidenheit „das kann ich nicht" „das ist mir ganz versagt", „darin steh ich hinter dem und dem weit zurück" solche Wendungen kehren beständig wieder und wo er selbstbewußt spricht und sagt: „das muß man so und so machen" <„>darüber bin ich mir klar und sicher" „auf diesem Gebiete bin ich zu Haus" – wo sich solche Wendungen finden, da ist er auch allemal vollkommen berechtigt, sie zu machen. Er war unzweifelhaft unter uns allen der künstlerisch ausgereifteste, der lyrisch fein fühligste und der muthigste weil er der sicherste war. Das, worüber er mit einer gewissen Superiorität sprach, waren allemal Dinge, die er auch wirklich besser kannte und besser konnte, als irgend wer.

Ich habe hier frühre und jetzige Anschauung gegenübergestellt. Aber welche auch die richtigere sein möge, er war ganz ein Dichter etc.

Aber er war ganz aus einem Guß, ganz Dichter, ganz Lyriker und wirkte dadurch doch auch wieder so harmonisch, daß er sich so völlig mit seinem Dichterthum deckte. Ich verdanke ihm sehr viel nach der schriftstellerischen Seite hin, denn er verstand sein Metier wie wenige und hatte auch über alles nachgedacht, aber auch wenn ich ihm nach der Seite hin minder verpflichtet wäre, bliebe immer noch das, daß er mir mit am meisten //<*1*> Freude <2> Genuß\\ bereitet hat. Viele Dichter z. B. Freiligrath Herwegh u. Lenau haben eine bestimmte Zeitlang viel energischer auf mich eingewirkt, haben mich mächtiger hingerissen, aber keiner hat so treu bei mir ausgehalten und ist mir so lieber Lebensgefährte gewesen. Ich war 1850 entzückt als ich Oktoberlied u. Immensee las und die Chronik v. Grieshuus entzückte mich 35 Jahre später wo möglich noch mehr.

<Mappe V>

Th. Storm.

Die letzten Novellen, die ich seit etwa 5 oder 6 Jahren von Storm gelesen habe, waren die Folgenden:

Viola tricolor; Aquis submersus; Renate; Ekenhof; Zur Wald= und Wiesenfreude (oder so ähnlich); Der Etatsrath; Der Finger (später umgetauft in: „In der Brauerei" oder „Im Brauhaus" oder so ähnlich.)

Viola tricolor ist ein Meisterstück (vielleicht seine schönste Novelle); **Renate** und **Ekenhof** auch sehr schön. Gegen alle drei ist nichts zu sagen. In **Aquis submersus** ist, gegen den Schluß hin, etwas Schiefgewickeltes. Etwas, was Pech, Zufall, äußerliches Mißgeschick ist, soll als „Sühne“ auftreten, wenigstens wirkt es so und das giebt dem Ganzen etwas Schiefes. Es ist ein Compositionsfehler drin. Sehr gut ist auch der vielangefochtene „**Finger**“. Von Geescht, (Bärme) hat sich ein „Finger“ gebildet und mit einem Male heißt es: „der Brauer X. hänge den Finger eines Todten ins Bier, damit es besser schmecke und er mehr Zulauf habe.“
An diesem erbärmlichen Geträtsch geht der Mann zu Grunde oder hält sich nur mühselig aufrecht. Die Macht des bloßen „Geredes“ ist hierin sehr gut gezeigt.

Auch „**Wald- und Wiesenfreude**“ und „**Der Etatsrath**“ sind angefochten worden, besonders der letztere. Beide sind mir aber trotz großer Fehler, lieber wie viele andre Stormschen Geschichten mit dem ewigen Bibber; der alte, schließlich stark heruntergekommene „Spekulationsmensch“ in **Wald= und Wiesenfreude** ist eine gute Figur und der alte Etatsrath ist noch viel besser. Solche Kerle giebt es und das Groteske das er der Figur gegeben, macht sie durchaus acceptabel.

Die zwei letzten Geschichten, die ich von **Storm** gelesen habe, haben mir weniger gefallen. Es waren

Schweigen, und Waldwinkel.

„Schweigen“ ist eine neue Arbeit von ihm. Ein Oberförster hat einen Verrücktheits-Anfall gehabt und war in einem **maison de santé**. Nun heirathet er eine Predigerstochter, ohne ihr zu sagen, daß er mal als „Geisteskranker“ in Kur war. Dies Schweigen macht ihm Gewissensbisse; zuletzt kann ers nicht länger aushalten, er schreibt sein Unrecht d.h. seine Krankengeschichte und das Schweigen darüber auf, und geht in den Wald, um sich zu erschießen. Aber er hat es Gott sei Dank, nicht zu eilig damit; die Frau liest das Scriptum, stürzt ihm nach, der Schuß fällt, aber irgend ein armes Vogelbiest wird getroffen und er ist gerettet. Jetzt weiß die Frau wen sie hat (einen mal geistesgestört gewesenen) verzeiht ihm alles, ist sicher „es werde nicht wiederkommen“ und damit ist es aus.

Der Stoff als solcher ist gut; im Componiren und Erfinden ist er aber immer sehr schwach; es liegt ihm immer nur daran eine gewisse schwüle bibbrige Stimmung herauszuarbeiten und dabei geht alles andre verloren. Die Lyrik ist viel in der Kunst, auch in der Erzählerkunst, unter Umständen aber ist sie auch recht wenig und hat nur die traurige Aufgabe, alle andern Schäden zuzudecken.

Waldwinkel.

Dies ist eine ältre Novelle von Storm (wohl schon 10 oder 12 Jahr alt) die mir Emilie zufällig vorlas.

Was Landschaft, Lokalschilderung (das alte Haus „Waldwinkel") Stimmung, Schwüle, Bibber – angeht, so hat er hier sein Aeußerstes geleistet, weit über „Immensee" hinaus. Das Ganze ist aber der reine Quatsch, unwahr, eklig, raffinirt. Daß ein Mann von 48 eine junge Person von 18 mit in einen „Waldwinkel" nimmt um hier wie die Auerhähne zu balzen, mag geschehen und auch novellistisch behandelt werden. Wenn sich der rechte Mann dazu findet, so kann es famos, unter Umständen großartig sein, – hier aber wirkt alles dünn, kläglich, impotent, im höchsten Maaße unerquicklich. Nicht blos das Liebesverhältniß, mehr noch das, was drum herum ist, ist aufs äußerste raffinirt. Das Ganze ein wahres Musterstück, wie man's nicht machen, wie Kunst nicht sein soll.

Apparat

5 I <…> 53. <*Absatz*> ___] *mit Blaustift:* <…> 53. <*Absatz*>–
7 53. Erinnerungen] 53. $_1|_2$ Erinnerungen
10 persönliche] ┌persönliche┐
10 Winter 52 auf] ~~W Anfang des Jahres~~ ┌Winter 52 auf┐
11 mit ihm aber] ┌mit ihm aber┐
12 „Oktoberlied"] ~~entzückende~~ „Oktoberlied"
12 seine] seine ~~seitdem~~
13 20 jährig] ~~noch bewohnte~~ ┌20 jährig┐
17 den <…> Hippokrene <stampfe>] ┌den┐ Pegasushufschlag ~~und den Pegasushuf führte, der~~ ┌da unten und die hier oben sprudelnde┐ ~~die~~ ┌Hippokrene┐ | ~~aus der Erde~~ stampfte
19 Idstedt) stieg] Idstedt) $_2|_3$ stieg
20 dunkle, ziemlich weggetretene] ┌dunkle, ziemlich weggetretene┐
20 um] um ~~mich~~
21 //<*1*> Freicorps <*2*> schleswig-holsteinisches Bataillon] Freicorps ┌schleswig-┐ holsteinisches Bataillon
23 das <…> siehst] ┌das┐ ~~hier~~ | was Du ~~hier vor mir liegen~~ siehst |
25 <*T*>itel:] ~~Es waren die seitdem … T~~itel:
27 die ersten] ~~das Oktoberlied~~ die ersten
27 und ich] und ~~und~~ ich
31 //<*1*> nicht allzu laut <*2*> doch nur mäßig\\] nicht allzu laut ┌doch nur mäßig┐
32 je anders] je $_3|_4$ anders
34 //<*1*> abgesehn <…> uns, <*2*> neben andrem,\\] abgesehn von Storms dichterischem Eindruck auf uns, | ┌neben andrem, | ┐
39 Winter] ~~Januar~~ ┌Winter┐ ~~53~~
40 //<*1*> war er <*2*> sah er sich\\] war er ┌sah┐ ┌sich┐
43 drei Monate] drei $_4|_5$ Monate
54 entgegengekommen] entgegengekommen | ~~, weil man so weit wie möglich im Einzelnen gut machen wollte, was man im Ganzen dem Lande angethan hatte~~ |
55 ihn in] ihn $_5|_6$ in
61 Mißbehagen] ~~Unge~~ Mißbehagen
65 gegeben hätte.] gegeben $_6|_7$ hätte. | ~~, welche sorgfältig von mir aufbewahrte Korrespondenz,~~ |

66 //<1> Was er damals geschrieben hat <2> Diese Korrespondenz\\] | Was er damals geschrieben hat ┌Diese Korrespondenz┐
70 endlich] ┌endlich┐
73 Stellen. Nachdem] Stellen. $_{7}|_{8}$ Nachdem
80 möchte Hier] möchte $_{9}|_{10}$ *mit Blaustift gestrichen:* ~~Erinnerungen an Theodor Storm aus der Zeit von 1852–55. von Th. F.~~ 1. ~~Neues Manuskript. Die Scene bei Heyse in der Behrenstraße.~~ 2. ~~Das war 50. Zwei Jahre später folgte die persönliche Bekanntschaft. Er suchte Eggers auf. Durch Eggers in den Tunnel u. das Kuglersche Haus. An beiden Orten lernte ich ihn kennen.~~ Hier
85 <*Autoranmerkung am linken Blattrand:* Lucae mit aufzählen.>] *am linken Blattrand:* Lucae mit aufzählen.
87 vertrat (die] vertrat $_{10}|_{11}$ (die
90 Verständniß] Ver<st *überschrieben* st>ändniß
92 ungünstig. Es] ungünstig. <*mit Blaustift:* Z> Es
97 „man muß] „man $_{11}|_{12}$ muß
102 hatte. <…> Eggers] hatte. *mit Blaustift gestrichen:* ~~Desto größer waren seine Erfolge in einer Abzweigung des Tunnels die sich der Rütli nannte. W. v. Merckel, ein Schwager Heinrich v. Mühlers, hatte die Statuten entworfen. Sonnabdliche Kaffegesellschaft. Mitglieder: W. v. Merckel, B. v. Lepel, Hugo v. Blomberg, Franz Kugler, Friedrich Eggers, Paul Heyse, Wilh. Lübke, Assessor Zöllner, Schulrath Bormann, Storm, ich. Später traten Aug. v. Heyden, Prof. Lazarus, Karl Eggers hinzu. Das war aber viel später. Damals waren es die elf Erstgenannten~~ $_{12}|_{13}$ ~~Man darf sagen, diese bildeten die erste Stormgemeinde. Heyse (sonst sehr kritisch) Lübke, Zöllner und ich waren wohl die begeistertsten, etwas nüchterner waren Eggers, Blomberg, Merckel und Kugler.~~ *am linken Blattrand:* <*mit Blaustift:* So war es im Tunnel. Im Rütli ging es ihm besser> <*mit Bleistift:* (der Respekt vor seinem Talent stand fest) aber> <*mit Blaustift:* es wurde doch auch gemäkelt.> *weiter auf der Zeile:* Eggers
104 //<1> lieber lobte als tadelte, <2> die <…> tadeln,\\] lieber lobte als tadelte, ┌die Tugend hatte lieber zu loben als zu tadeln,┐
107 toll] to<xxx *überschrieben* ll>
107 sub specie aeterni,] ┌sub specie aeterni,┐
108 richtig, im] richtig, ~~aber~~ im *mit Blaustift gestrichen:* ~~gegebenen~~
108 aber <aber>] aber aber
108 //<1> nicht richtig ist <2> immer unrichtig ist.\\] nicht richtig ist ┌*mit Blaustift:* immer unrichtig ist.┐
110 feiner Geist der er war, all] ~~das~~ ┌feiner Geist der er war,┐ all~~es~~ ~~sehr~~
114 auch auf] auch $_{13}|_{14}$ auf
121 <„>er] er
121 finden. <D>ie] finden. ~~Eigentlich seien~~ die
122 seien <…> eigentlich] ┌seien für den Kenner eigentlich┐
123 sehr] ┌sehr┐
126 überlegen fühle] überlegen $_{14}|_{15}$ fühle
128 anzweifeln] anzweifeln ~~zu~~
131 wir] wir ~~so~~
132 Auerbach so] Auerbach so
136 sehr Künstler] sehr $_{15}|_{16}$ Künstler
138 das] ┌das┐
139 selbst] ┌selbst┐
139 auch] ┌auch┐
142 Ganz ähnlich] ~~Und~~ ┌Ganz ähnlich┐
142 die Damen des Hauses] ┌die Damen des Hauses┐
147 kann, aber] kann, $_{16}|_{17}$ aber

150 „ihrem] ~~Lyrik~~ „ihrem

151 //<*1*> Aufforderung <2> Bitten\\] Aufforderung ┌Bitten┐

155 In <…> Märchen. < schon Anfang der 50 er Jahre.>] *mit Blaustift:* ┌In┐ Bulemanns Haus. *mit Blaustift am linken Blattrand:* nicht zu verwechseln mit dem gleichnamigen Märchen. *mit Blaustift gestrichen:* ~~L. Pietsch, in seinen reizend geschriebenen Mittheilungen über Storm in der Vossischen, vermuthet daß das Gedicht um 1864 (??) geschrieben worden sei, meiner Meinung aber ist das Gedicht viel älter und existirte~~ $_{17}|_{18}$ schon Anfang der 50 er Jahre.

163 Zeiger] <S *überschrieben* Z>eiger

163 genau] ~~recht~~ genau

164 Hauptstelle] Hauptstelle ~~kam~~

165 Das ihm] Das $_{18}|_{19}$ ihm

175 die sich] die $_{19}|_{20}$ sich

178 //<*1*> gewissen phantastischen <2> aufrichtigen künstlerischen\\] gewissen phantastischen ┌aufrichtigen künstlerischen┐

184 und nach Art der Anekdotenerzähler,] und | ~~eine rechte Männer-Unterhaltung wenn es nicht die schleswigholsteinische Frage war, konnte man mit ihm nicht führen, er gehörte zu den~~ ┌nach Art der┐ Anekdotenerzähler~~n~~,

185 mit <…> Gesellschaftliche] ┌mit┐ 10 oder 20 Geschichten ~~haben, womit sie, was~~ $_{20}|_{22}$ ┌alles┐ <g *überschrieben* G>esellschaftlich ┌e┐ | ~~von ihnen gefordert wird,~~ |

189 //<*1*> Leute <2> Personen\\] Leute ┌Personen┐

191 ja am meisten künstlerischen Genuß] ┌ja am meisten künstlerischen Genuß┐

197 niedergeschraubt wurden,] niedergeschraubt $_{22}|_{23}$ wurden,

199 vier paar] ┌vier paar┐

201 auch die die heimlich kicherten,] ┌auch die die heimlich kicherten,┐

203 ____ Das <…> mir: II] *mit Blaustift:* ____ *mit Blaustift gestrichen:* ~~In dem Tagebuche, das ich damals führte, finde ich folgende sich auf Storm beziehende Stellen.~~ *mit Blaustift:* Das war so das Leben von Dezmbr 53 bis Sommer 55. <Und *überschrieben* Um> diese Zeit ging ich außerhalb Landes und nahm ┌brieflich┐ Abschied von Storm. Er antwortete mir: $_{23}|_{25}$ <III *überschrieben* II>

208 Als <…> Veranlassung.] *mit Blaustift:* Als <…> Veranlassung.

209 Aus <…> geben. Als ich 1859] *mit Bleistift:* Aus <…> geben. $_{25}|_{26}$ *mit Blaustift gestrichen:* ~~Dann Briefstellen. Vor allem der Brief worin er für meinen Abschiedbrief dankt (Septebr 55.)~~ <*Absatz*> ~~Damit war eine Freundschaft, die von Sommer 53 bis Sommer 55 gepflegt worden war, äußerlich abgebrochen. Ich war 4 Jahre in England~~ | ┌~~fort.~~ | ┐ Als ich ┌1859┐

213 Citate <…> Briefe] *mit Blaustift:* Citate aus den <Heiligenstädter *überschrieben* Heiligenstädter> Briefen $_{26}|_{27a}$ Briefe

218 etc Dann] etc $_{27a}|_{28\,a}$ Dann

221 Einer der Grund gespürt hatte. Briefe] *mit Blaustift unterstrichen:* Einer der Grund gespürt hatte. $_{28a}|_{28b}$ Briefe

227 kann. Dieser] kann. $_{28a}|_{29a}$ Dieser

236 wollen. <dann Brief von 87. Nach George's Tod.> Briefe von 68.] wollen. $_{29a}|_{30a}$ dann Brief von 87. Nach George's Tod. <6 *überschrieben* B>riefe von 68.

239 Selbstbewußtsein <(>] ┌Selbstbewußtsein (┐

241 noch] ~~noch~~ noch

242 Hauseinrichtung. Hiermit] Hauseinrichtung. $_{30\,a}|_{31a}$ Hiermit

244 Sein <…> Bescheidenheit] ┌Sein feines Verändertsein. Seine Bescheidenheit┐

246 aus <…> mich. Rückblick <…> ihn. Rückblick.] <. *überschrieben mit Blaustift:* a> *mit Blaustift:* aus dem Jahre 87. Diesen Brief in Kürzung geben. Das waren seine letzten Zeilen an mich. $_{31a}|_{33}$ *mit Blaustift:* Rückblick <…> ihn. $_{33}|_{34}$ *mit Blaustift:* Rückblick.

253 Wer <…> gelernt.] *Text auf aufgeklebtem Blatt:* Wer <…> gelernt. *mit Blaustift gestrichen:* ~~Er gehört zu den~~ | ~~erquicklichsten~~
254 interessantesten, <…> geschrieben.] *mit Blaustift*: interessantesten, <…> geschrieben.
259 Ich <…> mit. Ich <…> versäumt. Der <…> Jahre Ich] *mit Blaustift am linken Blattrand:* Ich <…> mit. $_{34}|_{35}$ *mit Blaustift:* Ich <…> ┌mir anno 55┐ <…> <sagen *überschrieben* schreiben> <…> versäumt. $_{35}|_{36}$ *mit Blaustift:* Der <…> Jahre $_{36}|_{36a}$ Ich
268 der] ~~die~~ ┌der┐
271 wahre Perlen] wahre $_{36a}|_{37}$ Perlen
273 großer] ┌großer┐
275 so weit Deutschland mitspricht,] ┌so weit Deutschland mitspricht,┐
279 War] ~~Am Pol~~ War
280 wonach ein] wonach ~~der~~ ┌ein┐
282 oder ein] oder $_{37}|_{38}$ ein
287 und zwar sehr ausgeprägt] ┌und zwar sehr ausgeprägt┐
290 gleich:] gleich: ~~1. konnten~~
290 Dinge] ~~Fragen~~ Dinge
290 außer] ┌außer┐
291 ihnen den] ihnen $_{38}|_{39\ v}$ den
292 Fragen] Fragen ~~zuzuwenden~~
292 erster] ~~ihrer~~ erster
296 las] las ~~ein w~~
300 deckte, daran] deckte, $_{39v}|_{40a}$ daran
303 //<*1*> Intimität <*2*> Herzensstellung\\] Intimität Herzensstellung
307 versäumt. So <…> seinen] versäumt. $_{40a}|_{41}$ *mit Bleistift:* Z *mit Blaustift:* So dachte ich früher *mit Bleistift:* ┌über┐ *mit Blaustift: gestrichen:* ~~über~~ <…> reiferen ┌(?)┐ <…> seinen
311 nun <…> ist. Alle] *mit Bleistift:* nun <…> ist. $_{41}|_{41a}$ Alle
314 dessen] dessen |
316 mich] mich~~, s~~
320 <„> darüber] darüber
321 und <…> unzweifelhaft] *am linken Blattrand, Kolonne 1:* und <…> unzweifelhaft
323 unter <…> mit] *am linken Blattrand, Kolonne 2:* unter <…> ┌lyrisch┐ <…> mit
324 einer <…> wer. Ich <…> etc. Aber] *am linken Blattrand, Kolonne 3:* ~~Sicherheit und~~ ┌einer gewissen┐ Superiorität sprach, <…> ~~verstand~~ ┌kannte┐ wer. $_{41a}|_{42}$ *mit Bleistift gestrichen:* Z ~~Erscheinungen~~ | ~~Zu sagen, daß er überhaupt eine erquickliche Erscheinung gewesen wäre hieße lügen, das war er nicht.~~ | *am linken Blattrand, Autoranmerkung und Text mit Blaustift:* ~~Dies ändern, viel artiger~~ Ich <…> etc. Aber
334 am] ~~auf~~ am
334 //<*1*> Freude <*2*> Genuß\\] Freude ┌Genuß┐
335 Herwegh] ┌Herwegh┐
339 mehr. Th. Storm] mehr $_{42}|_{44}$ Th. Storm
352 vielangefochtene „Finger"] vielangefochtene $_{44}|_{45}$ „Finger"
355 hält] <xxx *überschrieben* hält>
358 trotz großer Fehler,] ┌trotz großer Fehler,┐
359 stark] stark┐
362 Groteske das] Groteske $_{45}|_{46}$ das
371 Unrecht] Unrecht ~~auf~~
372 erschließen. Aber] erschließen. $_{46}|_{47}$ Aber
375 geistesgestört] <G *überschrieben* g>eistesgestört
377 er] ┌er┐
380 Erzählerkunst, unter] Erzählerkunst, $_{47}|_{48}$ unter

391 ständen <…> das] *am linken Blattrand, Kolonne 1:* ständen <…> das
393 Liebesverhältniß <…> raffi-] *am linken Blattrand, Kolonne 2:* Liebesverhältniß <…> raffi-
394 nirt <…> nicht] *am linken Blattrand, Kolonne 3:* nirt <…> nicht
395 sein soll.] *am linken Blattrand, Kolonne 4*: sein soll.

Auf Blatt 41 verso, Mappe IV, steht ein Entwurf, der mit Blaustift gestrichen wurde: Er war im Beginn des Jahres 5 <2 *überschrieben* 3> in Berlin, um seinen Eintritt in d. preuß. Justizdienst zu betreiben und scheint damals in dem ganzen Tunnelkreise sehr freundlich aufgenommen zu sein. Einzelheiten sind mir ganz entfallen. Doch muß es so gewesen sein, wie mir aus Briefen hervorgeht, die von .. März aus und von da ab auch den ganzen Sommer hin an mich gerichtet wurden. In dem ┌einem der┐ ersten heißt es: (die hübsche Stelle über Berlin u. Berliner) Danach entwickelte sich eine lebhafte Correspondenz um Argo=Angelegenheiten.

Zugleich rückte sein <xxx *überschrieben* A>bgang von Husum immer näher. Am .... war er in Hamburg Segeberg, Altona etc. und endlich am 18. November traf er in Berlin ein. Er hatte in's Neu-Vorpommersche

Auf Blatt 42 recto, Mappe V, steht: Th. Storm.

Überlieferung

H: *StA Husum (Hs T 3)*
E: *Klette (TD, S. 100); Fricke*
D: *Reuter S. 63–79; NFA XXI/2, S. 82–97 (beide nach Fricke)*
Ent.: *1883/84 (Teil V) und 1888 (Teil I–IV); vgl. Reuter, S. 298–304, und NFA XXI/2, S. 782 f.*

Der edierte Text folgt H.

Editionsprinzipien

Fontanes „Erinnerungen an Theodor Storm" werden hier erstmals in historisch-kritischer Gestalt ediert. Die einzelnen Blätter der Handschrift werden in fünf Mappen aufbewahrt. Auf den Rückseiten befinden sich Entwürfe zu Fontanes Romanen „Irrungen, Wirrungen" und „Frau Jenny Treibel", zu einzelnen „Wanderungen"-Kapiteln sowie Notizen zur Umfrage „Die besten Bücher" und Listen von Briefadressaten.[1] *Die Prinzipien folgen den Prinzipien der Brieftexte, die nach der Handschrift konstituiert werden (vgl. Editionsbericht, S. LIII f.). Der edierte lineare Lesetext enthält die letzte gültige, in der Regel mit Tinte geschriebene Textschicht; alle Überarbeitungen Fontanes – Streichungen, Hinzufügungen und Überschreibungen –*

[1] *Vgl. weiterführend Fricke, S. 27, und Reuter, S. 298–304.*

werden im Apparat dokumentiert (vgl. Verzeichnis der editorischen Zeichen, S. LXV). Der Apparat informiert auch über die verschiedenen Schreibgeräte (etwa Blau- bzw. Bleistift), über die Räumlichkeit der Textanordnung und über die Seitenwenden. Im edierten Text werden die Hinweise auf Absätze ausgeführt; der Apparat verzeichnet nur das Absatzzeichen, das Fontane während der Revision eingefügt hat („Z“). Die Differenzierung zwischen deutscher und lateinischer Schrift in der Handschrift wird im Druck beibehalten und in Garamond bzw. Frutiger *wiedergegeben. Unterstreichungen werden als solche ausgezeichnet; ebenso werden gestrichene Stellen durchgestrichen. Die Texteingriffe beschränken sich auf versehentlich fehlende Streichungen oder zu viele Streichungen; sie werden durch „< >“ markiert. In Zweifelsfällen – etwa bei der Markierung von Zitaten – bleiben die Unregelmäßigkeiten erhalten. Die im Manuskript überlieferten Mehrfachformulierungen werden im edierten Text beibehalten, da eine letzte Entscheidung des Autors über die Ungültig- bzw. Gültigkeit einer bestimmten Textstelle nicht getroffen werden konnte. Der Bereich der Mehrfachformulierungen wird durch Doppelvirgel markiert; die Ziffern kennzeichnen die Grundschicht (<1>) und die überarbeitete Textschicht (<2>): //<1> Freicorps <2> schleswig-holsteinisches Bataillon.\\. Neben den Mehrfachformulierungen sind Fontanes Autoranmerkungen und Schreibabbrüche wichtige Kennzeichen der Unvollendetheit; sie bleiben im edierten Text stehen.*[2]

Th<*eodor*> Fontane: Der Tunnel über der Spree.

Aus dem Berliner literarischen Leben der vierziger und fünfziger Jahre.
Viertes Capitel.
Theodor Storm.

Storm kam Weihnachten 1852 von Husum nach Berlin, um sich hier, behufs Eintritts in den preußischen Dienst, dem Justizminister vorzustellen. Er sah sich im Ministerium wohlwollend und entgegenkommend, in literarischen Kreisen aber mit einer Auszeichnung empfangen, die zunächst dem Dichter und beinahe mehr noch dem Patrioten galt. Denn alle anständigen Menschen in Preußen hatten damals jedem Schleswig-Holsteiner gegenüber ein gewisses Schuld- und Schamgefühl. In unserem Rüt-

[2] *Vgl. zu den Kennzeichen der Unvollendetheit, die für Fontanes Texte gelten Gabriele Radecke: Editionsbericht. In: Theodor Fontane: Mathilde Möhring. Nach der Handschrift neu hg. von Gabriele Radecke. Berlin 2008 (GBA – Das erzählerische Werk, Bd. 20), S. 194–209.*

likreise – „Rütli“ war eine Abzweigung des Tunnels – wurden die Storm zu Theil werdenden Huldigungen allerdings noch durch etwas Egoistisches unterstützt. Wir gingen nämlich gerade damals mit dem Gedanken um, ein belletristisches Jahrbuch, die „Argo“, herauszugeben und wünschten uns zu diesem Zwecke hervorragender Mitarbeiter zu versichern. Dazu paßte denn Niemand besser als Storm, der auch wirklich ins Netz ging und uns eine Novelle zusagte. Wir sahen uns dadurch in der angenehmen Lage, zum Weihnachtsfeste 1853 Storm's Erzählung „Ein grünes Blatt“ – die neben der gleichzeitig in unserem Jahrbuche erscheinenden Heyse'schen „L'Arrabbiata“ kaum zurück stand – bringen zu können. Die Zusage zu diesem Beitrage hatten wir schon bei des Dichters Anwesenheit in Berlin empfangen, aber das Nähere war einer Correspondenz vorbehalten worden, die sich dann auch bald nach seiner Rückkehr in die Heimath (Husum) entspann. Aus dieser Correspondenz gebe ich hier Einiges.

Husum, 23. März 1853.

Herzlichen Dank für Ihren lieben Brief, für Ihre Mittheilungen und vor Allem für den guten Glauben an mich. Ob ich ihn diesmal rechtfertigen werde, weiß ich nicht. Glauben Sie, daß das beifolgende „Grüne Blatt“ eine Stelle in Ihrem Jahrbuch verdient, so stelle ich es zur Disposition. Ich war damit beschäftigt, es in Hexameter umzuschreiben und habe bei diesem schließlich wieder aufgegebenen Umarbeitungsversuch alles Urtheil über meine Arbeit verloren; gefällt sie Ihnen daher nicht, so lassen Sie mich nur den darüber gezogenen Strich getrost in seiner ganzen Dicke sehen. Ueberhaupt darf ich nach bündigster Erfahrung bemerken, daß ein Verwerfen einzelner Arbeiten mich auch nicht einmal unangenehm berührt; ich muß vielleicht dabei sagen, daß es mir mit Sachen, die mir wirklich am Herzen lagen, noch nicht passirt ist. Also lassen Sie der weißen und der schwarzen Kugel ihren ungenirten Lauf.

Klaus Groth kenne ich nicht; allein, da er mir sein Buch unbekannter Weise geschickt und ich es in hiesigen Blättern empfohlen habe, so kann ich in Ihrer Angelegenheit sehr wohl an ihn schreiben, was denn allernächstens geschehen soll.

Ob ich bei Ihnen in Berlin meine Probezeit bestehen werde, ist sehr fraglich; denn da meine demnächstige Anstellung doch wohl in einem kleinen Städtchen Neuvorpommerns (wegen der dortigen Geltung des gemeinen Rechts) sein wird, so wäre es am Ende nicht wohl gethan, meine Vorschule im Gebiete des preußischen Landrechts zu machen. Eine kurze Reise werde ich indessen jedenfalls nach Berlin zu machen haben.

Das Berliner Wesen in seinen unbequemen Eigenschaften habe ich bei meinem letzten Aufenthalte nicht empfinden können; man hat sich fast überall, und namentlich im Kreise Ihrer Bekannten, des Fremden mehr als gastfreundlich angenommen. Gleichwohl ist in der Berliner Luft etwas, was meinem Wesen widersteht, und was ich auch bis zu einem gewissen Grade zu erkennen glaube. Es ist, meine ich, das, daß man auch in den gebildeten Kreisen Berlins den Schwerpunkt nicht in die Persönlichkeit, sondern in Rang, Titel, Orden und dergleichen Nipps legt, für deren auch nur verhältnißmäßige Würdigung mir, wie wohl den meisten meiner Landsleute, jedes Organ abgeht. Es scheint mir im Ganzen „die goldene Rücksichtslosigkeit" zu fehlen, die allein den Menschen innerlich frei macht und die nach meiner Ansicht das letzte und höchste Resultat jeder Bildung sein muß. Man scheint sich, nach den Eindrücken, die ich empfangen, in Berlin mit der Geschmacksbildung zu begnügen, mit der die Rücksichtnahme auf alle Factoren eines bequemen Lebens ungestört bestehen kann, während die Vollendung der sittlichen, der Gemüthsbildung in einer Zeit wie die unsere, jeden Augenblick das Opfer aller Lebensverhältnisse und Güter verlangen kann.

Diesem ersten Briefe folgte sehr bald ein zweiter.

Husum, Ostermontag 1853.

Ich will's dem erwarteten Frühling zuschreiben, daß das erste „Grüne Blatt" Ihnen so viel abgewonnen. Aber beim zweiten Lesen, beim Vorlesen, haben Sie schon gefühlt, es sei nicht so ganz richtig damit – es liegt nämlich über dem Ganzen eine gar zu einförmige Stille, die einen beim Vorlesen fast ungeduldig machen kann; doch ich will Ihnen das Stück jetzt nicht durch meine eigenen Aussetzungen verleiden. Sie haben es auch, so wie es ist, für gut befunden, und so möge es denn auch so gedruckt werden ... Ihre Freunde haben recht, wenn sie davon ausgehen, daß die Verantwortlichkeit des Redacteurs nicht so weit reiche, daß er en detail corrigiren müßte; dafür ist der Dichter, unter dessen Namen es erscheint, verantwortlich.

Augenblicklich bin ich bei Paul Heyse's „Francesca von Rimini", und zwar im dritten Act. Ich glaube indeß auch hier wie bei allen derartigen jetzigen Leistungen, trotz aller Feinheit des Geistes und aller Kraftanstrengung, einen Mangel an Frische, an nothwendigem Zusammenhang des Dichters mit seinem Werke zu empfinden. Es scheint mir mehr ein Product der Bildung und der Wahl zu sein. Doch ich habe noch nicht ausgelesen. Viel Schönes, Poetisches, Interessantes ist darin.

Auf Roquette's Lustspiel bin ich recht begierig und werde ja auch wohl, wenn ich im Sommer nach Berlin komme, Gelegenheit finden, es zu hören, oder noch lieber zu sehen. Ein so heiterer, jugendlicher Geist, wenn er den rechten Inhalt gewinnt, könnte vielleicht einmal ein wirklich erfreuliches Lustspiel liefern. Bis jetzt kenne ich noch keins. Denn Kleist's „Zerbrochener Krug", das einzige deutsche Lustspiel, was mir ganz gefällt, ist dessen ungeachtet doch nicht heiter.

Diese Correspondenz setzte sich noch durch Juni und Juli hin fort. Ich gebe daraus das Folgende.

H u s u m, 5. Juni 1853.

Wollen Sie vor allen Dingen einige Nachsicht mit mir haben, wo es sich um Dinge der Politik handelt (über welche ich nur dem Gefühle nach mitsprechen kann) und das Pflanzenartige in meiner Natur nicht verkennen, für das ich im Uebrigen eben keine besondere Berechtigung in Anspruch nehmen darf.

Jene Aeußerung meines Briefes über die Berliner Luft war, wofür ich sie auch nur ausgab, eine lediglich durch den augenblicklichen oberflächlichen Eindruck hervorgerufene – und durch den „Kladderadatsch“. Die eigentliche Carricatur, sofern sie nicht wieder ins Phantastische hinauf steigt – z. B. in der Poesie des „Kaliban“ – ist mir so zuwider, daß sie mir beinahe körperliches Unwohlsein erregt. Aber ad vocem „Nivellement“! Fragen Sie Ihren Grafen Arnim doch einmal, ob er dem Professor Dove oder dem Maschinenbauer Borsig auch seine Tochter zur Ehe geben wolle! Ich verlange das keineswegs unbedingt von dem Grafen Arnim, aber es ist jedenfalls ein Probirstein für das „Nivellement“. Ich habe es mir oft selber vorgesprochen und lassen Sie mich's hier – ich weiß gerade nicht in welchem näheren Zusammenhange mit unserer Correspondenz – einmal niederschreiben: ein junger Mann sollte zu stolz sein, in einem Hause zu verkehren, wovon er bestimmt weiß, daß man ihm die Tochter nicht zur Frau geben würde. (Ich weiche hier ganz und gar von Storm ab; ich finde solche Wichtigkeitsgefühle philiströs.) Am 8. oder 9. Juli denke ich in Berlin zu sein, um womöglich von dort ohne Weiteres an meinen demnächstigen Bestimmungsort zu gehen; werde mich aber doch wohl eine Woche oder länger in Berlin aufhalten müssen.

H u s u m, 25. Juli 1853.

Meinem Versprechen gemäß schicke ich Ihnen in der Anlage noch ein paar Verse für die Argo, falls Sie sie der Aufnahme werth halten sollten. Gern hätte ich noch den etwas argen Hiatus in Strophe 1, Vers 2 („die ich“) entfernt, doch hat es mir, ohne der Richtigkeit und Simplicität des Gedankens oder des Ausdruckes zu schaden, nicht gelingen wollen. So etwas will aus dem Vollen und nicht im Einzelnen geändert werden. Freilich könnte ich den Singular setzen, aber ich will doch meinen zweiten Jungen nicht verleugnen. So muß ich denn mit Goethe sagen: „Lassen wir das Ungeheuer stehen!“ Theilen Sie aber Ihren Mitredacteuren diese Bedenklichkeiten erst n a ch der Lectüre mit; es stört doch.

Es hat übrigens schwer genug gehalten, daß ich Ihnen überhaupt nur diese Kleinigkeit anzubieten vermochte; denn dieser Mittelzustand, in dem ich mich noch immer befinde, ist der Productionsfähigkeit nicht eben zuträglich. Man hat mir nämlich noch immer nicht erlaubt, meine Probezeit anzutreten. Nach Privatmittheilung ist auch dazu erst eine Vorlage im Cabinet des Königs nöthig, und die armen schleswigholsteinischen Expeditionen sollen oft lange liegen. Daß mein Gesuch vom Cabinetssecretär dem Ministerium überreicht worden, scheint die Sache nicht zu beschleunigen.

Es ist heute der Jahrestag der Idstedter Schlacht, der auch diesmal von Militär und Polizei wegen feierlich begangen wird; die dänische Regimentsmusik mit den „tappern Landsoldaten“ zieht durch die Gassen, Jungens und Gesindel hinter drein; allen Gastwirthen ist bei Strafe, daß sonst nicht länger als 6 Uhr geschenkt werden dürfe, geboten, Tanz zu halten. Viele finden sich dazu freilich nicht ein; aber man weiß, wie es geht; der Eine fürchtet, die Kundschaft der flott lebenden dänischen Beamtenschaft zu verlieren, der Andere hat die Furcht im Allgemeinen, der Dritte will den befreundeten Wirth nicht stecken lassen. Und zuletzt ist zuzugestehen, keine Bevölkerung im Großen und Ganzen hat auf die Dauer Lust, für ihre Ueberzeugung zum Märtyrer zu werden. So machen sie denn ihren Bückling und knirschen heimlich mit den Zähnen.

So dankbar man im Grunde der dänischen Regierung sein sollte, daß sie durch diese Brutalität das Gedächtniß unserer historischen Unglückstage so unauslöschlich den Herzen der besseren deutschen Bevölkerung einätzt, so ist es doch ein Gefühl zum Ersticken, ohnmächtig und stumm dies gegen die Bevölkerung angewandte Demoralisationssystem mit ansehen zu müssen.

Doch wie geht es Ihnen? Sie sind krank, nicht in Berlin. Hoffentlich werde ich, falls ich im August dorthin kommen sollte, Sie sehen! – Der Artikel in der „Preußischen Zeitung“ ist mir durch den Drucker zugegangen, und ich sage Ihnen meinen aufrichtigen Dank, daß Sie sich die Mühe gemacht haben, das, was Sie über meine Sachen denken, auch einmal schriftlich und öffentlich auszusprechen. Mörike, dem ich seiner Zeit meine „Sommergeschichten“ geschickt hatte, erwiderte dies neulich durch Zusendung seines „Hutzelmännleins“ und schrieb mir bei der Gelegenheit, das „Von den Katzen“ habe er bald auswendig gewußt und schon Manchen damit ergötzt. Neulich habe er Jemanden gefragt: „Von wem ist das?“ und darauf, als verstünde es sich von selbst: „Nu, von Dir!“ zur Antwort erhalten[1]. Merkwürdiger Weise erhielt ich diese Antwort um nur zwei Tage später als Ihren Artikel, worin Sie meine Muse aus Mörike's Pfarrhause kommen lassen. Gewiß haben Sie Recht, wenn Sie mich – im Uebrigen sans comparaison mit diesen beiden großen Lyrikern – z w i s c h e n Mörike und Heine stellen, denn wenn ich auch mit Mörike die Freude am Stillleben und Humor, mit Beiden annäherungsweise die Simplicität des Ausdruckes gemein habe,

[1] Man vergl. den „Briefwechsel zwischen Theodor Storm und Eduard Mörike“, mitgetheilt von Jakob Baechtold, „Deutsche Rundschau“, 1889, Bd. LVIII, S. 40 ff., wo der oben erwähnte Brief (Mörike an Storm. Stuttgart, 26. Mai 1853) sich abgedruckt findet (Nr. 2, S. 44).

Die Redaction.

so rückt mich doch die große Reizbarkeit meiner Empfindung wieder näher an Heine.

Dies war sein letzter Brief aus Husum, kurz vor seiner Uebersiedlung nach Preußen. Ehe er aufbrach, schrieb er noch eines seiner schönsten Gedichte „A b s ch i e d".

Kein Wort, auch nicht das kleinste, kann ich sagen,
Wozu das Herz den vollen Schlag verwehrt;
Die Stunde drängt, gerüstet steht der Wagen,
Es ist die Fahrt der Heimath abgekehrt.

Er führt das weiter aus, wendet sich dem und jenem zu und schließt dann:

Wir scheiden jetzt, bis dieser Zeit Beschwerde
Ein and'rer Tag, ein besserer, gesühnt,
Denn Raum ist auf der heimathlichen Erde
Für Fremde nur und was dem Fremden dient.

Und Du, mein Kind, mein jüngstes, dessen Wiege
Auch noch auf diesem theuren Boden stand,
Hör' mich, denn alles Andere ist Lüge,
Kein Mann gedeihet ohne Vaterland.

Kannst Du den Sinn, den diese Worte führen,
Mit Deiner Kinderseele nicht versteh'n,
So soll er wie ein Schauer Dich berühren
Und wie ein Pulsschlag in Dein Leben geh'n.

Es steht das Alles auf vollkommen dichterischer Höhe. Man hat sich daran gewöhnt, ihn immer nur als Erotiker anzusehen; aber seine vaterländischen Dichtungen stehen ganz ebenbürtig neben seiner Liebeslyrik, wenn nicht noch höher. Alles hat was zu Herzen Gehendes, überall das Gegentheil von Phrase, jede Zeile voll Kraft und Nerv.

* *
*

Storm, als er Husum schon verlassen, nahm – wie wenn er sich von seiner heimathlichen Erde nicht habe losreißen können – noch eine mehrmonatliche Rast in Altona, was veranlaßte, daß er erst im Spätherbst in Potsdam eintraf, wohin man ihn, statt nach Schwedisch-Pommern, installirt hatte. Hier in Potsdam fand er eine gute Wohnung und gute Beziehungen. Die Damen schwärmten ihn an, und die Männer, wie gewöhnlich, mußten mit. Er hätte zufrieden sein können, aber er war es nicht und zog es vor, obschon er ganz unpolitisch war, mehr oder weniger den politischen Ankläger zu machen. Mit seiner kleinen, feinen Stimme ließ er sich über das Inferiore preußischen Wesens ganz unbefangen aus und sah einen dabei halb gutmüthig, halb listig an, immer als ob er fragen wolle: „Hab' ich nicht recht?“ – Was wir Altpreußen uns auf diesem Gebiete gefallen lassen müssen und thatsächlich beständig gefallen lassen, spottet jeder Beschreibung. Storm war einer der Schlimmsten. Er blieb, aller auch von ihm anerkannten Gutthaten ungeachtet, antipreußisch, und eine Stelle, die sich in Dr. Paul Schütze's hübschem Buche: „Theodor Storm, sein Leben und seine Dichtung“, vorfindet, wird wohl ziemlich richtig aussprechen, woran Storm damals krankte. „Nicht leicht war es für eine Natur wie die seine, sich fremden Verhältnissen anzupassen. Er hatte den altgermanischen Zug, das Leben in der Heimath als Glück, das Leben in der Fremde als ‚Elend‘ anzusehen. Heimisch hat er sich in dem ‚großen Militär-Casino‘ Potsdam nie gefühlt, und so gastlich man ihn auch aufnahm, die Potsdamer Jahre waren eine trübe Zeit für ihn. In den geschniegelten, überall eine künstlich ordnende Menschenhand verrathenden Parks, empfand er ein Verlangen nach dem Anblick eines ‚ehrlichen Kartoffelfeldes, das mit Menschenleben und Geschick in unmittelbarem Zusammenhange steht‘.“

Diese gesperrt und mit Anführungszeichen gedruckten Worte sind sehr wahrscheinlich ein Citat aus einem Storm'schen Briefe. Sie haben für einen Märker etwas wehmüthig Komisches. Denn wenn es überhaupt eine Sehnsucht gibt, die hier Landes leicht befriedigt werden kann, so ist es die Sehnsucht nach einem ehrlichen Kartoffelfelde. Storm war aber nicht zufrieden zu stellen, was nicht an den „geschniegelten Parks“ (es gibt für jeden vernünftigen Menschen kaum etwas Entzückenderes als Sanssouci), sondern einfach in seiner Abneigung gegen alles Preußische lag. Preußen wird von sehr Vielen als ein Schreckniß empfunden, aber Storm empfand dieses Schreckniß ganz besonders stark. Ich habe zahllose Gespräche mit ihm über dies difficile Thema gehabt und bin seinen Auseinandersetzungen jeder Zeit mit sehr gemischten Gefühlen gefolgt, mit Zustimmung und mit Ungeduld. Mit Zustimmung, weil ich das, was man Preußen vorwirft, oft so gerechtfertig finde, daß ich die Vorwürfe womöglich noch überbieten möchte; mit Ungeduld, weil sich in dieser ewigen Verkleinerung Preußens eine ganz unerträgliche Anmaßung und Ueberheblichkeit ausspricht, also genau das, was man uns vorwirft. In Selbstgerechtigkeit sind die deutschen Volksschaften unter einander dermaßen gleichartig und ebenbürtig, daß, wenn schließlich zwischen ihnen abgerechnet werden soll, kein anderer Maßstab übrig bleibt als der, den uns ihre, das ganze Gebiet des Lebens umfassenden Thaten an die Hand geben. Und wenn diese Thaten zum Maßstab genommen werden sollen, wer will da so leichten Spieles mit uns fertig werden! Vieles in „Berlin und Potsdam“ war immer sehr ledern und ist es noch; wenn's aber zum Letzten und Eigentlichsten kommt, was ist dann, um nur e i n halbes Jahrhundert heraus zu greifen, die ganze schleswig-holsteinische Geschichte neben der Geschichte des Alten Fritzen! Allen möglichen Balladenrespect vor König Erich und Herzog Abel, vor Bornhöved und Hemmingstedt; aber neben Hochkirch und Kunersdorf (ich nehme mit Absicht Unglücksschlachten, weil wir uns diesen Luxus leisten können) geht doch dieser ganze Kleinkram in die Luft. Diesen Satz will ich vor Gott und Menschen vertreten. Es liegt nun einmal so. Für Alles das aber hatte der von mir als Mensch und Dichter, als Dichter nun <*s*>chon ganz gewiß, so sehr geliebte Storm nicht das geringste Verständniß, und daß er dies Einsehen nicht hatte, lag nicht an „Potsdam und seinen geschniegelten Parks", das lag an seiner das richtige Maß überschreitenden, localpatriotischen Husumerei, die sich durch seine ganze Production – auch selbst seine schönsten politischen Gedichte nicht ausgeschlossen – hindurch zieht. Er hatte für die Dänen dieselbe Geringschätzung wie für die Preußen. Dies aber sich selber immer „Norm" sein, ist ein Unsinn, abgesehen davon, daß es Andere, das Mindeste zu sagen, verdrießlich stimmt. Ich rufe Mommsen, einen echten Schleswig-Holsteiner und Freund Storm's, der aber freilich in der angenehmen Situation ist, einen palatinischen Cäsar von einem eiderstädtischen Deichgrafen unterscheiden zu können, zum Zeugen auf, ob ich in dieser Frage recht habe oder nicht. Leider gibt es politisch immer noch viele Storme; Hannover, Hamburg und – horribile dictu – Mecklenburg stellen unentwegt ihr Contingent.

* *
*

Storm, gleich nach seinem Eintreffen in Potsdam, hatte sich natürlich mit den ih<*m*> schon früher in Berlin bekannt gewordenen literarischen Persönlichkeiten in Verbindung gesetzt und sah sich wenige Wochen später auch in den Tunnel eingeführt. Er wurde hier (zunächst als Gast) aufs Freundlichste begrüßt und erhielt bei seiner bald darauf erfolgenden Aufnahme den Tunnelnamen „Tannhäuser". Als Liebesdichter hatte er einen gewissen Anspruch darauf, aber auch nur als solcher; im Uebrigen verknüpfen wir jetzt mit dem Namen „Tannhäuser" eine gewisse Niemann-Vorstellung, von der Storm so ziemlich das Gegentheil war, ein Mann wie ein Eichkätzchen, nur nicht so springelustig.

Wie mit mancher Berühmtheit, die dem Tunnel zugeführt wurde, wollte es auch mit Storm nicht recht gehen. Um so ohne Weiteres an ihn zu glauben, dazu reichte das damalige Maß seiner Berühmtheit nicht aus, und um sich die Herzen im Fluge zu erobern, dazu war weder seine Persönlichkeit noch seine Dichtung angethan. Der Tunnel, so viel ich ihm nachzurühmen habe, war doch an sehr vielen Sonntagen nichts weiter als ein Rauch- und Kaffeesalon, darin, während Kellner auf- und abgingen, etwas Beliebiges vorgelesen wurde. War es nun eine Schreckensballade, drin Darnley in die Luft flog oder Maria Stuart enthauptet wurde, so ging die Sache; setzte sich aber ein Liebeslieddichter hin, um mit seiner vielleicht pimprigen Stimme zwei kleine Strophen vorzulesen, so traf es sich nicht selten, daß der Vorlesende mit seinem Liede schon wieder zu Ende war, ehe noch der Kaffeekellner auf das ihm eingehändigte Viergroschenstück sein schlechtes Zweigroschenstück (mit dem Braunschweiger Pferde oben) herausgegeben hatte. Darunter hatte denn auch Storm zu leiden; er kam zu keiner Geltung, weil e r sowohl wie das, was er vortrug, für Local und Menschen nicht kräftig genug gestimmt war. Er fühlte das auch und nahm einen Anlauf, sich à tout prix zur Geltung zu bringen, versah es aber damit gänzlich. Er hatte kein rechtes Glück bei uns. Irgend wer hatte ein Gedicht vorgelesen, in dem eine verbrecherische Liebe zwischen Bruder und Schwester behandelt wurde. Wer der Verfasser war, habe ich vergessen. Man fand es verfehlt, am verfehltesten aber fand es der mitkritisirende Storm, der, als er sein Urtheil abgeben sollte, des Weiteren ausführte, daß vor Allem „die schwüle Stimmung" darin fehle. „Nun, Tannhäuser," so rief man ihm zu, „dann machen S i e' s doch." Und Storm war auch wirklich dazu bereit und erschien vierzehn Tage später mit dem von ihm zugesagten Gedicht „Geschwisterliebe", aber nur, um einen totalen Abfall zu erleben. „Ja," hieß es, „Ihr Gedicht ist freilich besser, aber zugleich auch viel schlechter; die ‚schwüle Stimmung', von der Sie sprachen, die haben Sie herausgebracht; aber es wird einem ganz himmelangst dabei." Dies Urtheil war, glaub' ich, richtig; Storm selbst empfand auch etwas der Art und bastelte noch daran herum, suchte sich sogar in Gesprächen und Briefen zu vertheidigen. Aber ohne rechten Erfolg. Einer dieser Briefe richtete sich an mich.

„Erschrecken Sie nicht," so schrieb er mir, „daß ich noch einmal auf meine Ballada incestuosa zurückkomme.

Jede S i t t e, worunter wir an sich nur ein äußerlich allgemein Geltendes und Beobachtetes verstehen, hat ein inneres, reelles F u n d a m e n t, wodurch dieselbe ihre Berechtigung erhält. Die Sitte (denn mit den r e ch t l i ch e n Verboten in dieser Beziehung haben wir es hier nicht zu thun), daß Schwester und Bruder sich nicht vereinigen dürfen, beruht auf der damit übereinstimmenden Natureinrichtung, welche in der Regel diesen Trieb versagt hat. – Wo nun aber, im einzelnen Falle, dieser Trieb vorhanden ist, da fehlt auch, eben für diesen einzelnen Fall, der Sitte das Fundament, und der Einzelne kann sich der allgemeinen Sitte gegenüber, oder vielmehr ihr entgegen, zu einem Ausnahmefall berechtigt fühlen. Daß er nun sein natürliches Recht, nachdem er es vergebens mit der Sitte in Einklang zu bringen versucht hat, kühn gegen all' das Verderben eintauscht, was der Brauch und das Allgemeingültige über ihn bringen muß, das ist d a s, was ich als den poetischen Schwerpunkt empfunden habe.

Gleichwohl habe ich für Sie einen neuen Schluß zurecht gemacht, der freilich christlich ebenso wenig passiren darf wie der andere. Hier ist er ...“

Storm ließ diesen neuen Schluß nun folgen, und in dieser etwas veränderten Gestalt ist die Ballada incestuosa auch in seine Gedichte übergegangen. Es ist aber, trotz all’ dieser Mühen, eine vergleichsweise schwache Leistung geblieben, wie sich Jeder, der die Gedichte zur Hand hat, leicht überzeugen kann.

Storm blieb Mitglied. Aber er kam nicht mehr oder sehr selten. Er mußte sich gesellschaftlich von vornherein geborgen fühlen, sonst schwenkte er ab.

Seine Tunnelschicksale hatten sich nicht sehr günstig gestaltet, freilich auch nicht schlimm. Schlimmer war es, daß es auch mit Kugler zu einer Verstimmung kam. Ohne rechte Schuld auf der einen und der anderen Seite. Wir saßen eines Tages zu Vier oder Fünf in einem Thiergartenlocal, in einem von Pfeifenkraut und Jelängerjelieber umrankten Pavillon, und da sich’s fügte, daß kurz vorher ein neues Buch von Geibel erschienen war, so nahm Storm Veranlassung, über seinen Concurrenten Geibel sein Herz auszuschütten. „Ja, Geibel. Das ist Alles ganz gut. Aber was haben wir schließlich? Wohlklang, Geschmack, gefällige Reime – von eigentlicher Lyrik aber kann kaum die Rede sein und von Liebeslyrik nun schon ganz gewiß nicht. Liebeslyrik, da muß Alles latente Leidenschaft sein, Alles nur angedeutet und doch machtvoll, Alles in einem Dunkel, und mit einem Mal ein uns blendender Blitz, der uns, je nachdem, erschreckt oder entzückt.“ Kugler wurde unruhig. Zum Unglück fuhr Storm fort: „In zwei Strophen von mir ...“ und nun wollte er an einem seiner eigenen Gedichte zeigen, wie echte Liebeslyrik beschaffen sein müsse. Aber er kam nicht dazu. „Nein, lieber Storm,“ unterbrach Kugler, „nicht so. Geibel ist unser Aller Freund, und wie ich bisher annahm, auch der Ihrige, und einen Anderen tadeln, bloß weil er’s anders macht als man selber, das geht nicht.“ Wir kamen sämmtlich in eine große Verlegenheit. Natürlich, so viel mußte man Kugler zugestehen, hatte Storm, wenn auch nicht direct, so doch unmißverständlich ausgesprochen: „Meine Gedichte sind besser als Geibel’s.“ Aber wenn dergleichen artig gesagt wird, so darf man um solches Ausspruches willen nicht reprimandirt werden, auch dann nicht, wenn man Unrecht hat. Hier aber darf doch wohl gesagt werden: Storm hatte Recht. Geibel war ein entzückender Mensch und dazu ein liebenswürdiger, ebenso dem Ohr wie den Anschauungen einer Publicumsmajorität sich einschmeichelnder Dichter. Aber als Liebesliederdichter steht Storm hoch über ihm.

Der ganze Zwischenfall, von dem ich damals einen starken Eindruck empfing, ist mir nie wieder aus dem Gedächtniß geschwunden und hat mich jeder Zeit zu vorsichtiger Haltung gemahnt. Aber freilich, dieser Mahnung immer zu gehorchen, ist nicht leicht. Oft liegt es so, daß man ein Lob, das gespendet wird, zwar nicht theilt, aber doch begreift. In solchem Falle zu schweigen, ist kein Kunststück. Aber überall da, wo man nicht bloß seine dichterische Ueberlegenheit über einen Mitbewerber, sondern viel, viel mehr noch seine k r i t i s c h e Ueberlegenheit über die mit Kennermiene sich gerirenden Urtheilsabgeber fühlt – in solchen Momenten immer zurückzuhalten, ist mir oft recht schwer geworden. Wenn ich dann aber Storm und Kugler und die Jelängerjelieber-Laube vor mir aufsteigen sah, gelang es mir doch so leidlich.

* * *

Der über Geibel's Werthschätzung als Liebeslieddichter entstandene Streit war für alle Theile sehr peinlich, es kam aber schließlich zum Friedensschluß, und man war allerseits bemüht, die Sache vergessen zu machen. Was denn auch glückte. Storm sah sich nicht bloß in das Kugler'sche Haus eingeführt, sondern eben daselbst auch mit Auszeichnungen überhäuft, und die damals mit erlebten „Storm-Abende" zählen zu meinen liebsten Erinnerungen. Es mag übrigens schon hier erwähnt sein, daß Storm, nach Art so vieler lyrischer Dichter (und nun gar lyrischer Dichter aus kleinen Städten) der Träger von allerhand gesellschaftlichen Befremdlichkeiten war, die, je nach ihrer Art, einer lächelnden oder auch wohl halb entsetzten Aufnahme begegneten. Manches so grotesk, daß es sich hier der Möglichkeit des Erzähltwerdens entzieht. Aber seine mit dem Charme des Naiven ausgerüstete Persönlichkeit blieb am Ende doch immer siegreich, und selbst „Frau Clara", so gut sie sonst die Geheimräthin zu betonen wußte, sah und hörte schließlich drüber hin.

Diese Storm-Abende waren, ehe man zu Tisch ging und der Fidelitas ihr Recht gönnte, meist Vorlesungs-Abende, bei denen man es zunächst mit Lyrik versuchte. Sehr bald aber zeigte sich's, wie vorher im Tunnel, daß Lyrik für einen größeren Kreis nicht passe, weshalb Storm, sein Programm rasch wechselnd, statt der kleinen „Erotika" Märchenhaftes und Phantastisches vorzulesen begann. Von der Märchendichtung, wie sie damals in Jugendschriften betrieben wurde, hielt er an und für sich sehr wenig. „Das Märchen hat seinen Credit verloren; es ist die Werkstatt des Dilettantismus geworden, der nun mit seiner Pfuscherarbeit einen lebhaften Markt eröffnet." So schrieb er einmal. Er war sich dem gegenüber eines besonderen Berufes wohl bewußt, zugleich auch einer eigenthümlichen Märchen-Vortragskunst, wobei kleine Mittel, die mitunter das Komische streiften, seinerseits nicht verschmäht wurden.

So entsinne ich mich eines Abends, wo er das Gedicht „In Bulemann's Haus" vorlas. Eine zierliche Kleine, die gern tanzt, geht bei Mondenschein in ein verfallenes Haus, darin nur die Mäuse heimisch sind. Und auch ein hoher Spiegel ist da zurückgeblieben. Vor den tritt sie hin, grüßt in ihm ihr Bild und das Bild grüßt wieder, und nun beginnen beide zu tanzen, sie und ihr Bild, bis der Tag anbricht und die „zierliche Kleine“ niedersinkt und einschläft. Dieser phantastische Tanz im Mondenschein bildet den Hauptinhalt und ist ein Meisterstück in Form und Klang. Ich sehe noch, wie wir um den großen, runden Tisch, den ich schon in einem früheren Capitel beschrieben, herum saßen, die Damen bei ihrer Handarbeit, wir „von Fach“ die Blicke erwartungsvoll auf Storm selbst gerichtet. Aber statt anzufangen, erhob er sich erst, machte eine entschuldigende Verbeugung gegen Frau Kugler und ging dann auf die Thür zu, um diese zuzuriegeln. Der Gedanke, daß der Diener mit den Theetassen kommen könne, war ihm unerträglich. Dann schraubte er die Lampe, die schon einen für Halbdunkel sorgenden grünen Schirm hatte, ganz erheblich herunter, und nun erst fing er an: „Es klippt auf den Gassen im Mondenschein, das ist die zierliche Kleine …“ Er war ganz bei der Sache, sang es mehr als er es las, und während seine Augen wie die eines kleinen Hexenmeisters leuchteten, verfolgten sie uns doch zugleich, um in jedem Augenblicke das Maß und auch die Art der Wirkung bemessen zu können. Wir sollten von dem Halbgespenstischen gebannt, von dem Humoristischen erheitert, von dem Melodischen lächelnd eingewiegt werden – das Alles wollte er auf unseren Gesichtern lesen, und ich glaube fast, daß ihm diese Genugthuung auch zu Theil wurde.

Denselben Abend erzählte er auch Spukgeschichten, was er ganz vorzüglich verstand, weil es immer klang, als würde das, was er vortrug, aus der Ferne von einer leisen Violine begleitet. Die Geschichten an und für sich waren meist unbedeutend und unfertig, und wenn wir ihm das sagten, so wurde sein Gesicht nur noch spitzer, und mit schlauem Lächeln erwiderte er: „Ja, das ist das Wahre; daran können Sie die Echtheit erkennen; solche Geschichte muß immer ganz wenig sein und unbefriedigt lassen; aus dem Unbefriedigten ergibt sich zuletzt die höchste künstlerische Befriedigung.“ Er hatte uns nämlich gerade von einem unbewohnten Spukhause erzählt, drin die Nachbarsleute Nachts ein Tanzen gehört und durch das Schlüsselloch geguckt hatten. Und da hätten sie vier Paar zierliche Füße gesehen mit Schnürstiefelchen und nur gerade die Knöchel darüber, und die vier Paar Füße hätten getanzt und mit den Hacken zusammengeschlagen. Einige Damen lachten, aber er sah sie so an, daß sie zuletzt doch in einen Grusel kamen.

* *
*

Storm war oft in Berlin, aber wir waren doch auch gelegentlich zu ihm geladen und fuhren dann in corpore – meist Kugler, Merckel, Eggers, Blomberg, ich – nach Potsdam hinüber, um unsere sogenannte „Rütlisitzung“ in Storm’s Wohnung abzuhalten. Rütli, wie schon an anderer Stelle hervorgehoben, war eine Art Nebentunnel, eine Art Extract der Sache. Storm war ein sehr liebenswürdiger Wirth, sehr gastlich, und seine Frau, die schöne „Frau Constanze“, fast noch mehr. Wir blieben Nachmittag und Abend und fuhren erst spät zurück. Je kleiner der Kreis war, je netter war es; er sprach dann, was er in größerer Gesellschaft vermied, über dichterisches Schaffen überhaupt und speciell auch über sein eigenes. Ich habe, bei Behandlung solcher Themata, keinen Anderen so Wahres und so Tiefes sagen hören. In neuester Zeit sind Tagebücher der Gebrüder Goncourt erschienen, die sich auch über derlei Dinge verbreiten und mich mehr als einmal ausrufen ließen: „Ja, wenn wir doch die gleiche, jedes Wort zur Rechenschaft ziehende Gewissenhaftigkeit hätten.“ In der That, wir haben nur ganz wenige Schriftsteller, die wie die Goncourt's verfahren, und unter diesen Wenigen steht Storm oben an. Er ließ das zunächst schnell Geschriebene Wochen lang ruhen, und nun erst begann – zumeist auf Spaziergängen auf seinem Husumer Deich – das Verbessern, Feilen und Glätten, auch wohl, wie Lindau einmal sehr witzig gesagt hat, das „Wiederdrübergehen mit der Raspel“, um dadurch die beim Feilen entstandene zu große Glätte wieder kräftig und natürlich zu machen.

Unter seinen kleinen Gedichten sind viele, daran er ein halbes Jahr und länger gearbeitet hat. Deshalb erfüllen sie denn auch den Kenner mit so hoher Befriedigung. Er hat viel<*e*> Freunde gefunden, aber zu voller Würdigung ist er doch immer noch nicht gelangt. Denn seine höchste Vorzüglichkeit ruht nicht in seinen vergleichsweise viel gelesenen und bewunderten Novellen, sondern in seiner Lyrik.

Noch einmal, diese Reunions in unseres Storm's Potsdamer Hause waren sehr angenehm, lehrreich und fördernd, weit über das hinaus, was man sonst wohl bei solchen Gelegenheiten einheimst; aber sie litten doch auch an jenen kleinen Sonderbarkeiten, die nun einmal alles Storm'sche begleiteten und ein Resultat seines weltfremden Lebens und eines gewissen Jean Paulismus waren. Es wird von Jean Paul erzählt, daß er sich, einmal auf Besuch in Berlin, in einer größeren Gesellschaft ins „Kartoffelschälen auf Vorrath“ vertieft habe, was dann schließlich bei dem inzwischen vorgerückten Souper zu einer Art Verzweiflungskampf zwischen ihm und dem die Teller rasch wechseln wollenden Diener geführt hätte. Ganz dasselbe hätte Storm passiren können, oder wenn nicht dasselbe, so doch sehr Aehnliches. Ich habe manches der Art mit ihm erlebt. Er hatte, wie so viele lyrische Poeten, eine Neigung, Alles aufs Idyll zu stellen und sich statt mit der Frage: „Thut man das?“ oder: „Ist das convenable?“ nur mit der Frage zu beschäftigen: „Entspricht das Vossens Luise oder dem redlichen Thamm oder irgend einer Scene aus Mörike's ‚Maler Nolten‘ oder aus Arnim's ‚Kronenwächtern‘?“ Ja, ich fürchte, daß er noch einen Schritt weiter ging und seine Lebensvorbilder in seinen eigenen, vielfach auf Tradition sich stützenden Schöpfungen suchte. Man kann dies nun sicherlich reizend finden, auch ich kann es, aber trotzdem bin ich der Ansicht, daß diesem Verfahren ein Hauptirrthum zu Grunde liegt. Es soll sich die Dichtung nach dem Leben richten, an das Leben sich anschließen, aber umgekehrt eine der Zeit nach weit zurückliegende Dichtung als

Norm für modernes Leben zu nehmen, erscheint mir durchaus falsch. In Storm's Potsdamer Hause ging es her wie in dem öfters von ihm beschriebenen Hause seiner Husumer Großmutter, und was das Schlimmste war, er war sehr stolz darauf und sah in dem, was er einem als Bild und Scene gab, etwas ein für allemal „poetisch Abgestempeltes". Das Lämpchen, der Theekessel, dessen Deckel klapperte, die holländische Theekanne daneben – das Alles waren Dinge, darauf nicht bloß sein Blick andächtig ruhte (das hätte man ihm gönnen können), nein, es waren auch Dinge, die gleiche Würdigung von denen erwarteten, die, weil anders geartet, nicht viel davon machen konnten und durch das Absichtliche darin ein wenig verstimmt wurden. Wie mir einmal ein Hamburger erzählte: „Ja, da war ja nun letzten Sommer Ihr Kronprinz bei uns, und da wird er wohl mal gesehen haben, was ein richtiges Mittagessen ist" – so glaubte Storm ganz ernsthaft, daß eine wirkliche Tasse Thee nur aus seiner Husumer Kanne kommen könne. Die Provinzialsimpelei steigert sich mitunter bis zum Großartigen.

In einem gewissen Zusammenhange damit stand die Kindererziehung. Auch hier nahm Storm einen etwas abweichenden Standpunkt ein und sah mit überlegenem Lächeln auf Pedantismus und preußischen Drill hernieder. Er war eben für Individualität und Freiheit, beides „ungedeelt". Eines Abends saßen wir munter zu Tisch, und die Bowle, die den Schluß machen sollte, war eben aufgetragen, als ich mit einem Male wahrnahm, daß sich unser Freund Merckel nicht nur verfärbte, sondern auch ziemlich erregt unter dem Tisch recherchirte. Richtig, da hockte noch der Uebelthäter: einer der kleineren Storm'schen Söhne, der sich heimlich unter das Tischtuch verkrochen und hier unseren kleinen Kammergerichtsrath, vor dem wir alle einen heillosen Respect hatten, in die Wade gebissen hatte. Storm mißbilligte diesen Act, hielt seine Mißbilligung aber doch in ganz eigenthümlich gemäßigten Grenzen, was dann, auf der Rückfahrt, einen unerschöpflichen Stoff für unsere Coupéunterhaltung abgab. Schließlich, so viel ist gewiß, werden die Menschen das, was sie werden sollen, und so darf man an derlei Dinge nicht allzu ernste Betrachtungen knüpfen; aber das hab' ich doch immer wieder und wieder gefunden, daß Lyriker, und ganz besonders Romantiker, durch erzieherische Gaben nur sehr ausnahmsweise glänzen.

* *
*

Drei Jahre, bis Herbst 56, blieb Storm in Potsdam; dann ward er nach Heiligenstadt im Eichsfelde versetzt. „Hier in diesem mehr abseits gelegenen, von Waldbergen umkränzten thüringischen Städtchen, gewissermaßen einem Pendant zu seinem schleswigschen Husum, gestaltete sich ihm das Leben wieder innerlicher, traulicher, befriedigender." So heißt es in Paul Schütze's schon Eingangs citirtem Buche. Desgleichen hat L. Pietsch im zweiten Theile seiner „Lebenserinnerungen“ sehr anziehend über diese Heiligenstädter Tage berichtet. Ein Kreis froher theilnehmender Menschen sammelte sich hier um Storm, unter ihnen in erster Reihe Landrath v. Wussow und Staatsanwalt Delius.

Fast alljährlich unternahm Storm von Heiligenstadt aus Reisen in die Heimath, entweder nach Husum, wo ihm noch die Eltern lebten, oder nach Segeberg, dem Geburtsort seiner Frau. Mehrmals war er auch in Berlin, aber nur eines dieser Besuche (fast um dieselbe Zeit, wo Storm nach Heiligenstadt ging, ging ich nach London) erinnere ich mich. Das war bald nach meiner Rückkehr aus England, also wahrscheinlich im Jahr 62. Alles, als er eintraf, freute sich, ihn wiederzusehen, aber dies „Alles“ hatte sich, wenigstens so weit unser Kreis in Betracht kam, seit jenem Winter 52, wo wir zuerst miteinander bekannt wurden, sehr verändert. Kugler und Merckel waren todt, „Frau Clara“ und Heyse nach München übersiedelt, Roquette in Dresden; so fand er nur noch Zöllner, Eggers und mich. Er blieb denn auch nicht lange. Mit Zöllner und Eggers, die ganz vorzüglich zu ihm paßten, war er sehr intim, während sich ein gleich herzliches Verhältniß, trotz beiderseitig besten Willens, zwischen ihm und mir nicht herstellen lassen wollte. Wir waren *zu* verschieden. *Er* war für den Husumer Deich, *ich* war für die Londonbrücke; sein Ideal war die schleswigsche Haide mit den rothen Ericabüscheln, mein Ideal war die Haide von Culloden mit den Gräbern der Camerons und Mac Intosh. Er steckte mir zu tief in Literatur, Kunst und Gesang, und was ein Spötter ’mal von dem Kugler’schen Hause gesagt hatte, „man beurtheile da die Menschen lediglich im Hinblick darauf, ob sie schon einen Band Gedichte herausgegeben hätten oder nicht“ – dieser Satz paßte sehr gut auch auf Storm. Aber was unserer Intimität und zwar viel, viel mehr als das verschiedene *Maß* unseres Interesses an künstlerischen Dingen im Wege stand, das war *das*, daß wir auch den Dingen des alltäglichen Lebens gegenüber gar so sehr verschieden empfanden. Ums kurz zu machen, er hielt mich und meine Betrachtung der Dinge für „frivol“. Und das ärgerte mich ein bißchen, trotzdem es mir zugleich eine beständige Quelle der Erheiterung war. Man wolle mich hier nicht mißverstehen. Ich habe nichts dagegen, auch *jetzt* noch nicht, für frivol gehalten zu werden. Meinetwegen. Aber ich sehe mir die Leute, die mit solchem Urtheil um sich werfen, einigermaßen ernsthaft an. Wenn Kleist-Retzow oder noch besser der von mir hochverehrte Pastor Müllensiefen, der mir immer als das Ideal eines evangelischen Geistlichen erschienen ist – wenn mir der jemals gesagt hätte: „Lieber F., Sie sind frivol,“ so hätt’ ich mir das gesagt sein lassen, wenn auch ohne die geringste Lust, mich irgendwie zu ändern. Aber gerade von Personen, die vielleicht zu solchem Ausspruche berechtigt gewesen wären, sind mir derlei Dinge nie gesagt worden, sondern immer nur von solchen, die, meiner Meinung nach, in ihrer literarischen Production um vieles mehr auf der Kippe standen als ich selbst. Und zwar waren es immer Erotiker, Generalpächter der großen Liebesweltdomäne. Diesen Zweig meiner Collegenschaft auf ihrem vorgeblichen Unschulds- und Moralgebiet zu beobachten, ist mir immer ein besonderes Gaudium gewesen. Die hier in Frage Kommenden unterscheiden nämlich zwei Küsse: den Himmelskuß und den Höllenkuß, eine Scheidung, die ich gelten lassen will. Aber was ich nicht gelten lassen kann, ist der diesen Erotikern eigene Zug, den von ihnen applicirten Kuß, er sei wie er sei, immer als einen „Kuß von oben", den Kuß ihrer lyrischen oder novellistischen Concurrenten aber immer als einen Kuß aus der entgegengesetzten Richtung anzusehen. Sie schlagen mit ihrem „Bauer, dat's wat anners" selbst den vollwichtigsten Argrarier aus dem Felde. Zu dieser Gruppe der Weihekußmonopolisten gehörte nun Storm im höchsten Maße, trotzdem er Dinge geschrieben und Situationen geschildert hat, die mir viel bedenklicher erscheinen wollen, als beispielsweise Heine's berühmte Schilderung von einer decolletirt auf einem Ball erscheinenden Embonpoint-Madame, hinsichtlich deren er versicherte, „nicht nur das rothe Meer, sondern auch noch ganz Arabien, Syrien und Mesopotamien" gesehen zu haben. Solche Verquickung von Uebermuth und Komik hebt Schilderungen der Art, in meinen Augen wenigstens, auf eine künstlerische Hochstufe, neben der die sauberthuenden Wendungen der angeblichen Unschuldserotiker auch moralisch versinken.

Ich traf in jenen zweiundsechziger Tagen Storm meist im Zöllner'schen Hause, das, in Bezug auf Gastlichkeit, die Kugler-Merckel'sche Erbschaft angetreten hatte; noch öfter aber flanirten wir in der Stadt umher, und an einem mir lebhaft in Erinnerung gebliebenen Tage machten wir einen Spaziergang in den Thiergarten, natürlich immer im Gespräch über Rückert und Uhland, über Lenau und Mörike und „wie feine Lyrik eigentlich sein müsse". Denn das war sein Lieblingsthema geblieben. Es mochte zwölf Uhr sein, als wir durchs Brandenburgerthor zurückkamen und beide das Verlangen nach einem Frühstück verspürten. Ich schlug ihm meine Wohnung vor, die nicht allzuweit ablag; er entschied sich aber für Kranzler. Ich bekenne, daß ich ein wenig erschrak. Storm war wie geschaffen für einen Thiergartenspaziergang an dichtbelaubten Stellen, aber für Kranzler war er nicht geschaffen. Ich seh' ihn noch deutlich vor mir. Er trug leinene Beinkleider und leinene Weste von jenem sonderbaren Stoff, der wie gelbe Seide glänzt und sehr leicht furchtbare Falten schlägt, darüber ein grünes Röckchen, Reisehut und einen Shawl. Nun weiß ich sehr wohl, daß gerade ich vielleicht derjenige deutsche Schriftsteller bin, der in Sachen gestrickter Wolle zur höchsten Toleranz verpflichtet ist, denn ich trage selber dergleichen. Aber zu so viel Bescheidenheit ich auch verpflichtet sein mag, zwischen Shawl und Shawl ist doch immer noch ein Unterschied. Wer ein Mitleidender ist, weiß, daß im Leben eines solchen Products aus der Textilindustrie zwei Stadien zu beobachten sind: ein Jugendstadium, wo das Gewebe mehr in die Breite geht und noch Elasticität, ich möchte sagen, Leben hat, und ein Altersstadium, wo der Shawl nur noch eine endlose Länge darstellt, ohne jede zurückschnellende Federkraft. So war der Storm'sche. Storm trug ihn rund um den Hals herum, trotzdem hing er noch in zwei Strippen vorn herunter, in einer kurzen und einer ganz langen. An jeder befand sich eine Puschel, die hin und her pendelte. So marschirten wir die Linden herunter, bis an die berühmte Ecke. Vorne saßen gerade Gardecürassiere, die uns anlächelten, weil wir ihnen ein nicht gewöhnliches Straßenbild gewährten. Ich sah es und kam unter dem Eindruck davon noch einmal auf meinen Vorschlag zurück. „Könnten wir nicht lieber zu Schilling gehen; da sind wir allein, ganz stille Zimmer." Aber mit der Ruhe des guten Gewissens bestand er auf Kranzler. En avant denn, wobei ich immer noch hoffte, durch gute Directiven Einiges ausrichten zu können. Aber Storm machte jede kleinste Hoffnung zu Schanden. Er trat zu der brunhildenhaften Comptoirdame, die selber bei der Garde gedient haben konnte, sofort in ein lyrisches Verhältniß und erkundigte sich nach den Einzelheiten des Büffets, alle reichlich gestellten Fragen bis ins Detail erschöpfend. Die Dame bewahrte gute Haltung. Aber Storm auch. Er pflanzte sich, dem Verkaufstisch gegenüber, an einem der Vorderfenster auf, in das zwei Stühle tief eingerückt waren. „Hier wird er Platz nehmen," an diesem Anker hielt ich mich. Aber nein, er wies auch hier wieder das sich ihm darbietende Refugium ab, und den schmalen Weg, der zwischen Fenster und Büffet lief, absperrend, nahm er unser Gespräch über Mörike wieder auf, und je lebhafter es wurde, je mächtiger pendelte der Shawl mit den zwei Puscheln hin und her. Ich war froh, als wir nach einer halben Stunde wieder heil heraus waren.

Täuscht mich nicht Alles, so kann dergleichen heutzutage kaum noch vorkommen. Und das ist ein wahres Glück. Es hing das Alles – weshalb ich es hier mit allem Vorbedacht erzählt habe – doch mit einer colossal hohen Selbsteinschätzung (nur nicht im Geldpunkt) zusammen und einer gleichzeitigen Unterschätzung des Alltagsmenschen, des Philisters, des Nichtdichters oder Nichtkünstlers. Einer der herrlichsten und gefeiertsten Poeten der romantischen Schule hat ein Gedicht geschrieben unter dem Titel: „Engel und Bengel", und wenn man solchen Shawl trug und dabei dichtete, so war man eben ein „Engel", und wenn man bloß Gardecürassier war, nun so war man eben das Andere. Das ist nun Gott sei Dank überwunden, und gerade wir Leute von Fach dürfen uns gratuliren, solchen Wandel der Zeiten noch erlebt zu haben. Denn jene sonderbare „Engelschaft" hat unser ganzes Metier – ich denke dabei nicht weiter an Storm, dem es, wenn es zum Eigentlichsten kam, an einer wirklichen Legitimation nicht fehlte – doch schließlich nur lächerlich gemacht.

Im Sommer 64, kurz nach der Befreiung des Landes, kehrte Storm nach elfjähriger Abwesenheit in seine geliebte Heimath zurück. Er war nun wieder Landvogt in Husum. Aber im selben Augenblicke fast, wo seine Hand all' das liebe Alte wieder in Besitz nahm, nahm eine wohlverständliche Schwermuth von ihm Besitz. Er schrieb an einen Freund: „O, meine Muse, war das der Weg, den Du mich führen wolltest! Die sommerlichen Haiden, deren heilige Einsamkeit ich sonst an Deiner Hand durchstreifte, bis durch den braunen Abendduft die Sterne schienen, sind sie denn alle, alle abgeblüht? Es ist ein melancholisches Lied, das Lied von der Heimkehr." Wundervolle Worte, wie sie nur Storm schreiben konnte, voll jenes eigenthümlichen Zaubers, den fast Alles hat, das aus seiner Feder kam. In etwas specifisch Poetischem steht er ganz einzig da.

„Wen von euch soll ich nun dafür hingeben?" so frug er, als er sich bald danach an der alten Stelle wieder eingerichtet hatte. Er hatte nicht lange auf Antwort zu warten. Ein Jahr nach der Rückkehr starb Frau Constanze, jene schöne, frische, anmuthige Frau, an die er, als er ihr 1852 von Berlin aus den beschlossenen Eintritt in den preußischen Dienst meldete, die Worte gerichtet hatte:

So komm denn, was da kommen mag,
So lang' Du lebest, ist es Tag,

Und geht es in die Welt hinaus,
Wo Du mir bist, bin ich zu Haus,

Ich seh' Dein liebes Angesicht,
Ich sehe die Schatten der Zukunft nicht; –

Worte, wie sie kein Dichter je schöner geschrieben hat.

*   *
*

Storm, einer jener vielen Hülflosen, die wie der Liebe so der Dienste einer Frau nicht wohl entbehren können, verheirathete sich wieder und zwar mit Dorothea Jensen, einer durch Klugheit, Charakter und Ordnungssinn ausgezeichneten Dame. Wie seine erste Ehe sehr glücklich gewesen war, so war es seine zweite. Die erste Frau hatte ganz i h m gelebt, die zweite – es war die schönste Aufgabe, die sie sich stellen konnte – lebte dem Haus und den Kindern.

1880 nahm er den Abschied aus seinem Amt und schuf sich ein neues Heim in dem zwischen Neumünster und Heide gelegenen Kirchdorfe Hademarschen. Während er hier im Sommer genannten Jahres den Hausbau überwachte, schrieb er an Erich Schmidt die für Storm's Denk- und Gefühlsweise charakteristischen Zeilen: „Gestern in der einsamen Mittagsstunde ging ich nach meinem Grundstücke und konnte mich nicht enthalten, in meinem Bau herumzuklettern; auf langer Leiter nach oben, wo nur noch die etwas dünnen Verschalungsbretter lose zwischen den Balken liegen und wo die Luft frei durch die Fensterhöhlen zieht. Ich blieb lange in meiner Zukunftsstube und webte mir Zukunftsträume, indem ich in das sonnige, weithin unter mir ausgebreitete Land hinausschaute. Wie köstlich ist es zu leben! Wie schmerzlich, daß die Kräfte rückwärts gehen und ans baldige Ende mahnen. Einmal dachte ich, wenn nun die Bretter brächen oder die Sicherheit Deiner Hände oder Augen einen Augenblick versagte, und man fände den Bauherrn unten liegen als einen stillen Mann. Ich ging recht behutsam nur von einem festen Balken zu dem andern; und draußen flimmerte die Welt im mittagstillen Sonnenschein. Sehen Sie, so schön erscheint noch heute im dreiundsechzigsten Jahre trotz alledem mir Welt und Leben."

In diesem seinem Hause zu Hademarschen verlebte Storm noch glückliche Tage; mehrere seiner glänzendsten Erzählungen: „Zur Chronik von Grieshuus" und „Ein Fest auf Haderslevhuus" sind hier entstanden.

Als er siebzig wurde, ward ihm von allen Seiten her gehuldigt, und auch Berlin, als er es im selben Jahre noch besuchte, veranstaltete ihm eine Feier. Die Besten nahmen Theil, an ihrer Spitze sein Landsmann und Freund Theodor Mommsen. Man empfing von ihm einen reinen, schönen Poeteneindruck. In allem Guten war er der Alte geblieben, und was von kleinen Schwächen ihm angehangen, das war abgefallen. Alt und Jung hatten eine herzliche Freude an ihm und bezeugten ihm die Verehrung, auf die er so reichen Anspruch hatte. Als Lyriker ist er, das Mindeste zu sagen, unter den drei, vier Besten, die nach Goethe kommen. Dem Menschen aber, trotz Allem, was uns trennte, durch Jahre hin nahe gestanden zu haben, zählt zu den glücklichsten Fügungen meines Lebens.

Anmerkung

Die Fußnote wurde auf Anregung Julius Rodenbergs eingefügt. Nach Eingang des Manuskripts für die „Deutsche Rundschau" hat er am 1. März 1896 an Fontane geschrieben: „Eben habe ich Ihre Charakteristik Storm's zu Ende gelesen; sie ist vortrefflich u. macht so sehr den Eindruck des Wahren, eben weil Sie sich nicht scheuen, seiner kleinen Schwächen u. Ihrer innerlichen Differenz Erwähnung zu thun. Nun glaubt man Ihnen auch alles Andre, das viel mehr bedeutet u. viel höher steht. Köstlich ist die Scene bei Kranzler. Der Brief Mörike's, aus dem Storm Ihnen eine Stelle mittheilt, ist (1889) in der ‚Rundschau' abgedruckt worden, so daß sich hier gleichsam die Kette schließt; ich habe in einer Anmerkung darauf hingewiesen. Morgen oder übermorgen werden Sie die Correctur der ersten drei Capitel erhalten u. ich freue mich von ganzem Herzen auf ihr Erscheinen."[1] *Für die erste Buchausgabe „Von Zwanzig bis Dreißig" (Berlin: Friedrich Fontane & Co. 1898) hat Fontane den Journaldruck durchgesehen; substantielle Überarbeitungen hat er jedoch nicht mehr vorgenommen, nur kleinere Korrekturen und Präzisierungen. So unterscheiden sich die*

---

[1] *Walter Hettche (Hg.): Briefe Julius Rodenbergs an Theodor Fontane. In: FBl 45 (1988), S. 20–44, hier S. 37 (Nr. 24).*

Veröffentlichungen in der „Deutschen Rundschau“ und in der Erstausgabe hauptsächlich in Bezug auf Orthographie und Interpunktion.

Der textkritische Apparat gibt nur diejenigen Varianten wieder, die eine Überarbeitung zwischen der Zeitschriftenerstveröffentlichung und der ersten Buchausgabe erkennen lassen. Im Internet werden alle Druckvarianten des „Storm-Kapitels“ aufgelistet.[2] *Außerdem wird der von Wolfgang Rasch besorgte Band „Von Zwanzig bis Dreißig“ innerhalb der „Großen Brandenburger Ausgabe“ der Werke Theodor Fontanes neben der Rekonstruktion der Entstehung auch eine umfassende Beschreibung der Textvarianz zwischen dem Journaldruck und der ersten Buchausgabe enthalten.*

Apparat

„Deutsche Rundschau“] Text „Von Zwanzig bis Dreißig“
8 Dichter und] Dichter, aber
16 ging] ging,
21 die Heimath (Husum)] sein heimatliches Husum
38 fraglich;] fraglich,
152 erhalten [1]]: [1]Man vergl. den „Briefwechsel zwischen Theodor Storm und Eduard Mörike“, mitgetheilt von Jakob Baechtold, „Deutsche Rundschau“, 1889, Bd. LVIII, S. 40 ff., wo der oben erwähnte Brief (Mörike an Storm. Stuttgart, 26. Mai 1853) sich abgedruckt findet (Nr. 2, S. 44). Die Redaction.
160 sein] Storms
160 Uebersiedlung] Uebersiedelung
202 leicht war] leicht“ so heißt es da „war
220 Auseinandersetzungen jeder] Auseinandersetzungen, wie dann später den gleichlautenden Auslassungen seiner Gesinnungsgenossen, jeder
232 Jahrhundert] Jahrhundert als Beispiel
237 Menschen] den Menschen
266 Dichtung] Dichtung, noch das Tunnelpublikum
280 wurde. Wer der Verfasser war, habe ich vergessen.] wurde.
281 es verfehlt] es mit Recht verfehlt
358 gar] gar erst
505 wir zuerst miteinander] wir mit einander

Überlieferung

H: ?

E: *Th. Fontane: Der Tunnel über der Spree. Aus dem Berliner literarischen Leben der vierziger und fünfziger Jahre. Viertes Capitel. Theodor Storm. In: Deutsche Rundschau 87 (1896), Mai 1896, S. 214–229*

D: *Theodor Fontane: Von Zwanzig bis Dreißig. Berlin 1898, S. 333–373; NFA XV, S. 192–215; HFA II/4, S. 356–378*

Ent.: *Frühjahr 1896*

Der edierte Text folgt E.

---

2 *www.uni-goettingen.de/de/110582.html.*

Drei Gedichte und ein Prosa-Entwurf Theodor Fontanes

<Am 14 Sept. dem Geburtstage v. Th. Storm. 36 Jahr.>

Der Herbst ist da und Storm ist da,
Schenkt ein den Wein, den holden,
Wir wollen diesen goldnen Tag
Verschwendrisch noch vergolden.

Und geht es draußen noch so toll
Und hängt die Welt voll Knuten
Kein Mucker und kein Hassenpflug
Soll unsren Mut entmuthen.

Und wimmert auch einmal das Herz
Und will nicht fort nach Pommern
Wir wissen doch es schmilzt der Schnee
Es geht zu neuen Sommern.

Was sind denn 36 Jahr
Sie sind ein bloßes Weilchen
Doch 40, 50, 60 hin,
Da blühen erst die Veilchen.

Mit 70 und mit 80 erst
Erschließen sich die Rosen
Mit 90 Jahren schrieb Hafiz
Von Freundschaft, Wein und Kosen

Bis dahin aber jeden Tag
Sollst du wie heut genießen
Und statt des Tod's ein Lorbeerblatt
Dir deine Augen schließen.

Überlieferung
H: ?
h: *TFA (H 2, S. 6; Abschrift*$_T$ *von Emilie Fontanes Hand)*
E: *Ettlinger, S. 146 f.*
D: *GBA – Gedichte III, S. 36 f. (unter der Überschrift „An Theodor Storm. <Zum 14. September 1853.>“; Steiner, S. 50 f. (Nr. 15)*
Der edierte Text folgt h.

Anmerkung
Dieses Gelegenheitsgedicht, das Fontane zu Storms 36. Geburtstag am 14. September 1853 geschrieben hat, ist eine freie Nachbildung auf Storms „Oktoberlied“, erste Strophe: „Der Nebel steigt, es fällt das Laub; / Schenk ein den Wein, den holden ! / Wir wollen uns den grauen Tag / Vergolden, ja vergolden!“ *Fontane überreichte das Gedicht Storm während der Geburtstagsfeier bei Kugler:* „Zu Mittag kam dann richtig Fontane. Als ich eben vor Tisch in meine Stube ging schlossen er und K. die Thür hinter mir zu. Als sie mich nach einer Weile wieder herausließen, stand auf einem Tisch ein Kuchen mit brennenden Wachslichtern und ein frisches Bouquett, darum herum lagen: Kuglers Jacobäa (Trauerspiel), Fontanes Romanzen von der schönen Rosamunde, Lepels Lieder aus Rom, Paul Heyses kleines chinesisches Epos, die Brüder, ein verrücktes radirtes Blatt von Adolph Menzel, mehrere Blätter von Kuglers Radirungen und ein Heft sehr schöner Tenorlieder von Wöhler, alles Geschenke von K. u. F.; die Verfasser der Bücher sind nehmlich Argonauten, und ich sollte eigentlich die ganze Argonautenschaft vertreten finden; es fehlen aber noch ein Paar.“ *(StCSt, 15.–18.9.1853; Nr. 10, S. 56.)*

<An Theodor Storm
Zum 14. September 1853. Bei Überreichung der „Schönen Rosamunde“>

(Bei Ueberreichung der „Rosamunde“ an Th. Storm)
„Qui s'excuse, s'accuse!

„Sohn vorm Vater“ (die Herbstzeitlose)
Dünkt mich das jugendlich-Fehlerlose;
Fehler sind zum Guten ein Sporn
Und die Rose hat den Dorn.

Überlieferung
H: ?
h: *TFA (H 2, S. 7; Abschrift*$_T$ *von Emilie Fontanes Hand)*
E: *GBA – Gedichte III, S. 37*
Ent.: *Zum 14. September 1853*
Der edierte Text folgt h.

<An Theodor Storm
London, d. 4ten Febr. 57>

O Heilgenstadt du heilge Stadt
Die Dichter in den Mauern hat,
Nicht bändereiche, nicht enorme,
Doch Storm und seine kleinen Storme,
Die wenn sie naht die Weihnachtszeit
Gelesen werden weit und breit
Am Ofen und am Flackerfeuer
Die „Immensee", die „Hinzelmeier" –
O Heilgenstadt beschütz den Mann,
Daß er noch vieles dichten kann.

Überlieferung
H_1: *SHLB (Cb 50.56:51,31; in Fontanes Brief an Storm, 4. Februar 1857)*
H_2: *Tagebuch Fontanes (TFA G 4,2)*
h: *TFA (Ha 75)*
E: *Krammer, S. 24*
D: *HFA IV,1, S. 559–561 (Nr. 270; nach* H_2*); GBA – Gedichte III, S. 83*
Ent.: *Am 4. Februar 1857*
Der edierte Text folgt H_2*. Vgl. auch Brief Nr. 72, S. 111 f.*

Sommers am Meer <*Ausschnitt*>

Husum. Storm

1. Szenerie. Die Stadt. Die Marsch, die Geest, der Deich, die Koogs oder Kroogs, die Polder, das *Meer*, das Watt, die Flut – ich zähle es nur auf, wer wollte es beschreiben, denn es gibt wohl keine Lokalität in Deutschland, die von derselben Hand so oft u. so meisterhaft beschrieben worden wäre. Diese Hand ist die Th. Storms, der in Husum geboren, den größten Teil seines Lebens daselbst verbrachte.

2. Nun Stellen zitieren, worin *die See, die Marsch, der Deich, die Heide* beschrieben werden.

3. Meine Besuche fallen in das Jahr 64. Offiziere vom Regiment Coronini. Austernfrühstück. Dann zu Storm. Idyll. Garten, Kinder. Hademarschen. Aber es zieht ihn wieder hin. Und was ist seit 64 alles entstanden. Die 2. Hälfte seiner Produktion, die bedeutendre fällt in diese Zeit.

Überlieferung

H: *Privatbesitz*

E: *HFA Sämtliche Werke, Bd. 5, S. 809–817*

D: *HFA III,3/II, S. 1217–1225, hier S. 1223*

Ent.: *Um 1884*

Der edierte Text folgt D.

Kommentar

(Zu *1) Storm an Fontane, Berlin, Dienstag, 28. oder Mittwoch, 29. Dezember 1852

Datierung
Storms erster ermittelter, nicht überlieferter Brief an Fontane wurde vermutlich am 28. oder 29. Dezember 1852 geschrieben, kurz vor der ersten Begegnung Fontanes und Storms bei Franz Kugler am 1. Januar 1853; vgl. Einführung, S. XVII. Dieser bisher nicht beachtete Hinweis findet sich in einem undatierten Brief Fontanes an Strudelwitz (einen unbekannten Empfänger) vom „Mittwoch", *<29. Dezember 1852>; HUB 87,291, als Leihgabe im TFA; unveröff.):* „Erhalte so eben Zuschrift von einem gewissen Storm; Schleswig-Holsteiner, pfui Spinne. Es ist nicht möglich so fortzufahren, wenn ich beanspruche, daß Du mich verstehst. Storm, der morgen zu Kuglers geladen ist, hat vor ein Paar Stunden früher zu kommen und – wenn nicht was dazwischen kommt – Dich aufzusuchen. Ich empfehle ihn Dir hiemit noch ins Besondre. Wenn er kommt, kommt er zwischen 3 u. 4. Auf Wiedersehen morgen Abend." – *Mit der Anrede* „Lieber Strudelwitz" *spielt Fontane auf die stehenden Figuren im populären Berliner Witzblatt „Kladderadatsch" an, die miteinander korrespondierenden Barone von Strudelwitz, ein Berliner Gardeoffizier, und von Prudelwitz, ein pommerscher Gutsbesitzer. In seinem Brief ahmt Fontane den durch verbale Satire übersteigerten Duktus der „Kladderadatsch"-Gesprächspartner nach und imitiert die in Preußen verbreitete kritisch-distanzierte Haltung gegenüber den Einwohnern Schleswig-Holsteins. Vgl. Ursula E. Koch: Der Teufel in Berlin. Von der Märzrevolution bis zu Bismarcks Entlassung. Illustrierte politische Witzblätter einer Metropole 1848–1890. Köln 1991, S. 88. Das Treffen mit Storm bei Kugler fand dann aber nicht, wie zunächst vorgesehen, am 30. Dezember 1852, sondern wenige Tage später, am 1. Januar 1853, statt. Ob Storms Verabredung mit „Strudelwitz" zu Stande kam, ist nicht ermittelt.*

(Zu 2) Storm an Fontane, <Husum, um den 6. Februar 1853> – Abdruck nach H

Überlieferung

H: *SHLB (Cb 50.51:15,07), als Beilage zu Storms Brief an Fontane, 21./22. August 1853. In LL I, S. 821 f. als* H^3 *aufgeführt*

E: *Steiner, S. 47 f. (Nr. 12)*

Handschrift

1 Blatt (22,1 x 14,2 cm), S. 1 und 2 beschriftet; grünes Papier.

Einschlussbrief/Datierung

Die ohne Postanschrift formulierte Nachschrift „Herrn Theodor Fontane mit Gruß von Theodor Storm.“ *ist ein Hinweis darauf, dass Storm die Abschrift seines Gedichts „Im Herbste 1850“ seinem Brief an Friedrich Eggers vom Sonntag, dem 6. Februar 1853, als Einschluss beigelegt hat. Fontane erhielt Storms Gruß also indirekt über Eggers:* „Grüßen Sie doch Fontane herzlich von mir und geben ihm die Anl. mit seiner Adr. Da Sie sich, lieber Herr Doctor, so freundlich zu kleinen Besorgungen für mich erboten, so unterlasse ich nicht sofort dieß zu benutzen.“ *(H: Privatbesitz; zit. nach der Xerokopie der H im StA Husum FBr 81; vgl. StEgg, Nr. 1, S. 13.)*

Edition

Steiner hat diesen Brief fälschlicherweise als Beilage zu Storms Brief an Fontane vom 21./22. August 1853 ermittelt, da beide Briefe zusammen unter der Signatur Cb 50.51:15,07 in der SHLB aufbewahrt werden (vgl. Steiner, Nr. 12, S. 46 f.). Dieter Lohmeiers Vermutung, dass es sich bei dem Blatt mit Storms Gedichtgruß um eine „Beilage“ (gemeint ist: Einschluss) zu Storms Brief an Eggers vom 6.2.1853 handelt, wird hiermit bestätigt (vgl. Lohmeier, S. 46 f, und LL I, S. 821 f.).

Stellenkommentar

1 Im Herbste 1850: *Zur Überlieferung, Entstehung und Textvarianz vgl. den Kommentar in LL I, S. 821 f., zur Interpretation vgl. Löding, S. 69–76. Das Gedicht wurde erstmals unter dem Titel „Vermächtniß“ ohne Storms Beteiligung veröffentlicht in: „Schleswig-holsteinischer Musen-Almanach für 1851“. Hg. von Hugo Staacke und Ernst Goeders. Kiel: Schröder und Comp. 1850 (S. 41 f.). Nach der Erstpublikation hat Storm nicht nur eine Überarbeitung des Titels vorgenommen, sondern auch eine Neufassung der dritten Strophe, die im Unterschied zu der an Fontane geschickten Fassung noch lautete:* „Und wenn wir selbst darum verderben / Hinunter bis in's spät'ste Glied, / Von Kind zu Kindern soll es erben: / Ein nacktes Schwert, ein klingend' Lied!“ *Der Wiederabdruck in der „Argo“ (unter dem Titel „Im Herbste 1850“;*

1854, S. 308 f.) folgt der an Fontane geschickten Textfassung, die sich nur geringfügig durch die Interpunktion vom Erstdruck unterscheidet: Zeile 8: beklagen,] beklagen; – *Zeile 21:* fand.] fand; – *Zeile 25:* sang.] sang; – *und Zeile 31:* nicht,] nicht.

4 Trikolore: *Die Bezeichnung* „Trikolore“ *wurde von Storm und den Berliner Freunden unterschiedlich interpretiert; vgl. Fontane an Storm, 13./14.8.1853 (Nr. 13), sowie Storms Antwortbrief vom 21./22.8.1853 (Nr. 14) und Anm.*

(Zu 3) Fontane an Storm, Berlin, Dienstag, 8. März 1853. Antwortbrief auf Nr. 2 – Abdruck nach D (Kehler)

Überlieferung

HBV: 53/11

H: *Gertrud Storm (bis 1909), Friedrich Fontane (bis 1934/35), Meyer und Ernst 1933 (Nr. 35, Konvolut-Nr. 598), Stargardt 1933/34 (Nr. 344, Konvolut-Nr. 406; Nr. 345, Konvolut-Nr. 34, und Nr. 353, Konvolut-Nr. 80), und zuletzt Kehler, dessen Autographensammlung im Zweiten Weltkrieg „vernichtet“ wurde (vgl. HFA IV/5,II, S. 103)*

h: *masch. Abschr. TFA (Ca 36) und SHLB (Cb 50.56:51,01)*

E: *Pniower/Schlenther I, S. 60 f.*

D: *Kehler, S. 18 f. (Nr. 4); Gülzow, S. 56 f. (Nr. 1); Coler I, S. 219; HFA IV/1, S. 334 (Nr. 153); Steiner, S. 21 (Nr. 1)*

Z: *Gertrud Storm I, S. 213*

Fontane und Friedrich Eggers haben ihre Briefe an Storm auf zwei zusammenhängenden Briefbögen geschrieben. Fontane begann am 8. März 1853 auf S. 1 und 2, Eggers folgte am 10. März 1853 auf S. 3 ff. Eggers' Brief ist fragmentarisch und nur in einer masch. Abschrift TFA (Ca 36) überliefert. Beide Briefe wurden dann zusammen am oder kurz nach dem 10. März 1853 nach Husum geschickt. Im Folgenden wird Eggers' Brief ebenfalls nach Kehler wiedergegeben (S. 19), dem auch nur der erste Briefbogen vorlag.

10. März 1853

Lieber Herr Storm.

Es geschieht oft, daß man einen Brief um einer Sache willen aufschiebt, die man mitschreiben möchte und auf welche man noch bis morgen oder übermorgen zu warten hat. Wüßte man vorher, daß daraus ein Monat werden würde, man wartete nicht. Es ging mir so mit dem von Ihnen gewünschten Bescheid über den Pfarrer G a n z e r und da ich dabei bin, sei diese Angelegenheit gleich zuerst abgethan.

Nach einem mir vorliegenden Briefe vom Regierungsrath v. M ü h l e r befindet sich auf der Pfarrstelle zu L e n z k e, Superintendantur F e h r b e l l i n, 2 ¾ Meilen von N e u st a d t a. d. Dosse ein Pfarrer, J o h a n n C h r i st. G a n z e r, welcher im October 1827 in diese Stelle gekommen ist. Vermuthlich sei dies der Gesuchte, eine andere Spur sei nicht vorhanden.

Und nun schnell zu Ihrem Gedichte, Ihrer Ballade. Ich kündigte Sie im Tunnel an und forderte in Ihrem Namen ein Urtheil. Kugler erbot sich, zuvor die seinige noch einmal zu lesen, da sie die Veranlassung zu Ihrem Werke gewesen war. Es geschah und ich folgte nach. Ihre Arbeit machte die größte Wirkung. Ich mußte gleich noch einmal lesen und die letzte Hälfte noch einmal. Die lebhafteste Debatte schloß sich an und ich habe niemals Himmel und Hölle so nah bei einander gesehn. Man wurde sehr warm, die Einen erhoben das Gedicht bis an die Sterne, kamen an den grünen Tisch gelaufen, um sich Prachtstellen nochmal einzuprägen, die Andern verdammten es in sittlicher Entrüstung; der gute Petrarka *<Ludwig Lesser; Anm. G.R.>* war ganz sprachlos, sein Nachbar Carnot *<Johann Ludwig Urbain Blesson; Anm. G.R.>* dagegen sprach sich die Lunge aus, um seine g a n z b e s o n d e r e Ansicht in Cours zu bringen; die meisten bewunderten und verurtheilten zugleich. Schade, daß ich Ihnen nicht noch den Abend geschrieben habe; ich hätte gewiß manches wörtliche Citat einfließen lassen können. Kurz es gab Donner und Blitz, Sonnenschein und Regen, alles durcheinander. Kugler wird Ihnen seine Ansicht wohl bei seinem Gedicht geschrieben haben, das er Ihnen zu schicken versprach. Auf einem Zeddel, den er mir mit dem Ihrigen, welches er geliehen hatte, sandte, finde ich folgende Bemerkung, die ich Ihnen auch noch herschreiben will: „Was mir an St.'s Ballade am meisten mißfällt, ist der Anfang. Da ist das Verhältnis zwischen Bruder und Schwester widerwärtig (eben unrein, statt etwa leidenschaftlich). Die Mitte ist s e h r s ch ö n."

Wollen Sie mir nun noch einige Bemerkungen gestatten, so wären es diese: So wie Sie Ihr Gedicht beendigen, darf es nun und nimmermehr zu Ende gehn. Was ist es? – Es droht zwei leidenschaftlichen Leuten Blutschande; sie versuchen, ob nicht wenigstens eine, wenn auch nicht die höchste Instanz, für die Gutheißung derselben zu gewinnen ist. Da d i e s nicht einmal geschieht, riskiren sie die Sünde auf ihr eigen Conto. Wie kann man dies nun zum Gegenstand eines Kunstwerks machen? Wie kann man mit Mitteln Storm'scher Muse den jammervollen Fall verherrlichen. Mit welchen Gründen wollen Sie eine s o l ch e Behandlung des Stoffes ästhetisch rechtfertigen? Namentlich, da Sie sich nicht außerhalb unserer christlichen Anschauung hinstellen; denn Ihre Leute gestehen ein, daß „die Stunde des V e r d e r b e n s" da ist. Ich weiß wohl, daß sich in Athen und bei den Mexikanern Bruder und Schwester heiratheten. In Athen geschahen noch andere Dinge wider die Natur und der Mensch kann sich in gewissem Grade daran gewöhnen; trotzdem ist nach unserer Anschauung ein solches Verhältniß sowohl wider die Natur als wider die Sittlichkeit. Gut.

Nun giebt uns aber die Geschichte den Beginn einer Leidenschaft, welche in ein naturwidriges Verhältniß auszuarten droht. Das ist sehr möglich und acceptabel; denn wo versuchte sich die Natur nicht in Anomalien gegen Ihre eignen Gesetze? Will aber der Dichter diesen Stoff behandeln, so hat er zu zeigen, entweder: wie seine Helden sich selber besiegen und die Sittlichkeit Recht behält oder: wie sie die Leidenschaft schon haben so groß werden lassen, daß sie Das Ewige nur noch durch den Untergang des Zeitlichen retten können, so daß sich die Sittlichkeit ihr Recht mit einem Opfer erkaufen muß. Zu dem dritten aber: daß sie sich die Leidenschaft über den Kopf wachsen lassen, und dem ewigen Verderben mit Pauken und Trompeten in die Arme rennen, dies darzustellen, dazu hat der Dichter kein Recht. Das interessirt nicht; diese traurige Geschichte kann man ja alle Tage in geringeren und größeren Dingen erleben und hat dafür nur ein Achselzucken.
Jetzt vertheidigen Sie sich, lieber verehrter Mensch. Ich bin auf Alles, was Sie sagen können, gefaßt und halte neue Gegenbomben in Bereitschaft; denn vor der Hand bin ich von meiner Ansicht sehr überzeugt. Das brauche ich Ihnen wohl nicht zu sagen, daß ich mit allen Übrigen der lebhafteste Bewunderer Ihrer D a r st e l l u n g in dem Gedichte bin. – Aber noch eins: Sie sagen Ihr Gedicht „sei so verschieden von dem Kugler'schen, daß es nicht einmal zu einer Vergleichung auffordern kann". Das frappirt mich. Lepel sagte dasselbe im Tunnel, erfuhr aber durch mich den lebhaftesten Widerspruch und man gab mir Recht. Aber es ist ja auch ganz derselbe Stoff. Daß K. die Reise nach Rom ein wenig breiter erzählt hat und die Antwort des Papstes schließlich anders ausfallen läßt, wie Sie, ist doch nur eine andere Wendung, aber keine Stoffverschiedenheit. Der Stoff ist einfach, wie ich schon oben sagte, das Problem zu lösen, was sich ergiebt, wenn Bruder und Schwester in Liebe zu einander

Ausgang
Am oder kurz nach dem 10. März 1853 (nach dem Datum von Eggers' Brief an Storm, 10.3.1853).

Eingang
Am oder kurz vor dem 13. März 1853 (vgl. Storm an Eggers, 13.3.1853: „<…> Die Briefe kamen uns, mir und Frau Constanzen, grade wie eine echte Sonntagsgabe zum Morgenthee. Ihre Schilderung der Tunnelvorlesung hat uns aufs höchste ergötzt" *(H: SHLB Cb 60.56:513,03; StEgg, Nr. 2, S. 18).*

Stellenkommentar
3 Eggers <…> noch heute <…> zu schreiben: *Am 10. März 1853 antwortete Eggers auf Storms Brief vom 6. Februar 1853 (H: nicht überliefert; vgl. den Abdr. auf S. 209–211).*

5 Ihren freundlichen Gruß <…> Gedicht: *Fontane bezieht sich auf Storms Gedicht „Im Herbste 1850“, das Storm als Einschluss zu seinem Brief an Eggers vom 6. Februar 1853 nach Berlin befördern ließ; vgl. Brief Nr. 2 und Anm.*

6 keine Concurrenz: *„Tunnel“-Konkurrenz; zur Erläuterung vgl. die Zusammenstellung der Fachtermini und Rituale des „Tunnels“, der „Ellora“ und des „Rütli“ auf S. 465–468.*

7 Uebersendung einer altenglischen Ballade: *Fontanes „Lord William und Schön-Margret“, die spätestens im Januar 1853 unter diesem Titel entstanden ist und mit sieben weiteren „Alt-Englischen Balladen“ („Jung Musgrave und Lady Barnard“, „Der Aufstand in Northumberland“, „Sir Patrick Spens“, „Edward Edward“, „Die Jüdin“, „Lord Murray“ und „Robin Hood“) als freie Übertragung unter dem Titel „Schön Margret und Lord William“ im ersten Band der „Argo“ (1854) mit Fontanes Anmerkungen veröffentlicht wurde; vgl. S. 200–236. „Lord William und Schön-Margret“ ist eine Übertragung der Ballade „Fair Margret and Sweet William“ aus Percys „Reliques of Ancient English Poetry“ (Bd. 3). Fontanes „Tunnel“-Protokoll seiner Lesung am 30. Januar 1853 hält die von ihm selbst auch eingeräumten Schwächen der darstellerischen Unmotiviertheit und Unklarheit fest:* „Lafontaine schließt die Sitzung mit einer alt-englischen Ballade: ‚Lord William und Schön-Margret.‘ Der Eindruck ist ein getheilter. Die Unklarheit einer der letzten Strophen wird allgemein, sogar vom Uebersetzer selbst, gefühlt. Ueber andre Punkte wird debattirt: Unklarheit der ganzen Situation, Unmotivirtheit im Einzelnen und allzuviel Sentimentalität wird von den Gegnern des Gedichts hervorgehoben. Hogarth *<Theodor Hosemann; Anm. G.R.>*, der den ‚närrischen Kerl‘ den Lord William nicht recht begreifen kann, vergißt, daß man mit der Sentimentalität der ganzen Romantik das Kleid vom Leibe reißen würde. Ritter Toggenburg, der sich seine Hütte unte*<r>* Linden baut und ’rüber guckt bis das Fenster klingt, ist entweder verrückt oder aber – poëtisch und der König von Thule hätte freilich verständiger gehandelt, wenn er seinen Becher in’s Leihhaus geschickt statt in’s Meer geworfen hätte. Das ist eben der Unterschied zwischen Alltagsleben und Poësie. Die Abstimmung ergab mit genauer Noth ‚sehr gut‘.“ *(UB der HU zu Berlin; „Tunnel“, Protokolle 26. Jg., 10. Sitzung, 30.1.1853, kein Span überliefert; vgl. AFA – Autobiogr. Schriften III/1, S. 312 f.) 1861 folgte eine zweite Publikation in Fontanes „Balladen“, die sich nur geringfügig vom Erstdruck in der „Argo“ unterscheidet (vgl. 2. Strophe, Vers 2 in der „Argo“:* „Ich frei’ eine braune Magd“ *und in den „Balladen“:* „Ich freie eine stolze Magd“, *und die Anm. in GBA – Gedichte I, S. 600–602). Vgl. auch Storms Antwortbrief, Nr. 4, Anm. 11 „das mir gesandte Gedicht <…> 4tletzten Strophe“. Die Beilage ist nicht überliefert.*

9 Sie traten <…> wie ein lieber Bekannter in unsren Kreis: *Vgl. auch Fontanes Bemerkung über die erste Begegnung mit Storm in seinem Essay „Theodor Storm“, abgedr. auf S. 157. Wie Fontane hatte auch Storm die erste Begegnung in Berlin bei Kugler als*

eine vertraute Zusammenkunft in Erinnerung, von der er am 3. Februar 1853 seinem Freund Hartmuth Brinkmann schrieb: „Ich wurde in diesem Kreise als ein längst Vertrauter auf das Herzlichste aufgenommen, und fühlte auch einmal, wie wohl es thut auf eine verständige Weise geehrt zu werden.“ *(H: SHLB Cb 50.51:06,29; StBr, Nr. 24, S. 83.) Am 30. Dezember 1852 hatte Storm dem Freund mitgeteilt:* „Uebrigens, was Dich interessiren wird, hat mein Name als Poët in den literarischen Kreisen hier einen guten Klang. Franz Kugler, Paul Heyse (Vf des Jungbrunnen) Roquette (Waldmeister) Fontane etc und Dr. **Friedr. Eggers**, Redacteur des Kunstblatts, haben, wie Letzterer mir sagte erst an mich schreiben wollen, was denn doch, wie so Manches, gleichwohl unterblieben ist. Meine Gedichte würden Jubel erregen, ich soll durchaus bei Kugler und in den ‚Tunnel‘ (ein Poëtenklubb) eingeführt werden, was ich denn, wenn ich nichts Andres darüber versäume, nicht von der Hand weisen werde“ *(H: SHLB Cb 50.51:06,21; StBr, Nr. 22, S. 79). Vgl. auch Einführung, S. XIX.*

12 S t o r m s c h e <…> Gattungsbegriff: *In seinem Brief an Eggers vom 13. März 1853 übernahm Storm Fontanes charakteristische Bezeichnung* „Stormsch“ *für seine Lyrik (vgl. H: SHLB Cb 60.56:513,03; StEgg, Nr. 2, S. 15). Vgl. auch Fontanes „Erinnerungen an Theodor Storm“, abgedr. auf S. 170, und „Der Tunnel über der Spree. Viertes Capitel. Theodor Storm“, abgedr. auf S. 194.*

14 Bruder= und Schwester=Ballade <…> Eggers schreiben: *Mit seinem Brief an Eggers schickte Storm am 6. Februar 1853 eine Beilage, die eigenhändige Reinschrift seines titellosen Gedichts „Sie saßen sich genüber lang“, das am 21. Dezember 1854 unter dem Titel „Schlimmes Lieben“ erstmals im „Deutschen Museum“ (Nr. 52, S. 930–932) und seit 1864 unter dem Titel „Geschwisterblut“ in der vierten Aufl. von Storms „Gedichten“ veröffentlicht wurde (S. 36–40; mit einer Variante im ersten Vers:* lang] bang*). Das Gedicht entstand auf Eggers' Drängen als kritische Antwort Storms auf Kuglers nach einer polnischen Chroniksage geschriebenen Ballade „Stanislaw Oswiecim“, die Kugler in Storms Anwesenheit am 2. Januar 1853 im „Tunnel“ vorgelesen hatte. Storm gefiel das Gedicht nicht, weil er den im* „Stoffe liegende*<n>* Conflict von Sitte und Leidenschaft“ *in Kuglers poetischer Gestaltung vermisste, und äußerte sich noch während der „Tunnel“-Sitzung* „leise gegen Eggers“*(vgl. Storm an Mörike, 2.12.1855; H: DLA A: Mörike; StMör, Nr. 11, S. 62 f.). Storm kündigte* „privatim“ *keine* „Kritik“, *gleichwohl aber* „ein zweites Gedicht“ *an, in dem er* „darlegen wolle, wie man derartige Stoffe behandeln müsse“ *(vgl. UB der HU zu Berlin; „Tunnel“, Protokolle 26. Jg., 12. Sitzung, 13.2.1853; Späne 1851–1854; AFA – Autobiogr. Schriften III/1, S. 314 f.). Fontanes Protokoll hält die emotional und kontrovers geführte Diskussion nach der Lesung von Kuglers „Stanislaw Oswiecim“ fest, an der sich Storm nicht beteiligt hatte:* „Die Urteile darüber gehen in erstaunlicher Weise auseinander und füllen die tiefe Kluft zwischen ‚Schlecht‘ und ‚Sehr gut‘ vollständig aus. <…>

Die Angreifer tadelten die Wahl des ganzen Stoffs, die Widerwärtigkeit einer solchen Liebe, die behagliche Schilderung eines verworfnen Papsttums und die auf bloßen Zufall hinauslaufende Lösung des Konfliks. Die Verteidiger und Lobspender meinten hingegen: der Stoff sei ganz famös, Geschwisterliebe sei keineswegs widerwärtig, die Schilderung des Papsttums halte sich innerhalb der Schranken einer gewissen Wohlwollenheit, und die Lösung des Konflikts, d.i. der Tod der Schwester, sei keineswegs ein Zufall, sondern habe seine tiefe sittliche Notwendigkeit. Die streitenden Parteien kamen zu keiner Einigung" *(UB der HU zu Berlin; „Tunnel", Protokolle 26. Jg., 7. Sitzung, 2.1.1853; AFA – Autobiogr. Schriften III/1, S. 307 f.). Vor diesem Hintergrund hat Storm seine* „Kritik in Beispiel" *geschrieben (an Mörike, 2.12.1855; H: DLA A: Mörike; StMör, Nr. 11, S. 63), die er in einer geringfügig geänderten, von seinem Bruder Otto Storm abgeschriebenen Fassung auch seinem Freund Brinkmann zwei Tage später zukommen ließ (vgl. H: SHLB Cb 50.51:06,24; StBr, 8.2.1853, Nr. 25, S. 84). – Am 6. Februar 1853 schickte Storm dann das Gedicht „Sie saßen sich genüber lang" an Eggers:* „In Anlage finden Sie denn nun die Lösung der Aufgabe, welche ich auf Ihre Anfoderung im Tunnel so leichtsinnig übernahm. Ich habe wenig Muße und Stimmung dazu gehabt; Sie würden sonst längst etwas von mir gehört haben. Das Gedicht selbst anlangend, so ist der Stoff mit dem Kuglerschen nur in sofern gemeinsam, als in beiden Gedichten die Geschlechtsliebe zwischen Bruder und Schwester vorkommt; bei Kugler ist sie aber nur die Veranlassung dessen, was dargestellt wird, bei mir der eigentliche Vorwurf des Gedichtes. Auch im Uebrigen habe ich den Stoff nach meinem poëtischen Bedürfniß umgestaltet. Bei K. hat die Schwester sich der Leidenschaft ergeben und stirbt am Schluß des Gedichtes, bei mir bleibt sie leben und ergiebt sich am Schluß des Gedichtes. Lesen Sie es nun vor, an Ihren obigen Versen fühle ich, daß ich Ihnen die meinigen anvertrauen darf. Daß das Gedicht bei der gänzlichen Verschiedenheit von dem Kschen auch nicht einmal zu einer Vergleichung mit demselben auffodern kann, brauche ich wohl nicht zu sagen. Wollen Sie Kugler übrigens bitten und könnten Sie ihn bewegen, mir sein Gedicht in Abschrift mitzutheilen, so würde mir dadurch eine besondre Freude geschenkt werden. Mir ist nachher in Bezug auf dasselbe eingefallen: Die Idee des Gedichtes ist offenbar die: 1. Wenn auch die Menschen es zugeben, so: 2. giebt Gott es nicht zu. Von diesen zwei Theilen ist aber nur der erste zur Darstellung gebracht, wie nemlich die Menschen es zugeben; wie aber denn Gott es doch nicht zugiebt, das ist eigentlich nur noch so gut wie bloß gesagt, und entbehrt noch der plastischen Veranschaulichung. – Ob es darstellbar ist, darf, wer sich einmal den Stoff so gewählt hat, nicht mehr fragen, ich halte es auch für darstellbar. Wollen Sie Kugler, falls Sie glauben sollten, daß es ihn interessire, diese Ansicht mittheilen, so habe ich nichts dagegen" *(H in Privatbesitz; zit. nach der Xerokopie der H im StA Husum FBr 81; StEgg, Nr. 1, S. 11 f.). Am 14. März wiederholte Storm seine Bitte gegenüber Eggers (StEgg, Nr. 2, S. 20). – Gut dreißig Jahre später kamen Storm und Keller auf das umstrittene Inzestgedicht zurück. In seinem Brief vom 19. November 1884 lobte Keller das Gedicht:* „Hinwiederum rechne ich *Ihr* Gedicht ‚Geschwisterliebe‘ *<richtig: „Geschwisterblut“ bzw. eigentlich noch das titellose Gedicht „Sie saßen sich genüber lang“; Anm. G.R.>* nicht zu der epischen Poesie, sondern zu der lyrischen im höchsten Sinne; die zwei Schlußzeilen sind Alles, und dies Alles ist die ergreifendste Lyrik, die es geben kann; es stimmt jedes Herz, das nichts von Incest ahnt, weich und traurig und tröstet es zugleich“ *(StKel, Nr. 53, S. 122). Storm antwortete am 7. August 1885 sehr erfreut, denn Kellers Urteil gehörte zu den wenigen positiven Stimmen, und kam noch einmal auf die schwierige künstlerische Gestaltung des Schlusses zurück:* „daß mein ‚Geschwisterblut‘ Ihnen Eindruck gemacht, hat mir wirklich wohlgethan; ich habe nie ein Wort darüber gelesen oder gehört. Damals wurde im Tunnel ein Gedicht von Kugler, der ja kaum ein Poet war, vorgelesen, eine Ballade nach einem Polnischen Chronikenstoff. Nun ging in dem großen Kreise die Abgabe der Kritik herum, u. so kam es auch an mich als Gast. Ich aber sagte: ‚Ich werde eine positive Kritik einschicken‘; denn in dem Augenblick war mir *meine* Behandlungsweise des Stoffes aufgegangen. Ich reiste wieder nach Husum und weiß noch, wie ich auf der Fahrt nach Buxtehude, wo ich Bürgermeister werden wollte in dem alten Chaise-Wagen, worin ich durch die Lüneburger Haide malte, daran gearbeitet habe. Fontane *<richtig: Eggers; Anm. G.R.>* las es dann im Tunnel vor und schrieb mir: es sei ein wahrer Sturm entstanden, als er das Blatt wieder hingelegt; viel Widerspruch. Auch Heyse sagte damals: ‚Es bebt ja von Leidenschaft‘; aber doch halte er die Kuglersche Behandlung für die einzig mögliche. Kugler hatte den rückkehrenden Bruder die Schwester als gestorben wiederfinden lassen, ich meine, auch mit dem Abschlag des Papstes. Aber das ist nach meiner Ansicht überhaupt kein Schluß; nur ein Nothdach“ *(StKel, Nr. 55, S. 126).*

15 mit der Majorität <...> bewunderte und – verwarf: *Eggers hatte am 13. Februar 1853 Storms Gedicht „Sie saßen sich genüber lang“ („Schlimmes Lieben“/„Geschwisterblut“) im „Tunnel“ vorgetragen. Fontanes Protokoll hält die lebhafte und kontroverse Diskussion über das Gedicht,* – „eine freilich talentvolle, dennoch aber durchaus verwerfliche Arbeit“ – *fest. Wenngleich man die* „vortreffliche Mache, eine Fülle reizender, zum Teil hochpoetischer Einzelnheiten“ *anerkannte, so übertönten die kritischen Stimmen dieses Lob besonders wegen der Gestaltung des* „beinah widerwärtigen Schlusses“ *(UB der HU zu Berlin; „Tunnel“, Protokolle 26. Jg., 12. Sitzung, 13.2.1853, kein Span überliefert; vgl. AFA – Autobiogr. Schriften III/1, S. 314 f.). Vgl. Joachim Krueger: Kuglers und Storms Inzestgedichte. Mit dem wiederaufgefundenen Text von Kuglers Ballade „Stanislaw Oswiecim“. In: FBl 26 (1977), S. 140–149. – Storm, der durch Eggers' Brief vom 10. März 1853 über den weniger erfreulichen Ausgang der „Tunnel“-Lesung und die Kritik der Freunde erfahren hatte (vgl. den Abdr. auf S. 209–211), antwortete Eggers am 13. März, wobei er zugab, aus Zeitgrün-*

den nur einen unfertigen Gedichtentwurf geschickt zu haben: „Was seid Ihr doch für unkritisches Volk, Ihr großen Künstler und Kritiker Athens! Das Schwestergedicht taugt – so wie es da ist – gewiß und wahrhaftig nichts, es ist ein Embryo, ein ästhetisches Mondkalb; und hätte ich es wegen der verd. Frist nicht so backofenwarm wegschicken müssen, Sie hätten es nicht erhalten. Allein, was Sie daran tadeln, mein lieber Freund, muß ich nach wie vor für das Beste davon halten. Soll der Stoff einmal behandelt werden, so muß die Schönheit und Kraft der Leidenschaft dargestellt werden, wie sie Alles andre vor sich niederwirft und überstrahlt; und dieß Beides enthält der Schluß des Poëms. Die Darstellung der Leidenschaft darf nicht dadurch geschwächt werden, daß der Dichter sie zuletzt noch in irgend einer Weise einem sittlichen Motive unterordnet; die sittlichen Verhältnisse haben in diesem Gedichte nur die Bedeutung, daß sie besiegt werden. – Der Knoten liegt im Stoff, und nicht in der Behandlung; dieser Stoff muß nicht behandelt werden. Der große Fehler meiner Arbeit liegt in der breiten Beschreibung des Seelenzustandes der Schwester; ja es ist selbst das zuständlich beschrieben, was leicht als fortschreitende Handlung hätte dargestellt werden können. Ich habe aber jetzt weder Zeit noch Stimmung es umzuarbeiten. Kuglers Bemerkung – einen Brief von ihm habe ich noch nicht – ist doch vielleicht nur durch einzelne Ausdrücke hervorgerufen z.B. ‚er haschte ihre schöne Hand.'" *(H: SHLB Cb 60.56:513,3; StEgg, Nr. 2, S. 14 f.) Wie sehr Storm die „Tunnel"-Kritik bewegte, belegt ein weiterer Brief an Eggers, in dem er noch einmal auf das umstrittene titellose Gedicht „Sie saßen sich genüber lang" („Schlimmes Lieben"/„Geschwisterblut") zurückkommt, an dem Storm offensichtlich inzwischen weitergearbeitet hatte:* „Sehr geehrter Freund und Gönner, Erschrecken Sie nicht, daß ich noch einmal auf meine **ballada incestuosa** zurückkomme, mit deren Analÿse ich in meinem letzten Briefe wohl etwas unkritisch verfahren bin. – Ich meine so! Jede Sitte, worunter wir an sich nur ein äußerlich allgemein geltendes und beobachtetes verstehen, hat ein inneres reelles Fundament, wodurch dieselbe ihre Berechtigung erhält. Die Sitte (– denn mit den rechtlichen Verboten in dieser Beziehung haben wir es hier nicht zu thun –) daß Schwester und Bruder sich geschlechtlich nicht vereinigen dürfen, beruht auf der damit übereinstimmenden Natureinrichtung, welche in der Regel dieser Trieb versagt hat. – Wo nun aber im einzelnen Falle dieser Trieb vorhanden ist, da fehlt auch für den einzelnen Fall der Sitte das Fundament, und der einzelne kann sich der allgemeinen Sitte gegenüber, oder vielmehr entgegen, zu einem Ausnahmefall berechtigt fühlen. Daß er nun sein natürliches Recht, nachdem er es vergebens mit der Sitte in Einklang zu bringen gesucht hat, gegen alles Verderben eintauscht, was der u. das Allgemeingültige (Religion ist in gewisser Beziehung auch Sitte) über ihn bringen muß, der ist das, was ich als den poëtischen Schwerpunkt empfunden habe. Daß das Weib hier den Schluß herbeiführt, scheint mir keiner Rechtfertigung zu bedürfen, und ist überdieß sogar in der Zartheit der Leidenschaft begründet; denn etwas so Ungeheueres darf das Weib wohl gewähren. Der Mann aber nicht fordern. – Gleichwohl habe ich für Sie einen eigenen Schluß zurecht gemacht; der freilich christlich ebenso wenig passiren darf wie der andre. Hier ist er! Streichen Sie die letzte Strophe, und lesen dann: Um diesen Mann gerungen. / Sie gab ihm ihren süßen Mund; / Doch war sie bleich zum Sterben. / Er sprach: ‚So ist die Stunde da, / Daß beide wir verderben'! // Die Schwester von dem Nacken sein / Löste die zarten Hände. / ‚Wir wollen zu Vater und Mutter gehen' / ‚Da hat das Leid ein Ende.' – Husum d. 29 März 1853 Ihr Theodor Storm. Herr Dr. Friedrich Eggers in Berlin." *(H: SHLB Cb 50.51:11,01; unveröff.) – Fontane hatte diesen, an Eggers gerichteten Brief, den Storm als Einschluss zu seinem Brief an Fontane vom 27. März 1853 nach Berlin gelangen ließ, nicht nur gelesen, sondern auch abgeschrieben. Einerseits notierte er am oberen Rand auf S. 1 des Blatts das Datum* „29. März 1853.", *andererseits zitierte er aus Storms Brief an Eggers in dem Storm-Kapitel aus „Von Zwanzig bis Dreißig", dort allerdings als einen an ihn selbst gerichteten Brief von Storm; vgl. den Abdr. auf S. 191. Nicht nur die Freunde im „Tunnel" hatten Bedenken, sondern auch Hartmuth Brinkmann (H: nicht überliefert), wie es aus Storms Antwortschreiben vom 23. Juni 1853 hervorgeht. Mit Brinkmanns Kritik war Storm einverstanden und eröffnete dem Freund, dass er sich demnächst eine weitere Überarbeitung vornehmen wolle, die dann aber noch über zwei Jahre bis zur Erstveröffentlichung dauern sollte (H: SHLB Cb 50.51:06,25; StBr, Nr. 27, S. 93). Zur Genese und zu den verschiedenen Fassungen vgl. Karl Ernst Laage: „Schlimmes Lieben". Die Verarbeitung eines polnischen Sagenstoffs bei Kugler und Storm. In: Laage 1988, S. 56–73, und den Kommentar in LL 1, S. 778–788. Vgl. auch Storms Zusammenfassung der „Tunnel"-Lesung in seinem Brief an Mörike vom 2. Dezember 1855 (StMör, Nr. 11, S. 63). Vgl. zu Kuglers Kritik Brief Nr. 8, Anm. 57 „nach* Eggers *Aeußerung <…> Br. u Schw.poem".*

17 In nächster Zeit: *Am 19. März 1853; vgl. Fontanes Brief an Storm, Nr. 5.*

18 liter. Unternehmen <…> ihrem Abschluß entgegensieht: *Die „Argo"; vgl. zum weiteren Verlauf Brief Nr. 5, Anm. 6 „belletristischen Unternehmen <…> verschiedener Aufsätze <…> Mitte Juni".*

(Zu 4) Storm an Fontane, Husum, Montag, 14. März 1853. Antwortbrief auf Nr. 3 – Abdruck nach H

Überlieferung

H: *SHLB (Cb 50.51:15,01)*
h: *hs. Abschr. TFA (Ca 672)*
E: *Steiner, S. 21 f. (Nr. 2)*

Handschrift
1 Blatt (21,8 x 13,9 cm), S. 1 und 2 beschriftet; blaugraues Papier.

Ausgang
Am oder kurz nach dem 14. März 1853. Storm schickte seinen Brief an Fontane als Einschluss zu seinem Brief an Eggers vom 13./14. März 1853: „Brief an Fontane“ *(SHLB Cb 60.56:513,03; StEgg, Nr. 2, S. 20). Für beide Briefe verwendete Storm dünnes blaugraues Papier; die Faltungen stimmen überein.*

Eingang
Am 19. März 1853 durch Eggers, der Storms Brief Fontane persönlich übergab; vgl. Brief Nr. 5, S. 6.

Stellenkommentar

3 Dank für Ihren Brief: *Fontane an Storm, 8.3.1853; vgl. Brief Nr. 3.*

4 neulich <…> in Berlin blieb: *Storm reiste am 3. Januar 1853 ab; vgl. die Einführung, S. XVII.*

5 Frau und Kind: *Emilie und George Fontane.*

6 bis Juli <…> in die Metropole: *Auch gegenüber Eggers (am 14. März 1853; StEgg, Nr. 2, S. 20) und Kugler äußerte Storm die Hoffnung auf einen weiteren Berlin-Besuch im Juli. Tatsächlich traf er erst wieder am 5. September 1853 in Berlin ein; vgl. Briefe Nr. 5 f., Nr. 10, Anm. 60 „Sie oder Eggers <…>* hotel *oder* chambre garni*“, und Nr. 15, Anm. 17 „Sie am Bahnhof empfangen kann“. Vgl. auch Einführung, S. XXII.*

11 das mir gesandte Gedicht <…> 4tletzten Strophe: *Fontanes „Lord William und Schön-Margret“. Storm beabsichtigte zunächst nicht, unmittelbar nach Erhalt des Gedichts zu antworten und beauftragte Eggers, Fontane seinen Dank zu übermitteln. In seinem Brief vom 13. März 1853 bemängelte Storm noch eine gewisse Oberflächlichkeit der vierten Strophe:* „An Fontane muß ich mir die Antwort für dießmal versparen; aber grüßen Sie ihn herzlich, und sagen Sie ihm, daß ich etwas so Reifes und Schönes wie die übersandte Ballade lange nicht gelesen habe. Nur die 4tletzte Strophe, obgleich sie so auch ganz gut mit geht, könnte bei der übrigen Tiefe des Gedichts vielleicht noch ein bischen tiefer gegriffen werden“ *(H: SHLB Cb 60.56:513,03; vgl. StEgg, Nr. 2, S. 18 f.). Einen Tag später jedoch revidierte Storm das Urteil in Bezug auf die vierte Strophe gegenüber Fontane. – Fontane lässt in seiner Ballade die beiden Liebenden sterben, die eine* „aus Liebe“, *den andern* „aus Gram“. *Offensichtlich hatten die Kollegen des „Tunnels“ ähnliche Bedenken wie Storm, denn sie stellten nach Fontanes Lesung am 30. Januar 1853 eine* „Unklarheit einer der letzten Strophen“ *fest; vgl. Brief Nr. 3, Anm. 6 „keine Concurrenz“.*

11 mein Zwittergedicht laborirte: *Fontanes und Storms Gedichte sind sich insofern ähnlich, weil sie beide das Thema der treuen Liebe behandeln, wobei die Liebenden aufgrund gesellschaftlich-sittlicher Bedingungen (entweder wegen der Standesunterschiede – Fontane – oder wegen des Inzests – Storm) nur im Tode zusammenkommen können. Zu Storms Gedicht „Sie saßen sich genüber lang" („Schlimmes Lieben"/„Geschwisterblut") vgl. Brief Nr. 3 und Anm. 14 „Bruder= und Schwester=Ballade <...> Eggers schreiben".*

15 das Verdienst Ihrer Bearbeitung: *Vermutlich gab Storms Frage nach der Leistung als Übersetzer oder Dichter den Anstoß, dass Fontane seine Übertragungen der acht „Alt-Englischen Balladen" in der „Argo" (1854) mit einer kommentierenden Fußnote ergänzte, in der er ausführlich über die Entstehung informiert (erneut abgedr. in GBA – Gedichte I, S. 601 f.). Eine umfassende Arbeit, die Fontanes (dichterische) Leistung als Übersetzer oder Übertrager von englischen Balladen, Aufsätzen, Zeitungsartikeln und Dramen fokussiert, ist bis heute ein Desiderat.*

16 mit einer Idÿlle <...> zu Markt bringen: *Storms „Ein grünes Blatt". Auch gegenüber Eggers beklagte Storm am 13. März 1853 den Zeitmangel aufgrund seiner beruflichen Verpflichtungen:* „Ich schreibe jetzt an einer Sommergeschichte in Hexametern, also einer Idÿlle; doch im Charackter und Weise wohl von den bisherigen ziemlich verschieden, ‚Stormsch', wenn Fontane so will, im guten und schlechten Sinn. Hätte ich zu diesen etwa 600 Hex. nur 14 Tage ganz reine, ungestörte Muße; – aber ich habe sie nicht. Die praktische Jurisprudenz spielt immer dazwischen" *(H: SHLB Cb 60.56:513,03; vgl. StEgg, Nr. 2, S. 15). Der Plan einer Umarbeitung der Novelle in Hexametern wurde nicht weiter ausgeführt. „Ein grünes Blatt" erschien erstmals in der „Argo" (1854) und leicht verändert in einer Buchausgabe – zusammen mit der Erzählung „Angelica" – am 22. Oktober 1855 („Ein grünes Blatt. Zwei Sommergeschichten". Berlin: Schindler); vgl. „Börsenblatt für den Deutschen Buchhandel und die mit ihm verwandten Geschäftszweige" 22 (1855), Nr. 133. – „Immensee" war am 24. September 1852 erstmals als separate Buchausgabe erschienen (Berlin: Alexander Duncker) und erzielte Storms* „größten Verkaufserfolg"; *vgl. „Börsenblatt für den Deutschen Buchhandel und die mit ihm verwandten Geschäftszweige" 19 (1852), Nr. 97, und LL I, S. 1020–1025, hier S. 1021. Zur Überlieferung und Entstehung von „Ein grünes Blatt" vgl. LL I, S. 1041–1049, zur Interpretation Löding, S. 81–88; vgl. auch Briefe Nr. 6–9.*

18 die Unbehaglichkeit meiner Zukunft: *Am 6. Februar 1853 hatte Storm Eggers bereits mitgeteilt, dass er* „ein Gesuch um Anstellung im Justizbeamtenfache des Preuß. Staates" *an den Justizminister Ludwig Simons geschickt habe (H: Privatbesitz; zit. nach der Xerokopie der H im StA Husum FBr 81; StEgg, Nr. 1, S. 13). Am 13. März informierte Storm Eggers über den weiteren Stand seiner Anfrage:* „Vor etwa 8 Tagen habe ich Antwort vom Justizminister Simons erhalten, ich solle mich erklären, ob ich,

und zwar mindestens 6 Monate, bei einem Gerichte oder Commission, welche näher zu bestimmen, arbeiten wolle, um mir die zum Justizbeamtendienst erfoderlichen Kenntnisse zu erwerben. Das ist freilich Alles, was ich verlangen kann; aber ich muß mir doch, ehe ich drauf eingehe, wenigstens moralische Garantien zu verschaffen suchen, daß ich durch das Opfer einer solchen Trennung von meiner Familie eine einigermaaßen erträgliche Stellung erhalte. Wie ich das anzufangen, weiß ich noch nicht recht. Könnte ich diese Probezeit wenigstens nur in Berlin verleben!“ *(SHLB Cb 60.56:513,03; StEgg, Nr. 2, S. 19). Zum weiteren Verlauf der Suche nach einer Anstellung vgl. Briefe Nr. 11, Anm. 14 „nicht erlaubt, meine Probezeit anzutreten“, Nr. 12, S. 26, Nr. 14, S. 31, und Nr. 20, Anm. 51 „Illaire“, sowie die Einführung, S. XX.*

20 ein literarisches Unternehmen: *Die „Argo“.*

21 ich wenig und langsam Producirender: *Vgl. Fontanes positives Urteil über die dichterische Qualität im Unterschied zu der zeitgenössischen* „Ueberproduktion“ *in seinem Essay „Theodor Storm“, Teilabdr. auf S. 158 f., sowie Brief Nr. 13, Anm. 7 „Zeit der fabricierten Poesie“.*

(Zu 5) Fontane an Storm, Berlin, Samstag, 19. März 1853 – Abdruck nach h (TFA)

Überlieferung

HBV: 53/14

H: Gertrud Storm (bis 1909), Friedrich Fontane (bis 1934/35), Meyer und Ernst 1933 (Nr. 35, Konvolut-Nr. 598), Stargardt 1933/34 (Nr. 344, Konvolut-Nr. 406; Nr. 345, Konvolut-Nr. 34, und Nr. 353, Konvolut-Nr. 80) und zuletzt vermutlich Kehler, dessen Autographensammlung im Zweiten Weltkrieg „vernichtet“ wurde (vgl. HFA IV/5,II, S. 103)

h: masch. Abschr. TFA (Ca 38) und SHLB (Cb 50.56:51,03)

E: Pniower, S. 1468 (TD); Pniower/Schlenther I, S. 61–65

D: Gülzow, S. 57–62 (Nr. 2); Coler I, S. 220–223; Erler I, S. 119–122; Steiner, S. 22–25 (Nr. 3)

Abschrift

h (TFA) beschädigt; Textverlust durch Papierausriss. Emendation nach h (SHLB).

Stellenkommentar

2 Louisenstr. 35.: *Vom 1. Oktober 1851 bis zu seiner Abreise nach England im September 1855 wohnte Fontane mit seiner Familie in der Louisenstraße 35; vgl. Klünner, S. 116.*

4 meinem Schreiben von neulich: *Fontanes Brief vom 8.3.1853; vgl. Brief Nr. 3.*

6 belletristischen Unternehmen <...> verschiedener Aufsätze <...> Mitte Juni: *Die Gründung des belletristischen Jahrbuchs „Argo" gestaltete sich weitaus komplizierter, als Fontane es Storm geschrieben hatte. Ein erster Plan, an dem Kugler, Lepel, Fontane und Friedrich Eggers beteiligt waren, kam vor dem 6. Dezember 1852 auf, also noch vor Gründung des „Rütli" am 9. Dezember 1852 (vgl. Fontane an Lepel, 6.12.1852; FLep I, Nr. 229, S. 347). Das ursprüngliche Vorhaben, ein Publikationsorgan zu gründen, in dem* „Aufsätze und Kritiken, zumeist über Dinge, die unser Beisammensein verhandelte" *erscheinen sollten, zerschlug sich u.a., weil zunächst kein Verleger gefunden wurde. Offensichtlich war es Fontane, der den Kontakt zu dem Dessauer Verleger Moritz Katz hergestellt hat, mit dem er seit der Veröffentlichung des Romanzenzyklus' „Von der schönen Rosamunde" (1850) in verlegerischer Beziehung stand. Nach anfänglichem Zögern und mehrfacher Überarbeitung des Verlagsvertrags willigte Katz schließlich ein, ein* „novellengespickte<*s*> Jahrbuch" *herauszubringen, für das auch Autoren über den „Rütli" hinaus gewonnen werden sollten. Am 13. März 1853, also sechs Tage vor Fontanes Brief an Storm, hatte Fontane den von ihm und Kugler unterzeichneten Vertrag an Katz geschickt. Der an die Argonauten-Sage angelehnte Titel „Argo" ist allerdings erst im Juni 1853 belegt, nachdem die ersten Vorschläge („Äquinoktien", „Ascania" und „Stufen") verworfen wurden. Es wurde vereinbart, dass bis* „spätestens Ende Juni 20 Bogen Manuskript" *zu liefern seien, das Fontane als verantwortlicher Redakteur* „zusammentrommel<*te*>". *Der Inhalt sollte etwa* „10 Bogen Novellen, 5 Bogen Verse und ebensoviel Aufsatz, Abhandlung, Kritik u.dgl. m." *umfassen (vgl. Fontane an Heyse, 18.3.1853; FHey, Nr. 8, S. 9 f.). Unter der gemeinsamen Ägide von Kugler und Fontane erschien der erste Band der „Argo" wegen der verspäteten Manuskriptabgabe und fehlender Novellen, der umfangreichen Umbruchkorrektur sowie aufgrund der Schwierigkeiten mit dem von Menzel gestalteten Frontispiz schließlich erst am 23. November 1853; vgl. Briefe Nr. 9, Anm. 126 „die halbzugesagte Lyrica", Nr. 10, Nr. 11, Anm. 2 „Meinem Versprechen gemäß", und Nr. 12–15. Nach einer mehrjährigen Unterbrechung wurden erst wieder zwischen 1857 und 1860 vier weitere Bände der „Argo" in neuer Gestalt im Verlag Trewendt in Breslau unter einem anderen Herausgeberteam (Eggers, Hosemann, Kugler und seit 1858 Lepel) veröffentlicht. Für den neu eingefügten Bildteil, der Zeichnungen und Illustrationen verschiedener Berliner Maler enthält, übernahm Eggers die Kommentierung („Zu den Bildern"). Zur Gründungsgeschichte der „Argo" vgl. zuletzt Klaus-Peter Möller: Die erste Ausfahrt der „Argo". Rekonstruktion*

eines Verlagsprojekts. Mit zwei Briefen Theodor Fontanes an den Geb. Katz Verlag Dessau. In: FBl 82 (2006), S. 34–57, und Berbig/Hartz, S. 134–144. Über die vielfältigen, auch poetologischen Konflikte zwischen Kugler und Fontane vgl. Roland Berbig/Wulf Wülfing: Rütli <II> <Berlin>. In: Handbuch Vereine, S. 394–406, und Kuglers Briefe an Fontane (FKug). – Storm veröffentlichte in der „Argo" „Ein grünes Blatt", „Im Herbste 1850", „Abschied", „Trost", „Mai", „Nachts", „Aus der Marsch" und „Gode Nacht" (alle 1854), „Wenn die Aepfel reif sind" (1857), „Auf dem Staatshofe" und „Im Garten" (1859) sowie zuletzt „Späte Rosen" (1860).

8 um Beteiligung: *Einen Tag zuvor hatte Fontane auch bei Paul Heyse um Beiträge, insbesondere um Novellen für die „Argo" geworben (FHey, 18.3.1853, Nr. 8, S. 9–11); vgl. die untere Anm. 47 „<Bittb>rief".*

11 unsrem Buchhändler: *Moritz Katz in Dessau.*

13 die zwei letztgenannten Fächer: *Bisher lagen Fontane u.a. folgende Werke vor:* „ein halb Dutzend guter Balladen" *(etwa Lepels „Thomas Cranmers Tod"), Friedrich Eggers' Biographie „Cornelius", Merckels „Der letzte Censor" und Kuglers Aufsatz „Die Shakespeare-Bühne" sowie Fontanes „Alt-Englische Balladen" (vgl. Brief Nr. 3, Anm. 7 „Uebersendung einer altenglischen Ballade"); wobei aber nicht alle diese Werke in der „Argo" zur Veröffentlichung kamen (vgl. FHey, 18.3.1853, Nr. 8, S. 10).*

29 Verf. des ‚Quickborn' <…> Vorrede: *Klaus Groths „Quickborn. Volksleben in plattdt. Liedern ditmarscher Mundart nebst Glossar. Mit e. Vor- und Fürwort v. Oberconsistorialrath Pastor Dr. Harms in Kiel". Hamburg: Perthes, Besser und Mauke 1852. Fontane interessierte sich für Klaus Groths Werk im Zusammenhang mit der Entstehung seines Aufsatzes: „Unsere lyrische und epische Poesie seit 1848", an dem er im März und April 1853 arbeitete und der auch einen Abschnitt über Theodor Storm enthielt. Möglicherweise plante Fontane auch schon zu diesem Zeitpunkt einen längeren Aufsatz über Groth. Fontane bemerkte:* „Die plattdeutsche Sprache hat in allerneuester Zeit Dichtungen voll wunderbarer Schönheit hervorgebracht. Der Verfasser des ‚Quickborn' (Claus Groth auf der Insel Fehmarn) hat einmal wieder an den Quellen der Poesie gesessen. Da liegt's! So viele unserer Dichter dichten nach dem Buche, statt nach dem Leben"*; vgl. Karl Biedermann (Hg.): Deutsche Annalen zur Kenntniß der Gegenwart und Erinnerung an die Vergangenheit. 1. Bd., Leipzig 1853, 4. Heft, 16.8.1853, S. 377. – Es war also Storm, der Fontane auf Groths Dichtungen aufmerksam gemacht hat, als er aus dem „Quickborn" kurz nach der Auslieferung des Bandes im November 1852 bei seiner ersten Begegnung bei Kugler am 1. Januar 1853 vorgelesen hatte (vgl. Storm an Groth, 6.4.1853; StGr, Nr. 2, S. 30; vgl. auch Gertrud Storm: Vergilbte Blätter aus der grauen Stadt. Regensburg/Leipzig 1922, S. 66). Noch vor seiner Abreise nach Berlin hatte Storm eine Buchempfehlung für den „Ditmarser und Eiderstedter Boten" veröffentlicht; vgl. Brief Nr. 6, Anm. 15 „Groth <…> Buch <…> geschickt <…> in hiesigen Blättern empfohlen". Storms Rezensions-*

exemplar ist nicht überliefert. – Woher Fontane die Erstausgabe bekommen bzw. ob er sie für seine Bibliothek angeschafft hat, ist nicht ermittelt. Im Vorwort zur ersten Aufl. des „Quickborn“ vom April 1852 informiert Groth über seine Intention, einen Beitrag zur Rettung der „Ehre der plattdeutschen *<dithmarscher; Anm. G.R.>* Mundart“ *zu leisten. Er lobt darin den* „Klang und Gesang“ *der* „platten Töne“ *und plädiert für den aktiven Gebrauch des Plattdeutschen, auch in der deutschen Literatur:* „Hier muß man den Buchstaben ablauern, welchen Ton sie meinen, und dann frisch und lebendig sprechen, als wären es eigene Gedanken“ *(S. VI). – Zu Fontanes Plänen, einen Aufsatz über Groth zu schreiben, vgl. Brief Nr. 20, Anm. 58 „einen Aufsatz schreiben möchte“.*

37 mich brieflich an Claus Groth zu wenden: *Am 2. Mai 1853; vgl. Brief Nr. 9, Anm. 97 „An Claus Groth <...> geschrieben“. Fontanes Bemühungen, Groth als einen weiteren externen Mitarbeiter für die „Argo“ zu gewinnen, scheiterten; vgl. Brief Nr. 9, Anm. 119 „Mein Brief an Claus Groth <...> Müllenhof <...> beantwortet“. Erst im Herbst 1856 sollte es dann zu einem erneuten Versuch der „Argo“-Redaktion, vertreten durch Friedrich Eggers, kommen. Trotz einiger, durch Groths Empfindlichkeiten ausgelöster Missverständnisse wurden im zweiten Jahrgang der „Argo“ (1857) zwei „Plattdeutsche Gedichte“ von Groth veröffentlicht: „Schippers Frau“ und „Inne Fremde“. Vgl. hierzu den kleinen Briefwechsel zwischen Eggers und Groth von Oktober bis Dezember 1856 in: Walter Schröder (Hg.): Klaus Groth Briefe. Heide 1931, S. 9 f. und S. 70–73, sowie den Kommentar in StGr, S. 101–105.*

40 Kugler steckt in Arbeiten: *Kugler arbeitete u.a. an seiner unvollendet gebliebenen fünfbändigen „Geschichte der Baukunst“, die nach seinem Tod von Jakob Burckhardt, Wilhelm Lübke und Cornelius Gurlitt weitergeführt wurde. Der erste Band erschien 1856 im Stuttgarter Verlag Ebner & Seubert, der letzte Band postum 1873. Vgl. Briefe Nr. 6, Anm. 59 „Kugler <...> Baugeschichte“, und Nr. 71, Anm. 78 „Baugeschichte“.*

41 Eggers <...> Balladen-Dichter: *Vermutlich meinte Fontane Eggers' „Haralda“ und „König Radgar“ für die „Argo“ (1854).*

41 Felix Dahn <...> im Tunnel: *Durch eine Empfehlung Oskar Schorns lernte der 18-jährige Felix Dahn Friedrich Eggers kennen, der ihn in Kuglers Kreis einführte. Am 3. Dezember 1852 nahm Dahn erstmals an einer „Tunnel“-Sitzung teil; es folgten weitere Besuche, u.a. auch am 2. Januar 1853, wo er dann spätestens mit Storm zusammengetroffen war. Am 20. Februar 1853 wurde er als „Tunnel“-Mitglied aufgenommen und erhielt in Anlehnung an den süddeutschen Dichter Wilhelm Waiblinger den Namen „Waiblinger“; wegen seiner Übersiedelung nach München wurde er auch „der Strafbaier“ genannt, eine Anspielung auf das so genannte Corps bayerischer Truppen, die im November 1850 aus Hanau in Kurhessen eingerückt waren. Aus den „Tunnel“-Protokollen ist nicht zu entnehmen, welche Gedichte Dahns bis März 1853*

auf Vorschlag Eggers' vorgelesen wurden; nach Dahns „Erinnerungen“ waren es „Balladen, englische Stoffe, nach der Anregung von Percy's Relics frei erfunden: Lord Murray und Lady Anne <…>, die Hexe (S. 225), Lord Percy (S. 248), Jung Anne (S. 280).“ *Vgl. UB der HU zu Berlin; „Tunnel“, „Fremdenbuch 1852–1856“, und Felix Dahn: Erinnerungen. Zweites Buch. Die Universitätszeit. Leipzig: Breitkopf und Härtel 1891, S. 422–438.*

43 Otto Roquette <…> wieder abwesend: *Storm hatte Otto Roquette im Januar 1853 noch nicht persönlich kennengelernt, da dieser über Weihnachten und Neujahr 1852/53 bei seinem Freund in Meißen weilte, mit dessen Tochter Julie er sich verlobte. Im Mai 1855 löste Roquette die Verlobung; vgl. Brief Nr. 6, S. 9. Im März 1853 reiste Roquette erneut für zwei Monate nach Meißen; vgl. FHey, 18.3.1853, Nr. 8, S. 10 f., und Otto Roquette: Siebzig Jahre. Geschichte meines Lebens. Zweiter Band. Darmstadt: Bergstraeßer 1894, S. 22.*

45 Grippe: *Vgl. Brief Nr. 15, Anm. 7 „meinem Zeitungschef <…> Abwesenheit“.*

47 Paul Heyse <…> Rom: *Der Höhepunkt und Abschluss von Heyses Ausbildung war seine einjährige Reise nach Italien von September 1852 bis zum 5. Oktober 1853. Als Stipendiat des Preußischen Kultusministeriums wurde Heyse beauftragt, in italienischen Bibliotheken provençalische Handschriften zu erforschen; er reiste zusammen mit seinem Freund, dem Vergilforscher Otto Ribbeck (1827–1898). In Rom traf Heyse im Oktober 1852 ein und blieb dort mit Unterbrechungen bis Juni 1853 (vgl. Heyse – Erinnerungen, S. 126–184, sowie Briefe Nr. 9, Anm. 89 „Heyse <…> Sorrent. Neapel <…> Rom“, und Nr. 18, Anm. 44 „seit gestern Paul Heyse“).*

47 *<Bittb>rief: Am 18. März 1853 hatte Fontane auch Heyse aufgefordert, für die „Argo“ Novellen beizusteuern. Er schrieb u.a.:* „<…> Demzufolge hab' ich es zum Redacteur gebracht und zwar zum Herausgeber eines ‚belletristischen Jahrbuchs‘ das anderweitig noch nicht getauft ist, den Familienrath aber (aus 6 Vätern bestehend) auch in Bezug auf einen hübschen, christlichen Namen Tag um Tag beschäftigt. Wenn ich nicht sehr irre hat Dir Schwiegerpapa Kugler bereits das Wesentliche mitgetheilt; indessen könnten die inzwischen abgeschloßnen Verhandlungen theilweise doch einen andern Ausgang genommen haben als wir anfänglich erwarteten so daß Du mir erlauben mußt auf das Unternehmen noch 'mal zurückzukommen. Die Rütli-Versammlungen – eine Schöpfung unsres Eggers, der nach wie vor sich mit Vereinegründen beschäftigt – führten alsbald den Wunsch nach einem Organ herbei und wir machten Versuche eine Vierteljahrsschrift oder dem Aehnliches zu Stande zu bringen. Aufsätze und Kritiken, zumeist über Dinge, die unser Beisammensein verhandelte, sollten den Hauptinhalt bilden. Die Sache scheiterte, weil sich kein unternehmungslustiger Buchhändler fand. Beiläufig bemerkt haben wir bei der Gelegenheit mal wieder recht erkannt, daß Berlin der eigentliche Sitz des Buchhändler-Philisteriums ist. Endlich erklärten Gebrüder Katz in Dessau, sie wollten um der berühmten

Namen willen auf das Unternehmen eingehn, wenn wir uns entschlössen demselben die Form eines novellengespickten Jahrbuchs zu geben. Wir bissen an und haben nun die Verpflichtung übernommen bis spätestens Ende Juni 20 Bogen Manuskript zu liefern. Das Manuskript wird durch mich zusammengetrommelt (daher Redakteur) und soll bestehn aus 10 Bogen Novellen, 5 Bogen Verse und ebensoviel Aufsatz, Abhandlung, Kritik u. dgl. m. Für die beiden letzten Kategorieen ist gesorgt, womit nicht gesagt sein soll daß nicht auch nach der Seite hin Beiträge von einem gewissen Paul Heyse willkommen sein würden, – um was wir Dich aber beschwören das ist eine Novelle, eine Erzählung, eine Schilderung römischen Lebens (nicht in einer Reihenfolge von Briefen sondern mehr in einem abgerundeten Aufsatz), und hab' ich Auftrag Dir im Voraus den Rütli-Dank für jede, auch die kleinste Deiner Zusendungen auszusprechen. Das beste wird sein (denn ich zweifle fast, daß Du Dich unsretwegen besonders inkommodiren wirst) Du schickst an Kugler eben ein was Du hast und überläßt seinem Geschmack und Urtheil, zu denen Du ja Vertraun hast, die Auswahl. Die Gesellschaft in der Du Dich befinden würdest ist folgende: Kugler, v. Merckel. Bormann, Lepel. Eggers, Storm (wie ich hoffe) Goldhammer (vielleicht) und meine Wenigkeit. An Stoff ist da: ein halb Dutzend guter Balladen (namentlich eine lange und schöne ‚Thomas Cranmers Tod' von Lepel), ‚Cornelius', eine Biographie von Eggers, ‚Der letzte Zensor' eine echt merckelsche Erzählung von Merckel, die Shakespeare-Bühne von Kugler, alt-englische Balladen mit einem längren Vorwort von Fontane und noch einiges andre, so daß dem Raume nach für die gute Hälfte gesorgt ist. Ueberhaupt, es wird sich schon machen und nur die ‚Novelle' macht uns noch Sorge; – nimm Du diese von uns! Honorar 16 rth. pro Bogen, setz uns in den Stand, Dir einen 50 Thalerschein wohlverpackt übersenden zu können. Ablieferungstermin spätestens die letzten Tage des Juni." *(H: DLA A: Fontane; FHey, Nr. 8, S. 9–11.) – Heyse kam Fontanes Bitten nach, kündigte am <28. März 1853> eine Novelle an und steuerte schließlich „La Rabbiata" bei, mit der die „Argo" (1854) eröffnet wurde, sowie die „Lieder aus Sorrent".*

55 Eggers mit neuesten Nachrichten: *Storm hatte seinen Brief an Fontane vom 14. März 1853 als Einschluss zu seinem Brief an Eggers vom 13./14. März 1853 zukommen lassen; vgl. Brief Nr. 4.*

56 alt-englische Ballade: *Fontanes „Lord William und Schön-Margret"; vgl. Brief Nr. 3.*

60 Rosenplüt <…> Gottsched: *In seinem zweibändigen Werk „Nöthiger Vorrath zur Geschichte der deutschen Dramatischen Kunst oder Verzeichniß aller Deutschen Trauer=Lust= und Singspiele, die im Druck erschienen, von 1450 bis zur Hälfte des jetzigen Jahrhunderts" (Leipzig: Teubner 1757/1767) hat Gottsched erstmals innerhalb der Literaturgeschichtsschreibung auf die Bedeutung Hans Rosenplüts als Wegbereiter für das deutsche Drama hingewiesen. Einen umfangreichen Abschnitt widmet er Rosenplüts Fastnachtsspielen. Gottsched sieht Rosenplüt als den* „Erfinder von Schau-

spielen“, *mit denen weder Stegreifspiele noch Epigonentum mehr vorliegen, sondern vielmehr der Anfang der* „ordentlich ausgearbeiteten Gedichte“ *und dichterischen* „Originalität“ *bezeugt sei (Bd. 1, S. 13, Bd. 2, S. 28). Die herausragende Stellung, die Gottsched Rosenplüts moralischen Lehrstücken attestiert, wird durch den Wiederabdruck der sechs Fastnachtsspiele im zweiten Band deutlich (Bd. 2, S. 43–80). Vgl. Ingeborg Glier: Hans Rosenplüt. In: Deutsche Dichter der frühen Neuzeit (1450–1600), ihr Leben und Werk. Hg. von Stephan Füssel. Berlin 1993, S. 71–82.*

62 Tunnel <…> Regulator <…> Vaters Lob: *Franz Kugler; vgl. auch Storms Bezeichnung* „Altvater“ *in den Briefen Nr. 16, Anm. 4 „Altvater“, und Nr. 25, Anm. 2 „Altvater K. <…> weder auf Besuch“.*

65 umfangreiches Buch: *Bereits im Februar 1852 beabsichtigte Fontane, seine Übersetzungen altenglischer Balladen im Verlag der Gebrüder Katz zu veröffentlichen (Fontane an Wolfsohn, 27.2.1852). Nachdem Katz und andere Verleger das Projekt jedoch abgelehnt hatten, nahm Fontane den Plan erst nach seiner Rückkehr aus England wieder auf und kündigte am 4. Dezember 1852 seinem Freund Witte die Publikation der Übersetzungen aus Percys „Reliques of Ancient English Poetry“ und Walter Scotts „Minstrelsy of the Scottish Border“ in einem Balladenbuch für 1853 an (vgl. HFA IV/1, Nr. 148, S. 327). Auch im Briefwechsel zwischen Storm und Fontane wurde bis 1854 darüber gesprochen; vgl. Briefe Nr. 6, 11 und 50. Zu einer ersten umfangreichen Veröffentlichung der Balladen kam es dann aber erst nach Fontanes drittem und letztem England-Aufenthalt durch Heyses Vermittlung Ende Oktober 1860 (Berlin: Hertz 1861). Fontanes altenglische Balladenübertragungen wurden darin jedoch nicht mehr separat, sondern mit seinen zum Teil in den „Gedichten“ von 1851 bereits veröffentlichten Balladendichtungen in der Abteilung „Lieder und Balladen frei nach dem Englischen“ zusammengeführt. Zur Entstehung der Ausgabe der „Balladen“ vgl. ausführlich den Kommentar von Joachim Krueger und Anita Golz in GBA – Gedichte I, Anhang, S. 393–398.*

67 so wenig Muße zum Schaffen: *Vgl. Storms Äußerung in Brief Nr. 4, S. 4.*

73 ‚Berliner Wesen‘ <…> Schärfe <…> des alten Fritz: *Hier beginnt die Auseinandersetzung zwischen Fontane und Storm über die verschiedenartigen Wesensarten der Einwohner Berlins und Schleswig-Holsteins; vgl. Briefe Nr. 6–10. Vgl. Wulf Wülfing: „Luft ist kein leerer Wahn“. Theodor Fontane und die Berliner Luft als Metapher für das politisch-gesellschaftliche Klima im nachmärzlichen Preußen; unter besonderer Berücksichtigung des Briefwechsels mit Theodor Storm im Jahre 1853. In: Formen der Wirklichkeitserfassung nach 1848. Bd. 1. Hg. von Helmut Koopmann <u.a.>. Bielefeld 2003, S. 167–188; Karl Ernst Laage: Die politischen Dissonanzen zwischen Theodor Storm und Theodor Fontane. In: FBl 54 (1992), S. 48–61, und Gerd Eversberg: Die Bedeutung Theodor Fontanes und seines Kreises für die Entwicklung der Storm'schen Erzählkunst. In: FBl 54 (1992), S. 62–74.*

83 ‚fliegenden Blätter‘ <…> Kladderadatsch: *Die „Fliegenden Blätter“, das humoristisch-satirische, reich illustrierte Wochenblatt, erschienen von 1845 bis 1944 (München: Braun & Schneider). Allgemeine Wertschätzung erfuhren die „Fliegenden Blätter“ für ihre zielsichere, satirische Charakterisierung des deutschen Bürgertums; sie gelten als Kompendium humoristischer Zeitkritik. Beliebte Serienfiguren aus der Zeitschrift waren seit 1845 die beiden Typen Biedermann und Bummelmaier, aus deren Namen der Begriff ‚Biedermeier‘ entstand (vgl. http://www.ub.uni-heidelberg.de/helios/fachinfo/www/kunst/digilit/fliegendeblaetter.html). – Zu* „Kladderadatsch“ *vgl. Briefe Nr. *1, Anm., S. 207, und Nr. 10, Anm. 8 „Kladderadatsch“.*

84 Ihrer baldigen Antwort: *Storm antwortete Fontane am 27. März 1853; vgl. Brief Nr. 6.*

(Zu 6) Storm an Fontane, Husum, Sonntag, 27. März 1853 und etwas später. Antwortbrief auf Nr. 5 – Abdruck nach H

Überlieferung

H: SHLB (Cb 50.51:15,02); SHLB (Cb 50.51:15,07; Beilage)
h: masch. Abschr. TFA (Ca 673)
E: Fontane, S. 184 f. (TD), <datiert auf: „23. März 1853“>
D: Goldammer I, S. 180–183 (Nr. 45); Steiner, S. 25–27 (Nr. 4)
Z: Gertrud Storm I, S. 213

In der „Fontane-Chronik“ wurde dieser Brief Storms an Fontane zweimal verzeichnet (23. und 27. März 1853) mit dem irritierenden Hinweis, dass in „Von Zwanzig bis Dreißig“ eine „überarbeitete Fassung“ vorliege; vgl. Bd. 1, S. 360 f.

Handschrift

1 Blatt (27,9 x 22,6 cm), S. 1 und 2 beschriftet; blaues Papier.

Beilage

*Storms Novelle „Ein grünes Blatt“; 16 Seiten Reinschrift von fremder Hand. Überliefert ist nur noch ein abgeschnittenes halbes Blatt, auf dem auf der Vorderseite der letzte Novellenabschnitt, auf der Rückseite „*Des Dichters Epilog.*“ steht. Fontane hat auf dem Blatt mit Tinte notiert: „*Ungedruckter Epilog zum ‚grünen Blatt.‘*“, den Epilog mit Bleistift gestrichen und am linken Blattrand mit Bleistift festgehalten: „*Sehr schön! aber in diesen Tagen nicht gut zu brauchen.*“ Vgl. Abb. Nr. 3 und 4.*

Einschluss

– „An Eggers <…> Blättchen“: *Vermutlich Storms Brief an Eggers, 29.3.1853 (SHLB Cb 50.51:11,01), 1 Blatt, 2 Seiten beschriftet; Fontane notierte auf dem oberen Rand mit Tinte: „29. März 1853.“ Für beide Briefe verwendete Storm nicht – wie sonst bei seinen Briefen an Eggers – weißes, sondern blaues Papier. Vgl. Editionsbericht, S. LII.*

Edition

Da das letzte Blatt der Beilage zusammen mit Storms Brief an Fontane vom 21./22. August 1853 in einem Konvolut in der SHLB aufbewahrt wird, wurde die Beilage fälschlicherweise Storms Brief vom 21./22. August 1853 zugeordnet (vgl. Steiner, Nr. 12). Vgl. auch Brief Nr. 14 und Anm. Lohmeier hat bereits auf diesen Fehler hingewiesen, eine exakte Zugehörigkeit allerdings noch offen gelassen; vgl. Lohmeier, S. 47.

Ausgang

Am oder nach dem 29. März 1853 (nach dem Datum des Einschlussbriefs an Eggers, 29. März 1853, den Storm zusammen mit seinem Brief an Fontane nach Berlin gelangen ließ).

Eingang

Am 4. April 1853; vgl. Brief Nr. 7 („Heut vor 8 Tagen“, *S. 10).*

Stellenkommentar

2 für Ihren Brief: *Fontane an Storm, 19.3.1853; vgl. Brief Nr. 5.*

4 das beifolgende „Grüne Blatt“ <…> Jahrbuch <…> Hexameter: *Von der Beilage ist nur noch ein Fragment des letzten Blatts überliefert; vgl. Karl Ernst Laage: Der handschriftliche Nachlass Theodor Storms. In: Laage 1988, S. 156–209, hier S. 202 f., und LL I, S. 1041. Die Erzählung „Ein grünes Blatt. Aus Husum in Schleswig“ eröffnete die Veröffentlichung von Storms Texten in der „Argo“ (1854, S. 294–307). Der Epilog wurde allerdings offenbar aus Rücksicht auf die angespannte politische Situation und weil die „Argo“ in Preußen erscheinen sollte, nicht abgedruckt, obwohl Storm mit der Fassung von 1853 den Freunden bereits entgegengekommen war. Denn im Unterschied zu der auf den 20. Dezember 1850 datierten frühen Fassung („Der Dichter epilogirt“) zeigt sich in der Überarbeitung von 1853 eine deutliche Abmilderung insbesondere der ersten Strophe. So lautet die frühere Fassung noch:* „Ich hab' es mir zum Trost ersonnen / In dieser Zeit der Schwerennoth, / In dieser Blüthezeit der Schufte, / In dieser Zeit von Salz und Brot.“ *(Zit. nach dem Faksimile in Theodor Storm: Heimatlieder. In der Handschrift des Dichters. Berlin: Curtius 1927); vgl. auch Lohmeier, S. 47, und Briefe Nr. 7, Anm. 17 „Epilog <…> nur allzu klar geschrieben“, und Nr. 8 f.*

– Ebenso fehlt in der „Argo“-Veröffentlichung der Hinweis auf das Jahr 1853, den Storm in seinem Brief an Fontane am 22. August 1853 noch nachgeliefert hatte; vgl. Brief Nr. 14. Die Umarbeitung der Novelle in ein Gedicht in klassischem Versmaß kam nicht mehr zu Stande. An der Textfassung, die Storm Fontane hatte zukommen lassen, wurden bis auf den nicht abgedruckten Epilog keine großen Veränderungen mehr vorgenommen, denn der Textabschnitt des überlieferten Manuskriptblatts unterscheidet sich nur geringfügig vom Journalerstdruck: „zusammengelegt,“/ „zusammengelegt“ – „trat zu mir,“/„trat zu mir“ – „gedenkend,“/ „denkend“. *Für den Wiederabdruck in der Buchausgabe „Ein grünes Blatt. Zwei Sommergeschichten“ (Berlin: Schindler 1855) hat Storm dann allerdings* „den ursprünglichen Wortlaut wiederhergestellt“ *und zudem Mörikes Kritik an der Darstellung der Regine berücksichtigt. Zur Entstehung und Genese vgl. Lohmeier, S. 47, und LL I, S. 1041–1052, dort sind auch die wichtigsten Varianten zwischen dem Zeitschriftenerstdruck und der Buchausgabe von 1855 wiedergegeben.*

5 Comité: *Die Mitglieder des „Rütli“, die über die Aufnahme der Beiträge für die „Argo“ entschieden: Bormann, Eggers, Fontane, Kugler, Lepel und Merckel; vgl. Brief Nr. 5.*

15 Groth <…> Buch <…> geschickt <…> in hiesigen Blättern empfohlen: *Mit seinem Brief vom 6. November 1852 hat Klaus Groth unmittelbar nach der Auslieferung* „ein Exemplar seines ‚Quickborn‘“ *Storm zur Rezension zukommen lassen mit der Bitte, es in der Lokalpresse zu besprechen (vgl. StGr, Nr. 1, S. 27). Dieser Brief eröffnet den Briefwechsel zwischen Storm und Groth, der sich mit Unterbrechungen bis Februar 1887 erstrecken sollte. Über die nicht konfliktfreie Beziehung zwischen Storm und Groth vgl. Boy Hinrichs: Einführung. In: StGr, S. 13–24, und Karl Ernst Laage: Theodor Storm und Klaus Groth – Dissonanzen und Übereinstimmungen. In: „Klaus-Groth-Gesellschaft“. Jahresgabe 1986, S. 9–18. Wenige Wochen später, am 8. Dezember 1852, schrieb Storm seine Empfehlung für Groths „Quickborn“ für den „Ditmarser und Eiderstedter Boten“ (22.12.1852; „Quickborn. Volksleben in plattdeutschen Gedichten Dithmarscher Mundart von Claus Groth“, erneut abgedr. in LL IV, S. 329 f.). Storm lobte darin Groths Talent,* „die plattdeutsche Sprache“ *nicht* „nur willkürlich, zum Scherz oder zur Parodie“ *einzusetzen, wie es viele Dichter vor ihm bereits getan haben, sondern vielmehr als Mittel der* „poetische<*n*> Darstellung“ *des Lebens,* „unseres Volksstammes“. *Somit habe der* „Verfasser den Beweis geliefert, wie sehr die plattdeutsche Sprache <…> namentlich im Ausdrucke der Innigkeit und des Humors unserer hochdeutschen Sprache den Rang abgewinnt.“ *Nach seiner Lektüre des Vorworts urteilte Fontane ähnlich über Groths „Quickborn“; vgl. Brief Nr. 5, Anm. 29 „Verf. des ‚Quickborn‘ <…> Vorrede“.*

17 an ihn schreiben <…> allernächstens: *Am 6. April 1853 schrieb Storm an Groth:* „Wie überall in meinen Kreisen, so habe ich auch bei einer neulichen Anwesenheit in Berlin

unter meinen dortigen Bekannten ihr Buch durch Vorlesen einzelner Sachen einzuführen gesucht. In dieser Veranlassung erhalte ich von dem Dichter Th. Fontane daselbst die Mittheilung, daß unter seiner und des Ihnen vielleicht als Verfasser der Kunstgeschichte bekannten Geheimenrath Kuglers Redaction zu Anfang October ein belletristisches Jahrbuch erscheinen solle, wozu man von Ihnen einen Aufsatz über die Fragen (Volkspoësie, Verhältniß der plattdeutschen Sprache zur hochdeutschen etc) wünscht, welche Sie nothwendiger Weise bei Abfassung Ihres Buches besonders haben beschäftigen müssen. Sollten Sie zu einer solchen Arbeit Zeit und Lust haben, so sind Sie wohl so gütig baldmöglich entweder mir oder Herrn Fontane (Berlin, Louisenstr. N 35.) Ihre Antwort zukommen zu lassen. Der späteste Ablieferungstermin für die Arbeit selbst ist Mitte Juni; das Honorar wird 16 Thaler Pr. p. Bogen sein.“ *(H: SHLB Cb 22,F3; StGr, Nr. 2, S. 30.)*

20 gemeinen Rechts <...> Preuß. Landrechts: *Zu den besonders hohen Anforderungen des Preußischen Landrechts und zur unterschiedlichen juristischen Ausbildung in Schleswig-Holstein und Preußen vgl. Mückenberger, S. 81–83. Storm hatte sich nicht nur in Berlin, sondern auch in anderen Städten außerhalb der Herzogtümer Schleswig und Holstein beworben, so u.a. in Gotha und um eine Bürgermeisterstelle in Buxtehude; vgl. Mückenberger, S. 75–79.*

22 Eine kurze Reise <...> nach Berlin: *Zu Storms Reise nach Berlin vgl. Brief Nr. 4, Anm. 6 „bis Juli <...> in die Metropole“.*

24 Berliner Wesen: *Vgl. Brief Nr. 5, Anm. 73 „‚Berliner Wesen‘ <...> Schärfe <...> des alten Fritz“.*

32 „die goldne Rücksichtslosigkeit“: *Diese, zum geflügelten Wort gewordene Formulierung verwendete Storm immer wieder, so z.B. am 20. November 1850 gegenüber Mörike (StMör, Nr. 1, S. 26). Sie findet sich dann erneut in seinem Gedicht „Für meine Söhne“, das nach den persönlichen Erfahrungen Storms in Berlin und Potsdam 1853/54 als Protest gegen das preußische Wesen entstanden ist:* „Blüthe edelsten Gemüthes / Ist die Rücksicht; doch zu Zeiten / Sind erfrischend wie Gewitter / Gold’ne Rücksichtslosigkeiten.“ *(Zweite Strophe, Erstdruck in: „Deutsches Museum“ 4 <1854>, 21.12.1854, S. 929; vgl. LL I, S. 833 f.)*

38 Schärfe: *Storm spielt vermutlich auf die bissigen Karikaturen und Texte über den Konflikt zwischen Schleswig-Holstein und Dänemark in der satirischen Zeitschrift „Kladderadatsch“ an, die er wahrscheinlich in Berlin gesehen hatte; vgl. Brief Nr. 10 und Anm.*

43 ganzen Balladenbuche: *Zu Fontanes Plan, eine Sammlung von altenglischen Balladenübertragungen herauszubringen, vgl. Brief Nr. 5, Anm. 65 „umfangreiches Buch“.*

45 das mir gesandte: *Fontanes „Lord William und Schön-Margret“ wurde neben sieben weiteren „Alt-Englischen Balladen“ in der „Argo“ (1854) veröffentlicht; vgl. Brief Nr. 3, Anm. 7 „Uebersendung einer altenglischen Ballade“.*

47 äußere Form des Jahrbuchs <…> Bilder: *Vgl. zu den Abbildungen in der „Argo" Brief Nr. 9, Anm. 83 „Ueber Bilder <…> noch nichts Bestimmtes".*

50 Dahn <…> Doctrinen: *Vgl. Brief Nr. 5, Anm. 41 „Felix Dahn <…> im Tunnel".*

54 Den jungen fahrenden Schüler <…> bei St. Jacob: *Anspielung auf Otto Roquettes „Der Tag von St. Jakob. Ein Gedicht" (Stuttgart/Tübingen: Cotta 1852). Vgl. Storms Urteil über Roquette in seinem Brief an Eggers vom 3. Juli 1853 im Zusammenhang mit Gutzkows Kritik an der Massenproduktion vieler junger deutscher Autoren:* „Um Roquettes hübsches, aber nicht eben bedeutendes Talent thut es mir jedesmal leid, wenn ich ihn so sich entweder im Stoff vergreifen (St. Jacobstag) oder in einer Masse von unbedeutenden Liedern sich zersplittern sehe" *(H: SHLB Cb 60.56:513,04; StEgg, Nr. 4, S. 24). Zu Roquettes Reise vgl. Brief Nr. 5, Anm. 43 „Otto Roquette <…> wieder abwesend".*

57 sein Waldmeister: *Roquettes „Waldmeisters Brautfahrt. Ein Rhein-, Wein- und Wandermärchen" (Stuttgart: Cotta 1851). Roquette schenkte Storm im Herbst 1853 ein Exemplar; vgl. Storm an Lucie Storm, 15.10.1853; H: SHLB Cb 50.53:03,02. Dieser Hinweis findet sich nur in H, nicht in der Ausgabe der „Briefe in die Heimat". Der Band steht nicht in Storms Bibliothek im StA Husum.*

59 Kugler <…> Baugeschichte: *Franz Kuglers „Geschichte der Baukunst"; vgl. Brief Nr. 5, Anm. 40 „Kugler steckt in Arbeiten".*

59 poëma nec non incestuosum: *(lat.): ‚das Gedicht, nicht weniger incestuös'. Eine ähnliche Formulierung, die auf Kuglers „Stanislaw Oswiecim" anspielt, findet sich auch in Storms Brief an Eggers vom 29. März 1853, in dem Storm allerdings seine dichterische Erwiderung („Sie saßen sich genüber lang") meinte. Am 6. Februar 1853 hat Storm bereits Eggers um Übersendung einer Abschrift von Kuglers Gedicht gebeten; vgl. Brief Nr. 3, Anm., S. 214. Kugler kam Storms Bitte erst nach wiederholter Anfrage am 18. Mai 1853 nach; vgl. Briefe Nr. 8, Anm. 57 „nach* Eggers *Aeußerung <…> Br. u Schw.poem", und Nr. 9, Anm. 99 „revonvalescente K. <…> Copie seiner Ballade".*

62 An Eggers das beiliegende Blättchen: *Storms Brief an Eggers, 29. März 1853, den er als Einschluss zu seinem Brief an Fontane nach Berlin befördern ließ. Darin kam Storm noch einmal auf sein Gedicht „Sie saßen sich genüber lang" zurück. Vgl. Brief Nr. 3, Anm. 14 „Bruder= und Schwester=Ballade <…> Eggers schreiben".*

70 Copiist: *Nicht ermittelt.*

72 ein Paar Blätter Raum: *Vgl. zur Entstehung der „Argo" (1854) und der allmählichen Zusammenstellung der Gedichte Storms Briefe Nr. 5, Anm. 6 „belletristischen Unternehmen <…> verschiedener Aufsätze <…> Mitte Juni", und Nr. 9, Anm. 126 „die halbzugesagte Lyrica".*

(Zu 7) Fontane an Storm, Berlin, Montag, 11. April 1853. Antwortbrief auf Nr. 6 – Abdruck nach h (TFA)

Überlieferung

HBV: <53>/16

H: Gertrud Storm (bis 1909), Friedrich Fontane (bis 1934/35), Meyer und Ernst 1933 (Nr. 35, Konvolut-Nr. 598), Stargardt 1933/34 (Nr. 344, Konvolut-Nr. 406; Nr. 345, Konvolut-Nr. 34, und Nr. 353, Konvolut-Nr. 80) und zuletzt vermutlich Kehler, dessen Autographensammlung im Zweiten Weltkrieg „vernichtet" wurde (vgl. HFA IV/5,II, S. 103)

h: masch. Abschr. TFA (Ca 39) und SHLB (Cb 50.56:51,04)

E: Pniower, S. 1468 f. (TD); Pniower/Schlenther I, S. 65–68

D: Gülzow, S. 62–65 (Nr. 3); HFA IV/1, S. 338 f. (Nr. 156); Steiner, S. 27–29 (Nr. 5)

Abschrift

h (TFA) beschädigt; Textverlust durch Papierausriss; Schluss fehlt. Textergänzung nach h (SHLB).

Stellenkommentar

4 Heut vor 8 Tagen: *Am 4. April 1853.*

Ihr ‚grünes Blatt': *Storms Novelle „Ein grünes Blatt"; vgl. Brief Nr. 6.*

17 Epilog <...> nur allzu klar geschrieben: *Storms Epilog zum „Grünen Blatt" ist geprägt von seinen Enttäuschungen über den Misserfolg der schleswig-holsteinischen Erhebung gegen Dänemark. Nach der Lesung im „Rütli" am 9. April 1853 (in der „Fontane-Chronik" nicht verzeichnet, Bd. 1, S. 362) wurden diejenigen Stimmen laut, die eine konsequente Handlungsführung und eine psychologische Motivierung vermissten. Außerdem kritisierte man den Mangel an Wirklichkeitsgehalt, der übrigens auch Eduard Mörike aufgefallen war (vgl. StMör, April 1854, Nr. 5, S. 35). Schließlich waren es aber hauptsächlich die politischen Bedenken der Freunde, besonders der preußischen Beamten Merckel und Bormann, die Storm dazu veranlassten, die Veröffentlichung des „Epilogs" für die „Argo" zurückzuziehen. Kugler hingegen hatte zumindest nach den Mitteilungen in seinem Brief an Storm keine Bedenken:* „Mit vollster Freude <...> habe ich die Arbeit begrüßt, die Sie für unser Jahrbuch gegeben haben. Es ist eben nichts Großes an Handlung darin, aber so, wie es ist, ist es die reizvollste Situation, und das reinste klarste Gefühl zugleich mit einem eignen räthselhaften Zuge, der mir wenigstens sehr günstig zu wirken schien. Für das große Leihbibliotheken-Publikum mag die Arbeit immerhin nicht sein: ich für meine Person wünsche darin kein Tüttelchen anders oder verändert. Ihre eigene Kritik war mir auch etwas zu rationalistisch (zu sehr auf Construction ausgehend.) Auch gegen den

Schluß habe ich durchaus nichts einzuwenden und das räthselhaft Nachdenkliche desselben gefällt mir viel besser als z.B. selbst Ihre proponirte Erklärung. (Unser lieber Fontane, so sehr er sonst Poet, ist gelegentlich im Anempfinden solcher Dinge etwas schwer.) ‚Item' (mit Chamisso zu sprechen, für den dies Wort immer der Schluß der Exposition war): wir nehmen die Arbeit ohne alle Änderung auf. Daß wir das Epilog=Gedicht weglassen, damit sind auch Sie schon einverstanden Sie haben es rein gemeint; nous autres, wir haben soviel Koth und Schmutz und Miserabilität um uns her, daß man uns alle mögliche Abgeschmacktheit hineindeuten würde und wenn zehnmal ‚Th. Storm in Husum' drunter stände." *(18.5.1853; H: SHLB Cb 50.56:114,01; StKug, Nr. 1, S. 121); vgl. auch Gerd Eversberg: Die Bedeutung Theodor Fontanes und seines Kreises für die Entwicklung der Stormschen Erzählkunst. In: FBl 54 (1992), S. 68 f. Zu Storms Erwiderung, auf die Kugler anspielt, vgl. Brief Nr. 8.*

31 au fond du coeur: *(frz.): ‚im Grunde des Herzens'.*

33 § 113: *Das Gedicht „Pagina 113" am Schluss der Novelle „Ein grünes Blatt" nahm Storm seit der zweiten Aufl. (1856) unter dem Titel „Regine" in die Ausgabe seiner „Gedichte" mit einer kleinen Veränderung auf: statt „*Blätterschatten*" in der „Argo" (1854) heißt es in den „Gedichten" „*Waldesschatten*" im dritten Vers; vgl. auch LL I, S. 770 f.*

44 Ihrer freundl. Erklärung <…> Version: *Es kam zu keiner Veränderung; vgl. Storms Antwort in Brief Nr. 8.*

57 …..: *In den beiden Abschriften sind hier verschiedene Lesarten überliefert, zum einen: „*als ……. ~~(ausgeschnitten)~~ Eisenbahn*" (h: TFA; von fremder Hand mit Bleistift gestrichen und hinzugefügt), zum anderen „*als die Eile*" (h: SHLB). Welche Lesart korrekt ist, konnte nicht ermittelt werden, deshalb werden nur die Punkte, die offenbar auf eine nicht lesbare Stelle in der Briefhandschrift hinweisen, wiedergegeben.*

(Zu 8) Storm an Fontane, Husum, <nach dem 11. April 1853>. Antwortbrief auf Nr. 7 – Abdruck nach H

Überlieferung

H: *SHLB (Cb 50.51:15,03)*

h: *masch. Abschr. TFA (Ca 686)*

E: *Fontane, S. 185 <datiert auf: „*Ostermontag 1853*"> (TD); Steiner, S. 29–32 (Nr. 6)*

*In der „Fontane-Chronik" ist dieser Brief zweimal verzeichnet, unter dem 28. März 1853 („*Ostermontag*", mit dem irritierenden Hinweis auf „überarbeitete Fassung" in Fontanes „Von Zwanzig bis Dreißig") und unter dem „*12.4.1853"; vgl. Bd. 1, S. 361 und 363.*

Handschrift
1 Doppelblatt (22,5 x 13,9 cm), S. 1–4 beschriftet; blaues Papier. Am oberen Blattrand (S. 1) von Fontanes Hand: „Ostern 1853.“ *Links daneben ergänzt durch fremde Hand:* „27./28. 3.“

**Einschluss*
– „beifolgende kleine Composition“: *Eine der vielen Vertonungen von Storms Gedicht „Meine Mutter hat's gewollt“; Näheres nicht ermittelt.*

Datierung/Ort
Der Brief beantwortet Fontanes Brief vom 11. April 1853, weshalb der terminus post quem „nach dem 11. April 1853“ gilt; vgl. Nr. 7.

Stellenkommentar

2 erste „grüne Blatt“: *Storms Novelle „Ein grünes Blatt“.*

13 Lassen Sie den Epilog weg: *Vgl. Briefe Nr. 6, Anm. 4 „das beifolgende ‚Grüne Blatt‘ <...> Jahrbuch <...> Hexameter“, und Nr. 7, Anm. 17 „Epilog <...> nur allzu klar geschrieben“.*

25 „die man nicht anrühren soll“: *Anspielung auf Emanuel Geibels Gedicht „Rühret nicht daran“.*

49 Husum, <...> Storm.: *In der „Argo“ (1854) erschien die Novelle unter dem Titel „Ein grünes Blatt. Aus Husum in Schleswig“ ohne die Jahreszahl 1853.*

49 Ostern: *Vgl. Brief Nr. 14, Anm. 43 „Trikolore <...> ‚Husum, Ostern 1853‘“.*

57 nach Eggers Aeußerung <...> Br. u Schw.poem: *Am 6. Februar 1853 hatte Storm Eggers bereits um eine Abschrift von Kuglers Gedicht „Stanislaw Oswiecim“ gebeten (vgl. StEgg, Nr. 1, S. 12). Eggers' Antwort ist nicht überliefert. Zu Kuglers Kritik vgl. Kugler an Storm, 18. Mai 1853:* „Meine Ballade von dem Polacken, der seine Schwester liebt, – die Sie so wiederholentlich begehrt haben, soll diesem Brief beigefügt werden, und ich hoffe, daß meine Tochter bei Ihnen noch fort geschrieben wird. <...> Ob sie Ihnen beim wiederholten Lesen besser gefallen wird, muß ich dahin gestellt lassen. Ihre faktische Kritik, durch Aufstellen einer zweiten Ballade desselben Stoffes, hat mich freilich von der Unzulässigkeit meiner Auffassung nicht überzeugt, noch mich – Sie verzeihen mir meine Aufrichtigkeit – irgend wie befriedigen können. Sie haben höchst Schönes auch in der Behandlung dieses Sujets, wie es eben nur Theodor Storm macht, aber das Ganze, wie es ist, darf meo voto dichterisch nicht existiren: – ich bin hier entschiedener Terrorist. Es ist häßlich, und der Anfang vielmehr noch als der Schluß. Oder wenn Sie, da doch auch die ärgsten Dissonanzen ihr ästhetisches Recht haben, mit einem solchen Anfange beginnen wollten, mit einem solchen mir völlig widerwärtigen Verhalten oder doch Nichtverhalten des Sinnlichen, so

mußte das, statt in das (an sich schöne) weich elegische Eindämmern und den, das klare Gefühl fabelhaft unbefriedigt lassende Schluß weiter geführt zu werden, in irgend einem wüsten, jenes frevelhafte Spiel rächenden Graus umschlagen. Wir stehen hier vielleicht auf zwei sehr verschiedenen Punkten, sosehr ich sonst, bis auf eine gewisse, für mich gelegentlich zu weiche Hingabe, Ihren Standpunkt zu goutiren im Stande bin. Ich glaube Sie hiebei aber in aller Freundschaft vor einer Sache warnen zu dürfen. Es kommt vor, daß Sie, ich weiß nicht wodurch, veranlaßt werden, gefährlich sittliche Probleme zu ersinnen, die Lösung derselben, statt geradezu mit der Naivetät des Gefühles (die doch sonst Ihre Sache ist) mit dem Raisonnement des Verstandes (ich sage nicht: der Vernunft) bewerkstelligen, dieses kalt und äußerlich Gemachten das duftige Gewand Ihrer Poesie umhängen und somit Dingen Leben geben, die – und zwar aus dem ersten und gerechtesten, dem sittlichen Grunde – kein Recht zur Existenz haben. Dies ist etwas Pathologisches, oder deutlicher: etwas Krankes, Unrechtes, das ich aus Ihrer Poesie fortwünsche. Ich würde dies nicht gesagt haben, wäre Ihre Poesie mir nicht so ans Herz gewachsen, und ich hoffe, daß Sie es in dem Sinne aufnehmen, wie ich es gemeint habe. Aber nochmals: lassen Sie sich warnen und seien Sie vor Dingen auf Ihrer Hut, die Ihnen ernsthaft Schaden bringen können" *(H: SHLB Cb 50.56:114,01; StKug, Nr. 1, S. 121). Storms Antwort an Kugler ist nicht überliefert. Am 30. Juni 1853 kam Kugler dann ein letztes Mal auf sein* „Polackengedicht" *zu sprechen und wies Storms Kritik erneut zurück:* „Sie scheinen sich in der Beurtheilung desselben bei dem Eingangsmotiv zu lange aufzuhalten; ich habe ohne allzu große Ueberlegung gedichtet: der Inhalt aber scheint mir einfach der rücksichtslose Charakter dieses polnischen Grafen zu sein, der die hierarchische Heuchelei aufs Beste für sich nutzen zu können meint und dem auch Alles glückt, bis auf den Punkt, wo der liebe Gott andeutet, daß er doch auch noch da sei und daß jene Rücksichtslosigkeit und jene Heuchelei die Sache nicht mache. Doch, man interpretirt sich selber ja doch nicht zum Besten" *(H: SHLB Cb 50.56:114,02; StKug, Nr. 2, S. 123).*

60 Heÿses: *Paul Heyse: „Francesca von Rimini" (Berlin: Hertz 1853). Storms Exemplar ist im StA Husum nicht überliefert.*

67 Roquettes Lustspiel: *Roquettes „Das Reich der Träume. Ein dramatisches Gedicht in fünf Aufzügen" (Berlin: Schindler 1853); vgl. Otto Roquette: Siebzig Jahre. Geschichte meines Lebens. Zweiter Band. Darmstadt: Bergstraeßer 1894, S. 27–29.*

68 im Sommer nach Berlin komme: *Storm reiste erst am 5. September 1853 nach Berlin; vgl. Brief Nr. 15 und Anm.*

72 Kleist's „zerbrochener Krug" <...> Lustspiel: *Storm kritisiert die Gattungsbezeichnung „Lustspiel" für Kleists Drama „Der zerbrochne Krug" und bezieht sich vermutlich auf die Inhalte, „die Verbrechen, deren sich der Richter schuldig gemacht hat". Urkundenfälschung und Sachbeschädigung sowie der Versuch einer Vergewaltigung*

erweisen sich als „eine sehr jämmerliche Art von Komik." Hinzu kommt, dass der Dorfrichter Adam „keine Lustspielfigur" ist; vgl. Walter Hettche: „Ein Eignes Blatt". Der Schreiber Licht und der Prozeß um den zerbrochnen Krug. In: Heinrich von Kleist. Hg. von Heinz Ludwig Arnold. München 1993, S. 84–99, hier S. 84 f. Auch Fontane bezeichnet in einer Kritik der Aufführung vom 28. Oktober 1886 den Dorfrichter als einen „Greuel", *zu dessen* „Brutalitäten, Lügen und Pfiffigkeiten" *man zu* „Augen- und Ohrenzeugen" *wird; vgl. NFA XXI/2, S. 428–430, hier S. 429.*

74 Die beifolgende kleine Composition <…> Studenten: *In den Werken über die Vertonungen von Storms Gedichten ist dieses frühe Lied zu „Meine Mutter hat's gewollt", das ein Göttinger Student komponiert hat, nicht nachgewiesen; Näheres nicht ermittelt. Vgl. Robert Wendt: Die Musik in Theodor Storms Leben. Greifswald 1914, und Helen McKinnon: The Role of Music in the „Novellen" of Theodor Storm. Submitted in fulfilment of the requirements for the degree of Doctor of Philosophy. Department of Germanic Studies The University of Sydney 2005.*

75 Kuglers Urtheil: *Storm schätzte Kuglers musikalisches Urteilsvermögen sehr. Bei seinem Berlin-Besuch im September 1853 haben Storm und Kugler gemeinsam musiziert und aus Kuglers Kompositionen gesungen; vgl. Kugler an Clara Kugler, 12.9.1853; BSB – Heyse-Archiv Ana 549, Nr. 121; unveröff., und StKug, S. 18.*

78 An Groth <…> geschrieben <…> schwindsüchtig: *Vgl. Storm an Groth, 6.4.1853, und Brief Nr. 6, Anm. 17 „an ihn schreiben <…> allernächstens". Groths Antwort ist nicht überliefert.*

81 sehr gebildeten Predigers: *Nicht ermittelt.*

86 Herrn Theodor Fontane: *Der Hinweis auf den Adressaten am Schluss des Briefs unterscheidet die beiden Sendungen, den Brief an Fontane und den Einschluss an Kugler.*

(Zu 9) Fontane an Storm, Berlin, Montag, 2. und 9. Mai und Mittwoch, 25. Mai 1853. Antwortbrief auf Nr. 8 – Abdruck nach h (TFA)

Überlieferung

HBV: 53/20

H: *Gertrud Storm (bis 1909), Friedrich Fontane (bis 1934/35), Meyer und Ernst 1933 (Nr. 35, Konvolut-Nr. 598), Stargardt 1933/34 (Nr. 344, Konvolut-Nr. 406; Nr. 345, Konvolut-Nr. 34, und Nr. 353, Konvolut-Nr. 80) und zuletzt vermutlich Kehler, dessen Autographensammlung im Zweiten Weltkrieg „vernichtet" wurde (vgl. HFA IV/5,II, S. 103)*

h: *masch. Abschr. TFA (Ca 40) und SHLB (Cb 50.56:51,05)*

E: *Pniower, S. 1470 f. (TD); Pniower/Schlenther I, S. 68–73*

D: *„Ring", S. 158 (TD); Gülzow, S. 65–72 (Nr. 4); Erler I, S. 122–127; HFA IV/1, S. 341–345 (Nr. 158); Steiner, S. 32–36 (Nr. 7)*

Abschrift
h (TFA) beschädigt; Textverlust durch Papierausriss; Emendation nach h (SHLB).

Stellenkommentar

4 Nervenfieber: *Unterleibstyphus.*

5 Wechselfieber: *Kaltes Fieber; Schüttelfrost.*

5 Ihrer freundlichen Zeilen: *Storm an Fontane, <nach dem 11.4.1853>; vgl. Brief Nr. 8.*

7 Ihren Epilog dran zu geben: *Vgl. Briefe Nr. 6, Anm. 4 „das beifolgende ‚Grüne Blatt' <...> Jahrbuch <...> Hexameter", und Nr. 7, Anm. 17 „Epilog <...> nur allzu klar geschrieben".*

35 Ihres vorletzten Briefes: *Storm an Fontane, 27.3.1853; vgl. Brief Nr. 6 und Anm.*

37 ‚die goldne Rücksichtslosigkeit': *Anspielung auf Storms „Für meine Söhne"; vgl. Brief Nr. 6, Anm. 32 „‚die goldne Rücksichtslosigkeit'".*

38 Eider-Lande: *Bezeichnung für das Herzogtum Schleswig, dessen Südgrenze zum Herzogtum Holstein z.T. an dem Fluss Eider verläuft. Die sogenannte Eiderdänische Partei im Königreich Dänemark vertrat die Forderung, das Herzogtum bis zur Eider in den dänischen Gesamtstaat einzugliedern. Vgl. Brief Nr. 11, Anm. 19 „‚tapfern Landsoldaten' <...> unserer Historischen Unglückstage <...> Gefühl zum Ersticken", und Nr. 13, Anm. 86 „‚geht immer hin' <...> ‚bleibt immer hin'".*

45 Graf Arnim: *Vielleicht dachte Fontane an den bekannten Offizier Richard von Arnim, der Mitglied im „Tunnel" war (Lenau) oder an den Preußischen Ministerpräsidenten Heinrich Graf von Arnim-Boitzenburg. Möglicherweise ist mit Arnim aber auch nur der Inbegriff einer wohlhabenden märkischen Familie gemeint.*

46 Lokomotivenbauer Borsig: *Vgl. Gutzkows Betrachtungen über den Gründer der Berliner Lokomotiv- und Maschinenfabrik, August Borsig, in „Eine Woche in Berlin", deren erster Teil am 18. März 1854 in den „Unterhaltungen am häuslichen Herd" erschienen war (Nr. 25, S. 396–399):* „Die Fabrik- und Gewerbsthätigkeit Berlins ist unglaublich. Bewunderung erregt es z.B., einen von der Natur und vom Glück begünstigten Kopf, den Maschinenbauer Borsig, eine imponirende, behäbige Gestalt, in seinem runden Quäkerhut in einer kleinen Droschke hin und her fahren zu sehen, um seine drei großen, an entgegengesetzten Enden der Stadt liegenden Etablissements zu gleicher Zeit zu regieren. Borsig beschäftigt 3000 Menschen in drei verschiedenen Anstalten, von denen das große Eisenwalzwerk bei Moabit eine Riesenwerkstatt des Vulcan zu sein scheint. Es kommen dort Walzen von 120 Pferdekraft vor. Borsig baut gegenwärtig an der fünfhundertsten Locomotive. Man berechnet ein Capital von sechs Millionen Thalern, das allein durch Borsig's Locomo-

tivenbau in Umsatz gekommen ist. Es macht dem reichen Manne Ehre, daß er sich von den glücklichen Erfolgen seiner Unternehmungen auch zu derjenigen Förderung der Kunst gedrungen gefühlt hat, die im Geschmacke Berlins liegt und dem Könige in seinen artistischen Unternehmungen secundirt. Er hat sich eine prächtige Villa gebaut und pflegt einen Kunstgarten, der schon ganz Berlin einladen konnte, die Victoria regia in ihm blühen zu sehen."

47 Prof. Dove: *Der über Deutschland hinaus bekannte Berliner Physikprofessor und Direktor des meteorologischen Instituts Heinrich Wilhelm Dove, der die Wissenschaften der Meteorologie, der Klimatologie und der Atmosphärologie begründete. Das Gesetz von der Drehung der Winde wurde nach ihm „Dovesches Gesetz" genannt. Vgl. auch Fontanes knapp zehn Jahre später veröffentlichten Artikel „Heinrich Wilhelm Dove" in „Männer der Zeit. Biographisches Lexikon der Gegenwart." Zweite Serie Leipzig: Lorck 1862, Sp. 331 f., Autorennummer „(65)". Dort wird Dove als* „ein ausgezeichneter, namentlich durch seine Forschungen innerhalb der Meteorologie zu europäischem Ruf und Ansehn gelangter Physiker" *beschrieben.*

54 Linientruppen <…> Freiwillige: *Vermutlich spielt Fontane auf die Schlacht von Großbeeren vom 23. April 1813 an, das etwa 25 km südlich von Berlin liegt, bei der auch sein Vater Louis Henri Fontane als Freiwilliger teilgenommen hatte; vgl. Fontane: „Meine Kinderjahre", Kap. 1. In der Schlacht verhinderten die Verbündeten Preußen, Russland und Schweden einen Angriff der frz. Armee unter Napoleon auf Berlin.*

61 wie Franz Moor: *Zitat aus Schillers „Die Räuber":* „Ich bin kein gemeiner Mörder gewesen, mein Herrgott – hab mich nie mit Kleinigkeiten abgegeben, mein Herrgott" *(V/1, Franz Moor).*

67 unserer Politik: *Fontane unterscheidet hier zwischen der offiziellen preußischen Politik und der preußischen Mentalität, insbesondere der Charaktereigenschaft der Berliner; vgl. Brief Nr. 5, Anm. 73 „‚Berliner Wesen' <…> Schärfe <…> des alten Fritz".*

69 Bravheit: *Tüchtigkeit.*

74 unser Buch <…> Novellen <…> unbekannten Sechsten: *In der „Argo" (1854) wurden die folgenden Novellen veröffentlicht: Storms „Ein grünes Blatt", Merckels „Ein Freund" und „Der Frack des Herrn von Chergal", Heyses „La Rabbiata" (vgl. Heyses Zusage an Fontane, <28.3.1853>), Kuglers „Chlodosinda" und Goldammers „Auf Wiedersehen!". Die Suche nach einem sechsten Autor blieb erfolglos, weshalb Fontane aus Mangel an Beiträgen noch drei Erzählungen beisteuerte: „Tuch und Locke", „Goldene Hochzeit" und „James Monmouth" (im September 1853, als Storm zu Gast in Berlin war).*

78 Balladen: *Fontanes „Alt-Englische Balladen" („Der Aufstand in Northumberland", „Sir Patrick Spens", „Edward, Edward", „Jung Musgrave und Lady Barnard", „Schön Margret und Lord William", „Die Jüdin", „Lord Murray" und „Robin Hood"), Kuglers „Cyrus", „Das Opfer", „Friede", „Götterjagd" und „Cleopatra", Merckels „Die Abdankung Karls des Fünften", Lepels „Thomas Cranmer's Tod",*

Fontanes „Balladen" („Johanna Gray", „Die Hamilton's oder die Locke der Maria Stuart" und „Sir Walther Raleigh's letzte Nacht") und Eggers' „Balladen" („Haralda" und „König Radgar").

80 Lyrisches <…> Heyse: *Heyses „Lieder aus Sorrent".*

81 Aufsätze <…> Kugler'schen Arbeit <…> ‚Londoner Briefe': *Von den zu diesem Zeitpunkt ins Auge gefassten Aufsätzen wurde Kuglers Beitrag „Shakespeare's Bühne und Kunstform" aufgenommen; hinzu kamen dann Kuglers „Bemerkungen über Don Juan und Figaro". Fontanes „Londoner Briefe" wurden bereits zwischen Juli und November 1852 in der „Preußischen (Adler-) Zeitung" veröffentlicht. Auf Vermittlung von Friedrich und Karl Eggers gelangten dann zwei von eigentlich acht geplanten weiteren Feuilletons im November und Dezember 1853 zum Abdruck in der „Rostocker Zeitung" unter den Titeln „Reisebilder aus England" („I. Von Gravesend bis London" und „II. Die Docks-Keller"); diese Reisebilder waren bereits 1850 in der „Deutschen Reform" erschienen. Die „Argo" wurde schließlich ohne Fontanes „Londoner Briefe" herausgebracht; sie kamen erst als Kapitel in dem Band „Ein Sommer in London" zum Abdruck, der am 27. September 1854 erschien. Vgl. Marianne Beese, Tobias Witt: „… daß dieses Feuilleton Mecklenburg beherrsche." Friedrich und Karl Eggers, die Berliner Freundeskreise und das Feuilleton der Rostocker Zeitung in den Jahren 1853/54. Mit Karl Eggers' Rezension der Argo von 1854. In: FBl 86 (2008), S. 8–41, hier S. 15 f. 1855 dann publizierte Fontane zwei weitere sogenannte Londoner Briefe unter dem Sammeltitel „Shakespeare auf der modernen englischen Bühne" im „Literatur-Blatt des Deutschen Kunstblattes"; vgl. Brief Nr. 71, Anm. 29 „Briefe geschickt <…> druckbare". Für die „Argo" (1854) stiftete Eggers noch seine „Gedichte in niederdeutscher Mundart" („Dat Oog", „De Tonkünstig", „Bedrövniß", „Wedder to Hus", „Kopp un Hart" und „Dreeklang") und Storm stellte noch kurzfristig weitere fünf Gedichte zur Verfügung; vgl. die untere Anm. 126 „die halbzugesagte Lyrica", und Brief Nr. 28 und Anm.*

83 Ueber Bilder <…> noch nichts Bestimmtes: *Der erste Jahrgang der „Argo" (1854) wurde schließlich in schlichter Aufmachung ohne Abbildungen herausgebracht; vgl. zur Bilderfrage auch Brief Nr. 13, Anm. 100 „doch noch vielleicht ein Argo-Bild <…> Menzel". Erst die späteren Bände zwischen 1857 und 1860 erschienen in einem größeren Format und in aufwändiger Gestaltung mit zahlreichen Illustrationen zeitgenössischer Künstler; vgl. Brief Nr. 5, Anm. 6 „belletristischen Unternehmen <…> verschiedener Aufsätze <…> Mitte Juni".*

86 Roquette <…> Brautfahrt: *Roquette, der Autor von „Waldmeisters Brautfahrt", war von einem zweimonatigen Besuch bei seiner Verlobten in Meißen nach Berlin zurückgekehrt; vgl. Brief Nr. 5, Anm. 43 „Otto Roquette <…> wieder abwesend".*

87 Vorlesung bei Kugler: *Vermutlich hat Roquette aus seinem jüngsten Werk, „Das Reich der Träume. Ein dramatisches Gedicht in fünf Aufzügen", vorgelesen. Zur Le-*

sung vgl. auch Fontane an Heyse, 18. März 1853: „Roquette <…> hat ein 5 aktiges Lustspiel geschrieben, das von der Kumpanei sehr gelobt wird, Dessoir indeß (ich glaube mit Unrecht) zuckte die Achseln. Beiläufig bemerkt kannte letztrer den 10 Auflagen-Mann nicht mal dem Namen nach. Und für solchen Ruhm und solche Popularität quält sich das Herz des deutschen Jünglings!“ *(H: DLA A: Fontane; FHey, Nr. 8, S. 11).*

89 Heyse <…> Sorrent. Neapel <…> Rom: *Heyses Brief aus Sorrent, in dem er Fontane über seine Studien in Rom geschrieben hatte, ist nicht überliefert; vgl. FHey, S. 15. Bereits am 28. März 1853 klagte Heyse über ein trauriges und verregnetes Osterfest in Rom (FHey, Nr. 9, S. 11–14). Anfang April trafen Heyse und Ribbeck dann in Neapel ein, wo sie etwa eine Woche blieben, Mitte April Sorrent erreichten und bis zum Pfingstfest am 15./16. Mai 1853 dort verweilten. Zu Heyses erster Italienreise vgl. Brief Nr. 5, Anm. 47 „Paul Heyse <…> Rom“, und Heyse – Erinnerungen, S. 164–171.*

94 Composition <…> Musikverständige <…> Lied: *Nicht ermittelt; vgl. Brief Nr. 8.*

97 An Claus Groth <…> geschrieben: *Am 2. Mai 1853 hatte Fontane an Groth geschrieben:* „Sehr geehrter Herr. Mein Name und – wenn ich mich so ausdrücken darf – meine Absichten auf Sie, werden Ihnen durch Herrn Theodor Storm in Husum bereits zu Ohren gekommen sein. Ich rekapitulire daher nur ganz kurz: es handelt sich darum, Ihre Theilnahme und Mitarbeiterschaft an einem belletristischen Jahrbuch zu erbitten, das unter Franz Kugler's und meiner Redaction im Herbste d. J. erscheinen wird. Ich setze voraus, daß Th: Storm Ihnen das Wesentliche über jenen Kreis von Personen mitgetheilt hat, die neben den Redaktoren selbst an die Spitze des Unternehmens getreten sind und beschränk' ich mich meinestheils auf Namhaftmachung jener Zwei, die vorzugsweise geeignet sind durch ihr Talent wie durch ihren Ruf in der literarischen Welt dem Buche Kredit und Aufmerksamkeit zu verschaffen. Es sind dies: Franz Kugler selbst und Paul Heyse (zur Zeit in Neapel, von wo wir seinen Beiträgen entgegensehn.) Nachdem ich so bemüht gewesen bin, der Reputirlichkeit des Unternehmens eine Art Legitimations=Papier auszustellen, geh' ich nunmehr dazu über, meine Wünsche an Sie näher zu specificiren. Während es ausschließlich Ihre plattdeutschen Gedichte sind, die uns alle, die wir ein leises Verständniß dafür haben, zu Ihren wärmsten Verehrern machten, handelt es sich heute dennoch um andre, wiewohl verwandte Gesuche an Sie und zwar um die Bitte: etwas in Prosa geschriebenes, eine Novelle, eine Erzählung, ein Lebensbild, oder dem ähnliches einsenden zu wollen. Wir schließen nämlich aus Ihrer ganzen Art zu dichten, deren hervorragendster Zug uns in seiner Beobachtung und scharfer, portraithafter Wiedergabe des Beobachteten zu liegen scheint, daß Sie nothwendig für diesen Ihren Herzensdrang auch einen andren, ja sogar günstigeren Ausdruck gesucht haben müssen als die gebundene Rede und vermuthen um deshalb das Vorhandensein von Prosa-Manuskripten, deren Zustellung (vielleicht zur Auswahl) uns Ihnen auf's höchste

verpflichten würde. Ihren Styl haben wir aus Ihrer mit Wärme und Klarheit geschriebenen Vorrede kennen gelernt und gewärtigen von Ihnen um so mehr das Beste, als Jeder von uns aus eigner Erfahrung weiß, wie schwer es ist in einer Vorrede nichts Dummes, geschweige etwas Gutes und Kluges zu sagen. Daß wir keine Verse erbitten, liegt einfach darin, daß wir damit bereits gesegnet sind. Das Honorar pro Bogen beträgt 16 Rthr; Ausstattung des Buches glänzend und unter andern für den Weihnachtstisch bestimmt. Am erwünschtesten wär' uns ein Beitrag zwischen 2 und 4 Bogen; darüber hinaus können wir nicht gut gehn, doch wird Kleineres (und wären's 4 Seiten) nicht verschmäht. In solchem Falle würden uns drei, vier Sachen überaus willkommen sein. Wenn Sie vielleicht etwas unter der Feder haben, so diene zur Nachricht, daß wir bis Mitte Juni (als spätester Termin) darauf warten können. Bevor ich schließe, darf ich Ihnen die Mittheilung nicht vorenthalten daß Einer unter uns und zwar Dr Friedrich Eggers aus Rostock (Redakteur des Deutschen Kunstblatts) Ihr enragirter Verehrer ist. Man kann sagen, er trägt Ihren ‚Quickborn' bei sich, wie jeder Pfeffelsche Invalide seine Türkenpfeife ‚O Herr von dem kann ich nicht lassen' u.s.w. Vor einigen Wochen hat er (der Eggers nämlich) in seiner Heimath Rostock für Sie gepredigt und derarte Propaganda gemacht, daß binnen Kurzem keine ‚Quickborns' mehr zu haben waren. *<Am 18.2.1853 war in der „Rostocker Zeitung" Eggers' Besprechung des „Quickborn" erschienen; Anm. G.R.>* Wie wir hören ist die erste Auflage vergriffen. Gratulor! Und nun in der Hoffnung baldiger, zusagender Antwort Ihr Sie schätzender Th: Fontane. Louisenstraße 35." *(H: SHLB; Cb 22. F3; HFA IV/1, Nr. 159, S. 345–347.) Vgl. die Briefe Nr. 5 f., 8 und 10.*

99 reconvalescente K. <...> Copie seiner Ballade: *Wegen beruflicher Inanspruchnahme und seiner mehrwöchigen Erkrankung schrieb Kugler erst am 18. Mai 1853 an Storm und legte eine von seiner Schwester Luise Kugler angefertigte Abschrift des Gedichts „Stanislaw Oswiecim" bei (H: SHLB Cb 50.56:114,01; StKug, Nr. 1, S. 120–122). Vgl. auch Brief Nr. 6, Anm. 59 „*poëma nec non incestuosum*".*

103 Ihrem vorletzten Brief: *Storm an Fontane, 27.3.1853; vgl. Brief Nr. 6.*

107 Kugler <...> Ihr Brief <...> nachholen zu wollen: *Storms Briefe an Kugler sind nicht überliefert. Kuglers Antwortbrief vom 18. Mai 1853 lag nur die Abschrift seines „Stanislaw Oswiecim" bei (vgl. H: SHLB Cb 50.56:114,01; StKug, Nr. 1, S. 122). Erst am 30. Juni 1853 äußerte sich Kugler gegenüber Storm über die Vertonung des von einem Göttinger Studenten komponierten Storm-Gedichts „Meine Mutter hat's gewollt", das Storm mit seinem Brief an Fontane Kugler hatte zukommen lassen (vgl. Brief Nr. 8, Anm. 74 „Die beifolgende kleine Composition <...> Studenten"):* „Ich habe neulich vergessen, Ihnen über die Composition Ihres ‚Meine Mutter hat es gewollt' meine Meinung zu sagen. Die Arbeit setzt gut an, obgleich ohne Bedeutung u Originalität, verliert sich hernach aber gründlich in der Form. Sie ist eben noch vollig unreif" *(H: SHLB Cb 50.56:114.02; StKug, Nr. 2, S. 123).*

115 längre Kritik über Theodor Storm: *Am 17. Juni 1853 erschien in der „Preußischen (Adler-) Zeitung" Fontanes Artikel „Theodor Storm"; vgl. den Abdr. auf S. 156–163. Storm erhielt den Artikel erst im Juli 1853 von Eggers, weil Fontane die Kritik seinem Brief an Eggers vom <4. Juli 1853> als Einschluss für Storm beigelegt hatte:* „Wenn Roquette kommt, so drück' ihm mein Bedauern aus, daß ich ihn verpassen mußte; dasselbe – fast noch verstärkt – gilt Storm gegenüber. Ich lege für den letztern die Besprechung bei, die Du ihm gewissenhaft einhändigen und so weit vertheidigen magst, als es sich irgend mit Deinen eignen Ansichten verträgt. Ich hätt' ihn in der That gern selbst gesprochen" *(H: SBB-PK – Nachlass Fontane, St 62,12; Leihgabe im TFA; FEgg, Nr. 18, S. 109).*

119 Andres <…> inzwischen durch Kugler erfahren: *Kugler hatte seinen Brief an Storm vom 18./19. Mai 1853 schon abgeschickt.*

119 Mein Brief an Claus Groth <…> Müllenhof <…> beantwortet*: Vgl. Fontane an Groth, 2.5.1853 (siehe oben, Anm. 97 „An Claus Groth <…> geschrieben"). Am 20. Mai 1853 traf Karl Viktor Müllenhoffs Antwort in Berlin ein (vgl. Poststempel):* „Kiel den 19 Mai 1853. Sehr geehrter Herr. Seit reichlich einer Woche liegt mein Freund und Landsmann Kl. Groth krank darnieder in einem Städtchen des östlichen Holstein, wo ihn ein altes Übel, an dem er schon Jahrlang leidet, von neuem überfiel, als er eben auf der Reise hieher nach Kiel begriffen war. Es ist sogar noch zweifelhaft wann ich ihn hier im Orte sehen werde, wohin er sich sosehr sehnt. Als ich ihn vor einigen Tagen besuchte, fand ich ihn noch sehr schwach, und sein Zustand ist immer bedenklich. Er bedauert sehr Ihren Wünschen nicht genügen zu können. In der Prosa hat er sich eigentlich nie versucht. Wenn ihn ein Stoff interessiert, fühlt er stets, sobald er an die Bearbeitung geht, das Bedürfnis ihm die Fessel des Reimes anzulegen. Unter seinen Papieren, die bis auf seine wissenschaftlichen, physikalisch-mathematischen Arbeiten fast alle durch meine Hände gegangen sind oder sich noch in meinen Händen befinden, findet sich nichts womit Ihnen groß gedient sein könnte, und auch wenn Groth wohlauf und bei Kräften wäre, würde er augenblicklich außer Stande sein Ihren Wünschen nachzukommen. Daß seine Sachen auch in Ihrem Kreise Beifall finden, freut ihn sehr. Die zweite große, durch mehr als ein neues schönes Stück vermehrte Auflage wird eben gedruckt und sogar auch eine illustrierte Auflage schon vorbereitet, für die Otto Speckter alle seine Kräfte zusammen nimmt. Vielleicht werden Sie oder ein und der andre Ihrer Freunde die Güte haben für die Verbreitung des Quickborn, sobald die zweite Ausgabe erschienen ist, ein gutes Werk zu thun, durch Anzeigen in norddeutschen Blättern oder dgl. Der Quickborn hat Anspruch darauf, für Norddeutschland dasselbe zu werden was Hebel und Kobell für den Süden. Dies hat im Vergleich zu Hebel Gervinus schon vor dem Erscheinen der Gedichte brieflich ausgesprochen, und mit Recht. Hier sind die Sachen in aller Munde, und es wären schon viel mehr Exemplare verkauft, wenn die Auflage nicht schon seit Februar ver-

griffen; sie erschien Mitte December. Eben in diesem Augenblick sind auch höchst einfache, aber ganz vortreffliche reizende Compositionen von 10 Liedern aus dem Quickborn bei Böhme in Hamburg erschienen, die hier überall das größte Glück machen, und unfehlbar werden die Lieder uns bald auf allen Straßen bei uns gesungen. Der Componist Leonhard Selle ist ein Freund Groths, bei dem dieser einige Jahre auf Fehmarn gelebt. Sie werden sich die Lieder nicht entgehen lassen und namentlich sie Herrn Dr. Eggers und Storm zu Vorträgen empfehlen. Hochachtungsvoll ergebenst Prof. KMüllenhoff.“ *(SHLB Ca-Müllenhoff, Karl; Volquart Pauls: Um den Quickborn. Briefwechsel zwischen Klaus Groth und Karl Müllenhoff. Hamburg 1938, S. 314 f.)*

122 Zwei neue Ausgaben des Quickborn <…> illustrierte: *Klaus Groth: „Quickborn. Mit Holzschnitten nach Zeichnungen von Otto Speckter. Glossar nebst Einleitung von Professor K. Müllenhoff“. 4., erste von Speckter illustrierte Aufl. Hamburg: Perthes, Besser und Mauke 1856, sowie die erste autorisierte, ins Hochdeutsche übersetzte Ausgabe: Klaus Groth: „Volksleben in plattdeutschen Gedichten ditmarscher Mundart. Mit einer wortgetreuen Übersetzung und einem Vorwort für hochdeutsche Leser und Autorität des Verfassers“ hg. 5. Aufl. Hamburg: Perthes, Besser und Mauke 1856. Gegenüber Storm begeisterte sich Homann am 13. Juni 1855 für die Ausstattung der illustrierten Neuausgabe:* „Die illustrirte Ausgabe des Quickborn wird nun bald erscheinen; die erste Hälfte Ende Juli, die zweite im October. Das Buch wird meisterhaft ausgestattet; Speckter hat bei den Illustrationen sich selbst übertroffen“ *(H: SHLB Cb 50.56:84,04; unveröff.).*

126 die halbzugesagte Lyrica: *Bis zum Herbst 1853 steuerte Storm noch fünf weitere Gedichte für die „Argo“ bei, die er entweder im September 1853 nach Berlin mitgebracht hat, oder die erst dort entstanden sind (vgl. Kugler an Clara Kugler, 12.9.1854; BSB – Heyse-Archiv Ana 549, Nr. 121; unveröff.): „Trost“, „Mai“, „Nachts“, „Aus der Marsch“ und „Gode Nacht“ (H: SHLB Cb 50.24:06). Vgl. Briefe Nr. 5 und 11, Anm. 2 „Meinem Versprechen gemäß“, sowie Einführung, S. XXII f.*

(Zu 10) Storm an Fontane, Husum, Sonntag, 5. und 12. Juni 1853. Antwortbrief auf Nr. 9 – Abdruck nach H

Überlieferung

H: *SHLB (Cb 50.51:15,04)*
h: *masch. Abschr. TFA (Ca 674) <datiert auf: „5./6. Juni 1853“>*
E: *Fontane, S. 185 f. (TD)*
D: *Goldammer I, S. 190–192 (Nr. 48); Steiner, S. 36–38 (Nr. 8)*

Handschrift

1 Doppelblatt (21,2 x 12,4 cm), S. 1–4 beschriftet; weißes Papier.

Die Beilage, ein Zeitungsausschnitt, wurde vermutlich von Storm an der linken oberen Ecke von S. 3 zwischen zwei Blattfaltungen vor „Daß Sie mich mit einer" *aufgeklebt. Heute liegt der Zettel nur noch lose der Briefhandschrift bei. Auf der Rückseite der Zeitungsnotiz steht eine Übersicht über Preise und Teuerungen. Näheres nicht ermittelt. Ob die Unterstreichungen auf dem Zeitungsausschnitt von Storm stammen, lässt sich nicht mehr feststellen. Fontane hat diesen Brief an Eggers weitergereicht (H: nicht überliefert), da Storm um eine Adresse für ein Übernachtungsquartier während seiner im September bevorstehenden Berlinreise gebeten hatte. Eggers gab Fontane Storms Schreiben mit seinem Brief vom 20. Juni 1853 zurück:* „Es erfolgt auch Dein Brief v. Storm zurück. Ich werd' ihm schreiben, daß er sein Haupt bei mir niederlegen und ungestört sein kann." *(H: SHLB Cb 60.51:144d,01; FEgg, Nr. 14, S. 103.) Vgl. auch Kugler an Storm, 26.8.1853, StKug, Nr. 3, S. 123 f. Zwei Tage später schickte Eggers dann seine Einladung an Storm; vgl. Eggers an Storm, 22.6.1853; H: SHLB Cb 50.56:37,01; unveröff.*

**Einschluss*

– „die Beilagen": *Storms Briefe an verschiedene Adressaten in Berlin; nicht ermittelt.*

Stellenkommentar

6 meines Briefes: *Storm an Fontane, 27.3.1853; vgl. Brief Nr. 6.*

8 Kladderadatsch: *Von David Kalisch 1848 gegründetes, bis 1944 erschienenes, über Berlin hinaus bekanntes Witzblatt, das auch Karikaturen zur Schleswig-Holstein-Frage veröffentlichte, auf die Storm hier vermutlich anspielt.*

9 Karrikatur <…> Poësie der Kaliban: *Kanibale; Kaliban: Figur in Shakespeares „Sturm"; gilt als der Prototyp der poetischen Karikatur.*

11 ad vocem: *(lat.): ‚zum Wort'; ‚zur Sache'.*

17 ein junger Mann <…> die Tochter nicht zur Frau geben würde: *Vgl. Storms Gedicht „Für meine Söhne", vierte Strophe:* „Wo zum Weib du nicht die Tochter / Wagen würdest zu begehren, / Halte dich zu werth, um gastlich / In dem Hause zu verkehren." *(Erstdruck in: „Deutsches Museum" 4 <1854>, 21.12.1854, S. 930; vgl. LL I, S. 833 f.)*

19 unserem Jahrbuch: *„Argo".*

22 Widmann <…> kathol. Mühle: *Adolf Widmanns Erzählung „Die katholische Mühle", die er in seinem Novellenband „Am warmen Ofen. Eine Weihnachtsgabe" (Berlin: Franz Duncker 1853) veröffentlichte. Widmanns Erzählung wurde nicht in die „Argo" aufgenommen; aufgrund von Storms Empfehlung (an Heyse, 23.3.1870) aber im „Deutschen Novellenschatz" erneut abgedruckt (Bd. 3. Hg. von Paul Heyse und*

Hermann Kurz. München: Oldenbourg <1871>). Widmann wird darin als ein Autor eingeführt, der durch Eichendorff geprägt sei, aber „zugleich aufs Deutlichste den Schritt bezeichne, den die neuere Poesie in das wirkliche Leben hinaus gethan“ *habe. Mit „Die katholische Mühle“ habe Widmann somit* „das Stoff= und Stimmungsgebiet der Romantik mit vollster Klarheit für den modernen Realismus erobert“ *(S. 163 f.). Noch zwanzig Jahre später zählte Storm „Die katholische Mühle“ zu den* „Perlen deutscher Novellistik“ *(an Ada Christen, 23.7.1871; Goldammer II, Nr. 182, S. 32). Für Storms Bibliothek ist der Band „Am warmen Ofen“ nachgewiesen und neu erworben (StA Husum, XII 338). – Fontane und Widmann waren „Tunnel“-Kollegen. In seinem Band „Christian Friedrich Scherenberg und das literarische Berlin von 1840 bis 1860“ (Berlin: Hertz 1885) ist Widmann das zehnte Kapitel gewidmet, das mit einem Lob auf seine Dichtungen endet:* „Sein Bestes indes sind unzweifelhaft seine bei Franz Duncker unter dem Titel ‚Am warmen Ofen‘ und ‚Für stille Abende‘ erschienenen Novellen, acht oder zehn an der Zahl. Einige derselben, so namentlich ‚Die katholische Mühle‘ in dem erstgenannten Bande, können als Musterstücke der Erzählungskunst gelten. Alles in allem eine reiche literarische Thätigkeit, auf die wenigstens flüchtig hier hinzuweisen um so gebotener erschien, als unsere Nachschlagebücher dieses hervorragenden und innerhalb der Freimaurerwelt epochemachenden Talentes nirgends Erwähnung thun“ *(S. 98).*

23 Müller <…> „Tannenschützen“: *Storm hatte sich vergeblich um einen Abdruck von Otto Müllers „Der Tannenschütz. Weihnachts-Novelle für 1851“ (Bremen: Schlodtmann 1852) bemüht. Auch bei Heyse gelang es ihm nicht, eine Publikation für den „Deutschen Novellenschatz“ zu erwirken (vgl. Storm an Heyse, 17.11.1873; 3.12.1873; 25.12.1873 und 27.11.1884). In Storms Bibliothek im StA Husum ist der Band nicht überliefert.*

24 Julius von der Traun: *Alexander Julius Schindler veröffentlichte sein poetisches Werk unter dem Pseudonym „Julius von der Traun“, so auch die von Storm genannten Bände: „Die Geschichte vom Scharfrichter Rosenfeld und seinem Pathen“ und „Die Rosenegger Romanzen“ (beide Wien: Gerold und Sohn 1852) sowie die „Südfrüchte“ (Leipzig: Grunow 1848). Für Storms Bibliothek werden „Die Rosenegger-Romanzen“ und weitere vier Bände Julius von der Trauns nachgewiesen (StA Husum XII 352; nachgekauftes Exemplar). Zur Beziehung zwischen Storm und Alexander Julius Schindler vgl. Walter Hettche (Hg.): Alexander Julius Schindler (Julius von der Traun). Briefe an Theodor Storm. In: STSG 46 (1997), S. 13–69. In seinem „Hausbuch aus deutschen Dichtern seit Claudius“ nahm Storm insgesamt sechs Gedichte Trauns auf: „Jägermeister Hackelberg“ (in der ersten bis vierten Aufl.), „Der Thurmwächter“ (in der ersten, zweiten und vierten Aufl.), „Liebesqual“ (nur in der ersten Aufl.), „Schmerz“ (nur in der dritten Aufl.), „Johann von Mansee“ und „Der Jäger zu Losensteinleiten“ (beide nur in der vierten Aufl.).*

28 Lyrisches <...> binnen 4 Wochen: *Vgl. zum weiteren Verlauf der „Argo"-Vorbereitungen Brief Nr. 11, Anm. 2 „Meinem Versprechen gemäß".*

29 der junge Brautfahrer: *Otto Roquette lieferte nichts für die „Argo".*

34 Geiger <...> Stifters Studien <...> Berliner Jahrbuch ohne Bild: *Adalbert Stifters „Studien" (6 Bände; zweite Aufl. Pesth: Heckenast 1847) wurden mit sechs Stahlstichen von Joseph Axmann nach Zeichnungen des beliebten Wiener Malers Johann Nepomuk Geiger geschmückt („Der Haideknabe", „Clarissa und Johanna", „Der Urgroßvater", „Abdias", „Der Hagestolz" und „Der beschriebene Tännling"). Im StA Husum werden die Bände aus Storms Bibliothek aufbewahrt (Tsp 148–153). – Zur Frage nach den Abbildungen im ersten Band der „Argo" vgl. Brief Nr. 13, Anm. 100 „doch noch vielleicht ein Argo-Bild <...> Menzel".*

37 Heyse <...> Natur ist nichts: *Vgl. Fontane an Storm, 2., 9. und 25. Mai 1853; Brief Nr. 9, und Anm. 89 „Heyse <...> Sorrent. Neapel <...> Rom".*

39 Sie haben <...> richtig empfunden: *Vgl. Brief Nr. 9, S. 15 f.*

42 mit einer längeren Kritik: *Fontanes Aufsatz über Storm, der am 17. Juni 1853 in der „Preußischen (Adler-) Zeitung" veröffentlicht wurde.*

43 betreffende Nummer unter Kreuzcouvert: *Zeitungen, Journale und andere Drucksachen sowie Empfehlungsschreiben wurden auch im 19. Jahrhundert zu einem ermäßigten Porto als Kreuzcouvert verschickt; vgl. „Post-Handbuch", S. 401. Fontane hatte seinen veröffentlichten Beitrag „Theodor Storm" vermutlich am 4. Juli 1853 Eggers zukommen lassen und um eine Weitergabe an Storm gebeten. Er befürchtete offensichtlich, dass Storm mit einigen Formulierungen nicht einverstanden sei, denn er forderte Eggers auf, die Arbeit* „so weit zu vertheidigen", *wie es sich mit seinen eigenen Anschauungen vertragen würde (H: SBB-PK – Nachlass Fontane, St 62,12; Leihgabe im TFA; FEgg, Nr. 18, S. 109). Inzwischen hatte Storm Fontanes Aufsatz von seinem Verleger Alexander Duncker am 23. Juni 1853 erhalten (vgl. StBr, 18./23.6.1853, Nr. 27, S. 92, und StEgg, 3.7.1853, S. 24 f.). Gegenüber Brinkmann, der am 7. Januar 1853 eine ausführliche Besprechung über Storms „Gedichte" in der „Staats- und gelehrten Zeitung des Hamburgischen unparteiischen Correspondenten" veröffentlicht hatte, äußerte sich Storm am 23. Juni 1853:* „Sie *<PAZ; Anm. G.R.>* enthält einen sehr ausführlichen Aufsatz ‚Theodor Storm', der sich dem Deinigen in warmer freudiger Anerkennung zugesellt. Meinen erotischen Sachen wird unter den neuen Poeten der erste Rang, ohne Rivalität, über Uhland und Wilh. Müller zugesprochen; und das sans phrase und die feine Form, zu der das Sonetten- und Odenbauen nur eine Vorschule sei, besonders hervorgehoben. In der Literatur wird mir der Platz zwischen Mörike u. Heine angewiesen, womit ich denn in Alle Wege zufrieden sein kann" *(H: SHLB Cb 50.51:06,25; StBr, Nr. 27, S. 92 f.).*

44 meinen Kieler Verleger: *Julius Ernst Homann, seit 1852 Inhaber der Schwers'schen Buchhandlung in Kiel und Verleger von Storms erster Ausgabe der „Gedichte"*

(1852). Die Ausgabe verkaufte sich nur schleppend; vgl. Brief Nr. 14, Anm. 51 „Gedichte <…> Verlegers, nicht besonders gegangen".

50 nah bevorstehender Heimathlosigkeit: *Vgl. Einführung, S. XXVI f.*

56 Tanne <…> Akazie <…> Wallnußbaum <…> vor 8 Jahren selbst gepflanzt: *Über die Gestaltung seines Gartens berichtete Storm seiner Verlobten Constanze Esmarch im November und Dezember 1844; vgl. StCEs II, Nr. 99 f. und 102.*

58 am 8 oder 9 Julÿ <…> Berlin: *Die Reise sollte sich noch verzögern, Storm traf erst am 5. September 1853 in Berlin ein; vgl. Brief Nr. 11, Anm. 35 „im August dorthin", und Einführung, S. XXII.*

60 Sie oder Eggers <…> hotel oder chambre garni: *Nachdem sich Eggers (am 22. Juni 1853; vgl. H: SHLB Cb 50.56:37,01), Fontane (vgl. Brief Nr. 13) und Kugler angeboten hatten, Storm während seines Berlin-Aufenthalts zu beherbergen, logierte Storm schließlich, u.a. aus Platzgründen, bei Kugler; vgl. Brief Nr. 15, Anm. 10 „Kugler <…> an Sie geschrieben".*

64 die Beilagen: *Storms Einschlussbriefe an verschiedene Empfänger in Berlin sind nicht ermittelt.*

69 Scharfrichter <…> Anfang <…> „Construirtes": *Vermutlich meint Storm die aufdringlichen Hinweise des Erzählers auf die nichteheliche Schwangerschaft der Antje Lassen und die unmotivierte Einführung des Scharfrichters, der zunächst Taufpate wird, später aber gezwungen ist, sein eigenes Patenkind hinzurichten. Dass Fontane Trauns „Die Geschichte vom Scharfrichter Rosenfeld und seinem Pathen" gelesen hat, ist eher unwahrscheinlich, denn er erwähnt den Titel weder in seinen Briefen noch in den Tagebüchern.*

72 Herrn <…> Berlin.: *Damit es nicht zu Verwechslungen mit den Einschlussbriefen kommen konnte, wurde der Brief an Fontane mit dem Namen des Briefempfängers versehen.*

75 Schicksal des Ihrigen: *Fontane hat seinen letzten Brief an Storm binnen drei Wochen, zwischen dem 2. und 25. Mai 1853, geschrieben.*

75 ein dritter Junge: *Karl, Theodor und Constanze Storms dritter Sohn, wurde am 7. Juni 1853 geboren.*

77 Abfassung des Kuglerschen Briefes: *Vermutlich wollte Storm Kuglers Brief vom 18./19. Mai 1853 beantworten (vgl. StKug, Nr. 1, S. 120–122) und seine bevorstehende Berlin-Reise ankündigen; nicht überliefert.*

1 Lloyd: *Offensichtlich legte Storm diese kleine Besprechung des „Illustrirten Familienbuchs zur Unterhaltung und Belehrung häuslicher Kreise" (hg. vom Österreichischen Lloyd) seinem Brief an Fontane bei, weil die Zeitschrift, ebenso wie es die „Argo" beabsichtigte, unterschiedliche Textsorten und Werke verschiedener Gattungen veröffentlichte – Reiseskizzen und -berichte, Gedichte, Novellen, Aufsätze zur Kunst und Literatur, Geschichtliches und Biographisches sowie Informationen über den*

Handel, den Haushalt und das Gewerbe. Außerdem gefielen dem Rezensenten gerade auch die Stahlstiche, die die Texte schmückten, was Storm vermutlich dazu bewog, indirekt auf die Bedeutung von Illustrationen für literarische Texte aufmerksam zu machen, die er in der Konzeption für die „Argo" noch vermisst hatte; vgl. Brief Nr. 13, Anm. 100 „doch noch vielleicht ein Argo-Bild <...> Menzel".

5 die Blinde: *Die Bedeutung von Hermann Bethkes Gemälde „Die arme Blinde" wird zusätzlich noch durch einen kleinen Text hervorgehoben, durch den sich der Rezensent für seine Formulierung inspirieren ließ: „*Ein altes, blindes Mütterchen, in der einen Hand einen Stab, in der andern den Rosenkranz, kehrt eben heim aus der einsamen Dorfkapelle, wo es sein Herz vor Gott im Gebete erleichterte. Als Führer dient ihm eine schöne, blühende Enkelin, welche mit ihren großen, klaren Augensternen betrübt zu der alten Frau emporschaut und den linken Arm derselben ängstlich umfaßt hat, um sie sicher zu geleiten. Der Contrast zwischen der Hinfälligkeit des Alters und der knospenden Blüte der Jugend, und wie Letztere dem Ersteren als Stütze dient, ist reizend wiedergegeben und in eine gemüthvolle Beziehung zu einander gebracht*" (nach S. 160).*

8 Joseph Meßner's „Waldgeschichte": *Josef Meßner: „Eine Waldgeschichte" (S. 129–136).*

11 Amely Bölte: *Amely Bölte: „Die alte Jungfer" (S. 136–140).*

13 Bodenstedt's „Morgenländisches Minnelied": *Friedrich Bodenstedt: „Morgenländisches Minnelied" (S. 141).*

14 G. E. Guhrauer's „Eroberung von Konstantinopel vor 400 Jahren"*: Gottschalk Eduard Guhrauer: „Die Eroberung von Constantinopel vor vierhundert Jahren" (S. 141–148).*

15 das nächste Heft <...> Hofrath Ludwig Schneider: *Heft 6 des „Illustrirten Familienbuchs" brachte in der Rubrik „Geschichtliches und Biographisches" Louis Schneiders „Gaetano de Ruggieri".*

(Zu 11) Storm an Fontane, Husum, Montag, 25. und Mittwoch, 27. Juli 1853 – Abdruck nach H

Überlieferung

H: *SHLB (Cb 50.51:15,05)*

h: *masch. Abschr. TFA (Ca 678)*

E: *Fontane, S. 186 f. (TD) mit einem Fehler: Zeile 145:* „den Drucker" *statt* „Duncker"

D: *Goldammer I, S. 201–204 (Nr. 51); Steiner, S. 38–40 (Nr. 9)*

Handschrift
1 Doppelblatt (22,4 x 13,9 cm), S. 1–4 beschriftet; blaues Papier.

Beilage
Die Beilage, Storms eigenhändige Abschrift seines Gedichts „24 December 1852“ (bekannt unter dem Titel „Am 24. Dezember 1852“), wurde erstmals 1856 in der zweiten Aufl. der „Gedichte“ unter dem Titel „Weihnachtabend“ veröffentlicht. Das Gedicht wird hier erstmals in dieser Fassung und als Briefbeilage abgedruckt. Das Blatt befindet sich in der SHLB Kiel (Cb 50.24:06,03; 22,4 x 13,9 cm; bei LL I, S. 830 H^3). Die materiale Beschaffenheit der Brief- und Beilagenblätter belegt die Vermutung in LL (I, S. 830), dass das Beilagenblatt, das heute getrennt vom Briefblatt aufbewahrt wird, ursprünglich zusammen mit dem Briefblatt an Fontane geschickt wurde. So stimmen die Faltung (einmal), das Schreibmaterial (schwarze Tinte), die Papiergröße (22,4 x 13,9 cm) und -farbe (blau) überein. Das Gedicht enthält autobiographische Anklänge und war entstanden, als Storm seine Bestallung als Advokat aus politischen Gründen verloren hatte und 1852/53 getrennt von seiner Familie in Berlin weilte, um eine Anstellung im preußischen Justizdienst zu erwirken. Zur Entstehung vgl. LL I, S. 829–831.

Stellenkommentar

2 Meinem Versprechen gemäß: *Wie Fontane (vgl. Brief Nr. 5, 19.3.1853) hatte auch Kugler bei Storm um* „recht lyrische Gedichte“ *für die „Argo“ angefragt; vgl. Kugler an Storm, 30.6.1853 (StKug, Nr. 2, S. 122). Am 3. Juli 1853 teilte Storm dann Eggers Kuglers Bittschreiben mit und kündigte auch diesem an, daß er* „noch etwas werde liefern könne<*n*>“, *wenn ihm* „die Redaction <...> bis Ausgang diese Monates 2 bis 3 Seiten offen“ *hielte (H: SHLB Cb 60.56:513,04; StEgg, Nr. 4, S. 25). Am 22. Juli 1853 wandte sich dann Fontane an Eggers mit der Bitte, doch Grüße an Storm auszurichten und ihm* „ein Einsenden oder Mitbringen seiner lyrischen Beiträge fürs Jahrbuch dringend an's Herz“ *zu legen (H: SBB-PK – Nachlass Fontane, St 62,13; Leihgabe im TFA; FEgg, Nr. 20, S. 116). Storm brachte dann im September 1853 weitere fünf Gedichte für die „Argo“ (1854) mit. So berichtete Kugler seiner Frau Clara am 9. September 1853 von einem kleinen, am Tage zuvor veranstalteten Diner, bei dem auch über* „ein plattdeutsches Gedicht <*Gode Nacht; Anm. G.R.*>, das Storm auch noch für die Argo beigesteuert hat,“ *gesprochen wurde; vgl. BSB – Heyse-Archiv Ana 549, Nr. 120; unveröff. Möglicherweise entstanden weitere „Argo“-Gedichte ebenfalls erst bei Storms zweitem Berlin-Aufenthalt. Vgl. Briefe Nr. 2, Nr. 5, Anm. 6 „belletristischen Unternehmen <...> verschiedener Aufsätze <...> Mitte Juni“, Nr. 12 und Nr. 18, Anm. 50 „Ihren beiden ersten Argo-Gedichten“, sowie Einführung, S. XXIII.*

2 Anlage <...> Verse für die Argo: *Storms autobiographisch motiviertes Gedicht „24 December 1852“; vgl. Brief Nr. 13, Anm. 45 „jüngst eingesandtes Gedicht“.*

4 den etwas argen Hiatus: *Hiatus: Zusammentreffen zweier Vokale im Auslaut des einen und Anlaut des folgenden Wortes; Storm veränderte den Hiatus* „die ich“ *nicht mehr.*

8 meinen zweiten Jungen: *Ernst Storm.*

8 Göthe <…> Ungeheuer: *Anspielung auf Goethes Ausspruch* „Die siebenfüßige Bestie möge als Wahrzeichen stehen bleiben!“, *der in Friedrich Wilhelm Riemers „Mitteilungen über Goethe“ (1841) überliefert ist (Kap. „Hermann und Dorothea“). Der Spruch bezieht sich auf einen* „prosodischen Fehler“ *in Goethes „Hermann und Dorothea“* („Ungerecht bleiben die Männer, und die Zeiten der Liebe vergehen“*: „Terpsichore“, Vers 186), worauf das „Morgenblatt von 1808, Nr. 123“ aufmerksam gemacht hatte und empfahl, den Vers zu ändern. Auch Heinrich Voß, der Sohn von Johann Heinrich Voß, war diese Unstimmigkeit aufgefallen, und Goethe soll ihm erwidert haben:* „Die siebenfüßige Bestie möge als Wahrzeichen stehen bleiben!“ *Vgl. auch Goldammer I, Nr. 51, Anm. 2, S. 602.*

9 Ihren Mitredactoren: *Kugler und Eggers.*

14 nicht erlaubt, meine Probezeit anzutreten: *Storms Bewerbung um eine Stelle im preußischen Justizdienst gestaltete sich mühsam. Sein Anstellungsgesuch reichte Storm Ende Dezember 1852 auf Umwegen beim preußischen Justizminister Ludwig Simons ein. Eine erste Zwischenmeldung erhielt er erst Wochen später Anfang März 1853, in der Simons nachfragte, ob Storm mit einer Art verkürzter Referendariatszeit über sechs Monate einverstanden sei, in der er bei einem Gericht oder einer Kommission die erforderlichen Kenntnisse für den Justizbeamtendienst erwerben sollte. Nach Storms Einverständnis (vgl. Brief Nr. 4) dauerte es weitere vier Monate, bis Simons Storm dann am 3. Juli 1853 mitteilte, dass eine Beschäftigung noch nicht möglich sei und dass Storm erst wieder Nachricht erhalte, wenn eine Anstellung in Aussicht stünde. Diese Nachricht bedeutete für Storm eine erneute ungewisse Zeit des Wartens (vgl. Briefe Nr. 12 und 14); vgl. StEgg, 3.7.1853, Nr. 4, S. 22. Nach einem Vorstellungsgespräch am 17. September 1853 und nachdem Simons eine Empfehlung beim König Friedrich Wilhelm IV. ausgesprochen hatte, traf dann endlich am 14. Oktober 1853 aufgrund der Kgl. Kabinettsordre Storms Ernennung zum preußischen Gerichtsassessor ein; vgl. Brief Nr. 20, Anm. „Illaire“; und Mückenberger, S. 79–86.*

15 Königs: *Friedrich Wilhelms IV.*

16 Kabinettssekretair: *Markus Niebuhr.*

18 Jahrestag der Idsteter Schlacht: *Entscheidungsschlacht, in der der Zusammenbruch der schleswig-holsteinischen Erhebung militärisch besiegelt wurde. Denn am 24. und 25. Juli 1850 besiegten die dänischen Truppen unter General Gerhard Christopher von Krogh (1785–1860) die Schleswig-Holsteinische Armee unter General Willisen in Idstedt (nördlich von Schleswig).*

19 „tapfern Landsoldaten“ <...> unserer Historischen Unglückstage <...> Gefühl zum Ersticken: *Dieser Brief belegt einmal mehr die „von Storm mit Abscheu verfolgten Bestrebungen der dänischen Nationalliberalen“, die sogenannten Eiderdänen, „Schleswig von Holstein zu trennen und in den erstrebten dänischen Nationalstaat zu integrieren“. Storms zynische Beschreibung des von Militär und Polizei begangenen Festtags, der durch das Lied „Den tapre Landsoldat“ musikalisch begleitet wird, offenbart seine große Empörung. Die Regimentsmusik musste er als eine politische Demonstration empfinden, war doch das in Dänemark sehr populäre Lied gleich zu Beginn der schleswig-holsteinischen Erhebung im April 1848 entstanden. Es galt seitdem als Symbol für den dänischen Patriotismus (Text von Peter Faber, Melodie von Emil Hornemann). Das Lied thematisiert den Abschied eines einfachen, gegen die schleswig-holsteinischen Rebellen ziehenden Freiwilligen, und die letzten Verse lauten in deutscher Übersetzung etwa so:* „Der Deutsche unsre Flagge / mit Füßen treten tut, / dafür ist unsre Flagge zu alt / und auch zu gut. / Drum zieh ich in den Kampf / als tapferer Soldat, / Hurra, hurra, hurra!“ *Vgl. den Text in: Vor hundert Jahren. Dänemark und Deutschland 1864–1900. Gegner und Nachbarn. Kopenhagen u.a. 1981/82, S. 33. Storm konnte sich gegenüber Fontane so äußern und auf dessen Verständnis hoffen, da Fontane ein Anhänger der schleswig-holsteinischen Erhebung war, über die Vorgänge der Schlacht erschüttert und kurz nach der Schlacht bei Idstedt am 28. Juli 1850 zum Kriegsschauplatz aufgebrochen war; vgl. Fontanes Brief an Lepel aus Hamburg, 28. Juli 1850, und Lepels Antwort vom 5. August 1853 (FLep I, Nr. 134, S. 214 f., und Nr. 137, S. 217). Noch in seinem Roman „Unwiederbringlich“ lässt Fontane das Lied „Den tapre Landsoldat“ bei einem Festmahl in der Nähe von Kopenhagen intonieren; vgl. Lohmeier, S. 43 f.*

34 Sie sind krank, nicht in Berlin: *Storm hat durch Kugler erfahren, dass Fontane beabsichtigte, sich bei seinem Freund Hermann Scherz in Kränzlin einer Molkekur zu unterziehen und erst Ende Juli 1853 wieder nach Berlin zurückkommen wollte; vgl. Storm an Eggers, 3.7.1853 (StEgg, Nr. 4, S. 24).*

35 im August dorthin: *Storm hat Eggers bereits am 3. Juli 1853 von der Verschiebung seiner Reise nach Berlin mitgeteilt, da sich die Aussichten auf eine Stelle im preußischen Justizdienst verzögerten; vgl. StEgg, Nr. 4, S. 22. Fontane erfuhr dann durch Eggers davon, der Storms Brief als Einlage zu seinem Brief an Fontane vom 18. Juli 1853 weitergab; vgl. FEgg, Nr. 19, S. 113. Fontane wusste also schon von Storms nach wie vor unveränderter Situation der Ungewissheit, bevor er Storms Brief erhielt. – In seinem Antwortschreiben an Eggers bat Fontane aus Kränzlin am 22. Juli 1853 den Freund dann, Storm mitzuteilen, dass er ihn mit einem* „große*<n>* Vergnügen“ *beherbergen wolle (H: SBB-PK – Nachlass Fontane, St 62,13, Leihgabe im TFA; FEgg, Nr. 20, S. 116). Eggers' Brief an Storm ist nicht überliefert. Storm logierte aber bei Kugler; vgl. Brief Nr. 15, Anm. 10 „Kugler <...> an Sie geschrieben“.*

35 Der Artikel in der Preuß. Zeitung: *Fontanes „Theodor Storm"; vgl. Brief Nr. 9, Anm. 115 „längre Kritik über Theodor Storm", und Nr. 10, Anm. 43 „betreffende Nummer unter Kreuzcouvert", sowie den Abdr. auf S. 156–163.*

36 durch Dunker zugegangen: *Vgl. auch Storms Brief an Eggers, 3.7.1853; StEgg, Nr. 4, S. 24. Dunckers Brief an Storm ist nicht überliefert.*

38 Mörike <…> Sommergeschichten <…> Hutzelmännleins <…> Katzen: *Am 20. November 1850 hatte Storm ein druckfrisches Exemplar seiner „Sommer-Geschichten und Lieder" (Berlin: Alexander Duncker 1851) Mörike zukommen lassen und den Briefwechsel mit dem älteren Dichterkollegen eröffnet; vgl. StMör, Nr. 1, S. 25 f. Dieses Exemplar ist in Mörikes Bibliothek überliefert (DLA; ohne Widmung Storms). Mit seinem ersten Brief an Storm bedankte sich Mörike am 26. Mai 1853 für die Sendung und legte den frisch gedruckten Band „Das Stuttgarter Hutzelmännlein. Märchen" (Stuttgart: Schweizerbart 1853) dazu; im StA Husum ist dieses Exemplar nicht mehr überliefert. Vgl. StMör, Nr. 2, S. 27. In dem Schreiben lobte Mörike Storms „Sommer-Geschichten" und erfreute sich besonders an dem Gedicht „Von Katzen". – Beim Abfassen des Briefs an Fontane lag Storm offensichtlich Mörikes Brief vor, den er erst zwei Tage nach dem Erscheinen von Fontanes Artikel „Theodor Storm" am 17. Juni 1853 erhalten hatte, denn er paraphrasierte den Wortlaut Mörikes:* „Das von den Katzen wußte ich bald auswendig und habe Manchen schon damit ergötzt. Von Wem ist das? frug ich unlängst einen Freund. Nu, sagte er lächelnd, als wenn es sich von selbst verstünde – von dir!" *(H: SHLB Cb 50.56:146,01; StMör, Nr. 2, S. 27). Storm berichtete auch Brinkmann in ähnlicher Weise über Mörikes Begeisterung (vgl. H: SHLB Cb 50.51:06,26; StBr, Nr. 28, 30.7.1853, S. 94). Zu Fontanes Bemerkung über Mörike vgl. den Abdr. auf S. 159, zu Storms Vorliebe für Katzen vgl. Ludwig Pietsch: „Wie ich Schriftsteller geworden bin", Bd. 1 (Berlin: Friedrich Fontane 1893). – In seinem Essay „Theodor Storm" erwähnt Fontane auch Storms Gedicht „Von Katzen"; vgl. den Abdr. auf S. 159. – Am 24. Dezember 1853 erschien Fontanes anonym veröffentlichte Besprechung „Möricke. Ed., Das Stuttgarter Hutzelmännlein. Märchen Stuttgart 1853" im „Literarischen Centralblatt für Deutschland", Nr. 52, Sp. 855 f., die möglicherweise auf Storms Anregung entstand.*

46 sans Comparaison: *(frz.): ‚ohne Vergleichung'; ‚ohne zu vergleichen'.*

46 zwischen M. u. Heine: *Gegenüber Eggers distanzierte sich Storm am 3. Juli 1853 aber etwas deutlicher von Fontanes Einordnung:* „Ich glaube, daß ich das dort über mein Talent und dessen Anwendung Gesagte im Allgemeinen wohl acceptiren kann, namentlich den Inhalt des letzten Resumées. Seit der Periode des ersten Buchs der Gedichte habe ich fest darauf gehalten, nichts zu schreiben, was ich nicht mit meiner Persönlichkeit vertreten könnte, was nicht im Verhältniß zu mir aus einer gewissen Nothwendigkeit entsprungen wäre. <…> F. erweist mir zu viel Ehre, wenn er mich so nah an Mörike stellt; denn M. ist in einer Beziehung selbst von den größten Poëten,

Göthe nicht ausgenommen, ganz unerreicht; keiner hat so wie er neben der Tiefe des Gedankens auch die Tiefe des Ausdrucks und einen so wunderbar nothwendigen Zusammenhang zwischen beiden; übrigens ist bei M. nicht außer Acht zu lassen, was bis jetzt von der Kritik noch stets geschehen, daß er zuerst der Idylle (Situation) einen wirklich poëtischen Gehalt gegeben. Wie sehr F. es übrigens gleichwohl mit dem Vergleiche meiner Sachen mit denen M.'s getroffen, will ich Ihnen demnächst aus einem Briefe M. 's auf wirklich merkwürdige Weise documentieren." *(H: SHLB Cb 50.56:513,04; StEgg, Nr. 4, S. 24 f.) Vgl. auch Brief Nr. 71, Anm. 158 „Schleswig-Holsteiner den norddeutschen Mörike".*

51 Kompert <...> „Aus dem Ghetto": *Leopold Kompert: „Aus dem Ghetto. Geschichten" (Leipzig: Grunow 1848); in Storms Bibliothek im StA Husum nicht überliefert.*

52 Steub <...> Gutzkows Unterhaltungen: *Ludwig Steubs Reisebeschreibung „Drei Sommer in Tirol" (München: Cotta 1846); in Storms Bibliothek im StA Husum nicht überliefert. Wegen seiner beliebten Schilderungen von Land und Leuten gilt Steub als der literarische „Entdecker" von Tirol. Seine autobiographische Erzählung „Kindesträume" erschien im Dezember 1853 in Gutzkows „Unterhaltungen am häuslichen Herd" (Bd. 1, Nr. 12, S. 179–184). Steub dachte offenbar daran, die Erzählung zu einem Roman zu erweitern, wie es der Herausgeber Gutzkow in einer Anmerkung andeutet:* „Vielleicht erfahren wir in Zukunft von den fernern Schicksalen des lieben phantastischen Knaben mehr" *(S. 184). Im selben Jahr wurde die Novellette in Ludwig Steubs „Novellen und Schilderungen" (Stuttgart: Scheitlin 1853) unter dem Titel „Der Helden Jugend" aufgenommen; 1858 erschien Steubs dreiteiliger Roman „Deutsche Träume" (Braunschweig: Vieweg und Sohn), in dem die „Kindesträume" als Kapitel „*I*" in leicht veränderter Form integriert wurden.*

59 Ihr großes Engl. Balladenbuch: *Vgl. Brief Nr. 5, Anm. 65 „umfangreiches Buch".*

64 Freund Eggers gebeten <...> einen Druckbogen meines grünen Blattes: *Am 3. Juli 1853 hat Storm an Eggers geschrieben:* „Vielleicht ist es Zeit, schon jetzt an die Redaction der ‚Argo' eine kleine Bitte zu richten. Ich möchte gern den Bogen, worauf mein ‚grünes Blatt' stehen wird haben, um es einem Freunde *<Mörike; Anm. G.R.>* einzuschicken, sobald der Druck so weit fortgeschritten ist. Können Sie mir das auswirken? – Doch soll es Ihnen keine Mühe machen." *(H: SHLB Cb 60.56:513,04; StEgg, Nr. 4, S. 25.)*

65 Mörike schicken: *Am 12. Juli 1853 hatte Storm Mörike bereits die Lieferung des Aushängebogens* „einer ganz hagelneuen Sommergeschichte ‚Ein grünes Blatt'" *angekündigt; vgl. DLA A: Mörike; StMör, Nr. 3, S. 31. Es wurde aber nichts daraus, und erst acht Monate später ließ Storm durch seinen Verleger Alexander Duncker ein Exemplar der „Argo" zusammen mit seinem Brief vom 1. März 1854 an Mörike gelangen (vgl. StMör, Nr. 4, S. 34, und Mörikes Antwort, StMör, April 1854, Nr. 5, S. 35–37). Vgl. auch Brief Nr. 17, Anm. 11 „Bogen meiner Novelle".*

74 Herrn Theodor Fontane: *Der Adressatenzusatz ist ein Hinweis darauf, dass Storm seinem Brief an Fontane noch eine Beilage für die Redaktion der „Argo“, das Gedicht „24 December 1852“, mitgeschickt hat.*

(Zu 12) Storm an Fontane, Husum, Dienstag, 9. August 1853 – Abdruck nach H

Überlieferung

H: SHLB (Cb 50.51:15,06: Brief) und (Cb 50.24:06,04: Gedicht „Abschied“)
h: masch. Abschr. TFA (Ca 679)
E: Goldammer I, S. 204 f. (Nr. 52)
D: Steiner, S. 40 f. (Nr. 10)
Z: Gertrud Storm I, S. 218

Handschrift

Ursprünglich 1 Doppelblatt (28,2 x 23,2 cm), S. 1–4 beschriftet (S. 1–2 Brieftext; S. 3–4 Gedicht); blaues Papier, schwarze Tinte. Briefbogen vom Verlag des Lithographischen Instituts von D. M. Kanning, Hamburg. Auf S. 1 ist eine farbige Ansicht von Husum abgebildet. Das Doppelblatt wurde getrennt, und Storms Brief an Fontane gelangte nach dem Austausch der Briefe zu Gertrud Storm. Die Seite mit dem Gedicht „Abschied“ blieb zunächst bei Fontanes Erben, wurde dann zusammen mit den anderen Storm-Gedichten „Trost“, „Aus der Marsch“ und „24 December 1852“ verkauft. Die SHLB erwarb die Blätter 1935 (Zugangsnummer 23–25/1935) ebenso wie die Seite 1 und 2 des Briefs an Storm. Heute wird das Doppelblatt getrennt aufbewahrt, wobei der Brief (S. 1, 2) im Konvolut der Briefe Storms an Fontane, die Abschrift des Gedichts „Abschied“ (S. 3, 4) mit Fontanes Ergänzung der dritten Strophe im Konvolut von Storms Gedichten liegt (vgl. LL I, S. 831 f, als H^2 festgelegt). Schneide- und Faltspuren zeigen, dass die beiden Blattteile ursprünglich einmal zwei Teile eines doppelten Briefblatts gewesen sind. Sie werden hier durch die Abb. Nr. 5 und 6 wieder zusammengefügt.

Stellenkommentar

2 ein wirklich lÿrisches Gedicht: *Theodor Storms autobiographisches Gedicht „Abschied“ (SHLB Cb 50.24:06). Zur Entstehung vgl. LL I, S. 831–833, zur Interpretation Löding, S. 95–98. Vgl. Abb. Nr. 6.*

3 goldnen Vließ <…> Druck: *Zur Gründung der „Argo“ vgl. Brief Nr. 5, Anm. 6 „belletristischen Unternehmen <…> verschiedener Aufsätze <…> Mitte Juni“. Mit dem Druck wurde erst nach Storms Berlin-Besuch im Oktober/November 1853 begonnen; vgl. Brief Nr. 13, Anm. 105 „zugesagten Aushängebogen“.*

7 neulich <...> eingesandte Gedicht: *Das Gedicht „24 December 1852", das Storm als Beilage zu seinem Brief vom 25./27. Juli 1853 Fontane hat zukommen lassen; vgl. Brief Nr. 11.*

10 sehr sichertreffenden Freunde: *Vermutlich Markus Niebuhr.*

16 des nebenstehenden Gedichts: *Storm hat die Abschrift des Gedichts „Abschied" auf S. 3 und 4 des ursprünglichen Doppelblatts geschrieben; vgl. Abb. Nr. 6.*

17 notitiae causa: *(lat.): ‚zu Ihrer Kenntnis'.*

17 nach der zweiten Strophe: *In Storms Abschrift des Gedichts „Abschied" fehlt diese Strophe, die Storm in seinem Brief mitgeteilt hat. Nachdem Storm und Fontane über das Gedicht diskutiert hatten (vgl. Briefe Nr. 13 f.), ergänzte Fontane Storms „Abschied" um die nachgereichte Strophe auf einem hellgelben Papierschnipsel (Rückseite vakat). Fontanes Abschrift unterscheidet sich nur geringfügig von Storms Niederschrift in seinem Brief: Fontane schrieb* „Mag" *statt* „Mag," *und beendete die vierte Zeile nicht mit einem Ausrufezeichen, sondern mit einem Punkt:* „Mag wer da will, daß er sich selbst betrüge, / Nachrechnen, wo auch wir etwa gefehlt; / Nennt nur das Leben eures Volkes Lüge, / Und die Begeistrung die euch einst beseelt." *Am rechten Seitenrand des Beilagenblatts hat Fontane notiert:* „diese Strophe ist als dritte einzuschalten!". *In der „Argo" wurde die eingefügte Strophe nach Storms Vorgabe als dritte Strophe veröffentlicht; der Abdruck unterscheidet sich lediglich von Storms Abschrift durch ein eingefügtes Komma nach* „Begeistrung," *im vierten Vers. Storms Änderungswunsch des zweiten Verses,* „Mag, wer da will, daß er sich selbst betrüge, / Nachrechnen sorgsam, was auch wir gefehlt!", *den er Fontane in seinem Brief vom 21./22. August 1853 (Nr. 14) noch mitgeteilt hatte, blieb unberücksichtigt.*

26 Mich und meine Angelegenheiten <...> warte: *Zu Storms Anstellungsgesuch vgl. Brief Nr. 11, Anm. 14 „nicht erlaubt, meine Probezeit anzutreten", und die Einführung, S. XXII.*

30 Die kleine Ansicht von Husum: *Vgl. Abb. Nr. 5.*

37 Herrn Theodor Fontane: *Der Adressatenzusatz ist entweder ein Hinweis auf einen Einschlussbrief oder eine Möglichkeit, den persönlichen, an Fontane gerichteten Brief und das Gedicht „Abschied" für den „Rütli" voneinander zu unterscheiden.*

(Zu 13) Fontane an Storm, Berlin, Samstag, 13. und Sonntag, 14. August 1853. Antwortbrief auf Nr. 12 – Abdruck nach h (TFA)

Überlieferung

HBV: 53/32

H: Gertrud Storm (bis 1909), Friedrich Fontane (bis 1934/35), Meyer und Ernst 1933 (Nr. 35, Konvolut-Nr. 598), Stargardt 1933/34 (Nr. 344, Konvolut-

Nr. 406; Nr. 345, Konvolut-Nr. 34, und Nr. 353, Konvolut-Nr. 80) und zuletzt vermutlich Kehler, dessen Autographensammlung im Zweiten Weltkrieg „vernichtet" wurde (vgl. HFA IV/5,II, S. 103)

h: *masch. Abschr. TFA (Ca 46) und SHLB (Cb 50.56:51,06)*

E: *Pniower, S. 1471 f. (TD); Pniower/Schlenther I, S. 77–82*

D: *Gülzow, S. 72–78 (Nr. 5); Erler I, S. 127–131; HFA IV/1, S. 355–359 (Nr. 166); Steiner, S. 42–45 (Nr. 11)*

Abschrift

h (TFA) beschädigt (Blatt eingerissen).

Stellenkommentar

3 Ihres schönen Gedichts: *Storms „Abschied"; vgl. Brief Nr. 12.*

4 meinem Jungen: *George Fontane.*

5 ich wohne <…> 3 Treppen hoch: *Die höher gelegenen Wohnungen waren preiswerter und unkomfortabler als die niedrigeren, hatten aber anscheinend doch zumindest einen Vorteil: die bessere Luft. Vgl. Fontanes später entstandenen Erzählentwurf „Die Drei-Treppen-hoch Leute" (um 1890; HFA I/7, S. 489 f.), in dem über den Zusammenhang zwischen Gesellschaftsschicht und Wohnverhältnissen reflektiert wird:* „Aber je höhere Treppen man steigt, desto mehr kommt man auf der Rangleiter nach unten."

7 Zeit der fabricierten Poesie: *Vgl. Brief Nr. 4, Anm. 21 „ich wenig und langsam Producirender", und seine Bemerkung über den* „faule<n> Fleck" *der* „Ueberproduktion" *in seinem Essay „Theodor Storm", Teilabdr. auf S. 158. Vielleicht ist hier auch Emanuel Geibel gemeint, dessen Gedichte in zahlreichen Auflagen erschienen waren. Auch gegenüber anderen kritisierte Fontane die poetische Vielschreiberei und hob dabei immer Storms herausragende dichterische Qualität hervor. Vgl. Fontane: „Der Tunnel über der Spree. Viertes Capitel. Theodor Storm", Abdr. auf S. 192. Noch Jahre später äußerte sich Fontane gegenüber seiner Frau sehr kritisch über die* „genialen Massenproducenten <…>, denen etwas Kommissiges" *anhafte:* „Sehr feine Schriftsteller, die jede Zeile, die sie schreiben, vor Gott und Menschen verantworten können, können nicht 60 oder 70 Bände schreiben, und so stell ich denn freilich – und ich freue mich dies aussprechen zu können – in gewissem Sinne Talente wie Mörike, Tieck, Eichendorff, Keller, Storm höher als beispielsweise Scott." *(FEF III, 24.6.1879, Nr. 550, S. 182.)*

8 ‚Pulsschläge ihres Lebens': *Anspielung auf den Schlussvers von Storms Gedicht „Abschied":* „Und wie ein Pulsschlag in dein Leben gehn!".

16 doch für die dritte Strophe: *Vgl. Storms Antwort vom 21./22. August 1853; Brief Nr. 14. In der „Argo" wurde die umstrittene dritte Strophe schließlich doch abgedruckt; in allen weiteren Drucken aber verzichtete Storm darauf (vgl. LL I, S. 832).*

20 seinen Jüngsten hat taufen lassen: *Karl Storm wurde am 9. Juli 1853 getauft.*

28 Gevatter Schneider und Handschuhmacher: *Sprichwort nach einem Zitat aus Schillers „Wallensteins Lager“:* „Lass sie gehen. Sind Tieffenbacher, Gevatter Schneider und Handschuhmacher“ *(I/10; Jäger).*

30 Platen: *Zu Fontanes August von Platen-Begeisterung vgl. Brief Nr. 32, Anm. 41 „Schlacht bei Ostrolenka“.*

31 Eugen Sue: *Der frz. Romancier Eugène Sue war in den 1840er Jahren einer der meistgelesenen Schriftsteller Frankreichs. Er gilt als Begründer des Fortsetzungsromans in Tageszeitungen. Auch in Deutschland war sein Werk verbreitet, etwa „Die Geheimnisse von Paris“ (Berlin: Meyer & Hofmann 1843).*

35 Scherenberg sagte mir: *Nicht ermittelt.*

39 Nennt <…> einst beseelt: *Vgl. Storms „Abschied“ und Brief Nr. 12, Anm.17 „nach der zweiten Strophe“.*

41 Nachmittag haben wir Rütli: *Während der „Rütli“-Sitzung, an der Fontane, Eggers und Kugler teilnahmen, wurde über die „Argo“, insbesondere über Kuglers „Stanislaw Oswiecim“, das ursprünglich auch zum Abdruck kommen sollte, und über Storms Gedichtbeiträge gesprochen. Vgl. Kugler an Clara Kugler, 14. August 1853:* „Gestern war halber Rütli wieder bei mir, nemlich Eggers und Fontane (da Bormann in Sacrow bei Potsdam auslüftet), und zwar von halb 5 bis 11 Uhr. Wir hatten nichts zu kritisiren, aber allerleÿ wegen neuer Correcturbogen u andrer Dinge unsres Jahrbuchs zu besprechen. Fontane hatte wieder einige besondre Bedenken wegen meines Polackengedichtes (daß man z.B. von den Äußerungen meines Polacken zu Anfang des Gedichts Einiges als fast zu individuell mir in die Schuhe schieben möchte); es wurde hienach schließlich beschlossen, als versöhnenden Gegensatz jenes kleine Gedicht von mir: – Wenn der Sternenschein bei Nacht / Leis auf meine Pfade schimmert pp. das ja in der That aus derselben momentanen Stimmung, aber als ihr Abschluß, hervorgegangen ist, hinzuzufügen. Ich gab dem Gedicht die Ueberschrift Friede. Außerdem war von Storm (der uns neulich schon ein weniger befriedigendes Gedicht <*„24 December 1852“; Anm. G.R.*>, gegen welches ich mich auch ausgesprochen, eingesandt hatte) ein sehr schönes Gedicht <*„Abschied“; Anm. G.R.*> eingelaufen, das mit einem älteren ungedruckten <*„Im Herbste 1850“; Anm. G.R.*> von ihm in das Jahrbuch aufgenommen werden soll; beide enthalten, in verschiedener Weise, aber beide hübsch ergreifend, das tiefe Schmerzgefühl des Schleswigers unter den jetzigen Zuständen seiner Heimat. Meine Freude ist der frische norddeutsche Zug, den unser Jahrbuch erhalten wird“ *(H: BSB – Heyse-Archiv Ana 549, Nr. 114; unveröff.; vgl. Berbig, S. 12–29).*

45 jüngst eingesandtes Gedicht: *Kugler setzte sich offenbar mit seiner Kritik an der* „etwas schwer<*en*>“ *Form durch, denn Storms „24 December 1852“ kam in der „Argo“ nicht zum Abdruck. Storm veröffentlichte es erst in der zweiten Aufl. seiner „Gedich-*

te" (1856) unter dem Titel „Weihnachtabend"; vgl. LL I, S. 830. Vgl. Storms Antwortbrief vom 21./22. August 1853, in dem er nicht Kuglers, gleichwohl aber Fontanes Kritik beipflichtete (Nr. 14, S. 32).

50 ‚Walddeibeljungen': *Vgl. die Beschreibung des beliebten, von Kindern gebastelten und für* „einige Pfennige" *auf dem Berliner Weihnachtsmarkt feilgebotenen Spielzeugs:* „Der Waldteufel selbst ist ein Instrument, dessen Erfindung diesen Buben eigen zu sein scheint. Es besteht aus einer an einer Seite offenen Büchse von Pappe, die mit einigen Pferdehaaren an einem kleinen Stocke befestigt ist und, indem sie herumgeschwungen wird, ein dumpfes, sonderbar klingendes Schnarren hervorbringt" *(„Tagebuch eines Fremden". In: Ruth Glatzer <Hg.>: Berliner Leben. 1648–1806. Berlin <DDR> 1956, S. 312 f.). Vgl. auch die Notiz im „Volksgarten" 1864 (Nr. 52, S. 807; Dezember), in der der* „fröhliche Lärm und das Brummen der zahllosen ‚Waldteufel'" *als eine* „eigenthümliche Berliner Weihnachtsmusik" *beschrieben wird.*

55 „mirig": *jämmerlich, erbärmlich.*

56 confessions: *(lat.: confessiones): ‚Bekenntnisse"; auch Anspielung auf Augustinus' „Confessiones" (um 400).*

58 in Ihrem letzten Briefe: *Storm an Fontane, 9.8.1853; vgl. Brief Nr. 12.*

60 hinter Ihrer Novelle 2 Gedichte <...> ‚Tagebuchblätter': *Im ersten Band der „Argo" (1854) wurden dann schließlich neben den beiden hier ausgewählten „Im Herbste 1850" und „Abschied" noch fünf weitere Gedichte Storms („Trost", „Mai", „Nachts", „Aus der Marsch" und „Gode Nacht") im Anschluss an die Novelle „Ein grünes Blatt" veröffentlicht, allerdings ohne den von Fontane vorgeschlagenen Sammeltitel „Tagebuchblätter", sondern schlicht als „Gedichte"; vgl. Storms Antwort vom 21./22.8.1853, Nr. 14. Vermutlich hatte Storm die anderen fünf Gedichte im September 1853 nach Berlin mitgebracht und der „Argo"-Redaktion persönlich übergeben; vgl. Brief Nr. 11, Anm. 2 „Meinem Versprechen gemäß".*

66 Jenes: *Storms Gedicht „Im Herbste 1850", das Storm als Einschlussbrief über Eggers nach dem 6. Februar 1853 Fontane hatte zukommen lassen; vgl. Brief Nr. 2.*

‚Trikolore' <...> ‚drei Farben': *Ebenso wie die französische Trikolore bestand das Schleswig-Holsteinische royalistische Lilienbanner aus den drei Farben blau-weiß-rot, die jedoch nicht längs- sondern quergestreift angeordnet waren. Die Bedenken der Berliner Rütlionen gegen die Verwendung des Wortes* „Trikolore" *werden verständlich, wenn man die Konnotation kennt, die im 19. Jahrhundert besonders nach der Revolution von 1848 und den damit verbundenen Hoffnungen auf ein geeintes Deutschland mitschwingt. Im Unterschied zu Storm, der damit einfach nur die* „dreifarbige Fahne" *seiner Heimat Schleswig-Holsteins meinte, lasen die Berliner Freunde diese Stelle im Zusammenhang mit der Französischen Revolution als eine Anspielung auf die Ereignisse von 1848 und befürchteten berufliche Schwierigkeiten, insbesondere für die beiden preußischen Beamten Bormann und Merckel; vgl. Lohmeier, S. 44.*

Trotz aller Einwendungen der Berliner Freunde blieb es bei der Lesart „Trikolore“; *vgl. Storm an Fontane, 21./22.8.1853, Brief Nr. 14, Anm. 43 „Trikolore <…> ‚Husum, Ostern 1853‘“. – Die grundsätzlichen Vorbehalte der Rütlionen waren berechtigt. So hatte auch Friedrich Feddersen politische Bedenken und äußerte sich gegenüber Storm am 17. Februar 1854 sehr besorgt über den Abdruck:* „Ich finde es *<das Gedicht „Abschied!“; Anm. G.R.>* als Gedicht schön, ergreifend, zumal wenn man Sie und die Ihren kennt. Aber hier zu Lande ist es bedenklich mit solchen Gedichten in einem Buche. Sollte Argo auch unter die verbotenen Bücher kommen? Wenn sie Notiz davon nehmen, wahrscheinlich“ *(H: SHLB Cb 50.56:48,04; unveröff.). Zu einem Verbot der „Argo“ kam es jedoch nicht; vgl. Einführung, S. XX f.*

75 Kugler <…> Amendement <…> Nachrechnen: *Obwohl Storm den Kritikern recht gab, entschied er sich für eine Formulierung, die das beanstandete* „etwa“ *beibehielt:* „Nachrechnen, was auch wir etwa gefehlt.“

86 ‚geht immer hin‘ <…> ‚bleibt immer hin‘: *Auch hier unterscheiden sich Fontanes Deutung und Storms dichterische Intention voneinander. Während Fontane die Formulierung wohl als eine allgemeine Anrede Storms an die zurückbleibenden Landsleute verstand, meinte Storm hingegen nur diejenigen Teile der Bevölkerung, die sich mit der eiderdänischen Politik arrangierten. In der seinem Antwortbrief vom 21./22. August 1853 (vgl. Nr. 14, Anm. 16 „‚Geht <…> zu Moltke“) nachgeschobenen Erklärung führt Storm dann aus, an wen er bei der Formulierung genau gedacht hatte: an den Chef des 1852 neu geschaffenen dänischen Ministeriums für das Herzogtum Schleswig, Carl Graf Moltke, der aufgrund seines Dienstes für den König eine auf den Erhalt des dänischen Gesamtstaates gerichtete Politik vertrat und als Sohn eines prominenten Nachkommens der schleswig-holsteinischen Bewegung als Parteigänger der Eiderdänen und nationaler Verräter galt; vgl. Lohmeier, S. 44. Trotz Fontanes berechtigtem Einwand blieb es bei dieser Formulierung.*

94 Du <…> Tag! <…> in Parenthese: *Storm ging auf Fontanes Vorschlag ein; vgl. Brief Nr. 14, S. 31 f.; in der „Argo“ (1854) sowie in allen weiteren Drucken wurden diese beiden Verse nur noch mit einem Gedankenstrich voneinander getrennt abgedruckt:* „Du, deren zarte Augen mich befragen, – Der dich mir gab, gesegnet sei der Tag!“

99 Für Husum: *Vgl. Abb. Nr. 5 und Brief Nr. 13, S. 28.*

100 doch noch vielleicht ein Argo-Bild <…> Menzel: *Die Entscheidung gegen eine „Argo“-Abbildung wurde getroffen, als Storm im September 1853 zu Gast in Berlin war. Wie Storm befürwortete auch Eggers wenigstens ein Frontispiz für die „Argo“. So überredeten beide Menzel, eine Titelradierung anzufertigen, die Merckels übermütige Einleitungsverse abschwächen sollte. Am 19. September 1853 übergab Menzel seine Radierung Kugler, Fontane und Storm. Kuglers Sohn Bernhard war der einzige, dem Menzels Bild gefiel. An seine Mutter schrieb er am 21. September 1853:* „<…> gestern hat Menzel die Radirung für die Argo gebracht, ein ganz tolles aber reizendes

Blatt. Ganz im Vordergrunde liegt die Argo mit einer Harfe u gezeichneten Schwänen am Buge. Einige Argonauten in ihr. Theseus steigt auf einer Treppe an's Land und schüttelt dem das Vließ bewachenden Drachen, einer grausen, geflügelten, bärenartigen Bestie höchst freundschaftlich die Hand. All' die griechischen Helden tragen, um doch auch dergleichen zur Wehr zu haben, statt der Schilde, Papierdrachen, mit Klunkerchen und Schwänzen. Ueber dem Drachen schwebt an einem Beine das Vließ in Gestalt eines Hammelfelles mit Kopf u Beinen, u hinter ihm drängt sich abscheulich häßliches Volk mit gekniffenen Gesichtern, die kühnen Schiffer zu sehen, ja ein Kerl schiebt gar einen Flügel des Drachen bei Seite, der ihm im Wege steht. Das Ganze ist höchst spaßhaft u witzig durchgeführt" *(BSB – Heyse-Archiv Ana 549, Nr. 255; unveröff.). Kugler hingegen war entsetzt über Menzels Radierung, die er für* „ein Titelbild <...> völlig ungeeignet" *hielt (Kugler an Fontane, 20.9.1853; FKug I, Nr. 16, S. 266). Gegenüber seiner Frau Clara äußerte sich Kugler am selben Tag noch deutlicher:* „Dagegen ist mir durch Menzel ein großes Herzeleid bereitet. Er ist durch Eggers u unsern Storm zur Ausfertigung einer Radirung für das Jahrbuch gepreßt worden; es wurde ihm dazu besonders ein etwas verwegenes und herausforderndes Gedicht von Merckel (über den Argo-Titel) zur Illustration empfohlen, damit dieser Uebermuth Merckels durch ihn wo möglich etwas in den Schatten gestellt werde; und nun hat er eine Radirung geliefert, die dies allerdings erfüllt, die allerdings nett kaum ist, dabei aber im Ganzen doch nur den Eindruck eines Kladderadatsch-Witzes (und platterweise keines ganz guten) macht und die in Einzelnheiten barbarisch noch hingehudelt ist. Ich bin formlich unglücklich darüber, um so mehr, als ich mir Vorwürfe mache, dieser Excentricität, deren Möglichkeit bei M. doch vorauszusehen war, nicht rechtzeitig vorgebeugt zu haben; ich habe schon alle Arten der Verwendung des Blattes überdacht und bin für meine Person heimlich schon zu dem Resultat gekommen, das Blatt sammt dem Gedicht gar nicht zu geben" *(BSB – Heyse-Archiv Ana 549, Nr. 124; unveröff.). Nachdem auch Storm seine Bedenken gegen eine Verwendung als „Argo"-Titelblatt geäußert hatte, wurde entschieden, Menzels Radierung nicht zu veröffentlichen. Vgl. Berbig, S. 12–29, sowie Klaus-Peter Möller: Die erste Ausfahrt der „Argo". Rekonstruktion eines Verlagsprojekts. Mit zwei Briefen Theodor Fontanes an den Gebr. Katz Verlag Dessau. In: FBl 82 (2006), S. 34–57. Vgl. Abb. Nr. 7.*

102 Quartier <...> bei uns: *Neben Fontane haben auch Eggers und Kugler Storm eine Unterkunft in ihren Wohnungen angeboten; vgl. zu den Vorbereitungen von Storms Berlin-Besuch Briefe Nr. 13–15, Anm. 10 „Kugler <...> an Sie geschrieben".*

103 Gesundheit <...> italienische Reise: *Vor allem gegenüber Lepel klagte Fontane immer wieder über die Beschwerden seiner Tuberkulose-Erkrankung, die er als Vorbote einer unheilbaren Krankheit interpretierte. So teilte Fontane am 31. Juli 1853 dem Freund seinen Plan von einer Reise nach Italien mit, von der er sich einen großen Hei-*

lungserfolg versprach: „Mit mir geht's wieder schlecht. Drei Tage bin ich erst hier (seit dem 28t) und schon hab ich wieder Husten, Schnupfen, Stiche u. dgl. m. <…>. Könnt' ich nach Italien so wäre alles gut; aber wie?!“ *Trotz aller, auch finanzieller Unterstützung von Lepel (vgl. Briefe vom 2.8. und 16.9.1853) hat Fontane schließlich nach seiner Genesung im Herbst 1853 (an Lepel, 19.9.1853) von seinen Reiseplänen wieder Abstand genommen; vgl. FLep I, Nr. 253–256, S. 373–380.*

105 zugesagten Aushängebogen: *Die Auslieferung der „Argo“ verzögerte sich. Die endgültigen Beiträge lagen mit den letzten Eingängen (Storms Gedichte und Fontanes „James Monmouth“) erst Mitte September 1853 vor; Ende September begann die Korrektur (vgl. FKug I, 30.9.1853, Nr. 17, S. 267), und am 23. November 1853 schließlich wurde die „Argo“ ausgeliefert; vgl. Brief Nr. 17, Anm. 11 „Bogen meiner Novelle“.*

(Zu 14) Storm an Fontane, Husum, Sonntag, 21. und Montag, 22. August 1853. Antwortbrief auf Nr. 13 – Abdruck nach H

Überlieferung

H: SHLB (Cb 50.51:15,07)
h: masch. Abschr. TFA (Ca 680)
E: Goldammer I, S. 206–209 (Nr. 53)
D: Steiner, S. 45–48 (Nr. 12)

Handschrift

1 Doppelblatt (28,1 x 23,7 cm), S. 1–3 beschriftet; blaues dünnes Papier.
Dem Konvolut liegt der Rest von Storms Manuskript von „Ein grünes Blatt“ sowie die Gedichtabschrift „Im Herbste 1850“ bei. „1853“*: von fremder Hand über der Zeile mit Bleistift korrigiert zu* „185~~3~~ 2“*. Fontane hat diesen Brief als Einschluss an Eggers weitergegeben und ihn dann am <27. August 1853> von Eggers zurückgefordert; vgl. H: SBB-PK – Nachlass Fontane, St 62,10, Leihgabe im TFA; FEgg, Nr. 22, S. 118.*

Edition

In Steiners Edition wurden zu diesem Brief fälschlicherweise drei Beilagen ermittelt, da die von Steiner als Beilagenblätter identifizierten Handschriften zusammen mit der Briefhandschrift in der SHLB unter einer Signatur aufbewahrt werden: Storms Reinschrift des Gedichts „Im Herbste 1850“ (in der vorliegenden Neuedition erstmals als Brief Nr. 2 abgedruckt), der zweitletzte Abschnitt der Novelle „Ein grünes Blatt“ sowie „Des Dichters Epilog“ (in der vorliegenden Neuedition beides eine Beilage zu Brief Nr. 6); vgl. auch Lohmeier, S. 46 f.

Stellenkommentar

5 Preußen scheint mich vergessen: *Vgl. zu Storms Anstellungsgesuch Brief Nr. 11, Anm. 14 „nicht erlaubt, meine Probezeit anzutreten", und Einführung, S. XXII.*

6 um eine Klostervogtei zu bewerben: *Storm hatte sich um das Amt des Klostervogts im Adeligen Kloster Preetz im Nordosten Holsteins beworben. Am 17. August 1853 schrieb er an seine Frau aus Kiel:* „So eben bin ich von meiner ersten Bewerbungsvisite bei einem Fräulein v. Qualen hier am Ort zurück gekommen mit dem sichern Gefühl, daß ich mir diese Stimme nicht erworben; die Dame schien sehr liebenswürdig, wußte aber offenbar von meiner Existenz nichts; ein großer adliger Besuch vertrieb mich, eh' ich bekannter werden konnte. Morgen will ich denn nach Preetz, um den Hauptact zu vollziehn. Ich war von der Reise, die ich nemlich in 1 Tag machte, so echauffirt, daß ich lieber die Tour nach Preetz verschieben wollte bis ich mich etwas erholt. Das ist denn nun auch geschehn." *(H: SHLB Cb 50.53:2; StCSt, Nr. 5, S. 45, dort unter dem falschen Datum 11.1.1853 veröff.)*

9 Abschied: *Nur in der „Argo" erschien das Gedicht mit der dritten Strophe; vgl. Brief Nr. 12, Anm. 17 „nach der zweiten Strophe", und Nr. 13, Anm. 16 „doch für die dritte Strophe".*

16 „Geht <…> zu Moltke: *In der „Argo" (1854) blieb es bei dieser Formulierung; man folgte allerdings Storms Niederschrift, die er mit seinem Brief vom 9. August 1853 an Fontane geschickt hatte (vgl. Nr. 12) und verzichtete auf das Ausrufezeichen. Vgl. Brief Nr. 13, Anm. 86 „‚geht immer hin' <…> ‚bleibt immer hin'".*

23 Du <…> etc. etc.: *Vgl. Brief Nr. 13, Anm. 94 „Du <…> Tag! <…> in Parenthese".*

26 24 December 1853.: *Richtig:* „24 December 1852."; *von fremder Hand mit Bleistift korrigiert zu* „~~3~~2".

26 mein hiesiger Freund: *Vermutlich Markus Niebuhr; vgl. Brief Nr. 12, Anm. 10 „sehr sichertreffenden Freunde".*

43 Trikolore <…> „Husum, Ostern 1853": *Es blieb bei der Lesart* „Trikolore" *in der ersten Strophe. Die Erzählung „Ein grünes Blatt" erschien jedoch ohne die von Storm gewünschte genaue Datumsangabe; vgl. Brief Nr. 13, Anm. 66 „‚Trikolore' <…> ‚drei Farben'".*

46 „Tagebuchblätter": *Storms Gedichte erschienen in der „Argo" (1854) unter dem Sammeltitel „Gedichte" ohne den Zusatz „Tagebuchblätter"; vgl. Brief Nr. 13, Anm. 60 „hinter Ihrer Novelle 2 Gedichte <…> ‚Tagebuchblätter'".*

48 Menzel: *Vgl. Brief Nr. 13, Anm. 100 „doch noch vielleicht ein Argo-Bild <…> Menzel".*

50 Druckbogen: *Der „Argo"-Druckbogen von Storms Novelle „Ein grünes Blatt" war erst nach Storms Berlin-Aufenthalt fertig und wurde Storm vermutlich zugeschickt; vgl. Brief Nr. 17, Anm. 11 „Bogen meiner Novelle".*

51 Gedichte <…> Verlegers, nicht besonders gegangen: *Auch zwei Jahre später war der*

Verleger Julius Ernst Homann mit dem Absatz der Ausgabe von Storms „Gedichten" (1852) unzufrieden, denn es war „noch nicht einmal <…> die Hälfte der Auflage" *verkauft (Homann an Storm, 11.3.1855; H: SHLB Cb 50.56:84,03; unveröff.). Ein früheres Schreiben Homanns an Storm von 1853 ist nicht ermittelt.*

55 Argo <…> Bücheranzeigen: *In der „Argo" (1854) erschienen keine Inserate; gleichwohl wurden im „Literatur-Blatt zum Deutschen Kunstblatt" mehrere Verlagsanzeigen abgedruckt, wie beispielsweise die Anzeigen für die zweite Aufl. von Storms „Gedichten" (Berlin: Schindler 1856); vgl. etwa Nr. 2 – 24.1.1856, Nr. 3 – 7.2.1956 und Nr. 6 – 20.3.1856.*

60 Verleger der Argo: *Moritz Katz.*

66 nach Berlin <….> Angelegenheit zu beschleunigen: *Zu Storms zweiter Reise nach Berlin, bei der er die Anstellung im Preußischen Staatsdienst erwirken wollte, vgl. Brief Nr. 15, Anm. 17 „Sie am Bahnhof empfangen kann", und Einführung, S. XXII–XXIV.*

69 Altona Adr. Herrn J. H. Scherff: *Obwohl Storm die Anschrift hervorhob, kam es dennoch im Oktober 1853 zu einer Verwechslung. Fontane hatte seinen Brief vom 6. Oktober 1853 an Storm nach Hamburg geschickt, was zu einer großen Lieferverzögerung führte. Vgl. Brief Nr. 18, Anm. zu „Eingang", S. 268.*

71 „Am Strande" <…> ganz unpolitisches: *Storms zu diesem Zeitpunkt noch unter dem Titel „Am Strande" im Kopf entworfenes Gedicht wurde nicht in der „Argo" (1854), sondern erst in der zweiten Aufl. der „Gedichte" (1856) unter dem Titel „Meeresstrand" veröffentlicht. Die Äußerung gegenüber Fontane ist der erste Nachweis, weshalb man den Beginn der Entstehung auf den Sommer 1853 datierte. Eine Handschrift ist nicht überliefert. Eine erste Fassung unter der Überschrift „Am Deiche" schickte Storm am 9. Juni 1854 seinem Vater Johann Casimir Storm, am 7. Oktober 1855 folgte eine weitere unter dem Titel „Am Strande" mit dem Hinweis „(bei Husum)" für Mörike; vgl. LL I, S. 766. – Storm stellte dann aber doch noch weitere fünf Gedichte für die „Argo" zur Verfügung, die er im September 1853 nach Berlin mitgebracht hat; vgl. Brief Nr. 11, Anm. 2 „Meinem Versprechen gemäß".*

75 Ihren Jungen: *George Fontane.*

78 Abstecher zu uns: *Vgl. Fontanes Antwort, Brief Nr. 15.*

88 Herrn Th. Fontane: *Vermutlich hat Storm diesen Brief an Fontane als Einschluss zu seinem Brief an Kugler nach Berlin geschickt (H: nicht überliefert), was den Adressatenzusatz erklärt.*

90 ~~„entfloh" ist natürlich abhängig von „als"~~ excusez: *Storm entschuldigt sich hier für den gestrichenen Text, der sich auf den letzten Vers seines Gedichts „24 December 1852" (vgl. Brief Nr. 11, S. 24 f.) und Fontanes Erwiderung (vgl. Brief Nr. 12) bezieht.*

(Zu 15) Fontane an Storm, Berlin, Dienstag, 30. August 1853. Antwortbrief auf Nr. 14 – Abdruck nach h (TFA)

Überlieferung
HBV: 53/33
H: *Gertrud Storm (bis 1909), Friedrich Fontane (bis 1934/35), Meyer und Ernst 1933 (Nr. 35, Konvolut-Nr. 598), Stargardt 1933/34 (Nr. 344, Konvolut-Nr. 406; Nr. 345, Konvolut-Nr. 34, und Nr. 353, Konvolut-Nr. 80) und zuletzt vermutlich Kehler, dessen Autographensammlung im Zweiten Weltkrieg „vernichtet" wurde (vgl. HFA IV/5,II, S. 103)*
h: *masch. Abschr. TFA (Ca 47) und SHLB (Cb 50.56:51,07)*
E: *Pniower/Schlenther I, S. 82 f.*
D: *Gülzow, S. 79 f. (Nr. 6 mit dem Gedicht „An Theodor Storm", 14.9.1853); Coler I, S. 224–225; Steiner, S. 49 (Nr. 13)*

Abschrift
h (TFA) Schluss fehlt; Textergänzung nach h (SHLB).

Stellenkommentar
5 Ihre <…> freundliche Einladung: *Storm an Fontane, 21./22.8.1853; vgl. Brief Nr. 14.*
6 Eggers <…> längren Urlaub: *Zusammen mit einem schottischen Freund reiste Eggers nach Nürnberg; vgl. Kugler an Clara Kugler, 24.9.1853 (H: BSB – Heyse-Archiv Ana 549, Nr. 125; unveröff.).*
7 meinem Zeitungschef <…> Abwesenheit: *Seit dem 1. November 1851 arbeitete Fontane in der Centralstelle für Preßangelegenheiten; er wurde u.a. als Mitarbeiter der „Preußischen (Adler-) Zeitung" honoriert. Sein Vorgesetzter war bis zum 1. Oktober 1853 Ryno Quehl; vgl. Charlotte Jolles: Theodor Fontane und die Ära Manteuffel. Ein Jahrzehnt im Dienste der Preußischen Regierung. In: „Forschungen zur Brandenburgischen und Preußischen Geschichte" 49 (1937), S. 57–114, hier S. 70–114, und Gerhard Krause: Ueber Ryno Quehl und Ludwig Metzel, die Vorgesetzten Theodor Fontanes als Mitarbeiter der Manteuffelpresse. In: „Jahrbuch für Brandenburgische Landesgeschichte" 24 (1973), S. 40–62. – Im Juni und Juli 1853 wurde Fontane wegen des Verdachts auf Tuberkulose, unter deren ersten Anzeichen er bereits im März 1853 gelitten hat (vgl. Brief Nr. 5, Anm. 45 „Grippe"), vom Dienst befreit; im Juni unterzog er sich daraufhin einer Kur in Bethanien, einem Diakonissen-Krankenhaus am damaligen Stadtrand von Berlin, in dem er zwischen dem 4. November 1848 und dem 30. September 1849 die Apotheke leitete. Anschließend weilte Fontane zwischen dem 5. und 28. Juli 1853 bei seinem Freund Hermann Scherz in Kränzlin, um sich dort einer Molkekur zu unterziehen; vgl. FLep II, Nr. 251, Anm, S. 1126, und Franz*

Kugler an Clara Kugler, 24.6.1853 (H: BSB – Heyse-Archiv Ana 549, Nr. 108; unveröff.).

10 Kugler <…> an Sie geschrieben: *Am 26. August 1853 schrieb Kugler an Storm:* „Verehrungswürdigster! Nach Ihrem letzten Brief an Freund Fontane haben wir Ihren Besuch hieselbst etwa in 8 Tagen entgegen zu sehen, und haben Sie Eggers oder Fontane anheimgestellt, wer das Vergnügen, Sie als seinen Gast zu betrachten, gegen den Andern behaupten will. Ich habe in dieser Sache zwar schon mein Votum abgegeben, glaube aber doch, Ihnen noch rasch mit eigenen Fingern schreiben zu müssen, damit Sie nicht, falls man Ihnen meine Ansicht meldet, denken, es sei so Berliner Phrase. Meine Ansicht besteht nemlich darin, daß Sie zu mir kommen, bei mir Ihr Haupt niederlegen, und mir die Freude machen, Sie bewirthen zu dürfen. Eggers verreist nach Nürnberg u. wechselt am 1ten (schon früher) die Wohnung, in der er künftig weniger Platz haben wird. Fontane hat überhaupt sehr wenig Platz und seine arme Frau ist recht leidend. Ich aber habe eine große leere Wohnung, in der Niemand haust als mein Filius Bernhard und ich (da die übrigen Meinen noch auf geraume Zeit in der Pfalz bleiben sollen); bei mir können Sie es sich ganz nach Ihrem Behagen einrichten, und mir, der ich gar nicht an eine so öde einsame Hauslichkeit gewöhnt bin und darüber allerhand hypochondrische Grillen fange und verspeise, bereiten Sie eine Freude, die ich Ihnen nicht wohl mit Worten schildern kann. – Vormittags arbeite ich und da können Sie thun wonach Ihre Seele verlangen wird; zu Mittag wird spät gegessen, und wenn Sie von diesem späten Mittag ab nichts Anderes und Besseres vorhaben, so können Sie da mit mir vornehmen, was Sie wollen. Also kommen Sie!" *(SHLB Cb 50.56:114,03; StKug, Nr. 3, S. 123 f.). Vgl. auch Kugler an Clara Kugler, 27.8.1853:* „Eine kleine Zerstreuung für meine Einsamkeit habe ich mir vorbereitet und ich hoffe, daß Du damit nicht unzufrieden sein wirst. Storm will Ende nächster Woche herkommen. Da nun Eggers am 1ten seine Wohnung wechselt, darin weniger Platz hat und überdies nächstens nach Nürnberg reist, da Fontane doch weder an Platz noch an Sonstigem etwas übrig hat und seine Frau kränkelt, so habe ich Storm geschrieben, er möge bei mir wohnen. Elise, die gestern Abend auf 8 Tage abgereist ist, hat Gretchens Stube dazu eingerichtet, damit, falls Storm eher kommt als sie, an Nichts Mangel ist." *(BSB – Heyse-Archiv Ana 549, Nr. 281; unveröff.) Storm entschied sich für Kugler, wobei er aber am liebsten doch bei Eggers untergekommen wäre; vgl. StKug, Nr. 3, Anm. 2, S. 136.*

17 Sie am Bahnhof empfangen kann: *Fontane und Eggers holten Storm am 5. September 1853 um 17 Uhr am Hamburger Bahnhof ab und brachten ihn zu Kugler, wo sie zu viert bei einem Diner bis 23 Uhr zusammenblieben; vgl. Kugler an Clara Kugler, 7.9.1853 (BSB – Heyse-Archiv Ana 549, Nr. 119; unveröff.). Zu Storms Berlin-Besuch vgl. Berbig, S. 12–29.*

21 Ihre Gedichte: *Storms „Abschied" und „Im Herbste 1850".*

22 Revisionsbogen von Novelle und Gedichten: *Storms „Ein grünes Blatt". – Die Fertigstellung der „Argo" sollte sich aber verzögern, denn die Revisionsbögen wurden nicht, wie Fontane noch angenommen hatte, während Storms Berlin-Aufenthalt im September 1853 ausgeliefert, sondern erst im Oktober; vgl. Briefe Nr. 5, Anm. 6 „belletristischen Unternehmen <…> verschiedener Aufsätze <…> Mitte Juni", und Nr. 17.*

23 ‚Rütli' machen Sie vielleicht mit: *Die „Rütli"-Sitzung am 4. September 1854 fand noch ohne Storm bei Bormann statt; vgl. Kugler an Clara Kugler, 4.9.1853 (BSB – Heyse-Archiv Ana 549, Nr. 119; unveröff.).*

(Zu 16) Storm an Fontane, Pöseldorf, Samstag, 3. September 1853. Antwortbrief auf Nr. 15 – Abdruck nach H

Überlieferung

H: *SHLB (Cb 50.51:15,08)*
h: *masch. Abschr. TFA (Ca 681)*
E: *Steiner, S. 49 f. (Nr. 14)*

Handschrift

1 Doppelblatt (21,1 x 14,0 cm), S. 1 beschriftet; weißes Papier.

Stellenkommentar

1 Pöseldorff bei Hamburg: *Damals war Pöseldorf ein dünnbesiedeltes kleines Gartengebiet; heute ist es ein Viertel im Stadtteil von Hamburg-Rotherbaum.*

3 Ihren freundlichen Brief: *Fontane an Storm, 30.8.1853; vgl. Brief Nr. 15.*

4 ein Schreiben Kuglers zustimmend beantwortet: *Vgl. Kugler an Storm, 26. August 1853, und Brief Nr. 15, Anm. 10 „Kugler <…> an Sie geschrieben"; Storms Antwortbrief ist nicht überliefert.*

4 Altvater: *Vgl. Fontane in „Von Zwanzig bis Dreißig":* „Franz Kugler, geboren 1808, war in seinen Tunneltagen erst ein angehender Vierziger. Warum wir ihn trotzdem den ‚alten Kugler' nannten, weiß ich nicht recht, denn stattlich, grad aufrecht, von blühender Gesichtsfarbe, war der Eindruck, den er machte, eher jugendlich. Vielleicht war sein Sokrateskopf Schuld, daß wir ihn an Jahren ohne weiteres erhöhten. Er hatte sehr früh Karriere gemacht und war <…> vortragender Rat im Kultusministerium, wenn ich nicht irre als Nachfolger von Eichendorff. Immer artig, immer maßvoll, immer die Tragweite seiner Worte wägend, kam in seinem Wesen etwas spezifisch Geheimrätliches, etwas altfränkisches Goethisches zum Ausdruck, das dem Tunnelton widersprach <…>. So kam es, daß Kugler immer Gegenstand eines ihm halb verd<*r*>ießlich entgegengebrachten Respektes war, immer ein halber Fremd-

ling. Er empfand dies auch und hätte, bei dem Freundschafts- und Liebesbedürfnis, das er hatte, gewiß viel darum gegeben, dies ändern zu können; aber das war ihm nicht möglich. So liebevoll und edlen Herzens er war, so steif und scheu war er, wenigstens da, wo's zu repräsentieren galt." *(Berlin: Friedrich Fontane & Co. 1898, S. 292 f.) Vgl. auch Briefe Nr. 5, Anm. 62 „Tunnel <...> Regulator <...> Vaters Lob", und Nr. 25, Anm. 2 „Altvater* K *<...> weder auf Besuch".*

6 Ihnen das gesagt: *Vermutlich mündlich; Näheres nicht ermittelt.*

12 Montag Nachmittag am Bahnhof: *Vgl. Brief Nr. 15, Anm. 17 „Sie am Bahnhof empfangen kann".*

15 Kuglers Hausnummer: *Kugler wohnte in der Friedrichsstraße 242.*

16 Herrn Th. Fontane.: *Möglicherweise hat Storm diesen Brief an Fontane als Einschluss zu einem anderen Brief nach Berlin geschickt.*

(Zu 17) Storm an Fontane, Altona, Donnerstag, 29. September 1853 – Abdruck nach H

Überlieferung

H: *SHLB (Cb 50.51:15,09)*
h: *masch. Abschr. TFA (Ca 682)*
E: *Steiner, S. 51 (Nr. 16)*

Handschrift

1 Doppelblatt (21,8 x 13,3 cm), S. 1 beschriftet, S. 4 Anschrift; blaues Papier.

Ausgang/Eingang

Der Brief wurde durch Storms Bruder Otto Storm nach Berlin gebracht und am 5. Oktober 1853 zusammen mit der Büchersendung (vier Bände des „Volksbuchs auf das Jahr ... für die Herzogthümer Schleswig, Holstein und Lauenburg") Fontane persönlich übergeben; vgl. auch Brief Nr. 18.

Stellenkommentar

2 dieses und des Volksbuches <...> Otto Storm: *Otto Storm, der im Herbst 1853 nach Berlin gezogen war, um eine Ausbildung zum Gärtner zu absolvieren, übergab Fontane Storms Brief mit den vier Bänden des „Volksbuchs auf das Jahr ... für die Herzogthümer Schleswig, Holstein und Lauenburg". Hg. von Karl Leonhard Biernatzki. Vermutlich hatte Storm die Jahrgänge 1846, 1848, 1849 und 1851 für Fontane zusammengestellt, die im „Verlag der Expedition des Altonaer Mercur's" erschienen waren und in Kommission von Adolf Lehmkuhl vertrieben wurden. Die beiden ersten Jahr-*

gänge brachte noch die Schwers'sche Buchhandlung in Kiel heraus. Vgl. Briefe Nr. 18 f. und Anm.

9 in mein Herz geschlossen: *Während seines Berlin-Aufenthalts vom 5. bis 26. September 1853 lernte Storm auch Fontanes Ehefrau Emilie kennen. Er war mehrere Male zu Gast bei Familie Fontane (am 9., 15., 16. und 18. September 1853), wie es Franz Kugler an seine Frau Clara schrieb (vgl. BSB – Heyse-Archiv Ana 549, Nr. 120, 9.9.53; Nr. 122, 15.9.1853 und Nr. 123, 19.9.1853; alle unveröff.).*

11 Bogen meiner Novelle: *Der „Argo"-Revisionsbogen mit Storms Novelle „Ein grünes Blatt", das dieser an Mörike schicken wollte; vgl. Brief Nr. 11, Anm. 65 „Mörike schicken".*

12 Kreuzcouvert: *Vgl. Brief Nr. 10, Anm. 43 „betreffende Nummer unter Kreuzcouvert".*

14 Altona: *Vgl. Brief Nr. 14, Anm. 69 „*Altona Adr. Herrn J. H. Scherff*".*

(Zu 18) Fontane an Storm, Berlin, Donnerstag, 6. Oktober 1853. Antwortbrief auf Nr. 17 – Abdruck nach h (TFA)

Überlieferung

HBV: 53/39

H: Gertrud Storm (bis 1909), Friedrich Fontane (bis 1934/35), Meyer und Ernst 1933 (Nr. 35, Konvolut-Nr. 598), Stargardt 1933/34 (Nr. 344, Konvolut-Nr. 406; Nr. 345, Konvolut-Nr. 34, und Nr. 353, Konvolut-Nr. 80) und zuletzt vermutlich Kehler, dessen Autographensammlung im Zweiten Weltkrieg „vernichtet" wurde (vgl. HFA IV/5,II, S. 103)

h: masch. Abschr. TFA (Ca 49) und SHLB (Cb 50.56:51,08)

E: Pniower, S. 1472 f. (TD); Pniower/Schlenther I, S. 88–92

D: Gülzow, S. 81–85 (Nr. 7); Steiner, S. 52 f. (Nr. 17)

Abschrift

h (TFA): Am Schluss des Briefs steht ein Gruß von Emilie Fontane.

**Mit gleicher Sendung*

Aus Fontanes Brief an Storm vom 11. Oktober 1853 (Nr. 20) geht hervor, dass er mit diesem Brief vermutlich auch alle vier Jahrgänge des „Volksbuchs auf das Jahr … für die Herzogthümer Schleswig, Holstein und Lauenburg" an Storm zurückgeschickt hat; vgl. Brief Nr. 20, Anm. 15 „durch Verlust derselben."

Eingang

Nach dem 5. November 1853; vgl. Nr. 23, Anm. 43 „falsch-adressirte Brief". Fontane adressierte den Brief nicht nach Altona, wo sich Storm nach seiner Abreise aus Berlin bei Familie Scherff aufhielt, sondern versehentlich nach Hamburg (vgl. Brief Nr. 20, Anm. 8 „Hamburg p. adr. F.H. Scherff"). Deshalb wurde der verloren geglaubte Brief (Nr. 22, Anm. 71 „Der verlorene Brief") zunächst zu Fontane nach Berlin zurückgeschickt, wo er Mitte/Ende Oktober 1853 eintraf. Entweder hat Fontane den Brief dann ein zweites Mal nach Altona aufgegeben, oder – was wahrscheinlicher ist – er hat den Brief bei seiner Ankunft in Berlin Ende November 1853 Storm persönlich übergeben.

Stellenkommentar

3 Ihr Bruder: *Otto Storm.*

4 Ihre Zeilen: *Storms Brief an Fontane, 29. September 1853, mit der Büchersendung (vier Bände von Biernatzkis „Volksbuch auf das Jahr … für die Herzogthümer Schleswig, Holstein und Lauenburg"); vgl. Nr. 17.*

4 Woldsen-Storm <…> Schleswig-Holsteiner: *Storms offizieller Name lautete Hans Theodor Woldsen Storm, wobei „Woldsen" kein Teil eines Doppelnamens ist, wie es der Bindestrich in der Briefabschrift vermuten lassen könnte, sondern ein Taufname, den Storm aus Mangel an männlichen Nachkommen nach dem Geburtsnamen der Mutter Lucie bekam, die aus einem alten, angesehenen und wohlhabenden Husumer Patriziergeschlecht, der Woldsens, stammte. Da Storm wie sein Vater Johann Casimir Storm Anwalt geworden ist, nannte er sich bis zu seinem Weggang aus Husum Ende 1853 immer außerhalb seiner Familie „Woldsen Storm". Auf diese Zusammenhänge spielt Fontane hier wohl an. – Da Otto Storm als Freiwilliger für die Unabhängigkeit Schleswig-Holsteins gekämpft hatte (vgl. Brief Nr. 77, Anm. 64 „Ihren Bruder"), musste er ebenso wie sein Bruder Theodor seine Heimat verlassen. Er ging im Oktober 1853 zunächst nach Berlin, wo er eine Ausbildung zum Gärtner beim Garteninspektor Carl David Bouchée im Kgl. Botanischen Garten Berlins absolvierte. Als technischer Direktor beschäftigte sich Bouchée insbesondere mit der Entwicklung von Gewächshäusern (vgl. Brief Nr. 22, Anm. 10 „bei meinem Bruder"). Ende März 1855 übersiedelte Otto Storm nach Erfurt, um in einer Gärtnerei zu arbeiten (vgl. Brief Nr. 68, Anm. 5 „Besuch meiner Eltern <…> über Weimar nach Heidelberg"). Im Spätsommer 1856 schließlich kam er nach Heiligenstadt und etablierte sich dort als Gärtner (vgl. Brief Nr. 76, Anm. 32 „Miethsmann meines Bruders Otto").*

10 wir wissen's doch <…> nicht umzubringen.: *Zitat aus Storms „Oktoberlied", dritte Strophe, Verse 3 und 4. Vgl. Fontanes Bemerkung darüber in seiner Rezension „Th. Storm. Theodor Storms sämmtliche Schriften", abgedr. auf S. 164. Fontanes Anthologie „Deutsches Dichteralbum" (1851) beginnt mit Storms „Oktoberlied", und in den „Erinnerungen an Theodor Storm" zitiert Fontane daraus. Vgl. auch Fontanes Parodie „Der Herbst ist da", die Fontane zur Feier von Storms 36. Geburtstag geschrieben hat, den Storm zusammen mit Fontane und Kugler in Berlin beging; abgedr. auf S. 203.*

12 Ihren Bruder <…> 'mal bei mir sehe: *Ein Treffen zwischen Otto Storm und Fontane ist erst am 20. November 1853 mit Theodor Storm im „Tunnel" belegt; vgl. „Tunnel", „Fremdenbuch 1852–1856", Einführung, S. XXV, und Abb. Nr. 10.*

16 Unser Buchhändler: *Moritz Katz. Zu den finanziellen Problemen mit der „Argo" vgl. Berbig/Hartz, S. 137 f.*

20 4 Jahrgänge: *„Volksbuch auf das Jahr … für die Herzogthümer Schleswig, Holstein und Lauenburg". Hg. von Karl Leonhard Biernatzki. Vermutlich hatte Storm die Jahrgänge 1846, 1848, 1849 und 1851 zusammen mit seinem Brief vom 29. September 1853 (vgl. Nr. 17) an Fontane geschickt. Fontane gab die Bücher dann wahrscheinlich mit diesem Brief an Storm zurück; vgl. Brief Nr. 20, Anm. 15 „durch Verlust derselben".*

23 Bücher keinen günstigen Eindruck: *Die preiswerten und weitverbreiteten Volkskalender versammeln eine Mischung von Alltagsinformationen, historischen Aufsätzen und poetischen Texten unterschiedlicher Qualität. Storms Gedichte und Novellen wurden zum Teil anonym veröffentlicht und konnten vom Leser, wie es Fontane bemerkte, leicht übersehen werden, da sie sehr unübersichtlich neben dem Kalendarium bzw. zwischen den heterogenen Gebrauchstexten platziert wurden – etwa zwischen Eisenbahnfahrplänen und Tarifauskünften, Informationen über Planeten und Sternzeichen sowie über Zeitrechnung und Feiertage.*

28 Jahrgang 1848 ‚Fehmarnscher Heldenmuth': *Der anonyme Beitrag „Fehmarnscher Heldenmuth" war im dritten Jahrgang des „Volksbuchs" (1846) erschienen (S. 33–35) und stellt ein historisches Dokument über den Einfall der Schweden auf Fehmarn am 29. Juni 1644 vor. Fontane kritisiert zu Recht den darstellerischen Mangel des Beitrags, in dem nicht der Kampf, sondern nur die detaillierte Aufzählung der wenigen überlebenden Fehmarner im Mittelpunkt steht, die bis zuletzt ihre Insel verteidigt haben.*

32 ‚Hörnum auf Sylt': *Christian Peter Hansen: „Das unheimliche Dünenland Hörnum und dessen einstmalige Bewohner"; S. 42–53.*

34 Bürger'sche Lenore: *Gottfried August Bürgers Ballade „Lenore", zuerst veröffentlicht in: „Poetische Blumenlese auf das Jahr 1774". Göttingen/Gotha: Dieterich <1773>, S. 214–226.*

35 Ihre Beiträge: *In den vier ermittelten Jahrgängen des „Volksbuchs" hat Storm mehrere Sagen mitgeteilt (anonym) und die folgenden Gedichte, Novellen und Märchen z. T. ebenfalls anonym veröffentlicht: „En Döntje", „Schneewittchen", „Geschichten aus der Tonne", „Der Bau der Marienkirche zu Lübeck", „Die Beamtentöchter" und „Weihnachten" (1846), „Abseits", „Gesegnete Mahlzeit", „Marthe und ihre Uhr", „O wär' im Februar doch auch", „Und aus der Erde schauet nur", „Die Kinder schreien Vivat hoch", „Und sind die Blumen abgeblüht" und „Schon in's Land der Pyramiden" (1848), „Im Windewehn die Lindenzweige", „Die Kränze, die du dir als Kind gebunden", „Die Sense rauscht, die Aehre fällt", „Die verehrlichen Jungens, welche*

für dies Jahr", „An der Westküste"(I. Auf dem Deich, 2. Morgane), „Die alten Möbeln" und „Von Katzen" (1849), „Waldweg" und „Stein und Rose. Ein Märchen" (später unter dem Titel „Hinzelmeier"; 1851). Im StA Husum werden nicht die Originalbände aus Storms Bibliothek aufbewahrt, sondern nachgekaufte Exemplare.

44 Kugler'schen Damen: *Storm hatte Clara und Margarete Kugler nicht bei seinem Berlin-Aufenthalt im September 1853 angetroffen, weil sie sich in Dürkheim (Rheinpfalz) aufhielten.*

44 seit gestern Paul Heyse: *Zu Heyses Italienfahrt vgl. Brief Nr. 5, Anm. 47 „Paul Heyse <...> Rom". Storm lernte Heyse also erst nach dessen Italienreise und der Übersiedelung nach Potsdam persönlich kennen.*

45 traf heute die ganze Gesellschaft: *Das Treffen mit Paul Heyse am 6. Oktober 1853 fand vermutlich im Hause Kuglers statt; vgl. „Fontane-Chronik" I, S. 396.*

45 fahrende Schüler: *Student auf Wanderschaft; hier aber Anspielung auf Paul Heyses Erstpublikation „Der Jungbrunnen. Neue Märchen von einem fahrenden Schüler" (Berlin: Alexander Duncker 1850); vgl. Brief Nr. 35, S. 61.*

46 wie Sie ihn beurtheilen werden: *Zu Storms differenziertem Heyse-Bild vgl. Briefe Nr. 46, 48 und 68, sowie Jan Michielsen: Theodor Storm als Kritiker Paul Heyses. In: STSG 26 (1977), S. 57–66, und Walter Hettche: Theodor Storm und Paul Heyse. Literarische und biographische Aspekte einer Dichterfreundschaft. In: „Storm-Blätter aus Heiligenstadt" 1 (1995), S. 39–57. Im Unterschied zu den anderen Berliner Freunden verband Storm mit Paul Heyse seit den 1860er Jahren eine tiefe freundschaftliche Beziehung; Heyse gehörte zu den wichtigsten Dichter-Freunden Storms; mit ihm führte er literarische und literaturkritische Gespräche in zahlreichen Briefen zwischen 1853 und 1888. Vgl. Clifford Albrecht Bernd: Einführung. In: StHey I, S. 17, und Traugott Schmidt: Theodor Storm und Paul Heyse. In: STSG 15 (1966), S. 9–32.*

50 Ihren beiden ersten Argo-Gedichten: *„Im Herbste 1850" und „Abschied", die Storm über Fontane nach Berlin gelangen ließ (vgl. Briefe Nr. 2 und 12). Die anderen fünf Gedichte für die „Argo" („Trost", „Mai", „Nachts", „Aus der Marsch" und „Gode Nacht") hat Storm vermutlich im September 1853 nach Berlin mitgebracht; vgl. Brief Nr. 11, Anm. 2 „Meinem Versprechen gemäß".*

52 unsre Bedenken gegen den Schluß: *Vgl. Briefe Nr. 7–9.*

56 les' ich in Ihren 8 Mappen: *Storm bewahrte die Briefe aus seiner persönlichen Korrespondenz in Mappen auf, die er beschriftete. Ein Fragment der Mappe, in die Storm Mommsens Briefe hineingelegt hatte, ist im Konvolut der Briefe Mommsens an Storm in der SHLB überliefert. Es hat die Aufschrift von Storms Hand:* „Briefe von Jens Theodor Mommsen." *(H: SHLB Cb 50.56:148.) – Die wichtigsten Schreiben der Freundesbriefe (von Brinkmann, Mörike, Mommsen und Röse) übergab Storm vermutlich während seines Besuchs in Berlin im September 1853 an Fontane. Fontanes Anspielungen auf Mommsens Schreiben belegen, dass Fontane die Briefe gründlich*

gelesen hat; vgl. Briefe Nr. 20, Anm. 73 „Redaktions-Genie", Nr. 23, Anm. 29 „Mommsen'schen Briefe", und Nr. 38, Anm. 7 „Letzten Donnerstag <…> ‚Unterirdische'". – Brinkmanns und Röses Briefe an Storm bis September 1853 sind nicht überliefert.

58 Hainbündler: *Am 12. September 1772 gründeten Johann Heinrich Voß, Ludwig Christoph Heinrich Hölty, Johann Martin Miller, Gottlieb Dieterich von Miller, Johann Friedrich Hahn und Johann Thomas Ludwig Wehrs den Dichterbund des Göttinger Hain, eine literarische Vereinigung. Die Bezeichnung* „Hainbund" *geht auf die Ode „Der Hügel und der Hain" von Friedrich Gottlieb Klopstock zurück, den die Mitglieder verehrten.*

61 10 <rth> preußisch: *10 preußische Reichstaler oder preußisch Courant.*

62 wie figura zeigt: *Wie es etwa hier, an diesem Beispiel, gezeigt wird.*

63 Brief <…> Aus- und Abdruck einer Stimmung: *Diese Briefstelle ist eine der wenigen Aussagen Fontanes über seine Korrespondenz mit Storm und über die Bedeutung von Briefwechseln; vgl. Einführung, S. XXV.*

(Zu 19) Storm an Fontane, Altona, Samstag, 8. Oktober 1853 – Abdruck nach H

Überlieferung

H: *SHLB (Cb 50.51:15,10)*
h: *masch. Abschr. TFA (Ca 683)*
E: *Steiner, S. 54 f. (Nr. 18)*

Handschrift

1 Doppelblatt (27,5 x 21,3 cm), S. 1–4 beschriftet; weißes dünnes Papier.

Stellenkommentar

2 Lebenszeichen <…> noch keins empfangen: *Storm hat Fontanes Brief vom 6. Oktober 1853 noch nicht erhalten, da er statt nach Altona nach Hamburg adressiert war und an Fontane zurückgeschickt wurde; vgl. Brief Nr. 18, Anm. zu „Eingang", S. 268 f.*

10 Segeberg <…> Schwiegereltern: *Auch Storms Schwiegervater Ernst Esmarch hatte seine Ämter als Bürgermeister und Stadtsekretär in Segeberg aufgrund der „rigorosen Danisierungspolitik" verloren; vgl. Storms Briefe an seine Eltern im Oktober und November 1853, „Briefe in die Heimat", S. 14–21, und Mückenberger, S. 78. Bis zur Übersiedelung nach Potsdam hielt sich Storm mit seiner Familie zeitweilig in Segeberg auf; vgl. Brief Nr. 22.*

13 Lehmkuhlschen Buchhandlung: *Seit dem dritten Jahrgang erschienen die „Volksbücher auf das Jahr … für die Herzogthümer Schleswig, Holstein und Lauenburg" im*

Verlag der Expedition des Altonaer Mercur's und wurden in Commission von Adolf Lehmkuhl in Altona genommen. Dieser Hinweis belegt, dass Storm mit seinem Brief vom 29. September 1853 (Nr. 17) nicht die beiden ersten Jahrgänge von 1844 und 1845, die noch im Verlag der Schwers'schen Buchhandlung erschienen waren, an Fontane geschickt hat. Ob Storm die beiden fehlenden Bände von 1847 und 1850 mit diesem Brief nach Berlin befördern ließ, oder ob er die Bände erst im November Fontane persönlich übergab, bleibt unklar. 1847 wurden keine Dichtungen Storms, gleichwohl aber die von ihm mitgeteilten „Vaterländischen Anekdoten, Sagen und Geschichten" (2. Der Griper und sein Herr, 3. Der offenherzige Polizeiminister und 4. Das theure Zeugniß) veröffentlicht. 1850 wurden Storms „Nach Reisegesprächen", „Der kleine Häwelmann", „Einer Todten", „Immensee" und „Octoberlied" abgedruckt.

15 An Röse habe ich geschrieben: *Offenbar wollte Storms Freund Ferdinand Röse eine* „sehr eingehende Besprechung" *der „Gedichte" (1852) für die von Ignaz Kuranda begründete und hg. Zeitschrift „Die Grenzboten. Zeitschrift für Politik und Literatur" liefern, wie es Storm an Brinkmann am 3. Februar 1853 geschrieben hat (H: SHLB Cb 50.51:06,23; StBr, Nr. 24, S. 82). Nachdem Storms „Gedichte" erschienen waren, hatte Röse im Februar 1853 den Kontakt zu seinem Jugendfreund Storm nach einer zwölfjährigen Unterbrechung wieder aufgenommen; vgl. zu Storm und Röse Regina Fasold: Bindungsmuster – Theodor Storms Jugendfreundschaft mit Ferdinand Röse. Eine Betrachtung nebst sechs Briefen Röses an Storm aus den Jahren 1854–1858. In: „Storm-Blätter aus Heiligenstadt" 11 (2005), S. 33–63. Vgl. auch Storms Mitteilungen über „Ferdinand Röse", abgedr. in LL IV, S. 441–447. Röse schrieb die von Storm gewünschte Rezension und schickte sie auf Storms Anweisung an Fontane; vgl. Brief Nr. 23, Anm. 3 „der Röse'schen Jeremiade". Vermutlich kam es aufgrund von Fontanes kritischen Bemerkungen zu keinem Abdruck; ein Publikationsort wurde bis heute außerdem nicht nachgewiesen.*

18 Argo <…> Brinkmann: *Offensichtlich verschickte Storm doch kein Exemplar der „Argo" (1854) an Brinkmann, die am 23. November 1853 ausgeliefert wurde, denn in seinem ersten Brief aus Potsdam am 13. Februar 1854 erkundigte er sich bei dem Freund, ob dieser die „Argo" besitze (vgl. StBr, Nr. 29, S. 96; H: SHLB Cb 50.51:06,27. Vgl. auch „Börsenblatt für den Deutschen Buchhandel und die mit ihm verwandten Geschäftszweige" 20 (1853), Nr. 146.*

19 *meinen alten Propsten: Storm hatte ein Exemplar der „Argo" an Friedrich Feddersen geschickt, wofür sich dieser am 17. Februar 1854 bedankte (H: SHLB Cb 50.56:48,04; unveröff.). Feddersen schrieb u.a.:* „Ich wollte von der Argo etwas schreiben. Wir haben uns manchen Abend daran erfreut, nicht immer auf gleiche Weise, doch meistens gesagt: das war schön, herrlich. Von Fontane haben uns Monmouth und die Balladen sehr gefallen auch der Großvater <*betrifft Fontanes Erzählung „Goldene Hochzeit"; Anm. G.R.*>, weniger Tuch u. Locke. Es ist nicht so recht zum Vorlesen vor Frauen,

und der Sieg über sich selbst kein so besonderer; da ist la rabiata besser; tiefes Gefühl, lebendige Schilderung, das Factum nicht eigentlich wahrscheinlich, aber die Geschichte hat innere Wahrheit. Auch die Lieder aus Sorrent haben meinen ganzen Beifall. Kuglers Chlodosinda erweckt nach und nach ein ruhiges Interesse. Sein Poetisches scheint eine halbvergangene Zeit zu erwarthen – Merckel hat uns angesprochen in Allem. Goldammers Novelle scheint nicht recht zu passen in diese Gesellschaft. Ihre Beiträge waren uns, meistens bekannt, doch lasen wir es von Neuem mit Wohlgefallen und Theilnahme. Das Plattdeutsche ist wirklich lieblich, niedlich <…>. Eggers Plattdeutsche lasen wir auch gerne, doch stießen wir hier u da an.“

21 Mariken v. Nÿmwegen <…> das Buch: *Louise von Plönnies' Versdichtung: „Mariken von Nymwegen“ (Berlin: Alexander Duncker 1853); in Storms Bibliothek überliefert (StA Husum Tsp 546). Fontane folgte Storms Empfehlung vermutlich nicht; eine Kritik Fontanes ist in der „Fontane-Bibliographie“ nicht verzeichnet. Ebenso fehlen Hinweise auf Fontanes Lektüre im HBV, und auch in seiner Bibliothek ist kein Exemplar nachgewiesen.*

26 der kleine Menzel <…> opuscula: *Menzels Urteil über poetische Werke wurde im „Rütli“ „respektvoll“ aufgenommen. Seine Kompetenz in literarischen Belangen ist besonders in seinen Briefen an Paul Heyse belegt; vgl. Adolf Menzel: Briefe. Bd. 1: 1830 bis 1855. Hg. von Claude Keisch und Marie Ursula Riemann-Reyher. München 2009, Nr. 317, und Anm. auf S. 452.*

27 Kugler <…> Billett von ihm: *Weder Kuglers Brief an Storm noch Menzels Billet, das er entweder an Kugler schrieb (vgl. Adolf Menzel: Briefe. Bd. 1, Nr. 317, S. 306) oder aber als Einschluss durch Kugler an Storm gelangen ließ, sind überliefert; vgl. Eversberg, S. 7.*

31 Nachrichten: *Nach der militärischen Niederlage der Schleswig-Holsteinischen Erhebung wurde zur Sicherung des Machtgleichgewichts im Ostseeraum von den Großmächten 1851/52 „eine konservative Restauration des Gesamtstaates“ durchgesetzt und die künftige Erbfolge festgelegt. Prinz Christian von Glücksburg sollte dereinst dem kinderlosen Friedrich VII. als König und Herzog nachfolgen und seine männlichen Nachkommen wurden „zu Erben des ganzen Reiches bestimmt“. Dänemark hingegen gelobte, die Herzogtümer „als selbständige Einheiten zu belassen“. Außerdem sollte Schleswig nicht enger mit dem Königreich Dänemark vereint werden als Holstein mit Dänemark verbunden war. Hinzu kam, dass sich die dänische Regierung verpflichtete, die Ständeversammlungen der Herzogtümer Schleswig und Holstein wieder einzurichten, die sich 1846 als Protest gegen die weibliche Erbfolge durch König Christian VIII. („Offener Brief“) aufgelöst hatten. Die politische Teilhabe der Stände blieb aber „eng begrenzt“ und knüpfte an den 1831/34 vom absolutistischen König gesetzten Rahmen, worauf Storm hier wohl anspielt. Andererseits stellte der dänische König eine Verfassung für den Gesamtstaat und für die Herzogtümer in*

Aussicht sowie eine konstitutive Beteiligung der Stände an der Ausarbeitung der Verfassung. Zu den Folgen der konservativen Verfassung für Schleswig (1854) vgl. Hans Schultz Hansen: Demokratie oder Nationalismus. In: Geschichte Schleswig-Holsteins. Von den Anfängen bis zur Gegenwart. Hg. von Ulrich Lange. Neumünster 1996, S. 427–485, hier S. 448–452. Zur Ständeverfassung und den Ständeversammlungen vgl. ebd., S. 429–433.

45 Ihrer Frau <…> wie lieb sie mir: *Storm lernte Emilie Fontane bei seinem zweiten Besuch in Berlin im September 1853 kennen und war mehrmals zu Gast im Hause Fontane; vgl. Brief Nr. 17, Anm. 9 „in mein Herz geschlossen".*

49 Merkels Frau <…> bei der letzten Visite: *Es ging um Storms Anstellung im preußischen Justizdienst. Henriette von Merckel, die Tochter Heinrich von Mühlers, verfügte über ausgezeichnete politische Beziehungen und versuchte, bei den Behörden eine Beschleunigung des Verfahrens zu erreichen. Storm verdankte ihren gesellschaftlichen Kontakten außerdem die Bekanntschaft mit dem Potsdamer Kreisgerichtsrat Karl Gustav von Goßler und seiner Familie, die Storm bei der Wohnungssuche behilflich war und ihn in die geselligen Kreise Potsdams einführte; vgl. Storms Briefe an Constanze Storm vom September 1853 (vgl. StCSt Nr. 9 f. und 13 f.). Vgl. auch Briefe Nr. 20 und 22.*

62 Herr Theodor Fontane: *Möglicherweise hat Storm seinen Brief an Fontane als Einschluss zu einem anderen Brief nach Berlin geschickt.*

(Zu 20) Fontane an Storm, Berlin, Dienstag, 11. Oktober 1853. Antwortbrief auf Nr. 19 – Abdruck nach h (TFA)

Überlieferung

HBV: 53/40

H: Gertrud Storm (bis 1909), Friedrich Fontane (bis 1934/35), Meyer und Ernst 1933 (Nr. 35, Konvolut-Nr. 598), Stargardt 1933/34 (Nr. 344, Konvolut-Nr. 406; Nr. 345, Konvolut-Nr. 34, und Nr. 353, Konvolut-Nr. 80) und zuletzt vermutlich Kehler, dessen Autographensammlung im Zweiten Weltkrieg „vernichtet" wurde (vgl. HFA IV/5,II, S. 103)

h: masch. Abschr. TFA (Ca 50) und SHLB (Cb 50.56:51,09)

E: Pniower, S. 1473 (TD); Pniower/Schlenther I, S. 92–95

D: Gülzow, S. 85–89 (Nr. 8); Coler I, S. 234–237; Erler I, S. 136–138; HFA IV/1, S. 361–364 (Nr. 168); Steiner, S. 55–58 (Nr. 19)

Abschrift

h (TFA) Kursivschrift.

Stellenkommentar

3 Ihre ersten <…> Bruder Otto <…> Zeilen: *Storm an Fontane, 29.9.1853; vgl. Brief Nr. 17.*

5 4 Seiten langen Briefe: *Eine Autopsie ist nicht möglich, da Fontanes Brief an Storm vom 6. Oktober 1853 im Original nicht überliefert ist.*

6 heut vor 8 Tagen: *Am 6. Oktober 1853; vgl. Brief Nr. 18.*

8 Hamburg p. adr. F. H. Scherff: *Richtig: J. H. für Jonas Heinrich Scherff, der nicht in Hamburg, sondern in Altona lebte.*

14 Schl. Holst. Kalender: *„Volksbuch auf das Jahr … für die Herzogthümer Schleswig, Holstein und Lauenburg", hg. von Karl Biernatzki. Storm hatte am 29. September 1853 an Fontane die Jahrgänge 1846, 1848, 1849 und 1851 geschickt; vgl. Brief Nr. 17.*

15 durch Verlust derselben: *Fontane hat vermutlich alle vier Jahrgänge mit seinem verloren geglaubten Brief vom 6. Oktober 1853 (Nr. 18) an Storm zurückgeschickt.*

17 Lepel: *Fontanes* „Autorität als Prophet" *ist erst in einem späteren Brief Lepels an Fontane belegt; vgl. FLep I, 31.7.1860, Nr. 383, S. 548.*

21 Ihrer Zeilen: *Storm an Fontane, 8.10.1853; vgl. Brief Nr. 19.*

35 Ben Akiba: *Anspielung auf Gutzkows Drama „Uriel Acosta" (IV,2; Ben Akiba).*

39 Ihren Bruder <…> Ein prächtiger Mensch <…> Einführung bei Kuglers: *Am 15. Oktober 1853 schrieb Theodor Storm an seine Mutter Lucie Storm über seinen Bruder Otto, der als ein Sonderling galt:* „Fontane schreibt mir heute, unser Otto sei seiner Meinung nach ein ganz prächtiger Mensch, mit dem ich wohl überall Staat machen könne. – F. hat im Grunde Recht; aber, wenn er, wie ich, zwei Tage mit ihm spaziren gegangen wäre, so würde er doch vielleicht etwas bedenklich geworden." *(H: SHLB Cb 50.53:03,02; in der Ausgabe „Briefe in die Heimat" fehlt dieser Nachsatz.) – Am 20. November 1853 nahm Otto Storm zusammen mit seinem Bruder Theodor Storm an einer „Tunnel"-Sitzung teil; sie wurden von Kugler eingeführt (vgl. UB der HU zu Berlin; „Tunnel", „Fremdenbuch 1852–156", Einführung, S. XXV, und Abb. Nr. 10). Am 24. Februar 1854 schreibt Storm seinem Vater Johann Casimir Storm von der Einladung Kuglers, der Otto* „dann, aus einer Art selbstquälerischer Eitelkeit" *fern geblieben und das sein Name* „daher dort ausgelöscht" *sei (H: SHLB Cb 50.53:03,08; Goldammer I, Nr. 59, S.228 f.). – Zu Storms Beziehung zu seinem „schrulligen" und hypochondrischen Bruder Otto vgl. Peter Goldammer: Aus dem Briefwechsel Theodor Storms mit seinem Bruder Otto. In: STSG 49 (2000), S. 71–125, und Wilhelm Kolbe: Theodor Storm und sein Bruder Otto. In: „Heimatland" 7 (1910/11), S. 52–56 und S. 65–68.*

43 Vorurteil gegen preußisches Wesen: *Vgl. Briefe Nr. 5–7.*

46 alterirt: *verärgert, erregt.*

50 los gehn: *Die bevorstehende Geburt von Emilie und Theodor Fontanes drittem Sohn Peter Paul am 14. Oktober 1853; vgl. „Fontane-Chronik" I, S. 398.*

51 Illaire: *Storm erhielt das Schreiben des Geheimen Kabinettsrats Emil Illaire am 14. Oktober 1853, in dem ihm seine mit Kgl. Preußischer Ordre erfolgte Ernennung zum Assessor am Kreisgericht in Potsdam mitgeteilt wurde; vgl. Brief Nr. 11, Anm. 14 „nicht erlaubt, meine Probezeit anzutreten“, und Mückenberger, S. 86.*

54 Mentzel <…> sehr befriedigt: *Vgl. Brief Nr. 19, Anm. 26 „der kleine Menzel <…>* opuscula*“. Näheres nicht ermittelt.*

57 Claus Groth <…> Augsb. Allg. Ztng: *Unter dem Kürzel „*-ll-ff.*“ veröffentlichte Müllenhoff seine zweispaltige Rezension „Quickborn. Volksleben in plattdeutschen Gedichten ditmarscher Mundart, nebst Glossar von Klaus Groth. Nebst einem Vor- und Fürwort vom Oberconsistorialrath Pastor Dr. Harms in Kiel. Hamburg, Perthes, Besser und Mauke. 1853.“; vgl. „Allgemeine Zeitung“ (Augsburg), Nr. 5, 5.1.1853, Beilage, S. 73 f.*

58 einen Aufsatz schreiben möchte: *Nachdem Fontanes Beitrag „Unsere lyrische und epische Poesie nach 1848“ in den „Deutschen Annalen zur Kenntniß der Gegenwart und Erinnerung an die Vergangenheit“ im August 1853 erschienen war, plante Fontane einen umfangreichen Beitrag über Groth, der aber – vermutlich aus Mangel an biographischen Informationen – nicht zu Stande kam. Storm war Fontane bei der Recherche behilflich und schrieb am 20. Oktober 1853 seinem Verleger Homann nach Kiel mit der Bitte um biographisches Material über Groth (H nicht überliefert). Erst am 30. Dezember 1853 antwortete Homann und entschuldigte sich für sein langes Schweigen:* „Die Hauptschuld dieser Verzögerung trägt Müllenhoff, den ich Ihren Wunsch in Betreff einer biographischen Skizze Klaus Groth's mitgetheilt, da ich selbst zu wenig über die frühen Lebensverhältnisse desselben wußte um ein genügendes Material zu liefern. Ich wurde von Woche zu Woche mit Versprechungen hingehalten, habe aber bis zur Stunde nichts bekommen, und will nun meinen Brief nicht länger aufschieben“ *(H: SHLB Cb 50.56:84,01; unveröff.). Vgl. Brief Nr. 5, Anm. 29 „Verf. des ‚Quickborn‘ <…> Vorrede“, und zur Begegnung Fontanes mit Groth Brief Nr. 97, Anm. 28 „Groth <…> Villa ‚Forsteck‘ <…>* Dr. A. Meyer*“.*

60 projektirten Inschriften-Werkes: *Fontanes Plan eines Werks über <„Deutsche Inschriften“> wurde nicht weiter ausgeführt. Die Idee war vermutlich spätestens im September 1853 aufgekommen, als Storm zu Gast in Berlin war. Storm informierte seitdem Fontane über historische Quellen, Sagensammlungen und Schriften über die Charakteristik von Volksstämmen, teilte ihm Inschriften mit (vgl. Brief Nr. 22) und schickte Bücher, wie etwa Biernatzkis „Volksbuch auf das Jahr … für die Herzogthümer Schleswig, Holstein und Lauenburg“ oder auch Müllenhoffs „Sagen, Märchen und Lieder“ nach Berlin (vgl. Briefe Nr. 18 – 6.10.1853 und Nr. 23 – 5.11.1853). Außerdem bat Storm Freunde und Verwandte um weitere Informationen (vgl. Brief Nr. 22, Anm. 33 „an meinen alten Propsten“). Am 3. Oktober 1853 forderte Fontane auch seinen Freund Friedrich Witte auf, Materialien für die <„Deutschen Inschrif-*

ten“> zu besorgen: „Ich arbeite jetzt an Zusammenstellung eines großen Werks: Volksgeist und Volksleben in seinen (des Volks) Inschriften. Dies ist nicht etwa der Titel, sondern nur die Sache. Ich suche nun Stoff. Allerhand Schritte und Vorkehrungen sind bereits gethan, doch vorläufig nur innerhalb der Provinz Brandenburg. Ich ersuche Dich dringend, in Rostock eine Art Filial zu errichten und dort in meinem Interesse zu sammeln <…>. Die Inschriften hierzu Lande, wenn man sie als einen Ausdruck des Volksgeistes (im Gegensatz zu den gelehrten Inschriften an Museen, Bibliotheken u.s.w.) faßt, finden sich nur in Kirchen und auf Kirchhöfen. Dahin hab' ich die Augen und Schritte zu richten. <…> Volkslieder haben wir gesammelt; dies kann eine Sammlung von Volkssprüchen, Sentenzen, Epigrammen, werden. Nur das Gemeine (Zotige; kommt nämlich öfter vor) und absolut Dumme ist ausgeschlossen. Das wirklich Poetische, das Derbe, Kernige, der Humor und Witz, auch Kuriosa sind überaus erwünscht. Plattdeutsches sehr willkommen. Als einen Nachtrag denk ich die Grabinschriften berühmter Männer zu geben, die (wenn von Fachdichtern herrührend) eigentlich nicht hierher gehören, aber ein allgemeines Interesse haben und sich paßlich anschließen“ *(H: TFA Ca 48; Erler I, S. 135). Vgl. Jutta Fürstenau: Fontane und die märkische Heimat. Berlin 1841, S. 35, und Joachim Krueger: Ein Irrläufer im Verzeichnis der Werke Fontanes. In: FBl 21 (1975), S. 394 f. Auch Kugler war in Fontanes Pläne eingeweiht. So versorgte er Fontane am 4. Oktober 1853 mit einem Buch über* „Häuser-Abschriften“, *bot ihm die Durchsicht seiner Sammlung von* „pommerschen und preußischen Provinzialblättern“ *an und schickte noch am 10. September 1854 Informationen über das Grab des Generalleutnants von Zaremba in Briesen (vgl. FKug, Nr. 18 und 24).*

64 Mommsenschen Briefe: *Vgl. Brief Nr. 18, Anm. 56 „les' ich in Ihren 8 Mappen“. Vgl. auch Storms Antwort in Brief Nr. 22, S. 45.*

73 Redaktions-Genie: *Fontane zitiert aus Mommsens Brief an Storm, 1. Februar 1843, in dem Mommsen auf seine Tätigkeit als Redakteur bei der „Schleswig-Holsteinischen Zeitung“ anspielt:* „Sie wißen, ich bin zum Redakteur geboren“ *(H: SHLB Cb 50.56:148,05; StMom, Nr. 10, S. 53).*

(Zu 21) Fontane an Storm, <Berlin, am oder nach dem 17. Oktober 1853> – Abdruck nach H

Überlieferung
HBV: Nicht verzeichnet
H: SHLB (Cb 50.56:177,06)
K: TFA (Ca 1730)
E: Eversberg, S. 5

*In der „Fontane-Chronik“ wurde dieser Brief versehentlich doppelt verzeichnet; vgl. Bd. I, S. 398 (*15.10.53) und S. 399 (17. Oktober 1853).*

Handschrift

Briefumschlag (14,5cm x 11,1 cm); weißes Papier. Vgl. Abb. Nr. 8 und 9.
Röse hatte seinen Brief an Storm, der offensichtlich noch keine Rezension über Storms „Gedichte“ enthielt (vgl. Nr. 22, Anm. 46 „Röse <...> noch keinen Artikel“), am 14. Oktober 1853 (vgl. den Poststempel aus Andernach) nach Berlin zu Fontane geschickt. Fontane sollte den von Storm erwarteten Aufsatz herausnehmen und Röses Brief dann ohne die Besprechung an Storm weiterbefördern (vgl. Brief Nr. 19, Anm. 15 „An Röse habe ich geschrieben“). Fontane schrieb seinen Gruß nach Segeberg auf den Briefumschlag und schickte diesen zusammen mit Röses Brief am oder nach dem 17. Oktober 1853 nach Segeberg ab. Röses Brief an Storm ist nicht überliefert. Zum Eingang der Rezension vgl. Brief Nr. 23, Anm. 40 „Rezension Roese's“.
Herrn Theodor Storm. <|> Adr: Herrn Th. Fontane <|> Louisenstraße. No 35. <|> Berlin <|> Absender: <|> Dr Röse <|> In Kruft bei Andernach. <|> Franco. <|> NS. Sollte Herr St. nicht in B. sein gefälligst nachzusenden. <|> *<Poststempel>* Andernach 14 10
(H: SHLB Cb 50.56:177,06; vgl. Regina Fasold: Bindungsmuster – Theodor Storms Jugendfreundschaft mit Ferdinand Röse. Eine Betrachtung nebst sechs Briefen Röses an Storm aus den Jahren 1854–1858. In: „Storm-Blätter aus Heiligenstadt“ 11 <2005>, S. 33–63).

Datierung

Röses Brief an Storm traf in Berlin am Sonntag, dem 16. Oktober 1853, ein (vgl. Posteingangsstempel). Fontane schrieb seinen Gruß an Storm frühestens am 17. Oktober 1853, denn er erwähnt einen „Sonntag“ *und bezieht sich dabei auf den 16. Oktober 1853; vgl. auch Eversberg, S. 5–7.*

Ausgang

Am oder nach dem 17. Oktober 1853.

Eingang

Zusammen mit Röses Brief an Storm vor dem 28. Oktober 1853 (vgl. Brief Nr. 22).

Stellenkommentar

1 ein kleiner Junge: *Emilie und Theodor Fontanes zweiter Sohn Peter Paul; er überlebte nur wenige Monate bis zum 6. April 1854.*

3 Junggesellenwirthschaft: *Anspielung auf die lange Abwesenheit von Clara, Margarete und Hans Kugler während Storms Besuch in Berlin im September 1853, als er bei Franz Kugler und seinem Sohn Bernhard wohnte. Vgl. Berbig, S. 12–29.*

3 Argo-Exemplare: *Die „Argo" (1854) wurde erst am 23. November 1853 ausgeliefert; vgl. Brief Nr. 5, Anm. 6 „belletristischen Unternehmen <...> verschiedener Aufsätze <...> Mitte Juni".*

5 Mit Mentzel am Sonntag: *Über Fontanes Gespräch mit Menzel am 16. Oktober 1853, vermutlich während der „Tunnel"-Sitzung, ist nichts Näheres bekannt.*

(Zu 22) Storm an Fontane, Segeberg, Freitag, 28. Oktober 1853. Antwortbrief auf Nr. 21 – Abdruck nach H

Überlieferung

H: *SHLB (Cb 50.51:15,11)*

h: *masch. Abschr. TFA (Ca 684)*

E: *Gülzow (TD) <datiert auf: „23. Oktober 1853">, S. 153*

D: *Steiner, S. 58–60 (Nr. 20)*

Z: *Gertrud Storm II, S. 8–23 <datiert auf: „Oktober 1853">; „Hannoverscher Courier", 7. November 1920 <datiert auf: „23. Oktober 1853">*

Handschrift

1 Doppelblatt (21,5 x 13,8 cm), S. 1–4 beschriftet; weißes Papier.

**Einschluss*

– „Beilage, bitte, baldmöglich an Dunker!": *Vermutlich ein Brief oder ein Billet von Storm an Alexander Duncker in Berlin, vor dem 28. Oktober 1853; nicht überliefert.*

Stellenkommentar

1 Segeberg: *Vgl. Brief Nr. 19, Anm. 10 „Segeberg <...> Schwiegereltern".*

4 in einen lebendigen Jungen: *Peter Paul Fontane.*

5 damals gegen Sie: *Vermutlich während seines Berlin-Besuchs im September 1853, als Storm mehrere Male zu Gast im Hause Fontane war; vgl. Brief Nr. 17, Anm. 9 „in mein Herz geschlossen".*

7 Ordre gegeben <...> etwas früher nach Berlin: *Einen Tag nach Erhalt der Kgl. Preußischen Ordre schrieb Storm seiner Mutter Lucie Storm am 15. Oktober 1853 u.a.:* „Ich gehe also nach Potsdam und bitte Dich: 1) Durch Aemil, wenn er noch da ist, oder Krebs, oder Herrmann, sofort, d. h. sobald als irgend möglich, alle Sachen, die wir mithaben wollen, was Const. ja wohl bestimmt hat, per Schiff nach Hamburg

eventualiter nach **Altona** zu schicken. 2) Der Schiffer muß instruirt werden, daß er sich sofort nach seiner Ankunft an **J. H. Scherff** in **Altona** wende, um wegen der Ausladung Instruction zu erhalten. 3) Sobald der Tag bestimmt ist, wann die Sachen von Husum abgehen, muß an **Scherff** und an mich (hieher) geschrieben werden, daß die Sachen an dem Tage, mit dem Schiffe und nach Hamb., oder, wie es dann nun wird, nach Altona abgehen, damit wir zeitig unsere Maaßregeln danach treffen können. Gut wär's, wenn der Abfahrtstag uns einige Tage vorher gemeldet werden könnte. 4) Gepackt und mitgesandt muß noch werden a) der Kleiderschrank, weil sonst all unsre gute Gardrobe zu Grunde gehen würde, b) das Theeservice und 1 von den netten Milchgüssen, c) die Bücher, die ich im Comtoir apart zum Mitnehmen zurecht gelegt, wo möglich auch **Falks** Privatrecht, wovon 4 Bände und ein Theil des 5^{t} Bands geheftet vorhanden; vielleicht hat **Beccau** etwas davon, d) die kleinen Theeservietten. Es hängt meine Uebersiedlung nach Potsdam jetzt, außer von der Wohnung, nur von der Ankunft der Sachen in **Potsd.** ab, und bitte ich Euch daher, die Sendung nach Kräften zu beschleunigen" *(H: SHLB Cb 50.53:03,02; „Briefe in die Heimat", S. 14 f.; vgl. auch Storm an Johann Casimir Storm, 1.11.1853; H: Cb 50.53:03,02; „Briefe in die Heimat", S. 16–18). Storm traf am 18. November 1853 in Berlin ein. Er wurde von seinem Bruder Otto Storm und Fontane am Hamburger Bahnhof abgeholt und zu einem Mittagessen bei Fontanes eingeladen; vgl. Storm an Constanze Storm, <19.11.1853> (StCSt, Nr. 18. S. 71). Vgl. auch Einführung, S. XXV.*

10 bei meinem Bruder: *Otto Storm bewohnte ein verwanztes und schmutziges Zimmer beim Garteninspektor Bouchée in der Potsdamer Straße 46 am Botanischen Garten in Berlin; vgl. Storm an Constanze Storm, <19.11.1853>; StCSt, Nr. 18, S. 72.*

10 Wohnung <…> Mädchen zu miethen: *Am 19. November 1853 fuhr Storm nach Potsdam zu Goßlers, die Storm bei der Wohnungssuche behilflich waren; vgl. Storm an Constanze Storm, <20.11.1853; StCSt>; Nr. 18, S. 72.*

13 Kugler <…> dieser Tage geschrieben: *Storms Brief an Kugler, vor dem 28. Oktober 1853, ist nicht überliefert.*

15 Schwiegerinnen <…> Kalkbergs: *Constanze Storms Schwestern Lotte, Sophie, Marie und Lolo Esmarch sowie ihre Schwägerinnen Susanne und Marie Esmarch; vgl. zum Ausflug auf den Segeberger Kalkberg Storms Brief an Lucie Storm, 15.10.1853 (H: SHLB Cb 50.53:03,02; „Briefe in die Heimat", S. 14–16). Vgl. die Abb. des Segeberger Kalkbergs in StCEs I, Abb. 4, nach S. 426.*

17 meinen Schwiegervater: *Ernst Esmarch.*

25 das giebt eine Sommergeschichte: *Die Geschichte eines Gutes, die eine alte Frau Storm erzählte, fand Eingang in die Novelle „Im Schloß" (1862/1863); vgl. zu den Quellen ausführlich LL I, S. 1115 f.*

26 Wall des Preuß. Rechts: *Vgl. Einführung, S. XXVI f.*

28 Menzels Urtheil: *Vgl. Brief Nr. 21. Menzel war unverheiratet.*

32 Ihres intendirten Werks: *Fontanes Projektidee <„Deutsche Inschriften“>, für die Storm auch Materialien beschaffte; vgl. Brief Nr. 20, Anm. 60 „projektirten Inschriften-Werkes“.*

33 an meinen alten Propsten: *Storms Brief an Friedrich Feddersen ist nicht überliefert.*

34 Segeberger Kirchhofs <…> Nimm hin <…> Christi Schooß.: *Nicht ermittelt; in den Kirchenbüchern im Stadtarchiv zu Bad Segeberg nicht nachgewiesen.*

41 Buchhändler **Homann** <…> Antwort: *Storms Brief an Homann vom 20. Oktober 1853 ist nicht überliefert; zu Homanns Antwort vom 30. Dezember 1853 vgl. Brief Nr. 20, Anm. 58 „einen Aufsatz schreiben möchte“.*

42 unter Ihrer Adr. <…> unfrankirt: *Das unfrankierte Verschicken von Briefen entlastete nicht nur den Briefschreiber, weil der Empfänger das Porto und die Zustellungsgebühr übernahm (vgl. „Post-Handbuch“, S. 420); es bedeutete vielmehr auch, dass der Brief sein Ziel sicherer und schneller erreichte, da der Briefträger das Porto vom Empfänger erst einkassieren musste. Vgl. etwa Karl von Holtei an Ferdinand <Rümpler>, 21. Dezember 1875:* „Es unterliegt keinem Zweifel, daß Briefe, für welche der Briefträger den Porto-Betrag vom Empfänger einzuholen hat, sicherer u. promter befördert werden, als frankierte“ *(H: Privatbesitz; unveröff.).*

46 Röse <…> noch keinen Artikel: *Vgl. Briefe Nr. 19, Anm. 15 „An Röse habe ich geschrieben“, und Nr. 21, Anm. zu „Handschrift“, S. 279.*

47 „Alle Bot helpt <…> in de Hever“: *(nd.): ‚Jeder Tropfen hilft, sagte die Mücke und pisste in die Hever!‘; hier sprichwörtlich im Sinne von ‚Jeder kleine Vorteil muss angenommen werden‘.*

50 nach einem Briefe: *Otto Storms Brief an Storm ist nicht überliefert.*

57 gute Frau v. M.: *Vgl. Brief Nr. 19, Anm. 49 „Merkels Frau <…> bei der letzten Visite“.*

60 Was Sie von Mommsen sagen: *Vgl. Brief Nr. 20, S. 42.*

62 **Feddersen** <…> ein Buch <…> Charackteristick unsres Volksstammes: *Christian Feddersen: Bilder aus dem Jugendleben eines nordfriesischen Knaben. Kellinghusen 1853. Der Band erschien im Selbstverlag des Verfassers, weshalb er nur auf Bestellung zu beziehen war. In Storms Bibliothek ist das Exemplar mit einem Eintrag überliefert (Privatbesitz):* „Herrn Storm zum Andenken an Christian Feddersen“. *Feddersen schreibt in seinem Vorwort, dass sich das Buch an die Freunde in und außerhalb der Heimat richte und beabsichtige,* „Menschen und Dinge aus *<seiner>* Jugendzeit“ *darzustellen. So gibt Feddersen nicht nur familiäre Einblicke, sondern beschreibt die* „tägliche Lebensweise“ *und Kirchenfeste, informiert über Essgewohnheiten, Geselligkeit, Kleidung und Sitten sowie über das öffentliche Leben und das Reisen in die nähere Umgebung. Storm hatte offensichtlich auch an Christian oder Friedrich Feddersen geschrieben und sein Lob über die „Bilder aus dem Jugendleben“ mitgeteilt (H: nicht überliefert). Am 17. Februar 1854 antwortete Friedrich Feddersen:* „Von

meinem Bruder habe ich noch herzlich zu grüßen und für Ihr Urtheil über sein Buch zu danken. Wenn es irgendwo vor dem Publicum in dem Sinn beurtheilt würde, wäre es ihm gewiß lieb“ *(H: SHLB Cb 50.56:48,04; unveröff.). Storm hatte sich unterdessen schon um Empfehlungen, etwa bei Fontane, bemüht. Ob Fontane dieses Buch allerdings verwendete, ist nicht bekannt. In seiner Bibliothek ist es nicht nachgewiesen; eine Kritik darüber nicht ermittelt.*

71 Der verlorene Brief: *Fontane an Storm, 6.10.1853; vgl. Brief Nr. 18.*

72 keine „Autographa“: *Hier zeigt sich einmal mehr, dass sich bereits in der Mitte des 19. Jahrhunderts ein Bewusstsein für Dichterautographen herausbildete. Vgl. Einführung, S. XXV.*

74 Lichtpunkte in der grauen Potsd. Existenz <…> oft einmal benutzen: *Vgl. Einführung, S. XXVI.*

85 Beilage <…> an Dunker!: *Storms Brief an seinen Verleger Alexander Duncker, vor dem 28. Oktober 1853, ist nicht überliefert.*

(Zu 23) Fontane an Storm, Berlin, Samstag, 5. November 1853. Antwortbrief auf Nr. 22 – Abdruck nach h (TFA)

Überlieferung

HBV: 53/45

H: *Gertrud Storm (bis 1909), Friedrich Fontane (bis 1934/35), Meyer und Ernst 1933 (Nr. 35, Konvolut-Nr. 598), Stargardt 1933/34 (Nr. 344, Konvolut-Nr. 406; Nr. 345, Konvolut-Nr. 34, und Nr. 353, Konvolut-Nr. 80) und zuletzt vermutlich Kehler, dessen Autographensammlung im Zweiten Weltkrieg „vernichtet“ wurde (vgl. HFA IV/5,II, S. 103)*

h: *masch. Abschr. TFA (Ca 53) und SHLB (Cb 50.56:51,10)*

E: *Pniower/Schlenther I, S. 97–100*

D: *Gülzow, S. 89–92 (Nr. 9); Erler I, S. 139 f.; HFA IV/1, S. 369–371 (Nr. 171); Steiner, S. 61 f. (Nr. 21)*

Abschrift

h (TFA) beschädigt.

**Einlage*

– „Uebersendung der Röse’schen Jeremiade“: *Ferdinand Röses Brief an Storm, vor dem 5. November 1853; nicht überliefert.*

Stellenkommentar

3 der Röse'schen Jeremiade: *Hier muss noch ein Brief Röses an Storm existiert haben, in dem er sich bitter über seine Existenz beklagte und der die erwartete Rezension von Storms „Gedichten“ enthielt. Röse hatte auch diesen Brief zunächst nach Berlin geschickt, weil sich Fontane um einen Veröffentlichungsort kümmern und den Brief dann ohne die Besprechung weiter nach Husum befördern sollte. Aufgrund von Fontanes Kritik kam es vermutlich zu keiner Veröffentlichung; vgl. Brief Nr. 19, Anm. 15 „An Röse habe ich geschrieben“.*

4 Ihrer letzten freundlichen Zeilen: *Storm an Fontane, 28.10.1853; vgl. Brief Nr. 22.*

8 Kugler's Junggesellenthum: *Im September 1853.*

9 die Damen: *Clara und Margarete Kugler.*

10 Heiterkeit und Ungenirtheit <…> Kugler'schen Mittagstische: *Vgl. Berbig, S. 12–29.*

13 nur einmal: *Vermutlich am 6. Oktober 1853; von dieser Verabredung hatte Fontane Storm bereits am 6. Oktober 1853 geschrieben; vgl. Brief Nr. 18, Anm. 45 „traf heute die ganze Gesellschaft“. Ein anderes Treffen ist nicht belegt.*

14 Heyse <…> Minister-Präsident <…> Respekt: *Vermutlich Anspielung auf Heyses bevorstehende Heirat mit Margarete Kugler, die ihn zum Schwiegersohn Kuglers beförderte.*

19 Liebling der Grazien: *Anspielung auf Goethes Bearbeitung der „Vögel“ von Aristophanes; im Epilog schreibt Goethe: „*Aristophanes, der ungezogne Liebling der Grazien*“.*

24 Friedrichstraße 242: *Die Adresse von Kuglers Wohnung in Berlin.*

26 Die kleine Grabschrift: *Vgl. Brief Nr. 20, Anm. 60 „projektirten Inschriften-Werkes“.*

27 Fedder<s>en'sche Buch: *Christian Feddersens „Bilder aus dem Jugendleben eines nord-friesischen Knaben“.*

27 Insel Sylt <…> Alt-Rantum beschäftigen mich: *Spätestens seit seiner Lektüre der „Volksbücher auf das Jahr … für die Herzogthümer Schleswig, Holstein und Lauenburg“ hat Fontane begonnen, sich mit der norddeutschen, insbesondere mit der Dithmarscher und Sylter Landesgeschichte zu beschäftigen; vgl. Briefe Nr. 17, Anm. 2 „dieses und des Volksbuches <…>* Otto Storm*“, und Nr. 19, Anm. 13 „Lehmkuhlschen Buchhandlung“. Diese Studien standen im Zusammenhang mit seinem geplanten Werk über <„Deutsche Inschriften“>.*

28 Ueber Groth: *Vgl. Briefe Nr. 20, Anm. „einen Aufsatz schreiben möchte“, und Nr. 22, Anm. 41 „Buchhändler* Homann *<…> Antwort“.*

29 Mommsen'schen Briefe: *Vermutlich spielt Fontane auf die gescheiterte Zusammenarbeit zwischen Mommsen, Storm und Müllenhoff an während der Vorbereitungen der Sammlung der „Sagen, Märchen und Lieder der Herzogthümer Schleswig Holstein und Lauenburg.“ Hg. von Karl Müllenhoff (Kiel: Schwerssche Buchhandlung 1845). Storm und Mommsen, die bereits im Herbst 1843 erste Sagen ihres Großprojekts in*

Biernatzkis „Volksbuch auf das Jahr 1844 für die Herzogthümer Schleswig, Holstein und Lauenburg" veröffentlicht hatten, stiegen vermutlich wegen der zunehmenden Rivalitäten aller drei Herausgeber und wegen des schwierigen Charakters des ehrgeizigen Müllenhoffs, der sich oftmals im Umgangston vergriffen hatte, aus dem Projekt aus und überließen Müllenhoff die alleinige Herausgeberschaft. Fontane bezieht sich offensichtlich auf Mommsens Brief vom 7. September 1844, in dem Mommsen Müllenhoffs „Redensarten" *und* „den Ton", *den er insbesondere gegen Storm* „geführt haben mag", *anspricht (H: SHLB Cb 50.54:148,21; StMom, Nr. 35, S. 99, und Hans-Erich Teitge: Einleitung <StMom, S. 9–28, hier S. 12–16>). Vgl. Brief Nr. 18, Anm. 56 „les' ich in Ihren 8 Mappen". Vgl. zu Müllenhoffs Sammlung der „Sagen" auch Brief Nr. 53, Anm. 34 „Ihre <...> Sagen <...> Stoff".*

31 Rezension Wienbargs über Mommsen: *Die anonyme, von Ludolf Wienbarg geschriebene Rezension „Liederbuch dreier Freunde. Theodor Mommsen, Theodor Storm, Tycho Mommsen. Kiel. Schwers'sche Buchhandlung. 1843." In: „Hamburger Literarische und Kritische Blätter", verlegt und redigirt von F. Niebour und Dr. L. Wienbarg, 11.12.1843 (Nr. 148). Fontane hat Recht, wenn er von einer Rezension über Mommsen spricht, denn Wienbarg hatte nur dessen Verdienste in der Einleitung hervorgehoben:* „Am meisten Kunstbewußtsein und Goethebildung verräth der auf dem Titel erstgenannte Dichter. Sein Persönliches hebt sich durch einen ironischen und humoristischen Anflug noch stärker hervor; er dirigirt das Concert, spielt Capriccios, streift am meisten an das Geniale, Kecke, Arrogante oder was so klingt, verliert sich am sorglosesten in die Mährchendämmerung, stellt sich am sichersten in den Kreis blindekuhspielender Mädchen, genirt sich am wenigsten, ob der Leser die kleinen Anspielungen in seinen Gedichten versteht oder nicht, giebt wirklich das Eigenste, so daß er auch am meisten die Bewunderung erregt, wie ein Dichter in dem Eigensten doch so uneigen erscheinen kann. So passirt es ihm gar, daß er sich in einem heineschen Vers gegen Heine erklärt und in einem Gedichte an Georg Herwegh herweght. Politisch ist er nicht und will es auch für's Erste nicht seyn, das ist ihm vor Herwegh eigen; allein dieser zwingt ihm, wie schon einmal dem flauen Geibel, etwas von der Kraft und Herbe seines politischen Liedes auf. Nicht einmal denken kann er an ihn ohne in seinen Ton umzuschlagen". *Mit seinem Brief an Storm vom 29. Dezember 1843 schickte Mommsen u.a. auch Wienbargs Rezension an Storm; Fontane lag offensichtlich neben Mommsens Briefen auch der Ausschnitt aus den „Hamburger Literarischen und Kritischen Blättern" vor. Mommsen schrieb u.a. an Storm:* „Der hamb. Korrespondent ist doch eine gute Seele! Interessanter als diese Emanation des verschollenen Philisterthums ist jedenfalls die wienbargsche Kritik, die umgekehrt recht durch und durch modern ist und darum denn auch sich vorzugsweise mit dem Poeten beschäftigt, ‚dessen Herz in dem großen Bruch der Welt auch mit einen Riß abbe-

kommen hat'. Im Ganzen können wir, dünkt mich, zufrieden sein" *(H: SHLB Cb 50.56:148; StMom, Nr. 33, S. 96 f.).*

33 Familienbuch des Lloyd: *Fontane zitiert offenbar aus dem Gedächtnis, denn im „Illustrirten Familienbuch zur Unterhaltung und Belehrung häuslicher Kreise", hg. vom Oesterreichischen Lloyd, wurde der Hinweis so formuliert:* „Immensee. Von Theodor Storm. Berlin, A. Duncker, 1852. Ein schlichtes Märchen, welches schon vermöge seines geringen Umfanges von 60 Seiten wohl kaum auf einen Platz in der Bibliothek Anspruch macht, das aber gleichwohl der Leser nicht ganz unbefriedigt aus der Hand legen wird." *(„Illustrirtes Familienbuch zur Unterhaltung und Belehrung häuslicher Kreise", 3. Jg., Triest 1853, Nr. 21, 5. Heft, S. 332.) Alle Besprechungen wurden von Levin Schücking verfasst; vgl. Berbig/Hartz, S. 157.*

40 Rezension Roese's: *Die Besprechung der Ausgabe von Storms „Gedichten" (1851); nicht überliefert.*

43 falsch-adressirte Brief: *Fontane an Storm, 6.10.1853; vgl. Brief Nr. 18.*

44 den Berghinunter rutschenden Damen: *Vgl. Brief Nr. 22, Anm. 15 „Schwiegerinnen <…> Kalkbergs".*

(Zu 24) Storm an Fontane, Altona, Dienstag, 15. November 1853 – Abdruck nach H

Überlieferung

H: SHLB (Cb 50.51:15,12)
h: masch. Abschr. TFA (Ca 685)
E: Steiner, S. 62 (Nr. 22)

Handschrift

1 Blatt (26,7 x 22,0 cm), S. 1 beschriftet, S. 2 Anschrift; braunes Papier; Siegel.

**Einschluss*

– „inliegenden Brief": *Storms Brief an Otto Storm, vor dem 15. November 1853; nicht überliefert.*

Ausgang

Altona: 15. November 1853 (vgl. Poststempel).

Eingang

Am 16. November 1853 (vgl. Poststempel).

Stellenkommentar

1 Altona: *Storm und seine Familie hielten sich bis zur Übersiedelung nach Potsdam in Altona bei Jonas Heinrich Scherff auf; vgl. Constanze Storm an Lucie Storm, 27.11.1853; „Briefe in die Heimat", S. 21.*

2 inliegenden Brief: *Fontane sollte Storms Brief an seinen Bruder Otto über die preiswertere Stadtpost weiterbefördern lassen. Beide Briefe sind nicht überliefert.*

4 ein Duplikat: *Nicht ermittelt.*

5 Freitag d. 18 dM <...> endlich Alles in Ordnung: *Zu Storms Ankunft in Berlin vgl. die Einführung, S. XXV f., und Brief Nr. 22, Anm. 7 „Ordre gegeben <...> etwas früher nach Berlin".*

13 Um fernere 8 Tage: *Am 28. November 1853 traf Constanze mit den drei Söhnen in Berlin ein; sie fuhren dann zwei Tage später gemeinsam nach Potsdam; vgl. Storm an Constanze Storm, 24.11.1853; StCSt, Nr. 19, S. 75.*

15 Herrn Theodor Fontane: *Die Angabe des Adressaten ist ein Hinweis darauf, dass Storm seinem Brief an Fontane noch einen Einschlussbrief beigegeben hat.*

16 Wagners Tanhäuser: *Mit seiner Frau Constanze besuchte Storm am 13. November 1853 die zweite Aufführung von Richard Wagners Oper „Tannhäuser und Der Sängerkrieg auf Wartburg". Am 27. November 1853 schrieb Constanze Storm ihrer Mutter Elsabe Esmarch:* „Sonntag vor 8 Tagen waren wir im Hamburger Stadttheater, sahen und hörten ‚Tannhäuser' von Wagner – es war wunderbar schön, Theodor hat schon eine Arie aus dem Tannhäuser versucht und singt sie vortrefflich." *(„Briefe in die Heimat", S. 22.) Auch wenige Tage nach der Hamburger Aufführung war Storm noch* „ganz in der träumerischen Tannhäuserstimmung ‚o Du, mein holder Abendstern.'" *Vgl. an Constanze, <19./20.11.1853> (H: SHLB Cb 50.53.21:09; StCSt, Nr. 18, S. 71.) Offensichtlich war es nicht nur der Minnesänger und Dichter Tannhäuser aus dem in Bayern und Salzburg ansässigen Geschlecht von Tannhusen, der mit seinen Liebesliedern Pate stand für Storms „Rütli"-Namen „Tannhäuser", sondern auch Storms Begeisterung für Richard Wagner, insbesondere für dessen Oper „Tannhäuser"; vgl. Einführung, S. XXX. Im Januar 1855 ist erstmals der „Rütli"-Name „Tannhäuser" für Storm belegt.*

(Zu 25) Storm an Fontane, Potsdam, <am oder kurz vor dem 21.> Dezember 1853 – Abdruck nach H

Überlieferung

H: SHLB (Cb 50.51:15,13)

E: Steiner, S. 63 (Nr. 23) <mit dem Hinweis auf: „irrtümlich für 21.12.1853">

Handschrift
1 Doppelblatt (22,4 x 13,8 cm), S. 1–2 beschriftet; blaues Papier; Siegel.

Datierung
Storms Datierung ist falsch. Da Fontane Storms Brief am 21. Dezember 1853 erhalten hat, muss der Brief am oder kurz vor dem 21. Dezember 1853 geschrieben worden sein; vgl. Fontanes scherzhafte Erwiderung in seinem Antwortbrief vom 21. Dezember 1853, Nr. 26.

Ausgang
Am 20. oder 21. Dezember 1853.

Eingang
Am 21. Dezember 1853; vgl. Fontanes Antwortbrief vom 21. Dezember 1853, Nr. 26.

Stellenkommentar
1 22 Decb.: *Richtig: 20. oder 21. Dezember.*
2 Altvater K. <…> weder auf Besuch: *Storm hatte am 13. Dezember 1853 an Kugler geschrieben und die Berliner Freunde noch vor Weihnachten zu einem ersten „Rütli"-Treffen nach Potsdam eingeladen (H: nicht überliefert). Am 15. Dezember 1853 antwortete Kugler:* „Ihrer freundlichen Einladung wagen wir augenblicklich noch nicht Folge zu leisten. Ich für meine Person laborire noch sehr an meinem Katarrh, dem neulich ein nur halbstündiger Spazirgang in der Mittagstunde noch schlecht genug bekommen ist: ich versuche jetzt ernstlicher, von diesem lästigen Gesellen frei zu werden. Meine Frau ist ebenfalls noch katarrhalisch afficirt. Fontane, – der Sie schönstens grüßen läßt und Ihnen einen baldigen Brief, sobald er nur ein wenig Zeit hat, verheißt, – schlägt vor, den Rütli der folgenden Woche am Freitag d. 23ten bei Ihnen abzuhalten und so allerneunwöchentlich fortzufahren. Der Vorschlag ist allerliebst, aber ich wage augenblicklich auch für morgen über 8 Tage meinerseits noch keine völlig bestimmte Zusage. Sie sollen demnächst (Indes Sie überhaupt mit der Aufnahme des Rütli einverstanden sind) das Weitere hören" *(H: SHLB Cb 50.56:114,06; StKug, Nr. 5, S. 125). Am 17. Dezember 1853 sagte Kugler dann aber endgültig ab und riet aufgrund des vorweihnachtlichen Termins zu einem neuen „Rütli"-Treffen im Januar 1854. Gleichzeitig schlug Kugler vor, dass Theodor und Emilie Fontane das Ehepaar Storm am Bahnhof abholen und auf den Weihnachtsmarkt begleiten sollten. Er lud außerdem zum anschließenden Tee bei sich zuhause ein (H: SHLB Cb 50.56:114,07; StKug, Nr. 7, S. 125 f.). – Zu* „Altvater" *vgl. Brief Nr. 16, Anm. 4 „Altvater".*
3 auf einer Weihnachtsrazzia: *Constanze und Theodor Storm besuchten am 18. Dezember 1853 den Berliner Weihnachtsmarkt auf dem Schlossplatz und den umliegen-*

den angrenzenden Straßen bis an die Breite Straße und an den Lustgarten. Emilie und Theodor Fontane waren zu spät zum Bahnhof gekommen, so dass sich die beiden Familien verpasst haben; vgl. Brief Nr. 26, S. 49. Der nur abends geöffnete Christmarkt gehörte zu den größten und beliebtesten, über Berlin hinaus bekannten Volksbelustigungen; er begann zwei Wochen vor Weihnachten und dauerte bis zum 1. Januar. Über den Abstecher nach Berlin berichtete Storm am 19. Dezember 1853 seinen Eltern nach Husum: „Gestern Abend Sonntag 5 U. fuhr ich mit Constanze allein nach Berlin, damit sie den Weihnachtsmarkt sich einmal ansehn sollte. Nachdem dieß geschehen, tranken wir um 8 U. Thee bei Kuglers, wo Constanze es rasend gemüthlich findet, und fuhren dann um 10 ½ U. wieder nach Haus, wo wir 11 ½ U (es ist ½ Stunde vom Bahnhof zu uns) Alles in bester Ordnung antrafen." *(H: SHLB Cb 50.53:03,05; Goldammer I, Nr. 57, S. 222.)*

5 klöterig: *(plattdt.) kümmerlich, erbärmlich, armselig; vgl. Mensing, Bd. III, Sp. 181. Vgl. dagegen die Beschreibung der Menschenmassen auf dem Berliner Weihnachtsmarkt:* „Auch diesmal war der Christmarkt und alles, was dahin gehört, mit Menschen aus allen Ständen reichlich besät, und fast möchte man sagen, für das Vergnügen zu reichlich. Denn das Drängen der Menschenmenge, die nach einer einzigen Straße hinströmt und den ohnehin schmalen Raum noch mehr durch das Stehen an den Buden beengt, bringt eine Stockung hervor, die das Umherschauen verhindert" *(Ruth Glatzer <Hg.>: Berliner Leben 1648–1806. Erinnerungen und Berichte. Berlin <DDR> 1956, S. 312–314, hier S. 314). Vgl. auch Jeanne Marie: Berliner Bilder und Skizzen. In: „Europa. Chronik der gebildeten Welt" (1854), Nr. 67, 17.8.1854, S. 532.*

5 zu Gropius: *Vermutlich haben Theodor und Constanze Storm einen Abstecher zum Bazar des Kgl. Dekorationsmalers Carl Wilhelm Gropius in der Stallstraße 7 gemacht. In den unteren Räumen des ehemaligen Diorama-Gebäudes wurden Geschenke-Artikel, insbesondere ausländische Luxusgüter verkauft; vgl. Brief Nr. 48, Anm. 10 „Decoration <...> wie zur Satanella". Möglicherweise besuchten die Storms auch die Gropiussche Buchhandlung, die ebenfalls in der Nähe des Weihnachtsmarkts An der Stechbahn angesiedelt war. Näheres nicht ermittelt.*

8 Weihnachtssonntag: *Nur Storms Bruder Otto verbrachte das Weihnachtsfest bei Familie Storm; vgl. Constanze Storm an Johann Casimir und Lucie Storm, 18.1.1854 (H: SHLB Cb 50.53:03,06; „Briefe in die Heimat", S. 31). Am 2. Feiertag waren Theodor und Constanze Storm bei Familie von Goßler eingeladen; vgl. Constanze Storm an ihre Mutter Elsabe Esmarch, 26.1.1854 (H: SHLB Cb 50.58:90,15; unveröff.).*

10 12 U. <...> 2 U. Zuge: *Von Berlin aus fuhren täglich mehrere „Local-Züge" nach Potsdam; die Fahrt dauerte etwa wie heute eine halbe Stunde: um 8, 10 und 12 Uhr am Vormittag, um 2, 5, 7 und 10 ½ Uhr am Nachmittag (vgl. „Potsdamer Intelligenz-Blatt", 1853).*

14 das wirklich Grauenvolle des ersten Stadiums: *Storm berichtete auch Kugler über den Beginn seines* „preußischen Daseins"*. Kugler hatte ähnliche Erfahrungen wie Storm*

gemacht, da er ebenfalls wegen seiner beruflichen Beanspruchung „mit Gewalt der Poesie entführt“ *wurde. Er riet Storm* „vorerst mit allen Kräften in das Acten-Meer hinein<*zu*>schwimmen“ *(Kugler an Storm, 15.12.1853, StKug, Nr. 5, S. 124). Über die Aktenberge, die er zu bewältigen hatte, beklagte sich Storm bereits am 6. Dezember, drei Tage vor seiner Einführung, bei seinem Vater Johann Casimir Storm:* „<...> an fünf Tagen der Woche dann, und zwar erst als Hörender, <*soll ich*> die Gerichtssitzungen besuchen. Schon gestern übrigens, und heute wieder bekam ich Acten zum Referat, abzuliefern bis 2 Jan. 54. Da ich sie möglichst bald abliefern möchte, habe ich mich gleich darüber hergemacht sie zu studiren. Aber Rathgens Wort ‚In der Form ist man sehr oft gänzlich rathlos.‘ bestätigte sich sofort an mir. Obgleich ich das sehr specielle, und wie eine Bibel dicke, Handbuch Kochs über den Preuß. Civilproceß gestern und heute wie ein Hühnerhund abgesucht habe, so habe ich doch bis jetzt auch noch nicht annähernd einen Gedanken fassen können, was denn eigentlich demnächst processualisch mit der Sache geschehen müsse. Es geht hier im Proceß Alles bunt durcheinander, bald handelt die Partei, bald das Gericht, dann wird Beweis aufgenommen, dann wieder ein bischen replicirt; mir ist als seien alle Proceßstadien in Fetzen gerissen, und wirbelten lustig um mich her. Ich schreibe Dir natürlich unter dem ersten Eindruck dieser Actenfascikel; wie ich dieser Confusion Herr werde, weiß ich in der That noch nicht, ich weiß bis jetzt nur, daß ich es werde!“ *(H: SHLB Cb 50.53:03,04; „Briefe in die Heimat“, S. 24). Über sein kaum zu bewältigendes Wochenpensum, das er nur schwerlich in den Griff zu bekommen scheint, erzählte Storm dann zwei Wochen später am 19./20. Dezember 1853:* „<...> am Sonnabend hatte ich der Plenarsitzung und den Beratungen der Proceßdeputation, am Montag den Termin des Untersuchungsrichters (Voruntersuchung in criminalibus), am Mittwoch der Session der Proceßdeputation, am Donnerstag der Erledigung der Bagatellsachen, am Freitag der Audienz der Criminaldeputation beigewohnt; daneben allerlei Acten gelesen, studirt, etwas decernirt etc. Ein klein wenig fängt die Finsterniß schon an sich zu vertheilen, ohne mir deßhalb freilich weniger das ungeheuere zur Bearbeitung vorliegende Material zu zeigen; aber ich beginne doch einigermaaßen zu sehen, was und wie. Daß das Verfahren in Civil- und Criminalsachen weit rascher ist als bei uns, steht nicht zu verkennen.“ *(H: SHLB Cb 50.53:03,05; Goldammer I, Nr. 57, S. 220.) Vgl. auch Einführung, S. XXVII f.*

15 nicht gesund genug: *Zu Storms Magenschmerzen und der ärztlichen Behandlung vgl. Brief Nr. 31, Anm. 6 „Magenzaubrer* Voigt*“.*

19 antworten Sie bald: *Fontane schrieb postwendend am 21. Dezember 1853 an Storm; vgl. Nr. 26.*

21 Prinzip des Nichtfrankirens: *Vgl. Brief Nr. 22, Anm. 42 „unter Ihrer Adr. <...> unfrankirt“.*

25 um meine Mappen u. Waldmeister: *Storms gesammelte Konvolute der Briefe von seinen Freunden Brinkmann, Mörike, Mommsen und Röse, die er im September 1853 Fontane geliehen hatte; vgl. Brief Nr. 18, Anm. 56 „les' ich in Ihren 8 Mappen". Ebenso hatte Storm seine Ausgabe von Roquettes „Waldmeisters Brautfahrt. Ein Rhein-, Wein- und Wandermärchen" (Stuttgart: Cotta 1851) Fontane ausgeliehen; vgl. Brief Nr. 6, Anm. 57 „sein Waldmeister".*

(Zu 26) Fontane an Storm, Berlin, Mittwoch, 21. Dezember 1853. Antwortbrief auf Nr. 25 – Abdruck nach h (TFA)

Überlieferung

HBV: 53/48

H: Gertrud Storm (bis 1909), Friedrich Fontane (bis 1934/35), Meyer und Ernst 1933 (Nr. 35, Konvolut-Nr. 598), Stargardt 1933/34 (Nr. 344, Konvolut-Nr. 406; Nr. 345, Konvolut-Nr. 34, und Nr. 353, Konvolut-Nr. 80) und zuletzt vermutlich Kehler, dessen Autographensammlung im Zweiten Weltkrieg „vernichtet" wurde (vgl. HFA IV/5,II, S. 103)

h: masch. Abschr. TFA (Ca 54) und SHLB (Cb 50.56:51,11)

E: Pniower/Schlenther I, S. 101–103

D: Gülzow, S. 94 f. (Nr. 11); HFA IV/1, S. 372 f. (Nr. 173); Steiner, S. 63 f. (Nr. 24)

Abschrift

h (TFA) beschädigt; Textverlust durch Papierausriss. Emendation nach h (SHLB). Kursivschrift.

**Einlage*

– „der beiliegende Brief": *Ferdinand Röses Brief an Storm, vor dem 21. Dezember 1853; nicht überliefert.*

Stellenkommentar

3 am 22ten geschriebenen Brief: *Storm datierte seinen Brief an Fontane versehentlich auf den 22. Dezember 1853 vor; vgl. Brief Nr. 25.*

5 letzten Sonntag: *Am 18. Dezember 1853.*

7 Lepelsche Einladung auf Sonntag Abend: *Nicht ermittelt.*

10 berühmten Berliner Weihnachtsmarkt: *Vgl. Brief Nr. 25, Anm. 3 „auf einer Weihnachtsrazzia".*

14 Mein Vater <...> ein Freund aus Rostock: *Louis Henri Fontane und Friedrich Witte.*

19 7ten zur Rütli-Sitzung: *Vgl. Storms Einladung vom 3.1.1854; Brief Nr. 27 und Anm.*

21 Von Roese <…> vor wenigen Stunden: *Der Brief Röses an Storm, vor dem 21. Dezember 1853, ist nicht überliefert. Vgl. Briefe Nr. 19, Anm. „An Röse habe ich geschrieben", Nr. 21 f. sowie Nr. 23, Anm. 3 „der Röse'schen Jeremiade".*

31 Cyriacus: *Der römische Märtyrer und Heilige Cyriacus, einer der 14 Nothelfer, der bei Besessenheit und gegen böse Geister angerufen wurde.*

(Zu 27) Storm an Fontane, P<otsdam,> Dienstag, 3. Januar 1854 – Abdruck nach H

Überlieferung
H: SHLB (Cb 50.51:15,14)
E: Steiner, S. 64 f. (Nr. 25)

Handschrift
1 Doppelblatt (22,1 x 18,0 cm), S. 1–2 beschriftet, S. 3: Anschrift, S. 4: Anschrift; beiges/braunes Papier; Siegel. Am oberen Blattrand (S. 1) von fremder Hand mit Bleistift und rot unterstrichen: „Rütli", *von Fontanes Hand* „3. Januar 1854."

Der Brief wurde zweimal verschickt, einmal von Storm an Fontane nach Berlin, dann innerhalb von Berlin, von Fontane an Eggers. Vgl. Abb. Nr. 11.
<Anschrift> (S. 3):
Herrn <|> Dr F. Eggers <|> An d. Schleuse 11.
<Poststempel>
Berlin <|> Anhalter-Bahnh: <|> 4 1* 10–11 <|> 4|1 12–1 Vm

1. Ausgang
Potsdam: 3. Januar (vgl. Poststempel).

1. Eingang
Am 4. Januar 1854 (vgl. Poststempel und Brief Nr. 28, in dem der Eingang mit „heute früh" *bestätigt wird).*

2. Ausgang
Berlin: Anhalter-Bahnhof: 4. Januar (vgl. Poststempel).

Stellenkommentar

3 Sonnabend Rütli bei mir: *Nach mehreren Anläufen (vgl. Brief Nr. 25, Anm. 2 „Altvater K. <…> weder auf Besuch") fand am 7. Januar 1854 endlich das erste „Rütli"-Treffen*

bei Storm in Potsdam (Brandenburger Straße 70) statt. Constanze Storm schrieb darüber ihren Schwiegereltern Johann Casimir und Lucie Storm am 18. Januar 1854: „<…> sie <*Goßlers; Anm. G.R.*> waren auch neulich einen Abend bei uns, bei Gelegenheit einer Rütliversammlung, die bei uns abgehalten wurde. Bei der fehlten einige Mitglieder, doch war Herr von Merckel, der Schwager von Gosler hier; der kleine Mann schüttelte Theodor beim Weggehen die Hand und sagte: na lieber Storm, wir sind recht vergnügt gewesen." *(H: SHLB Cb 50.53:03,06, Schluss fehlt; dieser Abschnitt ist in der Ausgabe der „Briefe in die Heimat" nicht abgedr.) Vgl. Brief Nr. 28 und Anm.*

4 veranlassen Sie: *Fontane gab Storms Brief mit einer kleinen Bemerkung zunächst an Eggers weiter. Aus Fontanes Notiz geht hervor, dass er sich nicht so recht auf das Treffen in Potsdam gefreut hat:* „Wir werden nun doch wohl dran glauben müssen, um so mehr als es der Beredsamkeit Lucae's gelungen ist das Ellora-Weihnachtsfest auf Sonntag Abend zu vertagen. Aber nun auch kein Zollbreit weiter! Sei so freundlich mir umgehend zu schreiben, ob Du willst und zu welcher Stunde? Sobald ich Deinen Brief habe, engagire ich Lepel, die Enterung Kuglers ist Deine Sache; ich erstürme Bormann. Mehr werden wir schwerlich zusammentrommeln. Spätestens morgen hoff' ich an Storm Nachricht geben zu können. Lucae brachte mir gestern das Erwünschte; habe Dank für Deine Vermittlung. Dein Th. Fontane."

6 schreiben Sie mir <…> wer kommt: *Vgl. Fontanes Antwort vom 4.1.1854; Brief Nr. 28.*

14 An Röse <…> geschrieben: *Storms Antwortbrief an Röse ist nicht überliefert.*

16 Meine Mappen, Waldmeister: *Bereits in seinem Brief <am oder kurz vor dem 21. Dezember 1853> hatte Storm die Rückgabe der Briefe Mommsens, Röses, Brinkmanns und Mörikes sowie von Roquettes Buch „Waldmeisters Brautfahrt" angemahnt; vgl. Nr. 25, Anm. 25 „um meine Mappen u. Waldmeister".*

16 1 Paar Hefte, die Duncker Ihnen schicken wird: *Nicht ermittelt.*

(Zu 28) Fontane an Storm, Berlin, Mittwoch, 4. Januar 1854. Antwortbrief auf Nr. 27 – Abdruck nach h (TFA)

Überlieferung

HBV: 54/2

H: Gertrud Storm (bis 1909), Friedrich Fontane (bis 1934/35), Meyer und Ernst 1933 (Nr. 35, Konvolut-Nr. 598), Stargardt 1933/34 (Nr. 344, Konvolut-Nr. 406; Nr. 345, Konvolut-Nr. 34, und Nr. 353, Konvolut-Nr. 80) und zuletzt vermutlich Kehler, dessen Autographensammlung im Zweiten Weltkrieg „vernichtet" wurde (vgl. HFA IV/5,II, S. 103)

h: *masch. Abschr. TFA (Ca 55) und SHLB (Cb 50.56:51,12)*
E: *Pniower/Schlenther I, S. 103 f.*
D: *Gülzow, S. 96 f. (Nr. 12); Steiner, S. 65 f. (Nr. 26)*

Abschrift
h (TFA) beschädigt; Textverlust durch Papierausriss. Emendation nach h (SHLB).

Stellenkommentar

3 für Ihre Zeilen: *Storm an Fontane, 3.1.1854; vgl. Brief Nr. 27.*

4 am Sonntag: *Vermutlich verabredeten sich Fontane, Kugler und Lepel für die Tour nach Potsdam während der „Tunnel"-Sitzung am 1. Januar 1854; vgl. UB der HU zu Berlin; „Tunnel", Protokolle 27. Jg., 4. Sitzung. Nach Potsdam kamen dann Fontane, Lepel, Merckel und Eggers; vgl. die untere Anm. 18 „hier gegen 5".*

7 Heyse <...> seiner Gesundheit halber: *Vgl. Kugler an Storm, 17.12.1853:* „Und von Paul, der katarrhalisch ganz ernsthaft leidend ist und dessen Hals stets die größte Schonung verlangt er muß sich augenblicklich sogar mit Sprechen sehr in Acht nehmen, ist noch bedeutend weniger zu reden" *(H: SHLB Cb 50.56:114,07; StKug, Nr. 7, S. 125).*

7 Kugler <...> stark verschnupft: *Vgl. Kuglers Absagebrief an Storm, 7.1.1854:* „Es scheint, mein Theuerster, daß ich einmal nicht kommen soll. Bei diesem Wetter dürfte ich es, trotz des andauernden verwünschten Ziehens über Nacken und Rücken, wohl schon wagen. Da gesellt sich aber soeben, zu dem großen Stoß von Dingen, die ich meinem Minister persönlich vorzutragen habe, eine Sache, deren Aufschub ich nicht auf meine Kappe nehmen kann. Es ist für Jemand bei dem König von gewichtiger Stelle aus zum demnächst bevorstehenden Ordensfeste, ein Orden beantragt; der König verlangt darüber den Bericht des Ministers, dieser meinen Vortrag, und so könnte sichs fügen, daß der Bericht durch meine Schuld erst post festum in die Allerhöchsten Hände käme. Dies wagt aber kein guter Administratia=Beamter. Nun bin ich heut Vormittag äußerst in Anspruch genommen und kann nicht anders als heut Nachmittag zu meines Herrn Chefs Excellenz. Um aber den Rütli doch nicht gar unverrichteter Sache zu versammeln, schicke ich eben ins Ministerium, zu erfahren, ob ich auf heut Nachmittag überhaupt werde ankommen können. Geht dies nicht (und ich bin gezwungen, die Sachen irgend wie anders zu arrangiren), so setze ich mich statt dessen dort mit meiner Frau in den Waggon und kutschire zu Ihnen. Also auf eventuelles Wiedersehen und jedenfalls in unveränderter Treue der Ihrige F. Kugler" *(H: SHLB Cb 50.56:114,08; StKug, Nr. 8, S. 126).*

8 Bormann <...> einen Vortrag: *Nicht ermittelt.*

9 Merckel <...> unwohl: *Merckel nahm an der „Rütli"-Sitzung teil, zu der auch sein Schwager Goßler geladen war; vgl. Brief Nr. 27, Anm. 3 „Sonnabend Rütli bei mir".*

18 hier gegen 5: *Vgl. Fontane an Eggers, <6.1.1854>:* „Freitag Abend. Lieber **Eggers. Immermann** *<Merckel; Anm. G.R.>* ist glücklich gekapert, so daß wir vier Mann hoch morgen Nachmittag aufbrechen werden. Der Zug geht 5 Uhr, auch können wir sammt und sonders nicht früher. So denn: **Rendez-vous** Potsdammer Bahnhof 4 ¾ Uhr. Es kann ganz nett werden. – Ellora-Sonntag Abend, wir unsrerseits sind gesattelt. Sei so freundlich diese Zeilen sofort nach Durchsicht an unsren Lepel gelangen zu lassen, damit er sicher weiß, daß die Sache vor sich geht und zwar 5 Uhr. – Dein Lafontaine" *(H: HUB 87,292, als Leihgabe im TFA; FEgg, Nr. 29, S. 127; dort falsch datiert auf den <13.2.1855>, ebenso in der „Fontane-Chronik" I, S. 455 f.).*

20 die Argo betreffende: *In einer „Rütli"-Mappe wurden alle Besprechungen über die „Argo" gesammelt; vgl. Brief Nr. 31, Anm. 4 „Museum-Artikel, unter geistiger und körperlicher Selbstverleugnung".*

21 ein paar Dutzend Notizen: *Bis zum 4. Januar 1854 sind bisher folgende Rezensionen und Notizen über die „Argo" ermittelt: 1. Neue literarische Erscheinungen. In: „Bremer Sonntagsblatt", Nr. 48, 27.11.1853, S. 387; Karl Gutzkow: Vom deutschen Parnaß I. (siehe die nächste Anm. „Gutzkow hat auch abgeschossen"), und T.: Argo. Belletristisches Jahrbuch für 1854. In: „National-Zeitung", Nr. 611, 31.12.1853, Morgenausgabe, Beiblatt; vgl. „Fontane-Bibliographie" III, S. 2071.*

21 Gutzkow hat auch abgeschossen: *In seinem Brief an Storm vom 15. Dezember 1853 hatte Kugler Storm bereits über Gutzkows „Argo"-Kritik informiert und seine Empörung darüber zum Ausdruck gebracht:* „Gutzkow hat sich auch schon vorläufig mit bedauerlichem Achselzucken über unsre kindlichen Bestrebungen, die so gar Nichts von der weltgeschichtlichen Bedeutung der Gegenwart wissen, ausgelassen. Man sollte ihn, nebst Andern, ausstopfen und, zur Belehrung der Nachwelt, in ein zoologisches Museum stellen" *(H: SHLB Cb 50.56:114,05; StKug, Nr. 5, S. 125). In seinen „Unterhaltungen am häuslichen Herd" war Gutzkows „Argo"-Kritik in der Kolumne „Vom deutschen Parnaß 1" erschienen (Bd. 2, Nr. 11, 10.12.1854). Gutzkow beklagt darin zunächst eine allgemeine* „Inhaltslosigkeit" *der neuen deutschen Literatur, der etwas* „Originelles aber, Eigenthümliches, Neues" *fehle. Einen wichtigen Grund dafür sieht Gutzkow* „in dem Verhältniß der Dichter zu ihren Stoffen", *die* „blindlings" *aufgenommen werden. So stellt er besonders bei den* „jungen Talenten" *der „Argo" eine* „Jagd nach Poesie" *fest, womit er das* „Hin- und Herspringen einer noch so hübschen Befähigung von einer Aeußerlichkeit zur andern" *meint, die* „Alles in dem glücklich gefundenen Stoffe suchen"*:* „Es sind <…> einige Talente, die sich hier zusammengeschafft haben, artige Versdichter, gefällige Erzähler, vom Schönen würdig angeregte Theoretiker; aber was sie liefern, sind Stubenpflanzen, schwank- und haltlos, nur zur Freude erblühend einem Auge, das voll Liebe auf ihnen ruhen will. Der Charakter fehlt, eine Weltanschauung, eine Stellung zum Licht und zur Wahrheit, die volle pulsirende Subjektivität fehlt" *(S. 175). Gutzkows Kritik empörte*

die Rütlionen insbesondere durch das Wort „Dilettantismus“, *das aber im Grunde genommen die Eigenschaften literarisch-kultureller Vereine beschreibt: Geselligkeit aus Liebhaberei ohne professionelle Ambitionen. Fontane konterte sogleich mit einer spottenden Fortsetzung seines „Argo“-Lieds (vgl. Brief Nr. 35, Anm. 22 „Argolied <…> Menzelsche Argobild“). Vgl. zur Relativierung von Gutzkows „Argo“-Kritik Wulf Wülfing: „Dilettantismus fürs Haus“: Zu Gutzkows Kritik in den Unterhaltungen am häuslichen Herd an Fontanes und Kuglers „Argo“. In: Deutschland und der europäische Zeitgeist: kosmopolitische Dimensionen in der Literatur des Vormärz. Hg. von Martina Lauster. Bielefeld 1994, S. 115–149, S. 126 ff.*, *Berbig/Hartz, S. 137, und Helmuth Nürnberger: Fontanes Welt. Berlin 1997, S. 148.*

22 Der Buchhändler: *Moritz Katz; vgl. aber Brief Nr. 54, Anm. 17 „Argo <…> Gewitter <…> Starenberger <…> Kugler <…> Brief ein“, in Bezug auf das Scheitern der Verhandlungen wegen des zweiten Bandes der „Argo“.*

26 La Rabbiata: *Paul Heyses „La Rabbiata“ („Argo“ 1854, S. 1–22; seit der fünften Aufl. der Buchausgabe unter dem Titel „L'Arrabbiata“ veröff.).*

26 Chlodosinda: *Kuglers „Chlodosinda“ („Argo“ 1854, S. 137–199).*

26 der Frack des Herrn v. Chergal: *Merckels „Der Frack des Herrn von Chergal“ („Argo“ 1854, S. 247–284). Vgl. Fontanes „Von Zwanzig bis Dreißig“ (1898), S. 297–299.*

27 meiner Prosa: *Fontanes Erzählungen „Tuch und Locke“ (S. 82–102), „Goldene Hochzeit“ (S. 237–240) und „James Monmouth“ (S. 313–344 in der „Argo“ 1854).*

28 Der poetischen Beiträge: *Fontanes, Lepels, Kuglers, Eggers' und vor allem Heyses und Storms Gedichte; vgl. Brief Nr. 9, Anm. 78 „Balladen“.*

28 plattdeutschen Lieder: *Eggers' Gedichte in niederdeutscher Mundart: „Dat Oog“, „De Tokünftig“, „Bedrövniß“, „Wedder to Hus“, „Kopp un Hart“ und „Dreeklang“.*

(Zu 29) Storm an Fontane, Potsdam, Mittwoch, 18. Januar 1854 – Abdruck nach H

Überlieferung

H: *SHLB (Cb 50.51:15,15)*

E: *Steiner, S. 66 f. (Nr. 27)*

Handschrift

1 Doppelblatt (22,3 x 14,0 cm), S. 1–2 beschriftet; blaues Papier. Am oberen Blattrand (S. 1) von Fontanes Hand: „18. Januar 1854“.

Ausgang/Eingang
18. Januar 1854; vgl. Brief Nr. 30.

Stellenkommentar

2 morgen zu Kuglers Geburtstag: *Am 19. Januar 1854 feierte Kugler seinen 46. Geburtstag; das Fest begann am Abend. Vgl. Brief Nr. 30, Anm. 10 „Rolle lernen <…> anprobiren". Am 16. Januar 1854 schrieb Kugler die Einladung an Storm:* „Mein Theuerster! Es wird gesagt, daß am Donnerstag, dem 19ten Hujus, mein Geburtstag sei, und die Rütlionen haben mir versprochen, Abends meine Gäste zu sein, und zwar resp. cum uxoribus. Ich hoffe sehr, daß Sie mir, nolenti (i.e. fatis oboedienti) volenti, nicht Gleiches mit Gleichem vergelten, sondern daß Sie sich den Rütlionen zugesellen und ebenfalls erscheinen werden. Ich weiß aber nicht, ob ich es wagen darf, auch Ihre viel hohe schöne Frau einzuladen, d.h. ich weiß nicht, ob Ihr Jüngstgeborener die Gnade haben wird, eine derartige Abwesenheit zu verstatten. Sollte dies der Fall sein, so bitte ich und die Meinen recht sehr darum; sollte der kleine Tyrann auf seinen Willen bestehen und es nur Ihnen möglich sein, das Haus zu verlassen, so würde Ihnen bei meinem Neffen Eduard Baÿer, dem Auscultator, eine Lagerstätte eingerichtet sein. Eine Zeile Antwort über das zu erwartende Quantum der Freude lassen Sie wohl zukommen Ihrem F. Kugler" *(H: SHLB Cb 50.56:114,09; StKug, Nr. 9, S. 126 f.). Ob Storm bei Eggers oder Eduard Baeyer übernachtete, ist nicht ermittelt.*

2 mit dem 2 Uhrenzuge: *Vgl. Brief Nr. 25, Anm. 10 „12 U. <…> 2 U.Zuge".*

5 umgehend eine Zeile <…> heut Abend: *Vgl. Fontanes Antwort vom <18.1.1854>; Brief Nr. 30. Die Beförderung der Briefe zwischen Berlin und Potsdam dauerte nur wenige Stunden; vgl. „Post-Handbuch".*

10 An Eggers <…> vor 3 Tagen <…> geschrieben: *Fontanes Brief an Eggers, vor dem 18.1.1954, ist nicht überliefert.*

14 ihres kleinen Tÿrannen: *Karl Storm.*

17 Mein Bruder <…> Antwort bei Ihnen: *Nicht ermittelt.*

21 körperlich sehr kümmerlich: *Vgl. zum Krankheitsverlauf und zur Behandlung Brief Nr. 31, Anm. 6 „Magenzaubrer* Voigt*", sowie Heiner Mückenberger: Theodor Storm – ein Hypochonder? In: „Storm-Blätter aus Heiligenstadt" 10 (2004), S. 30–51, hier S. 34–37, und Einführung, S. XXVI f.*

(Zu 30) Fontane an Storm, <Berlin,> Mittwoch, <18. Januar 1854>. Antwortbrief auf Nr. 29 – Abdruck nach h (TFA)

Überlieferung

HBV: *<54>/4*

H: *Gertrud Storm (bis 1909), Friedrich Fontane (bis 1934/35), Meyer und Ernst 1933 (Nr. 35, Konvolut-Nr. 598), Stargardt 1933/34 (Nr. 344, Konvolut-Nr. 406; Nr. 345, Konvolut-Nr. 34, und Nr. 353, Konvolut-Nr. 80) und zuletzt vermutlich Kehler, dessen Autographensammlung im Zweiten Weltkrieg „vernichtet" wurde (vgl. HFA IV/5,II, S. 103)*

h: *masch. Abschr. TFA (Ca 56) und SHLB (Cb 50.56:51,19; <datiert auf: „wohl 10. Mai 1854">)*

E: *Pniower/Schlenther I, S. 100 f. <datiert auf: „c. Spätherbst 1853">*

D: *Gülzow, S. 92 f. (Nr. 10) <datiert auf: „wohl 30. November oder 7. Dezember 1853">; Steiner, S. 67 (Nr. 28)*

Abschrift

h (TFA) Kursivschrift.

Datierung/Ort

*Die Datierung ergibt sich aus dem vorausgegangenen Brief Storms an Fontane vom Mittwoch, dem 18. Januar 1854, den Fontane noch am selben Tag beantwortete („*Mittwoch*").*

Ausgang

Am 18. Januar 1854.

Stellenkommentar

3 Ihre Zeilen: *Storm an Fontane, 18.1.1854; vgl. Brief Nr. 29.*

4 Verstimmung darüber mitempfinden: *Wegen des Verdachts auf Tuberkulose wurde Fontane im Juni und Juli 1853 vom Dienst befreit; vgl. Brief Nr. 15, Anm. 7 „meinem Zeitungschef <…> Abwesenheit".*

9 andern Argonauten: *Bormann, Eggers, Lepel und Merckel.*

10 Rolle lernen <…> anprobiren: *Es geht um die Einstudierung von Kuglers Schauspiel „Die tartarische Gesandtschaft", dem die Kritik nur ein „anekdotisches Interesse" zugebilligt hatte, bei dem Emilie Fontane mitwirkte und das an Kuglers Geburtstag aufgeführt werden sollte. Das Drama ist zuerst erschienen in: Franz Kugler: „Belletristische Schriften in 6 Bänden"(Bd. 3, Stuttgart: Ebner & Seubert 1852). Vgl. die mit der Chiffre „*ch*" gekennzeichnete Notiz in „Europa. Chronik der gebildeten Welt" 1852,*

Nr. 95, 25.11.1852, S. 760. Dorothea ist ein „Schenkmädchen im Gasthofe“, *die gleich zu Beginn des Theaterstücks auftritt.*

12 bis 6 Uhr Stunden geben: *Seit der Rückkehr von seinem zweiten England-Aufenthalt im Herbst 1852 hatte Fontane Englischunterricht, besonders* „Conversationsstunden über engl. Literatur und engl. Leben“ *auch in Berlin erteilt; vgl. Fontanes Anzeige in der „Vossischen Zeitung“, 17.10.1852. Seine Schüler waren seit 1853 u.a. die Töchter des Regierungsdirektors Karl Hermann von Wangenheim (vgl. FLep II, Nr. 222, S. 1102, Anm. „Annonce aufgesetzt … andern Blättern“).*

14 Lepel. Ich schreib an ihn: *Nicht überliefert und im Briefwechsel Fontane–Lepel auch nicht erschlossen; vgl. FLep I, Nr. 261 f., S. 383 f.*

14 suchen Sie ihn auf: *Storm und Lepel, der bei Storms erster Begegnung mit den Rütlionen bei Kugler am 1. Januar 1853 verreist war (vgl. FLep I, Nr. 233 f., S. 349–352), waren sich bis zum Januar 1854 offensichtlich nur wenige Male flüchtig begegnet, so etwa erstmals im „Rütli“ am 19. November 1853 und dann einen Tag später im „Tunnel“ (vgl. Storm an Constanze Storm, <20.11.1853>, Nr. 18, S. 73) sowie beim ersten „Rütli“-Treffen bei Storm in Potsdam am 7. Januar 1854 (vgl. Briefe Nr. 27 f. und Anm.). Zur Beziehung zwischen Storm und Lepel, in der es hauptsächlich um Storms Mitarbeit bei den späteren Jahrgängen der „Argo“ geht, vgl. Walter Hettche: Schenkendorf und Tannhäuser. Aus Bernhard von Lepels Briefen an Theodor Storm. In: „Storm-Blätter aus Heiligenstadt“ 3 (1997), S. 39–45.*

(Zu 31) Storm an Fontane, Potsdam, Freitag, <3.> Februar 1854 – Abdruck nach H

Überlieferung

H: SHLB (Cb 50.51:15,16)

E: Steiner, S. 68 (Nr. 29)

Handschrift

1 Blatt (23,4 x 20,9 cm), S. 1 beschriftet; weißes Papier.

Datierung

Die „Rütli“-Sitzungen fanden in der Regel Samstags statt. Das im Brief erwähnte Treffen bezieht sich auf den 4. Februar 1854 („morgenden Rütli“*), ebenso Fontanes Antwort (Nr. 32, 14. Februar 1854). Deshalb ist anzunehmen, dass Storms Brief an Fontane am 3. Februar 1854 geschrieben worden ist; vgl. Steiner, Nr. 29, S. 153.*

Eingang
Am 4. Februar 1854; vgl. Nr. 32, Anm. 13 „am selben Tage stattfindenden Rütli".

Stellenkommentar

3 morgenden Rütli: *Auf der „Rütli"-Sitzung bei Merckels am 4. Februar 1854 wurde Karl Eggers' Besprechung der „Argo" vorgelesen, die am 13. Januar 1854 in der „Rostocker Zeitung" erschienen war (vgl. den Abdr. in: Marianne Beese, Tobias Witt: ‚… daß dieses Feuilleton Mecklenburg beherrsche.' Friedrich und Karl Eggers, die Berliner Freundeskreise und das Feuilleton der Rostocker Zeitung in den Jahren 1853/54. In: FBl 86 <2008>, S. 25–29). Fontane hat den von Storm beigefügten „Argo"-Verriss nicht vorgelesen; vgl. Fontanes Antwortbrief vom 14. Februar 1854; Nr. 32.*

4 Museum-Artikel, unter geistiger und körperlicher Selbstverleugnung: *Unter dem Kürzel „*mm*" wurde die Kurzrezension der „Argo" im „Deutschen Museum" am 19. Januar 1854 veröffentlicht („Literatur und Kunst", Nr. 4, S. 148 f.). Der Rezensent (vermutlich Melchior Meyr) begrüßte die „Argo" einerseits wegen ihres „*mannichfachen und abwechselnden Inhalt<*s*>*" als eine „*recht geschickte Neuerung der sonst üblichen belletristischen Taschenbücher*", andererseits aber stellte er nur eine „*reichliche Mittelmäßigkeit*" der meisten Beiträge fest. Er distanzierte sich auch von Robert Prutz, der Storms „Gedichte" (1852) mit „*großen Lobsprüchen*" im „Deutschen Museum" gewürdigt hatte (vgl. „Alte und neue Menschen", Nr. 1, 1.1.1854, S. 15 f.) und erklärte, dass ihn vor allem Storms Gedichte nicht überzeugten. Nur Kuglers und Fontanes Beiträge hätten „*recht viel Interessantes und Werthvolles*" zu bieten, wobei er aber weniger Fontanes „*novellistische Versuche*", sondern mehr dessen „*vortreffliche Balladen*" meinte, sowie Kuglers „*kunstwissenschaftliche Aufsätze*" und das dramatische Gedicht „Kleopatra". Es waren vermutlich die Bemerkungen über seine Gedichte, die Storm dazu veranlassten, die Abschrift der Rezension als eine „*geistige<> und körperliche<> Selbstverleugnung*" zu bezeichnen. Storms Abschrift der Rezension, die er dem Brief an Fontane beilegte, ist nicht überliefert. Vgl. Fontanes Antwort vom 14.2.1854, Brief Nr. 32. Zur Sammlung von Rezensionen über den ersten Jahrgang der „Argo" vgl. Brief Nr. 28 und Anm.*

6 Magenzaubrer Voigt: *Storm war einer der ersten Patienten, die sich Emil Voigts Heilbehandlung unterzog; sie dauerte bis zum 12. März 1854; vgl. Brief Nr. 35. Am 26. Januar 1854 wurde eine Mitteilung über Voigts Kuren in der „Vossischen Zeitung" unter der Rubrik „Vermischtes" veröffentlicht:* „Potsdam, 20. Januar. Einer unserer Mitbürger, Hr. Emil Voigt, ist im Besitze eines äußerst wirksamen Mittels gegen Magenkrampf und Magenleiden aller Art. Durch Nachweisung ans Unglaubliche grenzender glücklicher Kuren ist Hrn. Voigt von Seiten der Regierung die Erlaubnis zur öffentlichen Praxis in obigen Fällen gestattet worden. Wir halten es um so mehr für unsere Verpflichtung, das größere Publikum auf das so erfolgreiche Heilverfahren

des Hrn. Voigt aufmerksam zu machen, als die von ihm behandelten Krankheitsformen bisher allen ärztlichen Bemühungen die größte Hartnäckigkeit entgegensetzten" *(Nr. 22, 1. Beilage, S. 2). Am 26. Februar 1854 veröffentlichte dann Voigt eine Werbeanzeige:* „Zur gefälligen Beachtung für Magenkranke. Nach Allerhöchster Bestimmung Sr. Majestät des Königs ist mir unterm 23. Dezember a.pr. die öffentliche Praxis in Bezug auf Magenleiden, insbesondere Magenkrampf und Magenverhärtung, allergnädigst gestattet worden. Diese so vielfach verbreiteten Uebel gründlich zu heilen, ist meine Aufgabe, und nach den bisher gewonnenen Resultaten darf ich mit Zuversicht und Vertrauen auf jede fernere Kur blicken. Alle diejenigen, welche meinen Rath und meine Hülfe wünschen, ersuche ich, bevor sie sich persönlich an mich wenden, um eine schriftliche vollständige Mittheilung über den Beginn, den Verlauf u.s.w. ihrer Krankheit, damit kein Zweifel übrig bleibt, ob wirklich ein Magenleiden oder ein anderweitiges Unterleibsleiden vorliegt, und ich dann auch in den Stand gesetzt werde, die ungefähre Dauer und den wahrscheinlichen Erfolg einer zu beginnenden Kur bestimmen zu können. Berlin, d. 23. Februar 1854 Emil Voigt Friedrichsstraße N. 141c. Sprechstunden: Nachmittags zwischen 1 und 4 Uhr" *(„Vossische Zeitung", Nr. 49, 2. Beilage). – Gegenüber seinen Eltern äußerte sich Storm am 11. Februar 1854 in ähnlicher Weise wie in seinem Brief an Fontane über Voigt; vgl. H: SHLB Cb 50.53:03,07; „Briefe in die Heimat", S. 32. Über die Kur schrieb Storm dann am 24. Februar 1854 seinem Vater Johann Casimir Storm:* „Die Magenschmerzen sind weg, aber schlummern noch unter dünner Decke. Ich bin auch noch matt und kann nichts Ordentliches beginnen; die Schwurgerichte muß ich daher fahren lassen. Vorn und hinten hab ich ein großes Pflaster, alle 72 Stunden erhalte ich einen Schnaps. Darin besteht die ganze Cur des hier und in Berlin hochberühmten magencurenconcessionirten Voigt. Vielen hat er merkwürdig genug geholfen, mit denen die Aerzte nichts haben anfangen können. Im Uebrigen ist es der roheste Empirismus, und ich habe daher unsern guten Dr. Branco auch nicht losgelassen, der indessen mit dem Versuch ganz einverstanden war. Zweierlei aber, was mir Branco wie Voigt verschrieben, ist schwer in meinen Verhältnissen miteinander zu haben: Unthätigkeit und heitere Gemüthsstimmung!" *(H: SHLB Cb 50.53:3,08; Goldammer I, Nr. 59, S. 228).*

7 6 wöchentliche Muße: *Storm hatte sich seit Anfang Januar beurlauben lassen und arbeitete erst wieder nach Beendigung der Kur im März 1854; vgl. Storm an Johann Casimir und Lucie Storm, 15.1.1854; H: SHLB Cb 50.53:3,06; „Briefe in die Heimat", S. 30.*

10 verlangten Notizen über Ihre Balladen: *Vermutlich sammelte Storm schon Material für seinen Essay „Theodor Fontane". Fontane antwortete am 14. Februar 1854 nicht mit den gewünschten Informationen über seine Balladen, sondern mit einem ausführlichen Lebenslauf; vgl. Brief Nr. 32.*

11 12 Preuß. Heldengedichte: *Storm meinte Fontanes „Männer und Helden. Acht Preußen-Lieder" (Berlin: Hayn 1850). Fontane kam nicht nach Potsdam, sondern schickte ein Exemplar mit seinem Brief vom 14. Februar 1854 (Nr. 32).*

12 den Artikel über Sie <…> nach und nach zu Stande brächte: *Hier ist Storms Plan, einen Beitrag über Theodor Fontane zu schreiben, erstmals belegt, über den die beiden vermutlich schon mündlich gesprochen haben (vgl. Brief Nr. 32). Erst ein Jahr später, am 11. Februar 1855, beendete Storm den Essay, an dem er zwei Tage gearbeitet hatte. Der Artikel „Theodor Fontane" wurde dann am 18. Oktober 1855 im „Literatur-Blatt des Deutschen Kunstblattes" veröffentlicht; vgl. Briefe Nr. 61, Anm. 3 „den Artikel <…> an seine Bestimmung", und Nr. 62, Anm. 8 „Ihren Artikel <…> unbesehen", sowie den Abdr. auf S. 148–155. Zur Entstehung vgl. LL IV, S. 832–835.*

14 „Thomas Cranmers Tod": *Lepels Ballade „Thomas Cranmer's Tod", die in der „Argo" (1854) erstmals veröffentlicht wurde (S. 40–47).*

17 Brüder in Argo!: *Anspielung auf Lepels Widmung in seinem Band „Lieder aus Rom" (Berlin: Alexander Duncker 1846), die Fontane in Lepels Abwesenheit während der Feier von Storms 36. Geburtstag am 14. September 1853 in Berlin überreichte:* „Honni soit qui mal y pense! Bruder in Argo! zur Zeit noch verreist / Nach Vineta, Julin und Thule, / Kann ich nur, wie Banquo's Geist, / Unsichtbar-sichtbar mich setzen zu Stuhle. / Ihr B.v.L." *Die Widmung steht auf einem Blatt, das auf die innere Einbanddecke geklebt wurde. Das Widmungsexemplar befindet sich in Storms Bibliothek (StA Husum Tsp 270). Das Gedicht wurde irrtümlich Fontane zugeschrieben, so auch noch in GBA – Gedichte III, S. 36, und in der „Fontane-Chronik", weil es in Fontanes Handschrift überliefert ist. Fontane hatte diese Verse tatsächlich aber nur in Lepels Auftrag abgeschrieben, weil Lepel im September 1853 bei seiner Familie an der Ostsee weilte. Vgl. Gabriele Radecke: Theodor Fontane und Bernhard von Lepel. Ein literarisches Arbeitsgespräch in Briefen. Mit einem Geburtstagsgruß für Theodor Storm zum 14. September 1853. In: „Storm-Blätter aus Heiligenstadt" 12 (2006), S. 63–66.*

19 Herrn Th Fontane: *Dieser Hinweis zeigt an, dass Storm seinem Brief an Fontane eine Beilage für Fontane und den „Rütli" beigefügt hat.*

22 laue Bemerkung über die herrliche Rabbiata: *Der Rezensent hatte in der „Argo"-Kritik über Heyses „L'Arrabiata" nur beiläufig angemerkt, dass diese Erzählung* „eine recht anmuthige Lecture gewährt"*; vgl. „Deutsches Museum" 4 (1854), Nr. 4, 19.1.1854, S. 149.*

23 „der letze Censor": *Merckels satirische Erzählung „Der letzte Censor", die im ersten Band der „Argo" nicht zum Abdruck gekommen war; vgl. Brief Nr. 5, Anm. 13 „die zwei letztgenannten Fächer". Die Geschichte wurde erst postum in dem von Fontane hg. Band „Kleine Studien. Novellen und Skizzen von Wilhelm von Merckel" (Berlin: Enslin 1863, S. 65–78) veröffentlicht.*

(Zu 32) Fontane an Storm, Berlin, Dienstag, 14. Februar 1854. Antwortbrief auf Nr. 31 – Abdruck nach h (TFA)

Überlieferung

HBV: 54/6

H: Gertrud Storm (bis 1909), Friedrich Fontane (bis 1934/35), Meyer und Ernst 1933 (Nr. 35, Konvolut-Nr. 598), Stargardt 1933/34 (Nr. 344, Konvolut-Nr. 406; Nr. 345, Konvolut-Nr. 34, und Nr. 353, Konvolut-Nr. 80), und zuletzt vermutlich Kehler, dessen Autographensammlung im Zweiten Weltkrieg „vernichtet“ wurde (vgl. HFA IV/5,II, S. 103)

h: masch. Abschr. TFA (Ca 57) und SHLB (Cb 50.56:51,13)

E: Pniower, S. 1473–1475 (TD); Pniower/Schlenther I, S. 104–108

D: Auszug in NFA XV, S. 433 f.; Gülzow, S. 97–102 (Nr. 13); Coler I, S. 237–241; Erler I, S. 141–144; HFA IV/1, S. 374–377 (Nr. 176); Steiner, S. 68–71 (Nr. 30)

Abschrift

h (TFA) beschädigt; Schluss fehlt. Textverlust durch Papierausriss und Blattverschnitt am unteren Rand. Emendation und Textergänzung nach h (SHLB). Kursivschrift.

Ausgang/Eingang

Vermutlich übergab Fontane seinen Brief an Storm mit der Beilage persönlich während des Eichendorff-Diners bei Kuglers am 16. Februar 1854; vgl. Steiner, S. 154, Nr. 30.

Stellenkommentar

3 Ihr freundliches Briefchen: *Storm an Fontane, <3.>2.1854; vgl. Brief Nr. 31.*

5 Gehetztheit im Dienste des Staats: *Zu Fontanes beruflicher Tätigkeit vgl. Brief Nr. 15, Anm. 7 „meinem Zeitungschef <...> Abwesenheit“.*

6 eine Besprechung: *Es geht um Storms Artikel „Theodor Fontane“; vgl. Briefe Nr. 31, Anm. 12 „den Artikel über Sie <...> nach und nach zu Stande brächte“, Nr. 61, Anm. 3 „den Artikel <...> an seine Bestimmung“, und Nr. 62, Anm. 8 „Ihren Artikel <...> unbesehen“.*

11 übermorgen <...> großen Eichendorff-Diner: *Ein erstes Zusammentreffen zwischen Storm und Eichendorff durch Kuglers Vermittlung war schon für den 13. September 1853 geplant, als Storm in Berlin zu Gast im Hause Kugler war; die* „Irrfahrt“, *an der neben Storm und Kugler auch Kuglers Sohn Bernhard teilgenommen hatte, scheiterte an Eichendorffs Abwesenheit. Vgl. Bernhard Kugler an Clara Kugler, 21.9.1853, und Kugler an Clara Kugler, 12.9. und 15.9.1853; BSB – Heyse-Archiv Ana 549, Nr. 255, 121 f.; unveröff. Die* „Tour <...> mißglückte; er war verreist“; *vgl. Storm an Cons-*

tanze Storm, 14.9.1853 (H: SHLB Cb 50.53.2 I:05; StCSt, Nr. 9, S. 54). – Auf Storms Drängen fand dann das Treffen der Rütlionen mit Eichendorff am Donnerstag, dem 16. Februar 1854, bei Familie Kugler statt. Am 12. Februar 1854 hatte Kugler an Storm geschrieben: „Mein Verehrtester! Eichendorff hat mir versprochen, am nächsten Donnerstag bei uns zu Mittag essen zu wollen: wir bitten Sie also und Frau Constanze auf das Schönste, zu diesem Tage herüber kommen zu wollen. Sie haben aber wohl die Güte, mich umgehend wissen zu lassen, ob Ihrerseits auch nicht etwa ein Hinderniß obwaltet, da ich in diesem Fall doch Eichendorff rechtzeitig bitten müßte, uns einen andern Tag zu bestimmen. Von Herzen der Ihrige F. Kugler“ *(SHLB Cb 50.56:114,10; vgl. StKug, Nr. 10, S. 127). Am 13. Februar 1854 meldete dann Eggers Storm das bevorstehende Treffen mit Eichendorff; vgl. H: SHLB Cb 50.56:37,04; unveröff. – Seine Begegnung mit Eichendorff erfüllte Storm schon im Vorfeld mit großer Freude, wie er an seine Schwiegermutter, Elsabe Esmarch, am 8. Februar 1854 schrieb (H: SHLB Cb 50.51:13 II,26, StEs, Nr. 27, S. 44 f.). Auch Brinkmann erzählte Storm am 13. Februar 1854 von der bevorstehenden Bekanntschaft:* „Donnerstag wollen wir indeß zu Kuglers, um ein mÿthisches Diner bei ihm einzunehmen; der mir wenigstens vollständig zur Mÿthe gewordne Dichter Eichendorff, der still und den Meisten verborgen in Berlin lebt, wird nemlich mit uns diniren; ich habe Kugler angestiftet, daß er uns so zusammenbringe. Kugler selbst ist ein Kernmensch, simpel, treu und fest, und wird von mir u Constanze auf gleiche Weise verehrt.“ *Über das Diner berichtete Storm dann wenige Tage später:* „Das Eichendorff-Diner haben wir vorigen Donnerstag richtig genossen; E. ist ein liebenswürdiger alter Mann, mit weißen Haaren, still und bescheiden in seinem Wesen, mit milden blauen Augen, in denen aber wirklich seine ganze Romantik noch jetzt zu finden ist. Er erzählte uns, er sei, trotz seiner vielen ital. Schilderungen in den Novellen, nie in Italien gewesen. Fontane meinte, es sei doch was Famoses um solch alten Poëten, wenn's ein rechter sei“ *(H: SHLB 50.51:06,27; StBr, Nr. 29, S. 97 f.). Seinen Eltern schrieb Storm am 24. Februar 1854:* „Es war mir ein eignes Gefühl, einen Mann persönlich zu sehen und zu sprechen, mit dessen Werken ich seit 18 Jahren in intimstem Verkehr gestanden, und der neben Heine schon in meiner Jugend den größten Einfluß auf mich gehabt hat. Ich sagte ihm das auch, und er war sehr herzlich und lieb. Fontane brach nachher in die Worte aus: ‚Es ist doch was Famoses um einen alten Poeten, wenn es ein echter ist!‘“ *(H: SHLB Cb 50.53:03,08; Goldammer I, Nr. 59, S. 229 f.). Auch Constanze Storm schwärmte von dem Zusammentreffen mit Eichendorff gegenüber ihrer Mutter Elsabe Esmarch:* „<…> und wahrhaftig saß ich an diesem Mittag bei dem alten Freiherrn von E. es war ein sehr anmuthiger heiterer Mittag. Paul Heise, <…> brachte einen Toast aus in Versen, der sehr reizend war, so wie der ganze Mensch, die ganze Gesellschaft strahlte überhaupt von Heiterkeit“ *(H: SHLB Cb 50.51:13 II,27; StEs, Nr. 28, <März 1854>, S. 47). Vgl. auch Fontanes „Von Zwan-*

zig bis Dreißig: „Einmal gab es auch eine kleine Gesellschaft, Eichendorff zu Ehren, und Paul Heyse, damals kaum zweiundzwanzig, hielt ihm eine improvisierte Toastansprache in Versen. Er war so erregt dabei, daß ich durch den zwischen uns befindlichen Tischfuß sein Zittern fühlte. – Jener Eichendorff-Abend verlief im engsten Zirkel.“ *(1898, S. 302.)*

12 Abschrift der Argo-Kritik: *Storms Abschrift der Kurzbesprechung der „Argo“ im „Deutschen Museum“, die er als Beilage zu seinem Brief vom <3.> Februar 1854 an Fontane gelangen ließ; nicht überliefert. Vgl. Brief Nr. 31, Anm. 4 „Museum-Artikel, unter geistiger und körperlicher Selbstverleugnung“.*

13 am selben Tage stattfindenden Rütli: *Vgl. Brief Nr. 31, Anm. 3 „morgenden Rütli“.*

22 „anspruchsvolle Mittelmäßigkeiten“ <…> Frontmachen gegen das Berlinerthum: *Der Rezensent kritisierte, dass in der „Argo“ die* „Mittelmäßigkeit“ *und* „selbst die anspruchsvollste Mittelmäßigkeit“ *ziemlich reichlich vertreten sei, wobei er die Dichtungen von Lepel, Merckel und Goldammer meinte („Deutsches Museum“, 19.1.1854, Nr. 4, S. 149). – Die Rezension beginnt mit einer Darlegung der weitverbreiteten negativen Einschätzung der zeitgenössischen* „berliner Belletristik“, *die* „auswärts nicht im besten Rufe“ *stehe:* „der dürre Sand, behauptet man, aus dem die ‚Metropole der deutschen Bildung‘ sich erhebt, ist der poetischen Fruchtbarkeit nicht zuträglich, während der scharfe Wind, der die langen, geraden Gassen der Königsstadt durchweht, die Herzen erkältet und wenig oder nichts von jener Gemüthlichkeit aufkommen läßt, ohne die ein deutscher Poet noch immer nicht zu existiren vermag.“ *Ein* „berliner Dichterverein“, *so heißt es weiter, habe nun einen* „beachtenswerthen Versuch“ *gemacht,* „diese Vorwürfe zu widerlegen“. *Am Ende der Besprechung aber kann der Rezensent das Vorurteil gegen die Berliner Schriftsteller nur teilweise widerlegen, was Fontane offensichtlich nicht gefallen hat:* „So ist denn das Ganze bei seinem mannichfachen und abwechselnden Inhalt als eine recht geschickte Neuerung der sonst üblichen belletristischen Taschenbücher zu begrüßen und wünschen wir namentlich den Herausgebern, daß die Mühe, welche sie sich um das Unternehmen gegeben, durch eine freundliche Aufnahme beim Publicum belohnt werden möge. Wenigstens den Vorwurf, daß es in der berliner Literatur keine Gemüthlichkeit mehr gebe und daß die Dichter an der Spree nicht zusammenzuhalten wüßten, haben sie durch die ‚Argo‘ widerlegt; ob sie in dem andern Punkt ebenso glücklich gewesen sind, stellen wir dem persönlichen Geschmack des Lesers anheim.“

27 Aufsatz über Niendorf: *Am 10. Februar 1854 hatte Eggers Storm gebeten,* „binnen jetzt und spätestens Mittwoch die andere Woche den Artikel über die Liebesgedichte oder sonst etwas“ *für das „Literatur-Blatt des Deutschen Kunstblattes“ zu schreiben (H: SHLB Cb 50.56:37,3; unveröff.). Storm schickte daraufhin sein Manuskript der Rezension der „Lieder der Liebe von M. Ant. Niendorf. Berlin, Carl Barthol, 1854“, die Eggers dann am 11. Februar 1854 im „Rütli“ vorlas. Die Besprechung erschien*

wenige Tage später – zusammen mit Storms Kritik über Prellers „Neunzig Lieder und neun polemische Episteln" – am 23. Februar 1854 im „Literatur-Blatt des Deutschen Kunstblattes" (Nr. 4); vgl. Karl Ernst Laage: Der handschriftliche Nachlaß Theodor Storms. In: Laage 1988, S. 156–209, hier S. 206. Im Oktober 1854 empfahl Storm dann Mörike die Rezension, wobei er aber einräumte, dass er die beiden Artikel eigentlich nur aus Gefälligkeit gegenüber Eggers geschrieben habe: „Falls Ihnen das Eggerssche Kunstblatt <…> zur Hand sein sollte, so sehen Sie sich vielleicht einmal die von mir geschriebenen drei Artikel über Niendorffs Lieder der Liebe, Julius v. Rodenberg und Klaus Groths Paralipomena in dem dazu gehörigen Literaturblatt pr. 1854 an. Die besprochenen Bücher sind unbedeutend und die Artikel nur geschrieben, um Freund Eggers in seinen Redactionsnöthen beizustehn; aber ich habe dabei Gelegenheit genommen meine Meinung über dieß und das in lyricis zu sagen, und ich möchte wohl daß Sie davon Notiz nähmen. Es könnte mancher brieflichen Aeußerung zum Fundamente dienen." *(H: DLA A: Mörike; StMör, Nr. 6, S. 44.)*

32 schriftlich durch Redacteur Eggers: *Am 13. Februar 1854 informierte Eggers Storm kurz und bündig über die Rütli-Sitzung:* „Im Rütli vorgelesen. Sehr bebeifallt. An einer Stelle Debatte, wobei Ihre Gegenwart interessant gewesen wäre; aber die Stelle nicht weiter für den Druck beanstandet. Nochmals besten Dank." *(H: SHLB Cb 50.56;37,04; unveröff.)*

34 ausgeprägte Vorliebe für die Historie: *Vgl. die Geschichtsstunden des Vaters Louis Henri Fontane in: „Meine Kinderjahre" (Berlin: Friedrich Fontane & Co. 1894, Kap. 13).*

40 Bourmont und Duperré: *An der frz. Eroberung von Algier (1830) waren Marschall Louis August Victor de Ghaisnes, Graf von Bourmont und der Kontre-Admiral und Oberbefehlshaber der Flotte Victor Guy Comte de Duperré beteiligt. Bourmont erhielt nach dem Sieg den Rang des Marschalls, Duperré wurde Admiral. Vgl. Fontane: „Meine Kinderjahre", Kap. 12, S. 192 f.*

41 Schlacht bei Ostrolenka: *Im Zuge des Pariser Juli-Aufstands (der sogenannten Juli-Revolution vom 26. bis 29. Juli 1830) wurde Karl X. am 2. August 1830 gestürzt und sein Nachfolger Louis Philippe übernahm die Macht. Auch in Polen war es zu Kämpfen um die Freiheit, politische Unabhängigkeit und nationale Einheit gekommen. Nach der dritten Teilung Polens 1795 wurde 1815 auf Beschluss des Wiener Kongresses das konstitutionelle Königreich Polen (Kongresspolen) gegründet, das in Personalunion mit Russland regiert wurde. Die Erhebung gegen die russische Unterdrückung begann am 28. November 1830 mit der Erstürmung des Schlosses Belvedere in Warschau, was 1831 zu militärischen Auseinandersetzungen zwischen der polnischen und der russischen Armee führte. Mit der Schlacht bei Ostrołęnka am Narew am 26. Mai 1831 erlitten die polnischen Truppen eine schwere Niederlage, die das Ende der Erhebungen einleitete und 1832 zur Auflösung des polnischen Nationalstaats führte. In Deutschland lösten die polnischen Aufstände eine große Polenbegeisterung aus; die*

Ereignisse schlugen sich auch in der Dichtung nieder, etwa in den „Polenliedern“ Georg Herweghs, August von Platens und Nikolaus Lenaus, die Fontane mit Begeisterung gelesen hat. Vgl. Fontane: „Meine Kinderjahre“, Kap. 12, S. 193 f.

48 Crecy und Poitiers: *Die Schlacht bei Crecy (25.8.1346) und die Schlacht von Poitiers (19.9.1356) gehören zu den beeindruckenden Ereignissen der Militärgeschichte des Mittelalters, in denen die Engländer die weit überlegenen Franzosen vernichtend schlugen. Vgl. „Meine Kinderjahre“, Kap. 13, S. 235.*

49 auf die hiesige Gewerbeschule: *Zur Vorbereitung für seine Ausbildung zum Apotheker trat Fontane am 1. Oktober 1833 in die Gewerbeschule des Geographen und märkischen Geschichtsforschers Karl Friedrich von Klöden (1786–1856) ein.*

52 Chamisso's Salas y Gomez: *Chamissos Gedicht „Salas y Gomez“ entstand 1829 und wurde zuerst im „Musenalmanach für das Jahr 1830“ (hg. von Amadeus Wendt) veröffentlicht.*

52 Terzinen <…> Schlacht bei Hochkirch: *Terzine: (ital. terza rima) eine aus Italien stammende Gedichtform, erstmals belegt in Dantes „Die göttliche Komödie“. Terzinen bestehen aus drei Verszeilen im Kettenreimschema. – Fontanes Gedicht <„Die Schlacht bei Hochkirch“> entstand entweder 1834 (*„In meinem 15ten Jahre“*) oder 1838; vgl. „Von Zwanzig bis Dreißig“, „Berlin 1840. Kap. 1“. – Am 14. Oktober 1758 griffen österreichische Truppen unter General Leopold Joseph Maria Graf von Daun (1705–1766) bei Hochkirch in der sächsischen Lausitz die preußische Armee Friedrichs II. überraschend an und zwangen sie zum Rückzug. Die Preußen erlitten herbe Verluste und bemühten sich vergeblich, vom Friedhof aus die verlorenen Positionen zurückzuerobern. Die Schlacht, die die Niederlage der preußischen Truppen endgültig besiegelte, wurde in vielen Gemälden festgehalten; u.a. auch von Menzel („Friedrich der Große und die Seinen in der Schlacht bei Hochkirch 13./14. Oktober 1758“, 1856). Die Schlacht, insbesondere die Verteidigung vom Friedhof aus, spielt in Fontanes erzählerischem Werk eine Rolle, so etwa im „Schach von Wuthenow“ (Kap. 14) und in den „Poggenpuhls“ (Kap. 2).*

54 Heinrich IV: *Fontanes nicht überliefertes Epos „Heinrich IV.“ (auch „Heinrichs IV. erste Liebe“ genannt) entstand 1840; vgl. „Von Zwanzig bis Dreißig“ (1898, S. 32).*

55 erste Ballade <…> Pizarro: *Fontanes erste Ballade, „Vergeltung“, entstand nicht 1837, sondern 1839. Sie wurde zuerst am 10. und 11. März 1840 im „Berliner Figaro“ veröffentlicht; vgl. GBA – Gedichte II, S. 17, und Anm., S. 508 f. Anregung für die Entstehung der Ballade, in der es um die Unterwerfung des Inkareichs (Peru und Chile) von 1531–1537 durch den spanischen Feldherrn Francisco Pizarro geht, war Joachim Heinrich Campes Jugendbuch „Die Entdeckung von Amerika“ (Braunschweig 1780), das in Fontanes Kindheit zu seiner Lieblingslektüre zählte.*

59 Leipzig: *Fontane wohnte vom 1. April 1841 bis Ende Mai 1842 in Leipzig, wo er als zweiter Rezeptar in Ludwig August Neuberts Apotheke „Zum weißen Adler“ in der*

Hainstraße arbeitete; vgl. Klaus-Peter Möller: „Sehr guten Kenntniße der Chemie Pharmacie Botanik und Latinität". Fontanes Zeugnisse aus seiner Ausbildungszeit zum Apotheker als biographische Quellen. In: FBl 73 (2002), S. 8–41, hier S. 12.

60 Herwegh-Zeit <…> Schwindel: *Herweghs „Gedichte eines Lebendigen" (1841) lösten eine große nationale Begeisterungswelle aus. Auch Fontane schwärmte für den tonangebenden politischen Lyriker des deutschen Vormärz und beteiligte sich am* „Herwegh=Klub", *der radikale Burschenschafter versammelte. Vgl. Fontanes „Von Zwanzig bis Dreißig", „Mein Leipzig lob' ich mir", Kap. 4, S. 145–163.*

61 Tunnel: *Vgl. die Informationen über die Begriffe und Rituale des „Tunnels" im Anhang, S. 465–468.*

63 „Towerbrand" <…> eine Art Sensation: *Fontanes Gedicht entstand zwischen Juni und Dezember 1844; am 15. Dezember 1844 las er es im „Tunnel" vor; vgl. UB der HU Berlin; „Tunnel", Protokolle, 18. Jg., 3. Sitzung. 1851 wurde es erstmals in den „Gedichten" veröffentlicht (Berlin: Reimarus, S. 198–202). Fontane hatte Storm ein Exemplar geschenkt; dieser Band ist noch in Storms Bibliothek im StA Husum überliefert (Tsp 275).*

67 „Rosamunde": *Theodor Fontane: „Von der schönen Rosamunde. Ein episches Gedicht" (Dessau: Gebrüder Katz 1850).*

67 neusten Argo-Beiträgen: *Fontane veröffentlichte in der „Argo" (1854) die Balladen „Johanna Gray", „Die Hamilton's oder die Locke der Maria Stuart" und „Sir Walther Raleigh's letzte Nacht", die „Alt-Englischen Balladen" („Der Aufstand in Northumberland", „Sir Patrick Spens", „Edward, Edward", „Jung Musgrave und Lady Barnard", „Die Jüdin", „Lord Murray" und „Robin Hood") sowie die drei Novellen „Goldene Hochzeit", „James Monmouth" und „Tuch und Locke".*

71 heimathlicher Erde: *Anspielung auf den Riesen Antajos in der griech. Mythologie, der immer dann neue Kräfte sammeln konnte, wenn er die Erde, seine Mutter, berührte. Darauf bezieht sich auch Heinrich Heine in: „Deutschland. Ein Wintermärchen" (Caput 1:* „Seit ich auf deutsche Erde trat, / durchströmen mich Zaubersäfte – / Der Riese hat wieder die Mutter berührt, / Und es wuchsen ihm neue Kräfte."*).*

82 übermorgen <…> bei Kuglers <…> Stachel die Spitze: *Storm traf Merckel zuletzt beim Eichendorff-Diner am 16. Februar 1854; Näheres nicht ermittelt.*

87 „Männer und Helden" <…> Schwab <…> *freundliche Kritik: Am 19. Oktober 1849 hatte sich Fontane auf Lepels Anraten an Gustav Schwab, den Berater des Cotta-Verlags, wegen der Erstveröffentlichung seiner „Gedichte" gewandt. Die „Verhandlungen" wurden im Mai 1850 mit Cottas Ablehnung beendet; vgl. den Briefwechsel zwischen Fontane und Lepel, insbesondere die Briefe Fontanes an Lepel vom 5. Oktober 1850, Anm. „Schwabs Vermittelung", sowie vom 17. April 1850, Anm. „Sachen nach Stuttgart" (Nr. 113). Am 18. April 1850 hatte Fontane Schwab dann u.a. ein Exemplar seiner „Männer und Helden" zukommen lassen; vgl. HFA IV/1, Nr. 53, S. 114. Ob*

Schwab eine Rezension darüber geschrieben hat oder ob Fontane sich einfach nur auf Schwabs Kritik in einem Brief an Fontane bezieht, ist nicht ermittelt. – Das Exemplar der „Männer und Helden" mit Schwabs Besitzervermerk, das Fontane seinem Brief an Storm beilegte, ist in Storms Bibliothek im StA Husum nicht überliefert. – Storm hatte in seinem Brief vom <3.> Februar 1854 (Nr. 31) um die „12 Preuß. Heldengedichte" *(Fontanes „Männer und Helden") sowie um* „Notizen" *über Fontanes Balladen gebeten; vgl. Nr. 31, S. 55.*

(Zu 33) Storm an Fontane, Potsdam, Montag, 27. Februar 1854 – Abdruck nach H

Überlieferung

H: *SHLB (Cb 50.51:15,17)*
h: *masch. Abschr. TFA (Ca 689)*
E: *Steiner, S. 71 f. (Nr. 31)*

Handschrift

1 Blatt (20,8 cm x 14,0 cm), S. 1 beschriftet, S. 2 Anschrift und Siegelrest; weißes Papier.

Auf Seite 1, oberhalb von: „Vorgestern habe ich" *(Zeile 19), wurde ein Zettel mit Storms Notiz* „An Theodor Fontane" *aufgeklebt, die eine Bemerkung Mörikes über Fontanes „Männer und Helden" enthält. Da das Zitat aus einem im April geschriebenen Brief Mörikes an Storm stammt und Fontane sich erst am 3. Mai 1854 dafür bedankte (vgl. Brief Nr. 42), kann das Blatt nicht zusammen mit Storms Brief an Fontane vom 27. Februar 1854 nach Berlin gelangt sein, sondern erst zu einem späteren Zeitpunkt. Der Zusatz* „An Theodor Fontane" *lässt vermuten, dass es sich um eine Briefeinlage handelte, die Storm zusammen mit einem Brief an einen anderen Adressaten abgeschickt hatte. Die Notiz wird deshalb nicht wie in Steiners Edition nach der zufälligen archivalischen Ordnung als Beilage zu Storms Brief an Fontane vom 27. Februar 1854 ediert, sondern als eigenständiger Brief an Fontane (vgl. Nr. 41, <nach dem 21. April 1854>). Obwohl dieser Zusammenhang bereits von Lohmeier 1982 richtiggestellt wurde (S. 48), ist Storms Notiz für Fontane auch in der „Fontane-Chronik" unter dem falschen Datum (27.2.1854) eingereiht worden (vgl. Bd. I, S. 417).*

Einschluss

– „einen Brief an Mörike": *Storms Brief an Mörike, 1. März 1854, mit dem Adressatenhinweis* „Herrn Dr. Eduard Mörike in Stuttgart" *(DLA A: Mörike; vgl. StMör, Nr. 4, S. 33f.).*

Ausgang
Potsdam Bahnhof: 28. Februar (vgl. Poststempel).

Eingang
Am 28. Februar (vgl. Poststempel).

Stellenkommentar

2 einen Brief an Mörike: *Storm hatte seinen Brief an Mörike offenbar auf den 1. März 1854 vordatiert. Er schrieb u.a.:* „Ich komme dießmal betteln, verehrter Mann. Es gilt mit Hülfe von Dichtern und Malern für meine Frau, die mit den Kindern bei mir ist, zum Geburtstage d. 5 Mai, ein Album zu Stande zu bringen. Dürfte ich darauf rechnen, zu diesem Zweck von Ihnen Ihr unergründlich schönes ‚Früh, wann die Hähne krähn', von Ihnen geschrieben und unterschrieben, zu erhalten? <…> Die anliegende Argo bitten wir, Constanze und ich, Frau Gretchen wolle ihr freundlich einen Platz in Ihrer Bibliothek vergönnen! Meine Sachen darin bedürfen freilich sehr der Nachsicht; dagegen werden Sie sich gewiß an Paul Heÿses ‚Rabbiata' und der Fontaneschen Bearbeitung der Perceÿballaden erfreuen. Von Ersterem, dem Vf. Des Aufsatzes ‚Ed. Mörike' in N 1. des Literaturblatts des deutschen Kunstblatts, habe ich Ihnen die wärmsten Grüße zu bestellen. <…> Darf ich bis zum 5 Mai auf eine Antwort hoffen. Ich bitte Sie herzlich darum; und wollen Sie mir speciell eine Freude machen, so legen Sie außer dem vorhin Erbetenen noch ein oder andres Ungedrucktes bei, da die dritte Auflage noch immer nicht erschienen ist" *(H: DLA A: Mörike; StMör, Nr. 4, S. 33 f.).*

4 Verleger <…> in Correspondenz stehen: *Fontanes Briefwechsel mit Moritz Katz wegen der zweiten Aufl. der „Argo" ist – bis auf wenige Briefe – nicht überliefert; vgl. Klaus-Peter Möller: Die erste Ausfahrt der „Argo". Rekonstruktion eines Verlagsprojekts. Mit zwei Briefen Theodor Fontanes an den Gebr. Katz Verlag. In: FBl 82 (2006), S. 34–57.*

5 M's unzweifelhafter Faulheit: *Mörike war – bis auf wenige Ausnahmen – ein* „säumiger" *Briefschreiber; so hatte er auch Storm erst zweieinhalb Jahre später, am 26. Mai 1853, auf dessen ersten Brief vom 20. November 1850 „geantwortet". Es war aber offensichtlich nicht nur Mörikes* „Faulheit", *die für das Ausbleiben der Briefe verantwortlich gewesen ist. Vgl. zu den Gründen Brief Nr. 70, Anm. 8 „viel von Mörike erzählen".*

6 vor d. 5 Mai: *Storm hatte Mörike um ein Autograph für das „Album für Constanze" zum Geburtstag am 5. Mai 1854 gebeten; vgl. StMör, Nr. 5 f., und Brief Nr. 43, Anm. 5 „Mörike <…> stundenlanger Brief".*

6 Menzel <…> schriftlich gebeten: *Storms Brief an Menzel, vor dem 27. Februar 1854, ist nicht überliefert und in der Edition „Adolf Menzel Briefe" nicht erschlossen (Bd. 1: 1830 bis 1855. Hg. von Claude Keisch und Marie Ursula Riemann-Reyher. München 2009, S. 310).*

9 neulich über sich: *Vgl. Fontanes ausführlichen Lebenslauf in Brief Nr. 32, S. 56 f.*

10 Landmesserexamen: *Mathematisch begabte Bauern, insbesondere die Friesen, wurden bis ins 19. Jahrhundert für die Landvermessung eingesetzt. Sie zogen ihre Kenntnisse über die praktische Geometrie und ihre Anwendungen sowie über den Umgang mit Zeichengeräten aus Lehrbüchern und wurden vereidigt. Ein prominenter Landvermesser war der Friese Hans Mommsen (1731–1811) aus Fahretoft, das außerliterarische Vorbild für Hauke Haien im „Schimmelreiter", auf den Storm am Anfang der Novelle anspielt. Vgl. Paulsen/Sörensein: Hans Momsen. Ein Zahl-, ein Maß- und auch ein Kraftmann. Ein Friese. (Die Friesen rechnen gut.) Nach Paulsen und Sörensen in den Prov. Berichten 1813 und 14. In: Schleswig-Holsteinischer Gnomon, ein allgemeines Lesebuch insonderheit für die Schuljugend. Hg. von Claus Harms. Kiel: Kgl. Schulbuchhandlung 1843, S. 43–46.*

14 Widmungsgedicht: *Vermutlich „An den Grafen Schwerin (zur Zeit Präsident der zweiten Kammer)", das letzte Gedicht in Fontanes Sammlung „Männer und Helden" (Berlin: Hayn 1850); vgl. LL IV, S. 838.*

19 Gesellschaft bei Gosslers: *Über das gastfreundliche und musische Haus des Kreisgerichtsdirektors Goßler, zu dem Storm durch die Vermittlung Henriette von Merckels seit September 1853 Zugang hatte, äußerte sich Storm gegenüber Brinkmann am 13. Februar 1854:* „Das persönliche Verhältniß mit meinen ‚Collegen' den Räthen und dem Director v. Gossler <…> ist das allerbeste. Mit dem Letzern und Frau haben wir so gemüthlichen Umgang, daß wir uns gegenseitig Abends zum Thee besuchen, wo dann nicht Jurisprudenz, sondern Poësie, auch wohl Musik (G spielt gut Violoncell) getrieben wird" *(H: SHLB Cb 50.51:06,27; StBr, Nr. 29, S. 96). Am 25. Februar 1854 fand die gesellige Zusammenkunft bei Goßler statt, zu der Sophie von Goßler Constanze und Theodor Storm eingeladen hatte:* „Sie würden uns eine große Freude machen, werthe Frau Storm, wenn Sie uns in Gemeinschaft mit Ihrem lieben Manne, den heutigen Abend schenkten! Wir haben heute ein kleines Kranzchen bei uns, das aus 6 Familien unserer nächsten Bekanntschaft besteht, und Sie sollen uns dabei aufs Herzlichste willkommen sein. – Hat Ihr lieber Mann irgend eine hübsche Kleinigkeit zum Vorlesen, so wäre es sehr freundlich von ihm, wenn er sie mitbrächte. – Mit den freundlichsten Grüßen an Ihren Gemal u: die Kinder Ihre Ihnen herzlich ergebene SophievGossler." *(25.2.1854; H: SHLB Cb 50.58:24; unveröff.) – Offenbar fand Storm bei Goßlers Gesellschaften immer wieder Gelegenheit, seine eigenen Texte und die Dichtungen anderer vorzulesen. Vgl. Anm. 49 „Merkels Frau <…> bei der letzten Visite".*

(Zu 34) Storm an Fontane, Potsdam, Montag, <13. März 1854> – Abdruck nach H

Überlieferung
H: SHLB (Cb 50.51:15,18)
E: Steiner, S. 72 f. (Nr. 32) <datiert auf: „März 1854", bzw. „9.3. bis 23.3.1854">

Handschrift
1 Blatt (27,3 x 21,2 cm), S. 1 beschriftet; blaues dünnes Papier. Am oberen Blattrand von Fontanes Hand: „März 1854."

**Beilage*
*Storms Rezension von Julius Rodenbergs „Lieder" (Manuskript) für das „Literatur-Blatt des Deutschen Kunstblattes" („*Umarbeitung des Rodenberg*"), nicht überliefert; vgl. Karl Ernst Laage: Der handschriftliche Nachlaß Theodor Storms. In: Laage 1988, S. 156–209, hier S. 207.*

Datierung
*Steiners Datierungsvorschlag „9.3. bis 23.3.1854" ist zu ungenau; er wurde auch in der „Fontane-Chronik" übernommen (Bd. I, S. 417). Zum einen wurden die Wochentage nicht berücksichtigt, zum anderen fehlen Hinweise auf zwei Ereignisse, die das Datum präzisieren: der 18. März, der Termin der „*nächste<n>*" „Rütli"-Sitzung", und der 9. März 1854, das Erscheinungsdatum der Rezension von Roquettes „Herr Heinrich". Storms Brief an Fontane kann infolgedessen nur am Montag, dem 13. März 1854, geschrieben worden sein.*

Stellenkommentar

2 Umarbeitung des Rodenberg <…> wenig Druckbares: *Fontane übergab das überarbeitete Manuskript, das er mit Storms Brief erhalten hatte, am 25. März 1854 Eggers; vgl. Brief Nr. 36.*

2 Rütli in nächster Sitzung: *Am 18. März 1854 bei Fontane; vgl. Fontane an Lepel, 18.3.1854, FLep I, Nr. 265, S. 385. Fontane las Storms Rezensionen in Heyses Anwesenheit vor.*

6 Bemerkung Lepels: *Der erste Satz von Storms Besprechung der „Lieder" von Julius Rodenberg lautet:* „Erst in neuerer Zeit hat die Kritik mit einer tieferen Auffassung der Form in der Poesie begonnen." *Über das Gespräch mit Lepel, der im Freundeskreis als ein Meister der Form und Metrik galt, ist nichts Näheres bekannt.*

11 Anerkennung Geibels <…> schwache Seite: *Storm beginnt seine Besprechung mit einem Exkurs über die Formvollendung der Poesie. Er unterscheidet zwischen der sogenannten „*‚schönen Form‘, deren Wesen man in den rhythmischen und musikali-

schen Wohllaut des Verses setzte, ohne dabei ein nothwendiges Verhältniß derselben zum Inhalte zu verlangen", *und der formvollendeten* „poetischen Form", „in welcher der eigenthümliche Gehalt eines Stoffes zum poetischen Ausdruck gebracht wird". *Die zweite Ausprägung sei die* „recht eigentlich<*e*> Sache des Talentes", *weil nur sie* „ihrer Natur nach schon einen künstlerischen Stoff und ein intimes Verhältniß des Dichters zu demselben voraussetzt". *Storm stellt Rodenberg in die Tradition Geibels, den* „recht eigentliche<*n*> Dichter der schönen Form", *der zwar* „in dieser Richtung das Mögliche und ohne Zweifel höchst Anerkennungswerthes geleistet" *habe, dennoch durch die* „Handhabung der <*schönen*> Form" *zur* „Routine <...> führt." *In der Vergangenheit war es immer wieder zu Diskussionen über Geibel gekommen, über dessen Talent Storm – im Unterschied zu Kugler etwa – in diesem Sinne Kritik übte; vgl. Fontanes „Der Tunnel über der Spree. Viertes Capitel. Theodor Storm", Abdr. auf S. 192. Vgl. auch Brief Nr. 36, Anm. 26 „ganz meinem Urtheil über Rodenberg".*

16 „Herr Heinrich": *Am 9. März 1854 wurde im „Literatur-Blatt des Deutschen Kunstblattes" die Rezension von Roquettes Versepos „Herr Heinrich. Eine Deutsche Sage" (Stuttgart/Tübingen: Cotta 1854) wie die meisten Beiträge anonym veröffentlicht (vgl. Nr. 5, S. 17 ff.). Näheres nicht ermittelt.*

25 Hemmingstädtromanze!: *Fontanes Ballade „Der Tag von Hemmingstedt", in der Fontane auf der Grundlage von F.C. Dahlmanns „Geschichte von Dänemark" (Bd. 3, Hamburg 1843, S. 293–300) die „Bauernschlacht" bei Hemmingstedt (Süderdithmarschen; 17. Februar 1500) verarbeitete. Dabei wurde das überlegene Fürstenheer unter König Johann I. von Dänemark und Herzog Friedrich von Schleswig-Holstein durch ein Dithmarscher Bauernheer unter Wulf Isebrand vernichtend geschlagen. Der Sieg ermöglichte den Dithmarscher Bauern den Bestand und den Ausbau ihres Freistaats bis 1559, bis sie unter die Herrschaft der Herzöge von Schleswig-Holstein kamen. Die Ballade entstand zwischen Ende 1850 und Februar 1851; am 30. März 1851 gewann Fontane eine „Tunnel"-Konkurrenz; vgl. Lepel an Fontane, 21.10.1850 (FLep I, Nr. 143, S. 222), und 2.4.1851 (FLep I, Nr. 152, S. 238 f.), sowie Anm. in FLep II. Vgl. Brief Nr. 36, und *Beilage. Storm erwähnt die Ballade in seinem Essay „Theodor Fontane"; vgl. den Abdr. auf S. 151.*

(Zu 35) Storm an Fontane, <Potsdam, Freitag, 24. März 1854> – Abdruck nach H

Überlieferung

H: *SHLB (Cb 50.51:15,19)*

E: *Steiner, S. 73 f. (Nr. 33) <datiert auf: „Vor dem 27. März 1854">*

Handschrift

1 Doppelblatt (22,4 x 13,9 cm), S. 1–2 beschriftet, S. 4 Adressatenzusatz; blaues Papier. Auf S. 4 zentriert: „An Fontane". *Am oberen Blattrand (S. 1) von Fontanes Hand:* „Oktober 1854.", *von fremder Hand wurde* „Oktober" *mit Bleistift durchgestrichen und ersetzt durch: „April", dann von anderer fremder Hand gestrichen „~~April~~" und hinzugefügt „Vor dem 27. März vgl. Fontane Briefe 2 Smlg. S. 109".*

Datierung/Ort

Das Datum 24. März 1854 erschließt sich aus der im Brief erwähnten „Rütli"-Sitzung („morgen") *sowie aus Fontanes Antwort vom 27. März 1854. In Steiners Edition wurde der Brief noch ungenau auf „vor dem 27. März 1854" datiert; ebenso in der „Fontane-Chronik" (vgl. Bd. I, S. 418).*

Stellenkommentar

2 2 für die Argo: *Storm hatte ein Exemplar der „Argo" über den Verleger Katz Mörike zukommen lassen; vgl. Storm an Fontane, 27.2.1854; Brief Nr. 33.*

4 qu. Album <…> äußerlich ganz einfach: *Das „Album für Constanze" (StA Husum); vgl. Brief Nr. 36, Anm. 13 „sehr reizendes Album <…> des meinigen <…> die Einzeichnungen", und Briefe Nr. 37, 42–44 und Anm.*

8 Menzel recht verstanden: *Sollte Menzel sich in einem Brief an Storm darüber geäußert haben, dann ist dieser Brief nicht überliefert. Menzel stellte zwei Drucke für das „Album für Constanze" zur Verfügung, die nachträglich eingeklebt wurden: Das Frontispiz zum „Spanischen Liederbuch" (Federzeichnung; Blatt 36 recto) und den Originaldruck „Gefangenenzug im Wald" (1851; Blatt 74 recto).*

9 morgen einmal fragen: *Bei der nächsten „Rütli"-Sitzung am 25. März 1854; Näheres nicht ermittelt.*

13 Kugler: *Vgl. Kuglers Gedicht-Abschrift „Rudelsburg" vom 29. April 1854; Brief Nr. 42, Beilage.*

13 Lepel: *Lepel erfüllte Storms Wunsch nicht; vgl. Brief Nr. 42, Anm. 5 „Lepel <…> schreibt mir eben".*

14 Heise <…> Jungbrunnen: *Heise stellte eine Abschrift der Ballade „Ein Bruder und eine Schwester" zur Verfügung, dessen vierte Strophe Storm aus dem Gedächtnis zitiert:* „Die Engel im Himmel sich's zeigen / Entzückt bis in Herzensgrund, / Wenn Bruder und Schwester sich neigen / Und küssen sich auf den Mund." *Das Gedicht gehört zu dem Märchen „Glückspilzchen", das in Heyses Sammlung „Der Jungbrunnen. Neue Märchen von einem fahrenden Schüler" (Berlin: Alexander Duncker 1850) erstmals veröffentlicht wurde (vgl. S. 27). Storms Exemplar ist im StA Husum nicht überliefert. Vgl. Brief Nr. 18, Anm. 45 „fahrende Schüler", und die Beilage zu Brief Nr. 42. – „Roggenmuhme" nicht ermittelt.*

18 Von Ihnen <…> „zur Verlobung." <…> Stuartlied: *Fontane steuerte nicht sein Gedicht „Verlobung" bei, das Storm vermutlich durch die Erstausgabe der „Gedichte" (Berlin: Reimarus 1851, S. 238 f.) kannte, sondern das „Puritaner-Lied. (aus: James Monmouth)", das in der „Argo" (1854) erstmals veröffentlicht wurde; vgl. Brief Nr. 42, Beilage.*

19 Eggers <…> „Wedder to Huus": *Storm kannte Eggers' plattdeutsches Gedicht durch die Veröffentlichung in der „Argo" (1854); vgl. die Beilage zu Brief Nr. 42.*

22 Argolied <…> Menzelsche Argobild: *Fontanes „Argo-Lied", dessen erste zehn Strophen während eines Diners im Hause Kuglers nicht am 14. September, sondern bereits am 8. September 1853 nach der Melodie „O Schill, dein Säbel tut weh" gesungen wurden; vgl. Kugler an Clara Kugler, 9. September 1853 (BSB – Heyse-Archiv Ana 459, Bl. 120; unveröff.). Die Strophen 11–17 entstanden nach Gutzkows „Argo"-Kritik in den „Unterhaltungen am häuslichen Herd" im Dezember 1853; vgl. Brief Nr. 28, Anm. 21 „Gutzkow hat auch abgeschossen". Vgl. GBA – Gedichte III, S. 43–45; Anm. S. 452–464. In das „Album für Constanze" fanden schließlich weder Fontanes „Argo-Lied" noch Menzels Argobild Eingang (vgl. Brief Nr. 13, Anm. 100 „doch noch vielleicht ein Argo-Bild <…> Menzel"), sondern Merckels Eingangsverse zur „Argo" (1854;* „Um den Preis geritten Jahr aus Jahr ein wird rings auf dem Hippogrÿphen"*) in eigenhändiger Abschrift; vgl. die Beilage zu Brief Nr. 42.*

25 etwas besser <…> wieder in den Acten: *Am 12. März 1854 war Storms sechswöchige Magenkur abgeschlossen; vgl. Brief Nr. 31, Anm. 6 „Magenzaubrer* Voigt*", und Einführung, S. XXVI f., sowie Storm an seine Eltern, 16.3.1854 (H: SHLB Cb 50.53:03,09; „Briefe in die Heimat", S. 37–40).*

25 sub rosa: *(lat.): ‚unter der Rose', soviel wie ‚unter dem Siegel der Verschwiegenheit'.*

26 ein Stück Poesie: *Möglicherweise Storms „Im Sonnenschein"; vgl. Brief Nr. 50, Anm. 42 „‚Im Sonnenschein'".*

33 An Fontane: *Der Adressatenhinweis lässt vermuten, dass es sich bei Storms Brief an Fontane um einen Einschlussbrief handelt; Näheres nicht ermittelt.*

(Zu 36) Fontane an Storm, Berlin, Montag, 27. März 1854. Antwortbrief auf Nr. 35 – Abdruck nach h (TFA)

Überlieferung

HBV: 54/9

H: Gertrud Storm (bis 1909), Friedrich Fontane (bis 1934/35), Meyer und Ernst 1933 (Nr. 35, Konvolut-Nr. 598), Stargardt 1933/34 (Nr. 344, Konvolut-Nr. 406; Nr. 345, Konvolut-Nr. 34, und Nr. 353, Konvolut-Nr. 80) und zu-

letzt vermutlich Kehler, dessen Autographensammlung im Zweiten Weltkrieg „vernichtet" wurde (vgl. HFA IV/5,II, S. 103)

h: *masch. Abschr. TFA (Ca 58) und SHLB (Cb 50.56:51,14)*

E: *Pniower/Schlenther I, S. 109–111*

D: *Gülzow, S. 103–105 (Nr. 14); Steiner, S. 74–76 (Nr. 34)*

Abschrift

h (TFA) beschädigt; Textverlust durch Papierausriss. Emendation nach h (SHLB). Kursivschrift.

Stellenkommentar

4 14 Tage vergehen lasse: *Fontane bezieht sich auf Storms Brief vom <13.3.1854>, den er noch nicht beantwortet hat; vgl. Nr. 34.*

8 einen leidlich fixen Kerl: *Zu Storms Krankheit vgl. die Einführung, S. XXVI f.*

8 „Argo" 2ter Jahrgang: *Der zweite Band der „Argo" erschien erst für 1857; vgl. Brief Nr. 5, Anm. 6 „belletristischen Unternehmen <...> verschiedener Aufsätze <...> Mitte Juni".*

10 Mensch Fontane <...> Redakteur: *Anspielung auf Storms Geschenk für Fontane, die eigenhändige Abschrift seines Gedichts „Im Herbste 1850.", das Storm mit einem Gruß <um den 6. Februar 1853> an Fontane geschickt hat. Fontane bereitete es als Redakteur der „Argo" dann für den ersten Band vor; vgl. Brief Nr. 2 und Einführung, S. XIX f.*

13 sehr reizendes Album <...> des meinigen <...> die Einzeichnungen: *Emilie Fontane besorgte ein Folio-Album im Querformat (Breite x Höhe: 28,5 x 22,0 cm), das in weinrotem Ledereinband gebunden sowie mit Goldschnitt und golden umrandeter Aufschrift „*Album*" ausgestattet ist. Wie von Storm gewünscht, enthält das Album 87 sich in zwei Farben (braun und cremfarbig) und in der Stärke (fester und leichter Karton) unterscheidende Blätter. Zur Beschriftung, mit der die Rütlionen am 1. oder 8. April 1854 begonnen haben („*nächsten Sonnabend*"), und zum Einklebeverfahren vgl. Briefe Nr. 37 und 42. – Fontanes Album ist nach Auskunft von Klaus-Peter Möller (Theodor-Fontane-Archiv) nicht überliefert.*

18 Heyse's Verslein <...> fort nach München: *Heyses „Ein Bruder und eine Schwester" für das „Album für Constanze"; vgl. Brief Nr. 35, Anm. 14 „*Heise <...> *Jungbrunnen". – Durch Emanuel Geibels Vermittlung wurde Paul Heyse von König Maximilian II. Joseph von Bayern am 7. März 1854 nach München berufen, wo er mit einer Jahrespension von mindestens 1000 Gulden aktiv an den kgl. „Symposien", den Abendgesellschaften der Künstler und Gelehrten am Hof, teilnehmen sollte und sich ansonsten seinen schriftstellerischen und wissenschaftlichen Arbeiten widmen durfte. Heyse stellte sich am 14. März 1854 beim König in München vor und erhielt am 8. Mai 1854 die Zusage. Schon am 23. März 1854 wurde im „Literatur-Blatt des*

Deutschen Kunstblattes" Heyses Berufung nach München bekannt gegeben (Nr. 6, S. 24). Kurz vor seiner Hochzeit am 15. Mai 1854 kam Heyse nach Berlin zurück; er siedelte dann nach einer kurzen Hochzeitsreise endgültig am 25. Mai 1854 mit seiner Frau Margarete nach München über. Vgl. Brief Nr. 38 und Anm. sowie Paul Heyse. Münchner Dichterfürst im bürgerlichen Zeitalter. Ausstellung in der Bayerischen Staatsbibliothek 23. Januar bis 11. April 1981. Hg. von Sigrid von Moisy. München 1981, S. 47–51.

23 zu den Kritiken: *Storms Besprechungen „Lieder von Julius Rodenberg. Zweite Aufl. Hannover 1854" und „Neunzig Lieder und neun polemische Episteln von Carl Heinrich Preller. Hamburg. Hoffmann und Campe. 1854", die er als Manuskripte über Fontane an den „Rütli" gelangen ließ; vgl. Brief Nr. 34. Beide Rezensionen wurden am 6. April 1854 im „Literatur-Blatt des Deutschen Kunstblattes" veröffentlicht (Nr. 7).*

23 Sonnabend vor 8 Tagen: *Die „Rütli"-Sitzung am 18. März 1854.*

26 ganz meinem Urtheil über Rodenberg: *In seiner Rezension stellt Storm Rodenberg als einen Epigonen und Schüler Geibels vor, der ebenso wie dieser ein* „Dichter der schönen Form" *sei, wobei er* „sich zu diesem durchweg wie ein Schüler zum Meister <*verhalte*>, den zu erreichen ihm durch den geringeren Gehalt seiner Persönlichkeit auch für die Zukunft versagt" *sei (vgl. Brief Nr. 34, Anm. 11 „Anerkennung Geibels <...> schwache Seite"). Den Erfolg von Rodenbergs „Liedern" sieht Storm vor allem darin, dass* „der Verfasser es verstanden" *habe,* „die allgemeingültigsten Gedanken und Empfindungen in einer freilich weder tiefen noch eigenthümlichen, aber darum desto verständlicheren Weise auszusprechen". *Darüber hinaus kritisiert Storm, dass Rodenberg seine Stoffe nur in einer* „Allgemeinheit" *behandelte. So fehle etwa in den „Liebesliedern"* „der Hintergrund des inneren Erlebnisses". *Vgl. Storm: Lieder von Julius von Rodenberg. In: „Literatur-Blatt des Deutschen Kunstblattes", Nr. 7, 6.4.1854, S. 1.*

28 Preller <...> sehr nett: *Storm stellt Preller als einen* „leibhafte<*n*> Antipode<*n*> der Rodenbergschen Richtung" *vor, dem es nur vereinzelt gelungen ist,* „eine so echte Simplicität, einen so tiefen Naturlaut" *darzustellen; vgl. Storm: Neunzig Lieder und neun polemische Episteln von Carl Heinrich Preller. In: „Literatur-Blatt des Deutschen Kunstblattes", Nr. 7, 6.4.1854, S. 2.*

32 „Hemmingstedt": *Vgl. Storms Bitte in seinem Brief an Fontane vom <13.3.1854>, Nr. 34, Anm. 25 „Hemmingstädtromanze!".*

32 verunglückte „Wangeline": *Mit seiner Ballade „Wangeline, die weiße Frau", der die Sage um die Weiße Frau, die in den Schlössern der Hohenzollern umhergehen soll, zugrunde liegt, hatte Fontane kein Glück. Mit Lepels Unterstützung arbeitete er zwischen 1851 und 1853 daran; am 6. März 1853 kam es zur erfolglosen Lesung bei einer „Tunnel"-Konkurrenz. Nachdem auch Kugler von einer Veröffentlichung wegen ei-*

nes historischen Fehlers in der Darstellung abgeraten hatte (vgl. FKug II, 21.3.1853, S. 8), erschien die Ballade erst in der zweiten Aufl. seiner „Gedichte" (1875) als sog. Fragment unter dem Titel „Wangeline von Burgsdorf oder die Weiße Frau". Vgl. GBA – Gedichte II, Anm. S. 636–640, und den Briefwechsel zwischen Fontane und Lepel zwischen Februar und März 1853 (FLep I, Nr. 237–242, S. 354–363, und Anm. in FLep II). Vgl. auch Friedrich Fontane: Fontane's „Wangeline" im Urteile seiner Zeitgenossen. In: Festschrift zur 75. Wiederkehr des Gründungstages. Neuruppin 1930, S. 1–13.

38 Gestern <…> Tunnel <…> Gedicht: *Über die Lesung von Hermann von Kettes (Tiedges) Gedicht „Frühlingslied" am 26. März 1854, das sehr deutlich an Storms „Oktoberlied" anklingt, berichtet der Protokollant Tasso (Hugo von Bülow): <…>* so daß derselbe Tiedge den Muth und die Zeit behielt, ein ganz vortrefflich zu dem, von einem eiskalten Nordwest an die Fenster gepeitschten Schnee-Regen zustande gekommenes Frühlingslied zweimal vorzutragen. Nachdem Lafontaine und Claudius *<George Hesekiel; Anm. G.R.>* diese Gelegenheit benutzt hatten, sich gegenseitig die Versicherung ihrer ausgezeichneten Hochachtung zu erneuern, fand der Tunnel das Lied gut <…>*"; vgl. UB der HU Berlin; „Tunnel", Protokolle 27. Jg., 17. Sitzung, 26.3.1854 (kein Span überliefert). Kette veröffentlichte das Gedicht unter dem Titel „Im März" in seiner Sammlung der „Gedichte" (Berlin: Schneider und Comp. 1854), die Storm am 5. Oktober 1854 im „Literatur-Blatt des Deutschen Kunstblattes" besprach (Nr. 20). Entweder hat Fontane die dritte Strophe ungenau zitiert, oder Kette hat das Gedicht nach der „Tunnel"-Lesung für die Veröffentlichung noch einmal umgearbeitet. Das Gedicht lautet im Druck: „*Im März. / Will's Frühling werden in dem Feld, / Eh' Lerch' und Finke schlagen, / Muß erst der Lenz als kühner Held / Den alten Feind verjagen. // Nicht immer schmilzt ein milder Hauch / Des Frostes alte Mauern, / Oft nimmt der Lenz die Festung auch / Mit Sturm und Regenschauern. // O trübe Tage, böse Zeit, / Wenn's draußen näßt und windet, / In Wald und Flur sich weit und breit / Kein wirthlich Plätzchen findet! // Doch warte nur, doch warte nur, / Das dauert so ein Weilchen, / Dann schmückt der Sieger Lenz die Flur / Mit seinen ersten Veilchen. // Und sind nur erst die Veilchen da, / So kommt auch bald der Flieder, / Die wunderschöne Zeit ist nah / Der Blüthen und der Lieder. // Und will die Liebe wo ihr Zelt / In einem Herzen schlagen, / Oft muß sie erst, ein kühner Held, / Den alten Frost verjagen. // Nicht immer kommt die Liebeslust / Mit Scherzen und mit Lachen, / Oft muß sie in der Menschenbrust / Im Kampf sich Wohnung machen. // O böse Zeit, wenn's schwer und bang / im Innern wetterleuchtet, / Wenn sich im unbewußten Drang / Das heiße Auge feuchtet! // Doch warte nur, und zürne nicht, / Ob auch das Auge trübe, / Durch Stürme und durch Thränen bricht / Sich siegreich Bahn die Liebe. // Denn auch das kleine Menschenherz / Kann wie der Walt beschneien, / Und hat, wie dieser, seinen März; / Wie dieser, seine Maien.*" *(S. 7–9.) Das*

Rezensionsexemplar von Kettes „Gedichten“ ist im StA Husum nicht überliefert. Kette hat auch ein Exemplar seiner „Gedichte“ der Bibliothek des „Tunnels“ geschenkt; vgl. UB der HU Berlin; „Tunnel“, Protokolle 28. Jg. 1854/55, Jahresbericht.

49 wegen des Mommsen <...> den einen <oder> andern: *Theodor und Tycho Mommsen; vgl. Brief Nr. 37, Anm. 20 „An Mommsen <...> Alles besorgen“.*

56 <u>Claus Groth</u>: *Vgl. Briefe Nr. 20, Anm. 58 „einen Aufsatz schreiben möchte“, Nr. 22, Anm. 41 „Buchhändler* Homann *<...> Antwort“, und Nr. 23.*

57 Die beiden Manuskripte <...> zurück: *Wann Storm die beiden Beilagen, Fontanes Manuskripte „Wangeline, die weiße Frau“ und „Der Tag von Hemmingstedt“; zurückgab, ist nicht ermittelt.*

(Zu 37) Storm an Fontane, Potsdam, Freitag, 31. März 1854. Antwortbrief auf Nr. 36 – Abdruck nach H

Überlieferung

H: *SHLB (Cb 50.51:15,20)*
h: *masch. Abschr. TFA (Ca 690)*
E: *Steiner, S. 76 f. (Nr. 35)*

Handschrift

1 Doppelblatt (22,5 x 13,9 cm), S. 1–2 beschriftet; blaues Papier.

Stellenkommentar

5 für die Besorgung des Albums: *Das „Album für Constanze“; vgl. Brief Nr. 36, Anm. 13 „sehr reizendes Album <...> des meinigen <...> die Einzeichnungen“.*

6 Menzel: *Vgl. Brief Nr. 35, Anm. 8 „Menzel recht verstanden“.*

9 Maler Kretzschmer <...> Frl. Friedberg: *Storm wandte sich an den Berliner Portrait- und Genre-Maler Johann Heinrich Kretzschmer, um eine Zeichnung für das „Album für Constanze“ zu erbitten (H nicht überliefert). Storm hatte Kretzschmer durch Friedrich Eggers kennen gelernt und den Heiligen Abend 1852 bei dessen Familie verbracht; vgl. Storm an Constanze Storm, 24./25.12.1852 (StCSt, Nr. 3, S. 43). Im Auftrag ihres in Italien weilenden Mannes beantwortete Käte Kretzschmer nach dem 31. März 1854 Storms Brief und teilte ihm mit, dass sich Kretzschmers Rückkehr noch bis zu vier Wochen verzögern werde und er deshalb voraussichtlich keine Geburtstagsgabe beisteuern könne. Kretzschmer schickte dann aber doch noch eine kolorierte Bleistiftzeichnung „Tanz Gertrude“, die auf den 20. Mai 1837 datiert ist („Album“, Blatt 57 recto). Die junge Komponistin Friedheim, nicht Friedberg, wie es Storm aus der Erinnerung heraus niederschrieb, hatte Storms Bitte in seinem Brief an Kretzschmer*

nach einer Vertonung des Gedichts „Meine Mutter hats gewollt“ „ziemlich unliebenswürdig abgeschlagen“; *H: SHLB Cb 50.56:109; unveröff. Offenbar war Käte Kretzschmer eifersüchtig auf die junge Komponistin, denn sie empfahl Storm einerseits, diese noch einmal* „schriftlich darum zu ersuchen“, *andererseits aber riet sie,* „diese talentvolle, impertinente, kleine Jüdin“ *doch besser* „laufen“ *zu lassen.*

12 Eichendorff: *Eichendorffs Gedicht „Die Nachtigallen“, Berlin, den 9. März 1854, eigenhändige Abschrift, die Eichendorff als Beilage zu seinem Brief an Storm vom 9. März 1854 beigefügt hat:* „Zugleich lege ich denn auch das gewünschte Lied – in meiner besten u. dennoch leider sehr schlechten Handschrift – Ihrer Frau Gemahlin mit meinen besten Glückwünschen zu dem Geburtsfeste hiermit zu Füßen.“ *(SHLB Cb 50.56:39; vgl. auch „Album für Constanze“, Blatt 2 recto, und die Abb. in Laage 1987, S. 96.)*

13 u v. Groth: *Klaus Groth: „Prinzessin“, datiert auf:* „Kiel, den 1. März 1854“. *Storm hatte sich nicht an Groth, sondern an den gemeinsamen Verleger Homann gewandt, um ein Autograph zu erhalten. Homanns Bitte war erfolgreich, denn mit seinem Brief vom 1. März 1854 konnte er Storm ein von Groth eigenhändig geschriebenes* „Blatt mit einem plattdeutschen Gedichte“ *schicken“ (H: SHLB Cb 50.56:84,02; unveröff.) Vgl. „Album für Constanze“, Blatt 7 verso.*

13 Kretzschmer schreiben muß: *Storms Brief an Kretzschmer, nach dem 31. März 1854, ist nicht überliefert.*

16 Ihrer <…> den Artikel: *Storms Essay „Theodor Fontane“; vgl. den Abdr., S. 148–155.*

18 die 2te Argo erscheint: *Zum weiteren Verlauf der „Argo“-Verhandlungen vgl. Briefe Nr. 49, Anm. 25 „einen Brief von Katz“, und Nr. 54, Anm. 17 „Argo <…> Gewitter <…> Starenberger <…> Kugler <…> Brief ein“.*

18 Die Wangeline: *Fontanes Ballade „Wangeline, die weiße Frau“; vgl. Brief Nr. 36, Anm. 32 „verunglückte ‚Wangeline‘“.*

20 An Mommsen <…> Alles besorgen: *Vermutlich hat Storm, trotz seines Versprechens, weder an Theodor noch an Tycho Mommsen geschrieben, um Beiträge für die „Argo“ einzuwerben. Denn es sind keine Briefe nachgewiesen, und auf Fontanes wiederholte Nachfrage am 20. Juni 1854 (Nr. 49) hat Storm nicht reagiert. Wickert, Teitge und Nürnberger sind davon ausgegangen, dass Storm sich an beide Mommsens gewandt habe und dass die Brüder eine Mitarbeiterschaft abgelehnt hätten. Diese Annahme ist falsch, da sich die Argumentation auf einen Antwortbrief der Mommsens an Storm stützt, der sich nicht auf eine Anfrage für die „Argo“ bezieht, sondern vielmehr Storms Brief an Theodor Mommsen vom 4. März 1854 beantwortet, in dem Storm um Autographen für das „Album für Constanze“ bittet. Mommsen schickte hierfür sein Gedicht* „Also wieder ihn betreten, Zürich/Leipzig im April 1854“ *(vgl. StMom, 13.4.1854, Nr. 51, S. 41; „Album für Constanze“, Bl. 8 recto, StA Husum), und Tycho Mommsen fügte nur einen kurzen Gruß ohne eine Gedichtbeilage hinzu. Storm be-*

dankte sich dann am 22. April 1854 für die Sendung, ohne aber auf die Mitarbeit für die „Argo" zu sprechen zu kommen (StMom, Nr. 52, S. 116). Vgl. Lothar Wickert: Theodor Mommsen. Eine Biographie. Band I: Lehrjahre 1817–1844. Frankfurt/Main 1959, S. 243, 489 und 529. Wickert hat den Inhalt von Mommsens Brief an Storm vom 13. April 1854 aufgrund einer falschen Beilagenzuordnung missverstanden. In der Forschung wurde Wickerts Annahme übernommen; vgl. Teitge: Einleitung (StMom, S. 23), und Helmuth Nürnberger: Theodor Fontane und Theodor Mommsen. Mit ungedruckten Briefen. In: „Spielende Vertiefung ins Menschliche". Festschrift für Ingrid Mittenzwei. Hg. von Monika Hahn. Heidelberg 2002, S. 125–143, hier S. 133, Fußnote 20.

21 schrei: *Lies:* „schreiben".

22 An Eggers <…> nächstens <…> Wunderhorn B. IV: *Am 27. Mai 1854 schickte Storm sein Manuskript der Rezension „Des Knaben Wunderhorn. Alte deutsche Lieder, gesammelt von L. A. v. Arnim und Clemens Brentano. Vierter Band. Nach A. v. Arnim's handschriftlichem Nachlaß hg. von Ludwig Erk" an Eggers (vgl. StEgg, Nr. 7, S. 28); Eggers bedankte sich für die Sendung am 29. Mai 1854 (vgl. H: SHLB Cb 50.56:37,07; unveröff.). Die Besprechung erschien am 15. Juni 1854 im „Literatur-Blatt des Deutschen Kunstblattes" (Nr. 12, S. 46 f.).*

25 Paul Heises Vrse: *Heyses „Ein Bruder und eine Schwester"; vgl. „Album für Constanze", Blatt 7 recto.*

26 Dem jungen Tunnelianer: *Kette.*

28 in 19 Processen decretirt: *Gegenüber seinem Vater Johann Casimir Storm äußerte sich Storm ausführlicher über die* „Arbeitslast", *die sich nach Storms Genesung im März 1854* „verdoppelt" *hatte, so dass er seitdem* „unter einer wahren Hetzpeitsche" *leben musste, weil alles* „in athemloser Hast, ohne aufzuschauen, von Einem zum Andern" *ging. So arbeitete Storm mit nur einer kurzen Unterbrechung von* „Morgens 8 Uhr bis Abends 7 U." *Am 21. April 1854 berichtete er nach Husum:* „Neulich fielen mir an einem Tage, nachdem ich auch schon ein paar Termine abgehalten, 77 Processe zum Decretiren ins Haus, die bis auf den andern Tag expedirt werden mußten. Es will doch alles geprüft werden." *Die Aktendurchsicht kostete Storm viel Zeit* „wegen der mangelnden Kenntniß des materiellen Rechts" *(H: SHLB Cb 50.53:03,10; in der Ausgabe der „Briefe in die Heimat" wurden nicht alle Briefstellen veröff., S. 40 f.).*

30 mein Rückenleiden: *Vgl. Einführung, S. XXVI f.*

32 an Merkel: *Storms Briefe an Merckel sind nicht überliefert.*

36 Konnten: *Lies:* „Könnten".

(Zu 38) Fontane an Storm, Berlin, Dienstag, 11. April 1854 – Abdruck nach h (TFA)

Überlieferung

HBV: 54/11

H: Gertrud Storm (bis 1909), Friedrich Fontane (bis 1934/35), Meyer und Ernst 1933 (Nr. 35, Konvolut-Nr. 598), Stargardt 1933/34 (Nr. 344, Konvolut-Nr. 406; Nr. 345, Konvolut-Nr. 34, und Nr. 353, Konvolut-Nr. 80) und zuletzt vermutlich Kehler, dessen Autographensammlung im Zweiten Weltkrieg „vernichtet" wurde (vgl. HFA IV/5,II, S. 103)

h: masch. Abschr. TFA (Ca 59) und SHLB (Cb 50.56:51,15)

E: Pniower, S. 1475 (TD); Pniower/Schlenther I, S. 111 f.

D: Gülzow, S. 106 f. (Nr. 15); Coler I, S. 241 f.; Erler I, S. 144 f.; HFA IV/1, S. 378 (Nr. 179); Steiner, S. 77 f. (Nr. 36)

Abschrift

h (TFA) beschädigt; Textverlust durch Papierausriss. Emendation nach h (SHLB). Kursivschrift.

**Einlage*

– „Beifolgend ein Roese'scher Brief": *Ferdinand Röses Brief an Storm, vor dem 11. April 1854; nicht überliefert.*

Stellenkommentar

4 ein Roese'scher Brief: *Nicht überliefert. Storm hatte Röse gebeten, dass er seine Briefe, in denen er immer wieder über seine Existenzsorgen klagte, über Fontane zu ihm gelangen lassen sollte; vgl. Brief Nr. 19 und Anm. 15 „An Röse habe ich geschrieben".*

7 Letzten Donnerstag <…> „Unterirdische": *Am 6. April 1854 starb Fontanes Sohn Peter Paul, der erst am 14. Oktober 1853 geboren worden war. Mit dem Wort* „Unterirdscher" *(norddt.* „kleiner Mensch", „Zwerg", *der* „unter der Erde, meist in alten Grabhügeln" *wohnt) spielt Fontane auf die zahlreichen, von Storm zusammengetragenen Sagen der Unterirdischen an, über die er bei Müllenhoff sowie in Mommsens Briefen an Storm gelesen hatte; vgl. Mommsen an Storm, 12.5.1843, und 9.6.1843 (H: SHLB Cb 50.56:148,07; StMom, Nr. 14, S. 67, Nr. 17, S. 73). Vgl. auch Storm an Mommsen, undatiert; StMom, Nr. 13, S. 64, und Karl Müllenhoff (Hg.): Sagen, Märchen und Lieder der Herzogthümer Schleswig, Holstein und Lauenburg. Kiel: Schwerssche Buchhandlung 1845, insbes. die Sagen Nr. 379, „Die Erschaffung der Unterirdischen", und Nr. 380, „Die Unterirdischen", S. 279 f.*

11 zu meiner Schwester: *Vom 13. bis 19. April 1854 besuchten Emilie und Theodor Fontane Fontanes Schwester Jenny Sommerfeldt, die zusammen mit ihrem Mann, dem Apotheker Hermann Sommerfeldt, in Letschin im Oderbruch lebte.*

12 Nächsten Mittwoch: *Am 19. April 1854.*

17 tiefer Zug der Entfremdung <…> *Auflös*>ung: *Über die Krisen und Konflikte im „Rütli", die einhergingen mit der Heterogenität der Mitglieder sowie den Schwierigkeiten wegen der „Argo" und des „Literatur-Blatts des Deutschen Kunstblattes" vgl. Roland Berbig/Wulf Wülfing: Rütli <II> <Berlin>. In: Handbuch Vereine, S. 394–406.*

20 Paul ist zurück: *Vgl. Brief Nr. 36, Anm. 18 „Heyse's Verslein <…> fort nach München".*

20 am 12ten Mai <…> Hochzeit: *Am 14. April 1854 schrieb Eggers noch an Storm, dass die Hochzeit am* „12., 13. oder 14. Mai" *stattfinden werde (vgl. SHLB Cb: 50. 56:37,06; unveröff.). Tatsächlich heirateten Paul Heyse und Margarete Kugler am 15. Mai 1854.*

22 Album-Angelegenheit: *„Album für Constanze"; vgl. Briefe Nr. 35–37.*

26 frankiren: *Zur Gepflogenheit des Nicht-Frankierens vgl. Brief Nr. 22, Anm. 42 „unter Ihrer Adr. <…> unfrankirt".*

(Zu 39) Storm an Fontane, <Potsdam,> Mittwoch, 12. April 1854. Antwortbrief auf Nr. 38 – Abdruck nach H

Überlieferung
H: SHLB (Cb 50.51:15,21)
h: masch. Abschr. TFA (Ca 691)
E: Steiner, S. 78 (Nr. 37)

Handschrift
1 Doppelblatt (21,9 x 13,8 cm), S. 1–2 beschriftet; weißes Papier.

Eingang
Eggers nahm diesen Brief auf dem Weg zu Fontane am 13. April 1854 vom Briefträger in Empfang und übergab ihn persönlich; vgl. Eggers an Storm, 14.4.1854: „Ihren Brief an Fontane hab' ich dem Briefträger auf der Treppe abgejagt und zu ihm gebracht. Gerade vorher war Roquette dagewesen. Während ich noch da war, kamen Grete Kugler u. Emma Baeÿer. Also Alles auf einmal. Ich kriegte Ihren Brief nicht zu lesen. Es wird wohl daraus zu sehen gewesen sein, daß F. auf uns Alle gescholten hat. Unsere Elloramutter sagte mir das gerade heraus. F. gehört leider zu den Leuten, welche gar zu geneigt sind, die Sonne zu läugnen sobald sie ihnen nicht auf den Pelz brennt.

Um nicht halb stehen zu bleiben in der Charakteristik muß ich hinzusetzen, daß er seiner Läugnung das Geständniß hinzufügen würde: ‚Aber wir brauchen sie auch nicht!‘ Und wenn ihm Einer mit dem Mond als Surrogat käme, würde er sagen: ‚Danke vielmal!‘“ *(SHLB Cb 50.56:37,06; unveröff.). In der „Fontane-Chronik“ sind die Besuche der Freunde, die Emilie und Theodor Fontane ihr Beileid wegen des Todes ihres Sohnes Peter Paul zum Ausdruck bringen wollten, sowie die Übergabe des Storm-Briefs nicht verzeichnet; vgl. Bd. I, S. 421.*

Stellenkommentar

3 ein trüber Brief: *Fontanes Mitteilung über den Tod seines Sohnes Peter Paul; vgl. Brief Nr. 38.*

11 Wendung von Pauls Verhältnissen: *Paul Heyses Hochzeit mit Margarete Kugler und der Umzug nach München; vgl. Brief Nr. 36, Anm. 18 „Heyse's Verslein <…> fort nach München“.*

13 Ich arbeite <…> Preuß Recht: *Vgl. Brief Nr. 37, Anm. 28 „in 19 Processen decretirt“.*

21 Röses Brief: *Röses Brief gelangte als Einschluss zu Fontanes Brief an Storm vom 11. April 1854 nach Potsdam; vgl. Nr. 38.*

(Zu 40) Fontane an Storm, Letschin, Montag, 17. April 1854. Antwortbrief auf Nr. 39 – Abdruck nach h (TFA)

Überlieferung

HBV: 54/13

H: *Gertrud Storm (bis 1909), Friedrich Fontane (bis 1934/35), Meyer und Ernst 1933 (Nr. 35, Konvolut-Nr. 598), Stargardt 1933/34 (Nr. 344, Konvolut-Nr. 406; Nr. 345, Konvolut-Nr. 34, und Nr. 353, Konvolut-Nr. 80) und zuletzt vermutlich Kehler, dessen Autographensammlung im Zweiten Weltkrieg „vernichtet“ wurde (vgl. HFA IV/5,II, S. 103)*

h: *masch. Abschr. TFA (Ca 60) und SHLB (Cb 50.56:51,16)*

E: *Pniower, S. 1475 (TD); Pniower/Schlenther I, S. 112–114*

D: *Gülzow, S. 107–109 (Nr. 16); Coler I, S. 242–244; Erler I, S. 145–147; HFA IV/1, S. 378–380 (Nr. 180); Steiner, S. 79 f. (Nr. 38)*

Abschrift

h (TFA) beschädigt; Textverlust durch Papierausriss. Emendation nach h (SHLB). Kursivschrift.

Stellenkommentar

1 Letschin: *Vgl. Brief Nr. 38, Anm. 11 „zu meiner Schwester".*

5 unmittelbar nach Empfang Ihrer <...> Zeilen: *Am 13. April 1854 traf Storms Brief an Fontane ein; vgl. Nr. 39, Anm. zu „Eingang", S. 323 f.*

14 meinen letzten Brief: *Fontane an Storm, 11.4.1854; vgl. Brief Nr. 38.*

17 Waldmeister: *Otto Roquette.*

18 <*der alte Egg*>ers: *Eggers übergab Fontane Storms Brief.*

18 Bräute des Kugler'schen Hauses: *Margarete Kugler und Emma Baeyer, die beide 1854 heirateten und deren Familien in der Friedrichsstraße 242 in Berlin lebten; vgl. Eggers an Storm, 14.4.1854 (SHLB Cb 50.56:37,06; unveröff.).*

26 Sechser-Verhältnissen <...> 35 <*rth*>: *Zu Fontanes ungesicherter beruflicher Situation und den damit verbundenen finanziellen Sorgen, die ihn immer wieder nötigten, von Freunden Geld zu leihen, vgl. den Briefwechsel mit Lepel (FLep) sowie Brief Nr. 71, S. 110 f.*

33 Markobrunner: *Berühmter Rheingauer Riesling, der westlich von Erbach angebaut wird.*

34 Am Mittwoch Abend: *Am 19. April 1854.*

35 Sie bald bei mir zu sehn: *Am 23. April 1854 trafen sich Storm und Fontane in Fontanes Wohnung; vgl. Fontane an Lepel, 22.4.1854: „*Morgen frißt mir Storm den Vormittag weg*".*

36 Tunnel=Rütli=Ellora=Punkt: *Vgl. Brief Nr. 38, Anm. 17 „tiefer Zug der Entfremdung <...> Auflös>ung".*

(Zu 41) Storm an Fontane, <Potsdam, nach dem 21. April 1854> – Abdruck nach H

Überlieferung

H: SHLB (Cb 50.51:15,17)
h: masch. Abschr. TFA (Ca 689)
E: Steiner, S. 71 f. (Nr. 31) <datiert auf: „27. März 1854">

Handschrift

1 Blatt (14,1 x 6,4 cm), S. 1 beschriftet; hellgelbes Papier. Vgl. Brief Nr. 33, Anm. zu „Handschrift", S. 309.

Stellenkommentar

1 Für Fontane: *Der Hinweis auf den Adressaten Fontane belegt, dass es sich bei der kleinen Notiz um einen Einschluss zu einem Brief Storms an einen anderen, unbekannten Empfänger in Berlin handelt.*

3 Preußischen Liedern: *Fontanes „Männer und Helden" (Berlin: Hayn 1850).*

4 (**Rector Wolff**) <...> **Gustav Schwab:** *Mit seinem Brief vom 18. April 1850 schickte Fontane an Schwab ein Exemplar seiner „Männer und Helden"; vgl. Brief Nr. 32, Anm. 87 „‚Männer und Helden' <...> Schwab <...> freundliche Kritik".*

(Zu 42) Fontane an Storm, Berlin, Mittwoch, 3. Mai 1854. Antwortbrief auf Nr. 41 – Abdruck nach h (TFA)

Überlieferung

HBV: 54/18

H: Gertrud Storm (bis 1909), Friedrich Fontane (bis 1934/35), Meyer und Ernst 1933 (Nr. 35, Konvolut-Nr. 598), Stargardt 1933/34 (Nr. 344, Konvolut-Nr. 406; Nr. 345, Konvolut-Nr. 34, und Nr. 353, Konvolut-Nr. 80) und zuletzt vermutlich Kehler, dessen Autographensammlung im Zweiten Weltkrieg „vernichtet" wurde (vgl. HFA IV/5,II, S. 103)

h: masch. Abschr. TFA (Ca 61) und SHLB (Cb 50.56:51,17)

E: Pniower/Schlenther I, S. 114 f.

D: Gülzow, S. 109 f. (Nr. 17); Steiner, S. 80 (Nr. 39)

Abschrift

h (TFA) beschädigt; Textverlust durch Papierausriss. Emendation nach h (SHLB). Kursivschrift.

Ausgang

Am 3. Mai 1854.

Eingang

Am 4. oder 5. Mai 1854, nachdem Storm seinen Brief an Fontane vom 4. Mai <1854> abgeschickt hatte; vgl. Brief Nr. 43.

Stellenkommentar

3 das Album: *Das „Album für Constanze" zu Constanze Storms Geburtstag am 5. Mai 1854 (StA Husum); vgl. Brief Nr. 35, Anm. 4 „***qu.** *Album <...> äußerlich ganz einfach".*

4 Bormann schickt morgen: *Am 3. Mai 1854 hatte Fontane den folgenden Brief an Bormann geschrieben:* „Hochverehrter **Metastasio.** Darf ich bitten, wo möglich gleich nach Eingang dieser Zeilen, ein Albumblatt (auf Oktav-Briefpapierformat) für unsren **Storm** zu schreiben und es spätestens morgen, unter der Adresse: **Potsdam,**

Brandenburgerstraße 70 – an ihn gelangen zu lassen. – Ich bin schuldig; das Album geht schon heut; Lepel und Sie fehlen noch. Wie immer Ihr Lafontaine Mittwoch.“ *Bormann folgte der Bitte Fontanes und notierte am oberen Blattrand des Briefs:* „acc. Donnerstag 4.5. fact. edd. B.“ *(H: SHLB Cb 50.58:21a,01; HBV <54>/17; ohne Datum; Steiner, Nr. 39, S. 158; abgedr. nach einer Abschrift.) Mit seinem heute nicht mehr überlieferten Brief vom 4. Mai 1854 schickte Bormann dann das Gedicht auf einem separaten Blatt nach Potsdam. Storm klebte Bormanns Gedicht auf das freigebliebene Blatt zwischen Fontanes und Kuglers Texten (Blatt 81 recto) in das Album ein.*

Ostern.
Ich ging hinaus in früher Morgenstund;
Im Perlenschmucke lag der Wiesengrund,
Bekränzt mit Blüthen standen Wald und Feld,
Ein Festgedanke schien die ganze Welt.

Getön der Orgel rief zur Kirche mich;
Da sang man: „Jesus lebt, mit ihm auch ich!“
Dann klang das Wort: So spricht der Meister dein:
„Da, wo ich bin, soll auch mein Diener Sein“.

Und offenbar vor meinen Blicken lag
Was die Natur in tausend Stimmen sprach.
Sie riefen alle: Gelobt sei, Jesus Christ,
Der Du für uns vom Tod erstanden bist.

K. Bormann
/Metastasio/

Berlin 4 Mai 1854.

5 Lepel <…> schreibt mir eben: *Fontane hatte Lepel am 3. Mai 1854 wiederholt um eine Abschrift des „Ganganelli“ aus seiner Sammlung „Lieder aus Rom“ gebeten, die er* „direkt an Storm Potsdam Brandenburgerstraße 70“ *schicken sollte. Ebenfalls noch am 3. Mai 1854 sagte Lepel dann endgültig ab:* „Ich bedaure sehr, Dir den Ganganelli nicht schicken zu können, da ich auch nicht ein einziges Exemplar meiner Gedichte im Hause habe. Das letzte hab’ ich vor längerer Zeit verliehn und noch nicht wieder bekommen. Auswendig weiß ich nichts u. ein altes Manuscript find’ ich auch nicht, wie sehr ich auch soeben danach suchte. Es wäre am besten, wenn Du Dein Expl: am Sonnb. mitbrächtest“ *(H: SBB-PK – Nachlass 191 <Theodor Fontane> VII <2>,118; FLep I, Nr. 270, S. 387 f.). Dass Fontane dann* „noch eine Abschrift“ *Lepel hat zu-*

kommen lassen, die dieser für das Album abschreiben wollte, ist eher unwahrscheinlich, denn Storm bemerkte auch noch am 20. Dezember 1856 gegenüber Eggers das Fehlen von Lepels Autograph (vgl. H: SHLB Cb 60.56:513,19; StEgg, Nr. 17, S. 45).

9 Menzel <…> in Arbeit: *Menzel lieferte zwei Drucke für das „Album für Constanze" nach, eine Federzeichnung des Titelblatts zum „Spanischen Liederbuch" (Blatt 36 recto) und einen Originaldruck des „Gefangenenzugs im Wald" (Druck von L. Sachse & Co., Verlag von Carl Meder, Berlin 1851; Blatt 74 recto).*

11 Das Einkleben der Blätter: *Die „Rütli"-Mitglieder Heyse, Fontane, Eggers, Kugler und Merckel haben ihre Gedichte auf den Blättern des Albums geschrieben, wie es Storm in seinem Brief am 31. März 1854 (Nr. 37) vorschlug; vgl. die Abb. Nr. 12–16. Die nachgereichten Blätter hat Storm dann nach Fontanes Anleitung eingeklebt. Für Bormanns Nachtrag „Ostern" wurde die Seite zwischen Fontanes und Kuglers Eintrag freigelassen.*

16 Notiz aus Mörike's Brief: *Vgl. Brief Nr. 41.*

17 die zukünftige Kritik von Storm: *Storms Essay „Theodor Fontane", der erst am 18. Oktober 1855 im „Literatur-Blatt des Deutschen Kunstblattes" veröffentlicht wurde; vgl. Briefe Nr. 61, Anm. 3 „den Artikel <…> an seine Bestimmung", und Nr. 62, Anm. 8 „Ihren Artikel <…> unbesehen", sowie den Abdr. auf S. 148–155.*

19 Ihr Bruder: *Aemil Storm, der seit dem 20. April 1854 bei seinem Bruder in Potsdam weilte und das „Album für Constanze" bei Fontane abholen wollte; vgl. Storms Brief an Fontane, 4.5. <1854>; Nr. 43, und Storm an seine Eltern Johann Casimir und Lucie Storm, 21.4.1854; H: Cb: 50.53:03,10; „Briefe in die Heimat", S. 40.*

21 Rütli <…> Polterabend-Vorbereitungen: *Am Vorabend der Hochzeit von Paul Heyse und Margarete Kugler wurde am 14. Mai 1854 der Polterabend in Kuglers Haus gefeiert, zu dem man auch Geibel erwartete. Es wurden „*allerlei sinnige und unsinnige Scherze getrieben.*" Vgl. Storm an Johann Casimir und Lucie Storm, 7.5.1854 (H: SHLB Cb 50.53:03,11; Goldammer I, Nr. 60, S. 232). Neben verschiedenen Einzelbeiträgen und Reden für das Brautpaar wurde u.a. Heyses „*eigenes dramatisches ‚Erstlingswerk'*", das er mit zwölf Jahren geschrieben hatte, „Der dankbare Räuber", aufgeführt. Fontane, Lübke, Menzel und Friedrich Eggers wirkten bei der Aufführung der Komödie mit. Noch am <13. Mai 1854> fand eine Polterabendprobe statt; vgl. Fontane an Lepel, <13.5.1854>, FLep I, Nr. 272, S. 388 f., und Heyse – Erinnerungen, S. 208–210. Vgl. auch Briefe Nr. 44, Anm. 18 „Heiseschen Polterabend", und Nr. 45, Anm. 3 „Sonntag gegen 8 Uhr".*

1 Ein Bruder und eine Schwester: *Vgl. Brief Nr. 35, Anm. 14 „*Heise *<…> Jungbrunnen".*

19 Puritaner-Lied: *Vgl. Brief Nr. 35, Anm. 18 „Von Ihnen <…> ‚zur Verlobung.' <…> Stuartlied". Offenbar ist das Albumblatt die einzige überlieferte Handschrift des Gedichts, die weder in GBA – Gedichte I, noch in GBA – Erzähler. Werk 18 nachgewiesen ist. Fontane integrierte das Gedicht ohne Titel in seine Erzählung „James Mon-*

mouth", die in der „Argo" 1854 erstmals veröffentlicht wurde (vgl. Kap. 2 und 5). Für das „Album für Constanze" schrieb er die Fassung des 5. Kapitels ab, die sich nur in geringfügiger Varianz der Metrik und Interpunktion vom Erstdruck unterscheidet (Vers 1: in der „Argo": „dünken nach Gnade", *in der Abschrift:* „dünkten nach Gnad'"; *Vers 7:* „Babelweib,", „Babelweib"; *Vers 9:* „d r e i m a l", „dreimal"; *Vers 10:* „färben,", „färben."; *Vers 19:* „a l l", „all". *Vgl. Abb. Nr. 13.*

44 Rudelsburg: *Vgl. Brief Nr. 35, Anm. 13 „Kugler".*

57 Wedder to Huus <…> Argo. 1854.: *Vgl. Brief Nr. 35, Anm. 22 „Argolied <…> Menzelsche Argobild".*

(Zu 43) Storm an Fontane, <Potsdam,> Donnerstag, 4. Mai <1854> – Abdruck nach H

Überlieferung
H: SHLB (Cb 50.51:15,22)
h: masch. Abschr. TFA (Ca 692)
E: Steiner, S. 81 (Nr. 40)

Handschrift
1 Doppelblatt (20,9 x 16,9 cm), S. 1 beschriftet, S. 4 Anschrift und Siegel; weißes Papier. Am oberen Blattrand (S. 1) von Fontanes Hand: „1854".

Datierung/Ort
Die Datierung auf das Jahr 1854 erschließt sich aus dem Zusammenhang; vgl. Briefe Nr. 42 und 44.

Ausgang
Potsdam Bahnhof: 4. Mai (vgl. Poststempel).

Eingang
Am 4. Mai (vgl. Poststempel).

Stellenkommentar

4 das Album: *Vgl. Brief Nr. 42 und Anm. Beim Abfassen des Briefs war Fontanes Sendung mit dem „Album für Constanze" noch nicht eingetroffen.*

5 Mörike <…> stundenlanger Brief: *Mit seinem achtseitigen Brief an Storm schickte Mörike am 21. April 1854 neben den gewünschten Autographen für das „Album für Constanze" auch weitere Geschenke (vgl. H: SHLB Cb 50.56:146,03; StMör, Nr. 5,*

S. 34–39): Mörikes eigenhändige Abschrift seines Gedichts: „Früh, wann die Hähne krähn“ (Stuttgart, den 21. April 1854; „Album“, Blatt 3 recto), Karl Mayers Gruß: „Karl Mayer von Tübingen auf einem Besuche in Stuttgart, den 18. Oktober 1854“, *„Manch bunter Blumenknaul“ („Album“, Blatt 4 recto) und Luise Walthers Silhouetten von Mörike, seiner Frau Grete und seiner Schwester Clara („Album“, Blatt 34 recto); vgl. die Abb. in Laage 1987, S. 90. Außerdem schickte Mörike zwei Gedichte, die beide in Storms Bibliothek im StA Husum nicht mehr überliefert sind: „Der alte Thurmhahn“ (als Journaldruck in: „Evangelisches Kirchen- und Schulblatt“ 14 <1853>, Nr. 33, S. 515–523) und „Häusliche Szene“ (als Journaldruck in: „Salon. Unterhaltungsblatt zur ‚Frauen-Zeitung‘“ 1852). Vgl. Storm an Mörike, Anfang Oktober 1854, Nr. 6, S. 40. Das Buch „Ludwig Bauer's Schriften. Nach seinem Tode in einer Auswahl herausgegeben von seinen Freunden“ (Stuttgart: Blum & Vogel 1847), das Mörike separat versandte, traf am 21. April 1854 in Potsdam ein (vgl. den Frachtzettel, 21.4.1854; H: SHLB Cb 50.56:146,02; StMör, Nr. 5a, S. 39). Das Exemplar befindet sich in Storms Bibliothek im StA Husum (Tsp 312); es enthält die eigenhändige Widmung von Grete Mörike:* „Den lieben Freunden aus Schleswig, Constanze und Theodor Storm zum Gruß / Stuttgart, den 21ten April 1854. / Gretchen Mörike“. – *Das angekündigte Autograph von Justinus Kerner: „Weiß nicht, woher ich bin gekommen“ (datiert auf* „Weinsberg im Sept. 1854“*) traf erst nach dem 15. November 1854 in Potsdam ein („Album“, Blatt 5 recto). Uhland stellte auch nach Storms wiederholter Bitte offensichtlich kein Albumblatt zur Verfügung; vgl. Storms Antwortschreiben vom Oktober/November 1854; StMör, Nr. 6. Von der* „großen Freude“ *über Mörikes Sendung berichtete Storm auch seinen Eltern am 21. April 1854 (H: SHLB Cb 50.53:03,10; „Briefe in die Heimat“, S. 41).*

(Zu 44) Storm an Fontane, Potsdam, Dienstag, 9. Mai <1854>. Antwortbrief auf Nr. 42 – Abdruck nach H

Überlieferung

H: SHLB (Cb 50.51:15,23)
E: Steiner, S. 81 f. (Nr. 41)

Handschrift

1 Doppelblatt (19,9 x 16, 4 cm), S. 1–3 beschriftet, S. 4 Anschrift. Poststempel, Freimarke und Siegelrest; weißes Papier: Dienstbriefpapier mit preußischem Adler und Siegel: „Königl. Preuss. Kreisgericht Potsdam“. *Am oberen Blattrand (S. 1) von Fontanes Hand mit Bleistift:* „1854“.

Datierung
Das Jahr „1854“ *ergibt sich aus dem Zusammenhang: Storm antwortete am 9. Mai auf Fontanes Sendung zu Constanze Storms Geburtstag vom 4. Mai 1854; vgl. Brief Nr. 42.*

Ausgang
Potsdam Bahnhof: 10. Mai (vgl. Poststempel).

Eingang
Am 11. Mai (vgl. Poststempel).

Stellenkommentar

2 Gerichtslocal: *Im Potsdamer Kreisgericht, Lindenstraße 54/55 (heute: Gedenkstätte Lindenstraße 54/55, die an die beiden deutschen Diktaturen des Nationalsozialismus' und der DDR erinnert).*

2 Informationsterminen: *Näheres nicht ermittelt, da die Ausgaben des „Potsdamer Intelligenzblatts“ zwischen dem 1. April und dem 30. September 1854 im Stadtarchiv Potsdam und in anderen Bibliotheken zum Kriegsverlust gehören.*

4 freundliche Besorgung: *Das „Album für Constanze“; vgl. Brief Nr. 42 und Beilagen.*

7 mein ältester Berliner Bekannter: *Der Maler Theodor Wagner, den Storm 1939 während seines Studienjahres in Berlin kennengelernt hatte. Im „Album für Constanze“ sind mehrere Zeichnungen und Gemälde von Wagner eingeklebt: „Schreckhorn“ (Ölgemälde, Blatt 17 recto), „Rast im Walde“ und „Gelage im Weinkeller“ (2 kolorierte Bleistiftzeichnungen, Blatt 66 recto), „Reinhard“ (eine Tuschzeichnung zu „Immensee“, Blatt 67 recto), „Eine Kahnfahrt“ (1852) sowie zwei kolorierte Bleistiftzeichnungen zu „Immensee“ (1852) mit der Bemerkung:* „In der Eile noch fertig geworden, pardon“ *(Blatt 68 recto) und „Der Alte“ (Tuschzeichnung, Blatt 69 recto).*

9 Conterfei unsres alten Propsten: *Christian Feddersens Bleistiftzeichnung (Porträt des Friedrich Feddersen) und Friedrich Feddersens Gedicht „Kommt der Gatte mit den Kleinen“ (Husum, den 1. Mai 1854; „Album“; Blatt 9 recto).*

10 von seiner Tochter: *Käthe Feddersen schenkte zwei Gemälde und Gedichte, zum einen das von Storm genannte „Setz Dich mit mir hierher vor der Brücke beim Rande des Deiches <…>“ mit einer Buntstiftzeichnung („Album“, Blatt 13 recto) und ein zweites, „Reichet Dir Blumen der liebliche Mai“ mit einer Tuschzeichnung („Album“; Blatt 11 recto).*

13 die Verse darunter: *Käthe Feddersens Gedicht:* „Setz Dich mit mir hierher von der Brücke beim Rande des Deiches, / Schau den bewohnten Strand, schau das unendliche Meer. / Schifflein kommen und gehen, es kommen und gehen die Fluthen, / Drüber im sonnigen Glanz flattern die Möwen einher. –“

14 die allergrößte Freude: *Über die Geburtstagsfeier, den* „Höhepunkt des Jahres" *(vgl. Storm an Johann Casimir und Lucie Storm, 21.4.1854; H: SHLB Cb 50.53:03,10; „Briefe in die Heimat", S. 41), und das Autographenalbum schrieb Constanze Storm an Helene Stolle am 6. Mai 1854:* „Dann ein Album worin Handschriften von den verschiedensten lebenden deutschen Dichtern und Bilder von einigen Malern. Gedichte von Möricke, Paul Heise, Franz Kugler, Theodor Fontane, Friedrich Eggers, Roquette, Eichendorff, Carl Meyer aus Tübingen, Klaus Groth u.s.w., dann ein Bild von Theodor Wagner, Kretzschmer, Käthe Feddersen und ihrem Oncel u. der hat mir meines alten Propsten liebes Gesicht gezeichnet, du denkst nicht, wie erfreut ich wurde als seine lieben Züge mir aus dem Album entgegensahen; er selbst hat ein kleines Gedicht darunter gemacht. Dann hat Käthe mir die neue Brücke bei Husum aufgenommen und so sprechend, daß der kleine Ernst gleich wußte, was es war, obgleich er vorigen Sommer nur zwei oder drei mal da war, auch ein reizendes Blumenbouquet von ihrer Hand da. Frau Möricke schickte mir unbekannter Weise ihre, ihres Mannes und seiner Schwester Silhuetten, mein Album ist gleich ganz reich geworden" *(H: SHLB Cb 50.58:94; unveröff.). – Wie Otto Roquettes Gedicht „Ach Gott, das drückt das Herz mir ab, …" (Blatt 24 recto) zu Storm gelangte, ist nicht bekannt.*

14 Von Bormann <…> christliches <…> neue Argo: *Bormanns Gedicht „Ostern"; vgl. Brief Nr. 42, Anm. 4 „Bormann schickt morgen". Es wurde nicht in der „Argo" veröffentlicht. – Schon während seines zweiten Berlin-Besuchs hatte Storm seiner Frau Constanze am 18. September 1853 von Bormanns Frömmigkeit erzählt, in dessen Haus – auch in Anwesenheit der Gäste – vor dem Essen ein Tischgebet gesprochen wurde; vgl. StCSt, Nr. 10, S. 58.*

16 Lepel: *Vgl. Brief Nr. 42, Anm. 5 „Lepel <…> schreibt mir eben".*

18 Heiseschen Polterabend: *Am 14. Mai 1854; vgl. Brief Nr. 42, Anm. 21 „Rütli <…> Polterabend-Vorbereitungen", und Nr. 45, Anm. 3 „Sonntag gegen 8 Uhr". Gegenüber Helene Stolle erwähnte Constanze Storm auch den Polterabend:* „Den 13.d.M. *<richtig: 14.; Anm. G.R.>* werden wir vielleicht einen Polterabend in Berlin mitmachen, Paul Heise und Grete Kugler geben nämlich Hochzeit. Er ist vom König von Bayern nach München berufen mit einem jährlichen Gehalt von 1200 Gulden wofür er nichts zu leisten hat, als im Winter wochentlich ein Mal einer Siree am Hofe beizuwohnen mit dem Bemerken, wenn er eine Professur wolle, könne er es nur sagen, sie stehe ihm stets zu Diensten. Der Bräutigam ist vor einigen Tagen mündig geworden, die Braut 19 Jahr, ein wahrhaft reizendes Paar. Er ist ideal schön, sie mehr eine Gretel, wie die Mutter sie gern zu nennen pflegt" *(H: SHLB Cb 50.58:94; unveröff.).*

24 Mörike Gedichte <…> Idylle: *Eduard Mörike: „Gedichte" (Stuttgart: Cotta 1838) und „Idylle am Bodensee oder Fischer Martin und die Glockendiebe" (Stuttgart: Schweizerbart 1846).*

(Zu 45) Fontane an Storm, <Berlin,> Donnerstag, <11. Mai 1854>. Antwortbrief auf Nr. 44 – Abdruck nach h (TFA)

Überlieferung

HBV: <54>/20

H: Gertrud Storm (bis 1909), Friedrich Fontane (bis 1934/35), Meyer und Ernst 1933 (Nr. 35, Konvolut-Nr. 598), Stargardt 1933/34 (Nr. 344, Konvolut-Nr. 406; Nr. 345, Konvolut-Nr. 34, und Nr. 353, Konvolut-Nr. 80) und zuletzt vermutlich Kehler, dessen Autographensammlung im Zweiten Weltkrieg „vernichtet" wurde (vgl. HFA IV/5,II, S. 103)

h: masch. Abschr. TFA (Ca 62) und SHLB (Cb 50.56:51,20)

E: Pniower/Schlenther I, S. 115 <datiert auf: „Mai 1854">

D: Gülzow, S. 110 f. (Nr. 18) <datiert auf: „Mai 1854">; Steiner, S. 82 (Nr. 42)

Abschrift

h (TFA) beschädigt. Kursivschrift.

Datierung

Die Datierung „11. Mai 1854" ergibt sich aus dem Zusammenhang: Fontane antwortete an einem Donnerstag auf Storms Brief vom 9. Mai <1854>; der Polterabend fand am Sonntag, dem 14. Mai 1854, statt. Infolgedessen hat Fontane seinen Brief am Donnerstag, dem 11. Mai 1854, geschrieben.

Stellenkommentar

3 Sonntag gegen 8 Uhr: *Am 14. Mai 1854 zum Polterabend in Kuglers Wohnung, Friedrichsstraße 242; die Hochzeit von Paul Heyse und Margarete Kugler fand am 15. Mai 1854 statt. Geladen waren u.a. die Familien Kugler und Baeyer, Otto Ribbeck und seine Braut Emma Baeyer sowie Friedrich Eggers (vgl. BSB – Heyse-Archiv Tagebuch 39/III, S. 1; unveröff.). Vgl. Briefe Nr. 42, Anm. 21 „Rütli <...> Polterabend-Vorbereitungen", und Nr. 44, Anm. 18 „Heiseschen Polterabend".*

6 eine kleine Aufmerksamkeit: *Paul Heyse erinnert sich, dass die* „Freunde vom Tunnel" *ihm* „ein schönes Album mit Versen und Handzeichnungen verehrt" *hatten. Dieses Album ist im Heyse-Nachlass der Bayerischen Staatsbibliothek nicht überliefert; vgl. Heyse – Erinnerungen, S. 210. Ein anderes Geschenk ist nicht ermittelt.*

(Zu 46) Storm an Fontane, <Potsdam,> Samstag, <3. Juni 1854> – Abdruck nach H

Überlieferung
H: SHLB (Cb 50.51:15,24)
E: Steiner, S. 82 f. (Nr. 43)

Handschrift
1 Blatt (21,8 x 14,1 cm), S. 1–2 beschriftet; gelbes Papier. Am oberen Blattrand (S. 1) von Fontanes Hand: „Mitte September 1854.“

Datierung
Storms Einladung bezieht sich auf den Pfingstsonntag, der 1854 auf den 4. Juni fiel; vgl. Fontanes Antwort, Brief Nr. 47. Infolgedessen wurde der Brief einen Tag vorher, am 3. Juni 1854, geschrieben.

Stellenkommentar

3 „wenn Alle untreu werden;“: *Das Zitat ist zweifach belegt: zum einen stammt es aus den „Geistlichen Liedern“ von Novalis (Nr. 6, erster Vers), zum anderen ist es der erste Vers eines deutschen Volks- und Studentenlieds von Max von Schenkendorf („Erneuter Schwur an Jahn von wegen des heiligen deutschen Reiches“), dessen erste beiden Verse an Novalis' Dichtung anklingen.*

4 an Freunden <...> sprechen <...> Kugler <...> kranken Frau: *Storm hatte neben den Ehepaaren Fontane und Kugler (Brief an Kugler nicht überliefert) auch Wilhelm und Henriette von Merckel sowie Friedrich Eggers nach Potsdam eingeladen. Der Einladung folgte offensichtlich nur das Ehepaar Merckel. Am 2. Juni 1854 sagte Kugler ab:* „Ihre Zeilen vom 31$^{\underline{\text{ten}}}$, lieber Storm, empfange ich erst jetzt, 2ten Juni halb 9 Uhr. Inzwischen hat sich leider wieder Manches geändert: es scheint, daß wir einmal nicht zu Ihnen kommen sollen. Ein Katarrh, an dem meine Frau, nach all den Anstrengungen der letzten Monate, leidet, ist so heftig und hartnäckig geworden, daß sie das Zimmer hüten muß und für sie an die Potsdamer Tour nicht zu denken ist. Zugleich würde sie aber mutterkindseelenallein sein, da Gretchen in München, Bernhard (um innerliches Drängen und äußerliches Toben auszulaufen) in der sächsischen Schweiz ist, Hans ohne Zweifel zoologische Studienmärsche machen wird, Emma Baeyer durch ihre neuen Familienbezüge ganz nach andrer Seite in Anspruch genommen ist pp. pp. Die Pfingsttage von Morgen bis Abend zu bummeln und seine Frau krank ohne all und jede Gesellschaft zu Hause zu wissen, wäre aber auch weder rechtlich noch erquicklich; sie will zwar nichts von meinem Hierbleiben wissen, doch müßte das Unvorhergesehenste eintreten, falls ich mich entschließen könnte, sie zu verlassen. Merckels haben zu der

Partie die größte Lust. Ich schicke ihm so eben Ihre Zeilen, ihm überlassend, ob und was von ihrer Seite anzuknüpfen sein möchte. Ihr schmerzlichst ergebener F. Kugler. Sie werden von dort aus wohl Näheres vernehmen. Frau v. Merkel möchte jedenfalls morgen Abend nach Potsdam. *(H: SHLB Cb 50.56:114,13; StKug, Nr. 12, dort unter dem falschen Datum 2. Juli 1854 veröff.) An Merckel schrieb Kugler ebenfalls am 2. Juni 1854:* „Beiliegend die Storm'schen Zeilen, die erst jetzt (halb 9 Uhr, 2. Juni) in meine Hände kommen. Leider ist das Unwohlsein meiner Frau so heftig geworden, daß für sie kein Gedanke ist, die Tour mitzumachen. Dazu kommt, daß sie den Ganzen Pfingsttag, bei Abwesenheit aller Kinder pp., vollständig allein zu Hause sein würde. Es thut mir daher überaus leid, (trotz der Widerrede meiner Frau) erklären zu müssen, daß auch ich sie, falls nicht Unvorhergesehenstes eintritt, nicht verlassen kann. Sehr hübsch wäre es freilich, wenn die Rütlionen dennoch das Mögliche möglich machten und auch mir, für den allerdings durchaus unwahrscheinlichen Male, die Theilnahme offen hielten. Ich habe Storm meinerseits, dem Vorstehenden gemäß, und daß ich Ihnen seine Zeilen mitgetheilt, geschrieben. Wollen Sie ihn vielleicht von einer Beschlußnahme Ihrerseits in Kenntniß setzen?" *(H: SHLB Cb 50.56:114, 11; unveröff.). Merckel schrieb daraufhin am 2. Juni 1854 einem unbekannten Empfänger – vermutlich Fontane – von Kuglers Absagebrief, den er seinem Schreiben beigelegt hatte, und übertrug dem Briefempfänger die weitere Organisation der Potsdam-Fahrt (vgl. H: SHLB Cb 50.56: 143,01; unveröff. Der Brief liegt im Storm-Nachlass, ist aber nicht an Storm geschrieben worden). In seinem Brief an Storm hat Eggers am 3. Juni 1854 noch offen gelassen, ob er nach Potsdam kommen kann:* „Mein lieber Natran, die Akten in Sachen Pfingstfahrt gen Potsdam wachsen in haarsträubender Weise. Ich sende Ihnen unter Zurückhaltung Ihres Schreibens an Kugler die beigehenden Schriftstücke zu. Nachdem Sie dieselben durchgelesen, fahre ich also fort: Da auch mich ein neidisches Schicksal in Ungewißheit geworfen hat, weil ich heute Mittag erst einen Brief bekommen werde, der mir sagt, ob ich – eingetretener dringende Umstände wegen – nach Schwerin muß, oder nicht, so erschien ich es zum Steuermann nicht recht passend und ging daher zu Lafontaine, ihn dieses Amt anzutragen. Derselbe schien anfangs nicht ganz ungeneigt, rein verzweifeln zu wollen an dem vielem Queer, faßte sich aber in achtunggebietender Weise und trug mir auf, vorläufig zu melden, daß also neben Immermanns er bestimmt käme. Auch Irus Lübke steht in Aussicht. Metastasio u. Rubens sind unbestimmt. Leider! – Heute Abend ist nun Rütli bei Lessing. Die Frau Clara noch immer unwohl auf dem Sopha. Vor Beendigung des Rütli wollte Immer=Frau schon nach Potsdam gehen. Sie war sehr für das Mittagessen bei Harrach in Glienecke; so viel weiß ich. Heute Abend aus dem Rütli erfolgt also noch eine bestimmtere Nachricht. Dafür will ich sorgen. – Hans u Bernhard sind schon auf Reisen. Ihr Freund Anacreon" *(H: SHLB Cb 50.56:37,08; unveröff.). – Fontane und Kugler haben sich bei der „Rütli"-Sitzung am 3. Juni 1854 nicht getroffen; vgl. Fontanes Antwort, Brief Nr. 47.*

5 10Uhrenzuge: *Zu den Zugverbindungen nach Potsdam vgl. Brief Nr. 25, Anm. 10 „12 U. <…> 2 U. Zuge“.*

11 liebenswürdiges junges Geschöpf: *Vermutlich Rosa Stein.*

13 Beÿerschen Damen: *Emma und Johanna Baeyer.*

17 Sorrenter Idyllen: *Heyses „Idyllen von Sorrent“ wurden in dem Sammelband „Hermen. Dichtungen“ (Berlin: Hertz 1854) erstmals veröffentlicht. Storms Exemplar ist im StA nicht überliefert. Zum weiteren Gespräch über Heyses „Idyllen“ und über Fontanes Rezension über die „Hermen“ vgl. Briefe Nr. 47, Anm. 14 „Sorrentiner Idyllen“, Nr. 48 und 49, Anm. 15 „Idyllen <…> Ihre Ausstellungen <…> Mariuccia und des braunen Onkels“ sowie Nr. 58, Anm. 17 „Ihren Artikel über Pauls ‚Hermen‘“.*

(Zu 47) Fontane an Storm, <Berlin,> Pfingstsonntag, <4. Juni 1854>. Antwortbrief auf Nr. 46 – Abdruck nach h (TFA)

Überlieferung

HBV: *<54>/23*

H: *Gertrud Storm (bis 1909), Friedrich Fontane (bis 1934/35), Meyer und Ernst 1933 (Nr. 35, Konvolut-Nr. 598), Stargardt 1933/34 (Nr. 344, Konvolut-Nr. 406; Nr. 345, Konvolut-Nr. 34, und Nr. 353, Konvolut-Nr. 80) und zuletzt vermutlich Kehler, dessen Autographensammlung im Zweiten Weltkrieg „vernichtet“ wurde (vgl. HFA IV/5,II, S. 103)*

h: *masch. Abschr. TFA (Ca 63; Schluss fehlt) und SHLB (Cb 50.56:51,21)*

E: *Pniower, S. 1475 f. (TD); Pniower/Schlenther I, S. 116–118*

D: *Gülzow, S. 111–113 (Nr. 19); Coler I, S. 244–246; HFA IV/1, S. 381 f. (Nr. 182); Steiner, S. 83 f. (Nr. 44)*

Abschrift

h (TFA) Schluss fehlt. Textergänzung nach h (SHLB). Kursivschrift.

Edition

Im Erstdruck wurde von Pniower und Schlenther sinnenstellend eingegriffen. Das Zitat aus Goethes „Faust“, das sowohl in h (TFA) also auch in h (SHLB) nicht korrekt wiedergegeben wurde, weil Fontane vermutlich aus dem Gedächtnis formulierte, wurde auf h (TFA) mit Bleistift korrigiert und in E mit den entsprechenden Herausgeberkorrekturen veröffentlicht. So heißt das Zitat in h (TFA) und in h (SHLB) ohne die Bleistiftkorrekturen: „Denn wenn du dir nur selbst vertraust, / Vertraun dir auch die andern Seelen.“ *Im Erstdruck heißt die Formulierung dann:* „Und wenn ihr euch nur selbst vertraut, / Vertrauen euch die andern Seelen.“

Stellenkommentar

4 das Fest der Freude: *Anspielung auf Ludwig Uhlands Gedicht „Der schwarze Ritter“:* „Pfingsten war, das Fest der Freude, / Das da feiern Wald und Heide“.

6 Ihren Brief: *Storm an Fontane, <3.6.1854>; vgl. Brief Nr. 46.*

8 Bruchtheil des Rütli: *Vermutlich kam nur das Ehepaar Merckel; vgl. Brief Nr. 46, Anm. 4 „an Freunden <…> sprechen <…> Kugler <…> kranken Frau“.*

12 hol’ ich recht bald nach: *Vgl. Storms nächste Einladung nach Potsdam, <vor dem 17.6.1854>, Nr. 48.*

14 Sorrentiner Idyllen: *Fontane hat Heyses „Idyllen von Sorrent“ am 16. Juni 1854 gelesen und schrieb voller Begeisterung zwei Tage später an Heyse, dass er die Idyllen* „langsam trinkend“ *zu sich genommen habe und dass das Ganze* „ein Schuß ins Schwarze“ *sei. Er bemerkte lediglich, dass einige Verse* „an ein paar Stellen flüssiger sein“ *könnten (vgl. FHey, Nr. 14, S. 19).*

15 allgemeinen Heyse-Cultus: *Vgl. auch Fontanes Brief an Storm, 5.11.1853; Nr. 23, S. 46 f., in dem Fontane auf die allgemeine Begeisterung für Paul Heyses äußerliche Erscheinung und für sein poetisches Werk zu sprechen kommt.*

18 Einer meiner Bekannten: *Nicht ermittelt.*

21 Die alte Heyse: *Heyses Mutter Julie Heyse.*

22 Lamartine: *Aus welchem Zusammenhang Fontane die Anekdote über den damals auch in der Presse häufig zitierten Dichter der frz. Romantik, Alphonse de Lamartine, erfuhr, ist nicht ermittelt. Vgl. zur Medienpräsenz Lamartines den Wiederabdruck von „Lamartine’s Rückblick auf Napoleon“, der einen Monat, bevor Fontane seinen Brief an Storm schrieb, in der Zeitschrift „Europa. Chronik der gebildeten Welt“ (Nr. 38, 4.5.1854) erschienen war, oder auch der Hinweis „Lamartine läßt die Frauen sagen“ (Nr. 63, 4.8.1853).*

24 Nur die Lumpe sind bescheiden: *Zitat aus Goethes Gedicht „Rechenschaft“:* „Nur die Lumpe sind bescheiden, Brave freuen sich der Tat.“

26 Denn <…> Seelen: *Anspielung auf Goethes „Faust. Der Tragödie erster Theil“:* „Und wenn Ihr Euch nur selbst vertraut, / Vertrauen Euch die andern Seelen“ *(Studierzimmer, Vers 2021 f; Mephisto).*

32 *ein Stück Brief: Hermann Müllers Brief an Fontane, vor dem 4. Juni 1854; im TFA Potsdam nicht überliefert.*

34 *alle meine Beiträge: In der „Argo“ (1854) erschienen von Fontane die Balladen „Johanna Gray“, „Die Hamilton’s oder die Locke der Maria Stuart“ und „Sir Walther Raleigh’s letzte Nacht“, die Novellen „Tuch und Locke“, „Goldene Hochzeit“ und „James Monmouth“ sowie die „Alt-Englischen Balladen“ („Der Aufstand in Northumberland“, „Sir Patrick Spens“, „Edward, Edward“, „Jung Musgrave und Lady Barnard“, „Schön Margret und Lord William“, „Die Jüdin“, „Lord Murray“ und „Robin Hood“).*

39 *Londoner Briefe: Fontanes „Ein Sommer in London", das am 27. September 1854 als Buch erschienen war (vgl. „Börsenblatt für den Deutschen Buchhandel und die mit ihm verwandten Geschäftszweige" 21 <1854>, Nr. 122). Vgl. Brief Nr. 9, Anm. 81 „Aufsätze <...> Kugler'schen Arbeit <...> ‚Londoner Briefe'".*

40 *Sie vertagten Ihre Rezension: Storms Beitrag „Theodor Fontane" erschien erst am 18. Oktober 1855 im „Literatur-Blatt des Deutschen Kunstblattes" mit einem kleinen Hinweis auf „Ein Sommer in London". Storm empfiehlt darin die Lektüre des Reisebuchs nicht nur wegen der „*Darstellung dieser Dinge selbst*", sondern auch wegen des „*Eindrucks*", den sie bei Fontane zurückgelassen haben (Nr. 21); vgl. den Abdr. auf S. 148–155 und Brief Nr. 61, Anm. 3 „den Artikel <...> an seine Bestimmung".*

**(Zu 48) Storm an Fontane, <Potsdam,> <vor dem 17. Juni 1854>.
Antwortbrief auf Nr. 47 – Abdruck nach H**

Überlieferung

H: SHLB (Cb 50.51:15,25)
E: Steiner, S. 85 f. (Nr. 45)

Handschrift

*1 Doppelblatt (21,7 x 14,2 cm), S. 1–2 beschriftet; gelbes Papier. Am oberen Blattrand (S. 1), von Fontanes Hand: „*Ende September 1854.*".*

Datierung/Ort

Fontanes Datierung ist falsch. Da Fontane am 17. Juni 1864 Storms Brief beantwortete, erschließt sich daraus der terminus post quem: „vor dem 17. Juni 1854".

Stellenkommentar

2 Unwohlsein und überhäufte Arbeit: *Vgl. Einführung, S. XXVI–XXVIII.*

4 nächsten Sonntag: *Am 27. Juni 1854. Fontane kam nicht; vgl. Brief Nr. 49. Stattdessen fuhr Storm am 27./28. Juni nach Berlin und traf dort seine beiden Brüder Aemil und Otto Storm; vgl. Storm an Johann Casimir Storm, 29.6.1854 (H: SHLB Cb 50.53:03,13; unveröff.).*

6 nach dem zoologischen Garten: *Der Ausflug in den Berliner Zoologischen Garten, den Storm seinen beiden ältesten Söhnen Hans und Ernst sowie der Hausangestellten Bertha Bahnsen versprochen hatte, wurde am 28.6.1854 nachgeholt; vgl. Storm an Johann Casimir Storm, 29.6.1854 (H: SHLB Cb 50.53:03,13; unveröff.).*

10 Decoration <...> wie zur Satanella: *„Satanella oder Metamorphosen" (Phantastisches Ballet in 3 Akten und 4 Bildern nach der Komposition von Peter Ludwig Hertel und*

*der Choreographie von Paul Taglioni). Die deutsche Uraufführung fand am 28. April 1852 an der Kgl. Oper in Berlin statt. Bis zur letzten Aufführung am 6. Januar 1885 wurde das Ballett 207 mal gespielt. Taglionis Ballett war sehr erfolgreich und begründete den internationalen Rang Berlins für das Ballett. Neben der tänzerischen Leistung von Marie Taglioni als Satanella beeindruckten besonders die Decorationen des Kgl. Dekorationsmalers Carl Wilhelm Gropius (1793–1870), deren „Glanze“ Stadtgespräch war und die das „Ballet zu einer wahren Kunstausstellung“ machten. Ein Rezensent der Berliner Uraufführung bemerkte, dass der „Beifall schon allein beim ersten Anblick der Decorationspracht losdonnerte“. Besonders das Gewächshaus und der Zauberhain waren „von magischem Eindrucke, die Schlußdecoration die glücklichste Verschmelzung von Natur und Kunst“, weil „inmitten der gemalten Baumgruppe <…> ein natürlicher Springbrunnen seinen hohen Aufschwung <nahm; Anm. G.R.>, während zu seinen Füßen natürliche Wasserfälle plätschern, vom Mondschein versilbert, ein Spiegel für die Najaden“ (vgl. NPZ, 30.4.1852, Nr. 101, Rubrik: Berliner Zuschauer, Zeichen *§*). Storm hat vermutlich kurz vor seinem Brief an Fontane eine Vorstellung in Berlin besucht; Näheres nicht ermittelt. Vgl. auch Gutzkows Bemerkung über die Satanella-Aufführung in „Eine Woche in Berlin“ (in den „Unterhaltungen am häuslichen Herd“, 1854, Nr. 26).*

12 Heyses Idyllen <…> Id. IV: *Heyses „Idyllen von Sorrent“. In: „Hermen“ (Berlin: Hertz 1854; Gesang IV, S. 92–95). Storms Exemplar ist im StA Husum nicht überliefert.*

17 braunen Onkel: *Angiolinas Onkel Carlo, der einen braunen römischen Hut trug und Mariuccia, das vom Dichter Don Paolo umworbene Mädchen, heiratete (vgl. Gesang VII, S. 114 f.).*

19 Gräfenberger Wasserpatienten: *Das Gespräch zwischen Don Paolo und dem plötzlich in Erscheinung tretenden Deutschen in Gesang X, der sich wegen eines Magenleidens von einer Wasserkur aus Gräfenberg in Italien erholen wollte und eine Begegnung des Dichters mit Mariuccia verhinderte (vgl. S. 137–143).*

30 Merckel <…> verfehlt zu haben: *Nicht ermittelt.*

36 K. E. L.: *Kugler, Eggers, Lepel. In seinem Brief vom 30. Juni 1854 stellte Kugler seinen Besuch bei Storm in Potsdam für Sonntag, den 2. Juli 1854 in Aussicht. Ob das Treffen zu Stande kam, ist nicht ermittelt; vgl. StKug, Nr. 11, S. 127.*

37 Montag <…> Schwurgerichtssitzung <…> Kindesmord: *Die Schwurgerichtssitzungen waren öffentlich und erfreuten sich einer allgemeinen Beliebtheit; in den Tageszeitungen wurde regelmäßig über die „Spektakel“ – es ging um Diebstahl, Betrug, und Fälschungssachen, aber auch um Mord – berichtet. Storm war Mitglied der Deputation. Über die Sitzung am 19. Juni 1854 ist nichts Näheres ermittelt, da die Nummern des „Potsdamer Intelligenzblatts“ vom 1. Januar bis zum 30. September 1854 zum Kriegsverlust gehören. Vgl. Einführung, S. XXVII f.*

39 Pfarrers Tochter v Taubenhain: *„Des Pfarrers Tochter von Taubenhain"; Bürgers Ballade um eine Kindsmörderin.*

(Zu 49) Fontane an Storm, Kränzlin, Dienstag, 20. Juni 1854. Antwortbrief auf Nr. 48 – Abdruck nach h (TFA)

Überlieferung

HBV: 54/26

H: Gertrud Storm (bis 1909), Friedrich Fontane (bis 1934/35), Meyer und Ernst 1933 (Nr. 35, Konvolut-Nr. 598), Stargardt 1933/34 (Nr. 344, Konvolut-Nr. 406; Nr. 345, Konvolut-Nr. 34, und Nr. 353, Konvolut-Nr. 80) und zuletzt vermutlich Kehler, dessen Autographensammlung im Zweiten Weltkrieg „vernichtet" wurde (vgl. HFA IV/5,II, S. 103)

h: masch. Abschr. TFA (Ca 65) und SHLB (Cb 50.56:51,22)

E: Pniower, S. 1476 f. (TD); Pniower/Schlenther I, S. 118–120

D: Gülzow, S. 113–115 (Nr. 20); Steiner, S. 86 f. (Nr. 46)

Abschrift

h (TFA) beschädigt; Textverlust durch Papierausriss. Emendation nach h (SHLB). Kursivschrift.

Stellenkommentar

1 Kränzlin: *Fontane besuchte während seines dreiwöchigen Urlaubs vom 10. bis 25. Juni 1854 seinen Freund Hermann Scherz in Kränzlin in der Nähe von Neuruppin.*

10 Potsdam <…> Natur als Kunstprodukt: *Vgl. Brief Nr. 48.*

12 Thymianhügeln von Segeberg <…> Schwägerinnen: *Fontane erinnert sich an Storms Brief vom 28. Oktober 1853, in dem er von dem Ausflug zum Segeberger Kalkberg mit seinen Schwägerinnen Lotte, Sophie, Marie und Lolo Esmarch sowie Constanze Storms Schwägerinnen Susanne und Marie Esmarch erzählt; vgl. Nr. 22, Anm. 15 „Schwiegerinnen <…> Kalkbergs".*

15 Idyllen <…> Ihre Ausstellungen <…> Mariuccia und des braunen Onkels: *Vgl. Storms Bemerkungen über Heyses „Idyllen von Sorrent" in seinem Brief vom <vor dem 17.6.1854>, Nr. 48. In seiner langen Besprechung der „Hermen. Dichtungen von Paul Heyse" kommt Fontane am ausführlichsten auf die „Idyllen von Sorrent" zu sprechen. Er befolgte Storms Empfehlung und ging bei seiner Rezension auf die Entstehung des Sammelbandes ein, der die* „Entwicklung des Dichters" *zeige. Insbesondere die Italienreise habe zum künstlerischen Erfolg seiner Dichtung beigetragen (vgl.*

Brief Nr. 5, Anm. 47 „Paul Heyse <…> Rom“). Fontane bewunderte in den „Idyllen“ die Genrebilder, die Heyse statt der in „Platenscher Weise“ *verbreiteten Landschaftsgemälde mit stereotypen Figuren dargestellt hat, in denen die* „Menschen“ *und nicht die* „Natur“ *im Mittelpunkt stehen. Den* „Reiz“ *der Dichtung haben vor allem die* „e i n z e l n e n Scenen und Bilder“ *sowie die Details und nicht der Inhalt im Ganzen ausgemacht. So beanstandete Fontane im Unterschied zu Storm auch nicht das* „Wie“ *des Schlusses, sondern konzentrierte sich vielmehr auf das* „Was“ *der Lösung, die autobiographische Anklänge zeigt: die Entsagung des Dichters Don Paolo von Mariuccia und die Treue zu seiner Braut in Deutschland. Storms Einwand in Bezug auf die unmotivierte Darstellung des braunen Onkels Carlo gab Fontane allerdings Recht, wenn er kritisierte, dass der Onkel plötzlich* „als eine Art deus ex machina“ *in der Handlung auftritt (vgl. „Literatur-Blatt des Deutschen Kunstblattes“, Nr. 25, 14.12.1854, S. 98 f.).*

24 Argo <…> 2ten Jahrgang: *Fontane hoffte offenbar immer noch, dass ein zweiter Band der „Argo“ im Verlag der Gebrüder Katz erscheinen werde.*

25 einen Brief von Katz: *Fontane hatte das Schreiben von Katz offensichtlich kurz vor dem 25. Juli 1854 erhalten (vgl. Brief Nr. 51, S. 84). In diesem Brief kündigte Katz die Herausgabe des zweiten Jahrgangs an. Vgl. zu den Verhandlungen wegen der Fortführung der „Argo“ Brief Nr. 54, Anm. 17 „Argo <…> Gewitter <…> Starenberger <…> Kugler <…> Brief ein“.*

27 Gruppe'scher Musenalmanache: *Im „Deutschen Musen-Almanach“, hg. von Otto Friedrich Gruppe, veröffentlichten Fontane und weitere Mitglieder des „Tunnels“ ihre Gedichte.*

27 Heller'scher „Ve<*rgi*>ßmeinich<*te*>: *Fontane spielt hier auf die beiden Jahresgaben Theodor Hells an, „Rosen. Taschenbuch für …“ (seit 1838 unter dem Titel „Rosen und Vergißmeinnicht“; bis 1848) und „Dramatisches Vergißmeinnicht“ (1823–1849), die beide in Leipzig erschienen waren.*

29 Mommsen <…> Mitarbeiterschaft <…> Vossischen: *Vgl. Brief Nr. 37, Anm. 20 „An Mommsen <…> Alles besorgen“. – Die „Vossische Zeitung“ meldete am 18. Juni 1854 unter der Rubrik „Wissenschaftliche und Kunst-Notizen“ folgendes:* „Aus der Schweiz, 13. Juni (F.P.) Prof. Dr. Theodor Mommsen wird zu Michaelis Zürich verlassen, um einem Rufe als ordentlicher Professor an der juristischen Fakultät zu Breslau Folge zu leisten“ *(Nr. 140, 1. Beilage, S. 5).*

32 Ome<*r Pasch*>a: *Mit der Erwähnung des osmanischen Generals Omer Pascha spielt Fontane auf die tagespolitischen Ereignisse im Zusammenhang mit der Orientfrage an. Omer Pascha wurde als Michael Latas in Kroatien (Österreich) geboren und konvertierte zum Islam. Er galt als ein* „Mann von ebensoviel Bildung als Tüchtigkeit und Klugheit“, *der es mit den Gesetzen des Korans nicht ganz so genau genommen hatte. Pascha wurde u.a. auch bekannt durch das Buch von Siegfried Kapper: „Chris-*

ten und Türken". 2 Bde. Leipzig: Brockhaus 1854; vgl. die Meldungen in: „Europa. Chronik der gebildeten Welt", Nr. 22, 9. März 1854, und Nr. 84, 12.10.1854.

34 sehet die Lilien auf dem Felde: *Anspielung auf Matthäus 6,28:* „Und warum sorget ihr für die Kleidung? Schauet die Lilien auf dem Felde, wie sie wachsen: sie arbeiten nicht, auch spinnen sie nicht".

36 „fragt mich nur nicht wie": *Zitat aus Heinrich Heines „Anfangs wollt' ich fast verzagen" im „Buch der Lieder", „Junge Leiden", Abschnitt Lieder, Nr. 8:* „Anfangs wollt ich fast verzagen, / Und ich glaubt, ich trüg es nie; / Und ich hab es doch getragen – / Aber fragt mich nur nicht, wie?"

(Zu 50) Storm an Fontane, Potsdam, Montag, 24. Juli 1854 – Abdruck nach H

Überlieferung

H: *HUB 84 (Leihgabe im TFA)*

h: *masch. Abschr. TFA (Ca 693; nach Stargardt-Katalog angefertigte Abschr.) und TFA (Ca 705)*

E: *Stargardt 1929 (Nr. 298), S. 6 (Nr. 54; TD); Krueger, S. 19 f.*

D: *NPZ, 13.12.1929 (TD); Rinnebach (TD); Goldammer I, S. 235–237 (Nr. 61); Steiner, S. 87 f. (Nr. 47)*

Handschrift

1 Doppelblatt (21,6 x 14,0 cm), S. 1–3 beschriftet; weißes Papier.

Eingang

Am 25. Juli 1854; vgl. Brief Nr. 51.

Stellenkommentar

2 neulich einen Stein zwischen uns geworfen: *Über die Begegnung zwischen Storm und Fontane im Juli 1854, bei der Fontane wegen seiner anzüglichen und beleidigenden Bemerkungen vor allem die Empfindungen der schwangeren Constanze Storm zutiefst verletzt hatte, ist nichts Näheres ermittelt; zum Gesprächsverlauf vgl. Briefe Nr. 51–53. Fontane hat offenbar seinem Freund Lepel, der in Heringsdorf weilte, seine Sicht der Situation sowie den Inhalt von Storms Brief und seine Erwiderung vom 25. Juli 1854 mitgeteilt. In der Antwort gibt Lepel unmissverständlich zu bedenken, dass er Storms Empörung durchaus nachvollziehen könne:* „Ueber den Storm'schen Brief u die Sache, die ihn veranlaßt hat, wollen wir gleichfalls sprechen, wenn sie Dir inzwischen nicht schon zu alt u. langweilig geworden ist. So viel kann ich aber schon sagen, daß ich in diesen Dingen ein kleines Vorurtheil gegen Dich habe, was mich

zweifeln läßt, daß Du gegen Storm's Anklage ,überwiegend mit Berechtigung' gefochten hast." *(FLep I, 5.9.1854; Nr. 277, S. 393 f.) Noch Jahre später kam Fontane auf seine frivolen Äußerungen über den* „Frauenschooß" *zurück (vgl. Briefe Nr. 62, S. 97, Nr. 64, S. 98 und Nr. 72, S. 113); auch in „Der Tunnel über der Spree. Viertes Capitel. Theodor Storm" erwähnt Fontane diese Bemerkung, abgedr. auf S. 197 f.*

11 Persönlichkeit eines feinen Schauspielers.": *Es war Paul Heyse, der so über Fontane urteilte; vgl. Fontanes Antwortbrief vom 25.7.1854, Nr. 51.*

20 „Blüthe edelsten Gemüthes": *Erster Vers der zweiten Strophe von Storms „Für meine Söhne" (Erstdruck in: „Deutsches Museum" 4 <1854>, 21.12.1854, S. 929; vgl. LL I, S. 833 f.).*

23 Schl. Holst. Sagen <…> „geschändet" <…> „verführt": *In den folgenden Sagen wird Vergewaltigung und sexueller Missbrauch thematisiert und mit dem Begriff* „geschändet" *beschrieben: „Hartwig Reventlow" (Nr. XIX, S. 21), „Erich verwüstet Femern" (Nr. XXX, S. 33), „Die Kirchenräuber" (Nr. CLX, S. 124) und „Der Jungfernsee" (Nr. CDLVI, S. 341); vgl. Karl Müllenhoff (Hg.): „Sagen, Märchen und Lieder der Herzogthümer Schleswig, Holstein und Lauenburg". Kiel: Schwerssche Buchhandlung 1845.*

38 ob etwas aus der Argo wird: *Zum Scheitern des zweiten Jahrgangs der „Argo" vgl. Brief Nr. 54, Anm. 17 „Argo <…> Gewitter <…> Starenberger <…> Kugler <…> Brief ein".*

42 „Im Sonnenschein.": *Vgl. zur Entstehung von Storms Novelle „Im Sonnenschein" LL I, S. 1053–1056; sie wurde zuerst in dem Band „Im Sonnenschein. Drei Sommergeschichten" (Berlin: Alexander Duncker 1854) veröffentlicht.*

43 Engl. Briefen <…> Balladen: *Zu Fontanes „Londoner Briefen", die Eingang fanden in sein Reisewerk „Ein Sommer in London" (1854) vgl. Briefe Nr. 9, Anm. 81 „Aufsätze <…> Kugler'schen Arbeit <…> ,Londoner Briefe'", und Nr. *56 f. Zu Fontanes Plan einer Sammlung englischer Balladen in deutscher Übersetzung vgl. Brief Nr. 5, Anm. 65 „umfangreiches Buch".*

(Zu 51) Fontane an Storm, Berlin, Dienstag, 25. Juli 1854. Antwortbrief auf Nr. 50 – Abdruck nach h (TFA)

Überlieferung

HBV: 54/31

H: Gertrud Storm (bis 1909), Friedrich Fontane (bis 1934/35), Meyer und Ernst 1933 (Nr. 35, Konvolut-Nr. 598), Stargardt 1933/34 (Nr. 344, Konvolut-Nr. 406; Nr. 345, Konvolut-Nr. 34, und Nr. 353, Konvolut-Nr. 80) und zu-

letzt vermutlich Kehler, dessen Autographensammlung im Zweiten Weltkrieg „vernichtet“ wurde (vgl. HFA IV/5,II, S. 103)

h: *masch. Abschr. TFA (Ca 66)*

E: *Pniower, S. 1477 f. (TD); Pniower/Schlenther I, S. 120–123*

D: *Gülzow, S. 116–119 (Nr. 21); Coler I, S. 250–253; Erler, S. 149–152; HFA IV/1, S. 385–387 (Nr. 185); Steiner, S. 89–91 (Nr. 48)*

Abschrift

h (TFA) beschädigt; Textverlust durch Papierausriss und Blattverschnitt am unteren Rand. Emendation und Textergänzung nach E (Pniower/Schlenther I). Kursivschrift.

Stellenkommentar

2 Jdstedt: *Vgl. Brief Nr. 11, Anm. 18 „Jahrestag der Idsteter Schlacht“.*

4 ‚Mich schuf <…> die Natur!‘: *Zitat aus Schillers „Wallensteins Tod“ (II,2; Wallenstein).*

5 Ihres Briefes: *Storm an Fontane, 24.7.1854; vgl. Brief Nr. 50. Zum weiteren Diskussionsverlauf vgl. die Briefe Nr. 52 f.*

46 Grete Heyse <…> Bodenstedt <…> Leibchen‘: *Näheres nicht ermittelt.*

59 Argo <…> Ich soll an Schindler schreiben: *Nach der Absage von Moritz Katz wurde Fontane beauftragt, an den Berliner Verleger Heinrich Schindler zu schreiben, mit dem Friedrich Eggers, Fontane, Heyse und die anderen Rütlionen seit der Zusammenarbeit mit dem „Literatur-Blatt des Deutschen Kunstblattes“ in Verbindung standen. Dieser Brief ist nicht überliefert; vgl. zu den Verhandlungen mit Schindler Brief Nr. 54, Anm. 17 „Argo <…> Gewitter <…> Starenberger <…> Kugler <…> Brief ein“.*

60 Ihre neue Arbeit: *Storms „Im Sonnenschein“.*

62 Heyse's Bemerkung über mich: *Heyse äußerte einmal über Fontane, dass er die Persönlichkeit eines feinen Schauspielers habe; vgl. Storm an Fontane, 24.7.1854, Nr. 50, S. 81.*

63 ‚neusten Lieblings der Grazien‘: *Vgl. Brief Nr. 23, Anm. 19 „Liebling der Grazien“; in Anspielung auf Goethes Epilog zu Aristophanes' Komödie „Die Vögel“.*

(Zu 52) Storm an Fontane, <Samstag, Poststempel Potsdam, 5. August 1854>. Antwortbrief auf Nr. 51 – Abdruck nach H

Überlieferung

H: *SHLB (Cb 50.51:15,26)*

h: *masch. Abschr. TFA (Ca 695) <datiert auf: „3. August 1854“>*

E: *Goldammer I, S. 237 f. (Nr. 62)*
D: *Steiner, S. 91 (Nr. 49)*

Handschrift
*1 Doppelblatt (21,8 x 14,0 cm), S. 1–2 beschriftet. Anschrift S. 4. Am oberen Blattrand (S. 1) von Fontanes Hand: „*1854. 3. August*“.*

Datierung/Ort
Die Datierung erfolgt aufgrund des Poststempels.

Ausgang
Potsdam Bahnhof: 5. August (vgl. Poststempel).

Eingang
Am 5. August (vgl. Poststempel).

Stellenkommentar

3 Folterbett: *Storm übernachtete bei Eggers in Berlin; vgl. Brief Nr. 53.*

4 unsrer Debatte: *Vgl. Briefe Nr. 50 f. und Anm.*

17 Schooß <…> Frau: *Noch in seinen späteren Briefen kam Fontane immer wieder auf seine anzüglichen Bemerkungen zurück; vgl. Brief Nr. 72, Anm. 56 „berühmte Unterhaltung <…> Wilhelmsstraße <…> Frauenschooß“.*

23 mein letzter Brief: *Storm an Fontane, 24.7.1854; vgl. Brief Nr. 50.*

24 Ihrem letzten Schreiben: *Fontane an Storm, 25.7.1854; vgl. Brief Nr. 51.*

28 Sonntag <…> 12 U.zuge zu uns: *Fontane sagte Storms Einladung nach Potsdam für den 6. August 1854 wegen „*Jod-<S>chnupfen*“ ab; vgl. Brief Nr. 53. Zu den Bahnverbindungen zwischen Berlin und Potsdam vgl. Brief Nr. 25, Anm. 10 „12 U. <…> 2 U.Zuge“.*

29 Chevalier: *Storms Kollege Karl Zöllner, der in Potsdam lebte und ein „Rütli“-Mitglied war. Zöllner setzte seine juristische Ausbildung als Gerichtsassessor bei einem Staatsanwalt am Kreisgericht Potsdam fort. Er war abends häufig zu Gast bei Theodor und Constanze Storm (vgl. Constanze Storm an Elsabe Esmarch, 23.2.1855; H: SHLB Cb 50.58:90,18; unveröff.). Der „Rütli“-Beiname „Chevalier“ sollte Zöllners liebenswürdigem ritterlichen Wesen Ausdruck verleihen. Zu Storms Beziehung zu Zöllner vgl. Alfred Leicht: Storm=Tannhäuser. Neue Briefe Theodor Storms. In: „Westermann's illustrirte Deutsche Monatshefte“ 127 (Februar 1920), S. 633–636.*

29 Schindler: *Storms Einladung an Schindler, bei der es vielleicht auch um die Fortführung der „Argo“ gehen sollte, ist nicht überliefert. Vgl. Brief Nr. 54, Anm. 17 „Argo <…> Gewitter <…> Starenberger <…> Kugler <…> Brief ein“.*

31 Wolseÿ: *Fontanes titellose und unvollendete historische Erzählung über den englischen Kardinal und Staatsmann Thomas Wolsey (1472/73–1530) unter der Regierung Heinrichs VIII. Ob Fontane noch im September 1854 mit der Niederschrift begonnen hat, wie er es am 12. September 1854 in einem Brief an Storm in Aussicht stellt (vgl. Nr. 59), ist nicht bekannt. Der Briefwechsel mit Storm ist die einzige Quelle, in der der Erzählplan angesprochen wird und wo Hinweise auf historische Materialien gegeben werden (vgl. Brief Nr. 55). – Spätestens mit seinem ersten England-Aufenthalt 1844 und den Besuchen der Theateraufführungen von Shakespeares „Heinrich VIII.“ war Fontanes Interesse für den Wolsey-Stoff erweckt; entscheidende Anregungen fand er aber wohl erst 1852 mit der Arbeit an „Ein Sommer in London“ und dem Besuch des bedeutendsten, von Wolsey in Auftrag gegebenen Bauwerks Hampton-Court. Zu den Quellen, zur Entstehung bis 1855 und zur Verbindung zu seinem ersten Roman „Vor dem Sturm“ vgl. Helmuth Nürnberger: „Wolsey“. Ein unbekanntes episches Fragment von Theodor Fontane. In: „Jahrbuch des Freien Deutschen Hochstifts“ 1965, S. 400–478 (darin auch die postume Erstveröffentlichung der Textfassung der Reinschrift, die etwa um 1857 entstanden ist), und ders.: Der frühe Fontane. Politik, Poesie, Geschichte 1848–1860. Berlin 1975, S. 256–277.*

(Zu 53) Fontane an Storm, <Berlin,> Samstag, <5. August 1854>. Antwortbrief auf Nr. 52 – Abdruck nach h (TFA)

Überlieferung
HBV: <54>/33
H: Gertrud Storm (bis 1909), Friedrich Fontane (bis 1934/35), Meyer und Ernst 1933 (Nr. 35, Konvolut-Nr. 598), Stargardt 1933/34 (Nr. 344, Konvolut-Nr. 406; Nr. 345, Konvolut-Nr. 34, und Nr. 353, Konvolut-Nr. 80) und zuletzt vermutlich Kehler, dessen Autographensammlung im Zweiten Weltkrieg „vernichtet“ wurde (vgl. HFA IV/5,II, S. 103)
h: masch. Abschr. TFA (Ca 68) und SHLB (Cb 50.56:51,23)
E: Pniower, S. 1478 f. (TD) <datiert auf: „August 54“>; Pniower/Schlenther I, S. 123–125 <datiert auf: „c. August 1854“>
D: Gülzow, S. 120–122 (Nr. 22) <datiert auf: „wohl August 1854“>; HFA IV/1, S. 387–389 (Nr. 186); Steiner, S. 192 f. (Nr. 50)

Abschrift
h (TFA) Kursivschrift.

Datierung

Fontane beantwortete Storms Brief vom <5. August 1854> an einen Samstag kurz nach Posteingang; infolgedessen wurde der Brief noch am <5. August 1854> geschrieben.

Stellenkommentar

3 Ihren Brief: *Storm an Fontane, <5.8.1854>; vgl. Brief Nr. 52.*

4 Wittwe Randow'sche Folterbett: *Anspielung auf Eggers' Vermieterin, die verwitwete Frau Randow, bei der Eggers ein Zimmer bewohnte (Köthner Straße 48 in Berlin). Storm übernachtete gelegentlich dort.*

6 „Wehtagen" <…> Holstein'schen: *Das berlinerische Wort „Wehtage" für Schmerzen lautet im Holsteinischen „Wehdaag"; vgl. Mensing V, Sp. 577.*

7 Jod=<S>chnupfen: *Jodvergiftung in Folge der medizinischen Einnahme von Jod mit Erkältungssymptomen und Hautausschlägen.*

9 türkischer Bund: *Türkenbund (lilium martagon) mit fleischrosa Blüten.*

10 Saucischen: *(frz. Saucis): ‚Würstchen'; Saucische oder Eberswalder Würstchen, die durch die Hugenotten im 18. Jahrhundert aus Frankreich eingeführt wurden.*

12 Von Schindler <…> gute Nachrichten: *Schindler antwortete Fontane offenbar postwendend (H: nicht überliefert) und ist vermutlich zunächst auf den erfreulichen Absatz des ersten Jahrgangs der „Argo" eingegangen. Zu den Verhandlungen wegen der Fortsetzung der „Argo" vgl. Brief Nr. 54, Anm. 17 „Argo <…> Gewitter <…> Starenberger <…> Kugler <…> Brief ein".*

18 den streitigen Punkt <…> solche Reden: *Vgl. Briefe Nr. 49–52.*

34 Grimm's Märchen: *„Kinder- und Hausmärchen gesammelt durch die Brüder Grimm". Welche Auflage Fontane gelesen hat, ist nicht ermittelt. Nachgewiesen ist Fontanes Besitz der „Großen Ausgabe", 9. Aufl. Berlin: Hertz 1870, die im TFA seit 1945 vermisst wird; vgl. Rasch, S. 128.*

34 Ihre <…> Sagen <…> Stoff: *„Sagen, Märchen und Lieder der Herzogthümer Schleswig, Holstein und Lauenburg". Hg. von Karl Müllenhoff. Kiel: Schwerssche Buchhandlung 1845. Für Fontanes Bibliothek ist dieser Band nicht nachgewiesen. – Müllenhoff dankte in seinem Vorwort Mommsen und Storm, die bereits seit Anfang der 1840er Jahre mit dem Sammeln und Veröffentlichen von Sagen begonnen hatten (erstmals veröff. in Biernatzkis „Volksbuch auf das Jahr 1844"). Nachdem es große menschliche und redaktionelle Probleme zwischen Müllenhoff, Mommsen und Storm gegeben hatte, zogen sich Mommsen und Storm aus dem gemeinsamen Projekt der „Sagen, Märchen und Lieder" zurück; vgl. Brief Nr. 23, Anm. 29 „Mommsen'schen Briefe". Der Band versammelt etwa 600 kurze Sagen und Märchen und informiert am Ende jeder Sage über Quelle und Sammler wie etwa Storm und Mommsen, aber auch über den Lehrer Christian Peter Hansen auf Sylt. Storm hat einen sehr großen*

Teil dafür beigesteuert; vgl. Teitge: Einführung (StMom, S. 13), und Heinrich Detering: Kindheitsspuren. Theodor Storm und das Ende der Romantik. Heide 2011. Über seine Bearbeitung des Stoffs, dem im Unterschied zu Storms Aufzeichnungen keine erzählpoetische Absicht zugrunde lag, schreibt Müllenhoff: „In der Behandlung und Bearbeitung des gesammelten Stoffs war es das erste Bestreben, jedem Stücke eine ihm gemäße einfache Gestalt zu geben, in der sein thatsächlicher Inhalt frei und unverhüllt hervortrete <...> mein Wunsch war nur so zu erzählen, wie man es schlichtweg mündlich thut. Was mir schriftlich mitgetheilt ward, war glücklicher Weise fast immer frei von jenem verschönernden Bestreben, und unsre Bitte um treue und einfache Aufzeichnung ist durchweg erfüllt worden. Daß aber dennoch selten ganz wörtlich wieder abgedruckt war, wird hoffentlich keiner verübeln; es sollte diese Sammlung kein Itzehoer Wochenblatt und keine Sammlung von Stilproben werden. Nur wenn die Aufzeichnung genau die Worte aus dem Munde des Volkes und in seiner Sprache wiedergab, brauchte und durfte wenig geändert werden. Ich selbst konnte bisher fast nur in Ditmarschen unmittelbar aus dem Munde des Volkes schöpfen. Sonst stellte ich mich allen schriftlichen Mittheilungen so gegenüber, als hätte ich sie von dem gütigen Einsender mündlich empfangen, und erzählte dann nach meinem Sinn. Ich glaubte damit nur im Interesse der Sammlung zu handeln, und bin überzeugt, jeder, der eine so vielfältige bunte Masse vor sich gehabt hätte, würde dieselbe Pflicht empfunden haben“ *(S. VI f.).*

36 das Mütterchen von Husum: *„Das brave Mütterchen“ (Nr. CLXXVI, S. 132 f.). Eine alte und gebrechliche Frau rettet die Husumer vor der großen Flut, indem sie ihr* „Hab und Gut <...> zu deren Heil“ *darangab.*

36 König Erich und Herzog Abel: *Vermutlich „Erichs Leiche“, eine Spukgeschichte, die im Zusammenhang mit der Ermordung des Königs Erich durch seinen Bruder, Herzog Abel, steht (vgl. Nr. XIV, S. 17). Die „Abelssage“ wurde bereits von Storm und Mommsen in Biernatzkis „Volksbuch auf das Jahr 1844“ veröffentlicht; vgl. auch den Briefwechsel Storm und Mommsen, insbesondere die Briefe von 1843 (StMom, S. 47–98).*

36 die nächtliche Trauung: *Ein Pfarrer in Apenrade soll von Seeleuten unter Morddrohung gezwungen worden sein, eine Trauung zu vollziehen und anschließend eine Leichenrede zu halten. Das Paar (ein* „Herr in einer prächtigen Uniform“ *und* „eine junge Dame“*) wurde getraut und wenige Minuten später dann wurde die Braut erschossen; vgl. „Die nächtliche Trauung“, Nr. XCIII, S. 84 f.*

(Zu 54) Fontane an Storm, <Berlin,> Freitag, <11. August 1854> – Abdruck nach h (TFA)

Überlieferung

HBV: <54>/38 <datiert auf: „22. September 1854“>

H: Gertrud Storm (bis 1909), Friedrich Fontane (bis 1934/35), Meyer und Ernst 1933 (Nr. 35, Konvolut-Nr. 598), Stargardt 1933/34 (Nr. 344, Konvolut-Nr. 406; Nr. 345, Konvolut-Nr. 34, und Nr. 353, Konvolut-Nr. 80) und zuletzt vermutlich Kehler, dessen Autographensammlung im Zweiten Weltkrieg „vernichtet“ wurde (vgl. HFA IV/5,II, S. 103)

h: masch. Abschr. TFA (Ca 70) und SHLB (Cb 50.56:51,25; <datiert auf: „22. September 1854“>)

E: Pniower/Schlenther I, S. 128 f. <datiert auf: „c. Ende September 1854“>

D: Gülzow, S. 124 f. (Nr. 24) <datiert auf: „wohl Ende September 1854“>; Steiner, S. 99 (Nr. 55) <datiert auf: „Vermutlich 22.9.1854“>

Abschrift

h (TFA) Kursivschrift.

Datierung/Ort

Steiners Datierung auf den 22. September 1854 ist falsch, denn Fontane hat Storms Rezension von Groths „Hundert Blättern“ nicht im Zeitschriftenabdruck vom 21. September 1854 gelesen, sondern bereits in der Manuskriptfassung. Der Brief wurde am 11. August 1854 geschrieben, da Fontane zur „Rütli“-Sitzung am 12. August 1854 einlädt; vgl. Fontane an Henriette von Merckel, 19.8.1854 (FMer I, Nr. 7, S. 9). Außerdem spielt Fontane auf Kuglers Brief vom 6. August 1854 an, den er kurz vor der Briefniederschrift erhalten hatte.

Stellenkommentar

3 Morgen ist Rütli bei mir: *Die „Rütli“-Sitzung am 12. August 1854 fiel aus, da weder Storm noch Menzel kamen; vgl. Fontane an Henriette von Merckel, 19.8.1854 (FMer I, Nr. 7, S. 9).*

6 Strohwittwer: *Emilie und George Fontane waren nach Luckenwalde zu Emilie Fontanes Freundin Laura Knochenhauer gereist; vgl. Fontane an Henriette von Merckel, 19.8.1854 (FMer I, Nr. 7, S. 9).*

7 als neulich: *Nicht ermittelt.*

8 „Folterbett“: *Vgl. Storm an Fontane, <5.8.1854>; Brief Nr. 52, S. 85.*

Ihre Besprechung Groths: *Theodor Storms vernichtende Kritik „Hundert Blätter. Paralipomena zum Quickborn von Klaus Groth. Hamburg. Perthes, Besser und*

Mauke 1854" erschien am 21. September 1854 im „Literatur-Blatt des Deutschen Kunstblattes" (Nr. 19; erneut abgedr. in LL IV, S. 348–353). Am 31. Juli 1854 hatte Eggers die Rezension angemahnt: „Auf den Aufsatz zu Groth darf ich doch spätestens bis Freitag Mittag rechnen, ja? Sie würden mir einen großen Gefallen erweisen" *(H: SHLB Cb 50.56:37,09; unveröff.). Storm schrieb daraufhin den Beitrag und reichte ihn spätestens am 11. August 1854 ein. Fontane bezieht sich in seinem Brief an Storm nicht, wie es in LL IV, S. 828 noch geschrieben steht, auf den Druck, sondern auf die zweite Seite von Storms Manuskript. Im Unterschied zum „Quickborn", wo Gedichte in plattdeutscher Mundart versammelt sind, wurden für die „Hundert Blätter" nun Groths hochdeutsche Gedichte zusammengestellt. Storm stellt in seiner Besprechung eine* „große Verschiedenheit" *zwischen den* „hochdeutschen und plattdeutschen Gedichten" *fest, denn die plattdeutschen stehen* „auf dem Boden des Erlebnisses und der leibhaftigsten Wirklichkeit", *während die hochdeutschen Gedichte* „mehr auf der Reflexion und auf einer Empfindung" *beruhen, die nur aufgrund einer* „mäßige*<n>* und oberflächliche*<n>* Gefühlserregung" *zu Stande kamen. Über das Verhältnis von Dialekt- und hochdeutscher Dichtung schreibt Storm, indem er sich auf Groths „Vorrede" bezieht:* „‚Den reicheren Theil meines Stoffes', sagt der Verfasser <…> ‚zog natürlich der Quickborn an sich.' Das ist allerdings richtig; Klaus Groth ist ein realistischer Poet, es geht ihm wie dem Antäus, wenn er die Mutter Erde verläßt, und seine eigensten Stoffe gingen dahier in den Quickborn; für die hochdeutsche Fassung blieb meistentheils nur das an sich Schwächere oder das seiner Natur nach dem Dichter weniger Entsprechende. Aber das ist es nicht allein; es liegt auch vielleicht zum allergrößten Theil in der Form, und zwar in der Form, wie deren Wesen im Literaturblatte mehrfache Erörterung gefunden hat. Klaus Groth hat irgendwo bei Besprechung seines Quickborn einen besondern Nachdruck auf die Ueberwindung der formellen Schwierigkeit gelegt, mit welcher der plattdeutsche Dichter zu kämpfen habe. Allein er hat in seinen ‚Paralipomena' thatsächlich dargethan, daß in einer und der hauptsächlichsten Beziehung wenigstens die größere Schwierigkeit auf Seiten des hochdeutschen Dichters ist. Allerdings reicht die plattdeutsche Sprache nicht so weit, wie die hochdeutsche, eine Menge von Stoffen sind sogar von vorneherein gänzlich ausgeschlossen; allein dagegen bietet sie auch dem Dichter, so weit ihr Gebiet geht, die allergrößten Vortheile. Sie wird von einem Theile des Volkes gesprochen, der seinen Ausdruck noch mehr aus der unmittelbaren Anschauung, als aus der Reflexion schöpft, und besitzt daher eine Fülle anschaulicher lebendiger Worte und ganzer fertiger Wendungen; in diesen seit Jahrhunderten aufgehäuften, und – was die Hauptsache ist – durchaus unabgenutzten Reichthum hat der Dichter nur hineinzugreifen, und es wird sich die im Sprachschatze fertig vorgefundene Phrase an der richtigen Stelle ausnehmen, als sei sie speciell aus der jedesmaligen Situation erwachsen und gehöre dem Dichter eigenthümlich. Daß eine solche richtige Verwendung des im Sprachschatze Vorhandenen eben auch einen Poeten erfordert, versteht sich freilich von selbst. In der hochdeutschen Sprache dagegen ist alles Fertige bereits so abgegriffen und verbraucht, daß es nur in den seltensten Fällen und durch die größte Kunst des Dichters einen frischen Eindruck hervorzubringen vermag, in der Regel aber sogar mit Sorgfalt vermieden werden muß <...>. Daß nur sehr Einzelne diesen Reichthum besitzen, ist ebenso gewiß, als daß der Verfasser des Quickborn sich dieser in den Sprachverhältnissen liegenden schweren Forderung an den hochdeutschen Dichter bei Abfassung seiner hundert Blätter in keiner Weise bewußt gewesen ist. Denn überall begnügt er sich mit dem überkommenen conventionellen Apparat und kommt sehr oft über die Phrase im allerschlimmsten Sinne nicht hinaus" *(S. 76). – Storms Verleger Homann, in dessen Verlag auch Groths „Hundert Blätter" erschienen waren, teilte Storm am 11. März 1855 seine Enttäuschung über die negative Kritik mit, die anonym erschienen war:* „Ihre Recension der Groth'schen hundert Blätter hat hier, unter uns gesagt, nicht sehr gefallen. Nach der unter uns darüber gepflogenen Unterhaltung dachte ich mir gleich daß Sie der Verfasser derselben seien; ich habe Sie aber erst nach Empfang Ihres vorletzten Briefes als solchen proclamirt. Die 100 Blätter ‚gehen' übrigens sehr schlecht; ich habe kaum 50 Ex. davon verkauft." *(H: SHLB Cb 50.56:84,03; unveröff.) Storms Verriss führte vielleicht dazu, dass Groth für die Mitarbeit an der „Argo" lange Zeit nicht zur Verfügung stand; vgl. Boy Hinrichs: Kommentar. In: StGr, Anm. 26 zu Brief Nr. 2, S. 100. Vgl. auch Brief Nr. 5, Anm. 37 „mich brieflich an Claus Groth zu wenden".*

15 Ihre neuste Erzählung: *Storms „Im Sonnenschein".*

17 Argo <...> Gewitter <...> Starenberger <...> Kugler <...> Brief ein: *Nachdem Moritz Katz vermutlich aus finanziellen Gründen von der Herausgabe eines zweiten Jahrgangs der „Argo" Abstand genommen hatte, wurde der Kontakt zu dem Berliner Verleger Heinrich Schindler aufgenommen, bei dem das von Friedrich Eggers hg. „Deutsche Kunstblatt" ab 1854 erscheinen sollte und mit dem die Freunde durch ihre Beiträge für das „Literatur-Blatt des Deutschen Kunstblattes" dann zusammenarbeiten würden. Es wurde beschlossen, dass Fontane die Korrespondenz mit Schindler führen sollte (vgl. Brief Nr. 51, S. 84). Am 30. Juli 1854 schrieb Fontane an Kugler und informierte ihn ausführlich über Schindlers Angebot; dieser Brief ist nicht überliefert. Kugler antwortete Fontane am 6. August 1854 aus Possenhofen am Starnberger See, worauf Fontane gegenüber Storm zu sprechen kam. In seinem Schreiben erläuterte Kugler einmal mehr seine Skepsis gegenüber der Fortsetzung der „Argo". Kugler zweifelte einerseits an Schindlers Kalkulation, vermisste andererseits aber auch eine angemessene Beurteilung der Mitarbeiter, insbesondere der Gedichte und Novellen von Paul Heyse:* „Meine Ansicht von der zweiten Argofahrt ist die folgende. Wenn wir an tüchtiger u fröhlicher Ladung reich sind und es uns entschieden daranliegt, dieselbe an den Mann zu bringen und damit unsere literarische Massenstellung zu be-

haupten, so macht uns das Wie keine Sorge; so fragen wir nicht nach Gewinn, tragen auch allenfalls die Ausrüstungskosten. Wenn dagegen ein Buchhändler – ob aus freien Stücken oder auf Anfrage, gilt sehr gleich, – Propositionen macht, so müssen sie dem entsprechen, was man in Handel u Wandel als schicklich bezeichnet. So aber kann ich Schindlers Propositionen, das magst Du und mag der Rütli und mag Schindler mir verzeihen, nicht nennen. Daß er, bei den moralisch doch jedenfalls sehr entschiedenen Erfolgen der ersten Argofahrt, uns das Ansinnen stellt, an einem möglichen pekuniären Verlust zu erwarten sein mag, auf jede Theilnahme, als Herausgeber und als Mitarbeiter verzichten. Hätte er gesagt: Der materielle Erfolg der ersten Argofahrt war ungenügend; die kriegerische Weltlage macht Ärgereien u. Havarien möglich; wir müssen uns also versichern: ihr gebt eure Arbeit, ich mein Geld und meine buchhändlerische Thätigkeit zur Ausrüstung des Schiffes: was dann (also ohne Abzug der Auslagen seinerseits) an Gewinnen heraus kommt, theilen wir, – so wäre das eine Basis gewesen, auf der man möglicher Weise zusammen hätte stehen (und miteinander verhandeln) können. Da im Uebrigen unser Fahrzeug noch wenig beladen ist und die Nothwendigkeit, unserer Argoexistenz allenfalls auch auf eigene Kosten zu behaupten, doch nicht gerade vorzuliegen scheint, so beseitigt sich auch meine erste Alternative. Paul ist sehr meiner Ansicht und fügt für sich noch hinzu: daß er ohne ein angemessenes bestimmtes Honorar Nichts liefern, zugleich aber auf keine Weise eine Ausnahmestellung unter den Argonauten annehmen könne. Schindler scheint doch etwas mangelhaft zu speculiren. Es scheint ihm nicht sonderlich daran zu liegen, sich uns irgendwie zu versichern; es scheint nicht zu seinen Wünschen zu gehören, ein so Aufsehen machendes Talent, wie das Pauls (das Privaturteil über dies Talent ist hierbei ganz gleichgültig) an sich heranzuziehen. Bei Bedingungen wie die vorjährigen hätten wir allerdings von Paul (meo voto) vortreffliche Beiträge gehabt: außer seiner Novelle nemlich den Meleager, den ich für eine Tragödie völlig hohlen Styles halte und der durch die Form, welche in den strengen und ernsthaften Partien des Perseus angewandt ist, von sehr mächtiger Wirkung ist. Habeat sibi (nemlich Schindler) Ueberhaupt gefallen mir nicht die halben Geschäfte: Entweder verlohnt sich's der Mühe (resp. der Kosten), ein Unternehmen wie die Argo wieder aufzunehmen, oder es verlohnt sich der Mühe nicht. Ein Buch, das einerseits so offenbaren Neid erweckt, andererseits in fast allen seinen Abschnitten, selbst mehrfach, nachgedruckt wird (was der Herr Verleger freilich auch zu leiden gehabt hätte) kann – auch abgesehen von der Stellung, welche wir sonst in der Literatur einnehmen, – nicht füglich zu den letztern gehören. Wozu kommt, daß einem rüstigen Betriebe des zweiten Jahrganges Alles frühere zu Gute käme, selbst die Nachdruckereien, obgleich deren Fortsetzung nicht weiter zu leiden sein möchte. Doch genug von einer abgemachten Sache. Als solche habe ich sie übrigens angesehen, seit ich Berlin verlassen <...>" *(H: SBB-PK – Nachlass Fontane, St 68,11; Leihgabe im TFA; FKug, Nr. 22, S. 270 f.).*

Fontane erhielt Kuglers Brief am 10. August 1854 (H: SBB-PK – Nachlass Fontane, St 62,19, Leihgabe im TFA; vgl. Fontane an Eggers, 11.8.1854, FEgg, Nr. 27, S. 123) und äußerte sich darüber einen Tag später nicht nur gegenüber Storm, sondern auch gegenüber Eggers, der Kugler bei Heyse besuchte. Fontane hoffte vermutlich, dass durch Eggers' Einfluss Kugler von seinem Entschluss, als Herausgeber und Mitarbeiter der „Argo" zurückzutreten, noch abzubringen sei: „Gestern erhielt ich einen Brief von Kugler, dessen Inhalt Dir inzwischen mündlich mitgetheilt worden sein wird *<nämlich von Kugler selbst; Anm. G.R.>* K. hat in vielen Stücken gewiß Recht, namentlich wenn er hervorhebt, daß Schindler Persönlichkeiten wie P. Heyse gegenüber (und wir selbst können Kugler's Person u. Namen noch hinzufügen) wohl coulanter und gleichzeitig spekulativer hätte sein können; indeß alles das bereitwilligst zugegeben wäre es doch Schade, wenn, nachdem so viel überwunden worden ist, an dieser praktisch unwesentlichen Sache (daß wir nöthigenfalls nämlich den Schaden zu decken haben) die ganze Geschichte scheitern sollte. Ich bin anfänglich, wie Du weißt, gegen ein Wiedererscheinen der Argo unter diesen mehr oder minder poplichen Bedingungen gewesen, nachdem nun aber mal die Sache wieder in Angriff genommen und meinerseits in einem Dutzend Briefen Wind hinter die Affaire gemacht worden ist, sollt' es mir leid thun, wenn der mit bester Kraft und bestem Willen unternommene Anlauf schließlich doch zu keinem Sprung über den Graben führen sollte. Thu in der Sache was Du kannst, scheitert aber alles so laß mich's bald wissen, damit ich aufhöre den andern Mitarbeitern die Pistole auf die Brust zu setzen" *(H: SBB-PK – Nachlass Fontane, St 62,19, Leihgabe im TFA; FEgg, Nr. 27, S. 123). Kugler indessen änderte seine Meinung nicht. Nach einem Gespräch mit Eggers, der über die* „‚Argo'-Angelegenheit" *etwas anders berichtete, als es Fontane gegenüber Kugler getan hatte, schrieb Kugler am 16. August 1854 erneut an Fontane und verschärfte seinen Ton:* „Hienach würde die Sache allerdings etwas anders stehen, als Du es geschrieben hast. Nach seiner Angabe hat Schindler zuerst pure abgelehnt, und dann Euren Vorschlag acceptirt. Es wäre also die eine der von mir gestellten Alternativen: daß wir à tout prix und auf unsere Gefahr das Ding unternehmen (wobei der Verleger nichts ist als der gültige Vermittler, oder, wegen seines Antheils an Verlust oder Gewinn, doch nur ein klein wenig mehr.) Zu einem Unternehmen der Art aber müßten wir aus uns heraus eine gründlich treibende Nothwendigkeit haben, und diese – ich kann darin nur bei meiner Ansicht bleiben – sehe ich nicht." *Kugler kritisierte zudem, dass zu wenig Beiträge – mit Ausnahme von Storm, der* „mit freilich reichlicher Waare" *vertreten sei – vorlägen, kündigte seinen Rücktritt von der* „(nominellen) Redaction" *an und schlug vor, dass bei einer Fortsetzung der „Argo" neben Fontane auch Storm* „auf den Titel" *zu setzen sei (H: SBB-PK – Nachlass Fontane, St 68, 10a; Leihgabe im TFA; FKug, Nr. 23, S. 272 f.). Vgl. zu den Verhandlungen wegen der Fortführung der „Argo" Briefe Nr. 49, Anm. 25 „einen Brief von Katz", Nr. 51,*

Anm. 59 „Argo <…> Ich soll an Schindler schreiben“, Nr. 52, Anm. 29 „Schindler“, Nr. 53, Anm. 12 „Von Schindler <…> gute Nachrichten“, und Nr. 57, Anm. 15 „Todesanzeige der Argo <…> Schindler*“.*

(Zu 55) Storm an Fontane, Potsdam, Samstag, 19. August 1854 – Abdruck nach H

Überlieferung
H: SHLB (Cb 50.51:15,27)
h: masch. Abschr. TFA (Ca 696)
E: Steiner, S. 93–95 (Nr. 51)

Handschrift
1 Doppelblatt (22,4 x 14,0 cm), S. 1–4 beschriftet; blaues Papier.

Stellenkommentar

1 Waisenstr: *Am 1. Juli 1854 zog Storm mit seiner Familie von seiner ersten Potsdamer Wohnung, Brandenburger Straße 70, in die preiswertere Unterkunft, Waisenstraße 68, die er bis April 1854 mietete (heute: Dortustraße; das Haus wurde im Rahmen der Stadtsanierung im August 1989 abgerissen). Vgl. Storm an Johann Casimir und Lucie Storm 7./9.5.1854 (H: SHLB Cb 50.42:03,11; Goldammer I, Nr. 60, S. 233). Vgl. auch Christa Schultze: Stormstätten in Potsdam. In: STSG 36 (1986), S. 83–89.*

6 six femmes <…> bestellt: *Storm hat sich vergeblich um das Werk von Adolphe Simonis Empis: „Les six femmes de Henry VIII. Scènes historiques“ (Paris: Bertrand 1854; als Digitalisat http://gallica.bnf.fr/ark:/12148/bpt6k295734.image.f3) bemüht, das Fontane als Quelle für seinen <„Wolsey“>-Erzählplan benutzen wollte. Näheres nicht ermittelt; vgl. Brief Nr. 52, Anm. 31 „Wolseÿ“.*

9 die beiden Arbeiten: *Fontanes poetische Pläne <„Wolsey“> (Novelle) und <„Schill“> (Roman); vgl. Briefe Nr. 57–59.*

16 die kurze Zeit <…> hier bleiben werde: *Vgl. Einführung, S. XXVI.*

19 den Lingg: *Hermann Lingg: „Gedichte. Hg. durch Emanuel Geibel“ (Stuttgart/Tübingen: Cotta 1854). Im StA Husum werden die dritte (1857) und vierte Aufl. (1860) aufbewahrt; die erste und zweite Aufl. werden für Storms Bibliothek nicht nachgewiesen.*

24 Prutz: *Am 20. Juli 1854 wurde die Rezension von Robert Prutz über Hermann Linggs „Gedichte“ im „Deutschen Museum“ unter der Rubrik „Literatur und Kunst“ veröffentlicht (Nr. 30, Bd. 2, S. 144 f.). Prutz lobte darin Linggs Blick auf die* „großen Erscheinungen des Völkerlebens in Geschichte, Religion und Sitte“ *und meinte, dass*

Lingg „ein echter Dichter“ *sei, in dessen Dichtung* „nichts Nachgebildetes, nichts Anempfundenes“ *sei, und wo* „der Strom der Dichtung“ *in* „schöner, natürlicher Frische“ *aus dem Herzen quille. Besonders schätzte Prutz Linggs Fähigkeit der Darstellung als eine* „Welt der Empfindungen <…> mit so viel weiser Mäßigung jenseits der sonst üblichen Zerflossenheit und Ueberschwänglichkeit unserer Tagespoeten“. *Auch in Bezug auf die* „Form“, *die* „durchgehend rein und streng“ *ist, fand Prutz nur wenige Stellen, in denen Lingg gegen die* „Richtigkeit des Reims“ *verstoße.*

25 „Kürzeste Nacht“: *Storm zitiert die erste Strophe bis auf ein Satzzeichen genau (*„fort;“ *statt* „fort,“*); vgl. Lingg: „Gedichte“, S. 132. Für sein „Hausbuch aus deutschen Dichtern seit Claudius“ hat Storm Linggs „Kürzeste Nacht“ seit der ersten Aufl. von 1870 neben weiteren sechs Gedichten von Lingg aufgenommen: „Hochsommer“, „Eismeer“, „Immer leiser wird mein Schlummer“, „An meine pompejanische Lampe“, „Mittagszauber“ und „Homer“.*

30 etwas Mörikisches <…> um die Wiese streift“: *Mörikes Gedicht „Nacht“; vgl. Storm an Mörike, 3.12.1854; StMör, Nr. 7, S. 53 f.*

31 „Mittagszauber“: *Vgl. das Sonett „Mittagszauber“ in: Lingg: „Gedichte“, S. 131.*

32 Immermanns Tristan Eindruck: *Karl Immermanns „Tristan und Isolde. Ein Gedicht in Romanzen“ (Düsseldorf: Schaub 1841); vgl. „Erster Theil“, Kapitel „Mittagszauber!“ (S. 279–312). In Storms Bibliothek im StA Husum nicht überliefert.*

34 Heÿses Beurtheilung <…> Poet noch nicht fertig: *Am 11. Januar 1855 erschien Heyses Rezension „Gedichte von Hermann Lingg. Herausgegeben durch Emanuel Geibel“ im „Literatur-Blatt des deutschen Kunstblattes“ (Nr. 1, S. 1–3). Im Unterschied zu Prutz beurteilt Heyse Hermann Lingg etwas differenzierter. So erkennt er einerseits Widersprüche in den lyrischen Gedichten, in denen* „nur sehr beiläufig von der Person des Dichters“ *die Rede sei und denen eine* „runde abschließende Fassung des Inhalts“ *fehle. Andererseits aber sieht Heyse eine* „verborgene Einheit dieser Widersprüche“, *gerade wenn er sich mit dem* „historischen Theil“ *näher beschäftigt und nach dem Verhältnis des Dichters zum Stoff und zur Geschichte fragt. So gehe es Lingg weniger um eine Heroisierung als vielmehr um die Darstellung von* „einer Reihe von Zuständen“, *wobei die historischen Fakten vorausgesetzt werden. Dennoch vermisst Heyse* „individuelle Gestalten, die einen Vordergrund bildeten und die Völkerschicksale zu einem innerlich wirksamen Interesse durch ihren Antheil gelangen ließen“. *Ebenso deutet Heyse Linggs Verhältnis zur Natur, denn auch in seinen Naturgedichten habe er eine* „Stimmung von einer erhabenen Weite“ *zum Ausdruck gebracht, die* „mit wunderbarem Tact doch nur selten über die Grenzen des künstlerisch Faßbaren ins Formlose ausschweift“. *Linggs Naturgefühl* „verweile“ *wie in der* „Geschichte der Epochen“ *bei* „großen typischen Erscheinungen“, *die* „in allem Wandel wiederkehren und das Weltgesetz durchscheinen lassen“. *Dennoch findet man vereinzelte Gedichte mit* „subjektiven Bekenntnissen“, *die für Heyse von* „aller-

höchstem Wert“ *sind. Abschließend dankt Heyse noch dem Herausgeber Geibel, der mit Lingg* „einen Stern entdeckt“ *habe.*

37 gute Liebeslieder: *Beide Gedichte wurden unter dem Titel „Lied“ in Linggs „Gedichten“ veröffentlicht. Storm zitiert jeweils den ersten Vers korrekt („Immer leiser wird mein Schlummer“, S. 45, das Heyse in seiner Besprechung auch wiedergibt, und „Kalt und schneidend weht der Wind“, S. 54). Storm hat beide Lieder in seine Anthologie „Deutsche Liebeslieder seit Johann Christian Günther. Eine Codifikation“ (Berlin: Schindler 1859) aufgenommen.*

51 neuen Ausgabe: *Karl <Isidor> Beck: „Der fahrende Poet. Dichtungen. (Ungarn. Wien. Weimar. Die Wartburg.)“ (Leipzig: Engelmann 1838); vgl. das Exemplar im StA Husum, das vielleicht in Storms Bibliothek stand (XII 507). Vgl. auch Storms Beurteilung in seinem Brief an Fontane, <24.8.1854>, Nr. 57, S. 91. Mit* „neuer Ausgabe“ *ist vielleicht der 1852 erschienene Band von Beck gemeint: „Der fahrende Poet“. New York: H. J. Meyer; Hildburghausen: Bibliographisches Institut 1852 (Meyer's Groschen-Bibliothek der deutschen Klassiker für alle Stände).*

55 Heinrich Pröhles <...> „Die Lützower“: *Storm zitiert aus dem Artikel „Die Lützower. Nach den Papieren Friedrich Ludwig Jahn's. Mitgeteilt von Heinrich Pröhle“, den er offensichtlich erst kurz bevor er an Fontane geschrieben hat, gelesen hatte. Der Beitrag erschien in sieben Folgen zwischen dem 8. Juli und dem 3. August 1854 in der Zeitschrift „Deutsches Museum“ (Nr. 31, S. 209–218). Pröhle bemüht sich darin um eine Würdigung der politischen Lyrik Theodor Körners, den er mit seinen Soldatenliedern, die Heldenmut, Freiheit und Vaterlandsliebe thematisieren, in der Nachfolge Ludwig Gleims sieht. Mit dieser Beurteilung setzte sich Pröhle von der zeitgenössischen Meinung ab, die Körners Gedichte als Verherrlichung der Kriege interpretierten. Storm gibt den Wortlaut etwas ungenau wieder:* „jetzt, wo fast jeder bedeutendere Lyriker sich am Volksliede geübt hat und vaterländische Töne anzuschlagen weiß, die weit über den Gedankenkreis einer gebildeten Coterie hinaus an jedes menschlichfühlende Herz greifen. Mit **vollem** Recht verlangen wir jetzt von jedem Dichter, nicht daß er mit seinem **Worte bis** zum Volke durchdringt, welches sich vielmehr selbst seine **gesunde geistige** Kost zu schaffen im Stande ist, wol aber, daß er die Herzen seines gebildeten Publicums vor der kastenmäßigen **Einseitigkeit** des Denkens und vor einer gefährlichen Abgeschlossenheit gegen die **frischen** Strömungen des gemeinsamen Volkslebens läuternd bewahre.“ *(S. 214; die wesentlichen inhaltlichen Unterschiede zwischen Storms Zitat und dem Abdruck sind hier fett hervorgehoben, wobei Storms Abkürzungen und die wenigen Unterschiede in der Interpunktion unberücksichtigt geblieben sind).*

71 Argo: *Vgl. Brief Nr. 54, Anm. 17 „Argo <...> Gewitter <...> Starenberger <...> Kugler <...> Brief ein“.*

72 Wolseÿ: *Fontanes unvollendet gebliebener Erzähl-Plan <„Wolsey“>; vgl. Brief Nr. 52, Anm. „Wolseÿ“, und die obere Anm. 6 „*six femmes *<...> bestellt“.*

73 retournirt Kugler: *Kugler kehrte Mitte September 1854 von seiner Reise nach München zurück; vgl. Brief Nr. 59, Anm. 33 „Kugler's und junge-Heyse's <...> eingetroffen“.*

76 V. Metastasio <...> Absagebrief: *Bormanns Brief an Storm, vor dem 19. August 1854, ist nicht überliefert. Vermutlich ging es um ein Treffen mit Storm in Potsdam; Näheres nicht ermittelt.*

(Zu *56) Fontane an Storm, Berlin, vor dem 24. August 1854

Vgl. Brief Nr. 57.

Mit gleicher Sendung
*Fontanes: „Ein Sommer in London“ (Dessau: Gebrüder Katz 1854). Der Band wurde offiziell erst am 27. September 1854 ausgeliefert; vgl. „Börsenblatt für den Deutschen Buchhandel und die mit ihm verwandten Geschäftszweige“ 21 (1854), Nr. 122. Im StA Husum befindet sich noch dieses Exemplar mit Storms hs. Notiz: „*Storm Geschenk des Vfs*“ (Tsp 274); vgl. Abb. Nr. 17 und 18. Storms Briefe an Fontane belegen, dass er den Band gelesen hat, wenngleich er auch keine Marginalien notierte.*

(Zu 57) Storm an Fontane, <Donnerstag, Poststempel Potsdam, 24. August 1854>. Antwortbrief auf Nr. *56 – Abdruck nach H

Überlieferung
H: *SHLB (Cb 50.51:15,28)*
h: *masch. Abschr. TFA (Ca 694)*
E: *Steiner, S. 95 f. (Nr. 52)*

Handschrift
*1 Blatt (27,6 x 22,3 cm), S. 1 beschriftet, S. 2 Anschrift und Poststempel; blaues Papier. Am oberen Blattrand (S. 1) von Fontanes Hand: „*24. August 1854.*“*

Datierung/Ort
Der Ort und die Datierung auf den <24. August 1854> folgen dem Poststempel.

Ausgang
Potsdam Bahnhof: 24. August (vgl. Poststempel).

Eingang
Am 25. August (vgl. Poststempel).

Stellenkommentar

2 für das schmucke Buch: *Fontane hat Storm ein Exemplar seines jüngsten Buchs, „Ein Sommer in London" (Dessau: Gebrüder Katz 1854), zukommen lassen. Vgl. Brief Nr. *56.*

4 Die Matrosenkneipe: *Storm meint die Szene im „Matrosen-Salon", die zum Kapitel „‚Not a drum was heard'" aus Fontanes „Ein Sommer in London" gehört (S. 143–147).*

5 six femmes: *Adolphe Empis: „Les six femmes de Henry VIII. Scènes historiques" (Paris: Bertrand 1854).*

5 die Einlage: *Die Beilage ist nicht überliefert; Näheres nicht ermittelt.*

6 Lied von Lingg: *Entweder Linggs „Immer leiser wird mein Schlummer" oder „Kalt und schneidend weht der Wind", die beide unter dem Titel „Lied" in Linggs „Gedichten" veröffentlicht wurden; vgl. Brief Nr. 55, Anm. 37 „gute Liebeslieder".*

6 das von Preller: *Vgl. Storms Rezension „Neunzig Lieder und neun polemische Episteln von Carl Heinrich Preller". In: „Literatur-Blatt des Deutschen Kunstblattes" (Nr. 7, 6.4.1854). Vgl. auch Brief Nr. 36, Anm. 28 „Preller <…> sehr nett". Außerdem rezensierte Storm für dieselbe Nummer Niendorfs „Lieder der Liebe von M. Ant. Niendorf. Berlin, Carl Barthol, 1854"; vgl. Brief Nr. 32, Anm. 27 „Aufsatz über Niendorf".*

7 Beck <…> 8 ersten Blätter: *Vermutlich meint Storm die ersten acht Seiten des „Ersten Gesangs. Ungarn" in Karl Isidor Becks „Der fahrende Poet"; vgl. Brief Nr. 55, Anm. 51 „neuen Ausgabe".*

9 Sonnabend: *Zur „Rütli"-Sitzung bei Karl Bormann in Berlin.*

10 Wolseÿ oder Schill: *Zu Fontanes unvollendet gebliebenen poetischen Plänen vgl. Brief Nr. 52, Anm. 31 „Wolseÿ".*

11 Bormann <…> seine schriftliche Aufmerksamkeit: *Bormanns Brief an Storm, vor dem 24. August 1854, ist nicht überliefert.*

15 Todesanzeige der Argo <…> Schindler: *Ob Schindler die Absage, die „Argo" in seinem Verlag fortzusetzen, Storm in einem Gespräch oder Brief mitgeteilt hat, ist nicht bekannt. Storms große Enttäuschung dokumentiert auch die Handschrift durch das dreimalige Ansetzen bei der Namensschreibung von „*Schwindler*" über „*Schinder*" zu „*Schindler*". – Erst 1856 wurde unter Friedrich Eggers' Ägide, der für den in London weilenden Fontane die Redaktion übernehmen sollte, ein weiterer Anlauf unter-*

nommen, einen zweiten Jahrgang der „Argo" vorzubereiten. Zur erfolgreichen, allerdings nicht konfliktfreien Weiterführung von 1856 bis 1860 vgl. die unveröff. Korrespondenz zwischen Lepel und Eggers (H: SHLB) und Storms Briefe an Lepel (StLep) sowie den Beitrag „Argo" in Berbig/Hartz, S. 138–144, und den von Berbig/Wülfing verfassten Artikel „Rütli" in: Handbuch Vereine, S. 405 f.

19 Frankiren <…> nicht: *Zur Gepflogenheit des Nicht-Frankierens vgl. Brief Nr. 22, Anm. 42 „unter Ihrer Adr. <…> unfrankirt".*

20 ein College (im höhern Sinn) KrGR. vBöhmer: *Storm wurde im Dezember 1855 zum Untersuchungsrichter in Kriminalsachen ernannt und dem Kreisgerichtsrat von Böhmer zugeorgnet; vgl. Otto von Fisenne: Theodor Storm als Jurist. In: STSG 8 (1959), S. 9–47, hier S. 19.*

26 „Not a drum": *Das Kapitel „Not a drum was heard" aus „Ein Sommer in London", das sich auf das Gedicht von Charles Wolfe, „The Burial of Sir John Moore" („General Sir John Moores Begräbnis"), bezieht, das am Ende des Kapitels in Fontanes dt. Übersetzung steht (S. 145 f.).*

(Zu 58) Storm an Fontane, <Potsdam,> <vor dem 12. September 1854> – Abdruck nach H

Überlieferung

H: *SHLB (Cb 50.51:15,29)*

E: *Steiner, S. 96 f. (Nr. 53)*

Handschrift

*1 Doppelblatt (22,3 x 13,9 cm), S. 1–3 beschriftet; blaues Papier. Am oberen Blattrand (S. 1) von Fontanes Hand: „*Anfang September 1854*". Der Brief wurde an zwei Tagen geschrieben.*

Datierung

Die Datierung erschließt sich aus dem Folgebrief, in dem Fontane am 12. September 1854 Storms Brief beantwortet.

Stellenkommentar

2 aus dem Gericht <…> recht sauer hier: *Vgl. Einführung, S. XXVI–XXVIII.*

5 Londoner Buch: *Fontanes „Ein Sommer in London".*

5 las ich neulich bei Knauffs: *Der Kontakt zum Potsdamer Kreisgerichtsrat Knauff und seiner Frau, mit dem Storm einen regelmäßigen Umgang pflegte, wurde über Storms Bekannten, den Pfarrer Johann Christian Gantzer hergestellt, mit dessen Cousine*

Storms Gerichtskollege verheiratet war; vgl. Storm an Brinkmann, 22.8.1854 (StBr, Nr. 30, S. 100). Vgl. Gantzers Briefe an Storm aus den Jahren 1853/54 (H: SHLB Cb 50.56:56; unveröff.).

6 die Skizze „Miß Jane“: *Bisher ist der Erstdruck des Kapitels „Miss Jane“ nicht nachgewiesen.*

7 Kapitel <...> Piknik <...> Galleriebesuch: *Das Kapitel „Ein Picknick in Hampton Court“ (S. 183–199) aus Fontanes „Ein Sommer in London“.*

10 Klasse der Heineschen Reisebilder: *Heinrich Heine: „Reisebilder“ (4 Bde, Hamburg: Hoffmann und Campe 1826–1831). Fontane widerspricht hier der Klassifizierung Storms, denn Heine und Fontane haben mit unterschiedlichen Intentionen ihre Werke geschrieben, worauf Fontane in seiner Antwort wenigstens kurz zu sprechen kommt (vgl. Brief Nr. 59, S. 94). Während Heines „Reisebilder“, deren Titel aus Zensurgründen gewählt wurde, keine Reiseberichte sind, sondern fiktionale Werke, die unter dem Vorwand einer Reise politisch-kritische Absichten verfolgen, gehört Fontanes „Ein Sommer in London“ zu den populären Reisewerken, die zwar ebenso wie Heines „Reisebilder“ als fiktionale Texte geschrieben wurden, andererseits aber als an der außerliterarischen und zeitgenössischen Wirklichkeit orientierte* „praktische“ *Reisebücher gelesen werden können, die über die Sehenswürdigkeiten und die Landeskultur informieren. Dennoch haben gerade zeitgenössische Leser auf das kritische* „künstlerisch-Gestaltende“ *hingewiesen; vgl. HFA III/3,II, S. 1238, und Stefan Neuhaus: Bücher über Großbritannien. In: „Fontane-Handbuch“, S. 806–818, hier S. 808–811.*

12 wie im dießj. (d. h. auf 1855) Steffenschen Volkskalender: *Im „Volks-Kalender für 1855“, hg. von Karl Steffens, sind unter dem Autor Fontane vier Gedichte abgedruckt: „Bianca“, „Der mitleidige Krieger“, „Die Entführung“ und „Reise in die Wüste“. Die Gedichte erklären die abgebildeten Stahlstiche von G. Brinkmann nach Gemälden von William Powell Frith (1819–1909; ein festlich gekleidetes, gefesseltes Mädchen mit einem Kranz im Haar), Horace Vernet (1789–1863; „Der mitleidige Krieger“ und „Reise in die Wüste“) und Benjamin Rouband (1811–1647; „Die Entführung“). Vgl. zur Autorschaft Fontanes Antwort vom 12. September 1854, Nr. 59, Anm. 13 „Waare im Steffens'schen Kalender“ und 14 „Loewenstein“. Da Fontanes Gedichte durchaus in prominenter Umgebung veröffentlicht wurden (u.a. waren Hans Christian Andersen, Max Ring, Friedrich Gerstäcker und Klaus Groth vertreten), scheint Storms Kritik etwas zu überzogen; vgl. Berbig/Hartz, S. 160. Vgl. auch die Vorankündigung in: „Europa. Chronik der gebildeten Welt“, Nr. 96, 23.11.1854, S. 768.*

17 Ihren Artikel über Pauls ‚Hermen‘: *Fontanes sehr lobende Besprechung „Paul Heyse. Hermen. Dichtungen von Paul Heyse“ (Berlin: Hertz 1854) wurde in zwei Folgen am 30. November und 14. Dezember 1854 im „Literatur-Blatt des Deutschen Kunstblat-*

tes" veröffentlicht (Nr. 24 f.) Fontane bereitete offenbar schon im September 1854 seine Rezension vor. Vgl. zur Entstehung Brief Nr. 49, Anm. 15 „Idyllen <...> Ihre Ausstellungen <...> Mariuccia und des braunen Onkels".

18 Kritik (kurze) in N. 66 der Europa: *In der Zeitschrift „Europa. Chronik der gebildeten Welt". Hrsg. von F. Gustav Kühne, war am 10. August 1854 die folgende Notiz über Heyses „Hermen" zu lesen:* „Diese neuen Dichtungen eines begabten und liebenswürdigen Sängers (in Berlin bei Wilhelm Hertz erschienen) erneuern uns recht die von uns längst geführte, oft wiederholte Klage: wie reich an Musik und wie arm an Plastik die deutsche Lyrik unserer Tage geworden! Den Romantikern und ihrer Hinneigung zur Romanze verdankt die Literatur den Überschwang an Musik, welche die bis dahin aufgestellten und festgehaltenen antiken Muster und Meisterwerke verdrängte. Mit diesen Vorbildern verloren wir immer mehr die zuerst mit Lessing siegreich durchgedrungene Plastificirung der Stoffe. Wie reizend und sangbar in Sprache und Stimmung sind Paul Heyse's Romanzen: ‚Margherita Spoletina' und ‚Urica;' und wie dunkel und just in den Hauptpunkten schwach erledigt sind uns die Thatsachen, Situationen und Motive die sein begeisterter Sang mehr voraussetzt als entwickelt, mehr ungewiß besingt und bemusicirt als schöpferisch hinstellt. Im erstgedachten Gedichte schwimmt ein liebend Mädchen durch die Meerbucht hinüber an's Eiland zum verwundeten Geliebten, und wir erfahren nichts von ihm selber; sie wagt Leben und Ehre, und wir bleiben unklar ob der Gegenstand auch wohl solch Opfer werth! Um wie vieles pragmatisch fester, sachlich klarer und solid umfassender ist der Dichter, wo ihm Goethe und dessen antike Hinneigung vorschwebt, in den liebenswürdig frischen und behaglich prächtigen zwölf Idyllen von Sorrent. Hier gehen Stoff und Gedanke ganz in der Form des Ausdrucks auf, sind mit diesem conform. Der Dichter läßt hier nicht aus romantischer Laune Momente die wir logisch und der Sache nach concret für wichtig halten müssen, fallen um sich minder wichtigen aber lyrisch bequemeren, musikalisch gefälligeren Partien mit ausschweifender Überfülle hinzugeben. Diese Idyllen, innig, naiv scherzhaft und herzlich treu in ihrem Gefühlsgehalt, sind sachlich wie formell gleich sehr fertig ausgetragene Musenkinder" *(Nr. 66, S. 528).*

24 Artikel in Gutzkows Unterhaltungen: *„Die deutsche Poesie im philologischen Stadium". In: „Unterhaltungen am häuslichen Herd", Bd. 2 (1854), Nr. 48. Gutzkow hat Heyses „Hermen" im Zusammenhang mit seinen Beobachtungen über das Dilettantentum zeitgenössischer Dichtung und ihrer Überwindung vorgestellt. Autoren wie Heyse und Grimm seien durch ihre* „Gelehrsamkeit" *neue Wege gegangen, wobei* „diese Art Poeten" *aus der* „Retorte <...>, wie Goethe's Homunculus, aus Flaschen erzeugt werden". *Über Heyses „Hermen" bemerkt Gutzkow dann weiter:* „Wenn die ‚Hermen von Paul Heyse' (Berlin, Hertz) diesen Erfolg haben, wieder in den Bereich Goethe'scher Anschauungen und Studien zurückzulenken, so werden sie gewiß

dazu beitragen, der allzu leichten poetischen Praxis zu steuern und den Sinn für geschlossene Composition, ausgetragenen Inhalt und feste und sichere Form zu mehren." *(S. 767 f.) – Über Hermann Grimm schreibt Gutzkow abschließend:* „Eine solche Rückkehr der reimenden Poesie auf die Gelehrsamkeit wird auch durch Hermann Grimm's ‚Traum und Erwachen' (Berlin, Hertz) vertreten. Es ist dies ein Epos, welches in der endenden antiken Zeit spielt. Die Handlung, die der Autor darstellen will, wird man allerdings nur mit der größten Schwierigkeit verstehen, allein soviel sieht man schon, daß uns diese wohlgefügten Strophen ein feiner Geist vorträgt. Daß es ihm an Blutwärme und gestaltender Plastik fehlt, ist ein Uebelstand für die Fabel seines Gedichts, deren Bestandtheile wie Nebel durcheinanderrinnen; aber es liegt ein wohlthuender Sonnenglanz auf diesem Nebel. Zuweilen schimmert ein antiker Säulenschaft, ein goldener Rennbahnwagen, ein stolzer Römerhelm, eine purpurne Toga, ein schöngeformter etrurischer Wasserkrug, ein dunkler Cypressenbaum durch diese Nebel hindurch; man a h n t, daß dem Verfasser eine Geschichte vorschwebte, wie die ersten antiken Romantiker, Longus, Heliobor, Apulejus, die Geschichte von Amor und Psyche und Aehnliches erzählten; oft bringt auch die ihm innewohnende Kraft der Reproduction wirklich ein schönes Landschaftsbild, der Sinn für rhetorische Antithese einen ungewöhnlichen Gedankengang, die Steigerung der Fabel sogar eine malerische, wenigstens den Basreliefbildhauer herausfodernde Scene zu Stande. Alles Vortheile der Schule und Bildung, die freilich den Eindruck der Langeweile nicht entfernen können. Die Mühe, die sich der Verfasser gegeben zu haben scheint, weckt leider zu oft die Vorstellung, als hätte ihm Jemand diese Dichtung als ein Exercitium ingenii aufgegeben." *(S. 768.)*

30 heillos arbeiten: *Vgl. Einführung, S. XXVI–XXVIII.*

31 Ladÿ Hamilton: *Das Unterkapitel von „Smithfield" aus Fontanes „Ein Sommer in London" (S. 154–173) ist zum Teil die wörtliche Übersetzung des Artikels „Lord Nelson and Lady Hamilton" aus der „Times" (London) vom 17. und 22. August 1849. Der englische Originalbeitrag war die Rezension der zweibändigen Biographie von Thomas Joseph Pettigrews „Memoirs of the Life of Vice-Admiral Lord Viscount Nelson" (London 1849). – Lady Emma Hamilton (1765–1815) war Diplomatengattin und Mätresse des Admirals Horatio Nelson. 1801 wurde die gemeinsame Tochter Horatia geboren, die nach dem Tode Nelsons und Lady Hamiltons von der Familie des Admirals aufgezogen wurde und bis zu ihrem Tode ihre Mutter verleugnet haben soll. 1822 heiratete Horatia Reverend Philip Ward in Norfolk, mit dem sie zehn Kinder hatte. Sie starb 1881.*

34 H. v. Viedert <…> Exemplar <…> „Tagebuch eines Jägers": *Fontane wollte offenbar auch August von Viedert ein Exemplar seines „Ein Sommer in London" schenken. Am 23. April 1854 führte Fontane den deutsch-russischen Übersetzer August von Viedert in den „Tunnel" ein, wo Storm ihm vermutlich erstmals begegnete, der an diesem*

Sonntag in Berlin weilte; vgl. Fontane an Lepel, <22.4.1854>: „Morgen frißt mir Storm den Vormittag weg; vor dem Tunnel empfang ich Herrn August v. Viedert, der mich gebeten hat ihn einzuführen. Er wird ein Lustspiel ‚Der Revisor' aus dem Russischen des Gogol (sehr berühmt) vorlesen" *(FLep I, Nr. 268, S. 386). Weitere „Tunnel"-Lesungen folgten am 30. April sowie am 7. und 14. Mai 1854; vgl. Joachim Krueger: Fontane-Autographen der Universitätsbibliothek Berlin. Ein Verzeichnis. Im Anhang: Zwanzig wenig bekannte Briefe Fontanes. Bearb. und kommentiert von Joachim Krueger. Berlin 1973, Nr. 98–100. Von April bis zum 10. Juni 1854 wohnte Viedert als Untermieter bei Fontane, und vom 17. Juli bis zum 19. August 1854 in Potsdam, wo er sich in der Kolonie Alexandrowka, Nr. 11, bei der Witwe von Nikolai Schischkoff einquartierte. Vgl. Bettina B. Altendorf: Die russischen Sänger des Königs und die Kolonie Alexandrowka in Potsdam. Berlin 2004, S. 91; Christa Schultze: Fontanes Beziehung zum Gogol-Übersetzer August Viedert. In: FBl 1983, Nr. 35, S. 303–315, hier S. 310 f., und Karl Ernst Laage: Theodor Storm in der russischen „Kolonie Alexandrowka". In: „Mitteilungen aus dem Storm-Haus" 2007, S. 17–19. Storm und Viedert begegneten sich in dieser Zeit mehrmals – vermutlich auch in der Kolonie Alexandrowka. Storm lieh Viedert seine Ausgabe der „Gedichte" (1852; vgl. Storm an Eggers, 27.5.1854; StEgg, Nr. 7, S. 28), und Viedert sprach mit Storm über seine Turgenjew-Übersetzung. Der erste Band „Aus dem Tagebuche eines Jägers von Iwan Turghenew" erschien dann auf Vermittlung und Drängen Storms am 23. Oktober 1854 im Verlag von Heinrich Schindler (vgl. „Börsenblatt für den Deutschen Buchhandel und die mit ihm verwandten Geschäftszweige" 21 <1854>, Nr. 133). Viedert hatte offenbar Storm ein Exemplar seiner Turgenjew-Übersetzung zukommen lassen, das im StA Husum für Storms Bibliothek nachgewiesen ist. Vgl. Karl Ernst Laage: Der Turgenjew-Übersetzer August von Viedert und Theodor Storm. In: Laage 1988, S. 97–103.*

40 Tagebuch eines Verrückten von Gogol: *Dass Viederts deutsche Übersetzung des „Tagebuchs eines Verrückten" von Gogol veröffentlicht wurde, ist unwahrscheinlich, denn der Band wird in den Bibliothekskatalogen nicht verzeichnet. Auch die Übersetzung des zweiten Bandes aus dem „Tagebuch eines Jägers" kam unter Viederts Verantwortung nicht zu Stande. Ludwig Pietsch berichtet in seiner Autobiographie „Wie ich Schriftsteller geworden bin", dass sich die Übersetzung für den zweiten Band der „Aufzeichnungen eines Jägers" so sehr verzögerte, dass der Verleger Schindler schließlich Herrn Dr. Bolz mit der Fortsetzung beauftragt hatte (vgl. 1. Bd.: „Erinnerungen aus den Fünfziger Jahren". Berlin: Friedrich Fontane & Co., S. 204).*

41 Sub rosa: *(lat.): ‚unter der Rose', soviel wie ‚unter dem Siegel der Verschwiegenheit'.*

43 11 Skizzen: *Der erste Band von Iwan Turghenews „Aus dem Tagebuche eines Jägers" umfasst die folgenden Kapitel: 1. Peter Petrowitsch Karataew, 2. Lebedjan, 3. Jermolai und die Müllerin, 4. Der Burmistr, 5. Mein Nachbar Radilow, 6. Der Freisasse*

Owssianikow, 7. Der Wehrwolf, 8. Das Comtor, 9. Der Tod, 10. Tatjana Borissowna und ihr Neffe, 11. Der Hamlet des Stschigrowschen Kreises.

44 Kuglrs wieder da sind: *Vgl. Fontanes Antwortbrief, Nr. 59, S. 95.*

45 mit Ihren Werken: *Fontanes poetische Projekte* <*„Wolsey“*> *und* <*„Schill“*>*; vgl. Brief Nr. 52, Anm. 31 „Wolseÿ“.*

46 Bilderausstellung <...> noch zu frühe: *Vgl. Brief Nr. 59, Anm. 36 „Die Bilderausstellung“.*

51 Gutzkow <...> Lingg <...> N 49: *In seinen „Unterhaltungen am häuslichen Herd“ hat Gutzkow über Hermann Linggs „Gedichte“ geschrieben:* „Hermann Lingg. In literarischen Kreisen spricht man von einem jungen Dichter, den kürzlich W. Geibel dem Publicum zuerst empfohlen hat. Die von ihm herausgegebene Sammlung von Gedichten (Stuttgart, Cotta) ist noch nicht reichhaltig genug, um ihr eine durchgreifende Wirkung zu sichern; der Ertrag noch einiger Jahre wird hinzukommen müßen, um von diesem Bändchen den Charakter eines sich erst selbst erkennenden Talents zu entfernen. Die Gewähr aber eines reichern Anwuchses ist im vollen Maße vorhanden. H. Lingg hat Aehnlichkeit mit Freiligrath. Er übertrifft ihn an Tiefe der Anschauung und an Kenntnissen, aber er hat die freie und plastische Behandlung der Sprache mit ihm gemein. Er bedient sich keiner überlieferten Redeweisen, sondern schafft sich seinen Ausdruck aus der Fülle des Sprachvorraths wie aus der speciellsten Vertiefung in den behandelten Gegenstand selbst. Eine solche gedrungene Festigkeit des Ausdrucks, wenn sie auch zuweilen an alte Oden=Rhetorik und eine gewisse gelehrte Studirtheit grenzen möchte, thut doch wohl in einer Zeit, wo die jungen lyrischen und epischen Poeten stante pede in uno einen gereimten Band nach dem andern hinausschicken. Wie auch in der Lingg'schen Dichtweise das gleichsam ausdrücklich vorgenommene Thema und ein in Form der Abhandlung des Stoffs etwas mühsames Durchführen und ausdrückliches allseitiges Erledigenwollen des Gegenstandes noch ersichtlich ist, so finden sich doch dabei überall Spuren der mitarbeitenden Phantasie und primitiv freien, oft höchst sinnigen Beobachtung. Die landschaftliche und geschichtliche Auffassung ist immer bedeutend. Möchte sich dies vielversprechende Talent seine ganze Vertiefung erhalten und vor Zersplitterung bewahren. Einem solchen nach Bewährung drängenden Genius ist nichts gefährlicher als das Fragmentarische, das seiner oben bezeichneten Gedichtsammlung noch zu sehr nicht blos äußerlich, sondern auch innerlich aufgedrückt ist.“ *(1854, Nr. 49, S. 784.)*

52 am 14 Septb: *Fontane kam nicht; vgl. Brief Nr. 59.*

(Zu 59) Fontane an Storm, <Berlin,> Dienstag, 12. September 1854 – Abdruck nach h (TFA)

Überlieferung

HBV: 54/36

H: Gertrud Storm (bis 1909), Friedrich Fontane (bis 1934/35), Meyer und Ernst 1933 (Nr. 35, Konvolut-Nr. 598), Stargardt 1933/34 (Nr. 344, Konvolut-Nr. 406; Nr. 345, Konvolut-Nr. 34, und Nr. 353, Konvolut-Nr. 80) und zuletzt vermutlich Kehler, dessen Autographensammlung im Zweiten Weltkrieg „vernichtet" wurde (vgl. HFA IV/5,II, S. 103)

h: masch. Abschr. TFA (Ca 69) und SHLB (Cb 50.56:51,24)

E: Pniower/Schlenther I, S. 125–128

D: Gülzow, S. 122–124 (Nr. 23); Coler I, S. 253–255; HFA IV/1, S. 390 f. (Nr. 188); Steiner, S. 97–99 (Nr. 54)

Abschrift

h (TFA) beschädigt; Kursivschrift.

Stellenkommentar

3 Geburtstage: *Am 14. September 1854, Storms 37. Geburtstag.*

4 „Meine Mutter hat's gewollt": *Anfang des Gedichts „Elisabeth" in Storms „Immensee".*

7 Tilsit-Eylau-Riesenburg: *Kleinstädte in Ost- (Eylau und Riesenburg) und Westpreußen (Tilsit). Anspielung auf Storms Bemühungen um eine Versetzung innerhalb Preußens. Storm äußerte sich nicht nur gegenüber den Eltern, Schwiegereltern und Freunden über seine berufliche Ungewissheit, sondern hatte auch im Berliner Freundeskreis immer wieder über seine Bewerbungen um ein Richteramt in anderen Städten Preußens gesprochen; vgl. Einführung, S. XXVI.*

13 Waare im Steffens'schen Kalender: *Karl Steffens (Hg.): „Volks-Kalender für 1855" (Berlin 1854); vgl. Brief Nr. 58, Anm. 12 „wie im dießj. (d. h. auf 1855) Steffenschen Volkskalender". Fontanes Gedicht „Bianca" besteht aus fünf Strophen zu je vier Versen; es wurde zu Lebzeiten Fontanes nicht mehr veröffentlicht. Welches der übrigen drei Gedichte sonst noch von Fontane geschrieben wurde, ist nicht ermittelt.*

14 Loewenstein: *Rudolf Löwenstein, Mitbegründer und Redakteur des „Kladderadatsch" und wie Fontane ein Mitglied des „Tunnels" („Spinoza"). Zusammen mit Fontane hatte er vier Gedichte („Der Geiger", „Die Kätzchen", „Im Schatten" und „Der Urwald") im „Volks-Kalender für 1855" zu den gleichnamigen Stahlstichen veröffentlicht.*

17 Kette: *Vgl. Brief Nr. 36, Anm. 38 „Gestern <...> Tunnel <...> Gedicht".*

22 „zum Herzen geht <...> kommt": *Deutsches Sprichwort nach Goethes „Faust", Zweiter Teil: „*Denn es muß von Herzen gehen, / Was auf Herzen wirken soll*" (Schattiger Hain, Vers 9685 f.; Porkyas).*

24 Kupferdreier: *Dreipfennigstück.*

25 Londoner Briefe: *Fontanes „Ein Sommer in London".*

25 Reisebildern: *Heines „Reisebilder"; vgl. Brief Nr. 58, Anm. 10 „Klasse der Heineschen Reisebilder".*

29 Barcley'schen Bierbrauerei: *Eine der „sehenswerthesten Merkwürdigkeit<en>" Londons ist die Brauerei von Barclay and Perkins, die täglich etwa 200 000 Flaschen Ale vertrieb; vgl. „Europa. Chronik der gebildeten Welt", Nr. 15, 16.2.1854, S. 120 („Die Londoner Bierbrauereien"). Vgl. auch die Schilderung der berühmten Bierbrauerei in Hermann von Pückler-Muskaus „Briefen eines Verstorbenen" (Kap. 16).*

32 Notizen <...> Hermen-Kritik: *Vgl. Brief Nr. 58, S. 92.*

33 Kugler's und junge-Heyse's <...> eingetroffen: *Kugler besuchte seine Tochter und seinen Schwiegersohn, Margarete und Paul Heyse, in München; vgl. Briefe Nr. 54 f.*

34 Paul <...> Kritik über Storm: *Paul Heyses Artikel: „Theodor Storm" wurde am 28. Dezember 1854 im „Literatur-Blatt des Deutschen Kunstblattes" veröffentlicht (Nr. 26). Storm hatte Eggers zunächst um eine Besprechung seiner „Gedichte" (1852) gebeten. Da das Erscheinungsdatum schon zu weit zurücklag, schlug Eggers vor, statt einer kleinen Rezension einen längeren Beitrag über Storm zu veröffentlichen, wobei er an „*Fontane oder Paul*" Heyse dachte; vgl. Eggers an Storm, 13.2.1854 (H: SHLB Cb 50.56:37,04; unveröff.). – 1856 erschien dann in der Sammelrezension „Lyrisches" eine Kurzbesprechung der zweiten Aufl. der „Gedichte" (Berlin: Schindler 1856); vgl. Nr. 7, 3.4.1856.*

36 Die Bilderausstellung: *Am 1. September 1854 wurde die große Kunstausstellung der Kgl. Akademie der Künste in Berlin eröffnet; sie dauerte bis zum 1. November 1854. Vgl. die Vorankündigung in der „Vossischen Zeitung" vom 18.11.1853. Die Gemälde wurden sukzessive ausgestellt. Menzel beendete sein Ölgemälde „Friedrich der Große auf Reisen" erst Ende August 1854 und stellte es dann vermutlich im Oktober 1854 in der Ausstellung aus; vgl. „National-Zeitung", 29.10.1854. Das Bild hängt heute als Leihgabe der Bundesrepublik Deutschland in der Berliner Nationalgalerie; vgl. Adolf Menzel: Briefe. Bd. 1: 1830 bis 1855. Hg. von Claude Keisch und Marie Ursula Riemann-Reyher. München 2009, Nr. 374 f., S. 337 f., und Anm.*

39 Schill und Wolsey: *Vgl. Brief Nr. 52, Anm. 31 „Wolseÿ".*

40 Balladen <...> „Marie Duchatel" zum Geburtstag: *Vermutlich meint Fontane neben „Marie Duchatel" auch „Der letzte York" und „Das Douglas-Trauerspiel". Alle drei Balladen-Übersetzungen hat er etwas später, am 1. Oktober 1854, im „Tunnel" vorgelesen (zwei davon wurden mit „*sehr gut*" beurteilt, „Das Douglas-Trauerspiel" erhielt sogar die „*Acclamation*"). „Marie Duchatel", eine freie Übersetzung der engli-*

schen Ballade „The Queen's Mary" aus Walter Scotts „Minstrelsy of the Scottish Border", Bd. 3 (Edinburgh 1802); dort unter dem Namen Marie Hamilton. Im „Morgenblatt für gebildete Leser" wurde die Ballade am 26. Februar 1861 erstmals teilveröffentlicht (Strophen 1–7); in Fontanes „Balladen" (1861) folgte dann der vollständige Erstdruck. Vgl. GBA – Gedichte I, S. 512 f. Die Beilage ist nicht überliefert.

(Zu *60) Fontane an Storm, Berlin, Donnerstag, 14. September 1854

Vgl. Fontane an Storm, 13.2.1850 (Nr. 62); hier erwähnt Fontane, dass er am 14. September 1854 einen Brief an Storm geschickt habe. Vermutlich legte er dem Brief noch die am 12. September angekündigte, heute nicht mehr überlieferte Abschrift seines Gedichts „Marie Duchatel" bei.

(Zu 61) Storm an Fontane, Potsdam, Sonntag, 11. Februar <1855> – Abdruck nach H

Überlieferung
H: *SHLB (Cb 50.51:15,30)*
E: *Steiner, S. 100 (Nr. 56)*

Handschrift
1 Doppelblatt (21,6 x 18,1 cm), S. 1–2 beschriftet; weißes Papier. Am oberen Blattrand (S. 1) von Fontanes Hand: „1854."

Datierung
Der Brief wurde nicht, wie von Fontane angenommen, 1854, sondern erst ein Jahr später geschrieben. Die Datierung auf das Jahr 1855 erschließt sich aus Fontanes Antwortbrief vom 13. Februar 1855 (Nr. 62) sowie aus Storms Brief an Eggers vom 11. Februar 1855.

Ausgang
Einschlussbrief zu Storms Brief an Eggers, 11. Februar 1855, dem außerdem das Manuskript von Storms Artikel „Theodor Fontane" für das „Literatur-Blatt des Deutschen Kunstblattes" beigelegt war. Das Manuskript ist verschollen; vgl. Karl Ernst Laage: Der handschriftliche Nachlaß Theodor Storms. In: Laage 1988, S. 156–209, hier S. 207.

Eingang
Am 12. Februar 1855; vgl. Kuglers Notiz vom 12. Februar 1855 auf Storms Brief an Eggers, 11. Februar 1855 (H: SHLB Cb 60.56:513,11; StEgg, Nr. 9, S. 31).

Stellenkommentar

3 den Artikel <...> an seine Bestimmung: *Storm schickte das Manuskript seines Artikels „Theodor Fontane" erst mit großer Verspätung an Eggers; vgl. Storms Brief an Eggers, 11. Februar 1855, den er kurz vor seinem Brief an Fontane beendet hatte:* „Beifolgend, liebster Eggers, den Schweiß zweier Sonntage für das Literaturblatt. Nicht wahr? Sie sind sehr beschämt, denn Sie hatten mich schon aufgegeben.*"(SHLB Cb 60.56:513,11; StEgg, Nr. 9, S. 30). Storm hatte den Beitrag, dessen Idee schon im Februar 1854 aufgekommen war (vgl. Brief Nr. 31), an zwei* „vollständig<*en*>" *Sonntagen, am 4. und 11. Februar 1855, geschrieben. Vermutlich gab es mehrere Gründe für die Verzögerung: Storms Arbeitsüberlastung (*„nicht einmal eine Feder <...> ansetzen"*) und die inzwischen abgekühlte Beziehung zwischen Storm und Fontane; vgl. auch Brief Nr. 62, Anm. 8 „Ihren Artikel <...> unbesehen".*

6 Ihre Selbstkritik: *In seinem Brief vom 14. Februar 1854 (Nr. 32) hatte Fontane u.a. folgende Informationen mitgeteilt:* „Meine Neigung und – wenn es erlaubt ist so zu sprechen – meine Force ist die Schilderung. Am Innerlichen mag es gelegentlich fehlen, das Aeußerliche hab' ich in der Gewalt. Nur so wie ich die Geschichte als Basis habe, gebiet' ich über Kräfte die mir sonst fremd sind, wie jener, dem auf heimathlicher Erde die Seele wieder stark wurde." *(S. 57.) Storm formulierte daraus, dass* „die Vorliebe für das historische, worin auch ein großer Theil der gesammten Gedichte wurzelt, ein für alle mal nach dieser Richtung hin die Auswahl seiner <*Fontanes; Anm. G.R.*> Stoffe bestimmt zu haben <*scheint; Anm. G.R.*>, welche er nun, statt sie aus sich selbst zu schöpfen, zwischen den Zeilen der Geschichte findet. Ueberhaupt liegt Fontanes poetische Begabung mehr in der Darstellung als in der Erfindung; die Schilderung, der Vortrag, ist seine eigentliche Forçe, und von dieser Seite ist es begreiflich, daß, wie vorhin erwähnt, Bürger und späterhin Freiligrath, sowie in der unten zu erwähnenden ‚Schönen Rosamunde' und in den ‚Männer und Helden' auch Uhland auf ihn eingewirkt haben, bis er endlich in den altenglischen Balladen, von denen uns seine Uebersetzungen vorliegen, ein bleibendes Vorbild und zugleich, da überall in der Behandlung die starke und eigenthümliche Subjectivität des Dichters hinzutritt, seinen eigenen selbstständigen Ton gewonnen zu haben scheint." *(Vgl. den Abdr., S. 151.)*

10 eine eigne angefange Sommergeschichte: *Storms Novelle „Angelica", die mit einigen Unterbrechungen und Umarbeitungen zwischen Februar und Juni 1855 entstand; vgl. LL I, S. 1064 f., und Brief Nr. 66, Anm. 3 „‚Angelica' <...> zum Druck ein".*

15 die Berliner Freunde <...> bei uns zu sehen: *Neben Emilie und Theodor Fontane wurden auch die Ehepaare Kugler und Merckel sowie Eggers und Lübke zum 17. Fe-*

bruar 1855 nach Potsdam eingeladen. Wie umständlich sich die Einladungszeremonie gestaltete, belegen die Briefe, die zwischen Storm und seinen Gästen gewechselt wurden. Am 11. Februar 1855 trat Storm auch an Eggers heran und übertrug ihm die Organisation, wobei er sich inzwischen schon mit Merckel abgesprochen hatte: „Und nun verfügen Sie sich – denn dieß ist der Gegendienst – sofort zu Kuglers, und besprechen Sie mit Ihnen, ob Sie nun endlich nächsten Sonnabend uns besuchen wollen; aber Sie fahren um 2 Mittag aus Berlin, Sie sollen sofort den gedeckten Tisch vorfinden. Keene Bange nich! und Abends 10 Uhr wieder aus Potsdam, sonst ist es nicht der Müh werth und lediglich Trübsal. Sobald ich Ihre u K.'s Antwort habe, lade ich sofort – so hab ich's mit Merckel abgemacht, – alle andren Freunde ein, für Lübken sorgen Sie dann!" *(H: SHLB Cb 60.56:513,11; StEgg, Nr. 9, S. 30). Eggers reichte Storms Einladung an Kugler weiter, und dieser antwortete Eggers postwendend am 12. Februar 1855 auf dem Briefblatt:* „My dear friend. My wife and I are inclined to go to Potsdam next Saturday, if my rheumatical disposition is gone till that time. I hope, that it shall be so, because I feel almost the impossibility to renounce again the amiable invitation of our friend." *Eggers schrieb daraufhin an Storm am 13. Februar 1855 vom Stand der Dinge:* „Ihren lieben Schreibebrief hab' ich sofort durch einen Logisbesuch, Dr. Spitta, der als der Brief ankam eben zur Geburtstagsfeier nach Baeyers ging, spedirt und von unserm Lessing (Kugler) folgende Antwort erhalten, die ich Ihnen aber, da er jetzt nur englisch spricht und schreibt und treibt, erst in unser geliebtes deutsch übertragen muß. ‚Meine Frau und ich haben große Lust nach Potsdam zu Storms zu gehen, wenn meine rheumatische Disposition bis dahin ein wenig vorüber sein wird. Aber ich hoffe es, da ich die Unmöglichkeit fühle, die liebenswürdige Einladung unsres Freundes wiederum abzulehnen.' Kuglers Disposition in der letzten Zeit gegenüber grenzt dies an Heroismus. Er kommt nicht in den Rütli, nicht in den Tunnel, und erkältet sich jedesmal, wenn er mal ausguckt. Bestellen Sie nur Thauwetter. Das wird auch mir zu Gute kommen, da ich in meinem ‚Vagelburken' ein bei 11 Grad höchstens 12 frierender Wurm bin. – Lübke nicht Bor. werd' ich's sagen. Ich, der Entbehrlichste werde wohl fehlen. Mein Besuch (Und Montag steht ein neuer in Aussicht.) geht zwar Freitag Abend fort, hat aber so sehr alle Zeit von mir vorweg genommen, daß ich's an den übrigen Freunden wieder absparen muß. Und leider bin ich eher ‚dod' zu bringen als der Verfasser der Sommergeschichten." *(H: SHLB Cb 50.56:37,10; unveröff.) Nachdem auch Fontane am 13. Februar 1855 Storm geantwortet hatte (vgl. Brief Nr. 62), schrieb Storm am 14. Februar die offizielle Einladung an Kugler und Merckel, die zuerst Kugler erreichte, der sie dann mit einer ergänzenden Notiz an Merckel weiterreichte:* „Nachdem durch unsern Eggers die Präliminarien eröffnet worden, auch Fontane und Frau definitiv zugesagt haben, bitte ich meine verehrten Freunde Lessing und Immermann nunmehr um Ihre schließliche Erklärung, ob Sie am nächsten Sonnabend, um 2 Uhr mit dem Bahnzuge von Berlin gehend, es sich bei uns, jedoch, da es sonsten zu ängstlich und trübselig, jedenfalls bis Abends 9 ½ U, in unsrer Feldwirthschaft cum uxoribus gefallen zu lassen uns die Freude machen werden; sowie darum, uns Ihren derfallsigen hoffentlich erwünschten Entschluß spätestens mit der letzten Donnerstag-Abendpost übersenden zu wollen. Dieses Schreiben bitte ich als Circulair anzusehen. Hoffend und harrend der Tannhuser." *Kugler meldete dann Merckel seine Absage, die er auf dem Blatt von Storms Brief notierte:* „Theuerster Immermann! Es ist mir im höchsten Grade peinlich, daß ich wieder der Spielverderber sein muß. Ich hatte Anakreon, auf des Tannhusers Anfrage, zu wissen gethan, daß ich hoffe, mein Katarrh würde mir die Expedition verstatten; leider hat der letztere aber nicht Wort gehalten. Er ist aufs Neue – ich weiß nicht, ob in Folge eines unschuldigen Geschäftsganges am Dienstag, in milder Mittagsstunde, oder aus welcher Veranlassung sonst – zurückgekehrt und hat mich den gestrigen Tag fast ganz arbeitsunfähig gemacht. Es kommen hämorrhoidale Affectionen hinzu, die mir doppelte Vorsicht auferlegen. Mit allerhöchstem Bedauern muß ich also für mich und meine Frau ablehnen und kann nur den Wunsch aussprechen, daß die übrigen Rüthlioten und -tinnen doppelt vergnügt sein mögen. Sie haben wohl die Güte, Vorstehendes dem freundlichen Einlader zu melden. Wie stets der Ihrige F. Lessing." *Am 15. Februar 1855 schickte Merckel dann Storms Zirkularbrief mit Kuglers Notiz und einem Gruß an Storm, den er unter Kuglers Nachricht platzierte, nach Potsdam zurück:* „Urschriftlich, als Beitrag zur Autographensammlung, an den Mann des grünen Blattes u. diverser andrer unsterblicher Werke retour mit dem wehmüthigen Bekenntniß, daß Immer Mann u. Immer Frau dergestalt mit Niesen und unartikulirten Aeusserungen der Sprechmaschine occupirt sind, daß an eine sebastopolitanische EinschwimmungsExpedition gen Krim=Potsdam nicht zu denken ist. Schon vorige Woche haben wir einen Abend bei Lessings im Stich lassen müssen. Am Sonnabend mußte ich mir das Rütli bei Rubens, am Sonntag den Tunnel, versagen, eben so am Sonnabend eine Soiree bei Illaire's von der meine Frau mit – einer recht erheiternder – Heiserkeit heimkam; alle meine Courage nehm' ich noch für das unabwendliche Kammergericht zusammen. Es schwebt sonach ein funester *<abgeleitet von lat. funestus: unheilvoll, unselig; Anm. G.R.>* Unstern über dem Tannhäuser=Rütli; fast scheint es, daß eher Mars, u. Merkur mit der Venus am Himmel Thee trinken, als wir zusammen kommen können. Da übrigens nur Wir verlieren, so dürfen wir auf Ihr Mitleid rechnen, als unsern letzten Trost. Mit aufrichtigem Bedauern und herzlichen Empfehlungen von beiderseits nach beiderseits Ihr treu ergebenster Immermann." *(H: Cb 50.51:30; StKug Nr. 13, S. 128 f.) Ebenfalls am 15. Februar 1855 schrieb dann Merckel noch an Fontane:* „Heute Vormittag schickte mir Lessing einen Brief vom Tannhäuser, worin Letzterer schrieb, daß Anacreon und Sie nebst Frau ihm bereits definitiv zugesagt hätten, Sonnabend mit dem 2 Uhr=Zuge von hier nach Potsdam zu fahren u. bei ihm zu Mittag zu essen.

Demgemäß erging die gleiche Einladung an Lessing u. mich nebst Ehehälften. Lessing hatte unter den Tannhäuserschen Brief geschrieben, daß er, von Katarrh's u. Hämorrhoiden wegen, Seinerseits (inclusive Frau Clara) depreziren müsse, u. stellte mir anheim, den Tannhäuser hiervon, wie von meinem Entschlusse, zu unterrichten. Demgemäß schrieb ich wieder unter Lessings Schrift, daß ich u. meine Frau auch nicht fahren könnten, wegen preßhafter Zustände; und schickte um 12 Uhr so dem Tannhäuser seinen eignen Brief sammt Inschriften nach Potsdam retour, weil er noch heute um Antwort gebeten hatte. Jetzt über Tisch fällt mir erst ein, daß Tannhäuser seinen Brief ein Cirkular genannt hatte, und ich gebe der Besorgniß Raum, ob (wofern T. seine Einladungen, was wohl zu vermuthen, auf alle Rütlionen hat ausdehnen wollen) Schenkendorf und Rubens etwa erst durch dies Cirkular haben eingeladen werden sollen, oder, ob dies besonders geschehen ist, so daß, da ich das Cirkular direkt gen Potsdam remittirt habe, möglicherweise der Telegraf coupirt ist, auf den gerechnet war!, woraus etzliche Confusion entstehen könnte. Von Metastasio weiß ich mir in dieser Beziehung gar keinen Vers zu machen. Mit Namen war übrigens von diesen keiner genannt. Könnten Sie nun vielleicht aus eigenem Scharfsinne Tannhäusers Absichten enthüllen und respective zu deren Realisation zweckmäßige Mittel u. Wege ergreifen? Die Sache ist mir um so fataler, als ich möglicher weise Schuld würde, daß die schon einmal an den Nagel gehangene Martinsgans nochmals schmählich in suspenso bliebe! Daß ich u. meine Frau uns einer Eisenbahnfahrt bei derzeitigem Krim=Wetter nicht exponiren können, werden wir Ihnen klar machen, wenn Sie, worum hierdurch ersucht wird, morgen Abend nach dem College des belles lettres mit Ihrer Frau bei uns ein Rebhühnlein zu verzehren sich die Zeit nehmen. Berlin 15 Febr. 55 Immermann" *(H: SBB-PK – Nachlass Fontane, B 28,7, Leihgabe im TFA; FMer I, Nr. 8, S. 10 f.). Da auch Merckels und Lübke erkrankt waren, kam das „Rütli"-Treffen am 17. Februar 1855 in Potsdam trotz aller großen Anstrengungen dann doch nicht zu Stande; vgl. Fontanes Brief an Storm, 15.2.1855, Nr. 63, Anm. 3 „Briefchen unsres guten Merckel", und Lübke an Storm, <17. Februar 1855>; SHLB Cb 50.56:130; unveröff. Die Vermutung in der „Fontane-Chronik", dass Fontane und Emilie Fontane nach Potsdam zu Storm gefahren seien, ist falsch, da sie sich auf einen Brief Fontanes an Eggers stützt, der in der Edition des Briefwechsels zwischen Fontane und Eggers auf den 13. Februar 1855 datiert wurde (vgl. FEgg Nr. 29, und „Fontane-Chronik" I, S. 457). Tatsächlich wurde Fontanes Brief an Eggers schon am 6. Januar 1854 geschrieben und bezieht sich somit auf die erste „Rütli"-Sitzung am 7. Januar 1854 bei Storm in Potsdam; vgl. Brief Nr. 28, Anm. 18 „hier gegen 5".*

19 das letzte mal: *Vgl. Brief Nr. 64, Anm. 9 „um* Prentzlau *<...>* Perleberg*".*

(Zu 62) Fontane an Storm, Berlin, Dienstag, 13. Februar 1855. Antwortbrief auf Nr. 61 – Abdruck nach E

Überlieferung

HBV: 55/5

H: *Gertrud Storm (bis 1909), Friedrich Fontane (bis 1934/35), Meyer und Ernst 1933 (Nr. 35, Konvolut-Nr. 598), Stargardt 1933/34 (Nr. 344, Konvolut-Nr. 406; Nr. 345, Konvolut-Nr. 34, und Nr. 353, Konvolut-Nr. 80) und zuletzt Kehler, dessen Autographensammlung im Zweiten Weltkrieg „vernichtet" wurde (vgl. HFA IV/5,II, S. 103)*

h: *masch. Abschr. SHLB (Cb 50.56:51,26)*

E: *Kehler, S. 21 f.*

D: *FFontane/Fricke I, S. 54 f. (Nr. 26); Gülzow, S. 126 f. (Nr. 25); HFA IV/1, S. 403 f. (Nr. 196); Steiner, S. 100 f. (Nr. 57)*

Stellenkommentar

3 Ihre freundlichen Zeilen: *Fontane hat Storms Brief vom 11. Februar 1855 durch Eggers erhalten; vgl. Nr. 61 und Anm.*

6 Sonnabend=Excursion: *Am 17. Februar 1855; das „Rütli"-Treffen kam nicht zu Stande (vgl. Brief Nr. 61, Anm. 15 „die Berliner Freunde <...> bei uns zu sehen").*

8 Ihren Artikel <...> unbesehen: *Storm schickte seinen Essay „Theodor Fontane" am 11. Februar 1855 an Eggers; vgl. Brief Nr. 61, Anm. 3 „den Artikel <...> an seine Bestimmung". Schon zwei Tage später, am 13. Februar 1855, vertröstete Eggers Storm auf einen späteren Veröffentlichungstermin. Seit Anfang Januar 1854 erschien das „Deutsche Kunstblatt" mit dem „Literatur-Blatt" aus organisatorischen Gründen nicht mehr im Leipziger Verlagshaus Weigel, sondern im Berliner Verlag von Heinrich Schindler. Auch waren Eggers die redaktionellen Arbeiten über den Kopf gewachsen, was die Verzögerung verursachte; vgl. Berbig in FEgg, S. 33. Vermutlich waren es aber auch noch andere Gründe, die zu der verspäteten Veröffentlichung geführt haben, über die sich Eggers nur mündlich gegenüber Storm und Fontane äußern wollte:* „Ruhig! Fahren Sie nicht aus der Haut. Es wäre ein Unrecht gegen Sie, gegen Fontane und gegen das Publikum, wenn ich diesen Artikel jetzt drucken ließe. Gründe? Mündlich!" *(Eggers an Storm, 13.2.1855; H: SHLB Cb 50.56:37,05; unveröff.). Da Storm und Fontane zwischen dem 14. September 1854 und dem 13. Februar 1855 keinen brieflichen Kontakt mehr hatten, liegt die Vermutung nahe, dass die Publikation im Frühjahr 1855 eine weitere Verschlechterung der Beziehung zwischen den beiden Kollegen befördert hätte, denn Storm äußert sich durchaus auch kritisch gegenüber Fontane, wenn er am Ende etwa feststellt, dass erst in Zukunft bessere Werke des Autors zu erwarten seien:* „Indem wir hiemit von dem Dichter Abschied nehmen,

können wir nicht umhin, auszusprechen, daß, so Schönes er auch geleistet haben mag, doch seine besten Leistungen unserer Ansicht nach noch in der Zukunft liegen, vorbehaltlich dessen, was sein Pult uns vielleicht noch verschließt.“ *(Vgl. den Abdr. auf S. 154.) Fontane äußerte seine Bedenken schon im Vorfeld in einem nicht überlieferten Brief an Eggers, und Eggers räumte in seiner Antwort vom 13. Februar 1855 ebenfalls gewisse Schwierigkeiten ein:* „Trotz allem ist der Storm'sche Artikel ganz nett, und mehr mit Storm'schem Vergnügen, als mit seinen Schwächen ausgestattet, so daß ich ihn doch brauchen kann. Nur jetzt nicht. Darin stimme ich mit Dir überein; vielleicht aus andern, minder düstern Gründen, als Du sie angiebst. Auch kommt seine Zeit hoffentlich bald. Darüber breiter mündlich.“ *(H: SHLB Cb 60.51:144d,07; FEgg, Nr. 28, S. 125.) Trotz wiederholter Bitte in seinem Brief an Storm vom 15. Februar 1855 (vgl. Brief Nr. 63) hat Fontane das Manuskript von Storm nicht zur Einsicht bekommen, und auch gut vier Wochen nach Veröffentlichung des Beitrags musste er Eggers am 24. November 1855 an den* „berühmte<*n*> Storm'sche<*n*> Artikel“ *erinnern (H: SHLB Cb 60.56:144,02; FEgg, Nr. 42, S. 159), der ein halbes Jahr nach Manuskriptabgabe erst am 18. Oktober 1855 im „Literatur-Blatt des Deutschen Kunstblattes“ veröffentlicht wurde; vgl. den Abdr. auf S. 148–155. Der Schlusssatz, der auf Fontanes London-Aufenthalt aufmerksam macht, weist darauf hin, dass entweder Eggers oder vielleicht sogar Storm selbst den Artikel noch einmal überarbeitet haben. Noch fast ein Jahr später hat Fontane immer noch nicht Storms Essay „Theodor Fontane“ erhalten und mahnte die Lieferung ein zweites Mal bei Eggers an:* „Packe, wenn er Dir unter die Hände kommt, auch den Aufsatz Storms über mich bei; dies Werk ist mir noch immer Geheimniß. Storm an meiner Stelle, würde nicht so lange gewartet haben“ *(H: SBB-PK – Nachlass Fontane, St 62,34, Leihgabe im TFA; FEgg, Nr. 52, 18.8.1856 S. 189).*

11 seit dem 14. September: *Vgl. Brief Nr. *60.*

16 meine harmlosen Unanständigkeiten: *Vgl. die Begegnungen und Briefe Storms und Fontanes im Juli 1854, die zu einer Abkühlung der Beziehung geführt haben, Brief Nr. 50, Anm. 2 „neulich einen Stein zwischen uns geworfen“.*

23 Chevalier: *Storm und Karl Zöllner waren Kollegen. Zöllner absolvierte einen Teil seiner praktischen juristischen Ausbildung von 1854 bis Mai 1855 als Gerichtsassessor am Potsdamer Kreisgericht (vgl. Storm an Heyse, 8.5.1855; H: BSB – Heyse-Archiv IV/ Storm, Theodor 1853–1881; StHey, Nr. 4, S. 24). Vgl. auch Brief Nr. 52, Anm. 29 „Chevalier“.*

(Zu 63) Fontane an Storm, Berlin, Donnerstag, 15. Februar 1855. Antwortbrief auf Nr. 62 – Abdruck nach h (TFA)

Überlieferung

HBV: 55/6

H: *Gertrud Storm (bis 1909), Friedrich Fontane (bis 1934/35), Meyer und Ernst 1933 (Nr. 35, Konvolut-Nr. 598), Stargardt 1933/34 (Nr. 344, Konvolut-Nr. 406; Nr. 345, Konvolut-Nr. 34, und Nr. 353, Konvolut-Nr. 80) und zuletzt vermutlich Kehler, dessen Autographensammlung im Zweiten Weltkrieg „vernichtet" wurde (vgl. HFA IV/5,II, S. 103)*

h: *masch. Abschr. TFA (Ca 75) und SHLB (Cb 50.56:51,27)*

E: *Pniower/Schlenther I, S. 129*

D: *Gülzow, S. 127 f. (Nr. 26); Steiner, S. 101 (Nr. 58)*

Abschrift

h (TFA) Kursivschrift.

Stellenkommentar

3 Briefchen unsres guten Merckel: *Merckel an Fontane, 15. Februar 1855; vgl. Brief Nr. 61, Anm. 15 „die Berliner Freunde <…> bei uns zu sehen", dort auch Erläuterungen zum abgesagten „Rütli"-Treffen.*

16 Ihre Rezension über mich: *Vgl. Brief Nr. 61, Anm. 3 „den Artikel <…> an seine Bestimmung".*

(Zu 64) Storm an Fontane, Potsdam, Donnerstag, 14. Juni 1855 – Abdruck nach H

Überlieferung

H: *SHLB (Cb 50.51:15,31)*

E: *Goldammer I, S. 267 f. (Nr. 68)*

D: *Steiner, S. 102 f. (Nr. 59)*

Handschrift

1 Doppelblatt (21,8 x 14,2 cm), S. 1–3 beschriftet; grünes Papier. S. 4. von Fontanes Hand: „Rösler, Keller. Zeitung. Miethssteuer."

Stellenkommentar

2 Am vergangenen Sonntag <…> langersehnte Lisbeth: *Am 10. Juni 1855 wurde Constanze und Theodor Storms erste Tochter Lisbeth geboren; die Wöchnerin war „dieß-*

mal viel schwächer als sonst“ *(vgl. Storm an Ernst Esmarch, 15.6.<1855>; H: SHLB Cb 50.51:13 II,30; StEs, Nr. 32, S. 53). Storm favorisierte den Namen Lisbeth bereits 1850, als Tycho Mommsens Tochter geboren wurde. Bei der Geburt des dritten Sohnes Karl am 7. Juni 1853 rechneten Constanze und Theodor Storm dann mit einem Mädchen, das den Namen Lisbeth erhalten sollte (vgl. StBr, 18.6.1853, Nr. 27, S. 90, sowie Brief Nr. 66, Anm. 15 „Lisbeth <…> Immermanns Münchhausen <…> ‚zur Taufe‘).*

3 Meine Frau <…> Schwester Marie: *Constanzes Schwester Marie Esmarch, die zusammen mit ihrem Vater Ernst Esmarch am 18. Mai 1855 nach Potsdam gereist war, um Constanze bei der Geburt ihrer ersten Tochter beizustehen; vgl. Ernst Esmarch an Storm, 12.5.1855 (StEs, Nr. 32, S. 53), und Storm an Ernst Esmarch, 15.6.1855 (StEs, Nr. 33, S. 53 ff.). Vgl. auch Marie Esmarch an Elsabe Esmarch, 15.6.1855 (H: SHLB Cb 50.58:19; unveröff.).*

6 approbirte Krankenwärterin: *Nicht ermittelt.*

8 Stellvertreter <…> Knauff: *Knauff verstarb an der* „Schwindsucht“ *<Tuberkulose; Anm. G.R.> (H: SHLB Cb 50.51:06,28; StBr, 22.8.1854, Nr. 30, S. 100); vgl. auch Einführung, S. XXVIII.*

9 um Prentzlau <…> Perleberg: *Im Sommer 1855 hatte sich Storm in Prenzlau und Perleberg beworben; vgl. Storm an Johann Casimir und Lucie Storm, 7. Juni 1855:* „Mittlerweile werde ich mich wohl um zwei erledigte Kreisrichterstellen in Perleberg und Prenzlau bewerben; Gossler hat mir besonders das Letztre empfohlen, und würde ich nach eingezogner Erkundigung dann dieß in meinem Gesuch besonders bekommen. Eine dieser Stellen werde ich denn wohl bekommen oder doch eine andere zum Herbst“ *(H: SHLB Cb 50.53:03,19; „Briefe in die Heimat“, S. 58). Obwohl im zuständigen* „Collegium beschlossen worden ist, für <…> den Antrag auf Bestallung beim Kreisgericht zu Prenzlau zu berichten“, *wie es Merckel noch am 4. Juli 1855 an Storm geschrieben hatte, scheiterten Storms Bewerbungen (H: Cb 50.56:143,03; unveröff.). In einem inoffiziellen Schreiben teilte Merckel am 12. September 1855 Storm dann mit, dass die Richterstelle wider Erwarten anderweitig besetzt worden sei; vgl. H: SHLB Cb 50.56:143,04; unveröff. Trotz dieser Enttäuschung hatte Storm immer noch nicht die Hoffnung auf eine baldige Versetzung aufgegeben; vgl. Storms Brief an Johann Casimir Storm, 22. September1855:* „Lange wirds hier, Gott sei Dank, nicht mehr währen, obgleich Prenzlau und Perleberg, gegen den Bericht des Kammergerichts, anderweitig besetzt sind“ *(H: SHLB Cb 50.53:03,23; „Briefe in die Heimat“, S. 64). Erst zum 1. September 1856 wurde Storm schließlich als Kreisrichter nach Heiligenstadt berufen. Zu Storms permanenten Bemühungen, eine Versetzung mit besseren Arbeitsbedingungen zu finden, vgl. Einführung, S. XXVI.*

12 einmal herüber kommen: *Eine „Rütli“-Sitzung bei Storm in Potsdam ist bis zu Fontanes Abreise nach England im September 1855 nicht belegt. Zum Abschiedstreffen am 1. September 1855 bei Kugler in Berlin war Storm nicht eingeladen (vgl. Kugler an*

Clara Kugler, 5.9.1855; H: BSB – Heyse-Archiv Ana 549, Nr. 136; unveröff.). Die Berliner Freunde kamen erst wieder am 16. September 1855 – ohne Fontane – nach Potsdam. Vgl. Kugler an Clara Kugler 19.9.1855: „Am Sonntag war endlich der große Tag des Storm=Potsdam'schen Diners. Um 12 Uhr wurde abgefahren: Merckel, Eggers, Lübke, Zöllner, außer mir. Ich war, wieder unwohl, – ein Katarrh, der jetzt in den letzten Stadien seines Abgangs ist und der gerade an jenem Tage in unbequemster Blüthe stand. Ich wäre wieder zurückgeblieben, wenn es nicht förmlich zur Ehrensache geworden, der Einladung endlich Folge zu leisten. So kam denn die Sache diesmal in gedigener Vollständigkeit zu Stande. Besonders erfreulich aber war es so wenig wie jenes erste Mal, als wir zusammen dort waren; sie wissen die Dinge nicht behaglich zu machen und der Lärm, die gelegentlichen Ungezogenheiten, das Hin und Her ihrer Jungens nicht zu beseitigen. Nach Tisch gingen wir bei schöner milder Luft hinter Sanssouci" *(H: BSB – Heyse-Archiv Ana 549, Nr. 140; unveröff.).*

15 von jener kleinen Differenz: *Vgl. Storms und Fontanes Korrespondenz im Juli und August 1854, Brief Nr. 50, Anm. 2 „neulich einen Stein zwischen uns geworfen".*

beim Chevalier: *Vgl. Brief Nr. 62, Anm. 23 „Chevalier"; Näheres nicht ermittelt.*

21 von Berlin fort zu gehen: *Vgl. Brief Nr. 69, Anm. 8 „nach London <...> Gründung einer Art Zeitung".*

22 Gutzkow <...> für alle erlittne Schmach: *Am 31. Mai und 2. Juni 1855 war Gutzkows Besprechung von Gustav Freytags „Soll und Haben. Roman in sechs Büchern" (Berlin: Hirzel 1855) unter dem Titel „Ein neuer Roman" in der von Gutzkow hg. Zeitschrift „Unterhaltungen am häuslichen Herd" erschienen (Nr. 35 f.). Gustav Freytag und Julian Schmidt hatten 1848 die Redaktion der „Grenzboten" übernommen; unter ihrer Leitung wurde die Zeitschrift mit dem Untertitel (bis 1871) „Eine deutsche Revue für Politik und Literatur" zum führenden Presseorgan der Nationalliberalen. Mit dem Verriss von Gutzkows „Wally die Zweiflerin" durch Julian Schmidts Angriff auf Gutzkows Persönlichkeit begann 1852 der „Grenzbotenstreit", in dem die Verfechter des „Programmatischen Realismus", Freytag und Schmidt, und Gutzkow ihre persönlichen Animositäten und poetologischen Differenzen öffentlich austrugen. Gutzkow reagierte mit seiner vernichtenden Kritik an Freytags „Soll und Haben" auf die* „seit Jahr und Tag <...> ästhetische Jagd" *der „Grenzboten" auf die* „Spalten des leipziger Journals", *nämlich seiner „Unterhaltungen am häuslichen Herd". Die Gründe für den* „auffallend niedergeschlagenen Eindruck" *des Romans sieht Gutzkow* „im Autor selbst" *und* „in seiner verehrten Theorie". *Er kritisiert vor allem das Unvermögen der Darstellung der Arbeit (vgl. Brief Nr. 66, Anm. 9 „Gutzkowsche Recension") und die Nähe des Autors zu seiner Figur Fink, der* „seine ganze Sympathie" *trägt. Außerdem führt Gutzkow Freytags* „Mangel an Vertiefung" *und das* „schöpferische Unvermögen des Witzes" *vor und wendet sich gegen die stereotype negative Darstellung der Juden im Roman (vgl. Brief Nr. 66, S. 100). Abschließend*

rechnet Gutzkow mit Freytags Vorstellung von „Realismus" ab, der „nicht glauben darf, er könne <*den Lesern; Anm. G.R.*> uninteressante Alltäglichkeiten, Menschen, wie aus dem ersten besten Wohnungsanzeiger genommen, als Gegenstände der Poesie aufdrängen". – *Im Freundeskreis war man empört über die vernichtende Ausdrucksweise, wenngleich Freytags „Soll und Haben" auch unterschiedlich beurteilt wurde. So vertraten etwa Paul Heyse und Eggers als begeisterte Leser und Storm als ablehnender Kritiker die extremsten Positionen. Storm hatte sich auch gegenüber Kugler in einem Brief sehr offen über den Roman geäußert (H nicht überliefert), worauf Kugler am 17. Juni 1855 antwortete:* „In den Nachmittagsstunden der ersten heißen Zeit las ich Freitag's Roman. Ich bin freilich nicht so völlig und unbedingt von diesem Werke eingenommen, wie Paul, aber noch viel weniger kann ich das Buch mit Ihnen als ‚schwach' bezeichnen. Trotz dem, daß mir in der letzten geistigen Instanz, welche doch den Grund dieses Buches ausmacht, noch der entscheidende Punkt über dem I fehlt; trotz dem, daß hier und da Einzelnes pointirt ist, einzelne Stylwendungen unpassend sind, halte ich es unbedingt für eine der bedeutendsten und wichtigsten belletristischen Leistungen der Neuzeit. Welche Linie der Begabung dieses Talent hat, darüber läßt sich freilich streiten; aber es steckt eben ein volles Talent und – was nicht minder werth und nicht minder unbedingt erforderlich ist – ein ganzer reiner Mensch drin. Ich muß in dem Buch überall (und zwar in der Folgereihe des von mir Werthzuschätzenden) reines Wollen, geistige Folgerichtigkeit, starke Anschauung, gebildetes Vermögen anerkennen; und wenn ich auch zugebe, daß z.B. Gutzkow vielleicht einen stärkeren Trieb hat, so steht er in jenen Beziehungen doch mehr oder weniger zurück. Es kommt eben in der Production auf Vieles an; ich hatte mich früher gewöhnt, vom Künstler zu behaupten, daß die für ihn erforderlichen Qualitäten zu ¼ aus Talent oder Genie und zu ¾ aus Charakter bestehen müßten, und ich kann es auch hier nur wiederholen (wobei ich aber nicht meine, daß ein Vierteltalent genüge, sondern daß zu jedem ganzen und vollen Talent noch dreimal soviel Charakter nöthig sei.) Es thut mir aufrichtig leid, daß Sie hier – von Fontane werden Sie auch schon über das Buch gehört haben Eggers gehört zu den vorzugsweise unbedingten Verehrern des Romans – mit Ihrem Urtheil Furor machen: warum gehen Sie aber auch über den künstlerisch-virtuosischen Standpunkt nicht hinaus? – Ich werde den Roman später übrigens nochmals und mit Muße lesen." *(H: SHLB Cb 50.56:114,14; StKug, Nr. 14, S. 130, und Anm. 3–5, S. 137.) Vgl. auch Fontanes Mitteilung über Kuglers Meinung zu Gutzkows Kritik in seinem Antwortbrief, Nr. 67, S. 102. Zur Debatte über Freytags „Soll und Haben" und Gutzkows Rezension vgl. Briefe Nr. 65–68 und Anm.*

27 völlige poëtische Impotenz: *Storm kritisiert zu Recht die Unmotiviertheit einiger Szenen und Figuren wie beispielsweise das plötzliche Erscheinen Finks im Vierten Buch.*

30 Lenore <...> Anton <...> Park: *Storm meint die erste Begegnung von Lenore mit Anton im Park des Herrenhauses (Erstes Buch, Kap. 2). Zur Fortsetzung des Briefgesprächs vgl. Briefe Nr. 65–68 und Anm.*

33 mich nicht von Putlitz unterscheiden können: *In der Sammelbesprechung, die unter dem Titel „Novellen und Erzählungen" in den „Grenzboten" (Heft 3 <1855>) erschienen war, ging es neben zwölf anderen Büchern um „Im Sonnenschein. Drei Sommergeschichten von Theodor Storm" und um „Vergißmeinnicht. Eine Arabeske von Gustav zu Putlitz". Der Rezensent schrieb u.a.:* „Die beiden Geschichtchen vom Sonnenschein und vom Vergißmeinnicht sind sehr gemütliche und zierlich ausgearbeitete Kleinigkeiten in der Weise Andersens, die bei ihrem bescheidenen Auftreten und ihrer natürlichen Frische bei den Freunden der eleganten Literatur gewiß Beifall finden werden."

34 schreibt mir der Vleger: *Am 13. Juni 1855 hatte Ernst Homann an Storm u.a. geschrieben:* „Groth's Vertelln wird hoffentlich jetzt in Ihren Händen sein. Das Büchlein hat ein enormes Aufsehen gemacht; die erste Auflage ist in Zeit vor einigen Wochen vergriffen worden und drucke ich jetzt schon die zweite. Es wird Ihnen gewiß gefallen; sollte Eggers im Kunstblatte nicht schon etwas darüber gesagt haben, so sind Sie vielleicht so gütig, dies zu thun" *(H: SHLB; Cb 50.56:84,04; unveröff.). Die Besprechung der plattdeutschen Erzählungen, „Verteln von Klaus Groth (Kiel Schwerssche Buchh.)", erschien dann wenige Monate später am 20. September 1855 im „Literatur-Blatt des Deutschen Kunstblattes" in einer Sammelrezension unter der Rubrik „Plattdeutsche Neuigkeiten" (Nr. 19, S. 79 f.).*

(Zu 65) Fontane an Storm, Berlin, Samstag, 16. Juni 1855. Antwortbrief auf Nr. 64 – Abdruck nach h (TFA)

Überlieferung

HBV: 55/10

H: *Gertrud Storm (bis 1909), Friedrich Fontane (bis 1934/35), Meyer und Ernst 1933 (Nr. 35, Konvolut-Nr. 598), Stargardt 1933/34 (Nr. 344, Konvolut-Nr. 406; Nr. 345, Konvolut-Nr. 34, und Nr. 353, Konvolut-Nr. 80) und zuletzt vermutlich Kehler, dessen Autographensammlung im Zweiten Weltkrieg „vernichtet" wurde (vgl. HFA IV/5,II, S. 103)*

h: *masch. Abschr. TFA (Ca 77) und SHLB (Cb 50.56:51,28)*

E: *Pniower/Schlenther I, S. 130 f.*

D: *Gülzow, S. 128 f. (Nr. 27); Coler I, S. 259 f.; HFA IV/1, S. 404 f. (Nr. 197); Steiner, S. 103 f. (Nr. 60)*

Abschrift
h (TFA) beschädigt; Textverlust durch Papierausriss. Emendation nach h (SHLB). Kursivschrift.

Ausgang/Eingang
Am 16. Juni 1854; vgl. Storms unmittelbaren Antwortbrief, den er am Abend des 16. Juni 1854 noch geschrieben hatte (Nr. 66).

Stellenkommentar

3 Lisbeth: *Storms älteste Tochter Lisbeth; vgl. zur Namensfindung Brief Nr. 66, Anm. 15 „Lisbeth <…> Immermanns Münchhausen <…> ‚zur Taufe'".*

7 arme Elisabeth: *Fontane denkt an die gleichnamige Figur in Storms Novelle „Immensee".*

16 Briefwechsels vom vorigen Sommer: *Vgl. Briefe Nr. 50–53.*

18 über Freytags Roman plaudern: *Vgl. Brief Nr. 64, Anm. 22 „Gutzkow <…> für alle erlittne Schmach". Es ist anzunehmen, dass Fontane schon im Juni 1855 mit seiner Rezension über Freytags „Soll und Haben" begonnen hat, denn nicht nur Storm (vgl. Brief Nr. 66), sondern auch Eggers haben Fontane mit Besprechungen anderer versorgt. Am 20. Juni 1855 meldete sich Eggers bei Fontane und drängte auf eine baldige Veröffentlichung:* „Es ist Dir, der ich Dich schon tief in dem Artikel über ‚Soll u. Haben' wähne, vielleicht nicht uninteressant, das L.Cbl. <*„Literarisches Centralblatt"; Anm. G.R.*> darüber zu vernehmen. Hier ist die betr. Nr., S.p.r.! – Gutzkow soll diesen schönen Roman in seinen Uterhaltgn sehr hergerichtet hbn. Denk Dir! Frage, ob dahin nicht ein Hiebchen zu führen sei." *(H: SHLB CB 60.51:144d,11; FEgg, Nr. 35, S. 134.) Bei seiner Lektüre hat Fontane zahlreiche Marginalien in seinen Band notiert, die auf eine intensive Beschäftigung mit „Soll und Haben" hinweisen (vgl. Fontanes Exemplar im TFA Q 33; in NFA XXI/2 im Anhang mitgeteilt, S. 629). Am 5. Juli 1855 beendete Fontane die Arbeit (vgl. Pniower/Schlenther I, S. 131), und am 26. Juli 1855 erschien dann die ausführliche Kritik im „Literatur-Blatt des Deutschen Kunstblattes" (Nr. 15) als Antwort auf Gutzkows vernichtende Kritik. Im Unterschied zu Gutzkow lobte Fontane den Roman, den er als* „die erste Blüthe des modernen Realismus", *eine* „Verdeutschung (im vollsten und edelsten Sinne) des neueren englischen Romans" *(S. 59) bezeichnete und auch 30 Jahre später noch* „zu dem Besten, was wir haben" *zählte (an Emil Dominik, 12.12.1883; HFA IV/3, Nr. 271, S. 294). Fontane hob die* „mustergültige Form" *hervor, zu der er auch das* „organisch <…> in einander gefügt<*e*>" *Romanpersonal zählte, beschrieb die* „Feinheit seiner Motivirung" *mit einer* „gewisse<*n*> unwiderstehlichen Gewalt seines Dialogs" *und stellte als die* „charakteristische Seite" *den* „Humor" *fest. Ebenso wie Gutzkow aber bemängelte Fontane die negative Darstellung der Polen und Juden und stellte eine An-*

tipathie des Autors fest, die das „unbefangene Urtheil“ *verhindert (S. 63). Außerdem vermisste Fontane* „die Schilderung des ächten Adels“, *was er für den* „Mangel an poetischer Gerechtigkeit“ *verantwortlich machte. Trotz dieser sehr berechtigten kritischen Einwände kommt Fontane zu dem Ergebnis, dass Freytags Roman „Soll und Haben“* „als ein Spiegel unsrer Zeit und ihrer Kämpfer betrachtet und gewürdigt werden wird“ *(S. 63).*

23 Reise <…> Siebenmonatskinde: *Auf einer Reise nach Luckenwalde hatte Emilie Fontane eine Frühgeburt; Hans Ulrich Fontane starb bereits wenige Tage später am 9. Juni 1855; vgl. „Fontane-Chronik“ I, S. 466, 29.5.1855.*

25 „unterirdscher“: *Vgl. Brief Nr. 38, Anm. 7 „Letzten Donnerstag <…> Unterirdische“.*

25 der Kleine: *Peter Paul Fontane.*

(Zu 66) Storm an Fontane, Potsdam, Samstag, 16. Juni <1855>. Antwortbrief zu Nr. 65 – Abdruck nach H

Überlieferung

H: *SHLB (Cb 50.51:15,32)*
E: *Goldammer I, S. 268–270 (Nr. 69)*
D: *Steiner, S. 104 f. (Nr. 61)*

Handschrift

1 Blatt (21,7 x 14,1 cm), S. 1–2 beschriftet; beiges Papier. Am oberen Blattrand (S. 1) von Fontanes Hand: „1855.“

Datierung

Storms Brief beantwortet Fontanes Brief vom 16. Juni 1855, woraus sich die Jahreszahl „1855“ *ergibt.*

Stellenkommentar

3 „Angelica“ <…> zum Druck ein: *Über den Beginn der Entstehung von „Angelica“ hatte Storm bereits am 11. Februar 1855 an Fontane geschrieben; vgl. Brief Nr. 61, Anm. 10 „eine eigne angefange Sommergeschichte“. Die Novelle erschien zusammen mit „Ein grünes Blatt“ in dem Band „Ein grünes Blatt. Zwei Sommergeschichten“ (Berlin: Schindler, ausgeliefert am 22. Oktober 1855). Storm war unzufrieden mit der Erzählung; er distanzierte sich davon, weil er sich* „gänzlich ins Subjektive verloren habe“ *(vgl. Storm an Tycho Mommsen, Frühjahr 1856; LL I, S. 1066). Im Berliner Freundeskreis diskutierte man heftig über „Angelica“. Merckel war offenbar der einzige, der von der Erzählung begeistert war. Am 20. Oktober 1855 schrieb er an Storm:*

„Indem ich Ihnen dafür herzlich danke füge ich hinzu, daß ich die Erste der Sommergeschichten: Angelica, uno tenore durchgelesen und mich sehr dran erfreut habe. Soll ich ein bestimmtes Urtheil drüber geben, so kann ich nur sagen: ‚Jeder Zoll Storm!‘ Ein Andrer könnte nicht eben so schreiben und Sie könnten nicht anders schreiben. Le stÿle c'est l'homme! Liest man Sie, so sieht und hört man Sie, und ich gehöre nicht zu denen, die den höchsten Werth in die absolute Objektivität setzen; eine anmuthige, feine, tiefe Subjektivität ist mir lieber; verräth mir ein sinniges Gemüthswerk einen Menschen mit Gemüth, so ist mir's mehr wohl, als alle Göthesche Kälte und Glätte, die mit anspruchsvoller Kunst vornehmer thut, als sie sich den Schein giebt. <...> Der Eindruck, den man beim Schluß der Angelica hat, ist der, daß man erst denkt: ‚er hat doch Unrecht, sie so verloren zu geben‘, und gleich drauf: ‚Aber richtig ists halt doch!‘ – Und das, meine ich, rechtfertigt Sie am besten“ *(H: SHLB Cb 50.56: 143,5; unveröff.). – Am 11. November 1855 schrieb Eggers an Fontane über die* „Kehrseite“ *der Erzählung „Ein grünes Blatt“ und meinte damit die* „Unglück“*-machende Novelle „Angelica“. Eggers bereitete eine Kritik darüber für das „Literatur-Blatt des Deutschen Kunstblattes“ vor, die aber nicht zur Veröffentlichung gelangte; vgl. FEgg, Nr. 41, S. 156, und Fußnote 332. – Kugler kritisierte so wie Storm, dass sich besonders in dieser Novelle das* „Subjektive“ *verloren habe, und empfahl Storm, diesem* „Subjectivismus eine recht herzhafte Objectivität entgegen<*zu*>stellen“, *damit es ihm in Zukunft gelänge, an* „Stoffe<*n*> eines starken gegebenen Gehaltes“ *das dichterische* „subjektive Vermögen wie in prismatischen Farben leuchten zu lassen“ *(vgl. Kugler an Storm, 23.12.1855; H: SHLB Cb 50.56:114,15; StKug, Nr. 15, S. 131).*

4 Schwurgerichtssitzung: *Vgl. Brief Nr. 48, Anm. 37 „Montag <...> Schwurgerichtssitzung <...> Kindesmord“, und Einführung, S. XXVIII.*

5 Deckelverzierung: *Die erste Buchausgabe von „Angelica“ („Ein grünes Blatt. Sommergeschichten“) besteht aus einem roten Einband, den ein goldgeprägter Baum schmückt.*

7 quanzweise: *(nd: quanswies, quantswies) ‚nur zum Schein‘; vgl. Mensing IV, Sp. 5.*

9 Gutzkowsche Recension: *Die Beilage, die beiden Nummern der „Unterhaltungen am häuslichen Herd“ (Nr. 35 f.) mit Gutzkows Rezension über „Soll und Haben“, ist nicht überliefert. Freytag hatte seinem Roman auf den Titelblättern das folgende Motto von Julian Schmidt vorangestellt:* „Der Roman soll das deutsche Volk da suchen, wo es in seiner Tüchtigkeit zu finden ist, nämlich bei seiner Arbeit!“ *Gutzkow schrieb darüber:* „‚Soll und Haben‘ will das deutsche Volk bei seiner ‚Arbeit‘ aufsuchen. Wir sehen uns um, was und woran in diesem Roman das deutsche Volk arbeitet. Wir finden ein Großgeschäft in Talg, Wolle, Zink, Rosinen, Mandeln, Kaffe u.s.w. Zwei Commis auf dem Contor des Herrn T.O. Schröter sind die Helden des Buchs; der Eine eine schüchterne, unbedeutende Persönlichkeit, Namens Anton

Wohlfahrt, der Andere ein Volontär, Herr von Fink <…>. Wir hören bei all' dieser ‚Arbeit' allerdings fortwährend Fässer karren, wir sehen auch Waarenballen mit dem Pinsel signiren, wir leben die mit sehr unerquicklicher Breite geschilderten philisterhaften Zustände einiger fünf bis sechs uns sehr gleichgültigen und formlos durcheinanderschwimmenden Contoristen mit; allein mit einer auf jeder Seite bestätigten Befugniß kann man dennoch fragen: Wo ist hier die Arbeit? Individuelle, der Poesie und nicht der Statistik angehörende Arbeit? Wo ist die Arbeit des Herrn von Fink? Wo ist die Arbeit, die solide, echte, deutsche Arbeit der menschlichen Folie jenes merveilleusen Brillantfeuerwerkers, seines Lehrers im Weltschliff? Wo ist die Arbeit des Herrn Freiherrn von Rothsattel, dessen Hypotheken= und Pfandbriefwucher den eigentlichen Hebel der Handlung des Romans vorstellt?" *(„Unterhaltungen am häuslichen Herd", Nr. 35, S. 559). Außerdem hatte Gutzkow die negative und stereotype Darstellung der Juden kritisiert, die er als einen Ausdruck des* „Judenhass<*es*> des Verfassers sah", *der nicht gemildert werde durch die unglaubwürdige Gestaltung Bernhard Ehrenthals. Über die detaillierte Schilderung der Kämpfe in Polen um das Gut Rosmin schrieb Gutzkow schließlich:* „Letztlich – die langen Raufereien mit aufständischen Polen, die in ganzer Breite mit einer Freude an jedem gefallenen Schuß, an jedem neuaufgesetzten Zündhütchen erzählt werden, daß man zuletzt Seite für Seite überschlägt und dem Autor, der bei den Rehen des Herzogs von Koburg so herausfodernd und agacirend begonnen hatte, auch in Nichts mehr mit Theilnahme folgen kann." *(Nr. 36, S. 373 f.)*

15 Lisbeth <…> Immermanns Münchhausen <…> „zur Taufe": *Karl Immermann: „Münchhausen. Eine Geschichte in Arabesken. 4 Theile." (Düsseldorf: Schaub 1838 f.). Vgl. Storms Gedicht „Zur Taufe. Ein Gutachten", das am 15. Oktober 1850 zur Geburt von Tycho Mommsens Tochter entstanden war und in der Ausgabe der „Gedichte" (1852) erstmals veröffentlicht wurde:* „Bedeutsam sind die Namen! / So schickt für Mädchen Lisbeth sich, / Elisabeth für Damen" *(S. 79; vgl. LL I, S. 815–817).*

21 Hans leidet <…> Herzschlage: *Hans Storm war offensichtlich an Scharlach erkrankt; vgl. Storm an Johann Casimir Storm, 26.6.1855 (H: SHLB Cb 50.53:03,21; in den „Briefen in die Heimat" wurde dieser Hinweis nicht abgedr.).*

23 Der Arzt: *Dr. Branco.*

33 Biernatzki <…> „Skebs gardh": *Gemeint ist vermutlich Otto von Skepsgardhs Roman „Drei Vorreden, Rosen und Golem-Tieck" (Berlin: Alexander Duncker 1844), in dem durch den Golem als Doppelgänger* „das Problem des Schriftstellers satirisch, tendenziös und zeitkritisch thematisiert wird"; *vgl. Eveline Goodman-Thau: Golem, Adam oder Antichrist – kabbalistische Hintergründe der Golemlegende in der jüdischen und deutschen Literatur des 19. Jahrhunderts. In: Kabbala und die Literatur der Romantik. Zwischen Magie und Trope. Hg. von Eveline Goodman-Thau u.a. Tübingen 1999, S. 81–134, hier S. 132, und Beate Rosenfeld: Die Golemsage und ihre*

Verwertung in der deutschen Literatur. Breslau 1934, S. 68–72. – Die Golem-Sage klingt in Storms Gedicht „Ein Golem“ zumindest im Titel an. Es entstand nach dem Scheitern der schleswig-holsteinischen Erhebung 1851 und wurde in den „Gedichten“ (1852) erstmals veröffentlicht; vgl. LL I, S. 800. In Fontanes Bibliothek ist Skepsgardhs Band weder überliefert noch nachgewiesen.

(Zu 67) Fontane an Storm, Berlin, Sonntag, 22. Juli 1855. Antwortbrief auf Nr. 66 – Abdruck nach h (TFA)

Überlieferung

HBV: 55/13

H: Gertrud Storm (bis 1909), Friedrich Fontane (bis 1934/35), Meyer und Ernst 1933 (Nr. 35, Konvolut-Nr. 598), Stargardt 1933/34 (Nr. 344, Konvolut-Nr. 406; Nr. 345, Konvolut-Nr. 34, und Nr. 353, Konvolut-Nr. 80) und zuletzt vermutlich Kehler, dessen Autographensammlung im Zweiten Weltkrieg „vernichtet“ wurde (vgl. HFA IV/5,II, S. 103)

h: masch. Abschr. TFA (Ca 78) und SHLB (Cb 50.56:51,29)

E: Pniower/Schlenther I, S. 131–133

D: Gülzow, S. 130 f. (Nr. 28); Steiner, S. 105 f. (Nr. 62)

Abschrift

h (TFA) beschädigt; Textverlust durch Papierausriss. Emendation nach h (SHLB). Kursivschrift.

Stellenkommentar

5 „Unterhaltungen <…> Doppelration Gutzkowscher Gereiztheit: *Gutzkows Besprechung von Freytags Roman „Soll und Haben“ war in zwei Nummern der „Unterhaltungen am häuslichen Herd“ erschienen, die Storm an Fontane geschickt hatte, und die Fontane mit diesem Brief an Storm zurückgab; vgl. Brief Nr. 66.*

13 Kugler <…> Befriedigung: *Zur kontroversen Debatte über Freytags Roman „Soll und Haben“ und über Gutzkows Verriss vgl. Brief Nr. 64, Anm. 22 „Gutzkow <…> für alle erlittne Schmach“.*

17 Dresdner Schillerstiftungs-Idee <…> Filial: *Zur Unterstützung* „hülfsbedürftiger Schriftsteller und Schriftstellerinnen, welche sich dichterischer Formen bedienen und zur Bildung und geistigen Entwicklung der deutschen Nation beigetragen haben, so wie ihre Hinterbliebenen“ *wurde im Mai 1855 die „Schillerstiftung“ in Dresden zunächst als Privatverein gegründet. Am 21. Juli 1855 konstituierten dann Karl Bormann (als Erster Vorsitzender) und Wilhelm von Merckel (als Schriftführer) sowie*

Friedrich Eggers, Menzel, Julius Pabst und Fontane den Berliner Zweigverein; zum provisorischen Komitee gehörten u.a. noch Kugler, Lepel und Friedrich Zabel (vgl. Rudolf Goehler: Geschichte der Deutschen Schillerstiftung. Berlin 1909, S. 369–376, und „Jahrbücher zur Schiller-Stiftung“. Erster Band. Dresden 1857, S. 156 f.). Zum 100. Geburtstag Schillers am 10. November 1859 erfolgte dann die offizielle Gründung der „Deutschen Schillerstiftung“, die von einem Verwaltungsrat geleitet wurde. In der „Tunnel“-Sitzung vom 22. Juli 1855 wurde auf Fontanes Anregung für die „Schillerstiftung“ gesammelt. Am 26. Juli 1855 informierte das „Literatur-Blatt des Deutschen Kunstblattes“ über die Etablierung der Berliner Zweigstiftung und veröffentlichte am 15. November 1855 die Statuten. Als Vertreter der Berliner Zweigstelle verfasste Fontane über drei Jahrzehnte hinweg Gutachten für die Antragsteller; vgl. Roland Berbig: Theodor Fontanes Akte der Deutschen Schiller-Stiftung. Mit einem unveröffentlichten Gutachten Fontanes für Karl Weise. In: „Spielende Vertiefung ins Menschliche“. Festschrift für Ingrid Mittenzwei. Hg. von Monika Hahn. Heidelberg 2002, S. 149–166, und Berbig/Hartz, S. 434–440. Vgl. auch den Briefwechsel zwischen Fontane und Lepel (FLep I, Nr. 296, S. 413–422, und FLep II, Anm.). – Über Storms Tätigkeit in der „Deutschen Schillerstiftung“ ist nichts bekannt.

35 Kugler <…> Gattin <…> Ruhla: *Zur Geburt ihres ersten Enkels Franz Heyse reiste Clara Kugler vom 19. Juli bis zum 22. August 1855 nach München zu ihrer Tochter und ihrem Schwiegersohn Margarete und Paul Heyse. Zu Kuglers Aufenthalt in Ruhla vgl. Kuglers Brief an Storm vom 17. Juni 1855:* „Ich selbst denke daran im August auf ein Paar Wochen etwa nach Thüringen zu gehen, frische Luft und Waldesduft zu schöpfen, meine Haut durch Douchen ein wenig zu kräftigen und Nichts zu denken. Ich habe einen Aufenthalt in Ruhla im Sinne. Ich will unsren Hans, dessen Augen dergleichen bedürfen, mit mir nehmen“ *(H: SHLB Cb 50.56:114,14; StKug, Nr. 14, S. 129 f.).*

37 Menzel <…> Paris: *Menzels Reise zur Marienburg, wo er zwei Hochmeister des Deutschen Ordens für den Remter malte (vgl. Brief Nr. 71, Anm. 123 „Meister Menzel“), führte ihn auf dem Rückweg u.a. im September 1855 für zwei Wochen nach Paris. Dort besuchte er die Weltausstellung und den „Pavillon du Réalisme“ von Gustave Courbet.*

38 als Banquo: *Geist in Shakespeares „Macbeth“.*

(Zu 68) Storm an Fontane, Potsdam, Dienstag, 24. Juli 1855. Antwortbrief auf Nr. 67 – Abdruck nach H

Überlieferung
H: *SHLB (Cb 50.51:15,33)*
h: *TFA (Ca 705)*
E: *Goldammer I, S. 270 f. (Nr. 70)*
D: *Steiner, S. 106 f. (Nr. 63)*

Handschrift
1 Doppelblatt (21,2 x 17,1 cm), S. 1–3 beschriftet, S. 4 Anschrift und Poststempel; weißes Papier.

Ausgang
Potsdam Bahnhof: 24. Juli (vgl. Poststempel).

Eingang
Am 25. Juli (vgl. Poststempel).

Stellenkommentar

2 Schiller-Stiftung: *Vgl. Brief Nr. 67, Anm. 17 „Dresdner Schillerstiftungs-Idee <…> Filial“.*

5 Besuch meiner Eltern <…> über Weimar nach Heidelberg: *Am 28., 29. und 30. September 1855 beschrieb Storm seinem Freund Brinkmann die Reise, die er im August 1855 zusammen mit seinen Eltern unternommen hatte. Sie führte ihn durch den Thüringer Wald über Erfurt (zu Otto Storm, der dort seit 1855 als* „Gärtner volontairisirt“*) und Frankfurt nach Heidelberg, Stuttgart, Heilbronn, Weinsberg und den Rhein entlang bis Köln (vgl. H: SHLB Cb 50.51:06,30; StBr, Nr. 32, S. 104–108). Vgl. auch Storm an Constanze Storm, 12.8.1855 (StCSt; Nr. 22, S. 77 f.). Die Recherche im Stadtarchiv Weimar bestätigt, dass Storm erst drei Jahrzehnte später, zwischen Ende April und 30. Mai 1886 zusammen mit Ferdinand Tönnies in Weimar weilen sollte, um Erich Schmidt zu besuchen, Tochter Elsabe zum Konservatorium in Weimar zu begleiten und an der ersten Generalversammlung der Goethe-Gesellschaft am 2. Mai 1886 teilzunehmen. – Zu Storms Besuch bei Mörike am 15./16. August 1855 vgl. Brief Nr. 70, Anm. 8 „viel von Mörike erzählen“.*

7 kommen einen Tag: *Ein „Rütli“-Treffen mit Fontanes, Merckels und Eggers kam vor Storms Abreise offenbar nicht mehr zu Stande.*

9 An Merkel <…> geschrieben <…> Kugler <…> nicht mehr vorhanden: *Storms Brief an Merckel, vor dem 24. Juli 1855, ist nicht überliefert. Zu Kuglers Abreise vgl. Brief Nr. 67, Anm. 35 „Kugler <…> Gattin <…> Ruhla“. Zu Merckel ist nichts ermittelt.*

11 Ad vocem: *(lat.): ‚zum Wort'; ‚zur Sache'.*

11 „Soll u Haben": *Vgl. zur Debatte um Freytags Roman „Soll und Haben" Brief Nr. 64, Anm. 22 „Gutzkow <...> für alle erlittne Schmach".*

19 Pauls schwache Seite: *Vgl. zum Urteil Storms über Heyse Brief Nr. 18, Anm. 46 „wie Sie ihn beurtheilen werden".*

(Zu 69) Fontane an Storm, Berlin, Donnerstag, 30. August 1855 – Abdruck nach h (TFA)

Überlieferung

HBV: 55/15

H: Gertrud Storm (bis 1909), Friedrich Fontane (bis 1934/35), Meyer und Ernst 1933 (Nr. 35, Konvolut-Nr. 598), Stargardt 1933/34 (Nr. 344, Konvolut-Nr. 406; Nr. 345, Konvolut-Nr. 34, und Nr. 353, Konvolut-Nr. 80) und zuletzt vermutlich Kehler, dessen Autographensammlung im Zweiten Weltkrieg „vernichtet" wurde (vgl. HFA IV/5,II, S. 103)

h: masch. Abschr. TFA (Ca 79) und SHLB (Cb 50.56:51,30)

E: Pniower/Schlenther I, S. 133

D: Gülzow, S. 132 (Nr. 29); HFA IV/1, S. 405 f. (Nr. 198); Steiner, S. 107 (Nr. 64) (Teilabb.)

Abschrift

h (TFA) beschädigt. Kursivschrift.

Edition

In HFA IV/1 (Nr. 198, S. 405 f.) wurden versehentlich zwei Briefe unter einer Nummer veröff., Fontanes Brief an Storm (30. August 1855) und Fontanes Brief an den „Rütli" (31. Oktober 1855; TD).

Stellenkommentar

8 nach London <...> Gründung einer Art Zeitung: *Im Auftrag der preußischen Regierung übernahm Fontane den England-Posten der „Centralstelle für Preß-Angelegenheiten" und baute in London eine „Deutsch-englische Correspondenz" auf; vgl. Brief Nr. 71, Anm. 164 „die ersten Nummern". Nach Manteuffels Bestätigung und der Bewilligung eines ministeriellen Reisezuschusses von 300 Talern brach Fontane am Freitag, dem 7. September 1855, zu seinem dritten und längsten England-Aufenthalt auf. Bis Ende 1856 bekam er ein monatliches Gehalt von 100 Talern und 40 Taler Familienzuschlag, ab 1. Januar 1857 erhöhte sich die Summe auf 165 Taler. Erst am 17. Ja-*

nuar 1859 kehrte Fontane wieder endgültig nach Berlin zurück. Vgl. Hermann Fricke: Emilie Fontane. Rathenow 1937, S. 45, und Charlotte Jolles: Fontane und die Politik. Berlin 1988, S. 105.

11 Rütli <…> abermaligen Vakanz: *Vgl. Brief Nr. 67, S. 103.*

13 Autographen-Sammlung: *Vgl. Einführung, S. XXV.*

15 Prenzlau und die 9 Musen: *Zu Storms Bemühungen um eine Versetzung innerhalb Preußens vgl. Brief Nr. 64, Anm. 9 „um* Prentzlau <…> Perleberg*“.*

(Zu 70) Storm an Fontane, Potsdam, Donnerstag, 30. <August> 1855. Antwortbrief auf Nr. 69 – Abdruck nach H

Überlieferung

H: *SHLB (Cb 50.51:15,34)*
E: *Goldammer I, S. 281 f. (Nr. 73)*
D: *Steiner, S. 108 f. (Nr. 65)*
Z: *Fontane: „Erinnerungen an Theodor Storm“, abgedr. auf S. 174 f. (datiert auf:* „September 1855“; *erwähnt)*

Handschrift

1 Doppelblatt (23,1 x 14,2 cm), S. 1 beschriftet, S. 4 Anschrift, Poststempel und Siegelreste; weißes Papier. S. 1, ~~„Sept.“~~ *<von Fontane gestrichen und darüber mit Einweisungszeichen neu formuliert:* „August“>.

Ausgang

Potsdam: 31. August (vgl. Poststempel).

Eingang

Am 31. August (vgl. Poststempel).

Stellenkommentar

2 Schillerversammlung: *Vgl. Briefe Nr. 67, Anm. 17 „Dresdner Schillerstiftungs-Idee <…> Filial“, und Nr. 68.*

4 als hätten wir was aneinander versäumt: *Vgl. Fontanes „Erinnerungen an Theodor Storm“, abgedr. auf S. 174 f., und Einführung, S. XXXII.*

8 viel von Mörike erzählen: *Am 5. August 1855 teilte Storm gegenüber Mörike seine Reisepläne mit und schlug ein Treffen bei Mörike vor (vgl. StMör, Nr. 7, S. 55). Daraufhin lud Mörike Storm am 9. August 1850 nach Stuttgart ein (StMör, Nr. 8, S. 56), und Storm meldete sich für den 15./16. August 1855 an (StMör, 12.8.1855, Nr. 9).*

Storms Begeisterung für Mörike gipfelte in dem auf der Rückfahrt von Stuttgart nach Potsdam entstandenen Entwurf zu den „Erinnerungen an Eduard Mörike" (vgl. Karl Ernst Laage: Eine wiederentdeckte Storm-Handschrift. Notizen zum Mörike-Besuch 1855. In: STSG 25 <1976>, S. 75–77). Mörike hingegen brach den Kontakt zu Storm nach dem einzigen Treffen der beiden Dichter ab, bei dem er aus seiner Novelle „Mozart auf der Reise nach Prag" vorgelesen hatte. Möglicherweise waren Storms Briefe zu persönlich formuliert; vielleicht führte auch Storms in den Mittelpunkt gestellte Bewunderung für die Darstellung der Idylle in Mörikes Werken zu einer Distanz Mörikes gegenüber Storm. Zur Beziehung zwischen Storm und Mörike vgl. Hildburg und Werner Kohlschmidt: Einführung. In: StMör, S. 11–24, Manfred Wedemeyer: Theodor Storm und Eduard Mörike – eine Freundschaft oder nur eine Begegnung der Dichter? In: „Schleswig-Holstein" 2002, Heft 4, S. 11–13, und zuletzt Gerd Eversberg: „Ein Blick in des Dichters geheimste Werkstatt." Theodor Storms Mörike-Bild. In: STSG 59 (2010), S. 105–126. Vgl. auch Brief Nr. 33. Anm. 5 „M's unzweifelhafter Faulheit". Zu Storms Reise nach Süddeutschland vgl. Brief Nr. 68, Anm. 5 „Besuch meiner Eltern <…> über Weimar nach Heidelberg".

12 30. Septb. 1855.: *Richtig: 30. August 1855; vgl. Poststempel, S. 105.*

(Zu 71) Fontane an den „Rütli", London, Mittwoch, 31. Oktober 1855 – Abdruck nach H

Überlieferung

HBV: 55/37

H: SBB-PK Nachlass 191 (Fontane), IX

E: Pniower/Schlenther I, S. 134–141

D: Gülzow, S. 133 (Nr. 30) (TD); Petersen II, S. 129 (Nr. 257) (TD); Steiner, S. 109 (Nr. 66) (TD); FMer I, S. 17–24 (Nr. 11); FEgg, S. 145–154 (Nr. 40); FLep I, S. 422–427 (Nr. 298)

Handschrift

3 Doppelblätter (26,7 x 21,4 cm), S. 1–12 beschriftet; weißes Papier.

Stellenkommentar

1 London <…> 23. New Ormond Street: *Vom 13. Oktober 1855 bis zum 24. Januar 1856 und von 18. Mai bis zum 9. August 1856 wohnte Fontane in 23 New Ormond Street, Queens Square, London.*

9 Die Würfel <…> gefallen: *Anspielung auf Caesars Worte (lat.: Alea iacta est – ‚Der Würfel ist gefallen'), die er 49 v. Chr. geäußert haben soll, als er sich entschloss, den*

Grenzfluss zwischen Gallien und Italien (den Rubicon) zu überschreiten und damit den Krieg gegen Pompeius zu eröffnen.

10 „Ich bleibe hier!“: *Zitat aus Gasparo Spontinis Oper „Fernand Cortez oder Die Eroberung Mexikos“ (II,7). Das Libretto schrieb Etienne de Jouy, die deutsche Übersetzung Kriegsrat May.*

12 „daß Vorsicht <...> bessrer Theil ist“: *Anspielung auf Shakespeares „König Heinrich IV.“, Erster Teil:* „Der bessere Teil der Tapferkeit ist Vorsicht“ *(V,4; Heinrich IV.).*

13 Schiffe <...> nicht zu verbrennen: *Die Redewendung soll auf Ferdinand Cortez zurückgehen, der nach einer Meuterei unter seinen Söldnern die Schiffe vernichten ließ. Damit machte er die Rückkehr unmöglich und zwang seine Soldaten zum Kampf.*

17 Werg: *Flachs-, Hanfabfall.*

24 dreier Stiftungsfeste: *Die Gründung des „Tunnels“ am 3. Dezember 1827 wurde jährlich mit einem Stiftungsfest begangen; ebenso wurde auch der Gründung des „Rütli“ und der „Ellora“ gedacht; vgl. Begriffe des „Tunnels“, der „Ellora“ und des „Rütli“, S. 465–468.*

28 die Reihenfolge: *nach den Anfangsbuchstaben der „Namen“ der „Rütli“-Mitglieder.*

29 Anakreon: *Friedrich Eggers erhielt seinen „Tunnel“- und „Rütli“-Namen nach dem griechischen Lyriker Anakreon (um 550/580 v. Chr. – 495 v. Chr.).*

29 stolz lieb’ ich den Rostocker: *Parodie des Zitats aus Schillers „Dom Karlos“:* „Stolz will ich den Spanier“ *(I,10; König). Gemeint ist aber hier Friedrich Eggers, der in Rostock geboren wurde.*

29 Briefe geschickt <...> druckbare: *Es sind zwei Briefe überliefert, die Fontane bis Ende Oktober 1855 an Friedrich Eggers aus London geschrieben hat (vom 19. September 1855 und vom 15. Oktober <1855>; vgl. FEgg, Nr. 37 f.). Eggers’ Antwort auf beide Schreiben vom 24. Oktober 1855 (FEgg, Nr. 39) hat Fontane demnach erst nach dem 31. Oktober 1855 erreicht. Mit Fontanes Brief vom 15. Oktober 1855 gelangte das Manuskript,* „2 Briefe für’s Literaturblatt“, *an Eggers; die „Briefe“ wurden kurze Zeit später unter der Überschrift „Shakespeare auf der modernen englischen Bühne“ im „Literatur-Blatt des Deutschen Kunstblattes“ veröffentlicht („Heinrich VIII. im Prinzeß-Theater“, Nr. 22, 1.11.1855, und „Richard III. im Soho-Theater“, Nr. 23, 15.11.1855).*

32 Leibschwabe: *Junger, lernender Mensch. Die Bezeichnung geht auf Wilhelm Lübke zurück, der damit den Kreis junger Studenten meinte, die sich um Friedrich Eggers versammelt haben,* „denen er Aufgaben stellte und die er in ihren Arbeiten überwachte. <...> Da der erste jener Jünglinge ein Schwabe war, so erhielten sie sämmtlich, und wenn sie auch wie Wilbrandt Mecklenburger waren, von mir die Bezeichnung ‚Leibschwaben‘“. *Vgl. Lübke – Erinnerungen, S. 155, und FEgg, Nr. 40, Anm. 286.*

36 neuen Vereine: *Vgl. Fontanes Brief an Friedrich Eggers, 24. November 1855, in dem zahlreiche Vereine aufgelistet werden, bei deren Gründung Eggers beteiligt gewesen ist (FEgg, Nr. 42, S. 158).*

39 Leporello <…> Arie: *Gemeint ist die Arie Nr. 4 (I,5) aus Mozarts Oper „Don Giovanni", in der der Diener Leporello die zahlreichen Liebschaften seines Herrn aufzählt.*

40 ist mir bang um Dich: *Anspielung auf Christian Fürchtegott Gellerts Gedicht „Der sterbende Vater", wo es in den Schlussversen heißt:* „Für Görgen ist mir gar nicht bange, / Der kömmt gewiß durch seine Dummheit fort."

41 berühmten Waage: *Anspielung auf Schillers „Die Räuber", wo Franz Moor von einer Traumvision berichtet, in der ihm eine mit einer eisernen Waage in der Hand richtende Engelsgestalt mit den Worten erschienen ist:* „Tretet herzu, ihr Kinder von Adam – ich wäge die Gedanken in der Schale meines Zornes und die Werke mit dem Gewicht meines Grimms!" *(V,1).*

45 Immermann: *Merckel erhielt seinen „Tunnel"- und „Rütli"-Namen nach dem Dichter Karl Leberecht Immermann.*

49 „Onkel Friedrich": *Hausdiener der Familie Merckel.*

51 Epheustube: *Das „grüne Zimmer" in der Merckelschen Wohnung in Berlin, Potsdamer Straße 1, zwei Treppen, bis November 1855 mit einer Tapete mit Efeumuster ausgekleidet.*

53 eine junge Frau: *Emilie Fontane.*

55 zweiten Nachbar <…> auf allen Wandgemälden: *Friedrich Eggers, der sich gerne farbenfroh und ausgefallen kleidete. Seine auffallende äußere Erscheinung veranlasste Kaulbach, ihn zum Modell für die Gestalt des Perikles auf dem Gemälde „Die Blüte Griechenlands" (1851) zu wählen; vgl. StEgg, Nr. 40, Anm. 291, und Marie Ursula Riemann-Reyher: Friedrich Eggers und Menzel. In: „Jahrbuch der Berliner Museen" 41 (1999) Beiheft. Berlin 2002, S. 245–271, hier S. 261.*

60 „Pepita": *Pepita de Oliva.*

64 die Wirthin des Hauses: *Henriette von Merckel. – Storm erwähnt die hier beschriebene Sehnsucht Fontanes nach den geselligen Abenden im Hause Merckel in seinem Brief an Eggers vom 20. Dezember 1856 (vgl. StEgg, Nr. 17, Anm. 45).*

65 ihrem zweiten Nachbar: *Fontane.*

67 Schwemmkloß: *Schwemmklöße (Klöße aus Brandteig), die besonders als Suppeneinlage verzehrt werden.*

68 Fräulein Clara: *Clara Baumeister.*

70 Unger: *Süßer Ungarwein.*

71 Ritter vom Geist: *Anspielung auf Gutzkows neunbändigen Roman „Die Ritter vom Geiste" (Leipzig: Brockhaus 1850/51). Zwischen Gutzkow und den Rütlionen gab es nicht nur aufgrund politischer Differenzen Spannungen, sondern gerade auch wegen*

Gutzkows wiederholten kritischen Bemerkungen gegenüber der Berliner Literatur-Szene. Auch hat er den ersten Band der „Argo“ negativ besprochen; vgl. Briefe Nr. 28, Anm. 21 „Gutzkow hat auch abgeschossen“, und Nr. 64, Anm. 22 „Gutzkow <…> für alle erlittne Schmach“.

73 Nichterscheinen <…> Argo: *Zum Scheitern der Herausgabe des zweiten Jahrgangs der „Argo“ vgl. Brief Nr. 54, Anm. 17 „Argo <…> Gewitter <…> Starenberger <…> Kugler <…> Brief ein“.*

77 Lessing: *Kugler erhielt seinen „Tunnel“- und „Rütli“-Namen nach Gotthold Ephraim Lessing.*

77 großväterlichen Geschäft: *Kuglers erster Enkel Franz Heyse wurde im August 1855 in München geboren.*

78 Baugeschichte: *Kuglers „Geschichte der Baukunst“, vgl. Brief Nr. 5, Anm. 40 „Kugler steckt in Arbeiten“.*

83 Kugler'schen Hauses: *Kugler wohnte im Haus seines Schwiegervaters Friedrich Hitzig am südlichen Ende der Friedrichsstraße, Nr. 242, in Berlin.*

88 untre Hälfte der Memnons Säule: *Anspielung auf Kuglers Veröffentlichung über die Bildsäule des mächtigen Königs Memnon, dem zu Ehren ein Palast in Theben gebaut wurde. Über die Zerstörung des Kolosses, von dem nur der untere Teil übrig geblieben war, gab es verschiedene Theorien. So habe entweder König Krambyses oder ein Erdbeben das Monument zerstört, oder es sei bei Christi Geburt in sich zusammengefallen. Die Überreste der Säule wurden im Laufe der Jahrhunderte zu einer Pilgerstätte; es hieß, dass sich dort alle Wünsche der Besucher erfüllten. Vgl. Franz Kugler: „Bau-Sagen“, Kap. II. Von der Memnons-Säule („Deutsches Kunstblatt“, Nr. 43, 22.10.1853, S. 373 f.).*

94 „Ich <…> jung!“: *Zitat aus Adelbert von Chamissos Gedicht „Frühling“, vierter Vers der ersten und vierten Strophe.*

96 Metastasio <…> Ihr Taufpathe: *Karl Bormann trug den „Tunnel“- und „Rütli“-Namen Metastasio nach dem Schriftsteller Pietro Metastasio.*

107 die Geographische: *„Geographische Gesellschaft“, 1828 in Berlin gegründet, deren Mitglied Bormann gewesen ist.*

107 Dr Barth: *Der Afrika-Forscher und Vorsteher der „Geographischen Gesellschaft“ Heinrich Barth kehrte 1855 von einer sechsjährigen Forschungsreise durch Nordafrika zurück.*

111 Rubens: *Menzel trug seinen „Tunnel“- und „Rütli“-Namen nach dem Maler Peter Paul Rubens (1577–1640).*

112 Nogath: *Mündungsarm der Wisla.*

115 „Marienburg“: *Die Marienburg, Schloss der Ordensritter aus dem 13. Jahrhundert in Marienburg (Malbork).*

123 Meister Menzel: *Menzel entwarf 1854/55 für den Remter der Marienburg die beiden Gestalten Siegfried von Feuchtwangen (1303–1311) und Ludger von Braunschweig (1331–1335) auf Karton. Die Kartons gehörten zuletzt der Nationalgalerie Berlin und sind seit 1945 verschollen. Vgl. Brief Nr. 67, Anm. 37 „Menzel <...> Paris".*

125 Albrecht, Salza, Plau: *Die Hochmeister des Deutschen Ordens Markgraf Albrecht von Brandenburg, Hermann von Salza und Graf Heinrich von Plauen.*

129 A <...> j'aille!: *(frz.) : ‚Jetzt muss ich gehen'.*

139 Schenkendorf: *Lepel erhielt seinen „Tunnel"- und „Rütli"-Namen nach dem Schriftsteller Maximilian von Schenkendorf/Schenkendorff (1783–1817), einem der bedeutendsten Lyriker der Befreiungskriege.*

139 um Zeising's willen <...> Lehre von den Verhältnissen: *Adolf Zeising übertrug in seinen Büchern „Neue Lehre von den Proportionen des menschlichen Körpers" (Leipzig: Weigel 1854) und „Aesthetische Forschungen" (Frankfurt: Meidinger 1855) die mathematische Lehre vom Goldenen Schnitt des Archimedes (die Bestimmung des geometrischen Mittels einer Strecke) auf die Gesetze der Ästhetik. Nicht nur Lepel, sondern auch der Freundeskreis im „Rütli" beschäftigte sich mit Zeisings Erkenntnissen, die in den Tageszeitungen und Zeitschriften verbreitet wurden; so etwa in: „Europa. Chronik der gebildeten Welt", Nr. 91, 9.11.1854, S. 721–725 („Professor Zeising's Proportionsschlüssel"). Vgl. FLep I, Nr. 307, S. 453–456. Im „Literatur-Blatt des Deutschen Kunstblattes" ist am 28. Mai 1857 die anonyme Besprechung „Aesthetische Forschungen von Adolf Zeising" erschienen; ob Lepel der Rezensent ist, lässt sich nicht ermitteln, sie könnte auch von Moritz Lazarus geschrieben worden sein.*

142 „Herodes": *Das Drama „König Herodes", an dem Lepel als Autor gescheitert war. Vgl. FLep I, Nr. 291, S. 406–408, Nr. 317, S. 465–467, Nr. 324, S. 478–482, und Nr. 327, S. 489, und FLep II, Anm., sowie Brief Nr. 77, Anm. 16 „‚Herodes' <...> im Druck".*

146 ex officio: *(lat.): ‚Von Amts wegen'.*

150 nach München: *Paul Heyse, der nach dem Dichter Ludwig Christoph Heinrich Hölty (1748–1776) seinen „Tunnel"- und „Rütli"-Namen erhalten hatte, ist im August 1855 Vater geworden; vgl. Briefe Nr. 18, Anm. 44 „seit gestern Paul Heyse", und Nr. 36, Anm. 18 „Heyse's Verslein <...> fort nach München".*

151 Banquo's Geist: *Der abwesende Geist aus Shakespeares „Macbeth".*

153 Stawinsky mit sieben Heftpflastern: *Carl Stawinsky; Näheres nicht ermittelt.*

153 Tannhäuser: *Zu Storms „Rütli"-Namen vgl. Brief Nr. 24, Anm. 16 „Wagners Tanhäuser", sowie die Einführung, S. XXX.*

156 Perlebergs <...> Prenzlau: *Vgl. zu Storms Versetzungsgesuchen Brief Nr. 64, Anm. 9 „um* Prentzlau *<...>* Perleberg*".*

158 Schleswig-Holsteiner, den norddeutschen Mörike: *Anspielung auf Fontanes anonym erschienenen Aufsatz über „Theodor Storm" in der „Preußischen (Adler-) Zeitung" (Nr. 138, 17.6.1853):* „Man würde Storm völlig den norddeutschen Mörike nennen können, wenn er sich nicht durch einen kleinen Vorzug sowohl, wie durch einen kleinen Mangel von demselben unterschiede. Sein Vorzug besteht neben größerer Klarheit (Balladen wie vom ‚Feuerreiter' oder gar vom ‚Königssohn und der Windsbraut' würde er niemals schreiben können) in sorgfältigerer Behandlung der Form; sein Mangel in einem gelegentlichen Seziren psychologisch-interessanter Situationen, wobei er dann und wann in Gefahr geräth, den ganzen Poeten einzubüßen"*; vgl. Storms Bemerkung in einem Brief an Friedrich Eggers vom 3.7.1853, Brief Nr. 11, Anm. 46 „zwischen M. u.* Heine*"*.

164 die ersten Nummern: *der „Deutsch-englischen Correspondenz", einem Londoner Pressedienst zur Information deutscher Zeitungen, der vom 15. November 1855 bis zum März 1856 existierte und für den Fontane gearbeitet hat. Der Pressedienst wurde von 14, zumeist preußischen Zeitungen abonniert. Vgl. Brief Nr. 69, Anm. 8 „nach London <…> Gründung einer Art Zeitung".*

166 Dr Wentzel <…> Immermann: *Rudolf Wen(t)zel, der seit Herbst 1855 Mitarbeiter der „Deutsch-englischen Correspondenz" in London wurde. Am 9. November 1855 schrieb Emilie Fontane ihrem Mann:* „Wentzel ist nun zu meiner großen Beruhigung bei Dir; er sprach mit solcher Liebe von Dir, daß ich hoffe, ihr werdet euch zu gegenseitiger Befriedigung noch mehr kennen lernen" *(FEF I, Nr. 61, S. 200).*

172 Regierung <…> Splendidität: *Vgl. Brief Nr. 69, Anm. 8 „nach London <…> Gründung einer Art Zeitung".*

179 um Jürgen weiter nicht bange: *Anspielung auf Christian Fürchtegott Gellerts Gedicht „Der sterbende Vater", in dem es in den Schlussversen heißt:* „Für Görgen ist mir gar nicht bange, / Der kömmt gewiß durch seine Dummheit fort."

179 Berliner Existenz <…> prekär: *Vgl. Brief Nr. 40, Anm. 26 „Sechser-Verhältnissen <…> 35 <rth>".*

189 Lafontaine: *Fontane erhielt seinen „Tunnel"- und „Rütli"-Namen aufgrund seiner hugenottischen Herkunft nach dem frz. Schriftsteller Jean de La Fontaine (1621–1695).*

(Zu 72) Fontane an Storm, London, Mittwoch, 4. Februar 1857 – Abdruck nach H

Fontane erwähnt diesen Brief in seinem Tagebuch, 4. Februar 1857; dort ist auch das Gedicht ein zweites Mal niedergeschrieben (GBA – Tagebücher II, S. 221; vgl. den Abdr. auf S. 205). Storm berichtete Eggers am 23. Mai 1857: „Von Fontane hatte ich einen sehr netten Brief aus London" *(H: SHLB Cb 60.56:513,19; StEgg, Nr.19, S. 50), und gegenüber Johann Casimir Storm äußerte er sich am 29. März 1857:* „Auch von Fontane erhielt ich dieser Tage aus London einen sehr liebenswürdigen Brief" *(H: SHLB Cb 50.53:03,41; „Briefe in die Heimat", S. 91).*

Überlieferung
HBV: 57/18
H: SHLB (Cb 50.56:51,31), Tagebuch Fontanes TFA (G 4,2; Gedicht)
h: TFA (Ha 75; Gedicht)
E: Krammer, S. 24
D: Gülzow, S. 133 f. (ohne Nummerierung) (TD); HFA IV/1, S. 559–561 (Nr. 270; nach H <SHLB>); Steiner, S. 109–111 (Nr. 67); GBA – Gedichte III, S. 83 (TD)

Handschrift
1 Doppelblatt (22,0 x 14,3 cm), S. 1–4 beschriftet; weißes dünnes Papier.

Ausgang
Fontane schickte seinen Brief an Storm am 9. Februar 1857 als Einschluss zu seinem Brief an Emilie Fontane vom 9. Februar 1857 (vgl. Tagebuch I, S. 223, 9.2.1857, und Fontane an Emilie Fontane, 9.2.1857: „Lies die Briefe an Witting und Storm wenn Dir's Spaß macht, schließe sie, frankire sie und gieb sie zur Post." *(FEF I, Nr. 196, S. 509.)*

Stellenkommentar

1 London <…> 92 Guilford Street: *Vom 9. August 1856 bis zum 26. März 1857 wohnte Fontane in der 92 Guilford Street in London.*

5 Heilgenstadt: *Storms Ernennung zum* „Kreisrichter bei dem Kreisgericht in Heiligenstadt" *zum 1. September 1856 erfolgte am 30. Juni 1856 durch den preußischen Justizminister Simons (H: Nissen-Haus Husum; zit. nach der Xerokopie der H im StA Husum FD 303). Das jährliche Gehalt betrug 500 Taler. Storm hatte diese Nachricht in seinem Brief an Eggers am 13. Juli 1856 für die* „Berliner Freundschaft offiziell" *mitgeteilt (H: SHLB Cb 60.56:513,16, StEgg, Nr. 14, S. 38).*

12 „Hinzelmeier": *Fontane bekam die erste Buchausgabe von Storms „Hinzelmeier. Eine nachdenkliche Geschichte" (Berlin: Alexander Duncker 1857) von seinen „Ellora"-Freunden, die mehrere Exemplare von Storm erhalten hatten, geschenkt. Vgl. Storm an Eggers, 20.12.1856:* „Und noch Eins, wollen Sie auch ein Exemplar des Hinzelmeier für Frau Fontane requiriren und es ihr mit unserm herzlichsten Gruß zustellen und mit dem Bemerken, daß das Heftchen demnächst durch einen illustrirten Hinzelmeier ersetzt werden solle!" *(H: SHLB Cb 60.56:513,19; StEgg, S. 46). Emilie*

Fontane schickte die Sendung dann am 24. Januar 1857 nach London; vgl. GBA-Tagebücher I, 24. Januar 1857, S. 216. Das Exemplar ist in Fontanes Bibliothek nicht überliefert. Eigentlich sollte die Erstausgabe des „Hinzelmeier" mit Illustrationen von Ludwig Richter veröff. werden; über das Scheitern dieses Vorhabens vgl. Gerd Eversberg: Ludwig Richter und Theodor Storm. Mit bisher ungedruckten Briefen. In: „Mitteilungen aus dem Storm-Haus" 2004, S. 16–21; vgl. auch Storm an Eggers, 16.1.1856 (StEgg, Nr. 12, S. 34 f.). – Bereits nach der Veröffentlichung in der „Schlesischen Zeitung" vom 19. bis 22. Dezember 1855 zeigte der „Rütli" Interesse an Storms „Hinzelmeier", eine Umarbeitung des Erstdrucks „Stein und Rose" in Biernatzkis „Volksbuch auf das Jahr 1851 für die Herzogthümer Schleswig, Holstein und Lauenburg" (1851), das Fontane im Oktober 1853 gelesen hatte; vgl. Brief Nr. 18 und Anm. 35 „Ihre Beiträge", sowie Kugler an Storm, 27.12.1855; StKug Nr. 16, S. 132. – Durch Merckel erfuhr Fontane dann am 27. Dezember 1856 von Storms Erstausgabe des „Hinzelmeier": „Storm hat wieder eine alte Geschichte: Hinzelmeier, zu Weihnachten bei Duncker aufgewärmt, ein wahres Heimchen von einem Duodezbüchelchen; aber die Geschichte hat doch ihren ganz netten Sinn, und das Epiteton einer ‚nachdenklichen' Geschichte ist zwar ganz Stormisch, aber doch nicht übel: der Rabe, den der Gelehrte seinem Schüler, Hinzelmeier junior, auf die Wanderschaft mit gibt, und der ihm jedesmal in die Quere kommt, wenn er auf dem point ist, die gesuchte Rosenjungfrau zu finden, ist der symbolische Fluchzopf oder Zopffluch des der beglückenden Natur entgegengesetzten Philisteriums der Pedanterie. Sie kennen's wohl aus früherer Zeit; er hat den Rütlionen Exemplare geschickt. Er befindet sich übrigens in Heiligenstadt ganz à son aise, wie er sich geäußert hat; obwohl fast Alles katholisch, hat er doch einige Anbeter und wahrscheinlich unermüdliche ‚Zuhorcher' gefunden; wenn er nur Mehr <u>schriebe</u>." *(H: TFA B 28,24; FMer I, Nr. 38, S. 120.) Fontane antwortete Merckel am 13. Januar 1857:* „Auf Storm's ‚Hinzelmeier' bin ich sehr neugierig. Ich kenn es größtentheils und fand es damals fein und etwas stormsch, was bei viel Lob einigen Tadel ausdrückt. Hier in England wirkt es vielleicht anders auf mich; im Allgemeinen mach' ich übrigens die Wahrnehmung, daß ich hier weit mehr zum Loben geneigt bin als früher in der Heimath. Es liegt wohl darin, daß die poëtischen Dinge mich so zu sagen immer frisch vorfinden, was in Berlin, wo man mit Zuckerwerk gefüttert wird, durchaus nicht der Fall war. – Storm hat's in sich; wollte man ihn nach seinem gesellschaftlichen Auftreten, nach all diesen Schönheitsmittelchen taxiren zu denen er greift um nur ja immer zu entzücken, so würde man ihn unterschätzen. Wenn ich ‚Hinzelmeier' gelesen habe, werd' ich an ihn schreiben und danken." *(H: SBB-PK – Nachlass Fontane, St 64,15, Leihgabe im TFA; FMer I, Nr. 41, S. 140 f.) Am 24. Januar beendete Fontane dann seine Lektüre und hielt im Tagebuch fest:* „Hinzelmeier gelesen. Ist doch sehr hübsch; die allerletzten Zeilen könnten besser sein." *(GBA – Tagebücher I, S. 216 f.) Eggers hingegen hatte inzwischen eine Rezension im „Literatur-Blatt des Deutschen Kunstblattes“ veröffentlicht und kritisierte insbesondere das 6. Kapitel (vgl. Nr. 1, Januar 1857).*

18 in’s Unendliche geschossenen Deibel: *Vgl. das 6. Kapitel, „Ein Meisterschuss“.*

21 meine Frau <…> gestern schrieb: *Emilie Fontane hat am 31. Januar 1857 an ihren Mann geschrieben:* „‚Hinzelmeier‘ gefällt mir garnicht; ich liebe solche schikanösen Geschichten nicht, ich habe mich so beim lesen geärgert u. hätte gern die Brille zerbrochen u. dem Raben den Hals umgedreht um dem armen Kerl zu helfen.“ *(H: TFA B 222; FEF I, Nr. 191, S. 496.)*

23 verd-Krahirius: *Der Rabe.*

29 einem Freunde: *Nicht ermittelt.*

34 „Herr Schablonarius“: *Vgl. Fontane an Emilie Fontane, 26. Januar 1857:* „‚Hinzelmeier‘ ist doch sehr allerliebst und gestern Mittag hab’ ich, am Kamin hockend, ein Seitenstück dazu geschrieben d.h. im Kopf. Auf’s Papier wird es wohl nie kommen; der Held heißt ‚Schablonarius‘; wenn ich an Storm schreibe werd ich ihm die Idee mittheilen, auf die ich stolz bin und ihm überlassen daraus was zu machen.“ *(H: TFA B 97; FEF I, Nr. 189, S. 492.) Am 31. Januar 1857 antwortete aber Emilie Fontane ihrem Mann:* „Wenn Du übrigens nicht einen Eid geleistet, keine Poetika zu treiben, so beschwöre ich Dich, schreibe ‚Schablonarius‘ u. thust Du das nicht, so verrathe nicht leichtsinnigerweise den Stoff, noch dazu an ‚den‘.“ *(H: TFA B 222; FEF I, Nr. 191, S. 496.) Weder Storm noch Fontane haben diese Idee weiter ausgeführt.*

54 In 2 Monaten <…> Urlaub: *Der Urlaub wurde gewährt; Fontane reiste am 27. März 1857 nach Berlin, wo er einen Tag später eintraf und bis zum 28. April 1857 blieb; vgl. „Fontane-Chronik“ I, S. 718–729.*

56 berühmte Unterhaltung <…> Wilhelmsstraße <…> Frauenschooß: *Zum Konflikt zwischen Storm und Fontane, der durch Fontanes frivole Bemerkungen über die schwangere Constanze Storm nicht bei einer Einladung Merckels (*„Wilhelmsstraße“*), sondern bei Kuglers in der Friedrichsstraße im Juli 1854 ausgelöst wurde, vgl. Briefe Nr. 50, Anm. 2 „neulich einen Stein zwischen uns geworfen“, und Nr. 62, S. 97.*

(Zu *73) Storm an Fontane, Heiligenstadt, nach dem 12. Januar 1858

In seinem Brief an Eggers vom 12. Januar 1858 erkundigte sich Storm nach „Fontanes Adresse“ *und erwähnte, dass er Fontane* „dieser Tage schreiben wolle“ *(H: SHLB Cb 60.56:513,23; StEgg Nr. 21, S. 62).*

(Zu 74) Storm an Fontane, Heiligenstadt, Samstag, 23. Juni 1860 – Abdruck nach H und HD (Diktat)

Überlieferung
H/HD: SHLB (Cb 50.51:15,35)
E: *Steiner, S. 111 f. (Nr. 68)*
Z: *Fontane: „Erinnerungen an Theodor Storm", abgedr. auf S. 173:* „Eine Miss Helene Clark hat etc." *(datiert auf:* „25. Juni 1860"*)*

Handschrift
1 Doppelblatt (22,9 x 14,3 cm), S. 1–3 beschriftet; blaues Papier. Storm diktierte Teile seines Briefs; die Zeilen 1–6: „Heiligenstadt <...> bediene." *sind von Storms Hand, die Zeilen 7–27:* „Eine <...> beschaffen?" *von fremder Hand, die Zeilen 28–34:* „Wollen <...> ThStorm." *von Storms Hand.*

Stellenkommentar

3 lange kein unmittelbares Wort: *Der letzte überlieferte Brief der Korrespondenz zwischen Storm und Fontane lag gut drei Jahre zurück (vgl. Nr. 72); Anfang 1858 ist ein weiterer Brief Storms an Fontane erwähnt (vgl. Nr. *73). Vgl. Einführung, S. XXXII.*

5 Magenkrampf: *Bereits im Dezember 1853 litt Storm unter Magenbeschwerden; vgl. Brief Nr. 31, Anm. 6 „Magenzaubrer* Voigt*".*

5 einer befreundeten Hand: *Nicht ermittelt.*

7 Clark <...> Immensee in's Englische übersetzt: *Am 2. Mai 1860 hatte sich Helen Clark, eine englische Erzieherin (vgl. Brief Nr. 75, Anm. 14 „,literarischen* Governess*'"), die vermutlich auch einige Jahre in Deutschland verbracht hatte, an Storm gewandt und bekundete ihr Interesse, „Immensee" zu übersetzen:* „Fräulein Helen Clark, welche mit vielem Vergnügen, den von Herrn Theodor Storm geschriebenen, anmuthigen, kleinen Roman ‚Immen See' gelesen hat, wünscht sehr, sich die gütige Erlaubniß des verehrten Schriftstellers auszubitten, denselben übersetzen zu dürfen, und dem englischen Publikum alsdann vorzulegen. In der Hoffnung, daß Herr Storm, der Fräulein Clark, diese Erlaubniß nebst allen Bedingungen, bald schriftlich mittheilen werde, bittet sie, seine Aufmerksamkeit auf ihre Adresse zu lenken. Sie lautet – Miss Helen Clark 28 Gloucester Terrace Warwick Square London S. W." *(H: SHLB Cb 50.56:27,01; unveröff.) Storm antwortete ihr und schlug vor,* „‚daß wir gemeinschaftlich mit einem Buchhändler einen Contract schließen, worin sich dieser verpflichtet außer einigen Freiexemplaren das Honorar an jeden von uns zur Hälfte zu zahlen'" *(H nicht überliefert; vgl. Clark an Storm, 29.6.1860). Helen Clark hatte vermutlich mit der Übersetzung längst begonnen, denn sie schickte etwa einen Monat später ihr Manuskript (nicht überliefert) nach Heiligenstadt, aus dem Storm in seinem Brief an Fontane vom*

23. Juni 1860 zitiert. In einem separaten Begleitschreiben, das auf den 29. Juni 1860 datiert ist, bekundete Helen Clark ihr Einverständnis bezüglich der Honorarverteilung (H: SHLB Cb 50.56:27,02; unveröff.). Storms grundsätzliche Bedenken, die sich vor allem gegen die sentimentale Darstellung und die ergänzenden Adjektive richteten und die er ihr in einem Brief <Ende Juni 1860> mitgeteilt hatte (vgl. Brief Nr. 76, Anm. 47 „mir das M.S. *baldmöglich wiederzusenden") waren wohl berechtigt, denn in ihrer Antwort vom 5. Juli 1860 räumte Clark einzelne Übersetzungsschwächen ein und schlug Änderungen vor (vgl. H: SHLB Cb 50.56:27,3; unveröff.). Vgl. Briefe Nr. 75 f.*

11 (das ist eine Lüge!): *Diese Bemerkung stammt offensichtlich von der Dame, die den Brief nach Storms Diktat aufgeschrieben hat.*

12 der englischen Christlichkeit: *Vermutlich dachte Storm auch an Helen Clarks Erläuterung zum* „Child-Christ"*:* „The ancient German superstition supposes, that on Christmas-eve (an especial fête-day for little folks) the child Jesus visits all good children and brings them the presents and toys, with which their parents take care the christmas-tree shall be supplied." *(S. 25.) Diesen Hinweis verdanke ich Frau Patricia Howe, London.*

15 Silver-moon: *Vgl. auch Storms Antwortbrief an Helen Clark, <Ende Juni 1860>, Brief Nr. 76, Anm. 47 „mir das* M.S. *baldmöglich wiederzusenden".*

16 „commenced her deliceous warbling": *Richtig: „delicious"; bezieht sich auf die Stelle* „unter den Fenstern schlug eine Nachtigall"*; vgl. auch Storms Antwortbrief an Helen Clark, <Ende Juni 1860>, Brief Nr. 76, Anm. 47* „mir das M.S. baldmöglich wiederzusenden"*. Die gedruckte Fassung enthält schließlich eine abgemilderte Formulierung:* „a nightingale under the window commenced her song." *(S. 56.)*

16 „angle child" u guardian angle: *In ihrer Antwort vom 5. Juli 1860 hat Helen Clark schon eingeräumt, dass ihr dieser Vers auch* „am wenigsten gefallen" *habe (H: SHLB Cb 50:56,27,03; unveröff.; vgl. Brief Nr. 76, Anm. „mir das* M.S. *baldmöglich wiederzusenden", S. 404). In der endgültigen Übersetzung steht nun einfach nur noch* „child" *(S. 22).*

19 Lieder-Übertragung: *Gemeint sind die Übersetzungen von Storms Gedichten „Meine Mutter hats gewollt" und „Lied des Harfenmädchens" in „Immensee"; vgl. Storms Brief an Helen Clark, <Ende Juni 1860>, und Brief Nr. 76, Anm. 47 „mir das* M.S. *baldmöglich wiederzusenden".*

21 eine englische Übersetzung: *Vermutlich gab es schon eine erste, von Storm nicht autorisierte Übersetzung von „Immensee", auf die Storm hier anspielt. Näheres nicht ermittelt.*

26 in etwa acht Tagen: *In seinem Brief an Helen Clark, <Ende Juni 1860> hatte Storm angekündigt, das korrigierte Manuskript binnen 14 Tagen an sie zurückzuschicken; vgl. Brief Nr. 76, Anm. 47 „mir das* M.S. *baldmöglich wiederzusenden".*

28 beider Sprachen mächtig sind: *Fontane hatte bereits als Schüler Englisch gelernt und*

war seit seinem zweiten England-Aufenthalt als privater Englischlehrer in London und Berlin tätig. Außerdem hatte er Gedichte, Balladen (vgl. Brief Nr. 5, Anm. 65 „umfangreiches Buch") und ein Drama übersetzt (Shakespeares „Hamlet") sowie englische Zeitungsartikel.

(Zu 75) Fontane an Storm, Berlin, Donnerstag, 28. Juni 1860. Antwortbrief auf Nr. 74 – Abdruck nach H

Überlieferung
HBV: 60/43
H: SHLB (Cb 50.56:51,32)
E: Steiner, S. 112 (Nr. 69)

Handschrift
1 Doppelblatt (21,6 x 13,7 cm), S. 1–4 beschriftet; weißes Papier. Der Brief lag in der „Rütli"-Mappe, wurde von Gertrud Storm inventarisiert (mit Rotstift): „M. ~~33–8~~ 40.26" *und gelangte deshalb vermutlich nicht mit den anderen Fontane-Briefen an Friedrich Fontane nach Berlin; vgl. Editionsbericht, S. XLI, Fußnote 18.*

Stellenkommentar

2 Miss Clark's Uebersetzung: *Vgl. Brief Nr. 74 und Einführung, S. XXXIII.*

14 „literarischen Governess" <…> sehr zahlreich vertreten: *Fontane hat ebenso wie Storm Erfahrungen mit einer literarisch ambitionierten Erzieherin gemacht, die zwar keine Übersetzung, wohl aber eine Kritik über „Ein Sommer in London" geschrieben hatte, die Lepel mit seinem Brief am 19. August 1855 Fontane hatte zukommen lassen. Vgl. FLep II, Nr. 296, Anm., S. 1160–1163.*

17 Immermann <…> Rütli: *Am 28. Juni 1860; die „Rütli"-Sitzungen wurden seit 1859/60 nicht mehr Samstags, sondern Donnerstags abgehalten. In der „Fontane-Chronik" ist dieses Treffen nicht verzeichnet; vgl. Bd. I, S. 1060.*

26 Tempelhofer Straße 51.: *Von Anfang Oktober 1859 bis zum 27. September 1862 lebten Theodor und Emilie Fontane in Tempelhof, Tempelhofer Straße 51; vgl. Klünner, S. 121–124.*

(Zu 76) Storm an Fontane, Heiligenstadt, Freitag, 29. Juni 1860. Antwortbrief auf Nr. 75 – Abdruck nach H

Überlieferung
H: SHLB (Cb 50.51:15,36)

E: *Goldammer I, S. 377–379 (Nr. 98)*
D: *Steiner, S. 113–115 (Nr. 70)*
Z: *Fontane: „Erinnerungen an Theodor Storm", abgedr. auf S. 173:* „Die Uebersetzungsgeschichte."

Handschrift
1 Doppelblatt (29,0 x 22,8 cm), S. 1–4 beschriftet; blaues Papier. Beschädigt: 1. und 2. Seite gerissen und geklebt. Dem Brief liegt Storms Briefentwurf an Helen Clark bei.

**Einschluss*
– „Den Brief an Schindler": *Storms Brief an Heinrich Schindler, vor dem 29. Juni 1860; nicht überliefert*

Stellenkommentar

2 Nein, Holla!: *Vgl. Briefe Nr. 74 f.*

5 die Uebersetzerin: *Helen Clark.*

9 delicious warbling: *(engl.): ‚köstliches Gezwitscher'; vgl. Brief Nr. 74, Anm. 16 „‚commenced her deliceous warbling'".*

12 von Ihnen und Eggers <…> nichts gesehen: *Für den letzten Band der „Argo" schickte Storm im Mai 1859 das Manuskript seiner Erzählung „Späte Rosen" vermutlich an Eggers, der die Herausgeberschaft des letzten „Argo"-Bandes übernommen hatte (H nicht überliefert). Vgl. Fontane an Heyse, 13.5.1859 (FHey, Nr. 38, S. 63). Danach ist bis zum Juni 1860 kein weiterer Kontakt zwischen Storm und Eggers belegt.*

19 zum Herbst einmal aufmachen: *Storms Pläne einer gemeinsamen Reise nach Heiligenstadt wurden von Eggers und Fontane nicht weiter verfolgt.*

22 Landrath vWussow: *Storms engster Freund in Heiligenstadt, Alexander von Wussow; vgl. M. Böhm: Alexander von Wussow – Abriß seiner politischen Biographie. In: Theodor Storm und Heiligenstadt. Beiträge zur Theodor-Storm-Ehrung 1988. Heiligenstadt 1988, S. 64–69, und Peter Goldammer: Drei bisher unbekannte Briefe von Alexander von Wussow an Theodor Storm. In: „Storm-Blätter aus Heiligenstadt" 11 (2005), S. 64–71.*

24 5$^{\underline{\text{tes}}}$ Kind <…> Besorgniß: *Theodor und Constanze Storms zweite Tochter, Lucie, wurde am 12. August 1860 geboren. Es war die elfte Schwangerschaft für Constanze, und ihr ging es körperlich sehr schlecht; vgl. Constanze an Lucie Storm, 16.2.1860 (H: SHLB Cb 50.58:98,23; unveröff.), sowie Fasold: Kommentar in StCSt, Nr. 49, Anm. 3, S. 395.*

30 (anonÿm) Hedwig Evi: *„Hedwig Evi. Ein sozialer Roman" (Leipzig: Wigand 1847).*

32 Miethsmann meines Bruders Otto: *Theodor und Constanze Storm wohnten zunächst in einem Haus außerhalb Heiligenstadts vor dem Kasseler Tor, das an der damaligen Chaussee Liesebühl/Ecke Leinegasse lag. Im Frühjahr 1857 erwarb Otto Storm das Grundstück, auf dem zwei Häuser standen und errichtete eine „Kunst- und Handelsgärtnerei". Nach dem Umzug in die Wilhelmstraße 307 (heute Nr. 73) kurz vor Pfingsten 1857 mietete Landrat Alexander von Wussow die Wohnung im Mai 1857. Vgl. Peter Goldammer: „Ein großer bärtiger Mann". Theodor Storm und sein Bruder Otto. In: „Storm-Blätter aus Heiligenstadt" 1998, S. 10–20, hier S. 13 f. Vgl. zu Otto Storm Brief Nr. 18, Anm. 4 „Woldsen-Storm <…> Schleswig-Holsteiner".*

34 einen Singverein begründet: *Im März 1859 gründete Storm ein „*Singkränzchen*", einen gemischten Laienchor, in dem Menschen aller sozialer Schichten zusammenkamen. Schon im April 1860 wurden öffentliche Konzerte gegeben. Der Gesangverein, der anfangs nur aus 14 Mitgliedern bestand, die sich abwechselnd in ihren Wohnungen zu Tee und Gebäck trafen, wuchs schließlich auf bis zu 80 Personen an. Vgl. Storm an Johann Casimir und Lucie Storm, 26.3.1859 (H: SHLB Cb 50.53,03; Goldammer I, Nr. 94, S. 367), Robert Wendt: Die Musik in Theodor Storms Leben. Greifswald 1914, S. 41–55, Gerhard Jaritz: In Heiligenstadt fand Theodor Storm viele Freunde und Geselligkeit. In: Theodor Storm und Heiligenstadt. Beiträge zur Theodor-Storm-Ehrung 1988. Heiligenstadt 1988, S. 44–56, hier S. 52 f., und Walter Zimorski: Neuentdeckte Musikalien der Storm-Familie. Ein Forschungsbericht. In: STSG 46 (1997), S. 95–98, hier S. 95 f.*

36 „En olen Stubben lät sick nich verplanten.": *(nd.) ‚Ein alter Baumstumpf lässt sich nicht verpflanzen'.*

38 „Staatshof" u. „Späte Rosen": *Storm veröffentlichte seine Novellen „Auf dem Staatshof" und „Späte Rosen" in der „Argo" 1859 bzw. 1860. Vgl. Fontanes Urteil über „Späte Rosen" in seinem Brief an Heyse, 13. Mai 1859, Nachschrift vom 15. Mai 1859:* „<…> Sonntag. Über unsre gestrige Rütli-Sitzung (bei Lazarus) muß ich doch noch berichten. Storm's Novelle ‚Späte Rosen' wurde vorgelesen. Der Stoff ist folgender. Ein Kaufmann hat eine reizende Frau, läuft aber neben ihr her wie ein Pappstoffel, s' Geschäft läßt Liebe, Leidenschaft, Sinnlichkeit nicht recht aufkommen. Er hat zwar 2 Töchter, eine bereits 12 Jahr, aber er weiß kaum selber wo sie her kommen, alles hat nur so um Gotteswillen sich ereignet. Die Geschäftssorgen lassen endlich nach wie Zahnschmerzen; er athmet auf; er baut für seine Frau ein kleines japanesisches Gartenhaus etc. So wird er 40 Jahr, morgen ist sein Geburtstag. Er steht früh auf, durchstöbert im Morgendämmer das Haus und findet in der Geburtstagsstube, als Geschenk für ihn bereits aufgebaut, ein reizendes Oelbild – das Portrait seiner Frau, wie sie als Mädchen war, damals war, als er sie heirathete. Er seufzt und fühlt zum ersten Male, daß er 13 oder 15 Jahre lang ein alter Esel gewesen sei. Indessen denkt er ‚never too late to mend' und mit dem Bewußtsein 15 Jahre früher eine schöne Frau

gehabt zu haben, geht er nun in's Zeug und bestrebt sich nachzuholen, was er versäumt hat, also – ‚späte Rosen!' Eigentlich ist die Sache schlimmer, als ich sie hier geschildert habe, denn man sieht Storm'en beständig bibbern und zittern, wodurch die Affaire etwas höchst Bedenkliches kriegt." *(H: DLA A: Fontane; FHey, S. 63–66.) – Zur Entstehung und Editionsgeschichte vgl. LL, S. 1072–1076, und S. 1088–1091.*

39 Compositionen meiner Lieder: *Beispielsweise Clara von Goßlers Kompositionen; vgl. Brief Nr. 84, Anm. 52 „schickte <…> mir gewidmetes Liederheft".*

43 Roman Schill: *Fontanes Romanplan, mit dem er über Storm in Potsdam und Berlin gesprochen hatte, wurde nicht vollendet. Vgl. Brief Nr. 55, Anm. 9 „die beiden Arbeiten".*

44 den Ollen: *Friedrich Eggers.*

45 Lazarus <…> neuen Zeitschrift: *Zusammen mit Heymann Steinthal gründete Moritz Lazarus 1859 die „Zeitschrift für Völkerpsychologie und Sprachwissenschaft".*

47 mir das M.S. baldmöglich wiederzusenden: *Storm schickte offensichtlich doch das heute nicht mehr überlieferte Manuskript der englischen „Immensee"-Übersetzung von Helen Clark mit diesem Brief an Fontane. Das erklärt auch, warum er gegenüber Fontane am Ende seines Briefs noch auf einzelne Übersetzungsdetails zu sprechen kommt. Anderer Auffassung sind Regina Fasold (vgl. Fasold, S. 75) und Roland Berbig (vgl. „Fontane-Chronik" II, S. 1060). Fontane schickte das Manuskript dann vermutlich mit seinem Brief von <vor dem 1. August 1860>, so wie er von Storm gebeten worden war, zurück. Vgl. Brief Nr. 77, und Einführung, S. XXXIII. Storm hatte unterdessen Helen Clark Ende Juni 1860 geantwortet, den Eingang des Manuskripts bestätigt und einige Textstellen kritisiert, über deren Bedenken er sich auch gegenüber Fontane geäußert hatte. Von diesem Schreiben ist nur noch das folgende Briefkonzept überliefert, in dem Storm vermutlich noch etwas unfreundlicher formuliert hatte als in dem abgeschickten Brief (SHLB Cb 50.51:15,35a; Steiner, S. 170 f.):*

Geehrtes Fräulein,
Ihre Uebersetzung habe ich so eben erhalten; und einige Seiten der Prosa, sowie die Lieder durchgesehen.

In der Voraussetzung, daß Ihnen wie mir daran gelegen ist etwas möglichst Vollendetes zu liefern, erlaube ich mir schon jetzt nachstehende Bemerkungen.

Das was meiner Dichtung, wie ich glaube, zum Theil ihren Werth giebt und ihre Wirkung bedingt, ist die strenge Simplicität des Ausdrucks und die Objectivität d. h. Gegenständlichkeit der Darstellung. Ich habe immer dahin gestrebt, die Sache selbst, nicht aber zugleich ihre Wirkung auf das Gemüth des Lesers, auszudrücken; letztere muß sich vielmehr von selbst ergeben. Diese beiden Gesichtspunkte haben Sie in der Uebersetzung nicht festgehalten. So z.B. darf „unter den Fenstern schlug eine Nachtigall" nicht übersetzt werden „commenied her delicious warbling." Ein solcher Schmuck in der Diction ist schülerhaft; und vernichtet zugleich die Gegenständlichkeit des Ausdrucks wer Meister des Ausdrucks ist, schreibt kurz und einfach. Für das Wort „schlug“ muß der einfachste entsprechende Englische Ausdruck gesetzt werden. Ebenso darf der große alte Mond nicht in einen Silber-Mond verwandelt werden. Einen solchen Ausdruck kann ich eigentlich nur einem ganz jungen Mädchen verzeihen, die sich in ihren Exklamationen nicht genug thun kann.

Auf andern Stellen haben Sie, wie ich bemerkt zu haben glaube, dem im Original gesetzten Adjectiv noch ein zweites hinzuzufügen. Auch dieß verstößt gegen den Stÿl der Dichtung; worin ich mich bemüht habe, wo möglich kein Adjectiv oder nur eins und zwar ein charakteristisches zu gebrauchen. Das Herumtappen zwischen einer Menge von Beiworten ist nur ein Zeichen, daß man das Richtige nicht finden kann. So, dächte ich, wäre das einfache Wort „unmerkliches“ (Zittern des Papiers) auch hinlänglich übersetzt durch „imperceptible“; die Worte slight und almost sind zu viel; sollte das Englische „imperceptible allein stark sein, so empfehle ich das kürzere slight.

Zürnen Sie mir nun aber auch wegen meiner bösen Kritik? – Ich bitte herzlich, thun Sie das nicht; ich wünsche aufrichtig, daß wir uns gründlich verständigen, da nur dann ein gutes Resultat erzielt werden kann.

Ich werde mir erlauben die Stellen, gegen die ich Einwendungen habe, in Ihrem Manuscript zu unterstreichen; richte aber schon jetzt die freundliche Bitte an Sie, Ihre Uebersetzung (Sie haben doch noch ein Concept in Händen?) nach den erwähnten Gesichtspunkten noch einmal durch zuarbeiten; und mir die Verbesserung auf einem Briefbogen zu übersenden; baldmöglichst, während ich noch das Manuscript in Händen habe.

Zur gegenseitigen Porto-Ersparung bitte ich klein und auf feinem Postpapier zu schreiben; da ich für das Manuscript 3 Thaler 25 Silbergr: Porto habe zahlen müssen.

In 14 Tagen werde ich es zurückschicken. Suchen Sie indeß mit einem Buchhändler dort abzuschließen, wobei das Honorar wohl noch in tausend Exemplaren zu bestimmen wäre, und senden mir dann den Contract zur Unterschrift. Auf dem Titel müßte stehen: „Unter Mitwirkung und Genehmigung des Verfassers aus dem Deutschen übersetzt.“

Mit Vergnügen habe ich die Uebersetzung der Lieder gelesen; Vieles darin scheint mir sehr gelungen, auch ist die poetische Athmosphäre derselben meistens glücklich wiedergegeben. Im Einzelnen erlaube ich mir Folgendes:

Im Liede des Harfenmädchens (Haben Sie kein Wort dafür im Englischen? Denn ich habe kein Zigeunermädchen gemeint, sondern nur ein Mädchen, deren Gesicht an die feinen Züge der Zigeunerin erinnert) darf das „friendless“ nicht stehen bleiben; es schwächt die Pointe des Liedes, und überdieß paßt dieß milde Wort nicht in ein Lied, welches ein Wesen characterisiren soll, das nur im leidenschaftlichen Genuß des Augenblicks lebt. Ich schlage vor zu setzen: „Alone, alone!“

Als zu grob iussirt. *<rot unterstrichen>*
Helen Clark bestätigte am 5. Juli 1860 den Eingang von Storms Brief vom 2. Juli 1860 („Montag“) *und räumte einzelne Schwächen ein, gleichwohl sie Storm gegenüber auch unmissverständlich zum Ausdruck brachte, dass sie durch seine zu direkten* „Bemerkungen“ *verletzt worden sei, insbesondere, weil Storm ja des* „Englischen vielleicht kaum so mächtig als“ *seiner Muttersprache sei (H: SHLB Cb 50.56:27,03; unveröff.). 1862 schickte Helen Clark das von Fontane durchgesehene und von ihr überarbeitete Manuskript an den Verleger Carl Brunn, mit dem Storm seit Anfang 1862 in Kontakt stand und der ihn auch wegen der Übersetzungsrechte aufgeklärt hatte (vgl. Brunn an Storm, 4.7.1862; StA Husum; unveröff.). Auch Brunn war mit der inzwischen überarbeiteten Übersetzung von Helen Clark unzufrieden und ließ eine erste Prüfung durch die englische Hausdame von Alexander von Wussow, Mary Pyle, vornehmen, um sie anschließend in einem letzten Korrekturdurchgang von Professor Stork überarbeiten zu lassen. Stork hatte bereits bei der Durchsicht bemerkt, dass der Text an* „Eleganz und Schönheit“ *durch die Übersetzung verloren habe, weil die Übersetzerin den Inhalt nicht ganz verstanden habe (vgl. Brunn an Storm, 14.9.1862, und 17.11.1862). Die Übersetzung erschien dann am 20. Februar 1863 unter dem Titel: „Immensee or the old man's reverie“. Tr. with the permission of the author from the 8. ed. of the German by H. Clark. Münster: Brunn 1863. Vgl. „Börsenblatt für den Deutschen Buchhandel und die mit ihm verwandten Geschäftszweige“ 30 (1863), Nr. 22, S. 385. Zu einer weiteren Zusammenarbeit zwischen Storm und Helen Clark war es nicht mehr gekommen. – Zu den Problemen wegen der Übersetzung und des Honorars vgl. die Korrespondenz zwischen Storm und den Verlegern Emil Carl und Carl Brunn von 1862, die von Regina Fasold erstmals veröff. wurde (vgl. Fasold) sowie Helen Clarks Brief an Storm, 28.10.1867; StA Husum IV,3,34; unveröff.*

51 To <…> alone: *Helen Clark hatte Storm die folgende Änderung des „Lied des Harfenmädchens“ vorgeschlagen, die allerdings für die gedruckte Fassung nicht übernommen wurde:* „Yet for this one hour / Art thow mine own. / I must die – ah! die, / Alone – Alone!“ *(an Storm, 5.7.1860; H: SHLB Cb 50.56: 27,03; unveröff.). In der gedruckten Übersetzung steht:* „To-day, to-day only / Am I so fair; / To-morrow, tomorrow / Brings me despair. / But for this fleeting hour / Art thou mine own; / Death, death will o'ertake me / Friedless – alone.“ *(S. 25).*

61 Sie <…> übersetzt: *Näheres nicht ermittelt.*

62 Den Brief an Schindler: *Der Einschlussbrief an Schindler ist nicht überliefert.*

(Zu 77) Fontane an Storm, <Berlin, vor dem 1. August 1860>. Antwortbrief auf Nr. 76 – Abdruck nach h (TFA)

Überlieferung

HBV: *<60>/49*

H: *Gertrud Storm (bis 1909), Friedrich Fontane (bis 1934/35), Meyer und Ernst 1933 (Nr. 35, Konvolut-Nr. 598), Stargardt 1933/34 (Nr. 344, Konvolut-Nr. 406; Nr. 345, Konvolut-Nr. 34, und Nr. 353, Konvolut-Nr. 80) und zuletzt vermutlich Kehler, dessen Autographensammlung im Zweiten Weltkrieg „vernichtet" wurde (vgl. HFA IV/5,II, S. 103)*

h: *masch. Abschr. TFA (Ca 177)*

E: *Pniower, S. 1479 <datiert auf: „Mitte Juli 1860">*

D: *Pniower/Schlenther I, S. 206–209 <datiert auf: „c. Mitte Juli 1860">; Gülzow, S. 134–138 (Nr. 31) <datiert auf: „Mitte Juli 1860">; HFA IV/1, S. 710–712 (Nr. 366) <datiert auf: „Mitte Juli 1860">; Steiner, S. 115–117 (Nr. 71) <datiert auf: „Mitte Juli 1860">*

Abschrift

*h (TFA) beschädigt; Textverlust durch Papierausriss. Emendation nach E (Pniower/Schlenther I). Kursivschrift. Vermutlich hat Fontane mit diesem Brief das korrigierte Manuskript der englischen Übersetzung von Storms „Immensee" von Helen Clark an Storm zurückgeschickt. Es ist weiterhin anzunehmen, dass der erste Teil des Briefs, der die übliche Anrede enthält, nicht mehr überliefert ist. Möglicherweise hat Fontane in seinem Brief an Storm weitere Korrekturhinweise zur Übersetzung gegeben, die Storm dann zusammen mit dem Manuskript an Helen Clark nach London geschickt hat. Der zweite Teil des Briefs, der ohne Anrede und mit der Überschrift „*Neuigkeits=Bote*" beginnt, liest sich als Post Skriptum; er beinhaltet die Neuigkeiten aus dem „Rütli"-Kreis, um die Storm Fontane am 29. Juni 1860 gebeten hatte (vgl. Brief Nr. 76).*

Datierung/Ort

Die Buchausgabe von Lepels Drama „König Herodes. Tragödie in 5 Acten" (Berlin: Reimer 1860), die Fontane unter „3." erwähnt, wurde am 1. August 1860 ausgeliefert; vgl. „Börsenblatt für den Deutschen Buchhandel und die mit ihm verwandten Geschäftszweige" 21 (1854), Nr. 96. Für die Briefdatierung ergibt sich daraus der terminus ante quem „vor dem 1. August 1860".

Stellenkommentar

2 seine Stellung <…> Vorlesungen: *Nach dem Beginn der Neuen Ära arbeitete Eggers vom 22. November 1858 bis zum 1. Januar 1860 für die „Preußische Zeitung". Auf-*

grund seiner Kontakte zum Kultusminister Moritz von Bethmann-Hollweg (1795–1877) und der Beziehungen zu dem einflussreichen Journalisten und Direktor der „Centralstelle für Preß-Angelegenheiten", Julius von Jasmund (1827–1879), bekam Eggers den Posten des Feuilleton-Leiters. Seit 1858 hatte er eine Reihe von Vorlesungen über Kunstgeschichte wieder aufgenommen und hielt im Mergertschen Schulsaal in der Schützenstraße vor einem weiblichen Publikum Vorträge zum Thema „Ueber die Entwicklung der Kunst seit der christlichen Zeitrechnung"; vgl. Berbig: Einleitung. In: StEgg, S. 41–45.

4 2. Preis bei einer Tunnel=Concurrenz: *Eggers' (Anacreons) Gedicht „Duncan" wurde von Lepel (Schenkendorf) unter der Startnummer 12 am 20. Mai und 3. Juni 1860 im „Tunnel" vorgelesen. Das Gedicht thematisiert den Kampf zwischen dem schottischen Hochlandjäger Duncan mit einem Rehbock, wobei das Tier starb, und der Jäger sich bleibende körperliche Verletzungen an den Gliedmaßen zuzog. Adolf Löwenstein (Hufeland) protokollierte die Diskussion, die die Stunden der gefährlichen Begegnung zwischen dem Jäger und dem Rehbock an einem Abgrund fokussierte:* „Ein spannendes Jägerabenteuer aus dem Leben Duncan's wird in schönen Versen, in lebendiger, fesselnder Sprache erzählt und der Hörer so in die Situation hineingeführt, daß er mit fast stockendem Athem folgt, als stünde er selber auf kaum fußbreitem Waldwege, neben sich den tiefen Abgrund und den festgebannten Rehbock vor sich, der drohenden Gefahr gegenüber. Man merkte es dem Tunnel an, daß er in die frische Waldeslust gekommen, und er that tiefe Athemzüge, um den Leichengeruch in der Lindenstraße zu vergessen. E. Schulze theilt den allgemeinen Eindruck, wenn er auch statt des Rehbocks einen Hirsch verlangt, da jener zu zart sei, um dem Schrecken der Situation zu entsprechen. Maler Müller *<Hugo von Blomberg; Anm. G.R.>* findet die Introduction etwas zu weit ausgesponnen, während Claudium *<Claudius: George Hesekiel; Anm. G.R.>* glaubt, daß der Schotte nach presbyterianischem Gesetz nicht pfeife. Lafontaine findet die Situation kühn, hält es aber für unwahrscheinlich, daß Duncan in dem gefahrvollen Augenblick an das Ergreifen seines Fängers gedacht habe. Taxis *<Johann Eduard Schüller; Anm. G.R.>* äußert seine psychologischen Bedenken; daß der Rehbock zwei Stunden reflectire, das will ihm nicht ‚rehbockisch' scheinen. Dieses Bedenken zu entkräften, werden von verschiedenen Seiten Geschichten aus dem Leben der Thiere erzählt, welche darthun, wie bedeutend sich in gefahrvollen Situationen die geistige Kraft des Thieres potenzire. Ja Anacreon *<Eggers; Anm. G.R.>* erzählt noch von der Quarta her, wie ein Hirsch in einem ähnlichen Falle 6 Stunden gestanden. Wenigstens hat es ihm sein Ordinarius erzählt, an dessen Glaubwürdigkeit er aus Pietät nicht zweifeln dürfe. Petrarca *<Ludwig Lesser; Anm. G.R.>* fragt, warum sich Duncan nicht gleich mit dem Thiere heruntergestürzt, und erklärt sich für unbefriedigt von der Sache, da er sie nur für Anekdote halte. Iffland *<Philipp Jacob Düringer; Anm. G.R.>* hat einen andern Eindruck

empfangen als Petrarca, und Hufeland bemerkt, es komme gar nicht darauf an, ob das Thier wirklich jene Gedanken und Empfindungen gehabt, der Dichter trägt diese Gedanken in die Thierseele hinein, sie seien möglich und berechtigt. – Dem Gesammt-Eindruck entspricht der Gesammt-Ausdruck des Urtheils, das sich als ‚Sehr gut und concurrenzfähig' herausstellt." *Vgl. UB der HU Berlin; „Tunnel", Protokolle 33. Jg., 25. Sitzung, 20.5.1860. Das Gedicht „Duncan" wurde postum von Karl Eggers in der Sammlung „Gedichte von Friedrich Eggers" veröffentlicht (Breslau: Hoffmann 1874), S. 163–170. Das Exemplar befindet sich noch in Storms Bibliothek (StA Husum Tsp 501; keine Marginalien). Am 3. Juni 1860 folgte die zweite Lesung der fünf besten Konkurrenz-Späne. Scherenberg erhielt mit 14 Stimmen den ersten Preis für sein Gedicht „Der Liebesstern", Eggers im* „Rennen um den zweiten Preis" *19 Stimmen und wurde in Abwesenheit* „als zweiter Sieger proclamirt"; *vgl. UB der HU Berlin; „Tunnel"; Protokolle 33. Jg., 26. Sitzung, 3.6.1860; als Manuskript gedruckt. Zur „Tunnel"-Konkurrenz vgl. die Informationen über die Begriffe und Rituale im Anhang, S. 465–468.*

6 Hamburg <…> Wilkens Keller: *F. W. Wilkens, eines der ältesten und vornehmsten Weinhäuser Hamburgs, existierte bis 1859 (heute: Atlantic-Hotel An der Alster 72/79).*

8 Kopenhagen <…> „Thorvaldsen an der Quelle zu studiren": *Eggers' Studien über den dänischen Bildhauer Berthel Thorvaldsen während seiner ersten Reise nach Dänemark – eine zweite folgte 1862/63 – mündeten u.a. in einen Vortrag in der Berliner Singakademie im Januar 1863; vgl. Berbig: Einleitung. In: StEgg, S. 51. 1866 veröffentlichte Eggers seine Studien in dem Band „Vier Vorträge aus der neueren Kunstgeschichte" (Berlin: C. Duncker; „Jacob Asmus Carstens", „Ueber Thorwaldsen", „Erinnerung an Schinkel" und „Rauch und die neuere Bildhauerei").*

10 der Rasmussen: *Die morganatische Gattin Friedrichs VII. von Dänemark, Louise Christine Gräfin von Danner, geb. Rasmussen. Fontane spielt hier in anzüglicher Weise auf die über Dänemark hinaus bekannten Klatschgeschichten um die ehemalige Putzmacherin an, deren Männerbekanntschaften stets Anlass für Entrüstungen der dänischen Gesellschaft waren und von der schleswig-holsteinischen Bewegung als antidänische Propaganda benutzt wurden. Fontane hat die Skandale um die Gräfin Danner auch in seinem Roman „Unwiederbringlich" verarbeitet; vgl. Lohmeier, S. 44f. Vgl. die Abb. in Gudrun und Hans-Jürgen Perrey: Theodor Fontane in Schleswig-Holstein und Hamburg. Hamburg 1998, S. 123.*

10 antiken Kopf: *Gemeint ist Friedrich Eggers, den Wilhelm von Kaulbach im Wandbild „Die Blüte Griechenlands" als Perikles porträtierte. Vgl. Brief Nr. 71, Anm. 55 „zweiten Nachbar <…> auf allen Wandgemälden".*

11 Merckel. Schreibt Brochüren: *Nach dem Regierungsrücktritt Friedrich Wilhelms IV. am 12. Oktober 1858 hatte sich Merckel mit der aktuellen politischen Lage in Preußen und mit der verfassungsmäßigen Regentschaft seines Bruders Wilhelm, des Prinzen*

von Preußen, auseinandergesetzt. Es entstanden die Schriften „Zur preußischen Regentschaftsfrage“ (20.9.1858) und „Zur Situation“; vgl. FMer II, S. 337–341, und S. 344–350, und FLep I, Nr. 350, und Anm., S. 1225.

15 Lepel <..> mit mir in Schottland: *Zusammen mit Lepel reiste Fontane vom 9. bis 25. August 1858 nach Schottland. Die Reise führte die beiden Freunde auf den Spuren Walter Scotts zu einigen historischen Stätten. Nach seiner Rückkehr nach Berlin hielt Fontane 1859 und 1860 Vorträge, veröffentlichte Reiseberichte in verschiedenen Tageszeitungen, aus denen dann der Band „Jenseit des Tweed“ entstand; vgl. Brief Nr. 84 und Anm.*

16 in Schweden: *Zwischen dem 20. September und dem 28. Oktober 1859 reiste Lepel nach Schweden* „von wegen der großen Erbschaft. Die Krone Schweden<*s*> soll ein paarmal hunderttausend Taler (alte Schulden) an die Lepels etc. zurückbezahlen“ *(Fontane an Henriette von Merckel, 12.9.1859; FMer II, Nr. 149, S. 204.; vgl. auch Lepel an Fontane, 19.8.1855, FLep I, Nr. 296, S. 419, 29.10.1859, Nr. 367, S. 538, und FLep II, Anm.). In den „Hamburger Nachrichten“ wurde am 6. September 1859 ein kleiner, vermutlich von Fontane besorgter Beitrag abgedruckt, der im Zusammenhang mit Lepels Reise nach Stockholm steht:* „Interesse erweckt hier ein Proceß zwischen der Krone Schweden und einigen mecklenburgischen und neu vorpommerschen Gutsbesitzern, der am 15ten d. M. in Stockholm eröffnet werden soll. Es handelt sich um Rückzahlung einer Summe Geldes von etwa 80 000 Rthlr., die damals von Privaten der Krone Schweden geliehen worden sind. Unter den Anspruch-Erhebenden ist auch der durch seine literarischen Arbeiten vortheilhaft bekannte Bernh. v. Lepel“ *(zit. nach FLep II, Nr. 364, Anm. „Einliegender Zettel … die alten Schweden, S. 239).*

16 „Herodes“ <…> im Druck: *Obwohl Lepels Drama „König Herodes“ nach nur drei Pflichtaufführungen im Kgl. Schauspielhaus in Berlin im Januar 1858 abgesetzt wurde, veröffentlichte der Berliner Verlag Georg Reimer am 1. August 1860 die erste Buchausgabe. Fontane, der noch in London weilte, übte heftige Kritik an Lepels Talent als Dramenschriftsteller; vgl. Brief Nr. 71, Anm. 142 „‚Herodes‘“. Der Misserfolg der Berliner Aufführung leitete das Ende von Lepels Karriere als Schriftsteller ein; es entstanden nur noch wenige Gedichte und Gelegenheitsdichtungen; vgl. Radecke: Nachwort. In: FLep II, S. 862.*

19 Heyse <…> Alle 2 Jahre ein Kind: *Bis 1860 wurden Margarete und Paul Heyse drei Kinder geboren: Franz (1855–1919), Julie (1857–1928) und Ernst (1859–1871).*

20 Frühjahr 59: *Durch Heyses Vermittlung (vgl. Brief Nr. 36, Anm. 18 „Heyse's Verslein <…> fort nach München“) bewarb sich Fontane auf eine Stelle als Vorleser und Privatbibliothekar des Königs in München und weilte vom 24. Februar bis zum 28. März 1859 in der bayerischen Residenz. Zu Fontanes Besichtigungsprogramm, den Begegnungen, der Teilnahme an einem Symposion und den Gründen, warum er sich gegen*

den Wohnsitz München entschieden hatte, vgl. Walter Hettche: Von Flußkrokodilen, Eidechsen und Nashörnern. Anmerkungen zu Fontanes Aufenthalt in München 1859. In: FBl 50 (1990), S. 85–96.

21 Sybel: *Neben Heyse hatte sich auch Heinrich von Sybel für Fontane beim König Maximilian II. eingesetzt.*

21 Schack: *Adolf Friedrich Graf von Schack, Schriftsteller, bedeutender Übersetzer, seit 1855 in München. Mitglied des von Maximilian II. begründeten Dichterkreises; seine Gemäldesammlung bildete den Grundstock für die „Schack-Galerie".*

21 Geibel <…> Ling<g>: *Geibel und Heyse gründeten den Münchner Dichterverein „Die Krokodile"; Hermann Linggs Gedicht „Das Krokodil zu Singapur" gab dem Dichterverein seinen Namen. Fontane nahm an mindestens drei Sitzungen Teil und las seine Balladen „König Louis Ferdinand" und „Das Trauerspiel in Afghanistan" vor.*

22 Grosse: *Julius Grosse.*

26 quoique nicht parceque: *(frz.): ‚obwohl nicht weil'.*

27 Roquette <…> Arbeit <…> „Günther": *Roquettes „Geschichte der deutschen Literatur, von den ältesten Denkmälern bis auf die neueste Zeit". Zwei Bde. Stuttgart: Ebner & Seubert 1862/1863 und Roquettes „Leben und Dichten Johann Christian Günthers". Stuttgart: Cotta 1860. Spätestens seit März 1857 beschäftigte sich Storm im Zusammenhang mit dem Band „Deutsche Liebeslieder seit Johann Christian Günther. Eine Codifikation von Theodor Storm" (Berlin: Schindler 1859) mit Günthers Lyrik; vgl. LL IV, S. 849, und Storm an Schmidt, 9.2.1883 (StSchm, Nr. 96, S. 74). Die Berliner Freunde kannten den Band, denn Storm hatte Lepel ein Exemplar seiner „Liebeslieder"* „mit dem Auftrag" *zukommen lassen,* „es unter sich", *also im „Rütli", zu verlosen. Bormann gewann das Buch. Vgl. Lepels Brief an Storm, 2.12.1858, in dem er über das Erstaunen der Rütlionen über den sonst nur juristisch gebräuchlichen Begriff der* „Codifikation" *(‚eine Sammlung von Gesetzen zum Zwecke der Erstellung eines Gesetzbuchs') berichtet (StLep, S. 41).*

28 Eggers frühe Stellung: *Zu Roquettes Tätigkeit als Rezensent des Kgl. Schauspielhauses und weiterer Berliner Theater für die „Preußische Zeitung", die verbunden war mit einer festen Anstellung und einem Gehalt über 400 Taler, vgl. Otto Roquette: Siebzig Jahre. Geschichte meines Lebens. Zweiter Band. Darmstadt: Bergstraeßer 1894, S. 124–127.*

30 Lübke <…> Lucae <…> in Italien: *Wilhelm Lübke reiste zusammen mit seiner Frau Mathilde und Richard Lucae von August 1858 bis zum Frühjahr 1859 nach Italien; vgl. Lübke – Erinnerungen, S. 236–321, Kap. 5. In Italien.*

30 in der Altmark: *Während seiner ersten Exkursion in die Mark Brandenburg vom 22. bis 27. September 1859 besuchte Fontane zusammen mit Wilhelm Lübke Havelberg, Salzwedel, Seehausen, Tangermünde, Jerichow und Stendal in der Altmark. Am*

16. Oktober 1859 brachte die „Neue Preußische (Kreuz-) Zeitung“ Fontanes Artikel „Stendal und die Winckelmann-Statue“. Über die Reise schrieb Lübke in seinen „Lebenserinnerungen“: „Im Herbst 1859 durfte ich meinen lieben Freund Theodor Fontane auf einer seiner ‚Wanderungen durch die Mark‘ begleiten. Es wanderte sich mit ihm ganz prächtig. Wir waren beide gut zu Fuß, beide mittheilsam, und so wurde unsre Reise durch die Altmark mir höchst genußreich. Während er in den Kirchen den historischen Erinnerungen nachging, machte ich Jagd auf ihre kunstgeschichtlichen Denkmäler. Wir besuchten Havelberg, Werben Arndsee, das an kirchlichen Monumenten reiche Salzwedel, Seehausen und das hoch bedeutende Stendal, endlich Tangermünde und die herrliche in edlem romanischen Stil erbaute Klosterkirche zu Jerichow. Auch die kleinen romanischen Kirchen ebendort und in Redekin wurden nicht übersehen. Ueberall machte ich meine Aufnahmen und zeichnete die merkwürdigen Einzelformen dieser Backsteinarchitektur“ *(Lübke – Erinnerungen, S. 326 f.).*

31 in 4 Wochen auf 2 Monate nach Paris: *Vgl. zur Reise nach Frankreich Lübke – Erinnerungen, S. 337–348, Kap. 6. Wieder in Berlin.*

32 Populäre Kunstgeschichte: *Wilhelm Lübke: „Grundriß der Kunstgeschichte“ (Stuttgart: Ebner & Seubert 1860), die in mehreren Auflagen erschienen war.*

34 Bau der schönen katholischen Michaels-Kirche: *Die von 1851 bis 1859 nach Plänen des Schinkel-Schülers Johann August Soller (1805–1853) und nach dessen Tod u.a. von Richard Lucae fertig gebaute St. Michaels-Kirche in Kreuzberg gehört zu den ältesten Berliner katholischen Kirchen.*

39 Bormann: *Näheres nicht ermittelt.*

41 „Hochkirch“ <…> Friedrichs II<.> <…> Leuthen: *Menzels Ölgemälde „Friedrich der Große und die Seinen in der Schlacht bei Hochkirch 13./14. Oktober 1758“ (1856) und „Ansprache Friedrichs des Großen an seine Generale vor der Schlacht bei Leuthen“ (1859–1861; 318 x 424 cm, Berlin, Nationalgalerie).*

44 Blomberg: *In den „Erinnerungen an Theodor Storm“ und in „Der Tunnel über der Spree. Viertes Capitel. Theodor Storm“ irrt Fontane, wenn er von den Begegnungen Storms mit Blomberg im „Rütli“ schreibt, denn Blomberg gehörte erst seit 1860 zu dem Freundeskreis; vgl. den Abdr., S. 170 und 179, Apparat 102, und S. 194.*

48 England: *Zu Fontanes journalistischer Tätigkeit in England vgl. Brief Nr. 69, Anm. 8 „nach London <…> Gründung einer Art Zeitung“. Fontane kehrte am 17. Januar 1859 wieder nach Berlin zurück.*

48 „reaktions-verdächtig“: *Vgl. Einführung, S. XVIII, und „Fontane-Bibliographie“ I, S. 403.*

49 „freier Schriftsteller“: *Nach seiner Rückkehr aus England hielt Fontane zunächst Vorträge über England und Schottland, schrieb Reisefeuilletons aus Schottland, die in den Band „Jenseit des Tweed“ mündeten, und bereitete u.a. seinen ersten Band der „Wanderungen durch die Mark Brandenburg“ (1862) und die „Balladen“ (1861) vor.*

50 Redakteur des englischen Artikels bei der Kreuz-Ztng: *Mit seinem Eintritt als Redakteur und „Unechter Korrespondent" des englischen Artikels bei der streng konservativen, am rechten Flügel der Presse platzierten „Neuen Preußischen (Kreuz-) Zeitung" am 1. Juni 1860 musste sich Fontane in die Abhängigkeit der Regierung begeben, die u.a. auch den Sieg Dänemarks über die Schleswig-Holsteinische Erhebung anerkannte. In dieser Zeit entstanden Fontanes „Unechte Korrespondenzen"; vgl. Heide Streiter-Buscher: Einführung. In: Theodor Fontane: Unechte Korrespondenzen. Zwei Bände. Hg. von Heide Streiter-Buscher. Berlin, New York 1996, S. 1–66.*

52 „er war von je ein Bösewicht.": *Zitat aus Carl Maria von Webers Oper „Der Freischütz":* „Er war von je ein Bösewicht! / Ihn traf des Himmels Strafgericht! / Er hat dem Himmel selbst geflucht! / Vernahmt ihr's nicht? Er rief den Bösen!" *(III/6; Chor und Kuno).*

53 Studium unsrer Mark: *Schon während seines letzten England-Aufenthalts hatte Fontane einen „*Plan gemacht*", die „*Marken, ihre Männer u. ihre Geschichte*" zu sammeln und herauszugeben (vgl. GBA – Tagebücher I, 19.8.1856; S. 161). Mit der ersten Exkursion in die Altmark (vgl. Anm. 30 „in der Altmark", siehe oben) begann das langjährige Projekt der „Wanderungen durch die Mark Brandenburg", das zu Fontanes Lebenswerk werden sollte. Im Oktober 1859 erschienen erste Feuilletons, und der erste Band „Wanderungen durch die Mark Brandenburg" (später unter dem Titel „Die Grafschaft Ruppin") wurde im November 1861 ausgeliefert. Bis 1882 folgten in mehrfachen Umarbeitungen und Neuzusammenstellungen sowie mit veränderten Titeln „Das Oderland. Barnim-Lebus" (1863), „Osthavelland" (1873, später unter dem Titel „Havelland. Die Landschaft um Spandau, Potsdam, Brandenburg"), „Spreeland. Beeskow-Storkow und Barnim-Teltow" (1882) im Verlag von Wilhelm Hertz, Berlin. 1889 veröffentlichte Fontane noch den Band „Fünf Schlösser. Altes u. Neues aus Mark Brandenburg", der thematisch den „Wanderungen" nahe steht, aber nicht zum Werkkomplex gehört und in die erste vierbändige Gesamtausgabe der „Wohlfeilen Ausgabe" (1892 ff.) nicht aufgenommen wurde. In den 1890er Jahren beschäftigte sich Fontane noch mit der „*letzten märkischen Aufgabe*" (an Wilhelm Hertz, 26.5.1889) und arbeitete an einer Publikation über das Ländchen Friesack und die Bredows, die aber unabgeschlossen blieb. Vgl. Walter Erhardt: Die Wanderungen durch die Mark Brandenburg. In: „Fontane-Handbuch", S. 818–850.*

57 Eines schickt sich nicht für alle: *Zitat aus Goethes Gedicht „Beherzigung", erster Vers der dritten Strophe.*

60 alles gut vom Stapel gehn möge: *Die unmittelbar bevorstehende und schwierige Geburt des fünften Kindes (Lucie) von Constanze und Theodor Storm am 12. August 1860. Vgl. Brief Nr. 76, Anm. 24 „$5^{\underline{tes}}$ Kind <…> Besorgniß".*

64 Ihren Bruder: *Otto Storm; vgl. Brief Nr. 76, Anm. 32 „Miethsmann meines Bruders Otto".*

65 Schreckensnacht von Friedericia: *Otto Storm hatte als „freiwilliger Jäger von 1848“ für die Unabhängigkeit Schleswig-Holsteins von Dänemark gekämpft. So war er auch bei der Schlacht von Fredericia (Jütland) dabei, als in der Nacht vom 5. auf den 6. Juli 1849 die dänischen Truppen in blutigen Kämpfen die schleswig-holsteinische Armee unter General von Bonin zurückschlugen und zur Aufgabe ihrer Belagerung der Festung zwangen. Zu Otto Storms Exil in Preußen vgl. Brief Nr. 18, Anm. 4 „Woldsen-Storm <...> Schleswig-Holsteiner“.*

66 „nu, ole Storm give se noch ens“: *(nd.): ‚nun, alter Storm, gib Ihnen noch eins‘; soviel wie ‚Prügel verabreichen‘.*

67 Die Welt <...> sich drehn: *Arie aus der Oper „Der Templer und die Jüdin“ von Heinrich Marschner, Text von Wilhelm August Wohlbrück.*

(Zu *78) Storm an Fontane, Heiligenstadt, vor dem 13. Dezember 1862

**Mit gleicher Sendung*
Storms: „Auf der Universität“ (Münster: Brunn 1863); vgl. Brief Nr. 79.

(Zu 79) Fontane an Storm, Berlin, Samstag, 13. Dezember 1862.
Antwortbrief auf Nr. *78 – Abdruck nach E

Überlieferung
HBV: 62/85

H: Gertrud Storm (bis 1909), Friedrich Fontane (bis 1934/35), Meyer und Ernst 1933 (Nr. 35, Konvolut-Nr. 598), Stargardt 1933/34 (Nr. 344, Konvolut-Nr. 406; Nr. 345, Konvolut-Nr. 34, und Nr. 353, Konvolut-Nr. 80) und zuletzt Kehler, dessen Autographensammlung im Zweiten Weltkrieg „vernichtet“ wurde (vgl. HFA IV/5,II, S. 103)

h: masch. Abschr. SHLB (Cb 50.56:51,33; <datiert auf: „13. September 1862“>)

E: Kehler, S. 25–27 (Nr. 10)

D: FFontane/Fricke I, S. 186–188 (Nr. 85); Gülzow, S. 138–140 (Nr. 32); HFA IV/2, S. 87–89 (Nr. 71); Steiner, S. 117 f. (Nr. 72)

Z: Gertrud Storm II, S. 80

Stellenkommentar

2 Alte Jacobstraße 171: *Vom 27. September 1862 bis zum 30. September 1863 wohnte Fontane in der Alten Jakobstraße 171; vgl. Klünner, S. 124.*

5 Ihre jüngste kleine Erzählung: *Storms Novelle „Auf der Universität". Münster: Carl Brunn 1863, die am 24. November 1862 ausgeliefert wurde (vgl. „Börsenblatt für den Deutschen Buchhandel und die mit ihm verwandten Geschäftszweige" 29 <1862>, Nr. 145, S. 2505. Die zweite Auflage erschien als Titelauflage unter dem Titel „Lenore" 1865. Zur Entstehung vgl. Brief Nr. 80, Anm. 5 „‚Universität' <…> entstanden". Der Band ist in Fontanes Bibliothek im TFA nicht überliefert.*

7 „Freude in Thränen": *Eine ähnliche Reaktion beschreibt Fontane nach der Lektüre der Chroniknovelle „Zur Chronik von Grieshuus"; vgl. Brief Nr. 99, Anm. 5 „‚Grieshuus' unter Thränenwasser <…> zu Ihren schönsten Arbeiten".*

7 Ihre letzte Arbeit: *Storm hatte zuletzt die kleine Erzählung „Unter dem Tannenbaum" veröffentlicht, die am 20. Dezember 1862 in der „Illustrirten Zeitung" erschienen war (Leipzig; Nr. 1016); vgl. Brief Nr. 80.*

15 „kleinen Emily" <…> „Ham": *Figuren aus Charles Dickens' Roman „David Copperfield" (1848/50). Im StA Husum wird die Ausgabe „Charles Dickens: Sämtliche Werke. 33 Bände" als ehemaliger Bestand in Storms Bibliothek nachgewiesen („Lebensgeschichte und Erfahrungen David Copperfield's des Jüngeren. Th. 1". Leipzig: Lorck 1849, und „Lebensgeschichte und Erfahrungen David Copperfield's des Jüngeren. Th. 6. Aus d. Engl. von Julius Seybt. Mit Federzeichn. v. Herbert K. Browne". Leipzig: Weber 1850). Fontane hatte spätestens während seiner ersten Reise nach England vom 25. Mai bis zum 10. Juni 1844 mit der Lektüre von Dickens' Werken begonnen. Ein Nachweis über den Roman „David Copperfield" findet sich weder in seinen Briefen noch im Tagebuch; vgl. Hugo Aust: Dickens und Thackerey. In: „Fontane-Handbuch", S. 359–363.*

17 C h r i s t i a n: *Richtig: Christoph.*

21 „Kalbsknöchlein": *Vgl. die Anmerkung in Kehler, der aus dem „Berliner Lokalanzeiger" zitiert, in dem über die Kulturgeschichte des Schlittschuhlaufens berichtet wurde:* „Nach der ostfriesischen Sage war es der Wintergott Holler, der auf dem ersten ‚Pferdebunken' über das gefrorene Meer fuhr. Solche Knochenschlittschuhe werden noch gelegentlich in alten Warsten an der Küste gefunden. Theodor Storm berichtete in seiner Novelle ‚Auf der Universität', daß man Schlittschuhlaufen auf einen Kalbsknöchelchen lernen kann." *Entweder kannte Fontane diesen Hintergrund nicht, oder er bemängelte lediglich die Verkleinerungsform von „Knochen" (Kehler, S. 27).*

24 S. 79 <…> Hieb gegen die „alten Junker": *Storm hatte geschrieben:* „Der Titel ‚Raugraf', den er mitbrachte, paßte insofern für ihn, als er an die Zeiten des Faustrechts erinnert, und allerdings die Weise der alten Junker, die Schwächern rücksichtslos für ihre Leidenschaften zu verbrauchen, sich vollständig auf ihn vererbt zu haben schien." *(„Auf der Universität", S. 79.)*

26 „lahme Marie“: *Fontane bezieht sich auf zwei unmittelbar folgende Gespräche zwischen der „*kleinen Nähterin*“, der „Lahmen Marie“, und dem Ich-Erzähler Philipp in den Kapiteln „Auf der Universität“ (S. 84–92) und „Ein Spaziergang“ (S. 102–109), in dem es um Lores erste Begegnung mit dem Raugrafen, ihre Vorbereitungen für die Tanzabende im Ballhaus, ihre Tänze mit dem Raugrafen, ihre Untergebung und ihre Lösung von ihrem Verlobten, dem Schreiner Christoph, geht.*

30 mit meinen kleinen Ausstellungen: *Storm überarbeitete „Auf der Universität“ auch nach Fontanes Einwänden nicht mehr. Zur Kritik der anderen Freunde und Bekannten Storms vgl. LL I, S. 1145–1152.*

48 Ihr alter Stormianer: *Vgl. Einführung, S. XXIV.*

(Zu 80) Storm an Fontane, Heiligenstadt, Samstag, 20. Dezember 1862. Antwortbrief auf Nr. 79 – Abdruck nach H

Überlieferung

H: *SHLB (Cb 50.51:15,37)*

E: *Goldammer I, S. 413 f. (Nr. 108)*

D: *Steiner, S. 118–120 (Nr. 73)*

Z: *Fontane: „Erinnerungen an Theodor Storm“, abgedr. auf S. 173:* „Ueber ‚Auf d. Universität.‘ Meine Kritik etc etc“, *Gertrud Storm II, S. 81*

Handschrift

1 Doppelblatt (22,6 x 14,2 cm), S. 1–3 beschriftet, S. 4 Anschrift, Poststempel und Siegelrest; blaues Papier. Beschädigt: Papierausriss. Am oberen Blattrand (S. 1) von Fontanes Hand: „Heiligenstadt 20. Dezemb. 1862.“

Ausgang

Als Einschlussbrief; Storm schickte seinen Brief an Fontane zusammen mit einem weiteren Brief an einen Bekannten nach Berlin, der Storms Brief an Fontane dann am 23. Dezember 1862 bei der Berliner Stadtpost aufgab (vgl. Poststempel).

Eingang

Am 23. Dezember (vgl. Poststempel).

Stellenkommentar

2 Ihren ausführlichen Brief: *Fontane an Storm, 13.12.1860; vgl. Brief Nr. 79.*

2 Grüße <…> auf das Kreuzcouvert: *Drucksendungen, die unter Kreuzcouvert verschickt wurden, durften keine persönlichen Grüße enthalten; vgl. „Post-Handbuch“,*

*S. 401. Storm hat Fontane den Band „Auf der Universität" dann grußlos zukommen lassen; vgl. Brief Nr. *78. Zu* „Kreuzcouvert" *vgl. Brief Nr. 10, Anm. 43 „betreffende Nummer unter Kreuzcouvert".*

5 „Universität" <…> entstanden: *Mit der Arbeit an „Auf der Universität" hatte Storm vermutlich im März/April 1862 begonnen und das Manuskript im September 1862 abgeschlossen; vgl. zur Entstehung LL I, S. 1135–1143, und Fasold, S. 72–74.*

7 Wahrheit u. Dichtung: *Storms Erzählung „Unter dem Tannenbaum" enthält einige autobiographische Reminiszenzen, so etwa den Ablauf des Weihnachtsfestes in Husum, den „Weihnachtsonkel" Ingwer Woldsen (1785–1857) sowie den aus Schleswig-Holstein emigrierten Amtsrichter, die Knecht-Ruprecht-Szene und Storms Erinnerung an seinen Brautstand. Vgl. zu den autobiographischen Quellen LL I, S. 1170–1172.*

22 J. Rodenberg: *Offenbar hat Julius Rodenberg – wie Fontane – ähnliche Gemeinsamkeiten zwischen Storms und Dickens' Werken festgestellt und sich in einem nicht mehr überlieferten Brief an Storm darüber geäußert. Nachdem Rodenberg in seinem Brief an Storm vom 2. Februar 1862 für den Abdruck einer Storm-Novelle geworben hatte, hatte Storm die Erzählung „Auf der Universität" am 4. Juli 1862 an Rodenberg für die Veröffentlichung im „Deutschen Magazin" geschickt (Storm an Pietsch, 9.7.1862); Rodenberg lehnte schließlich ab – vermutlich, weil er das von Storm geforderte Honorar nicht zahlen wollte. Vgl. LL I, S. 1135–1139, und Peter Goldammer: Theodor Storm und Julius Rodenberg. In: STSG 22 (1973), S. 32–54.*

25 Nähmädchen <…> Kiel <…> Studenten: *Vgl. zu den Quellen, insbesondere zu Storms Erfahrungen aus seiner Studentenzeit in Kiel LL I, S. 1144 f.; dort auch weiterführende Literatur.*

31 Groth <…> im Altonaer Mercur: *Groths Besprechung „Auf der Universität. Von Theodor Storm. Münster. Brunn 1862" war am 7. Dezember 1862 im Altonaer Mercur erschienen (Nr. 289, Beilage, S. 1; da der Band bereits 1862 ausgeliefert wurde, wurde in der Rezension offensichtlich das Datum des Impressums, 1863, übersehen). In seinem Beitrag, den Groth als einen* „freundlichen Gruß" *an seinen Landsmann Storm richtete, kommt er erst am Schluss auf die Erzählung kurz zu sprechen:* „Es ist daher auch wohl in bewußter künstlerischer Absicht, daß er in der vorliegenden Erzählung, die er einem süddeutschen Dichter widmet, in schärferen Umrissen und mit derberer Realität seine Gestalten gezeichnet hat. Die ‚graue Stadt am Meer' bildet wieder den duftigen Hintergrund." *Groth hatte Storms Widmung an Mörike auf dem Schmutztitelblatt –* „Eduard Mörike in alter Liebe und Verehrung zugeeignet" *– zum Anlass genommen, zunächst auf die Gemeinsamkeiten und Unterschiede in den poetischen Werken der beiden Dichter hinzuweisen, die Groth als zwei* „Sänger des Heimwehs" *bezeichnet. Als Beispiel zitiert Groth dann aus Storms, das* „heimische Husum" *besingende Gedicht „Am grauen Strand, am grauen Meer".*

35 noch mehr Geschwister: *Inzwischen waren zwei weitere Kinder geboren: Theodor (geb. 1856) und Martha (geb. 1862) Fontane.*

36 Ende Januar unser sechstes Kind: *Elsabe Storm wurde am 24. Januar 1863 in Heiligenstadt geboren.*

37 Der arme Heÿse die arme Mutter: *Margarete Heyse, geb. Kugler, war am 30. September 1862 in Meran gestorben; außerdem verstarb 1858 ganz unerwartet Franz Kugler.*

43 Kreisrichter: *Vgl. Brief Nr. 64, Anm. 9 „um* Prenzlau *<...>* Perleberg*".*

(Zu 81) Fontane an Storm, Flensburg, Sonntag, 25. September 1864 – Abdruck nach H

*Vgl. Fontanes Aufzeichnungen in seinem Notizbuch: „*Sonntag d. 25. Septmbr. Brief geschrieben. Angezogen. Auf die Post. Spaziergang durch die Stadt und auf den Kirchhof. Table d'hôte. Dr. Lucae auf der Straße getroffen; mit ihm flanirt und Kaffe getrunken. Zeitung gelesen. An Storm und Emilie geschrieben. Gepackt.*" (SBB-PK – Nachlass Fontane, Notizbuch D3; Leihgabe im TFA; S. 12 v und 13 r)*

Überlieferung
HBV: 64/56
H: SHLB (Cb 50.56:51,34)
E: HFA IV/2, S. 133 f. (Nr. 108)
D: Steiner, S. 120 f. (Nr. 74)

Handschrift
1 Doppelblatt (21,4 x 13,0 cm), S.1–4 beschriftet; weißes Papier.

Eingang
Am 26. September 1864; vgl. Brief Nr. 82.

Stellenkommentar

1 Flensburg: *Fontane wohnte vom 24. bis 27. September 1864 in Raschs Hotel an der Ecke Nordermarkt/Große Straße in Flensburg. Vgl. die Abb. in Gudrun und Hans Perrey: Theodor Fontane in Schleswig Holstein und Hamburg. Hamburg 1998, S. 82. Das Gebäude ist heute noch erhalten; seit 2004 erinnert eine Gedenktafel der Theodor Fontane Gesellschaft an Fontanes Aufenthalte in Flensburg.*

5 Hardesvogt: *Fontane verwechselt hier die beiden Bezeichnungen für die Ämter des „Hardesvogts" (in Schleswig) und des „Landvogts" (in Holstein), die beide zu derselben schleswigschen Verwaltungsorganisation gehörten und denen ähnliche Aufga-*

benbereiche zukamen; vgl. Storms Korrektur in seinem Antwortbrief vom 26. September 1864, Nr. 82, und Fontanes Bemerkung in den „Erinnerungen an Theodor Storm“, Abdr. auf S. 173. Der Hardesvogt war der Titel für einen Vorsteher einer Harde, einer „Verwaltungseinheit zwischen Kirchspiel und Amt“. *Weil der Titel „Hardesvogt“ dänischen Ursprungs ist, gab es die Bezeichnung nur im Herzogtum Schleswig, das ursprünglich zu Dänemark gehörte und bis ins 19. Jahrhundert noch dänisches Lehen war. In Holstein als Teil des deutschen Reichs gab es nur das Amt des „Kirchspielvogts“, denn als Verwaltungseinheit existierte dort unterhalb des Amtes nur das Kirchspiel (ein Kirchensprengel, der alle Ortschaften umfasst, die zu einem Pfarrbezirk gehören). Nach dem Sieg über Dänemark wurde Storm 1864 das Amt des Landvogts übertragen; somit unterstanden ihm auch die zivile, die freiwillige und die Kriminalgerichtsbarkeit sowie die polizeilichen Aufgaben. Der Landvogt ist also im Unterschied zum Hardesvogt nicht für eine Harde, sondern für das gesamte Amt Husum zuständig. Vgl. hierzu ausführlich Lohmeier, der 1982 erstmals klargestellt hat, dass die Unterscheidung der Ämter in Hardes- und Landvogt* „von den nationalen Auseinandersetzungen zwischen Dänemark und Deutschland überhaupt nicht berührt“ *waren (Lohmeier S. 45).*

6 seit 14 Tagen <…> cimbrische Halbinsel: *Fontane war am 8. September 1864 zu seiner zweiten Reise nach Dänemark aufgebrochen, die ihn u.a. nach Kopenhagen, Roskilde, Helsingör, Aalborg, Viborg und Aarhus sowie zu den Kriegsschauplätzen in Jütland (*„cimbrische Halbinsel“*) führte. Er bereitete sein kriegshistorisches Werk „Der Schleswig-Holsteinsche Krieg im Jahre 1864“ vor. Die unterwegs entstandenen Tagebuchaufzeichnungen hat Fontane in seinen Notizbüchern D1 und D3 niedergeschrieben (vgl. Theodor Fontane: Reisenotizen aus Schleswig-Holstein 1864. Hg. und kommentiert von Sonja Wüsten. In: FBl 29 <1979>, S. 356–392).*

8 keines Überfalls gewärtig: *Anspielung auf Schillers: „Wallensteins Tod“:* „Wir standen, keines Überfalls gewärtig“ *(IV,10; Hauptmann).*

9 „Diana“ <…> nach Sonderburg: *Fontane fuhr am 26. September 1864 mit dem Schiff „Diana“ (benannt nach der römischen Göttin des Mondes, der Fruchtbarkeit und der Jagd) von Flensburg nach Sonderburg. Dort besichtigte er u.a. die Stadt, das Schloss und den Gefängnisturm Christians II., fuhr weiter bis nach Alsen und kehrte über Düppel am 27. September 1864 nach Flensburg zurück.*

10 In Düppel war ich schon früher: *Fontane besuchte die Düppeler Schanzen, den Kriegsschauplatz der Entscheidungsschlacht vom 18. April 1864 (des Sieges der preußischen Truppen über Dänemark), am 24. Mai 1864; vgl. Theodor Fontane: Reisenotizen aus Schleswig-Holstein 1864. Hg. und kommentiert von Sonja Wüsten. In: FBl 29 (1979), S. 380. Vgl. auch Brief Nr. 84, Anm. 60 „Piefke <…> Düppelliede“.*

14 Meine Absichten: *Es ist anzunehmen, dass Fontane und Storm auch über Fontanes Projekt „Der Schleswig-Holsteinsche Krieg im Jahre 1864“ gesprochen haben; vgl.*

*Fontanes „Erinnerungen an Theodor Storm"; abgedr. auf S. 173. Noch im Februar 1864 hat Fontane Storm um Informationen über einschlägige Werke zur Geschichte Schleswig-Holsteins gebeten (vgl. Brief Nr. *85), die Storm dann in seiner Antwort am 16. Februar 1865 übermittelte (vgl. Brief Nr. 86).*

18 poste restante: *Postlagernd; vgl. Storms Antwort vom 26. September 1864, Brief Nr. 82.*

22 Husummer Gasthof <...> die Reise: *Fontane fuhr am Dienstag, dem 27. September 1864, mit dem Zug nach Husum. Er besuchte Storm in seinem Haus in der Süderstraße 12 und übernachtete in Thoma's Hotel in der Großstraße 12–14 gegenüber dem Alten Postamt (1965 abgebrochen; seit 1966 existiert nur ein Neubau Am Zingel 7–9, gegenüber vom Neuen Rathaus). Am 28. September 1864 kehrte Fontane nach Flensburg zurück. Über seinen Besuch in Husum schreibt er in seinem Notizbuch:* „Dinstag d. 27. Septmbr. <...> Um 11 in Flensburg. Im Hôtel alles abgemacht. Gefrühstückt: holsteinische Austern. Auf der Post Briefe von Emilie und Storm in Empfang genommen. Um 3 Uhr Abfahrt nach Husum. Von Storm und seinen 2 ältesten Jungens am Bahnhof erwartet. Husum und Storms Haus sehr nett. Jahrmarkt, die Stadt flaggt. Spatzirgang. Bei Storm geplaudert und feierlich in Cap Constantia Gesundheiten ausgebracht. Nach 11 ins Hôtel. Mittwoch, d. 28. Septmbr." *Hier brechen die Aufzeichnungen aus Husum ab (H: SBB-PK – Nachlass Fontane, Notizbuch D3, Leihgabe im TFA, Bl. 19r; vgl. Abb. Nr. 19). In seinen „Erinnerungen an Theodor Storm" schreibt Fontane noch über weitere Details seines Storm-Besuchs. So besichtigte er auch die Austernbassins und sprach mit Storm über Fragen der Kindererziehung; vgl. den Abdr. auf S. 173. Vgl. auch Fontanes „Sommers am Meer"; abgedr. auf S. 205 f. Über Fontanes Aufenthalt in Husum schreibt Storm dann etwas später an Pietsch:* „Neulich war Fontane einen Tag bei uns, was mir doch eine große Freude machte; er ist trotz seiner Mitredaktionsschaft an der +++ doch ein netter traitabler Mensch und – ein Poet. Wir haben uns in den paar Stunden fast um den Hals geredet. Ich muß binnen Jahr und Tag nothwendig auf 8 Tage mit Gemüthsruhe nach Berlin. Fontane hat mir übrigens Bücher versprochen; wenn Du herkommst, schick bitte zu ihm und nimm sie mir mit." *(H: SHLB Cb 50.51:51,40; StPie, nach dem 27.9.1864, Nr. 54, S. 144; dort datiert auf:* „zwischen dem 14. September und 22. November 1864"*.) Vgl. über Fontanes Begegnung mit Storm zusammenfassend Karl Ernst Laage: Die Reise des Dichters. Als Fontane Husum und Flensburg besuchte. In: „Husumer Nachrichten", 31.12.1981, und ders.: Theodor Fontane und Theodor Storm. Eine Dichterfreundschaft. In: STSG 31 (1982), 29–42, hier S. 37. In Erinnerung an den Besuch des Austernbassins in Husum entstand Fontanes und Eggers' Tenzone „Austern oder Caviar"; vgl. Gerd Eversberg: „Austern oder Caviar?". Eine Tenzone zwischen Fontane und Eggers. In: „Schleswig-Holstein. Kultur Geschichte Natur". Oktober 1990, S. 9–12.*

23 Nordstrand: *Über den geplanten Ausflug zur damaligen Insel Nordstrand (heute eingedeichte Halbinsel) ist nichts bekannt.*

(Zu 82) Storm an Fontane, Husum, Montag, 26. September 1864. Antwortbrief auf Nr. 81 – Abdruck nach H

Überlieferung
H: *SHLB (Cb 50.51:15,38)*
E: *Steiner, S. 121 (Nr. 75)*
Z: *Fontane: „Erinnerungen an Theodor Storm“, abgedr. auf S. 173:* „Freut sich, daß ich komme. Ich hatte ihn versehentlich Amtsrichter oder so ähnlich titutlirt, er unterstreicht Landvogt.“

Handschrift
1 Blatt (die Größe ist nicht mehr festzustellen), S. 1 beschriftet; weißes Papier. Beschädigt: Das Blatt wurde zerschnitten und die Schnipsel wurden auf ein neues Blatt aufgeklebt.

Ausgang
Am 26. September 1864.

Eingang
Am 27. September 1864; vgl. Fontanes Notizbuch D3, Bl. 19r (SBB-PK – Nachlass Fontane, Leihgabe im TFA).

Stellenkommentar
4 eine Verwandte auf Besuch: *Nicht ermittelt.*
10 Landvogt: *Vgl. Brief Nr. 81, Anm. 5 „Hardesvogt“.*

(Zu *83) Fontane an Storm, Berlin, zwischen dem 7. und vor dem 16. Dezember 1864

*Storm erwähnt seinen Brief an Fontane gegenüber Pietsch am 16. Dezember 1864 (H: SHLB Cb 50.51:51,42; StPie, Nr. 57, S. 150). In Steiners Edition wurde er als erschlossener Brief aufgenommen; vgl. S. 121 (Nr. *76) <datiert auf: „Zwischen 7. und 18.12.1864“>. Zu den Beigaben „*Mit gleicher Sendung“ vgl. Brief Nr. 84 und Anm.*

Eingang
*Am oder kurz vor dem 16. Dezember 1864 (H: SHLB Cb 50.51:51,42; vgl. Storm an Pietsch, 16.12.1864, Nr. 57, S. 150). In der „Fontane-Chronik“ wird Storms Brief unter dem *18.12.1864* verzeichnet, ohne aber auf die Beilage, den Erstdruck des Gedichts „Einzug“ („Erinnerung an die Einzugsfeier in Berlin am 7. December 1864“) hinzuweisen.*

(Zu 84) Storm an Fontane, Husum, Montag, 19. und Dienstag, 27. Dezember 1864. Antwortbrief auf Nr. *83 – Abdruck nach H

Überlieferung
H: *SHLB (Cb 50.51:15,39)*
K: *TFA*
h: *masch. Abschr. TFA (Ca 746)*
E: *Steiner, S. 121–123 (Nr. 77)*
D: *Nürnberger, S. 118 (TD)*
Z: *Fontane: „Erinnerungen an Theodor Storm“>, abgedr. auf S. 173: „*,Hol Sie der Teufel etc. Lauter Politisches.“

Handschrift
1 Doppelblatt (21,9 x 13,9 cm), S. 1–4 beschriftet; grünes Papier.

Stellenkommentar
3 Siegeshÿmne: *Fontane hatte in seinem Begleitschreiben zu seiner Sendung der beiden Gedichte „Einzug“ und „Der Tag von Düppel“ sowie der Bände „Balladen“ und „Jenseit des Tweed“ vermutlich auf die aktuelle politische Situation angespielt, den Sieg Preußens und Österreichs über Dänemark, die Herauslösung der Herzogtümer Schleswig und Holstein aus dem dänischen Staatenverband und die Übergabe an die Siegermächte, die später zur Eingliederung in das Königreich Preußen führte. Fontane hatte in seinen Gedichten „Der Tag von Düppel“ und „Einzug“ die Erfolge der preußischen Armee gepriesen und vermutlich in diesem Zusammenhang sich auch nach Storms poetischer Antwort erkundigt. Storms Empörung darüber zeigt einmal mehr die Enttäuschung über das Ergebnis, das für die Herzogtümer Schleswig und Holstein keine Selbständigkeit, sondern vielmehr eine neue Abhängigkeit zur Folge hatte. Außerdem belegt es Storms „politische Aversion gegen Preußen“, die er schon bevor er nach Potsdam gekommen war auch gegenüber Fontane geäußert hatte; vgl. Brief Nr. 5, Anm. 73 „,Berliner Wesen‘ <...> Schärfe <...> des alten Fritz“. Vgl. Die-*

ter Lohmeier: Theodor Storm und die schleswig-holsteinische Frage. In: STSG 55 (2006), S. 33–48. Vgl. auch grundlegend Löding, S. 121–125.

4 caecum vulgus: *(lat.): ‚der blinde Pöbel'.*

7 dem Drang der Nationalpartei: *Storms Äußerung gegenüber Fontane belegt einmal mehr, dass Storm Bismarcks auf Zeit spielendes Kalkül nicht durchschaut hat, das Preußens Stellung als Großmacht durch die Eingliederung Schleswigs und Holsteins als eine Provinz Preußens sichern sollte; vgl. auch Storms Gedicht „1864" (LL I, Kommentar, S. 855) und ausführlich Dieter Lohmeier (siehe Anm. 3 „Siegeshÿmne"), S. 31–34.*

13 Herzog Friedrich preisen? <...> Lieder: *Storms Enttäuschung über den Ausgang des Schleswig-Holsteinischen Krieges zeigt sich auch in der Zurücknahme seiner Widmung für Friedrich VIII. Storm beabsichtigte zunächst, die vierte Aufl. seiner „Gedichte" (Berlin: Schindler 1864) mit einer Widmung zu eröffnen, die mit den folgenden Zeilen beginnen sollte:* „Dem Herzoge Friedrich VIII. von Schleswig-Holstein widmet diese neue Auflage der Gedichte in Hoffnung und Vertrauen der Verfasser", *denen auf zwei Seiten dann eine ausführliche Erklärung angefügt werden sollte:* „Ew. Hoheit bitte ich, die Widmung dieser neuen Auflage der Gedichte, die ich, ungefragt und nur von meinem Herzen getrieben, derselben vorgesetzt habe, nachträglich genehmigen zu wollen. Sollten in diesen Gedichten selbständigere und unumwundenere Worte enthalten sein, als sonst in Büchern, welche den Fürsten dargeboten werden, so bin ich stolz genug, zu glauben, daß einem Schleswig-Holsteinischen Herzoge das Wort eines selbständigen Mannes nichts Ungewohntes ist. // Möge die Beharrlichkeit, welche man unserem Stamme nachrühmt, in nicht zu ferner Zeit den Tag heraufführen helfen, an welchem Ew. Hoheit und des Landes Recht in friedlicher Anerkennung vor der Welt bestehen. Vielleicht hilft dieses kleine Buch an seinem Theile die Wahrheit verbreiten, daß die Heimath des Dichters sein dänisches Land ist. Mein, meiner Frau und meiner heranwachsenden Knaben heißester Wunsch ist es, an einem glücklichen Tage unter der Regierung unseres angestammten Herzogs heimzukehren und unter unseren Stammgenossen an der Entwicklung und den künftigen Schicksalen der geliebten Heimath Theil zu nehmen. Heiligenstadt, 30. Januar 1864. Ew. Hoheit treu ergebner Theodor Storm." *Dieser Widmungstext war bereits gedruckt, und wurde dann aber im Laufe des Korrekturumbruchs von Storm zurückgezogen, wie Storm es auf der ersten Seite notierte:* „In der ersten Begeisterung beabsichtigte Widmung, die ich jedoch vor dem Weiterdruck zurücknahm" *(H: SHLB; Cb 50.28; erneut veröff. in: LL IV, S. 859 f.). Vgl. auch David Jackson: Theodor Storms Heimkehr im Jahre 1864. In: STSG 33 (1984), S. 19–44. – Storm meint mit* „Lieder<*n*>" *Gedichte wie etwa „Und haben wir unser Herzoglein", das unmittelbar nach dem Tod von König Friedrich VII. im November/Dezember 1863 entstanden und erst postum in Theodor Storm: Briefe an seine Freunde (Berlin: Westermann 1917) unter dem Titel*

<Schleswig-Holsteinische Hoffnungen> veröffentlicht wurde; vgl. zu den Umständen der Entstehung LL I, S. 983–985. Möglicherweise meinte er auch das Gedicht „Gräber in Schleswig“, das er aus Protest gegen das Londoner Protokoll zur Mobilisierung der Öffentlichkeit geschrieben hatte; vgl. LL I, Kommentar, S. 852–854, und weiterführend Löding, S. 113–117, sowie Dieter Lohmeier: Theodor Storm und die Politik. In: Theodor Storm und das 19. Jahrhundert. Vorträge und Berichte des Internationalen Storm-Symposions aus Anlaß des 100. Todestages Theodor Storms. Hg. von Brian Coghlan und Karl Ernst Laage. Berlin 1989, S. 26–40, insbes. S. 31 f.

17 Ihr Einzugslied: *Theodor Fontanes Gelegenheitsgedicht „Einzug (7. Dezember 1864)“, das er am Tag der ersten Siegesparade der preußischen Truppen am 7. Dezember 1864 geschrieben hatte, als die Soldaten durch das Brandenburger Tor in Berlin einzogen. Das Gedicht erschien dann zwei Tage später am 9. Dezember 1864 in der „Neuen Preußischen (Kreuz-) Zeitung“ (Nr. 289) und als Einblattdruck (Th. Fontane: „Erinnerung an die Einzugsfeier in Berlin am 7. December 1864. Den lieben Vierundsechzigern gewidmet von Fr. Wassermann in Templin“. Templin 1864). Neben seinen „Balladen“ (1861) und dem Band „Jenseit des Tweed“ (1860) hat Fontane offenbar auch das Gedicht „Einzug“ als Druck an Storm geschickt. Vgl. John Osborne: Zur Heimkehr der Truppen. Fontanes Gedicht „Einzug“ 1864, 1866, 1871. In: Gedichte von Theodor Fontane. Interpretationen. Hg. von Helmut Scheuer. Stuttgart 2001, S. 123–133.*

18 Zipfel der verfluchten Kreuzzeitung: *Diese Formulierung hat Storm zuerst in seinem Brief an Pietsch vom 16. Dezember 1864 verwendet, dem er von Fontanes Gedicht berichtete:* „Das Lied von Fontane war ein Meisterschuß, wenn gleich der Zipfel der verfluchten Kreuzzeitung überall herausguckt. Wir fürchten hier das Sÿstem ‚der brutalen Machtherrschaft‘ – so ist es formulirt worden, das von dem preuß. Staat untrennbar scheint. Mag nicht daran denken. Brrrr!“ *(H: SHLB Cb 50.51:51,42.) Am 27. Dezember 1864 schrieb Storm noch einmal:* „Das Fontanesche Einzugslied ist meisterhaft, obgleich überall der Zipfel der verfluchten Kreuzzeitung heraushängt; ich hab ihm gratulirt, doch zugleich die Hoffnung ausgesprochen, daß er der letzte Poet einer trotz alledem dem Tode verfallenen Zeit sein möge, in der die That eines Volkes erst durch das Kopfnicken eines Königs Weihe und Bedeutung erhalte. Das Lied feiert überhaupt nur die militärische Bravour; von einem sittlichen Gehalt der That weiß es nichts. Der fehlt ja denn aber auch in dieß Mal. Ich hab diese Geschichten eigentlich zum Speien satt; möchte mit den Meinen und einigen Getreuen in den Urwald fliehen, oder wenn wir nur noch eine rechte Haide hätten! Hätte ich nur nicht so viele Mäuler zu stopfen, – aber das ist, was Elend läßt zu hohen Jahren kommen.“ *(H: SHLB Cb50.51:51,42; beide Briefe in StPie, Nr. 57, S. 150, Nr. 58, S. 153.)*

31 wohl geehrt im Regal: *Fontanes „Balladen“ (Berlin: Hertz 1861) befinden sich noch mit einer eigenhändigen Notiz Storms auf dem Vorsatzblatt,* „Geschenk des Verfas-

sers Dezember 1864“, *in Privatbesitz; ebenso ist der Band* „*Ein Sommer in London*“ *(1854) noch überliefert, den Fontane mit seinem Brief <vor dem 24. August 1854> Storm hatte zukommen lassen; vgl. Nr. *56. Storms* „*Argo*“ *Exemplar (1854), in dem Fontanes* „*James Monmouth*“ *erstmals veröffentlicht wurde, ist hingegen nicht mehr überliefert.*

30 (Sonntag): *Storm hatte seinen Brief auf Montag, den 19. Dezember 1864 datiert.*

35 „Jenseit des Tweed“: *Theodor Fontane:* „*Jenseit des Tweed. Bilder und Briefe aus Schottland*“*(Berlin: Springer 1860); das Exemplar befindet sich noch in Storms Bibliothek mit einer eigenhändigen Notiz Storms auf dem Vorsatzblatt:* „Geschenk des Verfassers Dezember 1864“ *(vermutlich in Privatbesitz).*

35 Lied des Reimer Thomas: *Fontane gibt* „die ersten Strophen dieser lieblichen Volksballade“, *das vielgesungene alt-schottische Lied* „*Der Reimer Thomas*“ *im Kapitel Abbotsford (*„*Jenseit des Tweed*“*, S. 332 f.) wieder, das die Begegnung zwischen Thomas dem Reimer und der Elfenkönigin erzählt. Die Ballade* „*Thomas the Rhymer*“ *steht in Walter Scotts* „*Minstrelsy of the Scottish border*“ *(Edinburgh: James Balantyne 1802; Bd. 3) im Abschnitt* „*Imitations of the Ancient Ballad*“*; vgl. GBA – Gedichte II, S. 560.*

37 auf einer großen Taufe: *Nicht ermittelt.*

37 Archibald Douglas <…> Rütlifest <…> zuerst lasen: *Vermutlich meinte Storm das Stiftungsfest des* „*Tunnels über der Spree*“*, das am 3. Dezember 1854 in Arnims Hotel Unter den Linden stattfand, als Fontane erstmals den* „*Archibald Douglas*“ *(noch unter dem Titel* „*Der Verbannte*“*) vorgelesen hatte (Bewertung:* „sehr gut“*; vgl. UB der HU Berlin;* „*Tunnel*“*, Protokolle 28. Jg., 1. Sitzung, und Brief Nr. 91, Anm. 14* „*Rütlischmaus*“*).*

39 Ihre märkischen Bücher: *Fontanes* „*Wanderungen durch die Mark Brandenburg*“*. (Berlin: Hertz 1862) und* „*Das Oderland. Barnim. Lebus. Wanderungen durch die Mark Brandenburg. Theil 2*“ *(Berlin: Hertz 1863). Vgl. Brief Nr. 77, Anm. 53* „*Studium unsrer Mark*“*, und Storms wiederholte Bitte in seinen Briefen an Fontane, 16. Februar 1865 (Nr. 86), und 16. November 1876 (Nr. 95).*

40 Werk von Schmidt u. Burger: *Ferdinand Schmidt: Preußens Geschichte in Wort und Bild. Ein Hausbuch für Alle. Illustrirt von Ludwig Burger (Berlin: Lobeck 1864).*

42 bei Weber <…> Ausgabe der „Drei Märchen“ <…> erhalten: *Da der Verleger Johann Jakob Weber eine Veröffentlichung des Märchens* „*Der Spiegel des Cyprianus*“ *abgelehnt hatte (vgl. Storm an Rodenberg, 16.2.1865), erschien die Ausgabe der* „*Drei Märchen*“ *dann schließlich im Hamburger Verlag Besser & Mauke im Dezember 1865 (Impressum 1866); vgl. LL IV, S. 619–626. Fontane erhielt vermutlich nicht die Ausgabe der* „*Drei Märchen*“*, sondern nur* „*Theodor Storm's sämmtliche Schriften*“*, Band 1–6, denn seine Marginalien belegen, dass er den* „*Spiegel des Cyprianus*“ *in der Gesamtausgabe gelesen hat; vgl. Briefe Nr. 92 und 93, Anm. 11* „*‚Spiegel des Cyprianus*‘“*.*

48 Vorgestern <…> durch Pietsch <…> Todesnachricht: *Clara von Goßler war am 19. Dezember 1864 gestorben. Am 22. Dezember 1864 hatte Pietsch in seinem Brief an Storm den Tod der Freundin mitgeteilt:* „Ad vocem Tod: wie ist dies, daß Frl. v. Goßler, wie mich Marie eben benachrichtigt, Montag Nacht gestorben?!“ *(H: SHLB Cb 50.56:159,24; StPie, Nr. 57a, S. 152).*

52 schickte <…> mir gewidmetes Liederheft: *Zusammen mit ihrem Brief vom 18. November 1864 (H: SHLB Cb 50.56:62,05) hatte Clara von Goßler ihre Liedkompositionen an Storm geschickt („Sechs Lieder für Mezzosopran mit Begleitung des Pianofortes. Componirt und Theodor Storm freundschaftlich zugeeignet.“ Leipzig: Dörffel <1863?>; Opus 2). Unter den Nummern 5 und 6 sind zwei Lieder nach Gedichten von Storm veröffentlicht, „Die Lieb' ist wie ein Wiegenlied.“ und „Und fragst du, warum so trübe.“ Das Exemplar, das Clara von Goßler Storm hatte zukommen lassen, ist nicht überliefert; in der SHLB wird ein weiteres Heft aufbewahrt (92 M 19). Vgl. Storm an Ernst Esmarch, 21.11.1864:* „Von Clärchen Goßler erhielt ich gestern 2 neue Hefte ihrer (sehr tiefen und schönen Lieder) wovon das eine mir gewidmet ist; zugleich aber die Mittheilung, daß sie nun nichts mehr in der Welt noch Hoffe, als eine nicht zu schwere Todesstunde.“ *(SHLB Cb 50.51:13 III,49; StEs, Nr. 58, S. 102.)*

54 Preuß. Ministerium <…> Ungnade <…> Augustenburger Demonstrationen: *Storm spielt hier auf die öffentlichen Demonstrationen an, die die Ansprüche des Erbprinzen Friedrich von Augustenburg (den* „Angestammten“ *nach dem Tod des dänischen Königs Friedrich VII., 15.11.1863) auf die Thronfolge in den Elbherzogtümern als ‚Herzog Friedrich VIII.' unterstützten (vgl. Brief Nr. 92, Anm. 27 „plötzlich <…> fast miteinander kamen“). Pietsch hatte Storm am 22. Dezember 1864 vor Sympathien für die Augustenburgische Bewegung gewarnt:* „Wir hatten hier beredtes einige Besorgnisse um Dich, da Frl. v. Goßler von Nachrichten über Deine über Dich heraufbeschworne Mißliebigkeit und Ungnade im hiesigen Ministerium erzählt hat. Nimm Dich lieber etwas in Acht, bester Freund. Mit Euren Sympathieen für den Angestammten werdet Ihr das preußische ‚Militairjoch' doch nicht los, vielleicht aber eines schönes Tags Eure Stellen.“ *(H: SHLB Cb 50.56:159,24; StPie, Nr. 57a, S. 150 f.) Das Fundament der Augustenburgischen Bewegung, die von der* „politisch-interessierten Öffentlichkeit in den Herzogtümern, vor allem in Holstein“ *getragen wurde, bildete die* „Überzeugung, daß Herzog Friedrich der einzig ‚angestammte und rechtmäßige' Landesherr sei.“ *Somit sollte die politische Selbständigkeit und die liberale Organisation des von Dänemark unabhängigen schleswig-holsteinischen Staates gesichert werden, der dann zum Deutschen Bund gehören würde. Storm war zwar einerseits wegen seiner Abneigung gegen die Herrschaft Dänemarks der Augustenburger Bewegung zuzurechnen, andererseits aber hatte er auch wenig für das* „Herzoglein“ *übrig; vgl. die obere Anm. 13 „Herzog Friedrich preisen? <…> Lieder“, und zum historischen Hintergrund ausführlich Lohmeier, S. 45 f., Löding, S. 112–120, und Laage 1987, S. 113.*

60 Piefke <…> Düppelliede: *Fontane hatte in seinem Gedicht „Der Tag von Düppel" historische Namen verwendet (Piefke, Feldwebel Probst, Leutnant Anker und Pionier Klinke). Das Gedicht entstand nach seiner ersten Reise zu den Düppeler Schanzen im Mai 1864 und wurde am 12. Mai 1864 erstmals veröffentlicht (NPZ, Nr. 109, Beilage). Der Kapellmeister Piefke hatte begleitend zur Bestürmung der Schanzen den „Düppeler Sturmmarsch" komponiert. Vgl. Fontanes „Der Schleswig-Holsteinsche Krieg im Jahre 1864":* „Eine lautlose kurze Pause folgte, dann schlugen die Tambours den Sturmmarsch, drei Regimentschöre spielten: ‚Ich bin ein Preuße', und mit tausendstimmigem Hurrah ging es auf die Schanzen los. <…> Alle diese Truppen defilirten mit dem von Kapellmeister Piefke neu componirten Düppeler Sturmmarsch." *(S. 196 und 256.) Vgl. auch GBA – Gedichte I, S. 563. – Storm hat Fontanes „Der Tag von Düppel" vermutlich im Erstdruck oder in einer Abschrift gelesen, die Fontane ihm mit Brief Nr. *83 hatte zukommen lassen. Zur Düppeler Schlacht am 18. April 1864 vgl. Brief Nr. 81, Anm. 10 „In Düppel war ich schon früher".*

66 „Von jenseit des Meers": *Storms Novelle „Von jenseit des Meeres" war im Januarheft von „Westermann's Illustrirten Deutschen Monatsheften" erschienen (Jg. 2 <1865>, Nr. 4); vgl. Brief Nr. 86, Anm. 21 „‚Von jenseit des Meers'".*

(Zu *85) Fontane an Storm, Berlin, vor dem 16. Februar 1865

Vgl. Brief Nr. 86.

Edition
In Steiners Edition wurde Fontanes Brief als erschlossener Brief aufgenommen (Nr. 78, S. 123). Fontane hat in seinem Schreiben an Storm vermutlich um Informationen über einschlägige Werke zur Geschichte Schleswig-Holsteins zur Vorbereitung seines Buchs „Der Schleswig-Holsteinsche Krieg im Jahre 1864" gebeten; vgl. Brief Nr. 81, Anm. 14 „Meine Absichten".

Eingang
Bis zum 16. Februar 1865; vgl. Storms Antwort, Brief Nr. 86.

(Zu 86) Storm an Fontane, Husum, Donnerstag, 16. Februar 1865. Antwortbrief auf Nr. *85 – Abdruck nach H

Überlieferung
H: *SHLB (Cb 50.51:15,40)*
h: *masch. Abschr. TFA (Ca 748)*
E: *Steiner, S. 123–125 (Nr. 79)*
Z: *Fontane: „Erinnerungen an Theodor Storm", abgedr. auf S. 173:* „Er nennt mir Bücher, die ich benutzen kann."

Handschrift
1 Blatt (22,0 x 13,7 cm), S. 1–2 beschriftet; rotes Papier.

**Einschluss*
„Die Briefe":
– Storm an Dr. Otto Glagau, Berlin, Kleine Hamburger Straße 16; Februar 1865
– weitere Briefe nicht ermittelt

Stellenkommentar

3 Schleswigholst. Geschichte v. Bremer: *Jürgen Bremer: „Geschichte Schleswig-Holsteins bis zum Jahre 1848" (Kiel: Schröder & Co. 1864); in Storms Bibliothek ist dieser Band überliefert (StA Husum Tsp 59). Storm benutzte das Buch u.a. als Quelle für die Novelle „Zur Chronik von Grieshuus"; vgl. Brief Nr. 100.*

4 populäre Schl. Holst. Geschichte: *„Geschichte Schleswig-Holsteins. Von der ältesten Zeit bis auf die Gegenwart." Dem deutschen Volke erzählt von Cajus Möller. 1. Band: Einleitung – Die Schauenburger; 2. Band: Die Oldenburger (Hannover: Rümpler 1865); in Storms Bibliothek im StA Husum nicht überliefert.*

6 Waitz: *Georg Waitz: „Schleswig-Holsteins Geschichte". 2 Bände (Göttingen: Dieterich <Band 2: Leipzig: Vogel> 1851–1854); in Storms Bibliothek im StA Husum nicht überliefert.*

12 Landmesserexamen: *Vgl. Brief Nr. 33, Anm. 10 „Landmesserexamen".*

13 in Schleswig <…> keinen Adel <…> Bauer: *In den Herzogtümern Schleswig und Holstein waren Adlige Güter – landwirtschaftliche Betriebe und Verwaltungsbezirke – als vorherrschende Wirtschaftsform hauptsächlich im östlichen Landesteil verbreitet. So gab es etwa in Dithmarschen, auf Eiderstedt und in den Harden nördlich von Husum nur freie Bauern. Der Besitz eines Adligen Gutes war seit dem 17. Jahrhundert nicht mehr an die adlige Herkunft gebunden, so dass immer mehr Bürgerliche ein Adliges Gut erwarben. Bis 1805 wurde die Leibeigenschaft aufgehoben, und der*

Gutsbesitz ging in ein Pachtverhältnis über. Außerdem war in den Dörfern die bäuerliche Selbstverwaltung bis 1867 durch einen Bauernvogt gewährleistet.

15 „Festgabe <…> Landwirthe <">: *Wilhelm Hirschfeld: „Wegweiser durch die Herzogthümer Schleswig und Holstein für die Mitglieder der XI. Versammlung deutscher Land- und Forstwirthe" (Kiel 1847). In der Einleitung schreibt der Autor, dass er ein* „Bilde" *von* „seinem geliebten Vaterlande" *zusammenstellen wolle, indem er die einzelnen Landesteile in zahlreichen Eigentümlichkeiten und Verhältnissen beschrieben habe. Das Buch, das 16 Reisen vorstellt, empfahl er dem Leser für Exkursionen. Storm kritisierte die sehr oberflächliche Beschreibung der Orte und Dörfer, die mit einer Zersplitterung einherging.*

21 „Von jenseit des Meers": *Obwohl Storm – wie es seine Kritik gegenüber Fontane zeigt – mit der Darstellung des Schlusses seiner Novelle „Von jenseit des Meers" schon kurz nach Erscheinen des Journaldrucks unzufrieden war, weil Jennis Begegnung mit ihrer Mutter in Westindien dem Leser nur durch einen Brief des Erzählers Alfred indirekt mitgeteilt wird, wurde die erste Buchausgabe noch mit unverändertem Inhalt Ende 1866 ausgeliefert (Schleswig: Heiberg 1867). Eine Umarbeitung erfolgte erst für die Ausgabe der „Novellen" (zus. mit „In St. Jürgen" und „Eine Malerarbeit"; Schleswig: Heiberg 1868), in der Storm einen Brief von Jenni einfügte, der ihre Enttäuschung von der Wiederbegegnung mit ihrer Mutter und ihren erlösenden* „Schrei" *nun unmittelbar herübertönen lässt; vgl. zur Entstehung LL I, S. 1193–1197.*

25 Pietsch <…> geschrieben: *Vermutlich ging es um die erste Begegnung zwischen Pietsch und Fontane. Ein Brief von Pietsch an Storm, vor dem 16.2.1865, ist nicht nachgewiesen.*

27 neulich vergessenen Dank für Ihr Bild: *Es ist nicht zu ermitteln, welches Photo Fontane meint und wann er es Storm hatte zukommen lassen. Möglicherweise gelangte das Photo mit Fontanes Brief von <vor dem 16. Februar 1865> (Nr. *85) an Storm; vielleicht hatte Storm das Bild aber auch schon mit Fontanes Brief von <zwischen dem 7. und vor dem 16. Dezember 1864> (Nr. *83) erhalten.*

28 unser Album: *Storms Photoalbum ist nicht überliefert.*

29 Ihr märkisches Buch: *Fontanes „Wanderungen durch die Mark Brandenburg", von denen inzwischen zwei Bände vorlagen: „Wanderungen durch die Mark Brandenburg" (Berlin: Hertz 1862) und „Das Oderland. Barnim. Lebus (Wanderungen durch die Mark Brandenburg. Theil 2)" (Berlin: Hertz 1863). Bereits am 27. Dezember 1964 hatte Storm Fontane um die Sendung gebeten (vgl. Brief Nr. 84). Fontane hat daraufhin bei seinem Verleger Hertz um ein Rezensionsexemplar für Storm gebeten:* „An Theodor Storm in Husum. Hier kann ich keinen Erfolg garantiren, weil ich nicht weiß, wie er sich dazu stellen wird, denn er ist natürlich liberal. Interessiren ihn die Bücher aber, so schreibt er auch wohl darüber und dann mit Wärme." *(FHer, Nr. 167, datiert auf: Dezember 1864 oder Januar, Februar 1865, S. 122.) Dass Storm die Bände erhalten hat, ist eher unwahrscheinlich, denn noch Jahre später forderte er Fontane erneut auf, ihm die Bände doch endlich zukommen zu lassen (vgl. Brief Nr. 95, 16.11.1876).*

30 das Schl.Holst. demnächst werde ich Ihnen gern erlassen: *Fontanes „Der Schleswig-Holsteinsche Krieg im Jahre 1864" (Berlin: Decker 1966). Über die Entstehung dieses Buchs hat Fontane vermutlich während seines Besuchs in Husum am 27. September 1864 mit Storm gesprochen:* „Dieser Besuch hatte mich ihm wieder näher geführt und die Correspondenz wurde wieder aufgenommen, wozu meinerseits auch noch Egoistisches hinzukam. – Ich schrieb ein Buch über den Schl.-Holst. Krieg und brauchte mehrfach seinen Rath. Den er mir auch liebenswürdig gewährte." *(Fontane: „Erinnerungen an Theodor Storm", abgedr. auf S. 173.) Vgl. auch Briefe Nr. 81 f. und Anm. Fontane schickte den Band dann doch noch an Storm; vgl. Brief Nr. *89.*

31 Gutachten der Preuß. Kronsÿndici: *Nach dem militärischen Sieg erhielten die preußischen Kronjuristen den Auftrag, den Erbanspruch der Augustenburger (vgl. Brief Nr. 84, Anm. 54 „Preuß. Ministerium <…> Ungnade <…> Augustenburger Demonstrationen") zu überprüfen, was von den „Anhängern des Herzogs als ein Angriff auf ihre entscheidende Rechtsposition verstanden" wurde. Die Befürchtungen waren berechtigt, denn das Gutachten im September 1865 bestätigte den Verlust des Erbanspruchs durch die Bindung des Herzogs an die Zustimmung seines Vaters Christian August von Augustenburg zum Londoner Protokoll von 1852 und die Annahme einer Abfindung. Somit war der „erste Schritt zur rechtlichen Absicherung" der 1866 verkündeten Annexion der Herzogtümer Schleswig und Holstein durch Preußen getan. Fontane hatte sich in seinem Werk „Der Schleswig-Holsteinsche Krieg im Jahre 1864", das vor der Verkündung am 27. April 1866 erschienen war, diplomatisch verhalten und eine einseitige Bewertung vermieden. Er schilderte die Auffassung der preußischen Kronjuristen mit dem knappen Hinweis, dass* „Andere" *die Rechtmäßigkeit der Entscheidung* „bestreiten" *(S. 24). Vgl. hierzu detailliert und informativ Lohmeier, S. 46, und Löding, S. 112.*

38 Die Briefe <…> Dr. Glagau: *Storms Brief an Otto Glagau, vor dem 16. Februar 1865, ist nicht überliefert.*

39 Volksgarten: *„Der Volksgarten" (1864). Illustrirtes Haus- und Familienblatt. Verantwortlicher Redacteur: Max Ring. Mit Beiträgen von Hermann Schmid, Ernst Kossak, Alfred Brehm, Julius Rodenberg, Max Ring, Otto Ule, Robert Springer, Georg Hiltl, Otto Glagau, A. E. Brachvogel, Ferdinand Pflug, Theodor Mügge und Anderen. Berlin, Verlag der Expedition des Volksgartens (Th. Lemke), 1864. Die Redaktion hatte ihren Sitz in der Potsdamerstraße 9 in Berlin. Im Januar 1865 wurde der Wiederabdruck von Storms Gedicht „Gode Nacht" veröffentlicht (Nr. 2, S. 21).*

40 zwei Chroniken: *Johann Adolfi (gen. Neocorus): „Chronik des Landes Dithmarschen. Aus der Urschrift hg. von F.C. Dahlmann" (Kiel: Universitäts-Verlag 1827), und vermutlich Christian Peter Hansen: „Chronik der Friesischen Uthlande" (Altona: Lange 1856). Zur Vorbereitung seiner Beiträge, die u.a. im „Volksgarten" erschienen, hatte Glagau seit dem Frühjahr 1864 Bücher und weitere Materialien nicht nur von Storm, sondern auch von Klaus Groth entliehen (vgl. dazu die unveröff. Briefe Glagaus an*

Groth, 5. und 13.3.1864 sowie 1.8.1864 und 6.1.1865; H: SHLB Cb 22. F3,01–04). Zwischen Juni und September 1864 erschienen Glagaus „Schleswig=Holsteinische Reisebilder“ in fünf Teilen (Nr. 18 f., 23, 25, 33 und 37), im Juli 1864 sein Beitrag „Klaus Groth. Ein plattdeutscher Dichter“ (Nr. 24 f.) und im Oktober 1864 „Fritz Reuter. Ein biographisches Porträt“ (Nr. 40 f.) im „Volksgarten“. 1865 publizierte Glagau schließlich den Band „Fritz Reuter und seine Dichtungen“ (Berlin: C. Grote'sche Verlagsbuchhandlung), den Storm besaß. In Storms Bibliothek im StA Husum sind weder die Journaldrucke noch die Biographie über Fritz Reuter überliefert.

(Zu *87) Storm an Fontane, Husum, Montag, 22. Mai 1865

Vgl. Brief Nr. 88.

Edition
Einschlussbrief zu Storms Brief an Pietsch, 22.5.1865 (H: SHLB Cb 50.51:51,48; StPie, Nr. 62, S. 161); nicht überliefert. Dieser Brief, in dem Storm den Tod seiner Frau Constanze (20. Mai 1865) mitgeteilt hat, wurde von Pietsch in die Berliner Stadtpost gegeben und kam bei Fontane nicht an. In Steiners Edition wurde Storms Brief an Fontane als erschlossener Brief aufgenommen, S. 125 (Nr. 80) <datiert auf: „Zwischen 20. und 31. 5.1865“>.

(Zu 88) Fontane an Storm, Berlin, Mittwoch, 31. Mai 1865 – Abdruck nach H

Überlieferung
HBV: 65/16
H: SHLB (Cb 50.56:51,35)
E: HFA IV/2, S. 141 (Nr. 118)
D: Steiner, S. 125 (Nr. 81)

Handschrift
1 Doppelblatt (22,0 x 13,7 cm), S. 1–2 beschriftet; weißes Papier.

Stellenkommentar
2 schweren Schlag: *Nach der Geburt ihres 7. Kindes (Gertrud, geb. am 4. Mai 1865) verstarb Constanze Storm am 20. Mai 1865 am Kindbettfieber.*
3 kaum in die Heimath zurückgekehrt: *Nach dem preußisch-österreichischen Sieg über Dänemark war Storms zehnjähriges Exil beendet. Im März 1864 trat er sein Amt als Landvogt an.*

10 **Rosa Stein:** *In seinem Brief an Pietsch hatte Storm gebeten, den Tod seiner Frau Constanze u.a. auch an* „Rose Stein“, *die Tochter des mit Storm bekannten Potsdamer Majors Stein, mündlich mitzuteilen; vgl. StPie, Nr. 62, S. 161.*

11 **Pietsch** <...> Einlage=Brief: *Storms Brief an Fontane, den er als Einschluss zu Storms Brief an Pietsch vom 22. Mai 1865 zu Fontane gelangen ließ, ist nicht überliefert; hier als Nr. *87 erschlossen. Vgl. StPie, Nr. 62, S. 161:* „Die beiden Briefe, bitte, auf die Stadtpost!“ *(H: SHLB Cb 50.51:51,48).*

(Zu *89) Fontane an Storm, Berlin, nach dem 27. April 1866

Die Sendung des Bandes „Der Schleswig-Holsteinsche Krieg im Jahre 1864“ wird nur in Fontanes „Erinnerungen an Theodor Storm“ erwähnt; H: StA Husum Mappe III, Blatt 28b; vgl. den Abdr. auf S. 173. Für die Briefdatierung ergibt sich der terminus post quem 27.4.1866, der Erscheinungstag von Theodor Fontanes „Der Schleswig-Holsteinsche Krieg im Jahre 1864“; vgl. „Börsenblatt für den Deutschen Buchhandel und die mit ihm verwandten Geschäftszweige“ 33 (1866), Nr. 50, S. 984. In Storms Bibliothek im StA Husum ist dieser Band nicht überliefert. Der Beginn der Auslieferung ist in der „Fontane-Chronik“ auf den 19. April 1866 datiert (vgl. Bd. II, S. 1401).

(Zu 90) Fontane an Storm, Thale, Freitag, 22. Mai 1868 – Abdruck nach H

Vgl. Fontanes Tagebücher 1868 (GBA – Tagebücher II, S. 31) und Fontane an Emilie Fontane, 22.5.1868 (FEF II, Nr. 352, S. 333). Storm legte den Brief an Fontane seinem Schreiben an Klaus Groth vom 11. Juli 1868 bei (vgl. H: SHLB Cb 22. F3,24; StGr, Nr. 16, S. 51). Fontanes Brief, aus dem Storm in seinen Briefen an andere gerne zitierte, erreichte Storm in seiner poetischen Schaffenskrise. So schreibt er etwa an seinen Sohn Hans am 4. <Juni> 1868: „Von **Fontane** erhielt ich März *<richtig: Mai; Anm. G.R.>* zuvor aus dem Bade **Thale** im Harz, einen ganz begeisterten Brief über meine Gedichte. Er hatte nur diese, die Psalmen Davids u. die Erzählungen eines Großvaters von W. Skott nach dort mitgenommen. – Könnt ich immer wieder einmal etwas ordentliches machen. Aber – wo ist meine Muse? – Sie schläft auf Nimmerwiedersehen. Ich werde jetzt nichts mehr schreiben, was ein Menschenherz begeistert.“ *(H: SHLB Cb 50.53:4,49; „Briefe an seine Kinder“, S. 55, dort datiert auf: „4. Mai 1868“.) Storm hatte Fontanes Brief zusammen mit den biographischen Blättern an Pietsch geschickt und ihn dann wieder zurückgefordert. Vgl. Storm an Pietsch, 11.8.1868:* „Auch den Brief von **Fontane** und was ich sonst vielleicht noch beilege.“ *(H: SHLB Cb 50.51:51,65; StPie, S. 197), und Storm an Pietsch, 2.9.1868:* „Bitte schick mir aber den Brief von Fontane, er ist so nett für die Kinder später" *(H: SHLB Cb 50.51:51,68; StPie, S. 201).*

Überlieferung
HBV: 68/18
H: SHLB (Cb 50.56:51,36)
E: Goldammer 1968, S. 429 f.
D: Erler I, S. 329–331; HFA IV,2, S. 206 f. (Nr. 169); Steiner, S. 125–127 (Nr. 82)

Handschrift
1 Doppelblatt (22,8 x 14,3 cm), S. 1–4 beschriftet; weißes Papier.

Stellenkommentar

1 **Thale** Hôtel Zehnpfund <…> der Berliner: *Vom 17. bis zum 23. Mai 1868 hielt sich Fontane erstmals im Harz auf. Er logierte im Hotel Zehnpfund am Bahnhof. In seinem Roman „Cécile" (Berlin: Deutsches Verlagshaus <Emil Dominik> 1887) verarbeitete er Jahre später die Szenerie aus Thale sowie die hier angesprochenen Gewohnheiten der Berliner Ausflügler (vgl. Kap. 1). Schon einen Tag zuvor, am 21. Mai 1868, hatte Fontane seiner Frau Emilie von der anreisenden Berliner* „Touristenflut" *in Thale geschrieben (FEF II, Nr. 350, S. 328–330).*

8 Psalmen vom alten David: *Welche Ausgabe der alttestamentlichen Psalmen des Königs David Fontane in den Harz mitgenommen hatte, ist nicht ermittelt.*

8 Erzählungen eines Großvaters <…> Scott: *Walter Scotts „Tales of a Grandfather"; die englische Erstausgabe erschien 1827, die deutsche Erstübersetzung 1831 (Zwickau: Schumann). Ob Fontane die Originalausgabe oder eine deutsche Übersetzung gelesen hat, ist nicht bekannt. Fontane begeisterte sich vor allem für die* „Kindlichkeit" *und für die* „klassische Einfachheit des Ausdrucks"; *vgl. Fontane an Emilie Fontane, 20.5.1868 (FEF II, Nr. 348, S. 325). Fontane plante, nach Scotts Vorbild* „ein brandenburgisch-preußisches Geschichtenbuch" *herauszubringen, was er aber nicht ausgeführt hat; vgl. Fontane an Hertz, 8.8.1868 (FHer, Nr. 184, S. 135 f.).*

9 Gedichte <…> Storm: *Vermutlich nahm Fontane die vierte Aufl. von Storms „Gedichten" (Berlin: Schindler 1864) mit, in der die hier erwähnten Dichtungen „Im Herbste 1850", „Ein Epilog" und „Abschied" erstmals zusammen abgedruckt sind.*

12 dicken Wonnethränen: *Vgl. Fontanes ähnliche Reaktion nach der Lektüre von Storms „Zur Chronik von Grieshuus", Brief Nr. 99, Anm. 5 „,*Grieshuus*' unter Thränenwasser <…> zu Ihren schönsten Arbeiten".*

15 Sie sind <…> mein Lieblingsdichter: *Vgl. Einführung, S. XXIV.*

20 Louis Schneider <…> antwortete: *Fontane kam auf Schneiders übersteigertes Dichterselbstbewusstsein, das ihn sehr unangenehm berührte, noch einmal in „Von Zwan-*

zig bis Dreißig" etwas ausführlicher zurück: „Damals kam es noch vor, daß blutarme junge Dichter ihre Dichtungen in einer kleinen Stadt auf eigene Kosten drucken ließen und nun, dies ihr Heftchen anbietend, bei ihren Mitdichtern um eine Wegzehrung baten. Auch zu Schneider kamen solche wenig Beneidenswerte. Schneider gab ihnen dann das Heftchen zurück, in der ihm eignen Berliner Sprechweise hinzufügend: ‚Ich pflege mir meinen kleinen Bedarf selbst zu machen.' Aber das war ihm noch nicht genug; er geleitete diese gemütlich sein sollenden Worte regelmäßig mit einer minimalen Geldgabe, hinsichtlich deren er dann strahlenden Gesichts die Versicherung abgab: ‚sie sei noch nie zurückgewiesen worden.' Ein häßlicher Zug." *(S. 423 f.)*

31 „Königs von Thule": *Goethes Ballade „Der König in Thule".*

35 Heine <…> sterben <…> lieb": *Schlussvers von Heines Gedicht „Es war ein alter König" aus den „Neuen Gedichten" („Neuer Frühling", Nr. 29), das Fontane 1858 in das „Deutsche Dichteralbum" aufnahm.*

36 „so soll es <…> in dein Leben gehn": *Schlussvers aus Storms Gedicht „Abschied".*

47 den jungen Storm: *Hans Storm, der im Wintersemester 1867/68 an der Friedrich-Wilhelms-Universität zu Berlin Medizin studierte.*

(Zu 91) Storm an Fontane, Husum, Montag, 25. Mai und Donnerstag, 18. Juni 1868. Antwortbrief auf Nr. 90 – Abdruck nach H

Überlieferung

H: *SHLB (Cb 50.51:15,41)*

E: *Goldammer 1968, S. 430–433*

D: *Goldammer I, S. 527–531 (Nr. 154); Steiner, S. 127–130 (Nr. 83)*

Z: *Fontane: „Erinnerungen an Theodor Storm", abgedr. auf S. 174:* „Sehr intressanter Brief. ‚Die alte Göthe Anbetung' etc. (2. Seite.) Sein Selbstbewußtsein <(>Auch (S. 4) über seine Wiederverheirathung."

Handschrift

1 Doppelblatt, 1 Blatt (22,1 x 14,1 cm), S. 1–6 beschriftet; weißes Papier.

Ausgang

Der Brief besteht aus zwei Teilen, Teil 1 (vom 25. Mai) wurde nach Thale geschickt, wo sich Fontane aufgehalten hatte. Er kam aber mit einem Vermerk („Attest"*) auf Unzustellbarkeit nach Husum zurück. Storm ergänzte den Brief am 18. Juni (der Text steht auf Seite 6, im direkten Anschluss an seinen Namenszug) und schickte ihn dann in erweiterter Fassung an die Redaktion der „Neuen Preußischen (Kreuz-) Zeitung", da er Fontanes Berliner Privatadresse nicht kannte.*

Eingang

Am oder vor dem 4. Juni 1868; vgl. Storm an Hans Storm, 4. <Juni> <Storm schreibt „Mai"> *1868:* „Von Fontane erhielt ich kurz zuvor aus dem Bade Thale im Harz, einen ganz begeisterten Brief über meine Gedichte. Er hatte nur diese, die Psalmen Davids und die Erzählungen eines Großvaters von W. Skott nach dort mitgenommen." *(H: SHLB Cb 50.53:4,49; „Briefe an seine Kinder", S. 55, datiert auf: „4. Mai 1868").*

Stellenkommentar

2 Dank: *Storm bedankt sich für Fontanes Brief vom 22. Mai 1868; vgl. Nr. 90.*

5 vor ein paar Monaten Kl. Groth <…> dasselbe schrieb: *Groths Brief an Storm ist nicht überliefert.*

11 „Da <…> Zeit": *Vorletzter und letzter Vers von Fontanes Ballade „Archibald Douglas".*

14 Rütlischmaus: *Storm erinnert sich an das Stiftungsfest des „Tunnels" am 3. Dezember 1854 in J. Arnims Hotel, Unter den Linden 44; vgl. Brief Nr. 84, Anm. 37 „Archibald Douglas <…> Rütlifest <…> zuerst lasen".*

28 „Weg <…> ist!": *Zitat aus Goethes Gedicht „Ich saug' an meiner Nabelschnur" vom 15. Junius 1775 (Vers 11 f.), später unter dem Titel „Auf dem See" veröffentlicht.*

30 „Allein <…> Seite": *Dritter bis sechster Vers aus Goethes „Nur wer die Sehnsucht kennt" (Mignons Lied aus „Wilhelm Meisters Lehrjahre").*

30 „Traur' <…> Glück.": *Siebter Vers aus Goethes Gedicht „Erster Verlust".*

34 Werther – aus sich heraus prägt: *Vgl. Goethes „Aus meinem Leben. Dichtung und Wahrheit", Dritter Theil, Zwoelftes Buch:* „Jener Vorsatz, meine innere Natur nach ihren Eigenheiten gewähren, und die äußere nach ihren Eigenschaften auf mich einfließen zu lassen, trieb mich an das wunderliche Element, in welchem Werther ersonnen und geschrieben ist. Ich suchte mich innerlich von allem Fremden zu entbinden, das Aeußere liebevoll zu betrachten, und alle Wesen, vom menschlichen an, so tief hinab als sie nur faßlich seyn möchten, jedes in seiner Art auf mich wirken zu lassen. Dadurch entstand eine wundersame Verwandtschaft mit den einzelnen Gegenständen der Natur, und ein inniges Anklingen, ein Mitstimmen ins Ganze, so daß ein jeder Wechsel, es sey der Ortschaften und Gegenden, oder der Tags- und Jahreszeiten, oder was sonst sich ereignen konnte, mich aufs innigste berührte. Der malerische Blick gesellte sich zu dem dichterischen, die schöne ländliche, durch den freundlichen Fluß belebte Landschaft vermehrte meine Neigung zur Einsamkeit, und begünstigte meine stillen nach allen Seiten hin sich ausbreitenden Betrachtungen." *(Tübingen: Cotta 1814, S. 228 f.)*

36 „buntbeblümten Pantalon": *Anspielung auf Mörikes Gedicht „Ach nur einmal noch im Leben":* „Ging etwa denn zu deiner Zeit / (Die neunziger Jahre meint ich) hier ein schönes Kind, / Des Pfarrers Enkeltochter, sittsam aus und ein, / Und hörtest du sie durch das offne Fenster oft / Am grünlackierten, goldbeblümten Pantalon".

42 könnte auch dichten: *Vgl. Storm an Hans Storm, 4. <Juni> 1868 (Storm schreibt* „Mai"*):* „Könnt ich nur wieder einmal etwas Ordentliches machen. Aber – wo ist meine Muse? – Sie schläft auf Nimmerwiedererwachen. Ich werde jetzt nichts mehr schreiben, was ein Menschenherz begeistert" *(H: SHLB Cb 50.53:4,49; „Briefe an seine Kinder", S. 55, datiert auf: „4. Mai 1868"). Zu Storms Schaffenskrise siehe die untere Anm. 44 „denke an's Testamentmachen".*

42 ich bin gesanglos u. beklommen: *Anspielung auf Heines Gedicht „Gesanglos war ich und beklommen" aus den „Neuen Gedichten" („Katharina", IX).*

43 „Tiefe Schatten" im Freiligrath-Album: *„Deutsche Dichter-Gaben. Album für Ferdinand Freiligrath. Eine Sammlung bisher ungedruckter Gedichte der namhaftesten deutschen Dichter". Hg. von Christian Schad und Ignaz Hub. Leipzig: Duncker und Humblot 1868. Die Herausgeber widmeten Freiligrath das Album zu seiner Rückkehr aus London. Von Storm wurden dort die ersten vier Gedichte aus dem Zyklus „Tiefe Schatten" veröffentlicht (S. 14–17). Vgl. Storm an Christian Schad, 3.6.1867 (Goldammer I, Nr. 142, S. 505), und Storm an Eggers, 16.8.1867 (StEgg, Nr. 22, S. 65).*

44 denke an's Testamentmachen: *Am 28. Juni 1868 ist Storm an seinen Verleger Westermann herangetreten, um ihm die Idee einer Gesamtausgabe zu unterbreiten. Die Pläne einer Gesamtausgabe standen im Zusammenhang mit Storms großer Schaffenskrise, die er indirekt auch gegenüber Fontane in seinem Brief vom 17. Oktober 1868 erwähnt (Nr. 92,* „Jetzt scheint's aus zu sein mit meinem Dichten"*, S. 136). – Storm hatte auf der Suche nach einem Verleger für seine Gesamtausgabe erreicht, dass mit dem 1. Oktober 1868 seine bereits gedruckten Werke für eine Gesamtedition erneut publiziert werden durften:* „Da ich auch als Poet an mein Ende zu denken habe, so bin ich entschlossen Testament zu machen, und erlaube mir in dieser Veranlassung die Frage, ob Sie mein Testamentsexecutor sein, mit andern Worten, ob Sie die Gesammtausgabe meiner Werke verlegen wollen?" *(H: George-Westermann-Archiv Braunschweig; zit. nach der Xerokopie der H im StA Husum F Br 335; Goldammer I, Nr. 155, S. 532). Westermann antwortete am 30. Juni 1868 und verabredete mit Storm schon erste Modalitäten (vgl. Storm an Westermann, 2.7.1868; unveröff.). Am 11. Juli 1868 schrieb Storm dann an seinen Sohn Hans (H: SHLB Cb 50.53:4,27; „Briefe an seine Kinder", S. 62) und an Klaus Groth, dass* „bei Westermann in Braunschweig" *die Gesamtausgabe nun herauskommen werde. Sie wurde am 10. November 1868 ausgeliefert; vgl. „Börsenblatt für den Deutschen Buchhandel und die mit ihm verwandten Geschäftszweige" 35 (1868), Nr. 261, S. 3119. Vgl. zur Entstehung Dieter Lohmeier: Zur Druckgeschichte der „Ersten Gesamtausgabe" von Storms Werken. In: STSG 35 (1986), S. 16–24.*

44 Gesammtausgabe <…> Titel: *Die ersten sechs Bände der Gesamtausgabe erschienen zunächst unter dem Titel „Theodor Storm's Sämmtliche Schriften" (1868); mit der Herausgabe der Bände 7 bis 10 änderte sich der Titel in „Gesammelte Schriften".*

Storms Bedenken wegen des Titels gegenüber Fontane belegen einmal mehr, dass er sich schon vor Drucklegung Gedanken darüber gemacht hatte. Bis zur Korrektur sollte der Titel nicht wie es Storm gegenüber Fontane schrieb, „‚Sämmtliche Novellen u. Dichtungen' (oder ‚Gedichte')" *heißen, sondern vielmehr* „Sämmtliche Werke" *lauten. Erst mit der ersten Korrektur unterbreitete Storm seinem Verleger den Vorschlag* „Theodor Storms sämmtliche Schriften", *der dann auch so übernommen wurde. Storm hatte bei der Formulierung* „Werke" *Bedenken:* „Es klingt, zumal bei einem Lebenden, bescheidener, als das großartige Werke. Neulich ist in einer Kritik sogar darüber hergefallen, daß der Gesammtausgabe v. Heine der Titel ‚Werke' gegeben wurde, das komme nur den Classikern zu. Das ist natürlich rechts u. links Unsinn. Aber es spricht doch dafür, daß der Ausdruck ‚Werke' anspruchsvoller ist. Also ich stelle anheim, daß wir ‚Schriften'/‚Dichtungen' wäre freilich das Beste sagen, und daß Sie von dort aus die desfallsige Ordre an die Druckerei ertheilen. Eine Correspondenz darüber mit mir bedarf es nicht; denn ich stelle den Gesammt-Titel ganz in Ihre Wahl, sei es: ‚Sämmtliche Dichtungen, Werke oder Schriften'." *(Storm an Westermann, 2.9.1868; H: George-Westermann-Archiv Braunschweig; zit. nach der Xerokopie der H im StA Husum, F Br 335.)*

54 Hans <…> andauernder Kränklichkeit: *Vgl. Storm an Eggers, 4. Juni 1869:* „Mein Sohn Hans ist seit vorigen Sommer fort von Berlin; er ist von leider sehr schwacher Constitution; aber im Juni oder Juli v. J. erhielt ich plötzlich die Nachricht aus Berlin, er habe die galoppirende Schwindsucht. Der Herr Universitätsprofessor hatte sich glücklicher Weise geirrt, Hans hat, Gott sei Dank nie Tuberkeln in der Lunge gehabt, wie Jener meinte; aber er ging doch auf 10 Wochen nach Soden um seinen Lungenkatarrh auszuheilen, wohin ich bald seinen Bruder, den blau-äugigen Hünen Ernst (geht Michaelis als Jurist zur Universität) ihm nachsenden mußte, der sich durch ein nächtliches Seebad unmittelbar nach einem Ball was aufgesackt hatte. – Hans war diesen Winter in Tübingen u. ist jetzt in Kiel, leidlich wohl außer etwas Asthma. Thut mir leid, daß Sie den Jungen nicht näher kennen lernten; Sie hätten wohl den goldnen Kern in der wunderlichen Schale herausgefunden." *(H: SHLB Cb 60.56:513,26; StEgg, Nr. 24, S. 69 f. Vgl. auch den Briefwechsel StGr aus dem Jahr 1868.)*

59 entsprechende Frau: *Am 13. Juni 1866 hatte Storm seine Jugendliebe Dorothea Jensen geheiratet; vgl. Karl Ernst Laage: Theodor Storms zweite Trauung am 13. Juni 1866. In: STSG 28 (1979), S. 123 f.*

60 ihr Bruder <…> eine Schwester von Constanze: *Friedrich Jensen und Sophie Esmarch.*

60 ihre Schwester <…> meines Bruders Frau: *Friederike Jensen und Johannes Storm.*

61 Freundin u. Jugendgenossin <…> im Grabe ruhenden Schwestern: *Dorothea Storm, geb. Jensen, und Storms Schwestern Lucie (gest. 1834), Helene, verh. Lorenzen (gest. 1847), und Cäcilie (gest. 1858).*

63 mein kleines liebes Gesindel: *Inzwischen hatte Storm acht Kinder (mit Constanze: Hans, Ernst, Karl, Lisbeth, Lucie, Elsabe und Gertrud; mit Dorothea: Friederike).*

68 „Was <…> Glück.: *Storm zitiert die letzten sechs Verse aus Eichendorffs Gedicht „Schöne Fremde", das er auch seit der ersten Auflage in sein „Hausbuch aus deutschen Dichtern seit Claudius" aufgenommen hat (1870).*

80 „Aus <…> her": *Beginn von Eichendorffs Gedicht „In der Fremde", im „Hausbuch aus deutschen Dichtern seit Claudius" seit der ersten Auflage (1870) aufgenommen.*

82 Rob. Schumann componirt!: *Robert Schumann vertonte Eichendorffs Gedichte „In der Fremde" (unter Nr. 1), „Schöne Fremde" (unter Nr. 6) und „Im Walde" (unter Nr. 11) im Liederkreis op. 39 (1842). – Auch gegenüber Hans Speckter schwärmte Storm ein paar Jahre später noch von Schumanns Vertonungen der Eichendorff-Gedichte im Zusammenhang mit den Vorbereitungen zur dritten Auflage des „Hausbuchs", die mit Speckters Illustrationen geschmückt werden sollte:* „Bei Eichendorff darf nichts an Rübezahl auch nur erinnern. Lassen Sie sich sein ‚Aus der Heimath hinter den Wolken roth' comp. v. Schumann vorsingen. Dann haben Sie den Hauch aus seiner Welt." *(StSpe, Nr. 23, 20.2.1874, S. 58.) Am 7. März 1874 kam er noch einmal auf die Vertonungen zurück:* „In pcto Eichendorff – so hat er mit Elfen und dergl. allganz nichts zu thun. Das Romantische – das Wort sei gestattet – in ihm liegt in der Stimmung, in der Stimmung der Vergänglichkeit, der Einsamkeit, wo die Dinge eine stumme Sprache führen. Musikalisch ist diese Stimmung noch schöner als in dem ‚Es rauschen die Wipfel u. schauern' von Schumann in dem ‚Aus der Heimath hinter den Wolken roth' ausgesprochen." *(StSpe, Nr. 25, S. 61.) Vgl. auch Gisela Bauer: Theodor Storm und Robert Schumann. In: STSG 39 (1990), S. 75–79.*

83 Quartett <…> eine Hochzeit <…> Herzensgrunde.": *Storm zitiert den ersten Vers und den Schlussvers aus Eichendorffs Gedicht „Im Walde". Vgl. Storm an Groth, 18.11.1869:* „So etwas von Deckung der Poesie und Musik giebt's gar nicht mehr; sollt'st nur mal hören: Und mich schauert in Herzensgrunde". *Schumann hat das Gedicht 1849 in den „Romanzen und Balladen für gemischten Chor" op. 75, Nr. 2, neu gesetzt. Storm hat in Husum immer wieder Schumanns Romanzen und Balladen mit seinem Chor aufgeführt. In Storms Chor-Archiv im StA Husum werden noch die Originalpartituren aufbewahrt (StA M XI 1).*

85 Mein Gesangverein hier: *„Gesangverein für gemischten Chor", den Storm nach seiner Rückkehr nach Husum gründete; vgl. Hans Sievers: Zur Geschichte von Theodor Storms „Singverein". Eine Chronik. In: STSG 18 (1969), S. 89–105.*

90 Hamerlings „Ahasver": *Robert Hamerling: „Ahasver in Rom. Eine Dichtung in sechs Gesängen. Mit einem Epilog an den Kritiker". 6. Aufl. Hamburg: Richter 1870. Fontane hatte ein Exemplar offensichtlich zwei Jahre später vom Verleger zur Rezension erhalten; vgl. den Stempel auf dem Titelblatt:* „Zur Gefällig: Recension JR Hamburg". *Der Band, der noch heute im TFA überliefert ist (TFA Q 38), enthält zahlrei-*

che Marginalien Fontanes; eine Rezension ist allerdings nicht nachgewiesen. Im StA Husum ist die dritte Auflage (1868) aus Storms Bibliothek überliefert (StA Tsp 287; mit hs. Namenszug „Storm" *auf dem Titelblatt).*

90 Heÿses Terzinen „Der Salamander": *Paul Heyse: „Der Salamander. Ein Tagebuch in Terzinen". Berlin: Hertz 1865; in Storms Bibliothek im StA Husum nicht überliefert. Vgl. auch Storm an Heyse, 21.11.1867. Unter dem Titel „Die Schlange" hat Storm 24 Strophen daraus in seinem „Hausbuch aus deutschen Dichtern seit Claudius" aufgenommen (erste Aufl. 1870).*

98 inliegendem Attest des Schulzen: *Nicht überliefert und nicht ermittelt.*

99 Ihre Adr. in B.: *Seit dem 1. Oktober 1861 wohnte Fontane in der Hirschelstraße, die 1867 in Königgrätzer Straße umbenannt wurde; vgl. Klünner, S. 126. Die Tatsache, dass Storm Fontanes Adresse unbekannt war, zeigt, dass die beiden seit Fontanes letztem Brief aus Berlin von 1866 (Nr. *89) keinen Kontakt mehr hatten.*

101 Stuttgarter Allgem. Ztg: *Die in Augsburg erscheinende, auch in Stuttgart verbreitete „Allgemeine Zeitung" veröffentlichte in vier Teilen zwischen dem 4. und 7. Juni 1868 den anonymen, vermutlich von Wilhelm Jensen verfassten Essay „Schleswig-holsteinische Dichter" (Groth, Hebbel und Storm). Der Beitrag verfolgte den Zweck, die Entfremdung der süddeutschen Bevölkerung vom Alltag und der Kultur Norddeutschlands zu überwinden, da das* „norddeutsche Volke <…> die Literatur ganz Deutschlands, das süddeutsche, mit wenig hervorragenden Ausnahmen, nur die des Südens" *besitze. Über Storm beginnt der Autor:* „Theodor Storm bewegt sich auf epischem und lyrischem Gebiet. In die Tagessprache übertragen, und zugleich enger umgränzt, schreibt er Novellen und Gedichte. Er schreibt sie eigentlich nicht, sie werden. Wenn ihn gerade die Anwandlung überkommt, geht er über die Haide und pflückt eine Blume; am Waldesrande bricht er ein Eichenblatt, und zu Hause legt er sie zwischen zierliche Goldschnittblätter, und der Buchhandel sendet sie in alle Welt hinaus. Dann meinen die Leute daß sie Gedichte und Novellen lesen, aber in Wirklichkeit athmen sie den Duft der holsteinischen Haide selbst, und hören das träumerische Rauschen der Blätter im Sommerwind. Es existiert nur ein schmales Bändchen Gedichte von Theodor Storm aber dasselbe ist kein entomologisches Werk, sondern eine blühende wogende Juniwiese, von hohen geheimnißvollen Waldrändern umschlossen". *Vermutlich empörte sich Storm über die folgende Stelle:* „Storm ist kein kosmopolitischer Dichter; er hat nicht zu den Füßen der Hellenen gesessen, und seine Füße haben den arkadischen Boden nie berührt. Wohl war er, auch er, nach Schillers Wort in Arkadien geboren, doch das Leben hat ihn dieser Dichterheimath früh entrückt. Er hat nicht mit der lauten Renommage der ‚Flüchtlinge' und ‚Exilirten' unserer Tage ‚das herbe Brod der Verbannung gegessen'; doch, seiner Ueberzeugung treu, hat er die Heimath gemieden, solang' er sich darin zum Werkzeug fremder Willkür, zum Hebel ihrer Unterdrückung hätte hergeben müssen, und ins schwerer, red-

licher Mühsal für sich und die Seinigen gesorgt und gerungen. Sein Name steht nicht in der großen Zeitungsliste der ‚Märtyrer der Freiheit', doch über den Gräbern der für Schleswig=Holsteins Freiheit Gefallenen schwebt von seinen Lippen manch unvergängliches Lied. Storm ist ein Dichter seiner Heimat wie Groth, und deshalb neben ihm der berufenste dem deutschen Süden die Art, die Schönheit, den Zauber des Norden zu deuten." *(„Allgemeine Zeitung" <Augsburg>, Nr. 159, 7.6.1868, Beilage.)*

103 †Couvert: *Peter Goldammer vermutet, dass Fontane diesen Zeitungsausschnitt von Jensen selbst zugeschickt bekam; vgl. Goldammer I, Nr. 154, Anm. 13, S. 660.*

111 Und <…> werth: *5. Gedicht aus dem Zyklus „Tiefe Schatten" von Storm.*

(Zu 92) Storm an Fontane, Husum, Samstag, 17. Oktober 1868 – Abdruck nach H

Überlieferung
H: *SHLB (Cb 50.51:15,42)*
E: *Goldammer I, S. 538 f. (Nr. 158)*
D: *Steiner, S. 130 f. (Nr. 84)*
Z: *Fontane: „Erinnerungen an Theodor Storm", abgedr. auf S. 174:* „Auch gut. Ueber die 3 Märchen."

Handschrift
1 Doppelblatt (21,7 x 14 cm), S. 1–4 beschriftet; weißes Papier.

Ausgang
Am 18. Oktober 1868 schickte Storm seinen Brief an Fontane zusammen mit drei weiteren Schreiben (an Georg Scherer, Eduard Tempeltey und Klaus Groth) als Einschlussbrief an seinen Verleger George Westermann nach Braunschweig. Von dort gingen die sechs Bände der „Sämmtlichen Schriften" – wie es mit Westermann am 12. Oktober 1868 verabredet wurde – mit Storms Brief an Fontane nach Berlin (vgl. H: George-Westermann-Archiv, Braunschweig; Xerokopie der H im StA Husum FBr 335; unveröff.).

Eingang des Briefs mit Storms „Sämmtlichen Schriften"
Am 29. Oktober 1868; vgl. Fontane an Emilie Fontane, 30. Oktober 1868: „Storm schickte mir gestern die ‚Gesammtausgabe seiner Werke'; es sind 6 Bände. So läppern sich Kleinigkeiten zusammen" *(H: ?, zit. nach der Xerokopie im TFA Ba 284; FEF II, Nr. 375, S. 384). Emilie Fontane antwortete am 31. Oktober 1868:* „Zu lesen finde ich ja viel vor: <…> Storm, von Letzterem verspreche ich mir trotz der 6 Bände nicht viel Neues" *(H: TFA B 296; FEF II, Nr. 376, S. 384).*

Stellenkommentar

4 „dieser Adler <…> nicht geschenkt!“: *Anspielung auf Carl Maria von Webers Oper „Der Freischütz“: „Glaubst du, dieser Adler sei dir geschenkt?“ (5. Auftritt; Kaspar). Eine ähnliche Formulierung wählte Storm in seinem Brief an Georg Scherer vom 10. Oktober 1868, dem er ebenfalls die Ausgabe der „Sämmtlichen Schriften“ für eine Besprechung hat zukommen lassen (*„wie Caspar im Freischütz“*); vgl. Franz Stuckert: Theodor Storm. Briefe an Georg Scherer und Detlev von Liliencron. In: STSG 3 (1954), S. 15–59, hier S. 21.*

4 Gesammtausgabe <…> Besprechung: *„Theodor Storm: Sämmtliche Schriften. Erste Gesammtausgabe. Sechs Bände“ (Braunschweig: Westermann 1868). In Fontanes Bibliothek ist diese Ausgabe nur noch zum Teil überliefert (vgl. TFA Q 67=2–6). Band 1 wurde durch Storms Ausgabe der „Gedichte“, 5. Aufl. 1875, ersetzt, Band 4 ist seit 1945 vermisst; vgl. Rasch, S. 135. Fontanes Rezension wurde am 23. Mai 1869 in der streng konservativen „Neuen Preußischen (Kreuz-) Zeitung“ veröffentlicht, bei der er seit dem 1. Juni 1860 als Redakteur des englischen Artikels angestellt war; vgl. Brief Nr. 77, Anm. 50 „Redakteur des englischen Artikels bei der Kreuz-Ztng“. Die Rezension erschien unter dem Titel „Th. Storm. T h e o d o r St o r m s sämmtliche Schriften. Sechs Bände. Braunschweig, G. Westermann, 1868. Preis 3 $^{2}/_{3}$ Thlr.“; vgl. den Abdr. auf S. 163 f.*

9 meine Söhne studiren <…> 2$^{\underline{te}}$ Auflage: *Hans und Ernst Storm weilten im Juli und August 1868 zur Kur in Lippspringe (vgl. Storms Briefe an seine Söhne Hans und Ernst; „Briefe an seine Kinder“, S. 62–72, und StESt, Nr. 9–11, S. 301 ff.). – Gegenüber Westermann äußerte sich Storm am 22. Dezember 1868 in ähnlicher Weise und warb um weitere Auflagen der Gesamtausgabe:* „Da durch die Umstände das Honorar ein verhältnißmäßig kleines ist und ich immer auf das Erscheinen der Gesammtausgabe für die Studienzeit meiner Jungens gerechnet habe, so würde eine kleine Folge von Auflagen mir das Leben allerdings sehr erleichtern; denn Michaelis werde ich schon Zwei auf der Universität haben“ *(H: George-Westermann-Archiv Braunschweig; zit. nach der Xerokopie der H im StA Husum F Br 335; unveröff.). Es kam nicht nur zu weiteren Auflagen; die Ausgabe wurde sukzessive bis nach Storms Tod 1888 erweitert; Vgl. Brief Nr. 95, Anm. 3 „*Westermann *<…> Gesammtausgabe <…> Separatausgabe“. Zur Editionsgeschichte der „Sämmtlichen Schriften“ vgl. Dieter Lohmeier: Zur Druckgeschichte der „Ersten Gesamtausgabe“ von Storms Werken. In: STSG 35 (1986), S. 16–24.*

9 die wohlfeilen Classikerausgaben: *Mit Goethes „Faust I“ startete am 10. November 1867 Reclams Universal-Bibliothek, die Texte der Weltliteratur in preiswerten Bänden zu zwei Silbergroschen herausgab, deren Rechte durch das Gesetz vom 9. November 1867 gemeinfrei geworden waren. Das betraf alle deutschsprachigen Werke, deren Autoren dreißig Jahre und länger verstorben waren. Bald erschienen neben den gemeinfreien Texten auch Werke moderner Autoren in der Reihe.*

14 die Verschiedenheit unsrer Lebensanschauung: *Vgl. Brief Nr. 84 und Einführung, S. XXXIII f.*

15 anerkennendes Wort <…> Preis: *Fontane äußerte sich in seiner Rezension weder über die Ausstattung noch über den Ladenpreis; im Untertitel wurde lediglich auf den Preis hingewiesen.*

18 3 Märchen: *Die Märchen „Die Regentrude", „Der Spiegel des Cyprianus" und „Bulemanns Haus" wurden erstmals in der Ausgabe „Drei Märchen" (Hamburg: Mauke 1866) veröffentlicht; in der Ausgabe von „Theodor Storm's Sämmtlichen Schriften" stehen sie in Band 6. Vgl. Briefe Nr. 93 und Anm., sowie Nr. 94, Anm. 10 „Vorrede zur Separatausgabe".*

22 Mosens Waldmärchen <…> „Congreß v. Verona": *Im StA Husum werden nur noch die „Sämmtlichen Werke von Julius Mosen. Neue Ausgabe in acht Bänden" (Leipzig: Zander 1871) aus Storms Bibliothek aufbewahrt (StA Tsp 251). Die Bände fünf und sechs enthalten „Der Congreß zu Verona"; das „Waldmärchen", die Geschichte von Arnolds erster Liebe, steht im Dritten Buch, Sechsten Kapitel.*

23 Gestäckers <…> „Germelshausen" <…>Thüringschen Volkskalender: *Friedrich Gerstäcker: „Germelshausen". In: „Thüringer Volks-Kalender für Heimath und Fremde". Begründet und hg. von Friedrich Konrad Müller von der Werra 1 (1860), S. 113–141.*

27 plötzlich <…> fast miteinander kamen: *Vor dem Hintergrund der politischen Ereignisse nach dem Tod König Friedrichs VII. von Dänemark am 15. November 1863 und der Unterzeichnung der Novemberverfassung durch dessen Nachfolger, Christian IX., die Schleswig de facto in das Königreich Dänemark integrierte, waren Storms drei Märchen „Die Regentrude", „Bulemanns Haus" und „Der Spiegel des Cyprianus" entstanden. Seinen Eltern (am 29. Dezember 1863) und Hartmuth Brinkmann (am 18. Januar 1864) berichtete Storm – sichtlich überrascht von dem gewaltigen Produktionsschub – von der nötigen „*Erholung von der unerbittlichen Wirklichkeit*" und seiner Flucht „*ins äußerste Reich der Phantasie*". Vgl. zur Entstehung und zu den politischen Zusammenhängen LL IV, S. 619–626.*

28 des Stoffes ganz mein eigen: *Den drei Kunstmärchen war keine Stoffgeschichte im engeren Sinne vorausgegangen; sie verdanken ihre Entstehung Volksreimen, autobiographischen Erlebnissen und Schauplätzen sowie einer Volksballade. Gegenüber Emil Kuh äußerte sich Storm in ähnlicher Weise über die Gattung des „*Kunst-Märchen*": „*Ich lege einigen Werth auf diese Märchen, da, nach meiner Ansicht das Märchen als poetische Kunstform in unserer Literatur äußerst schwach vertreten ist, und überdieß die drei Sachen so recht aus dem Vollen geschrieben; sie entsprangen alle drei fast zugleich in meiner Phantasie. Lange hatte ich mir die Fähigkeit zur Märchendichtung zugetraut; aber weder vorher (das kleine Märchen ‚Häwelmann' ist doch nur ein Einfall, u. ‚Hinzelmeier' mehr eine phantastisch-allegorische Dichtung, wobei der Dichter nicht mit vollem Glauben seine Geschichte erzählt, sondern halb re-

flectirend daneben steht) noch nachher gekonnt. – Uebrigens glaube ich bei diesen Märchen <…> meine Freiheit in Styl u. Vortrag bewiesen zu haben; wie ich in der Vorrede der Separatausgabe sagte, trägt der ‚Cyprianus' den vornehmen Ton der Sage, während ‚Bulemann' auch eine ‚seltsame Historie' genannt werden könnte." *(22.12.1872; StKuh, Nr. 10a, S. 97 f.) Im Unterschied zu den Novellen erforderten die Märchen keine* „Vorarbeiten oder begleitende Studien" *und komplexe Handlungsstränge, so dass Storm – bis auf die kleinen Unterbrechungen während der Arbeit am „Spiegel des Cyprianus" – zügig schreiben konnte; vgl. LL IV, S. 633.*

29 meinen Hans <…> Kind: *Gegenüber Emil Kuh äußerte sich Storm ähnlich über die Entstehung von „Der Spiegel des Cyprianus":* „Im Uebrigen ist dieses Märchen aus einem etwa 12 Jahre vorher empfangenen Eindruck entstanden. Ich sah damals nemlich eins meiner Kinder sich in einer dunkelbraunen polirten Kommode spiegeln, was mir damals einen seltsamen Eindruck machte. Aus diesem Kern entwickelte sich viele Jahre später das Märchen" *(22.12.1872; StKuh, Nr. 10a, S. 97).*

31 Cypr. <…> Bücher <…> Plöner Schlosses: *Zur Entstehung vgl. LL IV, S. 646–649. – Zum nordischen Cyprianus-Zauberer vgl. die durch Storm zugetragene Sage „Cyprianus" in der von Karl Müllenhoff hg. Sammlung „Sagen, Märchen und Lieder der Herzogthümer Schleswig, Holstein und Lauenburg" (Kiel 1845), Nr. 263, S. 192; dort befindet sich auch der Hinweis auf das* „vollständige Exemplar" *des Buchs über Hexereien und Zaubersprüche, das* „von einem Grafen, der auf dem Plöner Schloß wohnte, in Ketten geschmiedet und unter das Schloß vergraben" *worden sein soll. Vgl. zur Entstehung der „Sagen, Märchen und Lieder" Gerd Eversberg: Kommentar. In: Theodor Storm: Anekdoten, Märchen, Sagen, Sprichwörter und Reime aus Schleswig Holstein. Hg. von Gerd Eversberg. Heide 2005, S. 143–207.*

33 Volksromanze v. der Gräfin von Orlamünde: *Das Gespräch zwischen dem kaiserlichen Feldoberst Hagar und Kuno vor der Ermordung Kunos durch Hagar verdankt seinen Ursprung der in der Sammlung „Des Knaben Wunderhorn" enthaltenen* „Volksballade von der Gräfin v. Orlamünde" (*vgl. Storm an Emil Kuh, 22.12.1872; StKuh, Nr. 10a, S. 97).*

33 „Bulemanns Haus" <…> Volksreim <…> graulichen Klang: *Storm wurde für das Märchen „Bulemanns Haus" durch einen Volksreim angeregt, der auf einem Blatt der „Schiefertafel=Bilder zu deutschen Kinder Liedern nach Arnim, Brentano, Simrock u.A." (Leipzig: Engelmann 1851) steht. Der Volksreim lautet:* „‚S' Kätzchen lauft die Trepp hinan, / hat ein rothes Jäckchen an, / Messerchen an der Seiten. / Wo willst du hinreiten? / Will reiten nach Bulemanns Haus / Will mir holen 'ne fette, fette Maus / Quick, quick, quick, quick. –'" *Zur Entstehung vgl. LL IV, S. 640–643, und Storm an Emil Kuh, 22.12.1872 (StKuh, Nr. 10a, S. 97).*

35 Regentrude: *Zur Entstehung vgl. LL IV, S. 632–636. In seiner Rezension hob Fontane von allen Märchen besonders „Die Regentrude" hervor, die ihn* „als durchaus eigen-

thümlich, als eine originell-phantastische Schöpfung am meisten angesprochen hat." *Vgl. den Abdr. auf S. 164.*

36 Mannhardt's nordischer Mÿthologie <...> Theogonie: *Wilhelm Mannhardt: „Die Götter der deutschen und nordischen Völker. Mit zahlreichen Holzschnitten von Ludwig Pietsch". (Berlin: Schindler 1860), und Hesiods „Theogonie", eine der ältesten Mythologien der Welt. Gegenüber Brinkmann äußerte sich Storm schon am 10. Januar 1866 über seine* „instinktive <...> Dichtung <...> im Sinn und Geist der Germanischen Mythologie". *Bei Mannhardt heißt es in „Kap. II. Das Wesen der Mythen im allgemeinen und die Gesetze ihrer Entwicklung":* „Der Mythus ist eine dichterische Erzählung und zwar eine solche, welche nicht subjectiv willkürlich erdacht, sondern absichtlos aus dem Gesammtbewustsein eines gröszeren Volksganzen heraus entstanden ist. Sie muss bildliche Anschauung der Natur oder geistiger Vorgänge enthalten. Hiezu tritt schlieszlich die Forderung, dass die zu Grunde liegende Idee religiösen Inhalt habe" *(S. 15 f.); vgl. auch LL IV, S. 635. Ein Exemplar ist in Storms Bibliothek nicht nachgewiesen.*

38 aus zu sein mit meinem Dichten: *Zu diesem kleinen Hinweis auf Storms Schaffenskrise vgl. Brief Nr. 91, Anm. 44 „denke an's Testamentmachen".*

39 im Frühling v. J. <...> „St. Jürgen" <...> „Malerarbeit": *An der Erzählung „In St. Jürgen" arbeitete Storm bis zum 24. Juni 1867; der Erstdruck erschien im Oktober desselben Jahres im „Deutschen Künstler-Album". Bd. 2. Hg. von W. Breidenbach und L. Bund (Düsseldorf: <1867>). Vgl. zur Entstehung LL I, S. 1206 f. Mit der Novelle „Eine Malerarbeit" war Storm zwischen Ende Februar und Anfang Juli 1867 beschäftigt; sie erschien im Oktober 1867 in „Westermann's illustrirten Deutschen Monatsheften" 23 (1867). Vgl. zur Entstehung LL II, S. 774 f.*

(Zu 93) Fontane an Storm, Berlin, Freitag, 6. November 1868. Antwortbrief auf Nr. 92 – Abdruck nach K

Überlieferung

HBV: 68/55
H: Privatbesitz
K: StA Husum (FBr 79)
E: Steiner, S. 132 (Nr. 85)

Stellenkommentar

2 Königgrätzer Straße: *Seit dem 1. Oktober 1863 wohnte Fontane in der Hirschelstraße 14, eine Treppe; seit dem 16. Oktober 1867 wurde die Straße zur Erinnerung an die entscheidende Schlacht des Krieges von 1866 umbenannt in „Königgrätzer Straße".*

Fontanes Haus erhielt die neue Nummer 25. Fontane wohnte dort bis zum 3. Oktober 1872; vgl. Klünner, S. 126.

5 vor etwa 8 Tagen: *Am 29. Oktober 1868; vgl. Fontane an Emilie Fontane, 30.10.1868 (FEF II, Nr. 375, S. 384).*

7 Mit Vergnügen schreibe ich: *Vgl. Brief Nr. 94, Anm. 4 „ein Exemplar Ihrer Zeitung".*

8 Chefredakteur: *Tuiscon Beutner, der Chefredakteur der „Neuen Preußischen (Kreuz-) Zeitung".*

10 bald sagen: *Warum Fontanes Rezension über Storms „Sämmtliche Schriften" erst am 23. Mai 1869 veröffentlicht wurde, ist nicht ermittelt.*

11 drei neuen Märchen: *Fontane las die drei Märchen in der Ausgabe von „Theodor Storm's sämmtlichen Schriften"(Braunschweig: Westermann 1868), Bd. 6.*

11 „Spiegel des Cyprianus": *Fontanes Lektüre hat ihre Spuren hinterlassen. Der Band enthält zahlreiche Anstreichungen und Unterstreichungen sowie eine Marginalie (*„Diese dritthalbe Seite sehr schön"*), die sich auf den Abschnitt bezieht, als der alte Knecht den toten Kuno der Stiefmutter bringt (S. 91); vgl. TFA Q 67=6.*

12 Hager <…> Rufenhören unten im Keller: *Fontane hat diese Stelle in seinem Exemplar mit Bleistift am Rand markiert:* „In demselben Augenblick – so wird erzählt – als dieser zum Faustschlage ausholte und der Knabe die kleinen Hände schützend über seinem Herzen kreuzte, stand der alte Hausmeister tief unten im hintersten Verschlage des Kellers, wo ein Knecht mit der Abzapfung eines Fasses Ingelheimer beschäftigt war. ‚Hast Du nichts gehört, Casper?' rief er und setzte das Lämpchen, das er in der Hand gehalten, auf das Faß. Der Knecht schüttelte den Kopf. ‚Mir war,' sagte der Alte, ‚als hörte ich den Junker Kuno meinen Namen rufen.' ‚Ihr irrt Euch, Meister,' erwiderte der Knecht; ‚hier unten hört sich nichts!' Eine Weile stand es an; da rief der Alte wieder: ‚Um Gott, Caspar, da hat es nochmals mich gerufen; das war ein Nothschrei aus meines Junkers Kehle!'" *(Bd. 6, S. 89).*

15 nicht die Namen Wolf und Cuno gewählt: *Storm ließ sich – was Fontane offenbar nicht wusste – bei der Namenswahl von* „Wolf" *und* „Cuno" *durch die beiden gleichnamigen Hauptfiguren in Friedrich Wilhelm Hackländers Märchen „Der Zauberkrug" inspirieren, die* „mit Hilfe des Krugs eine Erlösungstat vollbringen"*. Storm las das Märchen im Dezember 1863 in der Neuausgabe vor (vermutlich die zweite Aufl. Stuttgart: Krabbe 1863, die mit sechs Original-Stahlstichen von J. B. Zwecker ergänzt wurde; vgl. StBr, 18.1.1864, Nr. 41, S. 133). „Der Zauberkrug" bildete den Auslöser für die Arbeit an dem Band der „Drei Märchen"; vgl. LL IV, S. 651.*

16 „speculum" <…> Beängstigendes: *Das Wort* „speculum" *(lat.): ‚Spiegel' hat Fontane in seinem Exemplar einfach unterstrichen (TFA Q 67=6; Bd. 6, S. 66). Vgl. Storms Entgegnung in Brief Nr. 94, S. 138.*

19 Unter den Gedichten <…> 5 Lieder <…> „Tiefe Schatten": *Vgl. Brief Nr. 91, Anm. 43 „‚Tiefe Schatten' im Freiligrath-Album".*

20 Das zweite <...> die Perle; makellos: *Storms „Mitunter weicht von meiner Brust“ (Bd. 1, S. 157 f.). In seinem Brief an Brinkmann berichtete Storm am 9. November 1868 von Fontanes Kritik und Lob; vgl. das Zitat in Brief Nr. 94, Anm. 4 „ein Exemplar Ihrer Zeitung“.*

21 Dem dritten: *Storms „Gleich jenem Luftgespenst der Wüste“ (Bd. 1, S. 158 f.). Die beanstandete Stelle lautet:* „Jeder Tag, jeder Schritt ist zu dir. / Doch! Unerbittliches Licht dringt ein; / Und vor mir dehnt es sich, / Oede, voll Entsetzen der Einsamkeit; / Dort in der Ferne ahn' ich den Abgrund; / Darin das Nichts. – / Aber weiter und weiter / Schlepp' ich mich fort“. *Vgl. Storms Erwiderung in seinem Brief vom 21. November 1868, Nr. 94, S. 138 f.*

27 In dem ersten Liede (S. 156): *Storms „In der Gruft bei den alten Särgen“ (Bd. 1, S. 156 f.); vgl. Storms Antwort in Brief Nr. 94, S. 138 f. Die fünfte Strophe lautet:* „Vielleicht im Mondenlichte, / Wenn die Welt zu Raste ging, / Summt noch um die weißen Blüthen / Ein dunkler Nachtschmetterling.“

28 „Beginn des Endes“: *Fontane erwähnt Storms Gedicht „Beginn des Endes“ mit seinen kritischen Bemerkungen in der Rezension nicht; vgl. den Abdr. auf S. 163 f. Der letzte Vers lautet:* „Daß dich des Todes Pfeil getroffen“ *(Bd. 1, S. 155). Vgl. Storms Entgegnung in Brief Nr. 94, S. 138 f.*

32 Bemerkungen <...> nur unter uns gemacht: *In seiner Besprechung erwähnt Fontane das Gedicht „Beginn des Endes“ und den Gedichtzyklus „Tiefe Schatten“ nicht, der in der Gesamtausgabe in erweiterter Fassung in Band 1 publiziert wurde (statt der 4 Gedichte in der Erstveröffentlichung sind es nunmehr 5 Gedichte); vgl. den Abdr. auf S. 163 f.*

33 Lieblingslyriker Storm: *Vgl. Einführung, S. XXIV.*

(Zu 94) Storm an Fontane, Husum, Samstag, 21. November 1868. Antwortbrief auf Nr. 93 – Abdruck nach H

Überlieferung

H: *SHLB (Cb 50.51:15,43)*

E: *Steiner, S. 133 (Nr. 86)*

Z: *Fontane: „Erinnerungen an Theodor Storm“, abgedr. auf S. 174:* „‚Pfeil d Todes‘ (S. 2) ‚Sehn Sie sich die Sache nur ~~noch~~ noch mal an‘. (S. 2) dann seine Hauseinrichtung.“*; Gertrud Storm I, S. 113*

Handschrift

1 Doppelblatt (21,8 x 14 cm), S. 1–3 beschriftet; weißes Papier.

Stellenkommentar

4 Dank für Ihren Brief: *Fontane an Storm, 6.11.1868; vgl. Brief Nr. 93.*

4 ein Exemplar Ihrer Zeitung: *Fontanes Rezension erschien erst am 23. Mai 1869, wobei der Ladenpreis auch im Titel angeben wurde; vgl. den Abdr. auf S. 163 f. An Westermann schrieb Storm am 22. November 1868 und berichtete über Fontanes Zusage:* „Fontane hat mir geschrieben, daß er die Gesamtausgabe in der Kreuzzeitung besprechen wolle und daß – was für das politische Blatt etwas sagen wolle – der Chefredakteur ihm 70–90 Zeilen dazu eingeräumt. Ob er's schon getan, weiß ich nicht, ich habe ihn aber heute wieder daran erinnert und ihn gebeten, auch den Preis dabei zu setzen." *(H: George-Westermann-Archiv Braunschweig; zit. nach der Xerokopie der H im StA Husum F Br 335; unveröff.) Storm hatte auch Brinkmann gebeten, eine Rezension zu schreiben und warb mit Fontanes Bereitschaft:* „In der Kreuzzeitung wird nächstens Fontane darüber schreiben. Achte doch darauf. Er monirte mir neulich – ich meine mit Unrecht – in dem Gedichte ‚Beginn des Endes<'> den ‚des Todes Pfeil' und die letzte Strophe in N 1 von ‚Tiefe Schatten', da doch Reim und tiefste Anschauung vom Ganzen, auch aus dem Innersten hervorgegangen ist. Das 2te nannte er, wohl mit Recht, eine makellose Perle" *(H: SHLB Cb 50.51:06,49; StBr, 9.11.1868, Nr. 57, S. 159). Noch am 22. Dezember 1868 äußerte sich Storm sichtlich enttäuscht gegenüber Westermann, dass* „trotz seiner <*Fontanes; Anm. G.R.*> neulichen speciellen Ankündigung" *ihm* „in der Kreuzzeitung nichts zu Gesicht bekommen" *sei (H: George-Westermann-Archiv Braunschweig; zit. nach der Xerokopie der H im StA Husum F Br 335; unveröff.).*

8 2 andern Märchen: *Storms „Regentrude" und „In Bulemann's Haus".*

10 Vorrede zur Separatausgabe: *Storm hat in seinem* „Vorwort" *zu dem Band „Drei Märchen" im Mai 1865 geschrieben:* „Wenn ich diese Dichtungen Märchen genannt habe, so bitte ich das nicht zu genau zu nehmen; in dem ‚Cyprianus=Spiegel' ist wohl der vornehmere Ton der Sage angeschlagen, ‚Bulemann's Haus' würde vielleicht passender eine seltsame Historie genannt; nur das phantastische Element ist allen gemeinsam und muß die gewählte Bezeichnung rechtfertigen." *(S. V.) Vgl. auch Storm an Emil Kuh, 22.12.1872 (StKuh, Nr. 10a, S. 98).*

14 N 3 „Tiefe Schatten": *Storms „Gleich jenem Luftgespenst der Wüste".*

16 N 1: *Storms „In der Gruft bei den alten Särgen" war das erste Gedicht des Zyklus „Tiefe Schatten", das nach Constanze Storms Tod entstanden war. Für die 7. Auflage der „Gedichte" (1885) veränderte Storm dann doch noch die letzte Strophe. So wurde aus* „Rast" „Ruhe" *und aus* „Nachtschmetterling" „Schmetterling"*; vgl. zur Entstehung LL I, S. 861–865.*

20 „Pfeil des Todes": *Anspielung auf den letzten Vers des Gedichts „Beginn des Endes".*

26 Poëten Zimmer: *In seinem Brief an Eggers beschrieb Storm am 4. Juni 1869 seine Poetenstube im Haus in der Wasserreihe in Husum etwas genauer:* „Mein Zimmer,

das ich mir nach Neubau meines hintern Haustheils, selbst gedichtet habe, mit geschnitzter Balkendecke, rothen Wänden mit guten Kupferstichen, meiner selten reichen deutsch-poetischen Bibliothek in zwei Mahagoni-Bücherschränken und einem Wandschrank mit eichenem Rahmen, sowie dem einen von schmalen grünen Wollvorhang eingefaßten der Morgensonne offnen Fenster, das auf die grüne Lindenlaube meines schmalen Gärtchens hinaussieht – ich glaub es gefiele Ihnen und wir würden prächtig darin plaudern.“ *(H: Cb 60.56:513,26; StEgg, Nr. 24, S. 70 f.) Vgl. die Abb. in Laage 1987, S. 130, und Karl Ernst Laage: Das Storm-Haus, Husum, Wasserreihe 31. In: STSG 22 (1973), S. 9–17.*

31 Morgen <…> Pastor <…> Dienstmädel verführt: *In seinem Amt als preußischer Amtsrichter hielt sich Storm vom 22. bis zum 26. November 1868 auf der damaligen Insel Nordstrand auf. Er hatte eine Disziplinaruntersuchung über einen delikaten Fall vor Ort zu führen. Der Pastor Adolph-Georg Bleyer wurde von seinem siebzehnjährigen Dienstmädchen Juliane Carstensen der Vergewaltigung beschuldigt. Der Fall enthielt* „allerlei psychologische Rätsel“ *(Storm an seinen Sohn Hans, 27.11.1868; zit. nach Laage 2007, S. 71), worüber auch die Akten keine Auskunft erteilen. Auf Druck des Pfarrers nahm die Hausangestellte die Anklage zurück, und nach einer vereidigten Zeugenaussage der Haushälterin wurde er vom Konsistorium der Landeskirche freigesprochen. Gleichwohl erhielt er aufgrund seines* „höchst tactlosen und beziehungsweise ungebührlichen Verhaltens“ *gegenüber der Dienstmagd einen* „ernstlichen Verweis“, *weil er von ihr während einer* „Beichtfeier“ *und einer* „Abendmahlsfeier“ *unmissverständlich als von einer Person gesprochen hatte, die* „in wahnsinniger Verblendung hinginge“. *Vgl. Karl Ernst Laage: Theodor Storm als Untersuchungsrichter auf der Insel Nordstrand. In: Theodor Storm. Neue Dokumente, neue Perspektiven. Berlin 2007, S. 63–72, hier S. 69–71. Laage hat für den Beitrag erstmals die Akten des „Königlich evangelisch-lutherischen Consistoriums in Kiel“ ausgewertet, die im Landesarchiv Schleswig-Holstein aufbewahrt werden. Ich danke Frau Jacobsen, StA Husum, für diesen Literaturhinweis.*

(Zu 95) Storm an Fontane, Husum, Donnerstag, 16. November 1876 – Abdruck nach K

Überlieferung

H: *Meyer und Ernst 1933 (Nr. 597) <datiert auf: „16.10.1876“>; Stargardt 1936, S. 18 (Nr. 95); Privatbesitz; Stargardt 1999 (Nr. 672; Konvolut Nr. 290a); Privatbesitz*

K: *StA Husum*

E: *Stargardt 1999 (Nr. 672), S. 114 (Nr. 290a; TD und Teilabb., S. 115); Steiner, S. 134 (Nr. 87)*

Z: *Gülzow, S. 160; Meyer und Ernst, Nr. 597 <datiert auf: „16. Oktober 1876“>*

Ausgang

Wie bereits 1868 (vgl. Brief Nr. 92) schickte Storm Fontanes Brief mit anderen Schreiben als Einschlussbriefe zu seinem Brief an Westermann (16. November 1876) mit der Bitte, die Briefe mit den entsprechenden Rezensionsexemplaren („Theodor Storm's gesammelte Schriften“. Bd. 7–10. Braunschweig: Westermann 1877, und Theodor Storm: „Ein stiller Musikant, Psyche, Im Nachbarhause links. Drei Novellen“. Braunschweig: Westermann 1876) weiter zu befördern.

Stellenkommentar

3 Westermann <…> Gesammtausgabe <…> Separatausgabe: *Am 16. November 1876 hat Storm an Westermann geschrieben:* „Ich sende Ihnen anbei einige Briefe, in denen ich die Adressaten gebeten, die Bde 7–10 der Ges. Ausgabe u. das neue Novellenbuch zeitig vor Weihnachten zu besprechen, mit dem Anheimstellen Redactionsexlre beizufügen, und bemerke insbesonde daß Fontane das betreffende Feuilleton der Voßischen Zeitung hat“ *(H: George-Westermann-Archiv Braunschweig; zit. nach der Xerokopie der H im StA Husum F Br 335; unveröff.). Im Theodor-Fontane-Archiv sind nur noch die Bände 8 und 9 von Theodor Storms „Gesammelten Schriften“ überliefert (TFA Q 67=8,9). Fontane besprach auch die Folgebände der Gesamtausgabe (Bände 7–10); die Rezension erschien am 14. Januar 1877 in der Sonntagsbeilage der „Vossischen Zeitung“, Nr. 11, unter dem Titel: „T h e o d o r St o r m' s gesammelte Schriften. Band 7–10. Braunschweig, Verlag von G. Westermann. 1877.“ Vgl. den Abdr. auf S. 165–167. Der Band „Ein stiller Musikant. Psyche, Im Nachbarhause links. Drei Novellen“ (Braunschweig: Westermann 1876;* „Separatausgabe“*) wird in der Besprechung nicht erwähnt; er ist auch nicht in Fontanes Bibliothek überliefert. In seinem Tagebuch hielt Fontane lapidar fest:* „viel gelesen: <…> neue Sachen von Storm“ *(GBA – Tagebücher II, August–Dezember 1876, S. 63 f.).*

7 Pietsch <…> Schlesischen: *Storm hatte auch Pietsch über Westermann (am 16. November 1876) eine Sendung mit den Rezensionsexemplaren zukommen lassen. Am 20. November 1876 legte Storm noch einmal nach:* „Anbei, lieber Pietsch, das Aquis. Zeige es, bitte, etwas in Brillantfeuer recht bald in der Schlesischen an. Fontane habe ich für die Voßische ersucht.“ *(H: SHLB Cb 50.51:51,136–138,87; StPie, Nr. 99, S. 239.) Am 9. Dezember 1876 erschien dann die Besprechung von Pietsch in der „Schlesischen Zeitung“, worin die Novelle als* „eine köstliche echte Perle der deutschen erzählenden Prosa, ein Meisterwerk an Konzeption und Ausführung“ *gelobt wird; zit. nach LL II, S. 926.*

9 ein Roman im „Daheim“: *Fontanes erster Roman „Vor dem Sturm“ erschien erst zwischen dem 5. Januar und dem 21. September 1878 in einer redaktionell gekürzten Fassung in der Zeitschrift „Daheim“ in 36 Nummern (Nr. 14–28, 30–36 und 38–51). Vgl. Fontanes Antwort in Brief Nr. 96, Anm. 14 „Mein Roman <…> ‚Daheim‘“. Zu Storms Lektüre-Eindruck vgl. seinen Brief an Fontane, 4. Dezember 1878, Nr. *98, der allerdings nur noch als Exzerpt der Abschrift überliefert ist. Von wem Storm von der Zeitschriftenveröffentlichung erfahren hat, ist nicht ermittelt.*

10 unlesbaren Bandwurm von Louise François: *Am 1. Oktober 1876 wurde der 13. Jahrgang der Zeitschrift „Daheim“ mit Louise von François' Roman: „Die Stufenjahre eines Glücklichen“ eröffnet. Bis zum 24. März 1877 folgten 25 Fortsetzungen.*

12 Bd I–IV der Gesammtausgabe: *Storm hatte Fontane bereits am 17. Oktober 1868 ein Exemplar seiner Ausgabe der „Sämmtlichen Schriften“ (Band 1–6) zur Besprechung zukommen lassen; vgl. Brief Nr. 92.*

13 Ihre Wanderungen <…> ungeb. Expl.: *Schon in den vergangenen Jahren hatte Storm Fontane mehrmals um Zusendung der „Wanderungen“ gebeten; vgl. Briefe Nr. 84 und 86. Inzwischen war das Werk auf drei Bände angewachsen: „Wanderungen durch die Mark Brandenburg“ (Berlin: Hertz 1862), „Das Oderland. Barnim. Lebus“ (Wanderungen durch die Mark Brandenburg. Zweiter Theil; Berlin: Hertz 1863) und „Ost-Havelland. Die Landschaft um Spandau, Potsdam, Brandenburg“ (Wanderungen durch die Mark Brandenburg. Dritter Theil; Berlin: Hertz 1873).*

15 „Aquis Subm.“: *Ob Fontane ein Exemplar der ersten Buchausgabe von Storms „Aquis Submersus“ erhalten hat, ist nicht belegt. Seine Besprechung der „Gesammelten Schriften“ zeigt, dass er Storms „Aquis Submersus“ in der „Deutschen Rundschau“ (Bd. IX, Oktober–November–Dezember 1876, S. 1–76) gelesen hat. In einer Fußnote weist Fontane dann allerdings auf die leicht überarbeitete,* „in sehr eleganter Ausstattung“ *am 28. November 1876 bei Paetel erschienene erste Buchausgabe hin (Impressum: 1877); vgl. den Abdr. auf S. 167. Vgl. Brief Nr. 96, Anm. 24 „Form <…>* Aquis Submersus*“.*

16 Von Pietsch höre ich: *Nicht ermittelt; es ist kein Brief von Pietsch an Storm aus dieser Zeit überliefert. – Theodor und Emilie Fontane hatten inzwischen vier Kinder: George (geb. 1851), Theodor (geb. 1856), Martha (geb. 1860) und Friedrich (geb. 1864).*

**(Zu 96) Fontane an Storm, Berlin, Sonntag, 14. Januar 1877.
Antwortbrief auf Nr. 95 – Abdruck nach H**

Überlieferung
HBV: 77/2
H: SHLB (Cb 50.56:51,37)

E: *HFA IV/2, S. 552 f. (Nr. 441)*
D: *Steiner, S. 134 f. (Nr. 88)*

Handschrift
1 Doppelblatt (22,8 x 14,2 cm), S. 1–4 beschriftet; weißes Papier.

Stellenkommentar

2 Potsd. Str: 134. c.: *Seit dem 3. Oktober 1872 wohnte Fontane mit seiner Frau und seinen beiden jüngsten Kindern Martha und Friedrich in der Potsdamer Straße 134 c (heute Alte Potsdamer Straße), drei Treppen hoch links. Das Haus steht nicht mehr; eine Gedenktafel erinnert aber noch an die letzte Berliner Wohnung des Dichters; vgl. Klünner, S. 130.*

5 die kleine Besprechung: *Fontanes Rezension „Theodor Storm's gesammelte Schriften. Band 7–10. Braunschweig, Verlag von G. Westermann. 1877" war am 14. Januar 1877 in der Sonntagsbeilage der „Vossischen Zeitung" (Nr. 2) erschienen; vgl. den Abdr. auf S. 165–167. Die Briefbeilage ist nicht überliefert.*

14 Mein Roman <…> „Daheim": *Fontanes „Vor dem Sturm"; der Journaldruck verzögerte sich und begann erst am 5. Januar 1878; vgl. Storms Antwort nach seiner Lektüre, Brief Nr. *98, S. 143.*

16 tadelnden Kritiken: *Der Roman wurde insgesamt wohlwollend besprochen; es gab lediglich einige Stimmen, die eine Langsamkeit der Handlung sowie einen Mangel an Konzentration, etwa durch die zahlreichen Nebenfiguren, festgestellt haben. So kritisierte Paul Heyse Fontanes Liebe zum chronikhaften Detail, die auf die Gestaltung des Ganzen einen* „zerstückelnden, zerbröckelnden Einfluß" *habe. Außerdem bemängelte Heyse die ersten Kapitel, die eher einer* „Portraitgalerie" *als einer* „Erzählung" *gleichkämen, und die Darstellung der Liebesverhältnisse; an Wilhelm Hertz, 4.11.1878. Vgl. die Zusammenfassung der Rezeption zu „Vor dem Sturm" in GBA – Erzähler. Werk 1, S. 411.*

17 Schinkel <…> Blumen und Vögel <…> anders aus.": *Vgl. Fontanes „Wanderungen durch die Mark Brandenburg" (Berlin: Hertz 1862), Kap. Neu=Ruppin:* „Sein Vater zeichnete ihm öfter allerlei Dinge auf Papier, namentlich Vögel. Der kleine Schinkel saß dann dabei, war aber nie recht zufrieden und meinte immer: ‚Ein Vogel sähe doch noch anders aus'" *(S. 64).*

21 meine eigenen Pappenheimer: *Anspielung auf Schillers „Wallensteins Tod":* „Daran erkenn' ich meine Pappenheimer" *(III,15; Wallenstein).*

21 was Sie mir <…> über Liebeslieder: *Vgl. Briefe Nr. 34, Anm. 11 „Anerkennung Geibels <…> schwache Seite", und Nr. 36, Anm. 26 „ganz meinem Urtheil über Rodenberg".*

24 Form <…> Aquis Submersus: *Fontane spielt auf Storms Kompositionsprinzip der Rahmen- und Binnengeschichte an, das geeignet ist, die historische Distanz zwischen*

Gegenwart und Vergangenheit – insbesondere durch die Quelle der Handschrift – darzustellen. Mit „Aquis Submersus“ hat Storm den Höhepunkt dieser Erzähltechnik erreicht.

(Zu 97) Fontane an Storm, Berlin, Samstag, 2. November 1878 – Abdruck nach H

Storm hat sich Fontanes Adresse von diesem Brief in seinem Notizbuch von 1877 bis 1883 aufgeschrieben; vgl. StA Husum.

Überlieferung
HBV: 78/80
H: SHLB (Cb 50.56:51,38)
E: HFA IV/2, S. 626 f. (Nr. 504)
D: Steiner, S. 135 f. (Nr. 89)
Z: Gertrud Storm II, S. 181; Gülzow, S. 161

Handschrift
2 Doppelblatt (22,0 x 14,1 cm), S. 1–8 beschriftet; weißes Papier.

Stellenkommentar
5 Paul Lindau <…> erboten <…> um Ihre Mitarbeiterschaft: *Ein gutes Jahr zuvor hatte Paul Lindau bereits einen ersten vergeblichen Versuch unternommen, Storm als Mitarbeiter für die von ihm neu gegründete Zeitschrift „Nord und Süd“ von der ersten Nummer an zu gewinnen. Wie an viele andere Schriftsteller schickte Lindau am 20. Januar 1877 auch an Storm ein vorgedrucktes Schreiben, das mit einem persönlichen Nachtrag und mit einem eigenhändigen Gruß von Wilhelm Jensen ergänzt wurde (vgl. H: SHLB Cb 50.56:1). Lindaus Werben hatte bei Storm keinen Erfolg (vgl. Storm an Paetel, 12.2.1877; StPae, Nr. 84, S. 94). Am 27. Juli 1878 ermutigte Fontane Lindau dann, Storm in Husum zu besuchen und empfahl ihm seinen* „alten Freund und Lieblingspoeten Th. Storm“, *der* „nicht nur ein No.1. Dichter und Novellist, sondern auch ein brillanter Kritiker und Essayist“ *sei (FLin I, S. 244). Vor diesem Hintergrund wandte sich Lindau am 5. Oktober 1878 an Fontane, mit dem er wegen eines Abdrucks der Novelle „Grete Minde“ in Verhandlungen stand (H nicht überliefert). Aus Fontanes Antwort an Lindau vom 23. Oktober 1878 geht hervor, dass Lindau ihn vermutlich doch gebeten hatte, die Vermittlerrolle zwischen ihm und Storm zu übernehmen. In diesem Brief machte Fontane zudem keinen Hehl aus seinen Vorbehalten gegenüber Storm:* „An Storm schreib ich, wird aber nichts helfen. Er ist ein Schleswig=Holsteiner, also selbstbewußt, biedermannsprätensiös und bockig.

Eine sonderbare Sorte Menschen; schätzbar, aber wenig nett. In stillen Nächten (unglaublich, aber wahr) hab ich mir öfters die Frage vorgelegt: ‚warum schreibt Storm nicht für Lindau?' und bin immer zu folgendem Resultat gekommen: entweder ist St. um sein Selbstbild für die Berühmtheits=Galerie nicht rechtzeitig angegangen worden; oder er steht in der bekannten Frage: ‚Durfte „Nord und Süd“ überhaupt erscheinen', auf dem Rodenberg=Bambergerschen Standpunkt, wonach die Sache einfach unsittlich war. Zu Punkt 1 ist er eitel, zu Punkt 2 verrückt genug. Übrigens ein wundervoller Novellist und Dichter, trotzdem er nun schon 30 Jahre lang auf derselben Saite spielt. Aber wie Paganini.“ *(FLin I, S. 245.) – Mit der Gründung von Paul Lindaus Zeitschrift „Nord und Süd“, in der neben politisch-kritischen Texten auch dichterische und wissenschaftliche Beiträge versammelt werden sollten, war ein ernstzunehmendes Konkurrenzunternehmen für die erfolgreiche, von Julius Rodenberg hg. Zeitschrift „Deutsche Rundschau“ entstanden. Rodenberg wertete die Gründung von „Nord und Süd“ als* „einen Angriff auf den von ihm beanspruchten singulären Charakter“ *der „Deutschen Rundschau“ und reagierte mit einem Gegenschlag. Er ließ den kurz nach Lindaus Ankündigung erschienenen Beitrag Ludwig Bambergers, „Eine deutsche Revue des deux Mondes“, in der „National-Zeitung“ (1.2.1877) an verschiedenen Publikationsorten nachdrucken und verschickte ihn an seine Mitarbeiter. Rodenberg instrumentalisierte Bambergers Artikel für seine Zwecke, weil sich dieser aus ökonomischen Gründen gegen die inflationäre Gründung von Wochen- und Monatsmagazinen gewandt und für die Einzigartigkeit deutscher literarischer Revuen, wie etwa der „Deutschen Rundschau“ ausgesprochen hatte. Es begann nun ein Kampf zwischen den beiden Lagern um Rodenberg und Lindau um die besten deutschen Schriftsteller und Wissenschaftler. Lindau reagierte am 2. Juni 1877 mit einer Erwiderung in seiner „Gegenwart“ und plädierte für eine qualitative Vielfalt literarischer Zeitschriften. – Storm hielt sich aus dem Konflikt heraus; er profitierte von der Vielfalt der Journale und handelte sogar wegen der großen Nachfrage nach seinen Novellen Sonderkonditionen für das Honorar heraus. Er publizierte in verschiedenen Organen, wie etwa im April 1878 „Renate“ in der „Deutschen Rundschau“ und „Carsten Curator“ in „Westermann's illustrirten Deutschen Monatsheften“. Auf Lindaus erneutes Werben für eine Mitarbeit in „Nord und Süd“ ging Storm allerdings nicht ein; ebenso veröffentlichte er keine Werke in der Zeitschrift „Die Gegenwart“. Vgl. die ausführliche Dokumentation von Roland Berbig/Josefine Kitzbichler (Hg.): Die Rundschau-Debatte 1877. Paul Lindaus Zeitschrift „Nord und Süd“ und Julius Rodenbergs „Deutsche Rundschau“. Bern 1998.*

19 die besten Leute in seinem Hause: *Vgl. zu den* „Dejeuners“ *im Hause Lindau am Kronprinzenufer Fontanes unvollendet gebliebene Aufzeichnungen über Paul und Rudolf Lindau, veröff. von Christa Schultze: Zur Entstehungsgeschichte von Theodor Fontanes Aufzeichnungen über Paul und Rudolf Lindau. In: FBl 25 (1977), S. 27–58.*

Am 31. Mai 1878 nahm Fontane an einem „großen Dejeuner“ *bei Anna und Paul Lindau teil, das zu Ehren Bayard Taylors, des neuen amerikanischen Gesandten und Schriftstellers, veranstaltet wurde. Es kamen 26 Personen, u.a. die* „Hauptperson“ *Berthold Auerbach,* „der den Taylor übersetzt hat“, *Alexandros Nisos Rangabé, Eduard Lasker, Heinrich Kruse, Anton von Werner und Rudolf von Ihering (vgl. Fontane an Emilie Fontane, 29.5.1878; FEF III, Nr. 508, S. 97 f.).*

21 Odo Russell: *In seinen <„Aufzeichnungen über Paul und Rudolf Lindau“> schreibt Fontane im Unterschied zu seinem Brief an Storm, dass er an der Einladung zu Ehren Russells nicht teilnehmen konnte; vgl. Schultze in: FBl 25 (1977), wie Anm. 19, S. 51.*

23 R. Begas: *Bevor Fontane Reinhold Begas im Hause Lindaus traf, hatte er ihn bereits in seiner Funktion als Erster Sekretär der Akademie der Künste in Berlin bei einem Antrittsbesuch im März 1876 kennengelernt; vgl. „Fontane-Chronik“ III, S. 2012, *10.3.1876, und Schultze in FBl 25 (1977), wie Anm. 19, S. 52.*

26 Düsternbrook: *In Düsternbrook nordwestlich von Kiel (heute ein Stadtteil von Kiel) befand sich das kaiserliche Marinedepot. Briefe Groths und Storms aus dieser Zeit sind nicht überliefert.*

28 Groth <…> Villa „Forsteck“ <…> Dr. A. Meyer: *In seinem retrospektiven Tagebuch von 1878 hält Fontane nur knapp die gemeinsame Reise mit seiner Frau Emilie nach Hamburg, Kiel und Forsteck fest, wobei die Daten nicht mit dem tatsächlichen Reisetermin übereinstimmen:* „Am 11. September mit Dr. Meyer-Forsteck (Schwager von Stockhausen) nach Hamburg, Kiel, Forsteck. Emilie mit von der Partie. Reizende Tage in Hamburg, noch schönre in Forsteck; leidlich freundliche Berührungen mit Klaus Groth. Ende September wieder zurück.“ *(GBA – Tagebücher II, S. 68 f.) Tatsächlich beabsichtigte Fontane im August 1878 noch nicht, einen Abstecher nach Forsteck zu unternehmen (vgl. FEF III, Nr. 531, S. 144), da die Freundschaft zwischen den Familien Fontane und Stockhausen durch die unglückliche und öffentlich gewordene Zuneigung von Martha Fontane zu dem 52-jährigen Familienvater und Konzertsänger Julius Stockhausen (1826–1906) schwer belastet wurde (vgl. die Einführung von Regina Dieterle in: FMF, S. 12 f.). Fontane nahm dann aber doch die versöhnende Einladung des Hamburger Fabrikanten, Kaufmanns und Politikers Adolf Meyer (1822–1889) an, der mit der ältesten Schwester Stockhausens verheiratet war, an der Kieler Förde in der Nähe von Kiel eine Villa („Haus Forsteck“) besaß und für den Wahlbezirk Schwansen kandidierte; vgl. die Abb. in Gudrun und Hans-Jürgen Perrey: Theodor Fontane in Schleswig-Holstein und Hamburg. Hamburg 1998, S. 17 f. Fontane reiste nach dem 15. September 1878 aus Berlin ab und weilte vermutlich vom 21. bis 27. September 1878 in der Villa Forsteck. Am 21. September 1878 traf er in dem gastfreundlichen Haus mit Klaus Groth zusammen, wie er seiner Tochter Martha noch am selben Tag mitteilte:* „Während des Schreibens <*des Briefs an Martha; Anm. G.R.*> empfing ich Besuch von Klaus Groth, der eine Stunde lang mit mir plauderte; ich war sehr befriedigt, hoffent-

lich er auch, trotzdem ich drei oder vier faux pas gemacht habe. Aber in einer Stunde ist dies eigentlich wenig.“ *(FMF, Nr. 20, S. 61.) Am 25. September ist eine weitere Begegnung zwischen Fontane und Groth belegt, die Fontane seiner Tochter am selben Tag ankündigte:* „Zu Tisch erwarten wir heute Klaus Groth; ich bin schon in den voraufgegangenen Tagen viel mit ihm in Berührung gekommen. Er ist ein Kapitel wie sein Landsmann Storm.“ *Einen Tag später kam Fontane noch einmal auf das letzte Treffen mit Groth zurück:* „Gestern hatten wir wieder Klaus Groth zu Tisch hier, nach Tisch ging ich mit ihm in die Stadt, fuhr über die Bucht und besichtigte die dry-docks bei Ellerbeck <*Stützpunkt der preußischen Ostseeflotte, Anm. G.R.*>, wo unsre Schlachtenschiffe von ihren im Frieden erhaltenen schweren Verwundungen sich wieder erholen. Es paßt auch hier die Inschrift unsres Invalidenhauses: ‚Verwundet aber unbesiegt.‘“ *(FMF, 25.9.1878, Nr. 21, S. 61, und 26.9.1878, Nr. 22, S. 62.) Zur Erinnerung an seine Begegnung mit Klaus Groth und der gastfreundlichen Familie Meyer hat Fontane zwei Gedichte geschrieben, die unmittelbar nach seinem Aufenthalt in der Villa Forsteck entstanden sind und erst postum veröffentlicht wurden (beide H im TFA vermisst): den Toast „An Klaus Groth“ (zuerst am 1. Juli 1899 in: „Das litterarische Echo“, Sp. 1201 f., veröff.; dann u.a. in GBA – Gedichte III unter dem Titel „Toast auf Klaus Groth. Zum 25. September 1878“, S. 244) und „An Marie und Adolf Meyer, 2. Oktober 1878. Haus Forsteck“; vgl. GBA – Gedichte III, S. 244, und Anm., S. 540, sowie Horlitz, S. 31. Vgl. auch Franz Schüppen: Theodor Fontanes plattdeutsches Bekenntnis. Sein Toast auf Klaus Groth vom 25. September 1878. In: „Quickborn“ 1 (1991), S. 6–17. Außerdem entstand ein Plan zu einem Aufsatz über Klaus Groth, von dem nur ein Entwurf überliefert ist: „Ein Idyll (Kl. Groths Haus in Kiel)“; SBB-PK – Nachlass Fontane, St 47, Leihgabe im TFA; veröffentlicht u.a. in: HFA I/7, S. 325. Vgl. auch Emilie Fontane an Clara Stockhausen, 1. Oktober 1878, in dem Fontanes Plan eines* „Artikel<s> über Klaus Groth“ *angesprochen wird. Vermutlich meinte Emilie Fontane das Kapitel „An der Kieler Bucht (Forsteck)“ in dem unvollendet gebliebenen Reisebuch „Sommers am Meer“; vgl. HFA III/3,II, S. 1222. Dass Fontane Groths plattdeutsche Dichtung schätzte, belegt nicht zuletzt, dass er dessen Werk bei einer Umfrage „Die besten Bücher“ (1889) genannt hat; vgl. NFA XXI/1, S. 498. Vgl. die Abb. der heute nicht mehr existierenden Villa Forsteck in: Gudrun und Hans-Jürgen Perrey: Theodor Fontane in Schleswig-Holstein und Hamburg. Hamburg 1998, S. 17. Zur Beziehung zwischen Fontane und Groth vgl. Rudolf Bülck: Theodor Fontane und Klaus Groth. In: „Nordelbingen“ 15 (1939), S. 30–40.*

31 Bei meiner Rückkehr <…> „Renate“ <…> über Aquis submersus: *Storms Novelle „Renate“ war in Rodenbergs „Deutscher Rundschau“ im April 1878 erschienen (Bd. 15, April 1878, S. 1–42). Vermutlich hatte Fontane aber die erste Buchausgabe gelesen, die am 28. Oktober 1878 ausgeliefert wurde (Berlin: Paetel); vgl. „Börsenblatt für den Deutschen Buchhandel und die mit ihm verwandten Geschäftszweige“*

45 (1878), Nr. 251. An „Aquis Submersus" kritisierte Fontane noch in seinen „Erinnerungen an Theodor Storm", wie übrigens auch andere Schriftsteller, den „Compositionsfehler" *des Schlusses, der etwas* „schiefgewickelt" *sei, weil* „Etwas, was Pech, Zufall, äußerliches Mißgeschick ist, <...> als ‚Sühne'" *auftrete. Vgl. den Abdr. auf S. 177, und LL II, S. 926. – Gegenüber Erich Schmidt erwähnte Storm am 8. November 1878 Fontanes Urteil:* „Fontane erklärt mir neuerdings in einem Briefe, wo er mich für ‚Nord u. Süd' werben will, daß er ‚Renate' über ‚Aquis S.' stelle." *(H: DLA A: Schmidt; StSchm I, Nr. 46, S. 103.) Vgl. Hartmut Pätzold: „So muß gearbeitet werden". Überlegungen im Anschluss an Theodor Fontanes Lob von Storms Novelle „Renate". In: STSG 54 (2005), S. 113–130.*

**(Zu *98) Storm an Fontane, Husum, Mittwoch, 4. Dezember 1878.
Antwortbrief auf Nr. 97 (?) – Abdruck nach einem Exzerpt der Abschrift**

Überlieferung
H: ?
E: Rosenfeld, S. 450 f. (TD)
*Der Brief befand sich zunächst – wie alle Briefe Storms an Fontane – im Besitz der Erben Fontanes. Bevor Storms Briefe an Fontane Gertrud Storm im Jahre 1909 übergeben wurden, wurde eine Abschrift angefertigt; vgl. Editionsbericht, S. XLI. 1924/25 hat Hans-Friedrich Rosenfeld einen Ausschnitt nach der im Besitz Friedrich Fontanes befindlichen, heute nicht mehr überlieferten Abschrift in Neuruppin exzerpiert. In seinem Beitrag „Zum Briefwechsel Theodor Storm – Theodor Fontane" (in: „Euphorion" 84 <1990>, S. 449–451, hier S. 450 f.) veröffentlichte Rosenfeld dann das Exzerpt. Storms Brief an Fontane vom *4. Dezember 1878 ist in der „Fontane-Chronik" nicht nachgewiesen. Er belegt, dass Storm mit der Lektüre von „Vor dem Sturm" im Zeitschriftenabdruck begonnen hat, wobei er aber eine zeitweilige Unterbrechung zugibt, die durch die Länge und die zahlreichen Fortsetzungen verursacht wurde.*

Stellenkommentar
1 „Vor dem Sturm" <...> die Hefte ins Haus gelangen: *Zwischen dem 5. Januar und dem 21. September 1878 war Fontanes erster Roman, „Vor dem Sturm", in 36 Abschnitten in einer sehr gekürzten und unautorisierten Fassung erstmals in der Zeitschrift „Daheim" erschienen.*
6 „Wagen Odins" <...> Eingang <...> Heimreise Lewins: *Das Kapitel „XIII. Der Wagen Odins" in „Daheim" (1878), Nr. 17, 26.1.1878. Das Gespräch zwischen dem Pastor Seidentopf und Turgany, in dem es darum geht, ob der* „Wagen ein Gegenstand des Cultus" – *nämlich ein* „Symbol des altgermanischen Cultus", *der den Wagen Odins*

versinnbildlicht – oder vielmehr nur „ein bloßer Tand“ *ist. Tatsächlich wurde 1848 ein Bronzewagen zwischen Frankfurt an der Oder und Drossen gefunden und kam in das Kreismuseum Neuruppin (heute: Heimatmuseum Neuruppin). – Kapitel I. Heiligabend.*

8 nach den ersten zwanzig Abschnitten: *Die Zeitschriften-Kapitel 19–21 a erschienen am 23.2.1878 (Kap. II/5–10 der Buchausgabe) („Daheim“, Nr. 21).*

(Zu 99) Fontane an Storm, Berlin, Dienstag, 28. Oktober 1884 – Abdruck nach H

Überlieferung
HBV: 84/124
H: SHLB (Cb 50.56:51,39)
E: HFA IV/3, S. 359 (Nr. 543)
D: Steiner, S. 136 f. (Nr. 90)
Z: Gertrud Storm II, S. 219; Gülzow, S. 161

Handschrift
1 Doppelblatt (22,8 x 14,5 cm), S. 1 und 4 beschriftet; weißes Papier.

Eingang
Storm erhielt Fontanes Brief erst nach seiner Rückkehr aus Hamburg am 29. Oktober 1884, wo er seinen Freund Schleiden besucht hatte (vgl. StSchl, 5.11.1884, Nr. 32, S. 55).

Stellenkommentar

4 langweilige Wahltag: *Die Wahl zum 6. Deutschen Reichstag am 28. Oktober 1884, die im Zeichen von Bismarcks Kolonialpolitik stand. Die die Kolonialpolitik unterstützenden konservativen und nationalliberalen Parteien gewannen.*

5 „Grieshuus“ unter Thränenwasser <…> zu Ihren schönsten Arbeiten: *Fontane und seine Familie hatten Storms Novelle „Zur Chronik von Grieshuus“ entweder in der ersten Buchausgabe gelesen (Berlin: Paetel, 25.10.1884; vgl. „Börsenblatt für den Deutschen Buchhandel und die mit ihm verwandten Geschäftszweige“ 51 <1884>, Nr. 250), oder in der Zeitschrift „Westermann's illustrirte Deutsche Monatshefte“. Die Erzählung war dort in zwei Heftfolgen Ende September und Ende Oktober 1884 erschienen; vgl. Bd. 57 (1884), Heft 1: Oktober; Heft 2: November 1884. Fontanes Begeisterung für die sog. Chroniknovelle freute Storm offensichtlich so sehr, dass er davon seinen Freunden berichtete, so etwa in einem Brief an Petersen vom 3. November 1884:* „Von Fontane erhielt ich auch einen begeisterten Brief über Grieshuus“ *(StPet, Nr. 169, S. 157). Schleiden teilte Storm am 5. November 1884 mit:* „Uebrigens fand

ich bei meiner Heimkehr einen begeisterten Brief von Fontane: ‚Es ist wohl das Schönste, was Sie geschrieben haben!' Nirgendwo ein Anstoß wegen Theil II" *(StSchl, Nr. 32, S. 55). Vgl. auch Storms Briefe an Heyse, 8.11.1884 (StHey III, Nr. 191, S. 96), und an Schmidt, 28.11.1884 (StSchm II, Nr. 117, S. 102).*

8 Genre=Bilderbuch: *Vgl. Storms Antwort am 2. November 1884, Brief Nr. 100, und Anm. 13 „Proteste <…> Bilderbuch <…> kaum zu nennen".*

11 Frau Gemahlin: *Dorothea Storm, geb. Jensen, Storms zweite Ehefrau.*

(Zu 100) Storm an Fontane, Hanerau-Hademarschen, Sonntag, 2. November 1884. Antwortbrief auf Nr. 99 – Abdruck nach H

Überlieferung

H: *SHLB (Cb 50.51:15,44)*

E: *Wolbe, S. 185 f.*

D: *Stargardt 1958 (Nr. 537), S. 55 (Nr. 276; TD und Teilabb., S. 56); Goldammer II, S. 307–309 (Nr. 304); Steiner, S. 137 f. (Nr. 91)*

Handschrift

1 Doppelblatt (18,0 x 11,2 cm), S. 1–4 beschriftet; weißes Papier.

Stellenkommentar

1 Hademarschen-Hanerau: *Am 3. Mai 1880 übersiedelte Storm von Husum in das Dorf Hademarschen bei Hanerau; am 3. Mai 1881 bezog er dort seine letzte Wohnstätte, das Landhaus An der Chaussee Nr. 134 bzw.* „Botterbarg" *(Storm an Heyse, 19.3.1883; StHey III, Nr. 145, S. 44, und die Abb. in Laage 1987, S. 152 f.). Das Haus existiert heute noch (Nr. 42), die Straße wurde umbenannt in Theodor-Storm-Straße.*

3 Ihren Gruß: *Fontane an Storm, 28.10.1884; vgl. Brief Nr. 99.*

5 unsicher <…> Buch I <…> schrieb Heyse: *Storm hatte am 24. Juli 1884 das Druckmanuskript des ersten Teils von „Zur Chronik von Grieshuus" zur Durchsicht an Heyse geschickt. Am 30. Juli 1884 antwortete Heyse mit einer Postkarte:* „Sehr sehr schön, lieber Freund, ganz untadelig von innen und außen u. von einem so kräftigen Bodengeruch, daß mir ganz heimwehmüthig nach Deiner Haide- und Marschgegend wurde. Eine Fülle der trefflichsten kleinen Züge und intimsten Lebensreize, und wie sicher mit spontanen Linien umrissen. Ich nehme, Dir dies zu sagen, nur das kleine Blatt, weil es eben nur ein bravo, sans phrase! sein soll. <…> Grieshuus lies't jetzt m. Frau, dann kommt's an Frau Lina, dann zu Dir zurück. Auf die Fortsetzung bin ich begierig. Du hast Dir's schwer gemacht, auf dieser Höhe zu bleiben. Willst Du aber nicht das alterthümliche e in siehet, pflanzet etc streichen? Es wirkt archaistisch,

ohne Noth, da Du ja von heutzutage bist u. nicht den Chronisten nachahmst. Glück auf! und gratulor ex animo" *(H: SHLB Cb 50.56:82,83; StHey III, Nr. 184, S. 90). In seinem Brief an Hans Ritter von Hopfen vom 27. Mai 1888 erwähnt Fontane Storms Notiz aus Heyses Schreiben:* „Ein Brief Heyses an Storm soll anfangen: ‚Du hast es Dir schwer gemacht, an Dich immer neu heranzureichen oder Dich wohl gar zu übertreffen, aber es ist Dir gelungen'. Ich glaube, er schrieb es bei Gelegenheit von Storms ‚Chronik von Grießhuus's'" *(H: TFA VIII, 90; Andree, Nr. 90, S. 72).*

8 Buch II <…> Mühe <…> fast noch werthvoller: *Die Entstehung der Novelle „Zur Chronik von Grieshuus" bis zur Erstveröffentlichung im Herbst 1884 dauerte insgesamt drei Jahre und reichte bis in den Oktober 1881 zurück. Die Arbeit an „Buch II", die Storm im Januar 1884 aufgenommen hatte, kostete ihn viel mehr Zeit, als er einkalkulierte, so dass sich der Veröffentlichungstermin um einige Monate verzögerte. Gegenüber Heyse, Schmidt, Keller und Theodor Mommsen klagte Storm immer wieder über den* „Kampf" *(an Mommsen, 8.6.1884). Obwohl er bereits im März das Manuskript beider Teile für den Zeitschriftenabdruck an Westermann geschickt hatte, forderte Storm noch während seines Besuchs in Berlin im April 1884 „Buch II" zurück und änderte nicht nur einzelne Sätze, sondern nahm großflächige Überarbeitungen vor, mit denen er erst am 13. Juni 1884 zufrieden war. Am 14. August 1884 meldete sich Heyse nach der Lektüre des Korrekturumbruchs von „Buch II" bei Storm:* „Habe eben in tiefer Rührung den Schluß von Grieshuus gelesen, lieber Freund. Wenn Dir Jemand einreden will, und wärst Du's selbst, diese zweite Hälfte stehe hinter der ersten zurück, so glaube ihm ja nicht. Sie ist ganz so trefflich und in manchem Betracht noch werthvoller, durch eine Menge eigenartiger, leiser und starker, Züge, die nur Dir so gelingen. Die Wolfsjagd im Thurmhause, das Eintreten des Alten in sein ehemaliges Gebiet, die alten Matten, der Vetter – ja wo soll ich anfangen u. aufhören! Es ist ergreifend, wie der starke Büßer seine Zärtlichkeit für den Enkel bezwingt, bis er in jener Nacht ihr den Zügel schießen lässt. Und das hochfeierliche Ende – und Alles. Meine Hand ist lahm von vielem Dramenschmieden <…> sonst plauderte ich Dir noch eine Weile von alle dem vor, was Du ja besser kennst, weil Du's gemacht hast, und dennoch eben darum verkennst. Laß Dich umarmen, Du hast mir eine große Freude geschafft." *(H: SHLB CB 50.56:82,84; StHey III, Nr. 187, S. 92.) – Zur Überlieferung, Entstehung und Rezeption vgl. ausführlich LL III, S. 843–870.*

9 Erich Schmidt: *Auch Erich Schmidt, dem Storm schon am 3. Januar 1884 „Buch I" hatte zukommen lassen, erhielt den Korrekturumbruch des zweiten Teils (vgl. StSchm II, 17.9.1884, Nr. 116, S. 100). Schmidts Antwort ist nicht überliefert; nach der Lektüre des Manuskripts von „Buch I" im Januar 1884 hatte Schmidt aber schon sein Gefallen zum Ausdruck gebracht:* „Ich habe es in einem Zuge gelesen, es ist schön, sehr schön." *(H: nicht überliefert; zit. nach StPet, 31.1.1884, Nr. 153, S. 143.)*

10 **Petersen:** *Petersen, der bereits am 1. Oktober 1884 von Heyse selbst von dessen begeisterter Lektüre erfahren hatte, teilte das Lob in seinem Brief an Storm mit (vgl. StPet, 5.10.1884, Nr. 167, und Anm. 7; H: SHLB Cb 50.56:156,40). Nachdem er die Novelle gelesen hatte, meldete sich Petersen etwas ausführlicher zu Wort:* „Heyse hat Recht mit seinem Urtheil über Ihr Jüngstes, lieber Freund. Das ist wirklich ein hochachtbares Stück Arbeit, auf welches Sie stolz sein können. Das ist alles so stark in Form und Farbe u. dabei so gleichmäßig und maßvoll, daß der Nachgeschmack, auf den ich großen Werth lege, um so trefflicher ist, wie nach einem Trunke alten, edlen Weins. Auch alle Gestalten sind gleichmäßig gelungen besonders der Wildmeister wenigstens nach meinem Gefühle. Das Ganze gewinnt sehr durch den geschichtlichen Hintergrund und imponirt durch die treffliche kulturgeschichtliche Farbe nicht wenig. So ein Stück soliden Studiums thut dem Leser sehr wohl und gibt der Wahrhaftigkeit ein gutes Relief. Bei vielen Scenen habe ich mir gesagt, daß dieselben sehr schön, ungewöhnlich schön seien; so der Wildmeister mit seinem Enkel auf den Wolf lauernd, der Tod der Mutter des Rolf, wie der Oberst verkündet, wer der Wildmeister gewesen usw. Welch glänzende Schilderungen sind die Verfolgung des Knaben durch die Wölfe, der Bienensturm. Wie geschickt ist durch das Entsetzen der Haide schneidenden Dirne die Entsetzlichkeit des Vorgangs gezeichnet; dieses Spiegelbild wirkt wunderbar. Köstliche Bilder sind die müde Seele, welche aus des Brunnens Tiefe an die Oberwelt gelangt, das Gewand, welches wie ein Weiberrock im Winde steht, das Spinnwebhäubchen auf dem blonden Haar, das todte Geziefer auf Sims und Geräth. Der Vielfraßpelz, das cyprische Puder, die citirten alten Bücher usw., sind schätzenswerthes Beiwerk zum alterthümlichen Tone. Wenn ich annähernd das bezeichnen wollte, was mich angesprochen hat, so müßte ich einige Bogen füllen. Es sei genug mit Vorstehendem“ *(H: SHLB Cb 50.56:156,41; StPet, Nr. 168, S. 155 f.).*

11 **Ernst Storm:** *Storm hatte seinem Sohn Ernst, dem Richter in Toftlund (Südjütland), den Korrekturumbruch von „Buch I“ am 12. August 1884 geschickt (vgl. StESt, Nr. 176, S. 266). Auf Bitten Storms erhielt Ernst dann „Buch II“ durch Paul Heyse (vgl. StHey III, 12.8.1884, Nr. 186, S. 192), so dass der Sohn die Novelle ebenfalls noch vor Drucklegung lesen konnte. Kurz vor dem 24. August 1884 kündigte Ernst dann seinem Vater einen ausführlichen Brief an, wobei er aber schon seine Bewunderung nicht zurückhielt (*„Über ‚Grhs‘ schreibe ich nächstens; es ist meines Erachtens I Ranges“*; H: nicht überliefert; vgl. StESt, Nr. 177, S. 268). Gegenüber Schleiden berichtete Storm dann vom Urteil seines Sohnes, wobei er aus dessen zwischen dem 24. August und dem 23. September 1884 geschriebenen und nicht mehr überlieferten Brief zitierte:* „Grshs habe ich zweimal mit großem Interesse gelesen (einmal vorgelesen) es war mir eine wahre Erquickung; denn es ist von Anfang bis zu Ende von großer Schönheit. Der zweite Theil steigt gegen den ersten; es liegt indessen nicht darin, daß der erste dem zweiten an Güte weiche, sondern in der richtigen und sicheren Bearbeitung

des Stoffes, der das verlangt. Vortrefflich hast Du das Interesse an dem als greisen Mann wieder auftauchenden Helden des ersten Buchs zu fesseln gewußt; prachtvoll ist der Eintritt des Alten in dem Schloßhof mit seinen zwei mächtigen Hunden" *(StSchl, 23.9.1884; Nr. 30, S. 53 f.). Auch gegenüber Erich Schmidt erwähnte Storm den ersten Lese-Eindruck seines Sohnes (H: DLA A: Schmidt; StSchm II, 24.8.1884, Nr. 115, S. 99); ebenso schrieb er seinem jüngsten Sohn Karl am 8. September 1884:* „Wie Heyse meint auch Ernst, es sei das Ganze sei ersten Ranges; ich hatte wegen des vielen Durch- u. Umarbeitens über Buch II augenblicklich kein Urtheil mehr; daher freut mich diese Uebereinstimmung." *(H: SHLB Cb 50.53:4,270; unveröff.)*

12 circa 5 Monate <…> daran gearbeitet: *Storm meint die Entstehung von „Buch II" zwischen Mitte Januar und Mitte Juni 1884, die durch seine Reise nach Berlin im April 1884 unterbrochen wurde; vgl. LL III, S. 847–853.*

13 Proteste <…> Bilderbuch <…> kaum zu nennen: *Vgl. Storm an Heyse, 8. November 1884:* „Fontane schrieb mir einen begeisterten Brief, nannte es aber ‚ein Genrebilderbuch ohne Gleichen'. Es ist aber doch wohl ein Ganzes, worin die Szenen wesentlich aus dem Zentrum herausgeschrieben sind, und nicht nur einzelne Bilder" *(StHey III, Nr. 191, S. 96).*

16 ungerecht gegen die früheren Sachen: *Vgl. auch Fontanes Urteil in den „Erinnerungen an Storm", S. 176 f., und in „Der Tunnel über der Spree. Viertes Capitel. Theodor Storm", S. 201. „Viola Tricolor" beispielsweise wird in Fontanes Rezension „Theodor Storm's gesammelte Schriften, Band 7–10" als* „die Perle der Sammlung" *bezeichnet; vgl. den Abdr. auf S. 166.*

19 Schluß von Buch I <…> erschütternd: *Am Schluss von „Buch I" stirbt Bärbe, die junge nichtstandesgemäße Ehefrau des Junkers Hinrich, an den Folgen einer Frühgeburt, die Hinrichs jüngerer Zwillingsbruder Hans Christoph durch sein Gespräch mit der Schwägerin ausgelöst hatte. Hinrich tötete daraufhin seinen Bruder. Storm erwartete mit diesem Ende – ebenso wie bei den übrigen Novellen („Aquis Submersus", „Carsten Curator", „Waldwinkel" und „Eekenhof") nicht Rührung und Mitleid, sondern vielmehr Erschütterung und Entsetzen beim Lesepublikum; vgl. zusammenfassend Laages Kommentar in StSchm II, Nr. 80, Fußnote 40, S. 181.*

23 Dr. Mannhardt <…> Italien <…> erzählte mir: *Gegenüber Keller deutete Storm am 10. November 1884 nur noch vage den Keim der Novelle „Zur Chronik von Grieshuus" an –* „ein kleines italienisches Motiv von 5 bis 6 Zeilen" *–, das* „den Perpendikel-Anstoß" *gab (StKel, Nr. 52, S. 120). Zur Rekonstruktion der Quellen vgl. LL III, S. 855–861.*

33 in Berlin <…> so bitter wenig von einander: *Während seines Aufenthalts in Berlin im April und Mai 1884, wo er seine* „Dutzend Bekanntschaften" *auffrischen wollte (StSpe, 9.3.1884, Nr. 89, S. 135) und mit Fontane, Menzel, Zöllner und vielen anderen Bekannten zusammentraf, hatte sich Storm ein enormes Besuchs- und Arbeitspensum*

vorgenommen; vgl. seinen Bericht über das „Ungeheuer Berlin“ *an Schleiden vom 28.4.1884 (StSchl, Nr. 27, S. 50, und Nr. 28, S. 51). Auch gegenüber seinem Sohn Karl kam Storm auf den Berlin-Besuch zurück und sprach von einem* „Spektakel“, *das man um seinetwillen veranstaltet habe (8.9.1884; H: SHLB Cb 50.53:4,270; unveröff.). – Fontane und Storm sahen sich vermutlich am 25. April 1884 im Kgl. Schauspielhaus während der Theateraufführung von Wilhelmine von Hillerns „Die Geyer-Wally“, am 1. Mai bei Zöllners und dann ein letztes Mal am 9. Mai 1884; vgl. GBA – Tagebücher II, 28.4. bis 9.5.1884, S. 215, und Einführung, S. XXXII.*

36 eine Arbeit <...> Zeitschrift angekündigt: *Vermutlich meinte Storm die Erstveröffentlichung von Theodor Fontanes Roman „Graf Petöfy“, der in sieben Teilen in der „Deutschen Roman-Bibliothek zu Ueber Land und Meer“ (Nr. 28–34) allerdings schon im Juli und August 1884 erschienen war.*

40 Eggers: *Karl Eggers, der jüngere Bruder von Friedrich Eggers.*

40 Zöllner's <...> Brief erhält: *Sollte Storm im November 1884 einen Brief an Zöllner geschrieben haben, dann ist dieser nicht überliefert.*

42 sonnigen Stube: *Vgl. Storm an den Grazer Dichter Karl Gottfried Ritter von Leitner am 25. April 1881, sechs Tage vor dem Umzug in seine Altersvilla:* „Ein freundliches im vor. Jahr erbautes Landhaus in geräumigen Garten, von der kleinen Terrasse u. oben meinem Zimmer mit weiter Schau auf Wald u. Wiese und in's blaue Land hinaus“; *zit. nach Max Suhr: Theodor Storm in Hademarschen und Hanerau. Heide 1994, S. 85 f.; dort auch weitere Äußerungen Storms über das mit* „hohe*<n>* lichte*<n>* Zimmern“ *ausgestattete Haus (an Erich Schmidt, 16.6.1880, dem er eine Grundriss-Skizze beilegte), und eine Abb. der Poetenstube im ersten Stock (S. 17). Vgl. auch Fontanes „Der Tunnel über der Spree. Viertes Capitel. Theodor Storm“, Abdr. auf S. 200 f.*

42 „schaue hinaus in die weiten Lande“: *Zitat aus Ludwig Uhlands „Des Hirten Winterlied“, letzte Strophe:* „Und halt ich dich in den Armen / Auf freien Bergeshöhn: / Wir sehn in die weiten Lande / Und werden doch nicht gesehn“.

46 v. Wartenberg <...> in Oehl gemalt: *Marie von Wartenberg besuchte Storm vom 24. September bis etwa Mitte Oktober 1884 und porträtierte ihn; vgl. Abb. Nr. 1. Das Gemälde hängt im Storm-Museum Husum (Dauerleihgabe vom Nissenhaus Husum). Vgl. Storm an Schleiden, 23. September 1884 (StSchl, Nr. 30, S. 53), sowie an Heyse, 2. Oktober 1884:* „Augenblicklich ist eine Cousine meiner verstorbn. Frau hier, Tochter des bekannten Juristen Etatsrath Esmarch; sie wurde etwa 1850 an einen trefflichen Mann, Hauptm. in der Garde, v. Wartenberg verheirathet, der aber nach dreijähriger Ehe wahnsinnig wurde u. noch ist. Sie malt recht tüchtig, Schülerin von Graef u. Gussow und ist bei einem guten Portrait von mir beschäftigt“ *(StHey III, Nr. 190, S. 94). Gegenüber Keller bezeichnete Storm das Gemälde dann als* „trefflich“ *(StKel, 21.12.1884, Nr. 54, S. 124).*

47 Lützowstr.: *Marie von Wartenberg wohnte in der Lützowstraße 8 in Berlin W; vgl. „Adressbuch Berlin“ 1884. – Ein Besuch Fontanes bei Frau von Wartenberg ist nicht belegt.*

(Zu 101) Fontane an Storm, Krummhübel, Samstag, 17. September 1887 – Abdruck nach K

Überlieferung
HBV: 87/120
H: Privatbesitz
K: StA Husum (FBr 79)
E: „Märkische Zeitung“, 29. November 1934
D: FFontane/Fricke II, S. 423; (Nr. 265); Gülzow, S. 141 f. (Nr. 33); Coler II, S. 310 f.; HFA IV/3, S. 564 (Nr. 535); Steiner, S. 138 f. (Nr. 92)

Handschrift
S. 1 und 4 beschriftet.

Stellenkommentar

1 Krummhübel <…> Haus Meergans: *Von 1872 bis 1887 verbrachte Fontane seine Arbeitsurlaube in Schlesien. Zusammen mit seiner Frau Emilie und Tochter Martha weilte er zwischen dem 19. August und dem 19. September 1887 in Krummhübel (Karpacz), dem wichtigsten Luftkurort im östlichen schlesischen Riesengebirge. Vgl. Hans Reitzig: Theodor Fontane und Krummhübel. In: „Heemteglöckla“, Nr. 38 f. (1954), S. 42–44 (1955), S. 47–51 (1956) und S. 52–54 (1957); dort ist auch ein Bericht über den Aufenthalt in Haus Meergans vom Sohn der Zimmerwirtin abgedruckt.*

5 Strandläufer und Regenpfeifer: *Die in vielen Arten an Meeresstränden vorkommenden kurzbeinigen Schnepfen und kleine, gedrungene Wattvögel, die im Flug oft melodisch pfeifen.*

5 „graue Stadt am Meer“: *Zitat aus Storms Gedicht „Die Stadt“ (dritte Strophe, zweiter Vers).*

8 in Kaiser Wilhelms Tagen: *Kaiser Wilhelm I. wurde am 22. März 1887 90 Jahre alt.*

9 von Kiel aus <…> Feststrophen auf den Jubilar: *Zum 70. Geburtstag Theodor Storms veranstaltete die Universität Kiel am 9. September 1887 eine Akademische Feier für Storm* „als die Huldigung der Provinz Schleswig-Holstein“. *In diesem Zusammenhang wurde von Gustav Brandt eine Festzeitung veröffentlicht („Zum siebenzigsten Geburtstage von Theodor Storm den 14. September 1887“, Druckerei Schmidt & Klaunig). Die Festgabe versammelte neben einigen Gedichten des Jubilars auch Bei-*

träge von Paul Schütze, Klaus Groth, Jochen Meyer, P. G. Heims und Gustav Brandt. Möglicherweise wurde Fontane aufgefordert, ein Gedicht zu schreiben; Näheres nicht ermittelt. Diesen Hinweis verdanke ich Frau Elke Jacobsen, StA Husum.

12 Lindau <...> Bismarckgedicht: *Im Februar 1885 erreichte Fontane Lindaus Einladung für ein Gedicht zu Ehren von Bismarcks 70. Geburtstag. Fontane kam Lindaus Bitten nach und schrieb mehr aus Pflichtbewusstsein als aus Leidenschaft „In Lockenfülle das Blonde Haar". Das Gedicht wurde dann neben fünf weiteren Bismarck-Gedichten von Felix Dahn, Klaus Groth, Wilhelm Jensen, Ernst von Wildenbruch und Paul Heyse unter dem Sammeltitel „Jung-Bismarck" in der Zeitschrift „Nord und Süd" im April 1885 veröffentlicht. Vgl. Fontanes Briefe an Lindau, 13., 15. und 23.2.1885 (FLin II, S. 59 f.). In seinem Tagebuch notierte Fontane rückblickend:* „Korrespondenz mit Lindau über ein Bismarckgedicht zum 70. Geburtstag des Fürsten. Ich übernehme es; viel wird es nicht werden" *(9. bis 21.2.1885).* „Lindau hatte niemandem mitgeteilt, daß es auf einen Sanges-Wettstreit hinausliefe, was ich unpassend finde. Die ganze Geschichte kriegt dadurch was Fabrikmäßiges und wirkt mindestens ebensosehr als Ulk wie als Huldigung. Aber Lindau hat das Vorrecht solcher Späße" *(22. Februar bis Ende April 1885; GBA – Tagebücher II, S. 225 f.). Vgl. auch GBA – Gedichte I, S. 226, und Anm., S. 575–577, sowie Roland Berbig: „In Lockenfülle das blonde Haar, / Allzeit im Sattel und neunzehn Jahr" Die Bismarckgedichte in Paul Lindaus Zeitschrift „Nord und Süd" 1885. In: FBl 53 (1992), S. 42–57.*

15 „es ritten <...> Speeren" <...> ehren.": *Beginn des Gedichts „Das traurige Turnei" von Ludwig Uhland.*

(Zu *102) Fontane an Storm, Berlin, Samstag, 24. oder Sonntag, 25. September 1887

Edition

Vgl. Brief Nr. 103 („Ihr Trauerbrief"*); in Steiners Edition als erschlossener Brief aufgenommen, S. 139 (Nr. 93).*

(Zu 103) Storm an Fontane, Hanerau-Hademarschen, Montag, 26. September 1887. Antwortbrief auf Nr. *102 – Abdruck nach H

Überlieferung

H: *SHLB (Cb 50.51:15,45)*
E: *Steiner, S. 139 (Nr. 94)*
Z: *Fontane: „Erinnerungen an Theodor Storm", abgedr. auf S. 174*

Handschrift
1 Doppelblatt (17,7 x 11,3 cm), S. 1–2 beschriftet; weißes Papier.

Stellenkommentar

3 Gruß zu meinem Siebenzigsten: *Fontane an Storm, 17.9.1887; vgl. Brief Nr. 101.*

4 Ihr Trauerbrief <...> dessen Lebensstellung: *Vgl. Brief Nr. *102. George Fontane, der älteste Sohn Theodor und Emilie Fontanes, hatte die Offizierslaufbahn eingeschlagen und war zuletzt Lehrer an der Hauptkadettenanstalt in Groß-Lichterfelde. Am 24. September 1887 starb der 36-Jährige unerwartet an einem Blinddarmdurchbruch. Vgl. Fontane an seinen Sohn Theodor, 24. September 1887:* „Die Krankheit, Blinddarmentzündung, trat mit ungeheurer Vehemenz auf *<am 17.9.1887; Anm. G.R.>*; er schrie vor Schmerz, und als ich ihn am Mittwoch *<21.9.1887; Anm. G.R.>* zuerst sah – der Dienstag war der schlimme Tag gewesen – sah er mich bereits mit Todesaugen an. Ich hatte gleich das Gefühl: er ist hin. Trotz alledem schien es besser zu gehen und alle drei Ärzte waren nicht ohne Hoffnung. Die letzte Nacht aber setzte wieder furchtbar ein, und nach vielstündigem, schwerem Kampfe schloß heute früh neun Uhr sein Leben. Ich trat in demselben Augenblick an sein Bett, als sein Puls stillstand; der Eisenbahnzug hatte mir nicht den Gefallen getan, sich um eine Minute zu verfrühen. Mete hatte ihn während der letzten vier Nächte mit heroischem Mute gepflegt, gemeinschaftlich mit einer grauen Schwester. Die Liebesbeweise Metes und die Tapferkeit und Umsicht, womit sie ihn gepflegt, waren ihm das einzige Licht dieser schweren Tage, und er gab der Freude darüber auch Ausdruck bis zuletzt." *(HFA IV/3, Nr. 538, S. 566 f.; vgl. GBA – Tagebücher II, 1887, S. 239 f.) Vgl. auch Edith Krauss: Theodor Fontane: Meine Gräber. Biographische Spurensuche in Berlin-Lichterfelde. In: FBl 78 (2004), S. 152–168.*

7 Zöllner <...> Tochter: *Anna Zöllner war vom 11. auf den 12. Februar 1887 24-jährig gestorben. Storm hatte die Todesnachricht erst zwei Monate später von Pietsch erfahren und schrieb am 21. April 1887 an Zöllner:* „Lieber Freund, da ist mir, als würde alles Leben unsicher: diese so rein, so bescheiden und doch so frisch und ganz ins Leben hineingehende Mädchengestalt, die ist Euch entrissen!" *(Alfred Leicht: Storm=Tannhäuser. Neue Briefe Theodor Storms. In: „Westermann's illustrirte Deutsche Monatshefte", Bd. 127, Februar 1920, S. 636).*

8 Hans: *Storms ältester Sohn Hans war Alkoholiker und starb am 5. Dezember 1886 an Tuberkulose.*

13 bleichsüchtig und matt: *Im Oktober 1886 erkrankte Storm an einer schweren Lungen- und Rippenfellentzündung, die sich bis Februar 1887 hinzog; im April 1887 wurde dann Magenkrebs diagnostiziert, unter dessen ersten Symptomen er wohl schon in Potsdam gelitten hatte und der am 4. Juli 1888 zu seinem Tode führte.*

(Zu 104) Fontane an Storm, Berlin, Mittwoch, 12. Oktober 1887. Antwortbrief auf Nr. 103 – Abdruck nach H

Überlieferung
HBV: 87/137
H: SHLB (Cb 50.56:51,40)
E: HFA IV/3, S. 569 (Nr. 543)
D: Steiner, S. 140 (Nr. 95) mit Abb.

Handschrift
1 Doppelblatt (22,4 x 14,2 cm), S. 1 beschriftet; weißes Papier.

Stellenkommentar

4 Ihre Worte: *Storm an Fontane, 26.9.1887; vgl. Brief Nr. 103.*

5 Alle Rütlionen <…> an die Reihe gekommen: *Kugler war 1858 gestorben, Merckel 1861, Blomberg 1871, Friedrich Eggers 1872, Lucae 1877 und Bormann 1882.*

6 Heyse: *Eine Tochter und zwei Söhne von Paul Heyse waren als Kinder gestorben: Marianne (1869), Ernst (am 5. April 1871) und Wilfried (1877).*

Begriffe des „Tunnels“, der „Ellora“ und des „Rütli“

Im Folgenden werden diejenigen Organisationsformen und Fachbegriffe der literarisch-geselligen Vereine und Zusammenkünfte vorgestellt, auf die in Storms und Fontanes Briefen sowie in den Rezensionen und Essays Bezug genommen wird. Eine ausführliche Darstellung findet man in Berbig/Hartz sowie im Handbuch Vereine; vgl. auch die „Statuten des Sonntags-Vereins zu Berlin. Als Manuscript gedruckt“ (Berlin 1835).

1. Literarischer Sonntagsverein zu Berlin („Tunnel über der Spree“)

Am 3. Dezember 1827 von Moritz Gottlieb Saphir in Berlin gegründeter, nach dem Tage seiner Versammlungen und des Versammlungsorts benannter literarischer Verein, der bis zum 30. Oktober 1898 existierte (Datum des letzten vorliegenden Protokolls). Die Sitzungen fanden Sonntags nach strengem Ritual statt; die Sitzungsperiode dauerte vom 3. Dezember bis in den Mai und vom Oktober bis zum 2. Dezember („Wintertunnel“). In der Sommerpause fanden gelegentliche „Sommertunnel“ statt. Die Tätigkeit des „Tunnels“ beschränkte sich auf das „Vorlegen künstlerischer Productionen der Mitglieder (Späne)“ und ausgewählter Runen (Gäste) sowie „auf ihre Beurtheilung durch den Verein“.

Begriffe

Angebetetes Haupt: *Tunnelvorsitzender und Leiter der Sitzungen; er wurde für 6 Monate (Amtszeit Mai bis Oktober: „Sommerhaupt“ und November bis April: „Winterhaupt“) gewählt. Das A. H. hält bei Übernahme und bei Abgabe des Vorsitzes eine „Antrittsrede“ bzw. eine „Abtrittsrede“. Es übernimmt die Korrespondenz mit den Mitgliedern des „Tunnels“ sowie mit dritten Personen.*

Beurteilung der Späne: *siehe Versammlungen.*

Eiserner Fonds: *Der Eiserne Fonds wurde am 15. Dezember 1833 gegründet, um „die Bedürfnisse des Vereins“ zu finanzieren sowie um für „die Unterstützung hilfsbedürftiger Mitglieder“ zu sorgen. Der Sekretär sammelte in den Sitzungen von jedem anwesenden ordentlichen Mitglied einen beliebigen Beitrag ein. Weitere Einnahmequellen waren die Aufnahmegebühr (ein Taler) und der Zuschuss von einem Silbergroschen für den Druck der „Statuten“, die jedes Mitglied beim „Tunnel“-Eintritt erhielt.*

Konkurrenz: *Balladen-, Gedicht- oder Novellenwettbewerb, der in unregelmäßigen Abständen nach einem strengen Ritual veranstaltet wurde. Die anonym eingereichten Beiträge wurden von ausgewählten Mitgliedern vorgetragen.*

Namen: *Jedes ordentliche Mitglied erhielt bei Aufnahme „einen von berühmten Männern seines Standes entlehnten" Namen, „bei dem allein es im Vereine zu nennen war". Der „Tunnel"-Name wurde auch bei Anrede und Unterschrift in Briefwechseln gebraucht, um „die Unterschiede in der sozialen Stellung der Mitglieder wenigstens im Vereinsleben" zu überbrücken. Fontane wurde „Lafontaine" genannt, nach dem Hauslehrer und Schriftsteller August Heinrich Julius La Fontaine (1758–1831), der wie Fontane aus einer französischen Emigrantenfamilie stammte.*

Protokolle: *Die Protokolle wurden vom Sekretär bei jeder Sitzung geführt und im Archiv deponiert.*

Rune: *Bezeichnung für einen Gast, der nur von „Tunnel"-Mitgliedern eingeführt werden konnte und eigene Werke vortragen lassen durfte. Voraussetzung für die Aufnahme in den „Tunnel" als ordentliches Mitglied war die dreimalige Teilnahme als R. an den Sitzungen. Storm war kein ordentliches Mitglied des „Tunnels"; es sind nur wenige Sitzungen belegt, an denen er als R. teilnahm, so etwa am 2. Januar 1853, am 20. November 1853 (zusammen mit seinem Bruder Otto Storm) sowie am Stiftungsfest am 3. Dezember 1854.*

Sekretär: *Der Sekretär wurde gewählt und trat sein Amt am Stiftungsfest an; seinen Stellvertreter bestimmte er selbst. Er führte u.a. das Protokoll während der Sitzungen, nummerierte die Späne und sorgte dafür, dass das Protokoll bis zur nächsten Sitzung vorlag und die Späne bis spätestens vier Wochen nach dem Vortrag im „Tunnel" mundiert wurden. Der S. bestimmte den Kanzellisten und registrierte die Einnahmen für den Eisernen Fonds.*

Sitzungen: *siehe Versammlungen.*

Späne: *Späne sind literarische oder künstlerische Werke, die während der Sitzungen vorgetragen wurden. Die Texte oder Kompositionen wurden abgeschrieben und im Archiv aufbewahrt. Fontane trug 129 Sp. vor, von Storm ist nur die Lesung eines Sp.s („Sie saßen sich genüber lang") am 13. Februar 1853 durch Friedrich Eggers bekannt.*

Statuten: *1835 festgesetzte und danach immer wieder ergänzte Richtlinien, in denen die Organisationsformen und Tätigkeitsbereiche des „Tunnels" geregelt werden.*

Stiftungsfest: *Zur Erinnerung an die „Tunnel"-Gründung am 3. Dezember 1827 fand das St. jährlich am 3. Dezember im Beisein von möglichst vielen Runen statt. Nach der ordentlichen Sitzung folgte eine „sinnreiche Feier", die „mit einem Mahle" beschlossen wurde.*

Versammlungen: *Die Versammlungen fanden sonntags nach einem strengen Ritual statt und begannen von Mai bis Oktober um acht, von November bis April um vier Uhr. Vor der Eröffnung durch das Angebetete Haupt oder das Vizehaupt wurden die*

Späne eingesammelt, die in den V. vorgetragen werden sollten. Die Sitzungen begannen mit „dem Vortrage eines Tunnel-Liedes" oder einem „Stiefelknechtlied". Es folgten die Vorlesung des Protokolls der vorigen Sitzung durch den Sekretär und der „Vortrag der Späne", der nach einer Besprechung nach den vorgegebenen Werten beurteilt wurde: sehr gut, gut, mittelmäßig, schlecht, sehr schlecht oder keine Bewertung. Das höchste Lob war die Akklamation, die „durch Schurren mit den Füßen" erteilt wurde.

2. „Ellora"

Im November 1852 von Friedrich Eggers gegründeter geselliger Freundeskreis, in dem Dichtungen, Aufsätze, Rezensionen, aber auch Zeichnungen für das „Deutsche Kunstblatt" und das „Literatur-Blatt des Deutschen Kunstblattes" vorgestellt wurden. Die E. tagte bis 1868, dann verlor sie an Bedeutung. Zum Kreis gehörten Friedrich Eggers, Emilie und Theodor Fontane, Marie und Richard Lucae, Mathilde und Wilhelm Lübke, Henriette und Wilhelm von Merckel, Otto Roquette, Emilie und Karl Zöllner. Die Mitglieder trugen E.-Namen; als Gäste („Freischärler") nahmen Clara und Franz Kugler und gelegentlich auch Bernhard von Lepel (seit 1857) und Storm an den wöchentlichen Treffen teil, die in den Wohnungen der Mitglieder stattgefunden haben. Gepflegt wurde der Kult des Gelegenheitsgedichts. Der eher zufällig gewählte Name E. geht zurück auf einen indischen Grottentempel.

3. „Rütli"

Aus dem „Tunnel" hervorgegangener Freundeskreis (von Fontane in „Von Zwanzig bis Dreißig" als „Nebentunnel" *oder* „Tunnelsahne" *bezeichnet), der „die literarischen Kräfte Berlins zu konzentrieren und mit den norddeutschen und preußischen Wurzeln, zu denen man sich bekannte, zu verknüpfen" suchte (Berbig in: Handbuch Vereine, S. 396). Er wurde auf Friedrich Eggers' Initiative am 9. Dezember 1852 im Hause von Franz Kugler gegründet und bestand bis 1894. Der Name spielt auf die Uferwiese am Urner See in der Schweiz an und damit auf Schillers „Wilhelm Tell". Während der Sitzungen, die in den Wohnungen der Mitglieder stattgefunden haben, trug man nach einem weniger strengen Ritual als im „Tunnel", das seit dem 3. Dezember 1855 in „Des Rytli-Ordnungen" festgelegt wurde, eigene Dichtungen vor. Die Gründungsmitglieder waren neben Eggers Fontane, Lepel, Kugler, Merckel und Bormann, als weitere Mitglieder folgten Heyse, Menzel, Storm, Lübke, Zöllner, August von Heyden, Karl Eggers, Hugo von Blomberg, Moritz Lazarus und kurzzeitig Leo Goldammer. Wie im „Tunnel" gaben sich die Mitglieder Namen; Fontane hieß u.a. „Lafontaine" und Storm wurde nach dem mittelhochdeutschen Minnesänger Tannhäuser (mhd. Tannhuser; etwa 1205–1270) und wegen seiner Begeisterung für Richard Wagners Oper „Tannhäuser und Der Sängerkrieg auf Wartburg"*

(1845) seit Ende 1854 „Tannhäuser" genannt. Zwischen 1854 und 1860 wurde aus dem Kreis des „Rütli" die Zeitschrift „Argo" unter den Herausgebern Fontane und Kugler (1854), Kugler, Friedrich Eggers und Theodor Hosemann (1857) und Friedrich Eggers, Hosemann und Lepel (1858–1860) herausgebracht; dort veröffentlichten die „Rütli"-Mitglieder sowie andere Dichter und Bildende Künstler ihre Werke.

Verzeichnis der Abkürzungen Storms und Fontanes

Die Übersicht umfasst alle von Storm und Fontane verwendeten Abkürzungen; konventionelle Abkürzungen wie „z.B.", „u.A.", „d.h.", „Dr.", „engl.", „etc.", „Frl.", „Prof.", „P.S.", „u.dgl.", „usw." und „V." werden nicht erläutert. Storm neigt zu verkürzter Wortwiedergabe, etwa bei „glücklichrweise" *für „glücklicherweise" (Nr. 37, S. 65),* „Vrse" *für „Verse" (Nr. 37, S. 65),* „verurthlt" *für „verurtheilt" (Nr. 52, S. 85),* „Vleger" *für „Verleger" (Nr. 64, S. 99) und* „Untrhaltgn" *für „Unterhaltungen" (Nr. 64, S. 98). Diese Verkürzungen sind ebenfalls nicht aufgeführt. Abgekürzte Zeitungen, Zeitschriften und Werke, z.B.* „Aquis Subm." *für „Aquis Submersus" und* „Augsb. Allg. Ztng" *für die „Allgemeine Zeitung Augsburg", werden auch nicht aufgelistet; sie werden im Stellenkommentar erklärt.*

Adr.; adr. – *Adresse*
B. – *Band; Berlin*
Bd – *Bände*
Brandenbstr – *Brandenburgerstraße*
d. – *den; der; die*
d. i. – *das ist*
d. J. – *diesen Jahres*
das betr: – *das betreffende*
dießj. – *dießjährigen*
Dithmarsch. – *Dithmarschen*
dM – *des Monats*
e. – *ein(e)*
event. – *eventuell*
Ex; Ex.; Expl. – *Exemplare*
Feuillet. – *Feuilleton*
freundl. – *freundlich; -en*
Geh. Reg. Räthe – *Geheime Regierungsräthe*
gr. – *Groschen*
gr. – *groß, großen*
Id. – *Idylle*
in Betr. – *in Betreff*
in pcto – *in puncto (lat.: ‚in Bezug auf')*
kathol. – *katholisch; -en*
kl. – *kleine*
königl. – *königlicher*
körperl. – *körperlich; -er*
liter.; literar. – *literarisch; -es*
m. – *mein*
M. S. – *Manuskript*
moral. – *moralisch; -en*
N; N. – *Nummer*
N. B. – *Nota Bene (lat.: ‚bemerke wohl')*
N. Ruppin – *Neu Ruppin*
obgl. – *obgleich*
od. – *oder*
p p; p. p. – *perge perge (lat.: ‚fahre fort, fahre fort'; Synonym für bzw. in Kombination mit etc.); die Abkürzung steht hier auch vor Namen in der Bedeutung von „praemissis praemittendis" (lat.: ‚der gebührende Titel vorausgeschickt')*

p. – *per (lat.: ‚durch')*
p. t. – *pleno titulo (lat.: ‚mit vollem Titel'); pro tempore (lat.: ‚zeitweilig')*
pag. – *pagina (lat.: ‚Seite')*
Potsd: Str:; Potsd. Str. – *Potsdamer Straße*
pr. – *prioris (hier: von Jahrgang)*
Pr. Ztg. – *Preußische Zeitung*
Preuß. – *Preußische; -en*
qu. – *quaestioniert (hier: fraglich oder erwähnt)*
resp. – *respektablen; respektive*
rth – *Reichsthaler*
s. – *seiner*
S. – *Seite*
Schl. Holst.; Schlesw. Holst.; Schleswigholst. – *Schleswig Holsteinische; -en*
Sgr; Sgr.; sgr. – *Silbergroschen*
Sr. Majestät – *Seiner Majestät*
Stadtbrf. – *Stadtbrief*
Stroph. – *Strophe*
T- – *Teufel*
Th.; Thlr – *Thaler*
Thl – *Theil*
Trepp.; Trpp.; Trppen – *Treppen*
u v. – *und von*
U. – *Uhr; -en*
u.; u – *und*
ungeb. – *ungebunden; -en*
v. – *vom; von*
v. J. – *vorigen Jahres*
v. Ms – *vorigen Monats*
verd- – *verdammt; -en*
Vf; Verf.; Vfssrs – *Verfasser; -s*
w. – *wie*
W. – *Wochen*
z. – *zur*
z. Z. – *zur Zeit*

Siglen- und Abkürzungsverzeichnis

Abdr.	*Abdruck*
abgedr.	*abgedruckt*
Anm.	*Anmerkung*
Aufl.	*Auflage*
B	*Bleistift*
Bl	*Blatt*
BLH	*Brandenburgisches Landeshauptarchiv*
BSB	*Bayerische Staatsbibliothek München*
D	*Folgedruck*
DLA	*Deutsches Literaturarchiv Marbach*
E	*Erstdruck*
E_B	*Erstdruck als Buch*
E_J	*Erstdruck in einem Journal*
Ent.	*Entstehung*
erw.	*erwähnt*
FBl	*Fontane Blätter*
H	*Handschrift*
h	*Abschrift*
HD	*Handschrift Diktat*
hs	*handschriftlich*
HUB	*Humboldt-Universität zu Berlin; Universitätsbibliothek*
Kgl.	*Königlich*
Komp.	*Komposition*
Kopie	*Xerokopie*
masch.	*maschinenschriftlich*
NPZ	*Neue Preußische (Kreuz-) Zeitung, gen. „Kreuz-Zeitung“*
PAZ	*Preußische (Adler-) Zeitung, gen. „Adler-Zeitung“*
SBB-PK	*Staatsbibliothek zu Berlin, Preußischer Kulturbesitz*
SHLB	*Schleswig-Holsteinische Landesbibliothek Kiel*
StA	*Theodor-Storm-Archiv Husum*
StN	*Storm-Nachlass*
STSG	*Schriften der Theodor-Storm-Gesellschaft*

T	*Tinte*
TD	*Teildruck*
TFA	*Theodor-Fontane-Archiv Potsdam im Brandenburgischen Landeshauptarchiv*
TL	*„Tunnel"-Lesung*
„Tunnel"	*Archiv des „Tunnels über der Spree", Humboldt-Universität zu Berlin*
UA	*Uraufführung*
unveröff.	*unveröffentlicht*
V	*Vers*
VZ	*Königlich privilegirte Berlinische Zeitung von Staats- und gelehrten Sachen, gen. „Vossische Zeitung"*
Z	*Zitat*

Literaturverzeichnis

Adressbuch Berlin	*Berliner AdreßBuch unter Benutzung amtlicher Quellen redigiert von A. Ludwig. Hg. von W. und S. Loewenthal. Berlin http://adress buch.zlb.de/. <Stand: 14. Dezember 2010.>*
AFA – Autobiogr. Schriften III/1	*Theodor Fontane: Autobiographische Schriften. Bd. III/1: Christian Friedrich Scherenberg, Tunnel-Protokolle und Jahresberichte, Autobiographische Aufzeichnungen und Dokumente. Hg. von Gotthard Erler u.a. Berlin 1982.*
Andree	*Christian Andree: Katalog der Fontane-Sammlung Christian Andree. Hg. von der Kulturstiftung der Länder. Berlin 1999.*
Berbig	*Roland Berbig: „… wie gern in deiner Hand / Ich dieses Theilchen meiner Seele lasse.“ Theodor Storm bei Franz Kugler und im Rütli: Poet und exilierter Jurist. In: Fontane Blätter 53 (1992), S. 12–29.*
Berbig/Hartz	*Roland Berbig/Bettina Hartz: Theodor Fontane im literarischen Leben. Zeitungen und Zeitschriften, Verlage und Vereine. Berlin, New York 2000 (Schriften der Theodor Fontane Gesellschaft, Bd. 3).*
Briefe an seine Kinder	*Theodor Storm: Briefe an seine Kinder. Hg. von Gertrud Storm. Braunschweig 1916 (Theodor Storm's Sämtliche Werke, Bd. 11).*
Briefe in die Heimat	*Theodor Storm: Briefe in die Heimat aus den Jahren 1853–1864. Hg. von G. Storm. Neue Ausgabe. Berlin 1914. <erste Aufl. Berlin 1912.>*
Coler I, II	*Theodor Fontane: Briefe. Eine Auswahl. Bd. 1 und 2. Hg. von Christfried Coler. Berlin <DDR> 1963 (Theodor Fontane. Werke in Einzelausgaben).*

DWb	Deutsches Wörterbuch von Jacob und Wilhelm Grimm. 16 Bde (in 32 Lieferungen) und Quellenverzeichnis. Leipzig 1854–1971.
Erler I	Theodor Fontane: Briefe in zwei Bänden. 1. Bd. München 1981. Hg. von Gotthard Erler. <erste Aufl. Berlin 1968.>
Ettlinger	Theodor Fontane: Aus dem Nachlaß. Hg. von Josef Ettlinger. Berlin 1908.
Eversberg	Gerd Eversberg (Hg.): „... diese Sachen sind doch sehr heinisch“. Ein bisher unbekannter Brief Fontanes an Theodor Storm. In: Fontane Blätter 60 (1995), S. 5–9.
Fasold	Regina Fasold: „... daß die Novelle nur entweder ‚Auf der Universität‘ oder ‚Lore‘ heißen dürfe“. Theodor Storms Briefwechsel mit dem Verleger Emil Carl Brunn in Münster. In: Storm-Blätter aus Heiligenstadt 12 (2006), S. 72–95.
FFontane/Fricke I, II	Theodor Fontane: Briefe an die Freunde. Letzte Auslese. Bd. 1 und 2. Hg. von Friedrich Fontane und Hermann Fricke. Berlin 1943.
FEgg	Theodor Fontane und Friedrich Eggers. Der Briefwechsel. Mit Fontanes Briefen an Karl Eggers und der Korrespondenz von Friedrich Eggers mit Emilie Fontane. Hg. von Roland Berbig. Berlin, New York 1997 (Schriften der Theodor Fontane Gesellschaft, Bd. 2).
FEF I–III	Emilie und Theodor Fontane. Der Ehebriefwechsel. 1844–1898. 3 Bde. Hg. von Gotthard Erler unter Mitarb. von Therese Erler. Berlin 1998 (GBA – Der Ehebriefwechsel, Bd. 1–3).
FMF	Theodor Fontane und Martha Fontane. Ein Familienbriefnetz. Hg. von Regina Dieterle. Berlin, New York 2002 (Schriften der Theodor Fontane Gesellschaft, Bd. 4).
FHer	Theodor Fontane: Briefe an Wilhelm und Hans Hertz 1859–1898. Hg. von Kurt Schreinert, vollendet und mit einer Einführung versehen von Gerhard Hay. Stuttgart 1972.

FHey	*Der Briefwechsel zwischen Theodor Fontane und Paul Heyse. Hg. von Gotthard Erler. Berlin, Weimar 1972.*
FKug I	*Franz Kugler: Briefe an Theodor Fontane. Eine Auswahl aus den Jahren 1853 und 1854. Eingel., hg. und komm. von Roland Berbig. In: Fontane Blätter 41 (1986), S. 255–286.*
FKug II	*Franz Kugler und Theodor Fontane. I. Briefe Kuglers an Fontane aus den Jahren 1850 bis 1858. Hg. von Roland Berbig. In: Fontane Blätter 47 (1989), S. 3–19.*
FLep I, II	*Theodor Fontane – Bernhard von Lepel. Der Briefwechsel. Kritische Ausgabe. Hg. von Gabriele Radecke. Berlin 2006 (Schriften der Theodor Fontane Gesellschaft, Bd. 5.1, 5.2).*
FLin I, II	*Theodor Fontane an Paul Lindau. Mitgeteilt von Paul Alfred Merbach. In: Deutsche Rundschau 53 (1927), Bd. 210, S. 239–246; Bd. 211, S. 56–64.*
FMer I, II	*Die Fontanes und die Merckels. Ein Familienbriefwechsel 1850–1870. Bd. I: 30. Juli 1850 bis 15. März 1858. Bd. II: 18. März 1858–15. Juli 1870. Hg. von Gotthard Erler. Berlin 1987.*
Fontane	*Theodor Fontane: Der Tunnel über der Spree. Aus dem Berliner literarischen Leben der vierziger und fünfziger Jahre. Theodor Storm. In: Deutsche Rundschau 87 (1896), April–Mai 1896, S. 214–229.*
Fontane-Bibliographie I, III	*Wolfgang Rasch: Theodor Fontane Bibliographie. Werk und Forschung. In Verbindung mit der Humboldt-Universität zu Berlin und dem Theodor-Fontane-Archiv Potsdam hg. von Ernst Osterkamp und Hanna Delf von Wolzogen. 3 Bde. Berlin, New York 2006.*
Fontane-Chronik I–V	*Roland Berbig: Theodor Fontane Chronik. 5 Bde. Berlin 2010.*
Fontane-Handbuch	*Fontane-Handbuch. Hg. von Christian Grawe und Helmuth Nürnberger. Stuttgart 2000.*

Fricke — *Erinnerungen an Theodor Storm von Theodor Fontane. Ein nicht vollendeter Nekrolog mitgeteilt von Hermann Fricke. In: Jahrbuch für brandenburgische Landesgeschichte 9 (1958), S. 26–37.*

GBA – Erzähler. Werk 1 — *Theodor Fontane: Vor dem Sturm. Roman aus dem Winter 1812 auf 13. Erster und Zweiter Bd. Hg. von Christine Hehle. Berlin 2011 (GBA – Das erzählerische Werk, Bd. 1).*

GBA – Erzähler. Werk 18 — *Theodor Fontane: Frühe Erzählungen. Hg. von Tobias Witt. Berlin 2002 (GBA – Das erzählerische Werk, Bd. 18).*

GBA – Gedichte I–III — *Theodor Fontane: Gedichte. Bd. 1: Gedichte (Sammlung 1898). Aus den Sammlungen ausgeschiedene Gedichte. Bd. 2: Einzelpublikationen, Gedichte in Prosatexten, Gedichte aus dem Nachlaß. Bd. 3: Gelegenheitsgedichte aus dem Nachlaß. Hamlet-Übersetzung, Dramenfragmente. Hg. von Joachim Krueger und Anita Golz. 2. Aufl. Berlin 1995 (GBA – Gedichte).*

GBA – Tagebücher I, II — *Theodor Fontane: Tagebücher. Bd. 1: 1852; 1855–1858. Hg. von Charlotte Jolles unter Mitarb. von Rudolf Muhs. Berlin 1994. Bd. 2: 1866–1882; 1884–1898. Hg. von Gotthard Erler unter Mitarb. von Therese Erler. Berlin 1994 (GBA – Tage- und Reisetagebücher, Bd. 1, 2).*

Gertrud Storm I, II — *Gertrud Storm: Theodor Storm. Ein Bild seines Lebens. 2 Bde. Berlin 1912/13.*

Goldammer 1968 — *Peter Goldammer: Ein unbekannter Briefwechsel zwischen Fontane und Storm. In: Weimarer Beiträge 14 (1968), S. 423–436.*

Goldammer I, II — *Theodor Storm. Briefe. Bd. 1 und 2. Hg. von Peter Goldammer. 2. Aufl. Berlin 1984. <erste Aufl. Berlin 1971.>*

Gülzow — *Storm – Fontane. Briefe der Dichter und Erinnerungen von Theodor Fontane. Einführung und Erläuterungen von Erich Gülzow. Reinbek 1948.*

Handbuch Vereine — *Handbuch literarisch-kultureller Vereine, Gruppen und Bünde 1825–1933. Hg. von Wulf Wül-*

	fing, Karin Bruns und Rolf Parr. Stuttgart, Weimar 1998.
Hannoverscher Courier	*Theodor Storm über seine Werke. Aus ungedruckten Briefen. In: Hannoverscher Courier, Nr. 35318, 7. November 1920, Morgenausgabe.*
HBV	*Die Briefe Theodor Fontanes. Verzeichnis und Register. Hg. von Charlotte Jolles und Walter Müller-Seidel. Bearb. von Rainer Bachmann, Walter Hettche und Jutta Neuendorff-Fürstenau. München 1987.*
Heyse – Erinnerungen	*Paul Heyse: Jugenderinnerungen und Bekenntnisse. 1. Bd.: Aus dem Leben. 5. Aufl. Stuttgart, Berlin 1912.*
HFA Sämtliche Werke	*Theodor Fontane: Romane, Erzählungen, Gedichte. 5. Bd. Hg. von Walter Keitel. München 1966.*
HFA I/7	*Theodor Fontane: Werke, Schriften und Briefe. Hg. von Walter Keitel und Helmuth Nürnberger. München 1962 ff. Abt. I: Sämtliche Romane, Erzählungen, Gedichte, Nachgelassenes. Siebenter Bd. Hg. von Walter Keitel u.a. Zweite Aufl. München 1984.*
HFA II/4	*Theodor Fontane: Sämtliche Werke. Hg. von Walter Keitel. München 1962 ff. Abt. II: Aufsätze, Kritiken, Erinnerungen. 4. Bd.: Autobiographisches. Hg. von Walter Keitel. München 1973.*
HFA III/1	*Theodor Fontane: Sämtliche Werke. Hg. von Walter Keitel. München 1962 ff. Abt. III: Aufsätze, Kritiken Erinnerungen. 1. Bd.: Aufsätze und Aufzeichnungen. Hg. von Jürgen Kolbe. München 1969.*
HFA III/3,II	*Theodor Fontane: Werke, Schriften und Briefe. Hg. von Walter Keitel und Helmuth Nürnberger. München 1962 ff. Abt. III: Erinnerungen und ausgewählte Schriften und Kritiken. Dritter Bd. Reiseberichte und Tagebücher 2. Teilbd.: Tagebücher. Hg. von Helmuth Nürnberger u.a. München 1997.*
HFA IV/1–3; 5,II	*Theodor Fontane: Werke, Schriften und Briefe. Hg. von Walter Keitel und Helmuth Nürn-*

	berger. München 1962 ff. Abt. IV: <Briefe>: Bde 1–3. Hg. von Otto Drude u.a. München 1976–1980. Fünfter Bd.: Register und Kommentar. Zweiter Teilbd.: Kommentar. Hg. von Walter Hettche u.a. München 1994.
Horlitz	*Vermißte Bestände des Theodor-Fontane-Archivs. Eine Dokumentation im Auftrag des Theodor-Fontane-Archivs hg. von Manfred Horlitz. Potsdam 1999.*
Kehler	*Neunundachtzig bisher ungedruckte Briefe und Handschriften von Theodor Fontane. Hg. und mit Anmerkungen versehen von Richard von Kehler. Berlin 1936.*
Klette	*Erhard Klette: Theodor Fontane als Kritiker deutscher erzählender Werke des 18. und 19. Jahrhunderts. Univ.-Diss. Greifswald 1925 (Maschinenschrift).*
Klünner	*Hans-Werner Klünner: Theodor Fontanes Wohnstätten in Berlin. In: Fontane Blätter Bd. 4 (1977), Heft 2, S. 107–134.*
Krammer	*Mario Krammer (Hg.): Theodor Fontanes engere Welt. Aus dem Nachlaß. Berlin 1920.*
Krueger	*Joachim Krueger: Neues vom Tunnel über der Spree. In: Marginalien. Blätter der Pirckheimer-Gesellschaft 7 (1960), S. 13–25.*
Laage 1987	*Theodor Storms Welt in Bildern. Eine Bildbiographie. Hg. von Karl Ernst Laage. Heide 1987.*
Laage 1988	*Karl Ernst Laage: Theodor Storm. Studien zu seinem Leben und Werk mit einem Handschriftenkatalog. 2. Aufl. Berlin 1988.*
LL I–IV	*Theodor Storm: Sämtliche Werke in vier Bänden. Hg. von Karl Ernst Laage und Dieter Lohmeier. Frankfurt am Main 1987–1988.*
Löding	*Frithjof Löding: Theodor Storm und Klaus Groth in ihrem Verhältnis zur schleswig-holsteinischen Frage. Dichtung während einer politischen Krise. Neumünster 1985 (Quellen und Forschungen zur Geschichte Schleswig-Holsteins, Bd. 84).*

Lohmeier	*Dieter Lohmeier: Einige Ergänzungen zur neuen Ausgabe des Briefwechsels zwischen Storm und Fontane. In: Schriften der Theodor-Storm-Gesellschaft 31 (1982), S. 43–49.*
Lübke – Erinnerungen	*Wilhelm Lübke: Lebenserinnerungen. Berlin 1891.*
Märkische Zeitung	*Ungedruckte Briefe Theodor Fontanes XX. An Theodor Storm. In: Märkische Zeitung, Nr. 279, 29. November 1934.*
Mensing I–V	*Schleswig-Holsteinisches Wörterbuch (Volksausgabe). Hg. von Otto Mensing. Neumünster 1973 (unveränd. Nachdruck der Ausgabe von 1927–1935).*
Meyer und Ernst 1933	*Hellmut Meyer & Ernst. Autographenhandlung und Antiquariat. Berlin. Versteigerungskatalog 35. Theodor Fontane – August von Kotzebue. Zwei Deutsche Dichternachlässe. Manuskripte und Briefe sowie ausgewählte Autographen. Versteigerung 9. Oktober 1933. Katalog-Nr. 35. Berlin 1933.*
Mückenberger	*Heiner Mückenberger: Theodor Storm – Dichter und Richter. Eine rechtsgeschichtliche Lebensbeschreibung. Baden-Baden 2001 (Juristische Zeitgeschichte, Bd. 8).*
NFA XV	*Theodor Fontane: Von Zwanzig bis Dreißig. Autobiographisches. Nebst anderen selbstbiographischen Zeugnissen. Hg. von Kurt Schreinert und Jutta Neuendorff-Fürstenau. München 1967 (Sämtliche Werke, Bd. XV).*
NFA XXI/1, 2	*Theodor Fontane: Literarische Essays und Studien. Erster und Zweiter Teil. Hg. von Kurt Schreinert, Rainer Bachmann, Peter Bramböck und Hans-Heinrich Reuter. München 1974 (Sämtliche Werke, Bd. XXI/1 und XXI/2).*
NFA XXII/2	*Theodor Fontane: Causerien über Theater. Zweiter Teil. Hg. von Kurt Schreinert und Edgar Gross. München 1964 (Sämtliche Werke, Bd. XXII/2).*

NPZ	*Theodor Storm an Fontane. In: Neue Preußische (Kreuz-) Zeitung, Nr. 923, 13. Dezember 1929.*
Nürnberger	*Märkische Region & Europäische Welt. Hg. von Helmuth Nürnberger. Bonn 1993.*
Pniower	*Otto Pniower: Theodor Fontane: Briefe an Theodor Storm. In: Die neue Rundschau 20 (1909) <Oktober>, S. 1465–1480.*
Pniower/Schlenther I	*Theodor Fontane: Briefe Zweite Sammlung. 1. Bd. Hg. von Otto Pniower und Paul Schlenther. Berlin 1910.*
Post-Handbuch	*Post-Handbuch für Berlin oder Darstellung der Post-Verbindungen zwischen Berlin und sämmtlichen Preußischen Städten und Post-Anstalten, so wie zwischen Berlin und den bedeutendsten ausländischen Orten 1840. Berlin 1840.*
Radecke	*Gabriele Radecke: Der Briefwechsel zwischen Theodor Storm und Theodor Fontane. Methodische Überlegungen zu einer kritischen Neuedition. In: Schriften der Theodor-Storm-Gesellschaft 56 (2007), S. 73–79.*
Rasch	*Wolfgang Rasch: Zeitungstiger, Bücherfresser. Die Bibliothek Theodor Fontanes als Fragment und Aufgabe betrachtet. In: Imprimatur. Ein Jahrbuch für Bücherfreunde Neue Folge XIX (2005), S. 103–144.*
Reuter	*Theodor Fontane: Aufzeichnungen zur Literatur. Ungedrucktes und Unbekanntes. Hg. von Hans-Heinrich Reuter. Berlin, Weimar 1969.*
Ring	*Theodor Fontane: Aus Briefen. In: Der Ring 2 (1929), Heft 8, S. 157–159.*
Rinnebach	*Helmuth Rinnebach: Theodor Storm und Theodor Fontane. Mit Veröffentlichung eines bisher unbekannten Briefes von Storm an Fontane. In: Hamburger Nachrichten, 25. Januar 1930.*
Rosenfeld	*Hans-Friedrich Rosenfeld: Zum Briefwechsel Theodor Storm – Theodor Fontane. In: Euphorion 84 (1990), Heft 4, S. 449–451.*

Sämtliche Werke — Theodor Storm: Spukgeschichten und andere Nachträge zu seinen Werken. Hg. von Fritz Böhme. Braunschweig 1913 (Sämtliche Werke, Bd. 9).

Stargardt 1929 — J. A. Stargardt. Antiquariat. Gegründet 1830 in Berlin. Seit 1885 im Besitz der Familie Mecklenburg. Versteigerung: Berlin 7. Dezember 1929. Berlin 1929, Nr. 298.

Stargardt 1933/34 — J. A. Stargardt. Antiquariat. Gegründet 1830 in Berlin. Seit 1885 im Besitz der Familie Mecklenburg. Berlin ohne Jahr, Nr. 344, 345 und 353.

Stargardt 1936 — Der Autographen-Sammler. Stargardt Berlin 1936, Nr. 1.

Stargardt 1958 — J. A. Stargardt. Antiquariat. Gegründet 1830 in Berlin. Seit 1885 im Besitz der Familie Mecklenburg. Versteigerung: Marburg, 13. Mai 1958. Marburg 1958, Nr. 537.

Stargardt 1999 — J. A. Stargardt. Autographen auf allen Gebieten. Auktion am 16. und 17. November 1999. Berlin 1999, Nr. 672.

Steiner — Theodor Storm – Theodor Fontane. Briefwechsel. Kritische Ausgabe. In Verbindung mit der Theodor-Storm-Gesellschaft hg. von Jacob Steiner. Berlin 1981.

StBr — Theodor Storm – Hartmuth und Laura Brinkmann. Briefwechsel. Kritische Ausgabe. In Verbindung mit der Theodor-Storm-Gesellschaft hg. von August Stahl. Berlin 1986.

StEgg — Theodor Storms Briefe an Friedrich Eggers. Mit einer Lebensskizze von F. Eggers und Gedichtproben. Hg. von H. Wolfgang Seidel. Berlin 1911.

StEs — Theodor Storm – Ernst Esmarch. Briefwechsel. Kritische Ausgabe. In Verbindung mit der Theodor-Storm-Gesellschaft hg. von Arthur Tilo Alt. Berlin 1979.

StGr — Theodor Storm – Klaus Groth. Briefwechsel. Kritische Ausgabe. Mit Dokumenten und den Briefen von Storm und Groth zum Hebbel-Denkmal im Anhang. In Verbindung mit der

Theodor-Storm-Gesellschaft hg. von Boy Hinrichs. Berlin 1990.

StHey I–III — *Theodor Storm – Paul Heyse. Briefwechsel. Kritische Ausgabe. 3 Bde. In Verbindung mit der Theodor-Storm-Gesellschaft hg. von Clifford Albrecht Bernd. Berlin 1974.*

StKel — *Theodor Storm – Gottfried Keller. Briefwechsel. Kritische Ausgabe. In Verbindung mit der Theodor-Storm-Gesellschaft hg. von Karl Ernst Laage. Berlin 1992 (Storm-Briefwechsel, Bd. 13).*

StKug — *„Der Unstern über dem Tannhäuser-Rütli". Franz Kuglers Briefe an Theodor Storm. Hg. von Roland Berbig. In: Schriften der Theodor-Storm-Gesellschaft 42 (1993), S. 115–139.*

StKuh — *Theodor Storm – Emil Kuh. Briefwechsel. Kritische Ausgabe. Hg. von Erwin Streitfeld. Graz 1995. <Ungedruckte Habil.schrift, zugänglich in der Bibliothek der Theodor-Storm-Gesellschaft, StA Husum.>*

StMör — *Theodor Storm – Eduard Mörike. Theodor Storm – Margarethe Mörike. Briefwechsel mit Storms „Meine Erinnerungen an Eduard Mörike". Kritische Ausgabe. In Verbindung mit der Theodor-Storm-Gesellschaft hg. von Hildburg und Werner Kohlschmidt. Berlin 1978.*

StMom — *Theodor Storms Briefwechsel mit Theodor Mommsen. Mit einem Anhang: Theodor Storms Korrespondenzen für die Schleswig-Holsteinische Zeitung 1848. Hg. von Hans-Erich Teitge. Weimar 1866 (Schätze aus der Deutschen Staatsbibliothek).*

StPae — *Theodor Storm – Gebrüder Paetel. Briefwechsel. Kritische Ausgabe. In Verbindung mit der Theodor-Storm-Gesellschaft hg. von Roland Berbig. Berlin 2006 (Storm-Briefwechsel, Bd. 16).*

StPet — *Theodor Storm – Wilhelm Petersen: Briefwechsel. Kritische Ausgabe. In Verbindung mit der Theodor-Storm-Gesellschaft hg. von Brian Coghlan. Berlin 1984.*

StPie	*Blätter der Freundschaft. Aus dem Briefwechsel zwischen Theodor Storm und Ludwig Pietsch. Mitgeteilt von Volquart Pauls. 2. Aufl. Heide 1943.*
StSchl	*Theodor Storm – Heinrich Schleiden. Briefwechsel. Kritische Ausgabe. In Verbindung mit der Theodor-Storm-Gesellschaft hg. von Peter Goldammer. Berlin 1995 (Storm-Briefwechsel, Bd. 14).*
StSchm I, II	*Theodor Storm – Erich Schmidt. Briefwechsel. Kritische Ausgabe 2 Bde. In Verbindung mit der Theodor-Storm-Gesellschaft hg. von Karl Ernst Laage. Berlin 1976.*
StSpe	*Theodor Storm – Otto Speckter, Theodor Storm – Hans Speckter. Briefwechsel. Kritische Ausgabe. Mit zahlreichen Abbildungen. In Verbindung mit der Theodor-Storm-Gesellschaft hg. von Walter Hettche. Berlin 1991 (Storm-Briefwechsel, Bd. 12).*
StCEs I, II	*Theodor Storm – Constanze Esmarch. Briefwechsel (1844–1846). Teil I (13.4.1844–6.11.1845). Teil II (7.11.1845–10.9.1846). Kritische Ausgabe. Hg. von Regina Fasold. Berlin 2002 (Storm-Briefwechsel, Bd. 15/I; 15/II).*
StCSt	*Theodor Storm – Constanze Storm. Briefwechsel. Kritische Ausgabe. Hg. von Regina Fasold (Storm-Briefwechsel, Bd. 18).*
StESt	*Theodor Storm – Ernst Storm. Briefwechsel. Kritische Ausgabe. Hg. von David A. Jackson. Berlin 2007 (Storm-Briefwechsel, Bd. 17).*
StOSt	*Aus dem Briefwechsel Theodor Storms mit seinem Bruder Otto. Hg. von Peter Goldammer. In: Schriften der Theodor-Storm-Gesellschaft 49 (2000), S. 71–125.*
Wolbe	*Egon Wolbe: Spaziergänge im Reiche des Autographen. Eine Anregung zum Autographensammeln. Mit einer Titelzeichnung von Hans Thoma und 58 anderen Abbildungen. Berlin 1925.*

Register

Prinzipien

Die annotierten Register („Personen- und Werkregister", „Register der Periodika", „Register der Werke Theodor Storms" und „Register der Werke Theodor Fontanes") beziehen sich auf alle in den Briefen und in Storms und Fontanes Rezensionen und Essays sowie in den Gedichten und in dem Prosa-Entwurf Fontanes genannten Personen, Werke, Zeitungen und Zeitschriften. Indirekte Erwähnungen und Zitatanspielungen werden im Stellenkommentar identifiziert und finden sich in den entsprechenden Registern unter dem aufgelösten Namen. Fehlerhafte Schreibweisen sind im Stellenkommentar korrigiert und werden in der korrekten historischen Schreibung in den Registern verzeichnet. Die in allen Registern angegebenen Jahreszahlen beziehen sich entweder auf die Erwähnung im Brieftext (erw.), die „Tunnel"-Lesung (TL), das Jahr der Entstehung (Ent.), die Uraufführung (UA) oder das Jahr der Erstveröffentlichung (E) bzw. eines Druckes (D). Für E und D gilt jeweils das Impressum. Die Datierung der „Tunnel"-Lesungen ließ sich in wenigen Fällen nicht ermitteln, da die Protokollbände im „Tunnel"-Archiv der Humboldt-Universität zu Berlin nicht immer lückenlos überliefert sind. Die Zahlen hinter allen Registereinträgen beziehen sich auf die Seitenzahlen.

Das Personen- und Werkregister umfasst auch die in den Briefen genannten literarischen Vereinigungen und geselligen Kreise wie die „Ellora", den „Rütli" und den „Tunnel über der Spree" sowie Einrichtungen und Lokalitäten wie Hotels und Cafés. Anonyma, die sich nicht ermitteln ließen, wie zum Beispiel ein Kutscher, ein Wirt, ein Freund oder eine Hausangestellte, werden nicht verzeichnet. Die Herrscher sind unter den Eigennamen, nicht unter den entsprechenden Staaten oder Herrscherhäusern eingeordnet. Die Namen der Mitglieder im „Tunnel über der Spree", im „Rütli" und in der „Ellora" sind als Nebeneinträge integriert und verweisen auf den Haupteintrag, den Familiennamen. Die Unregelmäßigkeiten bei der Schreibung der Vornamen werden beibehalten (z.B. „Adolph"/„Adolf", „Jacob"/„Jakob", „Carl"/„Karl" und „Louise"/„Luise").

Das Register der Periodika enthält alle in den Briefen und Texten genannten Zeitungen, Zeitschriften, Almanache und das <„Album für Constanze">.

Die annotierten Register der Werke Theodor Storms und Theodor Fontanes verzeichnen die Texte unter dem Titel, unter dem ersten Vers (bei titellosen Gedichten) *oder unter dem <erschlossenen Titel>. Die Annotationen erheben keinen Anspruch auf Vollständigkeit und informieren nicht über alle Erst- bzw. Folgedrucke; sie beziehen sich lediglich auf die in den Briefen und in Storms und Fontanes Texten erwähnten Zusammenhänge und weisen ggfs. auf die Entstehung (Ent.), auf die Journalerstdrucke (E_J), auf die erste Buchausgabe (E_B) oder auf weitere Drucke (D; Einzelausgaben oder Werkausgaben) hin. Informationen über darüber hinausgehende Druckorte finden sich übersichtlich in Karl Ernst Laages und Dieter Lohmeiers Ausgabe „Theodor Storm Sämtliche Werke“ (LL) bzw. in der von Wolfgang Rasch besorgten „Fontane-Bibliographie“ und in der von Joachim Krueger und Anita Golz herausgegebenen Ausgabe der „Gedichte“ Theodor Fontanes (GBA – Gedichte). Bei Storms Gedichten ließ sich nicht immer ermitteln, auf welche Fassung sich die beiden Autoren beziehen; in Zweifelsfällen wurden die Erstdrucke bzw. die entsprechenden Auflagen der „Gedichte“ erfasst. Grundsätzlich werden die Titel nach der historischen Schreibung der Handschriften bzw. Drucke verzeichnet. Da Storm viele Werke überarbeitete und mit einem anderen Titel versah, das Werk aber häufig unter beiden Titeln genannt wird, werden alle in den Briefen und Dokumenten vorkommenden Titel aufgenommen, wobei der Hinweis „siehe auch“ auf die unterschiedlichen, im Briefwechsel gleichberechtigt erwähnten Titel eines Werkes aufmerksam macht. Die in den Briefen zitierten Gedichtanfänge bzw. ungenau genannten Titel werden unter der Formulierung Storms und Fontanes als Nebeneinträge aufgenommen und verweisen durch „siehe“ auf den Haupttiteleintrag.*

Für die Recherche wurden neben den allgemeinen Nachschlagewerken auch die Register der im Literaturverzeichnis zusammengestellten Editionen dankbar genutzt.

Personen- und Werkregister

Adolfi *siehe* Neocorus

Albrecht (1490–1568), Markgraf von Brandenburg-Ansbach (*der Ältere*), 1511–1525 Hochmeister des Deutschen Ordens 109

Anakreon *siehe* Eggers, Hartwig Karl *Friedrich*

Anonym 37
  Fehmarnscher Heldenmuth (E: 1848) 37

Anzengruber, Ludwig (1839–1889), österr. Dramatiker u. Erzähler 142

Argonautenschaft *siehe* Rütli

Aristophanes (zwischen 450 u. 444–um 380 v. Chr.), griech. Komödiendichter 46, 84
  Die Vögel („Omithes"; Ent.: 414 v. Chr.) 46, 84

Arnim, Adolf *Heinrich* Graf von A.-Boitzenburg (1803–1868), Politiker; konservat. Abgeordneter im Vereinigten Landtag, 1842–1845 preuß. Innenminister, 18.–28. März 1848 preuß. Ministerpräsident 16, 19, 186

Arnim, Ludwig Joachim (*Achim*) von (1781–1831) 65, 195
  Des Knaben Wunderhorn („Gräfin von Orlamünde"; E: 1805/06–1808; Hg. zus. mit Clemens Brentano) 65, 136
  Die Kronenwächter (E: 1817/1854) 195

Arnim, Richard, preuß. Offizier; seit 1852 „Tunnel"-Mitglied („Lenau") 16, 19, 186

Arnims Hotel, Berlin (Unter den Linden 44); dort fand das „Tunnel"-Stiftungsfest 1854 statt 132

Auerbach, Berthold (d. i. Moses Baruch Auerbacher) (1812–1882), Schriftsteller 22, 142, 171, 179
  Schwarzwälder Dorfgeschichten (E: 1843–1854) 22

Augustinus von Hippo (354–430), Kirchenlehrer u. Philosoph 29
  Confessiones (Ent.: um 400) 29

Baechtold, Jakob (1848–1897), Philologe, Literaturhistoriker u. Schriftsteller; 1888 Professor am Deutschen Seminar an der Universität Zürich 187
  Briefwechsel zwischen Theodor Storm und Eduard Mörike (E: 1889; Hg.) 187

Baeyer, Familie, Berlin (Friedrichsstraße 242) 53 f., 75 f.

Baeyer, Emma, Tochter des Geodäten u. Generals Johann Jakob B. (1794–1885), eines Schwagers von Clara Kugler, heiratete 1854 den Altphilologen u. Jugendfreund Paul Heyses, Otto Ribbeck (1827–1898) 68, 76

Baeyer, Johanna (*Jeanette*) (1839–1897), Tochter des Geodäten u. Generals Jo-

hann Jakob B. (1794–1885), eines Schwagers von Clara Kugler 76
Barclay'sche Bierbrauerei London 94
Barkhusen *siehe* Eggers, Karl
Barth, Heinrich (1821–1865), Afrika-Forscher; zwischen 1849 u. 1855 Nordafrika-Exkursion, 1863 Berufung zum Professor an der Universität in Berlin, Vorsitzender der „Geographischen Gesellschaft" 108 f.
Bauer, Karl Johann Friedrich *Ludwig* Amandus (1803–1846), Pfarrer u. Schriftsteller; Jugendfreund Mörikes 73
Ludwig Bauer's Schriften (E: 1847) 73
Baumeister, Clara (gest. 1880), Tochter von Georg Ottokar B., dessen Familie zum Freundeskreis der Merckels gehörte 107
Beck, Carl Isidor (1817–1879), aus Ungarn gebürtiger österr. Dichter u. Schriftsteller 89, 91
Der fahrende Poet. Dichtungen (E: 1838; D: um 1852) 89, 91
Begas, Reinhold (1831–1911), Bildhauer; seit 1876 Professor u. Leiter eines Meisterateliers an der Berliner Akademie der Künste 142
Beta, Heinrich (d. i. Heinrich Bettziech) (1813–1876), Redakteur, Journalist u. Schriftsteller 189
Berlin und Potsdam. Ihre Vergangenheit, Gegenwart und Zukunft (E: 1846) 189
Bethke, Hermann (1825–1895), Genremaler 21
Die arme Blinde (D: 1853) 21
Beutner, Tuiscon (1816–1882), Journalist; 1853–1872 Chefredakteur der „Neuen Preußischen (Kreuz-) Zeitung" 137
Bibel 80, 130
Biedermann, Karl (1812–1901), Schriftsteller u. Philologe 156
Deutsche Annalen zur Kenntniß der Gegenwart und Erinnerung an die Vergangenheit (E: 1853; Hg.) 156
Biernatzki, Karl Leonard (1815–1899), Theologe, Pädagoge u. Schriftsteller; 1844–1851 Hg. des „Volksbuchs auf das Jahr ... für die Herzogthümer Schleswig, Holstein und Lauenburg" 35–39, 41 f., 101
Bleyer, Adolph-Georg (1822–1880), Pfarrer in Odenbüll (Nordstrand); Storm verhörte ihn wegen Anschuldigung der Vergewaltigung in einem Disziplinarverfahren im Nov. 1868 139
Blomberg, Hugo Freiherr von (1820–1871), Maler, Kunsthistoriker u. Schriftsteller; seit 1. Febr. 1852 „Tunnel"-Mitglied („Maler Müller") u. seit etwa 1860 Mitglied des „Rütli" 119, 170, 179, 194
Bodenstedt, *Friedrich* Martin (seit 1867: von) (1819–1892), Schriftsteller u. Übersetzer 22, 83
Morgenländisches Minnelied (E: 1853) 22
Böhmer, Herr von (erw.: 1854), Jurist; Geheimer Justiz- u. Kreisgerichtsrat in Potsdam 91
Bölte, *Amalie* (*Amelie*) Charlotte Elise Marianne (1811–1891), Erzieherin, Übersetzerin u. Schriftstellerin 22
Die alte Jungfer (E: 1853) 22
Bormann, *Karl* Wilhelm Emil (1802–1882), Pädagoge u. Theologe;

1849–1872 Provinzialschulrat in Berlin, Mithg. des „Schulblattes für die Provinz Brandenburg“, seit 1851 „Tunnel“-Mitglied („Metastasio“) u. Gründungsmitglied des „Rütli“ 4 f., 8, 11, 51 f., 69, 74, 90 f., 103, 108, 119, 128, 179
Ostern (Ent.: 1854; Gedicht für das <*Album für Constanze*>) 69, 74
Borsig, August (1804–1854), Berliner Unternehmer u. Gründer der Lokomotiv- u. Maschinenfabrik A. Borsig 16, 19, 186
Bouché, Carl David (1809–1881), Botaniker; Technischer Direktor des Botanischen Gartens in Berlin, Ausbildungsleiter von Otto Storm 48
Bourmont, Louis Auguste Victor de Ghaisnes, Comte de (1773–1846), frz. General; eroberte 1830 Algerien 56
Branco, Dr. (erw.: 1854/55), Storms Hausarzt in Potsdam 101
Bremer, Jürgen (1804–nach 1865) 128
Geschichte Schleswig-Holsteins bis 1848 (E: 1864) 128
Brentano, Clemens (1778–1842) 65
Des Knaben Wunderhorn („Gräfin von Orlamünde“; E: 1805/06–1808; Hg. zus. mit Achim von Arnim) 65, 136
Brinkmann, Hartmuth (1819–1910), Jurist; 1850 Amthaussekretär in Rendsburg, seit 1853 Bürgermeister u. Stadtsekretär in Lütjenburg, mit Storm befreundet 38 f., 41, 88
Bürger, Gottfried August (1747–1794), Dichter u. Übersetzer; 1789 außerordentl. Professor der Ästhetik in Göttingen 37, 79, 130, 150 f.
Des Pfarrers Tochter von Taubenhain (E: 1782) 79
Lenore (E: 1774) 37
Burger, Ludwig (1825–1884), Maler u. Zeichner; „Tunnel“- u. „Rütli“-Mitglied („Graff“) 126
Preußens Geschichte in Wort und Bild. Ein Hausbuch für Alle (E: 1864; illustr., Text von Ferdinand Schmidt) 126

Carstensen, Juliane (geb. 1850/51), vom 13. Aug. 1867 bis zum 1. Mai 1868 Dienstmädchen des Pfarrers Bleyer in Odenbüll (Nordstrand) 139
Chamisso, Adelbert von (d. i. Louis Charles Adelaide Ch. de Boncourt) (1781–1838), Schriftsteller u. Naturwissenschaftler 57, 108
Frühling (E: 1831) 108
Salas y Gomez (E: 1830) 57
Chevalier *siehe* Zöllner, Karl
Clara *siehe* Kugler, Clara
Clark, Helen (erw.: 1862), engl. Übersetzerin in London 114–116, 120, 173
Immensee or the old man's reverie (E: 1863; engl. Übers. von Storms „Immensee“) 114–116, 120
Claudius, Matthias (1740–1815), Lyriker u. Schriftsteller 133
Constanze *siehe* Storm, Constanze
Cyriacus (gest. 305 n. Chr.), röm. Märtyrer; einer der 14 Nothelfer 50

Dach, Simon (1605–1659), Theologe u. Dichter; Gründer des Königsberger Dichterbundes, Dichter des protestant. Kirchenlieds 133
Dahn, Felix (1834–1912), Schriftsteller u. Historiker; seit 20. Febr. 1853

„Tunnel"-Mitglied („Waiblinger", „der Strafbaier") 6, 9
Die Hexe („Doktrinen"; TL: 1853) 6, 9
Jung Anne („Doktrinen"; TL: 1853) 6, 9
Lord Murray und Lady Anne („Doktrinen"; TL: 1853) 6, 9
Lord Percy („Doktrinen"; TL: 1853) 6, 9
Danner, Louise Christine Gräfin von (1815–1874), geb. Rasmussen, in morganat. Ehe seit 1850 verh. mit König Friedrich VII. von Dänemark (1808–1863) 118
Dante Alighieri (1265–1321) 128
La Divina Commedia („Die Göttliche Komödie"; E: 1472) 128
Delius, Wilhelm (1815–1900), Jurist; Staatsanwalt in Heiligenstadt 197
Dessoir, Ludwig (d. i. Ludwig Dessauer) (1810–1874), Schauspieler; 1849–1872 am Kgl. Schauspielhaus in Berlin 17
Dick *siehe* Lucae
Dickens, Charles (1812–1870) 120–122
David Copperfield (E: 1848–1850) 120–122
Dove, Heinrich Wilhelm (1803–1879), Meteorologe; Professor der Physik u. Mitglied der Akademie der Wissenschaften in Berlin 16, 19, 186
Dreves, Leberecht (1816–1870), Jurist u. Schriftsteller 148
Vigilien. Nächtliche Lieder (E: 1839) 148
Duncker, Alexander (1813–1897), Buchhändler u. Verleger; 1837–1858 Leitung der Sortimentsbuchhandlung Duncker & Humblot in Berlin, in der Storms „Sommer-Geschichten und Lieder" (1851), „Immensee" (1852), „Im Sonnenschein" (1854) u. „Hinzelmeier" (1857) erschienen 23, 44, 51, 158, 168
Duperré, Victor Guy Comte de (1775–1846), frz. Admiral; 1830 als Oberbefehlshaber der frz. Flotte bei der Eroberung Algeriens beteiligt 56
Eggers, Hartwig Karl *Friedrich* (*Friede*) (1819–1872), Kunsthistoriker u. Schriftsteller; 1850–1858 Hg. des „Deutschen Kunstblattes", 1854–1857 Hg. des „Literatur-Blatts zum Deutschen Kunstblatt", 1857–1860 Mithg. der „Argo", seit 1863 Professor an der Akademie der Künste in Berlin, seit 1872 Leiter der Kunstangelegenheiten im preuß. Kultusministerium, seit 3. Jan. 1847 „Tunnel"-Mitglied („Anakreon"), Gründer des „Rütli" u. der „Ellora" 3–6, 8 f., 12, 14, 20, 22, 24, 29, 31, 33 f., 37, 49, 51–53, 56, 61 f., 65, 68, 72, 75, 79, 83, 86, 95, 103, 106 f., 116, 118, 168, 170, 179, 186, 194, 197
Bedrövniß (E: „Argo" 1854) 52
Dat Oog (E: „Argo" 1854) 52
De Tokünftig (E: „Argo" 1854) 52
Dreeklang (E: „Argo" 1854) 52
Duncan (TL: 1860) 118
Haralda („Balladen"; E: „Argo" 1854) 6
König Radgar („Balladen"; E: „Argo" 1854) 6
Kopp un Hart (E: „Argo" 1854) 52
Wedder to Hus (E: „Argo" 1854; Gedicht für das *<Album für Constanze>*) 52, 61, 72

Eggers, Karl (1826–1900), Jurist; seit 1861 in Berlin, „Tunnel“- u. „Rütli“-Mitglied („Barkhusen“) 145, 179

Eichendorff, Joseph Freiherr von (1788–1857) 56, 64, 133 f., 199

Die Nachtigallen („Mocht wißen, was sie schlagen“; erw.: 1854; Gedicht für das <*Album für Constanze*>) 64

Im Walde („Es zog eine Hochzeit den Berg entlang“; E: 1836) 134

In der Fremde („Aus der Heimath hinter den Blitzen roth“; E: 1837) 134

Schöne Fremde („Was sprichst Du wirr wie in Träumen“; E: 1834) 133

Von Engeln und von Bengeln (E: 1824; D: 1837) 199

Ellora 66–68, 106, 168 f.

Empis, Adolphe (1795–1868), frz. Dramatiker; 1847 Mitglied der Académie Française 88, 90–92

Les six femmes de Henry VIII. Scènes historiques (E: 1854) 88, 90–92

Engel und Bengel *siehe* Eichendorff

Ernemann *siehe* Storm, Ernst

Esmarch, *Charlotte* Auguste Henriette (*Lotte*) (1834–1910), Schwester von Constanze Storm, seit 1858 verh. mit Storms Bruder Aemil 44, 47, 80

Esmarch, *Charlotte* Wilhelmine Emilie *(Lolo, Lo)* (geb. 1839), Schwester von Constanze Storm, seit 1861 verh. mit dem Landesgerichtsdirektor Gustav Nissen in Flensburg 44, 47, 80

Esmarch, Elsabe (1795–1873), geb. Woldsen, seit 1821 verh. mit Ernst E., Mutter von Constanze Storm u. Schwester von Storms Mutter 39

Esmarch, Johann Philipp *Ernst* (1794–1875), Jurist; 1820 Bürgermeister von Segeberg, 1853 von den Dänen seines Amtes enthoben, seit 1821 verh. mit Elsabe E., geb. Woldsen, Vater von Constanze Storm 39, 44

Esmarch, Marie (*Miete*) (geb. 1828), geb. Feddersen, Tochter von Friedrich Feddersen, seit 1853 verh. mit Constanze Storms Bruder Ernst E. (1821–1908) 44, 47, 80

Esmarch, *Marie* Louise Christiane *(Fuca)* (1828–1906), Schwester von Constanze Storm, seit 1857 verh. mit dem Pfarrer Harro Feddersen (1825–1901) in Drelsdorf 44, 47, 80, 98

Esmarch, *Sophie* Johanne Luise (*Phiete*) (geb. 1836), Schwester von Constanze Storm; seit 1864 verh. mit Friedrich Jensen aus Neumünster 44, 47, 80, 133

Esmarch, Susanne, geb. Todsen, seit 1853 verh. mit Constanze Storms Bruder Herrmann E. (1823–1898) 44, 47, 80, 133

Faber, Peter (1810–1877), dän. Dichter 22, 187

Den tapre Landsoldat (Ent.: 1848; Text; Musik von Emil Hornemann) 22, 187

Feddersen, Christian (1786–1874), 1832–1851 Pfarrer in Hackstedt, Bruder von Friedrich F. 45, 47, 74

Bilder aus dem Jugendleben eines nord-friesischen Knaben (E: 1853) 45, 47

<*Porträt Friedrich Feddersens*> (Ent.: 1854; Bleistiftzeichnung für das <*Album für Constanze*>) 74

Feddersen, Friedrich („Propsten") (1790–1863), Theologe, Pfarrer u. Schriftsteller; 1838–1850 Propst der Landschaft Eiderstedt 39, 44, 74
Kommt der Gatte mit den Kleinen (Ent.: 1854, Gedicht für das <*Album für Constanze*>) 74
Feddersen, Käthe, Tochter von Friedrich F., lebt seit 1853 im Haushalt von Storms Eltern 74
Reichet Dir Blumen der liebliche Mai (Ent.: 1854; Tuschzeichnung u. Gedicht für das <*Album für Constanze*>) 74
Setz Dich mit mir hierher vor der Brücke beim Rande des Deiches (Ent.: 1854; Buntstiftzeichnung u. Verse für das <*Album für Constanze*>) 74
Fontane, Familie 4, 30, 66, 69, 87, 113, 117, 136, 140, 143–145
Fontane, *Emilie* Karoline Georgine (1824–1902), geb. Rouanet-Kummer, seit 1850 verh. mit F. 4, 23, 33–36, 38, 40–43, 45, 47–52, 54 f., 57, 59–68, 73, 76–78, 81, 83, 85 f., 96, 99–107, 112, 115, 117, 121, 129, 136, 140 f., 144 f., 147
Fontane, Friedrich (*Friedel*) (1864–1941), Buchhändler u. Verleger (Verlag Friedrich Fontane <& Co.>); sechster Sohn von Emilie u. Theodor F. 140
Fontane, *George* Emile (1851–1887), Hauptmann; Lehrer an der Kadettenanstalt in Lichterfelde, ältester Sohn von Emilie u. Theodor F. 4, 28, 30, 33, 35, 48, 68, 78, 85, 101, 117, 122, 136, 140, 146, 173, 180
Fontane, Hans *Ulrich* (29.5.–9.6.1855), vierter Sohn von Emilie u. Theodor F. 100
Fontane, Jenny *siehe* Sommerfeldt
Fontane, Louis Henri (1796–1867), Apotheker; F.s Vater 50
Fontane, *Martha* (*Mete*) Elisabeth (1860–1917), später verh. Fritsch, Erzieherin; Tochter von Emilie u. Theodor F. 123, 140
Fontane, Peter Paul (1853–1854), dritter Sohn von Emilie u. Theodor F. 43, 45, 65, 100
Fontane, *Theodor* Henry (1856–1933), Beamter in der Heeresintendantur in Münster, zuletzt Wirklicher Geheimer Kriegsrat, fünfter Sohn von Emilie u. Theodor F. 123, 140
François, Louise von (1817–1893), Schriftstellerin 140
Die Stufenjahre eines Glücklichen (E: 1876/77) 140
Freiligrath, Ferdinand (1810–1876), Dichter; wegen seiner freiheitl.-polit. Gesinnung 1846–1848 u. 1851–1868 im Exil in London 151, 176
Freytag, Gustav (1816–1895), Schriftsteller; seit 1848 zus. mit Julian Schmidt Redakteur der „Grenzboten" 98–100, 102–104
Soll und Haben (E: 1855) 98–100, 102–104
Friedberg *siehe* Friedheim
Friedheim, Frl. von (erw.: 1854), Komponistin in Berlin 64
Meine Mutter hat's gewollt (erw.: 1854; Vertonung von Storms Gedicht „Elisabeth") 64

Friedrich (*Onkel Friedrich*), Hausdiener der Familie Merckel 107 f.
Friedrich Christian August, Herzog von Schleswig-Holstein-Sonderburg-Augustenburg (1829–1880), dt.-dän. Prinz, machte 1863 als Herzog Friedrich VIII. seine Erbansprüche für Schleswig und Holstein geltend, musste 1864 im Frieden von Wien abdanken 126 f.
Friedrich II. (*der Große*) (1712–1786), seit 1740 König in Preußen, seit 1772 König von Preußen 7, 190
Friedrich VIII., Herzog von Schleswig Holstein *siehe* Friedrich Christian August
Friedrich Wilhelm IV. (1795–1861), ältester Sohn Friedrich Wilhelms III., seit 1823 verh. mit Elisabeth von Preußen (1801–1873), 1840–1858 König von Preußen 22, 42, 186

Geibel, Franz *Emanuel* (seit 1852: von) (1815–1884), Schriftsteller; 1852–1868 Honorarprofessor in München, seit 1846 „Tunnel"-Mitglied („Bertran de Born") 13, 60, 118, 170 f., 192 f.
Hermann Lingg: Gedichte (E: 1854; Hg.) 89, 93
Lorelei („neues Buch"; E: 1854) 192
Rühret nicht daran (E: 1842/43) 13
Geiger, Johann Nepomuk (1805–1880), Wiener Maler, Graphiker u. Illustrator 21
Adalbert Stifter: Studien (D: ²1847; illustr.) 21
Gellert, Christian Fürchtegott (1715–1769), Dichter 107
Der sterbende Vater (E: 1748) 107, 110
Gerhardt, Paul (1607–1676), ev. Theologe u. Lyriker; Dichter des protestant. Kirchenlieds 133
Gerold, Carl, Verlag in Wien 20
Gerstäcker, Friedrich (1816–1872), Reiseschriftsteller u. Erzähler 136
Germelshausen (E: 1860) 136
Glagau, Otto (1843–1892), Schriftsteller, Kritiker u. Redakteur in Berlin, Mitarbeiter des „Volksgartens" 129
Goethe, Johann Wolfgang (seit 1782: von) (1749–1832) 22, 46, 77, 84, 94, 119, 130–134, 170, 174, 186, 201
Beherzigung („Eines schickt sich nicht für alle"; E: 1800) 119
Der König in Thule (E: 1774) 131
Die Leiden des jungen Werthers (E: 1774) 132
Epilog zu Aristophanes' „Die Vögel" (E: 1787; dt. Übers.) 46, 84
Erster Verlust (E: 1800) 132
Faust. Der Tragödie erster Theil („Denn wenn du dir nur selbst vertraust"; E: 1808) 77, 132 f.
Faust. Eine Tragödie … Zweyter Theil (E: 1833) 94, 132 f.
Ich saug' an meiner Nabelschnur (Ent.: 1775; „Auf dem See") 132
Iphigenie auf Tauris (E: 1787) 132
Mittheilungen über Goethe (E: 1841; Hg. von Friedrich Wilhelm Riemer) 22, 186
Nur wer die Sehnsucht kennt (E: 1795) 132
Rechenschaft („Nur die Lumpe sind bescheiden"; E: 1810) 77
Weg du Traum, so gold du bist (Ent.: 1775; „Auf dem See") 132

Gogol, *Nikolaj* Wassiljewitsch (1809–1852), russ. Schriftsteller 93
Tagebuch eines Verrückten/Aufzeichnungen eines Wahnsinnigen (erw.: 1854; Plan einer dt. Übers. v. August von Viedert) 93

Goldammer, Leo (1813–1866), Bäcker- u. Stadtwachtmeister, Dramatiker u. Magistratssekretär; seit 10. Febr. 1850 „Tunnel"-Mitglied („Hans Sachs") 17

Goncourt, Edmond (1822–1896) u. Jules de (1830–1870), Kunstsammler, Kulturhistoriker u. Schriftsteller 195
Journal des Goncourt (E: 1887–1896) 195

Goßler, Clara von (1827–1864), Komponistin u. Pianistin; Schwester von Karl Gustav von G. 126
Sechs Lieder für Mezzosopran mit Begleitung des Pianofortes (E: um 1863) 126

Goßler, Karl Gustav von (1810–1885), Jurist; bis zum 31. Juli 1855 Kreisgerichtsdirektor am Kreisgericht zu Potsdam, dann Vizepräsident des Kgl. Appellationsgerichts zu Königsberg, Storms Vorgesetzter in Potsdam 59

Goßler, Sophie von (1816–1877), geb. von Mühler, verh. mit Karl Gustav von G.; Schwägerin von Wilhelm von Merckel 59, 171

Gottsched, Johann Christoph (1700–1766), Schriftsteller u. Dramaturg, Professor in Leipzig, Literaturhistoriker u. Ästhetiker 6
Nöthiger Vorrath zur Geschichte der deutschen Dramatischen Dichtkunst (E: 1757/65) 6

Grimm, *Herman* Friedrich (1828–1901), Kunst- u. Literaturhistoriker; seit 1873 Professor der Kunstgeschichte in Berlin, Sohn von Wilhelm G. 93
Traum und Erwachen (E: 1854) 93

Grimm, Jacob (1785–1863) u. Wilhelm (1786–1859), Germanisten, Sprachforscher u. Märchensammler 87
Kinder- und Hausmärchen (E: 1812–1815) 87

Gropius, Carl Wilhelm (1793–1870), Kgl. Dekorationsmaler u. Theaterinspektor 49, 78
Satanella oder Metamorphosen (UA: 1852; Dekorationen; Musik von Peter Ludwig Hertel u. Cesare Pugni, Choreographie von Paul Taglioni) 78

Gropiussche Buch- und Kunsthandlung, Inhaber: Friedrich Wilhelm Ernst (1814–1894), Berlin (Kgl. Bauschule, Werderscher Markt 4) 49

Grosse, Julius (1828–1902), Schriftsteller u. Theaterkritiker; seit 1852 in München, gründete 1854 zus. mit Paul Heyse die Münchner Dichtergruppe „Die Krokodile" 118

Groth, *Klaus* Johann (1819–1899) niederdt. Schriftsteller 5 f., 8, 14 f., 18, 20, 42, 44, 47, 63–65, 88, 99, 122, 132, 134, 142, 168, 184
Auf der Universität. Von Theodor Storm (E: 1862; Rez.) 122
Hundert Blätter. Paralipomena zum „Quickborn" (E: 1854) 88
Prinzessin (erw.: 1854; Gedicht für das <*Album für Constanze*>) 64
Quickborn. Mit Holzschnitten nach Zeichnungen von Otto Speckter (D: ^{4}1856) 18

Quickborn. Volksleben in plattdeutschen Gedichten Dithmarscher Mundart (E: 1852) 5, 8, 18, 42, 184
Vertelln (D: [2]1855) 99
Volksleben in plattdeutschen Gedichten ditmarscher Mundart (D: [5]1856) 18
Gruppe, Otto Friedrich (1804–1876), Schriftsteller; seit 1849 Professor der Philosophie an der Universität in Berlin, 1863–1876 Vorgänger Fontanes als Erster Sekretär der Akademie der Künste in Berlin 80
Deutscher Musen-Almanach (E: 1851–1855; Hg.) 80
Guhrauer, Gottschalk Eduard (1809–1854), Literaturhistoriker 22
Die Eroberung von Constantinopel vor vierhundert Jahren (E: 1853) 22
Gutzkow, *Karl* Ferdinand (1811–1878), Schriftsteller u. Publizist; Hg. der „Unterhaltungen am häuslichen Herd" 23, 41, 52, 92 f., 98–104, 107
Die deutsche Poesie im philologischen Stadium (E: 1854; Rez.) 92 f.
Die Ritter vom Geiste (E: 1850/51) 108
Ein neuer Roman (E: 1855; Rez. über G. Freytags „Soll und Haben") 98, 100 f., 103 f.
<*Rezension über Hermann Linggs „Gedichte"*> (E: 1854) 93
Uriel Acosta (UA: 1846) 41
Vom deutschen Parnaß I (E: 1854; Rez. über die „Argo") 52

Hafis (um 1320–um 1389), pers. Dichter 203
Hamerling, Robert (1830–1889), österr. Schriftsteller 134
Ahasver in Rom (E: 1866) 134
Hans Sachs *siehe* Goldammer
Hansen, Christian Peter (1803–1879), Lehrer, Heimatforscher u. Chronist auf Sylt 37, 129
Chronik der friesischen Uthlande („Chroniken"; E: 1856) 129
Das unheimliche Dünenland Hörnum und dessen einstmalige Bewohner (E: 1846) 37
Hardenberg *siehe* Novalis
Hassenpflug, Hans Daniel Ludwig Friedrich von (1794–1862), Jurist u. Politiker; 1832 konservat. kurhess. Minister 203
Hebbel, Christian *Friedrich* (1813–1863), Dramatiker u. Lyriker 134
Heine, Heinrich (1797–1856) 23, 42–44, 57, 80, 92, 94, 130 f., 133, 155, 160, 187 f., 198
Anfangs wollt' ich fast verzagen (E: 1827) 80
Bäder von Lucca („Emboinpoint-Madame"; E: 1829) 198
Deutschland, ein Wintermärchen (E: 1844) 57
Es war ein alter König („Sie mußten beide sterben"; E: 1844) 131
Gesanglos war ich und beklommen (Katharina; E: 1837) 133
Reisebilder (E: 1826–1831) 92, 94
Heinrich Graf von Plauen (um 1370 bis 1429), 1410–1413 Hochmeister des Deutschen Ordens 109
Hell, Theodor (d. i. Karl Gottfried *Theodor* Winkler) (1775–1856), Jurist, Opernregisseur, Intendant, Überset-

zer u. Kritiker; 1841 Vizedirektor des Kgl. Hoftheaters u. der musikal. Kapelle in Dresden, 1823–1849 Hg. des „Dramatischen Vergissmeinnichts" u. 1838–1848 der „Rosen und Vergissmeinnicht" 80

Hermann von Salza (um 1170/80 bis 1239), um 1209–1239 Hochmeister des Deutschen Ordens 109

Hertel, Peter Ludwig (1817–1899), Komponist an der Kgl. Hofoper in Berlin 78

Satanella oder Metamorphosen (UA: 1852; Musik zus. mit Cesare Pugni, Choreographie von Paul Taglioni, Dekorationen von Carl Wilhelm Gropius) 78

Herwegh, Georg (1817–1875), Dichter; seine „Gedichte eines Lebendigen" (E: 1841–1844) lösten eine Welle der nationalen Begeisterung in Deutschland aus 57, 176, 181

Heyden, *August* Jakob Theodor von (1827–1897), Historienmaler u. Professor für Kostümkunde an der Kunstakademie in Berlin; Mitglied des „Rütli" („Valerio", „Valeur") 179

Heyse, Familie in München 95

Heyse, Ernst (1859–1871), zweiter Sohn von Margarete u. Paul H. 118

Heyse, Franz (1855–1919), ältestes Kind von Margarete u. Paul H. 108, 118

Heyse, Julie (1857–1928), älteste Tochter von Margarete u. Paul H. 118

Heyse, Julie (1788–1864), geb. Saaling, verh. mit Karl H., Mutter von Paul H. 77, 168

Heyse, *Karl* Wilhelm Ludwig (1797–1855), Philologe, Erzieher u. Sprachwissenschaftler; seit 1829 außerordentl. Professor an der Universität Berlin, Vater von Paul H. 168

Heyse, Margarete (1834–1862), geb. Kugler, Tochter von Clara u. Franz Kugler, 1854–1862 verh. mit Paul H. 9, 37, 46, 68, 74 f., 83, 123, 171

Heyse, *Paul* Johann Ludwig (seit 1910: von) (1830–1914), Schriftsteller; Sohn von Julie u. Karl H., 1854–1862 verh. mit Margarete H., geb. Kugler, seit 1854 in München, seit 28. Jan. 1848 „Tunnel"-Mitglied („Hölty 2"), seit 1853 Mitglied des „Rütli" 6, 14, 17, 21, 37 f., 41, 46, 51 f., 55, 61 f., 65–67, 70, 74–81, 83 f., 89, 92f., 94 f., 100, 104, 110, 118, 123, 134, 142, 144, 147, 168, 171, 184 f., 197

Der Jungbrunnen (E: 1850) 37, 61

Der Salamander (E: 1865) 134

Ein Bruder und eine Schwester („Die Engel"; erw.: 1854; Gedicht für das <*Album für Constanze*>) 61 f., 65, 70

Francesca von Rimini (E: 1850) 14, 185

Gedichte von Hermann Lingg. Hg. durch Emanuel Geibel (E: 1855; Rez.) 89

Hermen (E: 1854) 92 f., 94

Idyllen von Sorrent (E: 1854; D: 1854) 76–80

La Rabbiata (E: „Argo" 1854; *später unter dem Titel* L'Arrabiata) 52, 55, 184

<*Roggenmuhme*> 61

Theodor Storm (E: 1854; Rez.) 95

Hirschfeld, Wilhelm (1795–1874), Landwirt, Gutsbesitzer, Autor von Fachbüchern u. Politiker 128

Wegweiser durch die Herzogthümer Schleswig und Holstein für die Mitglieder der XI. Versammlung deutscher Land- und Forstwirthe (E: 1847) 128

Homann, Julius *Ernst* (geb. 1825), Buchhändler u. Verleger; seit 1852 Inhaber der Schwers'schen Buchhandlung in Kiel, in der Storms „Gedichte" (1852) erschienen 20, 32, 44, 99

Hornemann, Ole *Emil* (1809–1870), dän. Komponist 22, 187
Den tapre Landsoldat (Ent.: 1848; Musik; Text von Peter Faber) 22, 187

Hub, Ignaz (1810–1880), Schriftsteller u. Herausgeber 133
Deutsche Dichter-Gaben. Album für Ferdinand Freiligrath (E: 1868; Hg. zus. mit Christian Schad) 133

Husumer Großmutter Storms *siehe* Woldsen

Ihering, Rudolf von (1818–1892), Jurist 142

Illaire, Emil Ernst (1797–1866), preuß. Beamter; seit 1847 einflussreicher Geheimer Kabinettsrat Friedrich Wilhelms IV. 42

Immermann *siehe* Merckel, Wilhelm von

Immermann, Karl Leberecht (1796–1840), Jurist, Theaterleiter u. Schriftsteller 89, 101
Münchhausen. Eine Geschichte in Arabesken (E: 1838 f.) 101
Tristan und Isolde. Ein Gedicht in Romanzen (E: 1841) 89, 101

Irus *siehe* Lübke

Jean Paul (d. i. Jan Paul Friedrich Richter) (1763–1825), Schriftsteller 195

Jensen, Dorothea *siehe* Storm, Dorothea

Jensen, Friederike *siehe* Storm, *Friederike* Dorothea

Jensen, Friedrich (1823–1873), Holzhändler in Neumünster; seit 1864 in 2. Ehe verh. mit Sophie J. geb. Esmarch, der jüngeren Schwester Constanze Storms 133

Jouy, Etienne de (d. i. Victor Joseph Etienne) (1764–1846), frz. Schriftsteller u. Librettist 106
Fernand Cortez oder Die Eroberung Mexikos (UA: 1818; Libretto; Musik von Gaspare Spontini, Übers. von May) 106

Kalisch, David (1820–1872), Schriftsteller, Redakteur u. Journalist; 1848 Gründer der satirischen Zeitschrift „Kladderadatsch" 5, 19

Katz, Moritz (erw.: 1853), Buchhändler u. Verleger; gründete 1849 die Verlagsbuchhandlung Katz (seit 1851 Gebrüder Katz) in Dessau, verlegte Fontanes „Von der schönen Rosamunde" (1850), „Ein Sommer in London" (1854) u. den ersten Band der „Argo" (1854) 5, 32, 37, 52, 58, 80, 86

Kaulbach, Wilhelm von (1804/05–1874), Porträt- u. Historienmaler; seit 1849 Direktor der Akademie der Schönen Künste in München, seit 20. Okt. 1850 Ehrenmitglied des „Tunnels" 107
Die Blüte Griechenlands (Ent.: 1851) 107

Porträt Friedrich Eggers (Ent.: 1851; Kreidezeichnung) 107

Keller, Gottfried (1819–1890) 142

Kerner, *Justinus* Andreas Christian (1786–1862), Arzt u. Schriftsteller 73

Weiß nicht, woher ich bin gekommen (erw.: 1854; Gedicht für das <*Album für Constanze*>) 73

Kette, Hermann (1828–1908), Jurist u. Schriftsteller; Assessor, später Regierungsrat, Präsident der Generalkommission, erst in Frankfurt/O., dann in Kassel, seit 1847 „Tunnel"-Mitglied („Tiedge") 63, 65, 94

Im März (TL: 1854 *unter dem Titel* Frühlingslied) 63, 65

Kind, Johann *Friedrich* (1768–1843), Schriftsteller u. Librettist 119, 135

Der Freischütz (op. 77. UA: 1821; Libretto; Musik von Carl Maria von Weber) 119, 135

Kleist, Heinrich von (1777–1811) 14, 185

Der zerbrochne Krug (UA: 1808) 14, 185

Kleist-Retzow, Hans Hugo von (1814–1892), 1848 Führer der reaktionären Junkerpartei; Mitbegründer der streng konservativen „Neuen Preußischen (Kreuz-) Zeitung" 197

Knauff, Familie in Potsdam 92

Knauff (gest. 1855), Jurist; Kreisgerichtsrat am Kreisgericht Potsdam, Ministerialrat, Storm vertrat ihn zwischen Juni u. Aug. 1855 98

Körner, Theodor (1791–1813), patriot. Schriftsteller 89 f.

Kompert, Leopold (1822–1886), Journalist u. Schriftsteller 23

Aus dem Ghetto. Geschichten (E: 1848) 23

Kranzler, berühmte Wiener Konditorei in Berlin (Unter den Linden/Ecke Friedrichsstraße) 199

Kretzschmer, Johann Hermann (1811–1890), Porträt- u. Genremaler, Historienmaler u. Radierer in Berlin (Bernburger Straße 14); seit 1856 Professor, Mitarbeiter der „Argo" 64

Kruse, Heinrich (1815–1902), Schriftsteller, Dramatiker u. Journalist; von 1855 bis 1884 Chefredakteur der „Kölnischen Zeitung" 142

Kugler, mit Storm u. Fontane befreundete Familie in Berlin (Friedrichsstraße 242) 6, 41, 43, 45, 53, 57, 66, 75, 81, 84, 93, 95–97, 169, 171 f., 179, 192, 197 f.

Kugler, Clara (1812–1873), geb. Hitzig, seit 1833 verh. mit Franz K. 9, 37, 41, 46, 75, 83 f., 103, 108, 123, 171, 193 f., 197

Kugler, *Franz* Theodor (1808–1858), Kunsthistoriker u. Schriftsteller; Geheimrat im Preuß. Kultusministerium u. Professor an der Universität in Berlin, seit 1833 verh. mit Clara K., geb. Hitzig, seit 25. Nov. 1849 „Tunnel"-Mitglied („Lessing"), Gründungsmitglied des „Rütli", Mithg. der „Argo" (1854; 1857) 5 f., 8 f., 11–15, 17 f., 21 f., 29–35, 39–41, 44, 46, 48, 51–54, 61 f., 71, 75, 78 f., 88, 90, 96, 98, 102 f., 106, 108, 123, 151, 170 f., 186, 191 bis 194, 197

Argo (1854; Hg. zus. mit Fontane) 3–5, 9, 17–19, 21 f., 25, 32 f., 36 f., 39,

43, 57, 77, 126, 151, 153 f., 167–169, 182–184
Bau-Sagen („Memnonssäule“; E: 1853) 108
Chlodosinda (E: „Argo“ 1854) 52
Die tartarische Gesandtschaft (E: 1852) 54
Geschichte der Baukunst (E: 1856–1859; 1873) 6, 9, 108
Rudelsburg („An der Salle hellem Strande“; erw. 1854; Gedicht für das <*Album für Constanze*>) 61, 71
Shakespeare's Bühne und Kunstform (E: „Argo“: 1854) 17
Stanislaw Oswiecim (TL: 1853) 9, 14, 18, 170, 191
Kugler, Friedrich Johannes (*Hans*) (1840–1873), jüngster Sohn von Clara u. Franz K. 108
Kugler, Margarete *siehe* Heyse

Lamartine, Alphonse de (1790–1869), frz. Dichter, Schriftsteller u. Politiker 77
Lasker, Eduard (1829–1884), Jurist u. Politiker; Führer der Deutschen Fortschrittspartei im Deutschen Reichstag 142
Lazarus, Moritz (d. i. Moses) (1824–1903), Schriftsteller u. Wissenschaftler; Begründer der Völkerpsychologie, 1859–1866 Honorarprofessor in Bern, 1868–1872 Dozent für Philosophie an der Kriegsakademie in Berlin, seit 1873 Professor an der Universität Berlin, zus. mit Heymann Steynthal Hg. der „Zeitschrift für Völkerpsychologie u. Sprachwissenschaft“, seit 5. April 1847 „Tunnel“-Mitglied („Leibniz“) u. Freischärler des „Rütli“ 117, 119, 179
Lehmkuhl, Buchhandlung in Altona 39
Leibniz *siehe* Lazarus
Lenau, Nikolaus (d. i. Nikolaus Niembsch Edler von Strehlenau) (1802–1850), Dichter 157, 160, 176, 198
Lepel, Bernhard von (1818–1885), preuß. Offizier u. Schriftsteller; seit 1839 „Tunnel“-Mitglied („Schenkendorf“), Gründungsmitglied des „Rütli“, Mithg. der „Argo“ (1858–1860) 4 f., 8, 17, 41, 50–52, 54–56, 60 f., 63, 69, 74, 79, 107, 109 f., 118, 179
Brüder in Argo (Ent.: 1853) 55
Ganganelli (TL: 1845; E: 1846) 61, 69
König Herodes (UA: 1858, E: 1860) 109, 118
Thomas Cranmer's Tod (TL: 1852; E: 1854) 55
Lessing *siehe* Kugler, Franz
Levy, Julius *siehe* Rodenberg
Lindau, Paul (1839–1919), Journalist u. Schriftsteller; 1872 Gründung der politisch-literarischen Wochenschrift „Die Gegenwart“, 1878 der Monatsschrift „Nord und Süd“ 141 f., 146, 195
Lingg, Hermann Ritter von (1820 bis 1905), Militärarzt, Dichter u. Schriftsteller in München 89, 91, 93, 118
Gedichte (E: 1854; Hg. von Emanuel Geibel) 89, 93
Immer leiser wird mein Schlummer (*unter dem Titel* Lied; E: 1854) 89, 91
Kalt und schneidend weht der Wind (*unter dem Titel* Lied; E: 1854) 89, 91
Kürzeste Nacht (E: 1854) 89
Mittagszauber (E: 1854) 89

Löwenstein, Rudolf (1819–1891), Schriftsteller u. Redakteur; 1848 Mitbegründer u. Chefredakteur des „Kladderadatsch“, seit 1842 mit Unterbrechungen „Tunnel“-Mitglied („Spinoza“) 94

Lorenzen, *Helene* Cäcilia Christine (1820–1847), geb. Storm, älteste Schwester Storms; verh. mit dem Husumer Baumeister Ernst L. (1810–1869) 133

Lorenzo da Ponte (1749–1838), ital. Dichter u. Librettist 107

Don Giovanni (UA: 1787; Libretto; Musik von Mozart) 107

Lucae, Richard (1829–1877), Architekt; seit 1872 Direktor der Bauakademie in Berlin, seit 9. Mai 1852 „Tunnel“-Mitglied („Schlüter“), Mitglied des „Rütli“ u. der „Ellora“ („Dick“) 117–119, 169, 172, 179

Lübke, Wilhelm (seit ca. 1889: von) (1826–1893), Kunsthistoriker; Mitarbeiter an Friedrich Eggers' „Deutschem Kunstblatt“, „Tunnel“- „Rütli“- u. „Ellora“-Mitglied („Irus“) 118

Grundriß der Kunstgeschichte (E: 1860) 118, 179

Maler Müller *siehe* Blomberg

Mannhardt, Julius (1834–1893), Augenarzt in Kellinghusen 144

Mannhardt, Wilhelm (1831–1880), Mythologe u. Volkskundler 136

Die Götter der deutschen und nordischen Mythologie (E: 1860) 136

Margarethe *siehe* Heyse, Margarete

Marie *siehe* Esmarch, Marie

Marschner, Heinrich August (1795–1861), Komponist u. Kgl. Hofkapellmeister in Hannover 119

Der Templer und die Jüdin (UA: 1829; Musik; Libretto von Wilhelm August Wohlbrück) 119

Mayer, *Karl* Friedrich Hartmann (1786–1870), Jurist; 1842 Oberamtsrichter in Waiblingen, 1843–1857 Oberjustizrat in Tübingen, mit Eduard Mörike befreundet 73

Manch bunter Blumenknaul (erw.: 1854; Gedicht für das *<Album für Constanze>*) 73

Meergans, Familie in Krummhübel (Schlesien; „Haus Meergans“) (erw.: 1887) 145

Menzel, Adolph (seit 1898: von) (1815–1905), Maler; seit 20. Okt. 1850 „Tunnel“-Mitglied („Rubens“), seit Sept. 1853 Mitglied des „Rütli“, Mitarbeiter der „Argo“ 30, 32, 39, 42–44, 51 f., 59, 61, 64, 69, 87, 96, 103, 109, 117, 119

Ansprache Friedrichs des Großen an seine Generale vor der Schlacht bei Leuthen (Ent.: 1859/61) 119

<Argo-Titelbild> (Ent.: 1853) 61

Die Hochmeister Siegfried von Feuchtwangen und Ludger von Braunschweig (Ent.: 1846–1854/55) 109

Friedrich der Große auf Reisen (Ent.: 1854) 96

Friedrich der Große und die Seinen in der Schlacht bei Hochkirch 13./14. Oktober 1758 (Ent.: 1850–1856) 119

Gefangenenzug im Wald (erw.: 1851; Druck für das *<Album für Constanze>*) 35, 69

Spanisches Liederbuch (erw.: 1854; Druck für das <*Album für Constanze*>) 35, 69

Merckel, von, mit Emilie u. Theodor Fontane befreundete Familie in Berlin 57, 83, 97, 107, 127, 171, 198

Merckel, Henriette von (1811–1889), geb. von Mühler, Tochter des preuß. Justizministers Heinrich von Mühler, verh. mit Wilhelm von M. 40–42, 45, 107, 118, 127, 171

Merckel, Traugott *Wilhelm* von (1803–1861), Jurist; Kammergerichtsrat in Berlin, Mitglied des Preuß. Herrenhauses, Chef des „Literarischen Kabinetts“, verh. mit Henriette von M., geb. Mühler, seit 17. Jan. 1841 „Tunnel“-Mitglied („Immermann“), Gründungsmitglied des „Rütli“ 4 f., 8, 17 f., 40, 51 f., 55 f., 65, 72 f., 78, 96 f., 103, 107 f., 110, 115, 117 f., 127, 169–171, 179, 194, 196 f.

Argo. 1854 (erw. 1854; Gedicht für das <*Album für Constanze*> 72 f.

Der Frack des Herrn Chergal (E: „Argo“ 1854) 52

Der letzte Censor (E: 1863) 55

Zur preußischen Regentschaftsfrage (Ent.: 1858) 118

Zur Situation (Ent.: 1858) 118

Meßner, Joseph (1822–1862), böhm. Schriftsteller 21

Eine Waldgeschichte (E: 1853) 21

Metastasio *siehe* Bormann

Metastasio, Pietro (d. i. Pietro Trapasso) (1698–1782), ital. Dichter u. Librettist 108

Meyer, Heinrich Adolf (1822–1889), Gutsbesitzer u. Politiker; 1877–1881 Abgeordneter der Deutschen Fortschrittspartei im Deutschen Reichstag für den Wahlkreis Schleswig-Eckernförde, Fontane besuchte ihn 1878 in seiner „Villa Forsteck“ bei Kiel 142

Meyr, Melchior (1810–1871), Schriftsteller u. Philosoph 54–56

Die „Argo“ (E: 1854; Rez.) 54–56

Möller, Cajus (geb. 1839), Schriftsteller, Redakteur u. Politiker 128

Geschichte Schleswig-Holsteins (E: 1865) 128

Mörike, Clara (*Clärchen*) (1816–1903), Schwester von Eduard M. 73

Mörike, Eduard (1804–1875), Pfarrer, Dichter u. Erzähler; 1851 Lehrer für Literaturgeschichte am Katharineum in Stuttgart, Storm besuchte ihn im Aug. 1855 23 f., 42, 58 f., 69, 73–75, 89, 105, 110, 133, 155 f., 159, 170, 187, 195, 198

Ach nur einmal noch im Leben! (E: 1846) 133

Das Stuttgarter Hutzelmännlein (E: 1853) 23, 187

Der alte Thurmhahn (E: 1852) 73

Der Feuerreiter (E: 1832) 159

Die schlimme Greth und der Königssohn („Königssohn und Windsbraut“; E: 1829) 159

Früh, wann die Hähne krähn (erw.: 1854; Gedicht für das <*Album für Constanze*>) 73

Gedichte (E: 1838) 74 f.

Gesang zu Zweien in der Nacht („Wie süß der Nachtwind um die Wiese streift“; E: 1832) 89

Häusliche Szene (E: 1852) 73

Idylle vom Bodensee oder: Fischer Martin u. die Glockendiebe (E: 1846) 74 f.
Maler Nolten (E: 1832) 195
Storchenbotschaft (E: 1838) 155

Mörike, Margarethe (*Gretchen*) (1818–1903), geb. von Speeth, verh. mit Eduard M. 73

Moltke, Carl Graf von (1798–1866), Politiker; 1852 Chef des dän. Ministeriums für das Herzogtum Schleswig 31

Mommsen, Theodor (1817–1903), Historiker; seit 1861 Professor an der Universität in Berlin, Studienfreund Storms in Kiel 42, 45, 47, 63 f., 80, 190, 201
Liederbuch dreier Freunde (E: 1843; Hg. zus. mit Tycho Mommsen u. Theodor Storm) 47

Mommsen, Tycho (1819–1900), Altphilologe u. Gymnasialdirektor; jüngerer Bruder von Theodor M. 47, 63 f.
Liederbuch dreier Freunde (E: 1843; Hg. zus. mit Theodor Mommsen u. Theodor Storm) 47

Mosen, Julius (1803–1867), Jurist u. Schriftsteller; 1844 Dramaturg an der Hofbühne in Oldenburg 136
Der Kongreß zu Verona (E: 1842) 136

Mozart, Wolfgang Amadeus (1756–1791) 107
Don Giovanni (UA: 1787; Libretto von Lorenzo da Ponte) 107

Mühler, *Heinrich* Gottlob von (1780–1857), Jurist; 1832–1844 preuß. Justizminister, 1844–1848 Geheimer Staatsminister, Vater von Henriette von Merckel 179

Müllenhoff, *Karl* Viktor (1818–1884), Germanist; bis 1858 Professor für Deutsche Sprachkunde, Altertumswissenschaft u. Literatur in Kiel, mit Klaus Groth befreundet 18, 42, 47, 81
Quickborn von Klaus Groth (E: 1853; Rez.) 42
Sagen, Märchen und Lieder der Herzogthümer Schleswig, Holstein und Lauenburg (E: 1845) 81, 87, 136

Müllensiefen, Julius (1811–1893), Theologe u. Pfarrer; Schüler Schleiermachers u. 1852–1885 Archidiakon an der Berliner Marienkirche 197

Müller, Hermann (1816–1859), Arzt; preuß. Stabsarzt an der Charité in Berlin, Oberstabsarzt beim 10. Husarenregiment in Halberstadt, Emilie Fontanes Halbbruder, Schwager Fontanes 77

Müller, Otto (1816–1894), Bibliothekar, Redakteur u. Schriftsteller 19, 23
Der Tannenschütz (E: 1852) 19, 23

Müller, Wilhelm (1794–1827), Dichter 160

Neocorus (d. i. Johann Adolfi Köster) (ca. 1550–1630), Pfarrer in Büsum 129
Chronik des Landes Dithmarschen (E: 1827; Hg. von F. C. Dahlmann) 129

Niebuhr, *Markus* Carsten Nicolaus (seit 1855: von) (1817–1860), Jurist; 1851 Kabinettssekretär unter Friedrich Wilhelm IV., Mitschüler von Storm auf dem Katharineum in Lübeck u. Freund Storms 22, 25, 32, 186

Niemann, Albert (1831–1917), Sänger; 1866–1888 bekanntestes Mitglied des

Kgl. Opernhauses in Berlin u. Wagner-Sänger, sang den Tannhäuser 1861 bei der Pariser Erstaufführung des „Tannhäuser“ u. bei den Bayreuther Festspielen im Eröffnungsjahr 1876 190

Niembsch von Strehlenau *siehe* Lenau

Niendorf, Marc Anton (1826–1878), Schriftsteller u. Lehrer; wegen Teilnahme an der Revolution von 1848 ausgewiesen 56
  Lieder der Liebe (E: 1854) 56

Novalis (d. i. Georg *Friedrich* Leopold Freiherr von Hardenberg) (1772–1801), Schriftsteller u. Philosoph 75
  Geistliches Lied (Nr. 6) („Wenn alle untreu werden“; E: 1802) 75

Oerstedt, Caecilia von (1829–1863), geb. Storm, jüngste Schwester von St., seit 1852 verh. mit Anders von Oerstedt (1826–1905), 1857 geschieden, seit 1858 in der Nervenheilanstalt bei Schleswig 133

Oliva, Pepita de (1835–1871), span. Tänzerin 107

Omer Pascha (d. i. Michael Latas) (1806–1871), osman. General serb. Herkunft 80

Ottowald *siehe* Roquette

Pabst, Julius (1817–1881), Schriftsteller; 1852–1856 in Berlin, 1856–1881 Dramaturg des Kgl. Hoftheaters in Dresden, Mitbegründer der „Deutschen Schillerstiftung“ in Dresden und Berlin 102

Paetel, Elwin (1847–1907), Verleger; übernahm zus. mit seinem Bruder 1870 den Verlag von Alexander Duncker in Berlin, gründete 1871 den Verlag Gebrüder Paetel, verlegte u. a. Storms „Geschichten aus der Tonne“ (1873), „Aquis Submersus“ (1877), „Renate“ (1878), „Neue Novellen“ (1878), „Zur ‚Wald- und Wasserfreude‘“ (1880), „Drei neue Novellen. Eekenhof, Im Brauer-Hause, Zur ‚Wald- und Wasserfreude‘“ (1880), „Der Herr Etatsrath, Die Söhne des Senators. Novellen“ (1881), „Zwei Novellen. Schweigen, Hans und Heinz Kirch“ (1883) u. „John Riew’. Ein Fest auf Haderslevhuus. Zwei Novellen“ (1885) 145, 167

Petersen, Wilhelm (1835–1900), Jurist; seit 1874 Regierungsrat in Schleswig, mit Storm befreundet 144

Piefke, Johann Gottfried (1815–1884), Militärmusiker u. Komponist 127

Pietsch, Ludwig (1824–1911), Zeichner, Journalist, Kunst- u. Reiseschriftsteller in Berlin; seit 1864 ständiger Mitarbeiter der „Vossischen Zeitung“, schuf Illustrationen zu Storms „Immensee“ (1857) u. zu „Unter dem Tannenbaum“ (1865) 126, 128 f., 139 f., 180, 197
  <*Rezension über Storms „Aquis Submersus“*> (E: 1876) 139
  Theodor Storm (E: 1888; Nachruf) 180
  Wie ich Schriftsteller geworden bin. Bd. 2 („Lebenserinnerungen“; E: 1894) 197

Pizarro, Francisco (1476 oder 1478–1541), span. Feldherr; eroberte von 1531 bis 1537 das Inkareich in Peru 57

Platen-Hallermünde, August Graf von (1796–1835), Dichter 29, 160

Plönnies, Luise von (1803–1872), geb. Leisler, Dichterin 39

Mariken von Nymwegen (E: 1853) 39

Preller, Karl Heinrich (1830–1890), Schriftsteller u. Redakteur 62 f., 91

Neunzig Lieder und neun polemische Episteln (E: 1854) 62 f.

Pröhle, *Heinrich* Christoph Ferdinand (1822–1895), Pädagoge u. Schriftsteller; seit 1860 Lehrer an der Luisenstädtischen Realschule in Berlin, Verfasser zahlreicher volkskundlicher Schriften, Sagen u. Biographien 5, 89 f.

Die Lützower (E: 1854) 89 f.

Prutz, *Robert* Eduard (1816–1872), Schriftsteller, Kritiker u. Journalist; 1851 Mitbegründer der Zeitschrift „Deutsches Museum" 89

<*Rezension über Hermann Linggs „Gedichte"*> (E: 1854) 89

Psalmen vom alten David *siehe* Bibel

Pugni, Cesare (1802–1870), ital. Ballettkomponist 78

Satanella oder Metamorphosen (UA: 1852; Musik zus. mit Peter Ludwig Hertel; Choreographie von Paul Taglioni, Dekorationen von Carl Wilhelm Gropius) 78

Putlitz, *Gustav* Heinrich Gans Edler, Herr von und zu (1821–1890), Theaterdirektor, Intendant u. Schriftsteller 99

Vergißmeinnicht (Arabeske) (E: 1855) 99

Quehl, Ryno (1821–1864), Journalist; 1850–1853 Leiter der Centralstelle für Preß-Angelegenheiten u. Hg. der „Preußischen (Adler-) Zeitung", Fontanes Vorgesetzter 34

Randow, Luise (erw.: 1854), geb. Glaser, Witwe, Putzmacherin u. Vermieterin von Friedrich Eggers 86

Rangabé (Rangawis), Alexandros Nisos (1810–1892), griech. Gelehrter, Dichter u. Staatsmann; 1875–1887 griech. Botschafter in Berlin 142

Rasmussen *siehe* Danner

Reimarus, Carl, Verleger u. gleichnamiger Verlag in Berlin, in dem Fontanes „Gedichte" (1851) erschienen 148

Riemer, Friedrich Wilhelm (1774–1845), Philologe, Schriftsteller u. Bibliothekar; seit 1814 Goethes Sekretär in Weimar, seit 1841 Geheimer Hofrat 22, 186

Mitteilungen über Goethe (E: 1841; Hg.) 22, 186

Rodenberg, Julius (d. i. Julius Levy) (1831–1914), Journalist u. Schriftsteller; seit 1861 Hg. des „Deutschen Magazins", 1865–1868 Feuilletonredakteur der Zeitschrift „Bazar", 1867–1874 Hg. der Monatsschrift „Der Salon für Literatur, Kunst und Gesellschaft" u. seit 1874 Gründer u. Hg. der „Deutschen Rundschau" 60, 62 f., 122

Lieder (E: ^{2}1854) 60, 62 f.

Röse, Johann Anton *Ferdinand* (1815–1859), Schriftsteller u. Privatgelehrter; Jugendfreund Storms auf dem

Katharineum in Lübeck 38 f., 41, 44, 46 f., 50 f., 65, 67
<*Rezension über Storms „Gedichte“ 1852*> (Ent.: 1853) 39, 47
Roquette, Otto (1824–1896), Schriftsteller u. Literaturhistoriker; 1853 Lehrer in Dresden, 1860 Redakteur der „Preußischen Zeitung“, 1862 Professor der Literatur an der Berliner Kriegsakademie, seit 1869 Professor der Literatur u. Geschichte am Polytechnikum in Darmstadt, „Rütli“-Mitglied („Ottowald“; „Otto Wald“ u. „Waldmeister“) 6, 9, 14, 17, 20, 49, 51, 60, 68, 118, 185, 197
Das Reich der Träume („Lustspiel“; E: 1853) 14, 17, 185
Der Tag von St. Jakob (E: 1852) 9
Geschichte der deutschen Literatur (E: 1862/63) 118
Herr Heinrich. Eine deutsche Sage (E: 1854) 60
Leben und Dichten Johann Christian Günthers (E: 1860) 118
Waldmeisters Brautfahrt. Ein Rhein-, Wein- und Wandermärchen (E: 1851) 9, 49, 51
Rosenplüt, Hans (d. i. Hans der Schnepperer <„der Schwätzer“>) (um 1400 bis 1460/70), Gelbgießer in Nürnberg u. ältester Nürnberger Meistersinger; Verfasser von Fastnachtsspielen, Schwänken u. Sprüchen 6
Rubens *siehe* Menzel
Rückert, Johann Michael *Friedrich* (1788–1866), Dichter 160, 198
Rümpler, Carl (erw.: 1865), Verleger u. gleichnamiger Verlag in Hannover 128
„Rütli“ 3 f., 6 f., 9, 26, 29 f., 34, 37, 39, 46, 50 f., 54, 56, 60–62, 64–69, 76, 87, 89, 91, 97, 102 f., 105–107, 110, 115–118, 125 f., 132, 145, 168–170, 179, 183, 194 f., 197
Russell, *Odo* William Leopold (seit 1881: Lord Amphtill) (1829–1884), brit. Diplomat, seit 1871 Botschafter in Berlin 142

Schack, Adolf Friedrich (seit 1876: Graf von) (1815–1894), preuß. Offizier, Diplomat, Kunstsammler u. Schriftsteller; richtete 1855 in München eine bedeutende Gemäldegalerie ein („Schack-Galerie“) 118
Schad, Christian (1821–1871), Schriftsteller u. Publizist; Hg. des „Deutschen Musenalmanachs“ 133
Deutsche Dichter-Gaben. Album für Ferdinand Freiligrath (E: 1868; Hg. zus. mit Ignaz Hub) 133
Schenkendorf(f) *siehe* Lepel
Schenkendorf, *Max* Gottlob Ferdinand Gottfried von (1783–1817), Dichter der Befreiungskriege 75
Erneuter Schwur an Jahn von wegen des heiligen deutschen Reiches („Wenn alle untreu werden“; E: 1814) 75
Scherenberg, Christian Friedrich (1798–1881), Schriftsteller; seit 1841 „Tunnel“-Mitglied („Cook“) 29, 118
Der Liebesstern (TL: 1860) 118
Scherff, Familie in Altona 39
Scherff, Jonas Heinrich (1798–1882), Kaufmann in Altona; seit 1826 verh. mit Friederike Sch. (1802–1876), geb. Alsen, einer Cousine von Constanze

u. Theodor Storms Müttern 33, 36, 40 f.

Scherz, Hermann (1818–1888), Ökonomierat u. Rittergutsbesitzer in Kränzlin bei Neuruppin; Schulfreund Fontanes, begleitete Fontane auf dessen erster Englandreise 1844 u. auf vielen Wanderungen durch die Mark Brandenburg 79

Schiller, Johann Christoph *Friedrich* (seit 1802: von) (1759–1805) 17, 29, 82, 106 f., 123, 126, 130 f., 148, 150

Die Räuber (UA: 1782) 17, 107

Dom Karlos. Infant von Spanien (UA: 1787) 106

Wallensteins Lager (UA: 1798) 29

Wallensteins Tod (UA: 1799) 82, 123, 141

Schilling, bekannte Konditorei in Berlin (Friedrichsstraße/Ecke Kochstraße) 199

Schindler, Alexander Julius *siehe* Traun

Schindler, Heinrich (gest. 1904), Buchdrucker u. seit 1853 Verleger u. Verlagsinhaber in Berlin; bei ihm erschien 1854–1857 Friedrich Eggers' „Deutsches Kunstblatt“, Verleger von Storms „Ein grünes Blatt. Zwei Sommer-Geschichten“ (1855), „Gedichte“ (seit der 2. Aufl. 1856) u. „Deutsche Liebeslieder seit Johann Christian Günther“ (1859) 84–86, 91, 93, 117, 130

Schinkel, Karl Friedrich (1781–1841), Architekt, Stadtplaner u. Maler in Berlin 141

Schmid, Andreas Christian Johannes (geb. 1815), Jurist; 1839–1848 Privatdozent an der Universität Kiel, 1850 Professor an der Universität Kopenhagen, 1853 Ordinarius in Kiel, präsidierte 1853 die Sitzung der Provinzialstände für das Herzogtum Schleswig 39

Schmidt, Erich (1853–1913), Literaturhistoriker; seit 1887 Professor in Berlin 144, 200

Schmidt, Ferdinand (1816–1890), Schriftsteller, Pädagoge u. Jugendbuchautor 126

Preußens Geschichte in Wort und Bild. Ein Hausbuch für Alle. Illustrirt von Ludwig Burger (E: 1864) 126

Schmidt, Heinrich *Julian* (1818–1886), Literaturhistoriker; seit 1848 zus. mit Gustav Freytag Redakteur der „Grenzboten“ 98 f., 103 f.

Schneider, Louis (1805–1878), Schauspieler, Regisseur, Schriftsteller u. Übersetzer; 1823–1848 am Kgl. Schauspielhaus in Berlin, seit 1848 Vorleser Friedrich Wilhelms IV., Gründungsmitglied des „Tunnels“ („Campe de Caraibe“) 22, 130

Gaetano di Ruggeri (E: 1853) 22

Schücking, Levin (1814–1883), Schriftsteller 47

<*Immensee. Von Theodor Storm*> (E: 1853; Rez. anon.) 47

Schütze, Paul (1858–1887), Literaturhistoriker an der Universität Kiel u. Storm-Biograph 189, 196, 199 f.

Theodor Storm, sein Leben und seine Dichtung (E: 1887) 189, 196 f., 199 f.

Schumann, Robert (1810–1856) 134

Liederkreis (op. 39. E: 1842) 134

Romanzen und Balladen für gemischten Chor (op. 75, Nr. 2. E: 1849) 134

Schwab, Gustav (1792–1850), Lyriker, Publizist u. Hg. von Anthologien; Berater des Verlegers Cotta in Stuttgart 58, 69

Schwers'sche Buchhandlung und Verlag in Kiel, in dem Storms „Gedichte" (1852) erschienen 158

Scott, Walter (seit 1820: Sir) (1771–1832), schott. Schriftsteller; Fontane übertrug die Gedichte u. Balladen aus seinen Sammlungen ins Deutsche 130
Tales of a Grandfather (E: 1828–1830) 130

Shakespeare, William (1564–1616) 19, 103, 106, 110, 186
Henry IV. (UA: vermutl. 1598) 106
Macbeth (UA: vermutl. 1606) 103, 110
The Tempest („Poesie des Kaliban"; UA: 1611) 19, 186

Simons, Ludwig (1803–1870), Jurist u. Politiker; Abgeordneter in der Frankfurter Nationalversammlung, 1849–1860 preuß. Justizminister 22, 42, 183

Skepsgardh, Otto von (1818–1845), Dichter 101
Drei Vorreden, Rosen und Golem-Tieck (E: 1844) 101

Soller, August (1805–1853), Architekt; Schüler von Schinkel u. Onkel von Richard Lucae 118

Sommerfeldt, *Jenny* Evelyne (1823–1904), geb. Fontane, Schwester Fontanes, seit 1850 verh. mit dem Apotheker Hermann S. (1820–1902) in Letschin/ Oderbruch 66

Spontini, *Gaspare* Luigi Pacifico Graf (seit 1844 Sant'Andrea) (1774–1851), ital.-frz. Komponist; 1820–1842 Generalmusikdirektor in Berlin 106
Fernand Cortez oder Die Eroberung Mexikos (UA: 1818; Musik; Libretto von Etienne de Jouy, Übers. von May) 106

Stawinski *siehe* Stawinsky

Stawinsky, Karl (1794–1866), Schauspieler, Regisseur u. Schriftsteller; seit 1828 an den Kgl. Theatern in Berlin 110

Steffens, Karl, Hg. des „Volks-Kalenders für das Jahr 1855" 92, 94

Stein, Rosa (erw.: 1854/55), Tochter eines Majors in Potsdam; befreundet mit der Familie Storm 76, 129

Steub, Ludwig (1812–1888), Jurist u. Schriftsteller 23
Drei Sommer in Tirol (E: 1846) 23
Kindesträume (E: 1853) 23

Stich, Clara (1820–1862), Schauspielerin am Kgl. Schauspielhaus in Berlin 17

Stifter, Adalbert (1805–1868) 20
Studien (D: ^{2}1847; illustr. von Johann Nepomuk Geiger) 20

Storm, Familie 12, 20 f., 31, 38 f., 41 f., 55, 78, 83, 86, 94, 110, 112–114, 133, 139, 205 f.

Storm, *Aemil* Wilhelm Ernst (1833–1897), 1858 Arzt in Husum; Bruder von St. 69, 73

Storm, Caecilia *siehe* Oerstedt

Storm, Charlotta *Dorothea* (*Dodo*) (1828–1903), geb. Jensen, seit 13. Juni 1866 zweite Ehefrau von St. 133, 143–147, 200

Storm, *Constanze* Helene Cäcilie (1825–1865), geb. Esmarch, 1846–1865 verh. mit St. 4, 7, 9, 13, 20, 23, 28, 33, 38–41, 43–45, 48–54, 57, 60 f., 63, 66–69, 73–75, 77–82, 84 f., 87–89, 91,

93–98, 100–102, 104 f., 113, 115 f., 119, 121, 124, 129, 133, 145, 194 f., 197, 200

Storm, Elsabe (*Elschen, Elbé*) (1863–1945), dritte Tochter von Constanze u. Theodor St. 123, 133, 139

Storm, Ernst (*Ernemann, Erne*) (1851–1913), zweiter Sohn von Constanze u. Theodor St. 22, 44, 48, 74, 78, 126, 133, 135, 139, 144, 186

Storm, Ernst *Johannes* Casimir (1824–1906), Sägewerksbesitzer u. Holzhändler; Bruder von St., seit 1851 verh. mit Friederike St., geb. Jensen 133

Storm, *Friederike* Dorothea (*Rieke*) (1826–1905), geb. Jensen, Schwester von Dorothea St., seit 1851 verh. mit Johannes St. 133

Storm, Friederike (*Tute, Dodo*) (1868–1939), einzige Tochter von Dorothea u. Theodor St. 133, 139

Storm, Gertrud (1865–1936), vierte Tochter von Constanze u. Theodor St. 87, 133, 139

Storm, Hans (*Hamme*) (1848–1886), ältester Sohn von Constanze u. Theodor St. 18, 44, 48, 101, 131, 133, 135 f., 139, 146

Storm, Helene *siehe* Lorenzen

Storm, Johann Casimir (1790–1874), Advokat in Husum; Vater von St. 45, 103, 197

Storm, Karl (*Losche, Carle*) (1853–1899), jüngster Sohn von Constanze u. Theodor St. 21, 28, 44 f., 48, 53, 133, 135, 139, 196

Storm, Lisbeth (*Lite*) (1855–1899), älteste Tochter von Constanze u. Theodor St. 98 f., 101, 133, 139

Storm, Lucia (*Lucie*) (1797–1879), geb. Woldsen, Mutter von St. 45, 103, 126, 197

Storm, Lucie (1822–1829), zweite Schwester von St. 133

Storm, Lucie (*Lute, Pipe*) (1860–1935), zweite Tochter von Constanze u. Theodor St. 116, 119, 133, 139

Storm, *Otto* Friedrich Christian Woldsen (1826–1908), Kunstgärtner; 1853–1855 Lehrling am Botanischen Garten in Berlin, 1855 Gärtner in Erfurt, 1856 Kunstgärtner u. Besitzer einer Gärtnerei in Heiligenstadt, Bruder von St. 35 f., 40–43, 45, 48 f., 53, 116, 119, 173

Strachwitz, Moritz Graf von (1822–1847), Balladendichter; Dez. 1842 bis Febr. 1844 „Tunnel"-Mitglied („Götz von Berlichingen") 150

Das Herz von Douglas (TL: 1843) 50

Stuhr, Friedrich Feddersen (1832–1888), 1864–1866 Bürgermeister in Friedrichstadt 127

Sue, Eugène (d. i. Marie-Joseph Sue) (1804–1857), frz. Romancier 29

Sybel, Heinrich von (1817–1895), Historiker; Professor in München 118

Taglioni, Paul (Paolo Nikola) (1808–1884), Tänzer, Ballettmeister u. Choreograph; seit 1829 Premier danseur an der Kgl. Hofoper Berlin, seit 1856 Leiter des Balletts 78

Satanella oder Metamorphosen (UA: 1852; Choreographie; Musik von Peter Ludwig Hertel u. Cesare Pugni, Dekorationen von Carl Wilhelm Gropius) 78

Taylor, Bayard (1825–1878), Reiseschriftsteller u. Romancier; 1877 amerikanischer Gesandter in Berlin 142

Thoma, Frau (erw.: 1864), Inhaberin von Thomas Hotel in Husum, in dem Fontane im Sept. 1864 logierte 173

Thorvaldsen, Bertel (1770–1844), dän. Bildhauer 118

Tiedge *siehe* Kette

Traun, Julius von der (d. i. Julius Alexander Schindler) (1818–1885); österr. Politiker u. Schriftsteller 19–21, 23
  Die Geschichte vom Scharfrichter Rosenfeld und seinem Pathen (E: 1852) 19, 21
  Die Rosenegger Romanzen (E: 1852) 20
  Südfrüchte (E: 1848) 21

Tunnel über der Spree 6, 9, 46, 52, 57, 63, 66, 68, 106, 126, 132, 168–170, 179, 183, 190–193

Turgenew, *Iwan* Sergejewitsch (1818–1883) 93
  Tagebuch eines Jägers. Erster Band (E: 1854; dt. Übers. von August von Viedert) 93

Uhland, Johann *Ludwig* (1787–1862), Dichter u. Professor der Literatur in Tübingen 73, 76, 145 f., 151 f., 158, 160, 198
  Das traurige Turnei („Es ritten sieben Ritter frei"; E: 1812) 146
  Der schwarze Ritter („Das Fest der Freude"; E: 1807) 76
  Des Hirten Winterlied („in die weiten Lande"; E: 1810) 145
  Lindenblüthen (E: 1854) 73

Valerio/Valeur *siehe* Heyden

Vernet, Emile Jean *Horace* (1789–1863), frz. Historienmaler u. Lithograph 109

Viedert, Friedrich *August* Ludwig von (1825–1888), russ.-dt. Übersetzer; 1854/55 Rune im „Tunnel" 93
  Gogol, Nikolaj: Tagebuch eines Verrückten (Ent.: 1854; dt. Übers.) 93
  Turgenjew, Iwan: Tagebuch eines Jägers. Erster Teil (TL: 1854; dt. Übers.) 93

Vigilien *siehe* Dreves

Voigt, Emil (erw.: 1854), Heilpraktiker in Potsdam u. Berlin 55

Voß, Johann Heinrich (1751–1826), Dichter, Übersetzer u. Philologe; Mitglied des „Göttinger Hains" 195
  Der siebzigste Geburtstag („Thamm"; E: 1781) 195
  Louise. Ein ländliches Gedicht in drei Idyllen (E: 1783) 195

Wagner, Richard (1813–1883) 48
  Tannhäuser oder Der Sängerkrieg auf Wartburg (UA: 1845) 48

Wagner, Theodor, Porträt- u. Genremaler in Berlin; 1839 Studienfreund Storms 74
  Schreckhorn (erw.: 1854; Ölgemälde für das <*Album für Constanze*>) 74

Waiblinger *siehe* Dahn

Waitz, Georg (1813–1886), Historiker; 1848–1876 Professor für Geschichte an der Universität Göttingen 128
  Schleswig-Holsteins Geschichte, 2 Bde (E: 1851–1854) 128

Waldmeister *siehe* Roquette

Walther, Louise (1833–1917), geb. von Breitschwert, Silhouettenschneiderin 73
<*Silhouetten von Mörike, seiner Frau und seiner Schwester*> (Ent.: 1854; für das <*Album für Constanze*>) 73

Wartenberg, Marie (*Mimi*) von (1826–1917), geb. Esmarch, Porträtmalerin; Cousine von Constanze Storm, verh. mit dem preuß. Hauptmann Karl von W. (1812–1894) 145
Theodor Storm (Ent.: 1884; Porträt) 145

Weber, *Carl Maria* Friedrich Ernst von (1786–1826) 119, 135
Der Freischütz (op. 77. UA: 1821; Libretto von Friedrich Kind) 119, 135

Weber, Johann Jakob (1803–1880), Verlagsbuchhändler; gründete 1834 das Verlagshaus J. J. Weber in Leipzig u. 1843 die Leipziger „Illustrirte Zeitung“, Storms Verleger 122, 126

Wentzel (auch Wenzel), Rudolf (1807–1869), Journalist; Angestellter der preuß. Centralstelle für Preß-Angelegenheiten u. Bearbeiter des Englischen Artikels, Mitarbeit an der von Fontane besorgten Deutsch-Englischen Korrespondenz in London 110

Werner, Anton von (1843–1915), Historienmaler; Senatsmitglied der Akademie der Künste, seit 1875 Direktor der Akademischen Hochschule für bildende Künste 142

Westermann, George (1820–1879), Verleger; gründete 1838 den gleichnamigen Verlag in Braunschweig, verlegte u.a. „Theodor Storm's Sämmtliche Schriften“ (1868), „Novellen und Gedenkblätter“ (1874), „Waldwinkel, Pole Poppenspäler. Novellen“ (1875), „Ein stiller Musikant, Psyche, Im Nachbarhause links. Drei Novellen“ (1876) u. „Theodor Storm's gesammelte Schriften“ (1877) 139, 163, 165

Widmann, Christian *Adolf* Friedrich (1818–1878), Staatswissenschaftler, Journalist u. Schriftsteller; 1844–1848 im preuß. Innenministerium in Berlin, seit 1. Sept. 1844 „Tunnel“-Mitglied („Macchiavell/-i“) 19
Die katholische Mühle (E: 1853) 19

Wieland, Christoph Martin (1733–1813) 130 f.

Wienbarg, Ludolf (1802–1872), Literaturtheoretiker u. Publizist 47
Liederbuch dreier Freunde. Theodor Mommsen. Theodor Storm. Tycho Mommsen (E: 1843; Rez. anon.) 47

Wigand, *Otto* Friedrich (1795–1870), Verlagsbuchhändler in Leipzig 116

Wilbrandt, Adolf (seit 1884: von) (1837–1911), Schriftsteller u. Dramatiker; 1881–1887 Direktor des Burgtheaters in Wien 142

Wilhelm I. (Friedrich *Wilhelm* Ludwig) (1797–1888), Prinz von Preußen; zweiter Sohn von König Friedrich Wilhelm III. u. *Luise* Auguste Wilhelmine Amalie (1776–1810) von Preußen, seit 1858 Prinzregent, seit 1861 König von Preußen, seit 1871 dt. Kaiser als Wilhelm I. 145

Wilkens Keller, Restaurant in Hamburg 118

Witte, *Friedrich* Karl (1829–1893), Apotheker; seit 1853 in Rostock, 1856

Gründung eines pharmazeutischen Unternehmens, seit 1878 nationalliberaler Reichstagsabgeordneter, seit 1852 „Tunnel“-Mitglied („J. J. Engel“), mit Fontane befreundet 50

Wohlbrück, Wilhelm August (1794/1796–1861), Dichter 119

Der Templer und die Jüdin (UA: 1829; Libretto; Musik von Heinrich Marschner) 119

Woldsen, Magdalena (1766–1854), geb. Feddersen, seit 1788 verh. mit Simon W. (1754–1820), Großmutter Storms in Husum 196

Wolfe, Charles (1791–1823), ir. Dichter u. Pfarrer 91

The Burial of Sir John Moore at Corunna (E: 1817) 91

Wolff, Karl (1803–1869), Rektor am Katharinenstift in Stuttgart; mit Mörike befreundet 69

Wussow, mit Storms befreundete Familie in Heiligenstadt 116

Wussow, Friedrich Carl *Alexander* von (1820–1889), preuß. Beamter; 1857–1864 Landrat in Heiligenstadt, seit 1867 im preuß. Kultusministerium in Berlin, seit 1873 als Geheimer Oberregierungsrat, mit Storm befreundet 116, 197

Hedwig Evi (E: 1847) 116

Zedlitz-Neukirch, Constantin Freiherr von (1813–1889), Jurist; Polizeipräsident in Berlin, 1864–1867 preuß. Zivilkommissar in Schleswig 126

Zeising, Adolf (1810–1876), Gymnasiallehrer u. Ästhetiker, Begründer der mathematischen Ästhetik 109

Aesthetische Forschungen (E: 1855) 109

Neue Lehre von den Proportionen des menschlichen Körpers (E: 1854) 109

Zöllner, mit Storm u. Fontanes befreundete Familie in Berlin 198

Zöllner, Anna (1862–1887), Tochter von Karl u. Emilie Z. 146

Zöllner, Emilie (1828–1924), geb. Timm, seit 1857 verh. mit Karl Z., „Ellora“-Mitglied („Chevalière“) 131, 133

Zöllner, Karl (1821–1897), Jurist; 1854–1855 als Gerichtsassessor am Kreisgericht Potsdam, später Gerichtsrat beim Berliner Stadtgericht, seit 1876 als Nachfolger Fontanes Sekretär der Akademie der Künste in Berlin, seit 1857 verh. mit Emilie Z., geb. Timm, „Rütli“- u. „Ellora“-Mitglied („Chevalier“) 85, 87, 97 f., 117, 131, 133, 145–147, 179, 197

Register der Periodika

Register der Werke Theodor Storms

Abschied (E_J: Argo 1854; D: Gedichte. Berlin – Schindler ^{2}1856) 25–32, 34, 37, 130 f., 188

Abschied 1853 *siehe* Abschied

Abseits (E_J: Volksbuch auf das Jahr 1848 für die Herzogthümer Schleswig, Holstein und Lauenburg; E_B: Sommer-Geschichten und Lieder. Berlin – Duncker 1851; D: Theodor Storm's Sämmtliche Schriften. Braunschweig – Westermann 1868) 18, 43, 161, 164

Am Strande (Ent.: 1853; D *unter dem Titel* Meeresstrand: Theodor Storm's Sämmtliche Schriften. Braunschweig – Westermann 1868) 33

Am 24. December 1852 *siehe* 24 December 1852

An der Westküste (1. Auf dem Deich 2. Morgane) (E_J: Volksbuch auf das Jahr 1849 für die Herzogthümer Schleswig, Holstein und Lauenburg) 18

An Kl. Groth (D: Theodor Storm's gesammelte Schriften. Braunschweig – Westermann 1877) 166

Angelica (E_B: Ein grünes Blatt. Zwei Sommergeschichten. Berlin – Schindler 1855) 96, 100

Aquis Submersus (E_J: Deutsche Rundschau 1876; E_B: Berlin – Paetel 1877) 140–142, 144, 165, 167, 176 f.

Auf dem Staatshof (E_J: Argo 1859) 117

Auf der Universität (E_B: Münster – Brunn 1863; D: Theodor Storm's Sämmtliche Schriften. Braunschweig – Westermann 1868) 120–122, 164, 173

Beginn des Endes (D: Theodor Storm's Sämmtliche Schriften. Braunschweig – Westermann 1868) 137–139, 174

Begrabe nur dein Liebstes (D: Theodor Storm's gesammelte Schriften. Braunschweig – Westermann 1877) 166

Beim Vetter Christian (E_J: Der Salon für Literatur, Kunst und Gesellschaft 1874; D: Novellen und Gedenkblätter. Braunschweig – Westermann 1874; D: Theodor Storm's gesammelte Schriften. Braunschweig – Westermann 1877) 144

Blüthe edelsten Gemüthes *siehe* Für meine Söhne

Bruder= und Schwester=Ballade *siehe* Sie saßen sich genüber lang

Bulemanns Haus *siehe* In Bulemanns Haus

Bulemanns Haus. Ein Märchen (E_B: Drei Märchen. Hamburg – Mauke 1866; D: Theodor Storm's Sämmtliche Schriften. Braunschweig – Westermann 1868) 126, 136–138, 164, 171, 180 *siehe auch* Drei Märchen

Cornus Suecica (D: Theodor Storm's gesammelte Schriften. Braunschweig – Westermann 1877) 166

Cÿprianusspiegel *siehe* Der Spiegel des Cyprianus

Das Märchen hat seinen Credit verloren *siehe* Geschichten aus der Tonne

Der Amtschirurgus – Heimkehr (D: Theodor Storm's gesammelte Schriften. Braunschweig – Westermann 1877) 199

Der Bau der Marienkirche zu Lübeck (E_J: Volksbuch auf das Jahr 1846 für die Herzogthümer Schleswig, Holstein und Lauenburg) 37

Der Finger (E_J: Westermann's Illustrirte Deutsche Monatshefte 1879; E_B *unter dem Titel* Im Brauer-Hause: Drei neue Novellen. Eekenhof, Im Brauer-Hause, Zur „Wald- und Wasserfreude". Berlin – Paetel 1880) 176 f., 181 *siehe auch* Im Brauer-Hause

Der Herr Etatsrath (E_J: Westermann's Illustrirte Deutsche Monatshefte 1881; E_B: Der Herr Etatsrath, Die Söhne des Senators. Novellen. Berlin – Paetel 1881) 176 f.

Der kleine Häwelmann (E_J: Volksbuch auf das Jahr 1850 für die Herzogthümer Schleswig, Holstein und Lauenburg; D: Theodor Storm's Sämmtliche Schriften. Braunschweig – Westermann 1868) 164

Der Spiegel des Cyprianus (E_B: Drei Märchen. Hamburg – Mauke 1866; D: Theodor Storm's Sämmtliche Schriften. Braunschweig – Westermann 1868) 126, 136–138, 164 *siehe auch* Drei Märchen

Des Dichters Epilog (Ent.: 1853; E_B *unter dem Titel* Ein Epilog: Gedichte. Berlin – Schindler ^{4}1864) 10–15, 130

Des Knaben Wunderhorn. Alte deutsche Lieder, gesammelt von L. A. v. Arnim und Clemens Brentano. Vierter Band. Nach A. v. Arnim's handschriftlichem Nachlaß hg. von Ludwig Erk (E_J: Literatur-Blatt des Deutschen Kunstblattes 1854; Rez.) 65

Die alten Möbeln (E_J: Volksbuch auf das Jahr 1849 für die Herzogthümer Schleswig, Holstein und Lauenburg) 37 *siehe auch* Sturmnacht

Die Beamtentöchter (E_J: Volksbuch auf das Jahr 1846 für die Herzogthümer Schleswig, Holstein und Lauenburg) 37

Die graue Stadt am Meer *siehe* Die Stadt

Die Herrgottskinder (E_B: Liederbuch dreier Freunde v. Theodor Mommsen, Theodor Storm u. Tycho Mommsen. Kiel – Schwers 1843; D: Sommer-Geschichten und Lieder. Berlin – Duncker 1851; D: Gedichte. Kiel – Schwers 1852) 43

Die Kinder schreien Vivat hoch (E_J: Volksbuch auf das Jahr 1848 für die Herzogthümer Schleswig, Holstein und Lauenburg) 37

Die Kränze, die du dir als Kind (E_J: Volksbuch auf das Jahr 1849 für die Herzogthümer Schleswig, Holstein und Lauenburg) 37

Die neuen Fiedel-Lieder (D: Theodor Storm's gesammelte Schriften. Braunschweig – Westermann 1877) 166

Die Regentrude (E_B: Drei Märchen. Hamburg – Mauke 1866; D: Theodor Storm's Sämmtliche Schriften. Braunschweig – Westermann 1868) 126, 136–138, 164 *siehe auch* Drei Märchen

Die Sense rauscht, die Aehre fällt (E_J: Volksbuch auf das Jahr 1846 für die Herzogthümer Schleswig, Holstein und Lauenburg) 37

Die Stadt (E_B: Gedichte. Kiel – Schwers 1852; D: Theodor Storm's Sämmtliche Schriften. Braunschweig – Westermann 1868) 122, 145, 164

Die verehrlichen Jungens, welche für dies Jahr (E_J: Volksbuch auf das Jahr 1849 für die Herzogthümer Schleswig, Holstein und Lauenburg) 37

Drei Märchen. Die Regentrude, Bulemann's Haus, Der Spiegel des Cyprianus (E_B: Hamburg – Mauke 1866) 126, 136–138, 174

Drüben am Markt (D: Theodor Storm's Sämmtliche Schriften. Braunschweig – Westermann 1868) 164

Du willst es nicht in Worten sagen (E_B: Sommer-Geschichten und Lieder. Berlin – Duncker 1851; D: Gedichte. Kiel – Schwers 1852) 43

Eekenhof (E_J: Deutsche Rundschau 1879; E_B: Drei neue Novellen. Eekenhof, Im Brauer-Hause, Zur „Wald- und Wasserfreude". Berlin – Paetel 1880) 144, 176 f.

Ein Blatt aus sommerlichen Tagen *siehe* Ein grünes Blatt

Ein Epilog *siehe* Des Dichters Epilog

Ein Fest auf Haderslevhuus (E_J: Westermann's Illustrirte Deutsche Monatshefte 1885; E_B: John Riew'. Ein Fest auf Haderslevhuus. Zwei Novellen. Berlin – Paetel 1885) 201

Ein grünes Blatt (E_B: Gedichte. Berlin – Duncker 1852) 158

Ein grünes Blatt (E_J: Argo 1854; D: Theodor Storm's Sämmtliche Schriften. Braunschweig – Westermann 1868) 4, 8–17, 21, 24, 29–32, 34–37, 158, 164, 184 f.

Ein stiller Musicant *siehe* Ein stiller Musikant, Psyche, Im Nachbarhause links. Drei Novellen

Ein stiller Musikant, Psyche, Im Nachbarhause links. Drei Novellen (E_B: Braunschweig – Westermann 1876) 139 f.

Eine Malerarbeit (Ent.: 1867; D: Theodor Storm's Sämmtliche Schriften. Braunschweig – Westermann 1868) 136

Einer Todten (E_J: Volksbuch auf das Jahr 1850 für die Herzogthümer Schleswig, Holstein und Lauenburg; E_B: Sommer-Geschichten und Lieder. Berlin – Duncker 1851; D: Gedichte. Kiel – Schwers 1852) 43

Elisabeth (E_J *ohne Titel in* Immensee: Volksbuch auf das Jahr 1850 für die Herzogthümer Schleswig, Holstein und Lauenburg; E_B *ohne Titel in* Immensee: Sommer-Geschichten und Lieder. Berlin – Duncker 1851; E_B: Gedichte. Kiel – Schwers 1852; D: Theodor Storm's Sämmtliche Schriften. Braunschweig – Westermann 1868) 43, 117, 155, 164

En Döntje (E_J: Volksbuch auf das Jahr 1846 für die Herzogthümer Schleswig, Holstein und Lauenburg) 37
Engel=Ehe (D: Theodor Storm's gesammelte Schriften. Braunschweig – Westermann 1877) 166
Epilog *siehe* Des Dichters Epilog

Fiedel-Lieder *siehe* Die neuen Fiedel-Lieder
Frauenhand (E_B: Gedichte. Kiel – Schwers 1852; D: Theodor Storm's Sämmtliche Schriften. Braunschweig – Westermann 1868) 155, 158, 164
Für meine Söhne (E_J: Deutsches Museum 1854; E_B: Gedichte. Berlin – Schindler ^{2}1856) 8, 16, 19, 81, 185

Gedichte (E_B: Kiel – Schwers 1852) 20, 32, 39, 158
Gedichte (D: Berlin – Schindler ^{4}1864) 84, 130, 191
Geflüster der Nacht (D: Theodor Storm's gesammelte Schriften. Braunschweig – Westermann 1877) 166
Gesammtausgabe *siehe* Theodor Storm's gesammelte Schriften *und* Theodor Storm's Sämmtliche Schriften
Geschichten aus der Tonne (E_J: Volksbuch auf das Jahr 1846 für die Herzogthümer Schleswig, Holstein und Lauenburg; D: Berlin – Paetel 1873) 37, 193
Geschwisterblut *siehe* Sie saßen sich genüber lang
Geschwisterliebe *siehe* Geschwisterblut
Gesegnete Mahlzeit (E_J: Volksbuch auf das Jahr 1848 für die Herzogthümer Schleswig, Holstein und Lauenburg; D: Gedichte. Kiel – Schwers 1852) 37, 159 f.
Gleich jenem Luftgespenst der Wüste (Tiefe Schatten, Nr. 3); (E_J *als Nr. 4*: Deutsche Dichter-Gaben. Album für Ferdinand Freiligrath. Leipzig – Duncker & Humblot 1868; E_B: Theodor Storm's Sämmtliche Schriften. Braunschweig – Westermann 1868) 137 f. *siehe auch* Tiefe Schatten
Goldne Rücksichtslosigkeit *siehe* Für meine Söhne
Gräber in Schleswig (Ent.: 1863; E_J *unter dem Titel* Schleswig-holsteinische Gräber: Die Gartenlaube 1863; D: Gedichte. Berlin – Schindler ^{4}1864 *und* Theodor Storm's Sämmtliche Schriften. Braunschweig – Westermann 1868) 126, 164
Graue Stadt am Meer *siehe* Die Stadt
Grieshuus *siehe* Zur Chronik von Grieshuus

Hans und Heinz Kirch (E_J: Westermann's Illustrirte Deutsche Monatshefte 1882; D: Zwei Novellen. Schweigen, Hans und Heinz Kirch. Berlin – Paetel 1883) 144
Harfenmädchen *siehe* Lied des Harfenmädchens
Heute, nur heute *siehe* Lied des Harfenmädchens
Hinzelmeier. Eine nachdenkliche Geschichte (E_J *unter dem Titel* Stein und Rose <Ein Märchen>: Volksbuch auf das Jahr 1851 für die Herzogthümer Schleswig, Holstein und Lauenburg; E_J: Schlesische Zeitung 1855; E_B: Berlin – Duncker 1857; D: Theodor

Storm's Sämmtliche Schriften. Braunschweig – Westermann 1868) 71, 112, 164, 171, 205

Hör' mir nicht auf solch Geschwätze *siehe* Kritik

Hundert Blätter. Paralipomena zum „Quickborn" von Klaus Groth (E_J: Literatur-Blatt des Deutschen Kunstblattes 1854; Rez.) 88

Im Brauer-Hause (E_J *unter dem Titel* Der Finger: Westermann's Illustrirte Deutsche Monatshefte 1879; E_B: Drei neue Novellen. Eekenhof, Im Brauer-Hause, Zur „Wald- und Wasserfreude". Berlin – Paetel 1880) 176 f., 181

Im Herbste 1850 (D_J: Argo 1854; D_B: Gedichte. Berlin – Schindler ^{4}1864) 1–3, 29 f., 32, 34, 37, 130

Im Nachbarhause links *siehe* Ein stiller Musikant, Psyche, Im Nachbarhause links. Drei Novellen

Im Schloß (E_J: Die Gartenlaube 1862; E_B: Münster – Brunn 1863) 44

Im Sonnenschein (Ent.: 1854; E_B: Im Sonnenschein. Drei Sommergeschichten. Berlin – Duncker 1854) 61, 82, 84, 88

Im Winde wehn die Lindenzweige (E_J: Volksbuch auf das Jahr 1849 für die Herzogthümer Schleswig, Holstein und Lauenburg) 37

Immensee (E_J: Volksbuch auf das Jahr 1850 für die Herzogthümer Schleswig, Holstein und Lauenburg; E_B: Sommer-Geschichten und Lieder. Berlin – Duncker 1851; D: Berlin – Duncker 1852; D: Theodor Storm's Sämmtliche Schriften. Braunschweig – Westermann 1868) 4, 47, 99, 112, 114, 120, 161–164, 176, 205

Immensee or the old man's reverie (Engl. Übersetzung von Helen Clark. E_B: Münster – Brunn 1863) 114–117, 120

In Bulemanns Haus (E_J: Volksbuch auf das Jahr 1848 für die Herzogthümer Schleswig, Holstein und Lauenburg; E_B: Gedichte. Kiel – Schwers 1852) 110, 159, 171 f., 180, 193 f.

In der Brauerei *siehe* Im Brauer-Hause

In der Gruft bei den alten Särgen (Tiefe Schatten, Nr. 1; E_J: Deutsche Dichter-Gaben. Album für Ferdinand Freiligrath. Leipzig – Duncker & Humblot 1868; E_B: Theodor Storm's Sämmtliche Schriften. Braunschweig – Westermann 1868) 137 f. *siehe auch* Tiefe Schatten

In St. Jürgen (Ent.: 1867; D: Theodor Storm's Sämmtliche Schriften. Braunschweig – Westermann 1868) 136

Kritik (E_J *ohne Titel*: Volksbuch auf das Jahr 1848 für die Herzogthümer Schleswig, Holstein und Lauenburg; E_B: Gedichte. Kiel – Schwers 1852) 161

Letzte Einkehr (D: Theodor Storm's gesammelte Schriften. Braunschweig – Westermann 1877) 166

Lied des Harfenmädchens (E_B *ohne Titel in* Immensee: Sommer-Geschichten und Lieder. Berlin – Duncker 1851; D: Gedichte. Kiel – Schwers 1852) 117

Lieder der Liebe von M. Ant. Niendorf (E_J: Literatur-Blatt des Deutschen Kunstblattes 1854; Rez.) 56
Lieder von Herzog Friedrich *siehe* Gräber in Schleswig *und* Und haben wir unser Herzoglein
Lieder von Julius von Rodenberg (E_J: Literatur-Blatt des Deutschen Kunstblattes 1854; Rez.) 60, 62 f.
Liederbuch dreier Freunde (Hg. von Theodor Mommsen, Theodor Storm u. Tycho Mommsen; E_B: Kiel – Schwers 1843) 47

Malerarbeit *siehe* Eine Malerarbeit
Marthe und ihre Uhr (E_J: Volksbuch auf das Jahr 1848 für die Herzogthümer Schleswig, Holstein und Lauenburg) 37
Meeresstrand (D: Theodor Storm's Sämmtliche Schriften. Braunschweig – Westermann 1868) 164 *siehe auch* Am Strande
Mein jüngstes Kind (D: Theodor Storm's gesammelte Schriften. Braunschweig – Westermann 1877) 166
Meine Mutter hat's gewollt (E_J: Volksbuch auf das Jahr 1848 für die Herzogthümer Schleswig, Holstein und Lauenburg1848; E_B: Sommer-Geschichten und Lieder. Berlin – Duncker 1851) 14, 17 f., 37, 94, 117, 162 *siehe auch* Elisabeth
Meine Mutter hat's gewollt (*Vertonung*; erw. 1853) 14, 17 f.
Mitunter weicht von meiner Brust (Tiefe Schatten, Nr. 2); (E_J: Deutsche Dichter-Gaben. Album für Ferdinand Freiligrath. Leipzig – Duncker & Humblot 1868; E_B: Theodor Storm's Sämmtliche Schriften. Braunschweig – Westermann 1868) 137 *siehe auch* Tiefe Schatten

Neunzig Lieder und neun polemische Episteln von Carl Heinrich Preller (E_J: Literatur-Blatt des Deutschen Kunstblattes 1854; Rez.) 62 f.
Novelle *siehe* Ein grünes Blatt

O, meine Muse *siehe* Der Amtschirurgus – Heimkehr
O wär' im Februar doch auch (E_J: Volksbuch auf das Jahr 1848 für die Herzogthümer Schleswig, Holstein und Lauenburg) 37
Octoberlied/Oktoberlied (E_J: Volksbuch auf das Jahr 1850 für die Herzogthümer Schleswig, Holstein und Lauenburg; E_B: Sommer-Geschichten und Lieder. Berlin – Duncker 1851, „Als Prolog"; D: Gedichte. Kiel – Schwers 1852; D: Theodor Storm's Sämmtliche Schriften. Braunschweig – Westermann 1868) 36, 43, 63, 65, 94, 158, 164, 168, 176, 178

Pagina 113 (E_J *in* Ein grünes Blatt: Argo 1854) 11–13, 15 f. *siehe auch* Ein grünes Blatt *und* Regine
Pfeil des Todes *siehe* Beginn des Endes
Psyche *siehe* Ein stiller Musikant, Psyche. Im Nachbarhause links. Drei Novellen

Quickborn. Volksleben in plattdeutschen Gedichten dithmarscher Mundart von

Claus Groth (E_J: Ditmarser und Eiderstedter Bote 1852; Rez.) 8, 184

Regentrude *siehe* Die Regentrude
Regine (E_B *unter dem Titel* Silvia: Gedichte. Kiel – Schwers 1852; D *unter dem Titel* Pagina 113: Argo 1854; D: Theodor Storm's Sämmliche Schriften. Braunschweig – Westermann 1877) 164
Renate (E_J: Deutsche Rundschau 1878; E_B: Berlin – Paetel 1878 *und* Neue Novellen. Berlin – Paetel 1878) 142, 176 f.
Ritornelle (D: Theodor Storm's gesammelte Schriften. Braunschweig – Westermann 1877) 166
Sämmtliche Werke *siehe* Theodor Storm's Sämmtliche Schriften
Schleswig-Holstein-Lieder *siehe* Gräber in Schleswig
Schlimmes Lieben *siehe* Sie saßen sich genüber lang
Schneewittchen und die sieben Zwerge (E_J: Volksbuch auf das Jahr 1846 für die Herzogthümer Schleswig, Holstein und Lauenburg) 37
Schon ins Land der Pyramiden (E_J: Volksbuch auf das Jahr 1848 für die Herzogthümer Schleswig, Holstein und Lauenburg) 37
Schweigen (E_J: Deutsche Rundschau 1883; E_B: Zwei Novellen. Schweigen. Hans und Heinz Kirch. Berlin – Paetel 1883) 177
Sie saßen sich genüber lang (TL: 1853; D *unter dem Titel* Geschwisterblut: Gedichte [4]1864) 3 f., 170, 191 f.
So komm denn, was da kommen mag *siehe* Trost
So soll es wie ein Schauer *siehe* Abschied
Sommer-Geschichten und Lieder (Gedichte, Marthe und ihre Uhr, Im Saal, Immensee, Posthuma *und* Der kleine Häwelmann) (E_B: Berlin – Duncker 1851) 4, 23, 158, 168, 187
Sommermittag (D: Theodor Storm's Sämmtliche Schriften. Braunschweig – Westermann 1868) 164
Späte Rosen (E_J: Argo 1860) 117
Spiegel Cÿprianus *siehe* Der Spiegel des Cyprianus
Sprüche des Alters (D: Theodor Storm's gesammelte Schriften. Braunschweig – Westermann 1877) 166
St. Jürgen *siehe* In St. Jürgen
Staatshof *siehe* Auf dem Staatshof
Stein und Rose (Ein Märchen) (E_J: Volksbuch auf das Jahr 1851 für die Herzogthümer Schleswig, Holstein und Lauenburg 37 *siehe auch* Hinzelmeier
Storms sämmtliche Werke *siehe* Theodor Storm's Sämmtliche Schriften
Sturmnacht (E_J *unter dem Titel* Die alten Möbeln: Volksbuch auf das Jahr 1849 für die Herzogthümer Schleswig, Holstein und Lauenburg; D: Gedichte. Kiel – Schwers 1852) 43, 159

Theodor Fontane (E_J: Literatur-Blatt des Deutschen Kunstblattes 1855; Rez.) 55, 64, 69, 77, 95–97, 148–155
Theodor Storm's gesammelte Schriften (E_B: Bd. 7–10, Braunschweig – Westermann 1877) 139 f., 165–167
Theodor Storm's Sämmtliche Schriften (E_B: Bd. 1–6, Braunschweig – Wester-

mann 1868) 133, 135–137, 140, 163–165

Tiefe Schatten (E_J: Deutsche Dichter-Gaben. Album für Ferdinand Freiligrath. Leipzig – Duncker & Humblot 1868, I.–IV.; E_B: Theodor Storm's Sämmtliche Schriften. Braunschweig – Westermann 1868, I.–V.) 133, 137 f.

Trost (E_J: Argo 1854) 200

Ueber die Haide (D: Theodor Storm's gesammelte Schriften. Braunschweig – Westermann 1877) 166

Und am Ende der Qual allen Strebens (Tiefe Schatten, Nr. 5) (E_B: Theodor Storm's Sämmtliche Schriften. Braunschweig – Westermann 1868) 134, 137 *siehe auch* Tiefe Schatten

Und aus der Erde schauet nur (E_J: Volksbuch auf das Jahr 1848 für die Herzogthümer Schleswig, Holstein und Lauenburg) 37

Und haben wir unser Herzoglein (Ent.: 1863; E_B *unter dem Titel <Schleswig-Holsteinische Hoffnungen> in*: Theodor Storm: Briefe an seine Freunde. Braunschweig – Westermann 1917) 126

Und sind die Blumen abgeblüht (E_J: Volksbuch auf das Jahr 1848 für die Herzogthümer Schleswig, Holstein und Lauenburg) 37

Und webte auch auf jenen Matten *siehe* Regine

Universität *siehe* Auf der Universität

Unter dem Tannenbaum (E_J: *<Leipziger>* Illustrirte Zeitung 1862) 122

Verloren (D: Theodor Storm's gesammelte Schriften. Braunschweig – Westermann 1877) 166

Veronica (D: Theodor Storm's Sämmtliche Schriften. Braunschweig – Westermann 1868) 164

Verse für die Argo *siehe* 24 December 1852

24 December 1852 (E_B *unter dem Titel* Weihnachtabend 1852: Gedichte. Berlin – Schindler ^{2}1856) 22, 24 f., 29, 32 f., 186

24 December 1853 *siehe* 24 December 1852

Viola Tricolor (E_J: Westermann's Illustrirte Deutsche Monatshefte 1874; E_B: Novellen und Gedenkblätter. Braunschweig – Westermann 1874; D: Theodor Storm's gesammelte Schriften. Braunschweig – Westermann 1877) 139, 144, 166, 176 f.

Von den Katzen *siehe* Von Katzen

Von jenseit des Meeres (E_J: Westermann's Illustrirte Deutsche Monatshefte 1865) 127 f.

Von Katzen (E_J: Volksbuch auf das Jahr 1849 für die Herzogthümer Schleswig, Holstein und Lauenburg; E_B: Sommer-Geschichten und Lieder. Berlin – Duncker 1851; D: Gedichte. Kiel – Schwers 1852) 23, 37, 159, 187

Waisenkind (D: Theodor Storm's gesammelte Schriften. Braunschweig – Westermann 1877) 166

Waldweg (E_J: Volksbuch auf das Jahr 1851 für die Herzogthümer Schleswig, Holstein und Lauenburg) 37

Waldwinkel (E_J: Deutsche Rundschau 1874; E_B: Waldwinkel, Pole Poppenspäler. Novellen. Braunschweig – Westermann 1875) 177 f.

Weihnachtabend *siehe* 24 December 1852

Weihnachten (E_J: Volksbuch auf das Jahr 1846 für die Herzogthümer Schleswig, Holstein und Lauenburg) 37

Weil ich ein Sänger bin, so frag' ich nicht (Tiefe Schatten, Nr. 4) (E_J *als Nr. 3*: Deutsche Dichter-Gaben. Album für Ferdinand Freiligrath. Leipzig – Duncker & Humblot 1868; E_B: Theodor Storm's Sämmtliche Schriften. Braunschweig – Westermann 1868) 137 *siehe auch* Tiefe Schatten

Wir wissen's doch, ein rechtes Herz *siehe* Octoberlied/Oktoberlied

Zur Chronik von Grieshuus (E_J: Westermann's Illustrirte Deutsche Monatshefte 1884) 143 f., 176, 201

Zur Taufe. Ein Gutachten (E_B: Gedichte. Kiel – Schwers 1852) 101

Zur „Wald- und Wasserfreude" (E_J: Deutsche Rundschau 1879; E_B: Drei neue Novellen. Eekenhof, Im Brauer-Hause, Zur „Wald- und Wasserfreude". Berlin – Paetel 1880) 176 f.

Register der Werke Theodor Fontanes

<*Alt-Englische Balladen*> 17, 57, 151
Alter Derffling *siehe* Der alte Derffling
<*Am 14 Sept. dem Geburtstage v. Th. Storm. 36 Jahr*> (Ent.: 1853) 203
An den Grafen Schwerin (zur Zeit Präsident der zweiten Kammer) (E_B: Männer und Helden. Berlin – Hayn 1850; *in den* Gedichten *später unter den Titeln* An Graf Schwerin-Putzar <1875> *und* An den Märzminister Graf Schwerin-Putzar <1898> 59, 152 f.
<*An Theodor Storm. London, d. 4ten Febr. 57*> (Ent.: 1857) 205
<*An Theodor Storm. Zum 14. September 1853. Bei Überreichung der „Schönen Rosamunde"*> (Ent.: 1853) 204
Archibald Douglas (TL: 1854) 126, 132
Argo (E_J: Dessau – Katz 1854; Hg. *zus. mit Franz Kugler*) 3–5, 9, 17–19, 21 f., 25, 32 f., 36 f., 39, 43, 57, 77, 126, 151, 153 f., 167–169, 182–184
Argo-Lied (Ent.: 1853) 61
Auf der Nogath grünen Wiesen (Ent.: 1855) 109
Aufstand in Northumberland *siehe* Der Aufstand in Northumberland

Balladen (E_B: Berlin – Hertz 1861) 125 f.
Bianca (E_J: Volks-Kalender für 1855. Hg. von Karl Steffens) 92, 94
Bismarckgedicht *siehe* In Lockenfülle das blonde Haar
Briefe *siehe* Heinrich VIII im Prinzeß-Theater *und* Richard III. im Soho-Theater
Briefe aus London *siehe* Londoner Briefe

Da wollen wir fischen und jagen froh *siehe* Archibald Douglas
Das Douglas-Trauerspiel (TL: 1854) 95
Das Oderland. Barnim. Lebus (Wanderungen durch die Mark Brandenburg. Zweiter Theil) (E_B: Berlin – Hertz 1863) 126, 128, 140
Der alte Derffling (D: Männer und Helden. Berlin – Hayn 1850) 152
Der alte Dessauer (D: Männer und Helden. Berlin – Hayn 1850) 152
Der alte Ziethen (D: Männer und Helden. Berlin – Hayn 1850) 152
Der Aufstand in Northumberland (E_J: Argo 1854) 57, 77, 151
Der bei Hemmingstedt des Siegs Standarte getragen <*bisher nicht ermittelt*> 152
Der Herbst ist da *siehe* <*Am 14 Sept. dem Geburtstage v. Th. Storm. 36 Jahr*>
Der letzte York (TL: 1854) 95
Der mitleidige Krieger (*zugeschr.;* E_J: Volks-Kalender für 1855. Hg. von Karl Steffens 1855) 92, 94

Der Reimer Thomas (E_B: Jenseit des Tweed. Berlin – Julius Springer 1860) 126
Der Schleswig-Holsteinsche Krieg im Jahre 1864 (E_B: Berlin – Decker 1866) 128, 130, 173
Der Tag von Düppel (E_J: NPZ 1864) 125, 127
Der Tag von Hemmingstedt (E_J: 1851; D: Deutsches Museum 1852) 60, 63 f., 151
Der Tower-Brand (E_B: Gedichte. Berlin – Reimarus 1851) 57
Der Tunnel über der Spree. Aus dem Berliner literarischen Leben der vierziger und fünfziger Jahre. Viertes Capitel Theodor Storm (E_J: Deutsche Rundschau 1896) 183–201
<*Deutsche Inschriften*> (Idee; erw.: 1853) 42, 44, 47
Die Entführung (*zugeschr.;* E_J: Volks-Kalender für 1855. Hg. von Karl Steffens) 92, 94
Die Hamiltons *siehe* Die Hamilton's oder Die Locke der Maria Stuart
Die Hamilton's oder Die Locke der Maria Stuart (E_J: Argo 1854) 57, 77, 151
Die Jüdin (E_J: Argo 1854) 57, 77, 151
<*Die Schlacht bei Hochkirch*> (Ent.: 1834 oder 1838) 57
Die Stuarts *siehe* Puritaner-Lied
Doch ob das Glück mir auch ein dürrer Bronnen *siehe* Ich würde mich in Märchenträumen wiegen
Düppelliede *siehe* Der Tag von Düppel

Edward, Edward (E_J: Argo 1854) 57, 77, 151
Ein Leben war's, mit Kolben und mit Knütteln (Sonette 1; E_B: Gedichte. Berlin – Reimarus 1851) 148
Ein Sommer in London (E_J: Dessau – Katz 1854) 17, 77, 82, 90–94, 126, 154
Einzug (E_J: NPZ 1864; D: Erinnerung an die Einzugsfeier in Berlin am 7. December 1864. Den lieben Vierundsechzigern gewidmet von Fr. Wassermann in Templin. Templin 1864) 125 f.
Einzugslied *siehe* Einzug
Ellernklipp (E_B: Berlin – Hertz 1881) 174
Englische Briefe siehe Londoner Briefe
<*Englisches Balladenbuch*> (Plan; Ent.: 1853) 6, 9, 23, 82, 155
Erinnerungen an Theodor Storm (E_J: Jahrbuch für brandenburgische Landesgeschichte 1957) 167–182
Erste Ballade *siehe* Vergeltung
Erstes Gedicht *siehe* <*Die Schlacht bei Hochkirch*>
Es bliebe doch beim alten mit uns beiden *siehe* Ich würde mich in Märchenträumen wiegen
Es zieht sich eine blutige Spur (E_J *in* James Monmouth: Argo 1854; *in den* Balladen <1861> *unter dem Titel* Die Stuarts. 2. Lied des Monmouth; *seit der Ausgabe der* Gedichte <1875> *unter dem Titel* Lied des James Monmouth) 154

Gedichte (E_B: Berlin – Reimarus 1851) 57, 148–152
General Sir John Moores Begräbnis (*im Kap.* „Not a drum was heard“ *in* Ein

Sommer in London) *siehe* Not a drum was heard

Goldene Hochzeit (E_J: Argo 1854) 52, 57, 77

Graf Hohenstein (E_B: Gedichte. Berlin – Reimarus 1851) 57, 150

Graf Petöfy (E_J: Deutsche Roman Bibliothek zu Über Land und Meer 1884) 145

<*Heinrich IV.*> (Ent.: 1836 oder 1840) 57

Heinrich VIII im Prinzeß-Theater (Shakespeare auf der modernen englischen Bühne, 1. Brief; E_J: Literatur-Blatt des Deutschen Kunstblattes 1855) 107

<*Heinrichs IV. erste Liebe*> *siehe* <*Heinrich IV.*>

Hemmingstedt *siehe* Der Tag von Hemmingstedt

<*Herr Schablonarius*> (Idee; erw.: 1857) 112 f.

Ich würde mich in Märchenträumen wiegen (Sonette 4; E_B: Gedichte. Berlin – Reimarus 1851) 149

In Lockenfülle das blonde Haar (E_J: Nord und Süd 1885; *seit der Ausgabe der* Gedichte <1889> *unter dem Titel* Jung-Bismarck) 146

James Monmouth (E_J: Argo 1854) 52, 57, 70, 77, 126, 154

Jenseit des Tweed (E_B: Berlin – Julius Springer 1860) 125 f.

Johanna Gray (E_J: Argo 1854) 57, 59, 77, 151

Jung-Bismarck *siehe* In Lockenfülle das blonde Haar

Jung Musgrawe und Lady Barnard (E_J: Argo 1854) 57, 77, 151

<*Klaus Groth*> (Plan; erw.: 1853) 42

Keith (D: Männer und Helden. Berlin – Hayn 1850) 152

Lady Hamilton (*Kap. in* Ein Sommer in London) *siehe* Ein Sommer in London

Lied der Reimer Thomas *siehe* Der Reimer Thomas

Londoner Briefe *siehe* Ein Sommer in London

Lord Murray (E_J: Argo 1854) 57, 77, 151

Lord William und Schön-Margret (Ent.: 1853; E_J Argo 1854 *unter dem Titel* Schön Margret und Lord William) 3 f., 6, 77

Männer und Helden. Acht Preußen-Lieder (E_B: Berlin – Hayn 1850) 55, 57 f., 69, 95, 151–153

Märkische Bücher *siehe* Das Oderland, Barnim, Lebus *und* Wanderungen durch die Mark Brandenburg

Maria und Bothwell (E_J: Deutscher Musenalmanach für das Jahr 1852) 151

Marie Duchatel (Ent.: 1854) 95

Miß Jane (*Kap. in* Ein Sommer in London) *siehe* Ein Sommer in London

Monmouth *siehe* James Monmouth

Neugeborner Sänger *siehe* Ein Leben war's, mit Kolben und mit Knütteln

Novelle *siehe <Wolsey>*

Not a drum was heard (*Kap. in* Ein Sommer in London) *siehe* Ein Sommer in London

Novellen von Paul Heyse *siehe* Paul Heyse. Hermen

Nun kann ich wieder wie die Lüfte schweifen (Sonette 2; E_B: Gedichte. Berlin – Reimarus 1851) 149

O Heilgenstadt du heilge Stadt (Ent.: 1857) 111 f. *siehe auch <An Theodor Storm. London, d. 4ten Febr. 57>*

Ost-Havelland. Die Landschaft um Spandau, Potsdam, Brandenburg (Wanderungen durch die Mark Brandenburg. Dritter Theil) (E_B: Berlin – Hertz 1873) 140

Paul Heyse. Hermen (E_J: Literatur-Blatt des Deutschen Kunstblattes 1854; Rez.) 92, 94

Preußische Heldengedichte *siehe* Männer und Helden

Preußische Lieder *siehe* Männer und Helden

Puritaner-Lied (Ent.: 1853 *<Album für Constanze>;* E_J *in* James Monmouth: Argo 1854; *in den* Balladen <1861> *unter dem Titel* Die Stuarts, Teil 1; *seit der Ausgabe der* Gedichte <1875> *unter dem Titel* Die Stuarts) 61, 70 f.

Reise in die Wüste (*zugeschr.;* E_J: Volks-Kalender für 1855. Hg. von Karl Steffens) 92, 94

Richard III. im Soho-Theater (Shakespeare auf der modernen englischen Bühne, 2. Brief; E_J: Literatur-Blatt des Deutschen Kunstblattes 1855) 107

Robin Hood (E_J: Argo 1854) 57, 77, 151

Rosamunde *siehe* Von der schönen Rosamunde

<Sammlung volkstümlicher Inschriften> siehe <Deutsche Inschriften>

Schill (Ballade; D: Männer und Helden. Berlin – Hayn 1850) 152

<Schill> (Romanplan; Ent.: 1854) 88, 91, 93, 95, 117

Schleswig-Holstein Buch *siehe* Der Schleswig-Holsteinsche Krieg im Jahre 1864

Schloß Eger (E_B: Gedichte. Berlin – Reimarus 1851) 150 f.

Schön-Anne (E_B: Gedichte. Berlin – Reimarus 1851) 57, 150

Schön Margret und Lord William (E_J: Argo 1854) 57, 77, 151 *siehe auch* Lord William und Schön-Margret

Schöne Rosamunde *siehe* Von der schönen Rosamunde

Schwerin (D: Männer und Helden. Berlin – Hayn 1850) 152

Seidlitz *siehe* Seydlitz

Seydlitz (D: Männer und Helden. Berlin – Hayn 1850) 152

Sir Patrick Spens (E_J: Argo 1854) 57, 77, 151

Sir Walther Raleigh's letzte Nacht (E_J: Argo 1854) 57, 77, 151

„Sohn vorm Vater" (die Herbstzeitlose) *siehe <An Theodor Storm. Zum 14. September 1853. Bei Überreichung der „Schönen Rosamunde">*

Sommers am Meer (Ent.: um 1884) 205 f.

Still getragene Joch *siehe* Ein Leben war's, mit Kolben und mit Knütteln

Stuartlied *siehe* Puritaner-Lied

Tag von Hemmingstedt *siehe* Der Tag von Hemmingstedt

Th. Storm. Theodor Storm's sämmtliche Schriften. Sechs Bände (E_J: NPZ 1868; Rez.) 135–138, 163 f., 173

Theodor Storm (E_J: PAZ 1853; Rez.) 18, 20, 23, 110, 156–163, 187

Theodor Storm's Gesammelte Schriften. Band 7–10 (E_J: VZ 1877; Rez.) 140 f., 165–167

Thomas der Reimer *siehe* Der Reimer Thomas

Towerbrand *siehe* Der Tower-Brand

Tuch und Locke (E_J: Argo 1854) 52, 57, 77, 153

Unsere lyrische und epische Poesie seit 1848 (E_J: Deutsche Annalen zur Kenntniß der Gegenwart und Erinnerung an die Vergangenheit. Hg. von Karl Biedermann. Leipzig – Avenarius & Emdelssohn 1853) 155 f.

Vergeltung (Ent.: 1839; E_J: Berliner Figaro 1840) 57

Verlobung *siehe* Zur Verlobung

Von der schönen Rosamunde. Ein episches Gedicht (E_B: Dessau – Katz 1850, D: ^{2}1853) 57, 151, 153, 203

Vor dem Sturm (E_J: Daheim 1878) 140 f., 143, 174

Wanderungen durch die Mark Brandenburg (E_B: Berlin – Hertz 1862) 119, 126, 128, 140

Wangeline, die weiße Frau (Ent.: 1851/1853) 63 f.

Wangeline von Burgsdorf oder Die weiße Frau *siehe* Wangeline, die weiße Frau

<*Wolsey*> (unvollendet; erw.: 1853) 85, 88, 91, 93, 95

Ziethen *siehe* Der alte Ziethen

Zur Verlobung (E_B: Gedichte. Berlin – Reimarus 1851; *seit der Ausgabe der* Gedichte <1875> *unter dem Titel* Verlobung) 61, 149 f.

Zweites Werk über die Mark *siehe* Das Oderland. Barnim. Lebus

12 preußische Heldengedichte *siehe* Männer und Helden